民事诉讼
证据规则编注

条文·适用·案例

王新平◎编著

法律出版社
LAW PRESS·CHINA
北京

图书在版编目(CIP)数据

民事诉讼证据规则编注：条文·适用·案例/王新平编著. -- 北京：法律出版社，2023
ISBN 978-7-5197-7737-1

Ⅰ. ①民… Ⅱ. ①王… Ⅲ. ①民事诉讼－证据－规则－研究－中国 Ⅳ. ①D925.113.4

中国国家版本馆CIP数据核字(2023)第051091号

民事诉讼证据规则编注
——条文·适用·案例
MINSHI SUSONG ZHENGJU GUIZE BIANZHU
—TIAOWEN · SHIYONG · ANLI

王新平 编著

责任编辑 李 群 赵雪慧
装帧设计 汪奇峰

出版发行 法律出版社
编辑统筹 法规出版分社
责任校对 王 丰 郭艳萍
责任印制 耿润瑜
经　　销 新华书店

开本 A5
印张 32.375 **字数** 1010千
版本 2023年4月第1版
印次 2023年4月第1次印刷
印刷 天津嘉恒印务有限公司

地址：北京市丰台区莲花池西里7号(100073)
网址：www.lawpress.com.cn
投稿邮箱：info@lawpress.com.cn
举报盗版邮箱：jbwq@lawpress.com.cn

销售电话：010-83938349
客服电话：010-83938350
咨询电话：010-63939796

书号：ISBN 978-7-5197-7737-1 **定价**：128.00元
凡购买本社图书，如有印装错误，我社负责退换。电话：010-83938349

作 者 简 介

王新平

浙江温岭人，华东政法大学法律硕士。现任浙江省律师协会常务理事、省律协教育培训委员会副主任，浙江省法学会案例法学研究会常务理事，台州市法学会副会长，台州市律师协会会长，台州市人大监察和司法委员会委员，利群律师事务所合伙人会议主席。擅长处理民事、刑事、行政等疑难复杂案件，承办了多起示范庭审观摩案。曾获“全国律师行业优秀党员”“浙江省司法行政系统百名优秀人物-优秀律师”“浙江省优秀律师”等荣誉。

主要作品有实务著作：《民事诉讼证据运用与实务技巧（增订版）》（获评法律出版社“2020年度最受欢迎十大好书”）、《民事诉讼证据规则编注》；办案手记：《思辩的艺术》《激情与梦想》；随笔：《律师须五勤》《给梦想一点时间》《有多少爱可以重来》；论文：《排除妨碍纠纷案件中的请求权行使》（《人民司法》2009年第12期）、《未生效合同疏议》(获评浙江省第五届律师论坛优秀论文一等奖)、《疫情背景下的商业租赁合同纠纷法律适用研究》(获评浙江省第十届律师论坛优秀论文一等奖)；等等。

编写说明

一、法律、行政法规、司法解释等名称中的“中华人民共和国”省略。例如《中华人民共和国民事诉讼法》，简称《民事诉讼法》。

二、本书中对出现较多的司法解释，使用简称。例如：《最高人民法院关于适用〈中华人民共和国民事诉讼法〉的解释》，简称《民诉法解释》；《最高人民法院关于民事诉讼证据的若干规定》，简称《民事证据规定》。

三、原或旧《民事证据规定》，指2001年的《最高人民法院关于民事诉讼证据的若干规定》（法释〔2001〕33号）；现或新《民事证据规定》，指2019年修正后的《最高人民法院关于民事诉讼证据的若干规定》（法释〔2019〕19号）。

四、相关法律、行政法规、部门规章及其他规定，未经修改的，标明施行日期；经修正或修订的，标明最后一次修正或修订日期；司法解释、司法文件，标明文号和施行日期；地方司法文件，鉴于资料来源问题，有的标明了文号和施行日期，有的只标明了通过日期或发布日期；极少数案例，因裁判文书未公开，仅注明出处，未标明案号。

五、为了简明、醒目，本书对于要点注释、司法观点、典型案例等中的法律条文改用阿拉伯数字。

目　　录

CONTENTS

第一章　总　　则

第一条　【宗旨】…… 001

第二条　【证据种类】…… 002

第三条　【证据裁判主义】…… 014

第四条　【证据采信的要求】…… 018

第二章　取　　证

第一节　调查收集 …… 036

第五条　【诉讼代理人调查取证】…… 036

第六条　【法院依申请调查取证】…… 058

第七条　【调查取证申请时限及内容】…… 089

第八条　【申请调查取证的审查】…… 090

第九条　【法院依职权调查取证】…… 095

第十条　【调查取证配合义务】…… 108

第十一条　【法院调查取证的程序】…… 113

第十二条　【法院调取书证的要求】…… 115

第十三条　【法院调取物证的要求】…… 117

第十四条　【法院调取视听资料、电子数据的要求】…… 120

第十五条 【法院调取证据的科学性要求】…… 122
第二节 证据保全 …… 123
第十六条 【证据保全申请】…… 123
第十七条 【证据保全申请书及提出时限】…… 141
第十八条 【证据保全担保】…… 145
第十九条 【证据保全措施】…… 148
第二十条 【错保赔偿责任】…… 154
第二十一条 【诉前保全证据移交】…… 160
第二十二条 【参照适用财产保全规范】…… 160

第三章 举 证

第一节 通 则 …… 169
第二十三条 【起诉与反诉证据】…… 169
第二十四条 【举证释明】…… 188
第二十五条 【举证责任内涵】…… 192
第二十六条 【举证责任分配规则】…… 241
第二十七条 【免证事实】…… 282
第二十八条 【原件原物优先规则】…… 294
第二十九条 【提交和签收证据的要求】…… 301
第二节 当事人的陈述 …… 302
第三十条 【陈述与反言】…… 302
第三十一条 【自认】…… 316
第三十二条 【拟制自认】…… 323
第三十三条 【诉讼代理人自认】…… 328
第三十四条 【普通共同诉讼自认】…… 331
第三十五条 【必要共同诉讼自认】…… 333

第三十六条　【限制或附条件自认】…………………………… 340
第三十七条　【自认排除】…………………………………… 343
第三十八条　【调解或和解中的让步】……………………… 356
第三十九条　【撤销自认】…………………………………… 359
第四十条　【专家辅助人】…………………………………… 365
第四十一条　【专家辅助人申请书】………………………… 371
第三节　书　　证 ……………………………………………… 374
第四十二条　【提交书证原件困难】………………………… 374
第四十三条　【摘录要求】…………………………………… 384
第四十四条　【书证提出命令的申请时限及内容】………… 387
第四十五条　【书证提出命令申请的审查】………………… 395
第四十六条　【书证提出命令的客体】……………………… 404
第四十七条　【不遵守书证提出命令的后果】……………… 410
第四十八条　【毁灭书证的处罚】…………………………… 415
第四十九条　【域外证据认证】……………………………… 416
第五十条　【外文书证或说明资料】………………………… 429
第四节　物　　证 ……………………………………………… 434
第五十一条　【动产物证】…………………………………… 434
第五十二条　【不动产物证】………………………………… 438
第五节　视听资料、电子数据 ………………………………… 440
第五十三条　【视听资料原件优先】………………………… 440
第五十四条　【电子数据的范围】…………………………… 445
第五十五条　【电子数据等同原则】………………………… 451
第六节　证人证言 ……………………………………………… 458
第五十六条　【证人资格】…………………………………… 458
第五十七条　【证人出庭作证】……………………………… 463
第五十八条　【证人出庭作证申请时限及内容】…………… 466

第五十九条 【申请证人出庭作证的处理】…… 470
第六十条 【证人具结】…… 473
第六十一条 【证人作证方式】…… 475
第六十二条 【证人连续陈述】…… 480
第六十三条 【询问证人】…… 483
第六十四条 【证人以其他方式作证的条件】…… 486
第六十五条 【书面证言和视听资料证言保证书】…… 491
第六十六条 【证人保护和伪证制裁】…… 493
第六十七条 【未经通知证人不得出庭】…… 496
第六十八条 【证人出庭作证费用及负担】…… 498
第七节 鉴定意见 …… 502
第六十九条 【申请鉴定】…… 502
第七十条 【依职权鉴定】…… 527
第七十一条 【申请鉴定时限及逾期后果】…… 533
第七十二条 【鉴定申请的审查】…… 535
第七十三条 【鉴定人的选定和委托书内容】…… 539
第七十四条 【鉴定承诺书】…… 547
第七十五条 【逾期鉴定后果】…… 550
第七十六条 【鉴定书内容异议】…… 555
第七十七条 【鉴定人出庭费用预交及通知】…… 558
第七十八条 【鉴定人出庭费用的负担】…… 561
第七十九条 【鉴定意见撤销的处理】…… 565
第八十条 【鉴定人出庭的通知和要求】…… 569
第八十一条 【鉴定人拒不出庭的后果】…… 571
第八节 勘验笔录 …… 575
第八十二条 【物证和现场的勘验】…… 575
第八十三条 【勘验程序】…… 578

第八十四条　【勘验通知及笔录内容】…… 580

第四章　举证时限

第八十五条　【举证及时提出】…… 583
第八十六条　【举证通知书】…… 586
第八十七条　【各审理程序的举证期限】…… 592
第八十八条　【举证客观障碍】…… 596
第八十九条　【举证期限延长】…… 599
第九十条　【变更诉讼请求的举证期限】…… 604
第九十一条　【特殊情形的举证期限】…… 609
第九十二条　【证据交换与举证期限】…… 615
第九十三条　【证据交换流程】…… 618
第九十四条　【再次证据交换】…… 622
第九十五条　【新的证据】…… 625
第九十六条　【新证据引起的必要费用补偿】…… 629
第九十七条　【逾期举证说理】…… 636
第九十八条　【逾期举证的后果】…… 640

第五章　质　　证

第九十九条　【质证公开】…… 651
第一百条　【鉴定材料质证】…… 654
第一百零一条　【视为质证】…… 660
第一百零二条　【原件原物质证的例外】…… 663
第一百零三条　【质证顺序】…… 668
第一百零四条　【质证内容】…… 673

第一百零五条 【鉴定人对异议及询问的答复】…………………… 677
第一百零六条 【询问鉴定人、勘验人】 …………………………… 682
第一百零七条 【询问专家辅助人】…………………………………… 683

第六章 认 证

第一节 通 则 ………………………………………………………… 687
第一百零八条 【证据的三性】………………………………………… 687
第一百零九条 【非法证据排除】……………………………………… 695
第一百一十条 【单一证据的审核】…………………………………… 703
第一百一十一条 【证据的综合审核】………………………………… 718
第一百一十二条 【证据反悔】………………………………………… 722
第一百一十三条 【需补强的证据】…………………………………… 727
第二节 当事人的陈述 …………………………………………………… 735
第一百一十四条 【当事人陈述的审核】……………………………… 735
第一百一十五条 【当事人接受询问】………………………………… 738
第一百一十六条 【当事人具结】……………………………………… 742
第一百一十七条 【当事人拒绝询问的后果】………………………… 745
第三节 书 证 ………………………………………………………… 747
第一百一十八条 【公文书证的真实性】……………………………… 747
第一百一十九条 【公文书证复制件、副本、节录本】………………… 759
第一百二十条 【私文书证的真实性】………………………………… 761
第一百二十一条 【单位证明材料的审核】…………………………… 777
第四节 视听资料、电子数据 …………………………………………… 785
第一百二十二条 【视听资料的审核】………………………………… 785
第一百二十三条 【电子数据真实性因素】…………………………… 790
第一百二十四条 【电子数据真实性推定】…………………………… 803

第五节　证人证言 …… 817
第一百二十五条　【书面证言等认定规则】…… 817
第一百二十六条　【证人证言审核认定】…… 821
第六节　鉴定意见 …… 827
第一百二十七条　【鉴定书的内容】…… 827
第一百二十八条　【申请重新鉴定】…… 834
第一百二十九条　【自行委托鉴定】…… 850
第七节　其他规定 …… 856
第一百三十条　【无争议事实责令举证】…… 856
第一百三十一条　【证明妨害规则】…… 861
第一百三十二条　【证据采纳与否说理】…… 875

第七章　证明标准

第一百三十三条　【高度可能性】…… 878
第一百三十四条　【排除合理怀疑】…… 891
第一百三十五条　【较大可能性】…… 904

第八章　附　　则

第一百三十六条　【权益保护与妨害制裁】…… 907
第一百三十七条　【参照适用及适用规范】…… 913
第一百三十八条　【施行时间和溯及力】…… 914

附录一

民事诉讼证据规则 …… 920

附录二

中华人民共和国民事诉讼法(节录) …… 951

最高人民法院关于适用《中华人民共和国民事诉讼法》的解释(节录) …… 955

最高人民法院关于民事诉讼证据的若干规定 …… 962

《最高人民法院关于民事诉讼证据的若干规定》新旧条文对照表 …… 981

后　　记 …… 1022

第一章　总　　则

条文内容	参考条文
第一条　【宗旨】 为保证人民法院正确认定案件事实，公正、及时审理民事案件，保障和便利当事人依法行使诉讼权利，根据《中华人民共和国民事诉讼法》（以下简称民事诉讼法）等有关法律的规定，结合民事审判经验和实际情况，制定本规则。	《民事证据规定》前言

要点注释

本条是关于《民事证据规定》的目的和任务的“立法”宗旨条款。“正确认定案件事实，公正、及时地审理民事案件，保障和便利当事人依法行使诉讼权利”，反映了《民事证据规定》的“立法”目的和任务。本条还简要说明了该规定的立法来源，即《民事诉讼法》等相关法律。“结合民事审判实践经验和实际情况”一句则表明，该规定还充分吸收了最高人民法院司法解释中有关证据规定的内容。

条文内容	参考条文
第二条 【证据种类】 证据包括: (一)当事人的陈述; (二)书证; (三)物证; (四)视听资料; (五)电子数据; (六)证人证言; (七)鉴定意见; (八)勘验笔录。 证据必须查证属实,才能作为认定事实的根据。	《民事诉讼法》第 66 条

要点注释

首先,理论上一般认为,只有符合法律规定形式的证据种类,才能作为认定案件事实的根据。因此,这八种证据也被称为证据的法定种类。但实践中,对证据种类的要求并非绝对,对于新类型的证据,往往解释为法定证据种类的特殊表现形式。例如,2012 年《民事诉讼法》修改之前的电子数据,实践中一般作为视听资料看待;交通事故认定书、火灾事故认定书,一般作为书证的特殊形式;对当事人自行委托的鉴定意见,一般采用私文书证的审查认定规则进行审查。因此,对于证据形式,实践中是持开放、包容的态度。正如有的学者所言,证据种类法定化对法官审判没有什么实际意义,应以一种开放性的态度来包容新的信息载体。

其次,据以定案的证据都要经法定程序查证属实。所谓"证据必须查证属实",指证据要满足真实性的要求,才能具备证明力。当然,任何一个证据要具有证明力,除了“必须查证属实”外,还应当与案件的待证事实具有关联性,且证据的收集方式等要合乎法律的规定,即具备合法性。因此,证据必须查证属实,才有可能作为认定案件事实的根据;而非证据只要查证属实,就能作为认定案件事实的根据。

司法解释

➢ **1.《最高人民法院关于审理道路交通事故损害赔偿案件适用法律若干问题的解释》**(法释〔2020〕17 号,2021 年 1 月 1 日施行)

第二十四条　公安机关交通管理部门制作的交通事故认定书,人民法院应依法审查并确认其相应的证明力,但有相反证据推翻的除外。

➢ **2.《最高人民法院关于适用〈中华人民共和国保险法〉若干问题的解释(二)》**(法释〔2020〕18 号,2021 年 1 月 1 日施行)

第十八条　行政管理部门依据法律规定制作的交通事故认定书、火灾事故认定书等,人民法院应当依法审查并确认其相应的证明力,但有相反证据能够推翻的除外。

➢ **3.《最高人民法院关于审理著作权民事纠纷案件适用法律若干问题的解释》**(法释〔2020〕19 号,2021 年 1 月 1 日施行)

第七条　当事人提供的涉及著作权的底稿、原件、合法出版物、著作权登记证书、认证机构出具的证明、取得权利的合同等,可以作为证据。

在作品或者制品上署名的自然人、法人或者非法人组织视为著作权、与著作权有关权益的权利人,但有相反证明的除外。

第八条　当事人自行或者委托他人以定购、现场交易等方式购买侵权复制品而取得的实物、发票等,可以作为证据。

公证人员在未向涉嫌侵权的一方当事人表明身份的情况下,如实对另一方当事人按照前款规定的方式取得的证据和取证过程出具的公证书,应当作为证据使用,但有相反证据的除外。

➤ **4.《最高人民法院关于审理铁路运输人身损害赔偿纠纷案件适用法律若干问题的解释》**（法释〔2021〕19号，2022年1月1日施行）

第十一条 有权作出事故认定的组织依照《铁路交通事故应急救援和调查处理条例》等有关规定制作的事故认定书，经庭审质证，对于事故认定书所认定的事实，当事人没有相反证据和理由足以推翻的，人民法院应当作为认定事实的根据。

➤ **5.《最高人民法院关于审理环境侵权责任纠纷案件适用法律若干问题的解释》**（法释〔2020〕17号，2021年1月1日施行）

第十条 负有环境资源保护监督管理职责的部门或者其委托的机构出具的环境污染、生态破坏事件调查报告、检验报告、检测报告、评估报告或者监测数据等，经当事人质证，可以作为认定案件事实的根据。

➤ **6.《最高人民法院关于审理船舶碰撞纠纷案件若干问题的规定》**（法释〔2020〕18号，2021年1月1日施行）

第十一条 船舶碰撞事故发生后，主管机关依法进行调查取得并经过事故当事人和有关人员确认的碰撞事实调查材料，可以作为人民法院认定案件事实的证据，但有相反证据足以推翻的除外。

➤ **7.《最高人民法院关于审理因垄断行为引发的民事纠纷案件应用法律若干问题的规定》**（法释〔2020〕19号，2021年1月1日施行）

第十条 原告可以以被告对外发布的信息作为证明其具有市场支配地位的证据。被告对外发布的信息能够证明其在相关市场内具有支配地位的，人民法院可以据此作出认定，但有相反证据足以推翻的除外。

第十一条 证据涉及国家秘密、商业秘密、个人隐私或者其他依法应当保密的内容的，人民法院可以依职权或者当事人的申请采取不公开开庭、限制或者禁止复制、仅对代理律师展示、责令签署保密承诺书等保护措施。

➤ **8.《最高人民法院关于知识产权民事诉讼证据的若干规定》**（法释〔2020〕12号，2020年11月18日施行）

第三十一条 当事人提供的财务账簿、会计凭证、销售合同、进出货单据、上市公司年报、招股说明书、网站或者宣传册等有关记载，设备系统存储的交易数据，第三方平台统计的商品流通数据，评估报告，知识产权许可使用合同以及市场监管、税务、金融部门的记录等，可以作为证据，用以证明当事人主张的侵害知识产权赔偿数额。

其他规定

➤**《中央纪委关于〈关于领导干部收入申报材料可否作为民事诉讼证据使用的请示〉的答复意见》**（中纪法复〔2002〕10号，2002年4月17日施行）

上海市纪委法规室：

你们《关于领导干部收入申报材料可否作为民事诉讼证据使用的请示》收悉。经研究，答复如下：

根据《关于党政机关县（处）级以上领导干部收入申报的规定》①第三条的规定，领导干部收入申报的范围未包括馈赠的收入，你们请示中所述案情所涉及的赠款，不在规定的收入申报范围之内。对以上情况，可对有关单位和个人进行适当解释。

由于领导干部上报的收入申报材料，是党政机关对领导干部进行监督管理的内部材料，党政机关对于涉及领导干部个人情况的有关材料负有保密的义务，如果没有法律规定，律师个人不能对有关材料进行查阅。但根据《中华人民共和国民事诉讼法》第六十五条②“人民法院有权向有关单位和个人调查取证，有关单位和个人不得拒绝”的规定，如果人民法院依法进行调查取证，有关单位应当予以协助配合。

由于《关于党政机关县（处）级以上领导干部收入申报的规定》没有纪检监察机关和组织人事部门应当对领导干部收入申报材料进行核实的规定，所以，根据人民法院的要求提供其查阅的领导干部收入申报的材料，如果需要作为证据

---

① 该文件已失效。

② 现为2021年修正的《民事诉讼法》第70条。

使用,应当由人民法院根据《中华人民共和国民事诉讼法》的规定予以查证,提供材料的纪检监察机关和组织人事部门不能以证人身份进入诉讼程序。

地方司法文件

➢**《北京市高级人民法院知识产权民事诉讼证据规则指引》**(2021年4月22日施行)

1.11 基于新技术形成的反映案件事实的信息载体,如第三方存证、基于区块链技术形成的证据等,当事人均可以作为证据提供。

对于前款所述证据,应根据证据的形成过程、表现形式、具体内容等,结合新技术的特点,综合判断其所载信息的真实性、可靠性以及与案件的关联性等因素以确定其证据效力。

1.27 当事人提供的由中立第三方完成的市场调查报告,一般不能单独作为认定案件事实的依据,应结合在案其他证据综合认定其证明力。

对前款所述市场调查报告可以从调查者资质、调查动机、调查对象、调查地域、样本规模、样本分布、抽样方法、问题设计、程序运作、调查形成的时间等方面予以审查。

司法观点

➢**1. 刑事卷中的笔录供述等证据可以作为民事证据使用①**

最高人民法院审判长联席会议认为,刑事卷中的笔录供述等证据能否作为本案民事诉讼中的证据使用的问题,是本案中的典型问题,该问题亦属民事审判中的常见问题。对该问题,审判长联席会议形成了倾向性意见:刑事证据与民事

① 参见王闯:《刑事卷中的笔录供述等证据能否作为民事诉讼证据使用》,载最高人民法院民事审判第二庭编:《民商事审判指导》2008年第1辑(总第13辑),人民法院出版社2008年版,第29-34页。

证据标准不同。刑事证据的认定标准要比民事证据的盖然性更高,真实性也更高。在刑事公正的前提下,除非有相反证据反证,当事人的供述可以作为民事案件的证据使用。尤其是在相关供述可以相互印证,相互吻合,形成了比较完整的证据链的情况下,更应当按照《民事证据规定》第73条①所确立的"高度盖然性"证明标准即优势证据标准予以认定。当然,其应当根据《民事证据规定》第47条②的规定进行质证后方能作为民事诉讼证据使用。

➢ 2. 事故认定书属于何种证据的性质问题③

对于事故认定书应属于何种证据,法律上没有规定,理论上没有达成共识,我们认为,事故认定书兼有书证和鉴定意见的性质。无论是交通事故认定书还是火灾事故认定书,其基本内容均包括事故的基本事实、成因和当事人责任三部分。这三部分内在的逻辑关系是结果、原因和责任,即事故的结果、事故的原因及事故的责任人。其中结果是对事故客观事实状况的描述,符合书证以文字记载和表达的思想内容证明案件事实的特点,可以证明交通事故或者火灾事故已经发生的客观状况,其中并无主观判断。事故认定书的基本事实不符属于书证,属于证明性文书、公文书。成因部分则是由法定的机关在运用专业知识审查、分析现场勘查笔录、证人证言、当事人陈述、技术鉴定等材料的基础上,对事故的因果关系作出的结论性意见,责任部分则是根据成因确定相应责任人。事故认定书的成因与当事人责任部分属于鉴定意见。

1. 书证部分的证明力

事故认定书基本事实部分主要是依据现场勘查笔录、当事人陈述、证人证言等作出的。现场勘查笔录是公安机关人员亲身感受的结果,当事人陈述也是在事故发生后及时获得的。事故认定书在时空上接近事故本身,从这个角度说,事

---

① 2019年修正的《民事证据规定》已删除该条,该条内容规定在2022年修正的《民诉法解释》第108条中。

② 现为2019年修正的《民事证据规定》第60条。

③ 参见最高人民法院民事审判第二庭编著:《最高人民法院关于保险法司法解释(二)理解与适用》,人民法院出版社2013年版,第414-415页。

故认定书的证明力较强。

2. 鉴定意见部分的证明力

《民事证据规定》第 71 条①规定,人民法院委托鉴定部门作出的鉴定结论,当事人没有足以反驳的相反证据和理由的,可以认定其证明力。公安机关交通管理部门和公安机关消防机构作为道路交通安全法和消防法规定的出具事故认定书的机构,属于法定的事故鉴定机构,其出具的认定书中属于鉴定意见部分的证明力,也应参照该条的规定确定。

主流观点

➢ 民事诉讼中提供有关侦查机关获取的证据材料,是否予以采信,涉及对证据材料的审查判断②

从证据学的角度看,"证据材料"不同于证据。无论是当事人举证时所称的"证据",还是包括司法机关在内的有关机关调查收集或递交的"证据",严格来说,只能称为"证据材料",而非证据。所有的"证据材料"都要经过质证,才能作为认定案件事实的根据,而能够作为认定案件事实根据的有关书证、物证、视听资料、证人证言、当事人陈述、鉴定结论、勘验笔录,才称为证据。审判实践中经常会出现当事人在民事诉讼中举证时将有关侦查机关获取的证据材料,诸如证人证言、还款计划等递交给法院,作为支持自己诉请的证据或抗辩理由的情况。人民法院对该证据材料是否予以采信?这涉及对证据材料的审查判断问题。我们认为,大体上要区分以下几种情况:(1)如侦查机关未经合法程序,在剥夺或变相剥夺当事人人身自由的情况下获取的口供、证人证言或还款计划等,当事人在民事诉讼中对此提出了异议,对该证据材料,人民法院应不予采信;(2)虽然当事人在刑事侦查程序中作出了还款承诺,但当事人在民事诉讼中对该还款承诺提

---

① 2019 年修正的《民事证据规定》已删除该条。

② 参见徐瑞柏:《民商事纠纷与刑事犯罪交叉纵论》,载奚晓明主编:《中国民商审判》(总第 8 集),法律出版社 2005 年版,第 133 页。

出了异议，人民法院应当结合当事人之间是否存在基础关系、当事人对债务的发生是否存在事实上的联系等证据综合审查判断，决定对该还款承诺是否予以采信。

最高人民法院案例

➢ 1. 西部证券股份有限公司西安西五路证券营业部与中国农业银行西安昆明路支行合同纠纷案[最高人民法院(2005)民二终字第233号]

裁判要旨：除非有相反证据，否则当事人在刑事案件中的供述笔录可作为民事案件证据使用；尤其是在相关供述可相互印证、相互吻合，形成比较完整的证据链条的情况下，更应按《民事证据规定》第73条①所确立的“高度盖然性”证明标准即优势证据标准予以认定，同时依据《民事证据规定》第47条②规定进行质证后方能作为民事诉讼证据使用。

最高人民法院认为，在二审质证期间，诉争双方对本案刑事诉讼部分相关证据本身的真实性没有异议。但西部证券股份有限公司西安西五路证券营业部(以下简称西部证券)认为，上述刑事诉讼证据不能作为认定本案事实的依据和证据。最高人民法院认为，民事诉讼与刑事诉讼不尽相同，相较而言，民事诉讼的关注点主要在于当事人的过错和民事责任，因其一般只涉及当事人的财产等民事权益，故在民事诉讼事实认定中并不采用过高的证明标准。《民事证据规定》(2001)第73条关于“双方当事人对同一事实举出相反的证据，但都没有足够的依据否定对方证据的，人民法院应当结合案件情况，判断一方提供证据的证明力是否明显大于另一方提供证据的证明力，并对证明力较大的证据予以确认”之规定，已经确立了我国民事司法实践中的“高度盖然性”的证明标准，即优势证明标准。该条规定表明，在案件当事人对同一事实举出的相反证据都无法否定对方证据的情况下，由人民法院对当事人证据的证明力进行衡量。如果一方提供

---

① 2019年修正的《民事证据规定》已删除该条，该条内容规定在2022年修正的《民诉法解释》第108条中。

② 现为2019年修正的《民事证据规定》第60条。

的证据的证明力明显大于另一方,则可以认为证明力较大的证据支持的事实具有高度盖然性,人民法院应当依据这一事实作出裁判。如果双方证据的证明力大小不明显或无法判断,即双方证据支持的事实均不能达到高度盖然性程度,人民法院应当依据举证责任的分配规则作出裁判,由负有举证责任的一方当事人承担举证不能的不利后果。

在该案中,由于华某玲、黄某等均系西部证券工作人员,因此其关于西部证券如何将款项存入中国农业银行西安昆明路支行(以下简称农业银行)、如何与李某伟商谈高息以及款项如何被骗并致损失过程的证言的可信性较高。同时,西部证券并未举证证明公安机关在对华某玲、黄某等人进行上述询问时和制作询问笔录过程中采取了非法手段。特别是,在公安机关调查西部证券涉案款项如何存入农业银行以及如何被诈骗所制作的询问笔录中,无论是华某玲的证言,还是黄某的证词,都不是孤证,而是与李某伟的供述相互印证,形成了一条比较完整的证据链,其证据力甚至超过了《民事证据规定》第 73 条所要求达到的高度盖然性程度,足以证明最高人民法院查明的上述事实,故最高人民法院对华某玲、黄某、李某伟的上述证词和供述内容予以采信。

➢ 2. 广州市商业银行越秀支行与中国农业银行岳阳市云溪支行、广州名鑫实业发展有限公司、珠海协利租赁有限公司侵权纠纷案①[最高人民法院(2008)民二终字第 3 号]

裁判要旨:民事案件的当事人或其工作人员被公安机关依法传唤,其在公安机关形成的询问笔录在民事诉讼中就其证据属性而言,仍为证人证言。不能认为由公安机关依法根据一种比民事诉讼更为严肃的刑事诉讼程序获取的证人证言,只要取证程序合法,即具有证据能力。询问笔录在民事诉讼中的采信同样应当适用证据规则的有关规定。根据证据规则,与一方当事人有利害关系的证人证言不能单独作为认定案件事实的依据。

最高人民法院认为,该案公安机关并未将此案作为刑事案件处理,本案的询

---

① 参见最高人民法院民事审判第二庭编:《民商事审判指导》2009 年第 2 辑(总第 18 辑),人民法院出版社 2009 年版,第 259-270 页。

问笔录虽然是在案件发生后由公安机关询问有关经办人所形成的，但就其证据属性而言，仍为证人证言，不能认为"询问笔录是由公安机关依法根据一种比民事诉讼更为严肃的刑事诉讼程序获取的证人证言，只要取证程序合法，即具有证据能力"。询问笔录在民事诉讼中的采信同样应当适用证据规则的有关规定。根据《民事证据规定》，与一方当事人有利害关系的证人证言不能单独作为认定案件事实的依据。

证人吴某、李某辉、周某云、李某均系中国农业银行岳阳市云溪支行内部职员，且为涉诉业务的实际执行人，本案的处理结果与其可能受到的行政处分和责任追究密切相关。上述四人的证言虽可相互印证，但就该组证言的整体而言，不具有单独的证明力，因未有其他的证据相佐证，故该四名证人的证言难以采信作为确定本案事实的依据。证人金某秋的证言不具有稳定性，其在一审期间即向原审法院提交《情况说明》推翻了其在公安机关陈述的事实，在最高人民法院二审向其核实有关情况时其表示：当时与岳阳市公安局的谈话与事实有出入，没有反映实际情况，他的证言要以《情况说明》为准。故金某秋在公安机关调查阶段的询问笔录、二审期间的《情况说明》，及最高人民法院二审中形成的询问证人笔录均不能作为本案的证据使用。

➤ 3. 宁夏君信创业投资有限公司与上海绿谷伟业生态工程有限公司及原审第三人宁夏博尔泰力药业股份有限公司出资合同纠纷案①［（2004）民二终字第260号］

裁判要旨：审计部门单方审计后的内部审计调查报告，证据性质为书证，而非鉴定意见。

最高人民法院认为，《宁夏审计厅关于宁夏博尔泰力药业股份有限公司股权投资等有关问题的审计调查报告》经原审法院核实并经质证，系宁夏回族自治区审计厅就宁夏博尔泰力药业股份有限公司中国有资产存在的问题，进驻宁夏博尔泰力药业股份有限公司进行审计调查后向宁夏回族自治区政府领导提交的内

---

① 参见《最高人民法院公报》2005 年第 6 期（总第 104 期）。

部审计调查报告,其中涉及被上诉人上海绿谷伟业生态工程有限公司的出资情况,其证据属性为书证而非司法机关委托审计部门出具的鉴定结论。且该审计报告亦未能直接、充分地证明被上诉人虚假出资的事实,不能作为定案依据。

地方人民法院案例

➤1. 再审申请人李某刚、李某红与被申请人德州陵城农村商业银行股份有限公司金融借款合同纠纷案[(2020)鲁民再167号]

裁判要旨:刑事询问笔录未经刑事判决加以认定,不符合民事诉讼证据的形式要件,不能作为民事案件认定事实的证据使用。

山东省高级人民法院认为,本案的争议焦点是:李某刚、李某红对涉案债务是否放弃了诉讼时效的抗辩权。德州市陵城区公安分局在办理李某刚涉嫌刑事犯罪案件侦查过程中,依法对李某刚进行了讯问,形成了涉案刑事询问笔录,但该笔录未经刑事判决加以认定,不符合民事诉讼证据的形式要件,不能作为民事案件认定事实的证据使用。另外,李某刚在接受公安机关讯问时作出"我尽量偿还,我想先拿上100多万元表示诚意,然后再陆续地偿还余下的贷款"的表示,该意思表示并非向债权人德州陵城农村商业银行股份有限公司直接作出,不符合《最高人民法院关于审理民事案件适用诉讼时效制度若干问题的规定》第22条关于"放弃诉讼时效抗辩权的意思表示应向权利人作出"的规定。因此,单纯依据该刑事讯问笔录不能认定李某刚在本案民事诉讼已超诉讼时效的情况下作出承诺还款的意思表示。

➤2. 葛某斐与沈丘县汽车运输有限公司、中国人民财产保险股份有限公司周口市分公司等道路交通事故损害赔偿纠纷案①

裁判要旨:交通事故认定书是公安机关处理交通事故,作出行政决定所依据的主要证据,虽然可以在民事诉讼中作为证据使用,但由于交通事故认定结论的

---

① 参见《最高人民法院公报》2010年第11期(总第169期)。

依据是相应行政法规，运用的归责原则具有特殊性，与民事诉讼中关于侵权行为认定的法律依据、归责原则有所区别。交通事故责任不完全等同于民事法律赔偿责任。

江苏省南京市中级人民法院认为，本案的交通事故认定书不能作为民事侵权损害赔偿责任分配的唯一依据，行为人在侵权行为中的过错程度，应当结合案情，全面分析全部证据，根据民事诉讼的归责原则进行综合认定。

➢ 3. 王某凡、王某玲等与王某文、陈某宁、中国人民财产保险股份有限公司丰台支公司等机动车道路交通事故人身损害赔偿纠纷案①[（2011）海民初字第97号]

裁判要旨：公安交通管理机关依法作出的《简易程序处理交通事故认定书》《道路交通事故认定书》《道路交通事故证明》等事故认定文书，应当作为法院认定各方当事人民事责任及比例的重要但非唯一的证据。

北京市海淀区人民法院认为，海淀交通支队出具《道路交通事故认定书》，认定陈某宁为同等责任，王某文为同等责任，沈某羚无责任。北京市交通管理局出具《道路交通事故认定复核终止通知书》，决定终止复核。据此海淀交通支队出具《道路交通事故认定书》之证据真实、合法、有效。根据《道路交通安全法》立法宗旨，在道路通行中，机动车一方相对于非机动车一方而言，处于优势地位，应当充分地尽到注意义务，在确保安全和畅通的状况下通行，以避免、减少交通事故的发生。王某文为非机动车一方，陈某宁驾驶轿车，为机动车一方，其在回避能力和机动性能方面相对于王某文均处于优势地位。从充分保护受害自然人的角度出发，按照优者危险负担规则，认定陈某宁负这次交通事故65%的民事责任，王某文负这次交通事故35%的民事责任。

➢ 4. 再审申请人徐州清华蒜业有限公司与被申请人李某、徐州市青山蒜业有限公司等民间借贷纠纷案[（2016）最高法民申3600号]

裁判要旨：测谎的形式及内容并不属于民事诉讼中合法的证据形式。

---

① 参见《人民法院案例选》2012年第3辑（总第81辑）。

最高人民法院认为,关于是否应以测谎方式查明案件事实的问题。因测谎的形式及内容并不属于《民事诉讼法》第 63 条①规定的民事诉讼中合法的证据形式,故原审法院未采取该形式调查案件事实并无不当。

编者说明

虽然最高人民法院认为,刑事案件中的供述笔录可以作为民事案件中的证据使用,但民事案件法官对于供述笔录的采信并非毫无前提。法官仍需结合证据的关联性、合法性、客观真实性等因素,在质证后,依据自由心证原则确定刑事案件中相关供述有无证据能力及证明力的大小,决定是否在民事案件中予以采信。因此,对于提出将刑事案件供述笔录作为证据的一方当事人,不要错误地以为相关刑事案件中的相关供述可以直接作为民事案件中认定案件事实的根据,具有绝对的证明力,进而忽视对其关联性、合法性、客观真实性的证明;对于意欲否定刑事案件供述笔录作为证据的一方当事人而言,不要错误地以为刑事案件的供述笔录绝对不能作为民事案件的证据使用,不具有证据资格,进而不发表质证意见。

条文内容	参考条文
第三条 【证据裁判主义】 人民法院应当以证据能够证明的案件事实为根据依法作出裁判。	《民事证据规定》 第 85 条第 1 款

要点注释

证据裁判主义(原则),又称证据为本,指在司法活动中认定案件事实必须以证据为本源,司法证明活动必须以证据为基石。从逻辑结构上来看,证据裁判主

① 现为 2021 年修正的《民事诉讼法》第 66 条。

义有三层递进关系：首先，裁判的形成必须以证据为依据。因此，在事实前提和裁判结论之间一定要有确证关系。其次，裁判所依据的证据是可采信的证据。最后，据以作出裁判的证据的证明力必须达到法律规定的证明标准才能作为定案证据。

主流观点

➤ 坚持证据裁判主义理念，进一步贯彻民事诉讼证据制度①

党的十八届四中全会决定指出，要全面贯彻证据裁判规则的要求，严格依法收集、固定、保存、审查、运用证据，完善证人、鉴定人出庭制度，保证庭审在查明事实、认定证据、保护诉权、公正裁判中发挥决定性作用。在案件审理过程中，要认真贯彻落实《民事诉讼法》及司法解释中有关证据的规定，加强对法律、司法解释适用中的操作性、技术性问题的研究；强化对举证责任分配法定性的认识，通过对实体法中法律关系或权利要件规定的分析，识别相应的举证责任分配规则；通过释明权的适当行使，鼓励、引导当事人积极举证，积极探索调查令制度，扩展当事人收集证据的能力和手段；严格适用《民事诉讼法》及司法解释关于举证时限及逾期举证后果的规定，针对当事人逾期提供证据的主观状态和对诉讼的影响适用罚款、证据失权等制裁措施，平衡当事人诉讼权利的保护和诉讼秩序。要以贯彻落实证据制度为切入点，规范案件审理活动；规范证人出庭作证和当事人到庭陈述的程序，坚决打击虚假陈述和伪证行为；加强对司法鉴定启动和过程的审查监督，积极将专家辅助人引入专门性问题的质证、认证活动之中；规范法官组织质证、进行认证的方法，增强法官审查判断证据的能力，努力提升办案的质量与效率。

---

① 参见宋春雨、潘华明：《关于"八民会"纪要民事程序部分解读》，载最高人民法院民事审判第一庭编：《民事审判指导与参考》2016 年第 4 辑（总第 68 辑），人民法院出版社 2017 年版，第 80-81 页。

地方人民法院案例

➤ 1. 再审申请人中华联合财产保险股份有限公司乐山中心支公司与被申请人胡某兵、乐山市旭阳出租汽车有限公司等机动车交通事故责任纠纷案[(2017)川民申4581号]

裁判要旨:证据裁判原则是人民法院审理案件的基本原则之一。

四川省高级人民法院认为,人民法院审理案件的基本原则之一就是证据裁判原则,在交通损害赔偿案件中,交警出具的事故责任认定书是人民法院认定事故责任、划分赔偿责任的主要依据。本案交通事故发生后,被申请人王某军驾车离开现场,使事故基本事实无法查清,交警出具事故责任认定书认定王某军承担此事故的全部责任。诉讼中,二审法院收集到交警对王某军的询问笔录,王某军陈述是摩托车倒地后撞上自己的车辆,自己认为没有责任而离开,同时因为手机没电,委托了乘客报警,不是逃逸。二审法院收集到的公安人员对乘客罗某宽的询问笔录基本印证了王某军的陈述。二审法院以乐山市公安局交通警察支队直属一大队制作的交通事故认定书系公文书证,其并未认定王某军行为属交通肇事逃逸的行为为据,认定王某军在发生交通事故后驾车离开现场并非基于逃避法律追究的主观心态,不属于交通肇事逃逸并无不当,申请人关于王某军构成交通肇事逃逸的理由,不能成立。由于王某军错误地认为这次交通事故自己没有责任,没有及时地向保险部门报案,确有违背保险合同的约定,但情有可原,原判认定申请人仍应在保险合同范围内承担保险责任,亦无不当。

➤ 2. 张某与巴宜区八一镇湘宝五金机电建材、严某梅买卖合同纠纷案[(2021)藏04民终236号]

裁判要旨:综合分析全案证据,应认定上诉人并非购销合同实际买受人,不应当承担支付欠付货款的责任。

根据《民事证据规定》第85条"人民法院应当以证据能够证明的案件事实为根据依法作出裁判。审判人员应当依照法定程序,全面、客观地审核证据,依照法律的规定,遵循法官职业道德,运用逻辑推理和日常生活经验,对证据有无证明力和证明力大小独立进行判断,并公开判断的理由和结果”的规定,在综合分析全案证据后,西藏自治区林芝市中级人民法院依法认定张某并非《购销合同》实际买受人,不应当承担支付欠付货款的责任。具体理由如下:

首先,《购销合同》中严某梅、张某虽以甲方名义签名捺印,但该合同中亦对张某系材料员身份、签字同严某梅签字产生同样法律效力进行了明确约定,则对于其在《购销合同》上以甲方名义签字的行为不应当同合同约定的主要内容割裂开理解,且巴宜区八一镇湘宝五金机电建材应当对张某材料员的身份明知。其次,张某及严某梅虽然均在《欠条》上签名捺印,但二人在《欠条》上表明的身份分别为“材料负责欠款人:严某梅”及“材料负责人:张某”,该身份表述同《购销合同》相互印证,并明确了张某材料负责人的身份,而并非欠款人。最后,严某梅认可张某并非实际买受人,仅为其雇佣的材料采购员,且张某及严某梅在二审中关于雇佣时间及工资标准的具体陈述能够相互印证,结合张某二审提交的农民工工资明细表,也可进一步证实张某领取工资,系严某梅雇员的身份。综上,张某并非案涉货物的实际买受人及受益人,则由其承担责任不符合权利义务相一致原则,也同全案证据反映的客观事实相违背,案涉《购销合同》的实际买受人为严某梅,故应由严某梅个人承担支付责任。张某的上诉理由成立,该院予以支持。

➢ 3. 再审申请人黄某与被申请人防城港三生房地产有限公司劳动争议纠纷案[(2019)桂民申829号]

裁判要旨:原判决根据无瑕疵证据的证明力强于有瑕疵证据的证明力的适用原则,不采信一审被告持有的《离职审批表》,符合证据裁判原则的规定。

广西壮族自治区高级人民法院认为,再审申请人黄某举证其持有的《离职审批表》的离职种类二选项为“辞退”,且其对离职种类四“其他原因辞职”的选项有更改嫌疑,存在瑕疵。对瑕疵原因,黄某没有或者不能作出合理解析,且被更改的离职种类选项恰好与防城港三生房地产有限公司(以下简称三生公司)持有的《离职审批表》离职种类选项“其他原因辞职”相对应,原判决根据无瑕疵证据的证明力强于有瑕疵证据的证明力的适用原则,不采信黄某持有的《离职审批表》,符合证据裁判原则的规定。原判决根据人事管理的规定和一般常识,认为《离职审批表》的原件由用人单位保管,黄某离职前曾任三生公司综合部部长,还兼做了人力资源部的部分工作,有机会和条件接触《离职审批表》原件,对黄某持有提供的且对主要内容涉嫌更改的《离职审批表》不予采信,亦符合证据裁判的规定。

条文内容	参考条文
第四条　【证据采信的要求】 审判人员应当依照法定程序,全面、客观地审核证据,依据法律的规定,遵循法官职业道德,运用逻辑推理和日常生活经验,对证据有无证明力和证明力大小独立进行判断,并公开判断的理由和结果。	《民事证据规定》 第85条第2款

要点注释

证据采信,涉及对证据的关联性、合法性、客观真实性及证明力大小进行审查判断或采纳作为定案的证据问题,因此,又称认证。一般而言,证据采纳和采信是有区别的。采纳是对证据能力(证据资格)的判定,采信是对证据证明力(证明效力)大小的判断。所谓证据能力,指在法庭审理中为证明案件事实而得以作为证据使用的资格。所谓证明力,即证据的价值,指证据对案件事实是否具有证明作用和作用的程度。证据只有被采纳之后,才能进一步被采信,成为定案的证据。证据采信与否,必将涉及法官的自由心证或自由裁量问题,本条就体现了自由心证的基本精神,为防止法官滥用这种判断权,法官应将心证形成的过程、结果在裁判文书中阐明理由,对外公开。

对证据能力和证明力的确认与通常所说的对证据"三性"的审查判断大体一

致。对证据能力的确认对应形式关联性、合法性和形式真实性的判断；对证明力的确认对应实质真实性和实质关联性的判断。证据能力只有有无之别，无大小之别；证明力是对证据可信性的判断，不同证据可信性既有有无之别，也有大小之别。简言之，证据能力是定性的概念，证明力是定量的概念。证据采信的总体要求是：法官应当依据证据规则，运用逻辑推理和日常生活经验法则，全面、客观地审核案件的全部证据，对证据有无证据能力和证明力大小独立进行判断。

其他规定

➤**《涉及家庭暴力婚姻案件审理指南》**（最高人民法院中国应用法学研究所，2008 年 3 月施行）

第四十一条　一般情况下，受害人陈述的可信度高于加害人。

在案件审理过程中，双方当事人可能对于是否存在家庭暴力有截然不同的说法。加害人往往否认或淡化暴力行为的严重性，受害人则可能淡化自己挨打的事实。但一般情况下，受害人陈述的可信度高于加害人。因为很少有人愿意冒着被人耻笑的风险，捏造自己被配偶殴打、凌辱的事实。

司法文件

➤**《最高人民法院关于在审判执行工作中切实规范自由裁量权行使保障法律统一适用的指导意见》**（法发〔2012〕7 号，2012 年 2 月 28 日施行）

二、自由裁量权的行使条件。人民法院在审理案件过程中，对下列情形依法行使自由裁量权……（四）根据案件具体情况需要对证据规则进行阐释或者对案件涉及的争议事实进行裁量认定的……

三、自由裁量权的行使原则。（一）合法原则。要严格依据法律规定，遵循法定程序和正确裁判方法，符合法律、法规和司法解释的精神以及基本法理的要求，行使自由裁量权。不能违反法律明确、具体的规定。（二）合理原则。要从维护社会公平正义的价值观出发,充分考虑公共政策、社会主流价值观念、社会发展的阶段性、社会公众的认同度等因素,坚持正确的裁判理念,努力增强行使自由裁量权的确定性和可预测性,确保裁判结果符合社会发展方向。(三)公正原则。要秉持司法良知,恪守职业道德,坚持实体公正与程序公正并重。坚持法律面前人人平等,排除干扰,保持中立,避免偏颇。注重裁量结果与社会公众对公平正义普遍理解的契合性,确保裁判结果符合司法公平正义的要求。(四)审慎原则。要严把案件事实关、程序关和法律适用关,在充分理解法律精神、依法认定案件事实的基础上,审慎衡量、仔细求证,同时注意司法行为的适当性和必要性,努力实现办案的法律效果和社会效果的有机统一。

四、正确运用证据规则。行使自由裁量权,要正确运用证据规则,从保护当事人合法权益、有利查明事实和程序正当的角度,合理分配举证责任,全面、客观、准确认定证据的证明力,严格依证据认定案件事实,努力实现法律事实与客观事实的统一。

最高人民法院案例

➢ 1. 洪某凤与昆明安钡佳房地产开发有限公司房屋买卖合同纠纷案①
[(2015)民一终字第78号]

裁判要旨:(1)合同在性质上属于原始证据、直接证据,应当重视其相对于传来证据、间接证据所具有的较高证明力,并将其作为确定当事人法律关系性质的逻辑起点和基本依据。若要否定书面证据所体现的法律关系,并确定当事人之间存在缺乏以书面证据为载体的其他民事法律关系,必须在证据审核方面给予更为审慎的分析研判。(2)在两种解读结果具有同等合理性的场合,应朝着有利于书面证据所代表法律关系成立的方向作出判定,借此传达和树立重诺守信的价值导向。(3)透过解释确定争议法律关系的性质,应当秉持使争议法律关系项

① 参见《最高人民法院公报》2016年第1期(总第231期)。

下之权利义务更加清楚,而不是更加模糊的基本价值取向。在没有充分证据佐证当事人之间存在隐藏法律关系且该隐藏法律关系真实并终局地对当事人产生约束力的场合,不宜简单否定既存外化法律关系对当事人真实意思的体现和反映,避免当事人一方不当摆脱既定权利义务约束的结果出现。

关于双方当事人之间法律关系的性质问题。最高人民法院认为,民事法律关系是民事法律规范调整社会关系过程中形成的民事主体之间的民事权利义务关系。除基于法律特别规定,民事法律关系的产生、变更、消灭,需要通过法律关系参与主体的意思表示一致才能形成。判断民事主体根据法律规范建立一定法律关系时所形成的一致意思表示,目的在于明晰当事人权利义务的边界、内容。一项民事交易特别是类似本案重大交易的达成,往往存在复杂的背景,并非一蹴而就且一成不变。当事人的意思表示于此间历经某种变化并最终明确的情况并不鲜见。有些已经通过合同确立的交易行为,恰恰也经历过当事人对法律关系性质的转换过程。而基于各自诉讼利益考量,当事人交易形成过程中的细节并不都能获得有效诉讼证据的支撑。合同在性质上属于原始证据、直接证据,根据《民事证据规定》第 77 条①有关证据证明力认定原则的规定,其应作为确定当事人法律关系性质的逻辑起点和基本依据,应当重视其相对于传来证据、间接证据所具有的较高证明力。仅可在确有充分证据证明当事人实际履行行为与书面合同文件表现的效果意思出现显著差异时,才可依前者确定其间法律关系的性质。也就是说,除基于特定法政策考量,有必要在书面证据之外对相关事实予以进一步查证等情形,推翻书面证据之证明力应仅属例外。民事诉讼中的案件事实,应为能够被有效证据证明的案件事实。此外,透过解释确定争议法律关系的性质,应当秉持使争议法律关系项下之权利义务更加清楚,而不是更加模糊的基本价值取向。在没有充分证据佐证当事人之间存在隐藏法律关系且该隐藏法律关系真实并终局地对当事人产生约束力的场合,不宜简单否定既存外化法律关系对当事人真实意思的体现和反映,避免当事人一方不当摆脱既定权利义务约束的

① 2019 年修正的《民事证据规定》已删除该条。

结果出现。此外,即便在两种解读结果具有同等合理性的场合,也应朝着有利于书面证据所代表法律关系成立的方向作出判定,借此传达和树立重诺守信的价值导向。综上,若要否定书面证据所体现的法律关系,并确定当事人之间存在缺乏以书面证据为载体的其他民事法律关系,必须在证据审核方面给予更为审慎的分析研判。

根据《最高人民法院关于适用〈中华人民共和国合同法〉若干问题的解释(二)》①第7条的规定,"交易习惯"是指,不违反法律、行政法规强制性规定的,在交易行为当地或者某一领域、某一行业通常采用并为交易对方订立合同时所知道或者应当知道的做法,或者当事人双方经常使用的习惯做法。《合同法》②针对"交易习惯"问题作出相关规定,其意旨侧重于完善和补充当事人权利义务的内容,增强当事人合同权利义务的确定性。而本案并不涉及运用交易习惯弥补当事人合同约定不明确、不完整所导致的权利义务确定性不足的问题。在前述立法意旨之外,运用"交易习惯"认定当事人交易行为之"可疑性",应格外谨慎。

首先,关于房屋交付时间问题。案涉房产存在违反规划超建楼层且尚未报批即行出售的事实,在此情况下,当事人约定在合同签订之日后近4个月时交付房产。而即便不考虑前述事实,在现房买卖情形中,如何约定交房期限方符合"交易习惯",有无必要乃至是否形成"交易习惯",同类一般交易判断是否已经达成共识,尚存较大疑问。其次,关于房屋价格问题。抛开此案约定是否符合"交易习惯"的问题,对不合理低价的判断,亦须以当时当地房地产管理部门公布的同等房地产之价格信息为参考依据。虽昆明安钡佳房地产开发有限公司(以下简称安钡佳公司)称对其法定代表人张某霞与张某婕是否为亲属关系不得而知,但其确认张某婕同张某文(与张某霞户籍迁移时间、原因,迁出及迁入地均相同)身份证号相同的事实。张某婕与安钡佳公司《商品房购销合同》的备案登记,已于2014年4月22日(一审庭审时间为2014年9月23日)因退房被注销。一

① 该文件已失效。
② 该文件已失效。

审法院未查明相关事实，亦未对安钡佳公司在一审庭审中所作陈述与前述合同约定单价出现明显差异的事实给予必要关注，径以双方当事人约定价格明显低于安钡佳公司与张某婕在案涉合同签订之日近30个月前所订合同中约定价格为主要理由，否定本案双方当事人之间存在房屋买卖法律关系，理据不足。此外，至本案当事人签约时（2013年8月21日），《昆明市进一步加强商品房预售管理实施意见》已经在当地施行（2011年1月1日生效）。根据该意见的前述相关规定，可以认定洪某凤所持本案交易价格符合合理区间的主张成立。

其次，关于付款问题。案涉合同约定的购房款支付方式为分期支付，但在洪某凤所为一次性支付及安钡佳公司受领给付的共同作用下，应当认定其属于合同履行之变更。将此种合同履行变更视作与正常买房人的付款习惯相悖，理据尚不充分。而洪某凤向安钡佳公司法定代表人张某霞付款1900万元，也符合该公司所出具付款委托书的要求。购房发票系当事人办理房地产变更登记过程中所必需，一审法院认定安钡佳公司此前先行开具购房款收据违背房屋买卖"交易习惯"，并得出当事人之间不存在房屋买卖法律关系的结论，缺乏足够的事实和法律依据。对本案736万元款项性质，双方所述均无合同依据且无其他证据佐证。然而据前所述及，也不宜基于此通过解释和推断得出推翻书面证据所反映当事人法律关系存在的结论。

最后，关于借贷法律关系问题。洪某凤与安钡佳公司签订了房屋买卖合同且已经备案登记，在实际履行过程中，虽然有些事实可能引发不同认识和判断，但在没有任何直接证据证明洪某凤与安钡佳公司之间存在民间借贷法律关系，且安钡佳公司对其所主张民间借贷法律关系诸多核心要素的陈述并不一致的情况下，认定双方当事人之间存在民间借贷法律关系，缺乏充分的事实依据。本案二审庭审时，当庭播放了沈某卿与安钡佳公司法定代表人张某霞于2014年11月10日（一审庭审之后）的通话录音。此时，安钡佳公司一审所持抗辩意见已经固定，但安钡佳公司法定代表人张某霞在通话中对洪某凤之购房人身份却是认可的。至于安钡佳公司主张支付吴某协的1840万元系其所归还的借款本金问题，因其未提供任何证据支持，法院难予采信。如有争议，当事人可另循法律途径解决。

证明标准是负担证明责任的人提供证据证明其所主张法律事实所要达到的证明程度。本案中,洪某凤已经完成双方当事人之间存在房屋买卖法律关系的举证证明责任,安钡佳公司主张其与洪某凤之间存在民间借贷法律关系。按照《民诉法解释》第108条规定,安钡佳公司之举证应当在证明力上足以使人民法院确信该待证事实的存在具有高度可能性。而基于前述,安钡佳公司为反驳洪某凤所主张事实所作举证,没有达到高度可能性之证明标准。较之高度可能性这一一般证明标准而言,排除合理怀疑属于特殊证明标准。《民诉法解释》第109条对排除合理怀疑原则适用的特殊类型民事案件范围有明确规定。一审法院认定双方当事人一系列行为明显不符合房屋买卖的"交易习惯",进而基于合理怀疑得出其间系名为房屋买卖实为借贷民事法律关系的认定结论,没有充分的事实及法律依据,也不符合前述司法解释的规定精神,应予以纠正。

➢ 2. 再审申请人孙某涛与被申请人华某名、吉林市轩宇房地产开发有限责任公司申请执行人执行异议纠纷案①[(2013)民申字第675号]

裁判要旨:根据《民事证据规定》第64条②的规定,审判人员应当依照法定程序,全面、客观地审核证据,依据法律的规定,遵循法官职业道德,运用逻辑推理和日常生活经验,对证据有无证明力和证明力大小独立进行判断,并公开判断的理由和结果。

最高人民法院认为,本案再审审查涉及如下问题。

一、关于人民法院对讼争网点采取查封措施时,孙某涛是否已经占有了讼争网点的问题

根据一审、二审法院查明的事实,2007年10月10日,华某名与吉林市轩宇房地产开发有限责任公司(以下简称轩宇公司)因合同纠纷诉至法院。次日,华某名申请诉讼财产保全。同日,吉林省吉林市中级人民法院作出(2007)吉中民一初字第75-3号民事裁定书,查封了轩宇公司开发的坐落于吉林市江畔名苑小

---

① 参见《最高人民法院公报》2014年第5期(总第211期)。

② 现为2019年修正的《民事证据规定》第85条第2款。

区3号楼20号网点(东数6号网点)在内的23套住宅、8套网点、12套车库。

2007年10月12日,吉林省吉林市中级人民法院法官在对吉林市江畔名苑小区进行现场查封时,对该小区当时的物业管理公司吉林市天赐物业管理有限公司经理董某强和江畔名苑小区建筑单位现场看管人员徐某和进行了询问,经该两人证实:至2007年10月12日,吉林市江畔名苑小区3号楼有24户与轩宇公司办理了入户手续,涉案3号楼20号网点(东数6号网点)未进户。

2009年9月23日,吉林省吉林市中级人民法院作出(2007)吉中民一初字第75-5号民事裁定,对上述房屋继续查封。2010年2月5日,吉林省吉林市中级人民法院作出(2007)吉中民一初字第75号民事判决,判令轩宇公司给付华某名837210元及利息损失。判决生效后,华某名向吉林省吉林市中级人民法院申请强制执行。案件进入执行程序后,孙某涛以讼争网点为其购买为由提出异议。上述事实,不仅有华某名的诉讼财产保全申请书、吉林省吉林市中级人民法院的民事裁定书、该院法官的询问笔录等作为证据证明,而且还有2007年10月12日14时44分27秒对讼争网点拍摄的照片为证,足以证明。孙某涛对此予以否认,但没有提供任何证据加以证明,法院不予采信。

孙某涛在最高人民法院开庭询问时陈述,其在与轩宇公司签订合同的当天即2006年3月2日,轩宇公司就将钥匙交给其妻。经查一审庭审笔录,其陈述是轩宇公司将钥匙交给了他本人。对于钥匙究竟是交给他本人,还是其妻,孙某涛的陈述前后矛盾。讼争网点所在建筑在2006年3月并未竣工验收,水、电、气都没有通,该楼到最高人民法院审理时也没有商品房预售许可证明。考虑一般情况下交钥匙时都必须预交水、电、气等费用,且是办理了入户手续后才由物业公司将钥匙交给住户,孙某涛签合同当天拿到钥匙的陈述不仅不符合常理,而且其陈述自相矛盾,对房屋钥匙交给谁这样的重大行为,如果真的是当天交了,孙某涛应当记得非常清楚。根据案涉商品房买卖合同第11条的约定,双方进行验收交接时,要签署房屋交接单,但孙某涛并没有提供交付钥匙的任何证据。孙某涛的代理人王某梅律师在二审的代理词中写道:“2006年年底被告轩宇向上诉人交了钥匙。”综合考虑以上因素,最高人民法院确信2006年3月2日轩宇公司并没有将讼争网点的钥匙交给孙某涛或者其妻。由于孙某涛关于轩宇公司在签合同的当天交付钥匙的主张不能成立,而讼争网点在2007年10月12日前无人办理入户手续,最高人民法院认定,2007年10月12日吉林省吉林市中级人民法院查封讼争网点时,孙某涛夫妇并没有讼争网点的钥匙。孙某涛再审申请时提出其在2006年年底进入讼争网点,其证据是其在2006年3月2日拿到了讼争网点的钥匙。由于该证据不能成立,因此孙某涛提出的这一主张就缺乏依据,最高人民法院不予支持。可见,孙某涛关于2007年10月12日吉林省吉林市中级人民法院查封讼争网点时,其已经占有讼争网点的主张不能成立。据此,孙某涛再审申请提出的前三个理由均不能成立。前三个理由成立的前提是2007年10月12日人民法院查封讼争网点时,孙某涛已经占有讼争网点。但是,孙某涛并没有在2007年10月12日对讼争网点依法占有,因此,其提出本案应准用原《物权法》占有保护条款,而非民事诉讼保全和执行条款,依法不得强制执行的观点明显不能成立。孙某涛再审申请时主张,原判决适用法律错误。原判决认定孙某涛对讼争网点没有占有,是机械的理解,仅仅凭保全时那个时点孙某涛不在讼争网点就认定其没有占有是不准确的。依据上述论述,该理由也明显不能成立。此外,2006年10月12日人民法院对讼争网点进行现场查封时,如果孙某涛已经占有该网点,那么孙某涛就应当提出异议。但孙某涛并没有提出异议。孙某涛的抗辩理由是其已经对外出租。对此,最高人民法院表示怀疑。因该网点所在楼房并未竣工,水、电、气皆没通,谁会承租?承租了承租人就会使用,那么讼争小区当时的物业管理公司就应当知晓,该小区当时的建筑单位现场看管人员徐某和也应当清楚。但物业公司经理董某强和小区建筑现场看管人员徐某和却证实,讼争网点当时无人进户。退一万步说,即使出租理由成立,因为承租方承租就是为了使用,而现场查封状态也会保留一段时间,所以承租方就应当知道讼争网点已被查封的事实。知道后承租方就应当找孙某涛交涉,孙某涛也应当知道被查封的事实,然后提出异议。但孙某涛并没有提出异议。因此,孙某涛的这一抗辩理由不能成立。上述论述同时也能说明孙某涛关于其在2006年年底进入讼争网点的主张不能成立。2009年9月23日人民法院继续查封讼争网点时,如果孙某涛当时已经占有该网点,那么孙某涛就应当提出异议。但孙某涛当时也没有提出异议。直到华某名要求执行债务人轩宇公司的财产,案件进入执行程序后,孙某涛才以讼争网点为其购买为由提出异议。这也是补强最高人民法院认定的重要理由。

二、关于孙某涛是否在2006年3月2日已经支付讼争网点的全部价款的问题

孙某涛在再审申请时提出,其作为消费者依法对讼争网点享有的是一种居住的优先权,只要查明其没有与轩宇公司串通损害轩宇公司的债权人即华某名的合法利益,即应支持其抗辩,驳回华某名许可执行讼争网点的诉讼请求。最高人民法院认为,该申请理由不能成立,原因之一是孙某涛没有在2006年3月2日支付讼争网点的价款105462元。孙某涛一审期间没有提供这方面的证据。二审期间,其提交了两份新证据:证据一:现金支票存根5份,证明孙某涛一共在银行提了20万元现金,并且在2006年3月2日向轩宇公司一次支付;证据二:注册资本实收明细表和企业法人营业执照,用于印证证据一。华某名质证称:(1)两份证据不属于新证据。(2)这两份证据不能体现钱款的用途。(3)支票的主体是公司,应该认定给付支票的行为是公司行为而不是孙某涛的行为。(4)取款时间均发生在2006年2月,和交款的时间间隔过长。法院认为,华某名对此的抗辩是成立的。理由有以下几点。

第一,最高人民法院询问时,孙某涛的陈述是"先交钱,后签合同",明显违背常理。一般人购买网点这样的不动产哪有合同都没签,就先支付价款的。本案合同价款105462元,如果不签合同,这个有整有零的合同价款是如何计算出来的?

第二,孙某涛与轩宇公司签订的商品房买卖合同本身疑点也很多。首先,孙某涛陈述合同尾部的"孙某涛"三个字是其妻代签的。孙某涛解释其理由是"因为我之前住院,身体不好""我写字难看"。在本院询问"对方知道你们是夫妻关系吗",孙某涛回答"知道"。上述回答,令人生疑。对于一个具有完全民事行为能力的人,对于签约时在现场的人,仅需在签约时写下自己的名字和签字时间,身体不好、写字难看能够成为孙某涛让其妻代签字的正当理由吗?此外,如果轩

宇公司知道孙某涛和其妻是夫妻关系,那用其妻的名义购买网点也行,何必多此一举,用孙某涛的名义呢?正常情况下轩宇公司应该让在场的合同的对方当事人孙某涛本人签字。只有在极其罕见的特殊情况下,轩宇公司才会让在场的孙某涛的妻子代签字,且此时必须复印结婚证作为证据。如果不知道他们两人的关系,如果要证明,那要出示结婚证并复印,与其这样麻烦,还不如孙某涛自己在合同上签字,因为签字只是吹灰之力的事情。可见,孙某涛关于其妻代签字的陈述违背日常生活经验。其次,合同尾部"孙某涛"签字下面没有写明年月日,不符合签订合同时签字后马上书写年月日的一般签字习惯,也与日常生活经验相悖。再次,合同的很多重要内容空白,例如,(1)付款方式及期限;(2)买受人逾期付款的违约责任;(3)出卖人应当将具备何种条件的网点交付买受人使用,如该网点经验收合格,等等;(4)双方如何交接网点,如出卖人不出示证明文件或出示证明文件不齐全,买受人是否有权拒绝交接;(5)出卖人逾期交房的违约责任;(6)关于产权登记的约定。最后,合同第三条约定,涉案房屋平面图见本合同附件一,房号以附件一上表示为准。但该合同并没有"附件一"。

第三,支票的主体不是孙某涛,而是公司。该款的所有权属于公司,而不属于孙某涛。孙某涛并没有举出其从该公司借款的证据。

第四,用支票提取现金的时间是2006年2月5日、6日、7日、9日、10日,金额共计20万元,但孙某涛陈述支付讼争网点价款的时间是2006年3月2日,期间相差20多天。也就是说,孙某涛将20万元现金放在家里有20多天时间,明显不合常理。这是因为,难道20多天前孙某涛就和轩宇公司协商好了要在2006年3月2日购买讼争网点?如果这样的话,为什么不在2006年3月2日当天或者前几天开出支票取现?或者将支票直接背书给轩宇公司?如果20多天前没有协商好,那么孙某涛举出的证据的证明力就非常弱,不符合日常生活经验,根据《民事证据规定》第64条关于"审判人员应当依照法定程序,全面、客观地审核证据,依据法律的规定,遵循法官职业道德,运用逻辑推理和日常生活经验,对证据有无证明力和证明力大小独立进行判断,并公开判断的理由和结果"的规定,仅此证据不能让人民法院确信这些现金是用来支付讼争网点的价款的。

第五,轩宇公司没有出具正式发票,而是出具了临时收据。轩宇公司并没有所售网点的商品房预售许可证明,自然人一次支付10余万元从这样的公司购买不动产,属于重大行为,风险自然很大。面对风险很大的行为,孙某涛本应采取必要的防范措施,但其不防范,不要求轩宇公司开具正式发票,令人生疑,因为临时收据可以不入账,是临时用的,而正式发票必须入账,是正式的,也有据可查。

第六,更为重要的是,收据本身也漏洞百出。(1)大小写数额不一致。小写的数额是合同金额"105462元",但大写的数额却是"壹拾万零伍仟元",后面没有"肆佰陆拾贰元整"。对此明显的不一致,作为具有完全民事行为能力人的孙某涛为什么不要求轩宇公司重写呢?(2)财会主管、记账、出纳、审核、经办栏等皆为空白。为什么收款单位上述人员没有一个人签字呢?特别是经办人应当签字。孙某涛对此为什么不提出来呢?这明显不符合收款单位的工作人员书写收据的通常做法。(3)落款年月日前皆为空白。这也与收款单位的工作人员书写收据的通常做法不符。(4)公章并没有盖在左下角的"单位盖章"处,而是盖在收据的中部偏右处。

第七,鉴于轩宇公司承认收到该款的收据本身漏洞百出,该证据系孤证,没有任何入账记录佐证,且轩宇公司与华某名具有利害关系,法院不能确信轩宇公司确实收到该款。根据《民事证据规定》第8条关于"诉讼过程中,一方当事人对另一方当事人陈述的案件事实明确表示承认的,另一方当事人无需举证。但涉及身份关系的案件除外"的规定,自认的效果仅适用于诉讼的相互对立的双方当事人之间,而不能适用于第三人。换言之,第三人不受该自认的约束。本案中,原告是华某名,被告是孙某涛和轩宇公司。孙某涛和轩宇公司在本案中不但不是相互对立的一方,而且其诉讼目的一致,就是阻止华某名对讼争网点的强制执行,故轩宇公司对于孙某涛交付其网点价款的自认,对华某名没有约束力。因此,仅有轩宇公司的自认,而没有轩宇公司其他证据如入账记录佐证,加之自认的孤证不是正式发票,而是收据,收据本身也漏洞百出,最高人民法院不能确信轩宇公司收到该款。

第八,因为孙某涛关于轩宇公司交付钥匙的陈述虚假,而其所举出的收据本身因存在多处不符合日常生活经验的地方,不能让最高人民法院形成其在2006年3月2日已经支付价款的内心确信,所以其关于支付合同价款的陈述,虚假的可能性很大。

根据《民事证据规定》第64条的规定,综合考虑以上八点因素,最高人民法院认定,孙某涛在2006年3月2日并没有向轩宇公司交付105462元网点价款。

➢ 3. 申请再审人刘某喜与被申请人葛某芹房屋权属纠纷案[(2011)民提字第123号]

裁判要旨:根据对双方当事人提供证据证明力的比较分析可知,在案涉房屋买卖关系是否存在的问题上,一审被告提供的证据证明力明显大于一审原告提供的证据的证明力。一审原告有关案涉房屋归其所有的主张,不能支持。

最高人民法院认为,根据《民事证据规定》第64条①"审判人员应当依照法定程序,全面、客观地审核证据,依据法律的规定,遵循法官职业道德,运用逻辑推理和日常生活经验,对证据有无证明力和证明力大小独立进行判断,并公开判断的理由和结果"之规定,本院将双方当事人提供证据的证明力比较分析如下。

第一,葛某芹提供的案涉房屋买卖关系不成立的证据证明力明显较弱。首先,黑龙江省方正县林业局红星林场出具的《证明》记载葛某宽于1984年9月到该场其女儿家探亲,并于1986年3月返回山东省青岛市。葛某芹提供该《证明》的目的是证明其父葛某宽当时不可能在青岛市与刘某本签订房屋买卖协议。但从该《证明》内容来看,并未排除葛某宽中途返回青岛市的可能。另外,葛某宽具有人身自由,其是否返回青岛市无须上述出具证明单位的批准。因此,上述单位一般也不会了解葛某宽在上述期间内的出行情况。由上,该《证明》不能作为葛某宽未返回青岛市与刘某本签订房屋买卖协议的充分证据。其次,村委会(后变更为西韩居委会)于1991年5月出具的《证明》已被后来的《说明》修正。村委会在1991年5月出具的《证明》记载的是刘某本1982年建房。而西韩居委会在2007年5月出具的《证明》记载的是刘某本于1985年上半年以4000元价格向葛

---

① 现为2019年修正的《民事证据规定》第85条第2款。

某宽购买了该房屋。虽然上述两份《证明》在有关案涉房屋的来源问题上的记载存在不一致,但西韩居委会随后出具的《说明》中将1991年5月出具的《证明》中有关“1982年建房”的陈述解释为“1991年换发土地使用证工作,是对全村所有的宅基地进行确权发证,涉及全村2000多户,工作量较大,因此,在书写证明材料时,由于工作人员笔误,将1987年写成1982年”。从换发土地使用证的时间、工作量,刘某本曾有扩建房屋的行为及当时基层工作人员的素质等角度看,上述《说明》中对之前证明中记载错误原因的陈述具有一定的合理性和可信度。再次,刘某喜提供的证人证言虽有表述上的不一致,但在签订房屋买卖协议及房屋价格这一基本事实上的证言并无分歧。根据刘某好、刘某高在本案二审时出庭所作证言可知,两人都证实了葛某宽以4000元价格将房屋卖给了刘某本。当时的买卖协议是两份,由刘某好起草,刘某高书写。考虑两位证人出庭作证时年龄较大且所证事实发生在20多年前,故不能排除两人在具体陈述当时房屋买卖过程时对其他次要细节内容记忆不清的可能。最后,崂集建(91)第70741号集体土地建设用地使用证被撤销并不能证明案涉房屋所有权不属于刘某本。从山东省高级人民法院(2009)鲁行再终字第22号行政判决内容来看,撤销崂集建(91)第70741号集体土地建设用地使用证的原因是,在刘某本申请案涉土地使用权登记时并未提供土地权属来源证明和地上附着物权属证明的情况下,山东省青岛市崂山区人民政府颁发上述集体土地建设用地使用证的行为违法。但该判决并未确认案涉土地使用权及其房屋的所有权不属于刘某本。

第二,刘某喜提供的有关房屋买卖关系存在的证据符合日常生活经验,具有更强的证明力。首先,刘某高、刘某好两位老人作为买房现场见证人出庭作证时对案涉房屋买卖关系发生时间、价款、协议形式以及现场人员都作了陈述。虽然两人陈述在细节方面有不一致之处,但是考虑两人陈述的是20多年前的事实,不排除两人证言中的个别细节差异,是两人年岁较大、记忆不清导致。因此,在没有证据证明两位老人与本案双方当事人有直接利害关系的情形下,不能仅根据两人陈述中的个别细节差异就否定证言的真实性。其次,村委会出具的一系列证明材料反映了刘某本向葛某宽购买案涉房屋的全过程。2007年5月,西韩居委会出具的《证明》记载“1985年上半年，葛某宽向村委申请将案涉房屋卖给刘某本。村委研究认为，根据刘某本家的实际情况，符合审批宅基地的条件，同意安排本村基建委员会负责人刘某好、村委委员刘某高两位同志负责给双方办理房屋的买卖事宜。由刘某高起草协议，内容是葛某宽将该房以4000元价格卖给刘某本。1991年进行房屋宅基地普查，重新确权发证。但葛某宽称找不到旧证”。由上可知，上述证明记载的房屋买卖过程与刘某高、刘某好陈述基本一致。《证明》中之所以要写1987年建房，是因为在1987年刘某本将案涉房屋进行了改扩建。对此，2007年3月，西韩居委会出具的证明中有明确记载。综上，刘某喜提供的证人证言与西韩居委会出具的一系列证据之间基本可以相互印证。由此，得出案涉房屋买卖的演进过程也具有合理性，与一般日常生活经验判断结果相符。

第三，葛某宽及其家人对案涉房屋的态度也间接证明了案涉房屋买卖关系的存在。首先，葛某宽生前对刘某本长时间占有案涉房屋的行为所持的置之不理态度与日常生活经验判断结果不符。根据已查明事实可知，从1985年起，刘某本一家就一直在案涉房屋中居住，而葛某芹也分别在本案二审庭审及本院庭审中陈述，葛某芹在刘某本一家搬进案涉房屋后还经常回到村里以及葛某宽搬走后也经常回村里看。因此，葛某宽一家人对刘某本长时间占有和处分案涉房屋的行为不可能完全不知情。但直至2000年葛某宽去世前，葛某宽从未对刘某本在案涉房屋中居住的行为提出异议。根据日常生活经验可知，房屋借用关系持续15年之久的情形在现实生活中并不常见，而房屋所有权人对此并不提出异议更是有违常理。其次，葛某宽对刘某本扩建案涉房屋的行为未提出异议，也不符合房屋借用习惯。根据《合同法》第223条第1款①“承租人经出租人同意，可以对租赁物进行改善或者增设他物”可知，承租人在支付对价的情形下，要对所租赁的房屋进行改建或扩建尚且应先经房屋出租人同意，更何况没有支付任何对价的房屋借用人。因此，刘某本如果只是房屋借用人，那么其在1987年对案涉房屋实施扩建行为之前就会按惯例在动工前取得葛某宽的同意。即便刘某本

---

① 《合同法》已失效，现为《民法典》第715条第1款。

未主动征求葛某宽同意,葛某宽作为案涉房屋所有权人,一般也会主动就是否同意刘某本扩建以及扩建后房屋归属等问题与刘某本进行交涉。但事实上,葛某宽并未就刘某本的扩建行为提出过异议。葛某宽的不表态行为显然与房屋借用关系中出借人应有的正常反应不符。再次,葛某宽在案涉房屋换发集体土地建设用地使用证问题上的态度更是无法按常理解释。在1991年全村统一换发土地使用证期间,葛某宽没有要求给自己换发土地使用证以确认其对案涉房屋的所有权。甚至对刘某本在1991年以自己名义办理集体土地建设用地使用证的行为,葛某宽也未就此提出异议。如果案涉房屋所有权人是葛某宽,那么刘某本将房屋产权办到自己名下的行为无疑严重侵犯了葛某宽的财产权。葛某宽对此没有反应显然与常理相悖。最后,葛某宽去世时未对案涉房屋进行处分也与常理不合。一般而言,在农村,农民拥有的生活资料中价值最高的就是房屋。因此,正常情形下,葛某宽在去世前一般都会对其所有房屋如何处分作出安排。但根据葛某芹在本院庭审中的陈述,葛某宽在2000年去世前并未就房屋如何处分作出表态。另外,葛某芹作为继承人长时间不主张继承权的行为也不符合日常生活经验。葛某芹是在2005年才知道案涉房屋拆迁事宜,进而向法院提起诉讼主张权利。在此之前,葛某芹没有向刘某本主张过权利。葛某芹如果明知其对案涉房屋有继承权,却在长达5年的时间内,特别是在借用人刘某本去世后都未及时向刘某本及其继承人主张房屋所有权显然与常理不合。

➢ 4. 再审申请人新乡伟业置地有限公司与被申请人河南国安建设集团有限公司建设工程施工合同纠纷案[(2021)最高法民申3402号]

裁判要旨:工程竣工验收备案表是备案资料,其证明力明显高于工程款支付审批单。

最高人民法院认为,新乡伟业置地有限公司(以下简称伟业公司)提交的《工程竣工验收备案表》是案涉工程竣工后报主管机关备案的资料,该备案表的证明力明显高于《工程款支付审批单》,二审判决据此认定幼儿园工程造价466万元并无不当。

➢ 5. 再审申请人何某基与被申请人广州兴盛房地产发展有限公司、一审第三人正威投资有限公司等商品房预售合同纠纷案[(2016)最高法民申3443号]

裁判要旨:当事人提交的证据不足以证明案涉待证事实的发生具有高度盖然性,应当承担举证不能的不利后果。

最高人民法院认为,本案中,何某基、正威投资有限公司(以下简称正威公司)主张正威公司已经支付了案涉305个车位的购买款7991万港元,对于该事实,何某基、正威公司负有证明"该付款事实的存在具有高度可能性"的举证证明责任。对此,何某基提交了八张由广州兴盛房地产发展有限公司(以下简称兴盛公司)开具的收据,正威公司提交了2001年6月8日兴盛公司向正威公司出具的表示需要延迟交付车位的函件及2005年8月3日兴盛公司和中南公司就案涉车位第一次拍卖签订的《关于车位的产权交接会议纪要》。

首先,因该笔交易标的涉及的数额巨大,八张收据存在编号连号、编号在前的收据出具时间在后、部分收据无落款日期等瑕疵,不符合通常的公司财务会计工作规范,因此,在无其他证据印证的情况下,该证据不足以单独证明正威公司已经支付了案涉车位购买款项。

其次,对于正威公司提供的兴盛公司于2001年6月8日发给其的函件及2005年8月3日兴盛公司和中南公司签订的用以佐证其已经付款的《关于车位的产权交接会议纪要》,最高人民法院认为,该函件只是告知正威公司暂不能办理产权登记手续,并未涉及款项的支付问题,因此不能成为直接证明案涉车位购买款项已经支付的证据。而会议纪要系复印件,其真实性兴盛公司不予认可,正威公司未能提供原件核对,故会议纪要不能作为定案证据。

最后,正威公司作为付款方,对于案涉车位购买款项7991万港元的巨额支出,未能提供任何支付凭证,正威公司称其是在香港将该车位购买款项支付给兴盛公司的股东香港昌盛集团有限公司(以下简称昌盛集团),但也未能对其在何时、何地以何种方式将款项支付给昌盛集团作出具体、明确、合理的说明。且无论该笔款项支付给兴盛公司还是昌盛集团,对于如此巨额的款项开支,正威公司均应有相应的付款凭证,但其至再审时仍未能提交付款凭证这一直接证据,明显与商业交易惯例不符。《民诉法解释》第105条规定:“人民法院应当按照法定程序,全面、客观地审核证据,依照法律规定,运用逻辑推理和日常生活经验法则,对证据有无证明力和证明力大小进行判断,并公开判断的理由和结果。”通过前述分析,最高人民法院认为何某基、正威公司提交的证据不足以证明“正威公司已支付兴盛公司车位购买款7991万港元”这一事实的发生具有高度盖然性,应当承担举证不能的不利后果。

地方人民法院案例

➢再审申请人中国人民财产保险股份有限公司宜春市分公司与被申请人邹某秀、张某勇机动车交通事故责任纠纷案[(2020)赣民申733号]

裁判要旨:法院委托的重新鉴定因程序违法、鉴定过程不规范,反而采信当事人自行委托的鉴定意见。

江西省高级人民法院认为,《民事证据规定》第64条①规定:“审判人员应当依照法定程序全面、客观地审核证据,依据法律规定,遵循法官职业道德,运用逻辑推理和日常生活经验,对证据有无证明力和证明力大小独立进行判断,并公开判断的理由和结果。”本案存在两份结论不同的司法鉴定意见书,一审法院经通知两次鉴定的鉴定人员到庭当庭接受质询后查明,江西中正司法鉴定中心作出的鉴定存在鉴定程序违法(未按照规定由两名鉴定人员进行鉴定),鉴定人员资质不符合法律规定,临床检验项目数据缺失,测量邹某秀的相关角度数据时测量尺摆放不规范等问题。而宜春司法鉴定中心的鉴定结论不存在鉴定程序违法、鉴定人员及鉴定机构资质以及鉴定意见依据不足等情形。一审、二审法院根据上述法律规定全面审查两次鉴定结论的鉴定程序、鉴定内容等,并根据客观情况采信江西省宜春市司法鉴定中心的鉴定结论,符合法律规定。

---

① 现为2019年修正的《民事证据规定》第85条第2款。

第二章　取　　证

第一节　调 查 收 集

条文内容	参考条文
第五条　【诉讼代理人调查取证】 代理诉讼的律师和其他诉讼代理人有权调查收集证据，可以查阅本案有关材料。查阅本案有关材料的范围和办法由最高人民法院规定。	《民事诉讼法》第64条

要点注释

本条规定了诉讼代理人的调查取证权利，包括可以查阅案涉有关材料。诉讼代理人是基于当事人的委托参与诉讼，故除了诉讼代理人，当事人自己当然有权调查收集证据。本条前句虽然没有写明"当事人另有约定的除外"，但考虑到当事人在诉讼过程中是否调查收集证据通常仅关乎当事人的私人利益，与国家利益、社会公共利益没有关联，故从法律规范的类型来看，本条前句应属于任意性规范，留有允许当事人和诉讼代理人约定可否调查收集证据的余地，即当事人可以在授权委托书中约定诉讼代理人无权调查收集证据。

相关法律

➢ **1.《律师法》**(2017年9月1日修正)

第三十五条　受委托的律师根据案情的需要，可以申请人民检察院、人民法院收集、调取证据或者申请人民法院通知证人出庭作证。

律师自行调查取证的，凭律师执业证书和律师事务所证明，可以向有关单位或者个人调查与承办法律事务有关的情况。

➢ **2.《档案法》**（2020 年 6 月 20 日修订）

第二十七条 县级以上各级档案馆的档案，应当自形成之日起满二十五年向社会开放。经济、教育、科技、文化等类档案，可以少于二十五年向社会开放；涉及国家安全或者重大利益以及其他到期不宜开放的档案，可以多于二十五年向社会开放。国家鼓励和支持其他档案馆向社会开放档案。档案开放的具体办法由国家档案主管部门制定，报国务院批准。

第二十八条 档案馆应当通过其网站或者其他方式定期公布开放档案的目录，不断完善利用规则，创新服务形式，强化服务功能，提高服务水平，积极为档案的利用创造条件，简化手续，提供便利。

单位和个人持有合法证明，可以利用已经开放的档案。档案馆不按规定开放利用的，单位和个人可以向档案主管部门投诉，接到投诉的档案主管部门应当及时调查处理并将处理结果告知投诉人。

利用档案涉及知识产权、个人信息的，应当遵守有关法律、行政法规的规定。

第二十九条 机关、团体、企业事业单位和其他组织以及公民根据经济建设、国防建设、教学科研和其他工作的需要，可以按照国家有关规定，利用档案馆未开放的档案以及有关机关、团体、企业事业单位和其他组织保存的档案。

➢ **3.《民法典》**（2021 年 1 月 1 日施行）

第二百一十八条 权利人、利害关系人可以申请查询、复制不动产登记资料，登记机构应当提供。

第二百六十四条 农村集体经济组织或者村民委员会、村民小组应当依照法律、行政法规以及章程、村规民约向本集体成员公布集体财产的状况。集体成员有权查阅、复制相关资料。

第一千零二十九条 民事主体可以依法查询自己的信用评价；发现信用评价不当的，有权提出异议并请求采取更正、删除等必要措施。信用评价人应当及时核查,经核查属实的,应当及时采取必要措施。

第一千零三十七条 自然人可以依法向信息处理者查阅或者复制其个人信息;发现信息有错误的,有权提出异议并请求及时采取更正等必要措施。

自然人发现信息处理者违反法律、行政法规的规定或者双方的约定处理其个人信息的,有权请求信息处理者及时删除。

第一千二百二十五条 医疗机构及其医务人员应当按照规定填写并妥善保管住院志、医嘱单、检验报告、手术及麻醉记录、病理资料、护理记录等病历资料。

患者要求查阅、复制前款规定的病历资料的,医疗机构应当及时提供。

➢ **4.《职业病防治法》**(2018 年 12 月 29 日修正)

第三十六条 用人单位应当为劳动者建立职业健康监护档案,并按照规定的期限妥善保存。

职业健康监护档案应当包括劳动者的职业史、职业病危害接触史、职业健康检查结果和职业病诊疗等有关个人健康资料。

劳动者离开用人单位时,有权索取本人职业健康监护档案复印件,用人单位应当如实、无偿提供,并在所提供的复印件上签章。

第四十七条 用人单位应当如实提供职业病诊断、鉴定所需的劳动者职业史和职业病危害接触史、工作场所职业病危害因素检测结果等资料;卫生行政部门应当监督检查和督促用人单位提供上述资料;劳动者和有关机构也应当提供与职业病诊断、鉴定有关的资料。

职业病诊断、鉴定机构需要了解工作场所职业病危害因素情况时,可以对工作场所进行现场调查,也可以向卫生行政部门提出,卫生行政部门应当在十日内组织现场调查。用人单位不得拒绝、阻挠。

➢ **5.《公司法》**(2018 年 10 月 26 日修正)

第三十三条 股东有权查阅、复制公司章程、股东会会议记录、董事会会议决议、监事会会议决议和财务会计报告。

股东可以要求查阅公司会计账簿。股东要求查阅公司会计账簿的,应当向公司提出书面请求,说明目的。公司有合理根据认为股东查阅会计账簿有不正当目的,可能损害公司合法利益的,可以拒绝提供查阅,并应当自股东提出书面请求之日起十五日内书面答复股东并说明理由。公司拒绝提供查阅的,股东可以请求人民法院要求公司提供查阅。

第九十七条　股东有权查阅公司章程、股东名册、公司债券存根、股东大会会议记录、董事会会议决议、监事会会议决议、财务会计报告,对公司的经营提出建议或者质询。

司法解释

➢ **1.《最高人民法院关于诉讼代理人查阅民事案件材料的规定》**(法释〔2020〕20号,2021年1月1日施行)

第一条　代理民事诉讼的律师和其他诉讼代理人有权查阅所代理案件的有关材料。但是,诉讼代理人查阅案件材料不得影响案件的审理。

诉讼代理人为了申请再审的需要,可以查阅已经审理终结的所代理案件有关材料。

第二条　人民法院应当为诉讼代理人阅卷提供便利条件,安排阅卷场所。必要时,该案件的书记员或者法院其他工作人员应当在场。

第三条　诉讼代理人在诉讼过程中需要查阅案件有关材料的,应当提前与该案件的书记员或者审判人员联系;查阅已经审理终结的案件有关材料的,应当与人民法院有关部门工作人员联系。

第四条　诉讼代理人查阅案件有关材料应当出示律师证或者身份证等有效证件。查阅案件有关材料应当填写查阅案件有关材料阅卷单。

第五条　诉讼代理人在诉讼中查阅案件材料限于案件审判卷和执行卷的正卷,包括起诉书、答辩书、庭审笔录及各种证据材料等。

案件审理终结后,可以查阅案件审判卷的正卷。

第六条　诉讼代理人查阅案件有关材料后,应当及时将查阅的全部案件材料交回书记员或者其他负责保管案卷的工作人员。

书记员或者法院其他工作人员对诉讼代理人交回的案件材料应当当面清查,认为无误后在阅卷单上签注。阅卷单应当附卷。

诉讼代理人不得将查阅的案件材料携出法院指定的阅卷场所。

第七条 诉讼代理人查阅案件材料可以摘抄或者复印。涉及国家秘密的案件材料,依照国家有关规定办理。

复印案件材料应当经案卷保管人员的同意。复印已经审理终结的案件有关材料,诉讼代理人可以要求案卷管理部门在复印材料上盖章确认。

复印案件材料可以收取必要的费用。

第八条 查阅案件材料中涉及国家秘密、商业秘密和个人隐私的,诉讼代理人应当保密。

第十条 民事案件的当事人查阅案件有关材料的,参照本规定执行。

➢ 2.《最高人民法院关于人民法院通过互联网公开审判流程信息的规定》(法释〔2018〕7号,2018年9月1日施行)

第十条 庭审、质证、证据交换、庭前会议、调查取证、勘验、询问、宣判等诉讼活动的笔录,应当通过互联网向当事人及其法定代理人、诉讼代理人、辩护人公开。

第十一条 当事人及其法定代理人、诉讼代理人、辩护人申请查阅庭审录音录像、电子卷宗的,人民法院可以通过中国审判流程信息公开网或者其他诉讼服务平台提供查阅,并设置必要的安全保护措施。

第十二条 涉及国家秘密,以及法律、司法解释规定应当保密或者限制获取的审判流程信息,不得通过互联网向当事人及其法定代理人、诉讼代理人、辩护人公开。

➢ 3.《最高人民法院关于审理建筑物区分所有权纠纷案件适用法律若干问题的解释》(法释〔2020〕17号,2021年1月1日施行)

第十三条 业主请求公布、查阅下列应当向业主公开的情况和资料的,人民法院应予支持:

(一)建筑物及其附属设施的维修资金的筹集、使用情况;

（二）管理规约、业主大会议事规则，以及业主大会或者业主委员会的决定及会议记录；

（三）物业服务合同、共有部分的使用和收益情况；

（四）建筑区划内规划用于停放汽车的车位、车库的处分情况；

（五）其他应当向业主公开的情况和资料。

➤ **4.《最高人民法院关于适用〈中华人民共和国公司法〉若干问题的规定（四）》**（法释〔2020〕18号，2021年1月1日施行）

第七条　股东依据公司法第三十三条、第九十七条或者公司章程的规定，起诉请求查阅或者复制公司特定文件材料的，人民法院应当依法予以受理。

公司有证据证明前款规定的原告在起诉时不具有公司股东资格的，人民法院应当驳回起诉，但原告有初步证据证明在持股期间其合法权益受到损害，请求依法查阅或者复制其持股期间的公司特定文件材料的除外。

第十条　人民法院审理股东请求查阅或者复制公司特定文件材料的案件，对原告诉讼请求予以支持的，应当在判决中明确查阅或者复制公司特定文件材料的时间、地点和特定文件材料的名录。

股东依据人民法院生效判决查阅公司文件材料的，在该股东在场的情况下，可以由会计师、律师等依法或者依据执业行为规范负有保密义务的中介机构执业人员辅助进行。

部门规章

➤ **1.《不动产登记资料查询暂行办法》**（自然资源部，2019年7月24日施行）

第二条　本办法所称不动产登记资料，包括：

（一）不动产登记簿等不动产登记结果；

（二）不动产登记原始资料，包括不动产登记申请书、申请人身份材料、不动产权属来源、登记原因、不动产权籍调查成果等材料以及不动产登记机构审核材料。

不动产登记资料由不动产登记机构负责保存和管理。

第四条 不动产权利人、利害关系人可以依照本办法的规定,查询、复制不动产登记资料。

不动产权利人、利害关系人可以委托律师或者其他代理人查询、复制不动产登记资料。

第七条 查询不动产登记资料,应当在不动产所在地的市、县人民政府不动产登记机构进行,但法律法规另有规定的除外。

查询人到非不动产所在地的不动产登记机构申请查询的,该机构应当告知其到相应的机构查询。

不动产登记机构应当提供必要的查询场地,并安排专门人员负责不动产登记资料的查询、复制和出具查询结果证明等工作。

申请查询不动产登记原始资料,应当优先调取数字化成果,确有需求和必要,可以调取纸质不动产登记原始资料。

第八条 不动产权利人、利害关系人申请查询不动产登记资料,应当提交查询申请书以及不动产权利人、利害关系人的身份证明材料。

查询申请书应当包括下列内容:

(一)查询主体;

(二)查询目的;

(三)查询内容;

(四)查询结果要求;

(五)提交的申请材料清单。

第九条 不动产权利人、利害关系人委托代理人代为申请查询不动产登记资料的,被委托人应当提交双方身份证明原件和授权委托书。

授权委托书中应当注明双方姓名或者名称、公民身份号码或者统一社会信用代码、委托事项、委托时限、法律义务、委托日期等内容,双方签字或者盖章。

代理人受委托查询、复制不动产登记资料的,其查询、复制范围由授权委托书确定。

第十条　符合查询条件,查询人需要出具不动产登记资料查询结果证明或者复制不动产登记资料的,不动产登记机构应当当场提供。因特殊原因不能当场提供的,应当在5个工作日内向查询人提供。

查询结果证明应当注明出具的时间,并加盖不动产登记机构查询专用章。

第十一条　有下列情形之一的,不动产登记机构不予查询,并出具不予查询告知书:

(一)查询人提交的申请材料不符合本办法规定的;

(二)申请查询的主体或者查询事项不符合本办法规定的;

(三)申请查询的目的不符合法律法规规定的;

(四)法律、行政法规规定的其他情形。

查询人对不动产登记机构出具的不予查询告知书不服的,可以依法申请行政复议或者提起行政诉讼。

第十四条　不动产登记簿上记载的权利人可以查询本不动产登记结果和本不动产登记原始资料。

第十五条　不动产权利人可以申请以下列索引信息查询不动产登记资料,但法律法规另有规定的除外:

(一)权利人的姓名或者名称、公民身份号码或者统一社会信用代码等特定主体身份信息;

(二)不动产具体坐落位置信息;

(三)不动产权属证书号;

(四)不动产单元号。

第十七条　继承人、受遗赠人因继承和受遗赠取得不动产权利的,适用本章关于不动产权利人查询的规定。

前款规定的继承人、受遗赠人查询不动产登记资料的,除提交本办法第八条规定的材料外,还应当提交被继承人或者遗赠人死亡证明、遗嘱或者遗赠抚养协议等可以证明继承或者遗赠行为发生的材料。

第十八条　清算组、破产管理人、财产代管人、监护人等依法有权管理和处分不动产权利的主体,参照本章规定查询相关不动产权利人的不动产登记资料。

依照本条规定查询不动产登记资料的,除提交本办法第八条规定的材料,还应当提交依法有权处分该不动产的材料。

第十九条 符合下列条件的利害关系人可以申请查询有利害关系的不动产登记结果:

(一)因买卖、互换、赠与、租赁、抵押不动产构成利害关系的;

(二)因不动产存在民事纠纷且已经提起诉讼、仲裁而构成利害关系的;

(三)法律法规规定的其他情形。

第二十条 不动产的利害关系人申请查询不动产登记结果的,除提交本办法第八条规定的材料外,还应当提交下列利害关系证明材料:

(一)因买卖、互换、赠与、租赁、抵押不动产构成利害关系的,提交买卖合同、互换合同、赠与合同、租赁合同、抵押合同;

(二)因不动产存在相关民事纠纷且已经提起诉讼或者仲裁而构成利害关系的,提交受理案件通知书、仲裁受理通知书。

第二十一条 有买卖、租赁、抵押不动产意向,或者拟就不动产提起诉讼或者仲裁等,但不能提供本办法第二十条规定的利害关系证明材料的,可以提交本办法第八条规定材料,查询相关不动产登记簿记载的下列信息:

(一)不动产的自然状况;

(二)不动产是否存在共有情形;

(三)不动产是否存在抵押权登记、预告登记或者异议登记情形;

(四)不动产是否存在查封登记或者其他限制处分的情形。

第二十二条 受本办法第二十一条规定的当事人委托的律师,还可以申请查询相关不动产登记簿记载的下列信息:

(一)申请验证所提供的被查询不动产权利主体名称与登记簿的记载是否一致;

(二)不动产的共有形式;

(三)要求办理查封登记或者限制处分机关的名称。

第二十三条　律师受当事人委托申请查询不动产登记资料的，除提交本办法第八条、第九条规定的材料外，还应当提交律师证和律师事务所出具的证明材料。

律师持人民法院的调查令申请查询不动产登记资料的，除提交本办法第八条规定的材料外，还应当提交律师证、律师事务所出具的证明材料以及人民法院的调查令。

第二十四条　不动产的利害关系人可以申请以下列索引信息查询不动产登记资料：

（一）不动产具体坐落位置；

（二）不动产权属证书号；

（三）不动产单元号。

每份申请书只能申请查询一个不动产登记单元。

第三十二条　《不动产登记暂行条例》实施前已经形成的土地、房屋、森林、林木、海域等登记资料，属于不动产登记资料。不动产登记机构应当依照本办法的规定提供查询。

➢ **2.《企业登记档案资料查询办法》**［国家工商行政管理总局（已撤销），2003 年 3 月 13 日修改］

第五条　企业登记档案资料的查询，按照提供途径，可以分为机读档案资料查询和书式档案资料查询。

机读档案资料的查询内容包括：

（一）企业登记事项：名称、住所、经营场所、法定代表人或负责人、经济性质或企业类别、注册资金或注册资本、经营范围、经营方式、主管部门、出资人、经营期限、注册号、核准登记注册日期等。

（二）企业登记报批文件：部门批准文件、章程、验资证明、住所证明、法人资格证明或自然人身份证明、法定代表人任职文件和身份证明、名称预先核准通知书。

（三）企业变更事项：核准设立子公司或分支机构日期、变更有关名称、住所、法定代表人、经济性质或企业类别、注册资金或注册资本、经营范围、经营方式等事项和各种登记文件及核准变更日期。

（四）企业注销（吊销）事项：法院破产裁定、企业决议或决定、行政机关责令关闭的文件、清算组织及清算报告、核准注销（吊销）日期。

（五）监督检查事项：企业被处罚记录及日期、年度检验情况（企业经营情况、财务状况、开户银行及帐号除外）。

书式档案资料的查询内容包括核准登记企业的全部原始登记档案资料。

第六条 各组织、个人均可向各地工商行政管理机关进行机读档案资料查询。

第七条 各级公安机关、检察机关、审判机关、国家安全机关、纪检监察机关，持有关公函，并出示查询人员有效证件，可以向各级工商行政管理机关进行书式档案资料查询。律师事务所代理诉讼活动，查询人员出示立案证明和律师证件，可以进行书式档案资料查询。

书式档案资料中涉及的机密事项，须经工商行政管理机关批准方可查阅。

工商行政管理机关内部审批文书，在办理涉及工商行政管理机关的案件时方可查阅。

第八条 机读档案资料、书式档案资料查询，应查询人的要求，可以加盖工商行政管理机关档案资料查询专用章。

司法文件

➤ **1.《最高人民法院司法责任制实施意见（试行）》**（法发〔2017〕20号，2017年7月25日发布）

（十一）档案查阅

57. 庭审录像和案件卷宗正卷应当向当事人及诉讼代理人公开。

查阅庭审录像的，由诉讼服务中心在核实查阅人员身份信息后直接提供查阅；查阅已归档电子档案的，经承办法官和档案管理部门批准后提供查阅，查阅未归档电子卷宗的,经承办法官批准后提供查阅。

当事人及诉讼代理人查阅上述材料,书记员应核对身份证件及代理权限后提供查词,并安排专门人员监督阅卷。

➢ **2.《最高人民法院关于认真贯彻律师法依法保障律师在诉讼中执业权利的通知》**(法〔2006〕38 号,2006 年 3 月 13 日发布)

三、各级人民法院应当依照律师法和诉讼法的规定,结合本地的实际情况,制定各种行之有效的措施,创造良好的律师执业环境,维护正常的法律服务秩序。

……

(三)在裁判文书中,应当准确反映律师的辩护意见和代理意见的主要观点;律师的辩护词和代理意见应当按照规定归档入卷。

(四)要创造条件为律师查阅、摘抄、复印、复制案件材料提供必要的方便。

(五)根据案件情况开庭前给予律师合理的准备时间。

(六)对于律师提出请求人民法院调取证据,凡是符合法律规定和最高人民法院司法解释要求的,不得推诿、拒绝。

(七)根据十届全国人大常委会第十七次会议审议的《全国人大常委会执法检查组关于检查〈中华人民共和国律师法〉实施情况的报告》的要求,人民法院可以在民事诉讼中积极探索和试行证据调查令做法,并认真研究相关问题,总结经验。

➢ **3.《人民法院档案管理办法》**(法[办]发〔1991〕46 号,1991 年 12 月 24 日发布)

第十四条　本院工作人员因工作需要借阅档案,须持所在庭、室领导签字的借卷单,借出的档案应按规定期限退还。该工作人员调动工作时,应经档案管理部门办理清结手续。

第十五条　党委、人大常委会和有关法院、公安机关、国家安全机关、检察院借用档案,须持正式介绍信和工作证(身份证),经有关领导批准后,办理借卷手续,并限期归还。其他单位原则上不准借用。

第十六条 外单位查阅档案,应持有县、团级以上(本县、区的,应持乡、街道办事处以上)介绍信,按有关外调规定办理。涉及国家机密、个人阴私和对社会有不良影响的案卷,不得查阅。律师查阅档案,应通过原案件承办人办理。卷内材料除判决书、裁定书、调解书等结论性材料外,其他材料原则上不准摘抄和复制。

第十七条 档案利用人对借出、查阅的档案,不得拆封、抽取材料、涂改、勾画、污损,违反者应追究责任。

第十八条 各级人民法院应当设阅卷室,供内查外调使用,以利于保密和监督。

➤ **4.《人民法院诉讼档案管理办法》**([84]法办字第5号,1984年1月4日发布)

第十五条 外单位查阅诉讼档案,应凭县团级以上单位的公函(县内凭乡以上单位的公函),并经领导批准,方得查阅,涉及国家机密和个人隐私的案卷不得查阅,必须查阅时,要经院领导批准。案件辩护律师需要查阅已经归档的案卷,应通过该案件承办审判员办理。摘抄卷内材料,只能摘抄判决书、裁定书和有关结论性文件。如须摘抄其他材料,应经办公厅、室主任同意。对摘抄的材料,要进行审查、签章。

第十六条 外单位来函索要法律文书或其他证明材料,根据外调要求,按规定查抄寄送,或通知该单位派人阅卷。

➤ **5.《最高人民法院、最高人民检察院、公安部、民政部关于依法处理监护人侵害未成年人权益行为若干问题的意见》**(法发〔2014〕24号,2014年12月18日发布)

28. 有关单位和人员向人民法院申请撤销监护人资格的,应当提交相关证据。

有包含未成年人基本情况、监护存在问题、监护人悔过情况、监护人接受教育辅导情况、未成年人身心健康状况以及未成年人意愿等内容的调查评估报告的,应当一并提交。

29. 有关单位和人员向公安机关、人民检察院申请出具相关案件证明材料的,公安机关、人民检察院应当提供证明案件事实的基本材料或者书面说明。

地方司法文件

➢ **1.《办理律师查询人口信息工作规范》**(浙江省公安厅、浙江省司法厅,浙公通字〔2017〕15号,2017年2月17日发布)

第二条　律师因承办法律事务,需要查询有关人员的姓名、性别、出生日期、民族、公民身份号码、常住户口登记住址、照片、户口所在地派出所等常住人口信息登记项目内容的,适用本规范。

第三条　律师查询人口信息应当出具本人律师执业证书和注明律师姓名、具体查询事由、加盖律师事务所印章的律师事务所证明或者人民检察院、人民法院的协助调查函,并如实填写《出具人口信息查询证明申请表》。

第四条　律师查询人口信息应当向律师事务所所在地或者被查询人户口所在地派出所(含由公安机关设置的户证办理中心、办证中心等机构,下同)或者县级公安机关户籍管理部门(以下统称查询单位)申请;需要查询第二条规定登记项目以外内容的,应当向被查询人户口所在地派出所申请。

第五条　查询单位收到申请后,应当对相关材料进行审核。申请材料齐全,符合要求的,应当受理。

第六条　存在下列情形之一的,查询单位可以不予受理,但应当说明理由:

(一)申请材料不全的;

(二)律师事务所证明未填写具体查询事由或未加盖律师事务所印章的;

(三)申请查询的事由不属于承办法律事务需要的;

(四)申请查询的信息非户口登记信息范围的;

(五)被查询人姓名及公民身份号码不详,无法查询的;

(六)其他不予受理的情形。

第七条　申请受理后,被查询人常住户口现登记在外省的,查询单位应当通过全国人口信息应用门户等信息系统查询;登记在我省的,应当通过省级人口信息管理系统等信息系统查询。

律师向被查询人户口所在地派出所申请查询户口登记信息的,查询单位除查询人口信息系统外,还应当查阅被查询人的常住人口登记表、户籍档案等材料。必要时,可以根据查询证明出具工作的需要开展调查核实。

第八条 信息查询结果可以采用口头告知、查询人摘抄等形式。查询人需要查询单位提供查询证明的,可以纸质形式提供,但不得提供查询信息的电子文档。

查询单位查询信息系统出具的查询证明,应当提供被查询人人口信息登记项目内容,并加盖户口专用章。查询单位查询户口登记信息,除提供被查询人人口信息登记项目内容外,还应当根据具体查询事由的需要,提供被查询人相应户口登记项目内容。

收到查询证明后,律师应当在《出具人口信息查询证明申请表》上签名。

第九条 因律师提供的被查询人信息模糊或者不准确等原因,查无结果的,查询单位可以口头告知或者出具无查询结果的证明。

第十条 查询结果证明,一般应当场出具。

因档案管理、调查核实等特殊情形,确实无法当场提供查询结果的,应当向申请人说明理由,并在 5 个工作日内提供查询结果。

第十一条 《出具人口信息查询证明申请表》和律师事务所证明等申请材料,以及查询过程中收集的相关材料,查询单位应当统一存档备查,存档期限一般不少于 2 年。

第十二条 人口信息及户口登记信息涉及公民隐私,申请查询的律师和查询单位工作人员应当严格保密,不得违法、违规对外泄露。

对泄露公民个人信息以及违规查询、违规出具证明的,按照有关法律、法规规定追究相关单位及人员的责任。

第十三条 律师因承办法律事务,需要查询本省流动人口居住登记信息的,可以参照本规定执行。

基层法律服务工作者因从事基层法律服务工作需要,凭本人法律服务工作者执业证等证件和证明材料申请查询人口信息的,申请查询的程序和要求可以参照上述律师查询规定执行。

➢ **2.《安徽省办理律师查询人口信息工作规范》**(安徽省公安厅、安徽省司法厅,皖公通〔2022〕14 号,2022 年 6 月 20 日发布)

第二条 律师因承办法律事务,需要查询有关人员的姓名、性别、出生日期、民族、公民身份号码、户籍地址、相片、户口所在地派出所等八项户籍静态项目内容的,适用本规范。

第三条 律师查询人口信息应当向律师事务所所在地或者被查询人户口所在地县级公安机关及其派出机构户政窗口单位(以下统称查询单位)申请。

第四条 律师查询人口信息应当出具本人律师执业证书原件及复印件、律师事务所介绍信,以及人民检察院或者人民法院的协助调查函、法律援助公函、当事人委托书证明材料之一,并如实填写《人口信息查询申请表》。

律师事务所介绍信应注明律师姓名、公民身份号码、所承办法律事务、被查询人公民身份号码或姓名,并加盖律师事务所印章。

第五条 查询单位收到申请后,受理户籍民警应当对相关材料进行审核。申请材料齐全,且符合要求的,应当当场办理。

第六条 存在下列情形之一的,查询单位不予受理,但应当说明理由,并出具《不予受理告知书》。

(一)申请材料不全的;

(二)律师事务所介绍信未填写具体查询事由或未加盖律师事务所印章的;

(三)申请查询的信息超出八项户籍静态项目范围的;

(四)申请查询的事由超出承办法律事务需要的;

(五)因被查询人信息模糊或不准确,无法查询的;

(六)法律法规规定的其他不予受理情形。

第七条 申请受理后,被查询人常住户口现登记在安徽省内的,可以通过省级、市级人口信息系统等信息系统查询;登记在安徽省外的,查询单位可以通过部级人口信息系统查询。

第八条 查询单位可以采用口头告知、律师摘抄等形式反馈信息查询结果，律师不得对系统查询结果页面进行拍照。律师需要查询单位提供查询结果的，查询单位应当出具《人口信息查询结果告知单》，但不得提供查询信息的电子文档。

第九条 查询结果一般应当场出具。查询单位因系统故障等特殊情形，确实无法当场提供查询结果的，应当向律师说明理由，并在特殊情形消除后，5个工作日内提供查询结果。

第十条 查询单位应当将律师执业证书复印件、律师事务所介绍信、《人口信息查询申请表》等申请材料，以及查询过程中收集的相关材料，统一登记造册、存档备查，存档期限10年以上。

第十一条 人口信息涉及公民隐私，申请查询的律师和查询单位的民警应当严格保密，不得对外泄露。

对提交虚假材料办理人口信息查询或者违法泄露、不当使用人口信息查询结果的律师事务所或律师，按照有关法律、法规、规章、行业规范追究相关单位及人员的责任。

对违规出具查询结果或无正当理由拒不受理查询申请的公安机关或民警，依据有关法律、法规规章、工作规范追究相关单位及人员的责任。

第十二条 各级公安机关和司法行政机关应当加强协作配合，对查询工作中遇到的问题，通过会商等方式研究解决。省公安厅和司法厅将积极推进互联网查询机制建设，适时开通线上查询渠道，律师可以登录相关网络系统，经身份认证后，上传注明查询事由和所需提供的证明材料，即可实现自助查询。

第十三条 基层法律服务工作者因从事基层法律服务工作需要申请查询人口信息的，凭本人基层法律服务工作者执业证、法律服务所介绍信、当事人委托书或法律援助公函提出申请，申请查询的程序和要求可以参照上述律师查询规定执行。

➢ 3.《关于全面推行省内律师查询人口户籍信息“全程网办”服务的通知》

(四川省公安厅、四川省司法厅,川公基础〔2022〕31号,2022年7月1日发布)

一、明确“全程网办”服务内容。全面推行省内律师(包括专兼职律师、公职律师、公司律师、法律援助律师)查询人口户籍信息“全程网办”服务,是指公安机关在“四川人口信息服务网微平台”开通“律师查询”专区,省内律师及其执业机构(或工作单位)通过网上注册、认证核验通过后,因承办法律事务需要,网上发起查询人口户籍信息和邮寄服务申请,公安机关查询后,打印《常住人口基本信息表》邮寄给申请查询人,实现查询人口户籍信息“全程网办”“一次不跑”。

二、明确“全程网办”服务主体。“全程网办”服务对象暂定为在四川省内注册的律师执业机构(或工作单位)、律师。因未与省外司法行政机关系统对接和信息共享,暂无法实现信息自动认证核验,现阶段暂不提供注册地在四川省外的律师执业机构、执业律师“全程网办”服务。

三、明确“全程网办”查询范围。省内律师通过“全程网办”方式申请查询人口户籍信息的,除申请查询省内人口户籍信息外,可申请查询全国范围内户籍人员信息。人口户籍信息包括姓名、性别、民族、出生日期、公民身份号码、户籍人像、户籍地址、查询单位、查询时间等,统称为《常住人口基本信息表》信息。

四、明确“全程网办”流程规范。省内律师申请查询人口户籍信息“全程网办”服务的,应通过“四川人口信息服务网微平台”微信公众号,由其执业机构(或工作单位)在“律师查询”专区申请机构入驻,获取机构管理员账号并添加律师身份信息。在相关信息网上自动核验通过后,律师因承担法律事务需要,网上填写《人口信息查询申请表》,发起查询人口户籍信息和邮寄服务申请,公安机关打印涉及人口《常住人口基本信息表》邮寄给查询申请人。

五、明确“全程网办”管理责任。各级公安机关、司法行政机关要监督指导律师执业机构(或工作单位),落实律师查询人口信息安全监管主体责任,妥善保管管理账号和查询账号,不得有虚构法律服务事项替他人查询、将有关信息用于办理本人代理法律事务以外的其他用途等违法违规行为,确保《常住人口基本信息表》仅作为委托人委托受托人承办本次委托办理的各类法律事务时使用。推行律师查询打印个人户籍信息告知承诺制度,律师通过"全程网办"方式申请查询个人户籍信息的,在网上填写《律师查询人口信息承诺函》后,不再上传当事人委托书、律师执业机构介绍信等纸质材料。

六、明确"全程网办"核验要求。公安、司法行政机关通过自动核验,发现查询申请人及其执业机构(或工作单位)、相关信息存在异常,未通过认证核验的,包括执业机构处于停业整顿处罚(中止会员权利)期间、已注销、被吊销执业证书、最近一次年度考核不合格或无正当理由未参加考核等,执业人员处于停止执业处罚(中止会员权利)期间、已注销、被吊销执业证书、最近一次年度考核不称职或无正当理由未参加考核等,所在执业机构信息与律师执业证书载明信息不符等情形,不予提供"全程网办"服务。

七、明确"全程网办"时间步骤。"全程网办"服务事项自本通知下发之日起全面实施,前期已经入驻"四川人口信息服务网"、开展试点工作的执业机构和人员需重新申请认证核验。各级司法行政机关在办理执业许可、开展年度检查考核时,各级公安机关窗口单位在线下协助查询人口信息、打印《常住人口基本信息表》时,应将本通知作为告知事项,鼓励律师和律所入驻平台,线上查询信息。

八、明确线下办理管理要求。从通知下发之日起,执业律师因承办法律事务需要,线下申请查询人口户籍信息的,由户籍地派出所负责协助查询。公安厅将在公安网端开发"律师专区"模块,比照"全程网办"规范要求,在公安网端开展查询申请人及其执业机构(或工作单位)、信息核验和人口户籍信息查询打印工作,实现线上线下"全程留痕"办理。核验发现查询申请人信息存在相关问题的,不提供查询服务。

➢ **4.《关于保障和规范律师查询人口信息工作的通知》**(江西省公安厅、江西省司法厅,赣公治字〔2022〕185号,2022年10月8日发布)

一、律师因承办法律事务需要查询涉案公民户口登记信息的,可向律师事务所所在地或者被查询人户口所在地县级公安机关及其派出机构户政窗口申请。律师因承办法律事务需要查询涉案公民的江西省居住证信息的,可向律师事务所所在地或者被查询人居住地县级公安机关及其派出机构户政窗口申请。

二、查询的户口登记信息，包括全国户籍人口的姓名、性别、出生日期、民族、公民身份号码、相片、户籍地址、户口所在地派出所等户口登记项目内容。查询的江西省居住证信息为居住证上记载的信息。

三、律师查询人口信息（包括户口登记信息和江西省居住证信息，下同），应当提交以下材料：

（一）本人律师执业证书；

（二）委托人的授权委托书及居民身份证复印件（委托人为自然人时需提供该复印件）；

（三）加盖律师事务所公章的《人口信息查询申请表》。

四、律师申请查询人口信息时，应提供被查询人的姓名，以及公民身份号码、出生年月日、户籍地址等信息之一，以便查询单位准确查询被查询人的人口信息。

五、查询单位收到申请后，受理民警应当对相关材料进行审核。遇有疑问的，可登录"全国律师执业诚信信息公示平台"核查律师执业证和律师事务所情况，也可以联系当地主管司法行政机关核查。申请材料齐全，符合要求的，应当受理。

六、信息查询结果一般应当场出具，以纸质形式提供（不提供电子文档），加盖查询单位的户口专用章。

七、查询单位因系统故障等特殊情形，确实无法当场提供查询结果的，应当向查询申请人做好解释说明工作，并在 5 个工作日内提供书面查询结果。

八、基层法律服务工作者因承办法律事务需要查询涉案公民人口信息的，参照律师查询人口信息规定办理。

➢ 5.《关于律师查阅户籍资料和治安案件材料的若干规定（试行）》（上海市公安局、上海市司法局，1999 年 11 月 5 日发布）

二、律师从事诉讼或者非诉讼活动，依照有关法律的规定，可以向各级公安机关及其派出所、警察署（以下统称"公安机关"）查阅、摘抄和复印与所承办案件有关的户籍资料和已办结治安案件材料，公安机关应当给予配合，法律、法规另有规定的除外。

三、律师查阅户籍资料和治安案件材料，应当出示《律师执业证》，并提供所在律师事务所出具的介绍信；律师事务所出具的介绍信应当写明承办的法律事务和需要查阅的内容；律师应当如实摘录有关资料，并在摘录的材料上签名、注明摘录时间。

律师查阅、摘抄、复印有关户籍资料和治安案件材料，应当遵守下列规定：

（一）保持原始材料的整洁；

（二）不得涂改、损毁原始材料；

（三）不得剥撕档案资料内的照片；

（四）涉及国家秘密和个人隐私的，应当履行法律规定的保密义务。

四、公安机关对律师出示的证件和提供的介绍信查验无误后，应当安排律师查阅、摘抄、复印有关户籍资料和治安案件材料；公安机关应当对律师摘抄、复印的有关户籍资料和治安案件材料进行复核，内容属实、无误的，加盖调查材料证明章；对不予查阅、摘抄、复印材料的，公安机关应当出具书面证明。

律师复印有关材料，公安机关可以收取工本费。

五、公安机关及其人民警察无正当理由，拒绝律师查阅、摘抄、复印有关户籍资料和治安案件材料的，律师可以向上一级公安机关反映；收到律师反映台，上一级公安机关应当及时核查、处理。

律师查阅、摘抄、复印有关户籍资料和治安案件材料，违反本规定的，公安机关和司法行政机关应当根据情况作出相应的处理。

➤ **6.《江苏省高级人民法院关于规范律师查阅、复制庭审笔录的通知》**（苏高法〔2016〕12号，2016年1月22日发布）

一、律师有权在诉讼过程中查阅、复制案件的庭审笔录。人民法院提供查阅、复制的庭审笔录，应当经过当事人、诉讼参与人和审判人员、书记员的审阅并签字确认。

二、律师在庭审结束时或者在案件卷宗归档前申请查阅、复制庭审笔录的，审判人员应当准许并及时安排落实。确因客观原因无法当即安排的，应当向律师说明理由并安排其在三个工作日以内查阅、复制。

律师申请查阅、复制已经归档案件庭审笔录的，各级法院档案管理部门按照人民法院诉讼档案管理办法办理。

三、律师复制庭审笔录可以通过复印、拍照、扫描等方式进行，条件允许的，可以将庭审笔录刻成光盘交给律师。

四、律师通过江苏法院诉讼服务网阅卷平台提出在线查阅正在审理案件庭审笔录的，审判人员应当在收到申请后三个工作日内，安排人员扫描庭审笔录并推送至诉讼服务网，方便律师自行查阅。

五、律师查阅、复制的庭审笔录涉及国家秘密的，按照国家有关规定办理。

➢ **7.《广州市中级人民法院关于规范律师查阅、复制庭审笔录的通知》**（穗中法〔2021〕303 号，2021 年 12 月 13 日发布）

一、律师有权在诉讼过程中查阅、复制案件的庭审笔录。

人民法院应当为律师查阅、复制庭审笔录提供便利，并保证必要的时间。律师可以根据需要带律师助理协助阅卷，人民法院应当核实律师助理的身份。

复制庭审笔录可以采用复印、拍照、扫描、电子数据拷贝等方式。

二、律师提出查阅庭审笔录要求的，应当当时安排查阅，无法当时安排的，应当向律师说明并安排其在三个工作日以内查阅，不得限制律师查阅庭审笔录的次数和时间。

律师可以通过广州审判网、"广州微法院"小程序自助查询公开开庭的庭审笔录。对于公开开庭案件但审判人员暂未上传开庭笔录的，律师可以通过"广州微法院"小程序提出在线查阅的申请，审判人员应当在收到申请后三个工作日内，安排人员扫描庭审笔录并推送至系统，方便律师自行查阅。对于非公开开庭案件笔录，暂不开放线上阅卷。

三、律帅查阅、摘抄、复制的庭审笔录属于国家秘密的，应当经过人民法院同意并遵守国家保密规定。律师不得违反规定，披露、散布案件重要信息和庭审笔录，或者将其用于本案辩护、代理以外的其他用途。

四、律师办理申诉、抗诉案件，在人民法院经审查决定立案后，可以持律师执业证书、律师事务所证明和委托书或者法律援助公函到人民法院的案卷档案管理部门或者正在持有案卷的办案部门查阅、摘抄、复制已经审理终结案件的案卷材料以及与该案件直接相关案件的案卷材料。

五、本通知所称的"律师助理",是指辩护、代理律师所在律师事务所的其他律师和申请律师执业实习人员。

条文内容	参考条文
第六条 【法院依申请调查取证】 民事诉讼法第六十七条第二款规定的当事人及其诉讼代理人因客观原因不能自行收集的证据包括: (一)证据由国家有关部门保存,当事人及其诉讼代理人无权查阅调取的; (二)涉及国家秘密、商业秘密或者个人隐私的; (三)当事人及其诉讼代理人因客观原因不能自行收集的其他证据。	《民诉法解释》 第 94 条第 1 款

要点注释

本条没有沿用《民事证据规定》第 2 条第 2 款,而是改采《民诉法解释》第 94 条,原因在于:一方面,《民事证据规定》第 2 条第 2 款只是规定"当事人因客观原因不能自行收集的证据,可申请人民法院调查收集",遗漏了诉讼代理人,不够周延;另一方面,《民事证据规定》第 2 条没有指明何为客观原因,仅复述 2015 年《民事诉讼法》第 64 条第 2 款的内容,意义不大。

在辩论主义诉讼模式下,当事人负责提供证据证明其事实主张。但在现实生活中,当事人收集证据的能力受制于方方面面的因素,其收集证据的手段也不甚完备,在这种情况下,当事人举证不充分,很可能影响法院对于争议事实的正确认定,进而影响法院实体裁判。

赋予当事人及其代理人申请人民法院调查收集证据的权利,有利于保证人民法院在发现真实的基础上保护当事人的合法民事权益,维护国家的民事法律秩序,避免简单依据举证责任作出轻率裁判。从现行《民事诉讼法》及司法解释规定可以看出,我国民事诉讼中有关证据调查收集坚持"以当事人自行调查收集为原则、以人民法院依申请调查收集或者人民法院依职权调查收集为例外"。

相关法律

➤**《妇女权益保障法》**(2022年10月30日修订)

第六十七条第一款 离婚诉讼期间,夫妻一方申请查询登记在对方名下财产状况且确因客观原因不能自行收集的,人民法院应当进行调查取证,有关部门和单位应当予以协助。

其他规定

➤**《涉及家庭暴力婚姻案件审理指南》**(最高人民法院中国应用法学研究所,2008年3月施行)

第五十一条 人民法院调取、收集相关证据

当事人可以申请人民法院调取、收集以下因客观原因不能自行收集的证据:

1. 当事人之外的第三人持有的证据;

2. 由于加害人对家庭财产的控制,受害人不能收集到的与家庭财产数量以及加害人隐匿、转移家庭财产行为有关的证据;

3. 愿意作证但拒绝出庭的证人的证言。

经审查确需由人民法院取证的,人民法院可以直接取证,也可以应当事人或其代理人申请签发调查令,由其代理人到相关部门取证。

司法文件

➢ **1.《最高人民法院关于进一步深化家事审判方式和工作机制改革的意见(试行)》**(法发〔2018〕12 号,2018 年 7 月 18 日发布,2021 年 3 月 24 日修改)

43. 离婚案件中,对于当事人的财产状况等事实,当事人难以举证又影响案件审理结果的,人民法院应当根据当事人的申请及提供的明确的线索,向有关金融机构、当事人所在单位等相关机构调查取证。

……

➢ **2.《最高人民法院关于进一步加强金融审判工作的若干意见》**(法发〔2017〕22 号,2017 年 8 月 4 日发布,2021 年 3 月 24 日修改)

20. 加强投资者民事权益的司法保护,维护投资者的财产安全……探索建立证券侵权民事诉讼领域的律师调查令制度,提高投资者的举证能力……

➢ **3.《最高人民法院关于当前商事审判工作中的若干具体问题》**(2015 年 12 月 24 日发布)

二、关于证券投资类金融纠纷案件的审理问题

第二,依法受理和审理虚假陈述、内幕交易和市场操纵行为引发的民事赔偿案件,维护证券交易市场上投资者的合法权益。根据立案登记司法解释规定,因虚假陈述、内幕交易和市场操纵行为引发的民事赔偿案件,立案受理时不再以监管部门的行政处罚和生效的刑事判决认定为前置条件。面对这一变化,在证券案件的审理中应当注意两方面问题:

1. 在审理程序方面要注意……在调查取证上,除了法官到现场调查取证外,还可以积极探索利用调查令、书面通知持有证据的单位提供证据等多种手段,补强查明案件事实所需要的证据。另要充分发挥专家辅助人作用,以利形成司法判断。

地方司法文件

➢ 1.《上海法院调查令实施规则》(2001 年 6 月 13 日发布)

第二条 调查令是指当事人在民事诉讼中因客观原因无法取得自己需要的证据,经申请并获人民法院批准,由法院签发给当事人的诉讼代理律师向有关单位和个人收集所需证据的法律文件。

本条所称客观原因是指当事人通过正常的调查取证途径无法获得相关证据。

第三条 调查令具有下列内容:

(一)持令人的姓名、性别、律师证编号、律师事务所全称;

(二)被调查人姓名或单位全称;

(三)向被调查人收集、调查证据的范围;

(四)持令人需要证明的待证事实;

(五)调查令的有效期;

(六)被调查人不能提供持令人所需证据的原因;

(七)调查令签发人签名。签发日期及院印。

第四条 申请调查令应具备以下条件:

(一)申请人必须是法院已经立案受理的案件当事人或经当事人委托的诉讼代理人;

(二)申请人应当向人民法院递交申请书,述明需要收集的证据和所要证明的待证事实,以及无法取得上述证据的原因;

(三)持令人是案件当事人的诉讼代理人,仅限于取得有效律师执业证书的律师。

第五条 对申请调查令的申请由审理该案的合议庭或独任审判法官进行审查。对符合条件的申请,由合议庭法官或独任审判法官填发调查令,由庭长或授权合议庭审判长签发。

禁止在案件受理之前或无诉讼案件的情况下签发调查令。

第六条 属下列情况的,不予签发调查令:

(一)涉及国家机密的;

(二)涉及个人隐私的;

(三)不宜由诉讼代理律师凭调查令自行调查收集的证据;

(四)其他原因不公开的证据。

涉及上述情形的证据,当事人应当向受理法院提交证据线索,经审查由法官依法调查收集相关证据。

第七条 持令人的权利与义务:

(一)持令人有前往本调查令所指定的人或单位收集、调查证据的权力;

(二)持令人应主动将律师证与调查令交被调查人核对,并将调查令交被调查人存档;

(三)持令人因故未使用调查令或被调查人不能提供证据时,持令人应当在调查令载明的有效期届满之日起的三日内,将调查令及被调查人不能提供证据的书面说明一并交还法院,归入案卷。

第八条 被调查人的权利和义务:

(一)被调查人在核对持令人姓名、单位无误后,需在有效期内向持令人提供调查令指定的证据;

(二)不能在有效期内提供证据或无证据提供,应当在调查令上或另以书面形式说明原因,由经办部门负责人签名、加盖公章后交持令人;

(三)对涉及国家机密或调查令指定调查内容以外的证据,被调查人有权拒绝提供。

第九条 持令人伪造、变造调查令,或者未按照规定使用调查令,或者未按照规定交还调查令,丧失在该案审理中再次申请调查令的资格,并由人民法院视情况予以处理。构成犯罪的,依法追究刑事责任。

➢ 2.《关于在民事诉讼中实行律师调查令的规定》(广东省高级人民法院、广东省司法厅,粤高法〔2020〕34号,2020年4月16日发布)

第一条 本规定所称律师调查令,是指民事诉讼当事人及其代理律师因客观原因不能自行收集涉诉案件相关证据时，经代理律师申请，人民法院审查批准，由代理律师向接受调查的单位或个人调查收集相关证据的法律文件。

第二条　律师调查令的申请，可在起诉、审理、执行阶段提出。再审审查阶段不适用律师调查令。

起诉阶段，律师调查令的申请应于递交起诉状及相关证据后提出，申请调查的证据应限于与管辖受理有关的起诉证据。

审理阶段，律师调查令的申请应于案件受理后，举证期限届满前提出。

执行阶段，律师调查令的申请应于执行完毕前提出，申请调查的证据应限于与被执行人的财产状况和实际履行能力有关的证据。

第三条　持律师调查令调查收集的证据应为由接受调查单位或个人保管并与案件事实直接相关的书证、电子数据、视听资料、鉴定意见和勘验笔录等，但不包括证人证言、物证。

第四条　申请律师调查令，应当提供下列材料：

（一）申请书；

（二）当事人的授权委托书；

（三）代理律师所在律师事务所出具的指派律师函或法律援助机构出具的法律援助公函；

（四）代理律师有效的执业证书；

（五）律师调查令使用承诺书。

第五条　律师调查令申请书应当载明下列内容：

（一）案号或收件编号；

（二）申请方当事人的姓名、身份证号码或名称、统一社会信用代码；

（三）申请人的姓名、律师执业证号和律师事务所名称；

（四）接受调查单位、个人的名称或者姓名；

（五）调查取证的目的及理由；

（六）需要调查收集的证据、财产线索；

（七）其他需要说明的事项。

申请书需详细列明调查事项,由代理律师签字或盖章,并加盖律师事务所印章。

第六条 律师调查令经依法审查后,起诉阶段由立案庭庭长签发,审理阶段由审判长或独任法官签发,执行阶段由执行局局长或指定的法官签发。

人民法院应当自申请之日起七个工作日内决定是否签发律师调查令。

人民法院决定不予签发的,应当告知申请人并说明理由。口头告知的,应记录在卷。

第七条 属下列情形之一的,不予签发律师调查令:

(一)涉及国家秘密、个人隐私、商业秘密;

(二)与待证事实不具有关联性或必要性;

(三)证据不为接受调查单位或个人保管;

(四)申请调查的证据不明确、不具体;

(五)其他不宜以律师调查令形式调查取证的情形。

涉及上述(一)、(五)项情形的证据,当事人可以提交证据线索,申请人民法院依法调查收集。

第八条 律师调查令应当载明下列内容:

(一)案号或收件编号和律师调查令的编号;

(二)申请方当事人的名称或者姓名;

(三)代理律师的姓名、性别、执业证号、所在律师事务所名称;

(四)接受调查单位、个人的名称或者姓名;

(五)需要调查收集的证据、财产线索以及提供证据、财产线索的相关要求;

(六)律师调查令的有效期限;

(七)签发单位名称、签发日期和院印;

(八)人民法院的联系人及联系方式;

(九)拒绝或者妨害调查的法律后果。

第九条 律师调查令样式由省法院统一制定。各级人民法院对本院签发的律师调查令实行统一编号管理,律师调查令及申请书、律师调查令回执、律师调查令使用承诺书等相关材料入卷归档。

第十条 律师调查令的有效期限由人民法院根据案件具体情况确定,最长为十五个工作日。

律师调查令在期限届满后自动失效。代理律师因正当理由不能在有效期限之内完成调查的,可重新申请延长调查令期限一次。

第十一条 代理律师持调查令向接受调查单位或个人调查收集相关证据时,应主动出示调查令和执业证等证件并说明有关情况。

接受调查单位或个人应当根据调查令指定的调查内容及时提供有关证据。当场提供证据确有困难的,应当在收到律师调查令之日起七个工作日内提供。提供的证据如为复印件或复制品的,应当在提供的证据材料上注明与原件核对无异并签名或盖章。调取的证据可由代理律师转交签发法院,也可由接受调查单位或个人密封另行送至签发法院。律师调查令可由接受调查的单位或组织存档。

代理律师持调查令调查获得的证据及信息,仅限于本案诉讼,不得泄露或作其他使用。

第十二条 接受调查单位或个人因故不能提供、无证据提供或者拒绝提供指定证据的,应当在律师调查令回执中注明原因。接受调查单位或个人未在回执中注明原因的,代理律师应书面说明。

代理律师调取证据后,应于五个工作日内将调查收集的全部证据及调查回执提交人民法院。持律师调查令调查收集的证据需经法定程序质证或核实后,才能作为认定案件事实或者采取执行措施的依据。

律师调查令因故未使用的,应当在有效期限届满后五个工作日内归还人民法院入卷。

第十三条 接受调查单位或个人认为调查令指定提供的证据或者信息属于第七条规定情形之一的,可以在收到调查令之日起十个工作日内向人民法院书面申请撤销该调查令。

人民法院经审查认为理由成立的,应当撤销调查令,并根据案件办理需要依职权进行调查取证;理由不成立的,应当书面告知接受调查单位或个人并说明原因,接受调查单位或个人在收到书面通知后应当提供调查令指定的证据或者信息。

第十四条 接受调查单位或个人无正当理由拖延、拒绝协助调查的,人民法院可根据情节轻重,依照民事诉讼法有关规定予以处罚。

有协助调查义务的单位及公职人员拒不协助调查的,人民法院可向相关主管部门通报情况,也可向有关机关提出予以纪律处分的司法建议。

第十五条 代理律师有下列情形之一的,人民法院可决定在六个月到两年内不再向其签发律师调查令,或向司法行政机关或律师协会提出予以处罚或惩戒的司法建议。情节严重的,依法予以训诫、罚款或司法拘留;构成犯罪的,依法追究刑事责任。

(一)伪造、变造律师调查令收集证据;

(二)伪造、变造、隐匿、毁灭持律师调查令收集的证据或信息;

(三)未经人民法院允许,私自拆封接受调查单位或个人密封的证据;

(四)擅自复制、泄露、散布证据等可能损害他人合法权益或社会公共利益;

(五)利用持律师调查令收集的证据对案件进行歪曲、不实、误导性宣传,影响案件办理;

(六)利用持律师调查令收集的证据诋毁对方当事人声誉;

(七)无正当理由未按期提交调查收集的全部证据、律师调查令或者回执;

(八)其他滥用律师调查令的情形。

对律师事务所审核不严、违规出具证明等导致滥用律师调查令情形的,人民法院可向司法行政机关或律师协会提出予以行政处罚或行业处分的司法建议。

第十六条 刑事诉讼附带民事部分申请律师调查令的,参照本规定执行。

➢ **3.《关于在民事诉讼中实行律师调查令的办法(试行)》**(江西省高级人民法院、江西省司法厅,赣高法〔2021〕100 号,2021 年 10 月 18 日发布)

一、律师调查令是在民事案件立案、审理和执行阶段,在当事人因客观原因无法通过正常途径调取证据的情况下,人民法院根据委托代理律师申请向律师签发的,由律师在人民法院授权范围内向协助调查人调取、收集证据的法律文书。

本办法所称的律师包括社会执业律师、法律援助专职律师、公司律师和公职律师。

本办法所称的协助调查人是指调查令载明的须向持令律师提供指定证据的组织或个人。

二、律师在立案阶段申请调查令,应当在向人民法院递交诉状及相关证据后提出,申请调查的证据限于管辖受理有关的起诉证据。

律师在审理阶段申请调查令,应当在人民法院确定的举证期限届满前提出。因客观原因确实不能在举证期限内提出的,经人民法院审查同意后,可以另行申请。

律师在执行阶段申请调查令,应当在执行案件立案之后执行完毕或终结前提出。

三、再审审查阶段一般不适用律师调查令,但出现足以推翻原裁判的关键性新证据线索且当事人及其诉讼代理人因客观原因不能自行收集的除外。再审审理中,可以适用律师调查令。

四、律师调查令所收集证据应当是与案件事实直接相关的书证、视听资料、鉴定意见、勘验笔录、电子数据等,不包括物证和证人证言。执行过程中申请调查的证据应当限于与执行有关的证据或财产线索。

如果证人出庭确有困难,且相关部门已经按照法定程序制作形成了书面证据材料的,可以依据调查令予以调取。

五、申请律师调查令,应当提交下列材料:

1. 申请书;

2. 当事人、申请执行人的授权委托书;

3. 律师所在单位的公函;

4. 有效执业证书。

在案件审理过程中已提交前述第 2、3、4 项材料的,无需重复提交,但当事人、申请执行人的授权委托书中未列明调查取证权限的，应另行提交取得该权限的授权委托书。

律师申请调查令可由一名律师申请，但应由其所在单位两名工作人员（含申请律师）进行调查取证。

六、调查令申请书应当载明下列内容：

1. 收案编号或者案号；

2. 申请方的基本身份信息；

3. 申请律师的姓名、执业证号和律师所在单位名称；

4. 协助调查人的名称或者姓名；

5. 调查收集证据的目的以及与案件的关联性；

6. 需要调查收集的证据种类、具体内容和范围；

7. 无法自行调查收集证据的客观原因；

8. 合法使用调查收集证据及保密的承诺；

9. 其他需要说明的事项。

申请书由申请律师签字或盖章，并加盖所在单位印章。

七、人民法院收到申请后，应当对申请书内容进行审查。经审查认为可以签发的，立案阶段的律师调查令，由负责登记立案工作的审判长或法官签发；审理阶段的律师调查令经合议庭评议后由审判长签发或由适用简易程序案件的独任法官签发；执行阶段的律师调查令由执行局长或指定的法官签发。属于四类案件的律师调查令由部门领导签发。

人民法院应当自收到申请之日起七个工作日内决定是否签发律师调查令。

人民法院决定不予签发的，应当告知申请人并说明理由。口头告知的，应记录在案。

八、申请调查的证据属下列情形之一的，不予签发律师调查令：

1. 涉及国家秘密、商业秘密、个人隐私的；

2. 与案件或待证事实不具有关联性，或虽有关联性，但根据其他证据已经能够证明待证事实，申请调取证据没有必要性的；

3. 协助调查人并不占有、保管或者实际控制相关证据的；

4. 申请调查的证据不明确、不具体，协助调查人无法协助提供的；

5. 直接向对方当事人调取的；

6. 其他不宜以律师调查令形式调查取证的情形。

人民法院决定不予签发律师调查令，如果律师认为确需调查取证的，人民法院可以依职权调查。

九、律师调查令应当载明下列内容：

1. 案件编号；

2. 当事人、申请执行人的姓名或者名称；

3. 律师的姓名、执业证号、所在单位名称；

4. 协助调查人的姓名或者名称；

5. 需要调取的证据；

6. 律师调查令的有效期限；

7. 律师调查令签发日期、院印；

8. 人民法院联系人及联系方式；

9. 拒绝或者妨碍调查的法律后果。

第 3 项应载明前往调查取证的律师的姓名、执业证号、所在单位名称。

十、律师调查令样式由江西省高级人民法院统一制定。人民法院开具律师调查令应存档，归入正卷。

十一、律师调查令的有效期限，一般不超过十个工作日；如果存在证据复杂、地域较为偏远等特殊情形的，不超过十五个工作日。期限从律师调查令载明的落款时间起算，期限届满后调查令失效。

持令律师有正当理由不能在上述有效期内完成调查取证的，经律师申请，人民法院审查后可以重新开具一次律师调查令。

十二、律师持令调查收集证据，应当向协助调查人出示人民法院签发的律师调查令、执业证书、所在单位公函。

协助调查人不得要求律师提供除前述证明材料以外的其他材料。

十三、协助调查人应当根据律师调查令指定的调查事项及时向持令律师提供相关证据材料。能够当场提供的,应当场提供,当场提供确有困难的,应当在收到律师调查令之日起五个工作日内提供。如果证据复杂、需要相关部门审核后才能提供的,应当在收到律师调查令之日起十五个工作日内提供。

协助调查人应将证据材料密封,交给持令律师或按照律师调查令上注明的收件地址直接邮寄给人民法院。

十四、协助调查人拒绝提供证据或因故不能提供证据,持令律师应要求协助调查人在律师调查令送达回执上注明原因。协助调查人拒绝注明原因的,由持令律师在送达回执中作出书面说明。

十五、协助调查人无正当理由拒绝或者妨碍调查的,人民法院可以依照《中华人民共和国民事诉讼法》第一百一十四条①的规定予以处罚。同时,人民法院可以向协助调查人的主管部门通报情况,提出司法建议。

十六、律师持令调取证据后,应于五个工作日内将调取的全部证据及送达回执提交人民法院。

律师调查令因故未使用的,应当在有效期届满之日起五个工作日内交还至人民法院。

➢ 4.《黑龙江省高级人民法院关于在民事诉讼中实行律师调查令的办法(试行)》(2022年7月26日发布)

第一条 【概念阐述】本办法所称律师调查令是指民事诉讼当事人及其诉讼代理人因客观原因不能自行收集证据,经其代理律师书面申请,受案人民法院批准签发后,该代理律师据以向协助调查人调查收集指定证据的法律文书。

本办法所称客观原因是指当事人及其诉讼代理人通过正常的调查取证途径无法自行收集相关证据的情形。

本办法所称协助调查人是指律师调查令载明的须向持令律师提供指定证据的自然人、法人或者非法人组织。

---

① 现为2021年修正的《民事诉讼法》第117条。

第二条 【适用律师调查令调查收集的证据类型】诉讼阶段持令调查收集的证据应当为与案件有关、当事人确因客观原因不能自行收集、内容固定明确、已有实物载体、便于封存转交的书证、电子数据、视听资料、鉴定办法和勘验笔录等,一般不包括物证、证人证言。

执行阶段律师调查令适用于被执行人有无实际履行能力的证据的调查收集,包括:

(一)被执行人的基本情况;

(二)被执行人的财产情况;

(三)被执行人是否对第三人享有到期债权以及第三人的财产情况;

(四)能够证明被执行人有无实际履行能力的其他情况。

但法律法规明确规定必须由人民法院执行人员调查收集的证据除外。

第三条 【申请律师调查令的程序和时限】代理律师在民事诉讼中向人民法院申请律师调查令的,应当在合理期限届满前提出。起诉阶段申请律师调查令的,可以在递交起诉状及相关证据材料时一并提出;案件审理阶段申请律师调查令的,应当于举证期届满前提出;执行阶段申请律师调查令的,应当于执行终结前提出。

本办法适用于民商事一审、二审案件及适用一审、二审程序审理的再审案件。

第四条 【申请律师调查令须提交的材料】申请律师调查令,应当提交以下材料:

(一)申请书;

(二)当事人的授权委托书;

(三)代理律师所在律师事务所出具的指派律师函;

(四)代理律师有效的执业证书。

第五条 【律师调查令申请书须载明的内容】律师调查令申请书应当载明下列内容:

(一)案件号;

(二)申请方当事人姓名、公民身份号码或者名称、统一社会信用代码;

(三)申请人的姓名、律师执业证号和律师事务所名称;

(四)协助调查人的姓名或者名称;

(五)需要调查收集的证据、财产线索及对案件事实认定的影响;

(六)无法自行调查取证的原因;

(七)其他需要说明的事项。

申请调查的事项应当具体列明,仅申请调查"案件相关材料"等概括性内容的,人民法院不予签发。

申请书应当由申请人签名,加盖所在律师事务所印章,并注明日期。

第六条 【律师调查令的签发】人民法院收到申请后,由独任法官、合议庭对申请人的资格、申请的理由、申请是否在规定期限内、申请调查证据的范围及与案件的关联性等事项进行审查,一般应当在收到全部申请材料的七个工作日内决定是否签发调查令。决定签发的,由独任法官或者审判长签发。不予签发的,由案件承办法官告知申请人并说明理由。书面告知的,应当入卷存档;口头告知的,应当记入笔录。

第七条 【不予签发律师调查令的情形】申请调查收集的证据存在下列情形之一的,不予签发律师调查令:

(一)涉及国家秘密、商业秘密或者个人隐私的;

(二)涉及行政机关内部事务信息、履行行政管理职能过程中形成的过程性信息以及行政执法案卷信息的;

(三)与待证事实不具有关联性或者必要性的;

(四)申请直接向对方当事人调查的;

(五)申请调查收集的证据非由协助调查人保管的;

(六)其他不宜签发律师调查令的情形。

存在前款第(一)(二)项情形的,申请人可以提供线索,申请人民法院依法调查收集。

第八条 【律师调查令应当载明的内容】人民法院签发律师调查令应当载明

下列内容：

（一）律师调查令的编号；

（二）案件号、案由及案件名称；

（三）协助调查人的姓名或者名称；

（四）持令律师的姓名、律师执业证号、所在律师事务所名称；

（五）需要调查收集的证据以及提供证据的相关要求；

（六）律师调查令的有效期限；

（七）人民法院的联系人及联系方式；

（八）签发日期和院印；

（九）妨碍调查的法律后果。

第九条 【律师调查令的有效期限】人民法院可以综合考虑调查的实际需要、案件的复杂程度、调查收集的难易程度等案件具体情况，确定律师调查令的有效期限。

律师调查令的有效期限一般不超过十五日。持令律师应当在律师调查令载明的有效期限内完成调查取证事项，期限届满，律师调查令自动失效；因不可抗力或者其他正当事由不能在有效期限内完成调查的，申请人可以在障碍消除后的五个工作日内，向人民法院申请重新签发律师调查令。

第十条 【持律师调查令调查收集的证据效力】持律师调查令调查收集到的证据需经法定程序质证、审查，才能作为认定案件事实的依据。

第十一条 【持令律师的义务】持令律师调查时，应当主动出示律师调查令、执业证书，有随行人员的，还应当出示随行人员身份证件，供协助调查人核对。协助调查人原则上不得要求持令律师提供前述材料以外的其他材料。

持令律师应当在律师调查令载明的有效期届满之日起十个工作日内将持令获取的全部证据及协助调查人填写的律师调查令回执提交人民法院。

持令律师因故未使用律师调查令或者协助调查人未提供相应证据的，持令律师应当在律师调查令载明的有效期届满之日起十个工作日内将律师调查令和律师调查令回执交还人民法院并书面说明原因。

持令律师应对调查过程中知悉的证据及相关信息保密，且仅限于本案诉讼使用，不得在其他事务中使用或泄露。

第十二条 【协助调查人的义务】协助调查人在对律师调查令、持令律师执业证书核对无误后，有义务根据律师调查令载明的内容提供相应证据，并有权拒绝提供律师调查令指定调查内容以外的事项。

协助调查人当场提供相应证据确有困难的，应当在收到调查令之日起七个工作日内提供。

协助调查人提供的证据为复印件或者复制品等副本的，应当在提供的证据材料上注明“与原件核对无异”并签名或者盖章。

协助调查人因故不能按时提供、无材料提供或者拒绝提供律师调查令指定调查的材料的，应当在调查回执中注明原因。

第十四条 【协助调查人违反义务的法律后果】协助调查人无正当理由拒不协助调查的，人民法院可以责令其履行协助义务，并视情节轻重，依据《中华人民共和国民事诉讼法》第一百一十七条之规定对其予以处罚，并向其上级机关、主管机关或其所在单位发送司法建议。

第十五条 【刑事附带民事案件的参照适用】代理律师对刑事诉讼附带民事部分申请律师调查令的，可以参照本办法处理。

➢ 5.《河南省高级人民法院关于在民事诉讼中实行律师调查令的工作细则》（2021年12月23日发布）

第一条 本细则所称律师调查令，是指民事诉讼当事人及其代理律师因客观原因不能自行收集涉诉案件相关证据时，经代理律师申请，人民法院审查批准，由代理律师向接受调查的单位或个人调查收集相关证据的法律文件。

第二条 律师调查令的申请，可在起诉、审理、执行阶段提出。

起诉阶段，律师调查令的申请应于递交起诉状及相关证据后提出，申请调查的证据应限于与管辖受理有关的起诉证据。

审理阶段，律师调查令的申请应于案件受理后，举证期限届满前提出。

执行阶段，律师调查令的申请应于执行完毕前提出，申请调查的证据应限于与被执行人的财产状况和实际履行能力有关的证据。

第三条 持律师调查令调查收集的证据应为由接受调查单位或个人保管并与案件事实直接相关的书证、电子数据、视听资料、鉴定意见和勘验笔录等，但不包括证人证言、物证。

第四条 申请律师调查令，应当提供下列材料：

（一）申请书；

（二）当事人的授权委托书；

（三）代理律师所在律师事务所出具的指派律师函或法律援助机构出具的法律援助公函；

（四）代理律师有效的执业证书；

（五）律师调查令使用承诺书。

第五条 律师调查令申请书应当载明下列内容：

（一）案号或收件编号；

（二）申请方当事人的姓名、身份证号码或名称、统一社会信用代码；

（三）申请人的姓名、律师执业证号和律师事务所名称；

（四）接受调查单位、个人的名称或者姓名；

（五）调查取证的目的及理由；

（六）需要调查收集的证据、财产线索；

（七）其他需要说明的事项。

申请书需详细列明调查事项，由代理律师签字或盖章，并加盖律师事务所印章。

第六条 律师调查令经依法审查后，起诉阶段由立案庭庭长签发，审理阶段由审判长或独任法官签发，执行阶段由执行局局长或指定的法官签发。人民法院对申请应当依法审查、一事一令、专人使用。

人民法院应当自申请之日起七个工作日内决定是否签发律师调查令。人民法院决定不予签发的，应当告知申请人并说明理由。口头告知的，应记录在卷。

第七条 属下列情形之一的，不予签发律师调查令：

(一)涉及国家秘密、个人隐私、商业秘密;

(二)与待证事实不具有关联性或必要性;

(三)证据不为接受调查单位或个人保管;

(四)申请调查的证据不明确、不具体;

(五)其他不宜以律师调查令形式调查取证的情形。

涉及上述(一)、(五)项情形的证据,当事人可以提交证据线索,申请人民法院依法调查收集。

第八条 律师调查令应当载明下列内容:

(一)案号或收件编号和律师调查令的编号;

(二)申请方当事人的名称或者姓名;

(三)代理律师的姓名、性别、执业证号、所在律师事务所名称;

(四)接受调查单位、个人的名称或者姓名;

(五)需要调查收集的证据、财产线索以及提供证据、财产线索的相关要求;

(六)律师调查令的有效期限;

(七)签发单位名称、签发日期和院印;

(八)人民法院的联系人及联系方式;

(九)拒绝或者妨害调查的法律后果。

第九条 律师调查令及申请书、律师调查令回执、律师调查令使用承诺书等相关材料需统一入卷归档。

第十条 律师调查令的有效期限由人民法院根据案件具体情况确定,最长为十五个工作日。律师调查令在期限届满后自动失效。代理律师因正当理由不能在有效期限之内完成调查的,可重新申请延长调查令期限一次。

第十一条 代理律师持调查令向接受调查单位或个人调查收集相关证据时,应主动出示调查令和执业证等证件并说明有关情况。

接受调查单位或个人应当根据调查令指定的调查内容及时提供有关证据。当场提供证据确有困难的,应当在收到律师调查令之日起七个工作日内提供。提供的证据如为复印件或复制品的,应当在提供的证据材料上注明与原件核对无异并签名或盖章。调取的证据可由代理律师转交签发法院,也可由接受调查单位或个人密封另行送至签发法院。律师调查令可由接受调查的单位或组织存档。

代理律师持调查令调查获得的证据及信息,仅限于本案诉讼,不得泄露或作其他使用。

第十二条　接受调查单位或个人因故不能提供、无证据提供或者拒绝提供指定证据的,应当在律师调查令回执中注明原因。接受调查单位或个人未在回执中注明原因的,代理律师应书面说明。

代理律师调取证据后,应于五个工作日内将调查收集的全部证据及调查回执提交人民法院。持律师调查令调查收集的证据需经法定程序质证或核实后,才能作为认定案件事实或者采取执行措施的依据。

第十三条　接受调查单位或个人认为调查令指定提供的证据或者信息属于第七条规定情形之一的,可以在收到调查令之日起十个工作日内向人民法院书面申请撤销该调查令。

人民法院经审查认为理由成立的,应当撤销调查令,并根据案件办理需要依职权进行调查取证;理由不成立的,应当书面告知接受调查单位或个人并说明原因,接受调查单位或个人在收到书面通知后应当提供调查令指定的证据或者信息。

第十四条　接受调查单位或个人无正当理由拖延、拒绝协助调查的,人民法院可根据情节轻重,依照民事诉讼法有关规定予以处罚。

有协助调查义务的单位及公职人员拒不协助调查的,人民法院可向相关主管部门通报情况,也可向有关机关提出予以纪律处分的司法建议。

➢ **6.《浙江省高级人民法院关于规范律师调查令制度的办法》**(2020 年 12 月 4 日发布)

第二条　律师持令调查有别于律师自行调查取证,系人民法院依法授权其进行。

民事诉讼当事人及其代理律师通过正常的调查取证途径无法自行调查取

证,经代理律师申请,人民法院认为确有必要的,可以签发调查令,由持令律师在人民法院授权范围内向协助调查人调查收集证据。

在执行阶段(含执行异议和复议),经申请执行人的代理律师申请,人民法院可以签发调查令,由持令律师在人民法院授权范围内向协助调查人调查收集证据。

本办法所称的协助调查人是指调查令载明的须向持令律师提供指定证据的组织或者个人。

本办法所称的律师包括执业律师、公司律师和公职律师。

第三条 申请调查令的律师一般为当事人、申请执行人的代理律师。没有委托代理律师的,可以就调查取证事宜单独委托律师向人民法院申请调查令,或者申请法院依职权调查。

第四条 申请调查令一般在起诉、审理、执行阶段提出。

起诉阶段申请调查令,一般在递交起诉状及相关证据后提出。申请调查的证据应当限于立案所需的证据以及申请财产保全的财产线索。

审理阶段申请调查令,一般在案件受理后,举证期限届满前提出;因客观原因不能在举证期限内提出的,不受此期限的限制。

执行阶段申请调查令,一般在执行完毕前提出。执行案件立案后,人民法院应当通过网络查控系统调查被执行人的财产状况、与实际履行能力有关的证据或者财产线索,无法通过网络查控系统调查或者申请执行人提供其他明确线索的,申请执行人的代理律师或者委托律师可以申请调查令。申请调查的证据应当限于与被执行人的财产状况和实际履行能力有关的证据或者财产线索,以及违反限制消费令、虚假报告财产、转移财产等情况的证据。

第五条 再审审查阶段一般不适用律师调查令,但出现足以推翻原裁判的关键性新证据线索且当事人提供确有困难的除外。再审中,可以适用律师调查令。

破产程序中,可以适用律师调查令。破产管理人为律师事务所和律师的,由执业律师向审理破产案件的人民法院申请调查令。其他破产管理人需另行委托律师申请调查令。

第六条　持令调查收集的证据包括由协助调查人保管并与案件事实直接相关的书证、视听资料、电子数据、鉴定意见和勘验笔录等，不包括物证。

证人证言一般不属于持令调查收集的证据材料范围，但证人出庭确有困难或者障碍且相关机关已经依法制作形成证人证言笔录材料的除外。

第七条　人民法院应当积极引导代理律师或者委托律师通过移动微法院等平台在线提交申请，确有困难的，代理律师或者委托律师可以书面提交申请。

第八条　代理律师或者委托律师持令收集证据的，应当由两人以上共同进行。一名代理律师或者委托律师持令调查时，必须与一名以上的同一律师事务所的律师、实习律师共同进行。

破产管理人为律师事务所和律师的，参照前款执行。

第九条　申请调查令，应当提交下列材料：

（一）申请书；

（二）当事人、申请执行人授权委托书；

（三）律师事务所的委托、指派公函；

（四）申请律师的有效执业证书；

（五）共同参与调查人员的身份信息材料。

在申请调查令前，代理律师或者委托律师已经向人民法院提交了本条第一款第（二）（三）（四）项材料的，无需重复提交；但授权委托书中未列明调查取证权限的，仍需另行提交当事人、申请执行人的授权委托书。

破产管理人为律师事务所和律师的，申请调查令时，无需提交本条第一款第（二）（三）项材料，但需提交破产受理裁定书、指定管理人决定书和破产管理人的授权委托材料。其他破产管理人另行委托律师申请调查令的，仍需提交前述材料。

第十条　调查令申请书应当载明下列内容：

（一）案件编号（立案阶段申请的除外）；

（二）当事人、申请执行人的姓名或者名称、公民身份号码或者统一社会信用

代码;

(三)申请律师的姓名、律师执业证号和律师事务所名称;

(四)共同参与调查人员的姓名、律师执业证号(或者公民身份号码)、律师事务所名称;

(五)协助调查人的姓名或者名称;

(六)需要调查收集的证据名称、具体范围;

(七)需要调查收集的证据拟证明的事实、与案件的关联性;

(八)无法自行调查取证的客观原因;

(九)申请律师及共同参与调查人员的保密承诺;

(十)其他需要说明的事项。

申请书由申请律师和共同参与调查人员签字,并加盖申请律师所在律师事务所印章。

第十一条 人民法院接到申请后,由承办人或者合议庭对申请人和共同参与调查人员的资格、申请的理由、申请是否在规定期限内、申请调查证据的范围及与案件的关联性等进行审查。

起诉阶段的律师调查令,由立案庭庭长签发;审理阶段的律师调查令,由独任法官或者审判长签发。执行阶段的律师调查令,由执行局局长或者指定的法官签发。

人民法院应当自收到申请之日起七个工作日内决定是否签发调查令。立案阶段涉及保全财产线索的,应当在三个工作日内决定。根据申请的证据情况,人民法院签发调查令前可以先行向协助调查人了解相关情况。

人民法院决定不予签发的,应当书面告知申请人,说明理由,并记录在卷。申请人不服的,可以向签发法院申请复议一次。签发法院未书面告知或者未说明理由的,申请人可以向签发法院或上级法院纪检监察部门反映。

第十二条 申请调查收集的证据属于下列情形之一的,不予签发调查令:

(一)涉及国家秘密的(《中华人民共和国保守国家秘密法》规定的有关保密行政管理部门等依照法律法规规定确定密级的国家秘密);

（二）与待证事实无关联、对证明待证事实无意义或者其他无调查收集必要的；

（三）已经向社会公开的政府信息或者其他信息；

（四）申请直接向对方当事人调查的；

（五）证据不为协助调查人所占有、保管或者控制的；

（六）申请调查的证据不明确、不具体的；

（七）公安机关尚在侦查或者撤销的刑事案件材料；

（八）公安机关在履行职责中获得的行动轨迹、住宿记录等个人信息，但已经在其他案件中作为证据使用的除外；

（九）其他不宜以律师调查令形式调查取证的情形。

人民法院决定不予签发调查令或者不准许部分申请事项的，但当事人、申请执行人及其代理律师认为确需调查取证的，可依法申请人民法院调查。

第十三条 各级人民法院对本院签发的律师调查令实行统一编号管理。律师调查令一式两份，一份入卷归档，一份交由申请调查令的律师用以调查收集相关证据。

省高级人民法院统一制定调查令样式。

第十四条 调查令应当载明下列内容：

（一）案件编号（立案阶段申请的除外）和调查令的编号；

（二）协助调查人的姓名或者名称；

（三）持令律师的姓名、律师执业证号、律师事务所名称；

（四）共同参与调查人员的姓名、律师执业证号（或者公民身份号码）、律师事务所名称；

（五）需要调查收集的证据名称、具体范围；

（六）调查令的有效期限；

（七）拒绝或者妨碍持令调查的法律后果；

（八）主审法官或者承办人员的姓名和联系方式；

（九）签发日期和人民法院印章。

第十五条 人民法院通过移动微法院等平台出具的电子调查令与纸质调查令具有同等效力。

第十六条 签发调查令时,签发法院应当一并向申请律师送达调查令回执和使用须知,书面告知相关权利义务。调查令使用须知一式两份,一份由持令律师、共同参与调查人员签字后存档,一份交由持令律师使用。

第十七条 调查令的有效期限,由签发法院根据调查需要、案件复杂程度等因素合理确定,一般不超过十日;有特殊情形的,不超过十五日。期限届满,调查令自动失效。

持令律师应当在调查令载明的有效期限内完成调查取证事项。持令律师有正当理由不能在有效期限内完成调查取证的,或者需要变更调查令有关内容的,可以重新申请调查令一次。

第十八条 律师持令调查时,应当主动出示律师调查令和执业证、共同参与调查人员身份证件(律师执业证、实习律师证等)。

协助调查人不得要求持令律师和共同参与调查人员提供前述证明材料以外的其他材料。

第十九条 律师持令调查时,协助调查人对调查令及相关证件核对无误后,应当根据调查令指定的调查事项及时提供有关证据并填写回执。当场提供证据有困难的,一般在收到调查令之日起五个工作日内提供;有特殊情况的,一般不得超过十五个工作日。

协助调查人应当在提供的证据材料上注明与原件核对无异等,在回执上注明材料数量、页码、时间,并签名或者盖章。证据材料系电子数据的除外。

协助调查人认为调查的证据及信息可能涉及商业秘密、个人隐私或者不宜由律师直接阅看的,可以密封调查证据并在回执上注明,由持令律师转交调查令签发法院,或者直接提交调查令签发法院。

协助调查人依据律师调查令提供证据,证据所涉及的当事人提出异议的,协助调查人可告知其向签发法院提出,并向其提供调查令复印件或者其他信息。

第二十条 协助调查人对律师调查令调查内容有异议的,应当及时与签发法院联系核实。核实后仍有异议的,应当在调查令回执上说明具体原因。

调查令所列证据具体范围不明或者使用概括式表述,或者违反本办法规定范围的,协助调查人有权拒绝提供,但应当在调查令回执上注明。

持令律师要求提供调查令指定调查内容以外的事项和证据材料,协助调查人有权拒绝提供。

第二十一条　持令律师调取证据后,应当在五个工作日内将调查收集的全部证据和调查令回执提交签发法院。协助调查人未提供证据的,持令律师应当在调查令回执上注明原由,与共同参与调查人员签字确认。

协助调查人可以留存律师调查令原件,并在调查令回执上注明。协助调查人未留存的,持令律师应当在调查结束后五个工作日内将律师调查令提交签发法院。

因故未使用调查令或者协助调查人未提供证据的,持令律师应当在调查令载明的有效期限届满后五个工作日内,将调查令原件和回执提交签发法院。逾期未交还签发法院的,法院主审法官或者承办人员应当及时向持令律师催交,必要时向律师事务所发函催交。

签发法院应当对调查令的发出、收回、催交情况记录在卷,实行电子化管理。

第二十二条　持令调查获得的证据及信息,持令律师及共同参与调查人员应当保密,并仅限于本案诉讼目的,不得在其他事务中使用或者泄露。

➤ 7.《北京市高级人民法院知识产权民事诉讼证据规则指引》(2021 年 4 月 22 日发布)

1.5　当事人依据《最高人民法院关于适用〈中华人民共和国民事诉讼法〉的解释》第九十四条第二款的规定申请调查收集证据,满足准予调查收集证据申请应具备条件,且同时符合以下条件的,可以向当事人的诉讼代理人签发调查令:

(一)当事人的诉讼代理人为执业律师;

(二)调查令足以克服当事人及其诉讼代理人不能自行收集证据的客观原因;

(三)被调查收集的证据不涉及国家秘密、商业秘密、个人隐私等且不存在其他不宜由诉讼代理人持调查令收集的情形。

1.6　调查令应列明以下内容：

（一）持有调查令的律师的姓名、性别、律师执业证编号、律师事务所名称；

（二）被调查人姓名或单位名称；

（三）调查收集证据的名称或范围；

（四）调查令的有效期；

（五）法院印章及签发日期。

1.7　持有调查令的律师应于调查令有效期内，按照调查令载明的证据名称或范围向被调查人调查收集证据。

持有调查令的律师向被调查人调查收集证据时，应同时出示其律师执业证书原件供被调查人核对。

1.8　被调查人对调查令和相关律师身份核对无异后，应按照调查令载明的名称或范围提供证据。

被调查人提供的证据应在持有调查令的律师和被调查人的共同见证下封存，由持有调查令的律师及时、完整的提交法院或由被调查人在合理期间内采用邮寄等方式提交法院。

被调查人因故不能提供证据的，应说明原因。被调查人无正当理由拒不协助调查的，可根据案件情形，对其采取《中华人民共和国民事诉讼法》第一百一十四条、第一百一十五条①有关妨害民事诉讼的强制措施。

1.9　调查令原件由持有调查令的律师于调查令有效期届满后三日内交回法院，留卷备查。被调查人因故未能提供证据或者拒不协助调查的，持有调查令的律师应于交回调查令的同时，一并书面说明相关情况。

被调查人可以要求留存调查令复印件。

1.10　当事人通过使用调查令未能达到取证目的的，法院可以根据案件具体情况决定是否通过其他方式调查收集相关证据。

---

①　现为2021年修正的《民事诉讼法》第117条、第118条。

1.40 原告主张销毁侵权产品或侵权复制品、主要用于制造侵权产品或侵权复制品的材料、工具、设备等,被告否认上述销毁对象存在的,原告应提供证据证明上述销毁对象的存放地址、数量等事实。

原告因客观原因不能自行收集上述证据的,可以依据《最高人民法院关于适用〈中华人民共和国民事诉讼法〉的解释》第九十四条第二款的规定申请调查取证。

最高人民法院案例

➢ 1. 广州国际华侨投资公司与江苏长江影业有限责任公司影片发行权许可合同纠纷案①[(2001)民三终字第3号]

裁判要旨:当事人向人民法院提出对全省放映的票房收入进行全面调查取证的请求,因涉及该事实的证据不属于当事人因客观原因无法自行收集的证据,人民法院不予准许。

对于广州国际华侨投资公司(以下简称投资公司)向最高人民法院提出对江苏全省放映《下辈子还做母子》的票房收入进行全面调查取证的请求,最高人民法院不予采纳。首先,涉及该事实的证据不属于当事人因客观原因无法自行收集的证据。投资公司已经向法院提交了1095份证明漏瞒报情况的调查表,说明该证据并非其无法收集,只是因调查范围广,欲全面、准确收集存在困难。而投资公司举证的困难,是其在与长江影业有限责任公司(以下简称长江公司)签订合同时应当预见到的。其次,该证据亦非属于人民法院因审理案件需要而必须自行收集的证据。合同明确约定,长江公司对投资公司查出漏瞒报数额承担10倍赔偿责任,投资公司依照合同约定可以获得10倍经济赔偿。根据权利义务对等原则,投资公司亦应当按照合同约定承担举证责任。人民法院应当对投资公司所提交的证明漏瞒报数额的证据予以审查核实,而不是代替投资公司履行举

---

① 参见《最高人民法院公报》2004年第5期(总第91期)。

证义务。原审法院已经就投资公司所提供的1000余份调查表的真实性进行了审查核实,如果由二审法院调查收集投资公司举证范围之外的其他证据,实际上是代替投资公司履行举证义务,不仅违背了当事人之间的约定,也有悖于法院作为司法机关的中立地位,对另一方当事人亦不公平。最后,根据本案具体情况和当事人之间的约定,全面、准确查清漏瞒报数额不仅难以实现,而且由于10倍赔偿责任的约定已经使投资公司在不能全面查清漏瞒报数额的情况下,仍可以较大程度地弥补其经济损失,故也不是审理本案所必须的。因此,本案关于证明《下辈子还做母子》票房收入漏瞒报事实的证据,不属于《民事诉讼法》第64条第2款①所规定的应当由人民法院调查收集的证据,该院对投资公司请求调查取证的申请不予支持。

➢ **2. 再审申请人凯里市格兰房地产开发有限责任公司、凯里市博南高级中学与被申请人凯里市文化旅游产业投资发展有限公司买卖合同纠纷案**[(2021)最高法民申3409号]

裁判要旨:当事人申请法院向案外人调查取证,调取的内容系证人证言,证人证言不属于当事人因客观原因不能自行收集的证据,且相关在案书证已经构成完整的证据链条,上述证人证言并非认定本案基本事实而需要调查、收集的证据,原审法院未予准许并无不当。

最高人民法院认为,凯里市格兰房地产开发有限责任公司(以下简称格兰公司)申请二审法院向顾某先调查取证,调取的内容系证人证言。该院认为,证人证言不属于当事人因客观原因不能自行收集的证据,且相关书证已经构成完整的证据链条,上述证人证言并非认定本案基本事实而需要调查、收集的证据。格兰公司该申请再审理由不能成立。

➢ **3. 再审申请人周某勇与被申请人赵某男、北京胜瑞立商贸中心、台州清文机械有限公司产品责任纠纷案**[(2015)民申字第1387号]

裁判要旨:当事人是举证责任的承担者,人民法院仅在特定条件下、依照一

① 现为2021年修正的《民事诉讼法》第67条第2款。

定的程序承担有限的补充作用。本案并不存在相关证据由国家有关机关保存，当事人及其诉讼代理人无权查阅调取或者涉及国家秘密、商业秘密或者个人隐私的情形，当事人申请人民法院依职权调查收集证据缺少充分的理由。

最高人民法院认为，《民事诉讼法》第64条第1款、第2款①规定，"当事人对自己提出的主张，有责任提供证据。当事人及其诉讼代理人因客观原因不能自行收集的证据，或者人民法院认为审理案件需要的证据，人民法院应当调查收集"。《民诉法解释》第94条第1款规定，"民事诉讼法第六十四条第二款②规定的当事人及其诉讼代理人因客观原因不能自行收集的证据包括：(一)证据由国家有关部门保存，当事人及其诉讼代理人无权查阅调取的；(二)涉及国家秘密、商业秘密或者个人隐私的；(三)当事人及其诉讼代理人因客观原因不能自行收集的其他证据"。根据上述法律和司法解释的规定，民事诉讼遵循"谁主张、谁举证"的原则，当事人是举证责任的承担者，人民法院仅在特定条件下、依照一定的程序承担有限的补充作用。本案并不存在相关证据由国家有关机关保存，当事人及其诉讼代理人无权查阅调取或者涉及国家秘密、商业秘密或者个人隐私的情形，周某勇对自己主张的事实应自行承担举证责任，其申请人民法院依职权调查收集证据缺少充分的理由，一审、二审法院对其申请不予准许并无不当，本案并不存在人民法院未调查取证导致认定事实不清的情形。

➢ 4. 再审申请人广西亚王电力开发有限公司与被申请人广西右江水利开发有限责任公司损害公司利益责任纠纷案[(2018)最高法民申2805号]

裁判要旨：申请调取工商登记机关存档的其他资料，不属于当事人及其诉讼代理人可因客观原因不能自行收集的证据。

关于二审法院没有调取资料的问题，最高人民法院认为，工商登记机关出具的文件、证书具有较高的证明力。广西亚王电力开发有限公司(以下简称亚王电力公司)申请调取工商登记机关存档的其他资料，不属于《民事诉讼法》第64条第2款③"当事人及其诉讼代理人因客观原因不能自行收集的证据，或者人民法

① 现为2021年修正的《民事诉讼法》第67条第1款、第2款。

② 现为2021年修正的《民事诉讼法》第67条第2款。

③ 现为2021年修正的《民事诉讼法》第67条第2款。

院认为审理案件需要的证据,人民法院应当调查收集"规定的证据范围。原审法院未准许亚王电力公司调查收集证据的申请,认为若亚王电力公司对工商登记机关存档的资料存疑,应当向工商行政机关主张,并无不当,符合《民诉法解释》第 95 条"当事人申请调查收集的证据,与待证事实无关联、对证明待证事实无意义或者其他无调查收集必要的,人民法院不予准许"之规定。

➢ 5. 再审申请人戚某、上海衵荣建筑工程有限公司与被申请人叶某希、江阴隆丰钢铁贸易有限公司、李某胜民间借贷纠纷案[(2015)民申字第 828 号]

裁判要旨:当事人及其诉讼代理人因客观原因不能自行收集证据申请人民法院调查收集,法院应当准许。

最高人民法院认为,证明标准是负担证明责任的人提供证据证明其所主张法律事实所要达到的证明程度。《民诉法解释》第 108 条第 1 款规定:"对负有举证证明责任的当事人提供的证据,人民法院经审查证据并结合相关事实,确信待证事实的存在具有高度可能性的,应当认定该事实存在。"本案中,各方当事人以及相关案外人之间存在多笔资金往来,交易情况非常复杂,各方当事人均无任何书面协议、收据或者收条等能够证明当事人之间存在民间借贷法律关系的直接证据,而仅有银行转款凭证、案外 1800 万元交易的情况、有关当事人的陈述等证据,并不足以使人民法院确信当事人之间民间借贷法律关系的存在具有高度可能性。在此情况下,叶某希与汇丰公司之间是否存在直接的资金往来的事实对于确定真实的借款人以及查明涉案的 1000 万元是否已经偿还至关重要。上海衵荣建筑工程有限公司在因客观原因不能自行收集上述有关证据的情况下,向二审法院申请调查汇丰公司于 2012 年 11 月 16 日要求光大银行将 944 万元划到江阴锦坤钢铁经营部之后的去向以及叶某希的账户在 2012 年资金往来的情况,符合《民事诉讼法》第 64 条第 2 款①、《民诉法解释》第 96 条第 1 款第 4 项的规定,人民法院应当调查收集相关证据,但二审法院未予准许,构成了《民事诉讼法》第 200 条②第 5 项规定的情形。

---

① 现为 2021 年修正的《民事诉讼法》第 67 条第 2 款。

② 现为 2021 年修正的《民事诉讼法》第 207 条。

条文内容	参考条文
第七条 【调查取证申请时限及内容】 当事人及其诉讼代理人申请人民法院调查收集证据,应当在举证期限届满前提交书面申请。	《民事证据规定》第20条第1款
申请书应当载明被调查人的姓名或者单位名称、住所地等基本情况、所要调查收集的证据名称或者内容、需要由人民法院调查收集证据的原因及其要证明的事实以及明确的线索。	《民事证据规定》第20条第2款

要点注释

《民诉法解释》遵循将当事人的申请行为比照举证行为的思路,这一立场被《民事证据规定》承继。根据本条第1款,当事人及其诉讼代理人因客观原因不能自行收集而向人民法院申请调查收集证据,应当遵守举证期限的要求,在举证期限届满前书面提出申请。

本条第2款规定的是调查取证申请书的内容要件,其中强调申请书要载明"需要由人民法院调查收集证据的原因"和"要证明的事实"。只有说明原因,法院才能对申请是否符合法律规定作出正确的判断。载明要证明的事实,能够反映出申请调查收集的证据与案件中的待证事实是否相关,即该证据的关联性问题。与待证事实无关联的证据,人民法院对该调查取证申请将不予准许。

地方人民法院案例

➢郑某与张某珍、原审第三人湖北隽达房地产开发有限公司合同纠纷案[(2020)闽07民终108号]

裁判要旨:当事人未在举证期限内提出书面的调查取证申请,亦未提供明确的证据名称和线索,对其申请不予准许。

二审庭审中，郑某以其无法调取相关财务账册和报表为由，要求法院向湖北隽达房地产开发有限公司及相关部门调查取证，对此，福建省南平市中级人民法院认为，根据《民事证据规定》第20条的规定，当事人及其诉讼代理人申请人民法院调查收集证据，应当在举证期限届满前提交书面申请；申请书应当载明被调查人的姓名或者单位名称、住所地等基本情况、所要调查收集的证据名称或者内容、需要由人民法院调查收集证据的原因及其要证明的事实以及明确的线索。据此，当事人申请法院调查取证除了必须具备形式要件、时间要件外，还要提供证据名称和明确的线索，以便于法院进行调查取证。本案一审、二审中，郑某均未在举证期限内提出书面的调查取证申请，亦未提供明确的证据名称和线索，其申请调查的事项更多带有其个人主观猜测，且并非客观上不能完成的，故对于郑某的该申请，不予准许。

条文内容	参考条文
第八条　【申请调查取证的审查】 当事人申请调查收集的证据，与待证事实无关联、对证明待证事实无意义或者其他无调查收集必要的，人民法院不予准许。	《民诉法解释》第95条

要点注释

当事人及其诉讼代理人因客观原因无法自行收集的证据，可申请人民法院调查收集。但人民法院仍要进行必要性审查，防止申请权的滥用。没有调查收集必要的，人民法院也不应当准许当事人的申请。

必要性审查的步骤如下。

首先，审查与待证事实有无关联。关联性是证据的基本属性，是证据进入诉讼的第一道“关卡”，是证据能被采纳的首要条件。没有关联性的证据，无论当事人自行收集提供，还是人民法院调查收集，均缺乏证明待证事实的基础。申请调查收集没有关联性的证据，是对司法资料的浪费，当然不予准许。需要说明的是，这里的关联性是一个低门槛，并不要求证据的证明力必须有多大。

其次，审查对证明待证事实有无意义，即申请调取的证据是否足以证明申请人主张的待证事实。这实质上是对证据证明力大小的判断。如果申请调查收集的证据，虽与待证事实有关联或具有证明力，但其证明力仍无法达到申请人的证明目的，这样的证据对证明待证事实也无意义，无调查收集的必要。

最后，其他情形的必要性审查。其他无调查收集必要的情形，属于兜底性规定，由法官根据具体案情进行判断。如对于待证事实，法官已形成较为充分的内心确信，即使根据当事人的申请，调查收集了该证据，也不可能动摇法官的心证基础，则属其他无调查收集必要的情形。

最高人民法院案例

➢ 1. 再审申请人黑龙江建成房地产开发有限公司与被申请人吴某春民间借贷纠纷案［（2019）最高法民申1769号］

裁判要旨：申请人民法院调取相关航班的记录与案件待证事实无关联性，不予准许。

最高人民法院认为，民事诉讼证据须同待证事实存在关联性，以便查明案情。《民诉法解释》第95条规定，当事人申请调查收集的证据，与待证事实无关联、对证明待证事实无意义或者其他无调查收集必要的，人民法院不予准许。本案中，黑龙江建成房地产开发有限公司申请二审法院调查收集的证据，系国某东2012年11月29日从佳木斯飞往北京、2012年12月5日从北京飞往哈尔滨、2012年12月9日从哈尔滨飞往上海浦东、2012年12月14日从上海虹桥飞往北京的航班乘坐记录。即便国某东上述乘机行程经查证属实，能够证实国某东在上述签约履约区间内频繁出行，存在其本人不在现场的可能性，尚不能证明国某东2012年12月1日至2日是否在黑龙江省双鸭山市集贤县签约履约现场。二审法院未向相关航空公司调查收集国某东的上述航班乘坐记录，并无明显不当。

➢ 2. 再审申请人镇江嘉辉房地产开发有限公司与被申请人浙江三花绿能实业集团有限公司、一审被告南京嘉辉投资管理有限公司等借款合同纠纷案
[(2020)最高法民申 5251 号]

裁判要旨：当事人申请调取的相应征信报告、借贷记录等证据，与案件待证事实不具有直接关联性，申请开具调查令，不予准许。

最高人民法院认为，首先，根据《民诉法解释》第 95 条的规定，当事人申请调查收集的证据，与待证事实无关联、对证明待证事实无意义或者其他无调查收集必要的，人民法院不予准许。在浙江三花绿能实业集团有限公司（以下简称三花公司）已提交银行回单等证据证明案涉《委托贷款合同》所涉资金来源于其从银行赎回的理财产品，属于自有资金的情况下，应由镇江嘉辉房地产开发有限公司（以下简称镇江嘉辉公司）就其主张三花公司通过《委托贷款合同》向其出借的资金并非自有资金、涉嫌职业放贷进行举证。镇江嘉辉公司提交的三花公司 2017 年、2018 年年度公示信息表以及企业信用报告等材料，不足以证明三花公司存在高利转贷行为和职业放贷行为。镇江嘉辉公司申请调取的三花公司相应征信报告、借贷记录等证据，与案涉资金是否属于三花公司自有资金不具有直接关联性，原审法院未予准许镇江嘉辉公司申请开具调查令以及未依职权调查取证，不违反法律规定。

➢ 3. 再审申请人尚某才与被申请人许昌市商业物资总公司破产清算组、许昌市商务局及一审第三人河南骏景地产有限公司、郑某义管理人责任纠纷案
[(2020)最高法民申 2440 号]

裁判要旨：即使公司内部相关财务凭证没有相关记载，也不足以否定公司已出具的收据等对外明确表示的，申请调查收集的证据对证明待证事实无意义，不予调取。

最高人民法院认为，关于尚某才所称的调查河南裕华资产管理有限公司（以下简称裕华公司）银行进账凭证、财会部门出具的收据等申请，其意图否定裕华公司 2005 年 12 月 9 日出具的收据的证明力。该收据系裕华公司向清算组出具，明确载明“85 万元业已收到”，且为原件。即使裕华公司内部相关财务凭证没有相关记载,也不足以否定裕华公司对外明确的表示,故无必要调查收集。最高人民法院根据《民诉法解释》第95条"当事人申请调查收集的证据,与待证事实无关联、对证明待证事实无意义或者其他无调查收集必要的,人民法院不予准许"的规定,认定原审未予准许并无不当。

➢ 4. 再审申请人六盘水邦红矿山设备有限公司与被申请人贵州华瑞鼎兴能源有限公司、贵州华瑞鼎兴能源有限公司水城县鱼塘煤矿等买卖合同纠纷案[(2020)最高法民申4090号]

裁判要旨:如当事人申请调查收集的证据,不足以达到当事人的证明目的的,人民法院不予准许。

最高人民法院认为,关于六盘水邦红矿山设备有限公司(以下简称邦红公司)提出二审法院未依法调取六家煤矿矿长及相关人员任职情况、证人证言的书面资料的问题。《民诉法解释》第95条规定:"当事人申请调查收集的证据,与待证事实无关联、对证明待证事实无意义或者其他无调查收集必要的,人民法院不予准许。"而邦红公司申请调取的前述证据是为了证明其所主张的销售货物事实的真实性,因销货清单的真实性本身真伪不明,即使结合证人证言仍然不足以达到邦红公司的证明目的,在这种情况下,人民法院未予同意依职权调取证据,不违反法律、司法解释的规定。

➢ 5. 再审申请人湖北盛林房地产开发有限公司与被申请人云梦县城关镇陈赵社区居民委员会合同纠纷案[(2019)最高法民申1874号]

裁判要旨:本案结合相关证据综合分析已经达到认定基本事实的程度,再行调查收集相关证据已无必要。

最高人民法院认为,关于申请人民法院调查收集证据问题。湖北盛林房地产开发有限公司(以下简称盛林公司)再审称"对审理案件需要的主要证据,当事人因客观原因不能自行收集,书面申请人民法院调查收集,人民法院未调查收集,属程序错误"。但盛林公司对该证据为何证据未作任何说明,仅在其再审申请书中作"或依当事人申请调查核实真伪,就直接采信并作为审判的依据属于严重程序违法"的表述。该表述所指向的证据为《陈赵社区地块出让方案》,故可确定其该再审理由为曾申请人民法院调查该证据，而人民法院未调查收集。《民诉法解释》第 95 条规定，“当事人申请调查收集的证据，与待证事实无关联、对证明待证事实无意义或者其他无调查收集必要的，人民法院不予准许”。原审法院已确认该证据的真实性，且该证据并非认定本案基本事实的唯一证据，结合相关证据综合分析已经达到认定本案基本事实的程度，无论盛林公司是否有过书面申请行为，再行调查收集相关证据已无必要。因此，盛林公司再审称“对审理案件需要的主要证据，当事人因客观原因不能自行收集，书面申请人民法院调查收集，人民法院未调查收集，属程序错误”的请求没有事实和法律依据，该院不予支持。

➢ 6. 再审申请人扬州远扬国际码头有限公司、扬州远扬国际码头有限公司江都分公司与被申请人中国服装集团有限公司、扬州天奥能源有限公司海事侵权纠纷案[(2019)最高法民申 4811 号]

裁判要旨：当事人申请调取的证据已为生效仲裁裁决所确认的事实，人民法院对其申请不予准许。

最高人民法院认为，扬州远扬国际码头有限公司(以下简称远扬公司)、扬州远扬国际码头有限公司江都分公司(以下简称远扬江都公司)认为中国服装集团有限公司(以下简称中服公司)是否实际遭受货物损失是认定中服公司、扬州天奥能源有限公司(以下简称天奥公司)是否存在侵权行为的主要证据，因此申请调取中服公司与上游供应商签订的煤炭销售合同、中服公司与天奥公司煤炭代理采购交易结算材料、相关增值税发票、反映六船煤炭及补进煤炭卡值(品质)的文件等证据，而如上所述，对于中服公司是否实际遭受损失，(2014)扬仲裁字第 344 号仲裁裁决已经作出认定。原审法院依据《民诉法解释》第 95 条关于“当事人申请调查收集的证据，与待证事实无关联、对证明待证事实无意义或者其他无调查收集必要的，人民法院不予准许”的规定，对远扬公司、远扬江都公司的申请未予准许，并无不当。原审法院依法作出《不准许调查收集证据申请通知书》后作出本案二审判决，并不属于剥夺当事人辩论权利的情形。

条文内容	参考条文
第九条 【法院依职权调查取证】 民事诉讼法第六十七条第二款规定的人民法院认为审理案件需要的证据包括： （一）涉及可能损害国家利益、社会公共利益的； （二）涉及身份关系的； （三）涉及民事诉讼法第五十八条规定诉讼的； （四）当事人有恶意串通损害他人合法权益可能的； （五）涉及依职权追加当事人、中止诉讼、终结诉讼、回避等程序性事项的。 除前款规定外，人民法院调查收集证据，应当依照当事人的申请进行。	《民诉法解释》第96条

要点注释

证据属于民事诉讼的实体内容，在辩论主义的诉讼模式下，诉讼的实体内容由当事人决定，人民法院仅在特殊情况下，出于保护国家利益、社会公共利益等需要进行有限地介入。人民法院认为审理案件需要的证据包括以下几点。

一是涉及可能损害国家利益、社会公共利益的。法院对涉及国家利益和社会公共利益的事实保留依职权调查的权力，是大陆法系国家和地区的普遍做法，也是法院保护国家利益和社会公共利益所必要的职权。

二是涉及身份关系的。主要考虑身份关系涉及社会基本伦理价值，本身即具有社会公共利益的属性。这种身份关系的事实，在性质上需要法院保留依职权调查收集证据的权力。

三是涉及《民事诉讼法》第58条规定诉讼的。公益诉讼事关公共利益的保护,其与一般民事诉讼相比,规则较为特殊,需要法院广泛发挥职权作用调查收集证据。实质上涉及公益诉讼的情形亦可以理解为涉及社会公共利益的范畴,将其单独列出,表述更清晰明确,也能够更好地与立法上的其他诉讼制度相呼应。

四是当事人有恶意串通损害他人合法权益可能的。《民事诉讼法》第115条增加了对当事人恶意串通,企图通过诉讼、调解等方式侵害他人合法权益的制裁规定,因此,当事人恶意串通损害他人合法权益可能的也属于人民法院依职权调查的情形。

五是涉及依职权追加当事人、中止诉讼、终结诉讼、回避等程序性事项的。有关程序性事项,人民法院不依职权调查收集证据,民事诉讼程序可能无法推进,因此,也应当由人民法院依职权调查收集。

凡不符合本条规定,又没有当事人申请人为前提,法院依职权调查收集证据的行为,均属于违反法定程序的行为。需要注意的是,本条第一项、第四项均用了"可能"二字。这里的"可能",绝非高度可能。只要不是绝对不可能,哪怕是不太可能,法院也应当依职权调查收集。

司法解释

➤ **1.《最高人民法院关于审理环境民事公益诉讼案件适用法律若干问题的解释》**(法释〔2020〕20号,2021年1月1日施行)

第十四条第一款 对于审理环境民事公益诉讼案件需要的证据,人民法院认为必要的,应当调查收集。

➤ **2.《最高人民法院、最高人民检察院关于检察公益诉讼案件适用法律若干问题的解释》**(法释〔2018〕6号,2018年3月2日施行,2020年12月29日修正)

第六条 人民检察院办理公益诉讼案件,可以向有关行政机关以及其他组织、公民调查收集证据材料;有关行政机关以及其他组织、公民应当配合;需要采取证据保全措施的,依照民事诉讼法、行政诉讼法相关规定办理。

➢ **3.《最高人民法院关于内地与香港特别行政区法院就民商事案件相互委托提取证据的安排》**(法释〔2017〕4号,2017年3月1日施行)

第一条 内地人民法院与香港特别行政区法院就民商事案件相互委托提取证据,适用本安排。

第二条 双方相互委托提取证据,须通过各自指定的联络机关进行。其中,内地指定各高级人民法院为联络机关;香港特别行政区指定香港特别行政区政府政务司司长办公室辖下行政署为联络机关。

最高人民法院可以直接通过香港特别行政区指定的联络机关委托提取证据。

第三条 受委托方的联络机关收到对方的委托书后,应当及时将委托书及所附相关材料转送相关法院或者其他机关办理,或者自行办理。

如果受委托方认为委托材料不符合本辖区相关法律规定,影响其完成受托事项,应当及时通知委托方修改、补充。委托方应当按照受委托方的要求予以修改、补充,或者重新出具委托书。

如果受委托方认为受托事项不属于本安排规定的委托事项范围,可以予以退回并说明原因。

第四条 委托书及所附相关材料应当以中文文本提出。没有中文文本的,应当提供中文译本。

第五条 委托方获得的证据材料只能用于委托书所述的相关诉讼。

第六条 内地人民法院根据本安排委托香港特别行政区法院提取证据的,请求协助的范围包括:

(一)讯问证人;

(二)取得文件;

(三)检查、拍摄、保存、保管或扣留财产;

(四)取得财产样品或对财产进行试验;

(五)对人进行身体检验。

香港特别行政区法院根据本安排委托内地人民法院提取证据的,请求协助的范围包括：

(一)取得当事人的陈述及证人证言；

(二)提供书证、物证、视听资料及电子数据；

(三)勘验、鉴定。

第七条 受委托方应当根据本辖区法律规定安排取证。

委托方请求按照特殊方式提取证据的，如果受委托方认为不违反本辖区的法律规定，可以按照委托方请求的方式执行。

如果委托方请求其司法人员、有关当事人及其诉讼代理人(法律代表)在受委托方取证时到场，以及参与录取证言的程序，受委托方可以按照其辖区内相关法律规定予以考虑批准。批准同意的，受委托方应当将取证时间、地点通知委托方联络机关。

第八条 内地人民法院委托香港特别行政区法院提取证据，应当提供加盖最高人民法院或者高级人民法院印章的委托书。香港特别行政区法院委托内地人民法院提取证据，应当提供加盖香港特别行政区高等法院印章的委托书。

委托书或者所附相关材料应当写明：

(一)出具委托书的法院名称和审理相关案件的法院名称；

(二)与委托事项有关的当事人或者证人的姓名或者名称、地址及其他一切有助于联络及辨别其身份的信息；

(三)要求提供的协助详情，包括但不限于：与委托事项有关的案件基本情况(包括案情摘要、涉及诉讼的性质及正在进行的审理程序等)；需向当事人或者证人取得的指明文件、物品及询(讯)问的事项或问题清单；需要委托提取有关证据的原因等；必要时，需陈明有关证据对诉讼的重要性及用来证实的事实及论点等；

(四)是否需要采用特殊方式提取证据以及具体要求；

(五)委托方的联络人及其联络信息；

(六)有助执行委托事项的其他一切信息。

第九条 受委托方因执行受托事项产生的一般性开支，由受委托方承担。

受委托方因执行受托事项产生的翻译费用、专家费用、鉴定费用、应委托方要求的特殊方式取证所产生的额外费用等非一般性开支,由委托方承担。

如果受委托方认为执行受托事项或会引起非一般性开支,应先与委托方协商,以决定是否继续执行受托事项。

第十条　受委托方应当尽量自收到委托书之日起六个月内完成受托事项。受委托方完成受托事项后,应当及时书面回复委托方。

如果受委托方未能按委托方的请求完成受托事项,或者只能部分完成受托事项,应当向委托方书面说明原因,并按委托方指示及时退回委托书所附全部或者部分材料。

如果证人根据受委托方的法律规定,拒绝提供证言时,受委托方应当以书面通知委托方,并按委托方指示退回委托书所附全部材料。

➤ 4.《最高人民法院关于内地与澳门特别行政区法院就民商事案件相互委托送达司法文书和调取证据的安排》(法释〔2020〕1号,2020年3月1日施行)

三、调取证据

第十六条　委托方法院请求调取的证据只能是用于与诉讼有关的证据。

第十七条　双方相互委托代为调取证据的委托书应当写明:

(一)委托法院的名称;

(二)当事人及其诉讼代理人的姓名、地址和其他一切有助于辨别其身份的情况;

(三)委托调取证据的原因,以及委托调取证据的具体事项;

(四)被调查人的姓名、地址和其他一切有助于辨别其身份的情况,以及需要向其提出的问题;

(五)调取证据需采用的特殊方式;

(六)有助于执行该委托的其他一切情况。

第十八条　代为调取证据的范围包括:代为询问当事人、证人和鉴定人,代为进行鉴定和司法勘验,调取其他与诉讼有关的证据。

第十九条　委托方法院提出要求的,受委托方法院应当将取证的时间、地点通知委托方法院,以便有关当事人及其诉讼代理人能够出席。

第二十条 受委托方法院在执行委托调取证据时,根据委托方法院的请求,可以允许委托方法院派司法人员出席。必要时,经受委托方允许,委托方法院的司法人员可以向证人、鉴定人等发问。

第二十一条 受委托方法院完成委托调取证据的事项后,应当向委托方法院书面说明。

未能按委托方法院的请求全部或者部分完成调取证据事项的,受委托方法院应当向委托方法院书面说明妨碍调取证据的原因,采取邮寄方式委托的,应及时退回委托书及所附文件。

当事人、证人根据受委托方的法律规定,拒绝作证或者推辞提供证言的,受委托方法院应当书面通知委托方法院,采取邮寄方式委托的,应及时退回委托书及所附文件。

第二十二条 受委托方法院可以根据委托方法院的请求,并经证人、鉴定人同意,协助安排其辖区的证人、鉴定人到对方辖区出庭作证。

证人、鉴定人在委托方地域内逗留期间,不得因在其离开受委托方地域之前,在委托方境内所实施的行为或者针对他所作的裁决而被刑事起诉、羁押,不得为履行刑罚或者其他处罚而被剥夺财产或者扣留身份证件,不得以任何方式对其人身自由加以限制。

证人、鉴定人完成所需诉讼行为,且可自由离开委托方地域后,在委托方境内逗留超过七天,或者已离开委托方地域又自行返回时,前款规定的豁免即行终止。

证人、鉴定人到委托方法院出庭而导致的费用及补偿,由委托方法院预付。

本条规定的出庭作证人员,在澳门特别行政区还包括当事人。

第二十三条 受委托方法院可以根据委托方法院的请求,并经证人、鉴定人同意,协助安排其辖区的证人、鉴定人通过视频、音频作证。

第二十四条 受委托方法院取证时,被调查的当事人、证人、鉴定人等的代理人可以出席。

➤ 5.《最高人民法院关于人民法院办理海峡两岸送达文书和调查取证司法互助案件的规定》（法释〔2011〕15号，2011年6月25日施行）

四、调查取证司法互助

第十五条 人民法院办理海峡两岸调查取证司法互助业务，限于与台湾地区法院相互协助调取与诉讼有关的证据，包括取得证言及陈述；提供书证、物证及视听资料；确定关系人所在地或者确认其身份、前科等情况；进行勘验、检查、扣押、鉴定和查询等。

第十六条 人民法院协助台湾地区法院调查取证，应当采用民事诉讼法、刑事诉讼法、行政诉讼法等法律和相关司法解释规定的方式。

在不违反法律和相关规定、不损害社会公共利益、不妨碍正在进行的诉讼程序的前提下，人民法院应当尽力协助调查取证，并尽可能依照台湾地区请求的内容和形式予以协助。

台湾地区调查取证请求书所述的犯罪事实，依照大陆法律规定不认为涉嫌犯罪的，人民法院不予协助，但有重大社会危害并经双方业务主管部门同意予以个案协助的除外。台湾地区请求促使大陆居民至台湾地区作证，但未作出非经大陆主管部门同意不得追诉其进入台湾地区之前任何行为的书面声明的，人民法院可以不予协助。

第十七条 审理案件的人民法院需要台湾地区协助调查取证的，应当填写《〈海峡两岸共同打击犯罪及司法互助协议〉调查取证请求书》附录部分，连同相关材料，一式三份，及时送交高级人民法院。

高级人民法院应当在收到前款所述材料之日起七个工作日内完成初步审查，并将审查意见和《〈海峡两岸共同打击犯罪及司法互助协议〉调查取证请求书》附录部分及相关材料，一式二份，立即转送最高人民法院。

第十八条 最高人民法院收到高级人民法院转送的《〈海峡两岸共同打击犯罪及司法互助协议〉调查取证请求书》附录部分和相关材料以及高级人民法院审查意见后，应当在七个工作日内完成最终审查。经审查认为可以请求台湾地区协助调查取证的，最高人民法院联络人应当填写《〈海峡两岸共同打击犯罪及司法互助协议〉调查取证请求书》正文部分,连同附录部分和相关材料,立即寄送台湾地区联络人;经审查认为欠缺相关材料、内容或者认为不需要请求台湾地区协助调查取证的,应当立即通过高级人民法院告知提出请求的人民法院补充相关材料、内容或者在说明理由后将材料退回。

第十九条 台湾地区成功调查取证并将取得的证据材料寄送最高人民法院联络人,或者未能成功调查取证并将相关材料送还,同时出具理由说明给最高人民法院联络人的,最高人民法院应当在收到之日起七个工作日内完成审查并转送高级人民法院,高级人民法院应当在收到之日起七个工作日内转送提出请求的人民法院。经审查认为欠缺相关材料或者内容的,最高人民法院联络人应当立即与台湾地区联络人联络并请求补充相关材料或者内容。

第二十条 台湾地区请求人民法院协助台湾地区法院调查取证并通过其联络人将请求书和相关材料寄送最高人民法院联络人的,最高人民法院应当在收到之日起七个工作日内完成审查。经审查认为可以协助调查取证的,应当立即转送有关高级人民法院或者由本院办理,高级人民法院应当在收到之日起七个工作日内转送有关下级人民法院办理或者由本院办理;经审查认为欠缺相关材料、内容或者认为不宜协助调查取证的,最高人民法院联络人应当立即向台湾地区联络人说明情况并告知其补充相关材料、内容或者将材料送还。

具体办理调查取证司法互助案件的人民法院应当在收到高级人民法院转送的材料之日起五个工作日内,以“协助台湾地区民事(刑事、行政诉讼)调查取证”案由立案,指定专人办理,并应当自立案之日起一个月内完成协助调查取证,最迟不得超过三个月。因故不能在期限届满前完成的,应当提前函告高级人民法院,并由高级人民法院转报最高人民法院。

第二十一条 具体办理调查取证司法互助案件的人民法院成功调查取证的,应当在完成调查取证之日起七个工作日内将取得的证据材料一式三份,连同台湾地区提供的材料,并在必要时附具情况说明,送交高级人民法院;未能成功调查取证的,应当出具说明函一式三份,连同台湾地区提供的材料,在确认不能成功调查取证之日起七个工作日内送交高级人民法院。

高级人民法院应当在收到前款所述材料之日起七个工作日内完成初步审查,并将审查意见和前述取得的证据材料或者说明函等,一式二份,连同台湾地区提供的材料,立即转送最高人民法院。

最高人民法院应当在收到之日起七个工作日内完成最终审查,由最高人民法院联络人出具《〈海峡两岸共同打击犯罪及司法互助协议〉调查取证回复书》,必要时连同相关材料,立即寄送台湾地区联络人。

证据材料不适宜复制或者难以取得备份的,可不按本条第一款和第二款的规定提供备份材料。

司法文件

➢ **1.《最高人民法院关于防范和制裁虚假诉讼的指导意见》**(法发〔2016〕13号,2016年6月20日发布)

4. 在民间借贷、离婚析产、以物抵债、劳动争议、公司分立(合并)、企业破产等虚假诉讼高发领域的案件审理中,要加大证据审查力度。对可能存在虚假诉讼的,要适当加大依职权调查取证力度。

➢ **2.《最高人民法院关于依法妥善审理涉及夫妻债务案件有关问题的通知》**(法〔2017〕48号,2017年2月28日发布)

三、审查夫妻债务是否真实发生。债权人主张夫妻一方所负债务为夫妻共同债务的,应当结合案件的具体情况,按照《最高人民法院关于审理民间借贷案件适用法律若干问题的规定》第十六条第二款、第十九条规定,结合当事人之间关系及其到庭情况、借贷金额、债权凭证、款项交付、当事人的经济能力、当地或者当事人之间的交易方式、交易习惯、当事人财产变动情况以及当事人陈述、证人证言等事实和因素,综合判断债务是否发生。防止违反法律和司法解释规定,仅凭借条、借据等债权凭证就认定存在债务的简单做法。

在当事人举证基础上,要注意依职权查明举债一方作出有悖常理的自认的真实性。对夫妻一方主动申请人民法院出具民事调解书的,应当结合案件基础事实重点审查调解协议是否损害夫妻另一方的合法权益。对人民调解协议司法确认案件，应当按照《最高人民法院关于适用〈中华人民共和国民事诉讼法〉的解释》要求，注重审查基础法律关系的真实性。

➢ **3.《最高人民法院、民政部、环境保护部①关于贯彻实施环境民事公益诉讼制度的通知》**（法〔2014〕352 号，2014 年 12 月 26 日发布）

四、人民法院因审理案件需要，向负有监督管理职责的环境保护主管部门调取涉及被告的环境影响评价文件及其批复、环境许可和监管、污染物排放情况、行政处罚及处罚依据等证据材料的，相关部门应及时向人民法院提交，法律法规规定不得对外提供的材料除外。

➢ **4.《最高人民法院关于为深化两岸融合发展提供司法服务的若干措施》**（法发〔2019〕9 号，2019 年 3 月 25 日发布）

9. 对涉台案件当事人及其诉讼代理人因客观原因不能自行收集的证据，应当依申请或者主动依职权调查收集；相关证据在台湾地区的，可以通过两岸司法互助途径调查收集。

➢ **5.《最高人民法院关于进一步规范人民法院涉港澳台调查取证工作的通知》**（法〔2011〕243 号，2011 年 8 月 7 日发布）

一、人民法院在案件审判中，需要从港澳特区或者台湾地区调取证据的，应当按照相关司法解释和规范性文件规定的权限和程序，委托港澳特区或者台湾地区业务主管部门协助调查取证。除有特殊情况层报最高人民法院并经中央有关部门批准外，人民法院不得派员赴港澳特区或者台湾地区调查取证。

二、人民法院不得派员随同公安机关、检察机关团组赴港澳特区或者台湾地区就特定案件进行调查取证。

三、各高级人民法院应切实担负起职责，指导辖区内各级人民法院做好涉港澳台调查取证工作。对有关法院提出的派员赴港澳特区或者台湾地区调查取证的申请，各高级人民法院要严格把关，凡不符合有关规定和本通知精神的，应当

① 环境保护部现已撤销。

予以退回。

四、对于未经报请最高人民法院并经中央有关部门批准，擅自派员赴港澳特区或者台湾地区调查取证的，除严肃追究有关法院和人员的责任，并予通报批评外，还要视情暂停审批有关法院一定期限内的赴港澳台申请。

地方司法文件

➢**《北京市高级人民法院知识产权民事诉讼证据规则指引》**（2021年4月22日发布）

1.2　当事人提供的证据不足以反映市场事实或技术事实的真实情况，可能致使事实认定与公众的一般认知相悖，且有公共信息涉及相关事实的，必要时可以依职权调查收集该公共信息。

前款所述公共信息是指能够从公开渠道检索或查询的信息，如生效裁判文书、技术词典等。

最高人民法院案例

➢**1. 再审申请人射洪九鼎投资有限公司与被申请人绵阳市高野科技有限公司、绵阳勇胜实业有限公司、姚某勇等借款合同纠纷案**［（2019）最高法民申4670号］

裁判要旨：当事人涉嫌犯罪，可能损害国家利益、社会公共利益的，属于人民法院认为审理案件需要的证据，法院应当调查收集。

最高人民法院认为，根据《民诉法解释》第96条的规定，涉及可能损害国家利益、社会公共利益的证据属于人民法院认为审理案件需要的证据范围。绵阳市高野科技有限公司、绵阳勇胜实业有限公司及其法定代表人姚某勇因涉嫌非法吸收公众存款，被四川省盐亭县公安局立案侦查，一审法院依职权向四川省盐亭县公安局调查相关情况符合前述法律规定，并无不当。

➢ 2. 再审申请人叶某俊与被申请人上官某某、一审被告徐某胜、福建浩正工贸有限公司民间借贷合同纠纷案[(2017)最高法民申832号]

裁判要旨:涉及身份关系的,属于人民法院认为审理案件需要的证据,法院应当调查收集。

最高人民法院认为,因徐某胜经合法传唤未到庭参加诉讼,原审对其缺席判决并无不当。福建奇志典当有限公司(以下简称奇志典当公司)等案外人并非本案借款主体,上官某某未诉请奇志典当公司承担相应民事责任,原审未追加奇志典当公司等作为第三人参加诉讼并无不妥。原审法院根据《民事诉讼法》第64条①及《民诉法解释》第96条第1款第2项的规定,依职权向相关证人进行调查取证,实质上是为了查证吴某等人的身份关系,符合法律规定。

➢ 3. 再审申请人唐山港集团股份有限公司与被申请人厦门建发股份有限公司港口货物保管合同纠纷案[(2017)最高法民申856号]

裁判要旨:涉及依职权追加当事人等程序性事项的,属于人民法院认为审理案件需要的证据,法院应当调查收集。

最高人民法院认为,二审法院向案外人建发物流(天津)实业有限责任公司和福州建发实业有限公司调查涉案货物仓储保管的事实,涉及涉案货物仓储保管合同当事人的认定以及法院是否依职权追加当事人,符合《民事诉讼法》(2017)第64条第2款②和《民诉法解释》(2015)第96条第1款第5项的规定。

地方人民法院案例

➢ 1. 卢某艳与熊某斌、一审第三人鸡西市福缘房地产开发有限公司、黑龙江鼎利丰房地产开发有限公司案外人执行异议之诉纠纷案[(2019)黑民终574号]

裁判要旨:涉及社会公共利益的,属于人民法院认为审理案件需要的证据,法院应当调查收集。

---

① 现为2021年修正的《民事诉讼法》第67条。

② 现为2021年修正的《民事诉讼法》第67条第2款。

黑龙江省高级人民法院认为,依照《民事诉讼法》第64条①"当事人对自己提出的主张,有责任提供证据。当事人及其诉讼代理人因客观原因不能自行收集的证据,或者人民法院认为审理案件需要的证据,人民法院应当调查收集。人民法院应当按照法定程序,全面地、客观地审查核实证据"及《民诉法解释》第96条"民事诉讼法第六十四条第二款规定的人民法院认为审理案件需要的证据包括:(一)涉及可能损害国家利益、社会公共利益的;(二)涉及身份关系的;(三)涉及民事诉讼法第五十五条规定诉讼的;(四)当事人有恶意串通损害他人合法权益可能的;(五)涉及依职权追加当事人、中止诉讼、终结诉讼、回避等程序性事项的……"之规定,卢某艳查封案涉小区多套房屋,涉及社会公众利益,一审法院依据职权调取相关证据并无不当。

➢ **2. 再审申请人桑某、江永某某松宝与被申请人赛某某次、巴某某西房屋买卖合同纠纷案**[(2019)青民申509号]

裁判要旨:当事人有恶意串通损害他人合法权益可能的,属于人民法院认为审理案件需要的证据,法院应当调查收集。

青海省高级人民法院认为,《民事诉讼法》(2017)第64条第2款②规定:"当事人及其诉讼代理人因客观原因不能自行收集的证据,或者人民法院认为审理案件需要的证据,人民法院应当调查收集。"《民诉法解释》(2015)第96条第1款对《民事诉讼法》(2012)第64条第2款③规定的人民法院认为审理案件需要的证据进行了界定,列举了五种具体情形,分别为:(1)涉及可能损害国家利益、社会公共利益的;(2)涉及身份关系的;(3)涉及《民事诉讼法》第55条④规定诉讼的;(4)当事人有恶意串通损害他人合法权益可能的;(5)涉及依职权追加当事人、中止诉讼、终结诉讼、回避等程序性事项的。就本案而言,案涉房屋在出售过程中,双方当事人亲属均知情或有不同程度的参与。原审法院为查明案

---

① 现为2021年修正的《民事诉讼法》第67条。

② 现为2021年修正的《民事诉讼法》第67条第2款。

③ 现为2021年修正的《民事诉讼法》第67条第2款。

④ 现为2021年修正的《民事诉讼法》第58条第1款。

件事实，防止当事人恶意串通损害他人合法权益，依照《民事诉讼法》第 64 条第 2 款①及《民诉法解释》第 96 条第 4 项之规定，依职权向证人江某培（桑某弟弟）、旦某某周（桑某亲属）、昂某某仁（案涉房屋看管人）、白某、尕某某布核实案涉房屋出售情况，原审法院依职权调取证据于法有据，程序合法。

条文内容	参考条文
第十条　【调查取证配合义务】 人民法院有权向有关单位和个人调查取证，有关单位和个人不得拒绝。	《民事诉讼法》 第 70 条第 1 款
人民法院对有关单位和个人提出的证明文书，应当辨别真伪，审查确定其效力。	《民事诉讼法》 第 70 条第 2 款

要点注释

人民法院调查取证，是法律赋予的权力，有关单位和个人必须配合，这是法定义务，不得拒绝。有义务协助调查的单位拒绝或妨碍人民法院调查取证的，根据《民事诉讼法》第 117 条的规定，人民法院除责令其履行协助义务外，还可对其主要负责人或者直接责任人员予以罚款；对仍不履行协助义务的，可予以拘留；并可向监察机关或者有关机关提出予以纪律处分的司法建议。有义务协助调查的个人拒绝或妨碍人民法院调查取证的，人民法院可以根据《民事诉讼法》第 114 条的规定，采取针对妨害民事诉讼的强制措施。

人民法院对有关单位和个人提出的证明文书，应当辨别真伪，审查确定其效力。如何审查确定其效力？对证明文书的审查主要从两方面进行。首先，应当对证明文书的形式真实性进行审查，即对证明文书的真伪作出确认。如果证明文书是伪造的，当然没有证据能力。其次，应当从实质上看证明文书是否能够反映案件

① 现为 2021 年修正的《民事诉讼法》第 67 条第 2 款。

真实情况。只有形式和实质上均真实的证明文书,人民法院才能确认其真实性。

为什么对单位提交的证明文书也要进行审查?这是因为,我国有的机关、团体、企事业单位提交的证明文书一般来说具有一定的真实性,但是,有时因工作失误,对情况了解不全面或者为了某些利益,有关机关、团体、企事业单位出具的证明文书也会出现与事实不符的内容。因此,对于人民法院来说,不论证明文书是谁出具的,都不能理所当然地把它们作为认定案件事实的根据。人民法院应当通过对证明文书的审查,辨别其真伪。比如,人民法院可以将证明文书送交原制作单位核对,或者对经办人员进行询问,核对笔迹、进行鉴定等。如果有关单位和个人提交的证明文书形式真实、内容真实,那么,人民法院即可以将它们作为认定案件事实的根据。

部门规章

➢**《金融机构协助查询、冻结、扣划工作管理规定》**(中国人民银行,银发〔2002〕1号,2002年1月15日发布)

第四条 本规定所称有权机关是指依照法律、行政法规的明确规定,有权查询、冻结、扣划单位或个人在金融机构存款的司法机关、行政机关、军事机关及行使行政职能的事业单位。

第五条 协助查询、冻结和扣划工作应当遵循依法合规、不损害客户合法权益的原则。

第六条 金融机构应当依法做好协助工作,建立健全有关规章制度,切实加强协助查询、冻结、扣划的管理工作。

第七条 金融机构应当在其营业机构确定专职部门或专职人员,负责接待要求协助查询、冻结、扣划的有权机关,及时处理协助事宜,并注意保守国家秘密。

第八条 办理协助查询业务时,经办人员应当核实执法人员的工作证件,以及有权机关县团级以上(含,下同)机构签发的协助查询存款通知书。

第九条 办理协助冻结业务时,金融机构经办人员应当核实以下证件和法律文书：

（一）有权机关执法人员的工作证件；

（二）有权机关县团级以上机构签发的协助冻结存款通知书，法律、行政法规规定应当由有权机关主要负责人签字的，应当由主要负责人签字；

（三）人民法院出具的冻结存款裁定书、其它有权机关出具的冻结存款决定书。

第十条 办理协助扣划业务时，金融机构经办人员应当核实以下证件和法律文书：

（一）有权机关执法人员的工作证件；

（二）有权机关县团级以上机构签发的协助扣划存款通知书，法律、行政法规规定应当由有权机关主要负责人签字的，应当由主要负责人签字；

（三）有关生效法律文书或行政机关的有关决定书。

第十一条 金融机构在协助冻结、扣划单位或个人存款时，应当审查以下内容：

（一）"协助冻结、扣划存款通知书"填写的需被冻结或扣划存款的单位或个人开户金融机构名称、户名和账号、大小写金额；

（二）协助冻结或扣划存款通知书上的义务人应与所依据的法律文书上的义务人相同；

（三）协助冻结或扣划存款通知书上的冻结或扣划金额应当是确定的。如发现缺少应附的法律文书，以及法律文书有关内容与"协助冻结、扣划存款通知书"的内容不符，应说明原因，退回"协助冻结、扣划存款通知书"或所附的法律文书。

有权机关对个人存款户不能提供账户的，金融机构应当要求有权机关提供该个人的居民身份证号码或其它足以确定该个人存款账户的情况。

第十二条 金融机构应当按照内控制度的规定建立和完善协助查询、冻结和扣划工作的登记制度。

金融机构在协助有权机关办理查询、冻结和扣划手续时，应对下列情况进行登记：有权机关名称，执法人员姓名和证件号码，金融机构经办人员姓名，被查询、冻结、扣划单位或个人的名称或姓名，协助查询、冻结、扣划的时间和金额，相关法律文书名称及文号，协助结果等。

登记表应当在协助办理查询、冻结、扣划手续时填写，并由有权机关执法人员和金融机构经办人签字。

金融机构应当妥善保存登记表，并严格保守有关国家秘密。

金融机构协助查询、冻结、扣划存款，涉及内控制度中的核实、授权和审批工作时，应当严格按内控制度及时办理相关手续，不得拖延推诿。

第十三条 金融机构对有权机关办理查询、冻结和扣划手续完备的，应当认真协助办理。在接到协助冻结、扣划存款通知书后，不得再扣划应当协助执行的款项用于收贷收息，不得向被查询、冻结、扣划单位或个人通风报信，帮助隐匿或转移存款。

金融机构在协助有权机关办理完毕查询存款手续后，有权机关要求予以保密的，金融机构应当保守秘密。金融机构在协助有权机关办理完毕冻结、扣划存款手续后，根据业务需要可以通知存款单位或个人。

第十四条 金融机构协助有权机关查询的资料应限于存款资料，包括被查询单位或个人开户、存款情况以及与存款有关的会计凭证、账簿、对账单等资料。对上述资料，金融机构应当如实提供，有权机关根据需要可以抄录、复制、照相，但不得带走原件。

金融机构协助复制存款资料等支付了成本费用的，可以按相关规定收取工本费。

第十五条 有权机关在查询单位存款情况时，只提供被查询单位名称而未提供账号的，金融机构应当根据账户管理档案积极协助查询，没有所查询的账户的，应如实告知有权机关。

第十六条 冻结单位或个人存款的期限最长为六个月①，期满后可以续冻。有权机关应在冻结期满前办理续冻手续，逾期未办理续冻手续的，视为自动解除

---

① 依据《民诉法解释》第 485 条第 1 款的规定，人民法院冻结被执行人的银行存款的期限不得超过 1 年。

冻结措施。

第十七条 有权机关要求对已被冻结的存款再行冻结的,金融机构不予办理并应当说明情况。

第十八条 在冻结期限内,只有在原作出冻结决定的有权机关作出解冻决定并出具解除冻结存款通知书的情况下,金融机构才能对已经冻结的存款予以解冻。被冻结存款的单位或个人对冻结提出异议的,金融机构应告知其与作出冻结决定的有权机关联系,在存款冻结期限内金融机构不得自行解冻。

第十九条 有权机关在冻结、解冻工作中发生错误,其上级机关直接作出变更决定或裁定的,金融机构接到变更决定书或裁定书后,应当予以办理。

第二十条 金融机构协助扣划时,应当将扣划的存款直接划入有权机关指定的账户。有权机关要求提取现金的,金融机构不予协助。

第二十一条 查询、冻结、扣划存款通知书与解除冻结、扣划存款通知书均应由有权机关执法人员依法送达,金融机构不接受有权机关执法人员以外的人员代为送达的上述通知书。

第二十二条 两个以上有权机关对同一单位或个人的同一笔存款采取冻结或扣划措施时,金融机构应当协助最先送达协助冻结、扣划存款通知书的有权机关办理冻结、扣划手续。

两个以上有权机关对金融机构协助冻结、扣划的具体措施有争议的,金融机构应当按照有关争议机关协商后的意见办理。

其他规定

➤**《中国人民银行、最高人民法院、最高人民检察院、公安部关于查询、冻结、扣划企业事业单位、机关、团体银行存款的通知》**(银发〔1993〕356 号,1993 年 12 月 11 日施行)

一、关于查询单位存款、查阅有关资料的问题

人民法院因审理或执行案件,人民检察院、公安机关因查处经济违法犯罪案件，需要向银行查询企业事业单位、机关、团体与案件有关的银行存款或查阅有关的会计凭证、帐簿等资料时，银行应积极配合。查询人必须出示本人工作证或执行公务证和出具县级（含）以上人民法院、人民检察院、公安局签发的“协助查询存款通知书”，由银行行长或其他负责人（包括城市分理处、农村营业所和城乡信用社主任。下同）签字后并指定银行有关业务部门凭此提供情况和资料，并派专人接待。查询人对原件不得借走，需要的资料可以抄录、复制或照相，并经银行盖章。人民法院、人民检察院、公安机关对银行提供的情况和资料，应当依法保守秘密。

四、关于异地查询、冻结、扣划问题

作出查询、冻结、扣划决定的人民法院、人民检察院、公安机关与协助执行的银行不在同一辖区的，可以直接到协助执行的银行办理查询、冻结、扣划单位存款，不受辖区范围的限制。

八、关于各单位的协调与配合

人民法院、人民检察院、公安机关、银行要依法行使职权和履行协助义务、积极配合。遇有问题或人民法院、人民检察院、公安机关与协助执行的银行意见不一致时，不应拘留银行人员，而应提请双方的上级部门共同协商解决。银行人员违反有关法律规定，无故拒绝协助执行、擅自转移或解冻已冻结的存款，为当事人通风报信、协助其转移、隐匿财产的，应依法承担责任。

条文内容	参考条文
第十一条 【法院调查取证的程序】 人民法院调查收集证据，应当由两人以上共同进行。调查材料要由调查人、被调查人、记录人签名、捺印或者盖章。	《民诉法解释》第97条

要点注释

本条是关于人民法院调查收集证据的程序性规定。人民法院向有关单位、个人调取证据,无论调取书证、物证,还是视听资料、电子数据等,均应当遵循如下要求:第一,应当由两人以上共同进行。第二,被调查人是个人的,个人应当签名、捺印;被调查人是单位的,单位应当盖章,其负责人及制作证据材料的人员应当签名或者盖章。

司法文件

➢**《最高人民法院民事审判第四庭、中国海事局关于规范海上交通事故调查与海事案件审理工作的指导意见》**(法民四〔2006〕第1号,2006年1月19日发布)

(四)海事法院因审理海事案件需要到海事局调查收集证据时,应派两名法官并应出示工作证件及协助调查通知书,海事局应提供事故当事人提交的证据材料以及其他与海上交通事故有关的证据材料。海事法院收集的证据原件不能提取的,可以复制,由海事局签章确认。海上交通事故当事人在海事局事故调查中签字确认的调查材料,除非有相反的证据和理由,海事法院可以作为证据采信。

最高人民法院案例

➢**1. 再审申请人王某东与被申请人王某建、一审被告徐某武、徐州远洋航运有限公司船舶权属纠纷案**[(2017)最高法民申3692号]

裁判要旨:人民法院调查收集证据,应当由两人以上共同进行,包括书记员在内。

最高人民法院认为,一审法院对孙某杰进行调查询问,有书记员在场记录,即由两人以上共同调查收集证据,故不存在违反法定程序的情形。

➢**2. 再审申请人四川省化学工业研究设计院与被申请人四川瑞达峰投资有限公司、西南联合产权交易所有限责任公司股权转让纠纷案**[(2017)最高法民申4362号]

裁判要旨:被调查人未在调查材料上签名,不影响人民法院对该证据的审查判断。

最高人民法院认为,首先,《民诉法解释》第 97 条规定:“人民法院调查收集证据,应当由两人以上共同进行。调查材料要由调查人、被调查人、记录人签名、捺印或者盖章。”该条是对人民法院调查收集证据的操作性规定,要求被调查人签名是为了证明调查记录的真实性和准确性,便利审理案件的法官更好地判断证据的真实性,以此为基础认定案件事实。本案所涉对大邑县国土局邓某江副局长调查形成的《走访笔录》,是根据四川瑞达峰投资有限公司(以下简称瑞达峰公司)调查取证申请,由审理本案的法官亲自调查,故被调查人未签名不影响其对该证据的审查判断,不影响案件的正确判决。《关于四川攀峰路桥建设集团有限公司烟霞湖项目有关情况的说明》系大邑县国土局出具,虽然没有大邑县国土局盖章,但是大邑县国土局邓某江副局长在法院调查时明确认可该说明载明的内容情况属实。该说明行文对象是否为瑞达峰公司不影响其内容的真实性。《走访笔录》与《关于四川攀峰路桥建设集团有限公司烟霞湖项目有关情况的说明》相互印证,与本案待证事实具有关联性。四川省化学工业研究设计院关于《走访笔录》不能作为证据使用,《关于四川攀峰路桥建设集团有限公司烟霞湖项目有关情况的说明》的真实性无法确定等申请再审事由依据不足,法院不予支持。

条文内容	参考条文
第十二条 【法院调取书证的要求】 人民法院调查收集的书证,可以是原件,也可以是经核对无误的副本或者复制件。是副本或者复制件的,应当在调查笔录中说明来源和取证情况。	《民事证据规定》第 21 条

要点注释

书证是以文字、符号、图形等方式记载的内容来证明案件事实的文字或其他物品,具有直接证明性、明确性、稳定性。依据书证制作方法的不同,可将书证分为原本、正本、副本、节录本、影印本、译本。由于书证主要是以其记载的内容来证明案件事实，因此，只要保证书证的副本或复制件与原件核对无异，就可以认定书证的形式真实性，其证明效力与原件并无差异。从这个意义上来说，书证本身是不是原件，对案件事实的审查并不具有决定性影响。本条在认可副本、复制件可作为证据使用的前提下，特别规定要求制作调查笔录，并在调查笔录中注明副本或者复制件的来源和取证情况，以审查判断该副本或复制件的证明力大小。

地方人民法院案例

➢ 1. 松阳县公众房产中介服务部与陈某云、第三人黄某青居间合同纠纷案［（2020）浙 1124 民初 1399 号］

裁判要旨：人民法院调查收集的书证，可以是经核对无误的原件照片。

浙江省松阳县人民法院认为，《民事证据规定》第 21 条规定，"人民法院调查收集的书证，可以是原件，也可以是经核对无误的副本或者复制件。是副本或者复制件的，应当在调查笔录中说明来源和取证情况"。本案原告对被告证据二、证据三质证时，怀疑买卖双方与其他中介串通，申请人民法院调取存放在新华中介的证据原件，在该院依法调取原件照片及制作调查笔录后，又提出合法性异议，但经当庭核对，该院提取的原件照片与被告提交的证据二、证据三内容一致。通过调查，上述两份书证与该院通过原告、被告均认可的 139××××7958 号码向出卖人调取的录音可相互佐证，该中介说明的情况与被告提交的证据四、证据七、证据八的真实性可相互印证。而原告对其关于三方串通的事实主张，未能提交证据予以证实，对被告提交的上述证据也未能提交证据予以推翻，应承担不利的后果，故该院对原告的该事实主张不予认可，对被告提交的证据二、证据三、证据四、证据七、证据八予以采信。

➢ 2. 山西建设投资集团有限公司与太原市华川科贸有限公司、原审被告薛某买卖合同纠纷案［（2020）晋 09 民终 649 号］

裁判要旨：人民法院调查收集证据时虽未制作调查笔录，但已标明证据的来

中,可以参照该条规定的相关情形予以判断。一般包括以下情形:原物遗失、灭失或者毁损的;因体积过大或者重量过重而不便提交的;原物无法搬运的;原物因客观原因容易腐烂、霉变或不宜保存的;原物是珍贵文物、物品的;因涉及保密管理等原因,被调查人不愿提供原物的。在上述情况下,人民法院可以采用制作复制品或影像资料的方式进行收集,但应在调查笔录中注明取证情况。

需要指出的是,《民事诉讼法》第 73 条规定提交原物确有困难的,可以提交复制品、照片等。《民事证据规定》将“照片”修改为“影像资料”,进一步拓宽了在原物无法收集情况下的证据采集方式。当然,照片仍可作为原物无法提供情况下调查收集物证的方法。

地方人民法院案例

➢ 1. 内蒙古弘鼎运输有限公司与无锡银洲物流有限公司运输合同纠纷案

[(2021)内 29 民终 78 号]

裁判要旨:当事人在一审和二审均提交了电话录音的原始载体,并让通话一方作为证人出庭接收质询,且对方对录音真实性并无异议,故该电话录音系合法有效的证据。

内蒙古自治区阿拉善盟中级人民法院认为,关于本案电话录音的证据效力。首先,《民事诉讼法》第 71 条①规定:“人民法院对于视听资料,应当辨别真伪,并结合本案的其他证据,审查确定能否作为认定事实的根据。”《最高人民法院关于民事经济审判方式改革问题的若干规定》(已失效)第 28 条规定:“下列证据,不能单独作为认定案件事实的依据……3、没有其他证据印证并有疑点的视听资料……”《民事证据规定》第 22 条规定:“人民法院调查收集的物证应当是原物。被调查人提供原物确有困难的,可以提供复制品或者影像资料。提供复制品或者影像资料的,应当在调查笔录中说明取证情况。”本案中,内蒙古弘鼎运输有限

① 现为 2021 年修正的《民事诉讼法》第 74 条。

公司在一审和二审均提交了电话录音的原始载体,并让通话一方作为证人出庭接收质询,且对方当事人对录音真实性并无异议,故该证据符合法律关于视听资料证据资格的规定,系合法有效的证据。其次,考察录音内容,李某洲作为成年人、作为托运人的法定代表人,其应当认识到与合同对方通话陈述的意义和后果。双方均认可,本案最后一笔运费的给付不晚于一审起诉;一审起诉发生在2020年8月27日。故至迟在2021年8月,无锡银洲物流有限公司的法人代表李某洲应当清楚知悉两家公司之间运输及付款的现实状况。李某洲作为公司法定代表人,作为完全民事责任能力人,应当知道在通话中对欠债作出承诺的法律后果。其在之后的2020年9月1日、9月27日的电话通话中均明确认可欠付运费58800元,故应当认定无锡银洲物流有限公司欠付内蒙古弘鼎运输有限公司运费属实。

➢ **2. 云南省建水县锰业有限责任公司与屏边九千岩硅铁有限公司买卖合同纠纷案**[(2020)云2524民初3408号]

裁判要旨:虽原告无法提交原件,但只要能够证明原告提交的证据具有真实性、客观性,能与其他证据共同证明案件事实的,人民法院可以作为定案的证据。

云南省建水县人民法院认为,《民事证据规定》第22条规定"人民法院调查收集的物证应当是原物。被调查人提供原物确有困难的,可以提供复制品或者影像资料……"第61条规定"对书证、物证、视听资料进行质证时,当事人应当出示证据的原件或者原物,但有下列情形之一的除外:(一)出示原件或者原物确有困难并经人民法院准许出示复制品的……"根据上述规定,本案中,虽原告提交原件或原物确有困难,无法提交原件,但只要能够证明原告提交的证据具有真实性、客观性,并与案件事实有关联,各证据之间有联系,能与其他证据共同证明案件事实,就可作为定案依据。本案中,原告不仅提交了增值税务专用发票,还提交了购销合同、记账凭证、出库单、过磅单等证据,且上述证据能够相互进行印证,故人民法院可以将其作为定案的证据。

条文内容	参考条文
第十四条　【法院调取视听资料、电子数据的要求】 人民法院调查收集视听资料、电子数据，应当要求被调查人提供原始载体。	《民事证据规定》第23条第1款
提供原始载体确有困难的，可以提供复制件。提供复制件的，人民法院应当在调查笔录中说明其来源和制作经过。	《民事证据规定》第23条第2款
人民法院对视听资料、电子数据采取证据保全措施的，适用前款规定。	《民事证据规定》第23条第3款

要点注释

视听资料是以录音、录像、电子计算机及其他电磁方式记录储存的音像信息证明案件事实的证据。由于此类证据反映的是有关客体的声音特征和形象特征，所以又称为音像证据。视听资料属于“高科技证据”，具有较强的直观性，并具有便利、高效的特点。电子数据是现代信息技术的产物，具有高科技性、无形性、脆弱性及与载体的不可分割性等特点。当前使用较多的电子数据是域名、网页、电子邮件、电子签名、微信记录等。除此之外，区块链技术、时间戳技术等信息技术也不同程度地丰富了电子数据的种类。

收集视听资料、电子数据也必须遵循原始证据优先原则。根据本条规定，被调查人原则上应当提供视听资料、电子数据的原始载体。只有在提供原始载体确有困难的情况下，才可以提供复制件。视听资料的原始载体，容易理解。电子数据的原始载体，应指最初生成电子数据的原始存储介质。因此，调取电子数据，应尽量保证电子数据随原始存储介质移送。因客观原因无法或者不宜提取电子数据原始存储介质的，可以复制电子数据，并在调查笔录中说明来源和制作经过，由原始存储介质持有人签名。原始存储介质持有人是单位的，应当加盖单位印章。没有持有人在场或者持有人拒绝签名的,应当在调查笔录上注明情况。

司法观点

➤电子数据原件的判断标准①

问:《民事诉讼法》第 70 条第 1 款②规定:"书证应当提交原件。物证应当提交原物。提交原件或者原物确有困难的,可以提交复制品、照片、副本、节录本。"对于电子数据,应当如何判断其是否为原件?

答:与其他的证据相比,电子数据的原件具有特殊性。我们认为,应当根据不同情况适用不同的判断标准。

在调查收集证据的场合,电子证据的原件应当指最初生成的电子数据其首先固定所在的各种存储介质,如果某一电子数据首先固定于某块计算机硬盘,则该硬盘或其上的电子数据就是原件;如果某一电子数据首先固定于优盘或光盘,则该优盘、光盘或其上的电子数据就是原件。

在举证、质证和审核认定证据时,应当进行适当变通。在诉讼过程中的举证、质证和认证环节,电子证据的原始载体本身对于案件事实的证明并无意义,发挥事实证明作用的是其转换形成的可识别形式,如果固守传统的原始证据或原件的概念,这种转换形式将被作为复制件对待,从而将相当数量的电子数据排除在案件事实证明之外,这势必会削弱电子证据的应有功能。

目前审判实践中,考虑到电子数据的特殊性,为便于电子数据的质证与审查,一般要求当事人提交原始存储介质或者将提取的电子数据以封存状态提交,即提交原件。而在举证、质证和审核认定证据时,应当适当变通,由当事人向法庭提交电子数据书面展示件,如电子邮件的打印件、微信聊天的打印件等,还可以通过公证的方式固定、展示电子数据。对电子文档、图片等可以直接展示的电

---

① 参见最高人民法院民事审判第一庭编:《民事审判实务问答》,法律出版社 2021 年版,第 310 页。

② 现为 2021 年修正的《民事诉讼法》第 73 条第 1 款。

子数据,应提交打印件。所提交的电子数据的输出件和打印件应能够准确反映电子数据。

条文内容	参考条文
第十五条 【法院调取证据的科学性要求】 人民法院调查收集可能需要鉴定的证据,应当遵守相关技术规范,确保证据不被污染。	《民事证据规定》第24条

要点注释

本条是对法院调查收集证据所提出的技术要求。法院调查收集鉴定材料(主要是检材和样本)的手段和程序必须符合司法鉴定的基本要求,遵守相关技术规范,避免证据所反映案件事实的信息在证据收集过程中遭到污染,从而影响鉴定材料的质量。如果鉴定所需的检材或样本被污染且不具备鉴定条件的,即便鉴定机构作出了鉴定意见,这样的鉴定意见一般也不能作为证据使用;如果检材或样本虽被污染但仍具备鉴定条件的,鉴定意见通常可以作为证据使用,但可能会影响其证明的效力。

地方人民法院案例

➤**韩某虎与合肥市蜀山区铭祖烟酒商行、合肥市蜀山区老兵烧烤店买卖合同纠纷案**[(2020)皖0104民初11503号]

裁判要旨:人民法院调查收集可能需要鉴定的证据,应当遵守相关技术规范,确保证据不被污染。

安徽省合肥市蜀山区人民法院认为,根据《民事证据规定》第24条的规定,人民法院调查收集可能需要鉴定的证据,应当遵守相关技术规范,确保证据不被污染。作为公信力高的人民法院在调查收集需要鉴定的证据尚且需要确保证据不被污染，说明法律对于作为鉴定材料的证据的固定和保全是有较高要求的，如果鉴定的材料没有相关的封存或其他保全措施，证据的源头就已经存疑了，根据存疑的鉴定材料作出的鉴定意见是毫无意义的。本案上诉人仅根据摄像资料就认为可以确定当庭提交的茅台酒系从铭祖烟酒商行购买是毫无根据的。

第二节 证据保全

条文内容	参考条文
第十六条 【证据保全申请】 在证据可能灭失或者以后难以取得的情况下，当事人可以在诉讼过程中向人民法院申请保全证据，人民法院也可以主动采取保全措施。	《民事诉讼法》第84条第1款
因情况紧急，在证据可能灭失或者以后难以取得的情况下，利害关系人可以在提起诉讼或者申请仲裁前向证据所在地、被申请人住所地或者对案件有管辖权的人民法院申请保全证据。	《民事诉讼法》第84条第2款

要点注释

申请证据保全是当事人的一项重要权利，其目的在于固定和保存可能灭失或日后难以取得的证据，以便于法院查明案件事实，公正审理案件，保护当事人的合法权益。证据保全分为诉讼（诉中）证据保全和诉前证据保全。在诉讼过程中申请证据保全的，申请人为当事人；在诉讼前申请证据保全的，申请人为案件的利害关系人。此外，在诉讼过程中，法院也可依职权主动采取证据保全措施，但应当遵循与依职权调查收集证据相同的原则和条件。

对诉讼证据保全，关键看是否符合“证据可能灭失或者以后难以取得”的条件。造成证据可能灭失或者以后难以取得的原因,既可能是自然原因,也可能是人为原因。对诉前证据保全,除了需要满足"证据可能灭失或者以后难以取得"的条件外,还应当符合"情况紧急"的条件。所谓情况紧急,指紧急到申请人来不及起诉,证据就有可能灭失或被转移导致以后难以取得。为了方便诉讼,申请诉前证据保全,利害关系人可向证据所在地、被申请人住所地或者对案件有管辖权的人民法院中任一法院提出申请。

相关法律

➢ **1.《公证法》**(2017 年 9 月 1 日修正)

第十一条 根据自然人、法人或者其他组织的申请,公证机构办理下列公证事项:

……

(九)保全证据;

……

➢ **2.《仲裁法》**(2017 年 9 月 1 日修正)

第四十六条 在证据可能灭失或者以后难以取得的情况下,当事人可以申请证据保全。当事人申请证据保全的,仲裁委员会应当将当事人的申请提交证据所在地的基层人民法院。

➢ **3.《农村土地承包经营纠纷调解仲裁法》**(2010 年 1 月 1 日施行)

第四十一条 在证据可能灭失或者以后难以取得的情况下,当事人可以申请证据保全。当事人申请证据保全的,农村土地承包仲裁委员会应当将当事人的申请提交证据所在地的基层人民法院。

➢ **4.《海事诉讼特别程序法》**(2000 年 7 月 1 日施行)

第六十三条 当事人在起诉前申请海事证据保全,应当向被保全的证据所在地海事法院提出。

第六十四条 海事证据保全不受当事人之间关于该海事请求的诉讼管辖协

议或者仲裁协议的约束。

第六十七条 采取海事证据保全,应当具备下列条件:

(一)请求人是海事请求的当事人;

(二)请求保全的证据对该海事请求具有证明作用;

(三)被请求人是与请求保全的证据有关的人;

(四)情况紧急,不立即采取证据保全就会使该海事请求的证据灭失或者难以取得。

➢ **5.《商标法》**(2019 年 4 月 23 日修正)

第六十六条 为制止侵权行为,在证据可能灭失或者以后难以取得的情况下,商标注册人或者利害关系人可以依法在起诉前向人民法院申请保全证据。

➢ **6.《专利法》**(2020 年 10 月 17 日修正)

第七十三条 为了制止专利侵权行为,在证据可能灭失或者以后难以取得的情况下,专利权人或者利害关系人可以在起诉前依法向人民法院申请保全证据。

➢ **7.《著作权法》**(2020 年 11 月 11 日修正)

第五十七条 为制止侵权行为,在证据可能灭失或者以后难以取得的情况下,著作权人或者与著作权有关的权利人可以在起诉前依法向人民法院申请保全证据。

司法解释

➢ **1.《最高人民法院关于审理环境侵权责任纠纷案件适用法律若干问题的解释》**(法释〔2020〕17 号,2021 年 1 月 1 日施行)

第十一条 对于突发性或者持续时间较短的环境污染、生态破坏行为,在证据可能灭失或者以后难以取得的情况下,当事人或者利害关系人根据民事诉讼法第八十一条①规定申请证据保全的,人民法院应当准许。

---

① 现为 2021 年修正的《民事诉讼法》第 84 条。

➢ 2.《最高人民法院关于适用〈中华人民共和国公司法〉若干问题的规定(二)》(法释〔2020〕18号,2021年1月1日施行)

第三条 股东提起解散公司诉讼时,向人民法院申请财产保全或者证据保全的,在股东提供担保且不影响公司正常经营的情形下,人民法院可予以保全。

➢ 3.《最高人民法院关于审理消费民事公益诉讼案件适用法律若干问题的解释》(法释〔2020〕20号,2021年1月1日施行)

第八条 有权提起消费民事公益诉讼的机关或者社会组织,可以依据民事诉讼法第八十一条①规定申请保全证据。

➢ 4.《最高人民法院关于知识产权民事诉讼证据的若干规定》(法释〔2020〕12号,2020年11月18日施行)

第十一条 人民法院对于当事人或者利害关系人的证据保全申请,应当结合下列因素进行审查:

(一)申请人是否已就其主张提供初步证据;

(二)证据是否可以由申请人自行收集;

(三)证据灭失或者以后难以取得的可能性及其对证明待证事实的影响;

(四)可能采取的保全措施对证据持有人的影响。

➢ 5.《最高人民法院关于审理侵害植物新品种权纠纷案件具体应用法律问题的若干规定》(法释〔2020〕19号,2021年1月1日施行)

第五条 品种权人或者利害关系人向人民法院提起侵害植物新品种权诉讼前,可以提出行为保全或者证据保全请求,人民法院经审查作出裁定。

人民法院采取证据保全措施时,可以根据案件具体情况,邀请有关专业技术人员按照相应的技术规程协助取证。

➢ 6.《最高人民法院关于审理著作权民事纠纷案件适用法律若干问题的解释》(法释〔2020〕19号,2021年1月1日施行)

第二十八条 人民法院采取保全措施的,依据民事诉讼法及《最高人民法院

---

① 现为2021年修正的《民事诉讼法》第84条。

关于审查知识产权纠纷行为保全案件适用法律若干问题的规定》的有关规定办理。

➢ 7.《最高人民法院关于适用〈中华人民共和国海事诉讼特别程序法〉若干问题的解释》（法释〔2003〕3 号，2008 年 12 月 31 日施行）

四、关于海事证据保全

第四十七条　诉讼前申请海事证据保全，适用海事诉讼特别程序法第六十四条的规定。

外国法院已受理相关海事案件或者有关纠纷已经提交仲裁，当事人向中华人民共和国的海事法院提出海事证据保全申请，并提供被保全的证据在中华人民共和国领域内的相关证据的，海事法院应当受理。

第四十八条　海事请求人申请海事证据保全，申请书除应当依照海事诉讼特别程序法第六十五条的规定载明相应内容外，还应当载明证据收集、调取的有关线索。

第四十九条　海事请求人在采取海事证据保全的海事法院提起诉讼后，可以申请复制保全的证据材料；相关海事纠纷在中华人民共和国领域内的其他海事法院或者仲裁机构受理的，受诉法院或者仲裁机构应海事请求人的申请可以申请复制保全的证据材料。

第五十条　利害关系人对海事法院作出的海事证据保全裁定提出异议，海事法院经审查认为理由不成立的，应当书面通知利害关系人。

第五十一条　被请求人依据海事诉讼特别程序法第七十一条的规定要求海事请求人赔偿损失的，由采取海事证据保全的海事法院受理。

➢ 8.《最高人民法院关于人民法院执行工作若干问题的规定（试行）》（法释〔2020〕21 号，2021 年 1 月 1 日施行）

9. 在国内仲裁过程中，当事人申请财产保全，经仲裁机构提交人民法院的，由被申请人住所地或被申请保全的财产所在地的基层人民法院裁定并执行；申请证据保全的，由证据所在地的基层人民法院裁定并执行。

10. 在涉外仲裁过程中，当事人申请财产保全，经仲裁机构提交人民法院的，由被申请人住所地或被申请保全的财产所在地的中级人民法院裁定并执行；申请证据保全的，由证据所在地的中级人民法院裁定并执行。

部门规章

➢ **1.《公证程序规则》**（司法部，2020年10月20日修正）

第五十四条 公证机构派员外出办理保全证据公证的，由二人共同办理，承办公证员应当亲自外出办理。

办理保全证据公证，承办公证员发现当事人是采用法律、法规禁止的方式取得证据的，应当不予办理公证。

➢ **2.《房屋拆迁证据保全公证细则》**（司法部，1994年2月1日施行）

第二条 房屋拆迁证据保全公证是指在房屋拆迁之前，公证机关对房屋及附属物的现状依法采取勘测、拍照或摄像等保全措施，以确保其真实性和证明力的活动。

第三条 本细则适用于《城市房屋拆迁管理条例》①规定的拆除依法代管的房屋，代管人是房屋主管部门的；拆除有产权纠纷的房屋，在房屋拆迁主管部门公布的规定期限内纠纷未解决的；拆除设有抵押权的房屋实行产权调换，抵押权人和抵押人在房屋拆迁主管部门公布的规定期限内达不成抵押协议的以及其他房屋拆迁证据保全的公证事项。

第四条 房屋拆迁证据保全公证，由被拆迁房屋所在地公证处管辖。

第五条 房屋拆迁证据保全公证申请人是拆迁人或被拆迁人，房屋拆迁主管部门也可以作为申请人。上述申请人可以委托他人代为提出公证申请。

第九条 符合证据保全公证条件的，公证处应派两名以上公证人员（其中至少有一名公证员）参与整个证据保全活动。

第十条 办理房屋拆迁证据保全公证、公证员应当客观、全面地记录被拆迁

① 该文件现已失效。

房屋的现场状况，收集、提取有关证据。应该根据被保全对象的不同特点，采取勘测、拍照、摄像等方式进行证据保全。

第十一条 对房屋进行勘测的，应当制作勘测记录，记明勘测时间、地点、测验人、记录人、被保全房屋的产权人、座落、四至、房屋性质、结构、层次、面积、新旧程度、屋面及地面质地、附属设施以及其它应当记明的事项；能够用图示标明的房屋长度、宽度应当图示；记录应当由勘测人、公证员签名或者盖章；拆迁活动当事人在场的，应请当事人签名或盖章；该当事人拒绝签名或盖章的，公证员应在记录中记明。

第十二条 对房屋进行拍照和摄像的，应当全面反映、记录房屋的全貌。房屋结构、门窗、厨房以及附属设施等，要有单独的图片显示。

第十三条 公证机关对保全事项认为需要勘测的，应当聘请专业技术部门或其他部门中有该项能力的人员进行勘测。

专业技术部门及其勘测人应当提出书面勘测结论，在勘测书上签名或者盖章。其他部门勘测人勘测的，应由勘测人所在单位加盖印章，证明勘测人身份。

第十四条 实施强制拆迁房屋证据保全时，公证机关应通知被拆迁人到场。如其拒不到场，公证员应在笔录中记明。

实施强制拆迁房屋中有物品的，公证员应当组织对所有物品逐一核对、清点、登记，分类造册。并记录上述活动的时间、地点，交两名有完全行为能力的在场人员核对后，由公证员和在场人在记录上签名。被拆迁人拒绝签名的，公证员应在记录中记明。

物品清点登记后，凡不能立即交与被拆迁人接收的，公证员要监督拆迁人将物品存放在其提供的仓库中，并对物品挂签标码，丢失损坏的，仓库保管人应承担赔偿责任。

拆迁人应制作通知书，通知当事人在一定期限内领取物品。逾期不领的，公证处可以接受拆迁人的提存申请，办理提存。

地方司法文件

➢ 1.《浙江省高级人民法院民三庭关于知识产权民事诉讼证据保全的实施意见》(2014 年 7 月 1 日发布)

第一条　申请人可以在起诉前申请证据保全,也可以在起诉时或者立案后申请证据保全,但一般不得迟于举证期限届满前七日。申请人超出该期限提出申请的,人民法院应当综合考虑需要保全证据的重要性、超期提出申请的原因等因素,确定是否予以准许。

第二条　诉前证据保全的管辖法院为证据所在地、被申请人住所地或者对案件有管辖权的人民法院。

诉前证据保全的级别管辖适用一般知识产权民事案件诉讼级别管辖的规定。

第三条　人民法院采用证据保全措施一般应当根据申请人申请,对可能涉及有损国家利益、社会公共利益或者他人合法权益的案件,可以主动采取证据保全措施。

第四条　人民法院应谨慎行使“证据可能灭失或者以后难以取得”的自由裁量权,既要充分考量知识产权证据的不稳定性和易毁性等特点,及时有效地采取保全措施,又要防止当事人滥用证据保全程序、转移举证责任、耗费司法资源。

第五条　当事人申请证据保全应当递交书面申请。

书面申请应当载明以下内容:

(一)当事人基本情况;

(二)申请保全证据的理由、内容、范围、所在地点;

(三)请求保全的证据能够证明的对象;

(四)证据可能灭失或者以后难以取得,且当事人及其诉讼代理人因客观原因等不能自行收集的具体说明。

第六条　人民法院应及时对证据保全申请的合法性进行审查:

(一)申请人为适格主体。申请人一般为权利人或者利害关系人。特殊情况下,被诉侵权人也可以作为申请人。其中利害关系人包括知识产权财产权利的合法继承人和知识产权许可合同的被许可人等。独占实施许可合同的被许可人可以单独向人民法院提出申请;排他实施许可合同的被许可人在权利人不申请的情况下,可以提出申请;普通实施许可合同的被许可人经权利人明确授权的,可以提出申请。

(二)申请人提交了证明自己权利存在以及该权利遭受被申请人侵害的初步证据。证明权利存在的初步证据主要包括专利权证书、专利缴费凭证、专利登记簿副本、商标注册证书、著作权登记证书、作品底稿、公开出版物等,利害关系人除需提供上述证据外,还应提供实施许可合同、证明其合法继承人身份的材料等。申请人提供的存在侵权事实的证人证言,一般不得单独作为证明权利遭受侵害的初步证据。

(三)申请保全的证据内容属于由申请人承担举证责任的内容。

(四)其他需要审查的事项。

第七条 人民法院应及时对当事人提出证据保全申请的必要性进行审查,即申请保全的证据可能灭失或以后难以取得,且当事人及其诉讼代理人因客观原因不能自行收集。

下列情形,人民法院对证据保全申请可以不予准许:

(一)证据可由当事人通过购买等方式自行取得;

(二)证据可由公证机关保全取得;

(三)有证据证明持有证据的一方当事人无正当理由拒不提供;

(四)其他不需要采取证据保全措施的。

第八条 人民法院应对当事人提出保全申请的证据的关联性进行审查:

(一)申请保全的证据的内容所能证明的对象属于诉讼请求涉及的范围;

(二)申请保全的证据与被诉侵权行为的存在、状态、规模及权利受损程度等待证事实具有关联性;

(三)其他需要审查的事项。

第九条 对于符合证据保全条件的申请,申请人将其作为调查取证申请提出的,人民法院应当告知申请人向法院提出证据保全申请。

第十条 人民法院准许当事人证据保全申请的,应采用裁定书形式;不准许当事人证据保全申请的,应当以书面或者口头通知形式告知申请人,并说明理由。采用口头通知方式的,应当制作笔录。

人民法院采取证据保全措施之前,应当向被申请人送达证据保全裁定书。

人民法院保全的证据,应当以裁定书载明的内容为限。裁定书内容应尽量涵盖诉讼请求可能涉及的证据材料。

第十一条 人民法院采取的证据保全措施应当全面反映所保全证据的真实状态,一般以不损害被保全证据的价值、不妨碍被保全证据作为财产的正常使用和流转为前提,减少保全风险,避免因保全不当给被申请人生产经营活动造成损失。

第十二条 人民法院可结合内部职能部门分工情况,确定证据保全的审查和执行的部门。

在非知识产权审判庭审查或执行的情形下,知识产权审判庭应当与相关审查或执行部门保持沟通或派员随同,并应充分考量知识产权案件证据的特殊性,确保知识产权证据保全准确、及时、有效。

第十三条 人民法院应确保其在证据保全过程中的主导地位,对于技术性较强的保全措施可由人民法院保全人员指定案外专业人士进行协助,禁止申请人自行操作。保全证据如确需被申请人操作的,应当经双方当事人确认无异并记录在案。

第十四条 人民法院应依法保障申请人在证据保全执行中享有的见证权和指认权,被申请人享有的陈述权和异议权。在采取证据保全措施前,应当向双方当事人送达权利义务告知书。

对于技术性较强的保全措施,应当允许当事人聘请的专业人士参与。

申请人不宜到场参与证据保全的,人民法院可以要求申请人提供详细的保全线索,明确保全的地点、对象、步骤以及需要注意的事项等。人民法院应当及时将保全的证据交由申请人确认。

第十五条 人民法院应根据案件的具体情况,及时采取有效的证据保全措施:

(一)查封或扣押生产被诉侵权产品的专用模具、专用机械设备等,并进行拍照;

(二)查封或扣押被诉侵权产品的成品与半成品,并清点库存数量;

(三)复制或扣押可反映生产或销售被诉侵权产品的数量、金额以及利润的财务帐册或报表、生产记录、仓储记录、销售合同、报价单、销售发票等;

(四)提取与被诉侵权产品有关的宣传资料、画册、产品目录等;

(五)复制电脑及各种数据储存器中涉嫌侵权的程序、图纸、技术资料以及内部管理资料、客户资料等;

(六)封存、提取易变质、不易保管的物品,应当同时进行照相、录像;

(七)其他需要采取的证据保全措施。

第十六条 人民法院能够用复制、记录、照相等方法进行证据保全的,不应采取查封、扣押等措施;能就地查封的,不应采取异地扣押措施。对于采取查封、扣押等措施保全的证据,应当及时进行勘验、质证。

第十七条 对于查封保全的证据,一般由被申请人自行保管,人民法院应当告知其不得擅自拆卸、变动以及相应的法律后果。对于扣押保全的证据,人民法院应当设置专门的证物室妥善保管。采取查封、扣押等证据保全措施的,人民法院应当向被申请人出具清单。

第十八条 证据保全应制作笔录,以完整反映保全过程。

第十九条 申请人提出的保全要求可能涉及被申请人的商业秘密的,人民法院应当告知申请人应承担的保密义务并采取适当的保密措施。所保全的证据在法庭质证前,应当予以封存。

第二十条 被申请人不配合保全的,人民法院可自行清点被诉侵权产品的数量、查封扣押样品,采用拍照、录像等方式记录保全过程,并记录在案。

第二十一条 被申请人持有对己不利的证据,无正当理由拒不提供,或者伪造、毁灭被保全证据的,人民法院根据案件具体情形,既可以推定申请人关于该证据的主张成立,也可以降低相关事实的证明标准,或者将举证妨碍作为认定损害赔偿数额的考量因素。

人民法院应在充分考量举证妨碍的严重程度、被申请人的主观过错、相关证据的重要性及对案件事实的证明力等因素的基础上,确定举证妨碍行为在事实认定方面的法律后果。

在下列情形中,人民法院不应适用举证妨碍规则直接推定申请人的相关主张成立:

(一)该主张明显超出合理范围;

(二)存在与该主张有明显矛盾的证据或者事实。

第二十二条 被申请人伪造重要证据、毁灭被保全的证据,或者以暴力、威胁等方法阻碍人民法院依法进行证据保全的,人民法院可以根据情节轻重予以罚款、拘留;构成犯罪的,依法追究刑事责任。

第二十三条 对符合下列情形之一的,人民法院可以将被保全的证据退还被申请人:

(一)以调解或者和解撤诉方式结案的案件;

(二)不易移动的证据,且已经采取照相、录像等方法予以固定;

(三)易变质、不易保管的证据,且已经采取照相、录像等方法予以固定。

第二十四条 申请证据保全,申请人应当按照《诉讼费用交纳办法》第十四条第(二)项的规定交纳保全费用。

人民法院可以要求申请人提供被保全证据载体的销售价格、申请人或者市场上同类产品的销售价格作为实际保全证据载体的估值依据,并据此确定保全费用。

第二十五条 人民法院在确定申请人提供担保的必要性时,应当以证据保全是否会给被申请人造成财产损失为标准,同时应当考量申请人举证的充分程度、权利的稳定性及其诉讼请求得到支持的可能性。

第二十六条 证据保全具有下列情形的,申请人可以不提供担保:

(一)采取照相、录像、勘验、制作笔录等方法足以固定证据,不需要采取查封、扣押措施的；

（二）复制财务帐册、销售合同等；

（三）提取的被诉侵权产品样品价值不大的；

（四）不会给被申请人造成经营上损失的其他情形。

第二十七条 证据保全具有下列情形的，人民法院应当要求申请人提供担保：

（一）查封、扣押对象为大型机械设备、建筑物、交通工具、货物、鲜活商品、名贵物品等，保全措施有可能对这些证据造成直接损害或者妨碍其正常使用而造成损失的；

（二）被保全对象为即将交付的合同标的，保全措施有可能造成被申请人因交付不能遭受损失的；

（三）其他可能给被申请人造成较大损失的情形。

第二十八条 人民法院要求申请人提供相应担保的，可依个案情况采取保证、现金等方式。

第二十九条 证据保全的担保金额应当以可能造成被申请人的财产损失数额为参考。

第三十条 对于认定侵权成立的案件，人民法院应当在判决生效后将担保金退还申请人。对于认定侵权不成立的案件，申请人未要求退还担保金的，人民法院应当在判决生效之日起 2 年后将担保金退还申请人；申请人要求退还担保金的，人民法院应当告知被申请人在诉讼时效的合理期限内提起损害赔偿之诉。被申请人未起诉的，人民法院应当将担保金退还申请人。

第三十一条 人民法院对于被保全的证据，应当进行客观公正的审查，既可以作出有利于申请人的事实认定，也可以作出不利于申请人的事实认定。申请人不得放弃对被保全的证据的使用。

第三十二条 申请人恶意申请证据保全，造成被申请人财产损失的，应当承担损害赔偿责任。

申请人申请证据保全虽无恶意，但其诉讼主张最终并未得到法院生效裁判的支持,造成被申请人财产损失的,应当承担损害赔偿责任。

第三十三条 损害赔偿的数额,应当与因错误申请证据保全给被申请人造成的财产损失相适应,包括造成被申请人财产的直接损失和间接损失。直接损失包括被保全产品的价格和实际支出的相关费用等;间接损失包括生产线在被查封期间的产能损失、因产品被保全导致被申请人向案外交易人支付的违约金损失等。

第三十四条 对电子证据进行保全的,人民法院可以要求申请人提供存储介质,在保全前应对存储介质进行格式化等清洁性处理,并记入保全笔录。

第三十五条 人民法院在保全电子证据时应注意保护现场:

(一)禁止非保全人员接触电源、计算机、网络设备、存储设备等数字化设备;

(二)禁止被保全人员或其负责人借故离开,破坏保全环境;

(三)检查计算机的网络情况,确保系统在正常状态,必要时可以切断网络连接,防止远程控制;

(四)终止正在实施的整理硬盘、格式化硬盘、批量复制信息、批量下载信息、杀毒等可能大量访问存储介质的操作,防止正在运行的系统或程序破坏数据。

第三十六条 人民法院在对电子证据进行保全时,应当同时保全可据以验证被保全证据可靠性的任何其他必要信息,如该电子信息的来源地、目的地、发送与接收时间、软件运行的环境、操作系统等,必要时可以根据需要扣押相关计算机主机、硬盘、服务器等存储介质。

第三十七条 电子证据应至少复制两份予以保存。复制后,应当及时检查复制件的质量,防止复制不成功或感染病毒。检查完成后,由双方当事人签名确认。

第三十八条 保全的电子证据应妥善保管,避免使用塑料袋等易导致静电消磁的包装,远离高磁场、高温、静电、潮湿、灰尘等环境,避免挤压和试剂腐蚀。

➢ **2.《深圳市中级人民法院知识产权案件证据保全及保管移送规程》**(2019年5月16日发布)

二、证据保全

5. 决定采取证据保全的案件,主审法官或法官助理应当及时制作证据保全裁定书、填写相关文书材料、通知申请人缴纳保全费等各项准备工作。

6. 保全人员到达保全地点后应先作现场勘查。保全地点有指示标识的，保全人员可拍照存案；无指示标识的，保全人员应先向申请人或有关人员核实情况。

7. 保全人员应当核实被申请人或协助义务人的身份、送达诉讼文书、告知其诉讼权利及义务。

8. 保全人员到达保全地点后，应当采取有效措施防止证据被隐匿、转移或破坏。

9. 保全的证据系物证的：

(1) 提取的物证原则上不少于两个。

(2) 证据保全应兼顾被申请人的正常生产。

(3) 证据系生产模具或大型机器设备的，可不予扣押，但应拍照、贴封条。

10. 保全的证据系财务账册的：

(1) 如有必要，可安排会计人员、审计人员到场协助取证。

(2) 财务账册系手写入帐的，可以采取复制的方式进行保全。被申请人须在复制件上签名、盖章并注明时间。

(3) 财务账册有电子文档备份的，可以利用移动硬盘等存储介质现场复制。复制可以由被申请人操作，保全人员应全程监督，并在复制完毕后将存储介质当场封存。

11. 保全的证据系电子证据的：

(1) 保全人员可以利用移动硬盘等存储介质进行复制。复制由被申请人操作的，保全人员应全程监督。申请人经法院许可可以到场指认，但不得窥探、窃取被申请人的个人隐私、商业秘密。

(2) 被申请人无正当理由拒绝配合的，保全人员应作好解释、说明工作。被申请人仍拒绝配合的，保全人员可将相关设备现场封存、扣押并记入保全笔录。被申请人以电子证据属于个人隐私、商业秘密为由拒绝配合的，保全人员可将其要求保密的内容记入保全笔录，但不影响复制。

(3)被申请人故意删除相关电子证据的,保全人员应及时制止并要求其恢复,必要时可将相关设备扣押。

(4)电子证据复制入存储介质之前,应确保介质内无其他存储内容。需要复制入数个存储介质的,应当对介质分别编号。

(5)保全人员应同时将电子证据另行刻录成只读光盘。刻录完毕后应将光盘当场封存。

12. 申请人在场的,证据封存之前一般应由申请人与被申请人共同确认,并要求申请人、被申请人在证据封条上签章。

13. 保全笔录应当载明保全时间、地点、诉讼材料送达情况、保全情况等内容。被申请人无异议的,须在笔录上签名、盖章并注明时间。

查封清单应当载明查封标的名称、型号、规格及数量等内容。被申请人无异议的,须在清单上签名、盖章并注明时间。查封清单一式两份,由法院、被申请人各持一份。

14. 保全取得的证据原则上应存放于法院。

证据因存放法院有困难的,保全人员可以要求申请人或被申请人提供专门的存放地点。存放过程可以要求申请人与被申请人共同到场。保全人员应拍照附卷,并将过程记入笔录。

15. "保全人员"系指法官、法官助理、书记员、司法警察以及法院其他工作人员。

司法观点

➢ 申请诉讼证据保全的条件①

问:当事人申请诉讼证据保全,应当符合哪些条件?

答:当事人申请诉讼证据保全,应当符合的条件如下:

---

① 参见最高人民法院民事审判第一庭编:《民事审判实务问答》,法律出版社2021年版,第287页。

其一，申请保全的证据在形式上对于案件事实的证明有意义，即保全的证据与待证事实之间在形式上具有关联性。至于实质上是否相关联、证明价值大小，属于证据实质审查的问题，并不在人民法院审查证据保全申请考虑之列。

其二，证据有灭失或者以后难以取得的可能，即如不立即采取保全措施，证据将不复存在，或者即使存在也难以调取。

其三，申请应当在举证期限届满前以书面方式提出。当事人申请的行为，被视为当事人举证行为的一种特殊情况对待，因此，申请行为需要与举证行为一样遵守举证期限的要求。《民诉法解释》第 98 条第 1 款规定，“当事人根据民事诉讼法第八十一条第一款①规定申请证据保全的，可以在举证期限届满前书面提出”。与之相符，《民事证据规定》第 25 条第 2 款也规定，“当事人根据民事诉讼法第八十一条第一款②的规定申请证据保全的，应当在举证期限届满前向人民法院提出”。此外，要求当事人以书面方式提出申请，主要考虑对证据的保全行为涉及诉讼的实体内容，对当事人的权利影响较大，故在程序上应较为正式。

地方人民法院案例

➢ 1. 申请人达索系统股份有限公司与被申请人芜湖万里扬变速器有限公司侵害计算机软件著作权纠纷案[(2021)皖 01 民初 1182 号]

裁判要旨：在证据可能灭失或者以后难以取得的情况下，当事人可以在诉讼过程中向人民法院申请保全证据。

安徽省合肥市中级人民法院认为，在证据可能灭失或者以后难以取得的情况下，当事人可以在诉讼过程中向人民法院申请保全证据。申请人达索系统股份有限公司的申请符合法律规定，依照《民事诉讼法》第 81 条第 1 款、第 3 款③，

① 现为 2021 年修正的《民事诉讼法》第 84 条第 1 款。

② 现为 2021 年修正的《民事诉讼法》第 84 条第 1 款。

③ 现为 2021 年修正的《民事诉讼法》第 84 条第 1 款、第 3 款。

《民事证据规定》第27条第2款之规定,裁定如下:以拍照、录像、截屏、打印、制作笔录、提取、封存、查封、扣押等方式对芜湖万里扬变速器有限公司内的计算机及其他设施设备上复制、安装及使用计算机软件CATIAV5R17、CATIAV5R18、CATIAV5R19、CATIAV5R20、CATIAV5R21、CATIAV5-6R2012、CATIAV5-6R2013、CATIAV5-6R2014、CATIAV5-6R2015、CATIAV5-6R2016、CATIAV5-6R2017及上述计算机软件的相关信息进行证据保全。

➢ **2. 申请人中微半导体设备(上海)有限公司与被申请人维易科精密仪器国际贸易(上海)有限公司保全纠纷案**[(2017)闽证保1号]

裁判要旨:因情况紧急,在证据可能灭失或者以后难以取得的情况下,利害关系人可以在提起诉讼前申请保全证据。

福建省高级人民法院认为,因情况紧急,在证据可能灭失或者以后难以取得的情况下,利害关系人可以在提起诉讼前向证据所在地、被申请人住所地或者对案件有管辖权的人民法院申请保全证据。申请人中微半导体设备(上海)有限公司的申请符合法律规定。裁定如下:(1)对厦门三安光电有限公司使用的TurboDisc® EPIK700TM金属有机化学气相沉积(MOCVD)设备反应室内的旋转轴和基片托盘进行拍照和录像;(2)对厦门三安光电有限公司使用的TurboDisc® EPIK700TM金属有机化学气相沉积(MOCVD)设备的销售合同以及所有相关技术资料进行复印或拍照;(3)厦门三安光电有限公司可继续使用TurboDisc® EPIK700TM金属有机化学气相沉积(MOCVD)设备,但须对所述设备予以妥善保管。

➢ **3. 再审申请人陈某柱与被申请人青海茶卡盐湖文化旅游发展股份有限公司租赁合同纠纷案**[(2019)青民申573号]

裁判要旨:申请人并未提供证据证明存在紧急情况,该证据可能灭失或者以后难以取得,不符合申请证据保全的条件。

青海省高级人民法院认为,关于申请人向一审法院申请证据保全的问题。首先,申请人提交的中国邮政特快专递寄件人存单复印件不足以证明原审法院收到了该份申请书。其次,根据《民事诉讼法》第81条①的规定,证据保全的申请人应当是本案当事人、利害关系人,或者法院依职权采取;因情况紧急申请证据保全的,申请人应提供存在紧急情况,证据可能灭失或者以后难以取得的证据。本案中,申请人在二审期间提交的证据保全申请书,要求保全的是当时存于申请人库房和店铺中的超过保质期的食品,申请人并未提供证据证明存在紧急情况,该证据可能灭失或者以后难以取得,申请人的申请不符合该条件。最后,申请人在一审开庭时也未对证据保全事宜提出任何异议。

条文内容	参考条文
第十七条 【证据保全申请书及提出时限】 当事人或者利害关系人根据民事诉讼法第八十四条的规定申请证据保全的,申请书应当载明需要保全的证据的基本情况、申请保全的理由以及采取何种保全措施等内容。	《民事证据规定》第25条第1款
当事人根据民事诉讼法第八十四条第一款的规定申请证据保全的,应当在举证期限届满前向人民法院提出。	《民事证据规定》第25条第2款
法律、司法解释对诉前证据保全有规定的,依照其规定办理。	《民事证据规定》第25条第3款

要点注释

根据本条规定,证据保全申请书应当包括以下内容。

一是需要保全证据的基本情况,包括证据的种类、形式,证据存放地点,证据持有人情况等。在申请书中对上述证据基本情况进行说明,有助于人民法院判

① 现为2021年修正的《民事诉讼法》第84条。

断申请证据保全的证据是否与本案有关,并根据申请人提供的证据基本情况,直接、快速地找到证据,采取保全措施,提高诉讼效率。

二是申请保全的理由。主要是向人民法院说明现有情形符合《民事诉讼法》第84条的规定,即证据基于各种原因可能灭失或者以后难以取得。比如,书证可能会被对方当事人损坏,物证可能被转让或灭失,证人可能因为重病或其他事项无法被找到。只有当事人在申请书中对上述原因进行充分说明,人民法院才可以审查申请保全的证据是否符合条件以及与待证事实之间在形式上是否具有关联性,并决定是否有必要采取证据保全措施。至于实质上是否具有关联、证明力大小,属于证据实质审查的问题,不在法院审查证据保全申请考虑之内。

三是采取何种保全措施。依据《民事证据规定》第27条的规定,人民法院可以采取查封、扣押、录音、录像、复制、鉴定、勘验等方法进行证据保全。对于特定证据采取何种证据保全措施,应当充分听取申请人的意见,这也是充分保障当事人诉讼权利的应有之义。

对于证据保全的提出时限,根据本条第2款的规定,当事人应当在举证期限届满前向人民法院提出。

本条第3款规定:“法律、司法解释对诉前证据保全有规定的,依照其规定办理。”因为诉前证据保全主要发生在海事诉讼、知识产权诉讼中,而相应法律、司法解释对诉前证据保全已有特别规定,故应当优先适用。

相关法律

➢ **1.《海事诉讼特别程序法》**(2000年7月1日施行)

第六十五条 海事请求人申请海事证据保全,应当向海事法院提交书面申请。申请书应当载明请求保全的证据、该证据与海事请求的联系、申请理由。

第六十六条 海事法院受理海事证据保全申请,可以责令海事请求人提供担保。海事请求人不提供的,驳回其申请。

➤ **2.《商标法》**（2019年4月23日修正）

第六十六条 为制止侵权行为，在证据可能灭失或者以后难以取得的情况下，商标注册人或者利害关系人可以依法在起诉前向人民法院申请保全证据。

➤ **3.《专利法》**（2020年10月17日修正）

第七十三条 为了制止专利侵权行为，在证据可能灭失或者以后难以取得的情况下，专利权人或者利害关系人可以在起诉前依法向人民法院申请保全证据。

➤ **4.《著作权法》**（2020年11月11日修正）

第五十七条 为制止侵权行为，在证据可能灭失或者以后难以取得的情况下，著作权人或者与著作权有关的权利人可以在起诉前依法向人民法院申请保全证据。

司法解释

➤ **1.《最高人民法院关于审理环境侵权责任纠纷案件适用法律若干问题的解释》**（法释〔2020〕17号，2021年1月1日施行）

第十一条 对于突发性或者持续时间较短的环境污染、生态破坏行为，在证据可能灭失或者以后难以取得的情况下，当事人或者利害关系人根据民事诉讼法第八十一条①规定申请证据保全的，人民法院应当准许。

➤ **2.《最高人民法院关于审理消费民事公益诉讼案件适用法律若干问题的解释》**（法释〔2020〕10号，2021年1月1日施行）

第八条 有权提起消费民事公益诉讼的机关或者社会组织，可以依据民事诉讼法第八十一条②规定申请保全证据。

---

① 现为2021年修正的《民事诉讼法》第84条。

② 现为2021年修正的《民事诉讼法》第84条。

最高人民法院案例

➢江西蓝翔重工有限公司与江西鑫通机械制造有限公司、冀中能源峰峰集团邯郸宝峰矿业有限公司等侵害实用新型专利权纠纷案[(2020)最高法知民终624号]

裁判要旨:在衡量个案情形是否符合法律关于依申请进行证据保全的条件时,应当基于申请人提交的初步证据,结合日常生活经验和逻辑推理,在全面审查申请保全所依据的初步证据与待证事实之间的关联性、证据保全的必要性和可行性等因素的基础上,对是否准许证据保全申请作出审慎判断。

最高人民法院认为,知识产权领域的侵权行为通常具有隐蔽性和复杂性的特点,人民法院在衡量个案情形是否符合法律关于依申请进行证据保全的条件时,应当基于申请人提交的初步证据,结合日常生活经验和逻辑推理,在全面审查申请保全所依据的初步证据与待证事实之间的关联性、证据保全的必要性和可行性等因素的基础上,对是否准许证据保全申请作出审慎判断。对证据保全申请的审查,既包括对保全申请书所记载的事项要素是否完备的形式审查,也包括对保全是否存在必要性和可行性的实质审查。证据保全申请的实质审查,一般围绕以下三个方面进行:

一是申请保全的证据是否与案件事实存在关联性并具有较强证明力;二是申请保全的证据是否存在如不及时保全行将灭失或以后难以取得的紧迫性;三是申请人是否业已穷尽合理合法的取证手段仍不能取得相关证据。

此外,在适用证据保全时还需注意以下问题:(1)证据保全属于在特定情形下对当事人举证能力的补强,而非替代、免除、转移当事人的举证义务和责任;(2)采取证据保全措施应注意比例原则,在符合证据保全目的的情况下,应当选择对证据持有人利益影响最小的保全措施,充分考虑证据保全措施对当事人或利害关系人的影响,必要时可要求申请人提供担保;(3)证据保全的范围应当以当事人的申请为基础,以查明案件事实的需要为限。

地方人民法院案例

➢申请人赵某香与被申请人花垣县中源房地产开发有限责任公司股东知情权纠纷案[(2020)湘3124民初144号之一]

裁判要旨：当事人在举证期限届满后申请证据保全，法院不予支持。

湖南省花垣县人民法院认为，当事人根据《民事诉讼法》第81条第1款①的规定申请证据保全的，应当在举证期限届满前向人民法院提出。申请人赵某香在举证期限届满后申请证据保全，该院不予支持。

条文内容	参考条文
第十八条 【证据保全担保】 当事人或者利害关系人申请采取查封、扣押等限制保全标的物使用、流通等保全措施，或者保全可能对证据持有人造成损失的，人民法院应当责令申请人提供相应的担保。	《民事证据规定》第26条第1款
担保方式或者数额由人民法院根据保全措施对证据持有人的影响、保全标的物的价值、当事人或者利害关系人争议的诉讼标的金额等因素综合确定。	《民事证据规定》第26条第2款

要点注释

证据保全担保，来源于民事诉讼中财产保全担保制度。但诉前财产保全必须提供担保，而证据保全以对特定证据进行固定、保存以备后用为目的，它保全

① 现为2021年修正的《民事诉讼法》第84条第1款。

的是证据的证明价值而非经济价值，从这点上说，担保并非证据保全所必需。本条并未区分诉前和诉讼证据保全，可以理解为，诉前证据保全是否需提供担保也应当按照本条规定进行判断。

证据保全的目的在于固定证据，当保全的证据是书证或者视听资料、电子数据时，采取复制的证据保全方式，基本不会对证据价值产生影响，自然也不存在担保的必要。但如果对房产、有价证券等采取查封、扣押措施进行证据保全，不仅限制了保全标的物的使用，也可能会因限制流通错过交易机会而对财产交易价值造成影响，法院应当责令申请人提供相应的担保。对于其他保全可能对证据持有人造成损失的情形，也应当责令申请人提供担保。

参照《最高人民法院关于人民法院办理财产保全案件若干问题的规定》第 6 条规定，为证据保全提供担保，可以由申请人和第三人提供物保，包括抵押、质押等。担保方式不限于金钱担保，可以用实物担保，也可以由专业的担保公司、保险公司提供担保，还可以由第三人提供保证担保。证据保全中，不存在具体的财产数额，提供担保的数额也无法直接与保全数额挂钩，保全的证据价值往往难以判断，且与当事人的诉讼请求没有明确的直接联系。因此，在判断保全担保的数额时，不能直接以请求保全数额作为参照标准，要注意将保全措施对证据持有人的影响和保全标的物本身的价值作为考量因素；同时，当事人或者利害关系人争议的诉讼标的金额也应作为考量因素之一。

司法观点

➤诉前财产保全担保问题①

问：诉前证据保全是否必须提供担保？

答：《民事证据规定》第 26 条第 1 款规定："当事人或者利害关系人申请采取查封、扣押等限制保全标的物使用、流通等保全措施，或者保全可能对证据持有

① 参见最高人民法院民事审判第一庭编：《民事审判实务问答》，法律出版社 2021 年版，第 288 页。

人造成损失的,人民法院应当责令申请人提供相应的担保。”一般情况下,证据保全对保全对象的使用价值或交换价值的影响较小,不会损害证据持有人的财产利益,因此,证据保全不是必须提供担保。本条明确了需要提供担保的具体情形,诉前证据保全并非必须提供担保,而是在符合本条规定情形时才需要提供担保。

《民事诉讼法》第 81 条第 3 款①规定:“证据保全的其他程序,参照适用本法第九章保全的有关规定。”《民事诉讼法》第 101 条第 1 款②规定:“利害关系人因情况紧急,不立即申请保全将会使其合法权益受到难以弥补的损害的,可以在提起诉讼或者申请仲裁前向被保全财产所在地、被申请人住所地或者对案件有管辖权的人民法院申请采取保全措施。申请人应当提供担保,不提供担保的,裁定驳回申请。”也就是说,诉前财产保全必须提供担保。《民诉法解释》第 152 条第 2 款也规定,利害关系人申请诉前保全的,应当提供担保。但是,从担保的制度功能来看,诉前保全以保障权利的最终实现为根本目的,而证据保全以对特定证据材料进行固定、保存以备后用为目的,它保全的是证据的证明价值而非经济价值。从这点上说,担保并非证据保全所必需。因此,《民事证据规定》第 26 条并未区分诉前和诉中证据保全,可以理解为,诉前证据保全是否提供担保亦应按照《民事证据规定》第 26 条的规定判断,而不是依照《民事诉讼法》第 101 条③对诉前财产保全的规定,必须提供担保。

地方人民法院案例

➢ 1. 董某与日照轻舟世纪建筑装饰工程有限公司、日照日报社著作权侵权纠纷案[(2005)日民二知初字第 16 号]

裁判要旨:当事人提出诉前证据保全申请,可要求提供担保。

山东省日照市中级人民法院认为,申请人董某因著作权侵权纠纷,于 2005

① 现为 2021 年修正的《民事诉讼法》第 84 条第 3 款。

② 现为 2021 年修正的《民事诉讼法》第 104 条第 1 款。

③ 现为 2021 年修正的《民事诉讼法》第 104 条。

年3月9日向本院提出诉前证据保全申请，要求对被申请人日照轻舟世纪建筑装饰工程有限公司、被申请人日照日报社带有名为《金童献福、猴年吉祥》摄影作品的报纸、相应的账册进行诉前证据保全。申请人已向本院提供担保。本院经审查认为，申请人的申请符合法律规定，应予以保全。

➢ **2. 嘉兴维特拉电气科技有限公司与敏华家具制造(惠州)有限公司侵害外观设计专利权纠纷案**[(2015)粤高法民三终字第77号]

裁判要旨：该证据保全措施不会对被申请人造成损失，民事诉讼法没有规定当事人申请证据保全必须提供担保，法院没有责令当事人提供担保，没有违反法定程序。

广东省高级人民法院认为，原审法院根据敏华家具制造(惠州)有限公司的申请，裁定以拍照、摄影的方式保全嘉兴维特拉电气科技有限公司处涉嫌侵害本案外观设计专利权的产品，该证据保全措施不会对嘉兴维特拉电气科技有限公司造成损失，而且民事诉讼法没有规定当事人申请证据保全的必须提供担保，因此，原审法院没有责令敏华家具制造(惠州)有限公司提供担保，并没有违反法定程序。

条文内容	参考条文
第十九条 【证据保全措施】 人民法院进行证据保全，可以要求当事人或者诉讼代理人到场。	《民事证据规定》第27条第1款
根据当事人的申请和具体情况，人民法院可以采取查封、扣押、录音、录像、复制、鉴定、勘验等方法进行证据保全，并制作笔录。	《民事证据规定》第27条第2款
在符合证据保全目的的情况下，人民法院应当选择对证据持有人利益影响最小的保全措施。	《民事证据规定》第27条第3款

要点注释

人民法院进行证据保全,可以要求当事人或者诉讼代理人到场。如此规定主要是为了使当事人能对法院的证据保全进行监督,从而在一定程度上减少讼争的发生。“可以”,意味着可以为,也可以不为,法院保全证据时具有选择权。如果法院要求当事人或者诉讼代理人到场,当事人或者诉讼代理人拒不到场的,不影响法院证据保全的进行。

人民法院进行证据保全,应基于利益影响最小化的原则,根据不同证据的特性,选择成本低、效率高的保全措施。例如,保全书证,采取拍照、复制的方法;保全物证,可采取录像、勘验的方法;保全证人证言,可采取录音、录像或制作笔录的方法。《民事证据规定》第 27 条第 2 款对保全方法用了“等”字,此“等”应理解为“等外”的意思,只要能起到保全和固定证据作用的方法,都应当允许。

需要注意的是,保全某一证据,既可以单独使用一种保全措施,也可以同时采用多种保全措施。但要说明的是,无论采取何种保全措施,都应当制作笔录,对证据保全的时间、地点、方法,参加人员以及证据保全的全部过程予以客观、详细地记录。对于涉及国家秘密、商业秘密或者个人隐私的证据,应当特别注明,注意保密。

司法解释

➤**《最高人民法院关于知识产权民事诉讼证据的若干规定》**(法释〔2020〕12 号,2020 年 11 月 18 日施行)

第十二条　人民法院进行证据保全,应当以有效固定证据为限,尽量减少对保全标的物价值的损害和对证据持有人正常生产经营的影响。

证据保全涉及技术方案的,可以采取制作现场勘验笔录、绘图、拍照、录音、录像、复制设计和生产图纸等保全措施。

第十三条　当事人无正当理由拒不配合或者妨害证据保全,致使无法保全证据的,人民法院可以确定由其承担不利后果。构成民事诉讼法第一百一十一条①规定情形的,人民法院依法处理。

第十四条 对于人民法院已经采取保全措施的证据,当事人擅自拆装证据实物、篡改证据材料或者实施其他破坏证据的行为,致使证据不能使用的,人民法院可以确定由其承担不利后果。构成民事诉讼法第一百一十一条②规定情形的,人民法院依法处理。

第十五条 人民法院进行证据保全,可以要求当事人或者诉讼代理人到场,必要时可以根据当事人的申请通知有专门知识的人到场,也可以指派技术调查官参与证据保全。

证据为案外人持有的,人民法院可以对其持有的证据采取保全措施。

第十六条 人民法院进行证据保全,应当制作笔录、保全证据清单,记录保全时间、地点、实施人、在场人、保全经过、保全标的物状态,由实施人、在场人签名或者盖章。有关人员拒绝签名或者盖章的,不影响保全的效力,人民法院可以在笔录上记明并拍照、录像。

第十七条 被申请人对证据保全的范围、措施、必要性等提出异议并提供相关证据,人民法院经审查认为异议理由成立的,可以变更、终止、解除证据保全。

第十八条 申请人放弃使用被保全证据,但被保全证据涉及案件基本事实查明或者其他当事人主张使用的,人民法院可以对该证据进行审查认定。

司法观点

➤证据保全影响最小目的之审查③

问:人民法院应当如何审查证据保全以实现“持有人利益影响最小”之目的?

---

① 现为 2021 年修正的《民事诉讼法》第 113 条。

② 现为 2021 年修正的《民事诉讼法》第 113 条。

③ 参见最高人民法院民事审判第一庭编:《民事审判实务问答》,法律出版社 2021 年版,第 289 页。

答:《民事证据规定》第 27 条第 3 款规定:“在符合证据保全目的的情况下,人民法院应当选择对证据持有人利益影响最小的保全措施。”在证据保全中尽量采用对证据持有人利益影响最小的方式,是诉讼经济原则的应有之义,也与证据保全的目的相契合。与财产保全不同,证据保全更关注的是证据所载明的内容对证明案件事实的意义,而不关注证据载体本身,只要能够达到前述目的,不一定非要限制证据的使用和流通。本条规定的利益影响最小化原则并非只适用保全措施的具体选择,它应当作为法院在审查决定是否进行证据保全、采用何种方式实施证据保全时普遍适用的一项原则。实现利益影响最小化的目的,要求法院在决定是否实施证据保全、采用何种证据保全方法之前,即对当事人提起的证据保全申请的合法性和必要性进行审查。

其中,合法性审查包括申请人主体是否适格,受理证据保全申请的法院是否有管辖权,申请人是否提交了符合法定格式和内容要求的书面申请等。法院对证据保全申请进行审查时,还应当注意申请人是否符合起诉条件,即其是否有能够将其诉讼请求和对方直接联系起来的基本证据。假如申请人欠缺基本证据,其之后的起诉很有可能不会成立,如法院受理了其证据保全申请,一方面,很可能导致证据持有人的财产损失;另一方面,法院的行为事实上形成了一种协同证据保全申请人共同寻找、固定证据的现象,造成实际上的证据偷袭,有违司法的公正和中立。证据保全的核心功能在于“保全”,而非“寻找”,但实践中法院对证据保全申请人进行合法性审查时,亦应当注意适度,不宜对申请人是否符合起诉条件科以过重的证明责任。

必要性审查包括被申请保全的证据是否可由当事人自行获取,是否可由公证机关进行保全,证据是否由对方当事人掌握,与案件是否存在关联性等。在证据保全的必要性审查中,尤其需要注意的是证据与案件关联性的审查。申请人意图保全的证据应当与诉具备关联性,包括证据能力和证明力两个层次。丧失关联性的证据保全,一来其本身毫无意义,二来可能使证据持有人在证据上的利益遭受本来可以避免的不必要的损害,背离了利益最小化原则的要求。

最高人民法院案例

➢江苏艾斯曼机械有限公司与杭州泰能塑料机械厂、原审被告凌某武侵害发明专利权纠纷案[(2019)最高法知民终255号]

裁判要旨:人民法院在证据保全时未通知全部当事人到场,并不影响法院证据保全的效力。

最高人民法院认为,根据《民事证据规定》第24条第2款①"人民法院进行证据保全,可以要求当事人或者诉讼代理人到场"之规定,人民法院在证据保全时未通知全部当事人到场并不影响法院证据保全的效力。并且,在原审证据交换阶段,江苏艾斯曼机械有限公司向原审法院复制了证据保全过程中所拍摄的照片和录制的视频。证据保全的视频和照片完整地记录了证据保全的全过程,详细地展示了被诉侵权产品的外观和内部构造,江苏艾斯曼机械有限公司通过查看视频和照片能够对证据保全的全过程和证据保全的被诉侵权产品有较为充分的了解。

地方人民法院案例

➢1.南通鑫鼎汇工程机械设备租赁有限公司与三一帕尔菲格特种车辆装备有限公司买卖合同纠纷案[(2021)苏06民终1464号]

裁判要旨:人民法院进行证据保全可以要求当事人或者诉讼代理人到场,而不是应当要求。

江苏省南通市中级人民法院认为,关于一审法院证据保全是否存在错误的问题。《民事证据规定》第27条规定:"人民法院进行证据保全,可以要求当事人或者诉讼代理人到场。根据当事人的申请和具体情况,人民法院可以采取查封、

① 现为2019年修正的《民事证据规定》第27条第1款,内容有修改。

扣押、录音、录像、复制、鉴定、勘验等方法进行证据保全，并制作笔录。在符合证据保全目的的情况下，人民法院应当选择对证据持有人利益影响最小的保全措施。"从该规定可知，人民法院进行证据保全可以要求当事人或者诉讼代理人到场，而不是应当要求，同时在符合证据保全目的的情况下，人民法院应当选择对证据持有人利益影响最小的保全措施。一审法院证据保全并无不当。

➢ **2. 厦门厦华新技术有限公司与厦门市博智浩汽车电子有限公司侵害发明专利权纠纷案**[(2007)厦民保字第3号]

裁判要旨：人民法院可以采取提取实物、财物账簿、交易合同、进出仓记录的方法进行证据保全。

福建省厦门市中级人民法院认为，为避免被申请人厦门市博智浩汽车电子有限公司生产的涉嫌侵权商品实物及与涉嫌侵权商品有关的财物账簿、交易合同、进出仓记录等的证据灭失或者今后难以取得，申请人厦门厦华新技术有限公司提出的诉前证据保全申请符合法律规定，应予以准许。据此，裁定如下：(1)提取被申请人厦门市博智浩汽车电子有限公司生产的涉嫌侵犯"一种轴制动装置"发明专利的用于车载翻转液晶电视的轴制动装置实物；(2)提取与涉嫌侵权商品有关的财物账簿、交易合同、进出仓记录等。申请人厦门厦华新技术有限公司应当在裁定书送达之日起15日内向法院提起诉讼，逾期不起诉的，法院将解除保全措施。

➢ **3. 李某刚与李某强申请诉前证据保全纠纷案**[(2020)京0114证保1号]

裁判要旨：在符合证据目的的情况下，人民法院应当选择对证据持有人利益影响最小的保全措施。

北京市昌平区人民法院认为，申请人李某刚系死者李某姣的父亲，应属利害关系人，其提出的证据保全申请为保全监控记录，若不予以及时保全，则监控录像数据覆盖之后将难以取得，该保全申请符合上述法律规定，该院作为证据所在地法院对其申请应当予以准许。同时，人民法院进行证据保全，可以要求当事人或者诉讼代理人到场。根据当事人的申请和具体情况，人民法院可以采取查封、扣押、录音、录像、复制、鉴定、勘验等方法进行证据保全，并制作笔录。在符合证据保全目的的情况下,人民法院应当选择对证据持有人利益影响最小的保全措施。本案中,申请人申请保全的证据种类为视听资料,该院考虑不影响公安机关治安监控系统正常运行之需要,决定以录像备份的方式对证据予以保全,并通知申请人李某刚到场,以解决异议,避免诉讼程序空转。综上所述,依照《民事诉讼法》第81条第2款①、第154条第1款第4项②,《民事证据规定》第25条、第27条之规定,裁定如下:对北京市公安局昌平分局松园派出所持有的、被申请人李某强从2020年8月8日17时20分左右到当日19时左右、从昌平区中医院到海淀区清河999急救中心过程中的行踪监控录像予以备份保存。

条文内容	参考条文
第二十条　【错保赔偿责任】 申请证据保全错误造成财产损失,当事人请求申请人承担赔偿责任的,人民法院应予支持。	《民事证据规定》第28条

要点注释

申请人因其申请证据保全错误,给证据持有人造成财产损失的,二者之间形成的是侵权损害赔偿关系。所谓申请证据保全错误,指申请人对证据保全错误结果的形成,存在故意或者重大过失的过错情形,如未能尽到一般注意义务,或者明知存在诸如关联性、必要性欠缺的情况仍申请证据保全。也就是说对证据保全错误而引起的侵权责任的具体认定上,应当适用过错责任作为其归责原则,且以故意、重大过失为必要。申请人仅存在一般过失、轻过失的,不应属于申请证据保全错误。

---

① 现为2021年修正的《民事诉讼法》第84条第2款。

② 现为2021年修正的《民事诉讼法》第157条第1款第4项。

司法观点

➢申请证据保全错误赔偿问题①

问:申请证据保全人诉讼请求未得到支持的,是否属于申请证据保全错误而须承担赔偿责任?

答:《民事证据规定》第28条规定:“申请证据保全错误造成财产损失,当事人请求申请人承担赔偿责任的,人民法院应予支持。”我们认为,申请保全人因其申请证据保全错误,给证据持有人造成损失的,二者之间形成的是侵权损害赔偿关系。所谓“申请证据保全错误”,指申请人对证据保全错误结果的形成存在故意或者重大过失的过错情形,亦即在对证据保全错误而引起的侵权责任的具体认定上,应当适用过错责任作为其归责原则。

《民法典》第1165条第1款规定:“行为人因过错侵害他人民事权益造成损害的,应当承担侵权责任。”在过错责任原则下,只要行为人在实施行为时,尽到民事主体的一般注意义务,即使其行为实际上造成了损害后果,行为人也不必对损害结果承担民事责任。申请保全人在申请证据保全的过程中,如已经尽到一般注意义务,即使对方的合法民事权益确实遭受了损失,也不必为此承担责任。需要说明的是,证据保全错误和当事人的后续诉讼结果不能画等号,即判断申请人申请证据保全是否存在过错,不能简单地以申请人的诉讼请求或抗辩主张是否得到支持作为判断标准。从民事诉讼的证据共通原则出发,一方当事人所举出的证据,亦可由对方当事人作为证据使用。在证据保全中,法院对申请保全的证据经过开示、质证,证据所能证明的案件事实可能为申请人一方所用,也可能为对方当事人所用,该被保全证据的证明价值在不同当事人的诉讼中均得以发挥。在此情形下,如申请证据保全的当事人在申请之时,已对证据与待证案件事实的关联性和其所申请的证据保全措施对证据价值的影响等尽到一般注意义

---

① 参见最高人民法院民事审判第一庭编:《民事审判实务问答》,法律出版社2021年版,第290页。

务，即不能仅因申请证据保全的当事人是否获得了其在申请证据保全时想要的诉讼结果，判断其证据保全的申请是否错误。对证据保全错误的判断，要根据申请保全的对象、方式以及申请保全的证据是否能够证明其所主张的案件事实等，考察其申请证据保全是否适当。申请保全人提出的诉请或抗辩主张合理且申请证据保全适当的，不属于故意或重大过失。

地方人民法院案例

➢ 1. 温州杰享机械有限公司与林某刻因申请诉前证据保全损害责任纠纷案

[(2019)沪73民初505号]

裁判要旨：因申请证据保全错误而给相对人造成损害的，不属于我国《侵权责任法》①规定的特殊侵权责任的类型，应适用关于侵权行为的一般条款。

上海知识产权法院认为，因申请证据保全错误而给相对人造成损害的，不属于我国《侵权责任法》规定的特殊侵权责任的类型，因而应适用关于侵权行为的一般条款。《侵权责任法》第6条第1款②规定，行为人因过错侵害他人民事权益，应当承担侵权责任。《民事诉讼法》第105条③规定，申请有错误的，申请人应当赔偿被申请人因保全所遭受的损失。因此，判断证据保全行为的主体是否应当承担侵权责任，首先需要判断申请保全人是否有过错，根据其诉讼请求所依据的权利基础、事实和理由，结合申请保全的标的物及保全方式等考察其申请证据保全是否适当，是否具有必要性和正当性。该院对此分别从以下几个方面进行评述。

首先，被告的涉案专利为实用新型专利，其在提起针对原告的诉前证据保全前，已获得了国家知识产权局出具的《实用新型专利权评价报告》，该评价报告结论为全部权利要求1-3未发现存在不符合授予专利条件的缺陷。由此可见，涉

---

① 该文件已失效。

② 现为《民法典》第1165条第1款。

③ 现为2021年修正的《民事诉讼法》第108条。

案实用新型专利权具有一定的稳定性。被告向国家知识产权局主动申请《实用新型专利权评价报告》的举动亦能看出被告在维权过程中具有一定的谨慎性,其以涉案专利作为权利基础提出专利侵权纠纷中的诉前证据保全申请,具备合理性。

其次,依据《专利法》第67条第1款①的规定,为了制止专利侵权行为,在证据可能灭失或者以后难以取得的情况下,专利权人或者利害关系人可以在起诉前向人民法院申请保全证据。人民法院采取保全措施,可以责令申请人提供担保;申请人不提供担保的,驳回申请。根据《民事诉讼法》第81条第2款②的规定,因情况紧急,在证据可能灭失或者以后难以取得的情况下,利害关系人可以在提起诉讼或者申请仲裁前向证据所在地、被申请人住所地或者对案件有管辖权的人民法院申请保全证据。因此判断诉前证据保全的必要性及正当性应考虑以下因素:(1)保全应以制止专利侵权行为为目的,保全的证据与案件主要待证事实应具备必要的关联性;(2)被保全证据存在可能灭失或以后难以取得的紧急情形;(3)保全的标的物未超出必要的范围;(4)申请人已提供保全担保;(5)保全申请人在人民法院采取保全措施之日起15日内提起诉讼。本案中,被告申请诉前证据保全的设备由原告制造,属于与案件主要待证事实有必要关联性的证据,其申请诉前证据保全的目的亦在于为接下来的制止专利侵权行为的诉讼做准备。该设备放置在为期五天的展会展出,若未能及时采取保全措施,则该设备存在被转移、拆解的较大可能性,导致该设备所使用的技术特征难以固定,属被保全证据存在可能灭失或以后难以取得的紧急情况。并且,被保全设备是否侵犯涉案专利权,需通过将被诉侵权产品的技术特征与涉案专利的相应权利要求进行分析比对确定,亦没有证据证明设备涉嫌侵权的部分能够与设备整体进行拆离保全,故被告申请对涉案设备整体进行证据保全具备合理性。此外,被告已按照要求提供了30万元的证据保全担保金,并在法院采取保全措施之后及时提起了相关侵权诉讼。因此,被告就原告涉嫌侵权设备提起诉前证据保全的申请

---

① 现为2020年修正的《专利法》第73条。

② 现为2021年修正的《民事诉讼法》第84条第2款。

符合法定的形式要求、具备必要性且未超出合理范围。

再次,在涉案专利于2019年5月24日被宣告无效后,被告即于同年6月12日以涉案专利权被宣告无效为由向该院提出撤诉申请,同时申请解除对原告的证据保全措施,早于原告向该院提出的解除证据保全措施的申请(2019年6月24日),被告的行为足见其未有在权利状态不稳定的情况下仍拖延诉讼的恶意。并且该院认为,《民事诉讼法》第105条①系为防止当事人滥用诉讼权利,不当损害他人合法权益而作出的规定。司法实践中,保全的申请人对自身权利的衡量与国家知识产权局或人民法院最终认定之间存在差异,当事人自认为合理的诉请不为人民法院认定支持的情况并不鲜见。在申请人败诉或专利权被认定无效的情况下,即认为其构成"申请有错误",并一概要求申请人承担申请保全错误的赔偿责任,不符合该法的立法本意。

最后,原告主张被告在向该院申请证据保全之前,已通过温州市知识产权局的调查取证保全了同款设备,无须再向法院申请证据保全。对此该院认为,根据前述查明的事实,温州市知识产权局前往原告生产现场封存的是正在生产中的半成品,而该院诉前证据保全的是完整的整台设备。向法院提起诉讼、向行政机关提起行政投诉均是法律规定的权利人维权的合法手段,现行法律中并没有已进行行政投诉查封设备就不能向法院申请证据保全的规定。并且,原告在行政投诉中被查封的是半成品,与证据保全中被查封的完整设备必然存在差异。没有证据证明行政投诉中查封的半成品已经全部包含了被告拟在证据保全及诉讼中主张涉嫌侵权的全部技术结构,足以在诉讼程序中作为侵权比对的依据。更何况,行政投诉的取证场所在原告生产现场,诉前证据保全的场所在原告实施许诺销售行为的展会现场,诉前证据保全除可查封将来用于侵权比对的被诉侵权产品实物,还可辅助证明原告实施了在行政投诉中已查实的制造被诉侵权产品以外的许诺销售被诉侵权产品的侵权行为。据此,不能认定被告在行政投诉后申请诉前证据保全存在主观恶意。

---

① 现为2021年修正的《民事诉讼法》第108条。

➢ 2. 欧某仁与佛山市南海区雍兴门业有限公司申请诉前证据保全损害责任纠纷案[(2017)沪民终141号]

裁判要旨：申请证据保全错误造成财产损失，当事人请求申请人承担赔偿责任的，应予支持。

上海市高级人民法院认为，最高人民法院于2011年2月18日发布的《民事案件案由规定》(已被修改)将“因申请诉前证据保全损害责任纠纷”案由归入“侵权责任纠纷”之中，说明该类纠纷属于侵权责任法规制的范畴。而过错归责原则是侵权责任法的基本归责原则，适用于一般侵权行为，只有在法律有特别规定的情况下，才适用无过错责任。申请诉前证据保全导致的损害责任并不在侵权责任法规定的无过错责任之中，且《民事诉讼法》第105条①规定的“申请有错误的”亦不等同于“申请人败诉的”，故原判不考虑申请人的主观过错，以最终诉讼请求有无获得支持作为判断申请是否错误的裁判观点于法相悖，该院不予认同。上诉人提出的“应依据侵权责任法‘过错归责原则’来确定申请人是否承担赔偿责任”的上诉意见，该院予以采纳。

同时，该院与一审法院同样认为，诉前证据保全是法律赋予当事人提升自身诉讼能力的一项临时措施。由于诉前证据保全具有紧急性，法院无法通过辩论程序听取双方当事人意见，故难以有效保障被申请人的合法权益。为平衡双方当事人的利益，法律要求申请人提供担保，以警示申请人采取审慎态度申请临时措施。在(2015)沪知民保字第5号案件中，上诉人认为涉案移门一旦撤展，证据即无法取得。但事实上，涉案移门在展会上用于展览销售，上诉人完全可以通过购买方式固定涉案移门；且双方当事人住所地均在广东，上诉人亦可以在广东当地提起诉讼，通过实地证据保全的方式固定涉案移门。现上诉人在诉讼前未经认真调查，径直采取诉前证据保全措施，既不具有现实的紧急性，又徒增双方当事人维权的诉讼成本，有违审慎的注意义务。故该院认为，上诉人申请诉前证据保全主观上存在过错，属于申请错误，应当赔偿被上诉人因保全所遭受的损失。

---

① 现为2021年修正的《民事诉讼法》第108条。

原审法院裁判观点不当，但责任确定无误，二审法院予以维持。

条文内容	参考条文
第二十一条　【诉前保全证据移交】 人民法院采取诉前证据保全措施后，当事人向其他有管辖权的人民法院提起诉讼的，采取保全措施的人民法院应当根据当事人的申请，将保全的证据及时移交受理案件的人民法院。	《民事证据规定》第 29 条

要点注释

依据《民事诉讼法》第 84 条第 2 款之规定，申请诉前证据保全，利害关系人可向证据所在地、被申请人住所地或者对案件有管辖权的人民法院中任一法院提出。因此，可能存在采取诉前证据保全的法院与实际受理案件的法院不一致的情况，即当事人并未向申请证据保全的人民法院提起诉讼，此时，就涉及已保全证据的移交问题。

条文内容	参考条文
第二十二条　【参照适用财产保全规范】 本规则对证据保全没有规定的，参照适用法律、司法解释关于财产保全的规定。	《民事证据规定》第 99 条第 1 款

要点注释

尽管《民事证据规定》已对申请证据保全的权利、证据保全申请书及提出时限、证据保全担保、证据保全措施以及错保赔偿责任、诉前保全证据移交等几个突出问题作出了规定,但证据保全法律适用中的问题,并非限于上述规定。比如证据保全的执行时间、证据保全的解除情形等,均需予以明确。由于证据保全与财产保全具有共通性,而财产保全制度较为完善,所以,对于证据保全没有规定的其他问题,参照适用财产保全的有关规定,具有现实意义,也符合立法本意。

相关法律

➤**《民事诉讼法》**(2021 年 12 月 24 日修正)

第八十四条第三款 证据保全的其他程序,参照适用本法第九章保全的有关规定。

第一百零三条 人民法院对于可能因当事人一方的行为或者其他原因,使判决难以执行或者造成当事人其他损害的案件,根据对方当事人的申请,可以裁定对其财产进行保全、责令其作出一定行为或者禁止其作出一定行为;当事人没有提出申请的,人民法院在必要时也可以裁定采取保全措施。

人民法院采取保全措施,可以责令申请人提供担保,申请人不提供担保的,裁定驳回申请。

人民法院接受申请后,对情况紧急的,必须在四十八小时内作出裁定;裁定采取保全措施的,应当立即开始执行。

第一百零四条 利害关系人因情况紧急,不立即申请保全将会使其合法权益受到难以弥补的损害的,可以在提起诉讼或者申请仲裁前向被保全财产所在地、被申请人住所地或者对案件有管辖权的人民法院申请采取保全措施。申请人应当提供担保,不提供担保的,裁定驳回申请。

人民法院接受申请后,必须在四十八小时内作出裁定;裁定采取保全措施的,应当立即开始执行。

申请人在人民法院采取保全措施后三十日内不依法提起诉讼或者申请仲裁的,人民法院应当解除保全。

第一百零五条 保全限于请求的范围,或者与本案有关的财物。

第一百零六条 财产保全采取查封、扣押、冻结或者法律规定的其他方法。人民法院保全财产后，应当立即通知被保全财产的人。

财产已被查封、冻结的，不得重复查封、冻结。

第一百零七条 财产纠纷案件，被申请人提供担保的，人民法院应当裁定解除保全。

第一百零八条 申请有错误的，申请人应当赔偿被申请人因保全所遭受的损失。

司法解释

➤**《最高人民法院关于人民法院办理财产保全案件若干问题的规定》**（法释〔2020〕21号，2021年1月1日施行）

第一条 当事人、利害关系人申请财产保全，应当向人民法院提交申请书，并提供相关证据材料。

申请书应当载明下列事项：

（一）申请保全人与被保全人的身份、送达地址、联系方式；

（二）请求事项和所根据的事实与理由；

（三）请求保全数额或者争议标的；

（四）明确的被保全财产信息或者具体的被保全财产线索；

（五）为财产保全提供担保的财产信息或资信证明，或者不需要提供担保的理由；

（六）其他需要载明的事项。

法律文书生效后，进入执行程序前，债权人申请财产保全的，应当写明生效法律文书的制作机关、文号和主要内容，并附生效法律文书副本。

第二条 人民法院进行财产保全，由立案、审判机构作出裁定，一般应当移送执行机构实施。

第三条 仲裁过程中，当事人申请财产保全的，应当通过仲裁机构向人民法院提交申请书及仲裁案件受理通知书等相关材料。人民法院裁定采取保全措施或者裁定驳回申请的,应当将裁定书送达当事人,并通知仲裁机构。

第四条 人民法院接受财产保全申请后,应当在五日内作出裁定;需要提供担保的,应当在提供担保后五日内作出裁定;裁定采取保全措施的,应当在五日内开始执行。对情况紧急的,必须在四十八小时内作出裁定;裁定采取保全措施的,应当立即开始执行。

第五条 人民法院依照民事诉讼法第一百条①规定责令申请保全人提供财产保全担保的,担保数额不超过请求保全数额的百分之三十;申请保全的财产系争议标的的,担保数额不超过争议标的价值的百分之三十。

利害关系人申请诉前财产保全的,应当提供相当于请求保全数额的担保;情况特殊的,人民法院可以酌情处理。

财产保全期间,申请保全人提供的担保不足以赔偿可能给被保全人造成的损失的,人民法院可以责令其追加相应的担保;拒不追加的,可以裁定解除或者部分解除保全。

第六条 申请保全人或第三人为财产保全提供财产担保的,应当向人民法院出具担保书。担保书应当载明担保人、担保方式、担保范围、担保财产及其价值、担保责任承担等内容,并附相关证据材料。

第三人为财产保全提供保证担保的,应当向人民法院提交保证书。保证书应当载明保证人、保证方式、保证范围、保证责任承担等内容,并附相关证据材料。

对财产保全担保,人民法院经审查,认为违反民法典、公司法等有关法律禁止性规定的,应当责令申请保全人在指定期限内提供其他担保;逾期未提供的,裁定驳回申请。

第七条 保险人以其与申请保全人签订财产保全责任险合同的方式为财产保全提供担保的,应当向人民法院出具担保书。

---

① 现为 2021 年修正的《民事诉讼法》第 103 条。

担保书应当载明,因申请财产保全错误,由保险人赔偿被保全人因保全所遭受的损失等内容,并附相关证据材料。

第八条 金融监管部门批准设立的金融机构以独立保函形式为财产保全提供担保的,人民法院应当依法准许。

第九条 当事人在诉讼中申请财产保全,有下列情形之一的,人民法院可以不要求提供担保:

(一)追索赡养费、扶养费、抚育费、抚恤金、医疗费用、劳动报酬、工伤赔偿、交通事故人身损害赔偿的;

(二)婚姻家庭纠纷案件中遭遇家庭暴力且经济困难的;

(三)人民检察院提起的公益诉讼涉及损害赔偿的;

(四)因见义勇为遭受侵害请求损害赔偿的;

(五)案件事实清楚、权利义务关系明确,发生保全错误可能性较小的;

(六)申请保全人为商业银行、保险公司等由金融监管部门批准设立的具有独立偿付债务能力的金融机构及其分支机构的。

法律文书生效后,进入执行程序前,债权人申请财产保全的,人民法院可以不要求提供担保。

第十条 当事人、利害关系人申请财产保全,应当向人民法院提供明确的被保全财产信息。

当事人在诉讼中申请财产保全,确因客观原因不能提供明确的被保全财产信息,但提供了具体财产线索的,人民法院可以依法裁定采取财产保全措施。

第十一条 人民法院依照本规定第十条第二款规定作出保全裁定的,在该裁定执行过程中,申请保全人可以向已经建立网络执行查控系统的执行法院,书面申请通过该系统查询被保全人的财产。

申请保全人提出查询申请的,执行法院可以利用网络执行查控系统,对裁定保全的财产或者保全数额范围内的财产进行查询,并采取相应的查封、扣押、冻结措施。

人民法院利用网络执行查控系统未查询到可供保全财产的,应当书面告知申请保全人。

第十二条　人民法院对查询到的被保全人财产信息,应当依法保密。除依法保全的财产外,不得泄露被保全人其他财产信息,也不得在财产保全、强制执行以外使用相关信息。

第十三条　被保全人有多项财产可供保全的,在能够实现保全目的的情况下,人民法院应当选择对其生产经营活动影响较小的财产进行保全。

人民法院对厂房、机器设备等生产经营性财产进行保全时,指定被保全人保管的,应当允许其继续使用。

第十四条　被保全财产系机动车、航空器等特殊动产的,除被保全人下落不明的以外,人民法院应当责令被保全人书面报告该动产的权属和占有、使用等情况,并予以核实。

第十五条　人民法院应当依据财产保全裁定采取相应的查封、扣押、冻结措施。

可供保全的土地、房屋等不动产的整体价值明显高于保全裁定载明金额的,人民法院应当对该不动产的相应价值部分采取查封、扣押、冻结措施,但该不动产在使用上不可分或者分割会严重减损其价值的除外。

对银行账户内资金采取冻结措施的,人民法院应当明确具体的冻结数额。

第十六条　人民法院在财产保全中采取查封、扣押、冻结措施,需要有关单位协助办理登记手续的,有关单位应当在裁定书和协助执行通知书送达后立即办理。针对同一财产有多个裁定书和协助执行通知书的,应当按照送达的时间先后办理登记手续。

第十七条　利害关系人申请诉前财产保全,在人民法院采取保全措施后三十日内依法提起诉讼或者申请仲裁的,诉前财产保全措施自动转为诉讼或仲裁中的保全措施;进入执行程序后,保全措施自动转为执行中的查封、扣押、冻结措施。

依前款规定,自动转为诉讼、仲裁中的保全措施或者执行中的查封、扣押、冻结措施的,期限连续计算,人民法院无需重新制作裁定书。

第十八条 申请保全人申请续行财产保全的,应当在保全期限届满七日前向人民法院提出;逾期申请或者不申请的,自行承担不能续行保全的法律后果。

人民法院进行财产保全时,应当书面告知申请保全人明确的保全期限届满日以及前款有关申请续行保全的事项。

第十九条 再审审查期间,债务人申请保全生效法律文书确定给付的财产的,人民法院不予受理。

再审审理期间,原生效法律文书中止执行,当事人申请财产保全的,人民法院应当受理。

第二十条 财产保全期间,被保全人请求对被保全财产自行处分,人民法院经审查,认为不损害申请保全人和其他执行债权人合法权益的,可以准许,但应当监督被保全人按照合理价格在指定期限内处分,并控制相应价款。

被保全人请求对作为争议标的的被保全财产自行处分的,须经申请保全人同意。

人民法院准许被保全人自行处分被保全财产的,应当通知申请保全人;申请保全人不同意的,可以依照民事诉讼法第二百二十五条①规定提出异议。

第二十一条 保全法院在首先采取查封、扣押、冻结措施后超过一年未对被保全财产进行处分的,除被保全财产系争议标的外,在先轮候查封、扣押、冻结的执行法院可以商请保全法院将被保全财产移送执行。但司法解释另有特别规定的,适用其规定。

保全法院与在先轮候查封、扣押、冻结的执行法院就移送被保全财产发生争议的,可以逐级报请共同的上级法院指定该财产的执行法院。

共同的上级法院应当根据被保全财产的种类及所在地、各债权数额与被保全财产价值之间的关系等案件具体情况指定执行法院,并督促其在指定期限内处分被保全财产。

第二十二条 财产纠纷案件,被保全人或第三人提供充分有效担保请求解

---

① 现为2021年修正的《民事诉讼法》第232条。

除保全,人民法院应当裁定准许。被保全人请求对作为争议标的的财产解除保全的,须经申请保全人同意。

第二十三条　人民法院采取财产保全措施后,有下列情形之一的,申请保全人应当及时申请解除保全:

(一)采取诉前财产保全措施后三十日内不依法提起诉讼或者申请仲裁的;

(二)仲裁机构不予受理仲裁申请、准许撤回仲裁申请或者按撤回仲裁申请处理的;

(三)仲裁申请或者请求被仲裁裁决驳回的;

(四)其他人民法院对起诉不予受理、准许撤诉或者按撤诉处理的;

(五)起诉或者诉讼请求被其他人民法院生效裁判驳回的;

(六)申请保全人应当申请解除保全的其他情形。

人民法院收到解除保全申请后,应当在五日内裁定解除保全;对情况紧急的,必须在四十八小时内裁定解除保全。

申请保全人未及时申请人民法院解除保全,应当赔偿被保全人因财产保全所遭受的损失。

被保全人申请解除保全,人民法院经审查认为符合法律规定的,应当在本条第二款规定的期间内裁定解除保全。

第二十四条　财产保全裁定执行中,人民法院发现保全裁定的内容与被保全财产的实际情况不符的,应当予以撤销、变更或补正。

第二十五条　申请保全人、被保全人对保全裁定或者驳回申请裁定不服的,可以自裁定书送达之日起五日内向作出裁定的人民法院申请复议一次。人民法院应当自收到复议申请后十日内审查。

对保全裁定不服申请复议的,人民法院经审查,理由成立的,裁定撤销或变更;理由不成立的,裁定驳回。

对驳回申请裁定不服申请复议的,人民法院经审查,理由成立的,裁定撤销,并采取保全措施;理由不成立的,裁定驳回。

第二十六条　申请保全人、被保全人、利害关系人认为保全裁定实施过程中的执行行为违反法律规定提出书面异议的,人民法院应当依照民事诉讼法第二百二十五条规定审查处理。

第二十七条 人民法院对诉讼争议标的以外的财产进行保全,案外人对保全裁定或者保全裁定实施过程中的执行行为不服,基于实体权利对被保全财产提出书面异议的,人民法院应当依照民事诉讼法第二百二十七条①规定审查处理并作出裁定。案外人、申请保全人对该裁定不服的,可以自裁定送达之日起十五日内向人民法院提起执行异议之诉。

人民法院裁定案外人异议成立后,申请保全人在法律规定的期间内未提起执行异议之诉的,人民法院应当自起诉期限届满之日起七日内对该被保全财产解除保全。

第二十八条 海事诉讼中,海事请求人申请海事请求保全,适用《中华人民共和国海事诉讼特别程序法》及相关司法解释。

---

① 现为 2021 年修正的《民事诉讼法》第 234 条。

第三章 举　　证

第一节 通　　则

条文内容	参考条文
第二十三条　【起诉与反诉证据】 原告向人民法院起诉或者被告提出反诉，应当提供符合起诉条件的相应的证据。	《民事证据规定》第1条

要点注释

原告向人民法院起诉或被告提出反诉，应当提供符合起诉条件的相应的证据。这是根据《民事诉讼法》第125条、第126条、第127条就诉权行使和证据要求之间的关系所作出的具体解释，无可非议。

原告行使诉权，应当就自己的诉讼符合起诉条件承担提供初步证据的责任。举证的目的是证明主张请求权的基础事实，具有诉的利益，属于人民法院受理民事诉讼的范围和受诉法院管辖等，以此达到诉讼为法院立案受理的法律效果。

依据《民事诉讼法》第54条的规定，提起反诉是被告依法享有的诉讼权利。本诉原告提起诉讼后，本诉被告可以启动相反的诉讼，用以抵消或者吞并本诉原告的诉讼请求、维护自身利益。反诉虽然在程序启动时点、当事人选择等方面一定程度上依附于本诉存在，但也具有其相对独立性，仍然是一个独立的诉。启动反诉程序也与启动本诉程序一样，必须提供符合起诉条件的证据。应当重点围绕以下几个方面进行举证：反诉当事人范围是否未超出本诉当事人范围、本诉与反诉的诉讼请求的请求权基础、反诉是否属于受理本诉人民法院管辖范围等。

本条引人注目的地方是，最高人民法院修改《民事证据规定》时，删除了原《民事证据规定》第 1 条“原告向人民法院起诉或者被告提出反诉，应当附有符合起诉条件的相应的证据材料”中的“材料”二字，耐人寻味。

相关法律

➢**《民事诉讼法》**(2021 年 12 月 24 日修正)

第五十四条 原告可以放弃或者变更诉讼请求。被告可以承认或者反驳诉讼请求，有权提起反诉。

第五十八条 对污染环境、侵害众多消费者合法权益等损害社会公共利益的行为，法律规定的机关和有关组织可以向人民法院提起诉讼。

人民检察院在履行职责中发现破坏生态环境和资源保护、食品药品安全领域侵害众多消费者合法权益等损害社会公共利益的行为，在没有前款规定的机关和组织或者前款规定的机关和组织不提起诉讼的情况下，可以向人民法院提起诉讼。前款规定的机关或者组织提起诉讼的，人民检察院可以支持起诉。

第一百二十二条 起诉必须符合下列条件：

(一)原告是与本案有直接利害关系的公民、法人和其他组织；

(二)有明确的被告；

(三)有具体的诉讼请求和事实、理由；

(四)属于人民法院受理民事诉讼的范围和受诉人民法院管辖。

第一百二十三条 起诉应当向人民法院递交起诉状，并按照被告人数提出副本。

书写起诉状确有困难的，可以口头起诉，由人民法院记入笔录，并告知对方当事人。

第一百二十四条 起诉状应当记明下列事项：

(一)原告的姓名、性别、年龄、民族、职业、工作单位、住所、联系方式，法人或者其他组织的名称、住所和法定代表人或者主要负责人的姓名、职务、联系方式；

(二)被告的姓名、性别、工作单位、住所等信息,法人或者其他组织的名称、住所等信息;

(三)诉讼请求和所根据的事实与理由;

(四)证据和证据来源,证人姓名和住所。

司法解释

➢ **1.《最高人民法院关于适用〈中华人民共和国民事诉讼法〉的解释》**(法释〔2022〕11号,2022年4月10日施行)

第八十八条　诉讼代理人除根据民事诉讼法第六十二条规定提交授权委托书外,还应当按照下列规定向人民法院提交相关材料:

(一)律师应当提交律师执业证、律师事务所证明材料;

(二)基层法律服务工作者应当提交法律服务工作者执业证、基层法律服务所出具的介绍信以及当事人一方位于本辖区内的证明材料;

(三)当事人的近亲属应当提交身份证件和与委托人有近亲属关系的证明材料;

(四)当事人的工作人员应当提交身份证件和与当事人有合法劳动人事关系的证明材料;

(五)当事人所在社区、单位推荐的公民应当提交身份证件、推荐材料和当事人属于该社区、单位的证明材料;

(六)有关社会团体推荐的公民应当提交身份证件和符合本解释第八十七条规定条件的证明材料。

第二百三十二条　在案件受理后,法庭辩论结束前,原告增加诉讼请求,被告提出反诉,第三人提出与本案有关的诉讼请求,可以合并审理的,人民法院应当合并审理。

第二百三十三条　反诉的当事人应当限于本诉的当事人的范围。

反诉与本诉的诉讼请求基于相同法律关系、诉讼请求之间具有因果关系,或者反诉与本诉的诉讼请求基于相同事实的,人民法院应当合并审理。

反诉应由其他人民法院专属管辖,或者与本诉的诉讼标的及诉讼请求所依据的事实、理由无关联的,裁定不予受理,告知另行起诉。

➤ **2.《最高人民法院关于人民法院登记立案若干问题的规定》**(法释〔2015〕8号,2015年5月1日施行)

第一条 人民法院对依法应该受理的一审民事起诉、行政起诉和刑事自诉,实行立案登记制。

第二条 对起诉、自诉,人民法院应当一律接收诉状,出具书面凭证并注明收到日期。

对符合法律规定的起诉、自诉,人民法院应当当场予以登记立案。

对不符合法律规定的起诉、自诉,人民法院应当予以释明。

第六条 当事人提出起诉、自诉的,应当提交以下材料:

(一)起诉人、自诉人是自然人的,提交身份证明复印件;起诉人、自诉人是法人或者其他组织的,提交营业执照或者组织机构代码证复印件、法定代表人或者主要负责人身份证明书;法人或者其他组织不能提供组织机构代码的,应当提供组织机构被注销的情况说明;

(二)委托起诉或者代为告诉的,应当提交授权委托书、代理人身份证明、代为告诉人身份证明等相关材料;

(三)具体明确的足以使被告或者被告人与他人相区别的姓名或者名称、住所等信息;

(四)起诉状原本和与被告或者被告人及其他当事人人数相符的副本;

(五)与诉请相关的证据或者证明材料。

➤ **3.《最高人民法院关于审理民间借贷案件适用法律若干问题的规定》**(法释〔2020〕17号,2021年1月1日施行)

第二条 出借人向人民法院提起民间借贷诉讼时,应当提供借据、收据、欠条等债权凭证以及其他能够证明借贷法律关系存在的证据。

当事人持有的借据、收据、欠条等债权凭证没有载明债权人,持有债权凭证的当事人提起民间借贷诉讼的,人民法院应予受理。被告对原告的债权人资格提出有事实依据的抗辩,人民法院经审查认为原告不具有债权人资格的,裁定驳回起诉。

➢ 4.《最高人民法院关于审理消费民事公益诉讼案件适用法律若干问题的解释》(法释〔2020〕20 号,2021 年 1 月 1 日施行)

第四条 提起消费民事公益诉讼应当提交下列材料:

(一)符合民事诉讼法第一百二十一条①规定的起诉状,并按照被告人数提交副本;

(二)被告的行为侵害众多不特定消费者合法权益或者具有危及消费者人身、财产安全危险等损害社会公共利益的初步证据;

(三)消费者组织就涉诉事项已按照消费者权益保护法第三十七条第四项或者第五项的规定履行公益性职责的证明材料。

➢ 5.《最高人民法院关于审理环境民事公益诉讼案件适用法律若干问题的解释》(法释〔2020〕20 号,2021 年 1 月 1 日施行)

第八条 提起环境民事公益诉讼应当提交下列材料:

(一)符合民事诉讼法第一百二十一条②规定的起诉状,并按照被告人数提出副本;

(二)被告的行为已经损害社会公共利益或者具有损害社会公共利益重大风险的初步证明材料;

(三)社会组织提起诉讼的,应当提交社会组织登记证书、章程、起诉前连续五年的年度工作报告书或者年检报告书,以及由其法定代表人或者负责人签字并加盖公章的无违法记录的声明。

➢ 6.《最高人民法院关于审理医疗损害责任纠纷案件适用法律若干问题的解释》(法释〔2020〕17 号,2021 年 1 月 1 日施行)

第四条 患者依据民法典第一千二百一十八条规定主张医疗机构承担赔偿

---

① 现为 2021 年修正的《民事诉讼法》第 124 条。

② 现为 2021 年修正的《民事诉讼法》第 124 条。

责任的,应当提交到该医疗机构就诊、受到损害的证据。

患者无法提交医疗机构或者其医务人员有过错、诊疗行为与损害之间具有因果关系的证据,依法提出医疗损害鉴定申请的,人民法院应予准许。

医疗机构主张不承担责任的,应当就民法典第一千二百二十四条第一款规定情形等抗辩事由承担举证证明责任。

第五条 患者依据民法典第一千二百一十九条规定主张医疗机构承担赔偿责任的,应当按照前条第一款规定提交证据。

实施手术、特殊检查、特殊治疗的,医疗机构应当承担说明义务并取得患者或者患者近亲属明确同意,但属于民法典第一千二百二十条规定情形的除外。医疗机构提交患者或者患者近亲属明确同意证据的,人民法院可以认定医疗机构尽到说明义务,但患者有相反证据足以反驳的除外。

第六条 民法典第一千二百二十二条规定的病历资料包括医疗机构保管的门诊病历、住院志、体温单、医嘱单、检验报告、医学影像检查资料、特殊检查(治疗)同意书、手术同意书、手术及麻醉记录、病理资料、护理记录、出院记录以及国务院卫生行政主管部门规定的其他病历资料。

患者依法向人民法院申请医疗机构提交由其保管的与纠纷有关的病历资料等,医疗机构未在人民法院指定期限内提交的,人民法院可以依照民法典第一千二百二十二条第二项规定推定医疗机构有过错,但是因不可抗力等客观原因无法提交的除外。

第七条 患者依据民法典第一千二百二十三条规定请求赔偿的,应当提交使用医疗产品或者输入血液、受到损害的证据。

患者无法提交使用医疗产品或者输入血液与损害之间具有因果关系的证据,依法申请鉴定的,人民法院应予准许。

医疗机构,医疗产品的生产者、销售者、药品上市许可持有人或者血液提供机构主张不承担责任的,应当对医疗产品不存在缺陷或者血液合格等抗辩事由承担举证证明责任。

➢ **7.《最高人民法院关于适用〈中华人民共和国企业破产法〉若干问题的规定(一)》**(法释〔2011〕22号,2011年9月26日施行)

第六条 债权人申请债务人破产的,应当提交债务人不能清偿到期债务的有关证据。债务人对债权人的申请未在法定期限内向人民法院提出异议,或者异议不成立的,人民法院应当依法裁定受理破产申请。

受理破产申请后,人民法院应当责令债务人依法提交其财产状况说明、债务清册、债权清册、财务会计报告等有关材料,债务人拒不提交的,人民法院可以对债务人的直接责任人员采取罚款等强制措施。

➢ **8.《最高人民法院关于审理证券市场虚假陈述侵权民事赔偿案件的若干规定》**(法释〔2022〕2号,2022年1月22日施行)

第二条 原告提起证券虚假陈述侵权民事赔偿诉讼,符合民事诉讼法第一百二十二条规定,并提交以下证据或者证明材料的,人民法院应当受理:

(一)证明原告身份的相关文件;

(二)信息披露义务人实施虚假陈述的相关证据;

(三)原告因虚假陈述进行交易的凭证及投资损失等相关证据。

人民法院不得仅以虚假陈述未经监管部门行政处罚或者人民法院生效刑事判决的认定为由裁定不予受理。

➢ **9.《最高人民法院关于互联网法院审理案件若干问题的规定》**(法释〔2018〕16号,2018年9月7日施行)

第七条 互联网法院在线接收原告提交的起诉材料,并于收到材料后七日内,在线作出以下处理:

(一)符合起诉条件的,登记立案并送达案件受理通知书、诉讼费交纳通知书、举证通知书等诉讼文书。

(二)提交材料不符合要求的,及时发出补正通知,并于收到补正材料后次日重新起算受理时间;原告未在指定期限内按要求补正的,起诉材料作退回处理。

(三)不符合起诉条件的,经释明后,原告无异议的,起诉材料作退回处理;原告坚持继续起诉的,依法作出不予受理裁定。

第八条 互联网法院受理案件后，可以通过原告提供的手机号码、传真、电子邮箱、即时通讯账号等，通知被告、第三人通过诉讼平台进行案件关联和身份验证。

被告、第三人应当通过诉讼平台了解案件信息，接收和提交诉讼材料，实施诉讼行为。

司法文件

➤ **1.《第八次全国法院民事商事审判工作会议（民事部分）纪要》**（法〔2016〕399号，2016年11月21日发布）

八、关于民事审判程序

（二）关于诉讼代理人资格问题

36. 以当事人的工作人员身份参加诉讼活动，应当按照《最高人民法院关于适用〈中华人民共和国民事诉讼法〉的解释》第八十六条①的规定，至少应当提交以下证据之一加以证明：

（1）缴纳社保记录凭证；

（2）领取工资凭证；

（3）其他能够证明其为当事人工作人员身份的证据。

➤ **2.《最高人民法院、司法部关于为律师提供一站式诉讼服务的意见》**（法发〔2021〕3号，2020年12月16日发布）

第六条 依托12368诉讼服务热线一号通办功能，为律师提供查询、咨询、诉讼事务办理等服务，并将支持律师在律师服务平台查看通过12368诉讼服务热线申请的诉讼事务办理情况。

第七条 积极为律师提供一网通办服务。律师可以通过律师服务平台办理立案、调解、庭审、阅卷、保全、鉴定，申请回避、撤诉，申请人民法院调查收集证

---

① 现为2022年修正的《民诉法解释》第88条，内容有修改。

据、延长举证期限、延期开庭、核实代理关系等事务，以及在线查收人民法院电子送达材料等，实现诉讼事务在线办理、网上流转、全程留痕。

律师服务平台实时接收律师在线提交的电子材料。受理案件的人民法院对确有核实、归档需要的身份证明、授权委托书或者书证、鉴定意见等需要质证的证据，以及对方当事人提出异议且有合理理由的诉讼材料和证据材料，可以要求律师提供原件。

第八条 进一步完善网上立案工作，为律师提供一审民事、行政、刑事自诉、申请执行和国家赔偿案件的网上立案服务。对不符合要求的材料，做到一次性告知补正事项。对律师通过律师服务平台或者诉讼服务大厅提交电子化诉讼材料的，实行快速办理。

进一步畅通网上交退费渠道，支持通过网银、支付宝、微信等线上支付方式交纳诉讼费用。

第十一条 加强网上阅卷工作，逐步为律师提供电子诉讼档案在线查看、打印、下载等服务。对依法可以公开的民事、行政、刑事、申请执行和国家赔偿案件材料，律师可以通过律师服务平台申请网上阅卷。

在律师服务平台建立个人案件空间。推进对正在审理中、依法可以公开的案件电子卷宗同步上传至案件空间，供担任诉讼代理人的律师随时查阅。

➢ **3.《最高人民法院关于规范人民法院再审立案的若干意见（试行）》**（法发〔2002〕13 号，2002 年 9 月 10 日发布）

第五条 再审申请人或申诉人向人民法院申请再审或申诉，应当提交以下材料：

（一）再审申请书或申诉状，应当载明当事人的基本情况、申请再审或申诉的事实与理由；

（二）原一、二审判决书、裁定书等法律文书，经过人民法院复查或再审的，应当附有驳回通知书、再审判决书或裁定书；

（三）以有新的证据证明原裁判认定的事实确有错误为由申请再审或申诉的，应当同时附有证据目录、证人名单和主要证据复印件或者照片；需要人民法院调查取证的,应当附有证据线索。

申请再审或申诉不符合前款规定的,人民法院不予审查。

➢ **4.《最高人民法院关于新冠肺炎疫情防控期间加强和规范在线诉讼工作的通知》**(法〔2020〕49号,2020年2月14日发布)

一、各级人民法院要提高政治站位,充分认识疫情防控的重要意义和严峻形势,切实增强责任感和紧迫感,立足审判职能,努力服务和保障疫情防控工作大局。要将深入推进在线诉讼作为坚决打赢防控疫情的人民战争、总体战、阻击战的重要举措,积极依托中国移动微法院、诉讼服务网、12368诉讼服务热线等在线诉讼平台,全面开展网上立案、调解、证据交换、庭审、宣判、送达等在线诉讼活动,有效满足疫情防控期间人民群众司法需求,确保人民法院审判工作平稳有序运行。

二、各级人民法院推进在线诉讼,既要充分考虑案件类型、难易程度、轻重缓急等因素,又要切实维护当事人合法诉讼权益,尊重当事人对案件办理模式的选择权,全面告知在线诉讼的权利义务和法律后果。当事人同意案件在线办理的,应当在信息系统确认、留痕,确保相关诉讼活动的法律效力。当事人不同意案件在线办理,依法申请延期审理的,人民法院应当准许,不得强制适用在线诉讼。案件符合诉讼法律关于中止审理有关规定的,人民法院可以中止诉讼。

七、当事人及其诉讼代理人通过电子化方式提交诉讼材料和证据材料的,经人民法院审核通过后,可以不再提交纸质原件。当事人及其诉讼代理人采取邮寄等方式提交纸质材料的,人民法院应当及时扫描录入案件办理系统。对提交的纸质原件材料,要及时立卷归档。人民法院应当积极引导当事人及其诉讼代理人提交电子化材料,为其提供平台支撑和技术便利。

司法观点

➢关于立案是否要提供被告人身份证信息的答复①

大树：

您好。您的来信收悉。

根据《民诉法解释》第209条规定，原告起诉时提供被告的姓名或者名称、住所等信息具体明确，足以使被告与他人相区别的，可以认定为有明确的被告。《最高人民法院关于人民法院登记立案若干问题的规定》第6条第3项也作出了与前述内容一致的规定。因此，只要原告提供具体明确的足以使被告或者被告人与他人相区别的姓名或者名称、住所等信息，即使没有自然人被告身份证号码，也应该依法登记立案。如原告提交的起诉状列写被告信息不足以认定明确的被告的，人民法院可以告知原告补正；原告补正后仍不能确定明确的被告的，人民法院裁定不予受理。

在实际中，能使被告区别于他人的信息很多，如姓名、性别、年龄、住址、社会关系、身份证号码、工作单位、其他户籍登记内容等等。信息越多，越利于确定具体的被告。当然，原告如果在起诉阶段能够提供被告的身份证号码，一方面有利于被告身份的识别，足以使该被告与他人相区别，另一方面有利于后续诉讼活动的顺利进行。

感谢您对人民法院工作的关心与支持。

---

① 参见《关于立案是否要提供被告人身份证信息的答复》，载最高人民法院网2019年9月16日，https://www.court.gov.cn/zixun-xiangqing-184581.html。

最高人民法院案例

➢ 1. 再审申请人马某与被申请人河南林都实业有限公司、李某杰等合同纠纷案[(2020)最高法民申6456号]

裁判要旨：确认之诉是当事人要求法院明确某一争议的民事法律关系是否存在或者存在的具体状态，各方当事人对确认之诉内容予以认可，并未产生法律纷争的，当事人不具备诉的利益，丧失请求法院对案件实体问题作出裁判的前提要件。

最高人民法院认为，其一，关于马某要求确认案涉《合资经营协议书》《补充协议书》有效的请求。实质上，这是一个积极确认之诉，然而马某并不具备诉的利益，即马某所提起的诉中并不具有法院对该诉讼请求作出裁判的必要性和实效性。当事人要求法院明确某一争议的民事法律关系是否存在或者存在的具体状态，是确认之诉的基本特点，然而在本案中，各方当事人对案涉《合资经营协议书》《补充协议书》的效力均予认可，就其效力问题并未产生法律纷争。因此，马某该项请求并不具备诉的利益，也丧失了法院对案件实体问题作出裁判的前提要件。

其二，关于马某要求确认其对于鄢陵花木公司的1000万元出资占该公司33.33%权益的请求。首先，由于马某已转让其全部股份、退出鄢陵花木公司的合资经营项目，案涉《合资经营协议书》及《补充协议书》效力已终止，马某的该项请求系对过去股权状态的确认；其次，关于该请求所涉事实，均可在鄢陵花木公司工商登记信息、股权变动信息中查明。因此，马某并不具备通过裁判对案涉协议履行状态及持股比例进行确认的必要性。

其三，关于马某要求河南林都实业有限公司、李某杰、常某涛、常某鼎赔偿合同权益损失的问题。本案中，马某主张河南林都实业有限公司、李某杰、常某涛、常某鼎承担补偿合同权益损失的责任，实质是主张其他股东恶意、虚假增资稀释其股份，该纠纷究其本质是损害股东利益责任纠纷。马某已经将其股份转让给他人，不再具备鄢陵花木公司的股东身份，因此，马某不具备提起该项诉讼请求的主体资格。原审法院据此裁定驳回马某起诉,并无不当。

➢ 2. 再审申请人许某发与被申请人唐某兴、大连开发区金石滩街道河咀村民委员会确认合同效力纠纷案[(2020)最高法民申 5311 号]

裁判要旨:案涉合同在诉讼之前已经解除,当事人起诉请求确认合同效力的对象已不复存在,当事人也没有提出其他任何与案涉合同履行或案涉合同效力相关的诉讼请求,当事人起诉主张确认合同效力缺乏诉的利益。

最高人民法院认为,原审已查明,许某发与唐某兴之间签订的涂改日期为 2006 年 6 月 15 日的案涉合同在本案诉讼之前已经解除,许某发请求确认效力的对象已不复存在,许某发也没有提出其他任何与案涉合同履行或案涉合同效力相关的诉讼请求,缺乏诉的利益,故二审判决基于许某发起诉时案涉合同已解除的事实状态,认定案涉合同失效,实指案涉合同对当事人再无拘束力,处理结果并无不当。

➢ 3. 再审申请人刘某与被申请人罗某慧、黄某、王某农第三人撤销之诉纠纷案[(2019)最高法民申 6858 号]

裁判要旨:案外人是否为第三人撤销之诉的适格原告,应当从其声明的权利依据着手,并根据相关实体法律规范作出初步判断。一般来说,案外人的物权、股权等绝对权受到生效判决的妨害,且没有其他救济途径的,可以初步判断其具有提起第三人撤销之诉的资格。如果其依据的是债权,则要从严把握原告资格,一般情况下不允许债权人提起第三人撤销之诉。

最高人民法院认为,本案的争议焦点为:刘某的起诉是否符合第三人撤销之诉的起诉条件。第三人撤销之诉的立法目的是给因故未能参加诉讼可能受到生效裁判拘束的第三人提供事后救济途径,保护其合法权益不受错误生效裁判损害。鉴于其是针对生效裁判提起的诉讼,故第三人撤销之诉,在人民法院立案环节需经历适度审查的前置程序,以判断案件是否为一个适当的第三人撤销之诉。

《民事诉讼法》第 56 条①规定:"对当事人双方的诉讼标的,第三人认为有独

① 现为 2021 年修正的《民事诉讼法》第 59 条。

立请求权的,有权提起诉讼。对当事人双方的诉讼标的,第三人虽然没有独立请求权,但案件处理结果同他有法律上的利害关系的,可以申请参加诉讼,或者由人民法院通知他参加诉讼。人民法院判决承担民事责任的第三人,有当事人的诉讼权利义务。前两款规定的第三人,因不能归责于本人的事由未参加诉讼,但有证据证明发生法律效力的判决、裁定、调解书的部分或者全部内容错误,损害其民事权益的,可以自知道或者应当知道其民事权益受到损害之日起六个月内,向作出该判决、裁定、调解书的人民法院提起诉讼……"该条文将第三人参加诉讼制度与第三人撤销之诉予以合并规定,但能提起第三人撤销之诉的原告主体资格,除需要符合《民事诉讼法》第56条第1款、第2款①规定外,还需要结合该条第3款②规定的实体要件来判断,如没有损害其合法权益,则不能当然提起第三人撤销之诉。

案外人是否为第三人撤销之诉的适格原告,应当从其声明的权利依据着手,并根据相关实体法律规范作出初步判断。一般来说,案外人的物权、股权等绝对权受到生效判决的妨害,且没有其他救济途径的,可以初步判断其具有提起第三人撤销之诉的资格。如果其依据的是债权,则要从严把握原告资格,一般情况下不允许债权人提起第三人撤销之诉。本案中,对原案之诉讼标的"52.5万元借款及利息",刘某不具有独立请求权,原审判决对该债权债务关系的处理结果亦具有相对性,即原案生效裁判结果仅对该案当事人的权益产生影响,没有侵害到刘某的绝对性民事权益。至于该案执行过程中对刘某与申请执行人王某农签订的《还借款合同履行协议》所造成的间接影响,属于单纯事实上、经济上的不利影响,并不构成法律上的利害关系,只影响其一般性债的利益,而此种利益不属于第三人撤销之诉所保护的民事权益范围,因此刘某不具备提起第三人撤销之诉的诉的利益,其起诉不符合法律规定的条件。

---

① 现为2021年修正的《民事诉讼法》第59条第1款、第2款。

② 现为2021年修正的《民事诉讼法》第59条第3款。

➢ 4. 再审申请人南充市国土资源局与被申请人四川省南充市鑫达房地产开发有限公司、原审被告南充泰达置业有限公司建设用地使用权出让合同纠纷案
[(2019)最高法民申5118号]

裁判要旨:诉的利益属于诉讼要件的范畴,法院对当事人提起的诉予以审理并进行实体判决的前提条件必须是该诉具有诉的利益,生效判决的既判力仅及于判决主文,已胜诉当事人,不再具有诉的利益。

最高人民法院认为,本案南充市国土资源局(以下简称南充国土局)是原判决的胜诉一方当事人,再审审查主要涉及的问题是胜诉方仅仅针对判决理由的评述部分有异议申请再审,且其再审申请事项不具有诉的利益的情况下,其再审主张能否成立。该院认为,南充国土局的再审申请理由,不能成立。理由为南充国土局的再审申请不具有诉的利益。诉的利益属于诉讼要件的范畴,法院对当事人提起的诉予以审理并进行实体判决的前提条件必须是该诉具有诉的利益。反之,如果没有诉的利益,就不予审理。本案中,南充国土局的申请再审请求为维持原判决,纠正判决理由中关于其违约的陈述。该院认为,如前所述,生效判决的既判力仅及于判决主文,现南充国土局已胜诉,不再具有诉的利益,故对其再审申请本不应受理,无须再进行实质审查。南充国土局的再审请求没有独立的诉权利益,不符合《民事诉讼法》第200条①启动再审的条件。

➢ 5. 再审申请人李某与被申请人新疆前海集团有限责任公司合同纠纷案
[(2019)最高法民申4635号]

裁判要旨:双方当事人约定的合同义务业已履行完毕,当事人基于合同享有的合同权益已经实现,其提起本案确认之诉,不具备通过法院判决对案涉协议效力和履行状态进行确认的必要性,缺乏权利保护的利益。

最高人民法院认为,本案应审查的问题为:李某提起的确认案涉协议有效和该协议在2015年4月1日已经依法终止之诉是否具备诉的利益。当事人在确认之诉中提出的确认请求必须具有权利保护的利益,否则不具有诉的利益,人民法

---

① 现为2021年修正的《民事诉讼法》第207条。

院不予受理。对合同关系提出的积极确认之诉的权利保护利益是当事人基于合同享有的合同利益。《民法总则》第136条第1款①规定:"民事法律行为自成立时生效,但是法律另有规定或者当事人另有约定的除外。"《合同法》第91条②规定:"有下列情形之一的,合同的权利义务终止:(一)债务已经按照约定履行……"

本案中,李某与新疆前海集团有限责任公司(以下简称前海公司)于2013年12月7日签订案涉协议,约定李某将其持有的帕米尔公司15%的股权以3600万元的价格转让给前海公司,至2015年4月1日,李某将其持有的公司股权转移登记至前海公司名下,前海公司支付了相应的股权转让价款和费用。双方当事人约定的合同义务业已履行完毕,李某基于合同享有的合同权益已经实现。因此,李某提起本案确认之诉,不具备通过法院判决对案涉协议效力和履行状态进行确认的必要性,缺乏权利保护的利益。一审、二审法院先后裁定驳回李某的起诉和上诉,并无不当。

➢ **6. 王某廷与巴州赛瑞机械设备安装有限公司、曹某刚请求变更公司登记纠纷案**[(2020)最高法民再88号,最高人民法院第六巡回法庭2020年度参考案例之六]

裁判要旨:公司法定代表人辞职后,因公司拒不办理法定代表人变更登记,起诉要求公司履行股东决议办理变更公司法定代表人工商登记的,原告对此有诉的利益,符合起诉条件,人民法院应当予以立案受理。

最高人民法院认为,判断人民法院应否受理王某廷的起诉,应依据其诉讼请求及事实理由予以具体分析。

首先,关于王某廷提出的判令巴州赛瑞机械设备安装有限公司(以下简称赛瑞公司)、曹某刚办理变更公司法定代表人工商登记的诉讼请求应否受理的问题。王某廷该项诉讼请求系基于其已离职之事实,请求终止其与赛瑞公司之间法定代表人的委任关系并办理法定代表人变更登记,该纠纷属平等主体之间的民事争议。根据王某廷所称其自2011年5月30日即已从赛瑞公司离职,至

---

① 《民法总则》已失效,现为《民法典》第136条。

② 《合同法》已失效,现为《民法典》第557条,内容有修改。

2020年已近9年,足见赛瑞公司并无自行办理法定代表人变更登记的意愿。因王某廷并非赛瑞公司股东,其亦无法通过召集股东会等公司自治途径,就法定代表人的变更事项进行协商后作出决议。若人民法院不予受理王某廷的起诉,则王某廷因此所承受的法律风险将持续存在,而无任何救济途径。故王某廷对赛瑞公司办理法定代表人变更登记的诉讼请求具有诉的利益,该纠纷系平等主体之间的民事争议,属于人民法院受理民事诉讼的范围。需要明确的是,王某廷该项诉讼请求是否具有事实和法律依据,人民法院是否应予支持,应通过实体审理予以判断。

其次,关于王某廷提出的判令赛瑞公司任何法律行为与其无关的诉讼请求应否受理的问题。依据《民事诉讼法》第119条第3项①的规定,起诉必须符合"有具体的诉讼请求和事实、理由"的条件,王某廷该项诉讼请求中"赛瑞公司任何法律行为"指向不明,不符合上述法律规定。一审、二审法院对于王某廷该项诉讼请求裁定不予受理,并无不当。

最后,关于王某廷的起诉是否构成重复起诉的问题。《民诉法解释》第247条第1款规定:"当事人就已经提起诉讼的事项在诉讼过程中或者裁判生效后再次起诉,同时符合下列条件的,构成重复起诉:(一)后诉与前诉的当事人相同;(二)后诉与前诉的诉讼标的相同;(三)后诉与前诉的诉讼请求相同,或者后诉的诉讼请求实质上否定前诉裁判结果。"经查,(2016)新28民初84号案件的被告为曹某刚,王某廷在该案中系以其姓名权、名誉权、信用权受到侵害为由,要求曹某刚办理注销王某廷赛瑞公司法定代表人职务的登记手续而停止侵权,该案与本案的当事人、诉讼请求及事实理由均有不同,故本案不构成重复起诉。

➢ 7. 林某旺与林某记、林某辉合伙投资合作纠纷案[(2019)最高法民终2010号]

裁判要旨:原告主张将其与被告恶意串通所得归国家所有的诉讼请求,系对双方法律行为性质及效力的确认以及对涉诉财产处理结果的主张,原告对提起

① 现为2021年修正的《民事诉讼法》第122条第3项。

的诉具有诉的利益。

最高人民法院认为，上诉人林某旺一审起诉主张的第一项诉讼请求是“判令原告与被告林某记、林某辉之间恶意串通合伙投资合作挂靠（挂名）渔港公司取得滨江国际50亿元利润归国家所有”。该项诉讼请求应是基于林某旺与林某记、林某辉之间合伙投资合作合同被确认无效后，对双方所涉财产产生的法律后果。故林某旺该项诉讼请求应包含对林某旺与林某记、林某辉之间合伙投资合作合同的性质及效力的确认以及对涉诉财产的处理结果。林某旺所提之诉是其认为其与林某记、林某辉之间存在有争议的合伙投资合作的法律关系，该诉对林某旺有权利保护利益。一审法院认为林某旺与本案诉讼不具有诉的利益是错误的，应予纠正。

➢ 8. 国际管理有限公司与武汉武商集团股份有限公司及一审第三人武汉广场管理有限公司损害公司利益责任纠纷案［（2019）最高法民终594号］

裁判要旨：在公司已经注销的情况下，符合法定条件的股东对提起股东代表诉讼仍具有诉的利益。

最高人民法院认为，根据我国《公司法》的规定，股东代表诉讼是在公司董事、监事、高级管理人员违反对公司的忠实和勤勉义务，以及包括大股东等在内的他人侵犯公司合法权益，给公司利益造成损害，而公司又不追究其责任时，赋予股东代表公司提起诉讼的权利，以维护公司合法权益。公司经解散清算并注销后，并非没有权利义务的继受人，在公司已经注销的情况下，符合法定条件的股东对提起股东代表诉讼仍具有诉的利益。故，武汉广场管理有限公司虽已注销，但国际管理有限公司提起的本案股东代表诉讼应继续审理。

➢ 9. 武汉市武昌城市环境建设有限公司与被上诉人国通信托有限责任公司、原审第三人武汉缤购城置业有限公司等申请执行人执行异议之诉纠纷案［（2020）最高法民终934号］

裁判要旨：一审判决未判令承担责任的当事人，因一审裁判理由遭受不利益的，法院可以认定该当事人具有上诉利益，可以提起上诉。

最高人民法院认为，关于焦点问题一，武汉市武昌城市环境建设有限公司

(以下简称武昌城环公司)就本案一审判决可否提起上诉的问题。本案一审原告为国通信托有限责任公司(以下简称国通信托公司),一审判决为驳回国通信托公司的诉讼请求。武昌城环公司对一审的裁判结果无异议,但对于其中的部分裁判理由有异议并提起上诉。该院认为,裁判主文是人民法院就当事人的诉讼请求作出的结论,裁判理由是人民法院在认定案件事实的基础上就裁判主文如何作出进行的阐述,本身不构成判项内容,故原则上,如果当事人对裁判主文认可,不会因为裁判理由遭受不利益。但是本案中,一审判决驳回国通信托公司的诉讼请求主要是基于武汉缤购城置业有限公司已经进入破产程序,需要解除现有保全措施。武昌城环公司作为武汉缤购城置业有限公司的债权人,其是否为消费者购房人,是否具有消费者期待权,会影响其之后在破产程序中权利顺位的认定,故其对于一审判决就“武昌城环公司是否具有消费者期待权”作出的认定具有法律上的利害关系,这种情形下,应当认定其具有上诉利益,可以提起上诉。

➢ 10. 中南控股集团有限公司、青岛中南世纪城房地产业投资有限公司、青岛市李沧区人民政府与青岛市李沧区湘潭路街道办事处大枣园社区居民委员会合同纠纷案[(2020)最高法民终519号]

裁判要旨:**投资方根据协议成立项目公司,以项目公司名义开发建设,投资方亦参与项目开发建设的,投资方可以作为与项目公司共同享有权利、承担义务的项目开发主体,有权作为原告与项目公司共同提起诉讼。**

最高人民法院认为,关于中南控股集团有限公司(以下简称中南控股)是否具有本案诉讼主体资格的问题。从合同的签订和履行情况看,有关涉案项目的《框架协议》《项目协议书》《安置房工程代建协议》等,均是由中南控股作为合同一方,与李沧区人民政府或者南岭居委会签订。中南控股与李沧区人民政府签订的《项目协议书》第1条约定“中南控股应在李沧区成立项目公司,以新成立的项目公司作为招标出让地块的国有土地使用权受让人并作为建设主体对整个项目实施开发建设”。在李沧区人民政府与青岛中南世纪城房地产业投资有限公司(以下简称中南世纪城)签订的《补充协议》中也载明:“中南控股集团有限公司按约定要求在李沧全资注册成立了青岛中南世纪城房地产业投资有限公司。”

结合一审查明的事实，涉案项目是由中南世纪城实施开发建设，李沧区人民政府对此予以认可，说明中南世纪城实施项目开发的权利来源于中南控股与李沧区人民政府的协议约定，虽然中南控股不是中南世纪城的股东，但并未违反双方协议约定。双方约定中南控股成立中南世纪城作为项目公司，但未约定中南世纪城须由中南控股为股东。且从涉案项目的实施情况看，中南世纪城亦认可，在涉案项目的实施过程中，中南控股在缴纳土地出让金、垫付拆迁安置资金、代建安置房的过程中，均给予了中南世纪城资金、人员、技术等多方面的支持，中南控股主张其一直在参与涉案项目的开发建设具有事实依据。综上，最高人民法院认为，中南控股可以作为与中南世纪城共同享有权利、承担义务的项目开发主体，有权作为原告与中南世纪城共同提起本案诉讼。

条文内容	参考条文
第二十四条　【举证释明】 人民法院应当向当事人说明举证的要求及法律后果，促使当事人在合理期限内积极、全面、正确、诚实地完成举证。	《民事证据规定》 第2条第1款

要点注释

本条规定了向当事人说明举证的要求及法律后果是人民法院行使释明权的重要内容之一。实践中，在向当事人说明举证要求及法律后果时，应当注意以下几个问题：

其一，应当采取书面的方式向当事人说明举证的具体要求，以及不及时举证或举证不能将会导致哪些不利的后果，并将送达回证入卷存档，不可采取口头形式。法院大多是将《举证通知书》《诉讼权利义务告知书》结合使用。

其二,应将核实举证告知作为法庭调查前的必经程序,即法官在开庭时还应当再次核实当事人是否已经知道了举证的要求及其法律后果,并由书记员记录在卷。

其三,如果没有向当事人说明举证的要求,导致当事人贻误举证时机,当事人为此提起上诉的,上级人民法院可以原审判决程序违法为由而予以撤销。

人民法院的举证告知义务是其适用举证责任原则判决案件的法定前提,但在释明时应当注意把握尺度,不能违反裁判者的中立立场,不能替代当事人的行为,过度介入当事人的诉讼活动。人民法院对当事人举证的指导或释明,目的在于促使当事人在合理期限内积极、全面、正确、诚实地完成举证。

司法解释

➤**《最高人民法院关于知识产权民事诉讼证据的若干规定》**(法释〔2020〕12号,2020年11月18日施行)

第一条　知识产权民事诉讼当事人应当遵循诚信原则,依照法律及司法解释的规定,积极、全面、正确、诚实地提供证据。

地方司法文件

➤**《浙江省高级人民法院关于规范民商事案件中法官释明的若干规定(试行)》**(浙高法〔2009〕419号,2009年12月1日发布)

四、事实和证据问题的释明

第二十条　对当事人的举证责任,法官除了以举证通知书的形式告知外,还可根据当事人提出的诉讼请求及其请求权基础所指向的法律规范中所包含的要件事实,具体释明案件的举证责任分配原则。

第二十一条　当事人对要件事实的举证责任承担有异议的,法官应当明确告知当事人举证责任承担的理由,并告知其不遵从该种举证责任分配要求的法律后果。

当事人因法律认知能力较弱或情绪偏激等原因不能理性对待自己的举证义务,从而可能给案件公正处理带来影响的,法官在告知其举证不能后果的同时,应耐心做好解释引导工作。

第二十二条 法官可以根据案件情况及当事人法律知识、诉讼经验等方面的实际,向当事人释明要件事实所要达到的证明要求。如果当事人所提供的证据不能达到证明要件事实的证明要求,或者当事人在证据上没有明显优势的,法官可以要求当事人继续提供证据。

第二十三条 证据交换阶段,法官应当让双方当事人了解对方的诉讼主张和提交的证据,使双方当事人能针对对方提交的证据进行充分地辩驳、质证和提供相反证据。人民法院对证据交换的情况应当制作笔录。

第二十四条 对在证据交换中经当事人认可并记录在卷的证据,法官应当在庭审中予以说明,据此方可作为定案的根据。

第二十五条 当事人向法院申请调查收集证据,人民法院经审查认为不符合《证据规定》规定的条件,应当及时向当事人说明理由,告知当事人按照规定的时间自行收集,并告知申请人举证期限届满前不能提供证据的,仍由负有举证责任的当事人承担举证不能的法律后果。

当事人应当申请人民法院调查收集证据而未提出申请的,如该证据对案件的审理结果明显起到决定作用,法官可以向双方当事人分析争议焦点,从诉讼证明的角度告知相关事项的证明要求,并可询问双方当事人围绕这一争议焦点是否需要人民法院调查收集的证据,但一般不得直接指明某项证据。

第二十六条 对于当事人在举证期限届满后提供的证据,无论是否认定为"新的证据",法官都应当向当事人说明理由。

对方当事人拒绝对"新的证据"进行质证的,法官应当向其释明可能构成"放弃质证或者予以认可"的法律后果,并记入笔录。

第二十七条 在质证过程中,法官应当引导双方当事人围绕证据的真实性、合法性、关联性和证明力,充分发表质证意见,使法官对案件事实足以形成心证。

第二十八条 在案件审理中,对案件的审理结果明显会起到决定作用的事项需要鉴定、评估、审计,但当事人未提出申请的,法官应当明确对该事项负有举证责任的当事人,并告知其在人民法院指定的期限内无正当理由不提出鉴定申请或者不预交鉴定费用或者拒不提供相关材料,致使该争议事实无法通过鉴定结论予以认定的法律后果。

当事人对法院委托鉴定、评估结论有异议的,法官应当确定异议期,并告知其逾期提出异议的法律后果。对要求重新鉴定的,应当告知当事人对符合《证据规定》第二十七条①所列情形进行举证证明。

在鉴定、评估、审计费用超过或接近争议标的金额,或者鉴定、评估或审计费用明显过高不符合诉讼经济的要求时,法官可以告知当事人改用成本较低的证明方式。

第二十九条 有证据证明一方当事人持有证据无正当理由拒不提供的,法官应当充分说明《证据规定》第七十五条②的规定,即可能推定对方当事人所提出的对其不利的主张成立。

第三十条 在庭审过程中,一方当事人陈述事实后,另一方当事人既未表示承认也未否认,法官应当向当事人充分说明《证据规定》第八条第二款③的内容,明确告知其如仍不作承认或否认表示的,将可能被视为对该项事实的承认。但涉及身份关系的事实除外。

第三十一条 当事人在法庭辩论终结前撤回自认的,法官应当作如下释明:

(一)对方当事人同意撤回自认的,法官应告知其撤回自认的法律后果;

(二)对方当事人不同意撤回自认的,法官应当询问自认一方当事人撤回自认的理由,并查明是否存在《证据规定》第八条第四款④规定的"重大误解"的情形,如果撤回理由成立的,应告知对方当事人自认方有权撤回及撤回的法律后果。

---

① 现为 2019 年修正的《民事证据规定》第 40 条,内容有修改。

② 现为 2019 年修正的《民事证据规定》第 95 条,内容有修改。

③ 现为 2019 年修正的《民事证据规定》第 4 条,内容有修改。

④ 现为 2019 年修正的《民事证据规定》第 9 条第 1 款第 2 项。

条文内容	参考条文
第二十五条　【举证责任内涵】 当事人对自己提出的主张,有责任提供证据。	《民事诉讼法》 第67条第1款
当事人对自己提出的诉讼请求所依据的事实或者反驳对方诉讼请求所依据的事实,应当提供证据加以证明,但法律另有规定的除外。	《民诉法解释》 第90条第1款
在作出判决前,当事人未能提供证据或者证据不足以证明其事实主张的,由负有举证证明责任的当事人承担不利的后果。	《民诉法解释》 第90条第2款

要点注释

举证责任包括两层含义:当事人就其主张的事实负有提供证据的责任和在诉讼终结事实真伪不明时负举证责任的当事人承担不利诉讼后果的责任。

前者称为行为意义上的举证责任(也称为主观上的举证责任),旨在明确当事人在民事诉讼中负有提供证据的行为意义的责任,只要当事人在诉讼中提出于己有利的事实主张,就应当提供证据加以证明。后者称为结果意义上的举证责任(也称为客观上的举证责任),所解决的是待证事实真伪不明时法官如何裁判的问题,实质上是对事实真伪不明的一种法定的风险分配方式。

本条主要规定了民事诉讼举证责任的基本内涵,对民事诉讼中当事人需要承担的举证责任及其后果进行了明确。从举证责任的基本内涵来说,既包括提出主张与证据的责任,也包括说服裁判者和承担举证不能的责任。

第1款是对“谁主张、谁举证”的概括性规定,其中应该包含两方面的含义:其一,一方当事人就其提出的诉讼请求所依据的事实有责任提供证据;其二,当事人就反驳对方诉讼请求所依据的事实有责任提供证据。

第 2 款是关于行为意义上举证责任的规定,也有两方面的含义:其一,对于所提出的诉讼请求或者反驳对方诉讼请求所依据的事实,当事人应当承担提供相应证据的责任,即明确了第 1 款上述两方面的基本含义。民事诉讼法上的抗辩包含程序抗辩和实体抗辩,前者主要包括违反管辖规定、当事人不适格、诉讼不具有诉的利益、违反禁止重复起诉原则、证据取得不合法等情形;后者指当事人根据实体法规范,针对相对方所提诉讼请求依据的要件事实提出的法律关系变更、消灭或权利受到妨害的反对性主张。一般认为,"当事人对反驳对方诉讼请求所依据的事实,应当提供证据加以证明,但法律另有规定的除外"这一语境下的"反驳对方诉讼请求",指民事诉讼法规定的实体抗辩,即就对方所提诉讼请求依据的要件事实提出的法律关系变更、消灭或权利受到妨碍的反对性主张,抗辩者应就其主张所依据的要件事实承担举证责任。其二,所提出的证据应能证明所要证明的事实,即达到法律规定的证明标准,也就是所谓的说服责任。行为意义上的举证责任是可以发生转换的。

第 3 款是关于结果意义上举证责任的规定,指明了当事人在判决之前未能完成所需承担举证责任即举证不能的法律后果,也就是所谓待证事实真伪不明时的法律责任。第 3 款使用的"举证证明责任"的表述,在具体含义上,与举证责任、证明责任并无区别。

地方司法文件

➢**《北京市高级人民法院知识产权民事诉讼证据规则指引》**(2021 年 4 月 22 日发布)

第一部分　总则

1.31　原告主张被诉侵权的应用程序由被告经营,可以提供应用程序中标示的著作权归属等信息、应用程序运营者与应用程序所在网络平台签订的协议、应用程序所在网络平台出具的证明等证据。

在无相反证据的情况下,可以推定应用程序的著作权人为运营主体。

1.32 被告依据知识产权部门法的相关规定主张侵权产品或侵权复制品具有合法来源的,应对其合法获取侵权产品或侵权复制品的事实承担举证责任。

证明合法来源的证据应结合被告的经营规模、购买途径、支付对价、举证能力、相关交易习惯及主观注意义务等因素综合审查。

被告能够提供证据证明侵权产品或侵权复制品具有合法来源的,推定其在主观上无过错,但有证据证明被告知道或应当知道侵权事实的除外。

已查明侵权产品或侵权复制品制造者的,提出合法来源抗辩的被告仍应提供其合法获取侵权产品或侵权复制品的证据。

1.33 被告收到著作权权利人、商标权权利人等知识产权权利人发出的侵权警告函,且该警告函中明确记载有相关知识产权、被诉侵权产品或被诉侵权复制品、侵权信息的基本情况、侵权比对结果及联系人等内容的,可以推定被告自收到侵权警告函之日起明知侵权行为存在。但被告提供证据证明其已就侵权警告函中所涉知识产权的权利归属、侵权比对的结论等,在合理期限内明确、详细地向知识产权权利人通过回函等方式提出异议的除外。

1.34 超市、小商品市场等经营场所以其尽到管理责任为由提出免责抗辩的,可以围绕以下事实提供证据:

(一)租赁合同中有不得侵害知识产权或不得销售侵权产品或侵权复制品的约定;

(二)建立了相关防范知识产权侵权风险的管理制度;

(三)接到投诉后及时进行了有效处理;

(四)对商户的日常经营尽到了防范知识产权侵权的管理责任;

(五)尽到管理责任的其他事实。

1.35 电子商务平台经营者以其尽到合理注意义务提出免责抗辩的,可以围绕以下事实提供证据:

(一)网络店铺注册协议中有不得实施侵权行为或不得销售侵权产品或侵权复制品的约定;

(二)网站相应页面有不得实施侵权行为或不得销售侵权产品或侵权复制品

的提示；

(三)建立了相关防范知识产权侵权风险的管理制度；

(四)接到投诉后及时进行了有效处理；

(五)尽到合理注意义务的其他事实。

1.36　原告主张被告承担损害赔偿责任的，除提供被告主观存在明知或应知的证据外，还应提供与确定权利人的实际损失、侵权人的违法所得或侵权获利相关的计算方法、计算模型、计算基础因素等证据，并就相关计算方法、计算模型、计算基础因素的合理性等作出详细说明。

当事人可以提供相关权利的可比许可协议作为确定赔偿数额的证据。

当事人主张在法定赔偿最高限额以上或最低限额以下确定赔偿数额的，应根据前述第一款、第二款的规定提供证据证明相关数额明显超过法定赔偿最高限额或者明显低于法定赔偿最低限额。

1.37　原告主张参照权利使用费确定赔偿数额的，应提供证据证明许可使用合同已经实际履行，且该权利使用费与被诉侵权行为具有可比性。

许可使用合同的备案证明、纳税凭证、转账记录、发票等财务凭证等可用以证明合同已经实际履行。

许可使用合同涉及的权利类型、被许可人情况、许可使用的范围、许可使用的时间、是否存在交叉许可等可用以证明权利使用费的可比性。

1.38　原告主张适用法定赔偿计算赔偿数额的，应提供反映权利人实际损失状况、侵权人的违法所得或侵权获利状况、许可使用费状况、侵权行为类型、持续时间及所涉范围、主观过错等方面的证据。

1.39　原告主张适用惩罚性赔偿的，应提供权利人实际损失、侵权人的违法所得或侵权获利、权利使用费、主观故意、侵权情节严重等方面的证据。

1.40　原告主张销毁侵权产品或侵权复制品、主要用于制造侵权产品或侵权复制品的材料、工具、设备等，被告否认上述销毁对象存在的，原告应提供证据证明上述销毁对象的存放地址、数量等事实。

原告因客观原因不能自行收集上述证据的，可以依据《最高人民法院关于适用〈中华人民共和国民事诉讼法〉的解释》第九十四条第二款的规定申请调查取证。

1.41　原告因客观原因仅提供部分证据证明其为制止侵权行为所支付的合理开支的,可以在该部分证据的基础上结合生活经验和逻辑确定合理开支的具体数额。

第二部分　侵害专利权纠纷

2.1　审理侵害专利权的案件,应围绕以下事实审查原告提供的相应证据:

(一)涉案专利是否处于有效状态;

(二)原告是否系涉案专利的专利权人或利害关系人;

(三)被诉侵权行为是否属于《中华人民共和国专利法》第十一条规定的侵害专利权行为;

(四)被诉侵权行为使用的技术方案是否落入涉案专利相关权利要求的保护范围,或者使用的外观设计是否落入涉案专利的保护范围。

2.2　原告可以提供专利登记簿副本、专利权著录事项变更记录及当年交纳专利年费的收据等证据证明涉案专利处于有效状态。

2.3　原告可以提供以下证据证明存在被诉侵权行为:

(一)获取被诉侵权产品过程的公证书及被诉侵权产品;

(二)获取被诉侵权产品的购货合同、与合同对应的发票及流转票据等证据及被诉侵权产品;

(三)获取被诉侵权产品的网络订购信息、网络物流信息等证据及被诉侵权产品;

(四)能够完整显示被诉侵权产品所利用技术方案的照片、视频、网页截图等其他证据。

原告难以通过前款所述方式获取相关证据的,可以根据本指引第一部分的规定申请出具调查令,或申请证据保全、进行现场勘验等。

2.4　原告主张的涉案专利为涉及产品、设备等技术主题的技术方案的,虽其提供的被诉侵权产品照片、视频、网页截图等证据不能完整显示被告利用的技术方案，但同时满足以下条件的，可以推定被告实施了涉案专利的相关技术方案：

（一）被诉侵权产品的照片、视频、网页截图等证据可以证明存在较大侵权可能性；

（二）原告客观上难以通过其他替代方式取得被诉侵权行为存在的证据；

（三）被告提供相应证据并无客观困难但无正当理由拒不提供。

2.5　被诉侵权产品外包装上标明的制造商、销售商、进口商等可以作为认定被诉侵权产品提供主体的初步证据。

被诉侵权产品上未标明制造商，所标注的注册商标权利人有制造能力，且无证据证明被诉侵权产品另有制造者的，可以推定该注册商标权利人是被诉侵权产品的制造者，但有相反证据的除外。

被告承认被诉侵权产品由其制造、许诺销售、销售或进口的，原告可以免除相关举证责任。

被告可以提供行政机关处罚决定等作为反证，证明被诉侵权行为系他人假冒其名义实施。

2.6　原告主张被告制造被诉侵权产品构成侵害专利权的，应提供证据证明涉案发明或者实用新型专利权利要求中所记载的产品技术方案已被被告实现。

2.7　原告主张被告使用发明或者实用新型专利产品构成侵害专利权的，应提供证据证明被诉侵权产品实际应用了涉案专利技术方案的技术功能或者实现了其技术效果。

2.8　原告主张被告销售被诉侵权产品侵害专利权的，可以围绕以下事实提供证据：

（一）销售被诉侵权产品的买卖合同已依法成立；

（二）被告采用搭售、赠送或以其他方式转让被诉侵权产品的所有权变相获取商业利益；

（三）被告将侵害发明或者实用新型专利权的产品作为零部件或中间产品制造另一产品后，销售该另一产品。

被告存在前款第(三)项情形,但主张不构成销售行为的,应提供证据证明该中间产品在制造过程中物理化学性能发生了实质性变化。

2.9 原告主张被告实施许诺销售行为的,应提供证据证明被告以广告、在商店橱窗中陈列、在网络或展销会上展出等方式作出销售被诉侵权产品的意思表示。

2.10 原告主张被告进口专利产品的,应提供证据证明被告存在将落入涉案专利权利要求保护范围的产品、依照涉案专利方法直接获得的产品或者含有涉案外观设计专利的产品在空间上从境外越过边界运进境内的行为。

2.11 原告主张被告使用专利方法构成侵害专利权的,应提供证据证明涉案专利权利要求记载的专利方法每一个步骤均被实现。

被告主张其采用的技术方案的步骤顺序与涉案专利不同而未落入涉案专利权利要求保护范围的,可以提供证据证明涉案专利所涉步骤必须以特定的顺序实施,且这种顺序改变会导致技术功能或者技术效果的实质性差异。

2.12 原告以涉案专利系新产品制造方法发明专利为由,主张适用举证责任倒置规则的,应提供以下初步证据:

(一)依照该专利方法直接获得的产品为国内外第一次生产出的产品,其与专利申请日之前已有的同类产品相比,在产品的组份、结构或者其质量、性能、功能方面有明显区别;

(二)被诉侵权产品与依照该专利方法直接获得的产品在形状、结构或成份等方面无实质性差异。

2.13 侵害专利权纠纷涉及不属于新产品制造方法发明专利的,原告围绕以下事实提供证据后,可以推定被告使用了涉案专利方法:

(一)被诉侵权产品与依照该专利方法直接获得的产品在形状、结构或成份等方面无实质性差异;

(二)结合已知事实及本领域技术人员的惯常认知,被告经由涉案专利方法制造被诉侵权产品的可能性较大;

(三)原告为证明被告使用了专利方法已尽合理努力。

被告可以提供其实际使用的产品制造方法不同于涉案专利方法的证据，作为前款推定的相反证据。

2.14　原告主张被告为生产经营目的使用、许诺销售、销售、进口的产品侵害涉案方法专利权的，应提供该产品为将原材料等按照涉案方法专利权利要求记载的全部步骤特征进行处理加工所获得的原始产品的证据。

原告提供的被告存在将上述原始产品作为中间部件或原材料，加工、处理成为其他后续产品的证据，可以作为认定被诉侵权产品属于使用涉案专利方法直接获得的产品的证据。

2.15　侵害药品制备方法专利权纠纷中，被诉侵权药品在药品监督管理机关备案的工艺可以作为推定其实际制备工艺的初步证据，有相反证据的除外。

被告主张被诉侵权药品备案的工艺不真实的，应提供被诉侵权药品技术来源、生产规程、生产记录、备案文件等证据。

对于被诉侵权药品制备工艺等复杂的技术事实，当事人可以通过专家辅助人、司法鉴定以及技术专家咨询等多种方式提供证据。

2.16　原告未提供被诉侵权产品实物，仅提供被诉侵权产品部分视图的，在无相反证据的情况下，可以基于该类产品的特点，合理推定被诉侵权产品其他视图中的设计特征。

2.17　原告主张被告将侵害外观设计专利权的产品作为零部件使用构成销售外观设计专利产品行为的，应提供证据证明被告将该被诉侵权产品用于制造另一产品并存在销售该另一产品的行为。

被告主张其不应就前款情形承担侵权责任的，可以提供证据证明侵害外观设计专利产品在另一产品中仅具有技术功能。

2.18　原告主张被告构成帮助侵害专利权的，应围绕以下事实提供证据：

（一）明知有关产品系专门用于实施涉案专利技术方案的原材料、中间产品、零部件或设备等专用产品；

（二）未经专利权人许可，为生产经营目的向他人提供前项专用产品；

（三）他人实施了直接侵害专利权行为。

原告提供证据证明他人直接实施专利权的行为属于非生产经营目的、为科研目的或行政审批目的的实施行为，或者属于临时过境行为的，视原告完成了前款第（三）项的举证责任。

2.19　原告主张被诉侵权产品系专用产品的，应围绕以下事实提供证据：

（一）被诉侵权产品为实现涉案专利技术方案所不可或缺的原料或零部件等；

（二）被诉侵权产品除用于涉案专利技术方案外无其他实质性非侵权用途。

原告提供上述初步证据后，被告主张被诉侵权产品不是专用产品的，应提供该产品具有其他实质性非侵权用途的证据。

2.20　原告主张被告构成教唆侵害专利权的，应围绕以下事实提供证据：

（一）未经原告许可，为生产经营目的，以提供图纸、产品说明书或传授技术方案、进行产品演示等方式积极诱导他人实施直接侵害专利权的行为；

（二）他人实施了直接侵害专利权行为。

原告提供证据证明他人直接实施专利权的行为属于非生产经营目的、为科研目的或行政审批目的的实施行为，或者属于临时过境行为的，视原告完成了前款第（二）项的举证责任。

2.21　原告应根据其主张的权利要求，在划分技术特征的基础上，提供被诉侵权行为使用的技术方案涵盖了涉案专利权利要求全部技术特征的比对表。

2.22　原告主张相关技术特征具有特定含义的，应结合涉案专利说明书、附图及其他权利要求的记载作出详细说明；必要时，可以提供与涉案专利存在分案申请关系的其他专利以及上述专利的专利审查档案、生效的专利授权确权裁判文书所记载的内容，以及工具书、教科书、相关领域期刊论文等公知文献。

2.23　当事人主张本领域普通技术人员知晓某项普通技术知识以及具备运用某种常规实验手段能力的，应对该事实作出详细说明；必要时，应提供工具书、教科书、相关领域期刊论文等公知文献。

2.24　原告主张涉案专利中仅通过功能限定或者效果限定的技术特征不属于功能性特征的，应详细说明该特征属于本领域普通技术人员普遍知晓的技术术语,或仅通过阅读权利要求和说明书即可直接、明确地确定实现上述功能或者效果具体实施方式的技术特征;必要时,原告应提供工具书、教科书、相关领域期刊论文等公知文献。

2.25 原告主张构成等同侵权的,应对被诉侵权技术方案中相关技术特征与涉案专利权利要求记载的对应技术特征采用的技术手段、实现的功能或达到的效果基本相同,且本领域普通技术人员无需经过创造性劳动就能够想到该特征的事实,进行必要的说明;必要时,应提供相应的证据。

2.26 被告否认等同侵权成立的,可以围绕以下事实提供证据:

(一)被诉侵权技术方案不能解决涉案专利的技术问题或实现涉案专利的技术效果;

(二)被诉侵权技术方案属于涉案专利仅在说明书或者附图中描述而未被概括到权利要求中的技术方案;

(三)属于本领域普通技术人员阅读权利要求书、说明书后,认为专利申请人或者专利权人在权利要求中特意强调某一特征的用语含义而有意排除的特定技术方案;

(四)专利申请人或专利权人在专利授权或者确权程序中为克服获得授权的实质性缺陷,对权利要求、说明书进行了限缩性修改或意见陈述,使得被诉侵权技术方案未落入涉案专利权利要求保护范围。

原告主张前款第(四)项不能成立的,应提供证据证明前述相关限缩性修改或者陈述已被明确否定。

2.27 原告主张被诉侵权产品与涉案外观设计专利所涉产品种类相同或相近的,可以围绕以下事实提供证据:

(一)《国际外观设计分类表》;

(二)相关产品被作为关联商品采购的合同、收发货单据、票据等;

(三)相关产品被置于相同品类货架销售、宣传展示的照片等;

(四)用于比较分析、汇总统计的行业报告、统计报告等;

(五)相关行业协会或主管机关出具的证明;

（六）反映产品功能、用途或使用环境的相关市场报告等。

2.28　原告主张被诉侵权设计落入涉案外观设计专利权保护范围的，应对涉案外观设计、被诉侵权设计可视部分的全部设计特征进行逐个分析比对并明确说明二者的相同点及不同点。

2.29　当事人主张一般消费者具备相关知识水平和认知能力的，应对该事实作出详细说明；必要时，应提供现有设计状况的证据。

2.30　原告主张相关特征为涉案专利区别设计特征的，可以围绕以下事实提供证据：

（一）涉案专利简要说明；

（二）相同或相近产品上现有设计的整体状况。

2.31　为准确确定设计空间，当事人可以围绕以下事实提供证据：

（一）产品或其中零部件所涉的技术功能；

（二）采用该类产品常见特征的必要性；

（三）现有设计的拥挤程度；

（四）其他如降低成本等经济因素可能对设计空间产生的影响。

2.32　在被诉侵权产品与涉案外观设计专利图片或者照片的比对中，当事人认为相关特征属于功能性设计特征、惯常设计特征的，应进行详细说明或提供证据。

2.33　当事人主张相关设计特征为产品功能决定的，可以围绕以下事实提供证据：

（一）该设计特征为推荐性标准或强制性标准明确规定的；

（二）该设计特征系为实现机械上的配合关系必须采用的不可选择的设计特征或者选择较为有限的设计特征。

2.34　在侵害外观设计专利权纠纷中，原告请求保护色彩的，应提供由国务院专利行政部门认可色彩属于涉案外观设计专利权保护范围的证据；必要时，应与国务院专利行政部门专利审查档案中的色彩进行核对。

2.35　原告请求被告支付临时保护期使用费的，应提供证据证明被告实施了涉案专利,且被诉侵权技术方案同时落入涉案专利申请公布时申请人请求保护的范围以及该专利公告授权的保护范围。

被告主张其使用、许诺销售、销售的产品系他人在临时保护期内制造、销售、进口的产品而不承担侵权责任的,应围绕以下事实提供证据:

(一)产品的制造、销售、进口行为发生在临时保护期内;

(二)该他人已支付或者书面承诺支付《中华人民共和国专利法》第十三条规定的适当费用。

2.36 与被告提出的先用权抗辩、现有技术抗辩或现有设计抗辩等抗辩理由相关的证据,一般应在一审辩论终结前提出。

被告在一、二审程序中均未提出先用权抗辩、现有技术抗辩或现有设计抗辩,在申请再审时提供与该抗辩有关证据的,一般不予采信。

2.37 被告以涉案专利效力不稳定为由请求法院裁定驳回原告起诉的,可以提供涉案专利审查档案、撤销公告、无效审查决定书或者行政判决书作为证据。

2.38 被告以涉案专利为专利权人恶意取得为由请求法院判决驳回原告诉讼请求的,可以围绕以下取得方式提供证据:

(一)将申请日前的国家标准、行业标准等技术标准中的技术方案申请专利;

(二)国家标准、行业标准等技术标准的制定参与人,将其在参与标准起草、制定过程中知悉的他人技术方案申请专利;

(三)明知为某一地区广为制造或使用的产品采用的技术方案而将其申请专利;

(四)采用编造实验数据、虚构技术效果等手段使涉案专利满足授权条件;

(五)将域外公开的专利申请文件所披露的技术方案在中国申请专利。

2.39 被告主张其为非生产经营目的实施涉案专利的,应提供证据证明其利用涉案专利仅为私人目的或存在其他非生产经营目的。

2.40 被告提出权利用尽抗辩的,可以围绕以下事实提供证据:

(一)涉案专利权人或者被许可人在中国境内售出其专利产品或者依照专利

方法直接获得的产品后,购买者在中国境内使用、许诺销售、销售该产品;

(二)涉案专利权人或者被许可人在中国境外售出其专利产品或者依照专利方法直接获得的产品后,购买者将该产品进口到中国境内以及随后在中国境内使用、许诺销售、销售该产品;

(三)涉案专利权人或者被许可人售出其专利产品的专用部件后,使用、许诺销售、销售该部件或用其组装制造专利产品;

(四)涉案方法专利的专利权人或者被许可人售出专门用于实施其专利方法的设备后,使用该设备实施涉案方法专利。

2.41　被告提出先用权抗辩的,应围绕以下事实提供证据:

(一)已经完成实施发明创造所必需的主要技术图纸或者工艺文件,或者已经制造或者购买实施发明创造所必需的主要设备或者原材料;

(二)仅在专利申请日前已有的生产规模内,以及利用已有的生产设备或者根据已有的生产准备可以达到的生产规模内继续制造、使用;

(三)在先制造的产品、在先使用的方法或设计,是被告独立研究完成或者以其他合法手段取得。

原告主张先用权抗辩不成立的,可以提供证据证明被告援引的在先技术或设计系在专利申请日前抄袭、窃取或者以其他不正当手段获取。

2.42　被告提出临时过境抗辩的,应提供证据证明被诉侵权行为仅涉及临时通过中国领陆、领水、领空的外国运输工具,依照其所属国同中国签订的协议,或者共同参加的国际条约,或者依照互惠原则,为运输工具自身需要而在其装置和设备中使用涉案专利。

2.43　被告提出科研目的抗辩的,应提供证据证明被诉侵权行为系专门针对涉案专利技术方案本身进行的科学研究和实验,其目的是研究、验证、改进他人专利技术,在已有专利技术的基础上产生新的技术成果。

2.44　被告提出行政审批例外抗辩的,应提供证据证明被诉侵权行为系为提供《中华人民共和国药品管理法》《中华人民共和国药品管理法实施条例》《药品注册管理办法》等相关药品管理法律法规、部门规章等规定的实验资料、研究报告、科技文献等相关材料，而制造、使用、进口专利药品或者专利医疗器械，以及专门为其制造、进口专利药品或者专利医疗器械。

2.45　被告提出现有技术抗辩的，应提供证据证明被诉落入专利权保护范围的技术方案的全部技术特征与一项现有技术方案中的相应技术特征相同或者等同，或者所属技术领域的普通技术人员认为被诉侵权技术方案是一项现有技术与所属领域公知常识的简单组合。

被告可以提供以下证据以证明现有技术的状况：

(一)涉案专利申请日前进入公有领域、公众可以自由使用的技术；

(二)尚处于他人专利权保护范围内、涉案专利申请日前的非公有技术；

(三)涉案专利权人拥有的其他在先专利技术。

依据《中华人民共和国专利法》第二十四条的规定享受新颖性宽限期的技术不得作为前款现有技术予以援引。

2.46　被告提出现有设计抗辩的，应提供证据证明被诉侵权产品的外观与一项现有设计相同或者相近似，或者被诉侵权产品的外观设计是一项现有外观设计与该产品的惯常设计的简单组合。

被告可以提供以下证据证明现有设计的状况：

(一)申请日前国内外以出版物形式公开的设计；

(二)申请日前通过使用、销售、进口、交换、馈赠、演示、展出等使用方式公开的设计；

(三)申请日前通过报告会或讨论会发言材料、广播、电视、电影等其他方式公开的设计。

2.47　被告作为使用者主张不停止使用的，应围绕以下事实提供证据：

(一)其使用的产品满足关于合法来源抗辩的要件；

(二)其已支付该产品的合理对价。

2.48　被告提出基于国家利益、公共利益的考量不停止侵权抗辩的，应围绕判令停止侵权可能导致以下情形提供证据：

(一)有损于我国政治、经济、军事等安全；

（二）导致公共安全事件发生；

（三）危及公共卫生；

（四）造成重大环境保护事件；

（五）影响行业正常发展；

（六）导致社会资源严重浪费等利益严重失衡的其他情形。

2.49　被告提出不停止实施标准必要专利抗辩的，应围绕以下事实提供证据：

（一）涉案专利属于推荐性国家标准、行业标准或者地方标准，或虽非推荐性国家标准、行业标准或者地方标准，但属于国际标准组织或其他标准制定组织制定的标准，且专利权人按照该标准组织的章程明示且做出了公平、合理、无歧视的许可义务承诺的标准必要专利；

（二）涉案专利权人故意违反其在标准制定中承诺的公平、合理、无歧视的许可义务；

（三）被告在协商中无明显过错。

2.50　涉案专利权人就其在标准制定中承诺的公平、合理、无歧视许可义务的具体内容，可以提供以下证据：

（一）专利权人向相关标准化组织提交的许可声明文件和专利信息披露文件；

（二）相关标准化组织的专利政策文件；

（三）涉案专利权人作出并公开的许可承诺。

2.51　被告可以提供以下证据证明原告故意违反公平、合理、无歧视的许可义务：

（一）未以书面形式通知被告侵害专利权，且未列明侵害专利权的范围和具体侵权方式；

（二）在被告明确表示接受专利许可协商的意愿后，未按商业惯例和交易习惯以书面形式向被告提供专利信息或提供具体许可条件；

（三）未向被告提出符合商业惯例和交易习惯的答复期限；

(四)在协商实施许可条件过程中,无合理理由而阻碍或中断许可协商;

(五)在协商实施许可过程中提出明显不合理的条件,导致无法达成实施许可合同;

(六)原告在许可协商中有其他明显过错行为。

2.52　原告可以提供以下证据证明被告在标准必要专利许可协商过程中存在明显过错:

(一)收到原告的书面侵权通知后,未在合理时间内积极答复;

(二)收到原告的书面许可条件后,未在合理时间内积极回复是否接受该许可条件,或在拒绝接受原告提出的许可条件时未提出新的许可条件建议;

(三)无合理理由而阻碍、拖延或拒绝参与许可协商;

(四)在协商实施许可条件过程中提出明显不合理的条件,导致无法达成实施许可合同;

(五)被告在许可协商中有其他明显过错行为。

第三部分　侵害著作权纠纷

3.1　审理侵害著作权的案件,应围绕以下事实审查原告提供的相应证据:

(一)原告是否对涉案作品享有著作权;

(二)被诉侵权作品与权利作品是否相同或者实质性相似;

(三)被告是否具有接触权利作品的可能,或者被诉侵权作品与权利作品是否存在相同的错误、瑕疵、暗记等独特部分,或者被诉侵权作品与权利作品是否完全相同或高度相似足以排除创作巧合。

3.2　原告提供的作品、录音录像制品上的署名以及涉及著作权的底稿、原件、合法出版物、著作权登记证书、认证机构的证明、取得权利的合同、符合行业惯例的权利人声明等可以作为证明著作权归属的初步证据。

被告提供的与作品上署名不一致的其他署名、认证机构出具的相互矛盾的证明、作品登记机构出具的相互矛盾的著作权登记证书、权利人出具的相互矛盾的声明等可以作为推翻前款初步证据的反证。

3.3　电影、电视剧上明确标示的权利归属信息可以作为认定权属的初步证据,但有相反证据的除外。

电影、电视剧上未明确标示权利归属信息,也未标示制作者的,电影、电视剧片头、片尾等位置标示的出品单位署名,可以作为认定权属的初步证据;无出品单位署名的,片头、片尾等位置标示的摄制单位署名,可以作为认定权属的初步证据。出品单位、摄制单位之间的合同可以作为推翻前述认定的反证。

原告提供的制作许可证、拍摄许可证、发行许可证、公映许可证等行政机关颁发的证照,一般不能单独作为认定著作权归属的证据。

原告主张电影、电视剧之外的其他视听作品著作权的,根据视听作品的类型、时长、内容等围绕以下事实提供证据:

(一)时间较长、拍摄复杂的视听作品,应提供相关合同;

(二)短视频等时间短、拍摄简单的视听作品,可以提供相关合同,也可以提供原始文件;

(三)除前两项以外的其他视听作品,一般应提供相关合同。

3.4 职务作品中,利用物质技术条件的证据包括资金、设备、图纸、资料、技术、拍摄场所等;工作职责的证据包括营业执照、事业单位法人证书、相关行政审批手续、劳动合同、人事关系证明、纳税证明等。

3.5 原告主张涉案作品为委托作品的,应提供委托创作合同,作为确定著作权归属的证据。

3.6 原告主张著作权的作品为网络发表作品的,可以提供网页截屏,被告不予认可的,可以请求进行现场勘验;无法勘验的,原告可以提供公证书或者通过区块链、时间戳等电子存证技术固定的网页等证据。

3.7 原告主张专有出版权的,应提供取得专有出版权的合同。

3.8 原告主张非职务表演的表演者权的,可以提供体现其声音、形象等能够确定其表演者身份的证据,也可以提供歌单、节目单、演出海报、剧照、视频节目字幕、片头或片尾演职人员表、主持人播报等能够体现其表演者署名的证据,或者与演出组织者签订的合同等证据。

演员主张职务表演的表演者权的,应提供证明其表演者身份的证据及其与演出单位签订的有关表演者权归属合同等证据。

演出单位主张职务表演的表演者权的,应提供证明该表演是职务表演的证据及其与演员签订的劳动合同、约定表演者权归属的合同等证据。

3.9 原告主张录音制作者权的,应提供署名其为制作者、录制者或者其名称前加注有版权标识的录音制品出版物、录音制品出版物的封面、封底、歌单,或者提供其取得录音制作者权的合同。

在无其他证据佐证的情况下,原告提供的仅标注有“提供版权”信息的录音制品,不能单独作为认定录音制作者权归属的初步证据。

3.10 在无相反证据的情况下,广播、电视中显示的台标、名称、主持人播报的电台、电视台名称等可以作为认定广播组织权归属的初步证据。

3.11 原告主张被告侵害其发表权的,无需就作品未发表进行举证。被告如主张涉案作品已经发表的,应提供涉案作品已经发表的出版物、网页、宣传册等证据。

原告主张被诉展览行为侵害其发表权的,可以提供显示公开陈列涉案美术作品、摄影作品的原件或复制件的宣传广告、展会资料、门票、照片等证据;被告可以提供其受让取得涉案美术作品、摄影作品原件的合同、书面声明、著作权登记证书等作为反证。

3.12 原告主张被告的署名方式不符合约定或通常署名方式的,应提供约定署名方式的合同、往来邮件或体现原告署名的公开发行的作品载体、规定署名方式的行业规范性文件等证据。

3.13 原告主张被告侵害其保护作品完整权的,应提供双方作品的比对,并指明歪曲、篡改之处,同时可以提供报刊、杂志、电台、电视台、互联网等媒体发布的相关评论性文章,相关行业评价组织发布的评分意见、用户评价留言等证据,证明前述歪曲、篡改损害了原告声誉。

3.14 原告主张被告侵害其复制权的,可以提供载有涉案作品的图书、音像制品等出版物、电子文件载体等证据。

3.15 原告主张被告侵害其发行权的,可以提供被告销售、赠与他人载有涉案作品的出版物、电子文件载体,以及销售单据、交易凭证、赠与说明等证据。

3.16 原告主张被告侵害其展览权的,可以提供被告主办或参加展览涉案美术作品、摄影作品展会的邀请函、宣传材料、展会报道,或者被告将涉案美术作品、摄影作品悬挂于公共场所的照片、宣传图文等证据。

3.17 原告主张被告侵害其摄制权的,应提供证据证明被告实施了摄制行为。

原告将署名的出品单位和摄制单位列为共同被告时,出品单位、摄制单位否认共同摄制的,应提供相关合同等证据。

3.18 原告主张被告侵害其改编权的,应具体说明被诉侵权作品中存在权利作品的基本表达,必要时应提供比对表等证据。双方当事人对比对事实有争议的,可以申请鉴定。

3.19 原告主张被告实施了直接侵害其信息网络传播权行为的,应提供证据证明被告实施了提供行为。

原告提供证据证明被告网站能够播放、下载或者以其他方式使公众在其选定的时间、地点获得涉案作品、表演、录音录像制品、广播电视,被告仍主张其未实施提供行为的,被告应提供证据证明其仅提供自动接入、自动传输、信息存储空间、搜索、链接或文件分享技术等技术服务。

被告提供的证据能够证明其未实施提供作品、表演、录音录像制品、广播电视的行为,而仅提供技术服务的,原告可以就此提供相反证据或据此变更诉讼主张,并就变更后的诉讼主张补充提供证据。原告申请补充提供证据的,举证期限可以另行指定。

3.20 原告主张各被告共同实施了提供行为的,应提供证据证明各被告之间具有共同提供涉案作品、表演、录音录像制品、广播电视的主观意思联络,且为实现前述主观意思联络客观上实施了相应行为。

原告提供的各被告之间存在体现合作意愿的合同邮件等,可以作为认定各方具有主观意思联络的证据,但被告能够证明其根据技术或者商业模式的客观需求,仅提供技术服务的除外。

3.21 被告主张其提供信息存储空间服务的,可以围绕以下事实提供证据:

(一)被告网站具备为服务对象提供信息存储空间服务的功能;

(二)被告网站中的相关内容明确标示了为服务对象提供信息存储空间服务;

(三)上传者的用户名、注册 IP 地址、注册时间、上传 IP 地址、联系方式以及上传时间、上传信息等;

(四)其他事实。

3.22 被告能够提供证据证明存在以下情形之一的,可以初步认定其提供的是链接服务:

(一)涉案作品、表演、录音录像制品、广播电视在播放时自被告网站跳转至第三方网站;

(二)涉案作品、表演、录音录像制品、广播电视在播放时虽未发生网站跳转,但地址栏显示的是第三方的网址,或者有其他证据足以证明涉案作品、表演、录音录像制品、广播电视置于第三方网站的;

(三)其他情形。

被告仅提供播放画面的水印或者影片介绍中载明的播放来源图标、文字的,一般不能认定被告完成了举证责任。

3.23 原告主张被告作为自动接入、自动传输、信息存储空间、搜索、链接或文件分享技术等网络服务提供者构成帮助侵害信息网络传播权的,可以围绕以下事实提供证据:

(一)被告提供了自动接入、自动传输、信息存储空间、搜索、链接或文件分享技术等网络服务;

(二)网络用户利用被告提供的网络服务提供了涉案作品、表演、录音录像制品、广播电视的行为;

(三)被告明知或应知网络用户利用其提供的网络服务提供涉案作品、表演、录音录像制品、广播电视。

3.24 原告主张被告作为自动接入、自动传输、信息存储空间、搜索、链接或文件分享技术等网络服务提供者构成教唆侵害信息网络传播权的，可以围绕以下事实提供证据：

（一）被告提供了自动接入、自动传输、信息存储空间、搜索、链接或文件分享技术等网络服务；

（二）被告以积分奖励、增加访问权限、赠与虚拟货币或者现金等方式诱导网络用户利用其网络服务提供涉案作品、表演、录音录像制品、广播电视。

3.25　原告主张提供信息存储空间服务的被告应知其信息系统中存在涉案作品、表演、录音录像制品、广播电视的，可以围绕以下事实提供证据：

（一）涉案作品、表演、录音录像制品、广播电视或者与其相关的信息位于首页、各栏目首页或者其他主要页面等可被明显感知的位置；

（二）对涉案作品、表演、录音录像制品、广播电视的主题或者内容主动进行选择、编辑、修改、整理、推荐或者为其设立专门排行榜；

（三）信息存储空间服务提供者从涉案作品、表演、录音录像制品、广播电视中直接获利；

（四）网络用户提供的是专业制作且内容完整的影视作品、音乐作品、表演、录音录像制品、广播电视，或者处于热播、热映期间的影视作品、知名度较高的其他作品以及相关的表演、录音录像制品、广播电视；

（五）网络用户提供的是正在制作过程中且按照常理制作者不可能准许他人传播的影视作品、音乐作品、表演、录音录像制品、广播电视；

（六）其他明显的侵权事实。

3.26　提供信息存储空间服务的被告主张其不承担赔偿责任的，可以围绕以下事实提供证据：

（一）明确标示涉案作品、表演、录音录像制品、广播电视是服务对象所提供，并公开信息存储空间服务者的名称、联系人、网络地址；

（二）在接到权利人的通知书后，及时删除涉案作品、表演、录音录像制品、广播电视；

（三）已采取合理过滤措施。

3.27 原告主张链接服务提供者构成帮助侵害信息网络传播权的，可以围绕以下事实提供证据：

（一）被链接网站提供了侵害他人信息网络传播权的作品、表演、录音录像制品、广播电视；

（二）链接服务提供者在接到权利人的通知后，未及时采取删除、屏蔽、断开链接等必要措施。

3.28 原告主张链接服务提供者存在过错的，可以围绕以下事实提供证据：

（一）链接服务提供者接到权利人通知后，未及时采取断开链接等必要措施；

（二）链接服务提供者与被链接网站之间存在相关的合作；

（三）链接服务提供者设置指向特定作品、表演、录音录像制品、广播电视的定向链接，且被链接网站侵权行为明显；

（四）链接服务提供者对其链接的涉案作品、表演、录音录像制品、广播电视进行了主动的选择、编辑、推荐，使公众在设链网站上可以直接下载、浏览或者以其他方式获得；

（五）其他情形。

3.29 提供搜索、链接服务的网络服务提供者主张免除赔偿责任的，可以围绕以下事实提供证据：

（一）对被链接的作品、表演、录音录像制品、广播电视是否侵权不属于明知或者应知；

（二）接到权利人的通知后，及时采取必要措施；

（三）已采取合理过滤措施。

3.30 原告主张被告接到权利人通知未采取必要措施的，应提供证据证明其向被告发出了合格的通知、被告收到了该通知、被告在合理期限内未采取必要措施。

3.31 原告主张网络服务提供者收到权利人通知的，可以围绕以下事实提供证据，但网络服务提供者提供相反证据的除外：

（一）原告根据网络服务提供者公示的途径及方式发送通知；

(二)原告虽然未按照网络服务提供者公示的途径及方式发送通知,但其向网络服务提供者发送通知的途径和方式足以使网络服务提供者收到该通知;

(三)网络服务提供者自认收到了该通知;

(四)网络服务提供者通过邮件等方式向原告作出回复;

(五)其他情形。

3.32　网络服务提供者提出完成通知删除的抗辩,应提供证据证明其接到原告提供的符合条件的通知后,及时删除了涉案作品、表演、录音录像制品、广播电视,或及时断开了与涉案作品、表演、录音录像制品、广播电视链接,或采取了其他必要措施。

3.33　原告主张被告故意避开或者破坏技术措施的,可以围绕以下事实提供证据:

(一)原告采取了技术措施;

(二)一般用户通常无法避开或者破解该技术措施;

(三)被告实施了破坏或避开技术措施的行为。

3.34　原告主张被诉侵权网站由被告经营的,应提供指向被告是被诉侵权网站经营者的网站登记备案信息、网站中相关标示信息等证据。

经营性网站登记备案信息可以作为证明网站经营者身份的初步证据,但有相反证据的除外。

被诉网站上仅有被告名称,其他标示信息与被告相关信息不一致的,一般不能将标示的名称作为证明网站经营者身份的初步证据。

3.35　侵权出版物上标注的出版者、书号的所有者等可作为认定侵权出版物出版者的初步证据,但有相反证据的除外。

3.36　原告主张出版者未尽到合理注意义务的,可以围绕以下事实提供证据:

(一)被告提供的出版合同中的著作权人与出版物上署名作者不一致;

(二)出版者没有审查演绎作品或者汇编作品著作权人是否得到原作品著作权人的授权;

(三)被诉侵权出版物包含与在先发表的出版物相同的内容;

(四)被诉侵权出版物的出版虽经过曾出版该书的出版者同意,但没有得到著作权人许可;

(五)其他情形。

3.37　出版者主张其尽到了合理注意义务,可以围绕以下事实提供证据:

(一)虽然作者在授权其出版前已经授权他人出版或已转让著作权,但因作品尚未发表,出版者对此并不知情;

(二)演绎作品的作者事前未告知出版者是演绎作品,且原作品从未发表,出版者无法判断出版物是否属于演绎作品;

(三)职务作品作者所在单位或合作作者主张出版者侵权时,该作品的作者事前未将创作过程如实告知出版者,出版者无其他途径知晓创作过程,也无法判断该出版物是否属于职务作品或合作作品;

(四)被诉侵权出版物的授权链条完整,原始授权者的身份及授权文件无明显疑点;

(五)其他情形。

3.38　原告主张被告侵犯其版式设计权的,应提供证据证明双方出版的系同一作品,并说明双方出版同一作品的版心、排式、字体字形、行距、标点等版面布局因素整体安排相同或基本相同,必要时需提供比对表。

3.39　原告应提供证据证明权利录音制品与被诉侵权录音制品音源相同。

原告提供的证据能够证明双方录音制品中的表演者、词曲、编曲等因素相同,且在听觉上无明显差异的,通常认为其完成了音源相同的初步举证责任。被告否认的,应提供音源鉴定报告等反证。

3.40　被告主张被诉侵权作品由其独立创作的,可以围绕以下事实提供证据:

(一)没有接触权利作品的可能性;

(二)涉案作品的具体情形足以存在创作巧合;

(三)原始创作手稿;

（四）在先作品著作权登记证书；

（五）发表在先的作品；

（六）其他独立创作的事实。

3.41 被告主张被诉侵权作品与权利作品相同或实质性相似的部分来自于在先其他作品的，应提供该在先其他作品，并就被诉侵权作品与该在先作品的相同或实质性相似进行说明。

3.42 被告主张被诉侵权作品与权利作品相同或实质相似的部分来源于公有领域的，应提供该公有领域的相关作品，并就被诉侵权作品与该公有领域的相关作品相同或实质性相似进行说明。

3.43 被告提出有限表达抗辩的，应提供证据证明或者说明被诉侵权作品与权利作品表达相同或实质性相似是因表达方式极为有限或执行共同标准等造成的。

3.44 被告提出必要场景抗辩的，应提供证据证明被诉侵权作品与权利作品相同或者实质性相似的表达是表达某一主题必须描述的场景或者必须使用的场景设计。

3.45 被告主张合理使用抗辩的，应围绕以下事实提供证据：

（一）被诉行为属于《中华人民共和国著作权法》列举的合理使用情形；

（二）指明了作者姓名或者名称、作品名称；

（三）被诉行为未影响原告作品的正常使用；

（四）被诉行为并未替代原告的作品，也未不合理损害原告的合法权益。

3.46 原告主张被告侵害其计算机软件著作权的，可以提交关于被告接触了主张权利的软件且被诉侵权软件与主张权利的软件实质性近似的证据，也可以提交双方软件的目标程序和权利软件的源程序。

3.47 被诉侵权软件的源程序一般由被告提供。被告拒不提供源程序或者提供的源程序无法采信的，原告可以主张将权利软件的目标程序与被诉侵权软件的目标程序进行对比。

3.48 原告主张最终用户侵害其计算机软件著作权的，可以提供以下初步证据：

（一）行政处罚决定；

（二）被告单位职工的证言，或者接触过被告计算机系统的证人证言；

（三）被告制作的载明其使用涉案软件的广告；

（四）被告发布的含有要求应聘人员熟练掌握权利软件的招聘信息；

（五）被告制作的载明其使用权利软件的产品说明书或产品；

（六）被告使用的计算机中运行权利软件的照片或视频等；

（七）其他初步证据。

原告在提供了上述初步证据的情况下，可以申请对被告使用权利软件的事实进行调查取证或证据保全。

在调查取证时，如果需要检查的计算机数量过多，可以在征得双方当事人同意的情况下进行抽查，并由双方当事人书面确认抽查结果适用于全部检查范围。根据具体情况，也可以采取远程取证的方式。

第四部分　侵害商标权纠纷

4.1　原告主张其享有注册商标专用权的，可以提供商标注册证、核准注册公告、续展注册商标公告、由国家知识产权局依据《商标国际注册马德里协定》作出的该国际注册在中国有效的证明文件、商标转让证明、注册商标转让公告、商标承继关系证明等证据。

原告主张其经许可取得商标使用权的，可以提供商标使用许可合同、商标许可使用授权书、商标许可使用备案信息以及其他能体现商标许可使用关系的证据。

4.2　取得排他许可的被许可人提起侵权之诉，除应提供第 4.1 条列举的商标权属证据外，还应提供商标权人放弃诉讼或不起诉的证据。

取得普通许可的被许可人提起侵权之诉，除应提供第 4.1 条列举的商标权属证据外，还应提供商标权人明确授权被许可人提起诉讼的证据。

4.3　原告主张被告侵害其商标权的，应提供证据证明被诉侵权标志的使用构成商标法意义上的使用。

为证明前款事项,原告可以提供以下证据:

(一)以直接贴附、刻印、烙印或者编织等方式标示有被诉侵权标志的商品、商品包装、容器、标签、商品附加标牌、产品说明书、介绍手册、价目表;

(二)标示有被诉侵权标志的与商品销售有关的合同、发票、收据、商品进出口检验检疫证明、报关单据;

(三)标示有被诉侵权标志的计算机软件安装、运行界面的图片或视频;

(四)标示有被诉侵权标志的服务场所使用的宣传资料、工作人员服饰、招贴、菜单、价目表、名片、奖券、办公文具、信笺,店堂招牌、内外装饰装潢的照片或视频;

(五)标示有被诉侵权标志的与服务有关的宣传资料、财务账册、发票、收据、收汇款单据、服务协议、维修维护证明;

(六)标示有被诉侵权标志的电影、广播、电视、网页、即时通讯工具、应用程序、出版物、广告牌、邮寄广告或者其他广告载体;

(七)展览会、博览会等公开集会上使用的标示有被诉侵权标志的印刷品、展台照片、参展证明、委托布展合同、发票及其他资料;

(八)与商标使用相关的其他证据。

4.4　原告主张被诉侵权商品与其商标核定使用的商品属于同一种或类似商品的,可以围绕以下事实提供证据:

(一)《类似商品和服务区分表》;

(二)相关商品被作为关联商品采购的合同、收发货单据、交易票据;

(三)相关商品被置于相同品类货架销售、宣传展示的照片;

(四)进行比较分析、汇总统计、归纳趋势特点的行业情况报告、统计报告;

(五)反映消费群体、销售渠道相关联、相重合的市场报告、行业调查报告;

(六)其他事实。

4.5　被诉侵权标志与原告的注册商标属于使用在同一种商品上的近似商标的,或者属于使用在类似商品上的相同或近似商标的,原告可以提供用户评价、用户留言、投诉信函、市场调查报告等证据证明存在混淆可能性。

原告主张被告在同一种商品上使用与其注册商标相同商标的，推定已造成混淆。

4.6　原告主张被告销售侵害注册商标专用权的商品或销售伪造、擅自制造注册商标标志的，可以提供侵权商品、侵权商标标志、销售合同、发票、付款凭证、宣传材料、电商平台销售记录、用户留言评价以及销售其他商品或商标标志时附赠的侵权商品、商标标志等证据。

4.7　原告主张被告伪造、擅自制造其注册商标标志的，应提供证据证明被告实际制造或委托他人制造了与原告注册商标相同或近似的标志，且该标志所示商品与原告注册商标核定使用的商品构成同一种或类似商品。

4.8　原告主张被告为实施侵害商标权行为提供帮助的，可以提供被告作为市场主办方、展会主办方、柜台出租人、电子商务平台经营者，为他人实施侵权行为提供仓储、运输、邮寄、印制、隐匿、经营场所、网络商品交易平台等便利的证据。

4.9　原告主张被告故意为侵害他人商标权行为提供便利条件的，可以提供原告发出的侵权警告函被签收、相关执法部门通知、行政裁决书、裁判文书等证据。

4.10　原告主张被告将与他人注册商标相同或近似的文字作为企业字号使用构成侵害商标权的，除按第4.1条提供其享有注册商标专用权的证据外，还应提供被告在与原告注册商标同一种或类似商品上单独或突出使用企业字号的证据。

4.11　原告主张商标达到驰名程度，应依据《中华人民共和国商标法》第十四条的规定围绕以下事实提供证据：

（一）反映使用该商标的商品的市场份额、销售区域、纳税情况等因素的销售合同、各类票据、参加展会证明、广告宣传；

（二）体现商标持续使用时间、地域范围的相关证据；

（三）该商标曾被作为驰名商标受保护的记录；

（四）使用该商标的商品在行业内排名列表、市场价值评估报告、市场分析报告、市场调查报告、荣誉证书；

（五）使用该商标商品的用户数量、交易金额、用户互动数据；

（六）其他事实。

4.12 原告主张被告侵害其未注册驰名商标权益的，应围绕以下事实提供证据：

（一）涉案商标经过长期宣传、使用已达驰名程度；

（二）被告实际使用的商品与涉案商标据以驰名的商品构成同一种或类似商品；

（三）被告使用的商标构成对涉案商标的复制、摹仿或者翻译；

（四）被告的使用行为容易导致相关公众的混淆。

4.13 原告主张被告侵害其注册驰名商标专用权的，应围绕以下事实提供证据：

（一）涉案商标经过长期宣传、使用已达驰名程度；

（二）被告使用的商标构成对涉案商标的复制、摹仿或者翻译；

（三）被告的使用行为容易误导公众，致使原告的利益受损。

4.14 原告主张被告将与其注册商标相同或近似的文字注册为域名侵害其商标权的，除按第4.1条提供其享有注册商标专用权的证据外，还应提供域名查询信息、域名证书、被告在同一种或类似商品上使用该域名进行电子商务交易的网页、交易记录等证据。

4.15 被告主张原告注册商标或其中部分文字属于通用名称的，可以提供字典、辞典、工具书、国家标准、行业标准、地方志、行业权威刊物等文献资料，或者属于全国范围内相关公众普遍认为能够指代一类商品约定俗成的通用名称的证据。

4.16 被告依据《中华人民共和国商标法》第五十九条第三款提出在先使用抗辩的，可以提供原告注册商标申请日前的合同、履行合同证明、宣传推广协议、市场调查报告、用户评价记录、购买记录、销售订单等使用被诉侵权标志的证据。

第五部分 不正当竞争纠纷

5.1 原告主张其被仿冒的相关标识有一定影响,可以提供以下证据:

(一)销售合同、发票、转账记录;

(二)参加展会、产品发布会等宣传材料;

(三)门店、分支机构、关联公司情况;

(四)网络推广协议、宣传网页、订单及交易记录;

(五)财务、审计报告;

(六)该标识受司法保护的生效裁判文书;

(七)荣誉证书、奖杯、奖牌;

(八)资质证明、质量证书;

(九)其他可以证明相关标识的影响已及于被告的证据。

5.2 原告主张被告实施了仿冒行为的,可以提供从公开市场上取得的被告商品或者获得被告服务的交易凭证、宣传材料、应用软件、相关网页等证据。

5.3 被告主张其使用的相关标识有合法来源的,可以提供其持有或经许可使用的在先外观设计专利证书、商标注册证、权利受让证明、许可使用合同、授权书等证据。

5.4 原告主张被告实施了虚假宣传行为的,可以提供以下证据:

(一)宣传材料、产品说明书、报刊杂志广告、网页介绍;

(二)相关网页、网络沟通记录;

(三)针对被告实施的虚假或引人误解宣传所涉事实的相反证据;

(四)其他证据。

5.5 被告否认实施虚假宣传行为的,可以提供以下证据:

(一)反映宣传内容的产品、服务及其说明书、宣传材料;

(二)与宣传内容相符的荣誉证明、资质证明;

(三)与宣传内容相符的合同、订单;

(四)客户就宣传内容所作的说明、评论;

(五)未被误解的用户评价、留言;

（六）其他证据。

5.6　原告主张其享有商业秘密的，应说明其商业秘密的具体内容，同时可以提供载有商业秘密的合同、文档、计算机软件、产品、招投标文件、数据库文件，原告与披露、使用或允许他人使用商业秘密的人存在约定保密义务的合同、员工证明、社保证明、离职手续、企业规章制度，密钥、限制访问系统或物理保密装置等证据。

5.7　原告主张被告实施侵害商业秘密行为的，可以提供以下证据：

（一）被告生产的含有原告商业秘密的产品、产品手册、宣传材料、计算机软件、文档；

（二）被告与第三方订立的含有原告商业秘密的合同；

（三）被告所用信息与原告商业秘密相同或存在相似程度的鉴定报告、评估意见、勘验结论；

（四）被告与披露、使用或允许他人使用商业秘密的主体存在合同关系或其他关系的合同；

（五）针对原告商业秘密的密钥、限制访问系统或物理保密装置等被破解、规避的记录；

（六）能反映原告商业秘密被窃取、披露、使用的证人证言；

（七）体现原告商业秘密存在的产品说明书、宣传介绍资料；

（八）被告明知或应知他人侵犯商业秘密仍提供帮助的宣传网页、销售或展览展示场所；

（九）被告教唆、引诱、帮助他人侵犯商业秘密的录音录像、聊天记录、邮件；

（十）其他证据。

5.8　原告主张被诉信息与原告主张的商业秘密构成实质性相同，可以提供以下证据：

（一）有资质的鉴定机关、评估机构出具的鉴定意见、评估意见，相关专家辅助人意见；

（二）能体现与原告主张的商业秘密实质性相同的信息的产品、合同、意向书；

（三）前述证据来自于与被告有关的第三方；

（四）其他证据。

必要时，原告可以申请对含有原告商业秘密与被诉信息的产品、文档等载体进行现场勘验或鉴定。

5.9　被告否认侵犯商业秘密的，可以提供以下证据：

（一）已公开原告商业秘密的文献资料、宣传材料、网页、相关产品；

（二）原告保密措施无效的鉴定意见、评估报告；

（三）被告所用信息与原告商业秘密不同的鉴定意见、评估报告、勘验结论；

（四）被告获取、披露、使用或者允许他人使用的商业秘密经过合法授权的授权书、合同；

（五）被告自行开发研制或者反向工程等的开发文件、研发记录、音视频文件；

（六）客户基于对离职员工个人的信赖而自愿与该个人或者其新单位进行市场交易的说明、证人证言；

（七）其他证据。

5.10　被告抗辩被诉信息与原告商业秘密存在实质性区别的，可列明二者之间存在的区别点，并对相关区别点导致二者构成实质性区别予以说明，必要时可以提供专家辅助人意见、鉴定意见等；或者提供被诉信息与原告商业秘密中构成实质性相同部分的信息属于他人信息或公有领域信息的文档、专家辅助人意见、鉴定意见、评估意见等证据。

必要时，被告可以申请对原告商业秘密与被诉信息的产品、文档等载体进行现场勘验或鉴定。

5.11　被告抗辩被诉信息系通过反向工程获取的，可以提供以下证据：

（一）通过公开渠道取得产品的购买合同、接受赠予的凭证、票据；

（二）通过拆卸、测绘、分析等相关技术手段从公开渠道取得的产品中获得有关技术信息的工作记录、视频、文档数据；

(三)委托他人通过拆卸、测绘、分析等技术手段从公开渠道取得的产品中获得有关技术信息的合同、往来邮件;

(四)其他证据。

5.12 被告提出个人信赖抗辩的,可以提供以下证据:

(一)所涉行业领域强调个人技能的行业特点说明;

(二)客户明确其系基于对员工个人的信赖自愿选择交易的声明、说明或者聊天记录、往来邮件;

(三)与相关客户的交易未利用原告所提供的物质条件、交易平台的文件、沟通记录;

(四)其他证据。

5.13 原告主张被告实施商业诋毁行为的,可以提供被告编造、传播虚假信息或误导性信息的声明、评价、宣传报道等图文、视频,原告因被告行为造成客户解约的解除合同通知、用户评价降低等证据。

5.14 被告否认实施商业诋毁的,可以提供以下证据:

(一)被告发布的信息符合客观事实的产品或服务的说明书、宣传材料;

(二)原告产品、服务或经营活动受到相关处罚的决定书、原告作出的公开声明、原告客户作出的相关评价;

(三)被告发布的信息并非针对原告的宣传材料、声明;

(四)未被误导的用户评价、留言;

(五)其他证据。

5.15 原告主张与被诉网络不正当竞争行为存在利害关系的,可以提供以下证据:

(一)网站的登记备案信息、域名注册信息、网站用户协议、公示有经营者信息的网页;

(二)应用软件的开发者信息、软件数字签名、计算机软件著作权登记证书等;

(三)产品使用协议、用户服务协议、会员服务协议、技术保护措施声明、第三方网站对原告产品或服务的介绍;

（四）其他证据。

5.16　原告主张被诉行为发生在网络中，可以提供固定被诉行为的网页、公证书、第三方电子存证机构出具的电子证据等。

原告主张被诉行为属于利用技术手段实施的，可以提供以下证据：

（一）体现被诉行为利用技术手段的文档、视频、公证书等说明文件；

（二）未利用技术手段与利用技术手段的效果比对文件、公证书、鉴定意见、专家辅助人意见；

（三）被告对其技术手段的宣传报道、自我介绍；

（四）其他证据。

必要时，原告可以申请对被告所采取的技术手段进行现场勘验。

5.17　原告主张被告实施其他妨碍、破坏原告正常经营行为的，可以提供以下证据：

（一）体现原告网络产品或服务正常运行的音视频文件、公证书、第三方电子存证机构保存的数据信息；

（二）原告网络产品或服务所使用的密钥、专门软件等技术措施、专家辅助人意见；

（三）被告不正当地获得原告网络产品或服务涉及的用户信息、经营数据、虚拟财产；

（四）被告使用的特定插件、网络爬虫软件、破解软件；

（五）原告网络产品或服务无法正常运行、设置、升级的音视频文件、公证书、第三方电子存证机构保存的证据、专家辅助人意见、经济学分析报告；

（六）其他证据。

5.18　被告否认实施妨碍、破坏原告正常经营行为的，可以提供以下证据：

（一）存在造成原告产品或服务无法正常运行的第三方干扰程序或技术措施；

（二）被诉行为未违反行业惯例、行业自律公约的专家辅助人意见；

（三）未造成原告合法权益受损的经济学分析报告；

(四)其他证据。

5.19 当事人主张存在相关行业商业道德的,可以提供相关行业惯例、行业协会或者自律组织制定的从业规范或者自律公约、相关行业标准或技术规范等证据。

5.20 原告主张被告存在主观故意的,可以围绕以下事实提供证据:

(一)被告通过相关媒体公开宣传介绍被诉行为与原告产品或服务有关;

(二)基于与原告存在合作、洽谈等关系而明知被诉行为可能对原告的合法权益造成损害后,仍实施被诉行为;

(三)被告的相关人员曾任职于原告,明知被诉行为可能对原告的合法权益造成损害,仍实施被诉行为;

(四)收到原告的警告后未及时停止被诉行为;

(五)其他事实。

司法观点

➢当事人约定以第三人的履行作为一方履行债务的条件,如何理解该约定的性质和效力?所附期限是否明确,由谁承担举证责任?①

法官会议意见:

当事人约定以第三人的履行作为一方履行债务的条件,该约定是对债务人何时履行债务所作的约定,不影响合同的效力,不属于附条件或附期限的法律行为。在合同有效的情况下,债务人负有确定的履行义务。就此而言,该约定形式上属于对履行所附的条件,但实质上则是附期限履行的约定。如果所附期限是确定的,则应当按照约定的期限履行;反之,难以确定当事人何时履行,即所附期限不明确的,依据《民法典》第511条第4项之规定,债务人可以随时履行,债权

---

① 参见《最高人民法院第二巡回法庭2021年第17次法官会议纪要》,载贺小荣主编:《最高人民法院第二巡回法庭法官会议纪要》第3辑,人民法院出版社2022年版,第179-181页。

人也可以随时请求履行,但是应当给对方必要的准备时间。所附期限是否明确,依据“谁主张、谁举证”的规则,应当由抗辩不应履行的债务人承担举证责任。

最高人民法院案例

➤ 1. 郑某欢与许某忠、一审被告华瀚科技有限公司、一审第三人深圳市欧宇美宏电子有限公司等民间借贷纠纷案①[(2016)最高法民终615号]

裁判要旨:民间借贷纠纷案件中,借款人往往根据出借人口头指令,将还款支付到其他公司或个人账户,而产生诉讼之后出借人对此不予认可的问题。根据民事诉讼“谁主张、谁举证”的原则,民间借贷纠纷案件通常由借款人就履行还款义务承担举证责任。但如果借款人支付还款款项的账户为出借账户时,应由出借人承担举证责任。

最高人民法院认为,郑某欢主张已偿还许某忠全部本金,而《债权转让及还款确认协议书》确认的本金均为违约金转化而来,应由郑某欢承担相应的举证义务。关于尚欠本金的认定,许某忠、伟康德公司在本案和(2012)粤高法民二初字第8号案中确认,《债权转让及还款确认协议书》结算的本金33900万元构成为许某忠11676万元、伟康德公司19610万元、陈某端14万元、杨某野2600万元。陈某端系伟康德公司于(2012)粤高法民二初字第8号案诉讼时的法定代表人和大股东,其未对伟康德公司关于33900万元本金的分配主张提出异议,视为对前述分配无异议。杨某野另案起诉华瀚科技有限公司(以下简称华瀚公司)的借款本金为2360万元,该金额虽低于伟康德公司、许某忠陈述的杨某野债权本金2600万元,但与前述分配并不构成冲突或者矛盾。郑某欢、华瀚公司未就前述33900万元提出不同的分配方法,也未能对前述分配提出相反的证据,故法院确认许某忠、伟康德公司的分配主张,即《债权转让及还款确认协议书》项下33900万元本金中归属许某忠的为11676万元。

---

① 参见最高人民法院民事审判第一庭编:《民事审判指导与参考》2017年第3辑(总第71辑),人民法院出版社2017年版,第182-183页。

郑某欢要想证明《债权转让及还款确认协议书》确认的许某忠的借款本金11676万元都是由违约金转化而来,则必须证明其在该确认协议书之前已实际偿还了全部借款本金。对于偿还过程,郑某欢主张,其和华瀚公司已向七名一审第三人划款13677.83万元用于偿还本案借款。对此主张,法院认为,第一,郑某欢未能举证证明其向七名一审第三人中的深圳市欧宇美宏电子有限公司、诺华德扬公司、宜都公司、华源公司、泽槟公司的划款符合涉案《借款合同》约定的还款方式或者获得许某忠的指示,也没有提供证据证明前述五位一审第三人与许某忠存在何种身份关联,故华瀚公司、郑某欢向前述五位一审第三人的划款不能认定是归还本案借款。第二,一审法院将华瀚公司向宏德辉公司、达源公司转款4634万元认定为归还本案借款本金的事实,许某忠虽提出异议,但并未就此提起上诉。从一审已查明的事实看,宏德辉公司、达源公司系许某忠指定的案涉借款的出款主体,且许某忠通过持股伟康德公司的方式实际控股宏德辉公司,这表明许某忠与宏德辉公司存在身份关联。对于向宏德辉公司、达源公司的这两笔转款是否属于偿还本案借款,许某忠存在更多的举证便利。在许某忠未能举证证明华瀚公司向宏德辉公司、达源公司转款4634万元系基于其他债权债务事实的情况下,一审法院根据举证责任的分配规则以及由此形成的内心确信认定该4634万元系用于偿还借款本金,并无不当。华瀚公司、郑某欢已经归还4634万元本金,则只剩本金7042万元,《债权转让及还款确认协议书》仍结算许某忠的本金为11676万元,显然是将部分违约金纳入了本金计算,而将违约金纳入本金计算的部分违反了法律规定,不能获得保护,应予剔除。一审判决认定华瀚公司、郑某欢尚欠许某忠借款本金7042万元,予以维持。

➢ 2. 贵州亿杰置业有限公司与重庆建工第十一建筑工程有限责任公司建设工程施工合同纠纷案[(2016)最高法民终811号]

裁判要旨:(1)审判实践中要区分民事法律行为附条件和附期限。民事法律行为附条件,是在意思表示当中附有决定该行为发生或者消灭条件的民事法律行为,直接影响合同的效力。履行期限,是双方当事人对实际履行合同义务时间所作的约定,不直接影响合同效力。(2)若债务人将合同条款约定的条件未达成作为履行的抗辩事由，以反驳债权人要求付款的诉讼请求，根据“谁主张、谁举证”的原则，债务人是该举证责任的合理负担方，应提供债权人知晓的相关证据。

关于贵州亿杰置业有限公司（以下简称亿杰公司）是否应当向重庆建工第十一建筑工程有限责任公司（以下简称建工公司）支付剩余2200万元工程款的问题。根据会议纪要内容，案涉工程本次工程款支付金额为4000万元；支付资金来源为开发商自筹和银行贷款；工程款分三次支付。现亿杰公司已经按照会议纪要约定的资金来源和额度实际支付了1800万元，尚余2200万元。因会议纪要约定的第三次付款时间为“施工单位协助开发商办理贷款到账”，亿杰公司据此主张建工公司并未举证证明其协助开发商办理贷款到账，故第三次付款条件未能成就，建工公司无权请求其支付剩余款项。最高人民法院认为，因案涉工程已经竣工验收并实际交付使用，无论支付的工程款来源是开发商自筹，还是银行贷款，亿杰公司均为付款义务人，即对于双方约定的4000万元工程款，其支付行为应为确定的、必然的，而非可以支付，也可以不支付。根据《民法通则》第62条①的规定，附条件的民事法律行为在条件成就时生效。如果将“施工单位协助开发商办理贷款到账”的约定视为附条件，则条件成就时，亿杰公司应履行付款义务；条件不成就时，亿杰公司则无须支付工程款。因此，该约定不能认为是亿杰公司支付行为所附条件，亿杰公司支付4000万元只是时间的早晚问题，而非是否支付的问题，一审法院将其视为对付款义务履行期限的约定并无不当。亿杰公司认为第三次付款条件不成就，故不应支付剩余工程款的主张无事实和法律依据，该院不予支持。

按照“施工单位协助开发商办理贷款到账”的约定，第三次付款时间是模糊、不确定的。依据《合同法》第61条、第62条第4项②之规定，对于合同约定的履行期限不明确的，“债务人可以随时履行，债权人也可以要求随时履行，但应当给对方必要的准备时间”。亿杰公司已经按照会议纪要履行了部分付款义务，其应继续向建工公司支付剩余2200万元工程款。亿杰公司上诉时称，上述事项属于

---

① 《民法通则》已失效，现为《民法典》第158条，内容有修改。

② 《合同法》已失效，现为《民法典》第510条、第511条第4项。

当事人对原合同变更的内容约定不明确,应适用《合同法》第 78 条①,推定为未变更,一审法院适用《合同法》第 61 条、第 62 条属于适用法律错误。最高人民法院认为,会议纪要对原合同关于案涉工程款支付方式和金额的约定进行的变更是明确的,仅是对债务履行期限的约定不明确,亿杰公司关于一审法院适用法律错误的主张不能成立,法院不予支持。同时,亿杰公司作为付款义务人和贷款筹集方,并没有证据证明其通知施工方建工公司协助贷款,亿杰公司认为一审法院举证责任分配错误的主张亦不能成立,法院不予支持。

➢ 3. 再审申请人青海中航资源有限公司与被申请人青海凯帝商贸有限公司买卖合同纠纷案[(2020)最高法民申 5084 号]

裁判要旨:当事人主张提货人系对方当事人员工的,应当提供证据加以证明。

最高人民法院认为,本案审查的主要问题是青海中航资源有限公司(以下简称青海中航公司)认为提货人刘某康、徐某玉系青海凯帝商贸有限公司(以下简称青海凯帝公司)的员工,举证责任在青海凯帝公司的再审申请理由是否成立。经审查,青海中航公司诉请青海凯帝公司支付货款为 10236370 元。其中,通过铁路运输的 5428 吨氯化钾,价值 9092200 元,青海中航公司提供了铁路货单,青海凯帝公司提供的货物运输增值税专用发票及青海凯帝公司作出的《回函》,证明青海凯帝公司收到货物,并支付 6036000 元货款的事实。对另外 5241 吨氯化钾,价值 7180170 元,供货方式为自提,提货人为刘某康、徐某玉。

青海中航公司对提货人系青海凯帝公司职员身份或提货行为是受青海凯帝公司所委托,均未提供证据予以证明。依据"谁主张、谁举证"的举证原则,青海中航公司对其诉讼请求负有举证责任。依据《民诉法解释》第 90 条"当事人对自己提出的诉讼请求所依据的事实或者反驳对方诉讼请求所依据的事实,应当提供证据加以证明,但法律另有规定的除外。在作出判决前,当事人未能提供证据或者证据不足以证明其事实主张的,由负有举证证明责任的当事人承担不利的

---

① 《合同法》已失效,现为《民法典》第 544 条。

后果”的规定,原判决以青海中航公司举证不能,驳回其诉讼主张,并无不当。

➢ 4. 再审申请人周某新与被申请人郭某村、一审被告张某正合伙协议纠纷案[(2017)最高法民申2112号]

裁判要旨:作为合伙人的原告,起诉请求解除与其他合伙人的合伙关系并分配合伙利润,但双方之前并未对合伙财产进行清算,且因原告未实际参与管理合伙事务,无法提供合伙期间的相关资料,导致鉴定机构对合伙财产的盈亏无法鉴定,依据“谁主张、谁举证”的原则,应由其承担不利后果。

最高人民法院认为,周某新与郭某村签订《合作协议书》,依法形成合伙关系。周某新作为合伙人,起诉请求解除与郭某村的合伙关系并分配合伙利润,但双方之前并未对合伙财产进行清算,且因其未实际参与管理合伙事务,无法提供合伙期间的相关资料,导致鉴定机构对本案合伙财产的盈亏无法鉴定,依据《民事证据规定》第2条①的规定,应由周某新承担不利后果。即便周某新确实与郭某村就一方单独经营管理合伙事务有约定,周某新也未提交证据证明其起诉时双方合伙经营项目资产的具体状况。至于2011年3月21日的5万元与郭某村300万元贷款的性质,周某新并未提交充分证据证明属于合伙债务,更无法证明周某新与郭某村合伙经营项目的盈亏状况。原审法院对于其该诉讼请求不予支持,并无不当。一审法院判决郭某村返还周某新10万元并支付相应利息,依据的是郭某村在本案第一次审理中的自认,原审法院的该项判决虽超出了周某新一审的诉讼请求,但对周某新的权益没有损害,郭某村也并未就此提起上诉,二审法院未予调整,并无不当。

➢ 5. 再审申请人李某刚因与被申请人河南中德建筑工程有限公司、一审第三人武陟县东泰置业有限公司案外人执行异议之诉纠纷案[(2021)最高法民申7524号]

裁判要旨:当事人未提供物业费、水电费的转账记录及缴费凭证原件,不足

① 2019年修正的《民事证据规定》已删除该条,该条内容规定在2022年修正的《民诉法解释》第90条中。

以证明合法占有房屋。

最高人民法院认为，经审查，李某刚提交了2018年9月7日东盛苑2号楼1单元202室入住通知书、装饰装修管理协议、前期物业管理服务协议、水费单、电费单、物业费收据等材料，但未提供物业费、水费、电费等费用缴纳银行转账记录及缴费凭证原件，不符合证据规定，不足以证明其在人民法院查封之前已合法占有该案涉房屋。

➢ 6. 再审申请人苏州星瑞防务科技有限公司与被申请人厦门中林飞驰游艇俱乐部有限公司船舶买卖合同纠纷案[(2019)最高法民申3041号]

裁判要旨：被告提出反驳主张，但未提供证据证明，应承担举证不利的后果。

最高人民法院认为，关于原审判决认定苏州星瑞防务科技有限公司(以下简称星瑞公司)未向厦门中林飞驰游艇俱乐部有限公司(以下简称中林飞驰公司)交付增值税专用发票的事实是否缺乏证据证明的问题。《民事诉讼法》第64条第1款①规定："当事人对自己提出的主张，有责任提供证据。"《民诉法解释》第90条规定："当事人……反驳对方诉讼请求所依据的事实，应当提供证据加以证明……当事人未能提供证据或者证据不足以证明其事实主张的，由负有举证证明责任的当事人承担不利的后果。"第91条第1项规定："主张法律关系存在的当事人，应当对产生该法律关系的基本事实承担举证证明责任。"中林飞驰公司提起本案诉讼，请求星瑞公司交付已付价款的增值税专用发票，而星瑞公司主张其已经交付了发票，则星瑞公司应当承担相应的举证责任，其未能提交相应证据予以证明，应承担举证不利的后果。因此，原审判决认定星瑞公司未向中林飞驰公司交付相应发票并无不当。

➢ 7. 再审申请人戢某超与被申请人金塔县万通矿业有限责任公司合作纠纷案[(2015)民提字第156号]

裁判要旨：被告提供的证据不足以证明其反驳主张，应承担举证不能的后果。

① 现为2021年修正的《民事诉讼法》第67条第1款。

关于双方未能继续合作的原因和过错应如何认定的问题。最高人民法院认为,本案系戢某超作为原告起诉,以金塔县万通矿业有限责任公司(以下简称万通公司)不能提供矿石选矿导致《合作协议要点》无法继续履行为由,要求万通公司赔偿投资损失。万通公司抗辩称其已依约提供矿石,双方无法继续合作的原因系戢某超提供的设备质量不合格,无法生产出合格矿产品。根据《民事诉讼法》第64条第1款①关于"当事人对自己提出的主张,有责任提供证据",以及《民诉法解释》第90条第1款关于"当事人对自己提出的诉讼请求所依据的事实或者反驳对方诉讼请求所依据的事实,应当提供证据加以证明,但法律另有规定的除外"之规定,结合戢某超主张万通公司未提供矿石属消极性事实,以及万通公司在戢某超已经安装调试设备、试车并进行少量生产后未如约签订合同等事实,本案中,应由万通公司对其依约提供了矿石、戢某超安装设备质量不合格承担举证责任。

就其已依约提供了矿石的问题,万通公司提交王某斌出具的证人证言、收条,万通公司过磅单、过磅清单,戢某超一审中提交的设备照片背景,以及戢某超向其主张59万元借款等证据予以佐证,但上述证据材料系在二审庭审时才提交。就未能及时提交证据的原因,二审庭审中万通公司称系未及时找到,再审庭审中则称系已经提供给代理人但代理人未向法庭提交,前后陈述不一,均不构成正当理由。其中过磅单、过磅清单系万通公司单方出具,王某斌的证人证言即使成立,仍无法证明矿石品相符合生产要求。且上述证据材料与一审法院向双方合作期间聘任的负责生产线安装并主管生产的副厂长陈某龙的调查笔录记载内容相矛盾,不足以证明万通公司所称其已依约提供了矿石的主张。

就戢某超安装设备质量不合格的问题,万通公司提供了自行网络下载的选矿工艺流程材料,将某宣所述收购铁精粉均系颗粒、质量不达标的笔录,以及酒泉鑫晟矿产服务部实验室于2010年4月至6月出具的检测报告等证据材料予以佐证,但上述证据材料亦均系二审庭审期间提供,万通公司未就逾期提交证据材

---

① 现为2021年修正的《民事诉讼法》第67条第1款。

料说明正当理由。万通公司据此主张戢某超安装设备质量不合格,与其2010年6月16日出具的融资申请中对选矿设备的质量描述、一审法院对陈某龙的调查笔录中的记载,以及戢某超将选矿流水线安装调试完毕后进行试车,所选出的铁精粉符合双方约定矿石品位的事实相矛盾。上述证据材料不足以证明万通公司认为戢某超安装设备不合格导致合作无法继续的事实主张。根据《民诉法解释》第90条第2款"在作出判决前,当事人未能提供证据或者证据不足以证明其事实主张的,由负有举证证明责任的当事人承担不利的后果"之规定,万通公司提供的证据不足以证明其主张,应承担举证不能的不利后果。二审判决以戢某超未能提供有效证据证明其安装设备符合约定、亦未能进一步举证证明万通公司未提供矿石为由,认定戢某超未能举证证明无法合作系万通公司所致,在举证责任分配和无法合作的原因和过错认定上存在错误,最高人民法院予以纠正。

➢ 8. 吴某与王某国债务纠纷案[(2015)民抗字第43号]

裁判要旨:被告对自己的反驳应当提供证据证明,该证据应达到高度可能性之证明标准。

最高人民法院认为,根据吴某的申诉意见以及检察机关的抗诉意见,本案需要解决的关键问题为:2002年5月8日由广州大朗集装箱储运公司发送至乌鲁木齐的收货人为王某国的27件玻璃究竟系王某国自行从广州大明玻璃厂购买还是吴某从广州锦明玻璃厂购买。

《民诉法解释》第90条第1款规定,当事人对自己提出的诉讼请求所依据的事实或者反驳对方诉讼请求所依据的事实,应当提供证据加以证明,但法律另有规定的除外。第91条第1项、第2项规定,主张法律关系存在的当事人,应当对产生该法律关系的基本事实承担举证证明责任;主张法律关系变更、消灭或者权利受到妨害的当事人,应当对该法律关系变更、消灭或者权利受到妨害的基本事实承担举证证明责任。根据上述规定,本案吴某作为向王某国供应玻璃的一方,主张案涉27件玻璃系其从广州锦明玻璃厂购买,则应提供证据加以证明。对此,吴某提供了广州锦明玻璃厂出具的证明和收据、广州大朗集装箱储运公司出具的收款收据,以及提货铁路大票、法院调取的证据以及抗诉申请书等证据。上述证据确实充分,形成了有效的证据链,可以初步证明吴某从广州锦明玻璃厂购买玻璃27件并支付货款及运费共计77485.84元,广州锦明玻璃厂委托广州大朗集装箱储运公司运输27件玻璃给王某国,后王某国从乌鲁木齐站提取了玻璃。至于王某国抗辩主张,2002年5月8日由广州大朗集装箱储运公司发送至乌鲁木齐的收货人为王某国的27件玻璃系王某国自行从广州大明玻璃厂购买,同样根据《民诉法解释》第90条、第91条的规定,王某国应提供相应的证据加以证明。对此,王某国提供了铁路货票、汇款单和收条等证据。但是,王某国提交的收条和汇款单等证据仅能证明其与广州大明玻璃厂之间的部分资金往来情况,无法充分证明与案涉27件玻璃有关。

证明标准是负担证明责任的人提供证据证明其所主张法律事实所要达到的证明程度。本案中,吴某已经完成案涉27件玻璃系其从广州锦明玻璃厂购买的举证证明责任,王某国主张案涉27件玻璃系自行从广州大明玻璃厂购买。按照《民诉法解释》第108条的规定,王某国之举证应当在证明力上足以使人民法院确信该待证事实的存在具有高度可能性。而基于前述,王某国为反驳吴某所主张事实所作举证,没有达到高度可能性之证明标准。而且,一审庭审中,王某国并未谈及27件玻璃是自己购买的问题,只是认为根据吴某提供的发货单及入库单(复印件)不能证明王某国已经收到这27件玻璃。二审期间王某国却提供了铁路货票用于说明27件玻璃已提货,但其提的是自己购买的玻璃。王某国上述陈述前后不一。原审判决以广州锦明玻璃厂出具的货款凭证和广州大朗集装箱储运公司出具的运费凭证系收据而非发票为由,对相关证据的真实性不予采信,没有充分的事实及法律依据,也不符合前述司法解释的规定精神,二审法院予以纠正。

➢ 9. 深圳市雄狮景观科技实业有限公司与北京新网数码信息科技有限公司深圳分公司计算机软件开发合同纠纷案[(2021)最高法知民终2112号]

裁判要旨:当事人提交了“微信聊天记录”录像及微信聊天记录打印件,对方当事人的质证意见为不认可其真实性,并主张该聊天记录系经剪辑制作而成。虽然该证据并非通过双方聊天记录的原始载体(手机微信)体现,对方亦表示不认可真实性,但其并未提交反证证明该证据所展示的聊天内容非双方实际发生。考虑到聊天记录系双方之间意思表达的记载,任一方均可方便确认聊天内容,在此情况下,举证责任应转移至对方当事人,由其提供反驳证据。未能提供的,应承担举证不能的不利后果,故应对该"微信聊天记录"视频证据予以采纳。

本案中,深圳市雄狮景观科技实业有限公司(以下简称雄狮公司)主张,北京新网数码信息科技有限公司深圳分公司(以下简称新网公司)原审提交的"微信聊天记录"的证据未出示过原件,原审判决所载"庭后双方对被告上述证据原件进行核对"与事实不符,原审法院不应采纳该证据。对此,最高人民法院认为,《民诉法解释》(2020)第90条规定:"当事人对自己提出的诉讼请求所依据的事实或者反驳对方诉讼请求所依据的事实,应当提供证据加以证明,但法律另有规定的除外。在作出判决前,当事人未能提供证据或者证据不足以证明其事实主张的,由负有举证证明责任的当事人承担不利的后果。"本案中,新网公司向原审法院提交了"微信聊天记录"录像,并提交了微信聊天记录的打印件,原审庭审时,雄狮公司对该证据进行了质证,表示不认可该证据的真实性,且主张该份证据系新网公司经过了剪辑制作。二审中,雄狮公司表示由法院审核该份视频证据的真实性。法院认为,虽然该份证据并非通过双方聊天记录的原始载体体现,而是通过其他数码设备对聊天内容进行录制形成,雄狮公司亦表示不认可该证据的真实性,但雄狮公司并未提交反证证明该份证据所展示的聊天内容非双方实际发生。考虑到聊天记录系双方之间意思表达的记载,任一方均可方便确认聊天内容,在此情况下,举证责任应该转移至雄狮公司,由其提供反驳证据。本案中雄狮公司并未能提供相反证据证明上述微信聊天记录内容与涉案软件实际研发情况不符,雄狮公司应承担举证不能的不利后果,因此,对新网公司所提供的"微信聊天记录"视频证据应予采纳。

➢ 10. 驰通仪器(上海)有限公司与致微(厦门)仪器有限公司侵害实用新型专利权纠纷案[(2020)最高法知民终67号]

裁判要旨:在具体案件的审理中,举证责任在当事人之间的转移取决于人民法院对负有证明责任的一方当事人所提供证据的证明力的综合评价结果。如果

在对一方当事人所提供证据进行审查判断后,认为其证明力具有明显优势并初步达到了相应的证明标准,此时可以不再要求该方当事人继续提供证据,而转由另一方当事人提供相反证据。

《民诉法解释》第90条第1款规定:"当事人对自己提出的诉讼请求所依据的事实或者反驳对方诉讼请求所依据的事实,应当提供证据加以证明,但法律另有规定的除外。"最高人民法院认为,在具体案件的审理中,举证责任在当事人之间的转移取决于人民法院对负有证明责任的一方当事人所提供证据的证明力的综合评价结果。如果在对一方当事人所提供证据进行审查判断后,认为其证明力具有明显优势并初步达到了相应的证明标准,此时可以不再要求该方当事人继续提供证据,而转由另一方当事人提供相反证据。因此,具体案件中举证责任转移的前提条件是负有证明责任一方当事人提供的现有证据已经初步达到相应的证明标准。本案中,通过对行业相应技术知识的了解可知,在灭菌器上安装涉案专利联锁装置是为了避免在灭菌过程中由于误操作拨动手柄,蒸汽泄漏伤人,防止出现安全事故。

驰通仪器(上海)有限公司(以下简称驰通公司)官方网站截图的公证书以及产品宣传手册记载,在与联锁装置相关的开盖方式、安全装置参数、联锁装置及机体安全保护、闭盖检查系统、机械联锁方面,上述九款灭菌器的技术参数介绍完全相同。致微(厦门)仪器有限公司(以下简称致微公司)通过广州带生生物科技有限公司向驰通公司购买CT62A标准型灭菌器时,并未在合同中对联锁装置作特殊定制的约定,应属对驰通公司CT系列产品的随机购买。在致微公司提交上述证据的情形之下,驰通公司在原审中仅作"除CT62A标准型灭菌器之外的其余八款产品与CT62A标准型灭菌器的相应装置不一致""若致微公司主张上述八款产品侵权,应由致微公司承担举证责任"等简单、笼统的抗辩,由此可见,驰通公司在具备一定的举证能力的情况下并未提交证据证明其反驳主张。从一般工业生产原则而言,应尽可能使不同型号的产品能共用相同的零部件,从而扩大零部件的通用性,以降低生产成本,充分考虑该工业技术背景。因此,致微公司在本案中提交的证据证明力具有明显优势并初步达到了相应的证明标准,此时可以不再要求该方当事人继续提供公证购买其余八款被诉侵权产品实物等证据,而转由驰通公司提供相反证据,但该公司并未提交充分有效的证据证明其反驳主张,应承担不利后果。

地方人民法院案例

➢ 1. 颜某莲、程某环与周某霞、吉林天药科技有限公司、吉林天药生物科技有限公司侵权责任纠纷案①[(2015)皖民一终字第00001号]

裁判要旨:根据"谁主张、谁举证"的举证规则,销售企业或经销商的虚假宣传行为与消费者延误治疗是否具有关联,以及与消费者死亡是否存在因果关系及参与度如何确定,应由死者近亲属承担相应举证责任。如当事人未能提供证据或者证据不足以证明其事实主张的,依法由负有举证证明责任的当事人承担不利的后果。

关于本案受害人苏某菊是否因为涉案产品的宣传延误治疗,苏某菊的死亡与涉案产品是否存在因果关系,上诉人颜某莲、程某环是否应承担因客观原因无法鉴定的法律后果的问题。安徽省高级人民法院认为,从苏某菊检查出病症、接受治疗直至死亡的过程来看,2010年8月苏某菊经医院诊断发现其右乳出现肿块并疑似恶性肿瘤时,苏某菊未作进一步检查和治疗,至次年8月经医院确诊为右乳癌伴右腋下淋巴结并转移至肝肺等部位,此后苏某菊辗转在多家医院进行治疗,后因医治无效于2013年1月5日死亡。苏某菊作为完全民事行为能力人,在医院诊断其右乳肿块疑似恶性肿瘤时,未及时接受医疗机构诊疗,疏于关注个人生命安危,是死亡的客观原因和主导因素。在上诉人周某霞得知苏某菊右乳生有肿块时,苏某菊是否罹患乳腺癌尚未经医疗机构确诊。周某霞作为普通的个体经营者,对右乳肿块的发展、演化及后果不具备医务工作者的专业判断能力。周某霞在推销"活力宝"产品过程中的不实宣传行为,虽与苏某菊没有通过

① 参见《最高人民法院公报》2019年第1期(总第267期)。

常规方法、程序治疗自身存在一定牵连，但鉴于苏某菊订购产品的包装盒、瓶身及产品说明书对产品疗效和注意事项予以了提示，苏某菊对此应具备常人的基本辨识能力，主观上对"活力宝"产品属性为"保健品"、产品功能限于"免疫调节、抗疲劳"以及"本品不能替代药物"的注意事项是知情的，其未及时寻医就诊，系其自身对所患肿瘤性质的错误预估和判断所致。同时，癌症为凶险顽症，人类目前的医学科技水平难以治愈。颜某莲和程某环称苏某菊贻误诊疗时机并最终死亡与周某霞等夸大宣传"活力宝"产品的功效存在关联，应提供证据予以证明。本案中，上诉人颜某莲和程某环虽申请就苏某菊死亡与周某霞等夸大宣传、贻误治疗时机的因果关系及原因力大小进行鉴定，但因相关鉴定机构对其申请评定的事项无法鉴定等客观原因，苏某菊死亡、贻误诊疗时机与周某霞及上诉人吉林天药生物科技有限公司违规宣传之间的因果关系及参与度无法确定。因本案系一般侵权赔偿纠纷，根据"谁主张、谁举证"的举证规则，颜某莲、程某环应承担相应的不利法律后果。

➤ 2. 陈甲、徐某芳、陈乙与上海携程国际旅行社有限公司旅游合同纠纷案①

裁判要旨：当事人对自己提出的主张，有责任提供证据。旅游经营者主张旅游者的单方解约系违约行为，应当按照合同约定承担实际损失的，则旅游经营者应当举证证明"损失已实际产生"和"损失的合理性"。如举证不力，则由旅游经营者承担不利后果。

上海市第一中级人民法院认为，上诉人陈甲、徐某芳、陈乙与被上诉人上海携程国际旅行社有限公司（以下简称携程旅行社）签订的《上海市出境旅游合同》系双方真实意思表示，于法不悖，应属有效，双方均应恪守履行。陈甲、徐某芳、陈乙基于自身原因要求退团，导致双方签订的旅游合同无法履行，系单方解约行为，陈甲、徐某芳、陈乙的行为构成违约，应当承担违约责任。关于违约责任的承担，在双方签订的《上海市出境旅游合同》中明确约定：旅游者不能出行造成违约的，旅游者应当提前7天（含7天）通知对方，此种情况下，旅游者应当支付

---

① 参见《最高人民法院公报》2015年第4期（总第222期）。

旅游合同总价5%的违约金。现上诉人陈甲、徐某芳、陈乙在2013年9月6日要求退团,属于该情形,故陈甲、徐某芳、陈乙应当承担以合同总价53598元为基数,按5%标准计算的违约金计2679.90元。

双方合同还约定:旅行社已办理的护照成本手续费、订房损失费、实际签证费、国际国内交通票损失费按实计算。被上诉人携程旅行社在上诉人陈甲、徐某芳、陈乙提出退团后,共计返还29751元,其余款项未予退还。陈甲、徐某芳、陈乙主张携程旅行社应将余款退还,而携程旅行社则认为陈甲、徐某芳、陈乙的退团行为已导致其产生实际损失,故不应当退还。法院认为,关于"损失已实际产生"和"损失的合理性"的举证责任在于携程旅行社,如举证不力,则由携程旅行社承担不利后果。综观携程旅行社的证据材料,不论证据的效力和证据的证明力,还是直接证据、间接证据之间的相互印证,都无法形成令人信服的证据优势。携程旅行社为其酒店费用损失提供了相关证据,但"收费证明""取消政策"等境外证据未经公证、认证,部分证据无翻译件,形式上明显存有瑕疵,难以证明携程旅行社实际发生了酒店费用的支出。携程旅行社虽辩称其扣除的金额中还包括了已经支付的签证费和保险费,但其未提供支付凭证。法院在二审期间再次给予携程旅行社一个月的举证期限补充、补强相关证据,但其未能进一步有效举证,未提供经过公证、认证的境外证据,仅提供了与欧洲之星公司的邮件往来、报备文件,证明力较弱,难以印证损失已经实际产生并属合理,且均未得到陈甲、徐某芳、陈乙的认可。鉴于携程旅行社扣除相关费用欠缺证据证明,故陈甲、徐某芳、陈乙的上诉请求中部分内容应予以支持。经二审法院核算,携程旅行社应退还陈甲、徐某芳、陈乙旅游费22895.10元(旅游费合计55326元-已退款29751元-应承担的违约金2679.90元)。

被上诉人携程旅行社作为从事旅游服务业务的专业公司,在提供旅游服务的过程中,送签、办理保险、订房、交通等均由其安排,其在本案中应当有能力提供实际损失的确凿证据,但携程旅行社却怠于举证,由此产生的不利后果应由其自行承担。

条文内容	参考条文
第二十六条 【举证责任分配规则】 人民法院应当依照下列原则确定举证证明责任的承担,但法律另有规定的除外: (一)主张法律关系存在的当事人,应当对产生该法律关系的基本事实承担举证证明责任; (二)主张法律关系变更、消灭或者权利受到妨害的当事人,应当对该法律关系变更、消灭或者权利受到妨害的基本事实承担举证证明责任。	《民诉法解释》第91条

要点注释

本条是在"谁主张、谁举证"的基础上,结合法律要件分类说中的规范说对我国举证责任分配的一般规则的确定,即无特殊规则适用的情况下,应依照本条规定确定举证责任的分配。

这里需要明确三个问题:一是上述规定中的"法律关系变更",在理解上可以与权利限制作同一理解;二是上述规定中的"基本事实"应当理解为要件事实,即实体法律关系或者权利构成要件所依赖的事实,不包括诉讼程序方面的事实;三是举证责任的分配不仅涉及民事程序法,也与民事实体法密切关联。

规范说认为,凡主张权利存在的当事人应当对权利发生的法律要件存在的事实负举证责任,否认权利存在的当事人应当就权利限制法律要件、权利消灭法律要件或者权利妨碍法律要件存在的事实负举证责任。实践中,在出现待证事实真伪不明的情况时,法官应根据这种举证责任分配的规则,对真伪不明的待证事实进行归类,确定对该事实负有举证责任的当事人,并据此判决由其承担不利后果。

本条规定使民事诉讼举证责任的一般规则具有了更为明确的判断标准,司法实践中的可操作性明显增强。法律关系变更包含法律关系的主体、客体及内容的变更,当事人主张法律关系变更的,应该就其主张的法律关系主体、客体或者内容发生变更所依据的基本事实提供证据证明。要件事实即实体法律关系或者权利构成要件所依赖的事实。当事人主张的法律关系变更所依据的要件事实真伪不明时,不产生其主张的法律关系变更的法律效果。

主张法律关系消灭或权利受到妨害一般属于事实抗辩的范畴,通过主张新的事实来抵抗创设法律关系的基础事实,使之出现与法律关系创设规范不同的法律后果,从而使相应的实体法规范不适用。主张法律关系消灭的抗辩和主张权利受到妨害的抗辩二者主要区别在于抗辩基础不同,法律关系消灭的抗辩基础是已产生的法律关系因特定事由归于消灭的法律规范;权利受到妨害的抗辩基础是权利因特定事由受到妨害而未能产生的法律规范。主张法律关系消灭或权利受到妨害时所依据的基本事实常为消极事实,消极事实证明难度较大,但并非无法证明,故对于消极事实主张应在遵循证明责任一般规则的基础上结合实体法规定及证明标准等合理确定证明责任的负担。

特别需要注意的是,举证责任的分配具有法定性,即原则上举证责任是由法律分配而并不能由法官来分配。举证责任分配的基础是对要件事实的分类。法官只能根据本条规定,在对民事实体法规范进行类别分析的基础上,识别权利发生规范、权利限制规范、权利消灭规范和权利妨碍规范,并以此为基础确定举证责任的负担。法官分配举证责任的过程是适用法律的过程,是通过对实体法规范的分析发现法律确定的举证责任分配规则的过程,而非创造举证责任分配规则的过程。2001 年《民事证据规定》第 7 条(在法律没有具体规定,依本规定及其他司法解释无法确定举证责任承担时,人民法院可以根据公平原则和诚实信用原则,综合当事人举证能力等因素确定举证责任的承担)已不存在。

在理解举证责任分配规则时,还须留意条文规定的“但法律另有规定的除外”,即除举证责任分配的一般规则外,在部分特殊案件中基于实体法的特殊规定,举证责任分配并非按照一般规则进行。

相关法律

➢ **1.《民法典》**(2021 年 1 月 1 日施行)

第一千二百三十条 因污染环境、破坏生态发生纠纷,行为人应当就法律规定的不承担责任或者减轻责任的情形及其行为与损害之间不存在因果关系承担举证责任。

第一千二百五十三条 建筑物、构筑物或者其他设施及其搁置物、悬挂物发生脱落、坠落造成他人损害,所有人、管理人或者使用人不能证明自己没有过错的,应当承担侵权责任。所有人、管理人或者使用人赔偿后,有其他责任人的,有权向其他责任人追偿。

第一千二百五十四条第一款 禁止从建筑物中抛掷物品。从建筑物中抛掷物品或者从建筑物上坠落的物品造成他人损害的,由侵权人依法承担侵权责任;经调查难以确定具体侵权人的,除能够证明自己不是侵权人的外,由可能加害的建筑物使用人给予补偿。可能加害的建筑物使用人补偿后,有权向侵权人追偿。

第一千二百五十五条 堆放物倒塌、滚落或者滑落造成他人损害,堆放人不能证明自己没有过错的,应当承担侵权责任。

第一千二百五十七条 因林木折断、倾倒或者果实坠落等造成他人损害,林木的所有人或者管理人不能证明自己没有过错的,应当承担侵权责任。

第一千二百五十八条 在公共场所或者道路上挖掘、修缮安装地下设施等造成他人损害,施工人不能证明已经设置明显标志和采取安全措施的,应当承担侵权责任。

窨井等地下设施造成他人损害,管理人不能证明尽到管理职责的,应当承担侵权责任。

➢ **2.《个人信息保护法》**(2021 年 11 月 1 日施行)

第六十九条第一款 处理个人信息侵害个人信息权益造成损害,个人信息处理者不能证明自己没有过错的,应当承担损害赔偿等侵权责任。

➢ **3.《电子商务法》**(2019 年 1 月 1 日施行)

第四十八条 电子商务当事人使用自动信息系统订立或者履行合同的行为对使用该系统的当事人具有法律效力。

在电子商务中推定当事人具有相应的民事行为能力。但是,有相反证据足以推翻的除外。

第六十二条 在电子商务争议处理中,电子商务经营者应当提供原始合同和交易记录。因电子商务经营者丢失、伪造、篡改、销毁、隐匿或者拒绝提供前述资料,致使人民法院、仲裁机构或者有关机关无法查明事实的,电子商务经营者应当承担相应的法律责任。

➢ **4.《水污染防治法》**(2017 年 6 月 27 日修正)

第九十八条 因水污染引起的损害赔偿诉讼,由排污方就法律规定的免责事由及其行为与损害结果之间不存在因果关系承担举证责任。

➢ **5.《消费者权益保护法》**(2013 年 10 月 25 日修正)

第二十三条第三款 经营者提供的机动车、计算机、电视机、电冰箱、空调器、洗衣机等耐用商品或者装饰装修等服务,消费者自接受商品或者服务之日起六个月内发现瑕疵,发生争议的,由经营者承担有关瑕疵的举证责任。

➢ **6.《公司法》**(2018 年 10 月 26 日修正)

第六十三条 一人有限责任公司的股东不能证明公司财产独立于股东自己的财产的,应当对公司债务承担连带责任。

➢ **7.《证券法》**(2019 年 12 月 28 日修正)

第八十九条 根据财产状况、金融资产状况、投资知识和经验、专业能力等因素,投资者可以分为普通投资者和专业投资者。专业投资者的标准由国务院证券监督管理机构规定。

普通投资者与证券公司发生纠纷的,证券公司应当证明其行为符合法律、行政法规以及国务院证券监督管理机构的规定,不存在误导、欺诈等情形。证券公司不能证明的,应当承担相应的赔偿责任。

➢ **8.《劳动争议调解仲裁法》**(2008 年 5 月 1 日施行)

第六条 发生劳动争议,当事人对自己提出的主张,有责任提供证据。与争议事项有关的证据属于用人单位掌握管理的,用人单位应当提供;用人单位不提供的,应当承担不利后果。

➢ **9.《商标法》**(2019 年 4 月 23 日修正)

第六十三条第一款 侵犯商标专用权的赔偿数额,按照权利人因被侵权所受到的实际损失确定;实际损失难以确定的,可以按照侵权人因侵权所获得的利益确定;权利人的损失或者侵权人获得的利益难以确定的,参照该商标许可使用费的倍数合理确定。对恶意侵犯商标专用权,情节严重的,可以在按照上述方法确定数额的一倍以上五倍以下确定赔偿数额。赔偿数额应当包括权利人为制止侵权行为所支付的合理开支。

第六十三条第二款 人民法院为确定赔偿数额,在权利人已经尽力举证,而与侵权行为相关的账簿、资料主要由侵权人掌握的情况下,可以责令侵权人提供与侵权行为相关的账簿、资料;侵权人不提供或者提供虚假的账簿、资料的,人民法院可以参考权利人的主张和提供的证据判定赔偿数额。

➢ **10.《专利法》**(2020 年 10 月 17 日修正)

第六十六条第一款 专利侵权纠纷涉及新产品制造方法的发明专利的,制造同样产品的单位或者个人应当提供其产品制造方法不同于专利方法的证明。

➢ **11.《著作权法》**(2020 年 11 月 11 日修正)

第五十四条第一款 侵犯著作权或者与著作权有关的权利的,侵权人应当按照权利人因此受到的实际损失或者侵权人的违法所得给予赔偿;权利人的实际损失或者侵权人的违法所得难以计算的,可以参照该权利使用费给予赔偿。对故意侵犯著作权或者与著作权有关的权利,情节严重的,可以在按照上述方法确定数额的一倍以上五倍以下给予赔偿。

第五十四条第二款 权利人的实际损失、侵权人的违法所得、权利使用费难以计算的,由人民法院根据侵权行为的情节,判决给予五百元以上五百万元以下的赔偿。

第五十四条第三款 赔偿数额还应当包括权利人为制止侵权行为所支付的合理开支。

第五十四条第四款 人民法院为确定赔偿数额,在权利人已经尽了必要举证责任,而与侵权行为相关的账簿、资料等主要由侵权人掌握的,可以责令侵权人提供与侵权行为相关的账簿、资料等;侵权人不提供,或者提供虚假的账簿、资料等的,人民法院可以参考权利人的主张和提供的证据确定赔偿数额。

第五十九条 复制品的出版者、制作者不能证明其出版、制作有合法授权的,复制品的发行者或者视听作品、计算机软件、录音录像制品的复制品的出租者不能证明其发行、出租的复制品有合法来源的,应当承担法律责任。

在诉讼程序中,被诉侵权人主张其不承担侵权责任的,应当提供证据证明已经取得权利人的许可,或者具有本法规定的不经权利人许可而可以使用的情形。

➢**12.《海商法》**(1993 年 7 月 1 日施行)

第五十一条 在责任期间货物发生的灭失或者损坏是由于下列原因之一造成的,承运人不负赔偿责任:

(一)船长、船员、引航员或者承运人的其他受雇人在驾驶船舶或者管理船舶中的过失;

(二)火灾,但是由于承运人本人的过失所造成的除外;

(三)天灾,海上或者其他可航水域的危险或者意外事故;

(四)战争或者武装冲突;

(五)政府或者主管部门的行为、检疫限制或者司法扣押;

(六)罢工、停工或者劳动受到限制;

(七)在海上救助或者企图救助人命或者财产;

(八)托运人、货物所有人或者他们的代理人的行为;

(九)货物的自然特性或者固有缺陷;

(十)货物包装不良或者标志欠缺、不清;

(十一)经谨慎处理仍未发现的船舶潜在缺陷;

(十二)非由于承运人或者承运人的受雇人、代理人的过失造成的其他原因。

承运人依照前款规定免除赔偿责任的,除第(二)项规定的原因外,应当负举证责任。

第五十二条 因运输活动物的固有的特殊风险造成活动物灭失或者损害的,承运人不负赔偿责任。但是,承运人应当证明业已履行托运人关于运输活动物的特别要求,并证明根据实际情况,灭失或者损害是由于此种固有的特殊风险造成的。

第五十三条 承运人在舱面上装载货物,应当同托运人达成协议,或者符合航运惯例,或者符合有关法律、行政法规的规定。

承运人依照前款规定将货物装载在舱面上,对由于此种装载的特殊风险造成的货物灭失或者损坏,不负赔偿责任。

承运人违反本条第一款规定将货物装载在舱面上,致使货物遭受灭失或者损坏的,应当负赔偿责任。

第五十四条 货物的灭失、损坏或者迟延交付是由于承运人或者承运人的受雇人、代理人的不能免除赔偿责任的原因和其他原因共同造成的,承运人仅在其不能免除赔偿责任的范围内负赔偿责任;但是,承运人对其他原因造成的灭失、损坏或者迟延交付应当负举证责任。

第一百一十四条 在本法第一百一十一条规定的旅客及其行李的运送期间,因承运人或者承运人的受雇人、代理人在受雇或者受委托的范围内过失引起事故,造成旅客人身伤亡或者行李灭失、损坏的,承运人应当负赔偿责任。

请求人对承运人或者承运人的受雇人、代理人的过失,应当负举证责任;但是,本条第三款和第四款规定的情形除外。

旅客的人身伤亡或者自带行李的灭失、损坏,是由于船舶的沉没、碰撞、搁浅、爆炸、火灾所引起或者是由于船舶的缺陷所引起的,承运人或者承运人的受雇人、代理人除非提出反证,应当视为其有过失。

旅客自带行李以外的其他行李的灭失或者损坏,不论由于何种事故所引起,承运人或者承运人的受雇人、代理人除非提出反证,应当视为其有过失。

第一百一十五条第一款 经承运人证明,旅客的人身伤亡或者行李的灭失、损坏,是由于旅客本人的过失或者旅客和承运人的共同过失造成的,可以免除或者相应减轻承运人的赔偿责任。

第一百二十六条 海上旅客运输合同中含有下列内容之一的条款无效:

(一)免除承运人对旅客应当承担的法定责任;

(二)降低本章规定的承运人责任限额;

(三)对本章规定的举证责任作出相反的约定;

(四)限制旅客提出赔偿请求的权利。

前款规定的合同条款的无效,不影响合同其他条款的效力。

第一百九十六条 提出共同海损分摊请求的一方应当负举证责任,证明其损失应当列入共同海损。

第二百五十一条 保险事故发生后,保险人向被保险人支付保险赔偿前,可以要求被保险人提供与确认保险事故性质和损失程度有关的证明和资料。

行政法规

➢ 1.《保障农民工工资支付条例》(2020 年 5 月 1 日施行)

第十五条 用人单位应当按照工资支付周期编制书面工资支付台账,并至少保存 3 年。

书面工资支付台账应当包括用人单位名称,支付周期,支付日期,支付对象姓名、身份证号码、联系方式,工作时间,应发工资项目及数额,代扣、代缴、扣除项目和数额,实发工资数额,银行代发工资凭证或者农民工签字等内容。

用人单位向农民工支付工资时,应当提供农民工本人的工资清单。

第五十条 农民工与用人单位就拖欠工资存在争议,用人单位应当提供依法由其保存的劳动合同、职工名册、工资支付台账和清单等材料;不提供的,依法承担不利后果。

➢ 2.《工伤保险条例》(2010 年 12 月 20 日修订)

第十九条第二款 职工或者其近亲属认为是工伤,用人单位不认为是工伤的,由用人单位承担举证责任。

司法解释

➤ **1.《最高人民法院关于适用〈中华人民共和国民法典〉总则编若干问题的解释》**(法释〔2022〕6号,2022年3月1日施行)

第二条 在一定地域、行业范围内长期为一般人从事民事活动时普遍遵守的民间习俗、惯常做法等,可以认定为民法典第十条规定的习惯。

当事人主张适用习惯的,应当就习惯及其具体内容提供相应证据;必要时,人民法院可以依职权查明。

适用习惯,不得违背社会主义核心价值观,不得违背公序良俗。

➤ **2.《最高人民法院关于适用〈中华人民共和国民法典〉物权编的解释(一)》**(法释〔2020〕24号,2021年1月1日施行)

第十四条 受让人受让不动产或者动产时,不知道转让人无处分权,且无重大过失的,应当认定受让人为善意。

真实权利人主张受让人不构成善意的,应当承担举证证明责任。

第十五条 具有下列情形之一的,应当认定不动产受让人知道转让人无处分权:

(一)登记簿上存在有效的异议登记;

(二)预告登记有效期内,未经预告登记的权利人同意;

(三)登记簿上已经记载司法机关或者行政机关依法裁定、决定查封或者以其他形式限制不动产权利的有关事项;

(四)受让人知道登记簿上记载的权利主体错误;

(五)受让人知道他人已经依法享有不动产物权。

真实权利人有证据证明不动产受让人应当知道转让人无处分权的,应当认定受让人具有重大过失。

第十六条 受让人受让动产时,交易的对象、场所或者时机等不符合交易习惯的,应当认定受让人具有重大过失。

➤ **3.《最高人民法院关于适用〈中华人民共和国民法典〉婚姻家庭编的解释（一）》**（法释〔2020〕22 号,2021 年 1 月 1 日施行）

第三十九条 父或者母向人民法院起诉请求否认亲子关系,并已提供必要证据予以证明,另一方没有相反证据又拒绝做亲子鉴定的,人民法院可以认定否认亲子关系一方的主张成立。

父或者母以及成年子女起诉请求确认亲子关系,并提供必要证据予以证明,另一方没有相反证据又拒绝做亲子鉴定的,人民法院可以认定确认亲子关系一方的主张成立。

➤ **4.《最高人民法院关于审理建筑物区分所有权纠纷案件适用法律若干问题的解释》**（法释〔2020〕17 号,2021 年 1 月 1 日施行）

第十一条 业主将住宅改变为经营性用房,本栋建筑物内的其他业主,应当认定为民法典第二百七十九条所称"有利害关系的业主"。建筑区划内,本栋建筑物之外的业主,主张与自己有利害关系的,应证明其房屋价值、生活质量受到或者可能受到不利影响。

第十四条 建设单位、物业服务企业或者其他管理人等擅自占用、处分业主共有部分、改变其使用功能或者进行经营性活动,权利人请求排除妨害、恢复原状、确认处分行为无效或者赔偿损失的,人民法院应予支持。

属于前款所称擅自进行经营性活动的情形,权利人请求建设单位、物业服务企业或者其他管理人等将扣除合理成本之后的收益用于补充专项维修资金或者业主共同决定的其他用途的,人民法院应予支持。行为人对成本的支出及其合理性承担举证责任。

➤ **5.《最高人民法院关于审理买卖合同纠纷案件适用法律问题的解释》**（法释〔2020〕17 号,2021 年 1 月 1 日施行）

第一条 当事人之间没有书面合同,一方以送货单、收货单、结算单、发票等主张存在买卖合同关系的,人民法院应当结合当事人之间的交易方式、交易习惯以及其他相关证据,对买卖合同是否成立作出认定。

对账确认函、债权确认书等函件、凭证没有记载债权人名称,买卖合同当事人一方以此证明存在买卖合同关系的,人民法院应予支持,但有相反证据足以推翻的除外。

第五条 出卖人仅以增值税专用发票及税款抵扣资料证明其已履行交付标的物义务,买受人不认可的,出卖人应当提供其他证据证明交付标的物的事实。

合同约定或者当事人之间习惯以普通发票作为付款凭证,买受人以普通发票证明已经履行付款义务的,人民法院应予支持,但有相反证据足以推翻的除外。

➢ **6.《最高人民法院关于审理民间借贷案件适用法律若干问题的规定》**(法释〔2020〕17号,2021年1月1日施行)

第十五条 原告仅依据借据、收据、欠条等债权凭证提起民间借贷诉讼,被告抗辩已经偿还借款的,被告应当对其主张提供证据证明。被告提供相应证据证明其主张后,原告仍应就借贷关系的存续承担举证责任。

被告抗辩借贷行为尚未实际发生并能作出合理说明的,人民法院应当结合借贷金额、款项交付、当事人的经济能力、当地或者当事人之间的交易方式、交易习惯、当事人财产变动情况以及证人证言等事实和因素,综合判断查证借贷事实是否发生。

第十六条 原告仅依据金融机构的转账凭证提起民间借贷诉讼,被告抗辩转账系偿还双方之前借款或者其他债务的,被告应当对其主张提供证据证明。被告提供相应证据证明其主张后,原告仍应就借贷关系的成立承担举证责任。

➢ **7.《最高人民法院关于审理食品药品纠纷案件适用法律若干问题的规定》**(法释〔2021〕17号,2021年12月1日施行)

第五条 消费者举证证明所购买食品、药品的事实以及所购食品、药品不符合合同的约定,主张食品、药品的生产者、销售者承担违约责任的,人民法院应予支持。

消费者举证证明因食用食品或者使用药品受到损害,初步证明损害与食用食品或者使用药品存在因果关系,并请求食品、药品的生产者、销售者承担侵权责任的,人民法院应予支持,但食品、药品的生产者、销售者能证明损害不是因产品不符合质量标准造成的除外。

第六条 食品的生产者与销售者应当对于食品符合质量标准承担举证责任。认定食品是否安全,应当以国家标准为依据;对地方特色食品,没有国家标准的,应当以地方标准为依据。没有前述标准的,应当以食品安全法的相关规定为依据。

➢ 8.《最高人民法院关于审理人身损害赔偿案件适用法律若干问题的解释》(法释〔2022〕14号,2022年5月1日施行)

第六条第一款 医疗费根据医疗机构出具的医药费、住院费等收款凭证,结合病历和诊断证明等相关证据确定。赔偿义务人对治疗的必要性和合理性有异议的,应当承担相应的举证责任。

➢ 9.《最高人民法院关于审理道路交通事故损害赔偿案件适用法律若干问题的解释》(法释〔2020〕17号,2021年1月1日施行)

第七条 因道路管理维护缺陷导致机动车发生交通事故造成损害,当事人请求道路管理者承担相应赔偿责任的,人民法院应予支持。但道路管理者能够证明已经依照法律、法规、规章的规定,或者按照国家标准、行业标准、地方标准的要求尽到安全防护、警示等管理维护义务的除外。

依法不得进入高速公路的车辆、行人,进入高速公路发生交通事故造成自身损害,当事人请求高速公路管理者承担赔偿责任的,适用民法典第一千二百四十三条的规定。

➢ 10.《最高人民法院关于审理医疗损害责任纠纷案件适用法律若干问题的解释》(法释〔2020〕17号,2021年1月1日施行)

第四条 患者依据民法典第一千二百一十八条规定主张医疗机构承担赔偿责任的,应当提交到该医疗机构就诊、受到损害的证据。

患者无法提交医疗机构或者其医务人员有过错、诊疗行为与损害之间具有因果关系的证据,依法提出医疗损害鉴定申请的,人民法院应予准许。

医疗机构主张不承担责任的,应当就民法典第一千二百二十四条第一款规定情形等抗辩事由承担举证证明责任。

第五条 患者依据民法典第一千二百一十九条规定主张医疗机构承担赔偿

责任的，应当按照前条第一款规定提交证据。

实施手术、特殊检查、特殊治疗的，医疗机构应当承担说明义务并取得患者或者患者近亲属明确同意，但属于民法典第一千二百二十条规定情形的除外。医疗机构提交患者或者患者近亲属明确同意证据的，人民法院可以认定医疗机构尽到说明义务，但患者有相反证据足以反驳的除外。

第六条　民法典第一千二百二十二条规定的病历资料包括医疗机构保管的门诊病历、住院志、体温单、医嘱单、检验报告、医学影像检查资料、特殊检查（治疗）同意书、手术同意书、手术及麻醉记录、病理资料、护理记录、出院记录以及国务院卫生行政主管部门规定的其他病历资料。

患者依法向人民法院申请医疗机构提交由其保管的与纠纷有关的病历资料等，医疗机构未在人民法院指定期限内提交的，人民法院可以依照民法典第一千二百二十二条第二项规定推定医疗机构有过错，但是因不可抗力等客观原因无法提交的除外。

第七条　患者依据民法典第一千二百二十三条规定请求赔偿的，应当提交使用医疗产品或者输入血液、受到损害的证据。

患者无法提交使用医疗产品或者输入血液与损害之间具有因果关系的证据，依法申请鉴定的，人民法院应予准许。

医疗机构，医疗产品的生产者、销售者、药品上市许可持有人或者血液提供机构主张不承担责任的，应当对医疗产品不存在缺陷或者血液合格等抗辩事由承担举证证明责任。

➤ 11.《最高人民法院关于审理环境侵权责任纠纷案件适用法律若干问题的解释》（法释〔2020〕17号，2021年1月1日施行）

第六条　被侵权人根据民法典第七编第七章的规定请求赔偿的，应当提供证明以下事实的证据材料：

（一）侵权人排放了污染物或者破坏了生态；

（二）被侵权人的损害；

（三）侵权人排放的污染物或者其次生污染物、破坏生态行为与损害之间具有关联性。

第七条 侵权人举证证明下列情形之一的,人民法院应当认定其污染环境、破坏生态行为与损害之间不存在因果关系:

(一)排放污染物、破坏生态的行为没有造成该损害可能的;

(二)排放的可造成该损害的污染物未到达该损害发生地的;

(三)该损害于排放污染物、破坏生态行为实施之前已发生的;

(四)其他可以认定污染环境、破坏生态行为与损害之间不存在因果关系的情形。

➢ 12.《最高人民法院关于审理环境民事公益诉讼案件适用法律若干问题的解释》(法释〔2020〕20 号,2021 年 1 月 1 日施行)

第三十条 已为环境民事公益诉讼生效裁判认定的事实,因同一污染环境、破坏生态行为依据民事诉讼法第一百一十九条①规定提起诉讼的原告、被告均无需举证证明,但原告对该事实有异议并有相反证据足以推翻的除外。

对于环境民事公益诉讼生效裁判就被告是否存在法律规定的不承担责任或者减轻责任的情形、行为与损害之间是否存在因果关系、被告承担责任的大小等所作的认定,因同一污染环境、破坏生态行为依据民事诉讼法第一百一十九条规定提起诉讼的原告主张适用的,人民法院应予支持,但被告有相反证据足以推翻的除外。被告主张直接适用对其有利的认定的,人民法院不予支持,被告仍应举证证明。

➢ 13.《最高人民法院关于审理使用人脸识别技术处理个人信息相关民事案件适用法律若干问题的规定》(法释〔2021〕15 号,2021 年 8 月 1 日施行)

第六条 当事人请求信息处理者承担民事责任的,人民法院应当依据民事诉讼法第六十四条②及《最高人民法院关于适用〈中华人民共和国民事诉讼法〉的解释》第九十条、第九十一条,《最高人民法院关于民事诉讼证据的若干规定》

---

① 现为 2021 年修正的《民事诉讼法》第 122 条。

② 现为 2021 年修正的《民事诉讼法》第 67 条。

的相关规定确定双方当事人的举证责任。

信息处理者主张其行为符合民法典第一千零三十五条第一款规定情形的，应当就此所依据的事实承担举证责任。

信息处理者主张其不承担民事责任的，应当就其行为符合本规定第五条规定的情形承担举证责任。

➢ **14.《最高人民法院关于审理涉及计算机网络域名民事纠纷案件适用法律若干问题的解释》**（法释〔2020〕19号，2021年1月1日施行）

第五条 被告的行为被证明具有下列情形之一的，人民法院应当认定其具有恶意：

（一）为商业目的将他人驰名商标注册为域名的；

（二）为商业目的注册、使用与原告的注册商标、域名等相同或近似的域名，故意造成与原告提供的产品、服务或者原告网站的混淆，误导网络用户访问其网站或其他在线站点的；

（三）曾要约高价出售、出租或者以其他方式转让该域名获取不正当利益的；

（四）注册域名后自己并不使用也未准备使用，而有意阻止权利人注册该域名的；

（五）具有其他恶意情形的。

被告举证证明在纠纷发生前其所持有的域名已经获得一定的知名度，且能与原告的注册商标、域名等相区别，或者具有其他情形足以证明其不具有恶意的，人民法院可以不认定被告具有恶意。

➢ **15.《最高人民法院关于审理侵害信息网络传播权民事纠纷案件适用法律若干问题的规定》**（法释〔2020〕19号，2021年1月1日施行）

第四条 有证据证明网络服务提供者与他人以分工合作等方式共同提供作品、表演、录音录像制品，构成共同侵权行为的，人民法院应当判令其承担连带责任。网络服务提供者能够证明其仅提供自动接入、自动传输、信息存储空间、搜索、链接、文件分享技术等网络服务，主张其不构成共同侵权行为的，人民法院应予支持。

第六条 原告有初步证据证明网络服务提供者提供了相关作品、表演、录音录像制品，但网络服务提供者能够证明其仅提供网络服务，且无过错的，人民法院不应认定为构成侵权。

第七条 网络服务提供者在提供网络服务时教唆或者帮助网络用户实施侵害信息网络传播权行为的，人民法院应当判令其承担侵权责任。

网络服务提供者以言语、推介技术支持、奖励积分等方式诱导、鼓励网络用户实施侵害信息网络传播权行为的，人民法院应当认定其构成教唆侵权行为。

网络服务提供者明知或者应知网络用户利用网络服务侵害信息网络传播权，未采取删除、屏蔽、断开链接等必要措施，或者提供技术支持等帮助行为的，人民法院应当认定其构成帮助侵权行为。

第八条 人民法院应当根据网络服务提供者的过错，确定其是否承担教唆、帮助侵权责任。网络服务提供者的过错包括对于网络用户侵害信息网络传播权行为的明知或者应知。

网络服务提供者未对网络用户侵害信息网络传播权的行为主动进行审查的，人民法院不应据此认定其具有过错。

网络服务提供者能够证明已采取合理、有效的技术措施，仍难以发现网络用户侵害信息网络传播权行为的，人民法院应当认定其不具有过错。

➢ 16.《最高人民法院关于适用〈中华人民共和国公司法〉若干问题的规定（三）》（法释〔2020〕18 号，2021 年 1 月 1 日施行）

第二十条 当事人之间对是否已履行出资义务发生争议，原告提供对股东履行出资义务产生合理怀疑证据的，被告股东应当就其已履行出资义务承担举证责任。

第二十二条 当事人之间对股权归属发生争议，一方请求人民法院确认其享有股权的，应当证明以下事实之一：

（一）已经依法向公司出资或者认缴出资，且不违反法律法规强制性规定；

（二）已经受让或者以其他形式继受公司股权，且不违反法律法规强制性规定。

➢ 17.《最高人民法院关于适用〈中华人民共和国保险法〉若干问题的解释（二）》（法释〔2020〕18号，2021年1月1日施行）

第四条 保险人接受了投保人提交的投保单并收取了保险费，尚未作出是否承保的意思表示，发生保险事故，被保险人或者受益人请求保险人按照保险合同承担赔偿或者给付保险金责任，符合承保条件的，人民法院应予支持；不符合承保条件的，保险人不承担保险责任，但应当退还已经收取的保险费。

保险人主张不符合承保条件的，应承担举证责任。

第六条 投保人的告知义务限于保险人询问的范围和内容。当事人对询问范围及内容有争议的，保险人负举证责任。

保险人以投保人违反了对投保单询问表中所列概括性条款的如实告知义务为由请求解除合同的，人民法院不予支持。但该概括性条款有具体内容的除外。

第十三条 保险人对其履行了明确说明义务负举证责任。

投保人对保险人履行了符合本解释第十一条第二款要求的明确说明义务在相关文书上签字、盖章或者以其他形式予以确认的，应当认定保险人履行了该项义务。但另有证据证明保险人未履行明确说明义务的除外。

➢ 18.《最高人民法院关于适用〈中华人民共和国保险法〉若干问题的解释（三）》（法释〔2020〕18号，2021年1月1日施行）

第二十一条 保险人以被保险人自杀为由拒绝承担给付保险金的，由保险人承担举证责任。

受益人或者被保险人的继承人以被保险人自杀时无民事行为能力为由抗辩的，由其承担举证责任。

第二十二条 保险法第四十五条规定的“被保险人故意犯罪”的认定，应当以刑事侦查机关、检察机关和审判机关的生效法律文书或者其他结论性意见为依据。

第二十三条 保险人主张根据保险法第四十五条的规定不承担给付保险金责任的，应当证明被保险人的死亡、伤残结果与其实施的故意犯罪或者抗拒依法采取的刑事强制措施的行为之间存在因果关系。

被保险人在羁押、服刑期间因意外或者疾病造成伤残或者死亡,保险人主张根据保险法第四十五条的规定不承担给付保险金责任的,人民法院不予支持。

➢ 19.《最高人民法院关于审理劳动争议案件适用法律问题的解释(一)》(法释〔2020〕26 号,2021 年 1 月 1 日施行)

第四十二条 劳动者主张加班费的,应当就加班事实的存在承担举证责任。但劳动者有证据证明用人单位掌握加班事实存在的证据,用人单位不提供的,由用人单位承担不利后果。

➢ 20.《最高人民法院关于审理侵害植物新品种权纠纷案件具体应用法律问题的若干规定(二)》(法释〔2021〕14 号,2021 年 7 月 7 日施行)

第六条 品种权人或者利害关系人(以下合称权利人)举证证明被诉侵权品种繁殖材料使用的名称与授权品种相同的,人民法院可以推定该被诉侵权品种繁殖材料属于授权品种的繁殖材料;有证据证明不属于该授权品种的繁殖材料的,人民法院可以认定被诉侵权人构成假冒品种行为,并参照假冒注册商标行为的有关规定确定民事责任。

第十三条 销售不知道也不应当知道是未经品种权人许可而售出的被诉侵权品种繁殖材料,且举证证明具有合法来源的,人民法院可以不判令销售者承担赔偿责任,但应当判令其停止销售并承担权利人为制止侵权行为所支付的合理开支。

对于前款所称合法来源,销售者一般应当举证证明购货渠道合法、价格合理、存在实际的具体供货方、销售行为符合相关生产经营许可制度等。

第十五条 人民法院为确定赔偿数额,在权利人已经尽力举证,而与侵权行为相关的账簿、资料主要由被诉侵权人掌握的情况下,可以责令被诉侵权人提供与侵权行为相关的账簿、资料;被诉侵权人不提供或者提供虚假账簿、资料的,人民法院可以参考权利人的主张和提供的证据判定赔偿数额。

➢ 21.《最高人民法院关于审理著作权民事纠纷案件适用法律若干问题的解释》(法释〔2020〕19 号,2021 年 1 月 1 日施行)

第十九条 出版者、制作者应当对其出版、制作有合法授权承担举证责任,发行者、出租者应当对其发行或者出租的复制品有合法来源承担举证责任。举证不能的，依据著作权法第四十七条、第四十八条的相应规定承担法律责任。

第二十条 出版物侵害他人著作权的，出版者应当根据其过错、侵权程度及损害后果等承担赔偿损失的责任。

出版者对其出版行为的授权、稿件来源和署名、所编辑出版物的内容等未尽到合理注意义务的，依据著作权法第四十九条的规定，承担赔偿损失的责任。

出版者应对其已尽合理注意义务承担举证责任。

➢ 22.《最高人民法院关于审理侵害知识产权民事案件适用惩罚性赔偿的解释》（法释〔2021〕4号，2021年3月3日施行）

第三条 对于侵害知识产权的故意的认定，人民法院应当综合考虑被侵害知识产权客体类型、权利状态和相关产品知名度、被告与原告或者利害关系人之间的关系等因素。

对于下列情形，人民法院可以初步认定被告具有侵害知识产权的故意：

（一）被告经原告或者利害关系人通知、警告后，仍继续实施侵权行为的；

（二）被告或其法定代表人、管理人是原告或者利害关系人的法定代表人、管理人、实际控制人的；

（三）被告与原告或者利害关系人之间存在劳动、劳务、合作、许可、经销、代理、代表等关系，且接触过被侵害的知识产权的；

（四）被告与原告或者利害关系人之间有业务往来或者为达成合同等进行过磋商，且接触过被侵害的知识产权的；

（五）被告实施盗版、假冒注册商标行为的；

（六）其他可以认定为故意的情形。

第四条 对于侵害知识产权情节严重的认定，人民法院应当综合考虑侵权手段、次数，侵权行为的持续时间、地域范围、规模、后果，侵权人在诉讼中的行为等因素。

被告有下列情形的，人民法院可以认定为情节严重：

（一）因侵权被行政处罚或者法院裁判承担责任后，再次实施相同或者类似侵权行为；

（二）以侵害知识产权为业；

（三）伪造、毁坏或者隐匿侵权证据；

（四）拒不履行保全裁定；

（五）侵权获利或者权利人受损巨大；

（六）侵权行为可能危害国家安全、公共利益或者人身健康；

（七）其他可以认定为情节严重的情形。

第五条 人民法院确定惩罚性赔偿数额时，应当分别依照相关法律，以原告实际损失数额、被告违法所得数额或者因侵权所获得的利益作为计算基数。该基数不包括原告为制止侵权所支付的合理开支；法律另有规定的，依照其规定。

前款所称实际损失数额、违法所得数额、因侵权所获得的利益均难以计算的，人民法院依法参照该权利许可使用费的倍数合理确定，并以此作为惩罚性赔偿数额的计算基数。

人民法院依法责令被告提供其掌握的与侵权行为相关的账簿、资料，被告无正当理由拒不提供或者提供虚假账簿、资料的，人民法院可以参考原告的主张和证据确定惩罚性赔偿数额的计算基数。构成民事诉讼法第一百一十一条①规定情形的，依法追究法律责任。

➢ 23.《最高人民法院关于审理侵犯专利权纠纷案件应用法律若干问题的解释（二）》（法释〔2020〕19 号，2021 年 1 月 1 日施行）

第二十五条 为生产经营目的使用、许诺销售或者销售不知道是未经专利权人许可而制造并售出的专利侵权产品，且举证证明该产品合法来源的，对于权利人请求停止上述使用、许诺销售、销售行为的主张，人民法院应予支持，但被诉侵权产品的使用者举证证明其已支付该产品的合理对价的除外。

本条第一款所称不知道，是指实际不知道且不应当知道。

本条第一款所称合法来源，是指通过合法的销售渠道、通常的买卖合同等正

---

① 现为 2021 年修正的《民事诉讼法》第 114 条。

常商业方式取得产品。对于合法来源,使用者、许诺销售者或者销售者应当提供符合交易习惯的相关证据。

➢ **24.《最高人民法院关于知识产权民事诉讼证据的若干规定》**(法释〔2020〕12号,2020年11月18日施行)

第二条　当事人对自己提出的主张,应当提供证据加以证明。根据案件审理情况,人民法院可以适用民事诉讼法第六十五条第二款①的规定,根据当事人的主张及待证事实、当事人的证据持有情况、举证能力等,要求当事人提供有关证据。

第三条　专利方法制造的产品不属于新产品的,侵害专利权纠纷的原告应当举证证明下列事实:

(一)被告制造的产品与使用专利方法制造的产品属于相同产品;

(二)被告制造的产品经由专利方法制造的可能性较大;

(三)原告为证明被告使用了专利方法尽到合理努力。

原告完成前款举证后,人民法院可以要求被告举证证明其产品制造方法不同于专利方法。

第四条　被告依法主张合法来源抗辩的,应当举证证明合法取得被诉侵权产品、复制品的事实,包括合法的购货渠道、合理的价格和直接的供货方等。

被告提供的被诉侵权产品、复制品来源证据与其合理注意义务程度相当的,可以认定其完成前款所称举证,并推定其不知道被诉侵权产品、复制品侵害知识产权。被告的经营规模、专业程度、市场交易习惯等,可以作为确定其合理注意义务的证据。

第五条　提起确认不侵害知识产权之诉的原告应当举证证明下列事实:

(一)被告向原告发出侵权警告或者对原告进行侵权投诉;

(二)原告向被告发出诉权行使催告及催告时间、送达时间;

(三)被告未在合理期限内提起诉讼。

---

①　现为2021年修正的《民事诉讼法》第68条第2款。

第六条 对于未在法定期限内提起行政诉讼的行政行为所认定的基本事实,或者行政行为认定的基本事实已为生效裁判所确认的部分,当事人在知识产权民事诉讼中无须再证明,但有相反证据足以推翻的除外。

第七条 权利人为发现或者证明知识产权侵权行为,自行或者委托他人以普通购买者的名义向被诉侵权人购买侵权物品所取得的实物、票据等可以作为起诉被诉侵权人侵权的证据。

被诉侵权人基于他人行为而实施侵害知识产权行为所形成的证据,可以作为权利人起诉其侵权的证据,但被诉侵权人仅基于权利人的取证行为而实施侵害知识产权行为的除外。

第二十六条 证据涉及商业秘密或者其他需要保密的商业信息的,人民法院应当在相关诉讼参与人接触该证据前,要求其签订保密协议、作出保密承诺,或者以裁定等法律文书责令其不得出于本案诉讼之外的任何目的披露、使用、允许他人使用在诉讼程序中接触到的秘密信息。

当事人申请对接触前款所称证据的人员范围作出限制,人民法院经审查认为确有必要的,应当准许。

第二十九条 人民法院指派技术调查官参与庭前会议、开庭审理的,技术调查官可以就案件所涉技术问题询问当事人、诉讼代理人、有专门知识的人、证人、鉴定人、勘验人等。

第三十条 当事人对公证文书提出异议,并提供相反证据足以推翻的,人民法院对该公证文书不予采纳。

当事人对公证文书提出异议的理由成立的,人民法院可以要求公证机构出具说明或者补正,并结合其他相关证据对该公证文书进行审核认定。

第三十一条 当事人提供的财务账簿、会计凭证、销售合同、进出货单据、上市公司年报、招股说明书、网站或者宣传册等有关记载,设备系统存储的交易数据,第三方平台统计的商品流通数据,评估报告,知识产权许可使用合同以及市场监管、税务、金融部门的记录等,可以作为证据,用以证明当事人主张的侵害知识产权赔偿数额。

➢ **25.《最高人民法院关于审理因垄断行为引发的民事纠纷案件应用法律若干问题的规定》**(法释〔2020〕19 号,2021 年 1 月 1 日施行)

第七条　被诉垄断行为属于反垄断法第十三条第一款第一项至第五项①规定的垄断协议的,被告应对该协议不具有排除、限制竞争的效果承担举证责任。

第八条　被诉垄断行为属于反垄断法第十七条第一款②规定的滥用市场支配地位的,原告应当对被告在相关市场内具有支配地位和其滥用市场支配地位承担举证责任。

被告以其行为具有正当性为由进行抗辩的,应当承担举证责任。

第九条　被诉垄断行为属于公用企业或者其他依法具有独占地位的经营者滥用市场支配地位的,人民法院可以根据市场结构和竞争状况的具体情况,认定被告在相关市场内具有支配地位,但有相反证据足以推翻的除外。

第十条　原告可以以被告对外发布的信息作为证明其具有市场支配地位的证据。被告对外发布的信息能够证明其在相关市场内具有支配地位的,人民法院可以据此作出认定,但有相反证据足以推翻的除外。

➢ **26.《最高人民法院关于适用〈中华人民共和国反不正当竞争法〉若干问题的解释》**(法释〔2022〕9 号,2022 年 3 月 20 日施行)

第十四条　经营者销售带有违反反不正当竞争法第六条规定的标识的商品,引人误认为是他人商品或者与他人存在特定联系,当事人主张构成反不正当竞争法第六条规定的情形的,人民法院应予支持。

销售不知道是前款规定的侵权商品,能证明该商品是自己合法取得并说明提供者,经营者主张不承担赔偿责任的,人民法院应予支持。

➢ **27.《最高人民法院关于审理期货纠纷案件若干问题的规定》**(法释〔2020〕18 号,2021 年 1 月 1 日施行)

第十六条　期货公司在与客户订立期货经纪合同时,未提示客户注意《期货

---

① 现为 2022 年修正的《反垄断法》第 17 条第 1 项至第 5 项。

② 现为 2022 年修正的《反垄断法》第 22 条第 1 款。

交易风险说明书》内容,并由客户签字或者盖章,对于客户在交易中的损失,应当依据民法典第五百条第三项的规定承担相应的赔偿责任。但是,根据以往交易结果记载,证明客户已有交易经历的,应当免除期货公司的责任。

第十八条 期货公司与客户签订的期货经纪合同对下达交易指令的方式未作约定或者约定不明确的,期货公司不能证明其所进行的交易是依据客户交易指令进行的,对该交易造成客户的损失,期货公司应当承担赔偿责任,客户予以追认的除外。

第二十六条 期货公司与客户对交易结算结果的通知方式未作约定或者约定不明确,期货公司未能提供证据证明已经发出上述通知的,对客户因继续持仓而造成扩大的损失,应当承担主要赔偿责任,赔偿额不超过损失的百分之八十。

第三十条 期货公司进行混码交易的,客户不承担责任,但期货公司能够举证证明其已按照客户交易指令入市交易的,客户应当承担相应的交易结果。

第五十条 因期货交易所的过错导致信息发布、交易指令处理错误,造成期货公司或者客户直接经济损失的,期货交易所应当承担赔偿责任,但其能够证明系不可抗力的除外。

第五十六条 期货公司应当对客户的交易指令是否入市交易承担举证责任。

确认期货公司是否将客户下达的交易指令入市交易,应当以期货交易所的交易记录、期货公司通知的交易结算结果与客户交易指令记录中的品种、买卖方向是否一致,价格、交易时间是否相符为标准,指令交易数量可以作为参考。但客户有相反证据证明其交易指令未入市交易的除外。

第五十七条 期货交易所通知期货公司追加保证金,期货公司否认收到上述通知的,由期货交易所承担举证责任。

期货公司向客户发出追加保证金的通知,客户否认收到上述通知的,由期货公司承担举证责任。

➢ **28.《最高人民法院关于审理票据纠纷案件若干问题的规定》**(法释〔2020〕18 号,2021 年 1 月 1 日施行)

三、举证责任

第八条 票据诉讼的举证责任由提出主张的一方当事人承担。

依照票据法第四条第二款、第十条、第十二条、第二十一条的规定，向人民法院提起诉讼的持票人有责任提供诉争票据。该票据的出票、承兑、交付、背书转让涉嫌欺诈、偷盗、胁迫、恐吓、暴力等非法行为的，持票人对持票的合法性应当负责举证。

第九条 票据债务人依照票据法第十三条的规定，对与其有直接债权债务关系的持票人提出抗辩，人民法院合并审理票据关系和基础关系的，持票人应当提供相应的证据证明已经履行了约定义务。

第十条 付款人或者承兑人被人民法院依法宣告破产的，持票人因行使追索权而向人民法院提起诉讼时，应当向受理法院提供人民法院依法作出的宣告破产裁定书或者能够证明付款人或者承兑人破产的其他证据。

第十一条 在票据诉讼中，负有举证责任的票据当事人应当在一审人民法院法庭辩论结束以前提供证据。因客观原因不能在上述举证期限以内提供的，应当在举证期限届满以前向人民法院申请延期。延长的期限由人民法院根据案件的具体情况决定。

票据当事人在一审人民法院审理期间隐匿票据、故意有证不举，应当承担相应的诉讼后果。

➢ 29.《最高人民法院关于审理涉及驰名商标保护的民事纠纷案件应用法律若干问题的解释》（法释〔2020〕19 号，2021 年 1 月 1 日施行）

第六条 原告以被诉商标的使用侵犯其注册商标专用权为由提起民事诉讼，被告以原告的注册商标复制、摹仿或者翻译其在先未注册驰名商标为由提出抗辩或者提起反诉的，应当对其在先未注册商标驰名的事实负举证责任。

第七条 被诉侵犯商标权或者不正当竞争行为发生前，曾被人民法院或者行政管理部门认定驰名的商标，被告对该商标驰名的事实不持异议的，人民法院应当予以认定。被告提出异议的，原告仍应当对该商标驰名的事实负举证责任。

除本解释另有规定外，人民法院对于商标驰名的事实，不适用民事诉讼证据的自认规则。

第八条 对于在中国境内为社会公众所熟知的商标，原告已提供其商标驰名的基本证据,或者被告不持异议的,人民法院对该商标驰名的事实予以认定。

➢ **30.《最高人民法院关于审理存单纠纷案件的若干规定》**(法释〔2020〕18号,2021年1月1日施行)

(二)处理

人民法院在审理一般存单纠纷案件中,除应审查存单、进账单、对账单、存款合同等凭证的真实性外,还应审查持有人与金融机构间存款关系的真实性,并以存单、进账单、对账单、存款合同等凭证的真实性以及存款关系的真实性为依据,作出正确处理。

1. 持有人以上述真实凭证为证据提起诉讼的,金融机构应当对持有人与金融机构间是否存在存款关系负举证责任。如金融机构有充分证据证明持有人未向金融机构交付上述凭证所记载的款项的,人民法院应当认定持有人与金融机构间不存在存款关系,并判决驳回原告的诉讼请求。

2. 持有人以上述真实凭证为证据提起诉讼的,如金融机构不能提供证明存款关系不真实的证据,或仅以金融机构底单的记载内容与上述凭证记载内容不符为由进行抗辩的,人民法院应认定持有人与金融机构间存款关系成立,金融机构应当承担兑付款项的义务。

3. 持有人以在样式、印鉴、记载事项上有别于真实凭证,但无充分证据证明系伪造或变造的瑕疵凭证提起诉讼的,持有人应对瑕疵凭证的取得提供合理的陈述。如持有人对瑕疵凭证的取得提供了合理陈述,而金融机构否认存款关系存在的,金融机构应当对持有人与金融机构间是否存在存款关系负举证责任。如金融机构有充分证据证明持有人未向金融机构交付上述凭证所记载的款项的,人民法院应当认定持有人与金融机构间不存在存款关系,判决驳回原告的诉讼请求;如金融机构不能提供证明存款关系不真实的证据,或仅以金融机构底单的记载内容与上述凭证记载内容不符为由进行抗辩的,人民法院应认定持有人与金融机构间存款关系成立,金融机构应当承担兑付款项的义务。

4. 存单纠纷案件的审理中,如有充足证据证明存单、进账单、对账单、存款合同等凭证系伪造、变造,人民法院应在查明案件事实的基础上,依法确认上述凭证无效,并可驳回持上述凭证起诉的原告的诉讼请求或根据实际存款数额进行判决。如有本规定第三条中止审理情形的,人民法院应当中止审理。

➢ **31.《最高人民法院关于适用〈中华人民共和国企业破产法〉若干问题的规定(一)》**(法释〔2011〕22号,2011年9月26日施行)

第三条 债务人的资产负债表,或者审计报告、资产评估报告等显示其全部资产不足以偿付全部负债的,人民法院应当认定债务人资产不足以清偿全部债务,但有相反证据足以证明债务人资产能够偿付全部负债的除外。

第五条 企业法人已解散但未清算或者未在合理期限内清算完毕,债权人申请债务人破产清算的,除债务人在法定异议期限内举证证明其未出现破产原因外,人民法院应当受理。

部门规章

➢ **《工伤认定办法》**(人力资源和社会保障部,2010年12月31日修订)

第十七条 职工或者其近亲属认为是工伤,用人单位不认为是工伤的,由该用人单位承担举证责任。用人单位拒不举证的,社会保险行政部门可以根据受伤害职工提供的证据或者调查取得的证据,依法作出工伤认定决定。

其他规定

➢ **1.《关于确立劳动关系有关事项的通知》**(劳动和社会保障部,2005年5月25日施行)

二、用人单位未与劳动者签订劳动合同,认定双方存在劳动关系时可参照下列凭证:

(一)工资支付凭证或记录(职工工资发放花名册)、缴纳各项社会保险费的记录;

(二)用人单位向劳动者发放的"工作证"、"服务证"等能够证明身份的

证件;

(三)劳动者填写的用人单位招工招聘“登记表”、“报名表”等招用记录;

(四)考勤记录;

(五)其他劳动者的证言等。

其中,(一)、(三)、(四)项的有关凭证由用人单位负举证责任。

➤ **2.《涉及家庭暴力婚姻案件审理指南》**(最高人民法院中国应用法学研究所,2008年3月发布)

第四十条 一定情况下的举证责任转移

人民法院在审理涉及家庭暴力的婚姻案件时,应当根据此类案件的特点和规律,合理分配举证责任。

对于家庭暴力行为的事实认定,应当适用民事诉讼的优势证据标准,根据逻辑推理、经验法则做出判断,避免采用刑事诉讼的证明标准。

原告提供证据证明受侵害事实及伤害后果并指认系被告所为的,举证责任转移到被告。被告虽否认侵害由其所为但无反证的,可以推定被告为加害人,认定家庭暴力的存在。

司法文件

➤ **1.《最高人民法院关于印发〈全国法院贯彻实施民法典工作会议纪要〉的通知》**(法〔2021〕94号,2021年4月6日发布)

7. 提供格式条款的一方对格式条款中免除或者减轻其责任等与对方有重大利害关系的内容,在合同订立时采用足以引起对方注意的文字、符号、字体等特别标识,并按照对方的要求以常人能够理解的方式对该格式条款予以说明的,人民法院应当认定符合民法典第四百九十六条所称“采取合理的方式”。提供格式条款一方对已尽合理提示及说明义务承担举证责任。

8. 民法典第五百三十五条规定的“债务人怠于行使其债权或者与该债权有关的从权利,影响债权人的到期债权实现的”,是指债务人不履行其对债权人的到期债务,又不以诉讼方式或者仲裁方式向相对人主张其享有的债权或者与该债权有关的从权利,致使债权人的到期债权未能实现。相对人不认为债务人有怠于行使其债权或者与该债权有关的从权利情况的,应当承担举证责任。

9. 对于民法典第五百三十九条规定的明显不合理的低价或者高价,人民法院应当以交易当地一般经营者的判断,并参考交易当时交易地的物价部门指导价或者市场交易价,结合其他相关因素综合考虑予以认定。

转让价格达不到交易时交易地的指导价或者市场交易价百分之七十的,一般可以视为明显不合理的低价;对转让价格高于当地指导价或者市场交易价百分之三十的,一般可以视为明显不合理的高价。当事人对于其所主张的交易时交易地的指导价或者市场交易价承担举证责任。

11. 民法典第五百八十五条第二款规定的损失范围应当按照民法典第五百八十四条规定确定,包括合同履行后可以获得的利益,但不得超过违约一方订立合同时预见到或者应当预见到的因违约可能造成的损失。

当事人请求人民法院增加违约金的,增加后的违约金数额以不超过民法典第五百八十四条规定的损失为限。增加违约金以后,当事人又请求对方赔偿损失的,人民法院不予支持。

当事人请求人民法院减少违约金的,人民法院应当以民法典第五百八十四条规定的损失为基础,兼顾合同的履行情况、当事人的过错程度等综合因素,根据公平原则和诚信原则予以衡量,并作出裁判。约定的违约金超过根据民法典第五百八十四条规定确定的损失的百分之三十的,一般可以认定为民法典第五百八十五条第二款规定的"过分高于造成的损失"。当事人主张约定的违约金过高请求予以适当减少的,应当承担举证责任;相对人主张违约金约定合理的,也应提供相应的证据。

➢ 2.《最高人民法院关于印发〈全国法院民商事审判工作会议纪要〉的通知》(法〔2019〕254 号,2019 年 11 月 8 日发布)

14.【怠于履行清算义务的认定】公司法司法解释(二)第 18 条第 2 款规定的"怠于履行义务",是指有限责任公司的股东在法定清算事由出现后,在能够履行清算义务的情况下，故意拖延、拒绝履行清算义务，或者因过失导致无法进行清算的消极行为。股东举证证明其已经为履行清算义务采取了积极措施，或者小股东举证证明其既不是公司董事会或者监事会成员，也没有选派人员担任该机关成员，且从未参与公司经营管理，以不构成"怠于履行义务"为由，主张其不应当对公司债务承担连带清偿责任的，人民法院依法予以支持。

15.【因果关系抗辩】有限责任公司的股东举证证明其"怠于履行义务"的消极不作为与"公司主要财产、账册、重要文件等灭失，无法进行清算"的结果之间没有因果关系，主张其不应对公司债务承担连带清偿责任的，人民法院依法予以支持。

50.【违约金过高标准及举证责任】认定约定违约金是否过高，一般应当以《合同法》第 113 条①规定的损失为基础进行判断，这里的损失包括合同履行后可以获得的利益。除借款合同外的双务合同，作为对价的价款或者报酬给付之债，并非借款合同项下的还款义务，不能以受法律保护的民间借贷利率上限作为判断违约金是否过高的标准，而应当兼顾合同履行情况、当事人过错程度以及预期利益等因素综合确定。主张违约金过高的违约方应当对违约金是否过高承担举证责任。

75.【举证责任分配】在案件审理过程中，金融消费者应当对购买产品（或者接受服务）、遭受的损失等事实承担举证责任。卖方机构对其是否履行了适当性义务承担举证责任。卖方机构不能提供其已经建立了金融产品（或者服务）的风险评估及相应管理制度、对金融消费者的风险认知、风险偏好和风险承受能力进行了测试、向金融消费者告知产品（或者服务）的收益和主要风险因素等相关证据的，应当承担举证不能的法律后果。

94.【受托人的举证责任】资产管理产品的委托人以受托人未履行勤勉尽责、公平对待客户等义务损害其合法权益为由，请求受托人承担损害赔偿责任的，应当由受托人举证证明其已经履行了义务。受托人不能举证证明，委托人请求其

---

① 现为《民法典》第 584 条，内容有修改。

承担相应赔偿责任的，人民法院依法予以支持。

➢ 3.《最高人民法院印发〈关于当前形势下审理民商事合同纠纷案件若干问题的指导意见〉的通知》（法发〔2009〕40 号，2009 年 7 月 7 日发布）

三、区分可得利益损失类型，妥善认定可得利益损失

11. 人民法院认定可得利益损失时应当合理分配举证责任。违约方一般应当承担非违约方没有采取合理减损措施而导致损失扩大、非违约方因违约而获得利益以及非违约方亦有过失的举证责任；非违约方应当承担其遭受的可得利益损失总额、必要的交易成本的举证责任。对于可以预见的损失，既可以由非违约方举证，也可以由人民法院根据具体情况予以裁量。

四、正确把握法律构成要件，稳妥认定表见代理行为

13. 合同法第四十九条①规定的表见代理制度不仅要求代理人的无权代理行为在客观上形成具有代理权的表象，而且要求相对人在主观上善意且无过失地相信行为人有代理权。合同相对人主张构成表见代理的，应当承担举证责任，不仅应当举证证明代理行为存在诸如合同书、公章、印鉴等有权代理的客观表象形式要素，而且应当证明其善意且无过失地相信行为人具有代理权。

➢ 4.《最高人民法院印发〈关于依法妥善审理涉新冠肺炎疫情民事案件若干问题的指导意见（一）〉的通知》（法发〔2020〕12 号，2020 年 4 月 16 日发布）

二、依法准确适用不可抗力规则

人民法院审理涉疫情民事案件，要准确适用不可抗力的具体规定，严格把握适用条件。对于受疫情或者疫情防控措施直接影响而产生的民事纠纷，符合不可抗力法定要件的，适用《中华人民共和国民法总则》第一百八十条②、《中华人民共和国合同法》第一百一十七条和第一百一十八条③等规定妥善处理；其他法律、行政法规另有规定的，依照其规定。当事人主张适用不可抗力部分或者全部免责的，应当就不可抗力直接导致民事义务部分或者全部不能履行的事实承担

---

① 现为《民法典》第 172 条。

② 现为《民法典》第 180 条。

③ 现分别为《民法典》第 180 条、第 590 条，内容有修改。

举证责任。

三、依法妥善审理合同纠纷案件

受疫情或者疫情防控措施直接影响而产生的合同纠纷案件，除当事人另有约定外，在适用法律时，应当综合考量疫情对不同地区、不同行业、不同案件的影响，准确把握疫情或者疫情防控措施与合同不能履行之间的因果关系和原因力大小，按照以下规则处理：

（一）疫情或者疫情防控措施直接导致合同不能履行的，依法适用不可抗力的规定，根据疫情或者疫情防控措施的影响程度部分或者全部免除责任。当事人对于合同不能履行或者损失扩大有可归责事由的，应当依法承担相应责任。因疫情或者疫情防控措施不能履行合同义务，当事人主张其尽到及时通知义务的，应当承担相应举证责任。

➢ **5.《最高人民法院印发〈关于审理涉及金融不良债权转让案件工作座谈会纪要〉的通知》**（法发〔2009〕19号，2009年3月30日发布）

八、关于举证责任分配和相关证据的审查

会议认为，人民法院在审查不良债权转让合同效力时，要加强对不良债权转让合同、转让标的、转让程序以及相关证据的审查，尤其是对受让人权利范围、受让人身份合法性以及证据真实性的审查。不良债权转让合同中经常存在诸多限制受让人权利范围的条款，人民法院应当要求受让人向法庭披露不良债权转让合同以证明其权利合法性和权利范围。受让人不予提供的，人民法院应当责令其提供；受让人拒不提供的，应当承担举证不能的法律后果。人民法院在对受让人身份的合法性以及是否存在恶意串通等方面存在合理怀疑时，应当根据最高人民法院《关于民事诉讼证据的若干规定》及时合理地分配举证责任；但人民法院不得仅以不良债权出让价格与资产账面额之间的差额幅度作为引起怀疑的证据，而应当综合判断。对当事人伪造或变造借款合同、担保合同、借款借据、修改缔约时间和债务人还贷时间以及产生诉讼时效中断证据等情形的，人民法院应当严格依据相关法律规定予以制裁。

司法观点

➢ 1. 违约金过高的举证责任分配①

问：李某与王某签订了借款合同，合同约定了违约金条款。借款期限届满后，债务人王某未偿还借款本息，给债权人李某造成了损失。李某向法院起诉，要求王某偿还借款本息并支付违约金。王某主张违约金过高，请求减少违约金，此时由谁承担违约金过高的证明责任？

答：根据“谁主张、谁举证”的原则，王某主张违约金过高，因此，由王某承担违约金过高的证明责任，但李某也应提供相应的证据。一般而言，在违约方请求减少过高的违约金时，应当按照“谁主张、谁举证”原则，违约方负有证明违约金过高的举证责任。但是，鉴于衡量违约金是否过高的最重要标准是违约造成的损失，守约方因更了解违约造成损失的事实和相关证据而具有较强的举证能力，因此，违约方的举证责任也不能绝对化，守约方也要提供相应的证据。《最高人民法院关于当前形势下审理民商事合同纠纷案件若干问题的指导意见》第 8 条规定，人民法院要正确确定举证责任，违约方对于违约金约定过高的主张承担举证责任，非违约方主张违约金约定合理的，亦应提供相应的证据。结合该规定，违约方主张违约金过高时，承担证明责任的主体仍为违约方，但是非违约方也需要提供相应证据。例如，对于实际损失的证明，非违约方掌握相关证明实际损失的文书，此时违约方可以根据《民诉法解释》第 112 条第 1 款的规定，即“书证在对方当事人控制之下的，承担举证证明责任的当事人可以在举证期限届满前书面申请人民法院责令对方当事人提交”，申请法院责令非违约方提交证明实际损失的有关书证，此时非违约方也应提交相应证据。此外，非违约方提出违约金合理的抗辩的，非违约方也需要提供证据支撑其抗辩主张。

---

① 参见最高人民法院民事审判第一庭编：《民事审判实务问答》，法律出版社 2021 年版，第 312-313 页。

➢ 2. 不当得利之诉中，由谁来证明案涉得利“没有法律根据”①

问：甲向乙账户汇款后向法院起诉称汇错款，请求乙返还不当得利。乙辩称甲虽与其无法律关系，但甲的行为系偿还丙欠乙的货款，不构成不当得利。此时应当由谁就“没有法律根据”承担举证证明责任？

答：给付行为没有法律根据是不当得利的构成要件之一。有观点认为，该构成要件的举证责任应当由被告承担，理由在于被告举证“有法律根据”系证明积极事实，相对容易；而原告举证“没有法律根据”则是证明消极事实，难度较大。反对者则认为，原告应当承担举证证明责任。“原告必须证明无法律上的原因（给付目的之欠缺）。此虽具消极事实的性质，仍应由原告负举证证明责任。给付不当得利请求权人乃使财产发生变动的主体，控制财产资源的变动由其承担举证证明责任困难的危险，实属合理。”由原告承担举证证明责任的另一个理由在于，“谁主张、谁举证”是民事诉讼的基本举证原则，在法律无明文规定的情况下，不能因举证困难而随意倒置。

我们倾向于认为，原则上由被告承担“没有法律根据”的举证证明责任更为妥当。首先，不当得利中“没有法律根据”不是一般诉讼中特定的待证事实，而是一系列不特定的民事法律行为、事实行为乃至事件的集合。对于原告而言，让其证明“没有法律根据”是一项不可能完成的任务。在上述案例中，如果由甲证明汇款“没有法律根据”，则乙只需辩称甲不能举证证明，法院即可判决驳回甲的诉讼请求。其次，按照《民诉法解释》第 91 条第 1 项的规定，主张法律关系存在的当事人，应当对产生该法律关系的基本事实承担举证证明责任，此亦为“谁主张、谁举证”的例外情形。故被告如主张存在一定法律关系构成“法律根据”的，应由被告承担举证证明责任。

具体而言，被告的举证证明过程应当分两步走。第一步要证明存在“法律根据”的相关事实。如在上例中，乙辩称甲代替丙还款，并提交乙与丙的借款

---

① 参见最高人民法院民事审判第一庭编：《民事审判实务问答》，法律出版社 2021 年版，第 318-319 页。

合同及付款凭证等证据以证明乙对丙享有债权。第二步则需要证明该相关事实构成“法律根据”,从而阻却不当得利的成立。乙在证明其对丙享有债权后,还应当按照《民法典》合同编关于债务加入或债务转移的规定,证明甲确有代替丙还款的真实意思,以达到存在“法律根据”的证明标准。需要指出的是,以上分析的仅仅是一般的情况,在某些情形下,被告的举证责任并没有那么复杂。如上例乙若证明其对甲享有债权,甲汇款是清偿自己债务的行为,则其不但证明了存在“法律根据”的相关事实,同时还证明了该相关事实足以构成“法律根据”。

➢ 3. 审判实践中关于举证责任分配应注意的问题①

《民法典》第 136 条规定,民事法律行为自成立时生效。当事人对民事法律行为是否有效产生争议时,这一规定对举证责任分配具有基础性意义。根据《民法典》第 136 条和举证责任分配规则,主张民事法律行为有效或主张民事法律行为上权利的当事人,只需要对民事法律行为的成立承担举证责任,否认民事法律行为有效或者否定民事法律行为上权利的当事人,则需要证明民事法律行为存在法律明确规定无效的事由。因此,当双方当事人因民事法律行为效力发生争议时,主张民事法律行为有效的一方当事人,仅对民事法律行为成立的事实负证明责任,而不必证明自己享有民事行为能力;对方当事人主张一方当事人欠缺相应民事行为能力并作为抗辩事由的,应为此承担证明责任。当对方当事人举证证明一方当事人欠缺相应民事行为能力时,一方当事人可以举证证明,限制民事行为能力人实施的民事法律行为与其年龄、智力、精神健康状况相适应,并以此抗辩。

---

① 参见贺荣主编:《最高人民法院民法典总则编司法解释理解与适用》,人民法院出版社 2022 年版,第 131 页。

主流观点

➤举证责任分配的法定性问题①

需要说明的是,2001 年《民事证据规定》第 7 条是关于法官分配举证责任的规定,《民诉法解释》中没有体现,2019 年《民事证据规定》也没有保留,属于前述第一种情形下不再适用的情形。删除 2001 年《民事证据规定》第 7 条规定,主要理由在于:我们认为,举证责任分配具有法定性,实体法律规范本身包含了对举证责任分配的内容,举证责任原则上由法律分配而非由法官分配,只有在极为特殊的情况下,按照实体法规定分配的举证责任会导致明显不公平的结果时,才允许法官根据诚实信用原则、公平原则等因素分配举证责任。这也是 2001 年《民事证据规定》第 7 条的本意。但在对 2001 年《民事证据规定》实施情况的调研中,我们发现审判实践中随意适用第 7 条的情况比较普遍,仅应在极为特殊情形下适用的法官分配举证责任的规定存在滥用的情况。为此,《民诉法解释》和 2019 年《民事证据规定》中,均不再保留该条内容。审判实践中,如果出现按照实体法律规定确定举证责任分配可能导致明显不公平情形的,由于涉及《民诉法解释》第 91 条的适用问题,可以通过向最高人民法院请示,以最高人民法院批复的方式,或者通过其他司法解释解决,而不能在个案中随意变更法律所确定的举证责任分配规则。

---

① 参见郑学林、宋春雨:《理解和适用新民事证据司法解释的几个重点问题》,载《人民司法》2020 年第 16 期。

最高人民法院案例

➢再审申请人杨某琴与被申请人福建省惠建发建设工程有限公司、福建省惠建发建设工程有限公司漳州分公司及一审第三人林某隆承包合同纠纷案
[(2017)最高法民申178号]

裁判要旨:一方当事人主张和对方当事人存在工程承包关系而支付了工程保证金,应当就该事实主张承担举证责任。

最高人民法院认为,《民诉法解释》第91条第1项规定,"主张法律关系存在的当事人,应当对产生该法律关系的基本事实承担举证证明责任"。杨某琴主张其因与福建省惠建发建设工程有限公司(以下简称惠建发公司)、福建省惠建发建设工程有限公司漳州分公司(以下简称惠建发漳州公司)存在工程承包关系而向两公司支付了工程保证金,应当就该事实主张承担举证证明责任。现杨某琴提交的证据仅能证明其向惠建发漳州公司支付款项271万元的事实,但就其与惠建发公司、惠建发漳州公司存在工程承包关系,未提供证据证明。此外,惠建发漳州公司、惠建发公司与林某隆签订的《经营责任制承包合同》以及惠建发漳州公司、惠建发公司向招标代理单位等实际缴付保证金的时间,均早于杨某琴向惠建发公司、惠建发漳州公司转账的时间,且杨某琴的转账数额与两公司实际向案外人缴付保证金的数额不相符。在杨某琴向两公司完成转账后的次日,林某隆与杨某琴之夫郑某德签订了一份《借款协议书》,约定林某隆为完成案涉项目建设向郑某德借款547万元,并委托郑某德向惠建发漳州公司负责拨款等事项。在此情况下,二审判决对杨某琴主张其与惠建发公司、惠建发漳州公司间存在工程承包关系未予采信并无不当。

地方人民法院案例

➢1. 应某峰与嘉美德(上海)商贸有限公司、陈某美其他合同纠纷案①

裁判要旨:在一人公司法人人格否认之诉中,应区分作为原告的债权人起诉所基于的事由。若债权人以一人公司的股东与公司存在财产混同为由起诉要求股东对公司债务承担连带责任,应实行举证责任倒置,由被告股东对其个人财产与公司财产之间不存在混同承担举证责任。而其他情形下需遵循关于有限责任公司法人人格否认举证责任分配的一般原则,即折衷的举证责任分配原则。

上海市第一中级人民法院认为,根据《公司法》第63条之规定,一人有限责任公司的股东不能证明公司财产独立于股东自己的财产的,应当对公司债务承担连带责任。上述法律规定要求一人有限责任公司的股东将公司财产与个人财产严格分离,且股东应就其个人财产是否与公司财产相分离负举证责任。本案中,陈某美提供了上诉人嘉美德(上海)商贸有限公司(以下简称嘉美德公司)的相关审计报告,可以反映嘉美德公司有独立完整的财务制度,相关财务报表亦符合会计准则及国家外汇管理的规定,且未见有公司财产与股东个人财产混同的迹象,可以基本反映嘉美德公司财产与陈某美个人财产相分离的事实。应某峰认为上述证据不足以证明嘉美德公司财产与陈某美个人财产没有混同,并提出如下异议:审计报告未反映本案诉讼情况;嘉美德公司一审中提供的银行收支报告反映,应某峰投资后仅一周,嘉美德公司就向均岱公司转移了96万余元,包括发放均岱公司员工工资等。法院认为,我国《公司法》第63条的规定,意在限制一人有限责任公司股东采用将公司财产与个人财产混同等手段,逃避债务,损害公司债权人的利益,因此股东对公司债务承担连带清偿责任的前提是该股东的个人财产与公司财产出现了混同。然而从本案目前的证据材料可以看出,嘉美德公司收到应某峰的投资款后,虽有部分用于支付均岱公司的员工工资及货款

---

① 参见《最高人民法院公报》2016年第10期(总第240期)。

等费用，但是，根据双方投资合同的约定，应某峰投资后，均岱公司的业务将全部转入嘉美德公司，因此均岱公司的业务支出与应某峰的投资项目直接有关，这些费用的支出均用于均岱公司的业务支出，并无款项转入陈某美个人账户的记录，而审计报告中是否记载本案诉讼的情况也与财产混同问题无涉。因此，应某峰提出的异议并不能反映嘉美德公司财产与陈某美个人财产有混同的迹象，不足以否定上诉人的举证。陈某美的上诉理由成立，一审判令陈某美对嘉美德公司的债务承担连带清偿责任不当，应依法予以纠正。

➢ 2. 再审申请人陈某平与被申请人杭州永楠大酒店企业承包经营合同纠纷案[（2019）浙民申 1949 号]

裁判要旨：当事人应当对法律关系已经变更的基本事实举证证明。

浙江省高级人民法院认为，两审终审制是我国民事诉讼的基本制度。再审程序是针对生效裁判可能出现的重要错误而赋予当事人的特别救济程序。人民法院对于申请再审案件，应当严格依照《民事诉讼法》及相关司法解释等规定，对当事人主张的再审事由进行审查，而非按照第一审或者第二审程序对案件进行重新审理，以防止再审程序异化为普通程序，既可以保障生效裁判的既判力，又可以发挥审判监督程序的纠错功能。

《民诉法解释》第 91 条第 2 项规定，主张法律关系变更、消灭或者权利受到妨害的当事人，应当对该法律关系变更、消灭或者权利受到妨害的基本事实承担举证证明责任。杭州永楠大酒店以陈某平未腾退酒店为由提起本案诉讼，陈某平予以否认，主张其于 2017 年 11 月 1 日即已停止营业并于次日搬离酒店。原审判决根据现有证据情况并结合陈某平未能提供证据证明其已依约与杭州永楠大酒店就相关设施设备进行移交验收等情况，对陈某平主张的前述内容不予采信，属通过对证据审核判断依法定裁量权作出的认定，不属行使自由裁量权显著不当及认定事实和适用法律错误。原审判决据此认定陈某平应向杭州永楠大酒店支付截至腾退交还酒店之日的承包金并无不当。

➢ 3. 再审申请人张北县油篓沟乡王家湾村民委员会与被申请人马某、赵某农村土地承包经营权纠纷案[（2017）冀民申 1291 号]

裁判要旨：当事人主张双方已解除承包合同关系的，应当举证证明。

河北省高级人民法院认为,关于被申请人马某、赵某在承包期限内是否自愿交回土地的问题,双方有不同的主张。根据《河北省农业承包合同管理条例》第25条、第26条之规定,经协商解除农业承包合同的,应当用书面形式签订协议,并报乡级人民政府备案,协议签订前应继续履行原合同。同时,《民诉法解释》第91条第2项规定:"主张法律关系变更、消灭或者权利受到妨害的当事人,应当对该法律关系变更、消灭或者权利受到妨害的基本事实承担举证证明责任。"本案中,申请人张北县油篓沟乡王家湾村民委员会虽主张被申请人马某、赵某在承包期限内于2001年自愿将承包土地交回,双方已解除承包合同关系,但并未能提交双方书面解除协议,其主张的口头解除方式不符合《河北省农业承包合同管理条例》的相关规定。参照《最高人民法院关于审理涉及农村土地承包纠纷案件适用法律问题的解释》第10条规定之精神,对承包户自愿交回土地的事实应做严格审慎认定,故申请人张北县油篓沟乡王家湾村民委员会提交的证据不足以证实被申请人马某、赵某在承包期限内自愿交回土地,原一审、二审法院认定并无不当。

➢ 4. 向某华与刘某见民间借贷合同纠纷案[(2015)怀中民二终字第271号]

裁判要旨:被上诉人提出的该10万元系上诉人通过他出借给第三人的,并非系上诉人出借给他的抗辩,在性质上属于主张权利妨害要件事实,被上诉人须举证证明权利妨害要件事实的存在。

湖南省怀化市中级人民法院认为,首先,基于上诉人与被上诉人之间的转账情况,及被上诉人在答辩状中的陈述,可以认定上诉人打入被上诉人账户的10万元系用于出借,即该10万元在性质上属于借款。其次,如前所述本案争议的10万元在性质上属于借款,鉴于该10万元是向某华打入了刘某见的账户,因此,上诉人主张该10万元是其出借给被上诉人的举证责任已经完成。被上诉人提出的该10万元系上诉人通过他出借给第三人刘某玉的,并非系上诉人出借给他的抗辩,在性质上属于主张权利妨害要件事实,故根据《民诉法解释》第91条第2项"主张法律关系变更、消灭或者权利受到妨害的当事人,应当对该法律关系变更、消灭或者权利受到妨害的基本事实承担举证证明责任"之规定,被上诉人必须举证证明该权利妨害要件事实的存在,现被上诉人并未提交证据来证明,因此,应当承担举证不能的不利后果。

编者说明

我国法律在一些特殊领域规定了举证责任分配的特殊规则，对举证责任分配进行了相应的调整。举证责任倒置便是调整的方法之一，即按照举证责任分配的一般规则将本来应当配置给一方当事人的举证责任，通过法律规定转移给另一方当事人承担。

1. 侵权纠纷中的举证责任倒置

按照侵权责任法的一般理论，构成侵权的要件事实是：加害行为、损害后果、行为与后果之间的因果关系、主观过错。原则上上述四要件均由受害方承担举证责任。但《民法典》侵权责任编等中存在诸多举证责任倒置的规定：

（1）环境污染、生态破坏责任纠纷中，加害方就不存在因果关系承担举证责任。①

（2）物件脱落、坠落，高空抛物、坠物，堆放物倒塌、滚落、滑落，林木折断、倾倒、果实坠落，地面施工、地下设施等损害责任纠纷中，加害方就不存在加害行为或主观过错承担举证责任。②

（3）新产品制造方法发明专利纠纷中，加害方就不存在加害行为承担举证责任。③

2. 劳动争议纠纷中的举证责任倒置

（1）因用人单位作出开除、辞退、减少劳动报酬等决定发生的劳动争议，以及用人单位的工资支付记录等证据，由用人单位负举证责任。④ 此外，原劳动和社会保障部发布的《关于确立劳动关系有关事项的通知》第 2 条也规定了由用人单位负举证责任的“凭证”范围。

值得注意的是，上述规定不应被视为完全的举证责任倒置，否则意味着相关纠纷中劳动者完全无须提交任何证据，而应当考虑个案的实际情况、各方举证难

---

① 参见《民法典》第 1230 条。

② 参见《民法典》第 1253 条、第 1254 条第 1 款、第 1255 条、第 1257 条、第 1258 条。

③ 参见《专利法》第 66 条第 1 款。

④ 参见《最高人民法院关于审理劳动争议案件适用法律问题的解释（一）》第 44 条。

度等进行综合判断。例如就开除这一问题,劳动者主张解雇补偿金请求权时,仅需要就解除劳动关系本身承担证明责任,而基于何种原因解除劳动关系则在所不论。用人单位如果提出抗辩,则需要证明劳动合同解除的合法性,此处即适用了举证责任倒置规则。

(2)工伤纠纷案件中,用人单位就不是工伤承担举证责任。①

3. 其他纠纷中的举证责任倒置

(1)一人有限责任公司债务纠纷中,一人有限责任公司股东就公司财产的独立性承担举证责任。②

(2)耐用商品、装饰装修服务消费纠纷中,经营者就瑕疵不是由其造成的承担举证责任。③

条文内容	参考条文
第二十七条 【免证事实】 下列事实,当事人无须举证证明: (一)自然规律以及定理、定律; (二)众所周知的事实; (三)根据法律规定推定的事实; (四)根据已知的事实和日常生活经验法则推定出的另一事实; (五)已为仲裁机构的生效裁决所确认的事实; (六)已为人民法院发生法律效力的裁判所确认的基本事实; (七)已为有效公证文书所证明的事实。 前款第二项至第五项事实,当事人有相反证据足以反驳的除外;第六项、第七项事实,当事人有相反证据足以推翻的除外。	《民事证据规定》第10条

① 参见《工伤保险条例》第19条第2款、《工伤认定办法》第17条。

② 参见《公司法》第63条。

③ 参见《消费者权益保护法》第23条第3款。

要点注释

最高人民法院修改《民事证据规定》时，对原第9条在条文表述上进行了调整，将原第5项和第6项调换顺序，另将"已为人民法院发生法律效力的裁判所确认的事实"调整为"已为人民法院发生法律效力的裁判所确认的基本事实"，并将其从"有相反证据足以推翻"的梯队转入"有相反证据足以反驳"的行列中。

这里的已为人民法院发生法律效力的裁判所确认的"基本事实"，根据《民诉法解释》第333条的规定，其是指用以确定当事人主体资格、案件性质、民事权利义务等对原判决、裁定的结果有实质性影响的事实，相当于要件事实。这种事实在诉讼法上称为预决的事实，对后案诉讼具有预决的效力。对于已为人民法院发生法律效力的裁判所确认的基本事实，本条要求当事人须有相反的证据足以推翻的除外，即要否定法院生效裁判确认的基本事实，需要当事人提供证据的证明力达到推翻该基本事实的程度，达到证明相反事实成立的程度，才发生否定其预决效力的效果。

对于生效仲裁裁决确认的事实，本条规定当事人有相反证据足以反驳的除外，由原规定的"足以推翻"变成了"足以反驳"，降低了生效仲裁裁决的证明力度，即当事人提出相反证据的证明力不必达到推翻该仲裁裁决确认事实的程度，只需要动摇免证事实对法官的心证基础，使其处于真伪不明的状态。

相关法律

➢ **1.《民事诉讼法》**（2021年12月24日修正）

第七十二条　经过法定程序公证证明的法律事实和文书，人民法院应当作为认定事实的根据，但有相反证据足以推翻公证证明的除外。

➢ **2.《公证法》**（2017年9月1日修正）

第三十六条　经公证的民事法律行为、有法律意义的事实和文书，应当作为认定事实的根据,但有相反证据足以推翻该项公证的除外。

司法解释

➤ **1.《最高人民法院关于审理消费民事公益诉讼案件适用法律若干问题的解释》**(法释〔2020〕20号,2021年1月1日施行)

第十六条　已为消费民事公益诉讼生效裁判认定的事实,因同一侵权行为受到损害的消费者根据民事诉讼法第一百一十九条①规定提起的诉讼,原告、被告均无需举证证明,但当事人对该事实有异议并有相反证据足以推翻的除外。

消费民事公益诉讼生效裁判认定经营者存在不法行为,因同一侵权行为受到损害的消费者根据民事诉讼法第一百一十九条②规定提起的诉讼,原告主张适用的,人民法院可予支持,但被告有相反证据足以推翻的除外。被告主张直接适用对其有利认定的,人民法院不予支持,被告仍应承担相应举证证明责任。

➤ **2.《最高人民法院关于审理环境民事公益诉讼案件适用法律若干问题的解释》**(法释〔2020〕20号,2021年1月1日施行)

第三十条　已为环境民事公益诉讼生效裁判认定的事实,因同一污染环境、破坏生态行为依据民事诉讼法第一百一十九条③规定提起诉讼的原告、被告均无需举证证明,但原告对该事实有异议并有相反证据足以推翻的除外。

对于环境民事公益诉讼生效裁判就被告是否存在法律规定的不承担责任或者减轻责任的情形、行为与损害之间是否存在因果关系、被告承担责任的大小等所作的认定,因同一污染环境、破坏生态行为依据民事诉讼法第一百一十九条④规定提起诉讼的原告主张适用的,人民法院应予支持,但被告有相反证据足以推翻的除外。被告主张直接适用对其有利的认定的,人民法院不予支持,被告仍应

---

① 现为2021年修正的《民事诉讼法》第122条。
② 现为2021年修正的《民事诉讼法》第122条。
③ 现为2021年修正的《民事诉讼法》第122条。
④ 现为2021年修正的《民事诉讼法》第122条。

举证证明。

➢ **3.《最高人民法院关于审理涉及公证活动相关民事案件的若干规定》**(法释〔2020〕20号,2021年1月1日施行)

第四条 当事人、公证事项的利害关系人提供证据证明公证机构及其公证员在公证活动中具有下列情形之一的,人民法院应当认定公证机构有过错:

(一)为不真实、不合法的事项出具公证书的;

(二)毁损、篡改公证书或者公证档案的;

(三)泄露在执业活动中知悉的商业秘密或者个人隐私的;

(四)违反公证程序、办证规则以及国务院司法行政部门制定的行业规范出具公证书的;

(五)公证机构在公证过程中未尽到充分的审查、核实义务,致使公证书错误或者不真实的;

(六)对存在错误的公证书,经当事人、公证事项的利害关系人申请仍不予纠正或者补正的;

(七)其他违反法律、法规、国务院司法行政部门强制性规定的情形。

➢ **4.《最高人民法院关于知识产权民事诉讼证据的若干规定》**(法释〔2020〕12号,2020年11月18日施行)

第三十条 当事人对公证文书提出异议,并提供相反证据足以推翻的,人民法院对该公证文书不予采纳。

当事人对公证文书提出异议的理由成立的,人民法院可以要求公证机构出具说明或者补正,并结合其他相关证据对该公证文书进行审核认定。

其他规定

➢ **《涉及家庭暴力婚姻案件审理指南》**(最高人民法院中国应用法学研究所,2008年3月发布)

第四十条 一定情况下的举证责任转移

人民法院在审理涉及家庭暴力的婚姻案件时,应当根据此类案件的特点和规律,合理分配举证责任。

对于家庭暴力行为的事实认定,应当适用民事诉讼的优势证据标准,根据逻辑推理、经验法则做出判断,避免采用刑事诉讼的证明标准。

原告提供证据证明受侵害事实及伤害后果并指认系被告所为的,举证责任转移到被告。被告虽否认侵害由其所为但无反证的,可以推定被告为加害人,认定家庭暴力的存在。

第四十八条 国家机关、社会团体和组织相关的记录与证明

家庭暴力受害人在提起诉讼之前曾向公安机关、人民调解组织、妇联组织、庇护所、村委会等国家机关、社会团体和组织投诉,要求庇护、接受调解的,或者家庭暴力受害人曾寻求过医学治疗、心理咨询或治疗的,上述机构提供的录音或文字记载,及出具的书面证词、诊断或相关书证,内容符合证据材料要求的,经人民法院审查后认为真实可靠的,可以作为认定家庭暴力发生的重要证据。被告人否认但又无法举出反证,且无其他证据佐证的,人民法院可以推定其为加害人。

第四十九条 公安机关的接警或出警记录

人民法院在认定家庭暴力事实时,应当将公安机关的接警和出警记录作为重要的证据。

接警或出警记录施暴人、受害人的,人民法院可以据此认定家庭暴力事实存在。

出警记录记载了暴力行为、现场描述、双方当事人情绪、第三方在场(包括未成年子女)等事项的,人民法院应当综合各种因素,查明事实,做出判断。

报警或出警记录仅记载“家务纠纷、已经处理”等含糊内容的,人民法院可以根据需要或当事人的申请,通知处理该事件的警察出庭作证。

司法文件

➢《最高人民法院关于人民法院进一步深化多元化纠纷解决机制改革的意见》(法发〔2016〕14号,2016年6月28日发布)

23.探索无争议事实记载机制。调解程序终结时,当事人未达成调解协议的,调解员在征得各方当事人同意后,可以用书面形式记载调解过程中双方没有争议的事实,并由当事人签字确认。在诉讼程序中,除涉及国家利益、社会公共利益和他人合法权益的外,当事人无需对调解过程中已确认的无争议事实举证。

司法观点

➢生效裁判的事实证明效力①

最高人民法院民一庭倾向性意见:

对于生效裁判中认定的事实,不宜从既判力的角度来理解,而应从生效裁判的事实证明效力的角度进行分析。凡人民法院生效裁判所确认的事实,具有免除后诉当事人举证责任的效力。在后诉当事人有相反证据足以推翻的情况下,后诉法院可以径行对有关事实进行确认,而不必等待前诉判决经过再审程序变更后再进行认定。

最高人民法院案例

➢1.再审申请人陆某富与被申请人安徽中升投资发展有限公司劳动争议纠纷案[(2015)民申字3557号]

裁判要旨:生效仲裁裁决对《合同书》性质的认定,并非对事实的确认,而系

① 参见宋春雨:《生效裁判的事实证明效力》,载最高人民法院民事审判第一庭编:《中国民事审判前沿》总第2集,法律出版社2005年版,第70页。

对该事实所体现的法律关系性质的认定,不属“已为仲裁机构的生效裁决所确认的事实”。

最高人民法院认为,当事人之间法律关系的内容是判断该法律关系性质的基础和依据,人民法院对此应当依法审查认定,当事人在相关仲裁或诉讼中所作的陈述只具有参考意义。生效仲裁裁决对《合同书》性质的认定,并非对事实的确认,而系对该事实所体现的法律关系性质的认定,不属于《民事证据规定》第9条规定的“已为仲裁机构的生效裁决所确认的事实”而无须举证证明的范畴,不能因此证明并确定《合同书》的性质。换言之,人民法院对当事人之间法律关系性质的认定所遵循的原则是以事实为依据、以法律为准绳,不受当事人在对法律关系的性质及内容已经产生争议的情况下在仲裁或诉讼程序中所作的陈述或表态的影响,也不因生效仲裁裁决的认定而无需证明。

➢ **2. 再审申请人黄某军与再审申请人富星商贸广场房产开发(惠州)有限公司合资、合作开发房地产合同纠纷案**[(2019)最高法民再384号]

裁判要旨:人民法院的生效裁判具有既判力,但该效力仅限于生效裁判的判项,对于“本院认为”部分的认定,如有证据可以推翻的,在后裁判不受在先裁判的影响,人民法院可以根据当事人举证情况做出独立认定。

最高人民法院认为,关于2005年2月1日的《协议书》和2005年4月1日的《补充协议书》是否有效的问题。《民诉法解释》第93条规定,已为人民法院发生法律效力的裁判所确认的事实,当事人无须举证证明。人民法院的生效裁判具有既判力,但该效力仅限于生效裁判的判项,对于“本院认为”部分的认定,如有证据可以推翻的,在后裁判不受在先裁判的影响,人民法院可以根据当事人举证情况做出独立认定。广东省高级人民法院(2012)粤高法民二终字第1号民事判决已经认定案涉《协议书》《补充协议书》有效,故黄某军无须再对此予以举证证明。富星商贸广场房产开发(惠州)有限公司主张案涉《协议书》《补充协议书》无效,应承担举证证明责任。

➢ **3. 再审申请人广州乾顺房地产信息咨询有限公司与被申请人张家港市滨江新城投资发展有限公司财产损害赔偿纠纷案**[(2021)最高法民申7088号]

裁判要旨:人民法院生效裁判文书中裁判理由的内容不能被认定为“已为人

民法院发生法律效力的裁判所确认的事实”。一般来说,裁判文书中裁判理由的内容无论在事实认定还是裁判结果上对于其他案件均不产生拘束力和既判力。

最高人民法院认为,关于人民法院生效裁判文书中裁判理由内容能否被认定为“已为人民法院发生法律效力的裁判所确认的事实”。广州乾顺房地产信息咨询有限公司主张,广东省高级人民法院(2017)粤执复281号复议决定书中“本院经审查认为”部分应被理解为《民诉法解释》第93条第1款第5项中规定的“已为人民法院发生法律效力的裁判所确认的事实”。最高人民法院认为,人民法院生效裁判文书中裁判理由的内容不能被认定为“已为人民法院发生法律效力的裁判所确认的事实”。民事诉讼裁判文书所确认的案件事实,是在诉讼各方当事人的参与下,人民法院通过开庭审理等诉讼活动,组织各方当事人围绕诉讼中的争议事项,通过举证、质证和认证活动依法作出认定的基本事实。一般来说,经人民法院确认的案件事实应在裁判文书中有明确无误的记载或表述。

而裁判文书中的裁判理由,则是人民法院对当事人之间的争议焦点或其他争议事项作出评判的理由,以表明人民法院对当事人之间的争议焦点或其他争议事项的裁判观点。裁判理由的内容,既可能包括案件所涉的相关事实阐述,也可能包括对法律条文的解释适用,或者事实认定与法律适用二者之间的联系。但裁判理由部分所涉的相关事实,并非均是经过举证、质证和认证活动后有证据证明的案件事实,因此不能被认定为裁判文书所确认的案件事实。一般来说,裁判文书中裁判理由的内容无论在事实认定还是裁判结果上对于其他案件均不产生拘束力和既判力。因此,广州乾顺房地产信息咨询有限公司主张的广东省高级人民法院(2017)粤执复281号复议决定书中“本院经审查认为”部分应被理解为2020年《民诉法解释》规定的“已为人民法院发生法律效力的裁判所确认的事实”的申请理由不能成立,法院不予支持。

➢ 4. 再审申请人茹某与被申请人万达儿童文化发展有限公司著作权权属、侵权纠纷案[(2021)最高法民申1034号]

裁判要旨:公证机构违反公证法律法规有关管辖规定异地公证取证的,不能仅以该程序瑕疵否定公证文书对待证事实的证明效力。

最高人民法院认为,《民事诉讼法》第69条①规定:“经过法定程序公证证明的法律事实和文书,人民法院应当作为认定事实的根据,但有相反证据足以推翻公证证明的除外。”《民事证据规定》第10条第1款第7项规定,已为有效公证文书所证明的事实,当事人无需举证证明,当事人有相反证据足以推翻的除外。

《公证法》第25条第1款规定:“自然人、法人或者其他组织申请办理公证,可以向住所地、经常居住地、行为地或者事实发生地的公证机构提出。”《公证机构执业管理办法》第36条第2款规定:“公证机构违反《公证法》第二十五条规定,跨执业区域受理公证业务的,由所在地或者设区的市司法行政机关予以制止,并责令改正。”上述法律规章对跨区域执业作出的公证书的效力问题并未规定无效,并不因此导致公证书失去证明效力。故公证机构违反公证法律法规有关管辖规定异地公证取证的不能仅以该程序瑕疵否定公证文书对待证事实的证明效力。人民法院应根据优势证据规则,对该证据及其与其他证据是否足以形成完整证据链进行判断。

本案中,陕西省西安市汉唐公证处就该过程出具(2019)陕证民字第010869号公证书,记载了购买被控侵权产品的全过程,公证购买过程合法,能够证明侵害著作权行为的真实性。虽然陕西省西安市汉唐公证处跨区域执业在程序上存在一定瑕疵,但不足以否定整个证据保全过程中记载事项的真实性。茹某在原审中并未对公证书记载事项的真实性表示质疑,且并未提供证据推翻公证事项的真实性,原审法院对陕西省西安市汉唐公证处出具的公证书所证明的事实予以确认并无不当。

地方人民法院案例

➢ 1. 杨某、宋某芝与砀山精享裕房地产开发有限公司、苏州吉有孚商业地产管理有限公司、毛某新房屋租赁合同纠纷案[(2018)皖13民终1994号]

裁判要旨:众所周知的事实,当事人无须举证证明。

① 现为2021年修正的《民事诉讼法》第72条。

安徽省宿州市中级人民法院认为,根据《民诉法解释》第93条第1款第2项的规定,当事人众所周知的事实无须举证证明。杨某、宋某芝与砀山精享裕房地产开发有限公司虽在案涉商品房买卖合同中约定案涉房产于2018年11月31日前交付,但众所周知11月只有30天,没有31日,故一审认定双方在合同中约定的11月31日系笔误并无不当。杨某、宋某芝关于一审认定交房时间为2018年11月31日属于笔误的上诉理由不能成立,法院不予采纳。

➢ **2. 辽宁五星建设集团有限公司与葫芦岛市南票区人民政府等建设工程施工合同纠纷案**[(2021)辽14民终1686号]

裁判要旨:已为人民法院发生法律效力的裁判所确认的基本事实,不宜包括人民法院推定的事实。

辽宁省葫芦岛市中级人民法院认为,《民事证据规定》第10条第1款第6项规定:"下列事实,当事人无须举证证明:……(六)已为人民法院发生法律效力的裁判所确认的基本事实。"参照《民诉法解释》第335条①,该条规定:"民事诉讼法第一百七十条第一款第三项规定的基本事实,是指用以确定当事人主体资格、案件性质、民事权利义务等对原判决、裁定的结果有实质性影响的事实。"辽宁省高级人民法院(2015)辽民一终字第00302号民事判决书"本院认为"部分认定对造成工程质量问题的原因系辽宁五星建设集团有限公司(以下简称辽宁五星公司)提供的设计有缺陷。辽宁省高级人民法院认定的前述事实,系将"辽宁五星公司对通联地基公司在施工中发现的问题未予回应"和"辽宁五星公司对涉案工程地质条件及基础柱可能无法正常施工的情形有预见"两项事实相结合进而推定出的事实。同时,依据"咨询报告被该案双方当事人认可"的事实,辽宁省高级人民法院采信了该咨询报告。辽宁省高级人民法院以咨询报告和工作联系函相互印证,进而推定出:"该工程出现质量问题系复杂的地质环境下原设计方案无法保证工程质量"这一事实。最高人民法院民事裁定书进一步指出:"二审法院(指辽宁省高级人民法院)认定辽宁五星公司在案涉工程地质条件下仅采用长螺

① 现为2022年修正的《民诉法解释》第333条。

旋钻孔灌注桩一种施工工艺可能无法正常施工的情形是有预见的,辽宁五星公司提供的设计有缺陷,应承担过错责任,该认定并无不当。”

辽宁省高级人民法院及最高人民法院的前述裁判,解决的是通联地基公司施工行为是否存在过错和辽宁五星公司应否向通联地基公司给付工程款问题。该案中,“施工设计是否有缺陷”仅影响“通联地基公司施工行为是否存在过错”这一事实。而“通联地基公司施工行为是否存在过错”取决于该案中双方当事人所举的证据情况。通过以上论述,辽宁省高级人民法院(2015)辽民一终字第00302号民事判决和最高人民法院(2018)最高法民申2529民事裁定所认定的前述事实,是依据该案实际情况、证据情况并结合双方当事人自认、陈述情况做出的推定事实。辽宁省高级人民法院和最高人民法院裁判所认定的前述事实,不宜在本案中直接认定为“当事人无须举证证明”的事实。对于葫芦岛市南票区人民政府、南票棚改办向辽宁五星公司提供的施工图纸、设计方案是否存在缺陷这一问题,辽宁五星公司仍需提交证据证明。本案中,辽宁五星公司提交的在案证据不足以证明其“设计图纸方案存在缺陷”的主张。同时,经一审法院释明,辽宁五星公司明确表示不对葫芦岛市南票区人民政府、南票棚改办提供的“设计图纸方案”是否存在缺陷等问题进行司法鉴定,应自担不利后果。

➢ 3. 沈甲与卢某某、施某某民间借贷纠纷案[(2008)浙民再抗字第31号]

裁判要旨:结合当事人的陈述及其他相关事实,根据日常生活经验法则,以高度盖然性的证明标准,可以认定讼争欠条上所载的债权人应系沈甲。

浙江省高级人民法院认为,沈甲以2004年4月15日由卢某某出具的有卢某某、施某某具名的欠条为据,主张卢某某、施某某欠其借款34万元。卢某某承认该欠条系其所写,欠条上载明了债权人、欠款数额、出具时间,亦有具欠人的签名,因此该欠条已具备民事债权凭证的基本要件。本案沈甲起诉主张的债权债务关系是否成立,关键是能否认定沈甲系讼争欠条载明的债权人。该欠条上卢某某最初书写的债权人名字为“沈乙”,后涂改为“沈丁”。根据再审期间沈甲提供的已经发生法律效力的民事判决所确认的事实,沈甲又名沈乙、沈丁。因此,关于讼争欠条上债权人名字的涂改,沈甲解释这是卢某某根据其要求将其小名改写为正式名字所致,符合情理。

而卢某某辩称"该欠条并不是出具给沈甲的,因写错作废了而随手放在办公桌上,被沈甲拿走进行了涂改",第一,由于卢某某不能说明出具欠条的原因,也不能说明并证明欠条上所载的债权人"沈乙"及"沈丁"的具体身份,因此该解释难以采信;第二,对一份错误出具、金额为34万元的欠条,一再涂改并慎重地盖章按手印,之后却又没有妥善处理而随手搁置一旁,这样处理欠条的方式有违常理,更不符合卢某某多年经商、常与他人发生借贷关系的身份和经历。综上,虽然讼争欠条上债权人的名字几经涂改,但法院全面、客观地审核了该欠条,结合当事人的陈述及其他相关事实,根据日常生活经验法则,以高度盖然性的证明标准,可以认定讼争欠条上所载的债权人应系沈甲。据此欠条,沈甲主张的其与卢某某、施某某之间的债权债务关系成立。卢某某、施某某夫妻作为共同债务人,应对欠款承担共同清偿的责任。原二审判决认定事实不清,实体处理不当,应予纠正。

➤ **4. 蔡某与许某民间借贷纠纷案**[(2019)苏05民终934号]

裁判要旨:当事人确认微信中的部分声音是其声音,法院可以根据日常生活经验认定其为该微信号的使用者。

江苏省苏州市中级人民法院认为,当事人对自己提出的诉讼请求所依据的事实或反驳对方诉讼请求所依据的事实,应当提供证据加以证明,未能提供证据或证据不足以证明其事实主张的,由负有举证证明责任的当事人承担不利的后果。蔡某主张涉案微信号的使用者是许某,许某虽不予认可,但蔡某在二审中当场播放涉案微信的微信语音后,许某确认部分声音是其声音,故一审根据日常生活经验认定该微信号使用者为许某,法院亦予以确认。

➤ **5. 张某芳、陈某花与黄某友买卖合同纠纷案**[(2008)台民二终字第174号]

裁判要旨:上诉人张某芳出具的两张欠条与被上诉人出具的一张收条是在同一天,法院推定上诉人支付被上诉人120000元是在出具欠条之前。

浙江省台州市中级人民法院认为,本案双方当事人之间存在买卖关系及上诉人张某芳出具的两张欠条与被上诉人出具的一张收条是在同一天均属实。本案争议焦点是:上诉人支付被上诉人120000元是在出具欠条之前还是之后。上诉人张某芳出具的10000元和152000元欠条载明的还款期限分别是2005年10

月30日和12月12日。按常理,上诉人不可能在刚协商取得较长的付款宽限期的当天又支付大额款项。上诉人认为由于被上诉人极力要求上诉人付款而又支付了120000元,但无相关证据证明,且与证人证言相矛盾。综上,上诉人支付被上诉人120000元是在出具欠条之前,上诉人尚欠被上诉人162000元。因此,上诉人的上诉主张缺乏事实与法律依据,法院不予支持。

➢ **6. 再审申请人于某与被申请人杨某、王某柱股权转让纠纷案**[(2017)粤03民申149号]

裁判要旨:公证书的内容已被相反证据推翻的,以公证书作为证明事实的主张不能成立。

广东省深圳市中级人民法院认为,《公证法》第36条规定,"经公证的民事法律行为、有法律意义的事实和文书,应当作为认定事实的根据,但有相反证据足以推翻该项公证的除外"。2009年10月21日,广东省深圳市公证处对双方在先签订的《股权转让协议书》出具了《公证书》,但《股权转让协议书》约定"甲乙双方将另行签订《股权转让补充协议书》来确定股权转让款的币种、金额及付款方式"。而《股权转让补充协议书》约定的股权转让款为332000元。《股权转让协议书》没有约定具体的股权转让款,《公证书》关于4.8万元股权转让款的内容与《股权转让协议书》不符,更与《股权转让补充协议书》约定的332000元股权转让款相冲突。结合王某柱系针对《股权转让补充协议书》而非《股权转让协议书》提供担保,《公证书》关于4.8万元股权转让款的内容已被相反证据推翻。申请人关于原判决认定事实缺乏证据证明的主张不能成立。

条文内容	参考条文
第二十八条 【原件原物优先规则】 当事人向人民法院提供证据,应当提供原件或者原物。如需自己保存证据原件、原物或者提供原件、原物确有困难的,可以提供经人民法院核对无异的复制件或者复制品。	《民事证据规定》第11条

要点注释

证据最本质的特征是它的真实性或客观性,因此,能够最大限度地接近事实真相的首先是书证中的原件和物证中的原物。同时,尽一切可能向法庭提供原件、原物,也是《民事证据规定》第 2 条规定的当事人应积极、正确地完成举证的一项重要义务。

所谓原件,是指文件制作人最初形成,反映其意思或思想的文件,也称原本或底本。它既可以是手写的,也可以是打印的。"原件"一词,主要针对书证。所谓原物,是指在民事活动中产生、与民事法律关系具有密切关系、能够说明民事权益争议事实的物品。如缺陷产品致人损害中的缺陷产品,交通事故中的肇事车辆等。"原物"一词,只针对物证。

本条在坚持优先提交证据原件、原物规则的同时,对提供或保存原件、原物确有困难的,作了例外规定,该例外情形包括两类:一是当事人需自己保存证据原件、原物。如当事人向法庭提交不动产权证,法庭当庭对复制件核对无异后,原件往往由当事人领回自己保存。二是当事人提供原件、原物确有困难。西方有句古老的法谚:"法律不强人所难。"如果当事人提供原件、原物确有困难,法律应允许其提交复制件、复制品。何为提交原件确有困难,《民诉法解释》第 111 条规定了提交书证原件确有困难的五种情形,可以参考。

司法解释

➢ **1.《最高人民法院关于适用〈中华人民共和国民事诉讼法〉的解释》**(法释〔2020〕11 号,2022 年 4 月 10 日施行)

第一百一十一条　民事诉讼法第七十三条规定的提交书证原件确有困难,包括下列情形:

(一)书证原件遗失、灭失或者毁损的;

（二）原件在对方当事人控制之下，经合法通知提交而拒不提交的；

（三）原件在他人控制之下，而其有权不提交的；

（四）原件因篇幅或者体积过大而不便提交的；

（五）承担举证证明责任的当事人通过申请人民法院调查收集或者其他方式无法获得书证原件的。

前款规定情形，人民法院应当结合其他证据和案件具体情况，审查判断书证复制品等能否作为认定案件事实的根据。

➢ **2.《人民法院在线诉讼规则》**（法释〔2021〕12号，2021年8月1日施行）

第十二条 当事人提交的电子化材料，经人民法院审核通过后，可以直接在诉讼中使用。诉讼中存在下列情形之一的，人民法院应当要求当事人提供原件、原物：

（一）对方当事人认为电子化材料与原件、原物不一致，并提出合理理由和依据的；

（二）电子化材料呈现不完整、内容不清晰、格式不规范的；

（三）人民法院卷宗、档案管理相关规定要求提供原件、原物的；

（四）人民法院认为有必要提交原件、原物的。

第十三条 当事人提交的电子化材料，符合下列情形之一的，人民法院可以认定符合原件、原物形式要求：

（一）对方当事人对电子化材料与原件、原物的一致性未提出异议的；

（二）电子化材料形成过程已经过公证机构公证的；

（三）电子化材料已在之前诉讼中提交并经人民法院确认的；

（四）电子化材料已通过在线或者线下方式与原件、原物比对一致的；

（五）有其他证据证明电子化材料与原件、原物一致的。

第十四条 人民法院根据当事人选择和案件情况，可以组织当事人开展在线证据交换，通过同步或者非同步方式在线举证、质证。

各方当事人选择同步在线交换证据的，应当在人民法院指定的时间登录诉讼平台，通过在线视频或者其他方式，对已经导入诉讼平台的证据材料或者线下送达的证据材料副本,集中发表质证意见。

各方当事人选择非同步在线交换证据的,应当在人民法院确定的合理期限内,分别登录诉讼平台,查看已经导入诉讼平台的证据材料,并发表质证意见。

各方当事人均同意在线证据交换,但对具体方式无法达成一致意见的,适用同步在线证据交换。

第十五条 当事人作为证据提交的电子化材料和电子数据,人民法院应当按照法律和司法解释的相关规定,经当事人举证质证后,依法认定其真实性、合法性和关联性。未经人民法院查证属实的证据,不得作为认定案件事实的根据。

第十六条 当事人作为证据提交的电子数据系通过区块链技术存储,并经技术核验一致的,人民法院可以认定该电子数据上链后未经篡改,但有相反证据足以推翻的除外。

第十七条 当事人对区块链技术存储的电子数据上链后的真实性提出异议,并有合理理由的,人民法院应当结合下列因素作出判断:

(一)存证平台是否符合国家有关部门关于提供区块链存证服务的相关规定;

(二)当事人与存证平台是否存在利害关系,并利用技术手段不当干预取证、存证过程;

(三)存证平台的信息系统是否符合清洁性、安全性、可靠性、可用性的国家标准或者行业标准;

(四)存证技术和过程是否符合相关国家标准或者行业标准中关于系统环境、技术安全、加密方式、数据传输、信息验证等方面的要求。

第十八条 当事人提出电子数据上链存储前已不具备真实性,并提供证据证明或者说明理由的,人民法院应当予以审查。

人民法院根据案件情况,可以要求提交区块链技术存储电子数据的一方当事人,提供证据证明上链存储前数据的真实性,并结合上链存储前数据的具体来源、生成机制、存储过程、公证机构公证、第三方见证、关联印证数据等情况作出综合判断。当事人不能提供证据证明或者作出合理说明,该电子数据也无法与其他证据相互印证的,人民法院不予确认其真实性。

第十九条 当事人可以申请具有专门知识的人就区块链技术存储电子数据相关技术问题提出意见。人民法院可以根据当事人申请或者依职权,委托鉴定区块链技术存储电子数据的真实性,或者调取其他相关证据进行核对。

➢ 3.《最高人民法院关于互联网法院审理案件若干问题的规定》(法释〔2018〕16号,2018年9月7日施行)

第十条 当事人及其他诉讼参与人通过技术手段将身份证明、营业执照副本、授权委托书、法定代表人身份证明等诉讼材料,以及书证、鉴定意见、勘验笔录等证据材料进行电子化处理后提交的,经互联网法院审核通过后,视为符合原件形式要求。对方当事人对上述材料真实性提出异议且有合理理由的,互联网法院应当要求当事人提供原件。

地方人民法院案例

➢ 1. 黄山合创服饰有限公司与商城县曦阳服装厂承揽合同纠纷案[(2020)豫15民终540号]

裁判要旨:付款申请单原件已不存在,但证人证明书证复印件与原件一致的,付款申请单复印件可以作为定案证据。

河南省信阳市中级人民法院认为,本案的争议焦点是:(1)被上诉人商城县曦阳服装厂一审提交的《付款申请单》能否作为本案判决的依据?(2)上诉人黄山合创服饰有限公司是否应承担清偿货款的责任。关于第一个焦点,《民事证据规定》第49条①规定:"对书证、物证、视听资料进行质证时,当事人有权要求出示证据的原件或者原物。但有下列情况之一的除外:……(二)原件或原物已不存在,但有证据证明复制件、复制品与原件或原物一致的。"本案中,被上诉人商城县曦阳服装厂向一审法院提交的《付款申请单》为复印件,因原件丢失,被上诉

① 现为2019年修正的《民事证据规定》第61条。

人商城县曦阳服装厂未向一审法院提交原件。证人傅某二审出庭作证,证明了《付款申请单》复印件与原件一致,故被上诉人商城县曦阳服装厂一审提交的《付款申请单》能够作为本案判决的依据。

➢ 2. 许昌帝景置业有限公司与艾影(上海)商贸有限公司著作权侵权纠纷案[(2018)豫民终104号]

裁判要旨:原物已不存在,但有现场照片,可与宣传资料相互印证的,予以认定。

河南省高级人民法院认为,根据《著作权法》第10条第8项规定,著作权包括展览权,即公开陈列美术作品、摄影作品的原件或者复制件的权利。许昌帝景置业有限公司(以下简称帝景置业公司)未经著作权人的许可,在其开发的楼盘许昌恒大绿洲项目部内公开展示"哆啦A梦"形象模型,侵犯了艾影(上海)商贸有限公司(以下简称艾影商贸公司)享有的涉案作品展览权。艾影商贸公司为证明帝景置业公司侵权事实,一审提供帝景置业公司"恒大绿洲哆啦A梦展"大量现场拍摄照片,可与帝景置业公司"恒大绿洲哆啦A梦展"网络宣传材料相互印证。《民事证据规定》第49条规定,"对书证、物证、视听资料进行质证时,当事人有权要求出示证据的原件或者原物。但有下列情况之一的除外:(一)出示原件或者原物确有困难并经人民法院准许出示复制件或者复制品的;(二)原件或者原物已不存在,但有证据证明复制件、复制品与原件或原物一致的"。帝景置业公司"恒大绿洲哆啦A梦展"活动已经结束,艾影商贸公司证明帝景置业公司侵权的"原件或原物"已不存在,按照《民诉法解释》第90条规定,帝景置业公司反驳艾影商贸公司主张事实应当提供证据加以证明。帝景置业公司未能提供证据或者证据不足以证明其事实主张应承担不利法律后果。故帝景置业公司上诉称"艾影商贸公司提供的系列证据系复印件不能作为定案依据"法院不予采信。

➢ 3. 傅某球与佛山市南海区三多水利水电工程有限公司、丁某及原审第三人郁南县水务局等建设工程施工合同纠纷案[(2021)粤53民终467号]

裁判要旨:当事人提交的工程量签证单没有原件核对,且签证单上人员的身份不明,该证据的真实性、合法性及关联性不予采纳。

广东省云浮市中级人民法院认为,根据《民事证据规定》第11条规定:“当事人向人民法院提供证据,应当提供原件或者原物。如需自己保存证据原件、原物或者提供原件、原物确有困难的,可以提供经人民法院核对无异的复制件或者复制品。”傅某球主张佛山市南海区三多水利水电工程有限公司(以下简称三多公司)、丁某共同支付工程款238000元,提供其与丁某签订的《郁南县云霄灌区改造工程渡槽劳务分包施工合同》以及2017年1月12日的《水利水电工程工程量签证单》等证据予以证实,但《水利水电工程工程量签证单》没有原件核对,且签证单上人员的身份不明,施工合同约定的重建赤坭渡槽工程范围“K29+172-K29+248”与签证单载明的工程范围“K29+093-K29+172”存在明显区别,傅某球没有对此作出合理解释,故法院对傅某球提交的《水利水电工程工程量签证单》证据的真实性、合法性及关联性,均不予采纳。

编者说明

《最高人民法院新民事诉讼证据规定理解与适用》一书提出要注意优先提供原件、原物规则的适用范围,认为本条规定只能对书证、物证和视听资料这三种证据形式适用。对于广义上称为“人证”的证据形式,如当事人陈述、证人证言、鉴定意见、勘验笔录则不能适用该规定。编者不予苟同。本条规定中的“原件”,应做广义上的理解,尚应包括当事人的陈述、电子数据、证人证言、鉴定意见、勘验笔录等书面形式的证据。难道这些书面载体的证据,可以允许当事人提供复制件?

本条规定如需自己保存证据原件、原物或者提供原件、原物确有困难的,可以提供经人民法院核对无异的复制件或者复制品。编者对其难以理解。举个极端的例子,原件已经灭失,当事人只有复印件,或原物已不存在,当事人只有原物照片,法庭如何核对?所以,本条后半句的“可以提供经人民法院核对无异的复制件或者复制品”适用于当事人需自己保存证据原件、原物的情形,不能完全适用于当事人提供原件、原物确有困难的情形。

复制件、复制品是民事诉讼法上的概念。复制件更多强调文件方面性质,常与书证搭配;复制品更多强调物品方面性质,常与物证搭配。《民诉法解释》第111条第2款规定:"前款规定情形,人民法院应当结合其他证据和案件具体情况,审查判断书证复制品等能否作为认定案件事实的根据。"编者认为"书证复制品"用词欠妥,宜用"书证复制件"。

条文内容	参考条文
第二十九条 【提交和签收证据的要求】 当事人应当对其提交的证据材料逐一分类编号,对证据材料的来源、证明对象和内容作简要说明,签名盖章,注明提交日期,并依照对方当事人人数提出副本。	《民事证据规定》第19条第1款
人民法院收到当事人提交的证据材料,应当出具收据,注明证据的名称、份数和页数以及收到的时间,由经办人员签名或者盖章。	《民事证据规定》第19条第2款

要点注释

按照本条第1款的规定,当事人向法院提交证据材料,应当简要说明证据材料的来源、证明对象和内容。证据材料的来源是指该证据是自己拥有或掌握的,还是从他处收集的;是原始证据,还是派生证据。证明对象,即某证据所要证明的待证事实或目的。证据材料的内容,主要是指证据本身。如为书证,是指它记载的文字或图表内容;如为物证,是指它的外观特征。

另外,最高人民法院在修改《民事证据规定》时,删除了原第1条"原告向人民法院起诉或者被告提出反诉,应当附有符合起诉条件的相应的证据材料"中的"材料"二字,此条却又继续保留"证据材料"的提法。

第二节　当事人的陈述

条文内容	参考条文
第三十条　【陈述与反言】 民事诉讼应当遵循诚信原则。	《民事诉讼法》 第13条第1款
当事人应当就案件事实作真实、完整的陈述。	《民事证据规定》 第63条第1款
当事人的陈述与此前陈述不一致的，人民法院应当责令其说明理由，并结合当事人的诉讼能力、证据和案件具体情况进行审查认定。	《民事证据规定》 第63条第2款
当事人故意作虚假陈述妨碍人民法院审理的，人民法院应当根据情节，依照民事诉讼法第一百一十四条的规定进行处罚。	《民事证据规定》 第63条第3款

要点注释

诚信原则是当事人和其他诉讼参与人应遵守的基本原则，贯穿民事诉讼活动的全过程。诚信原则在民事诉讼中最重要的体现就是规范诉讼主体的行为，要求人们进行诉讼活动时，秉持诚实和善意。因此，约束当事人的诉讼行为、规定当事人的真实、完整陈述义务为诚信原则的应有之义。

这里的“真实”，是指主观真实，而非客观真实，当事人的陈述应与其主观认知相一致，当明知另一方当事人的陈述与事实相符，不进行否定性的争论。这里规定的“完整”，强调当事人的陈述不能是片面的、局部的，而应该是对案件事实的完整陈述。如果当事人仅陈述部分事实，而隐瞒其他事实，经其省略加工后陈述的事实可能无法反映案件真实情况，进而妨碍法院发现真相并作出正确的裁判。要求当事人完整地陈述案件事实，是积极层面的真实义务，目的在于防止当事人刻意隐瞒、歪曲事实真相。

本条第2款既是当事人真实义务的要求，又体现了禁反言原则的要求。禁反言原则源于英美法系的规则，英美法系国家和地区一直适用宣誓制度，并逐步发展出禁反言原则。要求当事人在民事诉讼过程中，所实施的诉讼行为应前后一致，如果一方当事人变更诉讼行为会给另一方当事人造成不公平的结果时，对前后矛盾的行为应予禁止。当事人陈述也是一种诉讼活动，同样应当遵循禁反言原则，其陈述前后不一致，所陈述内容的真实性将受到质疑。当出现不一致的情形时，当事人应说明理由，由审判人员结合当事人陈述的内容、变更陈述的理由、当事人诉讼能力、证据情况及案件相关事实等进行审查认定。对当事人诉讼能力的判断，可结合其年龄、智力状况、受教育程度、道德品质、法律意识等因素进行考量。

地方司法文件

➢**《浙江省高级人民法院民事审判第二庭关于在商事审判中贯彻民事诉讼诚实信用原则若干问题的讨论纪要》**（浙高法民二〔2013〕13号，2013年12月26日发布）

第一条　（原则要求）要切实贯彻落实民事诉讼法确立的诚实信用原则。通过诚实信用原则和相关规则的指引，妥当行使诉讼指挥权，引导当事人（包括委托代理人）诚实举证、辩论，推进诉讼进程；依法认定证据的证明力，合理分配举证责任，依法引导其他诉讼参与人诚实参加诉讼活动，最大限度地发现案件真实；依法规制滥用诉讼权利的行为和惩治虚假诉讼、恶意诉讼的行为。通过审判职能的发挥，营造诚信诉讼的良好环境，推进社会诚信体系建设。

第二条　（协同律师推进诉讼诚信）重视律师作用的发挥，切实保障律师依法履行职责，协同推进诉讼诚信。可以通过律师向当事人解释法院推进诚信诉讼的具体要求。

第三条　（裁判文书援引诚信原则的要求）民事诉讼法和司法解释对指引、评价当事人和其他诉讼参与人的诉讼行为，规制滥用诉讼权利的行为和惩治虚假诉讼、恶意诉讼的行为有明确规定的，应在裁判文书和其他法律文书中援引民事诉讼法和司法解释的相关规定。

适用妨害民事诉讼的强制措施，不能仅以民事诉讼法诚实信用原则为规范依据。

第四条　（民事诉讼诚信原则的释明）法官在开庭审理和其他诉讼过程中，应根据案件具体情况，以适当的方式有针对性地向当事人和其他诉讼参与人释明民事诉讼诚实信用原则和具体规则的要求，以及虚假诉讼、恶意诉讼的后果，平等保障当事人的诉讼权利。

涉及案件的主要争议事实，法官应向当事人特别提示民事诉讼法第六十五条的规定内容。

第五条　（对轻微不诚信诉讼行为的规制）法官有合理的事实根据认为当事人存在有违诚信要求的诉讼行为，但尚不构成民事诉讼法规定的需要采取妨害民事诉讼的强制措施的，应以进行释明等适当形式与当事人进行沟通，引导当事人自行矫正诉讼行为，必要时可进行批评教育。

前款所称有违诚信要求的诉讼行为包括：

（1）拖延举证的；

（2）以举证的形式提供大量与案件争议事实无关的书面材料的；

（3）不合理地请求延期举证、延期开庭、中止诉讼的；

（4）不合理地请求法院依职权调查、申请鉴定的；

（5）提起其他诉讼和仲裁以阻挠或不当影响案件审理的；

（6）法庭辩论中过度发表与案情无关的意见的；

（7）提出明显没有依据的过高的赔偿或违约责任等民事请求的；

（8）对基于同一基础法律关系分别提出诉讼请求的；

（9）频繁请求变更诉讼请求和抗辩理由的；

（10）以明显不合理的理由提起管辖权异议的；

(11)对对方当事人进行证据突袭的；

(12)对证人进行不当误导以影响证人证言的客观性的；

(13)以隐瞒真实地址、擅自变更住所等方式，给人民法院送达法律文书制造送达障碍的；

(14)其他有违诚信要求的诉讼行为。

法官依法妥当行使诉讼指挥权，合理评估当事人有违诚信要求的诉讼行为对证据失权、诉讼行为的效力和适用《最高人民法院关于民事诉讼证据的若干规定》第八条、第七十五条规定的影响。

第六条 （严格适用虚假诉讼、恶意诉讼规则）严格适用民事诉讼法第一百一十二条的规定，结合《浙江省高级人民法院关于在民事审判中防范和查处虚假诉讼案件的若干意见》、《浙江省高级人民法院、浙江省人民检察院关于办理虚假诉讼刑事案件具体适用法律的指导意见》的要求，建立与公安机关、检察机关的协调机制，合力治理虚假诉讼、恶意诉讼行为。

第七条 （对严重违反诚信诉讼行为的公开谴责）对虚假诉讼、恶意诉讼和其他严重违反诚信诉讼要求的行为，除依照民事诉讼法的有关规定适用妨碍民事诉讼的强制措施外，还可以进行当庭谴责。

对前款所称严重违反诚信诉讼行为，也可以在裁判文书中予以谴责。相关裁判文书可以在裁判文书网络发布系统中公开，也可以向政府相关部门、金融监管机构、金融机构、承担行政职能的事业单位及行业协会、征信机构等有关单位定向寄送。

第八条 （对民事诉讼法第一百一十二条规定的适用）当事人在一审、二审或再审程序中实施民事诉讼法第一百一十二条规制的恶意诉讼行为经查证属实的，判决驳回诉讼请求，并判令承担全部诉讼费用；当事人行为涉嫌犯罪的，在判决驳回诉讼请求同时，将相关材料移送公安机关或检察机关查处。

第九条 （落实调解的自愿、合法原则）正确处理调解与判决的关系，充分发挥两种方式的作用和优势。在调解中，坚持贯彻合法自愿原则。对当事人不愿调解或者有必要为社会提供规则指引的案件，应当在尊重当事人处分权的前提下,注重采用判决的方式,发挥判决的评价、指引和示范功能。坚决避免以拖压调、以判压调。

法官在主持调解过程中,可以根据《浙江省高级人民法院关于在民事调解书中引导当事人设立督促履行、担保履行条款的指导意见》的要求,在民事调解书中设立督促履行、担保履行等条款,促使当事人自动履行。对于权利人违反诚实信用原则,导致督促履行、担保履行条款条件成就并请求履行的,人民法院不予支持。

第十条　(尊重诉讼契约)尊重当事人的程序选择权,对依法可以由当事人自主或协商决定的程序事项,应当尽量由当事人自主或协商决定。当事人无正当理由否定诉讼契约或翻悔商事活动中的承诺的,依法不予支持。

涉及委托鉴定事项,当事人事先约定以鉴定结果作为实体处理依据,并据此达成调解协议的,如不存在违反法律规定或损害第三人合法权益的情形的,可以依法予以认可。

当事人自愿达成进行测谎试验的诉讼契约,人民法院可予准许。测试结论可以作为认定事实的依据。

第十一条　(最大限度追求客观真实)对存在重大争议的事实,法官应要求当事人本人参加庭审,直接听取当事人的陈述,通过当事人举证并斟酌言辞辩论情况,并辅之以必要的职权调查,查明案件事实。

为印证对案件事实的合理心证,必要时可以对案件事实相关的背景情况进行了解,包括与判断事实相关的当事人的口碑、工作表现和商业诚信记录等。

第十二条　(征信记录的运用)根据民事诉讼法和《征信业管理条例》第二十八条的规定,法官可以依法查询当事人在金融信用信息基础数据库的信息。

当事人被列入根据《最高人民法院关于公布失信被执行人名单信息的若干规定》建立的“全国法院失信被执行人名单信息公布与查询平台”上发布的被执行人名单的,应适当评估该情节对审查该当事人主张、举证和辩论意见的影响。

司法观点

➢当事人陈述前后不一致情形的处理①

问：当事人陈述前后不一致时，应当如何处理？

答：《民事证据规定》第63条第2款规定："当事人的陈述与此前陈述不一致的，人民法院应当责令其说明理由，并结合当事人的诉讼能力、证据和案件具体情况进行审查认定。"本款是针对当事人陈述前后不一致情形的处理。由于当事人是法律关系的直接参与者，与案件结果有直接利害关系，决定了其陈述存在主观性和不稳定性的特点，而且往往虚实结合、真伪并存。审判实践中，经常会出现当事人陈述前后不一致的情形，这时需要当事人说明理由。对于当事人陈述的证明效力，则要由审判人员结合当事人陈述的内容、变更陈述的理由、当事人诉讼能力、证据情况及案件相关事实进行审查认定。对当事人诉讼能力的判断，可以结合当事人年龄、智力状况、受教育程度、道德品质、法律意识等因素进行考量。

主流观点

➢当事人真实陈述和禁止反言的诚信义务②

为维护诉讼程序的系统性和连续性，诉讼行为的成立和生效，以表示主义为原则，当事人对自己的诉讼行为负有真实陈述、禁止反言、禁止诉讼权利滥用、积极促进诉讼程序的诚信义务。当事人在一审中实施的诉讼行为，已经作出的意思表示，在一审诉讼中已经发生法律效果，在二审中，对当事人具有约束力；一审

---

① 参见最高人民法院民事审判第一庭编：《民事审判实务问答》，法律出版社2021年版，第308页。

② 参见李少平主编：《〈最高人民法院关于进一步推进案件繁简分流优化司法资源配置的若干意见〉读本》，人民法院出版社2016年版，第272页。

裁定驳回的证据和主张,不得在二审中作为新证据提出,在一审中没有表示异议的主张和证据,不得在二审中无正当理由改变意见;当事人在二审中推翻一审的诉讼行为或者陈述的,应当责令其说明理由,经审查违背诚实信用原则,违背诉讼行为的合理性、合法性、有效性,其理由不充分的,应予以驳回。需要特别注意的是,当事人在诉讼中的陈述或自认才有拘束力,如果是在诉讼程序外达成的合意或者诉讼中的调解意见,则不在禁止反言的范围内。

最高人民法院案例

➢ 1. 中国进出口银行与光彩事业投资集团有限公司、四通集团公司借款担保合同纠纷案①[(2006)民二终字第49号]

裁判要旨:被上诉人在本案诉讼中提出的董事会决议无效,公司为其股东担保无效的主张没有事实和法律依据,且违反民事诉讼中的禁止反言规则,不予支持。

最高人民法院认为,光彩事业投资集团有限公司(以下简称光彩集团)提供的证据表明,在该公司同意为四通集团公司(以下简称四通集团)进行担保的2001年12月25日、2003年12月26日的两次董事会上,分别持有光彩集团93.6%和91.2%股权的董事同意为四通集团担保,符合公司章程的规定。董事会决议加盖了董事会公章,在《保证合同》及《贷款重组协议》上加盖了光彩集团公章,光彩集团对上述公章的真实性均不持异议。应当认定光彩集团签署上述《保证合同》及《贷款重组协议》是其真实意思表示,不违背占资本绝大多数股东的意志,该保证行为亦不违反法律和行政法规的禁止性规定,应为有效。关于光彩集团提出的根据该公司章程,董事会至少8名董事参加方能召开,而上述两次董事会决议只分别有5名和2名董事签字,故董事会会议召开无效,董事会决议亦无效问题,法院认为:分别有5名和2名董事在董事会决议上签字,并不能证

① 参见《最高人民法院公报》2006年第7期(总第117期)。

明只有5名或2名董事参加董事会会议。光彩集团应对该公司2001年12月25日、2003年12月26日的两次董事会的召开是否符合章程规定的董事出席人数负有举证责任,但该公司始终未提供两次董事会的纪要或原始记录,应承担举证不能的责任。而且即使董事会决议有瑕疵,也属其公司内部行为,不能对公司的对外担保行为效力产生影响。故光彩集团在本案诉讼中提出的董事会决议无效,公司为其股东担保无效的主张没有事实和法律依据,且违反民事诉讼中的禁止反言规则,法院不予支持。

➢ 2. 成某波与万某辉、江西富源贸易有限公司、吉林成城集团股份有限公司民间借贷纠纷案①[(2013)民一终字第133号]

裁判要旨:《民事诉讼法》第13条规定,"民事诉讼应当遵循诚实信用原则。当事人有权在法律规定的范围内处分自己的民事权利和诉讼权利"。此为民事诉讼的诚信原则和处分原则。依据该条规定,若当事人在民事诉讼过程中,对另一方陈述的案件事实明确表述承认的,属于该方当事人对自己民事权利和诉讼权利的处分,在不违反法律规定的情况下,人民法院对该处分应予以准许。当事人之后又反悔,否认已经承认的事实的,其行为有违诚信原则,对其主张,法院不予支持。

最高人民法院认为,按照《承诺书》的表述,成某波对《协议书》对应借款的还款义务承担保证责任,保证的方式为连带责任保证,保证担保的主债权数额为8000万元,其内容不违反法律、行政法规的强制性规定。现江西富源贸易有限公司(以下简称富源公司)和万某辉之间实际发生的借款数额为6750万元,仍在8000万元的主债权数额之内,故万某辉要求成某波对6750万元借款的还款义务承担连带清偿责任符合《承诺书》的约定。对于《承诺书》的真实性,成某波在一审中未提出异议,也未申请笔迹鉴定,在上诉期间内未就此提出相关上诉请求,而是在《上诉状》中明确认可了出具《承诺书》的事实,认可自己对6750万元借款的本金部分承担连带清偿责任,这些均为其对案件事实的自认以及对自己民

① 参见最高人民法院民事审判第一庭编:《民事审判指导与参考》2014年第1辑(总第57辑),人民法院出版社2014年版,第216-217页。

事权利和诉讼权利的处分,法院对此予以确认。依据《民事诉讼法》第13条规定“民事诉讼应当遵循诚实信用原则。当事人有权在法律规定的范围内处分自己的民事权利和诉讼权利”以及《民事证据规定》第8条第1款①规定“诉讼过程中,一方当事人对另一方当事人陈述的案件事实明确表示承认的,另一方当事人无需举证。但涉及身份关系的案件除外”。法院对成某波否认《承诺书》真实性的主张不予支持,对其在二审过程中要求笔迹鉴定的申请不予准许。

➢ **3. 再审申请人燕某敏与被申请人广西荣标商贸集团有限公司破产债权确认纠纷案**[(2021)最高法民再243号]

裁判要旨:诚信原则是民事诉讼法的重要原则和当事人的基本义务,当事人应当就案件事实作真实、完整的陈述。在案件事实认定存在数种可能的情形下,未如实陈述者,应受不利之认定。

最高人民法院认为,谢某森在2015年12月12日《借条》记载的269万元不应当认定为其承诺支付本息的上限。《借条》所载明的269万元是由第一次出具《借条》载明的本金232万元及每月平均利息8万元计算得出,并非借款合法本息数额。基于该本金数额计算得出的269万元借款中所包含利息已高于规定利率上限。即使参照结算模式推定当事人在第二张《借条》出具之后至破产申请受理日前按24%收取利息,为平衡当事人利益,以谢某森在《借条》中承诺数额为本息上限认定本息数额,也应当综合考虑出借人在法庭上是否如实陈述事实等具体情况而定。根据《最高人民法院关于审理民间借贷案件适用法律若干问题的规定》第18条②,负有举证证明责任的原告应当到庭,但经法院依法传唤,燕某敏本人未到庭且未说明理由。在询问和公开开庭审理期间及庭审后,法院均要求其对出借本息情况作出如实陈述。燕某敏庭后提交的《说明》仍未如实陈述借款本息,并称由法院认定。

燕某敏在原审中亦未出庭参加庭审活动。诚信诉讼是《民事诉讼法》第13

---

① 现为《民事证据规定》第3条第1款,内容有修改。

② 现为2020年第二次修正的《最高人民法院关于审理民间借贷案件适用法律若干问题的规定》第17条。

条规定的重要原则和当事人的基本义务。人民法院应当根据庭审全部材料,包括当事人在诉讼中履行诚信诉讼义务的情况,作出事实认定。若以《借条》约定的269万元作为本息上限,尽管未必不合事理,但于情未必恰如其分,尤其难以鼓励诚信诉讼。《民事证据规定》第63条第1款规定:"当事人应当就案件事实作真实、完整的陈述。"第66条规定,当事人无正当理由拒不到场或者拒不接受询问的,应当综合案件情况,判断待证事实的真伪。待证事实无其他证据证明的,应当作出不利于该当事人的认定。在本案事实认定存在数种可能的情形下,未如实陈述者,应受不利之认定。该以269万元为上限的债权确认意见,法院不予采纳。

➢ 4. 蔡某雁与中国农业银行股份有限公司安宁市支行、一审第三人云南安宁金成矿业集团有限公司、云南昆都国际房地产开发有限公司等案外人执行异议之诉纠纷案[(2020)最高法民终667号]

裁判要旨:当事人应当就案件事实作真实、完整的陈述,前后矛盾陈述,法院结合相关证据审查认定。

最高人民法院认为,关于占有事实的认定,《民事证据规定》第3条规定,"在诉讼过程中,一方当事人陈述的于己不利的事实,或者对于己不利的事实明确表示承认的,另一方当事人无需举证证明。在证据交换、询问、调查过程中,或者在起诉状、答辩状、代理词等书面材料中,当事人明确承认于己不利的事实的,适用前款规定"。本案中,蔡某雁2018年3月23日向法院第一次提交起诉状时,自认"该小区到目前为止仍然不具备交付使用条件,预售商品房没有实际占有"。但提交第二份起诉状时,蔡某雁改称"所购房屋已经支付了全部价款,并事实上实际占有了该房产"。《民事证据规定》第63条第1款、第2款规定,"当事人应当就案件事实作真实、完整的陈述。当事人的陈述与此前陈述不一致的,人民法院应当责令其说明理由,并结合当事人的诉讼能力、证据和案件具体情况进行审查认定"。对于蔡某雁前后矛盾的陈述,法院结合相关证据审查认定如下:

首先,蔡某雁在案外人异议审查程序中提交的《物品交付清单(业主联)》显示领取钥匙的时间是2017年7月6日,第一次提交起诉状时表示查封时案涉房屋不具备交付条件,没有实际占有。作为完全民事行为能力人,蔡某雁亲历了商品房购买全过程,理应清楚是否占有这一基本事实,其在司法程序初始阶段的陈述能够相互印证,更为可信。

其次,虽然《接房流程卡》《接房返修登记表》上载明的接房时间为2017年1月9日,但是蔡某雁未提交证据证明上述材料上签字人的身份及真实性。即使如蔡某雁所称签字人系云南昆都国际房地产开发有限公司(以下简称昆都公司)及其委派的物业公司职员,也因昆都公司作为被执行人的利害关系人身份,导致该组证据的证明力较弱。并且,《接房流程卡》《接房返修登记表》作为可能证明蔡某雁在查封前占有的主要证据,蔡某雁既未在案外人异议审查阶段提交,亦未陈述曾接房又返修的情况,不合常理。

最后,昆都公司于本案一审判决作出后出具的《物业费确认书》《情况说明》,内容仅载明2017年与2018年的水电费与物业管理费由昆都公司承担,并不涉及蔡某雁具体占有涉案房屋的时间,该证据不影响关于占有时间的判断。

综合上述情况,最高人民法院认为,一审判决认定蔡某雁在人民法院查封前未占有案涉房屋,不符合足以排除执行的要件,对涉案房屋不具有物权期待权正确。蔡某雁关于一审法院对占有事实认定错误的上诉理由,不能成立。

➢ 5. 再审申请人辽宁超越拍卖有限公司与被申请人深圳市中深帝豪投资发展有限公司合同纠纷案[(2016)最高法民申1720号]

裁判要旨:在一审诉讼程序中已明确放弃的诉求,法院未予审理,后又以已经放弃的诉求作为上诉理由,二审法院适用禁止反言原则,对该点理由不予处理正确。

最高人民法院认为,关于"禁止反言"原则的适用问题,二审判决认为辽宁超越拍卖有限公司(以下简称超越公司)在2015年12月8日的质证过程中对已经放弃的实体部分的上诉请求和理由又重新提出上诉,违反了民事诉讼"不得反言"原则,对超越公司的主张不予审理。经审查,超越公司在二审中对于上诉请求中涉及的实体问题明确表示放弃,二审法院仅围绕超越公司上诉请求中涉及的程序问题,即深圳市中深帝豪投资发展有限公司(以下简称中深公司)是否具有诉讼主体资格、中深公司委托代理人是否具有公司合法授权及能否代表中深公司参加诉讼等问题进行审理并依法作出裁判,适用法律并无不当。

➢ 6. 北京佳程房地产开发有限公司与香港佳程广场有限公司等借款合同纠纷案[(2015)民四终字第 11 号]

裁判要旨:一审中主张的事实与提起上诉时主张的事实相悖,且无有力证据,故而应当认定其第一次主张的事实为真实。

最高人民法院认为,北京佳程房地产开发有限公司(以下简称北京佳程)提起本案诉讼时称,是应香港佳程广场有限公司(以下简称香港佳程)的请求借款给香港佳程,香港佳程是债务人,但并没有能够提供证据证明。其在向最高人民法院提起上诉时,又主张是该公司法定代表人田某应案外人睿富基金的"力劝"将讼争款项借出供该基金"做账"并将由睿富基金在境外返还。从其该上诉主张来看,其认为本案债权人是田某,债务人是睿富基金。由于香港佳程与案外人睿富基金是各自独立的法人,田某个人与北京佳程也是各自独立的民事主体,故北京佳程的上诉主张与其提起本案诉讼时的诉讼请求明显不符。如果北京佳程认为本案的债务人另有其人,则该公司不能向本案中的香港佳程主张债权而应向案外人直接主张,根据禁止反言的原则,法院对其该项上诉理由不予采信,其在本案中基于香港佳程为债务人的诉讼请求应予驳回。

➢ 7. 再审申请人蒙城县城关电线电缆厂与被申请人安徽蒙城农村商业银行股份有限公司等金融借款合同纠纷案[(2014)民申字第 1347 号]

裁判要旨:一方当事人在另案中提供的证据,在本案中被法院作为认定案件事实的依据,根据禁止反言原则,在另案中提供证据的当事人在本案中已丧失对证据真实性提出异议的资格。

最高人民法院认为,一审法院查明事实部分载明:"从(2001)亳民二初字第 46 号案卷,蒙城县城关电线电缆厂(以下简称蒙城电缆厂)起诉信用社借款合同纠纷卷宗第 19 页季某芳提供的信用社出具的'特种转账借方传票'3 张可以看出,1999 年 4 月 24 日蒙城电缆厂偿还信用社 1996 年 6 月 3 日的贷款 442318 元,利息 21825.19 元,罚息 39430.81 元,共计 699999.19 元,该 3 张传票均加盖信用社转讫章。”由于该3张“特种转账借方传票”系蒙城电缆厂的法定代表人季某芳在另案中所提供，且为一审法院为查明案件事实依职权从另案卷宗中直接调取，即使未在该案中质证，根据民事诉讼的禁止反言原则，季某芳及蒙城电缆厂已无资格对该3份证据的真实性提出异议，原审法院依据该三份证据对本案的实体处理结果并无不当。

➢ 8. 再审申请人李某平与被申请人山东省济宁市金乡县人民政府等强拆违法及行政赔偿纠纷案［（2016）最高法行申3509号］

裁判要旨：当庭的陈述与诉状中所主张的内容明显矛盾，法院应用禁止反言原则，直接采信在前的陈述，也即采信诉状中对事实的陈述而否定当庭所作的相反的陈述。

最高人民法院认为，李某民在二审及再审申请中提出作出被诉强拆行为时未出具书面材料、未告知诉权及起诉期限，其不知涉案房屋系何人、何部门所拆，但该主张与起诉状内容明显矛盾，且未能提供证据推翻起诉状及此前的陈述。根据禁止反言原则，人民法院采信其之前陈述认定其已经知道或者应当知道被诉行政行为，并无不当。

➢ 9. 再审申请人内蒙古明泽房地产开发集团有限公司、王某明与被申请人赵某仓、赵某库借款合同纠纷案［（2017）最高法民申2000号］

裁判要旨：二审阶段，当事人推翻一审陈述，诉称一审判决认定借款本金金额有误，违背了禁反言的诉讼原则，加之也未提交证据证明自身主张，不予支持。

最高人民法院认为，二审判决认定借款本金数额的依据为《借款协议书》，其中写明赵某库、赵某仓于2012年2月16日借给内蒙古明泽房地产开发集团有限公司（以下简称明泽公司）1亿元，王某明为借款担保人。明泽公司、王某明虽在二审程序中就借款本金的构成进行了陈述，但并未对《借款协议书》的真实性提出异议，也未提供证据就借款本金构成进行证明，在本案再审审查阶段亦未提供相应证据。在一审阶段，作为债务人的明泽公司答辩时明确认可1亿元的借款本金数额；王某明作为明泽公司法定代表人、董事长未参加诉讼，也未进行答辩。在二审阶段，明泽公司推翻了一审陈述，与王某明一同上诉称一审判决认定借款本金金额有误,违背了禁反言的诉讼原则,加之也未提交证据证明自身主张,此时二审法院依据《借款协议书》,就借款本金作出认定并无不当。

地方人民法院案例

➢再审申请人李某康与被申请人李某、中国大地财产保险股份有限公司徐州中心支公司机动车交通事故责任纠纷案[(2020)苏民申7581号]

裁判要旨:交通事故和解协议明确约定本次事故一次性了结且侵权人、保险公司已根据约定履行完毕的,受害人另行起诉要求赔偿,有违诚实信用原则,不予支持。

江苏省高级人民法院认为,民事主体从事民事活动,应当遵循诚实信用原则,秉持诚实,恪守承诺。李某康在一审时对于《交通事故和解协议》的真实性无异议,并认可已经收到《交通事故和解协议》载明的118100元赔偿款,现其反悔主张未签订过《交通事故和解协议》,但对其之前自认无法做出合理解释,故对其反言本院不予采信。案涉《交通事故和解协议》为当事人真实意思表示,不违反法律、行政法规的强制性规定,依法应认定为有效,对双方当事人具有法律约束力。

从《交通事故和解协议》约定内容来看,虽然载明中国大地财产保险股份有限公司徐州中心支公司(以下简称大地财保徐州公司)履行完毕付款义务后视为完全履行在交强险范围内的赔付义务,但从赔偿项目及赔偿数额来看,远超大地财保徐州公司在本次事故中应承担的交强险赔偿数额,结合协议中亦约定大地财保徐州公司履行完毕付款义务后视为已经完成了本次交通事故的理赔,李某康和李某不得就本次事故再行提出理赔请求,该协议是三方解决本次交通事故赔偿问题的最终解决方案,本次交通事故一次性了结,李某康、李某双方放弃本次事故的一切诉权等内容,协议中所载赔偿款项应是三方协议的案涉交通事故的全部赔偿数额,而非仅限于交强险赔偿数额。鉴于当事人已经就案涉交通事故赔偿达成了赔偿协议且已履行完毕,协议中关于李某康和李某不得就本次事故再行提出理赔请求,本次交通事故一次性了结,李某康、李某双方放弃本次事故的一切诉权的约定系当事人在法律规定的范围内处分自己民事权利和诉讼权利的行为，现李某康再行提起本案诉讼主张赔偿不符合《交通事故和解协议》的约定，有违诚实信用原则，大地财保徐州公司在诉讼中亦以此为由进行了抗辩，一审、二审判决驳回李某康的诉讼请求，并无不当。

条文内容	参考条文
第三十一条 【自认】 在诉讼过程中，一方当事人陈述的于己不利的事实，或者对于己不利的事实明确表示承认的，另一方当事人无需举证证明。	《民事证据规定》第3条第1款
在证据交换、询问、调查过程中，或者在起诉状、答辩状、代理词等书面材料中，当事人明确承认于己不利的事实的，适用前款规定。	《民事证据规定》第3条第2款

要点注释

自认是指当事人对不利于自己事实的承认，包括两种：一是当事人陈述于己不利的事实；二是一方当事人对另一方当事人陈述的不利事实明确表示承认。2008年《民事证据规定》第8条将自认限于第二种情形，2019年《民事证据规定》根据裁判实践，增加了第一种情形，扩大了自认的种类。

自认具有如下特征：

(1)自认须发生在诉讼过程中。只有当事人在诉讼过程中的自认才产生相应的法律效果。当事人在诉讼外的自认(指当事人在本案诉讼程序之外作出的承认，包括当事人在其他案件中作出的于己不利的承认)应当比照一般的证据进行正常的举证和质证，它不能成为免除当事人举证责任的法定事由。

(2)自认是当事人对案件事实的不利陈述，或一方当事人对另一方当事人陈述的案件不利事实的承认。民事诉讼的最大特征是当事人双方主张和利益的对抗性,因此,当事人对案件事实的不利陈述,一方当事人对另一方当事人所主张的案件不利事实的承认,方谓自认。自认方可以对任何于己不利的事实进行自认,也可以针对证人证言、鉴定意见等。

(3)自认须是明确表示的。自认是对当事人举证责任的免除和对法院法定程序的改变,因此对自认的成立规定了较为严格的条件,第二种情形中的自认必须是明确表示承认。如果当事人默示自认,即对另一方当事人的陈述既不承认也不否认,只有法官履行了法定的释明义务后仍然默示的,才能视为承认。

(4)自认须有合法性。当事人的自认不能改变现行法律的规定,即不能与现行有效的法律相冲突。因此,涉及身份关系、国家利益、社会公共利益等案件事实的不适用自认的规定。

地方司法文件

➤《北京市高级人民法院知识产权民事诉讼证据规则指引》(2021年4月22日发布)

1.13 一方当事人对于仅涉及自身利益的于己不利的事实明确表示承认的,另一方当事人无需就该事实再行提供证据。

涉及知识产权权利归属、权利有效性、权利保护范围等事实,对方当事人的承认不能免除原告的举证责任。

司法观点

➤对于准备阶段当事人认可的证据如何审核认定?①

问:在证据交换、询问、调查过程中,或者在起诉状、答辩状、代理词等书面材

① 参见最高人民法院民事审判第一庭编:《民事审判实务问答》,法律出版社2021年版,第306-307页。

料中,人民法院对于当事人认可的证据如何审核认定?

答:《民事证据规定》第3条规定:“在诉讼过程中,一方当事人陈述的于己不利的事实,或者对于己不利的事实明确表示承认的,另一方当事人无需举证证明。在证据交换、询问、调查过程中,或者在起诉状、答辩状、代理词等书面材料中,当事人明确承认于己不利的事实的,适用前款规定。”据此,当事人在起诉状、答辩状、代理词等书面材料中,明确对证据表示认可的,也属于诉讼中的认可,但是,此与证据法上的直接言辞原则相违背。

直接言辞原则包括直接原则和言辞原则。直接原则指法官必须亲自了解案件的所有材料,在庭上审查证据,听取当事人、证人等的口头陈述,进行辩论,最终作出裁判。其核心在于强调法官对证据的审查必须具有“亲历性”。言辞原则指法院审理案件,特别是当事人及其他诉讼参与人对诉讼材料的提出和辩论,要在法官面前以口头形式进行,这样取得的材料才可以作为法院裁判的依据。其核心在于强调举证和质证都必须以言辞,即口头陈述的方式进行。另外,此种证据认可方式也不符合《民事证据规定》第60条第2款“当事人要求以书面方式发表质证意见,人民法院在听取对方当事人意见后认为有必要的,可以准许。人民法院应当及时将书面质证意见送交对方当事人”的规定。因此,对于当事人在起诉状、答辩状、代理词等书面材料中认可的证据,人民法院仍应组织质证,当事人表示认可的,方可作为当事人认可的证据予以确认。

最高人民法院案例

➢ 1. 再审申请人甘肃源祥房地产开发有限公司与被申请人甘肃古典建设集团有限公司建设工程施工合同纠纷案[(2019)最高法民申3879号]

裁判要旨:二审法院根据当事人的庭审陈述认定封顶事实,继而认定封顶之日即2016年9月11日为竣工日期并无不当。

最高人民法院认为,《最高人民法院关于审理建设工程施工合同纠纷案件适用法律问题的解释》①第 14 条第 3 项规定:“建设工程未经竣工验收,发包人擅自使用的,以转移占有建设工程之日为竣工日期。”根据甘肃源祥房地产开发有限公司(以下简称甘肃源祥公司)在二审庭审中的陈述,其认可于 2016 年 9 月 11 日对案涉工程举行封顶仪式。根据《民诉法解释》第 92 条第 1 款“一方当事人在法庭审理中,或者在起诉状、答辩状、代理词等书面材料中,对于己不利的事实明确表示承认的,另一方当事人无需举证证明”之规定,二审法院根据甘肃源祥公司的庭审陈述认定封顶事实,继而认定封顶之日即 2016 年 9 月 11 日为竣工日期并无不当。

➢ 2. 再审申请人张某周与被申请人宁夏视通建设集团有限公司、中卫市启源房地产开发有限公司建设工程施工合同纠纷案[(2019)最高法民申 2157 号]

裁判要旨:原告在民事起诉状中明确写明了已付款金额,构成自认。

最高人民法院认为,《民事诉讼法》第 13 条第 1 款②规定:“民事诉讼应当遵循诚实信用原则。”《民诉法解释》第 92 条第 1 款规定:“一方当事人在法庭审理中,或者在起诉状、答辩状、代理词等书面材料中,对于己不利的事实明确表示承认的,另一方当事人无需举证证明。”本案一审中,张某周的民事起诉状明确写明宁夏视通建设集团有限公司(以下简称视通公司)已支付工程款 17431965 元,且张某周还提交一份《预付工程款统计表》用以证明“截至 2018 年 2 月,视通公司向张某周支付工程款共计 17431965 元”,而视通公司提交一套付款凭证用以证明其已付工程款 17436445 元,一审法院结合双方当事人提供的证据,以张某周主张的已付工程款金额认定本案已付工程款为 17431965 元。张某周就一审判决提起上诉后,未对一审判决认定已付工程款金额表示异议。原审法院认定本案已付工程款为 17431965 元,依据充分,并无不当。

➢ 3. 再审申请人同江兴和国际置业有限公司与被申请人大连东辰建设有限公司建设工程施工合同纠纷案[(2014)民申字第 1694 号]

裁判要旨:在证据交换的书面材料中,当事人明确承认于己不利的事实,构

① 该文件现已失效。

② 现为 2021 年修正的《民事诉讼法》第 13 条第 1 款,内容有修改。

成自认。

最高人民法院认为,根据王某善在一审庭审中出庭证明同江兴和国际置业有限公司(以下简称兴和公司)存在供应材料的事实,以及大连东辰建设有限公司(以下简称东辰公司)提交的《通知》载明的内容,可以看出:东辰公司认可甲供材料1158950元。虽然该通知在庭审后被东辰公司撤回,但东辰公司的陈述已构成自认。原审法院据此确认兴和公司除通过尚明供应材料外,另供材1158950元,符合证据规则,亦最大限度地保护了兴和公司的利益。

➢ **4. 铭丽实业有限公司与深圳华侨服务中心承包合同纠纷案**[(2013)民抗字第58号]

裁判要旨:当事人并非对不利事实的承认,不构成自认。

最高人民检察院抗诉认为,原审判决认定铭丽实业有限公司(以下简称铭丽公司)尚欠承包金22552366.61元的基本事实缺乏证据证明。深圳华侨服务中心(以下简称华侨中心)主张承包金为各股东实际收到的股利,与董事会决议内容不符。承包费包括但不限于股东实际获得的股利。可分配利润是扣减所得税、三项基金、归还江某生垫支工程款后形成的。在审计报告未就华侨中心账面利润是否真实、铭丽公司是否有挪用利润的行为进行全面审计的情况下,华侨中心认可铭丽公司已交纳1100余万元承包金,并非对不利事实的自认,不适用自认规则。

➢ **5. 再审申请人唐某平与被申请人南京星际园温泉休闲有限责任公司及一审被告、二审被上诉人宁某平民间借贷纠纷案**[(2016)最高法民申100号]

裁判要旨:当事人在公安机关的报案陈述,不构成自认。

最高人民法院认为,2009年11月至2010年1月19日,恒鹏公司以及宁某平亲友宁某等共向东亚公司支付1650万元。关于付款的用途,唐某平在公安机关的报案陈述虽然不构成自认,但不能否定该陈述作为书证所具备的证明力,而唐某平在报案陈述中说明其安排东亚公司财务总监杜某通过银行本票向恒鹏公司打出2000万元及另一笔200万元,后来恒鹏公司等陆续还了1650万元,还欠500余万元。且唐某平的报案陈述与双方款项往来凭证以及杜某在公安机关的陈述能相互印证，亦与证人宁某在公安机关的陈述相吻合，因此本案并不存在涉案借款、还款与其他资金往来相混淆的情形。

➢ 6. 申诉人中铁十七局集团有限公司与被申诉人冷某华、湖南省建筑工程集团总公司建设工程施工合同纠纷案[（2016）最高法民再284号]

裁判要旨：当事人在另案庭审笔录中的陈述，不构成自认。

最高人民法院认为，根据《民事证据规定》第74条①"诉讼过程中，当事人在起诉状、答辩状、陈述及其委托代理人的代理词中承认的对己方不利的事实和认可的证据，人民法院应当予以确认，但当事人反悔并有相反证据足以推翻的除外"以及第9条②已为人民法院发生法律效力的裁判所确认的事实，当事人无须举证证明之规定，作为中铁十七局集团有限公司申诉理由的关于《工程结算书》和《工程量计算汇总表》的陈述，系湖南省建筑工程集团总公司在"另案诉讼"中《庭审笔录》中的陈述。基于另案诉讼已经撤诉，该庭审笔录不构成自认，该案最终亦未形成有法律拘束力的裁判，不应当对本案诉讼产生法律影响。且在本案诉讼中，湖南省建筑工程集团总公司明确表示对上述《工程结算书》和《工程量计算汇总表》不予认可。故原审未采信上述事实，适用法律并无不当。

➢ 7. 再审申请人江苏海洋航务打捞有限公司与永安财产保险股份有限公司镇江中心支公司港口作业合同纠纷案[（2014）民申字第947号]

裁判要旨：诉讼外的当事人自认，依然具有相应的证明效力。

最高人民法院认为，事故发生后江苏海洋航务打捞有限公司出具《情况说明》确认吊装过程中齿轮箱与联接轴发生碰撞，该份证据属于诉讼外的当事人自认。虽然其效力不能等同于《民事证据规定》第8条③规定的诉讼中自认，可免除对方当事人的举证责任，但是作为当事人一方所作不利于自己的事实陈述，其依然具有相当证明效力。一审法院在对该证据质证、认证后，综合《公估报告》、证人证言等其他证据认定齿轮箱吊装过程中碰撞事故及损失的发生并无不当。

---

① 现为2019年修正的《民事证据规定》第3条，内容有修改。

② 现为2019年修正的《民事证据规定》第10条，内容有修改。

③ 现为2019年修正的《民事证据规定》第3条至第9条，内容有修改。

地方人民法院案例

➢ 1. 田某科与苏某勤等建设工程施工合同纠纷案[(2020)黔23民终1037号]

裁判要旨：一审中一方当事人陈述的于己不利的事实，另一方当事人并未提出上诉，构成自认。

贵州省黔西南布依族苗族自治州中级人民法院认为，上诉人田某科主张被上诉人苏某勤未举证证明施工的具体方量进而驳回被上诉人苏某勤的诉讼请求能否成立。田某科一审中自认"原告做工到2016年7月28日，原告实际做工的方量是59万方，不是原告诉请的73万方"。(有询问笔录在卷佐证)，根据《民事证据规定》第3条第1款"在诉讼过程中，一方当事人陈述的于己不利的事实，或者对于己不利的事实明确表示承认的，另一方当事人无需举证证明"之规定，上诉人田某科的上诉理由不能成立。因苏某勤并未对本案提出上诉，且考虑田某科与辰宇公司义龙分公司的结算数据更为符合客观实际，故法院对一审法院认定的苏某勤施工方量数据予以确认。

➢ 2. 李某伟与陈某生民间借贷纠纷案[(2019)鲁09民终1867号]

裁判要旨：撤诉后又在双方当事人相同的情形下基于同一法律关系重新向法院起诉，前案中的自认对本案同样具有拘束力。

山东省泰安市中级人民法院认为，在(2018)鲁0902民初1549号案件中，虽然在一审法院判决前李某伟撤回了起诉，但李某伟起诉主张要求陈某生偿还借款本金9万元，且在法庭辩论终结前未撤回其主张，符合上述关于自认的法律规定，在该案中李某伟已构成对陈某生已偿还本金41万元事实的自认。(2018)鲁0902民初1549号案件与本案同为民间借贷法律关系，基于同一借款事实，双方当事人同为李某伟和陈某生，本案实际为李某伟在(2018)鲁0902民初1549号案件撤诉后，又基于同一法律关系重新向法院提起诉讼，其在前案中的自认对本案同样具有拘束力。李某伟没有相反证据推翻其自认，陈某生对李某伟撤销自认的主张不予认可，一审法院对李某伟自认陈某生偿还款项先抵充本金予以确认,并无不当。在(2018)鲁0902民初1549号案件起诉之前,陈某生分十次共向李某伟还款50万元,非李某伟主张的41万元。一审法院据此认定陈某生已将50万元本金还清,并无不当。

➤3.欧某与龚某买卖合同纠纷案[(2020)湘3127民初1000号]

裁判要旨:在通过微信协商过程中,卖方对买方主张的案涉商品存在质量问题不予否认或者认可,是诉讼外的自认,依法虽然不能免除买方的举证责任,却是对买方十分有利的诉讼证据。买方如果能够进一步提交其他证据予以佐证,应予以认定。

湖南省永顺县人民法院认为,(1)关于能否认定被告龚某给原告欧某出售的口罩质量不符合约定要求。原、被告虽未订立书面合同,但通过微信方式协商达成了口罩买卖协议,对双方当事人具有法律约束力,双方当事人应当按照约定履行自己的义务。在双方微信协商时,被告并没有否认其交付的口罩不符合约定的质量标准。原、被告因交付的口罩不符合约定的质量标准,双方再次协商,约定由原告将口罩退还给被告,由被告给原告返还货款;原告将口罩退还给被告后,被告仅返还原告货款4500元,尚欠14700元未退还。原、被告双方约定由原告将口罩退还给被告,由被告给原告返还货款。该约定具有法律约束力。双方当事人应当按照该约定履行自己的义务。(2)关于被告应否继续给原告返还剩余货款。原告已按该约定给被告退还口罩,被告也应按该约定给原告返还货款。原告以存在质量问题将该两批口罩退回后,被告不仅没有提出异议,而且后来将部分货款返还原告。这可认定被告对原告主张该两批口罩不符合双方约定质量的事实,以自己的行为表示认可。原告的诉讼请求,符合法律的规定,应予以支持。

条文内容	参考条文
第三十二条 【拟制自认】 一方当事人对于另一方当事人主张的于己不利的事实既不承认也不否认,经审判人员说明并询问后,其仍然不明确表示肯定或者否定的,视为对该事实的承认。	《民事证据规定》第4条

要点注释

拟制自认,是指一方当事人对另一方当事人陈述的案件事实默认不语。拟制自认与自认在诉讼过程中能够产生相同的法律效果,其法理基础源于民事诉讼的对抗性。诉讼必然以双方当事人的利益对立为前提,如果当事人之间不能以对立的诉讼主张展开充分的诉答与控辩,司法的裁判功能便难以发挥,案件的真相也难以发现。为了避免因一方当事人消极沉默使案件事实因缺少对抗而出现真伪不明,司法解释设立了拟制自认制度,旨在促使当事人通过积极的陈述而使法官发现案件的真相。

成立拟制自认应当同时具备以下两个条件:(1)一方当事人对另一方当事人陈述的案件事实既未表示承认也未表示否认。拟制自认以消极的沉默为特征,即他没有针对另一方当事人的陈述提出任何反对的意见或主张;如果他提出任何即使是毫无根据的理由来怀疑或责问另一方当事人对案件事实的陈述,都不构成拟制自认。(2)须经法官说明并询问后仍不明确表示肯定或否定。法官的说明、询问等释明义务是拟制自认成立的必要条件。法官的"说明"主要指对当事人沉默的法律后果的说明;"询问"主要指法官就另一当事人陈述的真实性而向当事人进行核对和发问。

本条规定源于原《民事证据规定》第 8 条第 2 款。需要注意的是,最高人民法院修改时删除了"充分说明"中的"充分"二字,避免了不确定概念带来的适用上的困难,值得点赞。

地方人民法院案例

➤ **1. 温州赛超鞋业有限公司、莆田市天荔贸易有限公司与黄某海、吴某如买卖合同纠纷案**[(2020)闽 03 民终 925 号]

裁判要旨:一方当事人对于另一方当事人主张的印章真实性既未表示承认

也未表示否定，经法院说明并询问后，其仍然不明确表示肯定或否定的，视为对事实的自认。

福建省莆田市中级人民法院认为，根据《民事证据规定》第4条规定，一方当事人对于另一方当事人主张的于己不利的事实既不承认也不否认，经审判人员说明并询问后，其仍然不明确表示肯定或者否定的，视为对该事实的承认。本案中，温州赛超鞋业有限公司(以下简称温州赛超公司)提供的《协议》及吴某如提供的《购销合同》上均盖有莆田市天荔贸易有限公司(以下简称莆田天荔公司)的印章及温州赛超公司的印章，莆田天荔公司对于其印章的真实性既未表示承认也未表示否认，但经法院充分说明并询问后，仍不明确表示肯定或否定，则应视为对上述事实的认可，且温州赛超公司提供的《协议》上甲方代表也有吴某如的签字确认，作为温州赛超公司有理由相信吴某如签订合同及结算货款的行为系履行莆田天荔公司职务的行为，故吴某如签字确认的法律行为应由莆田天荔公司承担。

➤ 2. 再审申请人雷某刚与被申请人唐某寿、一审被告雷某本农村房屋买卖合同纠纷案[(2016)渝民申2208号]

裁判要旨：对于己不利的事实，经审判人员说明并询问后，答复不清楚、不知道的，视为对该事实的承认。

重庆市高级人民法院认为，关于雷某本与唐某寿是否签订了房屋买卖合同的问题，根据《民事证据规定》第8条第2款①的规定，对一方当事人陈述的事实，另一方当事人既未表示承认也未否认，经审判人员充分说明并询问后，其仍不明确表示肯定或者否定的，视为对该项事实的承认。本案二审中，雷某本就是否出卖过案涉房屋向审判人员回答"不清楚、不知道"，雷某本的回答符合上述司法解释规定的情形，应视为其承认案涉房屋经其卖给唐某寿。结合已经生效的重庆市第一中级人民法院(2015)渝一中法行终字第00238号行政判决认定雷某本将雷某刚的案涉房屋卖给唐某寿的事实以及本案查明的唐某寿占有、使用案

---

① 现为2019年修正的《民事证据规定》第4条。

涉房屋至被征地拆迁时止长达10余年时间的事实，本案一审、二审判决认定雷某本与唐某寿签订的房屋买卖合同并无不当。

➢ 3. 再审申请人陈某和与被申请人林某烟及一审被告、二审被上诉人许某萍民间借贷纠纷案[(2019)闽民申20号]

裁判要旨：当事人对录音形成时间多次述称不知道、不清楚，经法院说明并询问后，仍未表示肯定，亦未否认，可以认定对录音的形成时间没有异议。

福建省高级人民法院认为，林某烟向一审法院提供其与陈某和之间的电话录音，并主张该电话录音时间为2017年5月10日。陈某和对该录音的真实性无异议，对林某烟主张的录音形成时间未予反驳。在法官多次就录音形成时间对陈某和进行询问时，其多次述称"不知道""不清楚"。根据《民事证据规定》第8条第2款①的规定，"对一方当事人陈述的事实，另一方当事人既未表示承认也未否认，经审判人员充分说明并询问后，其仍不明确表示肯定或者否定的，视为对该项事实的承认"。因陈某和对林某烟主张的录音形成时间未表示承认，亦未否认，经法官询问后，陈某和仍未作出明确的主张，故可以认定陈某和对林某烟主张的录音形成时间没有异议，即陈某和承认涉讼电话录音的通话时间为2017年5月10日。

➢ 4. 再审申请人重庆玉屏建筑工程有限公司与被申请人李某东、被申请人李某栋民间借贷纠纷案[(2017)新民申1394号]

裁判要旨：经审判人员释明后，当事人并未在指定期间内对《担保函》印章的真实性提出异议，视为自认。

新疆维吾尔自治区高级人民法院认为，在第一审开庭审理时，重庆玉屏建筑工程有限公司(以下简称玉屏公司)表示对涉案《担保函》上印章的真实性问题需要进行核实后才能发表质证意见。第一审人民法院要求玉屏公司对涉案《担保函》上印章的真实性在20日内进行核实，并告知玉屏公司如果其未在规定的时间内对该印章的真实性提出异议则视为其对该印章的真实性予以承认。法院

---

① 现为2019年修正的《民事证据规定》第4条。

认为，根据《民事证据规定》第8条第2款①规定："对一方当事人陈述的事实，另一方当事人既未表示承认也未否认，经审判人员充分说明并询问后，其仍不明确表示肯定或者否定的，视为对该项事实的承认。"玉屏公司经第一审人民法院释明后，并未在第一审人民法院指定的期间内对涉案《担保函》上其印章的真实性提出异议，故原审人民法院采纳该《担保函》并无不当。

➢ 5. 四川升元光正实业集团有限责任公司与中国工商银行股份有限公司峨眉山支行、峨眉山市源泰商贸有限公司等金融借款合同纠纷案［(2015)川民终字第49号］

裁判要旨：经法院释明后，当事人未按要求就法定代表人签名的真伪问题提交书面鉴定申请和必要的对比样本，视为对签名真实性的认可。

四川省高级人民法院认为，四川升元光正实业集团有限责任公司(以下简称四川升元公司)虽然对上述合同、函件上加盖的该公司公章及张某中签名的真伪提出异议，但其并未提交足以支持其主张的相关证据。同时，在原审法院庭审中，四川升元公司对其法定代表人的签名是否真实既不承认也不否认，经审判人员释明后，其仍对此模棱两可，且未按要求就签名的真伪问题提交书面鉴定申请和必要的对比样本，根据《民事证据规定》第8条第2款②"对一方当事人陈述的事实，另一方当事人既未表示承认也未否认，经审判人员充分说明并询问后，其仍不明确表示肯定或者否定的，视为对该项事实的承认"以及第25条第2款③"对需要鉴定的事项负有举证责任的当事人，在人民法院指定的期限内无正当理由不提出鉴定申请或者不预交鉴定费用或者拒不提供相关材料，致使对案件争议的事实无法通过鉴定结论予以认定的，应当对该事实承担举证不能的法律后果"的规定，也应视为四川升元公司对其法定代表人张某中签名真实性的认可，并由其自行承担举证不能的责任。

---

① 现为2019年修正的《民事证据规定》第4条。

② 现为2019年修正的《民事证据规定》第4条。

③ 现为2019年修正的《民事证据规定》第31条第2款。

条文内容	参考条文
第三十三条 【诉讼代理人自认】 当事人委托诉讼代理人参加诉讼的,除授权委托书明确排除的事项外,诉讼代理人的自认视为当事人的自认。	《民事证据规定》第5条第1款
当事人在场对诉讼代理人的自认明确否认的,不视为自认。	《民事证据规定》第5条第2款

要点注释

委托代理根据代理的权限可分为两类:一类是一般授权,即委托代理人只能为一般的诉讼行为,不能处分当事人的实体权利;另一类是特别授权,即代理人除代理一般的诉讼行为外,还可以代为处分一定的实体权利,如承认、变更、放弃诉讼请求,进行和解,提起反诉或上诉。特别授权须逐一列明权限,概括性的授权如“全权授权”,视为一般授权。

原《民事证据规定》第8条第3款考虑到民事诉讼代理制度的目的、代理权限的不同及代理人对案件事实的承认涉及当事人对实体权利的处分问题,对诉讼代理人的自认给予了必要的限制,即对于自认直接导致承认对方诉请的情形,要求必须获得当事人的特别授权,除非当事人在场对代理人的自认不作否认表示的。由于实践中存在诉讼代理人以一般代理为由,嗣后否认在法庭上所作的陈述或承认,不利于诉讼活动的正常推进,最高人民法院在修改《民事证据规定》时对此予以了规制,即对于诉讼代理人的自认,不再考虑是否经过特别授权,除授权委托书明确排除的事项外,诉讼代理人的自认视为当事人的自认。这是一个重大变化。

本条还规定,当事人在场对诉讼代理人的自认明确否认的,不视为自认。当事人对诉讼代理人的自认当场予以否认,表明诉讼代理人的自认超出了其代理的权限范围，不视为自认，自不待言。

最高人民法院案例

➤ 1. 再审申请人大连隆丰房地产开发有限公司、大连宝玉集团有限公司与被申请人大连金世纪房屋开发有限公司合资、合作开发房地产合同纠纷案［（2013）民申字第1997号］

裁判要旨：委托诉讼代理人的自认视为当事人的自认。

最高人民法院认为，大连隆丰房地产开发有限公司（以下简称隆丰公司）、大连宝玉集团有限公司（以下简称宝玉集团）主张大连金世纪房屋开发有限公司（以下简称金世纪公司）仅将讼争项目中的5套房屋抵顶给案外人大连永嘉建设发展有限公司，二审判决却认定抵顶房屋为10套，属于事实认定错误。该申请理由不能成立。因为除了金世纪公司在一审、二审中向法院提交的隆丰公司、宝玉集团向其出具的《确认函》以及两份发票外，隆丰公司、宝玉集团的代理人还在本案一审第二次庭审时对于上述证据确认的以房抵顶的数额明确予以承认，该代理人的代理权限属于特别授权，已经构成自认。

➤ 2. 再审申请人纪某峰与被申请人大庆建筑安装集团有限责任公司、一审第三人李某辉建设工程施工合同纠纷案［（2017）最高法民申118号］

裁判要旨：当事人在场对诉讼代理人的自认未明确否认，其诉讼代理人的认可视为当事人本人的认可。

最高人民法院认为，原审判决对已付工程款的数额认定具有证据证实。《民事证据规定》第8条①规定，“诉讼过程中，一方当事人对另一方当事人陈述的案件事实明确表示承认的，另一方当事人无需举证。但涉及身份关系的案件除外……当事人委托代理人参加诉讼的，代理人的承认视为当事人的承认。但未经特别授权的代理人对事实的承认直接导致承认对方诉讼请求的除外；当事人

① 现为2019年修正的《民事证据规定》第3条至第9条，内容有修改。

在场但对其代理人的承认不作否认表示的,视为当事人的承认。当事人在法庭辩论终结前撤回承认并经对方当事人同意,或者有充分证据证明其承认行为是在受胁迫或者重大误解情况下作出且与事实不符的,不能免除对方当事人的举证责任”。本案一审审理中,纪某峰及其委托诉讼代理人均到庭参加诉讼,其代理人对于已收工程款的数额的认可应视为纪某峰本人的认可,且大庆建筑安装集团有限责任公司对付款事实亦提交付款明细及票据予以证明。原审判决据此认定纪某峰已收到工程款24029968元合法有据。纪某峰未提交证据证明该自认与事实不符,其主张不能成立。

地方人民法院案例

➢云南济海源房地产集团有限公司、昆明二建建设(集团)有限公司与卜某耀建设工程施工合同纠纷案[(2008)云高民一终字第65号]

裁判要旨:当事人委托诉讼代理人参加诉讼的,除授权委托书明确排除的事项外,诉讼代理人的自认视为当事人的自认。

云南省高级人民法院认为,卜某耀在提起本案诉讼时主张并已举证证实自己是争议工程7幢、12幢的实际施工人。虽然卜某耀在与云南济海源房地产集团有限公司(以下简称济海源公司)签订《协议书》时是借云南林业工程总公司东陆苑项目部经理名义,但《协议书》只有卜某耀个人签名而无公司印章。云南林业工程总公司证明其东陆苑项目经理部原经理卜某耀借项目部承包的工程及债权、债务与公司无关,属卜某耀个人行为。因此,济海源公司主张《协议书》的主体不是卜某耀的理由不成立。济海源公司在向原审法院出具的《情况说明》中也称,金域蓝湾小区由昆明二建建设(集团)有限公司(以下简称二建公司)通过招投标取得总承包资格,其中7幢、12幢由卜某耀施工完成,其二审中主张《协议书》只是合同草案的观点不成立,法院不予采信。

二建公司既然主张卜某耀是其下属工程部的工作人员,不是实际施工人,就应提供卜某耀系其工作人员及二建公司向卜某耀发放工资的证据,但二建公司在二审中提交的证据并不能证明该事实的存在。虽然二建公司提供了7幢、12幢工程的建设档案,但并不能以此证明该两幢工程的施工是由二建公司完成的。因为二建公司是整个项目的承包人,其施工资料只能以二建公司的名义出具,在《协议书》中已明确由济海源公司负责处理好中标单位的工作。在原审庭审中,济海源公司代理人在发表辩论意见时,明确认可卜某耀是实际施工人;二建公司代理人当庭发表辩论意见表明其只是在工程施工中作为管理者的身份。所以,卜某耀在承建7幢、12幢工程建设过程中有关工程资料由二建公司作为管理者报审报验符合本案事实。由于济海源公司、二建公司在二审中所举证据不能证明卜某耀不是争议工程的实际施工人,根据《民事证据规定》第8条第3款①规定,"当事人委托代理人参加诉讼的,代理人的承认视为当事人的承认……"故法院认定卜某耀系"天泉银苑"金域蓝湾一期工程中7幢、12幢的实际施工人。

条文内容	参考条文
第三十四条 【普通共同诉讼自认】 普通共同诉讼中,共同诉讼人中一人或者数人作出的自认,对作出自认的当事人发生效力。	《民事证据规定》 第6条第1款

要点注释

当事人一方或双方为二人以上,诉讼标的是同一种类(数个独立的诉讼标的),人民法院认为可以合并审理并经当事人同意的(法院不能依职权合并审理),为普通共同诉讼。普通共同诉讼合并审理并未改变诉的独立性之本质,由于各个诉是独立的,普通共同诉讼中每个共同诉讼人的行为也是独立的。因此,

① 现为2019年修正的《民事证据规定》第5条。

部分当事人的自认,仅对其发生效力,而不及于其他当事人。此与一般诉讼并无什么区别。

相关法律

➤**《民事诉讼法》**(2021 年 12 月 24 日修正)

第五十五条 当事人一方或者双方为二人以上,其诉讼标的是共同的,或者诉讼标的是同一种类、人民法院认为可以合并审理并经当事人同意的,为共同诉讼。

共同诉讼的一方当事人对诉讼标的有共同权利义务的,其中一人的诉讼行为经其他共同诉讼人承认,对其他共同诉讼人发生效力;对诉讼标的没有共同权利义务的,其中一人的诉讼行为对其他共同诉讼人不发生效力。

地方人民法院案例

➤**易某良、于某荣、熊某东等 18 人与苏州金秾九鼎创业投资中心(有限合伙)、嘉兴九鼎策略一期投资合伙企业(有限合伙)、原审被告湖南希望种业科技股份有限公司股权转让纠纷案**[(2020)京 03 民终 4405 号]

裁判要旨:普通共同诉讼中,共同诉讼人中一人或数人作出的自认,对作出自认的当事人发生效力。

北京市第三中级人民法院认为,本案中,各自然人股东在一审庭审中,均表示同意苏州金秾九鼎创业投资中心(有限合伙)、嘉兴九鼎策略一期投资合伙企业(有限合伙)的诉讼请求,也同意湖南希望种业科技股份有限公司作为支付主体,请求法院对罚息计算标准予以调整。现各自然人股东否认一审的自认。《民事证据规定》第 5 条规定:"当事人委托诉讼代理人参加诉讼的,除授权委托书明确排除的事项外,诉讼代理人的自认视为当事人的自认。当事人在场对诉讼代理人的自认明确否认的,不视为自认。"第 6 条规定:"普通共同诉讼中,共同诉讼人中一人或者数人作出的自认，对作出自认的当事人发生效力。必要共同诉讼中，共同诉讼人中一人或者数人作出自认而其他共同诉讼人予以否认的，不发生自认的效力。其他共同诉讼人既不承认也不否认，经审判人员说明并询问后仍然不明确表示意见的，视为全体共同诉讼人的自认。”第9条规定：“有下列情形之一，当事人在法庭辩论终结前撤销自认的，人民法院应当准许：(一)经对方当事人同意的；(二)自认是在受胁迫或者重大误解情况下作出的。人民法院准许当事人撤销自认的，应当作出口头或者书面裁定。”经查，一审中，各自然人股东委托的诉讼代理人许律师，受委托权限为特别授权，授权含有“代为承认、放弃、变更诉讼请求”，且一审庭审中，丁某才本人亦出庭应诉，亦未提出自认存在错误或撤销，因此，一审法院根据在案证据及当事人自认，判决支付相关款项，并无不当。

条文内容	参考条文
第三十五条 【必要共同诉讼自认】 必要共同诉讼中，共同诉讼人中一人或者数人作出自认而其他共同诉讼人予以否认的，不发生自认的效力。其他共同诉讼人既不承认也不否认，经审判人员说明并询问后仍然不明确表示意见的，视为全体共同诉讼人的自认。	《民事证据规定》 第6条第2款

要点注释

必要共同诉讼，是指当事人一方或双方为二人以上，其诉讼标的是同一的共同诉讼。对于必要共同诉讼，法院必须合并审理。共同诉讼的一方当事人对诉讼标的有共同权利义务的，其中一人的诉讼行为经其他共同诉讼人承认的，对其他共同诉讼人发生效力；在其他共同诉讼人不予认可的情况下，不仅对其他人没有约束力，对自认者本人也不发生法律效力。本条第2句参考拟制自认的处理规则。共同诉讼人对自认者的自认不得沉默或不置可否,否则视为全体共同诉讼人的自认。当然,拟制自认是在审判人员履行释明义务(说明并询问)后方成立。

司法解释

➢**1.《最高人民法院关于适用〈中华人民共和国民事诉讼法〉的解释》**(法释〔2022〕11号,2022年4月10日施行)

第五十四条 以挂靠形式从事民事活动,当事人请求由挂靠人和被挂靠人依法承担民事责任的,该挂靠人和被挂靠人为共同诉讼人。

第五十八条 在劳务派遣期间,被派遣的工作人员因执行工作任务造成他人损害的,以接受劳务派遣的用工单位为当事人。当事人主张劳务派遣单位承担责任的,该劳务派遣单位为共同被告。

第五十九条 在诉讼中,个体工商户以营业执照上登记的经营者为当事人。有字号的,以营业执照上登记的字号为当事人,但应同时注明该字号经营者的基本信息。

营业执照上登记的经营者与实际经营者不一致的,以登记的经营者和实际经营者为共同诉讼人。

第六十条 在诉讼中,未依法登记领取营业执照的个人合伙的全体合伙人为共同诉讼人。个人合伙有依法核准登记的字号的,应在法律文书中注明登记的字号。全体合伙人可以推选代表人;被推选的代表人,应由全体合伙人出具推选书。

第六十三条 企业法人合并的,因合并前的民事活动发生的纠纷,以合并后的企业为当事人;企业法人分立的,因分立前的民事活动发生的纠纷,以分立后的企业为共同诉讼人。

第六十五条 借用业务介绍信、合同专用章、盖章的空白合同书或者银行账户的,出借单位和借用人为共同诉讼人。

第六十六条 因保证合同纠纷提起的诉讼,债权人向保证人和被保证人一并主张权利的,人民法院应当将保证人和被保证人列为共同被告。保证合同约定为一般保证,债权人仅起诉保证人的,人民法院应当通知被保证人作为共同被告参加诉讼;债权人仅起诉被保证人的,可以只列被保证人为被告。

第六十七条 无民事行为能力人、限制民事行为能力人造成他人损害的,无民事行为能力人、限制民事行为能力人和其监护人为共同被告。

第七十条 在继承遗产的诉讼中,部分继承人起诉的,人民法院应通知其他继承人作为共同原告参加诉讼;被通知的继承人不愿意参加诉讼又未明确表示放弃实体权利的,人民法院仍应将其列为共同原告。

第七十一条 原告起诉被代理人和代理人,要求承担连带责任的,被代理人和代理人为共同被告。

原告起诉代理人和相对人,要求承担连带责任的,代理人和相对人为共同被告。

第七十二条 共有财产权受到他人侵害,部分共有权人起诉的,其他共有权人为共同诉讼人。

第七十三条 必须共同进行诉讼的当事人没有参加诉讼的,人民法院应当依照民事诉讼法第一百三十五条的规定,通知其参加;当事人也可以向人民法院申请追加。人民法院对当事人提出的申请,应当进行审查,申请理由不成立的,裁定驳回;申请理由成立的,书面通知被追加的当事人参加诉讼。

第七十四条 人民法院追加共同诉讼的当事人时,应当通知其他当事人。应当追加的原告,已明确表示放弃实体权利的,可不予追加;既不愿意参加诉讼,又不放弃实体权利的,仍应追加为共同原告,其不参加诉讼,不影响人民法院对案件的审理和依法作出判决。

➢ 2.《最高人民法院关于审理劳动争议案件适用法律问题的解释(一)》(法释〔2020〕26 号,2021 年 1 月 1 日施行)

第二十六条 用人单位与其它单位合并的,合并前发生的劳动争议,由合并后的单位为当事人;用人单位分立为若干单位的,其分立前发生的劳动争议,由分立后的实际用人单位为当事人。

用人单位分立为若干单位后,具体承受劳动权利义务的单位不明确的,分立后的单位均为当事人。

第二十七条第三款 原用人单位以新的用人单位和劳动者共同侵权为由提起诉讼的,新的用人单位和劳动者列为共同被告。

第二十八条 劳动者在用人单位与其他平等主体之间的承包经营期间,与发包方和承包方双方或者一方发生劳动争议,依法提起诉讼的,应当将承包方和发包方作为当事人。

第三十条 未办理营业执照、营业执照被吊销或者营业期限届满仍继续经营的用人单位,以挂靠等方式借用他人营业执照经营的,应当将用人单位和营业执照出借方列为当事人。

司法观点

➤必要共同诉讼中,共同诉讼人中部分人自认的效力问题①

问:必要共同诉讼中,共同诉讼人中部分人自认,其他人否认,对自认人是否发生自认效力?

答:《民事证据规定》第6条第2款第1句规定:"必要共同诉讼中,共同诉讼人中一人或者数人作出自认而其他共同诉讼人予以否认的,不发生自认的效力。"基于必要共同诉讼中诉讼标的的不可分性,我国《民事诉讼法》采用承认原则认定各共同诉讼人的内部关系,必要共同诉讼的某一当事人所为诉讼行为得到其他共同诉讼人的承认后,该行为即可对全体共同诉讼人产生相同的法律效力。自认发生在诉讼过程中,是诉讼当事人进行意思表示的一种方式,其法律性质应解释为当事人的诉讼行为。因此,对于共同诉讼中部分共同诉讼人自认的效力是否及于共同诉讼中的其他主体这一问题,应遵循共同诉讼人诉讼行为效

---

① 参见最高人民法院民事审判第一庭编:《民事审判实务问答》,法律出版社2021年版,第282-283页。

力认定的一般规则。

特别需要注意的是，部分必要共同诉讼人自认行为，在其他共同诉讼人不予认可的情况下，不仅对其他人没有约束力，对自认者本人也不发生法律效力。实践中，若一人自认对全体共同诉讼人有效，则可能出现一人的诉讼行为处分全体共同诉讼人利益的结果，这一结果超越了自认人的处分权限；若一人自认仅对其本人有效，又可能出现同一法律关系中的共同诉讼人诉讼利益不一致的局面。这两种情形均可能使共同诉讼人陷入不利的诉讼境地，影响法官查明案件的客观真相。由于共同诉讼中一人自认的后果已逾越只与本人有关的范围，依据民事实体法，在未得到全体利害关系人的一致同意之前，共同诉讼人的部分人没有单独免除对方义务的权利，所以自认不发生一般的拘束力，而只能作为普通意义上的证据。

地方人民法院案例

➤罗某益与被上诉人李某婷、王某晗民间借贷纠纷案［（2020）黔26民终2143号］

裁判要旨：必要共同诉讼中，共同诉讼人中一人或者数人作出自认而其他共同诉讼人予以否定的，不发生自认的效力。

贵州省黔东南苗族侗族自治州中级人民法院认为，一审庭审中王某晗陈述“第一次确实得4400元现金，第二次是6000元，微信转了多少他也不给我看……”王某晗作为借款协议中约定的连带责任担保人，这是对罗某益陈述的存在10400元现金交付的不利于王某晗自己的案件事实的承认，这是当事人陈述，也是当事人的自认。但一审中，李某婷辩称借款时约定有砍头息，实际只借到罗某益通过微信转账的35600元，并未收到46000元的借款，这是对存在10400元交付款的否认。根据《民事证据规定》第6条第2款规定，“必要共同诉讼中，共同诉讼人中一人或者数人作出自认而其他共同诉讼人予以否认的，不发生自认的效力。其他共同诉讼人既不承认也不否认，经审判人员说明并询问后仍然不明确表示意见的,视为全体共同诉讼人的自认”。李某婷和王某晗是必要共同诉讼人,李某婷的否认,王某晗在一审庭审中的陈述不发生自认的效力,罗某益陈述的10400元交付主张需举证予以证明。

借款合同是实践性合同,借款合同只是双方当事人达成的合意,不代表实际交付了借款资金,借款金额要以实际交付资金为准。根据《合同法》第210条①“自然人之间的借款合同,自贷款人提供借款时生效”的规定,一审中,罗某益以两份借款协议主张李某婷、王某晗返还46000元的借款,但仅向一审法院提交15600元和20000元的微信转账手机截图予以证明,对4400元和6000元现金交付款,除王某晗的陈述外未能提供其他证据足以证明,根据《民诉法解释》第90条第2款“在作出判决前,当事人未能提供证据或者证据不足以证明其事实主张的,由负有举证证明责任的当事人承担不利的后果”的规定,结合双方在履行借、还款合同时均是通过微信支付方式的交易习惯推断,一审法院对10400元现金支付借款不予认定支持并无不当。

编者说明

司法实践中,以下情形为必要的共同诉讼:

(1)以挂靠形式从事民事活动,当事人请求由挂靠人和被挂靠人依法承担民事责任的,该挂靠人和被挂靠人为共同诉讼人。

(2)在劳务派遣期间,被派遣的工作人员因执行工作任务造成他人损害的,以接受劳务派遣的用工单位为当事人。当事人主张劳务派遣单位承担责任的,该劳务派遣单位为共同被告。

(3)个体工商户在诉讼中,营业执照上登记的经营者与实际经营者不一致的,以登记的经营者和实际经营者为共同诉讼人。

(4)个人合伙的全体合伙人,在诉讼中为共同诉讼人。

(5)企业法人分立的,因分立前的民事活动发生的纠纷,以分立后的企业为

---

① 《合同法》已失效,现为《民法典》第679条。

共同诉讼人。

(6)借用业务介绍信、合同专用章、盖章的空白合同书或者银行账户的,出借单位和借用人为共同诉讼人。

(7)因保证合同纠纷提起的诉讼,债权人向保证人和被保证人一并主张权利的,人民法院应当将保证人和被保证人列为共同被告。保证合同约定为一般保证,债权人仅起诉保证人的,人民法院应当通知被保证人作为共同被告参加诉讼。

(8)无民事行为能力人、限制民事行为能力人造成他人损害的,无民事行为能力人、限制民事行为能力人和其监护人为共同被告。

(9)在继承遗产的诉讼中,部分继承人起诉的,人民法院应当通知其他继承人作为共同原告参加诉讼;被通知的继承人不愿意参加诉讼又不明确表示放弃实体权利的,人民法院仍应当将其列为共同原告。

(10)原告起诉被代理人和代理人,要求承担连带责任的,被代理人和代理人为共同被告;原告起诉代理人和相对人,要求承担连带责任的,代理人和相对人为共同被告。

(11)共有财产权受到侵害,部分共有权人起诉的,其他共有权人应当列为共同诉讼人。

(12)用人单位分立为若干单位的,其分立前发生的劳动争议,由分立后的实际用人单位为当事人。具体承受劳动权利义务的单位不明确的,分立后的单位均为当事人。

(13)原用人单位以新的用人单位和劳动者共同侵权为由提起诉讼的,新的用人单位和劳动者列为共同被告。

(14)劳动者在用人单位与其他平等主体之间的承包经营期间,与发包方和承包方双方或者一方发生劳动争议,依法提起诉讼的,应当将承包方和发包方作为当事人。

(15)未办理营业执照、营业执照被吊销或者营业期限届满仍继续经营的用人单位,以挂靠等方式借用他人营业执照经营的,应当将用人单位和营业执照出借方列为当事人。

关于必要共同诉讼的区分,值得关注。有学者认为,从是否需要合并审理出发,必要共同诉讼包含了三类情形:

第一,固有的必要共同诉讼。其诉讼标的是同一的,诉讼标的必须合一确定,否则构成诉讼主体不适格,如处于同一顺序的遗产继承人为多个或涉及多个共有权人诉讼的情形。

第二,类似的必要共同诉讼。其诉讼标的是共同的,但共同诉讼人一方不必全体一致参加诉讼,当事人可以选择共同诉讼还是单独诉讼。但是一旦选择参加共同诉讼,人民法院就要对全体共同诉讼人作出一致的判决,如股东派生之诉、撤销股东会决议之诉等。

第三,牵连性的必要共同诉讼。基于同一事实或法律原因而形成的共同诉讼,如共同侵权引起的连带债务之诉、企业对分立前发生的债务分担而被共同起诉等。

对于以上三类必要共同诉讼,只有第一类共同诉讼属于不可分之诉,无论是应当作为追加的原告主动表示放弃实体权利,还是原告对应当追加的被告放弃追加和放弃实体权利,都构成诉讼主体不适格,人民法院都应当追加当事人。而对于第二类和第三类共同诉讼,实属可分之诉,应当遵循不告不理原则。

条文内容	参考条文
第三十六条　【限制或附条件自认】 一方当事人对于另一方当事人主张的于己不利的事实有所限制或者附加条件予以承认的,由人民法院综合案件情况决定是否构成自认。	《民事证据规定》第7条

要点注释

诉讼中的自认可分为完全自认与限制自认。完全自认是对另一方当事人陈述的事实完全自认,又称无条件自认。限制自认是一种附条件的自认,当事人作出表态时,附加了限制条件,一般有两种情形:一是当事人对于另一方陈述的事实承认其中一部分而否认其他部分,又称部分自认;二是自认时附加独立的攻击或防御方法,又称自认附加。

原《民事证据规定》对自认并未区分完全自认与限制自认,对限制自认的效力亦未作规定,给实践操作带来了难度。各国立法对限制自认亦有不同规定,如《德国民事诉讼法典》第289条规定:"对于审判上的自认,附加有包含独立的攻击或防御方法的陈述者,并不影响自认的效力。"按此规定,当事人的限制自认亦构成自认,从而免除对方的举证责任。而我国台湾地区"民事诉讼法"第279条第2项规定:"当事人于自认有所附加或限制者,应否视为自认,由法院斟酌情形断定之。"依此规定,限制自认并不一定产生自认的效力,应由法官综合判断之。

应当说,最高人民法院增设本条时,借鉴了我国台湾地区的立法例,对限制自认是否构成自认,交由法官结合案件情况最终决定。当然,法官作出决定时应当遵循经验法则和逻辑推理规则,并应公开作出的理由和结果。

地方人民法院案例

➤ 1. 陕西国实投资有限公司与宝鸡市第二建筑工程有限责任公司建设工程施工合同纠纷案[(2020)陕民终995号]

裁判要旨:一方当事人曾主张钢材供应数额系基于对方当事人就案涉项目已完工程的审核而制作的《工程项目造价明细表》,在对方当事人否认该审核意见的基础上一方当事人的主张不构成自认。

陕西省高级人民法院认为,关于陕西国实投资有限公司(以下简称国实公司)主张其就案涉工程提供钢材数额应以宝鸡市第二建筑工程有限责任公司(以下简称宝鸡二建)自认的3228707.76元计算的问题,一方面,《民事证据规定》第7条规定,一方当事人对于另一方当事人主张的于己不利的事实有所限制或者附加条件予以承认的,由人民法院综合案件情况决定是否构成自认。本案中,宝鸡二建曾主张钢材供应数额系基于陕西国正建设工程项目管理有限责任公司就案涉项目已完工程的审核而制作的《工程项目造价明细表》,而国实公司否认该审核意见,该主张系建立在国实公司所否认的证据之上,在国实公司否认该审核意见的基础上宝鸡二建的主张不构成自认。另一方面,《民诉法解释》第 92 条第 3 款规定,自认的事实与查明的事实不符的,人民法院不予确认。本案中,虽然宝鸡二建主张国实公司供应钢材为 3228707.76 元,而造价鉴定意见确认钢材数额为 2733297 元,国实公司作为钢材供应方亦未提交相应的证据予以证明,故原审采信本案鉴定意见查明案涉工程钢材供应价款并无不当。

➢ 2. 宁波美泰皮革有限公司与伍某佳、广州市金狮房地产有限公司财产损害赔偿纠纷案[(2021)粤 01 民终 19732 号]

裁判要旨:当事人在另案主张宁波美泰皮革有限公司(以下简称宁波美泰公司)实际使用仓库是为了向宁波美泰公司主张连带赔偿责任,并非对于己不利事实的确认,或者属于附加条件自认。

广东省广州市中级人民法院认为,业已生效的(2020)粤 01 民终 22160 号、(2021)粤 01 民终 10135 号、(2021)粤 01 民终 16606 号民事判决书[相应一审案号分别为(2018)粤 0114 民初 8911 号、(2020)粤 0114 民初 3081 号、(2020)粤 0114 民初 6970 号]均认定广州美泰公司是案涉起火仓库的实际承租人和使用人,并据此判令因案涉火灾造成伍某佳等他人损失的相应赔偿责任由广州美泰公司承担。宁波美泰公司认为其也是案涉起火仓库的实际承租人和使用人的主张,与上述生效判决已经认定并作为裁判依据的基本事实不符。至于宁波美泰公司提出,伍某佳在(2018)粤 0114 民初 8911 号、(2020)粤 0114 民初 6970 号案中曾确认宁波美泰公司使用了案涉仓库,构成自认,应当对自认事实予以确认。

首先,伍某佳在另案主张宁波美泰公司实际使用仓库是为了向宁波美泰公司主张连带赔偿责任,并非对于己不利事实的确认,或者属于附加条件予以承认;其次,上述生效判决都没有确认该事实,也没有判决宁波美泰公司与广州美泰公司承担连带责任。根据《民事证据规定》第 7 条"一方当事人对于另一方当事人主张的于己不利的事实有所限制或者附加条件予以承认的，由人民法院综合案件情况决定是否构成自认”和第8条第2款“自认的事实与已经查明的事实不符的，人民法院不予确认”的规定，宁波美泰公司要求确认其为案涉起火仓库实际承租人和使用人的理由不成立，法院不予认可。

➢ 3. 伊犁永益房地产开发有限责任公司与贾某省及原审第三人新疆伊犁新星建筑安装有限公司建设工程施工合同纠纷案［（2022）新40民终145号］

裁判要旨：即便当事人在另案诉讼中的陈述构成诉讼自认，亦是一种附条件自认，当事人对工程款数额的陈述是以“消防水池合同95万元”为所附条件，该附加条件与其陈述事实不可分割，不能断章取义理解，而应整体分析判断当事人陈述的真实含义并非认可案涉工程实际结算价。

新疆维吾尔自治区高级人民法院伊犁哈萨克自治州分院认为，贾某省在另案诉讼中关于伊犁永益房地产开发有限责任公司（以下简称永益房产公司）欠消防水池工程款4万元是基于“消防水池合同95万元”的陈述前提。根据《民事证据规定》第7条“一方当事人对于另一方当事人主张的于己不利的事实有所限制或者附加条件予以承认的，由人民法院综合案件情况决定是否构成自认”的规定，即便贾某省在另案诉讼中的陈述构成诉讼自认，亦是一种附条件自认，贾某省对工程款数额的陈述是以“消防水池合同95万元”为所附条件，该附加条件与其陈述事实不可分割，不能断章取义，而应整体分析判断贾某省陈述的真实含义并非认可案涉工程实际结算价为103万元的情况下永益房产公司欠付工程款数额为4万元。因此，贾某省在另案诉讼中的陈述在本案中不能构成法律上的自认，不具有法律上自认的证据效力。

条文内容	参考条文
第三十七条　【自认排除】 《最高人民法院关于适用〈中华人民共和国民事诉讼法〉的解释》第九十六条第一款规定的事实，不适用有关自认的规定。	《民事证据规定》 第8条第1款

续表

条文内容	参考条文
自认的事实与已经查明的事实不符的,人民法院不予确认。	《民事证据规定》第8条第2款

要点注释

自认须有合法性,当事人的自认不能与现行有效的法律规定相冲突。基于此,对于法律和司法解释明确规定应由法庭依职权调查收集的证据,就不能适用自认规则。依据《民诉法解释》第96条第1款,以下五种情形不适用自认规则:

(1)涉及可能损害国家利益、社会公共利益的事实,不适用自认。法庭对涉及国家利益和社会公共利益的事实保留依职权调查的权利,是大陆法系国家和地区的普遍做法,也是法庭保护国家利益和社会公共利益所需要的职权,因此应排除适用自认。

(2)涉及身份关系的事实,不适用自认。之所以这样规定,主要是身份关系涉及人的基本权利,本身具有社会公共利益的属性,决定了一个社会赖以维系的公序良俗,有必要启动一种社会公共权益保障机制加以维护,目的是维护人类基本伦理价值和保护人权,不能因当事人双方的自认而任意改变。民法上所谓"身份",特指夫妻、亲子、家庭成员和近亲属的身份。例如离婚案件中,虽然被告对原告陈述的登记结婚的事实明确承认,法庭仍会要求原告提供结婚证等能证明婚姻关系的证据。当然,对于与身份无关的案件事实,如被告对原告陈述的关于夫妻共同财产的范围表示承认,依法构成自认,原告无须举证证明。

(3)涉及环境污染、侵害众多消费者合法权益等损害社会公共利益行为的事实,不适用自认,即涉及《民事诉讼法》第58条规定的公益诉讼,不适用自认规则。请注意,对涉及环境污染、侵害众多消费者合法权益等损害社会公共利益中的"等",应理解为等外,而非等内。申言之,环境污染、侵害众多消费者合法权益属于不完全列举的例示性规定。实际上,公益诉讼也属于上述第1项涉及社会公共利益的范畴,因公益诉讼规则较为特殊,为能更好地与立法上的其他诉讼制度相呼应,司法解释将其单独列出。

(4)当事人有恶意串通损害他人合法权益可能的事实,不适用自认。虽然自认理论上只及于双方当事人,但在一些特定情形下,自认的效力会间接影响第三人的利益。典型的是当事人恶意串通,通过虚假诉讼达到损害他人合法权益的目的。如当事人一方为了在离婚诉讼中达到不让或少让另一方分到财产的目的,虚构债务,让"债权人"起诉两夫妻,然后自认为夫妻共同债务,损害配偶另一方的利益。《最高人民法院公报》2014年第12期刊载的"赵某诉项某敏、何某琴民间借贷纠纷案",可供参考。

(5)涉及依职权追加当事人、中止诉讼、终结诉讼、回避等程序性事实,不适用自认。自认的特征是当事人陈述于己不利的事实,或者对于己不利的事实明确表示承认,其针对的是案件实体性事实;而依职权追加当事人、中止诉讼、终结诉讼、回避等属于案件程序性事实,不属于当事人承认的案件事实的范畴,自然不受自认的约束,应由法庭依职权调查。

因民事诉讼证明的目的在于发现真实,故自认的事实若与已经查明的事实不符,应对当事人的处分权进行限制,法庭应以查明的事实作为裁判的基础。故本条规定,自认的事实与已查明的事实不符的,人民法院不予确认。所谓已查明的事实,主要是指法庭依职权查明的事实,案外人举证证明与当事人自认不符的事实,以及当事人对自认反悔并通过举证证明的事实。

司法解释

➤ **1.《最高人民法院关于适用〈中华人民共和国民事诉讼法〉的解释》**(法释〔2022〕11号,2022年4月10日施行)

第九十六条 民事诉讼法第六十七条第二款规定的人民法院认为审理案件需要的证据包括:

(一)涉及可能损害国家利益、社会公共利益的;

（二）涉及身份关系的；

（三）涉及民事诉讼法第五十八条规定诉讼的；

（四）当事人有恶意串通损害他人合法权益可能的；

（五）涉及依职权追加当事人、中止诉讼、终结诉讼、回避等程序性事项的。

除前款规定外，人民法院调查收集证据，应当依照当事人的申请进行。

➢ **2.《最高人民法院关于审理环境民事公益诉讼案件适用法律若干问题的解释》**（法释〔2020〕20号，2021年1月1日施行）

第十六条 原告在诉讼过程中承认的对己方不利的事实和认可的证据，人民法院认为损害社会公共利益的，应当不予确认。

司法文件

➢ **1.《最高人民法院关于防范和制裁虚假诉讼的指导意见》**（法发〔2016〕13号，2016年6月20日发布）

6. 诉讼中，一方对另一方提出的于己不利的事实明确表示承认，且不符合常理的，要做进一步查明，慎重认定。查明的事实与自认的事实不符的，不予确认。

➢ **2.《最高人民法院关于进一步深化家事审判方式和工作机制改革的意见（试行）》**（法发〔2018〕12号，2021年3月24日修正）

43. ……

当事人自认的涉及身份关系确认或社会公共利益的事实，在没有其他证据证明的情形下，一般不能单独作为定案依据。

地方司法文件

➢ **《北京市高级人民法院知识产权民事诉讼证据规则指引》**（2021年4月22日发布）

1.14 当事人自认的事实存在以下情形的，不予确认：

（一）与查明的事实不符；

（二）与相关公众的一般认知不符；

（三）与一般消费者的惯常认知不符；

（四）与本领域技术人员的惯常认知不符。

司法观点

➢执行异议之诉中，被执行人自认的效力①

问：执行异议之诉中，被执行人对案外人的权利主张表示承认的，是否可以免除案外人的举证责任？

答：当事人对自己提出的诉讼请求所依据的事实，有责任提供证据加以证明，这是民事诉讼的基本举证原则。执行异议之诉案件同样应遵循上述原则。案外人作为原告方应举证其存在可以阻止执行的实体权利；在申请执行人执行异议之诉中，申请执行人则应举证证明执行标的可以强制执行。作为上述举证原则的例外情形，我国民事诉讼法律规定当事人对事实的承认可免除对方当事人的举证责任，即确立了自认制度。自认制度暗含的适用前提应是诉讼程序本身具有对抗性，利益一致的双方当事人对事实的主张和自认，不能免除提出具体诉请或事实主张一方的举证责任。在执行异议之诉案件中，案外人和被执行人合谋通过共同确认案外人的实体权利，对抗申请执行人对执行标的的强制执行的情形，在实践中并不少见。因此，有意见认为，应加强法院在案件事实调查中的作用，同时引入禁止反言规则。

我们认为，在执行异议之诉中，为了真正避免当事人恶意利用自认制度，应当对被执行人的处分权利予以限制。而对被执行人的处分权予以限制需要正当性理由，有观点认为，限制当事人处分权系因其有处分他人（申请执行人）可能的财产之虞，但是申请执行人对该财产是否享有权利依赖于本案诉讼的结果，如果

---

① 参见最高人民法院民事审判第一庭编：《民事审判指导与参考》2016 年第 3 辑（总第 67 辑），人民法院出版社 2017 年版，第 272-273 页。

案外人诉请成立,申请执行人可能的权利将被否定,可见,以此作为限制被执行人处分权的正当性理由不妥。被执行人处分权之所以被限制,是因为其处分行为本质上是在对抗形式上具有合法性的强制执行行为,而强制执行行为仅能由法院的裁判予以变动或否定,因为只有法院的裁判才可以否定强制执行行为的合法性。因此,在执行异议之诉中,对被执行人自认效力予以限制应当是正当的,亦是必要的。

最高人民法院案例

➢ 1. 上海欧宝生物科技有限公司与辽宁特莱维置业发展有限公司企业借贷纠纷案[(2015)民二终字第324号,最高人民法院指导案例68号]

裁判要旨:人民法院审理民事案件中发现存在虚假诉讼可能时,应当依职权调取相关证据,详细询问当事人,全面严格审查诉讼请求与相关证据之间是否存在矛盾,以及当事人诉讼中言行是否违背常理。经综合审查判断,当事人存在虚构事实、恶意串通、规避法律或国家政策以谋取非法利益,进行虚假民事诉讼的,法院不予认定。

最高人民法院认为,上海欧宝生物科技有限公司(以下简称欧宝公司)和辽宁特莱维置业发展有限公司(以下简称特莱维公司)就争议的8650万元是否存在真实借款关系的问题,根据《民诉法解释》第90条规定,当事人对自己提出的诉讼请求所依据的事实或者反驳对方诉讼请求所依据的事实,应当提供证据加以证明;当事人未能提供证据或者证据不足以证明其事实主张的,由负有举证证明责任的当事人承担不利的后果。第108条规定:"对负有举证证明责任的当事人提供的证据,人民法院经审查并结合相关事实,确信待证事实的存在具有高度可能性的,应当认定该事实存在。对一方当事人为反驳负有举证证明责任的当事人所主张事实而提供的证据,人民法院经审查并结合相关事实,认为待证事实真伪不明的,应当认定该事实不存在。法律对于待证事实所应达到的证明标准另有规定的,从其规定。"在当事人之间存在关联关系的情况下,为防止恶意串通提起虚假诉讼,损害他人合法权益,人民法院对其是否存在真实的借款法律关系,必须严格审查。

欧宝公司提起诉讼,要求特莱维公司偿还借款8650万元及利息,虽然提供了借款合同及转款凭证,但其自述及提交的证据和其他在案证据之间存在无法消除的矛盾,当事人在诉讼前后的诸多言行违背常理,主要表现为以下七个方面:

第一,从借款合意形成过程来看,借款合同存在虚假的可能。欧宝公司和特莱维公司对借款法律关系的要约与承诺的细节事实陈述不清,尤其是作为债权人欧宝公司的法定代表人、自称是合同经办人的宗某光,对所有借款合同的签订时间、地点、每一合同的己方及对方经办人等细节,语焉不详。案涉借款每一笔均为大额借款,当事人对所有合同的签订细节、甚至大致情形均陈述不清,于理不合。

第二,从借款的时间上看,当事人提交的证据前后矛盾。欧宝公司的自述及其提交的借款合同表明,欧宝公司自2007年7月开始与特莱维公司发生借款关系,向法院提起上诉后,其提交的自行委托形成的审计报告又载明,自2006年12月开始向特莱维公司借款,但从特莱维公司和欧宝公司的银行账户交易明细看,在2006年12月之前,仅欧宝公司尾号8115账户就发生过两笔高达1100万元的转款,其中,2006年3月8日以"借款"名义转入特莱维公司账户300万元,同年6月12日转入801万元。

第三,从借款的数额上看,当事人的主张前后矛盾。欧宝公司起诉后,先主张自2007年7月起累计借款金额为5850万元,后在诉讼中又变更为8650万元,上诉时又称借款总额1.085亿元,主张的借款数额多次变化,但只能提供8650万元的借款合同。而谢某当庭提交的银行转账凭证证明,在欧宝公司所称的1.085亿元借款之外,另有4400多万元的款项以"借款"名义打入特莱维公司账户。对此,欧宝公司自认,这些多出的款项是受王某新的请求帮忙转款,并非真实借款。该自认说明,欧宝公司在相关银行凭证上填写的款项用途极其随意。从法院调取的银行账户交易明细所载金额看,欧宝公司以借款名义转入特莱维公司账户的金额远远超出欧宝公司先后主张的上述金额。此外,还有其他多笔以“借款”名义转入特莱维公司账户的巨额资金,没有列入欧宝公司所主张的借款数额范围。

第四,从资金往来情况看,欧宝公司存在单向统计账户流出资金而不统计流入资金的问题。无论是案涉借款合同载明的借款期间,还是在此之前,甚至诉讼开始以后,欧宝公司和特莱维公司账户之间的资金往来,既有欧宝公司转入特莱维公司账户款项的情况,又有特莱维公司转入欧宝公司账户款项的情况,但欧宝公司只计算己方账户转出的借方金额,而对特莱维公司转入的贷方金额只字不提。

第五,从所有关联公司之间的转款情况看,存在双方或多方账户循环转款问题。如上所述,将欧宝公司、特莱维公司、翰皇公司、沙琪公司等公司之间的账户对照检查,存在特莱维公司将己方款项转入翰皇公司账户过桥欧宝公司账户后,又转回特莱维公司账户,造成虚增借款的现象。特莱维公司与其他关联公司之间的资金往来也存在此种情况。

第六,从借款的用途看,与合同约定相悖。《借款合同》第2条约定,借款限用于特莱维国际花园房地产项目,但是案涉款项转入特莱维公司账户后,该公司随即将大部分款项以“借款”“还款”等名义分别转给翰皇公司和沙琪公司,最终又流向欧宝公司和欧宝公司控股的沈阳特莱维。至于欧宝公司辩称,特莱维公司将款项打入翰皇公司是偿还对翰皇公司借款的辩解,由于其提供的翰皇公司和特莱维公司之间的借款数额与两公司银行账户交易的实际数额互相矛盾,且从流向上看大部分又流回了欧宝公司或者其控股的公司,其辩解不足为凭。

第七,从欧宝公司和特莱维公司及其关联公司在诉讼和执行中的行为来看,与日常经验相悖。欧宝公司提起诉讼后,仍与特莱维公司互相转款;特莱维公司不断向欧宝公司账户转入巨额款项,但在诉讼和执行程序中却未就还款金额对欧宝公司的请求提出任何抗辩;欧宝公司向辽宁省高级人民法院申请财产保全,特莱维公司的股东王某却以其所有的房产为本应是利益对立方的欧宝公司提供担保;欧宝公司在原一审诉讼中另外提供担保的上海市青浦区房产的所有权,竟然属于王某新任法定代表人的上海特莱维;欧宝公司和特莱维公司当庭自认,欧宝公司开立在中国建设银行东港支行、中国建设银行沈阳马路湾支行的银行账户都由王某新控制。

对上述矛盾和违反常理之处,欧宝公司与特莱维公司均未作出合理解释。由此可见,欧宝公司没有提供足够的证据证明其就案涉争议款项与特莱维公司之间存在真实的借贷关系。且从调取的欧宝公司、特莱维公司及其关联公司账户的交易明细发现,欧宝公司、特莱维公司以及其他关联公司之间、同一公司的不同账户之间随意转款,款项用途随意填写。结合在案其他证据,法院确信,欧宝公司诉请之债权系截取其与特莱维公司之间的往来款项虚构而成,其以虚构债权为基础请求特莱维公司返还 8650 万元借款及利息的请求不应支持。据此,辽宁省高级人民法院再审判决驳回其诉讼请求并无不当。

➢ 2. 陕西崇立实业发展有限公司与中国信达资产管理股份有限公司陕西省分公司、西安佳佳房地产综合开发有限责任公司案外人执行异议之诉纠纷案①
[(2016)最高法民终 763 号]

裁判要旨:(1)案外人提起执行异议之诉的,应当就其对执行标的享有足以排除强制执行的民事权益承担举证证明责任,且需达到享有权益排除执行的高度盖然性证明标准。(2)执行异议之诉中,利益和主张相对的双方首先是案外人和申请执行人,被执行人对案件事实的承认可以作为认定案件事实的证据,但不能据此当然免除案外人的举证证明责任。

最高人民法院认为,《民诉法解释》第 311 条②规定,案外人或者申请执行人提起执行异议之诉的,案外人应当就其对执行标的享有足以排除强制执行的民事权益承担举证证明责任。陕西崇立实业发展有限公司主张其基于合法建造事实享有案涉房屋所有权,应当承担举证证明责任。现其既未提交证据足以证明对于案涉项目投资事实,亦未提交证据证明其对涉案房屋占有的权利外观,更未

---

① 关于案外人执行异议之诉中的举证责任分配,详细内容可见该案解析。参见最高人民法院民事审判第一庭编:《民事审判指导与参考》2017 年第 3 辑(总第 71 辑),人民法院出版社 2017 年版,第 210-213 页。

② 现为 2021 年修正的《民事诉讼法》第 309 条。

提交证据证明案涉房屋已经登记至其名下,应当承担举证不能的不利后果。

➢ 3. 再审申请人河北剑桥冶金建设有限公司与被申请人晋城福盛钢铁有限公司建设工程施工合同纠纷案[(2016)最高法民申2889号]

裁判要旨:与事实不符的自认,人民法院不予确认。

最高人民法院认为,虽然晋城福盛钢铁有限公司在一审提交的证据中的证明目的一栏自认了2008年7月24日至2009年7月23日为工程质量保证期间,但该自认与原审查明河北剑桥冶金建设有限公司未提交证据证明铁水合格这一事实不一致。依照《民诉法解释》第92条第3款"自认的事实与查明的事实不符的,人民法院不予确认"的规定,对河北剑桥冶金建设有限公司提出的该自认证据,不予支持。

地方人民法院案例

➢ 1. 赵某与项某敏、何某琴民间借贷纠纷案[《最高人民法院公报》2014年第12期(总第218期)]

裁判要旨:夫妻一方具有和第三人恶意串通、通过虚假诉讼虚构婚内债务嫌疑的,该夫妻一方单方自认债务,并不必然免除"出借人"对借贷关系成立并生效的事实应承担的举证责任。

上海市长宁区人民法院认为,根据民事诉讼证据规则,在合同纠纷案件中,主张合同关系成立并生效的一方当事人对合同订立和生效的事实承担举证责任。同时,根据《合同法》(已失效)规定,自然人之间的借款合同,自贷款人提供借款时生效。故原告赵某主张其与被告项某敏之间存在有效的借款合同关系,其应就双方之间存在借款的合意以及涉案借款已实际交付的事实承担举证责任。现原告提供《借条》意在证明其与项某敏之间存在借款的合意。关于借款交付,其主张因其无使用银行卡的习惯,故家中常年放置大量现金,200000元系以现金形式一次性交付给项某敏。对于原告的上述主张,被告项某敏均表示认可,并称其收到借款后同样以现金形式存放,并于2007年8月2日以其中的10万元提前归还房屋贷款。被告何某琴则明确否认涉案借款的真实性。

本案中,首先,原告赵某在本案中虽表示向被告项某敏主张还款,但项某敏辩称涉案借款用于两被告夫妻共同生活,应由两被告共同偿还。事实上,经法院调查,在两被告的第三次离婚诉讼中,项某敏也始终将本案借款作为夫妻共同债务要求何某琴承担相应的还款责任。基于本案处理结果与何某琴有法律上的利害关系,法院依法将其追加为第三人参加诉讼。后因项某敏的上述抗辩,原告申请追加何某琴为被告。在此过程中,原告及项某敏一再反对何某琴参加本案诉讼,不仅缺乏法律依据,亦有违常理。何某琴作为本案被告以及利害关系人,当然有权就系争借款陈述意见并提出抗辩主张。

其次,基于两被告目前的婚姻状况以及利益冲突,被告项某敏对系争借款的认可,显然不能当然地产生两被告自认债务的法律效果。并且,项某敏称其于2007年8月2日用涉案借款中的100000元提前归还房贷。然而,经法院依职权调查,项某敏银行交易记录却显示当天有100000元存款从其名下银行账户支取,与其归还的银行贷款在时间、金额上具有对应性。此外,项某敏银行账户在同期存有10余万元存款,其购房银行贷款也享有利率的7折优惠,再以5%的年利率向他人借款用以冲抵该银行贷款,缺乏必要性和合理性。本案于2013年3月7日开庭时,项某敏经法院合法传唤明确表示拒绝到庭。上述事实和行为足以对项某敏相关陈述的真实性产生怀疑。故基于以上原因,原告赵某仍需就其与项某敏之间借贷关系成立并生效的事实,承担相应的举证义务。

最后,原告赵某自述其名下有多套房产,且从事经营活动,故其具有相应的现金出借能力。但其亦表示向被告项某敏出借200000元时,其本人因购房负担巨额银行贷款。为此,法院给予原告合理的举证期限,要求其提供相应的证据证明其资产状况和现金出借能力,并释明逾期举证的法律后果。嗣后,原告明确表示拒绝提供相应的证据。法院认为,原告明确表示放弃继续举证权利,而其提供的现有证据亦并未能证明涉案借款的交付事实以及原告本人的资金出借能力,其陈述的借款过程亦不符合常理,故应承担举证不能的法律后果。对于原告的诉讼请求,法院依法不予支持。至于项某敏个人对涉案借款的认可,因其与原告之间对此并无争议,其可自行向原告清偿,法院对此不予处理。

➢ 2. 南充现代物流园投资建设开发有限公司与南充市青莲统筹城乡发展实验区建设指挥部、王某明民间借贷纠纷案[(2020)川1303民初151号]

裁判要旨:虽然诉讼代理人自认这是指挥部的担保行为,但指挥部不得为保证人,该自认涉及损害国家利益,不构成自认。

四川省南充市高坪区人民法院认为,对于被告南充市青莲统筹城乡发展实验区建设指挥部(以下简称青莲指挥部)是否承担连带偿还的问题,被告青莲指挥部系南充市高坪区人民政府设立的临时机构,不是独立的民事主体,不具备承担民事责任的能力,因此青莲指挥部不是本案适格的被告。被告青莲指挥部与原告南充现代物流园投资建设开发有限公司(以下简称物投公司)、被告王某明签订的《债权转让合同》中对债权转让的时间约定为"以丙方实际支付甲方的日期为准",被告青莲指挥部与王某明尚未进行结算,无法按合同约定向原告支付王某明在青莲指挥部应收账款,故转让条件尚未成就,原告物投公司可在被告青莲指挥部与王某明结算后,要求被告青莲指挥部协助执行。

原被告三方签订的《债权转让合同》,不属于被告青莲指挥部对王某明借款进行担保,不符合担保构成要件。虽然被告代理人在庭审中自认这是青莲指挥部的担保行为,根据《担保法》第8条①"国家机关不得为保证人,但经国务院批准为使用外国政府或国际经济组织贷款进行转贷的除外"及《民事证据规定》第8条第1款"《最高人民法院关于适用〈中华人民共和国民事诉讼法〉的解释》第九十六条第一款规定的事实,不适用有关自认的规定"之规定,被告青莲指挥部代理人的自认涉及损害国家利益,不适用相关自认的规定。被告青莲指挥部不是本案适格的被告,且也未对该笔债务进行担保,不应承担连带偿还责任,故对原告的诉请不予支持。

---

① 《担保法》已失效,现为《民法典》第683条第1款,内容有修改。

➢3. 唐某与重庆尚品思源商贸有限公司股东知情权纠纷案［（2020）渝01民终4073号］

裁判要旨：虽然被告认可原告系其股东，但股东身份也属身份关系的一种，对于是否系公司股东的事实不适用自认。

重庆市第一中级人民法院认为，唐某虽与重庆尚品思源商贸有限公司（以下简称尚品思源公司）签订了《投资协议书》约定唐某持有尚品思源公司10%的股份，但唐某未举示相应证据证明签订该协议后，双方已依法履行股东身份登记的相关手续，应由唐某承担相应的举证不能的不利后果，故唐某提起本案诉讼时尚未取得尚品思源公司的股东身份，一审法院裁定驳回唐某的起诉，符合《民诉法解释》第96条第1款的规定，并无不当，应予维持。《民事证据规定》第8条规定："《最高人民法院关于适用〈中华人民共和国民事诉讼法〉的解释》第九十六条第一款规定的事实，不适用有关自认的规定。自认的事实与已经查明的事实不符的，人民法院不予确认。"本案中，虽然尚品思源公司一审中认可唐某系其股东，但股东身份亦属身份关系的一种，依照前述司法解释的规定，对于唐某是否系尚品思源公司股东的该事实不适用自认的规定。综上，唐某关于其系尚品思源公司股东、一审法院应对本案予以实体审理的上诉请求，缺乏事实和法律依据，不能成立，不予支持。

➢4. 谭某与增城市碧桂园物业发展有限公司、佛山市顺德区碧桂园物业发展有限公司等劳动争议纠纷案［（2021）粤01民终18646号］

裁判要旨：涉及身份关系（包括确认劳动关系）的事实，不适用自认，且自认的事实与已经查明的事实不符，对当事人的自认不予采纳。

广东省广州市中级人民法院认为，对于谭某上诉主张增城市碧桂园物业发展有限公司（以下简称增城碧桂园物业公司）在仲裁期间自认与谭某的劳动关系存续至2020年的问题，《民事证据规定》第8条规定："《最高人民法院关于适用〈中华人民共和国民事诉讼法〉的解释》第九十六条第一款规定的事实，不适用有关自认的规定。自认的事实与已经查明的事实不符的，人民法院不予确认。"根据上述司法解释可知，首先，涉及身份关系（包括确认劳动关系）的事实，不适用自认的有关规定;其次,本案中增城碧桂园物业公司自认的事实与已经查明的事实不符,一审法院据此对增城碧桂园物业公司的自认不予采纳并无不当,法院予以确认。谭某上诉主张应按照增城碧桂园物业公司自认的事实认定双方劳动关系存续至2020年依据不足,法院不予采纳。

条文内容	参考条文
第三十八条 【调解或和解中的让步】 在诉讼中,当事人为达成调解协议或者和解协议作出妥协而认可的事实,不得在后续的诉讼中作为对其不利的根据,但法律另有规定或者当事人均同意的除外。	《民诉法解释》第107条

要点注释

需要指出,《民诉法解释》第96条第1款只规定了五种情形不能适用自认,没有兜底条款。换言之,除此五种情形以外,其他事实均可适用自认。但仍有一种情形不适用自认,即《民诉法解释》第107条规定的"在诉讼中,当事人为达成调解协议或者和解协议作出妥协而认可的事实"。

因为调解、和解中往往涉及对事实的陈述,若该陈述作为自认,当事人很可能不愿意进行调解或和解;且有的当事人为了达成调解、和解而对有些事实不再计较,作出妥协和让步。若将此视为自认,可能既违反当事人的真实意思表示,也与事实真相不符。为了消除当事人的顾虑,鼓励他们进行调解、和解,故诉讼调解、和解中当事人的陈述不应作为自认对待。

2019年《民事证据规定》施行后,《民诉法解释》第107条仍继续适用,需特别注意。

司法观点

➢诉讼调解或者和解过程中是否适用自认规则①

问:甲诉乙财产损害赔偿一案,经法院庭前调解,乙对造成甲财产损害的事实予以承认,但双方就损害赔偿金额未能达成一致。在其后的诉讼中,甲是否仍须对乙造成甲财产损害的事实承担举证责任?

答:甲仍须对乙造成甲财产损害的事实举证证明。《民诉法解释》第107条规定:"在诉讼中,当事人为达成调解协议或者和解协议作出妥协而认可的事实,不得在后续的诉讼中作为对其不利的根据,但法律另有规定或者当事人均同意的除外。"诉讼调解或和解的过程是当事人双方平等协商,依自愿合法的原则处分其实体权利和诉讼权利,在互谅互让的基础上解决民事纠纷的过程。在这一过程中,当事人为达成调解或者和解协议的目的,往往对一些有争议的事实不再争辩,或者本着息事宁人的态度予以承认。在调解不能达成最终一致的情况下,依据上述司法解释的规定,这种表面上符合自认特征的诉讼行为不能发生自认的后果。作出这种规定主要基于以下考虑:

第一,诉讼调解与和解过程中对事实的认可,是以达成协议为目的而作出的妥协和让步,与诉讼对抗过程中对事实的承认存在本质不同;第二,如果承认调解或和解过程中对事实的认可能够发生自认的效果,无异于是对违反诚实信用原则的肯定,不利于鼓励当事人通过调解或和解的方式解决纠纷。当然,如果当事人双方均同意赋予这种对事实的认可以自认效果,则属于对自己程序利益的处分,人民法院应当予以尊重。

---

① 参见最高人民法院民事审判第一庭编:《民事审判实务问答》,法律出版社2021年版,第301-302页。

最高人民法院案例

➢ 1. 东营市七色光房地产开发有限责任公司与中国工商银行股份有限公司东营西城支行房地产联合开发合同纠纷案①[(2006)民一终字第16号]

裁判要旨:当事人在调解中对损失的认可不得作为其承担赔偿责任的依据。

最高人民法院认为,《民事证据规定》(2001)第67条②规定,"在诉讼中,当事人为达成调解协议或者和解的目的作出妥协所涉及的对案件事实的认可,不得在其后的诉讼中作为对其不利的证据"。一审法院根据调解时双方曾对赔偿款达成过一致意见,对付款形式没有达成一致意见为由,认为该赔偿款数额基本反映了双方的真实意思,根据公平原则和诚实信用原则,对该数额应该确认为银行的经济损失和盈余分成。一审判决以当事人在调解中的认可作为其承担赔偿责任的依据,明显违反了上述司法解释的规定,对此依法予以纠正。

➢ 2. 再审申请人王某华与被申请人郭某红、李某良合伙协议纠纷案③[(2016)最高法民申1279号]

裁判要旨:《民诉法解释》第107条规定一方面未将当事人为达成调解协议或和解协议而认可的全部事实,均排除于在后续诉讼或另案诉讼中作为认定事实依据使用的可能;另一方面亦未排除将当事人之间已经达成的调解协议或和解协议,在另一诉讼案件中作为书证使用。

最高人民法院认为,《民诉法解释》第107条规定:"在诉讼中,当事人为达成调解协议或者和解协议作出妥协而认可的事实,不得在后续的诉讼中作为对其不利的根据,但法律另有规定或者当事人均同意的除外。"该条是关于诉讼调解

---

① 参见最高人民法院民事审判第一庭编:《民事审判指导与参考》2007年第1集(总第29集),法律出版社2007年版,第182-192页。

② 现行《民事证据规定》已删除相关内容。

③ 参见最高人民法院民事审判第一庭编:《民事审判指导与参考》2016年第3辑(总第67辑),人民法院出版社2017年版,第190-191页。

或者和解过程中对事实的认可不适用自认规则的规定，旨在保护一方当事人因调解或和解而对某种案件事实的认可不能对后续的诉讼产生不良影响，鼓励当事人以和解方式解决纠纷。该条规定适用于同一案件诉讼过程中，当事人希望达成调解协议或和解协议而未达成的情形，此时，在后续的诉讼中，不得将当事人为达成调解协议或者和解协议作出妥协而认可的事实作为对其不利的根据。该条规定一方面未将当事人为达成调解协议或和解协议而认可的全部事实，均排除于在后续诉讼或另案诉讼中作为认定事实依据使用的可能；另一方面亦未排除将当事人之间已经达成的调解协议或和解协议，在另一诉讼案件中作为书证使用的可能。对于此类证据的证明力，人民法院审查判断所遵循的原则与其他证据并无不同，均应按照法定程序，全面、客观地审核，并根据当事人提交的其他证据，结合相关事实，综合认定待证事实存在的可能性。因此，一方当事人欲推翻调解协议或和解协议所证明的事实的，应承担提供相应证据加以证明的证明责任。本案系王某华与李某良、郭某红之间的合伙协议纠纷，与曾某齐和以上三人的退伙纠纷系不同诉讼，《自行和解协议》能够作为书证在本案中使用，王某华以《民诉法解释》第107条为依据排除《自行和解协议》证据效力的主张，不符合该条规定的精神，于法无据，二审法院将《自行和解协议》中相关当事人认可的事实作为认定案件事实的依据，并无不当。

条文内容	参考条文
第三十九条　【撤销自认】 有下列情形之一，当事人在法庭辩论终结前撤销自认的，人民法院应当准许： （一）经对方当事人同意的； （二）自认是在受胁迫或者重大误解情况下作出的。 人民法院准许当事人撤销自认的，应当作出口头或者书面裁定。	《民事证据规定》第9条

要点注释

《民事诉讼法》第 13 条规定："民事诉讼应当遵循诚信原则。当事人有权在法律规定的范围内处分自己的民事权利和诉讼权利。"可见,诚信原则系民事诉讼的一项基本原则。在该基本原则的指引下,自认一旦成立生效后,如无特定的情形发生,一般不允许撤销;否则可能会对对方当事人造成诉讼程序上的突袭,使得对方无法及时进行正常举证,从而破坏诉讼程序中的公平和司法程序的平衡,故当事人不得随意撤销其作出的自认事实。

当然,民事诉讼所奉行的诚信原则又决定了司法裁判应当建立在当事人诉辩真实的基础之上,如果当事人因各种正当原因作出了违背真实意思表示的承认,法庭应当给予其矫正或救济的机会。本条明确了存在以下两种情形,允许当事人在法庭辩论终结前撤销自认:

一是经对方当事人同意的自认可以撤销。自认是当事人对自己诉讼权利的自由处分,同意撤销自认也是对方当事人对自己诉讼权利的自由处分,理应得到尊重,故不得随意干预。但这种经对方同意的自认撤销,也有时间节点,须在法庭辩论终结前,即在审判长宣布法庭辩论终结前。

2001 年《民事证据规定》第 8 条第 4 款前半句规定"当事人在法庭辩论终结前撤回承认并经对方当事人同意",2019 年《民事证据规定》将"撤回"改为"撤销"并非平白无故。撤回一般在于阻止生效,撤销在于消灭业已生效的效果,故撤销用词更准。

二是当事人在受胁迫或重大误解情况下作出的自认可以撤销。自认是当事人对于己不利事实的承认,是对自己权利的处分,须基于自由意思表示作出。如果当事人因受胁迫或重大误解情况下作出自认,因该自认并非其真实意思表示,自认的前提不复存在,故应允许当事人在法庭辩论终结前撤销自认。

需要注意的是,本项规定较 2001 年《民事证据规定》第 8 条第 4 款后半句发生了重大变化,即删除了原第 8 条第 4 款中的"有充分证据证明"和"与事实不符”两个限定条件,放宽了撤销的条件。删除“有充分证据证明”,减轻了自认当事人的举证责任;删除“与事实不符”,回归了撤销自认的基础,即违背当事人真实意思。当然,当事人要撤销该自认,须有证据证明受胁迫或重大误解的事实,否则自认无法撤销。

出于撤销自认的严肃性,本条第2款规定准许当事人撤销自认的,法院应当作出口头或书面裁定,故法院裁定作出后方发生撤销自认的效果。《民事诉讼法》第157条第1款、第2款规定:“裁定适用于下列范围:(一)不予受理;(二)对管辖权有异议的;(三)驳回起诉;(四)保全和先予执行;(五)准许或者不准许撤诉;(六)中止或者终结诉讼;(七)补正判决书中的笔误;(八)中止或者终结执行;(九)撤销或者不予执行仲裁裁决;(十)不予执行公证机关赋予强制执行效力的债权文书;(十一)其他需要裁定解决的事项。对前款第一项至第三项裁定,可以上诉。”据此,裁定准许撤销自认属于该条第1款第11项规定的兜底情形。对撤销自认的裁定,当事人不得上诉。

请特别注意,当事人对自认反悔的,除了本条规定的撤销自认,还可运用《民事证据规定》第8条第2款“自认的事实与已经查明的事实不符的,人民法院不予确认”之规定。在当事人欲推翻其自认但又无法举证证明自认是在“受胁迫或者重大误解情况下”作出的困境下,若能举证证明其自认与事实不符,同样达到撤销自认的法律效果。

最高人民法院案例

➤佛山市顺德区容星燃气用具有限公司与中国农业银行佛山顺德容桂支行、广州市东迅房地产发展有限公司等借款合同纠纷案[(2010)民提字第120号]

裁判要旨:当事人不能以充分证据证明其第一次向法院作出的说明系受胁迫或存在重大误解下作出的情况下,将免除申请再审人的举证责任。同时,第二次说明不足以推翻第一次说明的情况下,第二次说明不能采信,否则有违诚信原则。

最高人民法院认为,中国农业银行股份有限公司佛山分行(以下简称佛山农行)于2005年12月2日向广东省高级人民法院第一次二审审理期间提交过一份《说明》,称“为了维护农业银行在国际上的声誉,分散风险,疏缓压力,经上级行批准,我行考虑到监管的便利性,按照属地原则将包括港德鞋业在内的部分公司的国际业务划转给了顺德、南海等下属行。顺德支行接管我行的信用证贷款后,利用当地企业众多、业务发展外向型强的优势,对部分信用证采取向企业贷款,再由企业换汇代为兑付信用证的方式解决信用证兑付危机,以港德鞋业的信用证借款为例,当时,该企业信用证的待兑付金额高达10000多万美元。据悉,为妥善处理我行划转的信用证债务,顺德支行先后以顺德市容山实业发展总公司和顺德市容星燃气用具有限公司的名义发放人民币贷款,转给香港一公司,由该公司在香港为我行兑付境外银行的信用证款项。到目前为止,顺德支行接管的信用证贷款早已兑付完毕”。《说明》的内容和农行内部审批文件所反映的情况能够相互印证,证明中国农业银行佛山顺德容桂支行发放该笔贷款给佛山市顺德区容星燃气用具有限公司,是为佛山农行兑付境外银行议付的信用证款项。佛山农行在出具该份说明后,又于2006年11月3日向广东省高级人民法院第二次二审审理期间出具《农行佛山分行关于撤销〈说明〉的函》,表示由于出具《说明》的人员不了解具体情况,《说明》内容不准确、不严谨,并称佛山农行和顺德农行同隶属农行广东省分行,两者不存在上下级关系,故对此说明予以撤销。根据《民事证据规定》(2008)第8条之规定,当事人在法庭辩论终结前撤回承认并经对方当事人同意,或者有充分证据证明其承认行为是在受胁迫或者重大误解情况下作出且与事实不符的,不能免除对方当事人的举证责任。因此,在佛山农行不能以充分证据证明其第一次向广东省高级人民法院作出的说明系受胁迫或存在重大误解下作出的情况下,将免除申请再审人的举证责任。同时,在佛山农行作出的第二次说明不足以推翻第一次说明的情况下,第二次说明不能采信,否则有违诚信原则。

地方人民法院案例

➢ 1. 马某红与被上诉人刘某芬、丁某令、中国大地财产保险股份有限公司天津市南开支公司及原审被告袁某虎机动车交通事故责任纠纷案[(2020)津 01 民终 2327 号]

裁判要旨:撤销自认的行为既未得到当事人同意,又不符合当事人的自认是在受胁迫或重大误解情况下作出的情形,不予准许。

天津市第一中级人民法院认为,关于马某红主张其与丁某令系租赁关系,非雇佣关系问题。根据《民事证据规定》第 3 条规定,在诉讼过程中,一方当事人陈述的于己不利的事实,或者对于己不利的事实明确表示承认的,另一方当事人无需举证证明。第 9 条第 1 款规定,有下列情形之一,当事人在法庭辩论终结前撤销自认的,人民法院应当准许:(1)经对方当事人同意的;(2)自认是在受胁迫或者重大误解情况下作出的。

本案中,马某红在一审庭审中自认丁某令系其雇佣的司机,二审中,马某红又主张其与丁某令系租赁关系,并提交了两组租赁协议予以佐证。但马某红仅提交租赁协议,未提交双方租金支付的相关证据,且签订租赁协议的另一方即本案被上诉人丁某令经法院依法传唤未出庭参加诉讼,无法对所签协议真实性进行核实,故马某红主张其与丁某令系租赁关系的证据不足。二审庭审中马某红陈述其是为帮助丁某令解决事情才自认其与丁某令系雇佣关系的,二审中推翻原来自认系因为丁某令不支付赔偿,另提交病历证明其在一审开庭期间意识不清醒。法院认为,马某红的病例显示其因肝部疾病入院,入院记录中记载“神志清楚”,二审中刘某芬与中国大地财产保险股份有限公司天津市南开支公司均认为马某红应当根据其自认承担赔偿责任,故马某红撤回自认的行为既未得到对方当事人同意,又不符合当事人的自认是在受胁迫或者重大误解情况下作出的情形,故对马某红撤销自认行为不予准许。一审法院认定马某红与丁某令之间系雇佣关系并无不当。

➢ 2. 贵州省松桃民族中学与贵州鑫前(集团)建设工程有限公司与原审第三人陈某飞建设工程施工合同纠纷案[(2020)黔06民终496号]

裁判要旨:自认是在重大误解情况下作出的,当事人在法庭辩论终结前撤销自认的,法院应当准许。

贵州省铜仁市中级人民法院认为,一审中贵州鑫前(集团)建设工程有限公司(以下简称鑫前公司)在起诉书中认可收到贵州省松桃民族中学(以下简称民族中学)已付工程款为420万元,其中包含2013年1月24日支付工程款200万元、1月25日支付10万元、2月1日支付20万元,2014年1月28日分两次支付40万元,2015年2月17日支付50万元,2016年2月5日支付50万元,2017年1月23日支付50万元。民族中学在一审中举证证明2013年8月21日代鑫前公司向第三人陈某飞支付工程款30万元、2014年1月28日另支付50万元,鑫前公司认可2014年1月28日另支付50万元,辩称支付给陈某飞的30万元包含在420万元中,是陈某飞2013年8月21日领取的30万元,鑫前公司在代理词中提出"起诉状中陈述的民族中学于2013年1月25日支付10万元、2013年2月1日支付20万元,因时间久远陈述错误"。在二审中,鑫前公司提供证据证实李某智的银行账户上于2013年1月25日经支票汇入10万元、同年2月1日经支票汇入20万元,并非民族中学支付,原自认系重大误解。

根据《民事证据规定》第3条"在诉讼过程中,一方当事人陈述的于己不利的事实,或者对于己不利的事实明确表示承认的,另一方当事人无需举证证明。在证据交换、询问、调查过程中,或者在起诉状、答辩状、代理词等书面材料中,当事人明确承认于己不利的事实的,适用前款规定"及第9条第1款"有下列情形之一,当事人在法庭辩论终结前撤销自认的,人民法院应当准许:(一)经对方当事人同意的;(二)自认是在受胁迫或者重大误解情况下作出的"的规定,鑫前公司存在重大误解,且于一审庭审辩论终结前撤回自认及相应证据证明其为重大误解,该院依法对鑫前公司撤回自认予以确认。民族中学没有证据证实2013年1月25日支付鑫前公司10万元、2013年2月1日支付鑫前公司20万元。故民族中学已付鑫前公司工程款为460万元,尚欠工程款为977865.85元。

条文内容	参考条文
第四十条 【专家辅助人】 当事人可以依照民事诉讼法第八十二条的规定,在举证期限届满前申请一至二名具有专门知识的人出庭,代表当事人对鉴定意见进行质证,或者对案件事实所涉及的专业问题提出意见。	《民诉法解释》第122条第1款
具有专门知识的人在法庭上就专业问题提出的意见,视为当事人的陈述。	《民诉法解释》第122条第2款
人民法院准许当事人申请的,相关费用由提出申请的当事人负担。	《民诉法解释》第122条第3款

要点注释

具有专门知识的人又称专家辅助人,从本条内容来看:第一,专家辅助人出庭要由当事人在举证期限届满前提出申请,人数为一人至二人。第二,专家辅助人在诉讼中是围绕专门性问题展开的,包括对鉴定意见的质证、专门性问题发表意见等;专门性问题之外的其他问题,专家辅助人不能参与。第三,专家辅助人作为当事人的诉讼辅助人,其在法庭上的诉讼活动视为当事人的活动,其对专门性问题的陈述视为当事人的陈述。第四,专家辅助人是基于当事人申请而出席法庭审理,故其出庭的费用不属于诉讼费用的范畴,应由申请的当事人负担。

相关法律

➤**《民事诉讼法》**(2021年12月24日修正)

第八十二条 当事人可以申请人民法院通知有专门知识的人出庭,就鉴定人作出的鉴定意见或者专业问题提出意见。

司法解释

➤ **1.《最高人民法院关于知识产权民事诉讼证据的若干规定》**(法释〔2020〕12号,2020年11月18日施行)

第二十八条 当事人可以申请有专门知识的人出庭,就专业问题提出意见。经法庭准许,当事人可以对有专门知识的人进行询问。

➤ **2.《最高人民法院关于审理医疗损害责任纠纷案件适用法律若干问题的解释》**(法释〔2020〕17号,2021年1月1日施行)

第十四条 当事人申请通知一至二名具有医学专门知识的人出庭,对鉴定意见或者案件的其他专门性事实问题提出意见,人民法院准许的,应当通知具有医学专门知识的人出庭。

前款规定的具有医学专门知识的人提出的意见,视为当事人的陈述,经质证可以作为认定案件事实的根据。

➤ **3.《最高人民法院关于审理环境侵权责任纠纷案件适用法律若干问题的解释》**(法释〔2020〕17号,2021年1月1日施行)

第九条 当事人申请通知一至两名具有专门知识的人出庭,就鉴定意见或者污染物认定、损害结果、因果关系、修复措施等专业问题提出意见的,人民法院可以准许。当事人未申请,人民法院认为有必要的,可以进行释明。

具有专门知识的人在法庭上提出的意见,经当事人质证,可以作为认定案件事实的根据。

➤ **4.《最高人民法院关于审理环境民事公益诉讼案件适用法律若干问题的解释》**(法释〔2020〕20号,2021年1月1日施行)

第十五条 当事人申请通知有专门知识的人出庭,就鉴定人作出的鉴定意见或者就因果关系、生态环境修复方式、生态环境修复费用以及生态环境受到损害至修复完成期间服务功能丧失导致的损失等专门性问题提出意见的,人民法院可以准许。

前款规定的专家意见经质证，可以作为认定事实的根据。

➢ **5.《最高人民法院关于审理因垄断行为引发的民事纠纷案件应用法律若干问题的规定》**（法释〔2020〕19号，2021年1月1日施行）

第十二条　当事人可以向人民法院申请一至二名具有相应专门知识的人员出庭，就案件的专门性问题进行说明。

其他规定

➢ **《涉及家庭暴力婚姻案件审理指南》**（最高人民法院中国应用法学研究所，2008年3月施行）

第四十四条　专家辅助人

人民法院可以依据当事人申请或者依职权聘请相关专家出庭，解释包括受虐配偶综合证在内的家庭暴力的特点和规律。专家辅助人必要时接受审判人员、双方当事人的询问和质疑。专家辅助人的意见，可以作为裁判的重要参考。

目前司法界以及社会上普遍对家庭暴力领域中的专门问题了解程度不够。这直接影响了科学技术知识在办理此类案件中所起的积极作用。有条件的人民法院或者法院内部的相关审判庭，可以建立一个相关专业机构或专家的名单、联络办法，并事先作好沟通，鼓励其积极参与司法活动。

第四十五条　专家辅助人资格的审查与认定

专家辅助人可以是社会认可的家庭暴力问题研究专家、临床心理学家、精神病学家、社会学家或社会工作者、一线警察、庇护所一线工作人员。他们一般应当有一年以上的直接接触家庭暴力受害人（不包括本案受害人）的研究或工作经历。

人民法院审查专家辅助人的资格时，应当首先审查其理论联系实践的能力和经验，而后审查其之前的出庭经历和获得的相关评价。

第四十六条 专家辅助人的报酬

专家辅助人出庭所需费用,由申请人承担。

第四十七条 专家评估报告

法院可以依据当事人的申请,聘请有性别平等意识的家庭暴力问题专家、青少年问题专家、临床心理学家、精神科专家、社会学家等依据"家庭暴力对未成年人的负面影响"问题清单中的内容,对家庭暴力对未成年人造成的负面影响进行评估,并形成评估报告,以此作为法院判决子女抚养权归属的参考。

评估报告的内容包括家庭暴力的负面影响是否给未成年人造成心理创作及严重程度、目前的症状、过去的成长经历,以及父母或者直接抚养者对未成年人的经历和症状所持的态度。

司法观点

➢ 1. 有专门知识的人的性质及在证据法上的效力①

法官会议意见:

我国民事诉讼法及相关司法解释中并无专家证人的规定,根据2019年修正后公布的《民事证据规定》第72条第1款"证人应当客观陈述其亲身感知的事实,作证时不得使用猜测、推断或者评论性语言"的规定,证人仅指事实证人,不包括专家证人。《民事诉讼法》第82条规定的有专门知识的人,性质上为专家辅助人。根据《民诉法解释》第122条第2款的规定,其所陈述的意见视为当事人的陈述。而根据《民事诉讼法》第78条的规定,当事人的陈述不能独立证明案件事实,应当与其他证据结合才能作为认定案件事实的根据。本案中,一审法院将有专门知识的人作为专家证人错误,仅以其陈述的意见认定案件事实,程序显属不当。

---

① 参见《最高人民法院第二巡回法庭法官会议纪要》(第2辑),人民法院出版社2021年版,第38页。

➢ 2. 审判实践中专家辅助人发表的意见的性质①

问:审判中询问专家辅助人的意见属于证据类型中的哪一种?

答:《民事诉讼法》规定了八种证据类型,审判实践中对于专家辅助人发表意见属于证据种类的哪一种存有争议,主要有两种观点:一是认为属于当事人的陈述,二是认为属于专家证人或准用鉴定意见规定。我们认为,专家辅助人意见应当属于证据种类中的当事人的陈述。

根据《民事诉讼法》第 79 条②的规定,当事人可以申请人民法院通知有专门知识的人出庭,就鉴定人作出的鉴定意见或者专业问题提出意见。"有专门知识的人"司法实践中一般被称为"专家"、"诉讼辅助人"或"专家辅助人",是指在科学技术以及其他专业知识方面具有特殊的专门知识或者经验的人。《民诉法解释》第 122 条作出规定,当事人可以在举证期限届满前申请一名至二名具有专门知识的人出庭,代表当事人对鉴定意见进行质证,或者对案件事实所涉及的专业问题提出意见。具有专门知识的人在法庭上就专业问题提出的意见,视为当事人的陈述。结合《民事诉讼法》及其他司法解释的规定,我们可以得出以下结论:

第一,专家辅助人只能由当事人向人民法院提出申请,法院不能依职权主动通知有专门知识的人出庭。人民法院认为当事人申请专家辅助人出庭没有必要的,可以驳回当事人申请。第二,专家辅助人不同于专家证人,其在诉讼中的功能是单一的协助当事人就有关专门性问题提出意见或者对鉴定意见进行质证,回答审判人员和当事人的询问,其出席法庭审理时不能视为证人陈述意见,发表意见视为当事人的陈述。第三,专家辅助人在法庭上的活动限于专门性问题相关范围,专门性问题之外的其他问题,专家辅助人不能参与。在法庭涉及专门性问题事实调查结束后,应当责令专家辅助人退出审判区。

---

① 参见《民事审判指导与参考》2017 年第 1 辑(总第 69 辑),人民法院出版社 2017 年版,第 249 页。

② 现为 2021 年修正的《民事诉讼法》第 82 条。

最高人民法院案例

➢ 1. 礼来公司与常州华生制药有限公司侵害发明专利权纠纷案[1][(2015)民三终字第1号]

裁判要旨:对于被诉侵权药品制备工艺等复杂的技术事实,可以综合运用技术调查官、专家辅助人、司法鉴定以及科技专家咨询等多种途径进行查明。

最高人民法院认为,二审审理过程中,为准确查明本案所涉技术事实,根据《民事诉讼法》第79条[2]、《民诉法解释》第122条之规定,对礼来公司的专家辅助人出庭申请予以准许;根据《民诉法解释》第117条之规定,对常州华生制药有限公司的证人出庭申请予以准许;根据《民事诉讼法》第78条、《民诉法解释》第227条之规定,通知出具(2014)司鉴定第02号《技术鉴定报告》的江苏省科技咨询中心工作人员出庭;根据《最高人民法院印发〈关于知识产权法院技术调查官参与诉讼活动若干问题的暂行规定〉的通知》第2条、第10条之规定,首次指派技术调查官出庭,就相关技术问题与各方当事人分别询问了专家辅助人、证人及鉴定人。

➢ 2. 泰州市环保联合会与泰兴锦汇化工有限公司等环境污染侵权赔偿纠纷案[(2015)民申字第1366号]

裁判要旨:当事人可申请大学教授作为专家辅助人出席庭审,对鉴定意见及所涉专业问题提出意见。

最高人民法院认为,关于二审判决判令泰兴锦汇化工有限公司承担生态环境修复责任依据是否充分的问题。虽然河流具有一定的自净能力,但是环境容量是有限的,向水体大量倾倒副产酸,必然对河流的水质、水体动植物、河床、河岸以及河流下游的生态环境造成严重破坏。如不及时修复,污染的累积必然会

---

① 参见最高人民法院指导案例84号。

② 现为2021年修正的《民事诉讼法》第82条。

超出环境承载能力，最终造成不可逆转的环境损害。因此，不能以部分水域的水质得到恢复为由免除污染者应当承担的环境修复责任。

泰州市环保联合会申请东南大学能源与环境学院吕锡武教授作为专家辅助人出席一审庭审，对鉴定意见以及本案所涉专业问题提出意见。吕锡武教授认为，向水体倾倒危险废物的行为直接造成了区域生态环境功能和自然资源的破坏，无论是对长江内河水生态环境资源造成的损害进行修复，还是将污染引发的风险降至可接受水平的人工干预措施所需费用，均将远远超过污染物直接处理的费用；由于河水的流动和自我净化，即使倾倒点水质得到恢复，也不能因此否认对水生态环境曾经造成的损害。鉴定人南京理工大学贺启环教授出庭接受询问时也表示，无法计算得到实际人工干预的费用或者难于计算人工干预的费用，可以采用虚拟治理成本法计算损失。

条文内容	参考条文
第四十一条 【专家辅助人申请书】 当事人依照民事诉讼法第八十二条和《最高人民法院关于适用〈中华人民共和国民事诉讼法〉的解释》第一百二十二条的规定，申请有专门知识的人出庭的，申请书中应当载明有专门知识的人的基本情况和申请的目的。	《民事证据规定》第83条第1款
人民法院准许当事人申请的，应当通知双方当事人。	《民事证据规定》第83条第2款

要点注释

本条第1款直接明确申请书应载明的内容，意味着申请专家辅助人出庭只能以书面方式提出，口头申请不发生效果，未提交申请书的，视为未提出申请。专家辅助人的基本情况和申请的目的是申请书的必要内容，须在申请书中载明。

载明专家辅助人的基本情况,便于人民法院通知及开庭核对专家辅助人的身份;载明申请的目的,可以相应明确专家辅助人在法庭审理中参与诉讼活动的范围,便于对方当事人有针对性地进行准备,也便于法院的审理。

依据本条第2款的规定,人民法院准许当事人申请的,应当通知双方当事人。对于通知当事人的方式,未作出规定,故口头通知或书面通知均可,审判人员可以根据具体情况决定。通知的对象是双方当事人,并非仅是申请的当事人。

地方司法文件

➢**《浙江省高级人民法院关于专家辅助人参与民事诉讼活动若干问题的纪要》**(浙高法〔2014〕100号,2014年7月11日发布)

第一条 本纪要所称的专家辅助人即为《中华人民共和国民事诉讼法》第七十九条中的"有专门知识的人",是指受当事人委托,出庭就鉴定意见或者案件涉及的专门问题提出意见的人。

第二条 本纪要所指的专门知识,是除法律知识和经验法则外,只有医学、建筑、审计、专有技术等特定领域的专业人员才能熟知、掌握的知识、经验和技术。

第三条 以下情形当事人可以申请一至二名专家辅助人出庭:

(一)需要专家辅助人出庭就鉴定意见提出意见的;

(二)需要专家辅助人出庭就案件涉及的其他专门性问题提出意见的。

第四条 当事人申请专家辅助人出庭,应当向人民法院提出书面申请。

专家辅助人出庭申请书应附专家辅助人的个人基本信息以及能够证明该专家辅助人具有相关专门知识的证明材料,如职业资格、专业职称、从业经验等。

人民法院可根据案件审理需要,要求申请人补充有关专家辅助人的材料。

第五条 当事人向人民法院申请专家辅助人出庭,应当在举证期限届满前十日或者申请鉴定人出庭作证时一并提出。

第六条 人民法院在收到当事人申请后,应当就专家辅助人的证明材料及出庭的必要性进行审查,并在三日内决定。

第七条　人民法院准许专家辅助人出庭的,应当在决定作出后三日内通知申请人、专家辅助人;同时通知案件的其他当事人,并附上专家辅助人的相关资料。

不准许专家辅助人出庭的,应当在决定作出后三日内通知申请人。

第八条　人民法院应当在开庭前三日通知专家辅助人出庭,并告知专家辅助人的权利义务。

专家辅助人无正当理由未按期到庭参加诉讼的,视为当事人自动撤回申请。

第九条　当事人申请专家辅助人出庭并经人民法院准许后,不得申请更换。但以下情形除外:

(一)因健康原因不能出庭的;

(二)全部或部分丧失民事行为能力的;

(三)有其他正当理由不能出庭的。

第十条　专家辅助人享有以下权利:

(一)阅卷了解鉴定意见或者其他专门性问题的相关资料;

(二)就鉴定意见进行质证;

(三)就其他专门性问题进行说明、发表意见。

第十一条　专家辅助人应承担下列义务:

(一)独立、客观地发表意见,如实回答法庭及其他诉讼参与人的发问;

(二)不得在同一案件中同时担任双方当事人的专家辅助人;

(三)保守诉讼中知悉的国家秘密、商业秘密、个人隐私。

第十二条　专家辅助人不得单独出庭,应当与申请方当事人或者诉讼代理人共同出庭。

第十三条　审判人员和当事人及其诉讼代理人可以对出庭的专家辅助人进行询问。

经人民法院准许,可以由当事人各方申请的专家辅助人就案件中的专门问题进行对质。

专家辅助人可以对鉴定人进行询问。

第十四条 专家辅助人只能就鉴定意见或者案件涉及的专门性问题进行质证或者说明、发表意见。

第十五条 专家辅助人在法庭上就鉴定意见或者专门性问题发表的意见视为当事人陈述。

第十六条 人民法院要求专家辅助人提交书面意见的,专家辅助人应当庭或者在法庭指定期限内提交书面意见。书面意见应就鉴定意见或者其他专门性问题提出结论并说明理由。

书面意见观点及理由应当与当庭发表的言词意见保持一致。如出现不一致的,以专家辅助人在法庭上发表的意见为准。

第十七条 专家辅助人出庭时的座位,设在法台侧前方当事人及诉讼代理人座位,与申请人同侧。

第十八条 专家辅助人出庭的报酬等有关费用,由申请该专家辅助人出庭的当事人负担。

第十九条 本纪要如与新的立法、司法解释不一致的,以新的立法、司法解释为准。

第三节 书 证

条文内容	参考条文
第四十二条 【提交书证原件困难】 民事诉讼法第七十三条规定的提交书证原件确有困难,包括下列情形: (一)书证原件遗失、灭失或者毁损的; (二)原件在对方当事人控制之下,经合法通知提交而拒不提交的;	《民诉法解释》第111条

续表

条文内容	参考条文
（三）原件在他人控制之下，而其有权不提交的； （四）原件因篇幅或者体积过大而不便提交的； （五）承担举证证明责任的当事人通过申请人民法院调查收集或者其他方式无法获得书证原件的。 前款规定情形，人民法院应当结合其他证据和案件具体情况，审查判断书证复制品等能否作为认定案件事实的根据。	《民诉法解释》第 111 条

要点注释

原件主义是书证最重要的规则，原件主义要求书证应当提供原件，除法定情形外，不以原件提供的书证不具有证据能力。本条第 1 款，体现了书证原件主义的要求。作为法定的例外情形，本条第 1 款将提交原件确有困难进行了具体化，共分五种，均指存在客观原因的情形，且无兜底条款。也就是说，除此五种情形外，书证复制件不具有证据能力，应当被排除。

具备上述五种例外情形之一的，当事人可以提供书证复制品、副本、节录本。故而，书证复制件并非当然不具有证据资格，法官应当结合其他证据和案件具体情况来评判其证明力的大小。不过，符合本条第 1 款规定的五种情形之一的书证复制件，也只是满足了证据能力的要求，其本身仍然是有瑕疵的证据，不能单独证明案件事实，而是须与其他证据结合发挥证明作用，没有其他证据相互印证的，不能作为认定案件事实的根据。

相关法律

➤**《民事诉讼法》**(2021年12月24日修正)

第七十三条 书证应当提交原件。物证应当提交原物。提交原件或者原物确有困难的,可以提交复制品、照片、副本、节录本。

提交外文书证,必须附有中文译本。

最高人民法院案例

➤**1. 武汉置乐物业发展有限公司与中国人民解放军海军工程大学合资、合作开发房地产合同纠纷案**[(2017)最高法民终977号]

裁判要旨:当事人应提交书证原件而未提交,真实性无法确认的,法院对该书证不予采信。

最高人民法院认为,本案中,中国人民解放军海军工程大学(以下简称海工大)对《核账单》复印件的真实性不予认可,武汉置乐物业发展有限公司(以下简称置乐公司)未提供原件进行核对,不具备鉴定《核账单》印章真伪的条件。且置乐公司主张于2003年10月31日与海工大签订《核账单》作为双方结算依据。2010年置乐公司按照《核账单》支付款项时,遭到了海工大明确的退款,最终通过转款即销户这种非正常的方式将款项支付给海工大,置乐公司应该意识到双方对《核账单》的重大争议,理应保存好《核账单》以备纠纷。且置乐公司曾于2011年8月3日、2012年7月23日向武汉市国土资源和规划局硚口分局、湖北省政府法制办公室提交过《核账单》原件,但在诉讼中却未能提交原件,对未能提供原件的解释也不尽合理。置乐公司在明知双方对《核账单》存在重大争议的情形下,未对《核账单》这一重要证据进行妥善保存,不符合常理。

《民事诉讼法》第70条第1款①规定:“书证应当提交原件。物证应当提交原物。提交原件或者原物确有困难的,可以提交复制品、照片、副本、节录本。”《民诉法解释》第111条规定:“民事诉讼法第七十条规定的提交书证原件确有困难,包括下列情形:(一)书证原件遗失、灭失或者毁损的……前款规定情形,人民法院应当结合其他证据和案件具体情况,审查判断书证复制品等能否作为认定案件事实的根据。”置乐公司应当提交《核账单》原件却未能提交,且其他证据不足以证明《核账单》的真实性,该复印件的真实性无法确认,置乐公司应承担举证不能的法律后果。法院对《核账单》不予采信。

➢ 2. 申诉人周某与被申诉人株洲沐阳实业有限公司合同纠纷案[(2013)民提字第75号]

裁判要旨:书证原件已不存在,证人证言等证据难以证明传真件与原件一致的,不予确认。

最高人民法院认为,本案争议的焦点为,依据本案证人证言及资金往来等凭证能否认定株洲沐阳实业有限公司(以下简称沐阳公司)与周某签订了《承包经营合同》和《补充协议》。《民事诉讼法》第64条第1款②规定:“当事人对自己提出的主张,有责任提供证据。”第70条第1款③规定:“书证应当提交原件。物证应当提交原物。提交原件或者原物确有困难的,可以提交复制品、照片、副本、节录本。”《民诉法解释》第90条规定:“当事人对自己提出的诉讼请求所依据的事实或者反驳对方诉讼请求所依据的事实,应当提供证据加以证明,但法律另有规定的除外。在作出判决前,当事人未能提供证据或者证据不足以证明其事实主张的,由负有举证证明责任的当事人承担不利的后果。”第91条第1项规定:“主张法律关系存在的当事人,应当对产生该法律关系的基本事实承担举证证明责任。”第108条第1款规定:“对负有举证证明责任的当事人提供的证据,人民法院经审查并结合相关事实,确信待证事实的存在具有高度可能性的,应当认定该

---

① 现为2021年修正的《民事诉讼法》第73条第1款。
② 现为2021年修正的《民事诉讼法》第67条第1款。
③ 现为2021年修正的《民事诉讼法》第73条第1款。

事实存在。"《民事证据规定》第49条①规定,对书证进行质证时,当事人有权要求出示证据的原件或者原物,但"原件或者原物已不存在,但有证据证明复制件、复制品与原件或原物一致的"情形除外。第69条规定,无法与原件、原物核对的复印件、复制品不能单独作为认定案件事实的依据。

根据一审法院查明的事实,沐阳公司主张周某违反双方签订的《承包经营合同》和《补充协议》应承担相应的责任,因此应对《承包经营合同》和《补充协议》的成立负有举证责任。沐阳公司一审时仅提供了《承包经营合同》和《补充协议》的复印件,且在后续的审理程序中均不能提交原件。沐阳公司提交的复印件虽然经过公证认证,但公证证明的也仅是复印件与传真件一致,并不能证明《承包经营合同》和《补充协议》的复印件与原件是否一致。在此情形下,应结合其他相关证据认定沐阳公司主张的待证事实是否存在。沐阳公司提供的其他证据包括合同见证人高某的证言,知情人周某、龚某、晏某、徐某的证言,辛某军支付20万元的转账凭证,署名见证人高某的收到沐阳公司20万元"全成"商标使用费的收据,署名辛某军收到高某账户转来周某支付承包金10万元的收条以及相关陈述。

关于高某的证言。根据原审法院查明,高某几次就本案待证事实作出陈述,其称没有当面见证周某和沐阳公司签订《承包经营合同》和《补充协议》,但对于是否签订过合同及协议,其是否保留过合同及协议的原件,其在2009年5月6日接受株洲市公安局石峰分局询问时,证实保存过《承包经营合同》的草稿及《补充协议》的原件;在2009年8月12日接受公证人员公证时,又称《补充协议》也是草稿;直至2010年11月1日,在向湖南省高级人民法院出具的《书面说明》中,高某又说明周某和沐阳公司未正式签订《承包经营合同》及《补充协议》,其陈述几经变化。一审以及两次再审时,法院对周某提交的高某其他几次证言均因效力原因没有认定,但证人证言是对待证事实的相关描述,不能仅因系公安机关的询问就认定证明力大于其他调查人员的询问。高某作为合同的"见证人",其证

① 现为2019年修正的《民事证据规定》第61条,内容有修改。

言的变化,使得周某与沐阳公司是否签订《承包经营合同》和《补充协议》的事实状态不稳定,真实性难以认定。

关于10万元的相关费用。沐阳公司以周某于2008年11月支付承包费10万元为由,主张周某已经履行合同义务。该款项的支付时间在辛某军所称签订《承包经营合同》的日期之前。辛某军出具了显示内容为"今收到从高某账户转来周某支付承包金款壹拾万元整(100000元)"的收条,高某称并没有见到辛某军出具的此收条。高某证言中承认该款是由其付给辛某军,关于付款的理由,几次证言均称是请辛某军帮忙协调执行款的事而支付给辛某军的"茶水费"。周某对支付该笔费用予以否认。收条内容显示的款项性质与证人所称用途不符,且一方当事人予以否认,故亦不能证明与《承包经营合同》的履行有关,不能佐证合同的签订。

关于20万元的相关费用。沐阳公司向一审法院提交了20万元的邮政储蓄转账凭证。高某出具的20万元收据上显示"该款系2009年1月5日三方签订《补充协议》第9条的约定代周某收取的首期'全成'商标使用费"。但高某在其几次证言中均称该款是帮助辛某军协商使用"全成"商标的预支费用且一直称并未将该款付给周某,周某对此也不知情。高某已退还辛某军10万元,辛某军对此予以承认。高某称仅退回10万元,是由于其前述已付给辛某军10万元,而辛某军并未帮忙协调好执行款事宜。进一步佐证此20万元款项与周某无关,也间接说明高某支付10万元给辛某军的事由。没有证据证明周某对高某收取20万元的事实知情或同意,除一审法院认定双方在签订合同过程中口头约定由高某作见证人并代收费用外,没有其他证据证明可由高某代为履行收取商标使用费,故此笔款项亦不能证明与《补充协议》的履行相关,不能佐证协议的签订。

关于本案其他证人的证言。证人龚某的证言证明双方有过磋商过程。周某证言证明其应高某要求发过传真给辛某军,对是原件还是复印件,抑或传真件分辨不清。晏某、徐某的证言证明有过拆除豆奶生产线过程,但不能确定是否与履行合同和协议有关。

综合以上分析,沐阳公司提供的相关证据,不能就《承包经营合同》《补充协议》的签订和履行相互印证,不足以证明其主张的与周某签订并履行《承包经营合同》和《补充协议》的事实具有高度可能性,应承担不利的后果。故一审判决和原再审判决中关于沭阳公司提供的《承包经营合同》和《补充协议》真实、合法、有效,周某未按约定履行构成违约,沭阳公司从2009年3月开始依法取得在湖南境内(除吉首、永州外)在合同有效期限内无偿使用"全成"商标的权利认定,没有充分的事实依据。沭阳公司基于合同关系提出的确认其无偿排他使用周某所有的"全成"商标,以及周某立即返还其商标使用费20万元的诉讼请求,不应予以支持。

综上,原再审判决认定事实不清,适用法律有误,最高人民检察院的抗诉理由成立。

➢ 3. 马某林与香港民基发展有限公司、甘肃基隆房地产开发有限公司股东资格确认纠纷案[(2015)民四终字第38号]

裁判要旨:对提供书证原件确有困难的复印件,不能仅以无法与原件核对为由否定其证明力,应当结合其他证据和案件具体情况加以认定。

最高人民法院认为,本案系外商独资企业股东资格确认纠纷,一审判决未查清马某林和香港民基发展有限公司(以下简称民基公司)之间是否存在委托代持股约定以及马某林是否实际出资的基本事实。根据《民诉法解释》第111条的规定,对提交书证原件确有困难的复印件之证明力,应当结合其他证据和案件具体情况加以认定,一审判决仅以无法与原件核对为由否定复印件的证明力不当。且马某林补充提交的民基公司清盘方面的证据对本案事实的认定可能有重大影响,一审未予组织质证不妥。本案应在比较双方当事人举示证据证明力的基础上,查清甘肃基隆房地产开发有限公司注册资金来源、《股权转让协议》形成背景及真实性、民基公司取得振兴公司股权是否支付对价、民基公司股东权利行使情况、马某林长期经营管理甘肃基隆房地产开发有限公司的原因、蔡某隆是否已出让民基公司股权及对价收取情况、民基公司清盘及资产清算情况等事实,并在此基础上依法作出判决。

➢ 4. 再审申请人焦作市诚德经贸有限公司与被申请人国电民权发电有限公司买卖合同纠纷案[(2014)民申字第1267号]

裁判要旨:相对方将传真件作为证据提交,视为对传真件内容的认可。

最高人民法院认为,根据《民事证据规定》第5条①第2款"对合同是否履行发生争议的,由负有履行义务的当事人承担举证责任"之规定,焦作市诚德经贸有限公司(以下简称诚德公司)作为煤炭采购合同的出卖人,应由其向买受人国电民权发电有限公司(以下简称国电民权公司)出售的煤炭数量承担举证责任。本案中,诚德公司为证明其向国电民权公司销售、代运了251321.05吨煤炭,提供了由其单方制作的入库过磅单、入库日报表等证据,其中仅有少量入库过磅单有国电民权公司签章认可。诚德公司主张提供了入库过磅单原件且国电民权公司未提供有力的反驳证据,应依据《民事证据规定》第70条和第72条的规定,认可其证据证明力。法院认为,承担举证责任的含义不仅仅指提出证据这一行为,还包括完成相应的证明任务,即提供的证据要有充分的证明力,以及不能完成证明任务时应承担相应的法律后果等含义。否则就会出现虽然一方当事人所举证据并不具有充分证明力,但举证责任却转移到另一方当事人的情形,这样不仅失去了举证责任分配的意义,也会导致诉讼当事人诉讼权利与义务的不对等。诚德公司提供的证据均是由其单方制作的,虽然其主张依据入库过磅单与供货商、运输户结算款项,入库过磅单等不是孤证,但这些证据都不能证明国电民权公司收到了煤炭。所以诚德公司并未完成举证责任,举证责任也未转移至国电民权公司。因此,法院认为,原判决认定诚德公司提供的证据不足以证明其主张运到武陟煤场的煤炭总量并无不当。

原判决对国电民权公司提供的传真件证明力的认定是否符合法律规定。法院查明,国电民权公司提供的传真件内容系2010年5月1日之前诚德公司供应的沫煤数量和价款统计。国电民权公司一审中提交该份证据的证明目的,是证明计价标准应为不含税,且该传真件与诚德公司提供的其他证据相互矛盾,说明

---

① 2019年修正的《民事证据规定》已删除该条。

诚德公司统计的数据不准确。该传真件载明2010年5月1日前诚德公司入武陟煤场沫煤数量为33816.13吨,总计19418945元。国电民权公司提交的统计表中该时间段沫煤数量为28168.34吨。诚德公司一审中提供的"2009年12月至2010年10月诚德公司入库煤量汇总"中统计的该时间段沫煤数量为32147.24吨。本案中双方当事人主要对2010年5月1日之前进入武陟煤场的煤炭数量有争议,对2010年5月1日之后的煤炭数量不再有争议。由于诚德公司提供的证据不能充分证明其主张的煤炭数量,本案一审、二审法院在综合全案证据的基础上,认为国电民权公司将该传真件作为证据提交,视为对传真件内容的认可,因此对2010年5月1日之前入场的混煤数量采纳了国电民权公司统计的数据,对5月1日之前入场的沫煤数量采纳了传真件中的数据。二审宣判后,国电民权公司并未提起再审申请。法院认为,国电民权公司对一审、二审法院的认定并未提出异议,对国电民权公司自认的事实,原判决予以直接认定并无违法之处,且认定的事实有利于诚德公司。原判决在国电民权公司自认煤炭数量的基础上计算得出了2010年5月1日之前的煤炭价款,并无前后矛盾之处。诚德公司关于原判决对传真件的认定违法和对证据的采信前后矛盾的申请理由不成立。

地方人民法院案例

➢ 1. 再审申请人宁波某机械厂与被申请人邬某某欠款纠纷案[(2008)浙民再字第50号]

裁判要旨:产生于原件同一过程的复写件,应属于原始证据,在没有相反证据的情况下,应对复写件予以认定。

浙江省高级人民法院认为,本案的关键是对复印件与复写件的认识。复印件是在已有原件的基础上产生的,可再次或多次复制,是绝对的复制。而复写件不具备该特点,复写件产生于与所谓的原件同一过程,其制作是一个行为,即原始制作行为。因此,复写件与复印件有本质的不同。从制作主体看,复印件可由持件人再次复制,而复写件只能由原书写人出具,持件人难于模仿和变造,复写件上如果没有后来添加，应属于原始证据，在没有相反证据的情况下，应当对复写件予以认定。本案中，讼争双方当事人对于沈某某执笔起草《解除聘请合同书》的事实没有异议，现宁波某机械厂辩称汽车只是借给邬某某使用，只同意补偿5万元而非35万元，但其没有提供相关协议等证据证明其主张，并据此推翻《解除聘请合同书》约定的内容，因此该复写件可以作为证据认定。

另外，从本案的鉴定情况看，浙江汉博司法鉴定所根据书写水平、笔画搭配、运笔形态及整体风貌，作出"签名尚不能否定邵某某所书写"的鉴定意见，虽然鉴定结论不是肯定性的结论，但没有否定邵某某的签名为其本人所签。因此，宁波某机械厂认为《解除聘请合同书》是复写件，根据证据规则的规定不应支持的理由不能成立。同时，结合沈某某为邵某某姐夫的事实，如果邵某某与邬某某之间没有达成协议，其作为中间人没有必要起草对邵某某不利的《解除聘请合同书》。再结合邬某某对宁波某机械厂贡献较大，平时未发工资、奖金的情节，相比较之下，邬某某认为宁波某机械厂尚欠其余款30万元的解释有较高的可信度，邵某某的解释难以自圆其说。至于一审鉴定程序的问题，经审查，并不影响法院对《解除聘请合同书》真实性的认定。综上，宁波某机械厂再审申请的理由不能成立，法院不予支持。

➢ 2. 广西振海船务有限公司与广州市番禺区石楼镇恒兴油库有限公司海上货物运输合同运费纠纷案[（2006）广海法初字第382号]

裁判要旨：传真件虽系复印件，但其内容与其他证据能够相互印证，足可证明其真实性、合法性、关联性。

广州海事法院认为，对原告提交的证据材料7，被告否认收到过该传真，且没有其他证据印证原告确实传真给了被告，因而不予确认。对原告提交的证据材料3，被告认为不真实、不合法、与案件无关联；对原告提交的其他证据材料，被告不清楚其真实性、合法性，且主张均与本案无关联。本审判员认为，证据材料5、6系原件，是船舶在航行过程中形成的法定文件，有国家海事主管部门的签章或需要随时接受国家海事主管部门的查验，应确认其真实性与合法性，其中的内容与案件事实具有关联性，故应予采信。证据材料4、8、9系原件，它们之间在主要问题上能够相互印证,且与本案有关联,亦应确认其证据效力,但证据材料8中的个别内容,如关于卸货时间的说明与证据材料5有出入,基于证据材料5的法定性,该有出入的内容应以证据材料5的记载为准。通过传真往来签订合同,是通信技术发达时代的常见形式,《合同法》第11条①"书面形式是指合同书、信件和数据电文(包括电报、电传、传真、电子数据交换和电子邮件)等可以有形地表现所载内容的形式"的规定,即确认了传真签订合同的合法性;原告提交的证据材料3虽说是传真的复印件,但其内容与证据材料4、5、6、8、9之间能够相互印证,且"浩航2"船的航海日志、签证簿为法定文件,证据材料3与该法定文件的相互印证本身,足可证明其真实性、合法性、关联性,因而证据材料3可以作为本案的证据。

编者说明

复制件、复制品是民事诉讼法上的概念。复制件更多强调文件方面性质,常与书证搭配;复制品更多强调物品方面性质,常与物证搭配。《民诉法解释》第111条第2款规定:"前款规定情形,人民法院应当结合其他证据和案件具体情况,审查判断书证复制品等能否作为认定案件事实的根据。"编者认为,"书证复制品"措辞欠妥,宜改为"书证复制件"。

条文内容	参考条文
第四十三条 【摘录要求】 摘录有关单位制作的与案件事实相关的文件、材料,应当注明出处,并加盖制作单位或者保管单位的印章,摘录人和其他调查人员应当在摘录件上签名或者盖章。	《民事证据规定》第44条第1款
摘录文件、材料应当保持内容相应的完整性。	《民事证据规定》第44条第2款

① 《合同法》已失效。现为《民法典》第469条第2款、第3款,内容有修改。

要点注释

摘录为当事人调查收集证据和人民法院依职权调查收集证据的一种方式。实践中,对于案件有关联的文件、材料,由相关机构持有、保管,在进行证据收集时,基于文件、材料的庞杂、数量巨大,无法完全取得或者完全取得相对困难且成本高昂,意义不大。为此,有必要对有价值的部分进行摘录,如档案资料等。

就证据种类而言,摘录文件、材料属于书证的一种。从证据资格的角度来看,书证形式的合法性决定了书证的证据能力,即书证是否具备法律上认定案件事实的资格;从证明力的角度来看,书证的实质真实性决定了其对案件事实所具有的证明力的有无和大小。

摘录文件、材料作为书证的一种具体表现形式,其形式合法性主要涉及摘录文件、材料在形式要件上是否符合法定的要求,即摘录文件、材料是否注明了出处,是否加盖了制作单位或保管单位的印章,摘录人、其他调查人员有无在摘录文件、材料上签名或者盖章。对摘录形式合法性的要求,目的是保证其形式上的真实性。如果形式上不符合法定的要求,存在瑕疵,可以要求当事人进行补正。如不进行补正,则可从法定形式上否定该摘录文件、材料的证据资格。

在证据形式上符合要求的基础上,需重点审查摘录文件、材料的完整性问题。摘录的实质要求,主要是针对摘录内容的完整性而言。证据的完整性,要求证据内容是完整的,全面、真实地反映了客观事实的实际情况。当事人摘录时虽可取舍,但不能片面,更不得断章取义。证据在内容上完整与否,影响的是证据的实质真实性,进而决定了证明力问题。此问题的审查,可由对方当事人对摘录文件、材料的完整性发表意见。如当事人对摘录文件、材料的完整性未提出异议,则可对摘录文件、材料的完整性予以认可;如当事人不予认可摘录文件、材料的完整性,应让其说明理由,并由另一方当事人发表意见。当事人提出的异议成立的,则可以要求重新摘录。

地方人民法院案例

➢ 1. 安心财产保险有限责任公司与吴某珍、韩某珊、韩某机动车交通事故责任纠纷案[（2020）辽12民终1932号]

裁判要旨：当事人提供的保险调查报告不是原件，没有单位公章，此调查报告存在瑕疵，证明力不足。

辽宁省铁岭市中级人民法院认为，投保人韩某辰在安心财产保险有限责任公司处投保重大疾病保险，被保险人为韩某辰本人，保险期间自2018年7月6日至2019年7月5日，保险金额20万元。《民事证据规定》第11条规定："当事人向人民法院提供证据，应当提供原件或者原物。如需自己保存证据原件、原物或者提供原件、原物确有困难的，可以提供经人民法院核对无异的复制件或者复制品。"第44条第1款规定："摘录有关单位制作的与案件事实相关的文件、材料，应当注明出处，并加盖制作单位或者保管单位的印章，摘录人和其他调查人员应当在摘录件上签名或者盖章。"安心财产保险有限责任公司提供的高澜保险调查报告不是原件，没有单位公章，因此该调查报告存在瑕疵，证明力不足。安心财产保险有限责任公司没有明确证据证明韩某辰与调查报告中在铁岭市人民医院门诊检查的韩某臣是同一人，即无法证明韩某辰"带病投保"，因此由安心财产保险有限责任公司承担举证不能的不利后果。原审法院认定并无不当，该院予以维持。

➢ 2. 蒋某青与陕西省宁陕县城关镇关二社区居民委员会、蒋某财土地承包经营权纠纷案[（2020）陕71民终48号]

裁判要旨：当事人提交的公文书证，只加盖公章，不符合其他法定证据形式要件，不予认定。

陕西省西安铁路运输中级法院认为，一审判决对上诉人第七组两份证据不予确认是否正确。上诉人蒋某青一审第七组两份证据为2015年5月28日宁陕县城关镇人民政府加盖公章的户主为蒋某某的表格以及2015年7月15日宁陕县城关镇人民政府加盖公章的户主为蒋某财的表格各一份，拟证明蒋某某承包林某某土地时，蒋某财不是其家庭成员，其已另立为户承包土地。《民诉法解释》第115条规定，单位向人民法院提出的证明材料，应当由单位负责人及制作证明材料的人员签名或者盖章；《民事证据规定》第44条规定，摘录有关单位制作的与案件事实相关的文件、材料，应当注明出处，并加盖制作单位或者保管单位的印章，摘录人和其他调查人员应当在摘录件上签名或者盖章。摘录文件、材料应当保持内容相应的完整性。经审查，该两份证据作为公文书证，只加盖"宁陕县城关镇人民政府"的公章，不符合其他法定证据形式要件，且待证目的也无其他证据相互印证，又与已生效的安康市中级人民法院（2015）安中民二终字第00121号民事判决书认定的时间段相悖，故一审法院对上诉人第七组两份证据不予确认正确，法院对上诉人该上诉理由不予支持。

条文内容	参考条文
第四十四条　【书证提出命令的申请时限及内容】 书证在对方当事人控制之下的，承担举证证明责任的当事人可以在举证期限届满前书面申请人民法院责令对方当事人提交。	《民诉法解释》 第112条第1款
当事人根据《最高人民法院关于适用〈中华人民共和国民事诉讼法〉的解释》第一百一十二条的规定申请人民法院责令对方当事人提交书证的，申请书应当载明所申请提交的书证名称或者内容、需要以该书证证明的事实及事实的重要性、对方当事人控制该书证的根据以及应当提交该书证的理由。	《民事证据规定》 第45条第1款
对方当事人否认控制书证的，人民法院应当根据法律规定、习惯等因素，结合案件的事实、证据，对于书证是否在对方当事人控制之下的事实作出综合判断。	《民事证据规定》 第45条第2款

要点注释

书证提出命令制度是证明妨害法理在书证领域的体现，本条第1款只作了一个原则性的规定，具体还要结合《民事证据规定》第45条至第47条的内容。在申请时间上，当事人应在举证期限届满前提出申请。当事人申请行为应遵守举证期限的规定，是本条第1款的基本态度。

本条第2款规定了书证提出命令的申请书应记载的内容：

（1）申请提交的书证名称或者内容。申请书首先要载明所申请提出的书证名称或者内容，即对申请的对象书证特定化的要求。

（2）要证事实及事实的重要性。要求当事人在申请书证时明确其需要以该书证证明的事实及事实的重要性是必要的，只有对象书证对要证事实的证明有积极作用，且要证事实本身对于裁判具有重要意义的情况下，法院才有必要作出书证提出命令。

（3）对方当事人控制书证的根据。人民法院作出书证提出命令的前提，建立在书证存在且在对方当事人控制的基础上。如果书证不存在或者虽然存在但未在对方当事人控制之下，一切无从谈起。因此，当事人向法院申请控制书证的对方当事人提出书证时，应当提供证据证明书证存在且对方当事人控制对象书证的事实。关于对书证存在的证明，隐含于“对方当事人控制该书证的根据”的要求之中。但书证存在以及对当事人控制书证的事实，有时并非需要证据证明，申请人能够陈述充分理由，足以让法官确信的，法院也可以作出事实存在的认定。

（4）对方当事人应当提交书证的理由。所谓对方当事人应当提交书证的理由，是指对方当事人提交书证的法定原因或理由。既包括实体法上的理由，也包括诉讼法上的理由。就实体法而言，是指当事人根据实体法的规定所享有的要求被申请人交付相应书证的请求权，或者查验相应书证的请求权。如根据《公司法》规定，股东享有知情权，有权要求公司提供相应的书证。就诉讼法上的理由而言,是指控制书证的当事人在诉讼法上的书证提出义务。

本条第3款规定了对方当事人否定控制书证的,人民法院进行审查判断时所需考量的因素,其中同样隐含了对方当事人否认书证存在时法院应当考量的内容。控制书证不限于对书证的实际占有,能够支配转移等情形亦属于控制书证的应有之义。对方当事人如果主张书证灭失等情形的,应当就相应的事实承担举证责任。

地方司法文件

➤**《北京市高级人民法院知识产权民事诉讼证据规则指引》**(2021年4月22日发布)

1.1 证据在对方当事人控制之下,承担举证责任的当事人可以直接依据《最高人民法院关于知识产权民事诉讼证据的若干规定》第二十四条的规定,书面申请责令对方当事人提供,也可以先通过告知或协商的方式,向对方当事人提出提供证据的要求。

对于前款所述提供证据的要求,对方当事人予以配合的,视为对方当事人对相应证据的主动提供。对方当事人拒绝配合且无法协商解决的,承担举证责任的当事人可以依据《最高人民法院关于知识产权民事诉讼证据的若干规定》第二十四条的规定,书面申请责令对方当事人提供。

对通过告知或协商方式提出的证据提供要求拒不配合,且无正当理由的,可以作为认定侵权情节的考虑因素。

1.4 承担举证责任的当事人申请责令对方当事人提供证据,可能造成对方当事人损失的,可以依对方当事人的请求,责令申请人提供担保。

申请责令对方当事人提供证据错误的,申请人应赔偿对方当事人因提供该证据所遭受的损失。

地方人民法院案例

➢ 1. 黄某与新余华城钢化玻璃有限公司买卖合同纠纷案[(2021)赣05民终14号]

裁判要旨:当事人仅在上诉状中提及请求法院责令对方当事人提交书面买卖合同,并未依照法律规定提交申请书,即便提交符合法律规定的申请书,因当事人未提交初步证据证明对方当事人控制了书面的买卖合同,对其申请也会不予准许。

江西省新余市中级人民法院认为,黄某称双方就案涉玻璃买卖事宜签订了书面的买卖合同,但黄某丢失了该份合同。新余华城钢化玻璃有限公司(以下简称华城公司)作为合同一方当事人,其持有该份合同却不向法院提交,因此,请求该院责令华城公司提交该份合同。《民事证据规定》第45条规定:"当事人根据《最高人民法院关于适用〈中华人民共和国民事诉讼法〉的解释》第一百一十二条的规定申请人民法院责令对方当事人提交书证的,申请书应当载明所申请提交的书证名称或者内容、需要以该书证证明的事实及事实的重要性、对方当事人控制该书证的根据以及应当提交该书证的理由。对方当事人否认控制书证的,人民法院应当根据法律规定、习惯等因素,结合案件的事实、证据,对于书证是否在对方当事人控制之下的事实作出综合判断。"本案中,黄某仅在上诉状中提及请求法院责令华城公司提交书面买卖合同,黄某并未依照前述规定向法院提交申请书,即便黄某向其提交符合法律规定的申请书,因黄某未提交初步证据证明华城公司控制了书面的买卖合同,对黄某的申请也会不予准许。

➢ 2. 四川三龙律师事务所律师与四川省雅通置业有限公司委托合同纠纷案[(2021)川18民终628号]

裁判要旨:被告无充分证据证明原告控制委托代理合同,并认可委托代理合同载明的内容;即使被告持有该委托代理合同并拒绝提交,法院根据现有证据仍不能按照《民诉法解释》第112条的规定,作出委托代理合同内容为真实,且双方形成合意的认定。

四川省雅安市中级人民法院认为,本案中,四川三龙律师事务所(以下简称三龙事务所)提交的《授权委托书》、(2016)三律民代字第121号《委托代理合同》、《四川省雅通置业有限公司关于违法公证损失的索赔函》,拟证明三龙事务所与四川省雅通置业有限公司(以下简称雅通公司)已就雅通公司与中铁信托有限责任公司申请强制执行纠纷一案,委托三龙事务所进行代理,并应当收取律师服务费76.5万元的事实。经审查,《委托代理合同》上无雅通公司加盖公章,雅通公司对于曾经收到过《委托代理合同》的事实予以否认。三龙事务所为此申请法院责令雅通公司提交《委托代理合同》,《民事证据规定》第45条规定,"当事人根据《最高人民法院关于适用〈中华人民共和国民事诉讼法〉的解释》第一百一十二条的规定申请人民法院责令对方当事人提交书证的,申请书应当载明所申请提交的书证名称或者内容……对方当事人控制该书证的根据……对方当事人否认控制书证的,人民法院应当根据法律规定、习惯等因素,结合案件的事实、证据,对于书证是否在对方当事人控制之下的事实作出综合判断"。

按照律师事务所接受委托事务的操作模式,该《委托代理合同》应当由三龙事务所制作后,交由雅通公司以盖章方式对《委托代理合同》载明的内容,特别是对应当支付的律师服务费进行确认。三龙事务所现持有的《委托代理合同》打印件,无雅通公司加盖的公司印章,雅通公司否认收到该《委托代理合同》的事实,且不认可《委托代理合同》载明的内容。虽然三龙事务所提交加盖雅通公司印章的《四川省雅通置业有限公司关于违法公正损失的索赔函》,欲佐证雅通公司认可支付76.5万元的事实。但该索赔函只是作为要求乐山市三江公证处赔偿损失的依据,由于该索赔函中没有附雅通公司实际已经支付76.5万元的凭据,该索赔函不能当然作为雅通公司同意支付76.5万元的证据。故三龙事务所无充分证据证明雅通公司控制该《委托代理合同》,并认可《委托代理合同》载明的内容。即使雅通公司持有《委托代理合同》并拒绝提交,法院根据现有证据仍不能按照《民诉法解释》第112条的规定,作出《委托代理合同》内容为真实,且双方形成合意的认定。

➢ 3. 随州市鸿运国有资产运营有限公司、湖北正好律师事务所与随州市资产管理有限公司、方某宇合同纠纷案[(2021)鄂13民终510号]

裁判要旨:因当事人未能提供其申请证据的形成时间、参加人员、具体内容以及对方当事人持有上述证据的根据,且对方当事人对此予以否认,不能认定上述证据确实存在。

湖北省随州市中级人民法院认为,湖北正好律师事务所(以下简称正好律师事务所)在二审时申请法院调取2016年度随州市鸿运国有资产运营有限公司(以下简称鸿运公司)与广水市第一人民医院债务清偿的洽谈记录,法院向鸿运公司、随州市资产管理有限公司(以下简称资产管理公司)送达了调查函,鸿运公司、资产管理公司书面回复称该两公司没有持有相关会议记录。《民事证据规定》第45条规定:"当事人根据《最高人民法院关于适用〈中华人民共和国民事诉讼法〉的解释》第一百一十二条的规定申请人民法院责令对方当事人提交书证的,申请书应当载明所申请提交的书证名称或者内容、需要以该书证证明的事实及事实的重要性、对方当事人控制该书证的根据以及应当提交该书证的理由。对方当事人否认控制书证的,人民法院应当根据法律规定、习惯等因素,结合案件的事实、证据,对于书证是否在对方当事人控制之下的事实作出综合判断。"因正好律师事务所未能提供其申请证据的形成时间、参加人员、具体内容以及鸿运公司、资产管理公司持有上述证据的根据,且鸿运公司、资产管理公司对此予以否认,故不能认定上述证据确实存在。

➢ 4. 张某辉与通化市亿德商贸有限公司租赁合同纠纷案[(2021)吉民申4530号]

裁判要旨:当事人没有提供该书证客观存在以及对方当事人控制该书证的根据,且如有这份书证,那么当事人作为合同一方主体,其自身应当持有,而非由法院责令被申请人提供。

吉林省高级人民法院认为,张某辉提出其与被申请人的工作人员的14段录音,证明双方另行签订了一份书面的补充协议,达成了无偿使用广告位和楼梯间的合意,但张某辉没有提供直接证据予以证明,而上述录音仅是双方磋商的过程,不能证明被申请人同意其无偿使用广告位和楼梯间,双方已形成了一致的意思表示。张某辉主张被申请人持有书面的补充协议,但根据《民事证据规定》第45条第1款"当事人根据《最高人民法院关于适用〈中华人民共和国民事诉讼法〉的解释》第一百一十二条的规定申请人民法院责令对方当事人提交书证的,申请书应当载明所申请提交的书证名称或者内容、需要以该书证证明的事实及事实的重要性、对方当事人控制该书证的根据以及应当提交该书证的理由"这一规定,现张某辉没有提供该书证客观存在以及对方当事人控制该书证的根据,且如有这份书证,那么张某辉作为合同一方主体,其自身应当持有,而非由法院责令被申请人提供。

➢ 5. 刘某与王某及吉林市意浓实业有限公司合伙协议纠纷案[(2017)吉02民终486号]

裁判要旨:合伙人退伙时应清算合伙财产及债务。如果负责账目管理、合伙事务的合伙人一方既拒绝清算,又拒绝提供持有的合伙账目,也不能举证证明合伙亏损,导致无法确定退伙时可分割的合伙财产,该合伙人应承担返还另一方合伙人投资款本息的责任。

吉林省吉林市中级人民法院认为,刘某与王某于2006年5月1日签订"合作协议",明确约定了投资方式(刘某投资)、经营项目(运作智能电话、车载电话等项目)、股份分配(刘某60%、王某40%)、管理方式(双方共同管理,由王某为主要管理;公司支出超1000元,会计必须通知双方,共同确认,方可执行;重大事项,双方共同决定)及风险负担(双方按比例共担)事项,该"合作协议"符合个人合伙协议的法律特征,刘某与王某之间存在个人合伙法律关系。刘某与王某未注册设立合伙企业,本案应适用《民法通则》①,不适用《合伙企业法》。

《民法通则》第32条②规定:"合伙人投入的财产,由合伙人统一管理和使用。合伙经营积累的财产,归合伙人共有。"《最高人民法院关于贯彻执行〈中华

---

① 《民法通则》现已失效。

② 现为《民法典》第969条第1款,内容有修改。

人民共和国民法通则〉若干问题的意见(试行)》①第54条规定:“合伙人退伙时分割的合伙财产,应当包括合伙时投入的财产和合伙期间积累的财产,以及合伙期间的债权和债务……”第55条规定:“合伙终止时,对合伙财产的处理,有书面协议的,按协议处理;没有书面协议,又协商不成的,如果合伙人出资额相等,应当考虑多数人意见酌情处理;合伙人出资额不等的,可以按出资额占全部合伙额多的合伙人意见处理,但要保护其他合伙人的利益。”刘某与王某系二人合伙,一人退伙即导致合伙事务终止,即散伙,依法应进行清算,对合伙期间的合伙财产进行分割,包括合伙时投入的财产和合伙期间积累的财产以及合伙期间的债权和债务。经清算,合伙有剩余财产的,应当先返还合伙人的出资,返还出资后仍有剩余的,按合伙人约定的比例或法律规定的原则进行盈余分配。

刘某与王某在合伙事务终止后未进行清算,经原审法院委托鉴定,因会计账目不齐备未能作出清算报告,无法认定合伙经营的盈亏。对此,刘某与王某均认为合伙账目由对方保管,应由对方承担举证责任。综合本案案情,第一,刘某已经将合伙投资投入到吉林市意浓实业有限公司(以下简称意浓公司),王某对此无异议,二人对于合伙经营款项借用意浓公司走账亦无异议。第二,合伙财务票据上或有王某签字,或有意浓公司加盖财务公章,刘某取回的30.4万元投资中,除两张票据上加盖了意浓公司财务公章外,均有王某签字,王某实际承担着财务管理的职责。第三,王某作为“合作协议”约定的主要管理人,又身兼意浓公司法定代表人职务,具备管理意浓公司账目的职责和能力。上述事实能够认定王某对于合伙事务的财务管理负有主要职责,王某主张其无法提供合伙事务账目的理由不成立且无法令人信服。现由于会计账目不齐备无法作出清算报告,无法认定二人合伙经营的盈亏,王某对此应承担举证不利责任。因王某未能提供合伙会计账目证实合伙经营存在亏损,法院依法认定王某与刘某合伙事务不存在亏损。

---

① 该文件已失效。

条文内容	参考条文
第四十五条　【书证提出命令申请的审查】 人民法院对当事人提交书证的申请进行审查时,应当听取对方当事人的意见,必要时可以要求双方当事人提供证据、进行辩论。	《民事证据规定》第46条第1款
当事人申请提交的书证不明确、书证对于待证事实的证明无必要、待证事实对于裁判结果无实质性影响、书证未在对方当事人控制之下或者不符合《最高人民法院关于民事诉讼证据的若干规定》第四十七条情形的,人民法院不予准许。	《民事证据规定》第46条第2款
当事人申请理由成立的,人民法院应当作出裁定,责令对方当事人提交书证;理由不成立的,通知申请人。	《民事证据规定》第46条第3款

要点注释

本条第1款明确了人民法院对当事人书证提出命令申请的审查方式。借鉴德国和日本等国的立法及实践经验,为了保障双方当事人的辩论权,人民法院在对当事人书证提出命令申请进行审查时,应当充分听取对方当事人的意见,特别是在对方当事人提出其不持有文书,或即使持有文书但不负有提出文书的义务时,人民法院更应听取对方当事人的抗辩。在必要的时候,人民法院可以组织双方当事人进行询问,就对方当事人是否负有文书提出义务进行辩论,并提供相应的证据证明其主张。

本条第2款明确了人民法院对当事人书证提出命令申请的审查内容:一是形式审查,即当事人提交的申请书是否符合法律及司法解释的规定;二是实质审查,即判断对方当事人是否负有书证提出义务。详言之:

一是书证是否特定。书证的特定是法官据以判断书证控制人是否负有书证提出义务的基础,如果当事人申请提交的书证不明确,人民法院不予准许。

二是书证是否具备证明利益。(1)书证对于待证事实的证明有无必要,即书证与待证事实之间是否具有较强的关联性,对于待证事实的存在是否具有相当程度的证明力,除该证据之外,负有举证责任的当事人是否无法通过其他证据证明案件的待证事实。(2)待证事实对于裁判结果是否具有实质性影响。对一方当事人科以书证提出义务的最终目的在于查明案件真实情况,实现裁判结果的公平正义。因此,只有当书证直接影响待证事实的查明及个案正义的实现时,才有命令相对方提交的必要。(3)书证是否处于对方当事人的控制之下。对方当事人对书证的控制,不仅包括直接占有,还包括间接占有,即当事人虽未直接占有该文书,但该文书处于其控制范围之内。申请人须在申请书中阐明对方当事人占有该文书的依据或事实。(4)书证是否符合法定的客体。《民事证据规定》第47条规定了书证提出命令的客体,当事人申请的书证如果不属于该条规定的文书范围之内,则人民法院不予准许。

本条第3款明确了人民法院对当事人书证提出命令申请审查后的处理方式。法院认为当事人的申请理由成立的,应当使用裁定的方式责令对方当事人提交书证,对该裁定,不得上诉;认为当事人的申请理由不成立的,应当口头或书面通知申请人。

司法解释

➢ **1.《最高人民法院关于民事诉讼证据的若干规定》**(法释〔2019〕19号,2020年5月1日施行)

第四十七条 下列情形,控制书证的当事人应当提交书证:

(一)控制书证的当事人在诉讼中曾经引用过的书证;

(二)为对方当事人的利益制作的书证;

(三)对方当事人依照法律规定有权查阅、获取的书证;

（四）账簿、记账原始凭证；

（五）人民法院认为应当提交书证的其他情形。

前款所列书证，涉及国家秘密、商业秘密、当事人或第三人的隐私，或者存在法律规定应当保密的情形的，提交后不得公开质证。

➢ **2.《最高人民法院关于知识产权民事诉讼证据的若干规定》**（法释〔2020〕12号，2020年11月18日施行）

第二十四条　承担举证责任的当事人书面申请人民法院责令控制证据的对方当事人提交证据，申请理由成立的，人民法院应当作出裁定，责令其提交。

第二十五条　人民法院依法要求当事人提交有关证据，其无正当理由拒不提交、提交虚假证据、毁灭证据或者实施其他致使证据不能使用行为的，人民法院可以推定对方当事人就该证据所涉证明事项的主张成立。

当事人实施前款所列行为，构成民事诉讼法第一百一十一条①规定情形的，人民法院依法处理。

第二十六条　证据涉及商业秘密或者其他需要保密的商业信息的，人民法院应当在相关诉讼参与人接触该证据前，要求其签订保密协议、作出保密承诺，或者以裁定等法律文书责令其不得出于本案诉讼之外的任何目的披露、使用、允许他人使用在诉讼程序中接触到的秘密信息。

当事人申请对接触前款所称证据的人员范围作出限制，人民法院经审查认为确有必要的，应当准许。

地方司法文件

➢ **《北京市高级人民法院知识产权民事诉讼证据规则指引》**（2021年4月22日发布）

1.3　存在以下情形时，对责令对方当事人提供证据的申请不予准许：

---

①　现为2021年修正的《民事诉讼法》第114条。

（一）现有证据不能证明存在较大侵权可能性；

（二）对方当事人提供证据的负担或成本过高，超过合理限度；

（三）承担举证责任的当事人可以通过更容易或者更经济的方式证明待证事实；

（四）其他不宜责令对方当事人提供证据的情形。

司法观点

➤何种情况下属于申请理由成立，人民法院应当责令对方当事人提交书证？①

问：《民诉法解释》第112条规定："书证在对方当事人控制之下的，承担举证证明责任的当事人可以在举证期限届满前书面申请人民法院责令对方当事人提交。申请理由成立的，人民法院应当责令对方当事人提交，因提交书证所产生的费用，由申请人负担。对方当事人无正当理由拒不提交的，人民法院可以认定申请人所主张的书证内容为真实。"何种情况下属于申请理由成立，人民法院应当责令对方当事人提交书证？

答：本条是关于书证中证明妨害规则的规定。根据该条第1款的规定，书证在对方当事人控制之下的，承担举证责任的当事人可以申请人民法院责令对方当事人提供该书证。第1款适用的前提是书证须在对方当事人控制之下，对此，承担举证责任的当事人需要提供证据证明书证被对方当事人控制的事实，或者提出理由或者证据揭示持有书证的当事人负有法定、约定或者依习惯保存、保管证据的义务。在申请时间上，当事人须在举证期限届满前提出申请，申请行为须遵守举证期限的规定，这是对符合当事人申请行为的基本思路。

至于当事人申请理由成立的情况，我们认为，在有证据证明书证被对方当事人控制或者持有书证的当事人负有法定、约定或者依习惯保存、保管的义务的情况下，如果不提供该证据，待证事实将陷于真伪不明的状态，即事实存在与否法

---

① 参见最高人民法院民事审判第一庭编：《民事审判实务问答》，法律出版社2021年版，第302-303页。

官均无法形成内心确信时,当事人申请的理由才能成立。原因是,待证事实真伪不明是构成证明妨害客观要件的重要因素,如果当事人虽然实施了妨害证明的行为,但待证事实并未因此陷入真伪不明的状况,则无适用证明妨害规则的必要。因此,若对方当事人不提供该书证的行为,使待证事实陷入真伪不明的状态,此时,人民法院应当责令对方当事人提交书证。

最高人民法院案例

➢ 1. 申诉人河北中储物流中心与被申诉人北台钢铁(集团)有限责任公司买卖合同纠纷案①[(2013)民提字第205号]

裁判要旨:举证妨碍的规范对象包括不负有举证责任的一方当事人,甚至可以说主要是针对不负有举证责任的一方当事人。申诉人以其不承担举证责任为由主张其可以不同意审计,缺乏法律依据,不能得到支持。

最高人民法院认为,关于北台钢铁(集团)有限责任公司(以下简称北钢公司)付给北京市天元工贸公司的111.3万元是否应从《询证函》所确认的款项中扣除。河北中储物流中心(以下简称河北中储)向北钢公司主张货款的依据是北钢公司签字确认的《询证函》,北钢公司认为其向北京市天元工贸公司支付的111.3万元应从《询证函》中扣除,但现有证据无法确定111.3万元是否已经实际抹账,而河北中储不同意审计,在此情况下,111.3万元能否从《询证函》所确认的数额中扣除涉及河北中储是否存在举证妨碍的问题。《民事证据规定》第75条②规定:"有证据证明一方当事人持有证据无正当理由拒不提供,如果对方当事人主张该证据的内容不利于证据持有人,可以推定该主张成立。"本案中,北钢公司主张的111.3万元并未抹账是一消极事实,其难以提供具体证据予以证明。根据双方认可的事实,如双方以钢票进行抹账,双方会签订抹账协议,北钢

---

① 参见最高人民法院民事审判第一庭编:《商事审判指导》2013年第4辑(总第36辑),人民法院出版社2014年版,第189-190页。

② 现为《民事证据规定》第95条,内容有修改。

公司会向河北中储开具增值税发票，故双方如果就111.3万元已经进行抹账，河北中储应当持有相应的抹账协议以及增值税发票。河北中储在诉讼中也认可存在抹账协议和相应发票，只是具体对应哪份抹账协议和哪张发票并不清楚。一审中双方曾进行对账，但未能完成。在此情况下，111.3万元是否已经抹账只能通过对相关账目审计才能审查清楚，河北中储不提供账目进行审计，将导致111.3万元是否已经抹账这一客观事实无法查清，其行为构成举证妨碍。河北中储认为，其对111.3万元是否抹账的事实并不承担举证责任，有权拒绝审计。该主张实际上是认为只有承担举证责任的当事人才可能存在举证妨碍，这不符合举证妨碍的规范目的。举证妨碍的规范对象包括不负有举证责任的一方当事人，甚至可以说主要是针对不负有举证责任的一方当事人。河北中储以其不承担举证责任为由主张其可以不同意审计，缺乏法律依据，不能得到支持。同时，由于案涉审计的费用应由败诉方承担，审计结果是否符合客观事实应在审计结果出来后根据审计程序、审计方法等是否合法、科学进行判断，河北中储在本案审理过程中拒绝审计的理由亦不能成立。河北中储不同意审计构成举证妨碍，应承担不利后果。

➢ **2. 再审申请人王某红与被申请人西安悦欣感光复印纸有限责任公司、陕西永安房地产开发有限公司、廖某明合资、合作开发房地产纠纷案**［（2016）最高法民再250号］

裁判要旨：案涉项目建设费用账目系由公司掌握，且当事人提交了部分借款凭证和证人证言佐证，有权要求公司提供相关证据原件以及建设项目的全部账目以便查清案件事实，法院未予支持不当。

最高人民法院认为，《民事证据规定》第75条①规定，“有证据证明一方当事人持有证据无正当理由拒不提供，如果对方当事人主张该证据的内容不利于证据持有人，可以推定该主张成立”。《民诉法解释》第112条规定，“书证在对方

① 现为2019年修正的《民事证据规定》第95条，内容有修改。

当事人控制之下的，承担举证证明责任的当事人可以在举证期限届满前书面申请人民法院责令对方当事人提交。申请理由成立的，人民法院应当责令对方当事人提交，因提交书证所产生的费用，由申请人负担。对方当事人无正当理由拒不提交的，人民法院可以认定申请人所主张的书证内容为真实”。案涉项目的建设费用账目系由西安悦欣感光复印纸有限责任公司、陕西永安房地产开发有限公司掌握，且王某红主张曾经通过向黄某光等人借款710余万元的方式用于项目建设并提交了部分借款凭证和证人证言佐证。因此，王某红要求西安悦欣感光复印纸有限责任公司提供相关证据原件以及建设项目的全部账目以便查清案件事实，一审、二审法院未予支持不当。

➢ **3. 再审申请人山东省莱西市电影发行放映公司与被申请人青岛广宇房地产开发有限公司合资、合作开发房地产合同纠纷案**[（2021）最高法民申231号]

裁判要旨：当事人申请法院责令对方当事人提交其掌控的出售案涉房屋的房屋买卖合同、收取房款的账簿及记账原始凭证、房屋交接单等书证的请求，对对方当事人是否享有请求当事人赔偿迟延交付损失的权利无实质性影响，法院未予准许，并无不当。

最高人民法院认为，关于山东省莱西市电影发行放映公司（以下简称莱西电影公司）申请二审法院依法责令青岛广宇房地产开发有限公司（以下简称广宇公司）提交其掌控的出售案涉房屋的房屋买卖合同、收取房款的账簿及记账原始凭证、房屋交接单等书证的请求，《民事证据规定》第46条第2款规定，当事人申请提交的书证不明确、书证对于待证事实的证明无必要、待证事实对于裁判结果无实质性影响、书证未在对方当事人控制之下或者不符合该规定第47条情形的，人民法院不予准许。莱西电影公司申请提交的证据，对广宇公司是否享有请求莱西电影公司赔偿迟延交付损失的权利无实质性影响，二审法院未予准许，并无不当。

地方人民法院案例

➢ 1. 西安乐德智能电子有限公司与义乌市灵鸽贸易有限公司著作权侵权纠纷案[(2022)沪73民终28号]

裁判要旨:网店后台销售数据不是确定赔偿金额的必要证据,在没有证据证明权利人实际损失及侵权人获利的情况下,人民法院仍然可以适用法定赔偿规则确定赔偿金额,一审法院并未准许上诉人的申请,也基于必要性原则未同意上诉人的调查取证申请,并无不当,被上诉人未构成举证妨碍。

关于被上诉人义乌市灵鸽贸易有限公司网店销售数据的举证问题,上诉人西安乐德智能电子有限公司认为在其提交责令提交证据申请书的情况下,被上诉人不提交网店后台销售数据构成举证妨碍。法院认为,根据《民事证据规定》第46条第2款规定,当事人申请提交的书证不明确、书证对于待证事实的证明无必要、待证事实对于裁判结果无实质性影响、书证未在对方当事人控制之下或者不符合本规定第47条情形的,人民法院不予准许。《最高人民法院关于知识产权民事诉讼证据的若干规定》第25条规定,人民法院依法要求当事人提交有关证据,其无正当理由拒不提交、提交虚假证据、毁灭证据或者实施其他致使证据不能使用行为的,人民法院可以推定对方当事人就该证据所涉证明事项的主张成立。上海知识产权法院认为,网店后台销售数据不是本案确定赔偿金额的必要证据,在没有证据证明本案的权利人实际损失及侵权人的获利的情况下,人民法院仍然可以适用法定赔偿规则确定赔偿金额,据此,一审法院并未准许上诉人的申请,也基于必要性原则未同意上诉人的调查取证申请,并无不当,被上诉人未构成举证妨碍,法院对于上诉人的该项上诉理由不予采信。

➢ 2. 李某民与赵某胜、郝某荣民间借贷纠纷案[(2021)陕05民终307号]

裁判要旨:本案不符合"为对方当事人的利益制作的书证"的情形,对当事人的申请不予准许。

陕西省渭南市中级人民法院认为,赵某胜从李某民处借款,郝某荣承担一般保证责任,约定保证期间至2014年4月底。李某民诉称,郝某荣同意该笔借款的保证期限后延至2018年8月底,举出反担保合同来证明自己的主张,同时申请人民法院责令郝某荣提交该书证。《民事证据规定》第46条第2款规定:"当事人申请提交的书证不明确、书证对于待证事实的证明无必要、待证事实对于裁判结果无实质性影响、书证未在对方当事人控制之下或者不符合本规定第四十七条情形的,人民法院不予准许。"《民事证据规定》第47条第1款规定:"下列情形,控制书证的当事人应当提交书证:(一)控制书证的当事人在诉讼中曾经引用过的书证;(二)为对方当事人的利益制作的书证;(三)对方当事人依照法律规定有权查阅、获取的书证;(四)账簿、记账原始凭证;(五)人民法院认为应当提交书证的其他情形。"法院认为,从李某民在一审庭审中陈述的反担保合同的具体内容以及合同名称来判断,签订合同的是为了债务人赵某胜向担保人郝某荣提供反担保,而不是为了李某民的利益订立该合同,不符合"为对方当事人的利益制作的书证"的情形,故法院对李某民的申请依法不予准许。至于李某民诉称的临近保证期间届满时签订反担保合同、郝某荣仍然督促赵某胜偿还借款的事实,不足以推定出保证期限后延至2018年8月底的事实。综上所述,李某民的上诉理由不能成立,上诉请求应予驳回。

➢ 3. 再审申请人毕某与被申请人北京索普兴大医药研究有限公司民间借贷纠纷案[(2021)京民申7066号]

裁判要旨:当事人申请调取的书证对于裁判结果无实质性影响,一审法院对其申请不予准许,并无不当。

北京市高级人民法院认为,本案中,毕某主张北京索普兴大医药研究有限公司(以下简称索普兴大公司)在2016年8月的专项财务审计及相关财务凭证中确认了其主张的15万多元的借款而导致诉讼时效中断,故向一审法院申请调取索普兴大公司控制的财务账簿、记账原始凭证及专项财务审计报告。《民事证据规定》第46条规定:"人民法院对当事人提交书证的申请进行审查时,应当听取对方当事人的意见,必要时可以要求双方当事人提供证据、进行辩论。当事人申请提交的书证不明确、书证对于待证事实的证明无必要、待证事实对于裁判结果无实质性影响、书证未在对方当事人控制之下或者不符合本规定第四十七条情形的，人民法院不予准许。当事人申请理由成立的，人民法院应当作出裁定，责令对方当事人提交书证；理由不成立的，通知申请人。”本案中，即使毕某主张调取的相关书证中确认了上述15万多元的借款，毕某亦应当举证证明索普兴大公司向其做出了同意履行相关债务的意思表示，故毕某申请调取的上述书证对于裁判结果无实质性影响，一审法院对毕某调取上述书证的申请不予准许，并于2020年庭审中通知毕某，并无不当。

➢ 4. 小米科技有限责任公司与深圳市小米贸易有限公司、朱某萍侵害商标权及不正当竞争纠纷案[（2020）粤03民初7080号]

裁判要旨：小米科技有限责任公司向法院提交书证提交命令申请，申请责令深圳市小米贸易有限公司（以下简称深圳小米公司）提交涉案182款被诉侵权商品的进货购销合同、发票、支付凭证，以证明被诉侵权商品的利润率，申请理由成立，予以准许。

广东省深圳市中级人民法院认为，小米科技有限责任公司向法院提交书证提交命令申请，申请责令深圳小米公司提交涉案182款被诉侵权商品的进货购销合同、发票、支付凭证，以证明被诉侵权商品的利润率。法院经审查后于2021年12月14日作出书证提出命令，裁定深圳小米公司于2021年12月23日前向法院提交深圳小米公司向他人购买涉案商品的进货交易合同、支付凭证及发票。2021年12月24日，深圳小米公司当庭明确表示不提交以上任何书证，理由为深圳小米公司的管理不规范，以上合同、支付凭证、发票没有保存，且很多交易没有以上材料。

条文内容	参考条文
第四十六条　【书证提出命令的客体】 下列情形，控制书证的当事人应当提交书证： （一）控制书证的当事人在诉讼中曾经引用过的书证；	《民事证据规定》第47条

续表

条文内容	参考条文
（二）为对方当事人的利益制作的书证； （三）对方当事人依照法律规定有权查阅、获取的书证； （四）账簿、记账原始凭证； （五）人民法院认为应当提交书证的其他情形。 前款所列书证，涉及国家秘密、商业秘密、当事人或第三人的隐私，或者存在法律规定应当保密的情形的，提交后不得公开质证。	《民事证据规定》第47条

要点注释

书证提出命令的客体是负有举证责任的当事人可以申请对方当事人提交书证的范围，实质上是控制书证的当事人负有书证提交义务的范围。根据本条第1款规定，控制书证的当事人有义务提交的书证范围，具体包括以下几类：

（1）引用文书。控制书证的当事人在诉讼中曾经引用过的书证，意味着其愿意将该书证公开，且其引用该书证本身意味着有利用、公开该书证的积极意愿，因此，负有举证责任的当事人有权要求书证控制人提交该书证；即使书证控制人在引用书证后撤销或者放弃使用该书证，其书证提交义务也不能免除。如果书证控制人只引用过书证的一部分，控制书证的当事人仍然有义务将完整的书证提交。

（2）利益文书。此处的利益不仅指负有举证责任的当事人的利益，也包括负有举证责任的当事人与其他人拥有共同利益的情形，只要包括负有举证责任的当事人的利益即可，可以从主客观两方面考虑。在主观方面，可以从制作书证的目的、动机等主观因素出发，结合当事人诉讼请求所需保护的利益进行综合判断。在客观方面，如果该书证能够直接证明负有举证责任当事人的法律地位、权利，或者该书证本身是为证明负有举证责任当事人的法律地位、权利而制作，则该书证属于所谓利益文书的范畴。如还款承诺、遗嘱，均属于此类书证。

(3)权利文书。对方当事人依照法律规定有权查阅、获取的书证作为书证提交义务的范围，源于实体法上的理由。既可以基于实体法的规定，如公司法关于股东知情权的规定作出判断，也可以基于实体法上的请求权而发生，如委托人要求受托人交付其保管的文书。

(4)法律关系文书。所谓法律关系文书在此指账簿、记账原始凭证。在正常的经济往来中，账簿、记账原始凭证等财务资料能够比较准确地反映交易的主要过程，或者能够从中推定交易情况，具有较强的证明作用。民事诉讼实践中，法律关系文书与利益文书往往存在交叉。

(5)其他情形。人民法院认为应当提交书证的其他情形，属于兜底条款，由人民法院在具体案件审理中根据具体情况酌定。其作为本条第1款前4项之外的情形，属于极为例外的适用，应当慎重，应当充分考虑当事人举证责任的贯彻，并可以结合负有举证责任的当事人是否处于事件发生或者证据形成过程之外，是否确实存在不能获得有关证据的情形，以及对方当事人是否能够较为容易获取证据等因素，根据诚信原则和公平原则进行综合判断。

证据涉及秘密、隐私或保密不能成为拒绝提交的理由，但涉及国家秘密、商业秘密、当事人或第三人的隐私，或者存在法律规定应当保密的情形的，证据在质证时以不公开方式进行，以保障在质证过程中秘密、隐私不被诉讼外的他人获知。

相关法律

➢**《公司法》**(2018年10月26日修正)

第三十三条 股东有权查阅、复制公司章程、股东会会议记录、董事会会议决议、监事会会议决议和财务会计报告。

股东可以要求查阅公司会计账簿。股东要求查阅公司会计账簿的,应当向公司提出书面请求,说明目的。公司有合理根据认为股东查阅会计账簿有不正当目的,可能损害公司合法利益的,可以拒绝提供查阅,并应当自股东提出书面请求之日起十五日内书面答复股东并说明理由。公司拒绝提供查阅的,股东可以请求人民法院要求公司提供查阅。

第九十七条 股东有权查阅公司章程、股东名册、公司债券存根、股东大会会议记录、董事会会议决议、监事会会议决议、财务会计报告,对公司的经营提出建议或者质询。

最高人民法院案例

➢再审申请人湖北恒松置业集团有限公司与被申请人玉茗建设集团有限责任公司建设工程施工合同纠纷案[(2021)最高法民申7085号]

裁判要旨:湖北恒松置业集团有限公司(以下简称恒松公司)作为控制交易凭证的一方,有义务向法庭提交与支付行为有关的书证,以证明争议款项的对账是否存在重合。未能证明案涉争议款项的性质,原审法院据此认定由恒松公司对此承担不利后果,并无不当。

最高人民法院认为,关于原审对涉案10笔款项性质认定是否正确的问题。根据恒松公司主张,其在2014年4月至2017年10月23日,支付给玉茗建设集团有限责任公司(以下简称玉茗公司)433.30万元。在2020年4月9日对账中发现,在2017年1月至9月,另行支付给玉茗公司180.57万元,与前述的433.30万元不存在重合,玉茗公司代表胡某华在2020年4月9日对账表格上签字的行为应视为对此予以确认。但从2020年4月9日对账表格内容来看,仅有日期、摘要及金额,并未注明双方对账的每一笔系原来已对账款项还是经对账发现的新增、漏项工程款。胡某华写明“以上打√的情况属实”并签名的行为,亦不能推断其确认表格打钩的款项系玉茗公司诉讼请求中应当予以扣除的款项。据此,原审法院认定恒松公司应当进一步举证并无不当。

《民事证据规定》第47条第1款规定:“下列情形,控制书证的当事人应当提交书证……(四)账簿、记账原始凭证……”因此,恒松公司作为控制交易凭证的一方,有义务向法庭提交与支付行为有关的书证,以证明争议款项的对账是否存在重合。而无论是对于2017年10月23日《价款协议》中确认支付的433.30万元,还是2020年4月9日对账表格涉及的180.57万元,恒松公司在原审中均未提交相应付款凭证。根据《民诉法解释》第90条的规定,在作出判决前,当事人未能提供证据或者证据不足以证明其事实主张的,由负有举证证明责任的当事人承担不利的后果。故对于待证事实属于真伪不明的状态时,应当由负有举证责任的一方当事人承担不利后果。本案中,由于恒松公司未能证明案涉争议款项的性质,原审法院据此认定由恒松公司对此承担不利后果,并无不当。

地方人民法院案例

➢ 1. 北京华茂云信息科技有限责任公司与梁某、北京思维数建信息技术有限公司、北京锐微特信息技术有限公司、毛某霞损害公司利益责任纠纷案
[(2021)京01民终8039号]

裁判要旨:在法院释明要求当事人提交其财务开票对手信息的情况下,当事人仅提供两张增值税发票,不足以证明其主张成立。

北京市第一中级人民法院认为,梁某在与北京华茂云信息科技有限责任公司(以下简称华茂云公司)存在劳动关系的情况下,于2020年1月设立北京思维数建信息技术有限公司(以下简称思维数建公司)并担任法定代表人,思维数建公司的股权结构为梁某持股90%,毛某霞持股10%,且经营范围与华茂云公司存在重合。诉讼中,华茂云公司虽未能提交思维数建公司与其合作对象签订相关合同的证据,但其主张法定代表人看到过思维数建公司财务账册,开票金额为30余万元,思维数建公司对此予以认可,华茂云公司主张大部分交易对手曾经与其有业务往来,故其主张梁某、思维数建公司存在侵害其利益的情况具有一定事实依据,鉴于此,梁某和思维数建公司应当对梁某未利用职务便利谋取属于华茂云公司的商业机会以及思维数建公司的业务范围及收入等与华茂云公司从事业务并非同类承担举证证明责任。《民事证据规定》第47条第1款规定:“下列情形,控制书证的当事人应当提交书证……(四)账簿、记账原始凭证;(五)人民法院认为应当提交书证的其他情形。”

二审诉讼中,法院释明要求梁某、思维数建公司提交其财务开票对手信息,思维数建公司称开票内容为采购软件、汽车租赁等业务,且相关合作涉及保密信息不便向华茂云公司公开,并且其公司规模小,财务管理不健全,存在相关票据凭证管理混乱、丢失的现实情况,以此为由拒绝提供。法院再次释明梁某、思维数建公司如不提交将可能直接导致华茂云公司的上诉主张成立以及其承担相应赔偿责任的情况下,梁某、思维数建公司仅提交了2021年4月21日开具的科目为其他有型动产租赁的增值税发票,金额分别为8000元和28100元。法院认为,梁某、思维数建公司认可思维数建公司开票金额为30余万元的情况下,仅提供上述两张增值税发票,不足以证明梁某和思维数建公司的上述主张成立,故其二者应连带赔偿给华茂云公司造成的损失。

➢ 2. 高某浩与岳某生合伙协议纠纷案[(2021)鲁02民终4851号]

裁判要旨:在合伙经营期间,应依法制作会计账册、保存会计凭证,为自己及其他合伙人查询、结算盈亏提供依据。合伙终止后,当事人仅提交部分账册,无法清算,应承担不利的法律后果。

山东省青岛市中级人民法院认为,双方当事人各自出资10万元,合伙经营,由被上诉人岳某生负责合伙经营事务,上诉人高某浩没有参与经营。因此,被上诉人控制合伙经营财务账册,在2019年3月14日合伙经营终止后,应及时向上诉人报告合伙事务,提交合伙经营账册,对合伙事务进行清算。根据被上诉人在合伙结束后提交给上诉人的收入、费用明细:合伙营业总收入1045245.9元,包括踢脚线待定费用3390元在内,11项合伙费用明细仅6项有具体金额,另外5项为空白,尚有工人工资不在11项明细内。被上诉人给上诉人出具的11项费用及购买地板刷卡费用在内共计529132.6元。另外,根据上诉人提交被上诉人无异议的电话录音,尚有库存15万-16万元;商场泡水理赔、房租减免。

《民事证据规定》第47条第1款规定:“下列情形,控制书证的当事人应当提交书证……(二)为对方当事人的利益制作的书证……”被上诉人在合伙经营期间,应依法制作会计账册、保存会计凭证,为自己及其他合伙人查询、结算盈亏提供依据。合伙终止后,被上诉人应提交合伙经营期间的所有财务账册、会计凭证,对合伙事务进行清算。被上诉人在一审、二审期间仅提交部分账册,无法清算,应承担不利的法律后果,因此应赔偿上诉人10万元投资损失。对于上诉人主张的分配合伙利润及库存,待双方证据充分后另行主张。

条文内容	参考条文
第四十七条　【不遵守书证提出命令的后果】 控制书证的当事人无正当理由拒不提交书证的,人民法院可以认定对方当事人所主张的书证内容为真实。	《民事证据规定》 第48条第1款
控制书证的当事人存在《最高人民法院关于适用〈中华人民共和国民事诉讼法〉的解释》第一百一十三条规定情形的,人民法院可以认定对方当事人主张以该书证证明的事实为真实。	《民事证据规定》 第48条第2款

要点注释

本条第1款针对的是不遵守书证提出命令的一般情形,规定了与《民事证据规定》第95条①基本相一致的法律后果,认定书证提出命令的申请人所主张的书证内容为真实,其法理基础是证明妨害规则。

证明妨害也称举证妨碍,是指不负有举证责任的当事人一方的行为致使其持有的对证明待证事实具有相当证明意义的证据未能在诉讼中提供、损毁灭失或者丧失证明价值,使待证事实无证据可证明,导致待证事实处于真伪不明状态

① 见本书第131条。

时,在事实认定上,法律就负有举证责任当事人的事实主张,作出对其有利的调整。理论上,证明妨害的法律效果主要有以下三种状态:(1)举证责任转换;(2)降低证明标准;(3)推定机制。第1款采用的是推定机制,如果控制书证的当事人无正当理由拒不提交书证的,人民法院可以据此推定对方当事人所主张的书证内容为真实。认定对方当事人所主张的书证内容为真实,意味着对待证事实负有举证责任的当事人在申请书证提出命令时,应当尽量明确书证的内容。

本条第2款是对《民诉法解释》第113条的补充,是对妨害民事诉讼的行为规定了证据法上的后果。对于毁灭书证或者实施其他致使书证不能使用行为的当事人而言,有时罚款、拘留不足以对其产生震慑。如果诉讼所带来的利益巨大,而当事人控制的书证又十分关键,可能存在宁愿被罚款、拘留也要毁灭该书证等情形。因此,对毁灭书证或者实施其他致使书证不能使用行为的当事人科以证据法上的后果十分必要。人民法院可以认定对方当事人主张以该书证证明的事实为真实,采用的也是推定机制。

司法解释

➤**《最高人民法院关于适用〈中华人民共和国民事诉讼法〉的解释》**(法释〔2022〕11号,2022年4月10日施行)

第一百一十三条 持有书证的当事人以妨碍对方当事人使用为目的,毁灭有关书证或者实施其他致使书证不能使用行为的,人民法院可以依照民事诉讼法第一百一十四条规定,对其处以罚款、拘留。

地方人民法院案例

➤**1. 李某东、刘某珍与张某龙、原审被告陈某生、大城县碧海化工有限公司追索劳动报酬纠纷案**[(2019)鲁14民终2358号]

裁判要旨:一审法院责令被告承担“提供申请书原件及是否欠原告劳动报酬

的举证责任”的情况下,被告无正当理由拒不提交证据原件,也未提交充分有效的证据证明不拖欠原告劳动报酬,一审法院认定被告承担不利的法律后果并无不当。

山东省德州市中级人民法院认为,首先,关于李某东、刘某珍主张本案属于劳动仲裁范畴的问题。李某东、刘某珍与张某龙之间属于自然人之间的劳务合同关系,双方因拖欠劳动报酬产生的争议不属于劳动争议案件的受理范畴,一审法院按照普通民事纠纷处理并无不当。其次,关于李某东、刘某珍是否拖欠张某龙劳动报酬的问题。《民诉法解释》第 112 条规定:“书证在对方当事人控制之下的,承担举证证明责任的当事人可以在举证期限届满前书面申请人民法院责令对方当事人提交。申请理由成立的,人民法院应当责令对方当事人提交,因提交书证所产生的费用,由申请人负担。对方当事人无正当理由拒不提交的,人民法院可以认定申请人所主张的书证内容为真实。”

本案张某龙提交的申请书影印件,张某龙与李某东、刘某珍之间的通话录音,陈某春与刘某珍之间的通话录音等证据与当事人陈述之间可以相互印证,足以认定李某东、刘某珍拖欠张某龙劳动报酬的申请书、记账本等证据原件在李某东、刘某珍控制之下,在一审法院责令李某东、刘某珍承担“提供申请书原件及是否欠原告劳动报酬的举证责任”的情况下,李某东、刘某珍无正当理由拒不提交证据原件,也未提交充分有效的证据证明不拖欠张某龙劳动报酬,一审法院认定李某东、刘某珍承担不利的法律后果并无不当。因此,本案足以认定张某龙受李某东、刘某珍的雇佣在河北省保定市满城区进行施工,李某东、刘某珍尚拖欠张某龙劳动报酬合计 16560 元。

➢ 2. 中国人寿财产保险股份有限公司许昌市中心支公司与高某现、许昌某运输集团股份有限公司、崔某东机动车交通事故责任纠纷案[(2019)豫 10 民终 2781 号]

裁判要旨:因上诉人将投保单撤回不再作为证据材料提交,导致鉴定机构无法鉴定,人民法院可以认定对方当事人的主张成立,对于本案保险责任的期间认定应以保险合同成立生效时间予以确定。

河南省许昌市中级人民法院认为，根据各方的上诉及答辩意见，法院归纳本案的争议焦点为：上诉人中国人寿财产保险股份有限公司许昌市中心支公司是否承担本案的保险责任。经查，投保单是投保人申请订立保险合同的要约，可反映出投保人订立合同时的真实意思表示。一审中崔某东认为投保单中的投保人印章及保险期间的书写并非签订合同当日形成，签订合同时并未签署投保单，并对投保单中投保人签章的加盖时间及保险期间书写时间申请鉴定，但因上诉人将投保单撤回不再作为证据材料提交，导致鉴定机构无法鉴定。根据《民事证据规定》第75条①“有证据证明一方当事人持有证据无正当理由拒不提供，如果对方当事人主张该证据的内容不利于证据持有人，可以推定该主张成立”及《民诉法解释》第112条“书证在对方当事人控制之下的，承担举证证明责任的当事人可以在举证期限届满前书面申请人民法院责令对方当事人提交……对方当事人无正当理由拒不提交的，人民法院可以认定申请人所主张的书证内容为真实”之规定，可以认定崔某东的主张成立。对于本案保险责任的期间认定应以保险合同成立生效时间予以确定，即投保人缴纳保费、保险人同意承保后，保险合同成立并生效；而保险单中对保险责任期间的约定系格式限责条款，保险公司应提示、告知投保人，因上诉人不能举证证明双方对此进行磋商约定，故其主张的保险期间并不发生法律效力。

➤ 3. 王某甲、王某乙与富德生命人寿保险股份有限公司宁德中心支公司人身保险合同纠纷案[(2021)闽09民终464号]

裁判要旨：保险公司在未针对该保险发出拒绝赔偿或拒绝给付保险金通知书并说明理由的情形下无正当理由将相关保险条款原始原件销毁，导致本案关键证据保险条款如何约定无法查实，人民法院可以认定对方当事人主张以该书证证明的事实为真实。

福建省宁德市中级人民法院认为，王某甲、王某乙在王某龙病故后向富德生命人寿保险股份有限公司宁德中心支公司（以下简称富德保险宁德支公司）提交

---

① 2019年修正的《民事证据规定》已删除该条。

了理赔材料,包括原始相关保险合同及保险条款,并主张依照双方原始保险条款约定王某龙所患疾病属生命附加定期重大疾病保险(A款)理赔范围。双方对王某甲、王某乙提交的原始保险合同及相关保险条款最终由富德保险宁德支公司持有并无异议。现富德保险宁德支公司在未针对该保险发出拒绝赔偿或拒绝给付保险金通知书并说明理由的情形下无正当理由将相关保险条款原始原件销毁,导致本案关键证据保险条款如何约定无法查实。根据《民事证据规定》第48条"控制书证的当事人无正当理由拒不提交书证的,人民法院可以认定对方当事人所主张的书证内容为真实。控制书证的当事人存在《最高人民法院关于适用〈中华人民共和国民事诉讼法〉的解释》第一百一十三条规定情形的,人民法院可以认定对方当事人主张以该书证证明的事实为真实"这一规定,一审法院认定王某甲、王某乙关于王某龙因脑梗死死亡属于生命附加定期重大疾病保险(A款)理赔范围的主张成立并无不当。

➢ 4. 小米科技有限责任公司与深圳市小米贸易有限公司、朱某萍侵害商标权及不正当竞争纠纷案[(2020)粤03民初7080号]

裁判要旨:法院作出书证提出命令,裁定被告深圳市小米贸易有限公司(以下简称深圳小米公司)提交进货交易合同、支付凭证及发票,被告无正当理由拒不提交,法院可以认定原告就该证据所涉证明事项的主张成立。

广东省深圳市中级人民法院认为,关于被告深圳小米公司的利润率的问题。为查明该问题,法院于2021年12月14日作出书证提出命令,裁定被告深圳小米公司于2021年12月23日前向法院提交其向他人购买涉案商品的进货交易合同、支付凭证及发票,无正当理由拒不提交的,法院可以认定原告小米科技有限责任公司就该证据所涉证明事项的主张成立。该期限届满后,被告深圳小米公司没有提交任何证据并明确表示不提交,其理由为被告深圳小米公司管理不规范,以上证据没有保存,且很多交易没有以上材料。对此法院认为,被告深圳小米公司实际销售的涉案商品共179种,销售时间2年,共计销售订单1480669件,销售额为135014380.19元,故被告深圳小米公司不仅销售的商品种类多、时间长,而且数量和金额巨大,而根据被告深圳小米公司自己的主张,以上商品均源于他人，被告深圳小米公司在向他人购买以上数量和金额巨大的商品必然会产生大量的支付凭证、合同或者相当于合同的证据等材料，且根据交易习惯，这其中很多可以更易保存和提取的电子形式产生，但被告深圳小米公司没有提交任何证据，在没有特别理由的情况下，其关于所有材料均未保存的辩解难谓正当。

条文内容	参考条文
第四十八条　【毁灭书证的处罚】 持有书证的当事人以妨碍对方当事人使用为目的，毁灭有关书证或者实施其他致使书证不能使用行为的，人民法院可以依照民事诉讼法第一百一十四条规定，对其处以罚款、拘留。	《民诉法解释》第 113 条

要点注释

本条是关于对妨害证明行为进行公法上制裁的指引性规定。《民事诉讼法》第 114 条第 1 款第 1 项规定，伪造、毁灭重要证据，妨碍人民法院审理案件的，人民法院对诉讼参与人或者其他人可以根据情节轻重予以罚款、拘留。该条规定实质上已经包含了证明妨害的内容。本条规定实际上是对毁灭书证作进一步的解释，即《民事诉讼法》第 114 条第 1 款第 1 项规定的毁灭证据不仅指书证本身的灭失，造成书证不能在诉讼证明中使用的，在效果上与证据灭失无异，也可以归入毁灭证据的情形，适用相同的罚则。

相关法律

➤**《民事诉讼法》**（2021 年 12 月 24 日修正）

第一百一十四条　诉讼参与人或者其他人有下列行为之一的，人民法院可以根据情节轻重予以罚款、拘留；构成犯罪的，依法追究刑事责任：

（一）伪造、毁灭重要证据，妨碍人民法院审理案件的；

（二）以暴力、威胁、贿买方法阻止证人作证或者指使、贿买、胁迫他人作伪证的；

（三）隐藏、转移、变卖、毁损已被查封、扣押的财产，或者已被清点并责令其保管的财产，转移已被冻结的财产的；

（四）对司法工作人员、诉讼参加人、证人、翻译人员、鉴定人、勘验人、协助执行的人，进行侮辱、诽谤、诬陷、殴打或者打击报复的；

（五）以暴力、威胁或者其他方法阻碍司法工作人员执行职务的；

（六）拒不履行人民法院已经发生法律效力的判决、裁定的。

人民法院对有前款规定的行为之一的单位，可以对其主要负责人或者直接责任人员予以罚款、拘留；构成犯罪的，依法追究刑事责任。

条文内容	参考条文
第四十九条　【域外证据认证】 当事人提供的公文书证系在中华人民共和国领域外形成的，该证据应当经所在国公证机关证明，或者履行中华人民共和国与该所在国订立的有关条约中规定的证明手续。	《民事证据规定》第16条第1款
中华人民共和国领域外形成的涉及身份关系的证据，应当经所在国公证机关证明并经中华人民共和国驻该国使领馆认证，或者履行中华人民共和国与该所在国订立的有关条约中规定的证明手续。	《民事证据规定》第16条第2款
当事人向人民法院提供的证据是在香港、澳门、台湾地区形成的，应当履行相关的证明手续。	《民事证据规定》第16条第3款

要点注释

本条是在2001年《民事证据规定》第11条的基础上修改形成的,是关于域外形成证据履行证明手续的要求,实际上是确定域外形成证据的真实性问题。

真实性是证据的“三性”之一。当事人提交在国内(或域内)形成的证据,属于公文书证的,法庭推定其真实。属于私文书证的,法庭可以向单位及制作证明材料的人员调查核实;必要时,可以要求制作证明材料的人员出庭作证。属于物证的,法庭可以现场勘验或现场查验,甚至可以鉴定。而当事人提交从国外(或域外)形成的证据,由于受到地域的限制,法庭不可能查询每个国家的公文书,也不能随意调查证人或传唤证人到庭,或对物证进行现场勘验、现场查验等。于是,对国外(或域外)形成的证据的真实性的确认,便成为审判活动的一个重要环节。

按照本条第1款的规定,在我国领域外形成的公文书证要经过公证。第1款的最后一句“或者履行中华人民共和国与该所在国订立的有关条约中规定的证明手续”是一种例外的规定。如果我国与该所在国就民事诉讼的有关问题订有双边协议,其中对证据的证明手续有明确的约定,比如双方协议代为调查取证等,应当按照条约的约定执行。

本条第1款与2001年《民事证据规定》第11条第1款相比,有两处不同:一是将原来所有域外证据一概均由所在国公证机关公证等,修改为只有域外公文书证需经所在国公证机关予以公证等;二是原规定域外证据需公证+认证,即需所在国公证机关予以公证并经我国驻该国使领馆予以认证,现取消了使领馆的认证要求,简化了相关环节。

本条第2款脱胎于2001年《民事证据规定》第11条第1款的规定,是对原规定的具体化。对于域外形成的涉及身份关系的证据,仍需公证+认证(需所在国公证机关予以公证并经我国驻该国使领馆予以认证),或履行中华人民共和国与该所在国订立的有关条约中规定的证明手续。其原因在于有关身份关系的事实涉及社会基本伦理价值和秩序,应当有更为严格的要求,故依然要求公证+认证。

综合本条第 1 款、第 2 款的规定,我们可以比较放心地得出如下结论:凡域外形成的私文书证和不涉及身份关系的普通证据,其真实性通过当事人举证、质证即可,无须履行公证、认证手续。这将大大减轻当事人的诉讼成本和我国驻外国使领馆的工作负担,是一处重大修改,需要引起注意。

本条第 3 款与 2001 年《民事证据规定》第 11 条第 2 款一模一样。我国香港地区、我国澳门地区回归后,由于其实行高度自治,存在各自独立的法域,故对于当事人提交的在我国香港地区或在我国澳门地区形成的证据,也应履行相关的证明手续,对其真实性予以证明。台湾地区是中国不可分割的一部分,由于台湾当局还对台湾地区实施着实际的管治,我国台湾地区也存在相对独立的"法律体系"。因此,对当事人提交的在我国台湾地区形成的证据真实性的证明,也要履行相关的证明手续。

需要指出,公证机构、我国驻外国使领馆等原则上只能对域外证据的形式真实性进行证明,证据内容的真实性其难以证明,故法庭对当事人提交的域外证据内容的真实性,在另一方当事人有异议的情况下,尚需结合其他证据予以甄别核实。

司法解释

➤**《最高人民法院关于知识产权民事诉讼证据的若干规定》**(法释〔2020〕12号,2020 年 11 月 18 日施行)

第八条　中华人民共和国领域外形成的下列证据,当事人仅以该证据未办理公证、认证等证明手续为由提出异议的,人民法院不予支持:

(一)已为发生法律效力的人民法院裁判所确认的;

(二)已为仲裁机构生效裁决所确认的;

(三)能够从官方或者公开渠道获得的公开出版物、专利文献等;

(四)有其他证据能够证明真实性的。

第九条 中华人民共和国领域外形成的证据,存在下列情形之一的,当事人仅以该证据未办理认证手续为由提出异议的,人民法院不予支持:

(一)提出异议的当事人对证据的真实性明确认可的;

(二)对方当事人提供证人证言对证据的真实性予以确认,且证人明确表示如作伪证愿意接受处罚的。

前款第二项所称证人作伪证,构成民事诉讼法第一百一十一条①规定情形的,人民法院依法处理。

第十条 在一审程序中已经根据民事诉讼法第五十九条、第二百六十四条②的规定办理授权委托书公证、认证或者其他证明手续的,在后续诉讼程序中,人民法院可以不再要求办理该授权委托书的上述证明手续。

司法文件

➤**《最高人民法院关于全面加强知识产权审判工作为建设创新型国家提供司法保障的意见》**(法发〔2007〕1号,2007年1月11日发布)

15. 妥善处理专业技术事实认定……对于域外形成的公开出版物等可以直接初步确认其真实性的证据材料,除非对方当事人对其真实性能够提出有效质疑而举证方又不能有效反驳,无需办理公证认证等证明手续。

地方司法文件

➤**1.《厦门海事法院关于域外证据取证和审查若干问题的指南》**(2022年7月15日发布)

一、当事人对自己提出的主张,需要以域外形成的证据证明的,除法律另有

① 现为2021年修正的《民事诉讼法》第114条。
② 现为2021年修正的《民事诉讼法》第62条、第271条。

规定的情形外,有责任提供相关证据。

无法取得域外证据,不能证明相关事实的,由负有举证证明责任的当事人承担不利的后果。

二、当事人域外自行取证,应当遵循法律规定。双方可以协商约定取证的方式。

三、域外形成的公文书证和涉及身份关系的证据,应当根据法律、司法解释的规定办理公证、认证或履行中国与该所在国订立的有关条约规定的证明手续。

四、域外网站上公开发布的电子数据信息和数据权利人许可提取的域外电子数据信息,可以在境内通过适当方式在线取证。

五、当事人通过视听传输技术在域外取证并申请实时同步向法院提交证据的,应当提出书面申请,说明取证对象、取证内容及与待证事实的关联性和采用该取证方式的理由。对申请进行审查时,一般应当听取对方当事人的意见。准许在线取证申请后,应当通知对方当事人当场参加在线取证程序。

六、通过案件审理,能够确定证明案件事实的重要域外证据在一方当事人控制之下的,可以根据承担举证责任当事人的申请,依照《最高人民法院关于民事诉讼证据的若干规定》第四十六条的规定,裁定责令控制域外证据的当事人提交证据。

控制证据的当事人无正当理由拒不提交证据,或以妨碍对方当事人使用为目的,毁灭证据或者实施其他致使证据不能使用行为的,根据《最高人民法院关于民事诉讼证据的若干规定》第四十八条、第九十五条规定,可以认定对方当事人主张的书证、视听资料、电子数据的内容为真实,也可以认定该证据内容不利于控制证据一方当事人的主张成立。

七、当事人可以依法申请法院通过司法协助途径向域外调查取证。

申请书应当根据《最高人民法院关于民事诉讼证据的若干规定》第二十条规定和司法协助途径对应的国际公约、双边条约或依据的有关规定的要求,载明相关内容、信息和提供相应的资料。

对司法协助域外调查取证申请的审查,一般应当进行听证。

八、根据当事人的申请或依据职权，需委托外国司法机关代为调查或取证的，按以下情形处理：

1. 受委托国家为《关于从国外调取民事或商事证据的公约》（以下简称《海牙取证公约》）的成员国，且对于我国加入该公约提交了接受声明书的，按照公约规定办理；

2. 受委托国家与我国签订关于相互委托调查取证的双边司法协助条约的，按照条约规定办理；

3. 受委托国家并非是《海牙取证公约》的成员国，双方也未签订关于相互委托调查取证的双边司法协助条约的，按照外交途径办理。

九、对域外证据的审核，应当注意考量证据所在国或地区的交易方式、风俗习惯、制度规定等证据环境因素的差异。

十、当事人以违反我国法律禁止性规定的方法在域外取得的证据，不得作为认定案件事实的根据。

十一、域外形成的不涉及身份关系的私文书证，经所在地公证机关证明的，应确认其真实性，但有相反证据足以推翻的除外。

十二、域外形成的电子数据，其所载内容可以供随时读取查看，并能够可靠地保证自最终形成时起内容保持完整、未被更改，或无其他有力证据证明其被更改的，应当视为满足法律、法规规定的原件形式要求。

域外形成的电子邮件、通讯软件聊天记录等电子数据的真实性可以采取当庭演示的方式进行核实。

十三、域外证人确有困难不能出庭作证，具备视听传输作证条件的，一般采用视听传输技术安排在线作证。

域外证人出庭作证虽无困难，但当事人申请以视听传输技术在线作证的，根据《人民法院在线诉讼规则》第四条的规定处理。

十四、域外船员的诉讼主体身份，当面或通过有效书证核实确有困难的，可以通过视听传输方式进行核实。

十五、当事人提交的域外证据，不足以使审判人员对证据内容的真实性产生内心确信的,可以向当事人释明进行证据补强。

十六、域外取证时产生的律师委托费等费用,取证方请求对方赔偿的,法院可以根据事实的查明情况和案件裁判结果,依法在必要和合理的范围内予以支持。

十七、香港、澳门特别行政区和台湾地区形成证据的调取和审核,可以参照本指南的规定处理。

十八、本指南由本院审判委员会负责解释,自公布之日起施行。

附:1.《海牙取证公约》的成员国。

我国于1997年7月加入《海牙取证公约》。截至2012年1月31日,公约已在我国与荷兰、卢森堡、捷克共和国、以色列、波兰、芬兰、德国、意大利、美国、斯洛伐克共和国、法国、丹麦、西班牙、澳大利亚、挪威、阿根廷、爱沙尼亚、瑞士、瑞典、摩洛哥、马耳他之间生效。(本条数据通过法信平台查询所得)

《海牙取证公约》的成员国可以从海牙公约网站 www. hcch. net 查询(登录-Latest Update-Convention-Convention on the Taking of Evidence Abroad in civil or commercial Matters)。

2. 与我国签订相互委托调查取证双边司法协助条约的国家情况。

截止2022年3月17日,签订上述司法协助协定的国家包括:白俄罗斯、保加利亚、塞浦路斯、埃及、法国、希腊、意大利、波兰、俄罗斯、西班牙、土耳其、乌克兰、泰国、摩洛哥、匈牙利、新加坡、蒙古、罗马尼亚、古巴、哈萨克斯坦、吉尔吉斯、塔吉克斯坦、乌兹别克斯坦、突尼斯、越南、老挝、埃塞俄比亚、伊朗、波斯尼亚和黑塞哥维那、阿尔及利亚、巴西、秘鲁、科威特、阿拉伯联合酋长国、朝鲜、韩国。(本条数据通过法信平台查询所得)

➢ 2.《天津市高级人民法院关于民商事诉讼域外证据审查若干问题的指南》(津高法〔2017〕264号,2017年12月28日发布)

一、域外证据的认定

本指南所称域外证据,是指在民商事诉讼中由当事人提供的、在中华人民共和国领域外形成的证据。

证据在形成过程中虽涉及域外,但因接收、取得、到达、完成等因素,最终不可变更地形成于中华人民共和国领域内的,可以不认定该证据为域外证据。形成过程中涉及域外的证据虽未被认定为域外证据,在该证据所反映域外待证事实的真实性存疑时,仍可以要求当事人进一步提供证据予以证明。

二、域外证据的判断因素

在无法直接认定证据是否系域外证据时,应当围绕下列因素予以审查认定:

(一)该证据是否涉及国籍国或者经常居所地在域外的主体;

(二)该证据是否采用域外文字、数字、历法、图章、币种、计量单位、标准、制作习惯和方式;

(三)该证据是否反映发生在域外的事实;

(四)该证据是否约定适用域外法律或者由域外法院、域外仲裁机构解决争议;

(五)该证据是否具有其他能够证明其形成于域外的因素。

三、域外证据公证、认证等证明手续和公证机关的范围

根据《最高人民法院关于民事诉讼证据的若干规定》第十一条的规定,为认定真实性,当事人提供的域外证据一般应当经该证据所在国公证机关予以证明,并经中华人民共和国驻该国使领馆予以认证,或者履行中华人民共和国与该所在国订立的有关条约中规定的证明手续。

"公证机关"指根据该国法律,有权就特定事项履行证明职责的机关或者个人,如公证处、行政机构、自治团体、协会、法院,公证人、法官、行政公职人员、律师、船长等。

四、证明诉讼主体资格的域外证据和其他域外证据

对证明诉讼主体资格的域外证据,应当要求提供证据的一方当事人办理相关的公证、认证等证明手续。对其他域外证据,可以要求提供证据的一方当事人办理相关的公证、认证等证明手续。

五、一般无需办理公证、认证等证明手续的域外证据

符合下列情形的域外证据,一般无需办理公证、认证等证明手续:

（一）系提单、海运单、信用证、独立保函、保险单、发票等用于国际流通的商业单证的；

（二）系我国驻外使领馆取得的；

（三）系通过双边司法协助协定或者外交途径取得的；

（四）系域外法院作出的发生法律效力的判决、裁定的认定事实依据，且该判决、裁定已经人民法院依法裁定承认的；

（五）系域外仲裁机构作出的发生法律效力的裁决的认定事实依据，且该裁决已经人民法院依法裁定承认的；

（六）系人民法院根据当事人的申请调查收集取得的；

（七）已在人民法院其他案件中办理公证、认证等证明手续，且该域外证据证明事实已经该案生效裁判文书认定的；

（八）根据所在国法律、习惯或者其他客观原因，无法在该所在国办理公证的；

（九）能够从专利局、图书馆等国内公共渠道取得的；

（十）当事人没有异议的。

前款第（八）项情形，当事人应当提供该所在国的相应法律、习惯，或者提供典型案例、律师意见书、教科书、学术专著等足以认定该所在国存在相应法律、习惯的材料，或者提供能够证明该所在国存在其他无法办理公证的客观原因的材料。

六、当事人互免域外证据公证、认证等证明手续的处理

当事人达成合意，互相免除对除诉讼主体资格以外的域外证据办理公证、认证等证明手续的，一般应当予以准许，但该合意违反我国法律禁止性规定、违背公序良俗或者侵害他人合法权益的除外。

七、办理公证、认证等证明手续的域外证据的证明力

对已办理公证、认证等证明手续的域外证据，应当组织当事人质证，不当然作为认定事实的根据。

经所在国公证机关按法定程序采取实质证明形式予以证明，并经中华人民共和国驻该国使领馆予以认证，且无相反证据足以推翻的域外证据，应当作为认定事实的根据。

八、未办理公证、认证等证明手续的域外证据的证明力

除证明诉讼主体资格的域外证据外，对未办理公证、认证等证明手续的域外证据，应当组织当事人质证，并结合质证意见审查认定其真实性和证明力，不得仅以该域外证据未办理公证、认证等证明手续为由直接否定其证据效力。一方当事人拒绝质证的，应当向其释明可能带来的不利后果。

九、未办理公证、认证等证明手续的域外证据的真实性和证明力

对未办理公证、认证等证明手续的域外证据，应当根据法律规定，结合案件具体类型以及域外证据种类，综合全案情况，运用经验法则和逻辑推理审查认定其真实性和证明力。

下列情形下，应当认定未办理公证、认证等证明手续的域外证据的真实性和证明力：

（一）该域外证据与已办理公证、认证等证明手续的域外证据相互印证；

（二）该域外证据与形成于中华人民共和国领域内的证据相互印证；

（三）该域外证据与当事人均予认可或者无争议的事实相互印证。

“印证”是指域外证据与参照证据、事实完全一致，或者域外证据与参照证据基本一致、且当事人可以对差异之处作出合理解释。

十、域外书证的提交形式

域外书证应当提交原件。提交原件确有困难的，可以提交复制品、照片、副本、节录本。

符合下列情形的，应当认定为提交域外书证原件确有困难：

（一）原件遗失、灭失或者毁损的；

（二）原件在对方当事人控制之下，经合法通知拒不提交的；

（三）原件在他人控制之下，而该控制人有正当理由不提交的；

（四）因篇幅或者体积等不便于提交的；

（五）承担举证证明责任的当事人申请通过司法协助等方式调查收集无法取

得域外书证原件的。

域外书证复制品、照片、副本、节录本经办理公证、认证等证明手续，证明其与原件相应内容一致的，或经与原件核对无异的，应当认定其真实性。

十一、域外公文书证

已办理公证、认证等证明手续的域外公文书证，应当认定其真实性。

十二、域外生效裁判文书、仲裁裁决

除已经人民法院依法裁定承认或者经当事人认可的情形外，对已办理公证、认证等证明手续的域外法院作出的发生法律效力的裁判文书，不得直接采用其所认定的事实；对已办理公证、认证等证明手续的域外仲裁机构作出的发生法律效力的仲裁裁决，亦不得直接采用其所认定的事实。

十三、域外法律

已办理公证、认证等证明手续的域外法律，应当认定其真实性。未办理公证、认证等证明手续的域外法律，能够在中华人民共和国领域内通过互联网、数据库、图书馆等公开渠道查证属实的，应当认定其真实性。

十四、域外形成的涉及专业技术问题的报告

对域外形成的检验报告、质量检测报告、公估报告等涉及专业技术问题的报告的证明力，应当结合制作机构或者制作人的专业资质、委托主体、见证主体、参照标准、检测对象、检测方法、制作过程以及与案件的关联性等因素，综合予以审查认定。

十五、证人证言

知道案件情况的域外机构单位和个人，如因路途遥远、交通不便或者有其他正当理由，不能出庭作证的，经许可，可以申请通过书面证言、视听资料作证，但该书面证言、视听资料应当办理公证、认证等证明手续。

十六、电子数据

域外形成的电子数据，如能够有效地表现所载内容并可以供随时调取查用、能够可靠地保证自最终形成时起内容保持完整、未被更改，应当视为满足法律、法规规定的原件形式要求，当事人不得仅以未办理公证、认证等证明手续为由否定其证据效力或者证明力。

域外形成的电子数据的真实性可以采取当庭演示的方式予以认定。

十八、形成于港澳台地区的证据参照处理

审查在香港、澳门特别行政区和台湾地区形成的证据,可以参照本指南的相关规定处理。

最高人民法院案例

➤EUROSEMILLAS 种业技术(北京)有限责任公司与台州绿沃川农业有限公司侵害植物新品种权纠纷案[(2019)最高法知民终 774 号]

裁判要旨:域外证据应当经所在国公证机构予以证明,并经中华人民共和国驻该国使领馆认证,可以作为定案根据。

最高人民法院认为,《民事证据规定》第 11 条第 1 款①规定:"当事人向人民法院提供的证据系在中华人民共和国领域外形成的,该证据应当经所在国公证机关予以证明,并经中华人民共和国驻该国使领馆予以认证,或者履行中华人民共和国与该所在国订立的有关条约中规定的证明手续。"第 12 条②规定:"当事人向人民法院提供外文书证或者外文说明资料,应当附有中文译本。"本案中,案外人庆尚北道农业技术院与 EUROSEMILLAS 种业技术(北京)有限责任公司签订的《授权委托书》经大韩民国相关公证机关予以证明,并由我国驻大韩民国大使馆领事部予以认证,亦包含中文译本,程序上符合我国法律关于域外证据公证、认证等相关规定,台州绿沃川农业有限公司并未提交充分有效的证据否定其证明效力,原审法院予以采信并无不当。

---

① 现为 2019 年修正的《民事证据规定》第 16 条第 1 款。

② 现为 2019 年修正的《民事证据规定》第 17 条。

地方人民法院案例

➢ 1. 天津国际海运公司与汕头粤东国际船舶代理公司船舶租用侵权纠纷案①

裁判要旨:外国法院判决认定的事实未经我国司法机关核实,不能作为证据使用。

天津市高级人民法院认为,被上诉人天津国际海运公司(以下简称天海公司)依授权取得“SALVIA Ⅱ”号轮的经营权,有权与瑞航国际有限公司签订合同出租该轮。上诉人汕头粤东国际船舶代理公司(以下简称粤东公司)通过签订《航次租船合同》,从瑞航公司取得了对“SALVIA Ⅱ”号轮的本航次使用权,用于运输印尼产原木,从而负起保证运输的货物不影响船舶安全的义务。粤东公司未尽应尽的义务,使天海公司的利益遭受侵害,天海公司有权向粤东公司主张权利。粤东公司上诉称天海公司不具有诉讼主体资格,理由不能成立。印尼索龙地方法院在不同司法主权下作出对船长林某辉的判决。该判决认定的事实未经我国司法机关核实,不能成为本案的证据。上诉人粤东公司要求以此判决作为认定本案事实的证据,理由不能成立。

➢ 2. 上海海胜国际物流有限公司与上海和芳货运代理有限公司货运代理合同纠纷案[(2008)沪海法商初字第540号]

裁判要旨:发票虽然是形成于境外的证据,但是发票中显示的货物品名、数量、时间等信息与纠纷发生后处理的过程可以相互印证,涉及的集装箱号与第三组证据能相互印证,且确认书为原件,对发票及确认书的真实性予以确认。

上海海事法院认为,原告上海海胜国际物流有限公司的第四组证据,确认书及发票附件、对账单及汇率兑换图。被告上海和芳货运代理有限公司对确认书及发票附件的真实性不予确认,法院认为发票虽然是形成于境外的证据,但是发票中显示的货物品名、数量、时间等信息与纠纷发生后处理的过程可以相互印

① 参见《最高人民法院公报》2003年第3期(总第83期)。

证,涉及的集装箱号与第三组证据能相互印证,且确认书为原件,故法院对发票及确认书的真实性予以确认。对账单及汇率兑换图为确认书的补强证据,对被告提出已过举证期限的抗辩不予支持,法院对该组证据的真实性予以确认。

条文内容	参考条文
第五十条 【外文书证或说明资料】 当事人向人民法院提供外文书证或者外文说明资料,应当附有中文译本。	《民事证据规定》第17条

要点注释

当事人提交的国外(或域外)形成的书证或说明资料,往往使用的是所在国的语言文字,法官不可能通晓各国语言;即使通晓一两个国家的语言,根据本条的规定,也应要求当事人在提交外文证据的同时,附有准确无误的中文译本。

本条照搬2001年《民事证据规定》第12条,后者是根据1991年的《民事诉讼法》制定的。1991年的《民事诉讼法》第68条第2款①规定:"提交外文书证,必须附有中文译本。"2001年《民事证据规定》第12条在1991年《民事诉讼法》第68条第2款的基础上,增加了当事人提交外文说明资料也应附有中文译本的规定。

司法解释

➤ **1.《最高人民法院关于中国公民申请承认外国法院离婚判决程序问题的规定》**(法释〔2020〕20号,2021年1月1日施行)

第三条 向人民法院申请承认外国法院的离婚判决,申请人应提出书面申

① 现为2021年修正的《民事诉讼法》第73条第2款。

请书,并须附有外国法院离婚判决书正本及经证明无误的中文译本。否则,不予受理。

第八条 人民法院受理申请后,对于外国法院离婚判决书没有指明已生效或生效时间的,应责令申请人提交作出判决的法院出具的判决已生效的证明文件。

第九条 外国法院作出离婚判决的原告为申请人的,人民法院应责令其提交作出判决的外国法院已合法传唤被告出庭的有关证明文件。

第十条 按照第八条、第九条要求提供的证明文件,应经该外国公证部门公证和我国驻该国使、领馆认证,或者履行中华人民共和国与该所在国订立的有关条约中规定的证明手续。同时应由申请人提供经证明无误的中文译本。

第十一条 居住在我国境内的外国法院离婚判决的被告为申请人,提交第八条、第十条所要求的证明文件和公证、认证有困难的,如能提交外国法院的应诉通知或出庭传票的,可推定外国法院离婚判决书为真实和已经生效。

➢ **2.《最高人民法院关于依据国际公约和双边司法协助条约办理民商事案件司法文书送达和调查取证司法协助请求的规定》**(法释〔2020〕20号,2021年1月1日施行)

第五条 人民法院委托外国送达民商事案件司法文书和进行民商事案件调查取证,需要提供译文的,应当委托中华人民共和国领域内的翻译机构进行翻译。

翻译件不加盖人民法院印章,但应由翻译机构或翻译人员签名或盖章证明译文与原文一致。

地方司法文件

➢ **《北京市高级人民法院知识产权民事诉讼证据规则指引》**(2021年4月22日发布)

1.26 当事人提供外文书证或者外文说明资料,应附有中文译本。

外文书证仅部分内容与待证事实有关的,可以仅附与该有关部分对应的中文译本;仅附图部分与待证事实有关,无中文译本不影响相关事实查明的,可以不附中文译本。对方当事人能够证明未翻译部分对翻译部分或附图部分的内容有影响的,需提供全文的中文译本。

地方人民法院案例

➢1. 耿某亭与耿某健(KEJIANGENG)物权确认纠纷案[(2021)粤01民终11007号]

裁判要旨:一审原告提交的部分证据是在香港地区形成的外文书证,其提交了上海力友翻译有限公司翻译的中文译本,根据该公司的营业执照,该公司的经营范围包括翻译服务,被告没有提交证据证明中文译文存在翻译错误,可予认定。

广东省广州市中级人民法院认为,关于耿某亭主张耿某健向一审法院提交的《二次补充证据目录》中的相应证据没有经过认证手续,中文译本由上海力友翻译有限公司翻译,但该公司并无涉外文件翻译资格,一审法院采纳该证据违反了法定程序的问题。对此,法院认为,根据《民事证据规定》第16条第3款和第17条的规定,当事人向人民法院提供的证据是在香港地区形成的,应当履行相关的证明手续,当事人向人民法院提供外文书证或者外文说明资料,应当附有中文译本。在本案中,耿某健提交的《二次补充证据目录》中的部分证据是在香港地区形成的外文书证,耿某健提交了由上海力友翻译有限公司翻译的中文译本,根据该公司的营业执照,该公司的经营范围包括翻译服务,耿某亭没有提交证据证明中文译文存在翻译错误,虽然耿某健未提交证据证明其履行了相关的证明手续,但耿某健为证明其出资购买案涉房屋,另提交了多份证据,一审法院并非单独依据《二次补充证据目录》中的相应证据认定耿某健全额出资购买案涉房屋,故耿某亭的该项上诉理由不能成立,法院不予采纳。

➢ **2. 德州亚太集团有限公司与中钢集团吉林机电设备有限公司买卖合同纠纷案**[(2020)吉 02 民终 343 号]

裁判要旨:一审被告提交了经马来西亚司法部公证的书证,且在书证中附有中文翻译,符合证据的形式要件。

吉林省吉林市中级人民法院认为,《民事证据规定》第 16 条第 1 款规定:"当事人提供的公文书证系在中华人民共和国领域外形成的,该证据应当经所在国公证机关证明,或者履行中华人民共和国与该所在国订立的有关条约中规定的证明手续。"第 17 条规定:"当事人向人民法院提供外文书证或者外文说明资料,应当附有中文译本。"本案中,中钢集团吉林机电设备有限公司(以下简称中钢吉林机电公司)提交了经马来西亚司法部公证的书证,且在书证中附有中文翻译,符合证据的形式要件,结合双方签订的买卖合同及往来邮件,可证明中钢吉林机电公司以"Brillihant(Malaysia)Sdn. Bnd"名义购买胶料,发生的货款为 107149 马来西亚林吉特,折合人民币 208844. 11 元。在中钢吉林机电公司完成举证责任的情况下,德州亚太集团有限公司(以下简称德州亚太公司)如对公证书证中购货合同内容、价格及发票等存有异议,应对此提供足以反驳的证据以证明其主张,但德州亚太公司未提供证据予以证明,应承担举证不能的不利后果,法院对德州亚太公司的该项上诉主张不予支持。

➢ **3. 成都风口科技有限公司与汉华易美(天津)图像技术有限公司侵害作品信息网络传播权纠纷案**[(2020)川 01 民终 1718 号]

裁判要旨:上诉人用以证明涉案作品著作权归属的视频及其截图内容均为外文,而其并未提供中文译本,不符合法律规定,不予采信。

四川省成都市中级人民法院认为,二审中,成都风口科技有限公司(以下简称风口科技公司)向法院提交了视频资料一份,拟证明涉案作品作者为"Scott-MacBride",汉华易美(天津)图像技术有限公司(以下简称汉华易美公司)并非其著作权人。该视频显示内容为:用手机在浏览器中输入"google. com",进入相关网页,在搜索栏中输入"flickr"并在跳转页面的搜索栏输入"scottmacbride"进行搜索,选择"人员"选项,显示"ScottMacBride"用户名,点击"照片"选项,跳转到

“ScottMacBride 的相片”一栏,点击首张照片,显示的内容均为外文。风口科技公司还就该显示界面及内容提交了视频截图一份,并陈述该视频系其法定代表人的朋友在境外使用手机上网查看并自行录屏而成。汉华易美公司对上述证据的合法性和关联性有异议,并认为无法达到其证明目的。法院经审查认为,《民事证据规定》第 17 条规定,当事人向人民法院提供外文书证或者外文说明资料,应当附有中文译本。本案中,风口科技公司用以证明涉案作品著作权归属的视频及其截图内容均为外文,而其并未提供中文译本,不符合前述法律规定;并且,即使该视频及其截图界面中显示有涉案摄影作品,但仅凭现有证据也无法达到风口科技公司关于涉案作品著作权归属的证明目的。法院对上述证据不予采信。

编者说明

对于《民事证据规定》第 17 条关于外文说明资料的补充性规定,编者一直存在疑惑。首先,外文说明资料不属于法定的证据种类,其不该和外文书证并列规定在一起,最高人民法院用意如何?无从考究。其次,“应当”与“必须”的含义虽然没有实质区别,法律在表述义务性规范时,一般用“应当”或“必须”,但二者严厉的程度还是不一样的。2021 年修改《民事诉讼法》时,最高人民法院将《民事诉讼法》第 73 条第 2 款中的“必须”改为“应当”,是否基于什么特别的考虑?不得而知。最后,既然现行《民事诉讼法》第 73 条第 2 款已有“提交外文书证,必须附有中文译本”之规定,本条继续保留,还有多大意义吗?

当事人提交外文书证或外文说明资料,应当附有经证明无误的中文译本,这是本条的必然要求。因为法庭在审查当事人提交的域外证据时,依照“使用中华人民共和国通用的语言、文字”原则,只审查中文译本,不审查外文书证或外文说明资料本身。中文译本的获取,首先必须要将外文翻译为中文。此项工作可由专门的翻译公司进行,也可由具有外语专长的人员进行。最重要的环节是要证明中文译本与外文内容相一致,怎么证明?

司法解释起草人在《最高人民法院新民事诉讼证据规定理解与适用》一书中

指出:“由于外文书证或外文说明资料系在中国领域外形成的,因此也要履行本规定第 16 条所规定的证明手续,即这些外文书证或外文资料应根据其是公文书证还是涉及身份关系的证据,而采用公证或公证加认证的方式,或履行中国与该所在国订立的有关条约规定的证明手续。该外文书证或外文说明资料所附的中文译本,应随同一起公证和(或)认证,或者一起履行其他证明手续。中文译本履行上述程序后,方具有与外文书证或外文说明资料同等的效力。”①这是对司法解释的“解释”,仅根据条文本身我们是无法获得上述解读结论的,故编者一再强调法律人必须阅读最高人民法院相关司法解释的理解与适用。“经证明无误的中文译本”的途径方式,除了外国公证机构公证及我国驻外使领馆认证等,国内公证机构予以证明何尝不可?司法解释起草人对本条款的“解释”,编者一时无法悟透。

第四节　物　　证

条文内容	参考条文
第五十一条　【动产物证】 以动产作为证据的,应当将原物提交人民法院。原物不宜搬移或者不宜保存的,当事人可以提供复制品、影像资料或者其他替代品。	《民事证据规定》第 12 条第 1 款
人民法院在收到当事人提交的动产或者替代品后,应当及时通知双方当事人到人民法院或者保存现场查验。	《民事证据规定》第 12 条第 2 款

① 参见最高人民法院民事审判第一庭编著:《最高人民法院新民事诉讼证据规定理解与适用》,人民法院出版社 2020 年版,第 210 页。

要点注释

本条是关于动产证据(物证)提交的操作性规定,与《民事证据规定》第11条构成一般与特殊的关系。动产在概念和范围上是相对于不动产而言的,其是指不动产以外的物,即在性质上能够移动且移动不损害其经济价值的物。动产、不动产是民法上关于物的分类,《民事证据规定》首次将作为物证的动产和不动产区分开来,根据二者不同的特性,分别规定了当事人提交动产证据和不动产证据(见第52条)的要求,使得动产和不动产这种民法上对物的最重要的区分,在诉讼法上有了其独立的意义和价值。

本条规定动产证据可以不提交原物的例外情形,即原物不宜搬移或者不宜保存的。何为原物不宜搬移?比如飞机、船舶、汽车、航空器等体型庞大的特殊动产,以及珍贵文物等价值极高且易损坏的特殊动产,不方便搬移,当事人可以提供复制品、影像资料或者其他替代品。何谓原物不宜保存?如水产、水果等鲜活物品,炸药、鞭炮等危险性物品,就不宜保存,当事人可以提供复制品、影像资料或者其他替代品。在原物不宜搬移或者不宜保存的情况下,录影、录像、照片是当事人常见的证据替代品。

本条第2款规定,"人民法院在收到当事人提交的动产或者替代品后,应当及时通知双方当事人到人民法院或者保存现场查验"。这是人民法院接受作为物证的动产或其替代品的义务,是必须进行的。

地方人民法院案例

➤ **1. 江西遂川光速电子有限公司与任某忠买卖合同纠纷案**[(2018)赣08民终2116号]

裁判要旨:当事人提交的录音储存卡系复制品,录音存储卡内容真实性无法核实,不予认定。

江西省吉安市中级人民法院认为,任某忠虽向法院递交与姜某明的录音储存卡,拟证明其曾与姜某明约定,案涉欠款应在欠条出具的 2 年后支付。江西遂川光速电子有限公司(以下简称光速电子公司)对该证据真实性、合法性、关联性均提出异议,认为该份录音材料形成时间不明确。依照《民事证据规定》第 10 条①"当事人向人民法院提供证据,应当提供原件或者原物……"和第 69 条第 1 款第 4 项②之规定,无法与原件、原物核对的复印件、复制品不能单独作为认定案件事实的依据。本案中,任某忠向法院递交的录音储存卡系复制品,其提供的录音存储卡内容真实性无法核实且光速电子公司与中星源公司交易自 2014 年开始,录音时间不明,仅凭任某忠提供的该份录音存储卡,无法证明双方对案涉欠款还款时间做出了特别约定,故任某忠应当按照欠条约定,向光速电子公司支付货款。

➢ **2. 沈阳金长城房地产开发有限公司与沈阳程顺房地产顾问有限公司委托合同纠纷案**[(2005)沈民(2)房终字第 1030 号]

裁判要旨:复写件符合原件的两大特点,不是复印件,对案件事实具有证明力。

辽宁省沈阳市中级人民法院认为,关于沈阳程顺房地产顾问有限公司(以下简称顾问公司)向法院提供的证据,即 158 份《"长城·金色家园"认购预定书》的证明力的问题。当事人向人民法院提交证据材料时,首先应当提供具有客观性、真实性,并能够最大限度反映出事实真相的原件。民事诉讼证据的原件是指文件制作人以文字、图表等形式初始作成的、能够表达或反映其制作目的的文件。复制件是通过对原件进行拍照、复印、扫描等方式后形成的图文资料。《民事证据规定》第 10 条③规定:当事人向人民法院提供证据,应当提供原件或者原物。如需自己保存证据原件、原物或者提供原件、原物确有困难的,可以提供经

---

① 现为 2019 年修正的《民事证据规定》第 11 条。

② 现为 2019 年修正的《民事证据规定》第 90 条第 5 项。

③ 现为 2019 年修正的《民事证据规定》第 11 条。

人民法院核对无异的复制件或者复制品。第 65 条①规定:"审判人员对单一证据可以从下列方面进行审核认定:(一)证据是否原件、原物,复印件、复制品与原件、原物是否相符;(二)证据与本案事实是否相关;(三)证据的形式、来源是否符合法律规定;(四)证据的内容是否真实;(五)证人或者提供证据的人,与当事人有无利害关系。"第 69 条②规定:"下列证据不能单独作为认定案件事实的依据……(四)无法与原件、原物核对的复印件、复制品……"上述规定确认了当事人享有向人民法院提供与原件核对无异的复制件证明案件事实的权利,同时对"无法与原件、原物核对的复印件、复制品"不能单独作为认定案件事实的依据作了明确的规定。

依照上述第 65 条的规定,法院认定:(1)顾问公司、沈阳金长城房地产开发有限公司(以下简称开发公司)向法院提供的《"长城 · 金色家园"认购预定书》系同时复写而成,符合"原件必须是初始作成的、原件能够直接反映出制作人在制作文件时的目的"的两大特点,且该《"长城 · 金色家园"认购预定书》亦载明"本预定书一式三份,甲方二份,乙方一份",故顾问公司向法院提供的《"长城 · 金色家园"认购预定书》与开发公司向法院提供的《"长城 · 金色家园"认购预定书》均为原件,不是原件与复制件或者复印件的关系;(2)《"长城 · 金色家园"认购预定书》载明的内容与本案相关;(3)顾问公司向法院提供的《"长城 · 金色家园"认购预定书》与开发公司向法院提供的《"长城 · 金色家园"认购预定书》复写部分的形式一致、内容一致,笔迹一致;(4)顾问公司向法院提供的《"长城 · 金色家园"认购预定书》系原始取得的书证,且该证据来源不违反法律规定,具有"证明顾问公司销售 158 套商品房"的证明力。综上,法院对顾问公司向法院提供的证据,即《"长城 · 金色家园"认购预定书》的真实性、合法性、关联性予以确认。故该证据可作为本案定案的依据。

---

① 现为 2019 年修正的《民事证据规定》第 87 条。

② 现为 2019 年修正的《民事证据规定》第 90 条,内容有修改。

编者说明

编者对本条第2款规定的“及时通知双方当事人到人民法院或者保存现场查验”存在一定疑问。依条文含义，如果原告立案时提交了动产证据或其替代品，立案庭法官就应当及时通知被告到法院或者保存现场查验，岂非“以立代审”？而且，如果被告在庭审中对原告提交的动产证据或其替代品予以认可，法院还有“及时通知双方当事人到人民法院或者保存现场查验”的必要吗？

条文内容	参考条文
第五十二条　【不动产物证】 当事人以不动产作为证据的，应当向人民法院提供该不动产的影像资料。	《民事证据规定》 第13条第1款
人民法院认为有必要的，应当通知双方当事人到场进行查验。	《民事证据规定》 第13条第2款

要点注释

本条是关于不动产证据（物证）提交的操作性规定，与《民事证据规定》第11条也构成一般与特殊的关系，与第12条在逻辑上有相通之处。

所谓不动产，是指按照其物理性质不能移动或者移动会严重损害其价值的有体物。在我国，不动产主要指土地及房屋、林木等地上定作物。不动产作为物证的一种，本应遵循“优先提供原物”的提交原则，但不动产具有独特性，按其物理性质不能移动，或搬移会严重损害其经济价值，由于不动产原物无法移动或不宜搬移，故不动产本身就是“优先提供原物”原则的例外。

本条结合不动产这种特殊物证的自身特性进行了具体规定，当事人若以不动产作为证据提交的，应当向人民法院提供该不动产的影像资料。这里的影像资料，包括录影、录像资料。

本条规定,人民法院认为有必要的,应当通知双方当事人到场进行查验。现场查验是建立在不动产仍然存在的基础上,如果该不动产已经灭失,就不存在现场查验之说。

地方人民法院案例

➢ **1. 再审申请人于某波与被申请人张某红财产损害赔偿纠纷案**[(2021)豫11民申173号]

裁判要旨:现场查验并非法院审理案件的必经程序。

河南省漯河市中级人民法院认为,于某波主张原审法院未理会其实地勘验申请、对其提交的《公证书》不予理睬,系程序违法。经查,《民事证据规定》第13条规定:"当事人以不动产作为证据的,应当向人民法院提供该不动产的影像资料。人民法院认为有必要的,应当通知双方当事人到场进行查验。"据此,现场查验并非法院审理案件的必经程序,且一审法院已依法委托价格评估机构前往现场对事故损失进行专业评估。对于于某波提交的《公证书》,一审法院已组织双方充分质证,本案审理程序不存在违法情形。

➢ **2. 邓某民与吴某凡装饰装修合同纠纷案**[(2020)湘07民终2489号]

裁判要旨:当事人拒绝人民法院组织的现场查验,应当承担举证不能的不利后果。

湖南省常德市中级人民法院认为,《民事证据规定》第13条规定:"当事人以不动产作为证据的,应当向人民法院提供该不动产的影像资料。人民法院认为有必要的,应当通知双方当事人到场进行查验。"案涉装修工程已竣工接收但未验收,且发包人邓某民拒绝人民法院组织的现场查验,却要求行使扣除部分工程款的权利,明显权利与义务不对等,邓某民对此应当承担举证不能的不利后果。

编者说明

本条规定的影像资料是否包括照片？编者曾与身边的同仁进行探讨,多数意见认为照片并不属于影像资料。但编者始终认为,照片虽然没有录影、录像资料这般直观、逼真、全面,但也应属于影像资料的范畴,算是一种最低层次的影像资料。倘若将照片排除在影像资料之外,《民事诉讼法》第73条关于"提交原件或者原物确有困难的,可以提交复制品、照片"的规定就被彻底架空。此外,编者一直想不通,物证除了动产物证和不动产物证,似乎别无其他物证,《民事证据规定》第12条、第13条是否多余?如果确有必要区分规定动产证据和不动产证据,删除第11条中的原物部分内容是否更好?

第五节 视听资料、电子数据

条文内容	参考条文
第五十三条 【视听资料原件优先】 视听资料包括录音资料和影像资料。	《民诉法解释》 第116条第1款
当事人以视听资料作为证据的,应当提供存储该视听资料的原始载体。	《民事证据规定》 第15条第1款

要点注释

本条第1款是关于视听资料的类型,包括录音资料和影像资料两种形式。录音资料是应用声、光、电和机械学等方面的科学技术,把正在进行的有关人员演说、对话以及自然声响等声音如实地记录下来,然后通过播放再现原来的声迹,以证明案件真实情况的证据。影像资料是应用光电效应和电磁转换的原理,将人或事物运动、发展、变化的客观真实情况原原本本地录制下来,再经过播放重新显示原始的形象来证明案件真实情况的证据。

本条第2款是关于视听资料的提交规则,与《民事证据规定》第11条是一般与特殊的关系。与传统证据相比,视听资料具有信息量大、形象逼真的特点。由于视听资料是利用仪器设备或现代科技手段记载法律事件和法律行为,在无伪造、变造的情况下,具有较强的准确性和真实性;但视听资料又很容易用剪接后复制等手段伪造或变造。因此,对视听资料的审查主要是确认其真实性,有无伪造、篡改、剪辑。鉴于此,当事人以视听资料作为证据的,应当提供存储该视听资料的原始载体,如录音带、录像带。

在不少诉讼案件中,一方当事人提供了视听资料的复制件光盘,另一方当事人往往没有要求对方出示原件,即存储该视听资料的原始载体。从最佳证据规则的意义上讲,一方当事人有权要求另一方当事人出示视听资料的原件。但是,如果当事人不能出示原件,复制件是否就没有证据资格?本条语焉不详,要结合《民事证据规定》第61条进行解读。

地方人民法院案例

➢ 1. 刘某军与徐某阳、原审被告刘某新合伙合同纠纷案[(2022)辽13民终143号]

裁判要旨:当事人提供了录音的原始载体,符合视听资料证据的形式规则,该录音资料与当事人主张的事实相吻合,且对方当事人不能提出该录音资料存在剪辑或其他改变真实性的事实理由,该录音证据可以作为认定案件事实的根据。

辽宁省朝阳市中级人民法院认为,本案争议焦点在于徐某阳提供录音的证明效力问题。《民事证据规定》第15条第1款规定:"当事人以视听资料作为证据的,应当提供存储该视听资料的原始载体。"《民事诉讼法》第74条规定:"人民法院对视听资料,应当辨别真伪,并结合本案的其他证据,审查确定能否作为认定事实的根据。"本案中,徐某阳在二审期间提供了录音的原始载体,符合视听资料证据的形式规则,该录音资料与徐某阳主张的事实相吻合,且刘某军不能提出该录音资料存在剪辑或其他改变真实性的事实理由,因此,该录音证据可以作为认定案件事实的根据。

➢ 2. 再审申请人河南省地质测绘总院与被申请人漯河市勘测规划设计院、漯河市自然资源和规划局合同纠纷案[(2021)豫民申5600号]

裁判要旨:原审当事人提交的3份录音资料均不属于原始载体,原审法院对录音资料不符合证据的真实性的认定,于法有据。

河南省高级人民法院认为,《民事诉讼法》第64条第1款①规定,"当事人对自己提出的主张,有责任提供证据"。《民事诉讼法》第71条②规定,"人民法院对视听资料,应当辨别真伪,并结合本案的其他证据,审查确定能否作为认定事实的根据"。《民事证据规定》第15条第1款规定,"当事人以视听资料作为证据的,应当提供存储该视听资料的原始载体"。核验视听资料的真实性需要查验其最初录制的设备,即原始载体,以判断视听资料形成的时间,内容的完整性、连贯性,由此认定视听资料是否能够真实地反映案件相关事实。原审中河南省地质测绘总院(以下简称河南测绘院)提交的3份录音资料均不属于原始载体,且河南测绘院未能向法庭说明其中2016年12月及2017年12月两份录音资料的具体录音形成时间,2017年5月录音资料的录音形成时间亦是河南测绘院自己推测得出,不是通过该份录音资料自身所得出的形成时间。并且对于该3份录音资料所要证明的事实,河南测绘院未提交其他证据予以印证。原审法院对录音资料不符合证据的真实性的认定,于法有据。

➢ 3. 再审申请人朱某梅与被申请人张某杰等返还原物纠纷案[(2020)吉民申1177号]

裁判要旨:当事人对录音的真实性和完整性提出异议,但其承认录音中的声音是自己的,且未提供证据对录音的真实性、完整性予以反驳,亦明确表示对该录音完整性不申请鉴定,法院对该录音予以采信并无不当。

吉林省高级人民法院认为,《民事诉讼法》第71条③规定:"人民法院对视听资料,应当辨别真伪,并结合本案的其他证据,审查确定能否作为认定事实的根

① 现为2021年修正的《民事诉讼法》第67条第1款。

② 现为2021年修正的《民事诉讼法》第74条。

③ 现为2021年修正的《民事诉讼法》第74条。

据。”本案中，张某杰在二审庭审中已经向法庭提交该录音的原始载体，符合《民事证据规定》第15条第1款有关“当事人以视听资料作为证据的，应当提供存储该视听资料的原始载体”的规定。虽朱某梅对该录音的真实性和完整性提出异议，但其承认录音中的声音是自己的，且未提供证据对录音的真实性、完整性予以反驳，在原审庭审中亦明确表示对该录音完整性不申请鉴定。因此，二审判决结合于某的证言，对该录音予以采信并无不当。录音中朱某梅对于某说的“咱可能把房子这么便宜卖给你吗”“你妈要不出6万元的话，现在出10万元，备不住我也不可能卖给她”等内容，能够证明朱某梅与张某杰之间存在房屋买卖合同关系，因此二审判决认定事实并无错误。

➢ 4. 徐某与高某、吉林省四平一建集团股份有限公司建设工程合同纠纷案
[（2021）吉03民终997号]

裁判要旨：当事人提供了存储该通话录音的原始载体手机，符合《民事证据规定》第15条规定，该通话录音作为证据合法有效。

吉林省四平市中级人民法院认为，高某以徐某欠付工程款为由提起本案诉讼，在审理中双方均承认除天丰工程、朝阳小学工程、六中工程外，双方再无其他承包工程，亦无其他债权债务关系。高某针对欠付工程款的数额提交了2020年12月24日其向徐某索要45万元工程款的通话录音，并提供了存储该通话录音的原始载体手机，符合《民事证据规定》第15条第1款“当事人以视听资料作为证据的，应当提供存储该视听资料的原始载体”的规定，故该通话录音作为证据合法有效。录音中高某主张徐某欠其45万元并提出还款方案，徐某表示认可，故能够认定录音中二人认可的45万元为双方所有工程价款的结算。虽徐某称其在通话录音中的承诺有误，双方通话是在其没有与本单位财务人员了解核实朝阳小学、六中工程款支付情况的前提下进行的，通话后其立即要求财务人员对已经给付的工程款进行了统计，但其统计后并未就欠款情况向高某提出异议，双方亦未重新确定工程价款，不符合常理，故法院对徐某的该项辩解不予采信。

➢ **5. 重庆甲壳虫展览服务有限公司与薛某洋劳动争议纠纷案**[(2018)渝01民终3427号]

裁判要旨:当事人虽仅举示电话录音光盘,未举示原始载体,但对方当事人对录音真实性未提出异议,认可录音中的通话者,主动放弃对录音进行声纹鉴定,录音光盘可以采信。

重庆市第一中级人民法院认为,关于通话录音能否被采信的问题。《民事证据规定》第22条①规定,调查人员调查收集计算机数据或者录音、录像等视听资料的,应当要求被调查人提供有关资料的原始载体。提供原始载体确有困难的,可以提供复制件。提供复制件的,调查人员应当在调查笔录中说明其来源和制作经过。《民事诉讼法》第71条②规定,人民法院对视听资料,应当辨别真伪,并结合本案的其他证据,审查确定能否作为认定事实的根据。

薛某洋虽在一审仅举示电话录音光盘,未举示原始载体,但重庆甲壳虫展览服务有限公司(以下简称甲壳虫公司)对录音真实性未提出异议,认可录音中与薛某洋通话的是江某,主动放弃对录音进行声纹鉴定,二审中,甲壳虫公司听取了手机原始载体内的录音,确认一审采信的电话录音与原始载体录音一致,认可一审采信的电话录音的真实性,结合甲壳虫公司陈述的江某是甲壳虫公司的股东,与该公司法定代表人孙某伟是夫妻关系等事实,能够认定该电话录音的真实性,江某在电话中询问薛某洋的伤情,并催促其恢复后上班,录音内容与认定薛某洋与甲壳虫公司是否存在劳动关系具有关联性,一审法院采信该证据并无不当。现甲壳虫公司在二审中称电话录音不应被采信,却未提供正当理由,也未提供任何证据,对甲壳虫公司的该上诉意见法院不予采纳。

---

① 现为2019年修正的《民事证据规定》第23条,内容有修改。

② 现为2021年修正的《民事诉讼法》第74条。

条文内容	参考条文
第五十四条 【电子数据的范围】 电子数据是指通过电子邮件、电子数据交换、网上聊天记录、博客、微博客、手机短信、电子签名、域名等形成或者存储在电子介质中的信息。	《民诉法解释》 第 116 条第 2 款
电子数据包括下列信息、电子文件： （一）网页、博客、微博客等网络平台发布的信息； （二）手机短信、电子邮件、即时通信、通讯群组等网络应用服务的通信信息； （三）用户注册信息、身份认证信息、电子交易记录、通信记录、登录日志等信息； （四）文档、图片、音频、视频、数字证书、计算机程序等电子文件； （五）其他以数字化形式存储、处理、传输的信息。	《民事证据规定》第 14 条
存储在电子计算机等电子介质中的视听资料，适用电子数据的规定。	《民事证据规定》 第 99 条第 2 款后半句

要点注释

《民诉法解释》第 116 条第 2 款仅对电子数据下了定义，没有进一步对其进行分类，为便于实践操作，《民事证据规定》在 2019 年修改时参考了最高人民法院、最高人民检察院、公安部 2016 年 9 月 9 日发布的《关于办理刑事案件收集提取和审查判断电子数据若干问题的规定》第 1 条第 1 款的类型化归纳，将电子数据分为如下五类：

一是网络平台发布类信息。第 54 条第 2 款第 1 项列举了网页、博客、微博客。实际上,抖音短视频、朋友圈、贴吧、论坛、网盘也都属于网络平台发布的信息。

二是网络应用服务类通信信息。其包括手机短信、电子邮件、即时通信、通讯群组等。前两种无人陌生,后两种可能有人懵懂。微信、QQ、阿里旺旺就属于即时通信,微信群、QQ 群就属于通讯群组。有专家指出,从技术意义上讲,通讯群组与手机短信、电子邮件都属于即时通信,体现了列举界定方法的交叉性与不周延性。

三是记录类信息。记录类信息通常存储于网络运营商、电信服务商,具有较强的稳定性。第 54 条第 2 款第 3 项列举了用户注册信息、身份认证信息、电子交易记录、通信记录、登录日志五种。比如,当事人使用电子签名的合同书,电子签名即属于身份认证信息。

四是电子文件类信息。其包括各类电子文档、电子图片、音频、视频、数字证书、计算机程序等数字证书文件。

五是其他电子信息。由于电子数据的表现形式复杂,且随着科技发展,电子数据的类型可能发生变化,第 54 条第 2 款第 1 项至第 4 项未必能涵盖所有电子数据,故在第 5 项设立了兜底条款,即其他以数字化形式存储、处理、传输的能够证明案件事实的信息。

值得注意的是,根据《最高人民法院、最高人民检察院、公安部关于办理刑事案件收集提取和审查判断电子数据若干问题的规定》第 1 条第 2 款的反面列举,以数字化形式记载的证人证言、被害人陈述以及犯罪嫌疑人、被告人供述和辩解等证据,不属于刑事诉讼法中的电子数据。同理,以数字化形式记载的证人证言、当事人陈述,也不属于民诉法意义上的电子数据。

视听资料和电子数据在证据法理论上都属于准书证,二者差异在于载体不同,电子数据强调以电子介质为载体。故第 54 条第 3 款规定,存储在电子介质中的视听资料,适用电子数据的规定,即被认定为电子数据。

司法解释

➢《最高人民法院、最高人民检察院、公安部关于办理刑事案件收集提取和审查判断电子数据若干问题的规定》(法发〔2016〕22号,2016年10月1日施行)

第一条 电子数据是案件发生过程中形成的,以数字化形式存储、处理、传输的,能够证明案件事实的数据。

电子数据包括但不限于下列信息、电子文件:

(一)网页、博客、微博客、朋友圈、贴吧、网盘等网络平台发布的信息;

(二)手机短信、电子邮件、即时通信、通讯群组等网络应用服务的通信信息;

(三)用户注册信息、身份认证信息、电子交易记录、通信记录、登录日志等信息;

(四)文档、图片、音视频、数字证书、计算机程序等电子文件。

以数字化形式记载的证人证言、被害人陈述以及犯罪嫌疑人、被告人供述和辩解等证据,不属于电子数据。确有必要的,对相关证据的收集、提取、移送、审查,可以参照适用本规定。

地方人民法院案例

➢ **1. 再审申请人湖南家园环境事业发展有限公司、李某红与被申请人周某兰合同纠纷案**[(2017)湘民申4204号]

裁判要旨:当事人虽对电子数据的真实性提出异议,但没有提出真实性异议的具体理由,也未提交任何证据证实真实性存在问题,原审法院予以采信并无不当。

湖南省高级人民法院认为,经审查,被申请人周某兰在二审中提交的均是手机短信、微信聊天和文件传输,符合《民诉法解释》第116条规定的“电子数据”。该批电子数据证明的事实跨度从2014年3月起至2015年11月止,均与“处理投标事宜”相关。证据的关联性可以确认。申请人湖南家园环境事业发展有限公司在原审及再审申请中均对其真实性提出异议，但没有提出真实性异议的具体理由，也未提交任何证据证实上述证据的真实性存在问题。原审予以采信并无不当。据此认定周某兰所提供的证据可以证明周某兰自2015年4月起一直为湖南家园环境事业发展有限公司就新化环卫项目的投标中标进行协助服务亦无不当。

➢ 2. 江门市新会仁科电力集团有限公司、梁某芳等与天津中天东信能源进出口有限公司、原审第三人新会双水发电厂有限公司等民间借贷纠纷案［（2017）津民终81号］

裁判要旨：涉诉借款协议书是原告签字、捺印后以电子邮件附件的形式发送给被告，由被告签字、盖章后订立的，并提供和演示了相关电子邮件，被告虽然对以电子邮件形式签订的借款协议书的真实性不予认可，但并未提供足以反驳的相反证据，抗辩理由不能成立。

天津市高级人民法院认为，关于天津中天东信能源进出口有限公司（以下简称中天东信公司）与区某基之间是否存在民间借贷法律关系问题，江门市新会仁科电力集团有限公司（以下简称新会仁科公司）以中天东信公司未提交《借款协议书》“原件”为由，不认可区某基与中天东信公司之间存在3500万元借贷关系。法院认为，中天东信公司主张涉诉《借款协议书》是区某基签字、捺印后以电子邮件附件的形式发送给中天东信公司，由中天东信公司签字、盖章后订立的，并提供和演示了相关电子邮件。根据《民事诉讼法》第63条①、《民诉法解释》第116条的规定，电子邮件属于法律规定的民事诉讼证据类型中电子数据的一种，打印出的纸质件仅是电子邮件可以被读取和识别的表现形式，不能简单地以是否为“原件”判断其证据效力。而且，中天东信公司在天津，区某基在广东，双方通过电子邮件方式沟通和签订合同亦不违反常理。新会仁科公司虽然对以电子邮件形式签订的《借款协议书》的真实性不予认可，但并未提供足以反驳的相反证据，故其抗辩理由不能成立。

---

① 现为2021年修正的《民事诉讼法》第66条。

➤ 3. 重庆中环建设有限公司与贵州兴安煤业有限公司建设工程施工合同纠纷案[(2016)黔民终220号]

裁判要旨:电子邮件中的《企业询证函》上加盖有当事人的财务专用章,其中一份《企业询证函》仍保存于电子邮箱中。原审法院已当庭打开电子邮件进行了验证。电子邮件产生时双方并未发生诉讼,其内容较为客观,且电子邮件一经发出后进行篡改的可能性较低,法院对《企业询证函》的证明力予以确认。

贵州省高级人民法院认为,《企业询证函》的证明力应予确认。一审中,重庆中环建设有限公司提交了两份内容为《企业询证函》的电子证据,根据《民诉法解释》第116条第2款"电子数据是指通过电子邮件、电子数据交换、网上聊天记录、博客、微博客、手机短信、电子签名、域名等形成或者存储在电子介质中的信息"的规定,该证据系证据的法定形式之一,可以作为定案依据。经查,前述电子证据中的《企业询证函》上加盖有贵州兴安煤业有限公司的财务专用章,其中一份《企业询证函》仍保存于电子邮箱中。一审过程中,原审法院已当庭打开电子邮件进行了验证。法院认为,前述电子邮件产生时双方并未发生诉讼,其内容较为客观,且电子邮件一经发出后进行篡改的可能性较低。根据《民诉法解释》第108条第1款"对负有举证证明责任的当事人提供的证据,人民法院经审查并结合相关事实,确信待证事实的存在具有高度可能性的,应当认定该事实存在"的规定,法院对《企业询证函》的证明力予以确认。

➤ 4. 倪某与江西九峰纳米钙有限公司、原审被告倪某发买卖合同纠纷案[(2015)吉中民二终字第393号]

裁判要旨:作为数据电文之一的传真件具有证据资格,拥有证明效力。

江西省永丰县人民法院认为,原告江西九峰纳米钙有限公司提供了双方传真对账单,被告倪某认为是传真件,不是原件,不具有真实性,依照《合同法》第11条①规定,书面形式是指合同书、信件及数据电文(包括电报、电传、传真、电子数据交换和电子邮件)等可以有形地表现所载内容的形式。该条规定仅明确了

① 《合同法》已失效,现为《民法典》第469条第2款。

数据电文作为合同的载体形式之一。《电子签名法》第7条规定,数据电文不得仅因为其是以电子、光学、磁或者类似手段生成、发送、接收或者储存的而被拒绝作为证据使用。作为数据电文之一的传真件具有证据资格,拥有证明效力,法院确认传真件的证明效力,被告对传真件的辩称意见不符合法律规定,法院不予支持,原告举证提出多期与被告通过传真对账及发货单,均可以相互印证被告经销原告产品,双方对账的一种交易习惯。根据《民事证据规定》第8条第2款①规定,对一方当事人陈述的事实,另一方当事人既未表示承认也未否认,经审判人员充分说明并询问后,其仍不明确表示肯定或者否定的,视为对该项事实的承认。

法院认为,原告提交有署有"倪某发"名字的传真件等证据,已完成其举证责任,被告认为传真件上"倪某发"的签名不能确认是他本人所签,被告该辩称意见即未明确表示肯定或者否定,且被告未向法院提交其他证据支持其主张,亦未向法院提交笔迹鉴定申请,被告该辩称意见,不符合法律规定,该院依法不予采纳,被告对传真件不明确表示肯定或否定的辩称可以视为对传真件反映事实的承认,该院确认该传真件上的签名为被告倪某发本人所签,经原、被告最后一次通过传真件签字确认的对账是2013年12月3日,被告倪某拖欠原告货款833827元。虽然对账单上是被告倪某发签名,但原告的对账单、发货单上客户名称均为被告倪某。按双方签订经销协议书约定,原告若不按协议规定发货,被告有权要求原告承担损失和违约责任,现被告提出未收取货物及未欠款,按照协议约定,如被告倪某在如此长时间内未收取原告货物,应当会向原告主张违约责任,但被告倪某未向原告提出,与常理不符。另外根据协议约定,被告倪某组织销售团队销售产品,被告倪某应对其销售团队的销售行为承担责任,被告倪某发作为销售团队成员之一,应当认定被告倪某发签收货物及与原告进行传真对账,经过被告倪某的授权认可,因此被告辩称两被告是独立主体,法院不予采纳。

---

① 现为2019年修正的《民事证据规定》第4条,内容有修改。

编者说明

编者对《民事证据规定》第 14 条第 5 项的表述仍耿耿于怀。该项规定“能够证明案件事实的信息”，该信息能否证明案件事实，涉及证据证明力的有无和大小，这跟某信息是否属于电子数据完全是两码事。《民诉法解释》第 116 条第 2 款对电子数据所下的定义中就没有规定该形成或储存在电子介质中的信息须能证明案件事实，故该条第 5 项表述似乎欠妥，应修改为“其他以数字化形式存储、处理、传输的信息”。

证据法专家潘华明法官举过一例，有助于我们加深对电子数据分类的认识。他说，友人相聚，拍照留念，并发到朋友圈，其中：(1)所拍照片属于第四类“电子文件”；(2)发送到微信朋友圈，属于第一类“网络平台发布的信息”；(3)通过自己的微信账号发布的，涉及用户注册信息、身份认证信息，属于第三类；(4)发送成功，手机的微信系统记载“某年某月某日，发送照片成功”，则又属于第三类“登录日志”。

中国人民大学法学院电子证据领域专家谢君泽老师指出，从学术意义上讲，电子数据与传统证据本质上的区别在于表现形式的电子化，而非证明内容本身。换言之，学术意义上讲，任何传统证据都存在电子化形式，即“以数字化形式记载的证人证言、当事人陈述”仍属学术意义上的电子数据范畴。以上见解，在学理上值得重视。

条文内容	参考条文
第五十五条　【电子数据等同原则】 当事人以电子数据作为证据的，应当提供原件。电子数据的制作者制作的与原件一致的副本，或者直接来源于电子数据的打印件或其他可以显示、识别的输出介质，视为电子数据的原件。	《民事证据规定》 第 15 条第 2 款

要点注释

诉讼中应当提交证据原件,是各国普遍适用的一项规则。通常意义上的原件,是指信息首次固定于其上的媒介物。电子数据由于是存储在电子介质中的电子数据信息,其在证明案件事实时,需将数据编码转化为人们可以识别的形式,故几乎说不上电子数据有什么原件。比如数据电文,收件人收到的总是原件的拷贝,而不是载有原始信息的那张软盘、硬盘之类的媒介物。

那么,如何解决电子数据的原件问题?世界各国主要有五种立法:

一是功能等同法,为联合国国际贸易法委员会《电子商务示范法》所采用,将具有最终完整性和可用性等功能的电子数据副本规定为原件,只要数据电文确实起到了在“功能上等同或基本等同”于原件的效果,便可视为一种合法有效的原件,就能满足证据法对原件的要求。

二是拟制原件说,为美国《联邦证据规则》所采用,按照实际的、通常的做法,任何计算机打印输出物都属于原件。

三是混合标准说,为加拿大 1998 年《统一电子法》所采纳,该说采用了功能等同说和拟制原件说。

四是复式原件说,菲律宾《电子数据规则》在一定程度上践行了这一理论,该观点主要适用于文书一式多件的情形。

五是结合打印说,其认为电子数据原件不是孤立的,它既包括人眼不可识读的电子形式证据,也包括人眼可以识别的打印证据,两部分不可或缺,该观点重点在于解决电子数据原件的可视性问题。

我国在考察各国立法制度的基础上,最终形成的应是功能等同法为主兼具拟制原件说的“混合标准说”,故本条明确:“电子数据的制作者制作的与原件一致的副本,或者直接来源于电子数据的打印件或其他可以显示、识别的输出介质,视为电子数据的原件。”

本条前半句容易理解,后半句有点晦涩,我们可以借喻法律对待照片证据的态度作类比解释。严格地说,只有照片底片才被认定为是原件,而实际、通常的做法是,将由底片冲洗出来的任何相片都视为原件。与此相似,按照实际的、通常的做法,任何计算机打印输出物都属于原件。

对于电子数据可否视为原件,可依据以下情形进行考察:(1)具有最终完整性和可供随时调取查用的电子副本;(2)经公证机构有效公证、不利方当事人提供不出反证推翻的电子副本;(3)双方当事人均未提出原始性异议的电子副本;(4)附加了可靠电子签名或其他安全程序保障的电子副本;(5)满足法律另行规定或当事人专门约定的其他标准的电子副本;(6)可准确反映原始数据内容的输出物或显示物。

相关法律

➤**《电子签名法》**(2019年4月23日修正)

第五条 符合下列条件的数据电文,视为满足法律、法规规定的原件形式要求:

(一)能够有效地表现所载内容并可供随时调取查用;

(二)能够可靠地保证自最终形成时起,内容保持完整、未被更改。但是,在数据电文上增加背书以及数据交换、储存和显示过程中发生的形式变化不影响数据电文的完整性。

地方司法文件

➤**《北京市高级人民法院知识产权民事诉讼证据规则指引》**(2021年4月22日发布)

1.17 当事人提供电子数据证据时,应一并提供生成、存储、传输、提取该电子数据证据的技术过程说明。必要时,可以责令当事人提供该技术过程说明所涉及的具体技术资料或文件。

1.18 当事人提供电子数据证据,可以采用截图、拍照、录音、录像等方式固定证据内容,并提供记载、存储有证据内容的打印件、照片等传统载体,或光盘、U盘等电子数据载体。

经公证程序取得电子数据证据的,当事人应一并提供相应公证文书。

电子数据证据的取得未经公证程序,或虽经公证程序但确有必要时,可以要求当事人通过当庭出示原始存储载体、实时登录相关网站或者应用程序等进行勘验。

司法观点

➢关于电子数据的原件①

《民事诉讼法》第70条第1款②规定:"书证应当提交原件。物证应当提交原物。提交原件或者原物确有困难的,可以提交复制品、照片、副本、节录本。"诉讼中应当提交证据原件,是各国普遍适用的一项规则。电子数据是否为原件是判断其真实性的重要考虑因素,电子数据的原件具有特殊性。

编者认为,应当根据不同情况适用不同的判断标准。

(1)在调查收集证据的场合,电子证据的原件应当指最初生成的电子数据及其首先固定所在的各种存储介质,如果某一电子证据首先固定于某块计算机硬盘上,则该硬盘或其上的电子数据就是原件;如果某一电子证据首先固定于优盘或光盘上,则优盘、光盘或其上的电子数据就是原件。

(2)在举证、质证和审核认定证据时,应当进行适当地变通。在诉讼过程中的举证、质证和认证环节,电子证据的原始载体本身对于案件事实的证明并无意义,发挥事实证明作用的是其转换形成的可识别形式,如果固守传统的原始证据或原件的概念,这种转换形式将被作为复制件对待,从而将相当数量的电子证据

---

① 参见最高人民法院民事审判第一庭编著:《最高人民法院新民事诉讼证据规定理解与适用》[下],人民法院出版社2020年版,第815-816页。

② 现为2021年修正的《民事诉讼法》第73条第1款。

排除在案件事实证明之外,这势必削弱电子证据的应有功能。

目前审判实践中,考虑到电子数据的特殊性,为便于电子数据的质证与审查,一般要求当事人提交原始存储介质或者提取的电子数据以封存状态提交,即原件。而在举证、质证和审核认定证据时,应当进行适当地变通,由当事人向法庭提交电子数据书面展示件,如电子邮件的打印件、微信聊天的打印件等,有的还通过公证的方式固定、展示电子数据。对电子文档、图片等可以直接展示的电子数据,应提交打印件。电子数据的输出件和打印件应能够准确反映电子数据。

地方人民法院案例

➢ 1. 周某庆与孙某俊、孙某格民间借贷纠纷案[(2021)渝02民终783号]

裁判要旨:当事人只提交了微信聊天记录截屏打印件,并未提交原件,即原始的微信聊天记录,根据当事人陈述以及微信转账记录等证据,法院认定微信聊天记录截屏内容与原始的微信聊天记录内容一致,可以视为电子数据的原件。

针对当事人在二审中争议的主要证据能否采信的问题,重庆市第二中级人民法院评判如下:根据《民事证据规定》第14条的规定,微信聊天记录、微信转账记录属于电子数据证据。《民事证据规定》第15条规定,当事人以视听资料作为证据的,应当提供存储该视听资料的原始载体。当事人以电子数据作为证据的,应当提供原件。电子数据的制作者制作的与原件一致的副本,或者直接源于电子数据的打印件或其他可以显示、识别的输出介质,视为电子数据的原件。本案中,孙某俊、孙某格只提交了微信聊天记录截屏打印件,并未提交原件,即原始的微信聊天记录。此种情形下,只有在确认打印件显示的微信聊天记录截屏内容与原始的微信聊天记录内容一致的情况下,才能视为电子数据的原件,否则不能视为电子数据的原件。

根据当事人陈述以及周某庆出示的微信转账记录等证据,能够证实孙某俊与周某庆曾使用微信进行沟通,孙某俊出示的微信聊天记录截屏中显示的聊天参与方微信昵称“泪水中的微笑”、微信号与周某庆微信昵称、微信号相同。孙某俊提交的微信聊天记录截屏内容中有“泪水中的微笑”发来的手机短信图片，短信上面记载的尾号4165储蓄卡账户四笔收支情况(由中国建设银行短信通知)与周某庆提交的周某庆尾号4165建设银行卡交易明细记载的时间、金额、交易对手、余额等信息完全一致，该信息属于周某庆银行账户变动的个人信息，如果截屏内容系孙某俊伪造，那么孙某俊为何能掌握该信息，周某庆对此未能作出合理解释。根据孙某俊提交的微信聊天记录截屏内容，聊天参与方向“泪水中的微笑”催告还款，“泪水中的微笑”为证明自己经济困难而主动将自己的银行账户变动信息发给对方。结合孙某俊与周某庆有借贷纠纷的事实以及孙某俊持有截屏证据的事实，法院认为截屏显示的内容是孙某俊掌握周某庆银行账户变动信息的唯一合理解释，其真实性应予确认，故法院认定孙某俊提交的微信聊天记录截屏内容与原始的微信聊天记录内容一致，可以视为电子数据的原件；微信聊天参与方是周某庆、孙某俊。根据一审庭审笔录记载，孙某格提交的微信转账记录复印件“有原始载体核对”，诉讼参与人在笔录上均签字确认，故该微信转账记录复印件的真实性，本院予以确认。孙某格提交的微信聊天记录截屏打印件，既无原件核对，又无其他线索判断其真伪，故法院不予采信。一审采信该证据不当，该院予以纠正。

➢ 2. 宋某娣、东台市东联航运有限公司与王某明通海水域财产损害责任纠纷案[(2018)鄂民终657号]

裁判要旨：当事人未能提交证据证明U盘中存储的文件与原件一致，对方当事人亦不认可该组证据的真实性与合法性，考虑到录音录像和照片等电子数据的特殊性，该组证据不符合《民事诉讼法》规定的形式要件，不予采信。

湖北省高级人民法院认为，上诉人宋某娣称U盘里的文件均是从手机中下载下来，其原始载体为上诉人的委托诉讼代理人张某春的手机，但张某春未能当庭从其手机中调出其所声称的全部材料。法院认为，存储在电子介质中的录音资料和影像资料，按照《民事诉讼法》，应适用电子数据的规定。《民事证据规定》第49条①规定，对书证、物证、视听资料进行质证时，当事人有权要求出示证据的原件或者原物。但有下列情况之一的除外：(1)出示原件或者原物确有困难并经人民法院准许出示复制件或者复制品的；(2)原件或者原物已不存在，但有证据证明复制件、复制品与原件或原物一致的。本案中，上诉人未能提交证据原件，未能提交证据证明U盘中存储的文件与原件一致，被上诉人王某明亦不认可该组证据的真实性与合法性，考虑到录音录像和照片等电子数据的特殊性，且该组证据不符合《民事诉讼法》规定的形式要件，法院对该组证据不予采信。

➢ 3. 某某(天津)物流服务有限公司广州分公司与广州某某国际货运代理有限公司海上货运代理纠纷案[(2011)广海法初字第405号]

裁判要旨：原告未提交电子证据最初生成的电子数据及其首先固定所在的存储介质，上述电子证据缺乏必要的形式要件，证据的证明力不予确认。

广州海事法院认为，原告某某(天津)物流服务有限公司广州分公司于开庭后补充提交以下证据："……11. 被告向原告订舱过程以及确认提单内容的电子邮件；12. 被告已经支付运费以及启运港相关费用的证明；13. 被告告知原告货物不需退回的电子邮件往来；14. 原告处理滞港货物发生费用的电子邮件往来；15. 涉案货物在卸货港变卖价款的付款凭证；16. 原告向被告催问货物处理方案并催讨费用的MSN聊天记录；17. 原告向被告发送律师函的电子邮件往来；18. 原告参与事件处理相关人员的身份证明；19. 被告使用域名的网页信息；20. 中国万网域名查询结果。"该院认为，原告提交的证据10至证据14、证据16及证据17均为复印件，被告广州某某国际货运代理有限公司对上述复印件的真实性不予确认，原告未提交上述电子证据最初生成的电子数据及其首先固定所在的存储介质，经法院提示后，原告仍未提交真实有效、完整的电子复本或经公证的电子复本，上述电子证据缺乏必要形式要件，其是否存在及如何存在又无其他有效证据佐证，法院对原告上述电子证据的证明力均不予确认。

---

① 现为2019年修正的《民事证据规定》第61条。

第六节 证人证言

条文内容	参考条文
第五十六条 【证人资格】 凡是知道案件情况的单位和个人,都有义务出庭作证。有关单位的负责人应当支持证人作证。	《民事诉讼法》 第75条第1款
不能正确表达意思的人,不能作为证人。	《民事证据规定》 第67条第1款
待证事实与其年龄、智力状况或者精神健康状况相适应的无民事行为能力人和限制民事行为能力人,可以作为证人。	《民事证据规定》 第67条第2款

要点注释

证人出庭作证首先体现为一种义务,这是因为证人出庭作证行为具有利他性和不可替代性。本条第2款和第3款存在关联性,第2款是第3款适用的前提,是对证人资格问题的原则性要求。"不能正确表达意思的人"如何理解?这里不能简单地等同于无民事行为能力人和限制民事行为能力人,这样理解缩小了民事诉讼法中证人的范围。无民事行为能力人和限制民事行为能力人能否作为证人,首先应当审查是否符合本条第3款的要求。

作为证人,应当具有感知能力、辨别是非能力和正确表达能力。"不能正确表达意思的人,不能作为证人"包含了对证人辨别是非能力、正确表达能力的要求。证人辨别是非的能力、正确表达的能力为证人资格的具体化,主要与证人年龄、智力状况或者精神健康状况相关。只要待证事实与证人的年龄、智力状况或者精神健康状况相适应,不论是否是无民事行为能力人或限制民事行为能力人,均可以作为证人。因此,当证人是无民事行为能力人或限制民事行为能力人时,应审查待证事实是否与其的年龄、智力状况或者精神健康状况相适应。实践中,如果对证人能否正确表达意思存在疑问,根据当事人的申请,法院可以交由鉴定机构进行鉴定;必要时,法院也可以依职权交由鉴定机构进行鉴定。

我国法律在证人的感知能力方面并没有进行特别的要求,即在法律上一般不应当以证人的感知能力来限制证人作证的资格。换言之,立法承认每个人都具有一定的感知能力。至于影响感知能力的因素,则视其为与证人可信性有关的因素,在审查证人证言的证明力时予以考虑。

相关法律

➤**《民法典》**(2021 年 1 月 1 日施行)

第十七条 十八周岁以上的自然人为成年人。不满十八周岁的自然人为未成年人。

第十八条 成年人为完全民事行为能力人,可以独立实施民事法律行为。

十六周岁以上的未成年人,以自己的劳动收入为主要生活来源的,视为完全民事行为能力人。

第十九条 八周岁以上的未成年人为限制民事行为能力人,实施民事法律行为由其法定代理人代理或者经其法定代理人同意、追认;但是,可以独立实施纯获利益的民事法律行为或者与其年龄、智力相适应的民事法律行为。

第二十条 不满八周岁的未成年人为无民事行为能力人,由其法定代理人代理实施民事法律行为。

第二十一条 不能辨认自己行为的成年人为无民事行为能力人,由其法定代理人代理实施民事法律行为。

八周岁以上的未成年人不能辨认自己行为的,适用前款规定。

其他规定

➢**《涉及家庭暴力婚姻案件审理指南》**(最高人民法院中国应用法学研究所,2008年3月施行)

第四十三条 未成年子女的证言

家庭暴力具有隐蔽性。家庭暴力发生时,除了双方当事人和其子女之外,一般无外人在场。因此,子女通常是父母家庭暴力唯一的证人。其证言可以视为认定家庭暴力的重要证据。

借鉴德国、日本以及我国台湾的立法例,具备相应的观察能力、记忆能力和表达能力的2周岁以上的未成年子女提供与其年龄、智力和精神状况相当的证言,一般应当认定其证据效力。

法院判断子女证言的证明力大小时,应当考虑到其有可能受到一方或双方当事人的不当影响,同时应当采取措施最大限度地减少作证可能给未成年子女带来的伤害。

司法解释

➢**《最高人民法院关于适用〈中华人民共和国民法典〉总则编若干问题的解释》**(法释〔2022〕6号,2022年3月1日施行)

第五条 限制民事行为能力人实施的民事法律行为是否与其年龄、智力、精神健康状况相适应,人民法院可以从行为与本人生活相关联的程度,本人的智力、精神健康状况能否理解其行为并预见相应的后果,以及标的、数量、价款或者报酬等方面认定。

司法观点

➢无民事行为能力人或者限制民事行为能力人证言的认定①

问:如何确定无民事行为能力人或者限制民事行为能力人证言的证明力?

答:《民事证据规定》第 90 条规定:“下列证据不能单独作为认定案件事实的根据:(一)当事人的陈述;(二)无民事行为能力人或者限制民事行为能力人所作的与其年龄、智力状况或者精神健康状况不相当的证言;(三)与一方当事人或者其代理人有利害关系的证人陈述的证言;(四)存有疑点的视听资料、电子数据;(五)无法与原件、原物核对的复制件、复制品。”认定无民事行为能力人或者限制民事行为能力人所作证言与其年龄、智力状况或者精神健康状况是否相当时,可以根据案件的复杂程度、对智力发育的要求程度,结合证人的年龄、生理、性格、习惯、受教育的条件和程度,需作证事物的客观环境、条件等综合认定。例如,在一起离婚纠纷案件中,原告一方申请 9 岁的儿子赵某作为证人出庭作证,当被问到被告有没有出轨时,赵某回答有,并称被告在外面风流。经法庭询问,赵某并不知道“风流”的含义,并称“风流”等词是原告教的。本案中,赵某关于被告出轨的证言便是与其年龄和智力状况不相当的证言,不能单独作为认定被告出轨事实的根据。

最高人民法院案例

➢福建三木集团股份有限公司与福建省泉州市煌星房地产发展有限公司商品房预售合同纠纷案②[(2004)民一终字第 104 号]

裁判要旨:知晓案件事实的证人有义务出庭作证,证人没有就争议的待证事实出庭,其所作的书面证言不具有证明力。

---

① 参见《民事审判实务问答》,法律出版社 2021 年版,第 307-308 页。

② 参见《最高人民法院公报》2006 年第 5 期(总第 115 期)。

最高人民法院认为,关于福建三木集团股份有限公司(以下简称三木公司)提供的申达公司出具的《说明》是否具有证明力的问题。依据《民事诉讼法》第70条①的规定,申达公司作为知晓案件事实的证人,有义务出庭作证,作为《协议书》签约一方亦应当出具《协议书》原件,以证实三木公司持有的《协议书》复印件与原件无异,但申达公司没有就三木公司与福建省泉州市煌星房地产发展有限公司争议的待证事实出庭或提供《协议书》原件,因此,申达公司出具的《说明》不具有证明力,不予采纳。

地方人民法院案例

➤陈某新与经某华、吕某东合伙协议纠纷案[(2016)琼02民终1494号]

裁判要旨:证人对基本常识不能正确陈述,属于不能正确表达意志的人,不能作为证人,所作证言不予采信。

海南省三亚市中级人民法院认为,本案二审期间,陈某新围绕其上诉请求申请证人苏某兰、麦某发出庭作证。该院组织当事人进行了举证和质证。对当事人二审争议的证据和事实,该院认定如下:证人苏某兰在出庭作证时,连自己出生的时间和10月有多少天都不清楚;而证人麦某发对自己在出庭作证前一天才出具的证人证言的内容都不记得,也不认识经某华,二人对基本常识或最近所发生的事实均不能正确陈述,却作证证明记得2年前的事实不符合常理。依照《民事证据规定》第53条第1款②关于“不能正确表达意志的人,不能作为证人”的规定,苏某兰和麦某发不能作为证人,其证言本院不予采信。

---

① 现为2021年修正的《民事诉讼法》第75条,内容有修改。

② 现为2019年修正的《民事证据规定》第67条第1款,内容有修改。

条文内容	参考条文
第五十七条　【证人出庭作证】 经人民法院通知，证人应当出庭作证。有下列情形之一的，经人民法院许可，可以通过书面证言、视听传输技术或者视听资料等方式作证： （一）因健康原因不能出庭的； （二）因路途遥远，交通不便不能出庭的； （三）因自然灾害等不可抗力不能出庭的； （四）其他有正当理由不能出庭的。	《民事诉讼法》第76条
人民法院应当要求证人出庭作证，接受审判人员和当事人的询问。证人在审理前的准备阶段或者人民法院调查、询问等双方当事人在场时陈述证言的，视为出庭作证。	《民事证据规定》第68条第1款
双方当事人同意证人以其他方式作证并经人民法院准许的，证人可以不出庭作证。	《民事证据规定》第68条第2款

要点注释

证人对事物的感知能力、证人的表达能力、证人是否客观如实地陈述证言等因素对于案件事实的认定都具有直接的影响。证人只有出席法庭审理才能对影响证人证言证明力的各种因素予以查明；否则，法官和当事人无法对证人进行询问，证人证言的真实性和证明力无法判断。因此，要求证人出庭陈述证言，既是保障当事人质证权利充分行使的需要，也是人民法院正确认证的需要。本条第1款对证人出庭作证义务提出了原则性的要求。

特殊情况下允许证人不出庭作证，是在司法利益和证人利益之间的平衡选择。因健康原因不能出庭作证，这是各国的普遍做法，要求年迈体弱或行动不便的证人必须出庭作证,既不客观也不现实。路途遥远,交通不便不能出庭的情形,要求证人一定出庭作证并不合理。如果路途遥远,但交通便利,不能作为不出庭作证的理由。自然灾害等不可抗力是证人自身无法避免、无法克服的自然现象和社会现象,证人因不可抗力的原因不能出庭作证的,可以通过书面证言、视听传输技术或者视听资料等方式作证。

人民法院审理前的准备阶段或者人民法院调查、询问等程序是在人民法院的主持下进行,证人也是在双方当事人在场的情形下陈述证言,双方当事人均可以就案件的有关问题向证人询问,此时证人所作的陈述,应当具有庭审中陈述同样的法律效果。为解决困扰审判实践中证人出庭作证率低的问题,本条第 2 款第 2 句对证人陈述证言的时间进行了修改,规定证人在审理前的准备阶段或者人民法院调查、询问等双方当事人在场时陈述证言的,视为出庭作证。

依据《民事诉讼法》第 76 条,即本条第 1 款,经人民法院许可,证人因健康原因、路途遥远且交通不便、自然灾害等不可抗力及其他有正当理由不能出庭作证的,可以通过书面证言、视听传输技术或者视听资料等方式作证。为了贯彻诉讼契约精神,本条第 3 款在《民事诉讼法》第 76 条的基础上,增加了双方当事人同意证人以其他方式作证并经人民法院准许的情形,即除证人因健康原因,路途遥远、交通不便,自然灾害等不可抗力因素及其他有正当理由不能出庭作证的情形之外,双方当事人一致同意证人可以不出庭作证并经人民法院准许的,证人可以通过书面证言、视听传输技术或者视听资料等方式作证。其实际上也是对出庭作证变通形式的规定。

司法解释

➤**《最高人民法院关于知识产权民事诉讼证据的若干规定》**(法释〔2020〕12 号,2020 年 11 月 18 日施行)

第二十七条 证人应当出庭作证,接受审判人员及当事人的询问。

双方当事人同意并经人民法院准许,证人不出庭的,人民法院应当组织当事人对该证人证言进行质证。

地方人民法院案例

➢ 1. 熊某与新疆联诚重工科技有限公司债权转让合同纠纷案[(2021)新28民终1464号]

裁判要旨：证人未能出庭接受法庭及当事人询问，法院对于证人出具的收条无法认定。

新疆维吾尔自治区巴音郭楞蒙古自治州中级人民法院认为，对于上诉人熊某提供的王某娟于2014年9月26日出具12800元的收条，依据《民事证据规定》第68条规定："人民法院应当要求证人出庭作证，接受审判人员和当事人的询问。证人在审理前的准备阶段或者人民法院调查、询问等双方当事人在场时陈述证言的，视为出庭作证。双方当事人同意证人以其他方式作证并经人民法院准许的，证人可以不出庭作证。无正当理由未出庭的证人以书面等方式提供的证言，不得作为认定案件事实的根据。"王某娟未能出庭接受法庭及当事人询问，且该笔借款亦为上诉人出具《借条》之前，故本院对此收条无法认定。对于上诉人熊某于2016年5月5日给马某的转款理由同上。故一审人民法院认定上诉人于2018年6月26日出具219000元《借条》后，减去上诉人熊某于2018年7月26日还款19800元，尚欠199200元予以认定并无不当。

➢ 2. 甘肃刚泰控股(集团)股份有限公司与嘉茂通商业保理(深圳)有限公司、原审被告国鼎黄金有限公司、原审被告刚泰集团有限公司等合同纠纷案[(2021)京民终599号]

裁判要旨：上诉人提交的原审被告的个人陈述，应属证人证言，作为证人应当出庭接受询问，没有正当理由未出庭接受询问，证人证言不予采信。

最高人民法院认为，甘肃刚泰控股(集团)股份有限公司(以下简称甘肃刚泰公司)提交了徐某刚书写的个人陈述，徐某刚表示其认可案涉保理合同上甘肃刚泰公司的公章的真实性，但是案涉保理合同以及《委托收付资金协议》上加盖的徐某刚的人名章均不是其真实的人名章。嘉茂通商业保理(深圳)有限公司对于徐某刚个人陈述的内容不予认可。法院认为,《民事证据规定》第68条规定:“人民法院应当要求证人出庭作证,接受审判人员和当事人的询问。证人在审理前的准备阶段或者人民法院调查、询问等双方当事人在场时陈述证言的,视为出庭作证。双方当事人同意证人以其他方式作证并经人民法院准许的,证人可以不出庭作证。无正当理由未出庭的证人以书面等方式提供的证言,不得作为认定案件事实的根据。”

本案中,徐某刚作为本案原审被告,经一审法院及该院合法传唤均无正当理由未到庭参加诉讼,亦未提交书面答辩意见。甘肃刚泰公司提交的徐某刚的陈述应属证人证言,依据前述法律规定,徐某刚作为证人应当出庭接受询问。徐某刚没有正当理由未出庭接受询问,其证人证言不能作为认定案件事实的根据。法院对甘肃刚泰公司提交的徐某刚的证人证言不予采信。

条文内容	参考条文
第五十八条 【证人出庭作证申请时限及内容】 当事人申请证人出庭作证的,应当在举证期限届满前向人民法院提交申请书。	《民事证据规定》第69条第1款
申请书应当载明证人的姓名、职业、住所、联系方式,作证的主要内容,作证内容与待证事实的关联性,以及证人出庭作证的必要性。	《民事证据规定》第69条第2款
符合《最高人民法院关于适用〈中华人民共和国民事诉讼法〉的解释》第九十六条第一款规定情形的,人民法院应当依职权通知证人出庭作证。	《民事证据规定》第69条第3款

要点注释

《民事诉讼法》第 68 条第 1 款规定:“当事人对自己提出的主张应当及时提供证据。”该款是对当事人及时提供证据义务的明确规定,当事人应当根据诉讼情况,在合理、适当的时间内对自己的主张提供证据。《民事诉讼法》第 68 条第 2 款还规定了当事人的举证期限和逾期提供证据的法律后果,有效防止证据突袭,对当事人诉讼给予平等保护,同时促进审判效率的提高。

由于证人出庭作证的行为,在性质上与举证行为相同,本条规定明确了申请证人出庭作证的一方当事人应当在举证期限届满前提交申请书,并明确了申请书的基本内容。申请书应当载明必要信息,包括证人的姓名、职业、住所、联系方式,同时应在申请书中明确作证的主要内容、作证内容与待证事实的关联性及证人出庭作证的必要性,由人民法院判断是否准许证人出庭作证。

证人出庭作证需要依据人民法院的通知,通知证人出庭作证属于人民法院依申请的行为。只有存在《民诉法解释》第 96 条第 1 款规定的“人民法院认为审理案件需要的证据”的情形,人民法院才能依职权通知证人出庭作证。

司法解释

➤ **1.《最高人民法院关于适用简易程序审理民事案件的若干规定》**(法释〔2020〕20 号,2021 年 1 月 1 日施行)

第十二条 适用简易程序审理的民事案件,当事人及其诉讼代理人申请证人出庭作证,应当在举证期限届满前提出。

➤ **2.《最高人民法院关于适用〈中华人民共和国民事诉讼法〉的解释》**(法释〔2022〕11 号,2022 年 4 月 10 日施行)

第九十六条 民事诉讼法第六十七条第二款规定的人民法院认为审理案件需要的证据包括:

(一)涉及可能损害国家利益、社会公共利益的;

(二)涉及身份关系的;

(三)涉及民事诉讼法第五十八条规定诉讼的;

(四)当事人有恶意串通损害他人合法权益可能的;

(五)涉及依职权追加当事人、中止诉讼、终结诉讼、回避等程序性事项的。

除前款规定外,人民法院调查收集证据,应当依照当事人的申请进行。

地方人民法院案例

➢ **1. 任某与中国华融资产管理股份有限公司重庆市分公司、重庆市黔江区海昌电器有限责任公司、任某云、王某菊案外人执行异议之诉纠纷案**[(2021)渝04民终1312号]

裁判要旨:当事人于一审开庭时要求新增证人出庭作证,不予准许。

重庆市第四中级人民法院认为,《民事证据规定》第69条第1款规定:"当事人申请证人出庭作证的,应当在举证期限届满前向人民法院提交申请书。"本案中,上诉人任某未按前述规定申请证人出庭作证,于一审开庭时要求新增证人出庭作证,不符合前述规定,原判未予准许并未违反法定程序,故上诉人主张一审法院程序违法的理由不成立,法院不予支持。

➢ **2. 于某与高某娟、安某岗民间借贷纠纷案**[(2021)京01民终9745号]

裁判要旨:当事人在一审调解期间、谈话前提交了载有证人姓名的证据目录,证人到庭陈述、签署保证书并接受询问,另一方当事人参与了询问并发表质证意见,且未就证人出庭作证的程序提出异议,一审法院在证人出庭作证的程序上不存在违法情形。

北京市第一中级人民法院认为,对一审法院就证人及其证言的处理问题,《民事证据规定》第69条规定,当事人申请证人出庭作证的,应当在举证期限届满前向人民法院提交申请书。申请书应当载明证人的姓名、职业、住所、联系方式,作证的主要内容,作证内容与待证事实的关联性,以及证人出庭作证的必要性。符合《民诉法解释》第96条第1款规定情形的，人民法院应当依职权通知证人出庭作证。本案中，首先，就证人出庭作证程序问题，高某娟在本案一审调解期间、谈话前提交了载有证人姓名的证据目录。一审谈话时，证人到庭陈述、签署保证书并接受询问，于某一方参与了询问并发表质证意见，且未就证人出庭作证的程序提出异议，一审法院在证人出庭作证的程序上不存在违法情形。其次，就证人资格、虚假作证等问题，一审法院在文书中仅列举了各方对证人证言的举证、质证情况，并未采信上述证人证言。因此，于某主张一审法院采信无证人资格且虚假的证人证言，依据不足，法院不予采纳。

➢ **3. 梁某跃与陈某洪提供劳务者受害责任纠纷案**［(2021)川18民终758号］

裁判要旨：对于当事人在庭审中口头提出的证人出庭作证的申请，不予准许。

四川省雅安市中级人民法院认为，陈某洪虽然在一审庭审中提出证人出庭的申请，但根据《民事证据规定》第69条第1款"当事人申请证人出庭作证的，应当在举证期限届满前向人民法院提交申请书"以及第2款"申请书应当载明证人的姓名、职业、住所、联系方式，作证的主要内容，作证内容与待证事实的关联性，以及证人出庭作证的必要性"的规定，当事人在诉讼中向人民法院申请证人出庭作证的，应当在法院确定的举证期间届满前提交申请书，并载明拟出庭证人的个人基本信息，与诉争事实存在的关联性以及出庭作证的必要性，经法院审查符合相关法律规定的，才能获得准许。

本案中，一审法院在向陈某洪送达书面的《举证通知书》中明确告知"你方申请证人作证，应当在举证期限届满的十日前向本院提出申请"。但其并未在法院确定的期间内提出，更未对申请出庭证人的基本情况以及与案涉待证事实的关联性和出庭的必要性进行说明，法院缺少审查的基础和前提。因此，一审法院结合双方争议的事实以及法律规定，对陈某洪庭审中口头提出的证人出庭的申请作出不准予的决定并无不当，该院应当支持。

条文内容	参考条文
第五十九条 【申请证人出庭作证的处理】 人民法院准许证人出庭作证申请的,应当向证人送达通知书并告知双方当事人。通知书中应当载明证人作证的时间、地点,作证的事项、要求以及作伪证的法律后果等内容。	《民事证据规定》第70条第1款
当事人申请证人出庭作证的事项与待证事实无关,或者没有通知证人出庭作证必要的,人民法院不予准许当事人的申请。	《民事证据规定》第70条第2款

要点注释

证人出庭作证能够保障发现案件事实真相,实现实体正义,是贯彻直接言辞原则的具体体现,也是辩论原则的内在要求。因此,证人应当出庭作证。人民法院的通知是证人出庭作证的必要前提,但审判实践中,经常出现当事人未在举证期限届满前向人民法院提出申请,而是径行携证人出席庭审,提出要求证人出庭作证的申请,或者申请作证的证人与到场的证人不一致等情形。一些审判人员对民事诉讼法及司法解释的相关规定理解模糊,适用弹性过大,随意准许未经通知的证人出庭作证,既损害了庭审的严肃性,也无法保障证人证言的真实性。因此,本条第1款明确规定人民法院的通知是证人出庭作证的前提和必要条件。未经人民法院通知,意味着当事人关于证人出庭作证的申请未提出或人民法院未予准许。但例外的是,如果双方当事人均同意未经通知的证人出庭作证,人民法院可以准许当事人的申请,允许未经事先通知的证人出庭作证。

人民法院应当对当事人提出的证人出庭作证申请进行审查,审查证人出庭作证本质上是当事人的举证行为,证人证言应当符合民事诉讼证据的关联性、合法性和真实性。关联性是证据的基本属性,是证据进入诉讼的第一道"关卡"及证据能够被采纳的首要条件。具体来说,证据的关联性包括两方面含义:一是证据对于解决争议的待证事实具有实质意义;二是证据具有证明价值,即具有使待证的事实主张更有可能或更无可能的能力。因此,在认定证人出庭作证与待证事实是否具有关联性时,应当根据当事人申请证人出庭作证拟实现的证明目的,以及该证明目的是否指向待证事实,是否有助于证明待证事实等因素作出综合判断。

本条第 2 款规定的"没有通知证人出庭作证必要的"情形,属于兜底性条款,由审理案件的法官根据个案的具体情况作出综合判断。如对于待证事实,审理案件的法官已经形成较为充分的内心确信,无论证人是否出庭作证,均不可能对法官的心证基础产生动摇的,应属于本条第 2 款规定的"没有通知证人出庭作证必要的"情形,人民法院不予准许当事人的申请。

地方人民法院案例

➤ 1. 李某先与林某强合同纠纷案[(2020)鲁 06 民终 7363 号]

裁判要旨:有证人出庭作证不是申请证人出庭作证,当事人未依法向法院提交证人出庭作证书面申请,要求证人出庭作证不予准许。

山东省烟台市中级人民法院认为,《民事证据规定》第 68 条第 1 款规定:"……证人在审理前的准备阶段或者人民法院调查、询问等双方当事人在场时陈述证言的,视为出庭作证。"第 69 条规定:"当事人申请证人出庭作证的,应当在举证期限届满前向人民法院提交申请书。申请书应当载明证人的姓名、职业、住所、联系方式,作证的主要内容,作证内容与待证事实的关联性,以及证人出庭作证的必要性……"第 70 条规定:"人民法院准许证人出庭作证申请的,应当向证人送达通知书并告知双方当事人。通知书中应当载明证人作证的时间、地点,作证的事项、要求以及作伪证的法律后果等内容。当事人申请证人出庭作证的事项与待证事实无关,或者没有通知证人出庭作证必要的,人民法院不予准许当事人的申请。"

根据上述规定,证人在审理前的准备阶段或者人民法院调查、询问等双方当事人在场时陈述证言的,视为出庭作证。法院传票传唤双方当事人在指定时间共同到指定法庭参加庭审调查,上诉人李某先如果想让证人出庭陈述证言,应依法向法院提交证人出庭作证书面申请书,法院准许证人出庭作证申请后向证人送达通知书并告知双方当事人,上诉人无权径行让证人出庭而不须提出申请。上诉人未依法向本院提交证人出庭书面申请,且从上诉人当庭表述"有证人出庭作证"及理由看,上诉人也并非当庭申请证人出庭,而是告知法院"有证人出庭作证",认为对本次庭审调查,证人可直接出庭作证而无须向法院申请出庭。因此,该院对上诉人当庭提出的"有证人出庭作证"不予准许,于法不悖。

➢ 2. 郑某、邓某秀与中铁二十一局第四工程有限公司财产损害赔偿纠纷案
[(2021)川01民终20132号]

裁判要旨:证人证明的内容,亦不能达到被上诉人的证明目的,没有再行通知证人出庭作证的必要,对上诉人证人出庭作证的申请不予准许。

四川省成都市中级人民法院认为,二审中,上诉人郑某向法院申请证人付某、营门口派出所警官出庭,拟证明上诉人向被上诉人中铁二十一局第四工程有限公司(以下简称中铁二十一局四公司)询问过植株遗失的事情,并且就植株遗失向派出所报过案。法院经审查认为,《民事证据规定》第69条第1款规定:"当事人申请证人出庭作证的,应当在举证期限届满前向人民法院提交申请书。"第70条第2款规定:"当事人申请证人出庭作证的事项与待证事实无关,或者没有通知证人出庭作证必要的,人民法院不予准许当事人的申请。"本案上诉人并未在举证期限内申请证人出庭,且付某一审已经作为证人出庭,即使证人证明上诉人就植株遗失询问过被上诉人、报过案,亦不能达到被上诉人有侵权行为的证明目的,故该院认为,没有再行通知证人出庭作证的必要,该院对上诉人证人出庭作证的申请不予准许。

条文内容	参考条文
第六十条 【证人具结】 人民法院应当要求证人在作证之前签署保证书,并在法庭上宣读保证书的内容。但无民事行为能力人和限制民事行为能力人作为证人的除外。	《民事证据规定》第 71 条第 1 款
证人确有正当理由不能宣读保证书的,由书记员代为宣读并进行说明。	《民事证据规定》第 71 条第 2 款
证人拒绝签署或者宣读保证书的,不得作证,并自行承担相关费用。	《民事证据规定》第 71 条第 3 款
证人保证书的内容适用当事人保证书的规定。	《民事证据规定》第 71 条第 4 款

要点注释

证人在作证之前进行宣誓或者郑重陈述,是当今许多国家和地区诉讼法的明确要求,主要作用在于确保证人证言的真实性,预防虚假陈述,同时也可审查证人是否具有辨别是非的能力。本条从我国文化传统和现实国情出发,采用证人保证书,即具结书制度。

具结的适用主体方面,无民事行为能力人和限制民事行为能力人由于行为能力受限,其不能完全理解具结的意义,在通常情况下也无法令其承担伪证制裁后果,故无民事行为能力人和限制民事行为能力人作为证人不必具结。

具结的时间方面,具结的合理时间设置是发挥具结制度功效的前提条件。证人具结应当在证人陈述证言之前进行,并且为了加强具结的仪式效果和警醒作用,证人具结必须单独进行。

具结的方式方面,证人应当同时完成书面具结和口头具结,因口头具结较签署书面保证书的方式而言,更能够对证人内心产生威慑。证人因客观原因无法出庭作证而以书面证言或其他视听传输技术作证时,仍应当完成证人的具结。

从具结的内容来看,应当包含两方面内容:一是证人承诺如实陈述所感知和了解的相关情况,绝不隐匿、掩饰、增加、删减;二是承诺如有虚假陈述,愿意接受法律制裁。

从具结的法律效力来看,证人具结是其作证的前提条件;未经具结的证人证言不具有证据能力,不能作为认定案件事实的根据。

地方法院案例

➢ 1. 山东联兴建设集团有限责任公司与朱某文、刘某泉提供劳务者受害责任纠纷案[(2021)鲁14民终938号]

裁判要旨:法院疏忽导致证人未签署和宣读保证书,但在庭审中已将保证书的内容向证人进行了释明,证人明确表示清楚如实陈述的义务,作伪证、假证需要承担法律责任,法院程序上虽有瑕疵,但并未严重违法。

山东省德州市中级人民法院认为,山东联兴建设集团有限责任公司(以下简称联兴公司)认为刘某泉申请证人出庭作证未在举证期限届满前向人民法院提交申请,一审法院也未按照法律规定向联兴公司及朱某文进行通知。同时,联兴公司提出证人不具备证人资格,一审法院未要求证人签署保证书。对于此问题,法院认为,除非有不能正确表达意思的情形,其他人均有作为证人的资格。由于民事案件情况复杂,人民法院在确定举证期限上有一定自由裁量权,可能在民事案件审理中确定当事人的举证期限不止一次,人民法院可以根据当事人的主张和案件审理情况,确定当事人应当提供的证据及其期限。刘某泉当庭申请证人出庭作证,联兴公司并未提出异议,并按程序对证人进行了询问。因一审法院的疏忽二证人未签署和宣读保证书,但一审法院在庭审中已将保证书的内容向二证人进行了释明,二证人明确表示清楚如实陈述的义务,作伪证、假证需要承担法律责任,故一审法院程序上虽有瑕疵,但一审程序并未严重违法。

➢ 2. 磐石市海达房地产开发有限公司、谢某与王某 23 股东资格确认纠纷案[(2020)吉 02 民终 1730 号]

裁判要旨:证人在出庭作证时,未签署承诺书并当庭宣读,法院审判程序存在瑕疵,但不属于严重违反法定程序的情形。

吉林省吉林市中级人民法院认为,关于证人出庭作证问题。5 名证人在一审出庭作证时,均未签署承诺书并当庭宣读,一审法院审判程序存在瑕疵,但不属于严重违反法定程序的情形,且磐石市海达房地产开发有限公司与谢某在一审时对此均未提出异议,故磐石市海达房地产开发有限公司与谢某以此为由请求本案发回重审,法院不予支持。

➢ 3. 唐山国际旅游岛金贝房地产开发有限公司与陈某、原审被告朱某宇房屋买卖合同纠纷案[(2020)冀 02 民终 6301 号]

裁判要旨:证人出庭作证时,原审法院告知了证人的权利和义务,证人表示听清且未提出异议,应当认定证人对依法作证作出了承诺。

河北省唐山市中级人民法院认为,证人出庭作证时,原审法院告知了证人的权利和义务,证人表示听清且未提出异议,应当认定证人对依法作证作出了承诺,故唐山国际旅游金贝房地产开发有限公司以证人未签署和宣读保证书为由,主张证人证言不能作为认定案件事实的依据理据不足,法院不予采信。

条文内容	参考条文
第六十一条　【证人作证方式】 证人应当客观陈述其亲身感知的事实,作证时不得使用猜测、推断或者评论性语言。	《民事证据规定》第 72 条第 1 款
证人作证前不得旁听法庭审理,作证时不得以宣读事先准备的书面材料的方式陈述证言。	《民事证据规定》第 72 条第 2 款
证人言辞表达有障碍的,可以通过其他表达方式作证。	《民事证据规定》第 72 条第 3 款

要点注释

证人证言的主要功能和目的在于证明待证事实存在与否以及具体的事实状况,因此,为了尽可能地接近和还原客观事实,证人应当如实陈述其亲身感知的客观情况。证人在法庭上陈述的与案件无关的事实,以及对案件所作的猜测、推断或者评论,甚至对案件中相关法律问题的意见等,并不是对客观事实的重现和陈述,均不属于证人证言的范畴。证人在其证言中作出的猜测、推断或者评论性语言,对于法院查明客观事实会产生误导和影响。故而,证人在作证过程中应当仅就其感知的客观情况作出如实陈述,不得使用猜测、推断或者评论性语言。

证人在向法庭陈述之前,一般需要经历了解——记忆——叙述这三个阶段。因为人记忆的时间具有有限性、主观性的特征,记忆随着时间的流逝而消退,在证人向法庭提供证言的时间,可能会出现记忆模糊、记忆不全的情况。从心理学上讲,每个人都有从众心理,多数人的共同行为易对其他人发生暗示作用。如允许证人旁听庭审活动或其他证人的陈述,证人易受到他人观点或陈述的影响,从而根据其他证人的证言而对自己的证言进行剪裁。为了避免法庭的审理情况对证人产生干扰和误导,影响证人证言的真实性,因此证人作证前不得旁听法庭审理。因我国目前推行的庭审直播使证人即使不旁听法庭审理,仍可通过观看庭审直播的方式了解案件审理的相关情况,因此,本条规定在具体适用时,还应注意证人在出庭作证前,不能以观看庭审直播的方式了解案件的审理情况。

证人证言是以言辞方式在法庭上所作的陈述,通常情况下禁止以书面证言代替证人出庭作证。因为书面证言的作证方式,可能造成法官对书面证言内容的理解出现偏差甚至误解的情况;同时,书面证言在作出的过程中可能存在信息扭曲,甚至证人受当事人的影响而作出不真实陈述的情况。这些情况通过书面证言的形式较难察觉。因此,禁止使用书面证言代替言辞作证是现代诉讼的一般要求。证人出庭作证时,亦不得以宣读书面材料的方式作证,如果允许证人宣读书面材料,那么与其提交书面证言无异,书面证言所存在的种种弊端仍无法避免。

法律上的权利与义务是相互关联、功能互补、对立统一的。法律规定证人负有将其知道的相关事实如实向法庭作出陈述的义务,亦对证人出庭作证提供了相应的保障,赋予了证人在人身权益、经济保障等方面的权利。证人出庭作证时,如因身体等原因言辞表达有障碍的,可以通过其他表达方式作证,如聘请通晓聋哑手势的人为他们提供翻译,但不得以提交事先准备好的书面证言方式作证。

地方司法文件

➤**《浙江省高级人民法院民事审判第二庭关于商事审判若干疑难问题的理解》**(2011 年,第 69 个问答)

问:旁听过的庭审的证人证言效力如何认定?

答:根据《民事证据规定》第 58 条①规定,证人不得旁听法庭审理。因此,法官应当避免出现证人旁听庭审的情形。对旁听过庭审的证人证言效力问题如何,结合案件整个过程分析,该证人证言能够和其他证据形成严密的证据链条,前后能相互印证,可予以认定。在分析该证人证言的效力时,要特别注意是否受到其他因素的干扰。

最高人民法院案例

➤**再审申请人增城市江龙外商活动中心与被申请人深圳市旭莱科技开发有限公司、贵州国创能源控股(集团)股份有限公司等债权转让合同纠纷案**[(2017)最高法民申 3065 号]

裁判要旨:证人作证前不得旁听庭审,否则丧失证人作证资格。

---

① 现为 2019 年修正的《民事证据规定》第 74 条。

最高人民法院认为,至于增城市江龙外商活动中心(以下简称江龙中心)认为其已经提供以下证据否认案涉债权的真实性的问题,最高人民法院仍然认为江龙中心的主张不成立,具体分析如下:许某曾应江龙中心原委托诉讼代理人的要求旁听了一审庭审,有违《民事诉讼法》有关证人不得旁听庭审的规定,且其证言内容本身缺乏相应证据支持,二审判决不予采信并无不当。

地方人民法院案例

➢1. 再审申请人江某旺与被申请人江某华、江某东返还原物纠纷案[(2016)闽民申89号]

裁判要旨:证人证言系听他人转述及属其个人观点,不是证人亲身感受的,不足以证明案件事实。

福建省高级人民法院认为,根据证人陈某提供的购买木材的单据,陈某出资购买木材的时间为1962年,江某旺无法证明陈某所购该批木材余下的部分在1965年用于涉讼房屋的建造。且证人陈某出庭作证时称,其未到过建房现场,其证言内容是听陈甲说的,涉讼房屋系江某旺独资投资建造的陈述是其个人主观看法。根据《民事证据规定》第57条①的规定,“出庭作证的证人应当客观陈述其亲身感知的事实……证人作证时,不得使用猜测、推断或者评论性的语言”。因陈某关于涉讼房屋系江某旺独资建造的陈述,系听他人转述不属其个人观点,不是陈某亲身感受的,故陈某的证言不足以证明涉讼房屋系江某旺独资建造。

➢2. 周某娥与廖某梅合同纠纷案[(2021)鄂08民终1435号]

裁判要旨:违反“证人应当客观陈述其亲身感知的事实,作证时不得使用猜测、推断或者评论性语言”的规定之证言,法院不予采纳。

湖北省荆门市中级人民法院认为,由于廖某梅对洲和公司出具的申明的真实性不予认可。根据《民诉法解释》第115条的规定,单位向人民法院提出的证

---

① 现为2019年修正的《民事证据规定》第72条,内容有修改。

明材料,应当由单位负责人及制作证明材料的人员签名或者盖章,并加盖单位印章。由于该申明上没有该公司负责人及制作证明材料的人员签名,不符合证据的形式要件,故不予采纳。证人陈某虽因病不能出庭作证,但其书面证言对廖某梅与周某娥之间的法律关系进行定性,且明确欠款应由洲和公司偿还的内容,违反了《民事证据规定》第72条的证人应当客观陈述其亲身感知的事实,作证时不得使用猜测、推断或者评论性语言的规定,法院对陈某的证言不予采纳。

➢ 3. 徐某与广东荣禧智能车库有限公司劳动争议纠纷案[(2021)粤19民终11909号]

裁判要旨:证人证言存在猜测、推断或评论的成分内容,不予采信。

广东省东莞市中级人民法院认为,徐某申请陶某和贺某作为证人出庭,两位证人陈述称,徐某在工作中态度认真踏实,原来属于经理级别,后来公司有些事情让徐某背了锅,公司老板对他有了意见,于是采取调岗方式变相逼走他。徐某调岗后,公司并未明确徐某的职务,实际上是变相撤了徐某的职务,工作内容也与之前的工作毫不相干,工作场所也发生了很大变动,从固定办公室变成了流动工作。广东荣禧智能车库有限公司对证人的陈述不予确认。

对双方存在争议的事实,法院认定如下:陶某与贺某作为证人,应当客观陈述其亲身感知的事实,作证时不应使用猜测、推断或者评论性语言。二人均为徐某的前同事,但二人并非人事岗位或徐某调岗后所在部门的员工,对徐某调岗的原因或调岗后的待遇并不充分了解,二人陈述中,除广东荣禧智能车库有限公司对外公布的徐某调整岗位的一些信息可确认真实性,予以采信外;其他内容,如徐某调岗的原因、调岗后的工作内容等,均存在猜测、推断或评论的成分,法院依法不予采信。

➢ 4. 陶某平与浙江海建建设股份有限公司建设工程合同纠纷案[(2020)浙04民终2536号]

裁判要旨:证人已参与旁听一审开庭审理,对其证言不予采信。

浙江省嘉兴市中级人民法院认为,二审中,陶某平申请证人周某、江某出庭作证,以证明本案双方订立合同的过程,合同存放在周某处,故一审第一次庭审中未提交,以及南区和北区工程状况不一样的事实。浙江海建建设股份有限公司质证认为,二证人均全程旁听了一审两次庭审,证人资格不合法,且证人与陶某平存在利害关系,证言本身也不足以采信。法院认为,根据《民事证据规定》第72条第2款的规定,证人作证前不得旁听法庭审理,作证时不得以宣读事先准备的书面材料的方式陈述证言。二证人已参与旁听一审开庭审理,故浙江海建建设股份有限公司的质证意见成立,对证人证言不予采信。

➢ 5. 金某波与张某厚身体权纠纷案[(2022)鲁06民终1766号]

裁判要旨:证人旁听了本次庭审,其作为证人出庭,法院不予准许。

山东省烟台市中级人民法院认为,二审期间,上诉人金某波申请证人宗某、金某出庭作证。证人宗某作证称,一天傍晚,其与金某及上诉人金某波在掐花,其看到树倒了,上诉人金某波倒在树梢底下。宗某扒拉树梢,没有扶起上诉人金某波,后被上诉人张某厚过来把树枝割了割。宗某没看到上诉人金某波是被树砸倒了还是自己摔倒了。上诉人金某波代理人是到宗某家进行调查,但调查笔录未念给其听。经质证,被上诉人张某厚称对宗某的证人证言真实性不认可,其陈述并不是事情的真实经过。2021年10月10日,被上诉人张某厚曾找过宗某与金某,当时在谈话录音当中,其二人的陈述与本次庭审不一致。并且金某与宗某系夫妻,上诉人金某波代理人在做调查笔录时,该两名证人皆在现场,因此证人证言相互串供的可能性非常大。基于以上事实,被上诉人张某厚不认可宗某花的证人证言。《民事证据规定》第72条第2款规定:"证人作证前不得旁听法庭审理,作证时不得以宣读事先准备的书面材料的方式陈述证言。"因证人金某旁听了本次庭审,其作为证人出庭,法院不予准许。

条文内容	参考条文
第六十二条　【证人连续陈述】 证人应当就其作证的事项进行连续陈述。	《民事证据规定》 第73条第1款

续表

条文内容	参考条文
当事人及其法定代理人、诉讼代理人或者旁听人员干扰证人陈述的,人民法院应当及时制止,必要时可以依照民事诉讼法第一百一十三条的规定进行处罚。	《民事证据规定》第73条第2款

要点注释

本条第1款规定旨在通过强调证人的陈述应当连续来确保证言的真实、完整。证人的连续性陈述要求证人围绕其作证事项连续、完整地叙述自己的记忆内容,这既是确保证人作证流程顺畅、高效的需要,又是防止证人因作证时被打扰、误导、诱导甚至威胁而作出虚假、片面证言的重要举措。

"证人应当就其作证的事项进行连续陈述"。这里的"应当"二字说明连续陈述是证人作证的一项义务,也是诚信原则的具体要求。当然,连续陈述并不意味着绝对禁止证人在陈述证言时出现停顿。如果一味要求其连续陈述,可能适得其反,会诱导证人在出庭作证前就事先将所要陈述的证言进行梳理并熟记于心,从而在法庭上表现为陈述流利、表情镇静,甚至作证会沦为一场法庭表演,反倒不利于法官对证人进行察言观色。因此,司法实践中,应将证人当庭回忆、组织语言所需的必要停顿,与不连续陈述加以区分。

在诚信原则的具体要求下,如实陈述客观事实是证人的义务,而保障证人不受当事人及其他诉讼参与人的干扰从而连续、完整地作出陈述则是人民法院的职责所在。为此,本条第2款将诉讼参与人或旁听人员干扰证人陈述的情形纳入被制止或处罚的范围。

相关法律

➢《民事诉讼法》(2021年12月24日修正)

第一百一十三条 诉讼参与人和其他人应当遵守法庭规则。

人民法院对违反法庭规则的人,可以予以训诫,责令退出法庭或者予以罚款、拘留。

人民法院对哄闹、冲击法庭,侮辱、诽谤、威胁、殴打审判人员,严重扰乱法庭秩序的人,依法追究刑事责任;情节较轻的,予以罚款、拘留。

第一百一十八条 对个人的罚款金额,为人民币十万元以下。对单位的罚款金额,为人民币五万元以上一百万元以下。

拘留的期限,为十五日以下。

被拘留的人,由人民法院交公安机关看管。在拘留期间,被拘留人承认并改正错误的,人民法院可以决定提前解除拘留。

地方人民法院案例

➢ **1. 黄某伟与田某租赁合同纠纷案**[(2020)云26民终1242号]

裁判要旨:证人没有就其作证的事项进行连续陈述,并将其知道的相关案件信息完整连续地向法庭作出陈述,证人证言不予采信。

云南省文山壮族苗族自治州中级人民法院认为,证人邹某在一审已经出庭为黄某伟进行了作证,根据《民事证据规定》第72条的规定:"证人应当客观陈述其亲身感知的事实,作证时不得使用猜测、推断或者评论性语言。证人作证前不得旁听法庭审理,作证时不得以宣读事先准备的书面材料的方式陈述证言。证人言辞表达有障碍的,可以通过其他表达方式作证。"第73条第1款规定:"证人应当就其作证的事项进行连续陈述。"

本案证人邹某在一审中已经作为黄某伟的证人出庭作证,现在其在二审再次作为证人出庭作证的方式,没有遵循和保障证人连续、完整陈述其感知和了解的相关案件事实而不受当事人及其他诉讼参与人干扰的原则,其在二审的证言不能避免受外界因素,即第一次出庭作证的影响,特别是来自当事人诱导的影响。因此,其分别作为一审、二审证人没有就其作证的事项进行连续陈述,并将其知道的相关案件信息完整连续地向法庭作出陈述。故邹某在二审的陈述法院不予采信。

➢ 2. 汝南县康裕洁净煤生产配送有限公司与振伟建设工程施工合同纠纷案

[(2020)豫17民终2288号]

裁判要旨:证人作证时不是就其作证的事项进行连续陈述,而是宣读事先准备好的书面材料,且系孤证,不予采信。

河南省汝南县人民法院认为,关于原告丁某伟主张的大钩机、小钩机、基础底座焊接、11方商砼、工人看场工资、食堂、运土另加等费用,原告提供吴某德的视频证言作为证据支撑,通过播放证人视频影像显示:证人作证时不是就其作证的事项进行连续陈述,而是宣读事先准备好的书面材料,其证言违反了《民事证据规定》第72条第2款(证人作证前不得旁听法庭审理,作证时不得以宣读事先准备的书面材料的方式陈述证言)、第73条第1款(证人应当就其作证的事项进行连续陈述)的规定,且系孤证,不予采信,原告的该项主张在本案中不予支持,双方可另行协商解决,原告也可收集证据后另案主张。

条文内容	参考条文
第六十三条 【询问证人】 审判人员可以对证人进行询问。当事人及其诉讼代理人经审判人员许可后可以询问证人。	《民事证据规定》 第74条第1款
询问证人时其他证人不得在场。	《民事证据规定》 第74条第2款
人民法院认为有必要的,可以要求证人之间进行对质。	《民事证据规定》 第74条第3款

要点注释

询问证人是证人证言的主要调查方法,是对证人证言进行质证的主要方式。本条第1款旨在明确询问证人的方式。总体来说,询问证人的模式主要包括交叉询问模式、职权主义询问模式及混合询问模式。我国借鉴了大陆法系的职权主义询问模式,询问证人主要由法官主导推进,当事人及其诉讼代理人经法官许可后可以对证人进行询问;即使对自己申请出庭作证的证人,当事人也不能随意发问,仍需获得法官的许可。

本条第2款旨在明确询问证人应当遵循单独询问规则。在询问证人的过程中,每次传唤一个证人出庭,由法官或当事人及其诉讼代理人对证人进行询问,对该证人询问完毕后,应通知证人退出法庭,法庭再传唤第二个证人出庭接受询问,如此反复。证人单独询问规则是为了保障每个证人陈述自己所经历过的案件事实,而不受其他证人的干扰和影响。大陆法系国家和地区普遍认可和采用证人单独询问规则。

本条第3款明确了特定情况下证人之间的对质询问。证人之间的对质询问是大陆法系职权主义模式中特有的询问规则。一般而言,对证人的询问应当遵循单独询问规则,但对质询问却是让就同一事实作出相互矛盾陈述的两个或两个以上证人面对面,由法官对他们进行询问,让他们就同一问题进行争辩,主要目的在于帮助法官认定证人证言的真实性以形成自由心证。通常情况下,对质询问应当在询问证人的最后阶段进行,且作为询问证人的补充手段,只有在人民法院认为有必要时方能进行。

地方人民法院案例

➢1.杨某生、刘某与佛山市晟世纺织科技有限公司买卖合同纠纷案[(2021)粤06民终9888号]

裁判要旨:当事人及其诉讼代理人经审判人员许可可以向证人发问,此程序并非庭审必经程序。

广东省佛山市中级人民法院认为，上诉人杨某生、刘某上诉主张，一审法院无向王某核查其与邹某超的关系，也没有让杨某生、刘某对其询问，明显程序不当。《民事证据规定》第68条第1款规定："人民法院应当要求证人出庭作证，接受审判人员和当事人的询问。证人在审理前的准备阶段或者人民法院调查、询问等双方当事人在场时陈述证言的，视为出庭作证。"第74条第1款规定："审判人员可以对证人进行询问。当事人及其诉讼代理人经审判人员许可后可以询问证人。"一审法院于庭审中使用证人宁某的手机微信拨打王某的语音电话，王某在双方当事人在场时陈述了其证言，已完成出庭作证义务。同时，在王某已明确陈述其曾于元丰公司任职，元丰公司法定代表人杨某生系其老板的情况下，再核查王某与邹某超之间的关系已无必要。据前述规定，当事人及其诉讼代理人经审判人员许可可以向证人发问，此程序并非庭审必经程序，一审法院审理程序并无不当。

➢ 2. 广东正邦生态养殖有限公司清远分公司、广东正邦生态养殖有限公司与万某华种植、养殖回收合同纠纷案[（2021）粤18民终5331号]

裁判要旨：两人出庭作证的程序存在瑕疵，但是两证人系分别出庭作证，先出庭的证人并无对后出庭的证人造成干预或明显影响，对于两人的证人证言，可予以采纳。

广东省清远市中级人民法院认为，二审期间，上诉人广东正邦生态养殖有限公司清远分公司、广东正邦生态养殖有限公司提交了中国庭审公开网中一审庭审截录的视频、视频截图和文字翻译，拟证明证人邓甲出庭作证时，证人邓乙在其旁边，且两位证人在作证完毕后一直没有退出法庭，违反了《民事证据规定》第74条第2款"询问证人时其他证人不得在场"的规定，属于程序违法，且两位证人在作证时和旁听席中旁听的人坐在一起并与之交谈……虽然本案两人出庭作证的程序存在瑕疵，但是两证人系分别出庭作证，先出庭的邓甲并无对后出庭的邓乙造成干预或明显影响，故对于两人的证人证言，可予以采纳。

➢ 3. 陈某华与邹某成合伙协议纠纷案[(2020)新23民终480号]

裁判要旨:证人一审通过手机观看了庭审直播,不符合出庭作证规定,对其已陈述的内容不予采信。

新疆维吾尔自治区昌吉回族自治州中级人民法院认为,经质证,上诉人陈某华对证人证言的真实性、合法性、关联性均认可。被上诉人邹某成对证人证言的真实性、合法性、关联性均不认可,提出证人李某寿一审时通过手机观看了庭审,在本案中的陈述无效。因证人李某寿一审通过手机观看了庭审直播,根据《民事证据规定》第58条①的规定:"审判人员和当事人可以对证人进行询问。证人不得旁听法庭审理;询问证人时,其他证人不得在场。人民法院认为有必要的,可以让证人进行对质。"据此,该证人李某寿不符合出庭作证规定,法院对其已陈述的内容亦不予采信。

条文内容	参考条文
第六十四条 【证人以其他方式作证的条件】 证人确有困难不能出庭作证,申请以书面证言、视听传输技术或者视听资料等方式作证的,应当向人民法院提交申请书。申请书中应当载明不能出庭的具体原因。	《民事证据规定》 第76条第1款
符合民事诉讼法第七十六条规定情形的,人民法院应当准许。	《民事证据规定》 第76条第2款

要点注释

证人出庭作证是确保和实现其诚信、如实履行作证义务的程序性保障,除因客观原因无法出庭的情况外,证人均应履行出庭作证的义务。但社会生活的复

① 现为2021年修正的《民事证据规定》第74条。

杂多样决定了在司法实践中会不可避免地遇到许多特殊情况，过于严格地适用直接言辞规则或传闻排除规则会导致很多有价值的证据不能进入审判者的视野。因此，法律在作出一般性的原则规定之外，还针对特殊情况作出了例外规定，证人出庭例外便是其中之一。

依据《民事诉讼法》第76条的规定，证人因健康原因，路途遥远、交通不便，自然灾害等不可抗力及其他有正当理由不能出庭的，经人民法院许可，可以通过书面证言、视听传输技术或者视听资料等方式作证。据此，在我国民事诉讼程序中，证人出庭作证的例外情形仅适用于"因客观原因无法出庭"的情形。因客观原因无法出庭作证时的替代作证方式包括两种：一是提交书面证言；二是通过视听传输技术或者视听资料等方式作证。

无论哪种替代作证方式，证人均应向人民法院提交书面申请，载明不能出庭的具体原因，最好载明出庭作证的替代性方式。人民法院经审核，证人的申请符合《民事诉讼法》第76条规定情形的，应当准许证人不出庭作证的申请；证人提交的申请不符合《民事诉讼法》第76条规定情形的，应当告知证人对其申请不予准许，证人仍应履行出庭作证义务。

相关法律

➤ 1.《民事诉讼法》（2021年12月24日修正）

第七十六条　经人民法院通知，证人应当出庭作证。有下列情形之一的，经人民法院许可，可以通过书面证言、视听传输技术或者视听资料等方式作证：

（一）因健康原因不能出庭的；

（二）因路途遥远，交通不便不能出庭的；

（三）因自然灾害等不可抗力不能出庭的；

（四）其他有正当理由不能出庭的。

➤ 2.《未成年人保护法》（2020年10月17日修正）

第一百一十条　公安机关、人民检察院、人民法院讯问未成年犯罪嫌疑人、被告人,询问未成年被害人、证人,应当依法通知其法定代理人或者其成年亲属、所在学校的代表等合适成年人到场,并采取适当方式,在适当场所进行,保障未成年人的名誉权、隐私权和其他合法权益。

人民法院开庭审理涉及未成年人案件,未成年被害人、证人一般不出庭作证;必须出庭的,应当采取保护其隐私的技术手段和心理干预等保护措施。

地方人民法院案例

➢ 1. 何某云与黄某强、原审被告蔡某辉民间借贷纠纷案[(2021)闽05民终512号]

裁判要旨:证人身在境外,综合疫情的实际影响,依法属于可以通过视听传输技术作证的法定情形,其所作证言合法有效。

福建省泉州市中级人民法院认为,何某云认为一审严重违反关于证人出庭作证的程序性要求,主张潘某的证言不能作为定案依据,缺乏事实和法律依据。《民事诉讼法》第73条①规定:"经人民法院通知,证人应当出庭作证。有下列情形之一的,经人民法院许可,可以通过书面证言、视听传输技术或者视听资料等方式作证:(一)因健康原因不能出庭的;(二)因路途遥远,交通不便不能出庭的;(三)因自然灾害等不可抗力不能出庭的;(四)其他有正当理由不能出庭的。"二审中,潘某在线向法院表明其不在境内,并向法院提供出入境证件复印件证明其二审以及一审审理期间身在境外,综合疫情的实际影响,法院对潘某不在境内的事实予以采信,潘某依法属于可以通过视听传输技术作证的法定情形,符合证据规则,其所作证言合法有效,何某云主张一审严重违反法律规定的关于证人出庭作证的法定形式,没有事实和法律依据,不予采纳。

---

① 现为2021年修正的《民事诉讼法》第76条。

➢2. 湖北鼎壹农合生态科技有限公司与余某、周某华合同纠纷案[(2021)鄂08民终1077号]

裁判要旨:本案并无证据显示证人具备可提供书面证言的情形,一审法院径行对证人调查并形成笔录,法律依据欠缺,对证人的调查笔录,不应作为认定本案事实的根据。

湖北省荆门市中级人民法院认为,湖北鼎壹农合生态科技有限公司以一审法院对郑某的调查笔录实际是证人证言,而郑某未出庭为由,主张该份证据不能作为认定案件事实的依据。从调查笔录内容来看,郑某向一审法院陈述其所了解的与本案相关的事实,由此,该份调查笔录应属证人证言。

《民事证据规定》第68条规定:"人民法院应当要求证人出庭作证,接受审判人员和当事人的询问。证人在审理前的准备阶段或者人民法院调查、询问等双方当事人在场时陈述证言的,视为出庭作证。双方当事人同意证人以其他方式作证并经人民法院准许的,证人可以不出庭作证。无正当理由未出庭的证人以书面等方式提供的证言,不得作为认定案件事实的根据。"第76条规定:"证人确有困难不能出庭作证,申请以书面证言、视听传输技术或者视听资料等方式作证的,应当向人民法院提交申请书。申请书中应当载明不能出庭的具体原因。符合民事诉讼法第七十三条①规定情形的,人民法院应当准许。"《民事诉讼法》第73条规定,经人民法院通知,证人应当出庭作证。有下列情形之一的,经人民法院许可,可以通过书面证言、视听传输技术或者视听资料等方式作证:(1)因健康原因不能出庭的;(2)因路途遥远,交通不便不能出庭的;(3)因自然灾害等不可抗力不能出庭的;(4)其他有正当理由不能出庭的。

本案中,一审法院未通知郑某出庭,其对郑某询问时,也无其他当事人在场,且本案并无证据显示郑某具备可提供书面证言的情形,由此,一审法院径行对郑某调查并形成笔录,法律依据确有欠缺,对郑某的调查笔录,不应作为认定本案事实的根据。且本案双方争议之事实,通过其他证据已足以判断,事实上也无须

---

① 现为2021年修正的《民事诉讼法》第76条。

将该调查笔录作为认定案件事实的依据。

➢ **3. 溆浦大盛房地产开发有限公司与夏某青民间借贷纠纷案**[(2020)湘12民终1854号]

裁判要旨:证人以书面形式发表证言缺乏合法性,一审法院在证人证言的审查认定上存在严重瑕疵。

湖南省怀化市中级人民法院认为,本案中夏某青主张案涉借款已经根据溆浦大盛房地产开发有限公司长丰项目部原负责人邓某晶的指示转账至该项目部财务人员刘某账户。上诉人溆浦大盛房地产开发有限公司在一审、二审期间对刘某以书面形式出具的证言均持有异议。《民事证据规定》第68条规定:"人民法院应当要求证人出庭作证,接受审判人员和当事人的询问……双方当事人同意证人以其他方式作证并经人民法院准许的,证人可以不出庭作证。无正当理由未出庭的证人以书面等方式提供的证言,不得作为认定案件事实的根据。"第76条规定:"证人确有困难不能出庭作证,申请以书面证言、视听传输技术或者视听资料等方式作证的,应当向人民法院提交申请书……"第77条规定:"证人经人民法院准许,以书面证言方式作证的,应当签署保证书;以视听传输技术或者视听资料方式作证的,应当签署保证书并宣读保证书的内容。"

具体到本案中,刘某作为实际收款人,有义务对所收款项作出权利处分,也有义务对是否接受邓某晶委托收取夏某青借款的事实接受法庭以及双方当事人的询问。被上诉人夏某青在一审审理期间未向法院申请刘某出庭作证,仅提交书面证言,在对方提出异议后要求采取打电话的方式进行询问。该种询问方式既无法核实通话人员的身份,也未征求双方当事人同意,更未令证人履行书面具结和口头具结的法定义务。二审期间被上诉人亦未向法院申请刘某出庭作证,导致本案二审期间仍未能依法核实其证言。故刘某在本案中以书面形式发表证言缺乏合法性;一审法院在证人证言的审查认定上存在严重瑕疵。建议重审时通知证人刘某出庭作证,或按法定程序以其他方式提供证言,对其是否接受邓某晶委托收款的事实进行核实。

条文内容	参考条文
第六十五条 【书面证言和视听资料证言保证书】 证人经人民法院准许，以书面证言方式作证的，应当签署保证书；以视听传输技术或者视听资料方式作证的，应当签署保证书并宣读保证书的内容。	《民事证据规定》第77条

要点注释

本条是在《民事证据规定》第71条关于证人具结规定的基础上，对证人具结制度的补充，明确了证人因客观原因无法出庭作证且经人民法院许可，可通过书面证言、视听传输技术或者视听资料方式作证时，仍需履行具结手续。

证人具结既是一种程序，也是一种制度，其作用在于保障证人证言的真实性，预防虚假陈述。依照本条规定，以书面证言方式作证的，证人应当签署保证书。证人未签署保证书的情况下，除证人系无民事行为能力人和限制民事行为能力人外，该书面证言不具有证据能力，不能作为认定案件事实的根据。而证人以录音、录像等音频、视频传输技术作证的，应当同时履行书面具结和口头具结，即签署保证书并宣读保证书的内容。证人仅以书面或口头方式具结的，除证人系无民事行为能力人和限制民事行为能力人外，该证言不具有证据能力，不能作为认定案件事实的根据。

地方人民法院案例

➤ **1. 张某恒与杜某会、陈某伟提供劳务者受害责任纠纷案**[（2020）豫07民终4333号]

裁判要旨：当事人提交的证人的视听资料属于证人证言，作为证人未出庭作证，也未向法庭提交申请以视听资料方式作证，且未签署和宣读证人保证书，该证据不具有合法性。

河南省新乡市中级人民法院认为，张某恒提交以下证据：证人尹某海视频记录和微信截屏，证明一审杜某会提交的陈某伟与尹某海的录音系伪造，张某恒在事故中不存在违规操作，不应当承担责任。陈某伟质证称：对证据的真实性有异议，不确定尹某海是出于本意录制的视频。杜某会质证称：对该证据的真实性、合法性无异议，对证明目的有异议。对张某恒二审提交的证据，《民事证据规定》第76条第1款规定："证人确有困难不能出庭作证，申请以书面证言、视听传输技术或者视听资料等方式作证的，应当向人民法院提交申请书。申请书中应当载明不能出庭的具体原因。"第77条规定："证人经人民法院准许，以书面证言方式作证的，应当签署保证书；以视听传输技术或者视听资料方式作证的，应当签署保证书并宣读保证书的内容。"张某恒提交的尹某海的视听资料属于证人证言，尹某海作为证人未出庭作证，也未向法庭提交申请以视听资料方式作证，且也未签署和宣读证人保证书，法院对该证据的合法性不予认定，不能证明其证明目的。

➢ 2. 芮某光与李某祥买卖合同纠纷案[（2020）云29民终810号]

裁判要旨：当事人以书面证词及视听资料的方式向法院提交证人证言，该证据的形式要件不合法，不予采纳。

云南省大理白族自治州中级人民法院认为，芮某光围绕其上诉请求向法院提交以下证据：（1）证人朱某证词及证词形成过程的视频资料。以证明朱某不认识芮某光，朱某与芮某光之间不存在买卖关系，案涉材料的实际买受人为李某祥。（2）证人杨某证言。芮某光向本院申请证人杨某出庭作证，以证明李某祥到芮某光料场商谈采购木料的事实，以及李某祥请杨某拉运木料，收据上的签名由李某祥本人签写，案涉木料买卖交易的买受人是李某祥。经本院准许，杨某到庭陈述：杨某与芮某光、李某祥相识，2015年1月李某祥到芮某光木料场商谈购买模板事宜，芮某光找到杨某帮忙运货，当月26日、27日各拉了一车木料，芮某光让杨某将货物运到李某祥在宾川附近的杨保工地，因相隔时间较长，具体地址记不清;运费约定为500元一车,货物运到后由李某祥签收,但李某祥没有支付运费,收据由杨某带回交给芮某光,芮某光向杨某支付了运费1000元;杨某不认识朱老板(朱某)。

上述证据经李某祥质证后,李某祥对证据(1)的“三性”予以认可,但要求证人朱某亲自出庭作证;对证据(2)的真实性和芮某光的证明目的不予认可。法院认为,《民事证据规定》第68条规定:“人民法院应当要求证人出庭作证,接受审判人员和当事人的询问……双方当事人同意证人以其他方式作证并经人民法院准许的,证人可以不出庭作证。无正当理由未出庭的证人以书面等方式提供的证言,不得作为认定案件事实的根据。”第76条第1款规定:“证人确有困难不能出庭作证,申请以书面证言、视听传输技术或者视听资料等方式作证的,应当向人民法院提交申请书。申请书中应当载明不能出庭的具体原因。”第77条规定:“证人经人民法院准许,以书面证言方式作证的,应当签署保证书;以视听传输技术或者视听资料方式作证的,应当签署保证书并宣读保证书的内容。”本案中芮某光以书面证词及视听资料的方式向法院提交证人朱某证言,但李某祥明确要求证人朱某出庭作证,该证据的形式要件不合法,故法院不予采纳。证人杨某的证言,与本案当事人陈述一致的部分,法院予以采信;其他部分无有效证据佐证,不能达到其证明目的,该院不予采纳。

条文内容	参考条文
第六十六条 【证人保护和伪证制裁】 当事人及其诉讼代理人对证人的询问与待证事实无关,或者存在威胁、侮辱证人或不适当引导等情形的,审判人员应当及时制止。必要时可以依照民事诉讼法第一百一十三条、第一百一十四条的规定进行处罚。	《民事证据规定》第78条第1款

续表

条文内容	参考条文
证人故意作虚假陈述,诉讼参与人或者其他人以暴力、威胁、贿买等方法妨碍证人作证,或者在证人作证后以侮辱、诽谤、诬陷、恐吓、殴打等方式对证人打击报复的,人民法院应当根据情节,依照民事诉讼法第一百一十四条的规定,对行为人进行处罚。	《民事证据规定》第78条第2款

要点注释

证人证言作为民事诉讼证据的种类之一,对证人证言亦应当围绕关联性、合法性、真实性展开质证。因此,当事人经法庭许可对证人进行询问时,应当围绕证言的关联性、合法性与真实性进行,当事人及其诉讼代理人应当就证人陈述的与待证事实有关的事实和情况进行询问;对于与待证事实无关,甚至存在威胁、侮辱或不适当引导证人的情形,人民法院应当及时制止。

所谓不适当引导,类似英美法系国家的诱导性询问。通常来讲,诱导性问题分为三类:一是虚伪诱导,系暗示证人使之故意作出虚假的陈述;二是错误诱导,系因当事人的暗示而使证人产生错觉,从而作出错误的陈述;三是记忆诱导,系在当事人的诱导之下使证人记忆起某事。证人在法庭上本处于紧张状态,易受到当事人或其诉讼代理人暗示的影响而作出虚假或与事实相悖的陈述。为避免证人受诱导性的影响,询问过程中应禁止当事人或其诉讼代理人向证人询问某种暗含询问者所期望的答案的问题。

如实陈述是证人负有的法定义务,证人故意作虚假陈述的行为,不仅是对法定义务的违反,同时也是对法庭和法律权威的挑衅。因此,证人故意作出虚假陈述的,应承担相应的法律责任。为了编织对证人人身保护的安全网,本条第2款还分别罗列了妨碍证人作证和对证人打击报复的具体手段,并规定人民法院可对上述行为采取的处罚措施有罚款、拘留，构成犯罪的，依法追究刑事责任。

相关法律

➢**《民事诉讼法》**（2021年12月24日修正）

第一百一十三条　诉讼参与人和其他人应当遵守法庭规则。

人民法院对违反法庭规则的人，可以予以训诫，责令退出法庭或者予以罚款、拘留。

人民法院对哄闹、冲击法庭，侮辱、诽谤、威胁、殴打审判人员，严重扰乱法庭秩序的人，依法追究刑事责任；情节较轻的，予以罚款、拘留。

第一百一十四条　诉讼参与人或者其他人有下列行为之一的，人民法院可以根据情节轻重予以罚款、拘留；构成犯罪的，依法追究刑事责任：

（一）伪造、毁灭重要证据，妨碍人民法院审理案件的；

（二）以暴力、威胁、贿买方法阻止证人作证或者指使、贿买、胁迫他人作伪证的；

（三）隐藏、转移、变卖、毁损已被查封、扣押的财产，或者已被清点并责令其保管的财产，转移已被冻结的财产的；

（四）对司法工作人员、诉讼参加人、证人、翻译人员、鉴定人、勘验人、协助执行的人，进行侮辱、诽谤、诬陷、殴打或者打击报复的；

（五）以暴力、威胁或者其他方法阻碍司法工作人员执行职务的；

（六）拒不履行人民法院已经发生法律效力的判决、裁定的。

人民法院对有前款规定的行为之一的单位，可以对其主要负责人或者直接责任人员予以罚款、拘留；构成犯罪的，依法追究刑事责任。

第一百一十八条　对个人的罚款金额，为人民币十万元以下。对单位的罚款金额，为人民币五万元以上一百万元以下。

拘留的期限，为十五日以下。

被拘留的人，由人民法院交公安机关看管。在拘留期间，被拘留人承认并改正错误的,人民法院可以决定提前解除拘留。

地方人民法院案例

➤ **1. 陈某强、陈某送与陈某生、陈某林健康权纠纷案**[(2021)皖08民终402号]

裁判要旨:通话录音中存在不适当引导发问的情形,对该证据不予采信。

安徽省安庆市中级人民法院认为,法院二审期间,当事人围绕上诉请求依法提交了证据。法院组织当事人进行了证据交换和质证。陈某强、陈某送提交与接诊医生程某卫的通话录音(光盘一张),以证明被上诉人陈某生、陈某林的伤情系其口述,诊断证明是骗取的,不能成为认定伤情的证据。陈某生、陈某林质证如下:其确为程某卫的通话录音,但陈某强、陈某送在获取录音时存在欺骗、隐瞒,关于伤情有鉴定意见,该证据不能达到其举证目的。对当事人二审争议的事实,法院认定如下,从该份录音内容来看,存在诸如"我刚从怀宁县卫生局出来,反映情况了解相关情况,你说我是哪一位""作为医生,你不能凭嘴讲……你要拿出证据来"等威胁性、不适当引导发问的情形,不予采信。

➤ **2. 赵某某与周某甲离婚纠纷案**[(2014)山法民一初字第72号]

裁判要旨:原告在录音过程中存在不适当引导证人的言语,录音光盘证据不予采纳。

湖南省衡山县人民法院认为,原告赵某某提交的证据5系录音光盘,原告未提供该视听资料的原始载体予以核对,且录音的时间、证人的身份在录音中未完全体现,同时原告在录音过程中存在不适当引导证人的言语,故法院不予采纳。

条文内容	参考条文
第六十七条　【未经通知证人不得出庭】 未经人民法院通知,证人不得出庭作证,但双方当事人同意并经人民法院准许的除外。	《民诉法解释》 第117条第3款

要点注释

理解适用本条,应当结合《民事证据规定》第 70 条的规定。《民事诉讼法》第 76 条规定,经人民法院通知,证人应当出庭作证。审判实践中,经常出现当事人未在举证期限届满前向人民法院提出申请,而是径行携证人出席庭审,当场要求证人出庭作证,或者申请作证的证人与到场的证人不一致的情形。一些审判人员对《民事诉讼法》的相关规定理解模糊,适用弹性过大,对当事人未遵守法律、司法解释规定的行为不加禁止,随意准许未经通知的证人出庭作证,既影响庭审的严肃性,也无法保障证人证言的真实性。因此,《民事证据规定》第 70 条明确了人民法院通知证人,是证人出庭作证的前提。未经人民法院通知的,意味着当事人关于证人出庭作证的申请未提出或未获得人民法院准许,也不存在证人出庭作证的问题。

当然,如果双方当事人均同意未经通知的证人出庭作证,在人民法院准许的情况下,可以作为例外情形。一般来说,如果双方当事人均同意未经人民法院通知的证人出庭作证,且不存在证人出庭作证的事项与待证事实无关,或者证人出庭作证没有必要的情形,人民法院应当准许当事人的申请,允许未经事先通知的证人出庭作证,体现尊重当事人诉讼契约的精神。

地方人民法院案例

➤ 1. 钟某孝与周某明农村建房施工合同纠纷案[(2017)琼 96 民终 270 号]

裁判要旨:虽未在开庭前申请证人出庭作证,但当事人在庭审时未提出异议,并对证言进行了质证,视为同意证人出庭作证,法院准许出庭作证,符合法律规定。

海南省第一中级人民法院认为,《民诉法解释》第 117 条第 3 款规定:"未经人民法院通知,证人不得出庭作证,但双方当事人同意并经人民法院准许的除外。”周某明虽未在开庭前申请证人梅某出庭作证，但钟某孝在一审庭审时未对梅某出庭的行为提出异议，并对梅某的证言进行了质证，视为钟某孝同意证人梅某出庭作证，一审法院准许梅某出庭作证，符合上述法律规定。

➢ **2. 广州西坑企业集团有限公司与王某胜劳动争议纠纷案**[（2016）粤01民终7197号]

裁判要旨：证人出庭作证的前提条件是人民法院通知，当事人在举证期限届满前并未向法院提出申请，而是在庭询时当场提出要求证人出庭，对方当事人并不同意，对证人出庭申请不予准许。

广东省广州市中级人民法院认为，关于广州西坑企业集团有限公司（以下简称西坑公司）申请证人宋某出庭作证的问题，西坑公司是在庭询当场申请证人出庭，根据《民诉法解释》第117条的规定：“当事人申请证人出庭作证的，应当在举证期限届满前提出。符合本解释第九十六条第一款规定情形的，人民法院可以依职权通知证人出庭作证。未经人民法院通知，证人不得出庭作证，但双方当事人同意并经人民法院准许的除外。”同时，根据《民事诉讼法》第73条①的规定，证人出庭作证的前提条件是人民法院通知。而西坑公司在举证期限届满前并未向本院提出申请，而是在庭询时当场提出要求证人出庭，王某胜对此并不同意，因此，根据《民诉法解释》第117条的规定，法院对西坑公司提出的证人出庭申请不予采纳。

条文内容	参考条文
第六十八条　【证人出庭作证费用及负担】 证人因履行出庭作证义务而支出的交通、住宿、就餐等必要费用以及误工损失，由败诉一方当事人负担。当事人申请证人作证的，由该当事人先行垫付；当事人没有申请，人民法院通知证人作证的，由人民法院先行垫付。	《民事诉讼法》第77条

① 现为2021年修正的《民事诉讼法》第76条。

续表

条文内容	参考条文
民事诉讼法第七十七条规定的证人因履行出庭作证义务而支出的交通、住宿、就餐等必要费用,按照机关事业单位工作人员差旅费用和补贴标准计算;误工损失按照国家上年度职工日平均工资标准计算。	《民诉法解释》第118条第1款
人民法院准许证人出庭作证申请的,应当通知申请人预缴证人出庭作证费用。	《民诉法解释》第118条第2款
证人出庭作证后,可以向人民法院申请支付证人出庭作证费用。证人有困难需要预先支取出庭作证费用的,人民法院可以根据证人的申请在出庭作证前支付。	《民事证据规定》第75条

要点注释

证人出庭作证是履行个人对国家所应尽的义务,但与此同时,证人出席法庭审理陈述证言,势必会耗费精力、时间和财力,影响证人的职业收入。如果证人不在法院所在地,势必存在差旅费等支出。因此,证人因履行出庭作证义务而遭受的经济损失,应当加以补偿,否则影响证人作证的积极性。各国在立法上普遍设置证人作证所支出费用的补偿制度,我国也不例外,在《民事诉讼法》第77条中对证人作证的费用请求权作出了规定。

证人作证的费用包括证人因交通、住宿、就餐等必要费用以及误工损失,本条第2款确定这种包含交通、住宿、就餐等项目的必要费用按照机关事业单位工作人员差旅费用和补贴标准计算,主要是考虑机关事业单位对工作人员的差旅和补贴标准有明确规定,依这种标准计算简便易行;且该标准在社会中处于中游,不存在畸高畸低的情况。有关证人的误工损失,应当按照国家上年度职工日平均工资的标准来计算。

在当事人申请证人出庭作证获取法院准许的情况下,当事人应当预先将证人出庭作证的费用交纳至法院,由人民法院向证人支付该费用,当事人不能直接将费用支付给证人,这是《民事诉讼法》第77条由当事人垫付的本来含义。人民法院通知当事人预交而当事人在法院规定的期限内未交付款项的,法院不通知证人出庭。

证人出庭作证费用请求权属于公法上请求权的性质,证人只能向人民法院提出补偿费用的请求,且以庭后给付为原则,事前给付为例外。证人确有困难需要预先支取出庭作证费用的,应向人民法院提交书面申请,在申请书中载明申请预先支付出庭作证费用的原因,法院可以根据证人的申请在出庭作证前支付。如果证人拒绝签署或者宣读保证书而导致不得作证的,不能主张出庭作证的费用,相关费用由证人自行承担,《民事证据规定》第71条第3款对此有明文规定。

行政法规

➤**《诉讼费用交纳办法》**(2007年4月1日施行)

第六条 当事人应当向人民法院交纳的诉讼费用包括:

(一)案件受理费;

(二)申请费;

(三)证人、鉴定人、翻译人员、理算人员在人民法院指定日期出庭发生的交通费、住宿费、生活费和误工补贴。

地方人民法院案例

➤**1. 再审申请人吴某西与被申请人高某芳房屋租赁合同纠纷案**[(2015)苏审二民申字第01032号]

裁判要旨:双方均申请证人出庭,都会产生一定费用,因双方各自都有过错,各自应承担相应的责任,故对应各自承担证人出庭费用。

江苏省高级人民法院认为,本案中吴某西双方均申请证人出庭,都会产生一定费用,高某芳因本案诉讼亦会支出一定费用,因双方都负有举证义务,本案中双方各自都有过错,各自应承担相应的责任,故对应各自承担证人出庭费用。吴某西要求由高某芳承担其证人出庭费用的主张,一审、二审法院不予支持吴某西关于证人出庭费用,并无不当。

➢ 2. 再审申请人吴某凯与被申请人农银人寿保险股份有限公司湖南分公司劳动合同纠纷案[(2017)湘民再39号]

裁判要旨:由于证人出庭作证的证言没有被采信,证人出庭作证费用应由申请证人出庭作证的当事人承担。

湖南省高级人民法院认为,关于3名证人出庭费用的问题,经审查,具体情况如下:

(1)吴某凯在参加2011年11月3日湘潭县人民法院庭审时申请了3名证人出庭作证。证人苏某其、胡某秀的证言拟证明吴某凯每逢周六、周日按照上级的工作要求,主持和参加各业务部的周经营会议,会后辅导沟通,陪同展业,对营销员进行家访,参加小型产品说明会、小型创业说明会等营销管理活动;证人夏某的证言拟证明农银人寿保险股份有限公司湖南分公司长期延长工作时间,强制员工公休日、法定节假日加班,拒不支付应休未休带薪年休假工资以及擅自单方面降低劳动者工资标准。

(2)第一次发回重审后,由湘潭县人民法院一审作出的(2012)潭民一初字第1419号民事判决未采信3名证人的证人证言;由湘潭市中级人民法院二审作出的(2013)潭中民一终字第233号民事判决虽然全额支持了吴某凯4000元加班费的诉请,但支持的依据是吴某凯提交的2007年7月1日、2007年12月22日、2007年12月23日、2010年1月9日、2010年1月10日、2010年12月18日、2010年12月19日加班7天的证据,而并非3名证人的证言。

(3)(2013)潭中民一终字第233号民事判决已经在生效后全部执行完毕,即吴某凯关于4000元加班费的诉请已经全部得到支持。该案第二次发回重审后,吴某凯的诉讼请求是扣除了得到支持的加班费部分的,故3名证人证言的证据与第二次发回重审后的诉求已无关联性,第二次发回重审后均未采信。

综上所述,由于3名证人出庭作证的证言没有被采信,故原审法院认定该作证费用应由吴某凯自己承担的意见正确。

第七节 鉴定意见

条文内容	参考条文
第六十九条 【申请鉴定】 当事人可以就查明事实的专门性问题向人民法院申请鉴定。	《民事诉讼法》 第79条第1款第1句

要点注释

鉴定意见是鉴定人运用专门的知识、经验和技能,对诉讼涉及的专门性问题进行分析、鉴别后所作出的结论性意见,比如产品质量鉴定、工程质量鉴定、笔迹鉴定、价格鉴定、医疗损害鉴定等。司法鉴定本质上是一种协助司法机关解决诉讼中某些专门性问题的科学认识活动,旨在弥补司法人员专门领域知识之不足,以达到正确判断之目的。

基于鉴定的科学性要求,当事人向人民法院申请鉴定必须满足以下两方面的要求:

第一,须是案件事实认定问题。鉴定程序的启动必须是针对存在争议的案件事实中的问题。至于法律方面的理解与适用问题,则属于人民法院审判权处理的范畴,不应纳入鉴定的范围。

第二,须是专门性问题。依据《全国人大常委会关于司法鉴定管理问题的决定》第1条的规定,司法鉴定是指在诉讼活动中鉴定人运用科学技术或者专门知识对诉讼涉及的专门性问题进行鉴别和判断并提供鉴定意见的活动。鉴定程序的启动必须围绕专门性问题进行,基于事实认定属于人民法院行使审判权方面的重要职责范畴以及鉴定程序的启动对于诉讼进程及诉讼效率的影响等因素的考虑,对于一般性的事实认定问题应当由法官根据举证责任的有关要求,通过法庭调查等程序来予以认定,不可由鉴定程序越俎代庖。

不过,当事人可以就查明事实的专门性问题向人民法院申请鉴定,并不意味着法院就同意当事人的申请,必然启动鉴定程序。法院还要考虑鉴定的必要性问题,即鉴定所要解决的问题应当是通过其他方式不能解决,只有通过鉴定才能解决的,或者说应当排除以其他低诉讼成本方法查明案件事实的可能性。比如,涉及价值不大的物件,可以参考有关物价部门的意见认定其价值,不必启动鉴定程序。

相关法律

➤**《全国人民代表大会常务委员会关于司法鉴定管理问题的决定》**(2015 年 4 月 24 日修正)

一、司法鉴定是指在诉讼活动中鉴定人运用科学技术或者专门知识对诉讼涉及的专门性问题进行鉴别和判断并提供鉴定意见的活动。

二、国家对从事下列司法鉴定业务的鉴定人和鉴定机构实行登记管理制度:

(一)法医类鉴定;

(二)物证类鉴定;

(三)声像资料鉴定;

(四)根据诉讼需要由国务院司法行政部门商最高人民法院、最高人民检察院确定的其他应当对鉴定人和鉴定机构实行登记管理的鉴定事项。

法律对前款规定事项的鉴定人和鉴定机构的管理另有规定的,从其规定。

三、国务院司法行政部门主管全国鉴定人和鉴定机构的登记管理工作。省级人民政府司法行政部门依照本决定的规定,负责对鉴定人和鉴定机构的登记、名册编制和公告。

四、具备下列条件之一的人员，可以申请登记从事司法鉴定业务：

（一）具有与所申请从事的司法鉴定业务相关的高级专业技术职称；

（二）具有与所申请从事的司法鉴定业务相关的专业执业资格或者高等院校相关专业本科以上学历，从事相关工作五年以上；

（三）具有与所申请从事的司法鉴定业务相关工作十年以上经历，具有较强的专业技能。

因故意犯罪或者职务过失犯罪受过刑事处罚的，受过开除公职处分的，以及被撤销鉴定人登记的人员，不得从事司法鉴定业务。

五、法人或者其他组织申请从事司法鉴定业务的，应当具备下列条件：

（一）有明确的业务范围；

（二）有在业务范围内进行司法鉴定所必需的仪器、设备；

（三）有在业务范围内进行司法鉴定所必需的依法通过计量认证或者实验室认可的检测实验室；

（四）每项司法鉴定业务有三名以上鉴定人。

六、申请从事司法鉴定业务的个人、法人或者其他组织，由省级人民政府司法行政部门审核，对符合条件的予以登记，编入鉴定人和鉴定机构名册并公告。

省级人民政府司法行政部门应当根据鉴定人或者鉴定机构的增加和撤销登记情况，定期更新所编制的鉴定人和鉴定机构名册并公告。

七、侦查机关根据侦查工作的需要设立的鉴定机构，不得面向社会接受委托从事司法鉴定业务。

人民法院和司法行政部门不得设立鉴定机构。

八、各鉴定机构之间没有隶属关系；鉴定机构接受委托从事司法鉴定业务，不受地域范围的限制。

鉴定人应当在一个鉴定机构中从事司法鉴定业务。

九、在诉讼中，对本决定第二条所规定的鉴定事项发生争议，需要鉴定的，应当委托列入鉴定人名册的鉴定人进行鉴定。鉴定人从事司法鉴定业务，由所在的鉴定机构统一接受委托。

鉴定人和鉴定机构应当在鉴定人和鉴定机构名册注明的业务范围内从事司法鉴定业务。

鉴定人应当依照诉讼法律规定实行回避。

十、司法鉴定实行鉴定人负责制度。鉴定人应当独立进行鉴定，对鉴定意见负责并在鉴定书上签名或者盖章。多人参加的鉴定，对鉴定意见有不同意见的，应当注明。

十一、在诉讼中，当事人对鉴定意见有异议的，经人民法院依法通知，鉴定人应当出庭作证。

十二、鉴定人和鉴定机构从事司法鉴定业务，应当遵守法律、法规，遵守职业道德和职业纪律，尊重科学，遵守技术操作规范。

十三、鉴定人或者鉴定机构有违反本决定规定行为的，由省级人民政府司法行政部门予以警告，责令改正。

鉴定人或者鉴定机构有下列情形之一的，由省级人民政府司法行政部门给予停止从事司法鉴定业务三个月以上一年以下的处罚；情节严重的，撤销登记：

（一）因严重不负责任给当事人合法权益造成重大损失的；

（二）提供虚假证明文件或者采取其他欺诈手段，骗取登记的；

（三）经人民法院依法通知，拒绝出庭作证的；

（四）法律、行政法规规定的其他情形。

鉴定人故意作虚假鉴定，构成犯罪的，依法追究刑事责任；尚不构成犯罪的，依照前款规定处罚。

十四、司法行政部门在鉴定人和鉴定机构的登记管理工作中，应当严格依法办事，积极推进司法鉴定的规范化、法制化。对于滥用职权、玩忽职守，造成严重后果的直接责任人员，应当追究相应的法律责任。

十五、司法鉴定的收费标准由省、自治区、直辖市人民政府价格主管部门会同同级司法行政部门制定。

十六、对鉴定人和鉴定机构进行登记、名册编制和公告的具体办法，由国务院司法行政部门制定，报国务院批准。

十七、本决定下列用语的含义是：

（一）法医类鉴定，包括法医病理鉴定、法医临床鉴定、法医精神病鉴定、法医物证鉴定和法医毒物鉴定。

（二）物证类鉴定，包括文书鉴定、痕迹鉴定和微量鉴定。

（三）声像资料鉴定，包括对录音带、录像带、磁盘、光盘、图片等载体上记录的声音、图像信息的真实性、完整性及其所反映的情况过程进行的鉴定和对记录的声音、图像中的语言、人体、物体作出种类或者同一认定。

司法解释

➢ **1.《最高人民法院关于知识产权民事诉讼证据的若干规定》**（法释〔2020〕12号，2020年11月18日施行）

第十九条 人民法院可以对下列待证事实的专门性问题委托鉴定：

（一）被诉侵权技术方案与专利技术方案、现有技术的对应技术特征在手段、功能、效果等方面的异同；

（二）被诉侵权作品与主张权利的作品的异同；

（三）当事人主张的商业秘密与所属领域已为公众所知悉的信息的异同、被诉侵权的信息与商业秘密的异同；

（四）被诉侵权物与授权品种在特征、特性方面的异同，其不同是否因非遗传变异所致；

（五）被诉侵权集成电路布图设计与请求保护的集成电路布图设计的异同；

（六）合同涉及的技术是否存在缺陷；

（七）电子数据的真实性、完整性；

（八）其他需要委托鉴定的专门性问题。

➢ **2.《最高人民法院关于人民法院民事诉讼中委托鉴定审查工作若干问题的规定》**（法〔2020〕202号，2020年9月1日施行）

一、对鉴定事项的审查

1. 严格审查拟鉴定事项是否属于查明案件事实的专门性问题，有下列情形之一的，人民法院不予委托鉴定：

（1）通过生活常识、经验法则可以推定的事实；

（2）与待证事实无关联的问题；

（3）对证明待证事实无意义的问题；

（4）应当由当事人举证的非专门性问题；

（5）通过法庭调查、勘验等方法可以查明的事实；

（6）对当事人责任划分的认定；

（7）法律适用问题；

（8）测谎；

（9）其他不适宜委托鉴定的情形。

2. 拟鉴定事项所涉鉴定技术和方法争议较大的，应当先对其鉴定技术和方法的科学可靠性进行审查。所涉鉴定技术和方法没有科学可靠性的，不予委托鉴定。

➢ **3.《最高人民法院关于审理建设工程施工合同纠纷案件适用法律问题的解释(一)》**（法释〔2020〕25 号，2021 年 1 月 1 日施行）

第二十八条　当事人约定按照固定价结算工程价款，一方当事人请求对建设工程造价进行鉴定的，人民法院不予支持。

第二十九条　当事人在诉讼前已经对建设工程价款结算达成协议，诉讼中一方当事人申请对工程造价进行鉴定的，人民法院不予准许。

第三十条　当事人在诉讼前共同委托有关机构、人员对建设工程造价出具咨询意见，诉讼中一方当事人不认可该咨询意见申请鉴定的，人民法院应予准许，但双方当事人明确表示受该咨询意见约束的除外。

第三十一条　当事人对部分案件事实有争议的，仅对有争议的事实进行鉴定，但争议事实范围不能确定，或者双方当事人请求对全部事实鉴定的除外。

➢ **4.《最高人民法院关于审理医疗损害责任纠纷案件适用法律若干问题的解释》**（法释〔2020〕17 号，2021 年 1 月 1 日施行）

第十一条　委托鉴定书，应当有明确的鉴定事项和鉴定要求。鉴定人应当按照委托鉴定的事项和要求进行鉴定。

下列专门性问题可以作为申请医疗损害鉴定的事项：

（一）实施诊疗行为有无过错；

（二）诊疗行为与损害后果之间是否存在因果关系以及原因力大小；

（三）医疗机构是否尽到了说明义务、取得患者或者患者近亲属明确同意的义务；

（四）医疗产品是否有缺陷、该缺陷与损害后果之间是否存在因果关系以及原因力的大小；

（五）患者损伤残疾程度；

（六）患者的护理期、休息期、营养期；

（七）其他专门性问题。

鉴定要求包括鉴定人的资质、鉴定人的组成、鉴定程序、鉴定意见、鉴定期限等。

➢ **5.《最高人民法院关于审理环境侵权责任纠纷案件适用法律若干问题的解释》**（法释〔2020〕17号，2021年1月1日施行）

第八条　对查明环境污染、生态破坏案件事实的专门性问题，可以委托具备相关资格的司法鉴定机构出具鉴定意见或者由负有环境资源保护监督管理职责的部门推荐的机构出具检验报告、检测报告、评估报告或者监测数据。

第十条　负有环境资源保护监督管理职责的部门或者其委托的机构出具的环境污染、生态破坏事件调查报告、检验报告、检测报告、评估报告或者监测数据等，经当事人质证，可以作为认定案件事实的根据。

➢ **6.《最高人民法院关于审理环境民事公益诉讼案件适用法律若干问题的解释》**（法释〔2020〕20号，2021年1月1日施行）

第十四条第二款　对于应当由原告承担举证责任且为维护社会公共利益所必要的专门性问题，人民法院可以委托具备资格的鉴定人进行鉴定。

➢ **7.《最高人民法院关于审理海洋自然资源与生态环境损害赔偿纠纷案件若干问题的规定》**（法释〔2017〕23号，2018年1月15日施行）

第八条第二款　未来修复必然发生的合理费用和恢复期间损失，可以根据有资格的鉴定评估机构依据法律法规、国家主管部门颁布的鉴定评估技术规范作出的鉴定意见予以确定，但当事人有相反证据足以反驳的除外。

➢ 8.《最高人民法院关于审理人身损害赔偿案件适用法律若干问题的解释》(法释〔2022〕14号，2022年5月1日施行)

第六条第二款　医疗费的赔偿数额，按照一审法庭辩论终结前实际发生的数额确定。器官功能恢复训练所必要的康复费、适当的整容费以及其他后续治疗费，赔偿权利人可以待实际发生后另行起诉。但根据医疗证明或者鉴定结论确定必然发生的费用，可以与已经发生的医疗费一并予以赔偿。

➢ 9.《最高人民法院关于审理因垄断行为引发的民事纠纷案件应用法律若干问题的规定》(法释〔2020〕19号，2021年1月1日施行)

第十三条　当事人可以向人民法院申请委托专业机构或者专业人员就案件的专门性问题作出市场调查或者经济分析报告。经人民法院同意，双方当事人可以协商确定专业机构或者专业人员；协商不成的，由人民法院指定。

人民法院可以参照民事诉讼法及相关司法解释有关鉴定意见的规定，对前款规定的市场调查或者经济分析报告进行审查判断。

➢ 10.《最高人民法院关于审理侵害植物新品种权纠纷案件具体应用法律问题的若干规定》(法释〔2020〕19号，2021年1月1日施行)

第四条　对于侵害植物新品种权纠纷案件涉及的专门性问题可以采取田间观察检测、基因指纹图谱检测等方法鉴定。

对采取前款规定方法作出的鉴定意见，人民法院应当依法质证，认定其证明力。

其他规定

➢ 1.《关于规范环境损害司法鉴定管理工作的通知》(司法部、环境保护部，司发通〔2015年〕118号，2015年12月21日施行)

二、鉴定事项

环境损害司法鉴定是指在诉讼活动中鉴定人运用环境科学的技术或者专门

知识，采用监测、检测、现场勘察、实验模拟或者综合分析等技术方法，对环境污染或者生态破坏诉讼涉及的专门性问题进行鉴别和判断并提供鉴定意见的活动。环境诉讼中需要解决的专门性问题包括：确定污染物的性质；确定生态环境遭受损害的性质、范围和程度；评定因果关系；评定污染治理与运行成本以及防止损害扩大、修复生态环境的措施或方案等。

环境损害司法鉴定的主要领域包括：

（1）污染物性质鉴定，主要包括危险废物鉴定、有毒物质鉴定，以及污染物其他物理、化学等性质的鉴定；

（2）地表水和沉积物环境损害鉴定，主要包括因环境污染或生态破坏造成河流、湖泊、水库等地表水资源和沉积物生态环境损害的鉴定；

（3）空气污染环境损害鉴定，主要包括因污染物质排放或泄露造成环境空气或室内空气环境损害的鉴定；

（4）土壤与地下水环境损害鉴定，主要包括因环境污染或生态破坏造成农田、矿区、居住和工矿企业用地等土壤与地下水资源及生态环境损害的鉴定；

（5）近海海洋与海岸带环境损害鉴定，主要包括因近海海域环境污染或生态破坏造成的海岸、潮间带、水下岸坡等近海海洋环境资源及生态环境损害的鉴定；

（6）生态系统环境损害鉴定，主要对动物、植物等生物资源和森林、草原、湿地等生态系统，以及因生态破坏而造成的生物资源与生态系统功能损害的鉴定；

（7）其他环境损害鉴定，主要包括由于噪声、振动、光、热、电磁辐射、核辐射等污染造成的环境损害鉴定。

➢ **2.《建设工程造价鉴定规范》**（住房和城乡建设部，GB/T 51262—2017，2018 年 3 月 1 日施行）

5.7.5 当事人对鉴定项目因设计变更顺延工期有争议的，鉴定人应参考施工进度计划，判别是否因增加了关键线路和关键工作的工程量而引起工期变化，如增加了工期，应相应顺延工期；如未增加工期，工期不予顺延。

5.7.6 当事人对鉴定项目因工期延误索赔有争议的，鉴定人应按本规范第

5.7.1~5.7.5 条规定先确定实际工期,再与合同工期对比,以此确定是否延误以及延误的具体时间。

对工期延误责任的归属,鉴定人可从专业鉴别、判断的角度提出建议,最终由委托人根据当事人的举证判断确定。

司法文件

➤**《最高人民法院司法行政装备管理局关于对外委托文件制成时间鉴定有关事项的通知》**(法司〔2008〕12 号,2008 年 2 月 29 日发布)

一、一般情况,对外委托文件制成时间鉴定时,应要求送检单位提供比对的样本,若送检单位不能提供样本,目前只有少数鉴定机构用多次测定法能鉴定三个月以内的制成文件;极个别公安部门的鉴定机构能鉴定六个月以内的制成文件,由于受各种客观因素的影响,送检鉴定的检出率不高。对此,人民法院的司法技术人员应对委托案件的鉴定条件和鉴定机构的资质、能力进行审查,对落款时间和怀疑时间超过六个月的,要求送检单位必须提供比对的样本。

二、由于检材与样本在纸张、墨水、油墨、保存环境等方面的不同都会对鉴定结果产生决定性影响,鉴定机构自备的样本不可能满足与送检材在纸张的种类及颜色,墨水、油墨的色料及染料的主要成份,保存环境的温度、湿度等方面相同。因此,不能使用鉴定机构的自备样本进行文件制成时间鉴定。

地方司法文件

➤**1.《浙江省高级人民法院关于文件形成时间鉴定的意见》**(浙高法鉴〔2011〕5 号,2011 年 3 月 3 日发布)

据了解,所谓"文件形成时间"的鉴定,目前除了用圆珠笔书写的文件,在以同样用圆珠笔书写的不同时间的样本作比对时,可以用薄层分析法实验效果较好外,其他材料形成的文件时间目前尚无国家或行业内认可、统一的检验、鉴定方法。因此,一些鉴定机构自称任何书写、打印材料形成的文件都能做形成时间鉴定是不严谨、不科学的,尤其是要提交法庭作为证据使用更为不妥。去年杭州中院的一个案例就明确的说明了这一点:2008 年 5 月,杭州中院受理一起名誉权纠纷案。同年 7 月当事人将要求鉴定形成时间的一份协议作为检材提交法院。杭州中院在收集相关样本后委托南京东南司法鉴定中心作文件形成时间鉴定,该中心于 2010 年 4 月受理。经作薄层色谱实验,该中心出具鉴定意见认为:

由于样本条件所限,不能鉴定送检落款日期为“2006 年 12 月 31 日”协议上打印文字的形成时间。该协议第二页落款处两个印(章)文均应系送检标称日期为“2008 年 9 月 8 日”的一份样本上印(章)文之后一段时间形成。

按此意见,也就是说检材上的印(章)文应该在“2008 年 9 月 8 日”之后形成(即盖印),但是,前面已提到 2008 年 7 月此检材已提交法院,怎么可能在这以后再形成印文?出现如此荒唐的鉴定意见,关键就在于其鉴定的方法。薄层色谱,是快速分离和定性分析少(微)量物质的一种很重要的实验技术,意味着用该实验方法只能表明检材和样本中的印油等物质的性状相同与否,而与检材、样本的形成时间无关联度。这种貌似科学的鉴定方法,要引起大家的注意。据一些法院同志反映,某些标榜能做文件形成时间鉴定的鉴定机构,还明示只要给钱,想要什么时间就给鉴定什么时间,这就更不能排除有些当事人甚至法院工作人员其中有“猫腻”及搞些名堂的可能,必须引起高度警惕。

司法鉴定是科学,但并不是任何鉴定方法都是科学的,也有些方法其实是伪科学。任何一种科学的检验、鉴定方法,应该由国家有关部门认可、行业内公认,而不能由某个鉴定机构自己认为可以,审判人员和对外委托管理人员应该明了这一点。请你们将上述情况转告审判人员,并告知相关案件当事人,以确保鉴定证据的客观、科学、公正,进而确保审判的公正。

➢ **2.《湖南省衡阳市中级人民法院司法技术管理处关于规范文书形成时间鉴定司法委托的通知》**(2022 年 6 月 15 日发布)

2018 年 3 月,最高院司法技术辅助办公室就“文书形成时间鉴定的规范事宜”与司法部司法鉴定管理局进行了沟通协商,就各鉴定机构的鉴定方法、技术规范、行业多数专家认可机制的建立等问题交换了意见,鉴于该领域存在大量方法不可靠、原理自相矛盾、标准张冠李戴等急需规范的问题,最高院提出:先叫停文书形成时间鉴定,建立相关检测评审机制等建议,并将就规范的机制和程序进行进一步协商,各项工作将按程序有序进行,对审判部门提出的鉴定要求,各级法院仍需按照法司(2008)12 号的规定严格审查。

在具体的司法委托中,各基层法院可以按如下方式处理:

一、《文件制作时间鉴定技术规范》(GB/T 37233—2018)确定的打印文件印制时间鉴定、静电复印文件印制时间鉴定、印章印文盖印时间鉴定、朱墨时序鉴定,按人民法院的对外委托规定正常委托。

二、除上述四种鉴定以外的其他文件形成时间鉴定,目前尚无国家标准、行业标准和技术规范,如鉴定机构声称具备鉴定能力的,需要将其使用的鉴定方法文件化,并向委托法院书面提供。委托法院的司法技术部门有审查能力的,可以组织专家对该鉴定方法进行审查、论证,如认为该鉴定方法可靠,将审查意见层报最高法院同意后方可进行委托。司法技术部门没有审查能力的,可以不接受业务部门移送。业务部门坚持移送的,书面告知业务部门和案件当事人该鉴定方法为非标准方法,缺乏科学可靠性。如双方当事人书面同意接受该鉴定方法,并自愿承担由此产生的法律后果,可以按对外委托规定办理委托手续。双方当事人不同意接受该鉴定方法的,终止鉴定委托。

➤ **3.《北京市高级人民法院知识产权民事诉讼证据规则指引》**(2021 年 4 月 22 日发布)

1.30 鉴定机构应仅就查明事实的专门性问题出具鉴定意见,被诉技术方案是否落入涉案专利的保护范围、被诉作品是否与涉案作品构成实质性近似等法律评价问题不属鉴定范围。鉴定意见中包含前述不属鉴定范围内容的,相应内容不具有证据效力。

最高人民法院案例

➢ 1. 北京合创东方资产管理有限公司与薛某林及青岛天都房地产开发有限公司、青岛市黄岛区薛家岛街道办事处薛家岛一社区居民委员会股权转让纠纷案[(2019)最高法民终608号]

裁判要旨:当事人有权申请鉴定,当然也有权撤回鉴定申请,此系当事人在程序上的处分权。

最高人民法院认为,根据《民事诉讼法》第76条①关于"当事人可以就查明事实的专门性问题向人民法院申请鉴定"之规定,当事人有权申请鉴定,当然也有权撤回鉴定申请,此系当事人在程序上的处分权。因此,在土地估价报告作出之后,一审法院准许北京合创东方资产管理有限公司撤回鉴定申请,并无不当。由于一审法院已准许其撤回鉴定申请,故该报告对本案的审理已无关联,不再作为证据使用,一审法院未出示、组织质证,程序上并无不当。

➢ 2. 再审申请人泉州崇武半月湾度假村开发建设有限公司与被申请人福建省九建建筑工程有限公司建设工程施工合同纠纷案[(2019)最高法民申4906号]

裁判要旨:逾期竣工天数可由裁判者根据案件事实进行认定。

最高人民法院认为,原审法院认定逾期竣工天数可由法院根据案件事实进行认定,因而未要求鉴定机构就此问题出具鉴定意见,不违反法律规定。

➢ 3. 再审申请人厦门万杰隆集团有限公司与被申请人厦门港务贸易有限公司、原审第三人中国平安财产保险股份有限公司厦门分公司质押合同纠纷案[(2021)最高法民申6301号]

裁判要旨:当事人在一审中不愿申请司法鉴定,未承担举证责任,二审法院可以重新确定举证期,由对方当事人申请鉴定。且申请鉴定属于当事人应有的

---

① 现为2021年修正的《民事诉讼法》第79条。

诉讼权利,法律并未规定一审未申请鉴定的当事人不能在二审提出鉴定申请,其在二审规定的举证期限内提出鉴定申请,并未违反《民事证据规定》第 27 条规定,二审法院批准该项鉴定申请并无不当。

最高人民法院认为,关于二审法院允许厦门港务贸易有限公司(以下简称港务公司)申请鉴定是否适用法律错误。厦门万杰隆集团有限公司(以下简称万杰隆公司)作为一审原告,诉请港务公司赔偿质押物损毁造成的损失,则应当由万杰隆公司承担举证责任,证明已损毁质押物的价值。但万杰隆公司在一审中不愿申请司法鉴定,未承担举证责任。港务公司不服一审判决提起上诉,因此负有相应的举证责任,二审法院可以重新确定举证期,由港务公司申请鉴定。且申请鉴定属于当事人应有的诉讼权利,法律并未规定一审未申请鉴定的当事人不能在二审提出鉴定申请,港务公司在二审规定的举证期限内提出鉴定申请,并未违反《民事证据规定》第 27 条的规定。故二审法院批准港务公司的鉴定申请并无不当。

➢ 4. 再审申请人海南三亚湾新城开发有限公司与被申请人海南第二建设工程有限公司、一审第三人海南省三亚市人民政府建设工程施工合同纠纷案

[(2021)最高法民申 1739 号]

裁判要旨:一般而言,人民法院审理工程价款结算纠纷案件中,如果当事人明确约定"竣工结算以审计部门评审结果为准",则应尊重当事人的意思自由,按照约定处理;这并不影响人民法院对审计机构出具报告的合法性、合理性负有审查义务及权力,实践中不宜不经审查就直接予以采纳。如经审查,确有证据证明审计意见(或结论)存在明显不真实、不客观、不合理之处,该审计意见则不应作为认定案涉工程价款结算的依据。

最高人民法院认为,一般而言,人民法院审理工程价款结算纠纷案件时,如果当事人明确约定"竣工结算以审计部门评审结果为准",则应尊重当事人的意思自由,按照约定处理;这并不影响人民法院对审计机构出具报告的合法性、合理性负有审查义务及权力,实践中不宜不经审查就直接予以采纳。如经审查,确有证据证明审计意见(或结论)存在明显不真实、不客观、不合理之处,该审计意见则不应作为认定案涉工程价款结算的依据。该观点亦可见于《2015年全国民事审判工作会议纪要》第49条①关于“承包人提供证据证明审计机关的审计意见具有不真实、不客观情形,人民法院可以准许当事人补充鉴定、重新质证或者补充质证等方法纠正审计意见存在的缺陷。上述方法不能解决的,应当准许当事人申请对工程造价进行鉴定”的内容。原审中,海南三亚湾新城开发有限公司(以下简称新城公司)曾质询鉴定机构并认为其并未采取合同约定的定价标准;鉴定人员回复称送鉴的财评文件“未与合同装订成一本”“未加盖骑缝章”“并非合同附件”。经查,送鉴材料系由海南第二建设工程有限公司送鉴,经过双方质证确认;又因《施工合同》属于认定本案基本事实的核心证据,且合同副本在送至鉴定机构前已经双方质证确认,新城公司并未提出异议。故新城公司于申请再审期间主张《鉴定意见书》未依据合同附件2中的财评单价明细和签证项目单价出具鉴定意见、原审法院因采信《鉴定意见书》导致认定事实有误等,理据不足,法院不予支持。

➢ 5. 再审申请人四川省苍溪县弘立建筑安装工程有限公司与被申请人四川阆茂置业有限公司、四川天泽投资有限公司及一审第三人熊某、杨某爽等建设工程施工合同纠纷案[(2019)最高法民申6183号]

裁判要旨:《建设工程施工合同》中“工程总价以政府审计部门审核造价为结算价”的约定,系双方真实意思,且不违反法律、行政法规的效力性强制规定,合法有效。

最高人民法院认为,《建设工程施工合同》专用条款部分就合同价款明确约定,“本合同价款采用可调价格合同方式确定,合同价款调整方法:以(2009)四川省建设工程工程量清单计价定额及相关配套文件执行。材料价格按当地市场价。工程总价以政府审计部门审核造价为结算价”。在以上约定中,(2009)四川省建设工程工程量清单计价定额及相关配套文件是工程价款的计价方式,由政府审计部门审核确定工程总价是约定由专业第三方机构审核工程价款的真实

① 最高人民法院于2016年11月21日正式公布的《第八次全国法院民事商事审判工作会议(民事部分)纪要》共计36条。

性,审计部门审核亦应按照约定的计价方式取费,二者并不冲突。四川省苍溪县弘立建筑安装工程有限公司(以下简称弘立公司)申请再审以《邀请招标文件》中无以政府审计部门审核造价为结算价的要求并据此认为本案工程价款不应以政府审计部门的最终审计结论为计算依据的理由,不符合《最高人民法院关于审理建设工程施工合同纠纷案件适用法律问题的解释(二)》①第10条规定的情形,法院不予采纳。

《建设工程施工合同》中"工程总价以政府审计部门审核造价为结算价"的约定,系双方真实意思,且不违反法律、行政法规的效力性强制规定,合法有效。并且案涉工程属于拆迁还房安置小区工程,涉及公众利益,约定工程总价由政府审计部门审核也具有一定的必要性、合理性。另外,关于弘立公司报送给审计部门的《竣工结算书》,四川天泽投资有限公司(以下简称天泽公司)在《竣工结算报告》上签章仅是同意以该结算价款报送给审计部门,并不能据此认定天泽公司同意以该价款作为最终结算依据。而弘立公司申请再审认为其提交的《竣工结算报告》系按照约定的工程价款计价方式取费,应提交专业的第三方中介机构鉴定意见予以证明。在无有效证据认定本案工程价款的情形下,原审判决驳回弘立公司关于工程款给付的请求并无不当,亦不影响其在审计结论作出后另行依法主张权利。

➢ 6. 黄某忠、郴州市发展投资集团有限公司与原审第三人湖南华盛建设工程(集团)有限公司、湖南格塘建筑工程有限公司建设工程施工合同纠纷案

[(2020)最高法民终630号]

裁判要旨:合同虽约定以审计结果作为工程款结算依据,但审计部门长期拖延审计,可以通过司法鉴定方式确定工程价款。

最高人民法院认为,关于采用政府审核价格还是鉴定价格的问题,一般而言,当事人约定以审计部门的审计结果作为工程款结算依据的,应当按照约定处理。但审计部门无正当理由长期未出具审计结论,经当事人申请,且符合具备进

---

① 该文件现已失效。

行司法鉴定条件的，人民法院可以通过司法鉴定方式确定工程价款。本案中，郴州市发展投资集团有限公司于2014年1月7日向郴州市审计局出具《关于郴州市苏仙湖、王仙湖项目竣工结算报送审计的函》后，至黄某忠2017年提起本案诉讼，郴州市审计局始终未作出审计结论，原审法院根据黄某忠的申请，委托进行造价鉴定，并无不当。郴州市发展投资集团有限公司主张合同已经约定以审计报告为结算依据，原审法院贸然启动司法鉴定违法，没有事实、法律依据，法院不予支持。

➢ 7. 申请再审人中铁十九局集团有限公司与被申请人重庆建工集团股份有限公司建设工程合同纠纷案①[(2012)民提字第205号]

裁判要旨：根据审计法的规定，国家审计机关对工程建设单位进行审计是一种行政监督行为，审计人与被审计人之间因国家审计发生的法律关系与本案当事人之间的民事法律关系性质不同。因此，在民事合同中，当事人对接受行政审计作为确定民事法律关系依据的约定，应当具体明确，而不能通过解释推定的方式，认为合同签订时，当事人已经同意接受国家机关的审计行为对民事法律关系的介入。

最高人民法院认为，根据《审计法》的规定，国家审计机关的审计系对工程建设单位的一种行政监督行为，审计人与被审计人之间因国家审计发生的法律关系与本案当事人之间的民事法律关系性质不同。因此，在民事合同中，当事人对接受行政审计作为确定民事法律关系依据的约定，应当具体明确，而不能通过解释推定的方式，认为合同签订时，当事人已经同意接受国家机关的审计行为对民事法律关系的介入。因此，重庆建工集团股份有限公司所持分包合同约定了以国家审计机关的审计结论作为结算依据的主张，缺乏事实和法律依据，法院不予采信。

---

① 参见《最高人民法院公报》2014年第4期(总第210期)。

地方人民法院案例

➢台州华兴建设工程有限公司与殷某其、余某勇建设工程分包合同纠纷案①

[(2013)浙台民终字第88号]

裁判要旨:诉讼过程中司法鉴定对象必须是双方当事人对专门性问题的争议,与此无关的争议不应是司法鉴定的对象。双方当事人对款项的给付数额发生争议的,法院只需对当事人提供证据的真实性、合法性和关联性进行审查即可,并无进行会计鉴定的必要。

原审法院在(2010)台玉民初字第1073号民事判决中认为,本案是证据真实性、证明力的认定,无涉及会计专业知识的认定。如果法院认定原告台州华兴建设工程有限公司提供的正式发票、《现金日记账》为真实,具有证据的证明力,法院就应当判定原告方的主张成立;如果认定被告殷某某、余某勇的举证为真实,具有证据证明力,法院就应当判定被告方的主张成立,本案没有涉及会计专业知识的鉴定。并且,法院要委托会计司法鉴定的,鉴定机关仍要求法院对证据的真实性作出认定。所以,原告提出司法会计鉴定的申请,该院未予支持。

编者说明

为了对司法鉴定项目全面清晰地了解,便于办案,编者以《司法鉴定收费管理办法》②(发改价格〔2009〕2264号)的附件《司法鉴定收费项目和收费标准基准价(试行)》为准,将司法鉴定项目整理如下:

---

① 参见浙江省高级人民法院编:《案例指导》(总第7卷),中国法制出版社2016年版,第121-129页。

② 《司法鉴定收费管理办法》虽于2020年12月30日被司法部公告第12号废止,但考虑到其附件仍有参考意义,故本书予以收录。

表1 司法鉴定项目表

类别一	类别二	序号	项目
法医类	法医病理鉴定	1	早期尸表检验
		2	晚期尸表检验
		3	早期尸体解剖
		4	晚期尸体解剖
		5	开棺验尸
		6	生前伤死后伤鉴别
		7	致伤(死)物认定
		8	脏体硅藻检查
		9	单器官组织学检查与鉴定
		10	多器官组织学检查与鉴定
		11	病理组织切片检查
		12	特殊染色技术
		13	电镜病理检查
		14	尸体 X 光检验
		15	尸体 CR 检验
		16	法医现场检查
		17	法医病理鉴定文证审查
	法医临床鉴定	18	损伤程度鉴定
		19	伤残程度评定
		20	伤病关系鉴定
		21	诈病、诈伤鉴定
		22	医疗纠纷鉴定
		23	劳动能力鉴定
		24	活体年龄鉴定

续表

类别一	类别二	序号	项目
法医类	法医临床鉴定	25	男性性功能鉴定
		26	听觉功能鉴定
		27	视觉功能鉴定
		28	致伤物和致伤方式推断
		29	医疗费合理性评定
		30	后期医疗费评定
		31	医疗护理依赖程度评定
		32	误工、护理、营养时限评定
		33	治疗时限评定
		34	法医临床鉴定文证审查
	法医物证鉴定	35	体液斑(精斑)的确证试验
		36	种属的血清学检验
		37	ABO 血型的血清学检验
		38	红细胞酶型的血清学检验
		39	白细胞血型的血清学检验
		40	血清蛋白的血清学检验
		41	ABO 血型的 DNA 检验
		42	常染色体 DNA 检验
		43	Y 染色体 DNA 检验
		44	X 染色体 DNA 检验
		45	线粒体 DNA 检验
		46	种属的 DNA 检验
		47	性别的 DNA 检验
		48	动植物的 DNA 检验
		49	其他法医 DNA 检验

续表

类别一	类别二	序号	项目
法医类	法医物证鉴定	50	法医物证鉴定文证审查
	法医毒物鉴定	51	人体体液中乙醇定性定量分析
		52	血液中碳氧血红蛋白饱和度检测
		53	毛发中滥用药物定性分析
		54	毒物、毒品定性分析(体外)
		55	常见挥发性毒物分析
		56	常见有机毒物分析
		57	常见无机毒物分析
		58	常见动、植物有毒成分分析
		59	法医毒物鉴定文证审查
	法医人类学鉴定	60	颅像重合鉴定
		61	颅像面貌画像
		62	颅像面貌塑像
		63	尸骨个体识别
		64	人类学骨龄鉴定
		65	法医人类学鉴定文证审查
	法医精神病鉴定	66	精神状态鉴定
		67	刑事能力鉴定
		68	民事能力鉴定
		69	诉讼能力鉴定
		70	司法精神病因果关系鉴定
		71	多导心理生理检测评定
		72	法医精神病鉴定文证审查

续表

类别一	类别二	序号	项目
物证类	文书鉴定	1	笔迹鉴定
		2	印章印文鉴定
		3	印刷文件同一性、同源性鉴定
		4	文件制作方法鉴定
		5	印刷机具鉴定
		6	文书形成时间鉴定
		7	朱墨或文字时序鉴定
		8	变造文件鉴定
		9	污损文件鉴定
		10	证件、证书、票据真伪鉴定
		11	字迹压痕显现
		12	文书物质材料鉴定
		13	文书鉴定文证审查
	痕迹鉴定	14	手印鉴定
		15	足迹鉴定
		16	工具痕迹鉴定
		17	弹头弹壳痕迹鉴定
		18	枪支性能及致伤力鉴定
		19	弹道分析鉴定
		20	枪弹检验建档
		21	动物蹄迹痕迹鉴定
		22	整体分离痕迹鉴定
		23	钥匙痕迹鉴定
		24	纺织品痕迹鉴定
		25	玻璃破碎痕迹鉴定

续表

类别一	类别二	序号	项目
物证类	痕迹鉴定	26	牙齿痕迹鉴定
		27	唇纹痕迹鉴定
		28	皮肤纹痕迹鉴定
		29	耳廓痕迹鉴定
		30	车辆轮迹鉴定
		31	车辆痕迹鉴定
		32	机动车辆号码化学显现
		33	痕迹显现
		34	实物照片与实物同一鉴定
		35	物体爆破(裂)痕迹鉴定
		36	常见炸药鉴定
		37	导火线、导爆索鉴定
		38	火雷管、电雷管鉴定
		39	制式手榴弹、手雷鉴定
		40	爆炸装置鉴定
		41	痕迹鉴定文证审查
	微量物证理化检验鉴定	42	扫描电镜/X射线能谱仪成分检验(定性)
		43	扫描电镜/X射线能谱仪比对检验
		44	射击、爆炸残留物的扫描电镜/x射线能谱仪成分检验
		45	傅立叶(显微)显微红外光谱仪成分检验
		46	傅立叶(显微)显微红外光谱仪成分比对检验
		47	偏振光显微镜检验
		48	薄层色谱检验
		49	拉曼(激光)光谱仪检验

续表

类别一	类别二	序号	项目
物证类	微量物证理化检验鉴定	50	(激光)等离子发射光谱仪/质谱仪成分检验
		51	(激光)等离子发射光谱仪/质谱仪成分比对检验
		52	气相色谱/质谱仪检验
		53	裂解-气相色谱/质谱仪检验
		54	气相色谱检验
		55	热差、热重仪检验
		56	X 射线荧光光谱仪检验
		57	X 射线衍射仪检验
		58	离子色谱或离子色谱/质谱仪检验
		59	微量物证理化检验鉴定文证审查
声像资料类	电子数据鉴定	1	硬盘检验
		2	服务器检验
		3	CD 及 DVD 光盘检测鉴定
		4	U 盘及存储卡检测鉴定
		5	软盘检测鉴定
		6	电子设备检验鉴定
		7	存储介质物理故障排除
		8	手机机身检验
		9	注册表检验鉴定
		10	软件一致性检验鉴定
		11	软件功能检验
		12	文件一致性检验鉴定
		13	数据库数据恢复

续表

类别一	类别二	序号	项目
声像资料类	电子数据鉴定	14	数据库一致性检验鉴定
		15	其他电子数据检验鉴定
		16	密码破解
		17	现场数据获取
		18	网络数据获取
		19	光盘溯源检验
		20	光盘刻录机检验
		21	电子物证鉴定文证复审
	声像资料鉴定	22	录音资料中话者同一认定
		23	录音资料辨识
		24	录音资料的真实性完整性鉴定
		25	录音资料的降噪处理
		26	语音分析检验
		27	录音器材检验
		28	录像资料同一性认定
		29	录像资料辨识
		30	录像资料的真实性完整性鉴定
		31	录像资料的模糊图像处理
		32	图片资料同一性认定
		33	图片资料辨识
		34	图片资料的真实性完整性鉴定
		35	图片资料的模糊图像处理
		36	人像鉴定
		37	特种光学技术检验
		38	多(超)光谱检验

续表

类别一	类别二	序号	项目
声像资料类	声像资料鉴定	39	计算机人像组合
		40	手工模拟画像
		41	手工雕塑复原头像
		42	计算机模拟复原头像
		43	声像资料鉴定文证复审

条文内容	参考条文
第七十条　【依职权鉴定】 人民法院在审理案件过程中认为待证事实需要通过鉴定意见证明的，应当向当事人释明，并指定提出鉴定申请的期间。	《民事证据规定》第30条第1款
符合《最高人民法院关于适用〈中华人民共和国民事诉讼法〉的解释》第九十六条第一款规定情形的，人民法院应当依职权委托鉴定。	《民事证据规定》第30条第2款

要点注释

由于鉴定仅是证明待证事实中涉及专门性问题的有效手段之一，因此，仍应当受到当事人举证范围的限制和约束。除涉及《民诉法解释》第96条第1款规定的5种人民法院应当依职权查明的事实应当依职权委托鉴定外，对于其他应由当事人举证的待证事实涉及专门性问题的查明，如需要通过鉴定的，应当进行释明并限定对该待证事实负有举证责任的当事人在合理期限内提出鉴定申请。

法官在向当事人进行释明时应当注意以下几个方面：

一是就该待证事实的举证责任分配应当予以明确，由此可以确定究竟应当由哪一方当事人来向人民法院提出鉴定申请。对该问题,不仅要考虑待证事实的举证责任分配,还要考虑该举证责任方当事人已经提交的证据是否可以让法官形成待证事实成立的心证结论;如果能够得出,则应当由反方当事人承担相应的反证责任。

二是就该待证事实的哪些专门性问题无法通过现有证据证明,而根据现有鉴定条件,一般可以通过哪些技术条件或者鉴定机构的鉴定可予以证明。对此,法官在释明前应当与法院内设的鉴定管理机构进行沟通,对相关专门性问题能否通过鉴定方式进行查明的可能性进行讨论,释明时有条件的,可以将相关鉴定人名录一并提供给当事人参考。

三是就当事人提出鉴定申请的期间在释明时一并作出指定。

四是当事人就待证事实需要通过鉴定方式查明的释明有异议的,应当听取当事人的意见,必要时可以组织双方当事人就此开展辩论。

相关法律

➢ **1.《仲裁法》**(2017 年 9 月 1 日修正)

第四十四条　仲裁庭对专门性问题认为需要鉴定的,可以交由当事人约定的鉴定部门鉴定,也可以由仲裁庭指定的鉴定部门鉴定。

根据当事人的请求或者仲裁庭的要求,鉴定部门应当派鉴定人参加开庭。当事人经仲裁庭许可,可以向鉴定人提问。

➢ **2.《农村土地承包经营纠纷调解仲裁法》**(2010 年 1 月 1 日施行)

第三十九条　仲裁庭对专门性问题认为需要鉴定的,可以交由当事人约定的鉴定机构鉴定;当事人没有约定的,由仲裁庭指定的鉴定机构鉴定。

根据当事人的请求或者仲裁庭的要求,鉴定机构应当派鉴定人参加开庭。当事人经仲裁庭许可,可以向鉴定人提问。

➢ **3.《劳动争议调解仲裁法》**(2008 年 5 月 1 日施行)

第三十七条　仲裁庭对专门性问题认为需要鉴定的,可以交由当事人约定的鉴定机构鉴定；当事人没有约定或者无法达成约定的，由仲裁庭指定的鉴定机构鉴定。

根据当事人的请求或者仲裁庭的要求，鉴定机构应当派鉴定人参加开庭。当事人经仲裁庭许可，可以向鉴定人提问。

司法解释

➢ **1.《最高人民法院关于适用〈中华人民共和国民事诉讼法〉的解释》**（法释〔2022〕11号，2022年4月10日施行）

第九十六条　民事诉讼法第六十七条第二款规定的人民法院认为审理案件需要的证据包括：

（一）涉及可能损害国家利益、社会公共利益的；

（二）涉及身份关系的；

（三）涉及民事诉讼法第五十八条规定诉讼的；

（四）当事人有恶意串通损害他人合法权益可能的；

（五）涉及依职权追加当事人、中止诉讼、终结诉讼、回避等程序性事项的。

除前款规定外，人民法院调查收集证据，应当依照当事人的申请进行。

➢ **2.《最高人民法院关于审理建设工程施工合同纠纷案件适用法律问题的解释（一）》**（法释〔2020〕25号，2021年1月1日施行）

第三十二条　当事人对工程造价、质量、修复费用等专门性问题有争议，人民法院认为需要鉴定的，应当向负有举证责任的当事人释明。当事人经释明未申请鉴定，虽申请鉴定但未支付鉴定费用或者拒不提供相关材料的，应当承担举证不能的法律后果。

一审诉讼中负有举证责任的当事人未申请鉴定，虽申请鉴定但未支付鉴定费用或者拒不提供相关材料，二审诉讼中申请鉴定，人民法院认为确有必要的，应当依照民事诉讼法第一百七十条第一款第三项①的规定处理。

➤ **3.《最高人民法院关于审理医疗损害责任纠纷案件适用法律若干问题的解释》**(法释〔2020〕17号,2021年1月1日施行)

第八条 当事人依法申请对医疗损害责任纠纷中的专门性问题进行鉴定的,人民法院应予准许。

当事人未申请鉴定,人民法院对前款规定的专门性问题认为需要鉴定的,应当依职权委托鉴定。

司法观点

➤ **1. 当事人不主动申请鉴定,经法院释明后仍不申请鉴定的后果②**

问:法院认为需要鉴定,但当事人不主动申请,经法院释明后仍不申请鉴定的,法院可否依职权启动鉴定?

答:《民事证据规定》第30条规定:"人民法院在审理案件过程中认为待证事实需要通过鉴定意见证明的,应当向当事人释明,并指定提出鉴定申请的期间。符合《最高人民法院关于适用〈中华人民共和国民事诉讼法〉的解释》第九十六条第一款规定情形的,人民法院应当依职权委托签定。"《民诉法解释》第96条第1款③规定:"民事诉讼法第六十四条第二款④规定的人民法院认为审理案件需要的证据包括:(一)涉及可能损害国家利益、社会公共利益的;(二)涉及身份关系的;(三)涉及民事诉讼法第五十五条⑤规定诉讼的;(四)当事人有恶意串通损害他人合法权益可能的;(五)涉及依职权追加当事人、中止诉讼、终结诉讼、回避等程序性事项的。"上述情形是法院依职权启动鉴定的范围。由于鉴定仅是证明

① 现为2021年修正的《民事诉讼法》第177条第1款第3项。
② 参见《民事审判实务问答》,法律出版社2021年版,第293-294页。
③ 现为2021年修正的《民事诉讼法》第96条第1款,内容有修改。
④ 现为2021年修正的《民事诉讼法》第67条第2款。
⑤ 现为2021年修正的《民事诉讼法》第58条。

待证事实中涉及专门性问题的有效手段之一,需要受到当事人举证范围的限制和约束。除上述5种人民法院应当依职权查明的事实外,对于其他应当由当事人举证的待证事实涉及专门性问题的查明,如必须要通过鉴定的,应当进行释明并限定对该待证事实负有举证责任的当事人在合理期限内提出鉴定申请。

需要鉴定的事项是待证事实的一种,由于涉及的专门性问题超出了法官专业知识范围,必须进行专业性的鉴定以查明事实真相。这些专业性的事实与其他普通案件事实一样,同属于当事人举证责任范畴。负有举证责任的当事人,必须证明该事实。如果当事人不及时申请鉴定,经法院释明后仍不主动申请鉴定,在待证事实无法查清时,将承担举证不能的不利后果。

➢ 2. 人民法院能否依职权启动鉴定程序?①

法官会议意见:

《民事诉讼法》第79条和《民诉法解释》第121条规定,原则上鉴定因当事人的申请而启动,人民法院不能启动鉴定程序。只有与待证事实具有关联性或有意义的,且符合《民诉法解释》第96条属于人民法院依职权调查收集证据的五种情形,人民法院才可以依职权启动鉴定程序。通常情况下,人民法院在审理案件过程中认为待证事实需要通过鉴定意见证明的,依照《民事证据规定》第30条的规定,向当事人予以释明,由对待证事实负有举证责任的当事人申请启动鉴定程序。

地方人民法院案例

➢ 1. 再审申请人江苏省江建集团有限公司与被申请人赵某军建设工程施工合同纠纷案[(2021)新民申2001号]

裁判要旨:能够通过其他方式查清案件事实的,法院不必要再通过委托鉴定。

---

① 参见《最高人民法院第二巡回法庭2021年第21次法官会议纪要》,载贺小荣主编:《最高人民法院第二巡回法庭法官会议纪要》(第3辑),人民法院出版社2022年版,第410-412页。

新疆维吾尔自治区高级人民法院认为，关于原审程序是否违法的问题，赵某军认为原审未予准许其提出调取江苏省江建集团有限公司银行流水及进行审计的申请，属程序违法。《民事证据规定》第30条第1款规定：“人民法院在审理案件过程中认为待证事实需要通过鉴定意见证明的，应当向当事人释明，并指定提出鉴定申请的期间。”原审虽未委托专业机构对江苏省江建集团有限公司账目进行审计，但依据双方提供的证据对本案中的款项进行认定，本案双方多次对账，在2017年对账形成《对账明细表》及在2018年二审法院组织双方对账形成法庭对账记录。在法院主持下根据双方提交的合同、收条、银行付款回单、收款凭据等证据，能够通过对账方式查清案件事实的，不必要再通过其他调查方式及委托鉴定确认查清事实的，法院可以决定是否委托鉴定，且减少当事人的诉讼支出，均符合法律规定，不存在程序违法的问题。

➢ **2. 峡山区峠山街道融昌纱线加工厂与常州市钰润绒线有限公司买卖合同纠纷案**[(2021)苏04民终5009号]

裁判要旨：人民法院对鉴定申请的释明前提，在于“待证事实需要通过鉴定意见证明”，如果前提尚不具备，释明鉴定事项尚无必要。

江苏省常州市中级人民法院认为，关于上诉人峡山区峠山街道融昌纱线加工厂（以下简称融昌厂）提出的一审法院应当告知其申请鉴定的问题。《民事证据规定》第30条第1款规定，“人民法院在审理案件过程中认为待证事实需要通过鉴定意见证明的，应当向当事人释明，并指定提出鉴定申请的期间”。人民法院的释明前提在于“待证事实需要通过鉴定意见证明”，而本案中该前提尚不具备，主要考虑因素为：第一，对标的物双方未有封样，融昌厂无客观证据证明其所述的4吨纱线系由常州市钰润绒线有限公司（以下简称钰润公司）提供，且钰润公司予以否认；第二，融昌厂自认在其与钰润公司签订合同之后，其还向另外两家客户购买过纱线，使标的物来源问题更加难以确定。一审法院在庭审中充分询问融昌厂所述的4吨纱线是否有对应标记可以确认为钰润公司生产，融昌厂亦表示没有，故本案在无法确定4吨纱线确为钰润公司提供的情况下，释明鉴定事项尚无必要。

条文内容	参考条文
第七十一条 【申请鉴定时限及逾期后果】 当事人申请鉴定,应当在人民法院指定期间内提出,并预交鉴定费用。逾期不提出申请或者不预交鉴定费用的,视为放弃申请。	《民事证据规定》第31条第1款
对需要鉴定的待证事实负有举证责任的当事人,在人民法院指定期间内无正当理由不提出鉴定申请或者不预交鉴定费用,或者拒不提供相关材料,致使待证事实无法查明的,应当承担举证不能的法律后果。	《民事证据规定》第31条第2款

要点注释

2001年《民事证据规定》第25条第1款将申请鉴定的期限规定在举证期限届满之日,随着实践的发展,对于当事人申请鉴定是否必须在举证期限届满前提出,人们也发生了认识上的变化。审判实践中,许多鉴定申请是针对另一方当事人在庭审中出示的证据而提出的,但在未组织证据交换的情况下,当事人并不知道对方当事人在庭审中将出示哪些证据,对另一方出示的证据的真实性存有异议,只能在质证过程中提出鉴定申请。遇到此种情况如果硬性要求申请人在庭审前的举证期限内提出鉴定申请,有些脱离实际。

鉴于此,本条规定当事人申请鉴定,在法院指定期间内提出。当事人在人民法院指定期间内不提出鉴定申请,有两方面的后果:一方面,视为其放弃申请;另一方面,负有举证责任的当事人,如果因为鉴定问题无法进行,出现待证事实无法查明的情形,该当事人将因举证不能而承担败诉的不利后果。

关于鉴定费用由谁预交的问题,从本条规定的内容来看,应由申请鉴定的一方预交,即因当事人申请而启动鉴定程序的,由申请方预交。而因法院依职权启动鉴定程序的,鉴定费用则不宜硬性要求当事人预交。虽然司法解释没有就此问题作出规定,但法院依职权启动鉴定程序,如果当事人拒不同意预交鉴定费时,应当由法院先行垫付鉴定费,后期再就费用的承担问题作出裁判。关于不预交鉴定费用的后果,从条文规定的内容分析,也有两方面的法律后果:一方面,视为其放弃申请。当事人虽然在法院指定期间内提出了鉴定申请,但不预交鉴定费用,实质上与不提出鉴定申请的效果是同样的,都未能启动鉴定程序。另一方面,负有举证责任的当事人,如果因为鉴定问题无法进行,出现待证事实无法查明的情形,该当事人将因举证不能而承担败诉的不利后果。

法院委托鉴定,需要向鉴定机构提供开展鉴定所必需的鉴定材料。鉴定材料是鉴定机构开展鉴定活动的物质基础,是鉴定意见赖以产生的基础。如果负有举证责任且掌握、持有鉴定所需相关材料的申请人拒不提供怎么办?依据本条规定,在待证事实无法查清时,其将承担举证不能的不利后果。

地方人民法院案例

➢ 上海隆麦机械设备工程有限公司与连云港协鑫生物质发电有限公司建设工程施工合同纠纷案[(2020)苏0707民初5090号]

裁判要旨:被告拒不交纳鉴定费,依法应视为其自愿放弃鉴定申请,对其主张的事实,依法应当承担举证不能的后果。

连云港市赣榆区人民法院认为,被告连云港协鑫生物质发电有限公司虽提出技术鉴定,但又拒不交纳鉴定费用,导致鉴定被退回,依据《民事证据规定》第31条的规定,当事人申请鉴定,应当在人民法院指定的期间内提出,并预交鉴定费用。逾期不提出申请或者不预交鉴定费用的,视为放弃申请。因放弃鉴定申请,致使待证事实无法查明的,应当承担举证不能的法律后果。被告拒不交纳鉴定费,依法应视为其自愿放弃鉴定申请,对其主张的事实,依法应当承担举证不能的后果,因此,对被告主张的“2#锅炉脱硝系统技术”不达标问题,法院不予采信。

条文内容	参考条文
第七十二条 【鉴定申请的审查】 申请鉴定的事项与待证事实无关联,或者对证明待证事实无意义的,人民法院不予准许。	《民诉法解释》 第121条第1款第2句

要点注释

对于待证事实负有举证责任的当事人,在待证事实涉及专门性问题需要鉴定的,该当事人负有提出鉴定申请的义务。所以人民法院因当事人的申请而委托鉴定在性质上为法院调查收集证据,当事人申请鉴定应当遵守当事人申请人民法院调查收集证据的要求。依据《民诉法解释》第95条[①]的规定,当事人申请调查收集的证据,与待证事实无关联、对证明待证事实无意义或者其他无调查收集必要的,人民法院不予准许。这一规定同样适用于申请鉴定的场合。故本条规定:申请鉴定的事项与待证事实无关联,或者对证明待证事实无意义的,人民法院不予准许。

司法解释

➤**《最高人民法院关于审理建设工程施工合同纠纷案件适用法律问题的解释(一)》**(法释〔2020〕25号,2021年1月1日施行)

第二十八条 当事人约定按照固定价结算工程价款,一方当事人请求对建设工程造价进行鉴定的,人民法院不予支持。

第二十九条 当事人在诉讼前已经对建设工程价款结算达成协议,诉讼中一方当事人申请对工程造价进行鉴定的,人民法院不予准许。

---

① 见本书第9条。

地方司法文件

➤《江苏省高级人民法院民一庭建设工程施工合同纠纷案件司法鉴定操作规程》(苏高法电〔2015〕802号,2015年12月21日发布)

第五条 人民法院应当根据当事人的申请,结合双方争议事项,依照《民事诉讼法》及相关司法解释的规定决定是否启动鉴定并合理确定鉴定事项。

人民法院启动鉴定、确定鉴定事项应当遵循以下原则:

(1)必要性原则。因争议事实涉及专门性问题,通过当事人的举证对争议事实无法达到高度盖然性证明标准,当事人申请鉴定的,人民法院可以准许;争议事实虽涉及专门性问题,但通过当事人的举证人民法院可以认定的,不予鉴定。

(2)关联性原则。人民法院应当根据查明待证事实的需要确定鉴定事项,鉴定事项应当与待证事实具有充分关联性,能够为查明待证事实提供依据。

(3)可行性原则。人民法院委托鉴定的事项应当属于能够通过司法鉴定得出鉴定意见的事项。

(4)鉴定范围最小化原则。人民法院在委托鉴定前应通过其他手段排除无争议项,只对有争议项进行鉴定。对于建设工程造价争议应先根据诉辩意见及当事人举证质证确定争议项,再对争议项进行鉴定。

司法观点

➤法院对当事人鉴定申请的审查①

问:当事人主动申请鉴定时,法院是否需要进行实质性审查以决定是否启动鉴定?

---

① 参见最高人民法院民事审判第一庭编:《民事审判实务问答》,法律出版社2021年版,第292-293页。

答:《民事证据规定》第30条规定:“人民法院在审理案件过程中认为待证事实需要通过鉴定意见证明的,应当向当事人释明,并指定提出鉴定申请的期间。符合《最高人民法院关于适用〈中华人民共和国民事诉讼法〉的解释》第九十六条第一款规定情形的,人民法院应当依职权委托鉴定。”本条明确了鉴定启动的两种基本途径:一是当事人提出鉴定申请;二是人民法院对于需要依职权查明的事实涉及专门性问题的,也应当依职权委托鉴定。

实践中有观点认为,鉴定的启动是诉讼中人民法院依当事人申请而被动启动的法定程序。这种观念是不正确的。鉴定启动申请只是引发鉴定启动的基本前提条件,不当然产生鉴定启动的法律后果。当事人申请鉴定并不必然启动鉴定,仍需经法官根据其对相关事实的认定进行决定。因此,人民法院具有实质意义上的鉴定启动权。

是否启动鉴定,本质上必须是法官在案件审理过程中对相关专门性问题缺乏判断认定能力的情况下,才会决定委托相关鉴定机构通过科学的方法和手段来查明该专门性问题的相关事实。司法鉴定为法院的辅助机关,法官因不具有特别知识而不能知晓的事项,须有专家补其不足,以达到正确判断之目的。因此,鉴定不是以当事人提出为前提,恰恰是以法官查明事实的需要为前提。为防止鉴定启动的随意性,实践中应着重审查以下几个方面:

一是当事人申请鉴定的事项是否与案件有待查明的事实具有关联性,即该需要通过鉴定方能证明的待证事实是否为案件审理所必须查明的基本事实,或者是否会影响案件审理程序的合法性。

二是是否必须要通过特殊技术手段或者专门方法才能确定相应的专门性问题,是否已经通过一般的举证、质证手段或者现有证据确实对相关专门性问题无法查明。实践中,一些当事人经常会通过启动鉴定来实现人为混淆视听、拖延诉讼进程或者其他不当的目的。对此,必须要对待证事实查明的方式进行考察,如果发现常规的方式完全可以查明的,则对当事人相关司法鉴定的申请不应予以准许。

三是对于待鉴定的专门性问题,是否有较为权威的鉴定方法和相应有资质的鉴定机构,是否有明确充分的鉴定材料。

四是在启动鉴定之前是否已经充分听取了双方当事人的意见。

最高人民法院案例

➢再审申请人沈阳盛建建筑工程有限公司、深圳市中建大康建筑工程有限公司及一审第三人沈阳国荣建筑工程劳务有限公司建设工程分包合同纠纷案[(2021)最高法民申4757号]

裁判要旨:相同事实在另案中已进行鉴定,再次申请鉴定浪费司法资源,依法不予准许。

最高人民法院认为,关于原审未准许深圳市中建大康建筑工程有限公司(以下简称大康公司)的鉴定申请剥夺其诉讼权利问题。因原审中沈阳盛建建筑工程有限公司(以下简称盛建公司)与大康公司对案涉工程为单价包死的事实并无异议,盛建公司主张的是国荣公司施工部分的工程款差价,在沈阳国荣建筑工程劳务有限公司(以下简称国荣公司)起诉盛建公司、大康公司的案件中已经对国荣公司施工部分的工程造价予以鉴定的情况下,本案没有对工程造价再进行鉴定的必要,大康公司在此情况下仍申请鉴定,系增加当事人诉累、浪费司法资源。因此,原审未准许大康公司的鉴定申请并未剥夺其诉讼权利,大康公司的该项再审申请理由,亦依法不能成立。

地方人民法院案例

➢厉某波与陈某福建设工程施工合同纠纷案[(2020)浙1021民初5625号]

裁判要旨:双方的鉴定申请对于本案查明事实并无必要,不予准许。

浙江省玉环市人民法院认为,两份欠条本系本案的直接证据,原告厉某波持有的欠条载明金额为“2000000”,被告持有的欠条载明金额为“20000.00”,金额处均加盖指印。原告申请对被告所持欠条上金额处的小数点与捺印先后顺序进行鉴定,被告则申请对原告所持欠条中金额处是否有小数点被抠除、改动进行鉴定。双方的鉴定申请意在否定对方所持欠条的真实性、合法性,法院认为,两份欠条均系被告陈某福书写,即使如被告所述两份欠条记载的金额均为“20000.00”,但结合原告在结算次日,即微信要求被告添加大写的“贰佰万”,此后又以200万元欠款向被告催讨,被告并未对金额明确否认的事实,不能推定原告认可的结算金额为2万元。被告向原告发送的工程结算表格与原告提交的工程结算报告能够相互印证,证明原告施工部分的工程量在300万元以上,被告自认在2017年6月23日之后未再支付工程款,被告辩称原告同意放弃大部分的工程款,仅要求被告支付2万元的辩解明显与常理不符,原告对此亦不认可,故法院对被告的上述辩解不予采信。综上分析,双方的鉴定申请于本案查明事实并无必要,法院不予准许。

条文内容	参考条文
第七十三条 【鉴定人的选定和委托书内容】 人民法院准许鉴定申请的,应当组织双方当事人协商确定具备相应资格的鉴定人。当事人协商不成的,由人民法院指定。	《民事证据规定》第32条第1款
人民法院依职权委托鉴定的,可以在询问当事人的意见后,指定具备相应资格的鉴定人。	《民事证据规定》第32条第2款
人民法院在确定鉴定人后应当出具委托书,委托书中应当载明鉴定事项、鉴定范围、鉴定目的和鉴定期限。	《民事证据规定》第32条第3款

要点注释

本条第1款是关于当事人申请鉴定的情形下,鉴定人选任方式和鉴定人资格要求的规定。如果法院准许当事人申请鉴定,首先应当尊重当事人意思,由当事人协商确定具备相应资格的鉴定人;协商不成时,才由人民法院指定。这体现了对当事人诉讼权利的保障和对当事人诉讼契约的尊重。

本条第2款是关于法院依职权委托鉴定的情形下,鉴定人选任方式和鉴定人资格要求的规定。如果法院依职权委托鉴定,可以在询问当事人的意见后,指定具备相应资格的鉴定人。在依职权委托鉴定的情形下,不存在当事人协商确定的问题,询问当事人的意见也不是法院指定具备相应资格的鉴定人的必经程序。当然,无论是当事人申请鉴定还是法院依职权决定鉴定,鉴定人均需具备相应的鉴定资格。

应当注意,本条第1款、第2款规定的侧重点在委托方确定鉴定时的必要考量,没有涉及鉴定人的意愿问题。不过,这并不意味着否定鉴定人的选择权。在未形成委托关系之前,无论是采取当事人协商确定方式,还是通过法院指定方式确定,对鉴定人一方并无约束力,鉴定人可以接受委托,也可以拒绝委托。实践中,不能依本条所谓的"确定",强迫鉴定人接受委托,进行鉴定。

本条第3款是关于鉴定委托书应载明事项和内容的规定。要求委托书中应当载明鉴定事项、鉴定范围、鉴定目的和鉴定期限,目的在于通过对委托书内容作出明确规定,以避免出现由于委托事项、鉴定范围和目的不明确,鉴定意见无法使用的情形,以及防止出现由于对鉴定期限缺少必要限制引起的鉴定拖延进而影响诉讼效率的现象。

部门规章

➢ **1.《司法鉴定程序通则》**(司法部,2015年12月24日修订)

第十五条 具有下列情形之一的鉴定委托,司法鉴定机构不得受理:

(一)委托鉴定事项超出本机构司法鉴定业务范围的;

(二)发现鉴定材料不真实、不完整、不充分或者取得方式不合法的;

(三)鉴定用途不合法或者违背社会公德的;

(四)鉴定要求不符合司法鉴定执业规则或者相关鉴定技术规范的;

（五）鉴定要求超出本机构技术条件或者鉴定能力的；

（六）委托人就同一鉴定事项同时委托其他司法鉴定机构进行鉴定的；

（七）其他不符合法律、法规、规章规定的情形。

➢ **2.《司法鉴定机构登记管理办法》**（司法部，2005 年 9 月 30 日施行）

第三十一条　司法机关和公民、组织可以委托列入司法鉴定人和司法鉴定机构名册的司法鉴定机构及司法鉴定人进行鉴定。

在诉讼活动中，对《全国人民代表大会常务委员会关于司法鉴定管理问题的决定》第二条所规定的鉴定事项发生争议，需要鉴定的，司法机关和公民、组织应当委托列入司法鉴定人和司法鉴定机构名册的司法鉴定机构及司法鉴定人进行鉴定。

第三十二条　编制、公告司法鉴定人和司法鉴定机构名册的具体程序、内容和格式由司法部另行制定。

司法解释

➢ **《最高人民法院关于人民法院民事诉讼中委托鉴定审查工作若干问题的规定》**（法〔2020〕202 号，2020 年 9 月 1 日施行）

三、对鉴定机构的审查

6. 人民法院选择鉴定机构，应当根据法律、司法解释等规定，审查鉴定机构的资质、执业范围等事项。

7. 当事人协商一致选择鉴定机构的，人民法院应当审查协商选择的鉴定机构是否具备鉴定资质及符合法律、司法解释等规定。发现双方当事人的选择有可能损害国家利益、集体利益或第三方利益的，应当终止协商选择程序，采用随机方式选择。

8. 人民法院应当要求鉴定机构在接受委托后 5 个工作日内，提交鉴定方案、收费标准、鉴定人情况和鉴定人承诺书。

重大、疑难、复杂鉴定事项可适当延长提交期限。

鉴定人拒绝签署承诺书的,人民法院应当要求更换鉴定人或另行委托鉴定机构。

四、对鉴定人的审查

9. 人民法院委托鉴定机构指定鉴定人的,应当严格依照法律、司法解释等规定,对鉴定人的专业能力、从业经验、业内评价、执业范围、鉴定资格、资质证书有效期以及是否有依法回避的情形等进行审查。

特殊情形人民法院直接指定鉴定人的,依照前款规定进行审查。

地方司法文件

➤**《浙江省高级人民法院关于民事诉讼中委托鉴定、评估管理工作指引》**(浙高法〔2021〕119号,2021年11月1日发布)

一、"机构"列入信息平台的一般要求

1. 自愿接受人民法院委托进行鉴定、评估的各类机构,可以申请列入设置于浙江法院网(www. zjsfgkw. cn)的"对外委托机构信息平台"(以下简称"信息平台")。

2. 鉴定类机构是指依法设立、具有相关鉴定专业执业资格的机构,或虽无相关鉴定专业执业资格,但有能力承担相关专业技术鉴定的机构,包括法医类(医疗损害)、物证类(包括文书、痕迹等)、声像资料、环境损害、环境检测、会计审计、建设工程造价、建设工程质量、建设工程设计、测绘测量、产品质量、电子数据、科技咨询、涉知识产权技术、文物、珠宝、书画作品及其他相关诉讼证据鉴定的专业技术机构。

评估类机构是指依法设立、具有相关评估专业执业资格的机构,或虽无相关评估专业执业资格,但有能力承担相关专业评估的机构,包括资产评估、房地产评估、土地评估、价格鉴证、保险公估、二手车评估、海损评估等相关涉及价格确定的专业评估机构。

3. 信息平台机构的列入,原则上不再设置法律法规以及行业规定以外的资质及人员附加条件，但对鉴定、评估综合性要求较高或机构数量较多的专业类别机构，如建设工程质量、建设工程造价、资产评估、房地产评估等专业机构，各中级法院司法技术管理部门可根据当地实际需要设置一定条件，并报省高院审判管理部门备案；省外机构列入条件由省高院审判管理部门设置。鉴定、评估机构的分支机构是否列入，由各中级法院根据当地实际需要确定。

4. 同一中级法院辖区内，除司法行政部门公告的司法鉴定机构外，其总公司及分支机构、集团类关联机构，只能择一列入。

5. 机构或其主要负责人、实际出资人有行贿受贿等行为、在执业中因违法被追究刑事责任的，不得将该机构列入信息平台。

6. 机构因不规范执业受到行业主管部门（行业协会）处罚或谴责、通报批评的，一年内不得将该机构列入信息平台。

7. 申请列入信息平台的机构，自行登录平台进行注册、填报相关信息、上传相应的证明材料，下载并签署以廉洁执业、遵守法院有关规定、按期完成鉴定、评估为主要内容的《承诺书》。《承诺书》以书面形式提交，其中，省外机构向省高院审判管理部门提交，省内机构向机构注册地中级法院司法技术管理部门提交，海损评估、船舶检验等涉及海事海商的机构向宁波海事法院司法技术管理部门提交。机构信息发生变化时，应当及时变更。已列入信息平台的机构可以自愿退出。

机构列入、退出及信息变更由接受《承诺书》的法院审核，各中级法院初审的，统一报省高院审判管理部门审定。

8. 除组织鉴定的机构外，列入信息平台的机构中从事法院委托业务的鉴定、评估人员应当在执业人员栏填报信息，未填报信息的人员原则上不得从事法院委托鉴定、评估业务。

二、受托机构的确定

9. 列入信息平台的机构在各中级法院辖区范围内统一使用。各中级法院及辖区基层法院需要委托鉴定、评估的，原则上从对应中级法院范围内的相应类别机构中产生。

宁波海事法院除船舶检验评估、海损评估等专门鉴定、评估以外，其委托鉴定、评估的机构从其院本部、派出法庭或标的物所在地中级法院范围内的相应类别机构中产生。

省高院委托鉴定、评估的机构从杭州市中级法院或标的物所在地中级法院范围内的相应类别机构中产生。

10. 当事人可协商确定委托鉴定、评估的机构或协商确定随机选取的机构范围。协商不一致或放弃协商的，随机确定。

有条件的法院可以竞争方式确定鉴定、评估机构。法律、司法解释等对确定鉴定、评估机构有专门规定的，从其规定。

11. 随机确定机构的，备选机构原则上应在3家以上，中级法院范围内列入信息平台的相应机构数量不足3家的，可在全省同类别机构中随机确定；全省范围内列入信息平台同类别机构不足3家的，可在全国同类别机构中随机确定，或者从人民法院诉讼资产网同类别专业机构中增补至3家以上，并从中随机确定。

鉴定、评估机构总公司及其分支机构、集团类关联机构同在随机确定的鉴定、评估机构范围内的，择一参与。

随机确定机构时，应当通知当事人到场，当事人在规定时间不到场的，不影响法院随机确定机构，必要时可邀请司法监督、派驻纪检监察、审判执行部门派员到场监督。

12. 委托事项不在信息平台机构业务范围内的，可由各方当事人推荐具有资质的机构或有相应鉴定、评估能力的机构，并提交相关证明、联系方式等资料，经审核符合条件的，由当事人协商确定，协商不一致或放弃协商的，从中随机确定；当事人不能提供、司法技术管理部门也无法获取相关机构信息的，司法技术管理部门应当向审判业务部门说明情况，审判业务部门应当及时中止或终止委托鉴定、评估。

13. 机构及其执业人员依法实行回避制度，机构存在回避情形的，应当重新确定机构；执业人员存在回避情形的，应当及时更换。

在同一事项鉴定、评估过程中，同一机构的总公司或其分支机构、集团类关联机构参与过鉴定、评估的,该机构总公司及全部分支机构、集团类关联机构在后续鉴定、评估中应进行回避。

……

三、对机构接受法院委托的监督管理

17. 鉴定、评估机构遇有下列情形之一的,应当及时向委托法院书面报告,并说明情况、提出意见:

(1)有正当理由不能受理委托的;

(2)当事人未在规定期限内交费的;

(3)法院未在规定期限内提供鉴定、评估所需资料的;

(4)有正当理由需延长鉴定、评估期限的;

(5)其他应当报告的情形。

最高人民法院案例

➤1. 江西蓝翔重工有限公司与江西鑫通机械制造有限公司、冀中能源峰峰集团邯郸宝峰矿业有限公司等侵害实用新型专利权纠纷案[(2020)最高法知民终624号]

裁判要旨:根据《民事诉讼法》第76条第1款①后半段的规定,当事人申请鉴定的,由双方商定鉴定人;协商不成的,由法院指定。这里的"协商不成",应理解为既包括"双方均同意鉴定,仅对鉴定部门无法协商一致",也包括"一方申请鉴定,而另一方不同意,导致协商不能"的情形。对于后者,可由法院指定鉴定机构。故对于一方提出鉴定申请,仅是另一方不同意鉴定的,不存在鉴定程序无法启动之理。

最高人民法院认为,根据《民事诉讼法》第76条第1款后半段的规定,当事人申请鉴定的,由双方当事人协商确定具备资格的鉴定人;协商不成的,由人民

① 现为2021年修正的《民事诉讼法》第79条第1款。

法院指定。依法委托专门鉴定部门对被诉侵权产品进行鉴定。前述规定中的“协商不成”,应当理解为既包括“当事人均同意鉴定,仅对鉴定部门无法协商一致”的情形,还包括“一方当事人申请鉴定,另一方当事人不同意鉴定,导致协商不能”的情形。对于后一种情形,仍然可以由人民法院指定有资质的鉴定机构对相关专门性问题进行鉴定。根据《民事诉讼法》第76条第2款①的规定,当事人未申请鉴定,人民法院对专门性问题认为需要鉴定的,应当委托具备资格的鉴定人进行鉴定。按照“举重以明轻”的法律解释原则,在当事人不申请鉴定的情况下,人民法院尚可以根据案件审理需要依职权启动鉴定程序,则对于一方当事人提出鉴定申请,仅是另一方当事人不同意鉴定的情形,更不存在鉴定程序无法启动之理。

➢ **2. 北京中关村开发建设股份有限公司、湖南潭衡高速公路开发有限公司与湖南省高速公路管理局建设工程施工合同纠纷案**[(2019)最高法民终1401号]

裁判要旨:工程造价咨询机构从事司法鉴定不需要司法鉴定资质,但应审查行业资质。

最高人民法院认为,关于建业公司及其鉴定人鉴定资质的问题,《全国人民代表大会常务委员会关于司法鉴定管理问题的决定》第2条第1款规定,国家对从事下列司法鉴定业务的鉴定人和鉴定机构实行登记管理制度:(1)法医类鉴定;(2)物证类鉴定;(3)声像资料鉴定;(4)根据诉讼需要由国务院司法行政部门商最高人民法院、最高人民检察院确定的其他应当对鉴定人和鉴定机构实行登记管理的鉴定事项。

《工程造价咨询企业管理办法》第4条规定,工程造价咨询企业应当依法取得工程造价咨询企业资质,并在其资质等级许可的范围内从事工程造价咨询活动。《建设工程造价鉴定规范》术语第2.0.5条将鉴定机构定义为:接受委托从事工程造价鉴定的工程造价咨询企业。

---

① 现为2021年修正的《民事诉讼法》第79条第2款。

《最高人民法院关于如何认定工程造价从业人员是否同时在两个单位执业问题的答复》(法函〔2006〕68号)规定,"根据全国人大常委会《关于司法鉴定管理问题的决定》第二条的规定,工程造价咨询单位不属于实行司法鉴定登记管理制度的范围……对于从事工程造价咨询业务的单位和鉴定人员的执业资质认定以及对工程造价成果性文件的程序审查,应当以工程造价行政许可主管部门的审批、注册管理和相关法律规定为据"。

根据上述规定,工程造价鉴定不属于必须登记的鉴定从业事项,只需通过行政审批获得资质证书,即可在资质范围内从事工程造价咨询活动。湖南省司法厅《国家司法鉴定人和司法鉴定机构名册湖南分册(2017年度)》系当地行政主管部门对工程造价鉴定实行双重执业准入管理的行为,对于从事工程造价咨询业务的单位和鉴定人员的执业资质认定以及对工程造价成果性文件的程序审查,应当以工程造价行政许可主管部门的审批、注册管理和相关法律规定为据。建业公司具有"工程造价咨询企业甲级资质"证书,鉴定人亦有"注册造价工程师"证书,具备鉴定资质。北京中关村开发建设股份有限公司关于建业公司的司法鉴定资格存在瑕疵、原审法院司法鉴定人选定程序违法的主张,没有法律依据,法院不予采信。

条文内容	参考条文
第七十四条　【鉴定承诺书】 鉴定开始之前,人民法院应当要求鉴定人签署承诺书。承诺书中应当载明鉴定人保证客观、公正、诚实地进行鉴定,保证出庭作证,如作虚假鉴定应当承担法律责任等内容。	《民事证据规定》第33条第1款
鉴定人故意作虚假鉴定的,人民法院应当责令其退还鉴定费用,并根据情节,依照民事诉讼法第一百一十四条的规定进行处罚。	《民事证据规定》第33条第2款

要点注释

为了更好地发挥司法鉴定服务于诉讼的作用,应当将健全管理体制与完善证据制度进行深度对接,将法官在具体诉讼活动依据证据规则对鉴定人提出的要求的落实情况纳入对鉴定人的管理体系之中,从而切实提高司法鉴定的质量,树立司法鉴定的公信力。因此,本条第1款确定了鉴定人在从事司法鉴定活动中必须保证客观、公正、诚实,并且在当事人申请及委托鉴定的法院要求出庭作证时,确保到庭作证。此外,为增强鉴定人知晓和切实履行上述义务,专门增设了具结要求,即需要签署附带上述内容的承诺书。

针对鉴定人故意作虚假鉴定的行为,本条第2款不仅规定了应当要求其退还鉴定费用,还明确人民法院应当根据情节,依照《民事诉讼法》的规定予以处罚,情节严重构成犯罪的,依法追究其刑事责任。但是,对鉴定人是否要对当事人承担相应的民事赔偿责任问题,存在一定的争议。多数意见认为,在确定鉴定人故意或重大过失致使鉴定意见不被法院采信,或者致使错误的鉴定意见被法院采信,从而令当事人遭受损失的,当事人可以通过民事救济途径主张相应的权利。由于司法实践中对此问题的处理尚不多见且不成熟,因此,最高人民法院未将民事赔偿责任的相关内容在本条中予以规定。

相关法律

➢**《民事诉讼法》**(2021年12月24日修正)

第一百一十四条 诉讼参与人或者其他人有下列行为之一的,人民法院可以根据情节轻重予以罚款、拘留;构成犯罪的,依法追究刑事责任:

(一)伪造、毁灭重要证据,妨碍人民法院审理案件的;

(二)以暴力、威胁、贿买方法阻止证人作证或者指使、贿买、胁迫他人作伪证的;

(三)隐藏、转移、变卖、毁损已被查封、扣押的财产,或者已被清点并责令其

保管的财产,转移已被冻结的财产的;

(四)对司法工作人员、诉讼参加人、证人、翻译人员、鉴定人、勘验人、协助执行的人,进行侮辱、诽谤、诬陷、殴打或者打击报复的;

(五)以暴力、威胁或者其他方法阻碍司法工作人员执行职务的;

(六)拒不履行人民法院已经发生法律效力的判决、裁定的。

人民法院对有前款规定的行为之一的单位,可以对其主要负责人或者直接责任人员予以罚款、拘留;构成犯罪的,依法追究刑事责任。

第一百一十八条 对个人的罚款金额,为人民币十万元以下。对单位的罚款金额,为人民币五万元以上一百万元以下。

拘留的期限,为十五日以下。

被拘留的人,由人民法院交公安机关看管。在拘留期间,被拘留人承认并改正错误的,人民法院可以决定提前解除拘留。

部门规章

➢**《司法鉴定机构登记管理办法》**(司法部,2005 年 9 月 30 日施行)

第四十一条 司法鉴定机构在开展司法鉴定活动中因违法和过错行为应当承担民事责任的,按照民事法律的有关规定执行。

地方人民法院案例

➢**尹某先与邓某彬、锦泰财产保险股份有限公司宜宾中心支公司机动车交通事故责任纠纷案**[(2020)川 15 民终 2594 号]

裁判要旨:《民事证据规定》仅规定人民法院应当要求鉴定人签署承诺书,并未规定未予签订承诺书则鉴定意见无效。本案鉴定程序系经双方当事人协商一致,由人民法院依法随机抽选,当事人并未提供证据证明鉴定过程存在《民事证据规定》第 40 条第 1 款的情形,可以采信该份鉴定意见。

四川省宜宾市中级人民法院认为,针对本案的争议焦点三,即鉴定人员未出具鉴定人员承诺书,该份鉴定意见书是否应予采信的问题。《民事证据规定》第33条规定,鉴定开始之前,人民法院应当要求鉴定人签署承诺书。承诺书中应当载明鉴定人保证客观、公正、诚实地进行鉴定,保证出庭作证,如作虚假鉴定应当承担法律责任等内容。鉴定人故意作虚假鉴定的,人民法院应当责令其退还鉴定费用,并根据情节,依照《民事诉讼法》第111条①的规定处理。该条确定了鉴定人在从事司法鉴定活动过程中必须保持客观、公正、诚实,并且在当事人申请及委托鉴定的法院要求出庭作证时,确保参与鉴定的鉴定人员能够到庭作证。此外,为增强鉴定人知晓和切实履行上述义务,专门增设了具结的要求,即需要签署附带有上述内容的承诺书,但该条并未规定未予签订承诺书则鉴定意见无效。本案鉴定程序系经尹某先申请,双方当事人协商一致,由长宁县人民法院依法随机抽选宜宾新兴司法鉴定中心鉴定,保险人并未提供证据证明鉴定过程存在《民事证据规定》第40条第1款的情形。故一审法院采信该份鉴定意见认定邓某彬的伤残等级和后续医疗费用并无不当。

条文内容	参考条文
第七十五条　【逾期鉴定后果】 鉴定人应当在人民法院确定的期限内完成鉴定,并提交鉴定书。	《民事证据规定》 第35条第1款
鉴定人无正当理由未按期提交鉴定书的,当事人可以申请人民法院另行委托鉴定人进行鉴定。人民法院准许的,原鉴定人已经收取的鉴定费用应当退还;拒不退还的,依照《最高人民法院关于民事诉讼证据的若干规定》第八十一条第二款的规定处理。	《民事证据规定》 第35条第2款

① 现为2021年修正的《民事诉讼法》第114条。

要点注释

《民事诉讼法》对鉴定人出具鉴定意见并未作出时间上的要求，但司法部颁布的《司法鉴定程序通则》在第28条对此作出了明确的规定，2017年12月14日起施行的《最高人民法院关于审理医疗损害责任纠纷案件适用法律若干问题的解释》第11条第3款首次明确提出了“鉴定期限”的鉴定要求。为督促鉴定人尽快完成鉴定工作，防止由于鉴定人工作拖延影响案件审理，本条对鉴定人无正当理由未按期完成鉴定的，规定了返还费用的制裁措施。

在适用本条时需要特别注意的是，认定逾期提交鉴定意见的前提须是鉴定人无正当理由，如果鉴定人有正当理由延期的，不能据此认定逾期。此外，对于当事人以鉴定人在指定期间内未完成鉴定意见为由申请人民法院另行委托鉴定人鉴定的，人民法院应当予以审查，在综合各方面因素后再决定是否予以准许。

部门规章

➤**《司法鉴定程序通则》**（司法部，2015年12月24日修订）

第二十八条　司法鉴定机构应当自司法鉴定委托书生效之日起三十个工作日内完成鉴定。

鉴定事项涉及复杂、疑难、特殊技术问题或者鉴定过程需要较长时间的，经本机构负责人批准，完成鉴定的时限可以延长，延长时限一般不得超过三十个工作日。鉴定时限延长的，应当及时告知委托人。

司法鉴定机构与委托人对鉴定时限另有约定的，从其约定。

在鉴定过程中补充或者重新提取鉴定材料所需的时间，不计入鉴定时限。

司法解释

➢ **1.《最高人民法院关于民事诉讼证据的若干规定》**(法释〔2019〕19号,2020年5月1日施行)

第八十一条 鉴定人拒不出庭作证的,鉴定意见不得作为认定案件事实的根据。人民法院应当建议有关主管部门或者组织对拒不出庭作证的鉴定人予以处罚。

当事人要求退还鉴定费用的,人民法院应当在三日内作出裁定,责令鉴定人退还;拒不退还的,由人民法院依法执行。

当事人因鉴定人拒不出庭作证申请重新鉴定的,人民法院应当准许。

➢ **2.《最高人民法院关于审理医疗损害责任纠纷案件适用法律若干问题的解释》**(法释〔2020〕17号,2021年1月1日施行)

第十一条第一款 委托鉴定书,应当有明确的鉴定事项和鉴定要求。鉴定人应当按照委托鉴定的事项和要求进行鉴定。

第十一条第三款 鉴定要求包括鉴定人的资质、鉴定人的组成、鉴定程序、鉴定意见、鉴定期限等。

地方司法文件

➢ **《浙江省高级人民法院关于民事诉讼中委托鉴定、评估管理工作指引》**(浙高法〔2021〕119号,2021年11月1日发布)

15. 鉴定、评估机构应严格执行鉴定、评估期限规定,承办法官、委托督办人应加强与机构的沟通对接,共同积极高效推进鉴定、评估进程。

16. 鉴定、评估的期限一般为30个工作日;疑难复杂的案件,如工程造价、工程质量、产品质量、会计审计、公司整体资产评估等,期限为60个工作日;因案件特别疑难复杂或情况特殊,确需延长鉴定、评估期限的,督办人经征求法官意见后,可组织案件当事人协商确定鉴定、评估期限,但应当从严确定延长的期限。

鉴定、评估机构确有正当理由不能按期完成鉴定、评估,需要延长鉴定、评估期限的,应当提出书面申请。司法技术管理部门应当征求审判业务部门意见,经协商、审核后,人民法院可以根据具体情况决定是否延长鉴定、评估期限。

鉴定、评估机构无正当理由未按期出具鉴定、评估意见的,人民法院可准许另行委托鉴定、评估,并责令原鉴定、评估机构退回已经收取的鉴定、评估费用。

地方人民法院案例

➤ 1. 刘某、普某富、牟定县人民医院与楚雄彝族自治州人民医院医疗损害责任纠纷案[(2020)云23民终1154号]

裁判要旨:鉴定机构未在时限内出具鉴定意见与本案鉴定费交纳有一定的关系,故鉴定机构未按期提交鉴定书有正当理由,不准许当事人重新鉴定的申请。

云南省楚雄彝族自治州中级人民法院认为,《民事证据规定》第35条规定:"鉴定人应当在人民法院确定的期限内完成鉴定,并提交鉴定书。鉴定人无正当理由未按期提交鉴定书的,当事人可以申请人民法院另行委托鉴定人进行鉴定……"本案中,一审法院根据刘某一方申请,组织双方当事人协商确定由云南鼎丰司法鉴定中心对申请事项进行鉴定,在鉴定过程中,一审法院与鉴定机构及刘某一方就鉴定费的交纳及鉴定时限进行了沟通,刘某未申请人民法院另行委托鉴定人进行鉴定,鉴定机构未在时限内出具鉴定意见与本案鉴定费交纳有一定的关系,故鉴定机构未按期提交鉴定书有正当理由,且牟定县人民医院也没有申请人民法院另行委托鉴定人进行鉴定,牟定县人民医院认为云南鼎丰司法鉴定中心出具云鼎(2019)临鉴字第1187号法医学鉴定意见书程序违法的主张不能成立。牟定县人民医院虽然对云鼎(2019)临鉴字第1187号法医学鉴定意见书提出异议,但没有申请鉴定人出庭作证。《民事证据规定》第40条第1款规定:"当事人申请重新鉴定,存在下列情形之一的,人民法院应当准许:(一)鉴定人不具备相应资格的;(二)鉴定程序严重违法的;(三)鉴定意见明显依据不足的;(四)鉴定意见不能作为证据使用的其他情形。”云鼎(2019)临鉴字第1187号法医学鉴定意见书不具有应当准许重新鉴定的情形,故一审法院不准许牟定县人民医院重新鉴定的申请并无不当。云鼎(2019)临鉴字第1187号法医学鉴定意见书应当作为认定本案案件事实的依据。

➢ **2. 鄂州市梁子湖区莲花矿业中心与湖北鄂州盛翔资产评估事务所侵权责任纠纷案**[(2020)鄂07民终559号]

裁判要旨:鉴定机构是因当事人未及时交纳鉴定费用才最终未出具正式的鉴定意见,并非无故未按时提交鉴定书,当事人要求鉴定机构退还预交的鉴定费用,不予支持。

湖北省鄂州市中级人民法院认为,关于湖北鄂州盛翔资产评估事务所(以下简称盛翔评估)是否应返还鄂州市梁子湖区莲花矿业中心(以下简称莲花矿业)预交的鉴定费2万元的问题,根据《民事证据规定》第35条第2款的规定:“鉴定人无正当理由未按期提交鉴定书的,当事人可以申请人民法院另行委托鉴定人进行鉴定。人民法院准许的,原鉴定人已经收取的鉴定费用应当退还;拒不退还的,依照本规定第八十一条第二款的规定处理。”本案中,盛翔评估在接受莲花矿业的申请后,分别于2017年11月21日与12月5日,先后两次出具《资产评估报告书(征求意见稿)》。在2017年12月12日莲花矿业申请变更鉴定事项后,2018年2月7日盛翔评估向法院司法鉴定处出具《涉案资产评估收费函》,该函载明“……现评估工作基本完成,并拟出具资产评估报告书……实收评估费78237元。前期已预收2万元整,应补58237元”。2018年2月8日,法院向莲花矿业出具《补交评估费通知书》,通知莲花矿业在收到通知书之日起5个工作日内补交上述费用至盛翔评估的银行账户。但莲花矿业未按时交纳上述费用,并于2018年3月14日向法院申请更换鉴定机构。上述事实表明,盛翔评估并非无故未按时提交鉴定书,是因莲花矿业未及时交纳鉴定费用才最终导致盛翔评估未出具正式的资产评估报告。故莲花矿业要求盛翔评估退还预交鉴定费用的诉讼请求无事实与法律依据,法院依法不予支持。

条文内容	参考条文
第七十六条 【鉴定书内容异议】 人民法院收到鉴定书后，应当及时将副本送交当事人。	《民事证据规定》第 37 条第 1 款
当事人对鉴定书的内容有异议的，应当在人民法院指定期间内以书面方式提出。	《民事证据规定》第 37 条第 2 款
对于当事人的异议，人民法院应当要求鉴定人作出解释、说明或者补充。人民法院认为有必要的，可以要求鉴定人对当事人未提出异议的内容进行解释、说明或者补充。	《民事证据规定》第 37 条第 3 款

要点注释

《全国人民代表大会常务委员会关于司法鉴定管理问题的决定》第 11 条规定："在诉讼中，当事人对鉴定意见有异议的，经人民法院依法通知，鉴定人应当出庭作证。"而《民事诉讼法》第 81 条作了更为严格的规定，不仅将当事人异议作为鉴定人必须出庭的情形，还增加了"人民法院认为鉴定人有必要出庭"的情形。

实践中，当事人对鉴定意见不满的情况比较普遍，而《民事诉讼法》第 81 条并未将当事人对鉴定意见提出的异议进行区分和甄别，法条的字面意思十分明确，但凡当事人提出异议的，无论该异议是否成立还是是否有理由支撑，人民法院一律要传唤鉴定人出庭质证。实际上，很多案件客观上没有必要要求鉴定人出庭作证。这种制度安排，人为地使诉讼程序复杂化，诉讼成本过于高昂。

民事诉讼立法对鉴定人出庭作证的触发条件也就是启动的门槛较低，但司法解释又不能通过设置实质性的审查条件作为触发的前置程序来限制当事人的该项诉讼权利，于是本条在通知鉴定人出庭的具体操作中，安排了当事人以书面提出异议和鉴定人以书面方式回复的具体流程。通过这种方式：一方面，可以消化相当一部分原本就不需要鉴定人出庭的简单争议,有效提高诉讼效率;另一方面,为鉴定异议的明确和进一步提炼鉴定争议的焦点奠定良好的基础,使鉴定人为出庭做好充分准备,节约庭审时间,提升庭审效果。这种做法只是增设了一个流程,并没有对当事人要求鉴定人出庭的诉讼权利作出限制。

需要指出的是,本条规定的是当事人针对鉴定书的内容有异议,而不是针对鉴定材料、鉴定程序或者鉴定机构、鉴定人员的资质等非鉴定书本身内容的问题。对于当事人非针对鉴定书内容的异议,法院应当进行法律审查,鉴定人出庭则主要解决鉴定意见所涉内容的科学性问题。

相关法律

➢ **1.《全国人民代表大会常务委员会关于司法鉴定管理问题的决定》**(2015年4月24日修正)

十一、在诉讼中,当事人对鉴定意见有异议的,经人民法院依法通知,鉴定人应当出庭作证。

➢ **2.《民事诉讼法》**(2021年12月24日修正)

第八十一条 当事人对鉴定意见有异议或者人民法院认为鉴定人有必要出庭的,鉴定人应当出庭作证。经人民法院通知,鉴定人拒不出庭作证的,鉴定意见不得作为认定事实的根据;支付鉴定费用的当事人可以要求返还鉴定费用。

最高人民法院案例

➢ **图木舒克市润景房地产开发有限公司、唐某与鄂州市第二建筑工程公司建设工程合同纠纷再审案**[(2021)最高法民申4919号]

裁判要旨:对司法鉴定提出异议的期限一般是10-15日,鉴定书中通常会告知异议期间。未在合理期限内提出的视为对司法鉴定内容的认可。

最高人民法院认为,鉴定机构乌鲁木齐达峰工程造价咨询有限公司于2018

年 4 月 29 日作出《司法鉴定报告书》后，图木舒克市润景房地产开发有限公司并未在合理期限内提出书面异议，应视为对《司法鉴定报告书》内容的认可。

地方人民法院案例

➤新疆七星建设科技股份有限公司与新疆金风聚能机电工程有限公司、原审被告王某泰建设工程施工合同纠纷案[（2020）兵 11 民终 12 号]

裁判要旨：对于上诉人提出的新疆钧天价格评估有限公司及鉴定人员的鉴定资质、鉴定程序、鉴定依据等异议理由，法院已要求鉴定单位作出解释、说明或者补充，该公司针对上诉人提出的异议理由，已向法院出具了书面异议回复及补充说明，新疆钧天价格评估有限公司作出的工程造价价格鉴定意见书、鉴定资质、鉴定程序、鉴定依据均符合相关规定，具有证明效力，可以作为定案依据。

新疆生产建设兵团第十二师中级人民法院认为，原审法院依法委托新疆钧天价格评估有限公司对涉案工程进行了工程造价鉴定，上诉人新疆七星建设科技股份有限公司对鉴定公司资质、鉴定人资格、鉴定依据、鉴定程序均提出异议，根据《民事证据规定》第 37 条第 3 款的规定："对于当事人的异议，人民法院应当要求鉴定人作出解释、说明或者补充。人民法院认为有必要的，可以要求鉴定人对当事人未提出异议的内容进行解释、说明或者补充。"据此，法院要求新疆钧天价格评估有限公司对上诉人提出的异议理由给予书面回复，并对鉴定意见书中镀锌钢板的价值给予补充说明，根据市场询价，确定镀锌钢板价值与原鉴定意见书确定的价值存在价差 295337. 57 元，即被上诉人新疆金风聚能机电工程有限公司承建的云岭青城小区工程造价应为 1893389. 76 元，上诉人已支付工程款 925000 元，尚欠被上诉人工程款 968389. 76 元。

条文内容	参考条文
第七十七条 【鉴定人出庭费用预交及通知】 当事人在收到鉴定人的书面答复后仍有异议的,人民法院应当根据《诉讼费用交纳办法》第十一条的规定,通知有异议的当事人预交鉴定人出庭费用,并通知鉴定人出庭。有异议的当事人不预交鉴定人出庭费用的,视为放弃异议。	《民事证据规定》 第38条第1款
双方当事人对鉴定意见均有异议的,分摊预交鉴定人出庭费用。	《民事证据规定》 第38条第2款

要点注释

本条第1款与《民事证据规定》第37条第3款之间存在递进关系。依据《民事证据规定》第37条第3款的规定,对于当事人的异议,人民法院应当要求鉴定人作出解释、说明或者补充。本条第1款紧接着规定,当事人在收到鉴定人的书面答复后仍有异议的,人民法院应当根据《诉讼费用交纳办法》第11条的规定,通知有异议的当事人预交鉴定人出庭费用,并通知鉴定人出庭。

本条确定了异议方预交鉴定人出庭费用的规则,双方对鉴定意见均有异议的,由双方分摊。如果有异议的当事人不预交鉴定人出庭费用,视为放弃异议,自不待言。

对于当事人无异议但人民法院认为鉴定人有出庭必要的,由谁预交鉴定人出庭费用?本条未置可否。法院认为鉴定人有必要出庭的原因是对于鉴定意见尚未形成内心确信,申请鉴定、意图以鉴定意见支持自己事实主张的当事人负有证明鉴定意见真实、客观的证明义务,故由申请鉴定的当事人预交鉴定人出庭费用,符合逻辑。

行政法规

➢《诉讼费用交纳办法》(2007年4月1日施行)

第十一条 证人、鉴定人、翻译人员、理算人员在人民法院指定日期出庭发生的交通费、住宿费、生活费和误工补贴,由人民法院按照国家规定标准代为收取。

当事人复制案件卷宗材料和法律文书应当按实际成本向人民法院交纳工本费。

司法观点

➢乙公司与甲公司建设工程施工合同纠纷再审案①

法律问题:当事人对鉴定意见提出异议,法院未通知鉴定人出庭作证,是否违反法定程序剥夺当事人辩论权?

法官会议意见:

《民事诉讼法》规定了鉴定人出庭制度,根据《民事诉讼法》第81条的规定,鉴定人出庭作证的情形有两种,一是当事人对鉴定意见有异议,二是人民法院认为有必要。本案中双方当事人均对鉴定意见提出书面异议,法院未通知鉴定人出庭作证,鉴定人未出庭陈述鉴定意见,亦未接受当事人的质询和询问。在鉴定人未出庭作证的情况下,当事人作为非专业人士难以对鉴定意见进行充分质证,人民法院未履行通知鉴定人出庭作证的义务,违反法定程序剥夺了当事人的辩论权。本案中,法院对鉴定人出具的鉴定异议回复意见未组织双方当事人质证,亦符合《民事诉讼法》第207条第1款第4项规定的情形,但主要证据未经质证,

---

① 参见《最高人民法院第二巡回法庭2019年第9次法官会议纪要》,载贺小荣主编:《最高人民法院第二巡回法庭法官会议纪要》(第1辑),人民法院出版社2019年版,第235-237页。

实质上亦是剥夺了当事人的辩论权。

最高人民法院案例

➢再审申请人姜某聚与被申请人威海市文登区泽库镇长会口村村民委员会滩涂租赁合同纠纷案[(2019)最高法民申968号]

裁判要旨:在双方当事人均对鉴定报告提出异议的情况下,法院没有通知鉴定人员出庭作证,就予以采信,违反《民事诉讼法》的规定。

最高人民法院认为,根据《民事诉讼法》第78条①的规定,"当事人对鉴定意见有异议或者人民法院认为鉴定人有必要出庭的,鉴定人应当出庭作证"。一审法院在姜某聚和威海市文登区泽库镇长会口村村民委员会均对鉴定报告提出异议的情况下,没有通知鉴定人员出庭作证,就予以采信,违反《民事诉讼法》上述规定。二审法院认为案涉鉴定报告不能证明姜某聚主张的损失,故没有予以采信。因此,虽然一审法院没有通知鉴定人员出庭作证存在错误,但是鉴于二审法院没有将该鉴定报告作为本案定案依据,姜某聚据此主张二审程序违法,理由不能成立,其此项再审申请事由不能成立。

地方人民法院案例

➢潍坊华杰铁皮石斛种植基地与国网山东省电力公司潍坊供电公司财产损害赔偿纠纷案[(2020)鲁07民终1934号]

裁判要旨:当事人对鉴定意见有异议或者人民法院认为鉴定人有必要出庭的,鉴定人应当出庭作证。一审法院未就当事人对鉴定意见提出的异议内容依法进行处理,程序不当。

山东省潍坊市中级人民法院认为,本案系财产损害赔偿纠纷,潍坊华杰铁皮

---

① 现为2021年修正的《民事诉讼法》第81条。

石斛种植基地主张电力公司停电造成其养殖的石斛死亡,要求山东省电力公司潍坊供电公司(以下简称电力公司)进行赔偿,应当查明电力公司停电与石斛死亡之间的因果关系、石斛死亡造成的损失情况及双方对于损害后果的过错责任大小等事实内容。一审法院委托鉴定机构对电力公司停电与石斛死亡之间的因果关系、石斛死亡造成的损失情况进行了鉴定,并对鉴定结论进行了质证,从质证情况看,双方当事人对鉴定结论均提出异议。

根据《民事诉讼法》第 78 条①的规定:"当事人对鉴定意见有异议或者人民法院认为鉴定人有必要出庭的,鉴定人应当出庭作证……"《民事证据规定》第 79 条规定:"鉴定人依照民事诉讼法第七十八条的规定出庭作证的,人民法院应当在开庭审理三日前将出庭的时间、地点及要求通知鉴定人。委托机构鉴定的,应当由从事鉴定的人员代表机构出庭。"第 80 条规定:"鉴定人应当就鉴定事项如实答复当事人的异议和审判人员的询问。当庭答复确有困难的,经人民法院准许,可以在庭审结束后书面答复。人民法院应当及时将书面答复送交当事人,并听取当事人的意见。必要时,可以再次组织质证。"经阅卷查询,一审法院未就当事人提出的异议内容依法进行处理,程序不当。另外,对于损害后果的因果关系及过错责任认定,双方当事人各自主张由对方承担责任,一审应当结合鉴定结论及客观事实,作进一步核实,依法进行裁判认定。一审判决认定事实不清,程序不当,应当发回重审。

条文内容	参考条文
第七十八条　【鉴定人出庭费用的负担】 鉴定人出庭费用按照证人出庭作证费用的标准计算,由败诉的当事人负担。因鉴定意见不明确或者有瑕疵需要鉴定人出庭的,出庭费用由其自行负担。	《民事证据规定》 第 39 条第 1 款

① 现为 2021 年修正的《民事诉讼法》第 81 条。

续表

条文内容	参考条文
人民法院委托鉴定时已经确定鉴定人出庭费用包含在鉴定费用中的，不再通知当事人预交。	《民事证据规定》第 39 条第 2 款

要点注释

目前，《诉讼费用交纳办法》第 12 条所确立的“谁主张、谁负担”原则成为司法实务中分配鉴定人出庭费用的重要依据。但是，该负担应当理解为启动鉴定人出庭所必要的条件，系预交性质，而非诉讼终结后对该费用的终局意义上的负担。鉴于鉴定人出庭费用属于诉讼费用的性质，同样应该受到《诉讼费用交纳办法》第 29 条规定的约束，即“诉讼费用由败诉方负担，胜诉方自愿承担的除外”，“部分胜诉、部分败诉的，人民法院根据案件的具体情况决定当事人各自负担的诉讼费用数额”，“共同诉讼当事人败诉的，人民法院根据其对诉讼标的的利害关系，决定当事人各自负担的诉讼费用数额”。因此，本条第 1 款亦对该费用的负担作了明确规定，即鉴定人出庭费用按照证人出庭作证费用的标准计算，由败诉的当事人负担。

考虑到一些鉴定人出庭的原因是鉴定意见不明确或者有瑕疵，该鉴定人出庭所支出的费用及相应误工损失系鉴定人工作不当所致，因此，对于这种情况，条文明确规定鉴定人出庭费用由其自行负担。实践中，如何判断“因鉴定意见不明确或者有瑕疵需要鉴定人出庭的”条件？审判人员需要综合当事人的异议及其对该鉴定意见质量的具体情况进行认定。如果鉴定意见的瑕疵或者缺陷达到即便当事人不要求鉴定人出庭，人民法院亦要依职权传唤鉴定人出庭接受询问的较为严重的情形，即便当事人提出申请，鉴定人出庭费用亦应当由鉴定人自行承担。

行政法规

➤《诉讼费用交纳办法》(2007 年 4 月 1 日施行)

第十二条 诉讼过程中因鉴定、公告、勘验、翻译、评估、拍卖、变卖、仓储、保管、运输、船舶监管等发生的依法应当由当事人负担的费用,人民法院根据谁主张、谁负担的原则,决定由当事人直接支付给有关机构或者单位,人民法院不得代收代付。

人民法院依照民事诉讼法第十一条第三款规定提供当地民族通用语言、文字翻译的,不收取费用。

第二十九条 诉讼费用由败诉方负担,胜诉方自愿承担的除外。

部分胜诉、部分败诉的,人民法院根据案件的具体情况决定当事人各自负担的诉讼费用数额。

共同诉讼当事人败诉的,人民法院根据其对诉讼标的的利害关系,决定当事人各自负担的诉讼费用数额。

地方人民法院案例

➤ **1. 安化华锐建材有限公司与泰安市鸿祥盛机械设备有限公司岱岳分公司买卖合同纠纷案**[(2021)湘 09 民终 1270 号]

裁判要旨:双方对鉴定意见持异议并申请鉴定人出庭,但本案确定一方当事人承担违约责任的,鉴定人相应的出庭费用亦应由违约的当事人负担。

湖南省益阳市中级人民法院认为,关于申请鉴定人出庭作证的有关费用。根据《民事证据规定》第 39 条第 1 款的规定,鉴定人出庭费用按照证人出庭作证费用的标准计算,由败诉的当事人负担。泰安市鸿祥盛机械设备有限公司岱岳分公司及泰安市鸿祥盛机械设备有限公司对鉴定意见持异议并申请鉴定人出庭,鉴定人已出庭接受质询并对其异议作出合理解释,鉴定人由此主张的出庭费用,并不存在明显不合理的情况。本案确定由泰安市鸿祥盛机械设备有限公司承担违约责任,故鉴定人相应的出庭费用亦应由其负担。

➢ **2. 蚌埠医学院第一附属医院与王某医疗损害责任纠纷案**[(2020)皖03民终4036号]

裁判要旨:双方当事人应当按照其败诉比例分担鉴定人出庭费用,而不能由申请鉴定人出庭的一方当事人负担。

安徽省蚌埠市中级人民法院认为,《民事证据规定》第39条第1款规定:鉴定人出庭费用按照证人出庭作证费用的标准计算,由败诉的当事人负担。故鉴定人出庭费用应由败诉方负担,如果是部分胜诉、部分败诉的,应当按败诉比例决定当事人各自负担的数额。一审法院认定的"被告主张鉴定人出庭费用应双方共同负担的意见,因鉴定人出庭是被告申请,而鉴定人又不是必须出庭的人员,该费用不是诉讼必须支出的费用,故该费用应由被告自己负担"有误,应予纠正。蚌埠医学院第一附属医院已支付鉴定人出庭费用4000元,一审王某起诉请求赔偿的金额为1402044.65元,一审判决赔偿的金额为404009元,王某应当按照其败诉比例负担鉴定人出庭费用2847元,该款蚌埠医学院第一附属医院已支付,故王某应负担的鉴定人出庭费用2847元应从蚌埠医学院第一附属医院应赔偿款项中予以扣除。

➢ **3. 杨某华与李某平、刘某星、刘某平、新疆中信虹雨建设工程有限公司提供劳务者受害责任纠纷案**[(2020)新29民终1065号]

裁判要旨:当事人申请鉴定人出庭质证,并支付了鉴定人出庭费用,但一审没有处理,属判项遗漏。

新疆维吾尔自治区阿克苏地区中级人民法院认为,关于鉴定人出庭差旅费是否属于一审判项遗漏的问题,一审由上诉人杨某华申请鉴定人出庭质证,上诉人杨某华支付了鉴定人出庭费2540元。一审时上诉人未主张鉴定人的出庭费用,但二审中上诉人杨某华增加了此项诉求。《民事证据规定》第39条第1款规定:"鉴定人出庭费用按照证人出庭作证费用的标准计算,由败诉的当事人负担。因鉴定意见不明确或者有瑕疵需要鉴定人出庭的,出庭费用由其自行负担。"鉴定机构向一审法院提供了有关出庭费用票据共计2540元,故上诉人李某平应按照一审法院确定的赔偿比例对鉴定人出庭费用承担给付责任,即承担2540元×70%=1778元,被上诉人刘某星、刘某平、新疆中信虹雨建设工程有限公司应承担连带给付责任。上诉人杨某华此项上诉理由部分成立。

条文内容	参考条文
第七十九条 【鉴定意见撤销的处理】 鉴定意见被采信后,鉴定人无正当理由撤销鉴定意见的,人民法院应当责令其退还鉴定费用,并可以根据情节,依照民事诉讼法第一百一十四条的规定对鉴定人进行处罚。当事人主张鉴定人负担由此增加的合理费用的,人民法院应予支持。	《民事证据规定》第42条第1款
人民法院采信鉴定意见后准许鉴定人撤销的,应当责令其退还鉴定费用。	《民事证据规定》第42条第2款

要点注释

实践中,鉴定人未经委托鉴定的人民法院同意撤销鉴定意见的情形时有发生,有的鉴定人甚至在人民法院根据鉴定意见作出的裁判生效后撤销鉴定意见,导致案件再审,严重影响诉讼秩序和司法权威。本条对鉴定人撤销鉴定意见的情形设置了相应的规则。

由于人民法院并非司法鉴定机构的主管部门,故只能针对鉴定机构在诉讼中的行为进行相应处理。本条第1款、第2款根据不同情况,对鉴定人擅自撤销鉴定意见的行为,规定了返还鉴定费用以及依据《民事诉讼法》第114条妨碍民事诉讼规定的处理方式,根据情节,对鉴定人进行处罚。因鉴定意见被撤销后不再作为证据使用,故对当事人由此增加的合理费用,鉴定人应予以赔偿。对鉴定人经人民法院同意撤销鉴定意见的行为,规定了仅退还鉴定费用的处理方式。

鉴定人无正当理由撤销已为法院采信的鉴定意见时,对"正当理由"的把握显得尤为重要。为便于适用，应当与人民法院对鉴定意见的审查标准相一致，具体的实质判断条件可以参照《民事证据规定》第 40 条①启动重新鉴定的相关条件。如果不符合相关条件的，一般不应认定为有正当理由，如鉴定人因当事人或当事人指使的其他人“闹鉴”等，迫于压力撤销鉴定意见。形式上，对鉴定人撤销决定也应进行审查，如果撤销决定未列明撤销理由的，一般也应视为无正当理由。

司法解释

➤**《最高人民法院关于民事诉讼证据的若干规定》**（法释〔2019〕19 号，2020 年 5 月 1 日施行）

第四十条第一款 当事人申请重新鉴定，存在下列情形之一的，人民法院应当准许：

（一）鉴定人不具备相应资格的；

（二）鉴定程序严重违法的；

（三）鉴定意见明显依据不足的；

（四）鉴定意见不能作为证据使用的其他情形。

第二款 存在前款第一项至第三项情形的，鉴定人已经收取的鉴定费用应当退还。拒不退还的，依照本规定第八十一条第二款的规定处理。

地方人民法院案例

➤**1. 锦江区苏格婚纱摄影工作室与邹某、四川华西春诚建筑装饰有限公司装饰装修合同纠纷案**［（2020）川 01 民终 14563 号］

裁判要旨：鉴定机构在《司法鉴定意见书》中确定鉴定报告的有效期为 1 年，缺乏相关法律依据，不产生自然失效的法律后果。鉴定机构并未撤销《司法鉴定

① 见本书第 130 条。

意见书》,当事人主张该《司法鉴定意见书》已经失效的上诉理由不成立。

四川省成都市中级人民法院认为,关于造价鉴定意见应否采信的问题,四川省华建项目管理有限公司系一审法院依法委托,具备相应的鉴定资质和鉴定能力,而且有两个全国注册造价工程师签名,《司法鉴定意见书》没有对包干价范围内的工程造价进行鉴定,只是对于包干价以外增加的工程造价进行鉴定,在锦江区苏格婚纱摄影工作室(以下简称苏格工作室)无相反证据予以推翻的情况下,一审法院采信该鉴定意见正确,法院予以维持。

对于苏格工作室提到的鉴定报告有效期的问题,民事诉讼法及相关的司法解释均未规定鉴定报告的有效期,即在什么时间范围内有效,超出该时间则无效,四川省华建项目管理有限公司在《司法鉴定意见书》中确定鉴定报告的有效期为1年,从2018年11月19日至2019年11月19日缺乏相关法律依据,不产生自然失效的法律后果。

同时,《民事证据规定》第42条规定:“鉴定意见被采信后,鉴定人无正当理由撤销鉴定意见的,人民法院应当责令其退还鉴定费用,并可以根据情节,依照民事诉讼法第一百一十一条①的规定对鉴定人进行处罚。当事人主张鉴定人负担由此增加的合理费用的,人民法院应予支持。人民法院采信鉴定意见后准许鉴定人撤销的,应当责令其退还鉴定费用。”这说明人民法院采信鉴定意见后,鉴定人无正当理由不能撤销,否则将承担相应的法律后果。由于四川省华建项目管理有限公司并未撤销该《司法鉴定意见书》,故苏格工作室主张该《司法鉴定意见书》已经失效的上诉理由不成立,法院不予采信。

➢ 2. 太平财产保险有限公司湘潭中心支公司与张某、周某、周某锋机动车交通事故责任纠纷案[(2020)湘03民终813号]

裁判要旨:鉴定人提出撤销鉴定意见后,人民法院应对此进行审查,如鉴定意见确实存在重大问题无法作为证据使用,撤销理由正当,应准予其撤销,并责令退还鉴定费用,否则不予准许。

---

① 现为2021年修正的《民事诉讼法》第114条。

湖南省湘潭市中级人民法院认为,《民事证据规定》第 42 条规定,“鉴定意见被采信后,鉴定人无正当理由撤销鉴定意见的,人民法院应当责令其退还鉴定费用,并可以根据情节,依照民事诉讼法第一百一十一条①的规定对鉴定人进行处罚。当事人主张鉴定人负担由此增加的合理费用的,人民法院应予支持。人民法院采信鉴定意见后准许鉴定人撤销的,应当责令其退还鉴定费用”。根据该条第 2 款的规定,鉴定人提出撤销鉴定意见后,人民法院应对此进行审查,如鉴定意见确实存在重大问题无法作为证据使用,撤销理由正当,应准予其撤销,并责令退还鉴定费用。本案中,法院认为应不予准许湘潭市潭州司法鉴定所撤回其鉴定意见书,理由如下:

(1)如前所述,潭潭州司鉴所(2019)临鉴字第 520 号司法鉴定意见书关于张某存在粉碎性骨折畸形愈合进而构成十级伤残的认定具有科学、客观的事实依据,也无证据证实存在不能作为证据使用的其他情形。鉴定机构提出的撤回理由仅仅是因为相关问题存在争议,而作为运用科学知识和技能,对专门性问题所作的分析和鉴定,都是由作为自然人的鉴定人员在技术手段、技术标准等客观因素的基础上根据自己在专业领域的主观认知所作出的,因此,不同的鉴定人员在鉴定过程中对某一专门性问题存在主观认知上的差异不可避免,不能仅以涉及的专门性问题存在认知上的争议即否认鉴定意见的证明效力。

(2)关于湘潭市潭州司法鉴定所在《情况说明》中列出的所谓争议焦点问题,第一,骶尾骨骨折是否属于骨盆骨折范围。该争议问题根据湖南省司法鉴定协会《湖南省法医临床司法鉴定若干问题的执业指引(试行)》第 4. 8. 1 条“骨盆骨折包括骶尾骨骨折”的明确规定,在本省司法鉴定实践中不再属于争议问题。第二,张某 S3、S4 椎体骨折(骶尾骨骨折)是否属于《人体损伤致残程度分级》第 5. 10. 6. 4 条中规定的畸形愈合。根据潭潭州司鉴所(2019)临鉴字第 520 号司法鉴定意见书,2019 年 6 月 21 日湘潭市第三人民医院 MR(29266)检查显示:(张某)原 S3、S4 椎体骨折,S5 骨髓挫伤,显示:S3、S4 椎体骨折后畸形愈合,S4 椎体

---

① 现为 2021 年修正的《民事诉讼法》第 114 条。

较明显。

因此,鉴定意见认为张某相关椎体骨折后畸形愈合的认定具有客观的事实依据。据此,鉴定人所列两大争议均不构成鉴定意见不能作为证据使用的重大错误,也不能构成其撤回鉴定意见的正当理由,法院不予准许鉴定人予以撤回。

条文内容	参考条文
第八十条 【鉴定人出庭的通知和要求】 鉴定人依照民事诉讼法第八十一条的规定出庭作证的,人民法院应当在开庭审理三日前将出庭的时间、地点及要求通知鉴定人。	《民事证据规定》第 79 条第 1 款
委托机构鉴定的,应当由从事鉴定的人员代表机构出庭。	《民事证据规定》第 79 条第 2 款

要点注释

司法部颁布的《司法鉴定程序通则》第 43 条规定:“经人民法院依法通知,司法鉴定人应当出庭作证,回答与鉴定事项有关的问题。”第 44 条还就具体的细节作了如下安排:司法鉴定机构接到出庭通知后,应当及时与人民法院确认司法鉴定人出庭的时间、地点、人数、费用、要求等。但是,《民事诉讼法》对相关细节问题譬如通知的时间等并未作出明确要求。为了解决操作中的具体问题,本条第 1 款明确了人民法院应当将出庭的时间、地点及要求预先通知鉴定人,防止鉴定人因其他客观原因无法准时到庭,也便于鉴定人提前做好充分的准备,从而提高庭审的效率,提升鉴定人参与质证的效果。

在通知鉴定人出庭的同时,应当向鉴定人明确,要求选派参与鉴定的人员出庭。实践中,一些鉴定机构为了解决人民法院要求鉴定人出庭较为频繁的问题,指派机构的一般工作人员专门从事出庭活动。这种情况与鉴定人出庭接受法官和当事人及其委托诉讼代理人询问,帮助法庭对鉴定意见能否采信进行判断的立法本意发生了严重偏离,导致无法达到预期的庭审效果,故本条第2款作了强调:委托机构鉴定的,应当由从事鉴定的人员代表机构出庭。

部门规章

➢**《司法鉴定程序通则》**(司法部,2015年12月24日修订)

第四十三条 经人民法院依法通知,司法鉴定人应当出庭作证,回答与鉴定事项有关的问题。

第四十四条 司法鉴定机构接到出庭通知后,应当及时与人民法院确认司法鉴定人出庭的时间、地点、人数、费用、要求等。

地方人民法院案例

➢**1.中国人寿财产保险股份有限公司焦作市中心支公司与郑某芬财产保险合同纠纷案**[(2021)豫08民终349号]

裁判要旨:上诉人于庭审前1日提出申请鉴定人出庭作证,不符合相关规定,法院不予支持。

河南省焦作市中级人民法院认为,关于上诉人申请鉴定人出庭作证的问题,根据《民事证据规定》第79条第1款"鉴定人依照民事诉讼法第七十八条①的规定出庭作证的,人民法院应当在开庭审理三日前将出庭的时间、地点及要求通知鉴定人"的规定,应当在开庭3日前向本院提出申请,其于庭审前1日提出申请,不符合相关规定,法院不予支持。

➢**2.杨某某、张某某与中国人民财产保险股份有限公司常德市分公司、铜仁市迅捷汽车清障救援有限公司财产损害赔偿责任纠纷案**[(2021)黔0628民初126号]

裁判要旨:申请人提交鉴定人出庭申请书系在开庭审理3日内,但拒不预交

---

① 现为2021年修正的《民事诉讼法》第81条。

鉴定人出庭费用，应承担鉴定人不予出庭的法律后果。

贵州省松桃苗族自治县人民法院认为，根据《司法鉴定程序通则》第32条第2款的规定，“接受重新鉴定委托的司法鉴定机构的资质条件应当不低于原司法鉴定机构，进行重新鉴定的司法鉴定人中应当至少有一名具有相关专业高级专业技术职称”。经审查，鉴定报告书中的鉴定人员刘某具有高级鉴定评估师资质、王某刚具有鉴定评估师资质，符合该条规定。故对被告铜仁市迅捷汽车清障救援有限公司的重新鉴定申请，法院不予准许。对其鉴定人出庭申请，根据《民事证据规定》第79条第1款“鉴定人依照民事诉讼法第七十八条①的规定出庭作证的，人民法院应当在开庭审理三日前将出庭的时间、地点及要求通知鉴定人”的规定，申请鉴定人出庭至少应在开庭审理3日前提出申请，本案开庭时间为2021年2月23日15时，申请人在2月20日提交鉴定人出庭申请书系在开庭审理3日内，且拒不预交鉴定人出庭费用，故应承担鉴定人不予出庭的法律后果。该鉴定报告书可作为认定案件事实的依据。

条文内容	参考条文
第八十一条　【鉴定人拒不出庭的后果】 鉴定人拒不出庭作证的，鉴定意见不得作为认定案件事实的根据。人民法院应当建议有关主管部门或者组织对拒不出庭作证的鉴定人予以处罚。	《民事证据规定》第81条第1款
当事人要求退还鉴定费用的，人民法院应当在三日内作出裁定，责令鉴定人退还；拒不退还的，由人民法院依法执行。	《民事证据规定》第81条第2款
当事人因鉴定人拒不出庭作证申请重新鉴定的，人民法院应当准许。	《民事证据规定》第81条第3款

① 现为2021年修正的《民事诉讼法》第81条。

要点注释

坚持以审判为中心,全面贯彻证据裁判主义,其中最为重要的一项内容就是直接言辞原则的落实。同证人证言一样,鉴定意见只有通过鉴定人出庭作证,其接受诉讼双方和法官当庭询问,对鉴定意见的内容、形成过程、鉴定依据、方法程序等进行陈述,对有争议的问题进行解释,通过上述程序方可消除当事人和法官的疑惑,加强鉴定意见的说服力,从而帮助法官对鉴定意见进行实质性审查判断,就与专门性问题相关的事实形成符合实际的心证结论。因此,鉴定人出庭对鉴定意见发挥应有的确定案涉专门性问题的根据,有极为重要的意义。

本条对鉴定人拒不出庭作证的后果,在民事诉讼立法的基础上增加了操作性规定。除重申民事诉讼法规定的鉴定意见不得作为认定事实的根据外,对于当事人要求返还鉴定费用,在程序上由人民法院裁定鉴定人返还并依职权移送执行;准许当事人申请重新鉴定;人民法院应当建议有关主管部门或者组织对鉴定人予以处罚。

相关法律

➢ **1.《全国人民代表大会常务委员会关于司法鉴定管理问题的决定》**(2015年4月24日修正)

十三、鉴定人或者鉴定机构有违反本决定规定行为的,由省级人民政府司法行政部门予以警告,责令改正。

鉴定人或者鉴定机构有下列情形之一的,由省级人民政府司法行政部门给予停止从事司法鉴定业务三个月以上一年以下的处罚;情节严重的,撤销登记:

(一)因严重不负责任给当事人合法权益造成重大损失的;

(二)提供虚假证明文件或者采取其他欺诈手段,骗取登记的;

(三)经人民法院依法通知,拒绝出庭作证的;

（四）法律、行政法规规定的其他情形。

鉴定人故意作虚假鉴定，构成犯罪的，依法追究刑事责任；尚不构成犯罪的，依照前款规定处罚。

➢ **2.《民事诉讼法》**（2021 年 12 月 24 日修正）

第八十一条　当事人对鉴定意见有异议或者人民法院认为鉴定人有必要出庭的，鉴定人应当出庭作证。经人民法院通知，鉴定人拒不出庭作证的，鉴定意见不得作为认定事实的根据；支付鉴定费用的当事人可以要求返还鉴定费用。

司法解释

➢ **《最高人民法院关于审理医疗损害责任纠纷案件适用法律若干问题的解释》**（法释〔2020〕17 号，2021 年 1 月 1 日施行）

第十三条　鉴定意见应当经当事人质证。

当事人申请鉴定人出庭作证，经人民法院审查同意，或者人民法院认为鉴定人有必要出庭的，应当通知鉴定人出庭作证。双方当事人同意鉴定人通过书面说明、视听传输技术或者视听资料等方式作证的，可以准许。

鉴定人因健康原因、自然灾害等不可抗力或者其他正当理由不能按期出庭的，可以延期开庭；经人民法院许可，也可以通过书面说明、视听传输技术或者视听资料等方式作证。

无前款规定理由，鉴定人拒绝出庭作证，当事人对鉴定意见又不认可的，对该鉴定意见不予采信。

司法文件

➢ **《最高人民法院、司法部关于建立司法鉴定管理与使用衔接机制的意见》**（司发通〔2016〕98 号，2016 年 10 月 9 日发布）

四、严处违法违规行为，维持良好司法鉴定秩序

司法鉴定事关案件当事人切身利益，对于司法鉴定违法违规行为必须及时处置,严肃查处。司法行政机关要加强司法鉴定监督,完善处罚规则,加大处罚力度,促进鉴定人和鉴定机构规范执业。监督信息应当向社会公开。鉴定人和鉴定机构对处罚决定有异议的,可依法申请行政复议或者提起行政诉讼。人民法院在委托鉴定和审判工作中发现鉴定机构或鉴定人存在违规受理、无正当理由不按照规定或约定时限完成鉴定、经人民法院通知无正当理由拒不出庭作证等违法违规情形的,可暂停委托其从事人民法院司法鉴定业务,并告知司法行政机关或发出司法建议书。司法行政机关按照规定的时限调查处理,并将处理结果反馈人民法院。鉴定人或者鉴定机构经依法认定有故意作虚假鉴定等严重违法行为的,由省级人民政府司法行政部门给予停止从事司法鉴定业务 3 个月至 1 年的处罚;情节严重的,撤销登记;构成犯罪的,依法追究刑事责任;人民法院可视情节不再委托其从事人民法院司法鉴定业务;在执业活动中因故意或者重大过失给当事人造成损失的,依法承担民事责任。

人民法院和司法行政机关要根据本地实际情况,切实加强沟通协作,根据本意见建立灵活务实的司法鉴定管理与使用衔接机制,发挥司法鉴定在促进司法公正、提高司法公信力、维护公民合法权益和社会公平正义中的重要作用。

地方人民法院案例

➢ 1. 再审申请人天津盛象塑料管业有限公司与吉林省佳翔检测有限公司合同纠纷案[(2020)吉民申 2189 号]

裁判要旨:当事人在鉴定人拒不出庭作证、鉴定意见不能作为认定案件事实依据的情形下,不能直接向鉴定人诉请要求返还鉴定费。要求退还鉴定费用的申请对象应为人民法院,并由法院以裁定的形式予以确认。

吉林省高级人民法院认为,《民事证据规定》第 81 条第 2 款规定:“当事人要求退还鉴定费用的,人民法院应当在三日内作出裁定,责令鉴定人退还;拒不退还的,由人民法院依法执行。”这一条款针对的情形为“鉴定人拒不出庭作证的,鉴定意见不得作为认定案件事实的根据”,与本案中鉴定不能的情形不同,且《民事证据规定》于 2020 年 5 月 1 日起施行，亦不应适用于本案。但从上述条款的规定可以看出，当事人要求退还鉴定费用的申请对象应为人民法院，并由人民法院以裁定的形式予以确认，即当事人在鉴定人拒不出庭作证，鉴定意见不能作为认定案件事实依据的情形下，亦不能直接向鉴定人或者鉴定机构诉请要求返还鉴定费。《民事证据规定》第 81 条第 2 款的规定对本案存在指引作用。一审、二审法院认定吉林省佳翔检测有限公司与天津盛象塑料管业有限公司之间并不存在直接的民事法律关系，并无不当。

➤ **2. 孟某波与滨州国通置业有限公司建设工程合同纠纷案**[（2021）鲁 16 民终 2203 号]

裁判要旨：经人民法院通知，鉴定人拒不出庭作证的，鉴定意见不得作为认定案件事实的根据。

山东省滨州市中级人民法院认为，关于上诉人孟某波在一审中提交的由山东中安消防检测有限公司出具的《检验报告》是否作为定案依据的问题，就该报告被上诉人滨州国通置业有限公司提出异议，在一审诉讼期间，一审法院通知检验机构山东中安消防检测有限公司出庭接受质询和调查，山东中安消防检测有限公司拒不到庭，根据《民事证据规定》第 81 条第 1 款的规定："鉴定人拒不出庭作证的，鉴定意见不得作为认定案件事实的根据……"人民法院对《检验报告》不予确认。

第八节 勘验笔录

条文内容	参考条文
第八十二条 【物证和现场的勘验】 人民法院认为有必要的，可以根据当事人的申请或者依职权对物证或者现场进行勘验。勘验时应当保护他人的隐私和尊严。	《民诉法解释》 第 124 条第 1 款
人民法院可以要求鉴定人参与勘验。必要时，可以要求鉴定人在勘验中进行鉴定。	《民诉法解释》 第 124 条第 2 款

要点注释

勘验本身并不是证据,而只是一种调查证据的方法,勘验的结果才是证据。勘验的结果不仅包括通过勘验制作的笔录,还包括通过勘验留在法官大脑中的印象。在我国民事诉讼中,勘验中能够作为证据使用的只有勘验笔录;至于勘验留在法官大脑中的印象,只是影响法官对待证事实的心证因素,无法作为证据对待。

在勘验的启动上,各国普遍承认法院可以根据当事人的申请进行勘验,也可以依职权决定进行勘验。但无论是当事人申请勘验还是法院依职权进行勘验,都需要满足“有必要进行勘验”的条件。这种必要性,需要结合案件的具体情况进行判断。一般而言,可以从与案件事实的关联性、是否属于要件事实中的重要事项、是否属于勘验标的的性状可能发生变更的情况、待证事实是否已经清楚等多个方面进行综合判断。

依据本条第 1 款的规定,勘验的标的为物证或者现场。物证是以物品的自身属性、外部特征和存在状况等证明案件事实的证据形式。从其概念出发,现场、痕迹等也可以被理解包含于广义的物证范围内。在勘验过程中,可以采取测量、拍照、录音录像等多种检验方法,但在勘验标的涉及人的隐私和尊严时,如对伤痕、对身体的勘验,出于尊重人权的考虑,应当注意对他人隐私和尊严的保护。

勘验过程中,可能会涉及专门性的问题,如果不超过一般人常识的范围,法官即可以作出判断,则没有鉴定的必要。但如果法官无法通过勘验的方法查明专门性问题,则需要在勘验过程中进行鉴定。而实践中,在鉴定过程中可能也会发生需要对物证、现场等进行勘验的情形,在这种情况下,从节约诉讼资源、方便案件审理的角度出发,应当综合运用勘验和鉴定两种调查收集证据的方法。这也是本条第 2 款规定的目的所在。

相关法律

➤**《道路交通安全法》**(2021 年 4 月 29 日修正)

第七十二条 公安机关交通管理部门接到交通事故报警后,应当立即派交通警察赶赴现场,先组织抢救受伤人员,并采取措施,尽快恢复交通。

交通警察应当对交通事故现场进行勘验、检查,收集证据;因收集证据的需要,可以扣留事故车辆,但是应当妥善保管,以备核查。

对当事人的生理、精神状况等专业性较强的检验,公安机关交通管理部门应当委托专门机构进行鉴定。鉴定结论应当由鉴定人签名。

第七十三条 公安机关交通管理部门应当根据交通事故现场勘验、检查、调查情况和有关的检验、鉴定结论,及时制作交通事故认定书,作为处理交通事故的证据。交通事故认定书应当载明交通事故的基本事实、成因和当事人的责任,并送达当事人。

地方司法文件

➤**《北京市高级人民法院知识产权民事诉讼证据规则指引》**(2021 年 4 月 22 日发布)

5.16 原告主张被诉行为发生在网络中,可以提供固定被诉行为的网页、公证书、第三方电子存证机构出具的电子证据等。

原告主张被诉行为属于利用技术手段实施的,可以提供以下证据:

(一)体现被诉行为利用技术手段的文档、视频、公证书等说明文件;

(二)未利用技术手段与利用技术手段的效果比对文件、公证书、鉴定意见、专家辅助人意见;

(三)被告对其技术手段的宣传报道、自我介绍;

(四)其他证据。

必要时,原告可以申请对被告所采取的技术手段进行现场勘验。

地方人民法院案例

➢深圳市南洋达电子有限公司与钟某文侵害外观设计专利权纠纷案[(2016)粤民终925号]

裁判要旨:当庭通过手机登录电商平台网站账户,并进行当庭勘验和质证,该勘验内容可以作为定案根据。

广东省高级人民法院认为,在一审庭审中,钟某文代理人当庭通过手机登录其在阿里巴巴网站账户,一审法院组织双方当事人对该账户信息进行当庭勘验,勘验内容记录于庭审笔录。深圳市南洋达电子有限公司已在一审庭审中对勘验内容发表质证意见。依据《民诉法解释》第103条第1款关于"证据应当在法庭上出示,由当事人互相质证。未经当事人质证的证据,不得作为认定案件事实的根据"的规定,该勘验内容可以作为本案定案依据。阿里巴巴网站用户账户中的交易信息,并不具有可供用户随意修改的功能,一般情况下,用户不能对账户中的交易信息进行修改。在未有相反证据的情况下,南洋达公司仅以口头主张账户交易信息有可能被修改进而反驳交易真实性,该主张不能成立。

条文内容	参考条文
第八十三条　【勘验程序】 勘验物证或者现场,勘验人必须出示人民法院的证件,并邀请当地基层组织或者当事人所在单位派人参加。当事人或者当事人的成年家属应当到场,拒不到场的,不影响勘验的进行。	《民事诉讼法》第83条第1款
有关单位和个人根据人民法院的通知,有义务保护现场,协助勘验工作。	《民事诉讼法》第83条第2款

要点注释

在民事诉讼中，当事人争议的标的物，有些是无法移动或者难以携带、搬运到法院的。这些物品有时会成为人民法院审理案件的重要证据。在此情况下，人民法院就需要对这些物品进行勘验。比如，宅基地纠纷案件需要对宅基地进行测量等。在民事诉讼中，勘验是人民法院收集证据的重要方法。人民法院勘验的启动有两种方式：一是依据当事人的申请；二是人民法院依职权决定。

人民法院勘验物证或者现场，勘验人必须出示人民法院的证件，以表明勘验人的身份和具体执行的勘验任务。同时，人民法院应当邀请当地基层组织或者当事人所在单位派人参加。比如，可以邀请当事人所在工作单位、村民委员会、居民委员会、公安派出所、人民调解委员会等组织派人参加。邀请当地基层组织或者当事人所在单位派人参加勘验工作，有利于勘验工作准确、顺利地进行。

此外，人民法院勘验时，如果当事人是公民，应当通知当事人或者他的成年家属到场；如果当事人是法人或者非法人组织的，应当通知其法定代表人或者其他组织的负责人到场，以便他们了解勘验的情况，保护其合法的权益。当事人或者其成年家属、法人代表或者有关组织的负责人拒不到场的，不影响人民法院的勘验工作，勘验工作可以照常进行。

依据本条的规定，有关单位和个人有义务协助人民法院的勘验工作。在接到人民法院勘验物证或者现场的通知后，有关单位和个人应当对勘验现场进行保护，并配合人民法院完成勘验任务。

地方人民法院案例

➢马某祥与青海成光投资有限责任公司、伏某红、青海成光富硒农牧科技有限责任公司建设工程施工合同纠纷案[（2016）青02民终213号]

裁判要旨：勘验笔录只有法院办案人员的签名，无当事人和相关人员的签字，一审法院将该现场勘验笔录作为有效证据，与《民事诉讼法》相关规定相悖。

青海省海东市中级人民法院认为，根据《民事诉讼法》第80条①的规定："勘验物证或者现场，勘验人必须出示人民法院的证件，并邀请当地基层组织或者当事人所在单位派人参加。当事人或者当事人的成年家属应当到场，拒不到场的，不影响勘验的进行……勘验人应当将勘验情况和结果制作笔录，由勘验人、当事人和被邀参加人签名或者盖章。"现马某祥称一审法院未通知其参加，青海成光富硒农牧科技有限责任公司称勘验现场时其公司在场，但一审法院于2016年2月2日制作的现场勘验笔录记载，该笔录中只有该院办案人员的签名，无当事人和相关人员的签字，而一审法院将该现场勘验笔录作为有效证据，且作为定案的依据，与《民事诉讼法》上述规定相悖。

条文内容	参考条文
第八十四条　【勘验通知及笔录内容】 人民法院应当在勘验前将勘验的时间和地点通知当事人。当事人不参加的，不影响勘验进行。	《民事证据规定》第43条第1款
当事人可以就勘验事项向人民法院进行解释和说明，可以请求人民法院注意勘验中的重要事项。	《民事证据规定》第43条第2款
人民法院勘验物证或者现场，应当制作笔录，记录勘验的时间、地点、勘验人、在场人、勘验的经过、结果，由勘验人、在场人签名或者盖章。对于绘制的现场图应当注明绘制的时间、方位、测绘人姓名、身份等内容。	《民事证据规定》第43条第3款

要点注释

勘验的目的在于查明案件事实，对有可能成为认定案件事实的证据而展开

① 现为2021年修正的《民事诉讼法》第83条。

的证据调查活动。此项活动,涉及诉讼当事人的民事权益。为此,为保障勘验程序的公开以及勘验结果的客观,人民法院在进行勘验前,有必要将勘验相关事项通知当事人,如勘验的时间、地点等具体事项。本条第1款明确人民法院进行勘验前负有通知当事人相关勘验事宜的义务,但并非强制当事人必须参加勘验活动。当事人是否参加,不影响人民法院勘验活动的正常进行。

民事诉讼活动是在人民法院的主持下,由当事人、其他诉讼参与人共同完成的一项活动。作为当事人,负有协助、配合的义务,其对勘验相关事项的解释和说明以及提请人民法院注意相关事项等,对于法院通过勘验以查明案件事实真相,作用重大。这就是本条第2款规定的意义所在。

勘验笔录作为法律所规定的证据种类,影响案件基本事实的认定,关涉当事人的民事权益。为此,勘验笔录的制作应当符合法律规定的条件和要求。本条第3款对制作勘验笔录提出了明确、具体的要求,有利于勘验笔录制作的规范性,减少当事人对勘验笔录的质疑。需注意的是,勘验笔录的制作主体或者说勘验主体并非限于法官,对于涉及较为专业的问题,法院可委托专业人员进行。勘验笔录作为证据之一,人民法院开庭审理时,应当当庭宣读,以便双方当事人以及其他到庭人员了解勘验的情况和结果。

地方人民法院案例

➢ 1. 刘某与新疆环宇建设工程(集团)有限责任公司、新疆铁门关市泽源城市建设开发有限公司财产损害赔偿纠纷案[(2017)兵民申206号]

裁判要旨:一审法院所作的现场勘验,程序合法、笔录完整、要件齐备,应当作为有效证据予以采信。

新疆维吾尔自治区高级人民法院生产建设兵团分院认为,首先,民事诉讼的基本证据规则是"谁主张、谁举证"。根据《民事证据规定》第2条①的规定:"当

① 2019年修正的《民事证据规定》已删除该条,该条内容规定在2022年修正的《民诉法解释》第90条中。

事人对自己提出的诉讼请求所依据的事实或者反驳对方诉讼请求所依据的事实有责任提供证据加以证明。没有证据或者证据不足以证明当事人的事实主张的,由负有举证责任的当事人承担不利后果。"本案中,对于涉案房屋与涉案工程的地理位置问题,一审法院已经组织当事人现场勘验,经现场勘验,涉案房屋并不在涉案工程施工范围内。根据《民事证据规定》第30条①的规定:"人民法院勘验物证或者现场,应当制作笔录,记录勘验的时间、地点、勘验人、在场人、勘验的经过、结果,由勘验人、在场人签名或者盖章……"现一审法院所作的现场勘验,程序合法、笔录完整、要件齐备,应当作为有效证据予以采信。因此,一审、二审法院认定刘某关于涉案房屋在涉案工程施工范围内的主张不能成立,符合法律规定。

➢ **2. 再审申请人林某伟与被申请人刘某敏房屋买卖合同纠纷案**[(2019)粤民申7777号]

裁判要旨:人民法院勘验现场但未制作笔录,不符合法律规定,剥夺了当事人的诉讼权利。

广东省高级人民法院认为,本案中,根据原审判决查明的事实,原审法院曾对涉案房屋进行现场勘验及到房产管理部门进行调查,但在佐证查明事实的证据中却没有反映有现场勘验笔录及调查笔录,申请人对此亦提出异议。法院认为,原审法院在证据的调取和认定方面违反了《民事证据规定》第43条"……人民法院勘验物证或者现场,应当制作笔录,记录勘验的时间、地点、勘验人、在场人、勘验的经过、结果,由勘验人、在场人签名或者盖章……"及第85条"人民法院应当以证据能够证明的案件事实为根据依法作出裁判。审判人员应当依照法定程序,全面、客观地审核证据……对证据有无证明力和证明力大小独立进行判断,并公开判断的理由和结果"的规定,剥夺了当事人质证及辩论等诉讼权利。综上,申请人林某伟的再审申请符合《民事诉讼法》第200条第9项②的规定的情形,应予再审。

---

① 现为2019年修正的《民事证据规定》第43条,内容有修改。
② 现为2021年修正的《民事诉讼法》第207条第9项。

第四章　举证时限

条文内容	参考条文
第八十五条　【举证及时提出】 当事人对自己提出的主张应当及时提供证据。	《民事诉讼法》 第68条第1款
人民法院根据当事人的主张和案件审理情况，确定当事人应当提供的证据及其期限。当事人在该期限内提供证据确有困难的，可以向人民法院申请延长期限，人民法院根据当事人的申请适当延长。	《民事诉讼法》 第68条第2款 第1句、第2句

要点注释

本条是关于当事人及时提供证据义务的规定。当事人及时提供证据义务是指在民事诉讼中，当事人应当根据诉讼进行情况，在合理、适当的时间内对自己的主张提供证据。当事人违反及时提供证据义务的，根据不同情形应当承担一定的法律后果。在民事诉讼法中明确规定当事人及时提供证据的义务，具有重要意义。一是有助于程序公正的实现；二是有利于诉讼效益的提高；三是有利于民事诉讼法证据制度的完善。

本条第1款仅是原则性规定，要解决现实中的突出问题，促使当事人积极举证，还需要作进一步的规定，使其具有一定的操作性。本条第2款便明确了当事人的举证期限。首先，人民法院应当根据当事人的主张和案件审理情况来确定举证期限。民事案件情况复杂，赋予人民法院在确定举证期限问题上一定的自由裁量权是实践的需要,但人民法院的这一自由裁量权也不是不受限制的,而应当根据当事人的主张和案件审理情况来确定。其次,人民法院确定的是具体证据的举证期限,而不是对整个案件的所有证据笼统地确定一个举证期限。在民事诉讼中,还有不少当事人对向人民法院提供证据的重要性认识不足,或者虽有认识,但对应当提供哪些证据以证明自己的主张认识模糊。要使当事人正确履行及时提供证据的义务,人民法院对当事人举证负有指导义务。如证明借款合同存在的借条,证明对房屋享有所有权的不动产权证等,在此基础上,才确定该具体证据的举证期限,做到有的放矢。最后,当事人在该举证期限内提供证据确有困难的,有权向人民法院申请延长期限,人民法院根据当事人的申请适当延长。

最高人民法院案例

➢1. 江西圳业房地产开发有限公司与江西省国利建筑工程有限公司建设工程施工合同纠纷案①[(2006)民一终字第52号]

裁判要旨:根据《民事证据规定》第34条②的规定,当事人应当在举证期限内向人民法院提交证据材料,当事人在举证期限内不提交的,视为放弃举证权利,人民法院可以根据对方当事人提供的证据认定案件事实。但是,被视为放弃举证权利的一方当事人依法仍享有抗辩权,人民法院对其抗辩应当依法审查,抗辩有理的应当予以采纳、支持。

最高人民法院认为,江西圳业房地产开发有限公司(以下简称圳业公司)虽主张已付清全部工程款,但不能提出有效证据加以证明。因此,一审法院只能以江西省国利建筑工程有限公司(以下简称国利公司)提供的证据为计算工程款的依据。尽管圳业公司提出了通过鉴定确定工程款数额的请求,且这一请求因其未按期交纳鉴定费而未能得到支持,但在确定工程款数额问题上,圳业公司仍享

① 参见《最高人民法院公报》2007年第6期(总第128期)。

② 2019年修正的《民事证据规定》已删除该条。

有抗辩权。对于其抗辩,法院仍应进行审查。圳业公司提出,国利公司计算工程款有误,导致使一审判决认定的工程款数额多了1879343.98元。最高人民法院二审期间,国利公司对误算工程款一事予以确认并明确表示放弃向圳业公司主张1879343.98元工程款的诉讼请求,法院对此依法予以确认。圳业公司关于一审判决多算上述工程款的抗辩有理,法院予以支持。

➢2. 天津福特斯有限公司与天津市蓟县供热服务中心占有物返还纠纷案

[(2015)民一终字第105号]

裁判要旨:当事人逾期提供证据不属于客观原因所致,其所持理由明显不能成立,应认定其构成重大过失,均应不予采信。但根据有关证据与案件基本事实的关系,人民法院就前述证据分别作出认定。

针对天津福特斯有限公司(以下简称福特斯公司)二审提交的相关证据,最高人民法院认为,嘉信集团于2015年5月10日出具的证明材料及鑫泰物业公司诉华奥公司追偿权纠纷案的诉讼材料形成于一审程序结束之后,从形式上看,其属于二审程序中的新的证据。福特斯公司提交鑫泰物业公司诉华奥公司追偿权纠纷案的诉讼材料,旨在证明鑫泰物业公司为本案标的物的使用人和经营者,该证明目的系为说明本案应追加鑫泰物业公司为本案被告一节。最高人民法院(2015)民一终字第105-1号民事裁定书认定,鑫泰物业公司实际占有使用案涉供热设施系根据天津市蓟县供热服务中心(以下简称供热中心)的指示,从占有类型看,属他主占有和辅助占有,其占有状态能否持续,依赖于供热中心的授权意思。据此,鑫泰物业公司并非必须参加本案诉讼的必要共同诉讼人。于此情况下,在对本案当事人诉争实体权利义务的认定和处理过程中,该证据不具有证明力。

《民事诉讼法》第65条第2款①规定,当事人逾期提供证据的,人民法院应当责令其说明理由;拒不说明理由或者理由不成立的,人民法院根据不同情形可以不予采纳该证据,或者采纳该证据但予以训诫、罚款。《民诉法解释》第101

---

① 现为2021年修正的《民事诉讼法》第68条第2款。

条、第102条第1款规定,当事人逾期提供证据的,人民法院应当责令其说明理由,必要时可以要求其提供相应的证据。当事人因客观原因逾期提供证据,或者对方当事人对逾期提供证据未提出异议的,视为未逾期。当事人因故意或者重大过失逾期提供的证据,人民法院不予采纳。但该证据与案件基本事实有关的,人民法院应当采纳,并依照《民事诉讼法》第65条、第115条第1款的规定予以训诫、罚款。最高人民法院认为,即使福特斯公司所述逾期提供证据的事由属实,但该情形显然不属于"客观原因"。此外,当事人之间重要协议文件的废止显属本案争议的极端重要事项。但本案事实表明,福特斯公司在一审期间向人民法院提交了其主张已经废止的相关协议等证据,明确提出华奥公司基于该等协议享有案涉资产所有权且其已通过买卖合同等享有案涉供热资产的所有权等权利的诉讼理由,而没有向一审法院提及该重要事实。即便福特斯公司确因交接问题未能如期提交相关证据,但上述事实已使福特斯公司二审所述逾期提交相关"新证据"的理由欠缺起码的合理性。由于福特斯公司逾期提供该等证据不属于客观原因所致,其所持理由也明显不能成立,依照法律、司法解释上述规定,应认定其构成重大过失,最高人民法院均不予采信。但根据有关证据与案件基本事实的关系,最高人民法院就前述6份证据以及嘉信集团于2015年5月10日出具的证明材料分别作出认定。

条文内容	参考条文
第八十六条　【举证通知书】 人民法院应当在审理前的准备阶段向当事人送达举证通知书。	《民事证据规定》第50条第1款
举证通知书应当载明举证责任的分配原则和要求、可以向人民法院申请调查收集证据的情形、人民法院根据案件情况指定的举证期限以及逾期提供证据的法律后果等内容。	《民事证据规定》第50条第2款

要点注释

首先，依据2001年《民事证据规定》第33条第1款的规定，是在人民法院受理诉讼的阶段确定举证期限。在案件受理时即指定举证期限，双方当事人举证期限届满时间不一致，会导致程序操作上的混乱。其次，依据《民事诉讼法》第136条的规定，需要开庭审理的案件，都要通过证据交换等方式明确争议焦点。这意味着凡开庭审理的案件，均应有以整理焦点、固定证据为目的的审理前准备。因此，关于在案件受理时指定举证期限的旧规，已经不适应立法修改的新要求。

2019年修正的《民事证据规定》改变了这种做法，规定人民法院应当在审理前的准备阶段确定当事人的举证期限，使双方当事人举证期限届满时间相同，这有利于诉讼程序的操作。审理前的准备阶段是指人民法院受理原告的起诉以后到开庭审理之前，由案件承办人员依法进行的一系列准备工作，这一阶段总称为审理前的准备阶段，具体包括以下工作内容：(1)在法定期间内将起诉状副本发送被告，要求被告提出答辩状，并在法定期间内将答辩状副本发送原告；(2)向当事人告知有关的诉讼权利义务与合议庭的具体组成人员；(3)处理管辖异议事项；(4)审核诉讼材料，调查收集必要的证据；(5)追加当事人；(6)处理案件分流事项等。

人民法院向当事人说明举证要求及法律后果的书面载体是举证通知书，举证通知书至少应当包括如下内容：

(1)举证责任的分配原则与要求。当事人对自己提出的诉讼请求所依据的事实或反驳对方诉讼请求所依据的事实，有提供证据进行证明的责任；如果没有证据或证据不足以证明当事人的事实主张的，由负有举证责任的当事人承担不利后果。

(2)可以向人民法院申请调查收集证据的情形。其具体包括：①申请调查收集的证据属于国家有关部门保存并需人民法院依职权调取的档案材料；②涉及国家秘密、商业秘密、个人隐私的材料;③当事人及其诉讼代理人确因客观原因不能自行收集的其他材料。

(3)人民法院根据案件情况指定的举证期限。

(4)逾期提供证据的法律后果。

需要注意的是,举证通知书的送达并没有排除法官对当事人举证的口头指导,法官在举证方面行使一定的释明权,口头指导举证有时同样必要。

相关法律

➤**《海事诉讼特别程序法》**(2000 年 7 月 1 日施行)

第八十三条 海事法院向当事人送达起诉状或者答辩状时,不附送有关证据材料。

第八十四条 当事人应当在开庭审理前完成举证。当事人完成举证并向海事法院出具完成举证说明书后,可以申请查阅有关船舶碰撞的事实证据材料。

第八十五条 当事人不能推翻其在《海事事故调查表》中的陈述和已经完成的举证,但有新的证据,并有充分的理由说明该证据不能在举证期间内提交的除外。

司法解释

➤**《最高人民法院关于适用〈中华人民共和国海事诉讼特别程序法〉若干问题的解释》**(法释〔2003〕3 号,2008 年 12 月 31 日施行)

第五十六条 海事诉讼特别程序法第八十四条规定的当事人应当在开庭审理前完成举证的内容,包括当事人按照海事诉讼特别程序法第八十二条的规定填写《海事事故调查表》和提交有关船舶碰撞的事实证据材料。

前款规定的证据材料,当事人应当在一审开庭前向海事法院提供。

第五十七条 《海事事故调查表》属于当事人对发生船舶碰撞基本事实的陈

述。经对方当事人认可或者经法院查证属实,可以作为认定事实的依据。

第五十八条　有关船舶碰撞的事实证据材料指涉及船舶碰撞的经过、碰撞原因等方面的证据材料。

有关船舶碰撞的事实证据材料,在各方当事人完成举证后进行交换。当事人在完成举证前向法院申请查阅有关船舶碰撞的事实证据材料的,海事法院应予驳回。

第五十九条　海事诉讼特别程序法第八十五条规定的新的证据指非当事人所持有,在开庭前尚未掌握或者不能获得,因而在开庭前不能举证的证据。

司法文件

➤1.《民事诉讼程序繁简分流改革试点问答口径(二)》(法〔2020〕272号,2020年10月23日发布)

十六、小额诉讼程序的答辩期间与举证期限,能否合并计算?

答:可以。《民事诉讼法司法解释》第九十九条和《最高人民法院关于民事诉讼证据的若干规定》第五十条均规定,人民法院应当在审理前的准备阶段确定当事人的举证期限,向当事人送达举证通知书。按照《民事诉讼法》第十二章第二节,审理前的准备阶段为立案后至开庭审理前的阶段,该阶段包含了答辩期,因此答辩期和举证期限可以合并计算。

➤2.《最高人民法院关于进一步深化家事审判方式和工作机制改革的意见(试行)》(法发〔2018〕12号,2021年3月24日修正)

35.人民法院在开庭前应当告知当事人一般诉讼权利义务、举证责任分配原则、有权申请调查取证、签发人身安全保护令、法律援助、减免诉讼费用等内容。

44.对于涉及财产分割问题的离婚纠纷案件,人民法院在向当事人送达受理案件通知书和应诉通知书时,应当同时送达《家事案件当事人财产申报表》。

当事人应当在举证期限届满前填写《家事案件当事人财产申报表》,全面、准确地申报夫妻共同财产和个人财产的有关状况。

人民法院应当明确告知当事人不如实申报财产应承担的法律后果。对于拒不申报或故意不如实申报财产的当事人,除在分割夫妻共同财产时可依法对其少分或者不分外,还可对当事人予以训诫;情形严重者,可记入社会征信系统或从业诚信记录;构成妨碍民事诉讼的,可以采取罚款、拘留等强制措施。

司法观点

➢举证期限何时确定的问题①

问:如何确定当事人的举证期限?在案件受理时确定还是在审理前的准备阶段确定?

答:应当在审理前准备阶段确定当事人提供证据的期限。《民诉法解释》第99条第1款的第一句规定:"人民法院应当在审理前的准备阶段确定当事人的举证期限。"与之相符,《民事证据规定》第50条第1款规定,"人民法院应当在审理前的准备阶段向当事人送达举证通知书"。

根据《民事诉讼法》第12章第2节的规定,审理前的准备阶段是答辩期届满后至开庭审理前的阶段。在审理前的准备阶段确定举证期限,主要基于以下考虑:其一,在案件受理时即指定举证期限双方当事人举证期限届满时间不一致,当诉讼中出现追加当事人等稍微复杂情况时,当事人举证期限届满时间不一致会导致程序操作上的混乱。其二,根据《民事诉讼法》第133条第4项②的规定,需要开庭审理的案件,都要通过证据交换等方式明确争议焦点。这意味着凡是开庭审理的案件,均应有以整理焦点、固定证据为目的的审理前准备。其三,在审理准备阶段,特别是在双方当事人到场的情况下指定举证期限,双方期限届满时间相同,是有利于诉讼程序的操作。因此,应当在审理前的准备阶段确定当事人的举证期限。

---

① 参见最高人民法院民事审判第一庭编:《民事审判实务问答》,法律出版社2021年版,第296-297页。

② 现为2021年修正的《民事诉讼法》第136条第4项。

地方人民法院案例

➤1. 何某余、张某香与中国平安财产保险股份有限公司莒县支公司追偿权纠纷案[(2020)鲁11民终2282号]

裁判要旨：当事人在收到开庭传票后拒绝出庭，一审法院虽然未送达举证通知书，但并不必然导致其证据失权。

山东省日照市中级人民法院认为，何某余、张某香主张一审法院未向其送达举证通知书，导致其证据失权，一审程序违法。《民事证据规定》第50条规定："人民法院应当在审理前的准备阶段向当事人送达举证通知书。举证通知书应当载明举证责任的分配原则和要求、可以向人民法院申请调查收集证据的情形、人民法院根据案件情况指定的举证期限以及逾期提供证据的法律后果等内容。"指导当事人举证除向当事人送达举证通知书外，亦可通过法官在庭审中口头指导或释明。但何某余、张某香在收到开庭传票后拒绝出庭，一审法院虽然未送达举证通知书，但这并不必然导致其证据失权，故其认为一审程序违法的上诉理由不成立，山东省日照市中级人民法院不予支持。

➤2. 林某进与济南市济钢医院人事争议纠纷案[(2020)鲁01民终6789号]

裁判要旨：一审法院在举证通知书送达程序上存在问题，但这不足以推翻一审法院认定的事实及对该案的处理结果。

山东省济南市中级人民法院认为，一审法院使用电子送达，通过12368平台向林某进发送了"https://hub2.cn/LYjP"的内容，这里面只有传票，并无举证通知书和受理案件通知书。该案举证通知书和受理案件通知书为林某进于案件庭审后签署。林某进认为一审法院的行为违反《民事证据规定》第33条①人民法院应当在送达案件受理通知书和应诉通知书的同时向当事人送达举证通知书。《民事证据规定》第33条第1款规定："人民法院应当在送达案件受理通知书和

① 现为2019年修正的《民事证据规定》第50条、第51条，内容有修改。

应诉通知书的同时向当事人送达举证通知书。举证通知书应当载明举证责任的分配原则与要求、可以向人民法院申请调查取证的情形、人民法院根据案件情况指定的举证期限以及逾期提供证据的法律后果。”《最高人民法院关于修改〈关于民事诉讼证据的若干规定〉的决定》第52条规定：“将第三十三条第一款改为第五十条，修改为：‘人民法院应当在审理前的准备阶段向当事人送达举证通知书。举证通知书应当载明举证责任的分配原则和要求、可以向人民法院申请调查收集证据的情形、人民法院根据案件情况指定的举证期限以及逾期提供证据的法律后果等内容’。”林某进所主张的一审法院在程序上存在的问题并不足以推翻一审法院认定的事实及对该案的处理结果。

条文内容	参考条文
第八十七条　【各审理程序的举证期限】 举证期限可以由当事人协商，并经人民法院准许。	《民事证据规定》第51条第1款
人民法院指定举证期限的，适用第一审普通程序审理的案件不得少于十五日，当事人提供新的证据的第二审案件不得少于十日。适用简易程序审理的案件不得超过十五日，小额诉讼案件的举证期限一般不得超过七日。	《民事证据规定》第51条第2款
举证期限届满后，当事人提供反驳证据或者对已经提供的证据的来源、形式等方面的瑕疵进行补正的，人民法院可以酌情再次确定举证期限，该期限不受前款规定的期间限制。	《民事证据规定》第51条第3款

要点注释

举证期限是举证时限制度的基础，举证期限的确定也是举证时限制度首先需要解决的问题。举证期限在性质上属于民事诉讼的期间,法律对举证期限的规定,意味着当事人负有遵守期间、在期间内完成举证的法定义务。本条关于举证期限的规定,包含两方面的内容。

一是如何确定举证期限。本条规定了当事人协商并经人民法院准许和人民法院确定的两种方式。在具体的期限上,规定第一审普通程序审理案件不得少于 15 日,当事人提供新的证据的第二审案件不得少于 10 日,适用简易程序审理的案件不得超过 15 日,小额诉讼案件的举证期限一般不得超过 7 日。需要注意的是,举证期限不包括答辩期,而是在答辩期届满后确定、起算举证期限。

二是除外情形。《最高人民法院关于适用〈关于民事诉讼证据的若干规定〉中有关举证时限规定的通知》规定,对于反驳证据,允许人民法院酌情指定举证期限。本条延续了该通知的基本思路,同时增加了补强证据。补强证据是指用以确认或者证明另一主要证据的真实性或弥补其资格、形式上的瑕疵,以补充或增强其证明力的证据。一般认为,举证期限针对主要证据发挥作用;补强证据作为佐证,不受举证期限的限制。因此,本条规定当事人要求对证据的来源、形式等方面的瑕疵进行补正的,人民法院可以酌情再次确定举证期限,该期限不受前述 15 日、10 日、7 日规定的限制。

司法文件

➤**《最高人民法院关于适用〈关于民事诉讼证据的若干规定〉中有关举证时限规定的通知》**(法发〔2008〕42 号,2008 年 12 月 11 日发布)

一、关于第三十三条第三款规定的举证期限问题。《证据规定》第三十三条第三款①规定的举证期限是指在适用一审普通程序审理民事案件时,人民法院指定当事人提供证据证明其主张的基础事实的期限,该期限不得少于三十日。但是人民法院在征得双方当事人同意后,指定的举证期限可以少于三十日。前述

① 现为 2019 年修正的《民事证据规定》第 51 条第 2 款,内容有修改。

规定的举证期限届满后,针对某一特定事实或特定证据或者基于特定原因,人民法院可以根据案件的具体情况,酌情指定当事人提供证据或者反证的期限,该期限不受"不得少于三十日"的限制。

四、关于对人民法院依职权调查收集的证据提出相反证据的举证期限问题。人民法院依照《证据规定》第十五条①调查收集的证据在庭审中出示后,当事人要求提供相反证据的,人民法院可以酌情确定相应的举证期限。

地方人民法院案例

➢1. 蒋某奇与何某兵民间借贷纠纷案[(2021)豫03民终3792号]

裁判要旨:一审适用简易程序进行审理,上诉人签收了一审开庭传票、举证通知书等,未对程序问题提出异议,其诉讼权利未受影响。

关于一审程序问题,河南省洛阳市中级人民法院认为:《民诉法解释》第266条规定:"适用简易程序案件的举证期限由人民法院确定,也可以由当事人协商一致并经人民法院准许,但不得超过十五日。被告要求书面答辩的,人民法院可在征得其同意的基础上,合理确定答辩期间。人民法院应当将举证期限和开庭日期告知双方当事人,并向当事人说明逾期举证以及拒不到庭的法律后果,由双方当事人在笔录和开庭传票的送达回证上签名或者捺印。当事人双方均表示不需要举证期限、答辩期间的,人民法院可以立即开庭审理或者确定开庭日期。"《民事证据规定》第51条规定,"举证期限可以由当事人协商,并经人民法院准许。人民法院指定举证期限的,适用第一审普通程序审理的案件不得少于十五日,当事人提供新的证据的第二审案件不得少于十日。适用简易程序审理的案件不得超过十五日,小额诉讼案件的举证期限一般不得超过七日。举证期限届满后,当事人提供反驳证据或者对已经提供的证据的来源、形式等方面的瑕疵进行补正的,人民法院可以酌情再次确定举证期限,该期限不受前款规定的期间限

---

① 2019年修正的《民事证据规定》已删除该条,该条内容规定在2022年修正的《民诉法解释》第96条中。

制”。经查,该案一审适用简易程序进行审理。2021年4月26日,上诉人签收了一审开庭传票、举证通知书等;2021年5月6日,一审法院组织开庭,双方均参加庭审,一审时上诉人未对程序问题提出异议。庭后上诉人提交了相关银行流水明细及还款计算表等证据,一审法院于2021年6月4日组织双方进行质证。综上可知,上诉人的诉讼权利未受影响,其上诉称其未在开庭3日前收到相关通知,导致其未做好收集证据等庭前准备工作,损害其合法权利的上诉理由不予采信。

➢2. 北京市中国旅行社有限公司与德国跃动旅行责任有限公司委托合同纠纷案[(2021)京民终661号]

裁判要旨:举证期限针对主要证据发挥作用,补强证据作为佐证,不受举证期限的限制。

北京市高级人民法院认为,《民事证据规定》第51条第3款规定:“举证期限届满后,当事人提供反驳证据或者对已经提供的证据的来源、形式等方面的瑕疵进行补正的,人民法院可以酌情再次确定举证期限,该期限不受前款规定的期间限制。”该案一审中,德国跃动旅行责任有限公司(Activo Travel GmbH,以下简称德国跃动公司)、北京市中国旅行社有限公司(以下简称北京中旅)经过第一次证据交换后,均提交了补强证据。依据前述规定,举证期限针对主要证据发挥作用,补强证据作为佐证,不受举证期限的限制。此外,德国跃动公司主张的笔录删除的相关意见,经查,一审中,北京中旅的委托诉讼代理人已经在该次谈话笔录上签字确认,并未表示异议。综上,北京中旅关于一审程序存在严重瑕疵的上诉理由不成立,北京市高级人民法院不予采信。

➢3. 章某与付某民间借贷纠纷案[(2021)赣11民终872号]

裁判要旨:上诉人在一审庭审中当即要求法院另行给予其举证期限,以便针对对方当事人补充的证据收集提供相应的反驳证据进行抗辩,一审法院没有另行赋予其相应的举证期限违反了相关规定,属于审判程序不当,应发回重审。

江西省上饶市中级人民法院认为,付某向一审法院提供其汇款给章某共计107万元的银行汇款凭证,其中2012年11月26日20万元、2012年12月5日13万元的两笔共计33万元的银行转账凭证是在该案一审第二次开庭中由付某补充提交的证据。对此,章某在该次庭审中当即要求法院另行给予其举证期限,以便针对付某补充的证据收集提供相应的反驳证据进行抗辩。但是,一审法院没有另行赋予章某相应的举证期限,且在章某庭后提交反驳证据后也没有另行组织证据交换和质证,更没有在该案判决书中对章某的反驳证据进行审查评判。因此,一审法院的行为违反了《民事证据规定》第 51 条第 3 款“举证期限届满后,当事人提供反驳证据或者对已经提供的证据的来源、形式等方面的瑕疵进行补正的,人民法院可以酌情再次确定举证期限,该期限不受前款规定的期间限制”的规定,属于审判程序不当。鉴于该案一审基本事实不清且审判程序不当,为查明案件事实、保护当事人的审级利益,该案应当发回重审。

条文内容	参考条文
第八十八条 【举证客观障碍】 当事人在举证期限内提供证据存在客观障碍,属于民事诉讼法第六十八条第二款规定的“当事人在该期限内提供证据确有困难”的情形。	《民事证据规定》 第 52 条第 1 款
前款情形,人民法院应当根据当事人的举证能力、不能在举证期限内提供证据的原因等因素综合判断。必要时,可以听取对方当事人的意见。	《民事证据规定》 第 52 条第 2 款

要点注释

民事诉讼期间分为可变期间和不可变期间,举证期限在性质上属于可变期间,可以由当事人向人民法院申请延长。《民事诉讼法》第 68 条为举证期限内提供证据确有困难的当事人提供了延长举证期限的救济措施,以保障当事人和其他诉讼参与人的合法权益,这体现了举证时限制度的原则性和灵活性。

当事人在举证期限内提供证据确有困难,这是举证期限延长的必备条件。从符合民事诉讼实际需要、防止举证期限延长规定被滥用的角度出发,《民事诉讼法》第68条规定的“确有困难”应限定于客观障碍,主要包括两种情形。

一是指因不可抗力、社会事件等,当事人在法定期限内无法完成举证。例如,山洪、地震、战争、疫情防控等导致交通中断,当事人在举证期限内无法完成异地取证等情况;又如,证人外出尚未找到,收集有关证据材料尚需时间等。

二是当事人具有客观上不能举证或难以举证的情形,主要是指需要勘验、鉴定、评估、审计才能证明的;涉及国家秘密、商业秘密的资料;当事人提供的证据相互矛盾,且已不能继续举证的;当事人及其诉讼代理人因客观原因不能自行收集的其他证据。若属第二种情形,当事人亦可在举证期限届满前以书面形式向人民法院申请调查收集。

当事人提出的延长举证申请是否符合“确有困难”的标准,依赖于法官的判断和选择,法官有自由裁量的权力。本条第2款对法官判断“确有困难”的标准提供了指引,即是否存在“确有困难”,应当根据当事人的举证能力、不能在举证期限内提供证据的原因等因素进行综合判断。同时,本款创设性规定“必要时,可以听取对方当事人的意见”的主要目的是尊重对方当事人的程序权利,避免法官误判,防止当事人借举证期限的延长拖延诉讼,维护对方当事人的时限利益。

地方人民法院案例

➢1. 陕西众源绿能天然气有限责任公司与陕西建工安装集团有限公司建设工程施工合同纠纷案[(2021)陕民终755号]

裁判要旨:因企业档案管理比较混乱,没有找到相关证据,不属于在举证期限内提供证据存在客观障碍,当事人逾期提供证据缺乏正当理由。

陕西省高级人民法院认为,上诉人在二审中将《施工组织设计(方案)报审表》作为新证据提交,因其原审中未提交该证据的理由是“我方企业档案管理比较混乱,没有找到该证据”,不符合《民事证据规定》第52条“当事人在举证期限内提供证据存在客观障碍”之规定,故应认定其逾期提供证据缺乏正当理由。

➢2. 上海北飞食品有限公司与上海金硕源酒店管理有限公司联营合同纠纷案[(2021)沪02民终7866号]

裁判要旨:一审中上诉人仅提供发票,其未能提供其他证据的原因并不属于确有困难的情形,应承担不利后果。

上海市第二中级人民法院认为,根据民事诉讼证据规则,当事人对自己提出的主张有责任提供证据。当事人在举证期限内提供证据存在客观障碍,属于《民事诉讼法》(2017)第65条第2款①规定的"当事人在该期限内提供证据确有困难"的情形。针对这一情形,人民法院应当根据当事人的举证能力、不能在举证期限内提供证据的原因等因素综合判断。该案中,上海北飞食品有限公司(以下简称北飞公司)应对其已为该案诉讼支付律师费承担举证责任,一审中北飞公司仅提供发票,其未能提供其他证据的原因并不属于确有困难的情形,且聘用律师合同并无落款时间,相关费用的支付并非由北飞公司直接付款,对此北飞公司亦未能作出合理的解释。一审法院考虑上海金硕源酒店管理有限公司(以下简称金硕源公司)确有逾期付款的违约行为,并鉴于金硕源公司的违约情节、双方实际履行情形及营收状况,将违约金一并酌定为3万元,北飞公司也并无证据表明其实际损失超出3万元,故上海市第二中级人民法院对此可予维持。

➢3. 沈某、四川中营建筑工程有限公司与长泰县三营房地产开发有限公司建设工程施工合同纠纷案[(2021)闽06民终737号]

裁判要旨:案涉证据系当事人在举证期限届满后、判决前提供的,其所主张的事实发生在举证期限届满后,属于当事人在举证期限内提供证据确有困难的情形。

关于2020年11月9日四川中营建筑工程有限公司(以下简称中营公司)付给敬某松34830元、雷某华56600元、王某4170元的问题,福建省漳州市中级人民法院认为:《民事证据规定》第52条规定:"当事人在举证期限内提供证据存在客观障碍,属于民事诉讼法第六十五条第二款②规定的'当事人在该期限内提供

---

① 现为2021年修正的《民事诉讼法》第68条第2款。

② 现为2021年修正的《民事诉讼法》第68条第2款。

证据确有困难'的情形。前款情形,人民法院应当根据当事人的举证能力、不能在举证期限内提供证据的原因等因素综合判断。必要时,可以听取对方当事人的意见。"该证据系中营公司在举证期限届满后、判决前提供的,其所主张的事实发生在举证期限届满后,属于当事人在该期限内提供证据确有困难的情形,中营公司依沈某 2018 年 12 月 13 日委托项目部代为发放工人工资的发放证明,付给敬某松 34830 元、雷某华 56600 元、王某 4170 元的行为并无不当,故 2020 年 11 月 9 日中营公司付给敬某松 34830 元、雷某华 56600 元、王某 4170 元,应认定为中营公司已付给沈某工程款。

条文内容	参考条文
第八十九条　【举证期限延长】 当事人申请延长举证期限的,应当在举证期限届满前向人民法院提出书面申请。	《民事证据规定》第 54 条第 1 款
申请理由成立的,人民法院应当准许,适当延长举证期限,并通知其他当事人。延长的举证期限适用于其他当事人。	《民事证据规定》第 54 条第 2 款
申请理由不成立的,人民法院不予准许,并通知申请人。	《民事证据规定》第 54 条第 3 款

要点注释

本条关于举证期限延长的操作性规定,主要包括以下四方面的内容。

一是当事人申请延长举证期限的形式要件。延长举证期限的提出应符合法定的形式要求,这种形式要求体现在两个方面:(1)当事人的申请应当在举证期限届满前提出。将当事人的申请行为视为举证行为,赋予其相同的法律效果,是最高人民法院自《民事证据规定》(2001)制定以来的一贯立场。从这一立场出发,当事人申请延长举证期限的行为当然应当遵守举证期限的要求。举证期限届满后才提出延长申请的,视为当事人放弃举证,其法律后果为证据失权。(2)当事人的申请应当以书面方式提出。延长举证期限不仅与申请人有关,还涉及其他当事人的诉讼利益,从程序公正的角度出发,要求当事人以书面方式进行申请更为妥当。

二是法院对当事人申请延长举证期限的理由应当进行审查。法院对当事人延长举证期限的申请,除应审查当事人的延长举证申请是否在举证期限内以书面形式提出外,还应重点审查当事人的申请理由是否符合《民事诉讼法》第 68 条第 2 款规定的在举证期限内提供证据确有困难的情形。《民事证据规定》第 52 条①已对"确有困难"的认定标准作出了规定,即确有困难仅限于客观障碍,当事人主观上的原因不属于确有困难的情形。

三是举证期限延长的效果。人民法院经审查认为申请理由成立的,可以根据具体情况,适当延长举证期限,这意味着法院可以斟酌个案情况,决定与具体情况相对应的举证期限。当事人在举证延长申请书中,除列明具体理由外,还应当载明申请延长的期间,以供法院在作出延长举证期限决定时进行参考。

四是法院对延长举证期限的申请有答复的义务。无论人民法院是否准许当事人的申请,均应通知当事人。在准许延长举证期限的情况下,法院不仅应通知申请人,还应通知其他当事人,因为延长的举证期限也适用于其他当事人。通知既可以采取书面形式,也可以采取口头通知的形式。

司法文件

➢1.《最高人民法院关于适用〈关于民事诉讼证据的若干规定〉中有关举证时限规定的通知》(法发〔2008〕42 号,2008 年 12 月 11 日发布)

六、关于当事人申请延长举证期限的问题。当事人申请延长举证期限经人民法院准许的,为平等保护双方当事人的诉讼权利,延长的举证期限适用于其他

---

① 见本书第 89 条。

当事人。

➢ **2.《最高人民法院关于依法妥善审理涉新冠肺炎疫情民事案件若干问题的指导意见(三)》**(法发〔2020〕20 号,2020 年 6 月 8 日发布)

一、关于诉讼当事人

1. 外国企业或者组织向人民法院提交身份证明文件、代表人参加诉讼的证明,因疫情或者疫情防控措施无法及时办理公证、认证或者相关证明手续,申请延期提交的,人民法院应当依法准许,并结合案件实际情况酌情确定延长的合理期限。

在我国领域内没有住所的外国人、无国籍人、外国企业和组织从我国领域外寄交或者托交的授权委托书,因疫情或者疫情防控措施无法及时办理公证、认证或者相关证明手续,申请延期提交的,人民法院依照前款规定处理。

二、关于诉讼证据

2. 对于在我国领域外形成的证据,当事人以受疫情或者疫情防控措施影响无法在原定的举证期限内提供为由,申请延长举证期限的,人民法院应当要求其说明拟收集、提供证据的形式、内容、证明对象等基本信息。经审查理由成立的,应当准许,适当延长举证期限,并通知其他当事人。延长的举证期限适用于其他当事人。

3. 对于一方当事人提供的在我国领域外形成的公文书证,因疫情或者疫情防控措施无法及时办理公证或者相关证明手续,对方当事人仅以该公文书证未办理公证或者相关证明手续为由提出异议的,人民法院可以告知其在保留对证明手续异议的前提下,对证据的关联性、证明力等发表意见。

经质证,上述公文书证与待证事实无关联,或者即使符合证明手续要求也无法证明待证事实的,对提供证据一方的当事人延长举证期限的申请,人民法院不予准许。

➢ **3.《民事诉讼程序繁简分流改革试点问答口径(一)》**(法〔2020〕105 号,2020 年 4 月 15 日发布)

十三、小额诉讼程序的举证期限可否延期?如何确定?

答:根据《实施办法》第七条第三款,举证期限一般不得超过七日。当事人确有正当理由申请延长的,可以根据实际情况予以准许,但是举证期限一共不得超过十五日,当事人已放弃举证期限又提出延期举证申请的,一般不予准许。当事人明确表示不放弃答辩期间和举证期限的,答辩期间和举证期限原则上分开计算,但当事人同意合并的除外。

地方人民法院案例

➢1. 再审申请人李某华与被申请人张某文农村建房施工合同纠纷案[(2021)新民申367号]

裁判要旨:当事人申请证人出庭作证应在举证期限届满前向人民法院提出书面申请,法院对其庭后申请证人出庭作证不予准许,并无不当。

新疆维吾尔自治区高级人民法院认为,关于二审法院程序是否违法的问题,《民事证据规定》第54条规定:"当事人申请延长举证期限的,应当在举证期限届满前向人民法院提出书面申请。申请理由成立的,人民法院应当准许,适当延长举证期限,并通知其他当事人。延长的举证期限适用于其他当事人。申请理由不成立的,人民法院不予准许,并通知申请人。"李某华申请证人出庭作证,其应当在法院规定的举证期限届满前向人民法院提出书面申请,但李某华在二审开庭前未向法院书面申请延长举证期限,故原二审法院根据李某华的主张及案件审理情况,对其庭后申请证人出庭作证不予准许,亦无不当。①

➢2. 青岛永和迅物流储运有限公司与日照荣兴水产食品有限公司运输合同纠纷案[(2021)鲁11民终500号]

裁判要旨:当事人延期举证申请应在举证期限内以书面形式提出,在一审法庭调查过程中,一方当事人因提交的视频证据无法播放而口头申请庭后补充提交,不符合法律规定的当事人申请延长举证期限的形式要求。一审法院在庭审

---

① 2019年修正的《民事证据规定》第69条第1款规定:"当事人申请证人出庭作证的,应当在举证期限届满前向人民法院提交申请书。"

过程中未表示准许当事人对相关证据延期举证，无须另行通知另一方当事人。

山东省日照市中级人民法院认为，根据《民事证据规定》第54条"当事人申请延长举证期限的，应当在举证期限届满前向人民法院提出书面申请。申请理由成立的，人民法院应当准许，适当延长举证期限，并通知其他当事人。延长的举证期限适用于其他当事人。申请理由不成立的，人民法院不予准许，并通知申请人"的规定，当事人延期举证申请应在举证期限内以书面形式提出，日照荣兴水产食品有限公司在一审法庭调查过程中，因提交的视频证据无法播放而口头申请庭后补充提交，不符合上述法律规定的当事人申请延长举证期限的形式要求，不属于青岛永和迅物流储运有限公司上诉主张的当事人申请延长举证期限的情形，一审法院在庭审过程中未表示准许日照荣兴水产食品有限公司对该证据延期举证，无须另行通知青岛永和迅物流储运有限公司，不影响一审法庭辩论终结及对其认定。

➢3. 聂某勉与浙江古迪菲斯旅游用品有限公司、原审被告田某伟、原审被告郭某龙追收未缴出资纠纷案[(2021)浙04民终2099号]

裁判要旨：原审被告在一审开庭前一年多的时间内均未提交证据，也未在举证期限届满前书面提出延期举证申请，一审法院并无程序违法之处。

浙江省嘉兴市中级人民法院认为，当事人申请延长举证期限的，应当在举证期限届满前向人民法院提出书面申请。浙江古迪菲斯旅游用品有限公司于2019年11月22日即向一审法院起诉，正因考虑到聂某勉身在南非，其行使诉讼权利确有困难，一审法院在审理过程中裁定中止诉讼，直至2021年2月2日才开庭审理。聂某勉有充分的时间可请求国内亲友帮助其找寻证据，亦可联络证人出庭提供证言，如有必要也可委托诉讼代理人代为行使其诉讼权利。但聂某勉在一审开庭前一年多的时间内均未提交证据，也未在举证期限届满前书面提出延期举证申请。一审法院已经根据实际情况充分保障了聂某勉的诉讼权利，并无程序违法之处。

条文内容	参考条文
第九十条 【变更诉讼请求的举证期限】 诉讼过程中,当事人主张的法律关系性质或者民事行为效力与人民法院根据案件事实作出的认定不一致的,人民法院应当将法律关系性质或者民事行为效力作为焦点问题进行审理。但法律关系性质对裁判理由及结果没有影响,或者有关问题已经当事人充分辩论的除外。	《民事证据规定》第 53 条第 1 款
存在前款情形,当事人根据法庭审理情况变更诉讼请求的,人民法院应当准许并可以根据案件的具体情况重新指定举证期限。	《民事证据规定》第 53 条第 2 款

要点注释

诉讼过程中,当事人主张的法律关系性质或者民事行为效力与人民法院根据案件事实作出的认定不一致时,如何处理?2001 年《民事证据规定》第 35 条的做法是,人民法院应当告知当事人可以变更诉讼请求。这是民事诉讼法理论中释明权制度的体现。考虑到释明问题在理论和实践中争议较大,本条对 2001 年《民事证据规定》第 35 条进行了适当的修改:一是取消了人民法院应当告知当事人可以变更诉讼请求的规定;二是明确了人民法院应当将法律关系性质或者民事行为效力作为焦点问题进行审理。

在法院将法律关系性质或者民事行为效力归纳为争议焦点后,当事人可以申请变更诉讼请求,也可以坚持原来的主张。赋予当事人这种选择权,是民事诉讼处分原则的具体体现。如果当事人在法庭辩论终结前提出变更诉讼请求,人民法院应当准许,但法院不是必须重新指定举证期限,而是可以根据案件的具体情况自由裁量。如果当事人坚持原来的主张,法院也不得要求当事人变更诉讼请求,法院的裁判并不妨碍当事人随后再以法院认定的法律关系或者民事行为效力为基础另行起诉。

当事人因其主张的法律关系性质或者民事行为效力与人民法院根据案件事实作出的认定不一致而变更诉讼请求的,举证期限的确定适用本条第 2 款的规定。当事人因其他情形变更诉讼请求的,举证期限的确定方式则适用《民事证据规定》第 55 条第 4 项①的规定,这是需要注意的地方。

司法文件

➤**《民事诉讼程序繁简分流改革试点问答口径(一)》**(法〔2020〕105 号,2020 年 4 月 15 日发布)

十四、如何处理因当事人增加或者变更诉讼请求,致小额诉讼程序转换为简易程序或者普通程序的情形?

答:根据《实施办法》第十一条第一款第二、三项的规定,当事人变更诉讼请求,导致案件总标的额超过《实施办法》第五条规定的数额上限,或者增加诉讼请求导致案件主要争议超出金钱给付类范围的,如果符合简易程序适用条件,应当裁定转为简易程序审理,否则应当裁定转为普通程序审理;当事人根据《民事诉讼法》第一百五十七条第二款②约定适用简易程序的,也可以裁定转为简易程序。

司法观点

➤**法律关系性质或者民事行为效力的认定**③

问:当事人主张的法律关系性质或者民事行为效力与人民法院的认定不一致时,如何处理?

答:在当事人主张的法律关系性质或者民事行为效力与人民法院的认定不

① 见本书第 91 条。

② 现为 2021 年修正的《民事诉讼法》第 160 条第 2 款。

③ 参见最高人民法院民事审判第一庭编:《民事审判实务问答》,法律出版社 2021 年版,第 303-304 页。

一致时,不能简单驳回当事人的诉讼请求,应尽量避免裁判突袭的情形。同时,亦不应由人民法院根据自己的认识径行作出裁判,以致出现超出当事人诉讼请求的严重违反处分原则和辩论主义的裁判。

《民事证据规定》第 53 条第 1 款规定:“诉讼过程中,当事人主张的法律关系性质或者民事行为效力与人民法院根据案件事实作出的认定不一致的,人民法院应当将法律关系性质或者民事行为效力作为焦点问题进行审理。但法律关系性质对裁判理由及结果没有影响,或者有关问题已经当事人充分辩论的除外。”这使当事人能够充分行使辩论权,实现保障当事人合法权益、最大限度节约司法资源以及促进人民法院依法审判的有机结合。同时,对于法律关系性质对裁判理由及结果没有影响的情形,人民法院便没有将此问题作为焦点问题进行审理的必要,而如果有关问题本来就是案件中双方当事人争议的焦点问题,已经由人民法院主持双方当事人进行了充分辩论,也没有再次进行审理的必要,人民法院可以根据自己的认识对法律关系性质和民事行为效力问题作出认定,并以此为基础进行裁判。

最高人民法院案例

➢1. 再审申请人商丘宏地置业有限公司与被申请人季某忠、一审被告苏州康德森建筑工程有限公司、倪丹建设工程施工合同纠纷案[(2021)最高法民申 7057 号]

裁判要旨:一审法院在 2019 年修正的《民事证据规定》施行后向被申请人释明可以变更诉讼请求,确有不妥;但被申请人变更后的诉讼请求涉及的给付金额较变更前减少了,并未增加再审申请人的法律责任,故上述问题不属于应予再审的情形。

最高人民法院认为,关于一审法院是否程序违法的问题,《民事证据规定》第 53 条第 1 款规定,“诉讼过程中,当事人主张的法律关系性质或者民事行为效力与人民法院根据案件事实作出的认定不一致的,人民法院应当将法律关系性质或者民事行为效力作为焦点问题进行审理。但法律关系性质对裁判理由及结果没有影响,或者有关问题已经当事人充分辩论的除外”,一审法院在上述司法解释施行后向季某忠释明可以变更诉讼请求,确有不妥。但季某忠对商丘宏地置业有限公司(以下简称宏地公司)变更前的诉讼请求为宏地公司在欠付工程款的范围内对苏州康德森建筑工程有限公司的给付义务承担连带清偿责任,变更后的诉讼请求为宏地公司承担给付工程款及利息、返还质保金及利息、赔偿损失及利息等,变更后的诉讼请求涉及的给付金额较变更前减少了,并未增加宏地公司的法律责任,故上述问题不属于应予再审的情形。

➢2. 再审申请人中铁二局瑞隆物流有限公司成都分公司与被申请人四川中恒信实业有限公司、洪雅县鑫顺实业有限公司、刘某钊、田某东买卖合同纠纷案
[(2021)最高法民申5624号]

裁判要旨:原告主张该案系买卖合同法律关系,原审法院综合证据情况认定当事人之间更可能是借贷关系或其他法律关系,经多次释明,原告仍坚持依买卖合同法律关系主张权利,不变更诉讼请求,该案难以认定隐藏的法律行为的性质和效力,原审法院判决驳回原告的诉讼请求,同时告知其可就真实的法律关系另行主张权利,并无不当。

最高人民法院认为,该案审查的重点是原审认定案涉法律关系的性质以及民事行为的效力是否不当。《民事证据规定》第53条第1款规定:“诉讼过程中,当事人主张的法律关系性质或者民事行为效力与人民法院根据案件事实作出的认定不一致的,人民法院应当将法律关系性质或者民事行为效力作为焦点问题进行审理……”该案中,因案涉系列《粮食产品购销合同》的结算不具有商业上的合理性,中铁二局瑞隆物流有限公司(以下简称瑞隆公司)亦未提交充分证据证明案涉系列《粮食产品购销合同》存在真实的货物流转,不足以证明瑞隆公司、四川中恒信实业有限公司(以下简称中恒信公司)形成真实的买卖合同关系,原审法院据此认定双方签订的一系列协议、合同系以虚假的意思表示实施的民事法律行为,案涉协议、合同无效,具有事实和法律依据。原审法院综合证据情况认定中恒信公司与瑞隆公司之间更可能是借贷关系或其他法律关系。经一审法院多次释明,瑞隆公司仍坚持依买卖合同法律关系主张权利,不变更诉讼请求,该案难以认定隐藏的法律行为的性质和效力。故原审法院判决驳回瑞隆公司的诉讼请求,同时告知瑞隆公司可就真实的法律关系另行主张权利,并无不当。

地方人民法院案例

➢1. 湖北绿意养老产业投资有限公司与耿某忠、武汉华源武扬电力工程有限公司委托合同纠纷案[(2022)鄂08民终78号]

裁判要旨:法律关系性质显然与裁判理由及结果相关,也即法律关系之认定,已涉案件实体之处理。一审法院认定的法律关系与原告起诉主张的法律关系不一致,在经释明后原告坚持不变更法律关系的情形下,一审法院应从实体上而非程序上作相应处理,其裁定驳回原告起诉的行为错误。

湖北省荆门市中级人民法院认为,《民事证据规定》第53条第1款规定,诉讼过程中,当事人主张的法律关系性质或者民事行为效力与人民法院根据案件事实作出的认定不一致的,人民法院应当将法律关系性质或者民事行为效力作为焦点问题进行审理。但法律关系性质对裁判理由及结果没有影响,或者有关问题已经当事人充分辩论的除外。据该款规定,法律关系性质显然与裁判理由及结果相关,也即法律关系之认定,已涉案件实体之处理。该案中,一审法院认定的法律关系与湖北绿意养老产业投资有限公司(以下简称绿意公司)起诉主张的法律关系不一致,在经释明后绿意公司坚持不变更法律关系的情形下,一审法院应从实体上而非程序上作相应处理。综上,一审法院裁定驳回绿意公司起诉的行为错误。

➢2. 金某与李某民间借贷纠纷案[(2022)宁04民终13号]

裁判要旨:当事人主张的法律关系性质或者民事行为效力与人民法院根据案件事实作出的认定不一致的,法院应当将法律关系性质或者民事行为效力作为焦点问题进行审理,不得裁定不予受理或者驳回起诉,一审法院以原告起诉错误为由裁定驳回起诉的行为不当。

宁夏回族自治区固原市中级人民法院认为,《民事证据规定》第53条规定:"诉讼过程中,当事人主张的法律关系性质或者民事行为效力与人民法院根据案件事实作出的认定不一致的，人民法院应当将法律关系性质或者民事行为效力作为焦点问题进行审理。但法律关系性质对裁判理由及结果没有影响，或者有关问题已经当事人充分辩论的除外。存在前款情形，当事人根据法庭审理情况变更诉讼请求的，人民法院应当准许并可以根据案件的具体情况重新指定举证期限。”《最高人民法院关于印发修改后的〈民事案件案由规定〉的通知》要求，人民法院受理民事案件后，经审理发现当事人起诉的法律关系与实际诉争的法律关系不一致的，人民法院结案时应当根据法庭查明的当事人之间实际存在的法律关系的性质，相应变更个案案由。各级人民法院应当依法保障当事人依照法律规定享有的起诉权利，不得将修改后的《民事案件案由规定》等同于《民事诉讼法》第122条规定的起诉条件，不得以当事人的诉请在修改后的《民事案件案由规定》中没有相应案由可以适用为由，裁定不予受理或者驳回起诉，损害当事人的诉讼权利。因此，一审法院以金某起诉错误为由裁定驳回起诉的行为不当。

条文内容	参考条文
第九十一条　【特殊情形的举证期限】 存在下列情形的，举证期限按照如下方式确定： （一）当事人依照民事诉讼法第一百三十条规定提出管辖权异议的，举证期限中止，自驳回管辖权异议的裁定生效之日起恢复计算； （二）追加当事人、有独立请求权的第三人参加诉讼或者无独立请求权的第三人经人民法院通知参加诉讼的，人民法院应当依照本规定第五十一条的规定为新参加诉讼的当事人确定举证期限，该举证期限适用于其他当事人； （三）发回重审的案件，第一审人民法院可以结合案件具体情况和发回重审的原因，酌情确定举证期限； （四）当事人增加、变更诉讼请求或者提出反诉的，人民法院应当根据案件具体情况重新确定举证期限； （五）公告送达的，举证期限自公告期届满之次日起计算。	《民事证据规定》第55条

要点注释

本条是关于诉讼中存在特殊情形时如何确定举证期限的操作性规定，共分五种情形。分述如下：

一是当事人提出管辖权异议时的举证期限。本条规定当事人依据《民事诉讼法》第130条规定提出管辖权异议的，举证期限中止，自驳回管辖权异议的裁定生效之日起恢复计算。依据本规定，管辖权异议产生举证期限中止的效力。这意味着，经审查，受诉法院有管辖权的，驳回管辖权异议的裁定生效之日即举证期限的中止事由消灭之时，举证期限应恢复计算，而不是重新计算。

二是新增加的当事人的举证期限。追加的当事人、有独立请求权的第三人或者无独立请求权的第三人，均属于新参加诉讼的当事人，其举证期限的确定方式适用《民事证据规定》第51条关于举证期限确定方式的一般规定，这是当事人诉讼权利平等原则的必然要求和具体体现。因为新参加诉讼的当事人的举证期限起算点往往晚于已开始诉讼中当事人的举证期限起算点，为保障程序公正、推进诉讼，本条规定新参加诉讼的当事人确定的举证期限适用于其他当事人。

三是发回重审案件的举证期限。发回重审是二审法院审理上诉案件的裁判类型，有两种情形：(1)原判决认定事实不清；(2)原判决存在遗漏当事人或者违法缺席判决等严重违反法定程序的情形。《民诉法解释》第323条对《民事诉讼法》第177条第1款第4项规定的严重违反法定程序的情形进行了细化，具体包括：审判组织的组成不合法的；应当回避的审判人员未回避的；无诉讼行为能力人未经法定代理人代为诉讼的；违法剥夺当事人辩论权利的。对于原判决认定事实不清而发回重审的情况，当事人在重审程序中往往会补充举证，补充的证据可能是证明新的事实的证据，也可能是补强证据，此时赋予法院依据案件具体情况和发回重审的原因酌情确定举证期限的权力，就更为灵活务实。对于因违反法定程序发回重审的案件，由于情形不同，从条文规定的简洁性、体系性出发，将确定举证期限的权利交由法官依据相关规定裁量确定即可。

四是当事人增加、变更诉讼请求或者提出反诉的举证期限。由于诉讼请求的增加、变更对举证期限变化的影响存在个案差异,不宜作统一要求,故本条赋予人民法院根据案件具体情况重新确定举证期限的裁量权。反诉本质上是一个独立的诉,故反诉的举证期限应独立于本诉的举证期限。因此,本条规定当事人提出反诉的,人民法院应当根据案件具体情况重新确定举证期限。

五是公告送达的举证期限。公告送达是一种拟制送达,不需要受送达人签收,公告期满之日即发生送达的法律效果,故本条规定,公告送达的案件,自公告期届满之次日起计算举证期限。

最高人民法院案例

➢分众晶视广告有限公司、分众(中国)信息技术有限公司与CJCGV株式会社、原审被告北京央视三维广告有限公司侵害发明专利权纠纷案[(2019)最高法知民终1号]

裁判要旨:(1)原告增加诉讼请求时,是否需要重新指定举证期限和答辩期限,取决于增加诉讼请求的具体情况。如果该增加的诉讼请求基于新事实或者新证据,原则上应给被告指定新的举证期限和答辩期限,以便其能够对新增诉请所依据的新事实或者新证据作必要准备,从而充分行使其辩论权。如果该增加的诉讼请求并非基于新事实或者新证据,而是在既有证据基础上对诉讼请求的进一步明确或者扩充,则并非均需重新指定举证期限和答辩期限。(2)当事人在庭审中将诉请的损害赔偿数额提高,但并未提供新证据,而是对其损害赔偿计算方法作了新的阐明。这种对诉请的损害赔偿数额的提高并非典型的增加诉讼请求的情形,并非必须重新指定举证期限和答辩期限。

分众晶视广告有限公司(以下简称分众晶视公司)与分众(中国)信息技术有限公司(以下简称分众信息公司)上诉主张,原审法院在原告增加诉讼请求时未重新指定举证期限和答辩期限,违反法定程序。对此,最高人民法院认为,原告增加诉讼请求时,是否需要重新指定举证期限和答辩期限,取决于增加诉讼请求的具体情况。如果该增加的诉讼请求基于新事实或者新证据,原则上应给被告指定新的举证期限和答辩期限,以便其能够对新增诉请所依据的新事实或者新证据作必要准备,从而充分行使其辩论权。如果该增加的诉讼请求并非基于新事实或者新证据,而是在既有证据基础上对诉讼请求进一步明确或者扩充,则并非均需重新指定举证期限和答辩期限。该案中,CJCGV 株式会社在原审庭审中将诉请的损害赔偿数额由法定赔偿金额人民币 100 万元提升至人民币 1000 万元,但是未提供新证据,而是对损害赔偿计算方法作了新的阐明。这种对诉请的损害赔偿数额的提高并非典型的增加诉讼请求的情形,并非必须重新指定举证期限和答辩期限。而且,原审法院在审理中已经给分众晶视公司与分众信息公司对于提高后的损害赔偿数额计算发表意见的机会,保障了分众晶视公司与分众信息公司的辩论权。原审法院对此的处理并无明显不当,分众晶视公司与分众信息公司的上述主张理由不足,最高人民法院不予支持。

地方人民法院案例

➢1. 江门市蓬江区展宏针织梭织布有限公司与开平兴国纺织工业有限公司合同纠纷案[(2021)粤 07 民终 1034 号]

裁判要旨:当事人提出管辖权异议的,举证期限中止,自驳回管辖权异议的裁定生效之日起恢复计算,一审法院对当事人重新指定举证期限的申请不予准许,并无不当。

关于举证期限的问题,经查,广东省江门市中级人民法院于 2020 年 5 月 18 日作出(2020)粤 07 民辖终 64 号民事裁定,驳回江门市蓬江区展宏针织梭织布有限公司(以下简称展宏公司)对该案提出的管辖权异议,并于 2020 年 5 月 20 日发生法律效力。一审法院于 2020 年 6 月 20 日发出开庭传票,定于 2020 年 7 月 2 日开庭审理,2020 年 6 月 24 日,展宏公司向一审法院提出重新指定举证期限。根据《民事证据规定》第 55 条第 1 项“(一)当事人依照民事诉讼法第一百二十七条①规定提出管辖权异议的，举证期限中止，自驳回管辖权异议的裁定生效之日起恢复计算”的规定，一审法院对展宏公司重新指定举证期限的申请不予准许并无不当。况且从 2020 年 5 月 20 日至 7 月 2 日，展宏公司已有不少于 30 日的举证期限，一审法院并未损害展宏公司的合法权益。

➢2. 绍兴酷润纺织品有限公司与张某华买卖合同纠纷案[（2021）浙 06 民终 4340 号]

裁判要旨：驳回管辖权异议的裁定生效之日即举证期限的中止事由消灭时，举证期限应恢复计算，而不是重新计算，被告要求重新计算举证期限的抗辩，法院不予采纳。

浙江省绍兴市柯桥区人民法院认为，张某华辩称该案存在因处理管辖权异议而重新指定举证期限的情形，《民事证据规定》第 55 条第 1 项规定，“（一）当事人依照民事诉讼法第一百二十七条②规定提出管辖权异议的，举证期限中止，自驳回管辖权异议的裁定生效之日起恢复计算”，该项规定说明驳回管辖权异议的裁定生效之日即举证期限的中止事由消灭时，举证期限应恢复计算，而不是重新计算，故对于被告的抗辩，柯桥区人民法院不予采纳。

➢3. 王某香、贵州盘骄贸易有限公司、贵州宏科建设工程有限责任公司等与唐某、刘某、强某志建设工程施工合同纠纷案[（2020）黔 02 民终 995 号]

裁判要旨：申请作为有独立请求权的第三人参加诉讼，一审法院依法予以准许后依照法律规定向各方当事人送达了相关诉讼材料，并重新指定举证期限，符合民事诉讼证据规则，送达程序合法。

王某香、贵州盘骄贸易有限公司、贵州宏科建设工程有限责任公司称，应当对第三人强某志参加诉讼后一审的送达程序是否合法进行审查。经审查，一审中，唐某提起诉讼后，第三人强某志申请作为有独立请求权的第三人参加诉讼，一审法院依法予以准许后依照法律规定向各方当事人送达了相关诉讼材料，并

---

① 现为 2021 年修正的《民事诉讼法》第 130 条。
② 现为 2021 年修正的《民事诉讼法》第 130 条。

重新指定了举证期限。贵州省六盘水市中级人民法院认为,这符合《民事证据规定》第55条第2项"追加当事人、有独立请求权的第三人参加诉讼或者无独立请求权的第三人经人民法院通知参加诉讼的,人民法院应当依照本规定第五十一条的规定为新参加诉讼的当事人确定举证期限,该举证期限适用于其他当事人"的规定,未影响各方当事人诉讼权利的行使,故送达程序合法。

➢4. 方城县亿美木业有限公司与杨某果、原审第三人景某营民间借贷纠纷案[(2021)豫13民终993号]

裁判要旨:该案系发回重审案件,一审法院确定的举证答辩期虽未满15日,但未违反法律规定。

河南省南阳市中级人民法院认为,关于程序问题,《民事证据规定》第55条规定:"存在下列情形的,举证期限按照如下方式确定……(三)发回重审的案件,第一审人民法院可以结合案件具体情况和发回重审的原因,酌情确定举证期限……"该案系发回重审案件,一审法院确定的举证答辩期虽未满15日,但并未违反法律规定,方城县亿美木业有限公司上诉称一审程序损害其答辩权利的理由不成立,该院不予支持。

➢5. 珠峰财产保险股份有限公司北京分公司与刘某兰、原审被告张某、北京路顺金来商贸有限公司、中国人民财产保险股份有限公司北京市分公司机动车交通事故责任纠纷案[(2021)京03民终13476号]

裁判要旨:该案缺席审理针对的是原告864616.39元的诉讼请求,一审法院在原告当庭增加近70万元诉讼请求的情况下,未依法通知上诉人,亦未为上诉人重新确定举证期限,剥夺了上诉人对原告增加诉讼请求部分的辩论权,该案缺席判决严重违反法定程序。

北京市第三中级人民法院认为,《民事证据规定》第55条第4项规定,当事人增加、变更诉讼请求或者提出反诉的,人民法院应当根据案件具体情况重新确定举证期限。该案缺席审理针对的是刘某兰864616.39元的诉讼请求,一审法院在刘某兰当庭增加近70万元诉讼请求的情况下,未依法通知珠峰财产保险股份有限公司北京分公司,亦未为其重新确定举证期限,剥夺了其对刘某兰增加诉讼请求部分的辩论权。该案缺席判决严重违反法定程序。

条文内容	参考条文
第九十二条 【证据交换与举证期限】 人民法院依照民事诉讼法第一百三十六条第四项的规定，通过组织证据交换进行审理前准备的，证据交换之日举证期限届满。	《民事证据规定》第56条第1款
证据交换的时间可以由当事人协商一致并经人民法院认可，也可以由人民法院指定。当事人申请延期举证经人民法院准许的，证据交换日相应顺延。	《民事证据规定》第56条第2款

要点注释

证据交换是指在人民法院的组织下，当事人将各自持有的证据与他方进行交换，其是审前程序的中心。证据交换时间在答辩期届满后至开庭审理前，其目的在于通过证据交换使当事人在庭审前将全部证据提出，整理证据、固定争点，使庭审集中化，保障开庭审理的顺利进行。

《民事诉讼法》第136条规定："人民法院对受理的案件，分别情形，予以处理……需要开庭审理的，通过要求当事人交换证据等方式，明确争议焦点。"《民诉法解释》第224条规定，依照《民事诉讼法》第136条第4项规定，人民法院可以在答辩期届满后，通过组织证据交换、召集庭前会议等方式，作好审理前的准备。因此，证据交换的时间在答辩期届满后开庭审理前这一区间内，该区间是法定的，当事人不能协商确定，人民法院亦不能指定。

确定在区间内证据交接的时间点通常有两种做法：一种是由当事人协商一致并经人民法院准许；另一种是由人民法院指定。前者是首选方案，其体现了民事诉讼中的当事人处分原则，后者是备选方案。本条第2款肯定了这两种做法。

依据《民事诉讼法》第68条第2款的规定,当事人在举证期限内提供证据确有困难的,可以向人民法院申请延长举证期限,人民法院根据当事人的申请适当延长。由于举证期限届满之日与证据交换之日保持一致,所以当事人在确定的举证期限内无法完成举证,申请延长经人民法院准许的,证据交接日期相应顺延。

相关法律

➢**《民事诉讼法》**(2021年12月24日修正)

第一百三十六条 人民法院对受理的案件,分别情形,予以处理:

……

(四)需要开庭审理的,通过要求当事人交换证据等方式,明确争议焦点。

司法解释

➢**《最高人民法院关于适用〈中华人民共和国民事诉讼法〉的解释》**(法释〔2022〕11号,2022年4月10日施行)

第二百二十四条 依照民事诉讼法第一百三十六条第四项规定,人民法院可以在答辩期届满后,通过组织证据交换、召集庭前会议等方式,作好审理前的准备。

第二百二十五条 根据案件具体情况,庭前会议可以包括下列内容:

(一)明确原告的诉讼请求和被告的答辩意见;

(二)审查处理当事人增加、变更诉讼请求的申请和提出的反诉,以及第三人提出的与本案有关的诉讼请求;

(三)根据当事人的申请决定调查收集证据,委托鉴定,要求当事人提供证据,进行勘验,进行证据保全;

(四)组织交换证据;

（五）归纳争议焦点；

（六）进行调解。

地方人民法院案例

➢1. 何某荣与东海建设集团有限公司劳动争议纠纷案［（2021）鲁14民终1341号］

裁判要旨：人民法院可以根据案件具体情况，依申请或依职权组织证据交换，但证据交换并非所有民事案件审理前的必经程序。

山东省德州市中级人民法院认为，关于一审是否必须送达证据副本的问题，《民事证据规定》第56条规定："人民法院依照民事诉讼法第一百三十三条第四项的规定，通过组织证据交换进行审理前准备的，证据交换之日举证期限届满。证据交换的时间可以由当事人协商一致并经人民法院认可，也可以由人民法院指定。当事人申请延期举证经人民法院准许的，证据交换日相应顺延。"由此可知，人民法院可以根据案件具体情况，依申请或依职权组织证据交换，但证据交换并非所有民事案件审理前必经程序。该案一审中，双方当事人均未提出证据交换申请，一审法院在庭审中依法组织质证，充分听取各方当事人质证意见，其审理程序并无不当。

➢2. 中国平安财产保险股份有限公司垫江支公司与黎某鹏、皮某婷、皮某权机动车交通事故责任纠纷案［（2020）渝03民终864］

裁判要旨：通过组织证据交换进行审理前准备的，证据交换之日举证期限届满。当事人在证据交换后才提交鉴定人出庭申请书和重新鉴定申请，其超过了法定的举证期限，一审法院对其未予采纳的行为正确。

重庆市第三中级人民法院认为，因中国平安财产保险股份有限公司垫江支公司在2020年3月26日已经签收了重庆市云阳司法鉴定所出具的云阳司鉴所（2020）医鉴字第018号司法鉴定意见书，一审法院于2020年4月17日组织庭审对该证据进行质证审查时，中国平安财产保险股份有限公司垫江支公司对该鉴定意见并未向一审法院提交书面的鉴定人出庭申请书和书面的重新鉴定申请,而是在庭审后的2020年4月20日才向一审法院提交鉴定人出庭申请书和重新鉴定申请,根据《民事证据规定》第56条"人民法院依照民事诉讼法第一百三十三条第四项的规定,通过组织证据交换进行审理前准备的,证据交换之日举证期限届满"的规定,中国平安财产保险股份有限公司垫江支公司在2020年4月20日向一审法院提出的上述鉴定人出庭申请书和重新鉴定申请超过了法定的举证期限,一审法院对其未予采纳的行为正确。

条文内容	参考条文
第九十三条 【证据交换流程】 证据交换应当在审判人员的主持下进行。 在证据交换的过程中,审判人员对当事人无异议的事实、证据应当记录在卷;对有异议的证据,按照需要证明的事实分类记录在卷,并记载异议的理由。通过证据交换,确定双方当事人争议的主要问题。	《民事证据规定》 第57条

要点注释

证据交换应当在审判人员的主持下进行。本条规定的"审判人员"究竟如何理解?证据交换属于审前程序,其本质是为了简化程序而实行的庭审程序的前移,它和庭审程序中对证据的提供和质辩是联为一体的。从这个角度看,证据交换一般应当由具有审判权的法官,即承办法官或合议庭主持。此外,《最高人民法院司法责任制实施意见(试行)》第13条规定,法官助理可以在法官指导下协助法官组织庭前证据交换,但不能替代承办法官主持证据交换。

当事人在证据交换中无异议的事实和证据,应由书记员记录在卷,开庭审理阶段可以不再对其进行举证质证,这有利于提高庭审效率。根据民事诉讼中诚信原则或禁反言原则的要求,对于当事人在审前准备阶段认可的证据,除非有充分理由或相应证据证明,否则当事人不得随意变更或撤销其对证据和事实的承认。对于当事人有异议的证据,书记员应当在法官的指导下,按照案件法律关系和需要证明的事实将其分类记录在卷,并记载当事人有异议的理由,以便于开庭审理阶段集中进行举证、质证和辩论。

证据交换的主要目的是整理证据,固定争议焦点,实现庭审集中审理。因此本条末尾指出,通过证据交换,确定双方当事人争议的主要问题。

司法解释

➤**《最高人民法院关于互联网法院审理案件若干问题的规定》**(法释〔2018〕16号,2018年9月7日施行)

第九条　互联网法院组织在线证据交换的,当事人应当将在线电子数据上传、导入诉讼平台,或者将线下证据通过扫描、翻拍、转录等方式进行电子化处理后上传至诉讼平台进行举证,也可以运用已经导入诉讼平台的电子数据证明自己的主张。

司法文件

➤**《最高人民法院司法责任制实施意见(试行)》**(法发〔2017〕20号,2017年7月25日发布)

二、审判组织与人员

9. 承办法官应当履行以下审判职责:

(1)指导法官助理做好庭前准备及其他审判辅助工作;

(2)就当事人提出的保全、司法鉴定、非法证据排除申请等提请合议庭评议;

(3)对当事人提交的证据进行全面审核,提出审查意见,依法调取必要证据;

(4)制作阅卷笔录,拟订庭审提纲,撰写审理报告;

(5)协助审判长开展庭审活动;

(6)参与案件评议,并先行提出处理意见;

(7)根据合议庭、赔偿委员会、审判委员会多数意见制作并签署裁判文书;

(8)指导审判辅助人员落实院党组关于网上办案、司法公开、电子卷宗、案卷归档等工作要求;

(9)依法行使其他审判权力。

13. 法官助理在法官指导下履行以下职责:

(1)审查诉讼材料,协助法官组织庭前证据交换;

(2)协助法官组织庭前调解,草拟调解文书;

(3)受法官委托或协助法官依法办理财产保全、证据保全等;

(4)受法官指派,协调司法技术辅助部门办理委托鉴定、评估、审计等工作;

(5)受法官委托或协助法官依法调取必要证据;

(6)根据法官要求,准备与案件审理相关的参考资料,研究案件涉及的法律问题;

(7)在法官指导下草拟审理报告、裁判文书;

(8)完成法官交办的其他审判辅助性工作。

14. 书记员在法官指导下履行以下职责:

(1)负责庭前准备的事务性工作;

(2)检查开庭时诉讼参与人的出庭情况,宣布法庭纪律;

(3)负责案件审理中的记录工作;

(4)按照网上办案要求及时上传案件材料,具体落实司法公开各项工作要求;

(5)校对、送达法律文书;

(6)整理、装订、归档案卷材料;

(7)完成法官交办的其他事务性工作。

三、审判流程

(三)庭前准备

28. 合议庭成员均应在庭前阅卷,重点关注庭审中准备查明的事实证据问题以及需要当事人及代理人进行辩论的法律问题。承办法官一般应制作阅卷笔录、提炼争议焦点、拟订庭审提纲。

29. 遇有重大、疑难、复杂案件或上诉案件有新证据的,合议庭可以召集庭前会议交换证据、组织质证、排除非法证据等,对于适宜调解的案件,合议庭可以通过庭前会议促成当事人和解或达成调解协议。

地方人民法院案例

➢1. 陈某云与中国平安人寿保险股份有限公司东莞中心支公司人身保险合同纠纷案[(2021)粤19民终891号]

裁判要旨:证据交换只要求审判人员在场,并未要求法官全程在场,故一审法官未全程参与庭前准备工作,并未违反相关法律程序。

广东省东莞市中级人民法院认为,首先,一审卷宗材料显示,2020年6月3日仅为庭前证据交换,并非开庭。依据《民事证据规定》第57条第1款"证据交换应当在审判人员的主持下进行"的规定,证据交换只要求审判人员在场,并未要求法官全程在场,故一审法官未全程参与庭前准备工作,并未违反相关法律程序。

➢2. 刘某与江苏省和声琴行有限公司徐州分公司买卖合同纠纷案[(2020)苏03民终6392号]

裁判要旨:法官助理组织双方进行证据交换不属于民事诉讼法规定的严重违反法定程序的事项。

江苏省徐州市中级人民法院认为,关于上诉人所称法官助理违法组织证据交换的问题,《民事证据规定》第57条第1款列明,"证据交换应当在审判人员的主持下进行",但根据《最高人民法院司法责任制实施意见(试行)》的规定,法官助理的职能包括在法官的指导下,组织双方进行证据交换。该事项不属于《民事诉讼法》第170条第1款第4项①规定的严重违反法定程序的事项,不足以据此

① 现为2021年修正的《民事诉讼法》第177条第1款第4项。

撤销原判决。

➢3. 江门市陈工装饰设计工程有限公司与四川正恒建业建设工程有限公司广州分公司、一审被告余某练等建设工程施工合同纠纷案[(2020)粤04民终2148号]

裁判要旨：一审法院指派法官助理主持证据交换，违反法律程序且致该案事实不清，影响了案件的正确处理，发回重审。

广东省珠海市中级人民法院认为，《民事证据规定》规定，“证据交换应当在审判人员的主持下进行”，但一审法院审理该案时指派法官助理主持案涉当事人的证据交换，这违反法律程序且致该案事实不清，影响了案件的正确处理。根据《民事诉讼法》第170条第1款第4项①的规定，裁定如下：(1)撤销广东省珠海横琴新区人民法院(2020)粤0491民初80号民事判决；(2)该案发回广东省珠海横琴新区人民法院重审。

条文内容	参考条文
第九十四条　【再次证据交换】 当事人收到对方的证据后有反驳证据需要提交的，人民法院应当再次组织证据交换。	《民事证据规定》第58条

要点注释

司法实践中，在第一次证据交换后，当事人会针对对方的初始证据提出反证，使对方提出的证据不能成立或者不具备证据效力，或者提出补充证据。因此，一方当事人收到对方当事人提交的证据后，提出反驳意见并需要提交反驳证据的，已经完成的证据交换势必不够充分，为平等保护当事人的诉讼权利，本条规定人民法院应当再次组织证据交换。

① 现为2021年修正的《民事诉讼法》第177条第1款第4项。

2001年《民事证据规定》在第40条规定，证据交换一般不超过两次，但重大、疑难和案情特别复杂的案件，人民法院认为确有必要再次进行证据交换的除外。2019年修正的《民事证据规定》在修改时删除了该条。那么，再次证据交换后可否再进行第三次甚至第四次证据交换？

从司法解释修改的本意来看，其并非鼓励当事人多次进行证据交换，但也没有硬性禁止多次证据交换。证据交换的次数宜由承办法官或合议庭根据案件实际情况予以确定。有些案件较为复杂，如建设工程施工合同纠纷，往往涉及工程量核实、工程造价鉴定、付款金额核对等，可能需要多次证据交换。当然，承办法官或合议庭应尽可能确定实质争议焦点，降低当事人提出新的争点和证据的随意性，进而控制证据交换的次数。

地方人民法院案例

➤1. 云南瑞林木业有限公司与钦州市焕发木业有限公司买卖合同纠纷案

[(2020)桂07民终794号]

裁判要旨：当事人收到对方的证据后有反驳证据需要提交的，人民法院应当再次组织证据交换。该案当事人的举证并未超过举证期限，一审法院程序合法。

广西壮族自治区钦州市中级人民法院认为，云南瑞林木业有限公司（以下简称瑞林公司）主张钦州市焕发木业有限公司（以下简称焕发公司）提交《出库凭证》第二联超过举证期限，程序违法；一审判决适用买卖合同相关法律错误。该院认为，该案一审审理过程中，因送达不到位，在一审法院经公告后如期进行庭审时，瑞林公司缺席了第一次庭审。随后瑞林公司主动联系一审法院，一审法院为查清案件事实，于2020年4月29日复庭审理。焕发公司提交的《出库凭证》第二联，是在瑞林公司提交《出库凭证》第三联后，焕发公司对瑞林公司主张的事实进行抗辩所举的反驳证据。依据《民事证据规定》第51条第3款"举证期限届满后，当事人提供反驳证据或者对已经提供的证据的来源、形式等方面的瑕疵进行补正的，人民法院可以酌情再次确定举证期限，该期限不受前款规定的期间限制”及第58条“当事人收到对方的证据后有反驳证据需要提交的,人民法院应当再次组织证据交换”的规定,焕发公司的举证并未超过举证期限,一审法院程序合法,并无不当。

➢2. 广州猫山大叔食品有限公司与杨某明产品销售责任纠纷案[(2020)苏01民终8057号]

裁判要旨:原告因被告庭审中的反驳意见才补交证据,根据“当事人收到对方的证据后有反驳证据需要提交的,人民法院应当再次组织证据交换”的规定,原告补交证据并不违反相关法律规定。

南京市浦口区人民法院认为,杨某明提交的交易快照、支付宝交易电子回单、订单详情记录等证据能够完整地证明杨某明在广州猫山大叔食品有限公司(以下简称猫山大叔食品公司)开设在天猫平台的“猫山大叔旗舰店”购买了涉案榴莲,并通过支付宝向猫山大叔食品公司支付了货款,猫山大叔食品公司已然发货。猫山大叔食品公司虽然抗辩其后台查询不到该订单,但是这不能够推翻杨某明提交的证据所证明的事实,故法院认定双方之间买卖关系成立。关于猫山大叔食品公司质证称杨某明补交证据超过举证期限的意见,杨某明是因猫山大叔食品公司庭审中的反驳意见才补交证据的,根据“当事人收到对方的证据后有反驳证据需要提交的,人民法院应当再次组织证据交换”的法律规定,杨某明补交证据并不违反相关法律规定。

➢3. 张某、王某兰、杨某甲、杨某乙与阳光财产保险股份有限公司遵化支公司意外伤害保险合同纠纷案[(2020)冀0281民初1582号]

裁判要旨:依据“当事人收到对方的证据后有反驳证据需要提交的,人民法院应当再次组织证据交换”的规定,对于被告抗辩原告庭后提交的证据超过举证期限,不应作为证据使用的主张,法院不予采信。

河北省遵化市人民法院认为,被保险人杨某丙于2018年9月6日与被告阳光财产保险股份有限公司遵化支公司签订的“驾乘无忧”保险合同,系双方当事人的真实意思表示,且不违反法律、法规的强制性规定,双方均应依据合同约定履行己方义务。该院于2020年7月17日组织原告、被告双方进行庭前质证,被告当庭提交个人投保单，该投保单中投保人、被保险人签名处均有杨某丙签名，原告为证明投保单中杨某丙签名不是本人所签，于质证结束后提交了杨某丙生前与被告工作人员孔某文的微信聊天记录、河北省登记注册网上实行实名认证的文件，以及申请证人翟某出庭作证，依据《民事证据规定》第58条“当事人收到对方的证据后有反驳证据需要提交的，人民法院应当再次组织证据交换”的规定，该院应当组织双方再次质证，故被告抗辩原告庭后提交的证据超过举证期限，不应作为证据使用的主张理据不足，该院不予采信。

条文内容	参考条文
第九十五条　【新的证据】 当事人在法庭上提出新的证据的，人民法院应当依照民事诉讼法第六十八条第二款规定和本解释相关规定处理。	《民诉法解释》 第231条

要点注释

当事人在法庭上提出新的证据的，人民法院应当依照《民事诉讼法》第68条第2款规定和《民诉法解释》相关规定处理。本条规定实际上是关于逾期举证的转致条款。首先应当明确，2001年《民事证据规定》对于逾期提供证据后果的规定以证据失权为原则，只有符合“新的证据”条件的，才不发生证据失权的后果。因此，对“新的证据”的内涵、外延作出明确规定是十分必要的。这也是2001年《民事证据规定》在第41条至第44条对“新的证据”的范围、判断标准及后果等作出详细规定的原因。

然而2012年《民事诉讼法》在总结2001年《民事证据规定》有关举证时限规定施行情况的基础上，在其第65条确立的举证时限制度，采取了区分逾期提供证据的不同情况，对应不同后果的处理方式，即并非以证据失权为一般原则，而是针对逾期提供证据的理由是否成立，对应训诫、罚款直至不予采纳的后果。由于2012年《民事诉讼法》实质上改变了以证据失权为逾期提供证据后果的一般原则，因此2001年《民事证据规定》中有关“新的证据”的规定，没有继续保留的价值和必要，《民诉法解释》和2019年修正的《民事证据规定》也均未保留相应的内容。

这意味着在民事审判实践中，除法律、司法解释有特别规定外（如《民诉法解释》第409条关于当事人提交新的证据致使再审改判的规定），“新的证据”不再具有特别的含义。未在以前的诉讼过程中出现的证据，原则上都属于本条所指的“新的证据”。

相关法律

➤**《民事诉讼法》**（2021年12月24日修正）

第六十八条第二款 人民法院根据当事人的主张和案件审理情况，确定当事人应当提供的证据及其期限。当事人在该期限内提供证据确有困难的，可以向人民法院申请延长期限，人民法院根据当事人的申请适当延长。当事人逾期提供证据的，人民法院应当责令其说明理由；拒不说明理由或者理由不成立的，人民法院根据不同情形可以不予采纳该证据，或者采纳该证据但予以训诫、罚款。

司法解释

➤**《最高人民法院关于适用〈中华人民共和国民事诉讼法〉的解释》**（法释〔2022〕11号，2022年4月10日施行）

第一百零一条 当事人逾期提供证据的，人民法院应当责令其说明理由，必要时可以要求其提供相应的证据。

当事人因客观原因逾期提供证据，或者对方当事人对逾期提供证据未提出异议的，视为未逾期。

第一百零二条 当事人因故意或者重大过失逾期提供的证据,人民法院不予采纳。但该证据与案件基本事实有关的,人民法院应当采纳,并依照民事诉讼法第六十八条、第一百一十八条第一款的规定予以训诫、罚款。

当事人非因故意或者重大过失逾期提供的证据,人民法院应当采纳,并对当事人予以训诫。

当事人一方要求另一方赔偿因逾期提供证据致使其增加的交通、住宿、就餐、误工、证人出庭作证等必要费用的,人民法院可予支持。

司法观点

➤ 当事人超出举证期限提交证据能否组织质证①

问:有些当事人在证据交换终结后,在庭审中或者庭审后又提交证据。对于这类超出举证期限提交的证据,法院能否组织质证?

答:证据交换的作用在于防止当事人证据突袭、诉讼拖延,提高诉讼效率。庭前证据交换并非只有一次机会,当事人提交反驳证据、补强证据,人民法院根据当事人申请延长举证期限的,均可再次进行证据交换。有些当事人在证据交换终结后,在庭审中或者庭审后又提交证据,该类证据能否再组织质证,由法院根据法律规定、案件事实和审理需要来决定。

《民诉法解释》第 102 条规定:"当事人因故意或者重大过失逾期提供的证据,人民法院不予采纳。但该证据与案件基本事实有关的,人民法院应当采纳,并依照民事诉讼法第六十五条②、第一百一十五条第一款③的规定予以训诫、罚款。当事人非因故意或者重大过失逾期提供的证据,人民法院应当采纳,并对当事人予以训诫。当事人一方要求另一方赔偿因逾期提供证据致使其增加的交

---

① 参见最高人民法院民事审判第一庭编:《民事审判实务问答》,法律出版社 2021 年版,第 304-305 页。

② 现为 2021 年修正的《民事诉讼法》第 68 条。

③ 现为 2021 年修正的《民事诉讼法》第 118 条第 1 款。

通、住宿、就餐、误工、证人出庭作证等必要费用的,人民法院可予支持。”证据交换后当事人逾期提交的证据能否被采纳,由法院根据当事人的主观过错、证据与案件基本事实的关联,作出决定。即便法院采纳证据,但如果当事人逾期提交证据存在故意或重大过失,法院会依照《民事诉讼法》第 65 条、第 115 条第 1 款的规定予以训诫、罚款。若证据与案件基本事实有关,当事人逾期提供证据的理由成立(系因客观原因),或者对方当事人对逾期提供证据不持异议,则可以组织双方对证据进行询问、质证。

此外,《民事证据规定》第 51 条第 3 款规定:“举证期限届满后,当事人提供反驳证据或者对已经提供的证据的来源、形式等方面的瑕疵进行补正的,人民法院可以酌情再次确定举证期限,该期限不受前款规定的期间限制。”在举证期限届满的情况下,当事人仍有反驳证据提供,或对已提交证据进行瑕疵补正的,法院可以酌情再次确定举证期限。

最高人民法院案例

➢河南浙商城建投资股份有限公司与通许县人民政府建设工程施工合同纠纷案[(2021)最高法民终 517 号]

裁判要旨:即便之前已经进行过庭审辩论,法院根据案件实际情况同意接受原告补充的证据并就其调整后的诉讼请求进行审理,亦不违反法律规定。

最高人民法院认为,司法实践中,当事人在案件审理过程中根据诉辩对抗情况,对其所主张事由或请求进行适当调整并补充相应证据的情况并不鲜见。一般来讲,只要没有实质上超出之前诉请主张的范围,人民法院就可以适时安排对质答辩等审理活动,以便查明事实、作出裁判。所以,即便之前已经进行过庭审辩论,法院根据案件实际情况同意接受原告补充的证据并就其调整后的诉讼请求进行审理,亦不违反法律规定。

条文内容	参考条文
第九十六条 【新证据引起的必要费用补偿】 当事人提交新的证据致使再审改判，因再审申请人或者申请检察监督当事人的过错未能在原审程序中及时举证，被申请人等当事人请求补偿其增加的交通、住宿、就餐、误工等必要费用的，人民法院应予支持。	《民诉法解释》第409条

要点注释

将新的证据作为启动再审程序的事由是为了让案件的法律真实与客观真实更加趋同，因此，《民事诉讼法》第207条第1项规定，有新的证据，足以推翻原判决、裁定的，人民法院应当再审。就举证期限而言，新的证据都是未在原审规定的举证期限内提供的。新的证据致使再审打破了已经稳定的法律关系，给其他当事人增加了诉讼成本，因此，需要平衡各方当事人在再审程序中的利益。本条从平等保护被申请人等当事人利益的角度，规定再审申请人应当补偿其他当事人必要费用，将其他当事人的这一程序性利益转化为实体性利益。

本条规定的新的证据，包括但不限于作为再审事由的“新的证据”。再审中的“新的证据”包括：在原审庭审结束前已经存在，因客观原因于庭审结束后才发现的；在原审庭审结束前已经发现，因客观原因无法取得或者在规定的期限内不能提供的；在原审庭审结束后形成，无法据此另行提起诉讼的；以及原审人民法院对已经提供的证据应当质证采信而未予质证采信的。这些“新的证据”都是客观原因造成的，因此不可能存在本条规定的因当事人的“过错未能在原审程序中及时举证”的情形。在再审审理阶段，随着诉讼的进一步展开，法律并没有禁止当事人提交新的证据，而该新的证据很可能就是因当事人的过错而未能在原审中及时举证的。因此，本条中的新的证据，包括启动再审事由的“新的证据”，但不限于此。简言之，再审审理中的新的证据与作为再审事由的“新的证据”并不相同。

被申请人等当事人请求补偿其增加的交通、住宿、就餐、误工等必要费用的，应当有相应的证据证明。人民法院支持该补偿必要费用请求的，应在裁判主文后，载明由提供新的证据的当事人负担案件受理费、鉴定费等的一项诉讼费用。如果被申请人等当事人请求提交新的证据的当事人赔偿损失的，应当另行诉讼解决，因为本条只涉及费用问题。此外，因检察机关调查取得新的证据导致再审改判的，不适用本条规定。

司法解释

➤1.《最高人民法院关于适用〈中华人民共和国民事诉讼法〉的解释》（法释〔2022〕11号，2022年4月10日施行）

第三百八十五条　再审申请人提供的新的证据，能够证明原判决、裁定认定基本事实或者裁判结果错误的，应当认定为民事诉讼法第二百零七条第一项规定的情形。

对于符合前款规定的证据，人民法院应当责令再审申请人说明其逾期提供该证据的理由；拒不说明理由或者理由不成立的，依照民事诉讼法第六十八条第二款和本解释第一百零二条的规定处理。

第三百八十六条　再审申请人证明其提交的新的证据符合下列情形之一的，可以认定逾期提供证据的理由成立：

（一）在原审庭审结束前已经存在，因客观原因于庭审结束后才发现的；

（二）在原审庭审结束前已经发现，但因客观原因无法取得或者在规定的期限内不能提供的；

（三）在原审庭审结束后形成，无法据此另行提起诉讼的。

再审申请人提交的证据在原审中已经提供，原审人民法院未组织质证且未作为裁判根据的，视为逾期提供证据的理由成立，但原审人民法院依照民事诉讼法第六十八条规定不予采纳的除外。

➢2.《最高人民法院关于适用〈中华人民共和国民事诉讼法〉审判监督程序若干问题的解释》（法释〔2020〕20号，2021年1月1日施行）

第十三条第二款　以有新的证据足以推翻原判决、裁定为由申请再审的，人民法院应当询问当事人。

➢3.《人民检察院民事诉讼监督规则》（高检发释字〔2021〕1号，2021年8月1日施行）

第六十二条　人民检察院因履行法律监督职责的需要，有下列情形之一的，可以向当事人或者案外人调查核实有关情况：

（一）民事判决、裁定、调解书可能存在法律规定需要监督的情形，仅通过阅卷及审查现有材料难以认定的；

（二）民事审判程序中审判人员可能存在违法行为的；

（三）民事执行活动可能存在违法情形的；

（四）其他需要调查核实的情形。

第六十三条　人民检察院可以采取以下调查核实措施：

（一）查询、调取、复制相关证据材料；

（二）询问当事人或者案外人；

（三）咨询专业人员、相关部门或者行业协会等对专门问题的意见；

（四）委托鉴定、评估、审计；

（五）勘验物证、现场；

（六）查明案件事实所需要采取的其他措施。

人民检察院调查核实，不得采取限制人身自由和查封、扣押、冻结财产等强制性措施。

第六十四条　有下列情形之一的，人民检察院可以向银行业金融机构查询、调取、复制相关证据材料：

（一）可能损害国家利益、社会公共利益的；

（二）审判、执行人员可能存在违法行为的；

（三）涉及《中华人民共和国民事诉讼法》第五十五条①规定诉讼的；

（四）当事人有伪造证据、恶意串通损害他人合法权益可能的。

人民检察院可以依照有关规定指派具备相应资格的检察技术人员对民事诉讼监督案件中的鉴定意见等技术性证据进行专门审查，并出具审查意见。

第六十五条 人民检察院可以就专门性问题书面或者口头咨询有关专业人员、相关部门或者行业协会的意见。口头咨询的，应当制作笔录，由接受咨询的专业人员签名或者盖章。拒绝签名盖章的，应当记明情况。

第六十六条 人民检察院对专门性问题认为需要鉴定、评估、审计的，可以委托具备资格的机构进行鉴定、评估、审计。

在诉讼过程中已经进行过鉴定、评估、审计的，一般不再委托鉴定、评估、审计。

第六十七条 人民检察院认为确有必要的，可以勘验物证或者现场。勘验人应当出示人民检察院的证件，并邀请当地基层组织或者当事人所在单位派人参加。当事人或者当事人的成年家属应当到场，拒不到场的，不影响勘验的进行。

勘验人应当将勘验情况和结果制作笔录，由勘验人、当事人和被邀参加人签名或者盖章。

第六十八条 需要调查核实的，由承办检察官在职权范围内决定，或者报检察长决定。

第六十九条 人民检察院调查核实，应当由二人以上共同进行。

调查笔录经被调查人校阅后，由调查人、被调查人签名或者盖章。被调查人拒绝签名盖章的，应当记明情况。

第七十条 人民检察院可以指令下级人民检察院或者委托外地人民检察院调查核实。

人民检察院指令调查或者委托调查的，应当发送《指令调查通知书》或者《委

---

① 现为2021年修正的《民事诉讼法》第58条。

托调查函》,载明调查核实事项、证据线索及要求。受指令或者受委托人民检察院收到《指令调查通知书》或者《委托调查函》后,应当在十五日内完成调查核实工作并书面回复。因客观原因不能完成调查的,应当在上述期限内书面回复指令或者委托的人民检察院。

人民检察院到外地调查的,当地人民检察院应当配合。

第七十一条 人民检察院调查核实,有关单位和个人应当配合。拒绝或者妨碍人民检察院调查核实的,人民检察院可以向有关单位或者其上级主管部门提出检察建议,责令纠正;涉嫌违纪违法犯罪的,依照规定移送有关机关处理。

司法文件

➢1.《最高人民法院关于规范人民法院再审立案的若干意见(试行)》(法发〔2002〕13号,2002年9月10日发布)

第五条 再审申请人或申诉人向人民法院申请再审或申诉,应当提交以下材料:

(一)再审申请书或申诉状,应当载明当事人的基本情况、申请再审或申诉的事实与理由;

(二)原一、二审判决书、裁定书等法律文书,经过人民法院复查或再审的,应当附有驳回通知书、再审判决书或裁定书;

(三)以有新的证据证明原裁判认定的事实确有错误为由申请再审或申诉的,应当同时附有证据目录、证人名单和主要证据复印件或者照片;需要人民法院调查取证的,应当附有证据线索。

申请再审或申诉不符合前款规定的,人民法院不予审查。

➢2.《全国审判监督工作座谈会关于当前审判监督工作若干问题的纪要》(法〔2001〕161号,2001年11月1日发布)

9. 开庭前的准备工作应当充分,保证当事人能够较好地行使诉讼权利及履行诉讼义务。开庭前可召集双方当事人及其诉讼代理人交换、核对证据,对双方无争议的原判事实和证据应当记录在卷，并由双方当事人签字确认，保证开庭时能够针对焦点问题进行充分的调查。

11. 经复查听证后进入再审程序的案件，或者开庭前已由书记员核对当事人身份，告知诉讼权利义务，出示、质证当事人认同的证据或事实等事项的案件，开庭后，不必再重复上述程序，但应重申关于申请回避的权利。

13. 当事人申请再审提出的新证据，必须当庭质证；出示的书证、物证等应当交由对方当事人当庭辨认，发表质证意见；审判长根据案件的具体情况，经征求合议庭成员意见后，可当庭认证，或经合议庭评议后再行认证。

司法观点

➢ 生效裁判依据审理时的财产查封裁定认定争议财产不得处分的，判决生效后作出的解封裁定不构成足以推翻原判的再审新证据①

最高人民法院民一庭意见：

判断裁判生效后出现的新的事由是构成再审新证据，还是据以另诉主张权利的“新的事实”，应依据其是否受生效裁判既判力约束、能否证明原裁判认定基本事实或裁判结果错误、当事人能否另行提起诉讼来进行认定。生效裁判依据审理时的财产查封裁定认定争议财产不得处分的，判决生效后作出的解封裁定不构成足以推翻原判的再审新证据，当事人应依据《民诉法解释》第 248 条②的规定，另诉主张权利。

---

① 参见潘杰、马思旭：《新的事实与再审新证据的区分》，载最高人民法院民事审判第一庭编：《民事审判指导与参考》2019 年第 1 辑（总第 77 辑），人民法院出版社 2019 年版，第 146-150 页。

② 2022 年修正的《民诉法解释》第 248 条同样规定：“裁判发生法律效力后，发生新的事实，当事人再次提起诉讼的，人民法院应当依法受理。”

最高人民法院案例

➢再审申请人贵州顺和建筑工程有限责任公司与被申请人白云区巢之建筑材料租赁站、谢某财租赁合同纠纷案[(2017)最高法民再187号]

裁判要旨:再审申请人并未提供证据证明律师代理费已实际发生,且律师代理费也非《民诉法解释》规定的必要费用,对此不予支持。

最高人民法院认为,该案再审系因贵州顺和建筑工程有限责任公司(以下简称顺和公司)提供了新的证据,其虽有说明存在客观原因致使逾期提供证据,但再审案件受理费应由其承担。一审、二审案件受理费由最高人民法院根据裁判结果重新分配各自承担的份额。白云区巢之建筑材料租赁站(以下简称巢之租赁站)提出顺和公司导致巢之租赁站产生的律师代理费用应由顺和公司承担,并提供了约定该案再审阶段律师代理费共计60万元的委托代理合同。最高人民法院认为,按照《民诉法解释》第411条①的规定,当事人提交新的证据致使再审改判,被申请人等当事人请求补偿其增加的交通、住宿、就餐、误工等必要费用的,人民法院应予支持。巢之租赁站并未提供证据证明律师代理费已实际发生,且律师代理费也非前述法条规定的必要费用,故最高人民法院对此不予支持。

地方人民法院案例

➢申诉人银川市通城置业集团房地产有限公司与被申诉人北京康体环益休闲设备有限公司、一审被告中卫市规划管理局建设工程施工合同纠纷案[(2016)宁05民再7号]

裁判要旨:申诉人再审时提交的证据均系原审前已经形成的,且因重大过失而未在原审提交,导致该案再审,并给被申诉人造成了不必要的费用开支,申诉人应当承担补偿责任,但劳务费、差旅补助及保险费不是该案诉讼必要的支出,

① 现为2022年修正的《民诉法解释》第409条。

应予扣除。

对于北京康体环益休闲设备有限公司(以下简称环益公司)提出的因银川市通城置业集团房地产有限公司(以下简称通城公司)的过错而未在原审程序中及时举证,造成环益公司因该案再审增加了交通费、住宿费、就餐费、误工费、劳务费等其他必要费用,通城公司应补偿环益公司经济损失 15847.36 元的请求,宁夏回族自治区中卫市中级人民法院认为,通城公司再审时提交的证据均系原审前已经形成的,且因通城公司的重大过失而未在原审提交,这导致该案再审,并给环益公司造成了不必要的费用开支,通城公司应当承担补偿责任。环益公司主张的劳务费、差旅补助及保险费不是该案诉讼必要的支出,应从其主张的 15847.36 元中予以扣除,通城公司应补偿环益公司因诉讼产生的必要费用 12220.69 元。通城公司应于判决生效后 10 日内支付环益公司误工费、交通费、住宿费、就餐费共计 12220.69 元。

条文内容	参考条文
第九十七条　【逾期举证说理】 当事人逾期提供证据的,人民法院应当责令其说明理由,必要时可以要求其提供相应的证据。	《民诉法解释》 第 101 条第 1 款
当事人因客观原因逾期提供证据,或者对方当事人对逾期提供证据未提出异议的,视为未逾期。	《民诉法解释》 第 101 条第 2 款
拒不说明理由或者理由不成立的,人民法院根据不同情形可以不予采纳该证据,或者采纳该证据但予以训诫、罚款。	《民事诉讼法》 第 68 条第 2 款 第 3 句后半部分

要点注释

人民法院对当事人逾期提供证据的理由的审查,是连接举证时限制度和逾期提供证据的后果之间的桥梁。对当事人逾期提供证据的理由进行审查,是《民事诉讼法》第68条的要求，该条第2款规定："……当事人逾期提供证据的，人民法院应当责令其说明理由；拒不说明理由或者理由不成立的，人民法院根据不同情形可以不予采纳该证据，或者采纳该证据但予以训诫、罚款。"可见，审查理由是人民法院适用相应后果的前提。依据《民事诉讼法》第68条的规定，人民法院应当在程序之中责令逾期提供证据的当事人说明理由。这是程序公正的基本要求，也是审判实践经验的总结。

关于逾期提供的证据不发生逾期后果，即视为未逾期的情形，本条规定了两种。一为因客观原因逾期提供证据。这里的客观原因包括自然灾害等不可抗力，也包括社会事件以及其他非逾期提供证据的当事人自身所能控制的因素。二为对方当事人对逾期提供的证据无异议。此种情形主要考虑尊重当事人在诉讼中的处分权。一方当事人逾期提供证据，会导致相应的不利后果，对方当事人对这种结果享有利益。对方当事人放弃这种诉讼上的利益，是行使处分权的行为，原则上人民法院应当予以尊重。

逾期提供证据的当事人拒不说明理由，或者其说明的理由经人民法院审查并不成立的，人民法院根据不同情形可以不予采纳该证据，或者采纳该证据但予以训诫、罚款。这是《民事诉讼法》第68条对待逾期提供证据的后果的基本态度，至于何种情形下可以不予采纳该证据，何种情形下可以采纳该证据但当事人要遭受训诫、罚款处罚的后果，具体要从《民诉法解释》第102条①中寻找答案。

司法观点

➤ 人民法院审查当事人逾期提供证据的理由时，是否需要双方当事人在场②

问：依据《民事诉讼法》第65条第2款③规定，当事人逾期提供证据的，人民法院应当责令其说明理由。那么实践中，人民法院应如何进行审查，是否需要双

① 见本书第98条。

② 参见最高人民法院民事审判第一庭编：《民事审判实务问答》，法律出版社2021年版，第299-300页。

③ 现为2021年修正的《民事诉讼法》第68条第2款。

方当事人在场?

答:依据《民事诉讼法》第65条①的规定,人民法院应当按照一定程序责令逾期提供证据的当事人说明理由。这是程序公正的基本要求,也是审判实践经验的总结。程序公正的标准有三个方面的内容,即中立、冲突的疏导、裁判。其中,冲突的疏导包括四项具体规则:(1)平等地告知每一方当事人有关程序的事项;(2)冲突的解决应听取双方的辩论和证据;(3)冲突的解决者只应在另一方当事人在场的情况下听取对方的意见;(4)每一方当事人都应有公平的机会回答另一方提出的辩论和意见。因此,在当事人逾期提供证据的场合,必须有对方当事人在场,以保障对方当事人发表意见的机会。通过逾期提供证据的当事人的说明、对方当事人的反驳、双方的辩论,以及必要时双方当事人的举证、质证,人民法院对当事人逾期提供证据的理由是否成立能够更好地作出判断。

审判实践中,有观点认为双方当事人在场对逾期提供证据的理由发表意见、进行辩论和质证,增加了程序的复杂性,没有必要。这种观点是错误的。要求人民法院在一定程序中责令当事人说明逾期提供证据的理由,其目的在于要求人民法院为双方当事人提供程序上的保障,并非要求人民法院另行专门组织双方当事人就逾期提供证据的理由进行辩论和质证。事实上,在具体操作中可以灵活变通,如在开庭审理过程中一方当事人提出举证期限之内未提供的证据,人民法院可以在其后庭审中先就一方当事人逾期提供证据的理由进行查明。这里要强调的是,人民法院在这一事关当事人重大利益和程序权利的事项上,应当满足程序公正的基本要求。

地方人民法院案例

➢1. 刁某楠与高某、原审被告汪某民间借贷纠纷案[(2018)皖02民终949号]

裁判要旨:一审中,被告对原告申请证人李某出庭作证的期限是否逾期并

① 现为2021年修正的《民事诉讼法》第68条。

未提出异议,应视为未逾期;即使原告系逾期申请证人出庭作证,因证人李某的证言与案件基本事实有关,根据《民诉法解释》第 102 条的规定,法院也应当准许。

安徽省芜湖市中级人民法院认为,《民诉法解释》第 101 条第 2 款规定,当事人因客观原因逾期提供证据,或者对方当事人对逾期提供证据未提出异议的,视为未逾期。一审中,刁某楠对高某申请证人李某出庭作证的期限是否逾期并未提出异议,故根据上述规定,高某申请证人出庭作证的举证期限应视为未逾期。即使高某系逾期申请证人出庭作证,因证人李某的证言与案件基本事实有关,根据《民诉法解释》第 102 条的规定,人民法院也应当予以采纳。故原审法院因高某申请证人出庭作证而组织第二次开庭,符合法定程序。刁某楠关于高某在法定期限内未申请证人出庭作证,法院进行二次开庭程序违法的上诉意见,于法无据,安徽省芜湖市中级人民法院不予采纳。

➢2. 四川恒嘉商贸有限公司与谢某军、吴某婷、吴某林追索劳动报酬纠纷案
[(2015)成民终字第 8051 号]

裁判要旨:一审庭审中,上诉人在对案涉工资表进行质证时未对其是否系逾期提交表示异议,案涉工资表的提交应视为未逾期,上诉人所持原审法院未对程序违规的行为进行训诫或罚款的上诉理由不成立。

四川省成都市中级人民法院认为,关于四川恒嘉商贸有限公司(以下简称恒嘉公司)上诉中提及的案涉工资表为逾期提交的问题,一审庭审中,恒嘉公司在对案涉工资表进行质证时未对其是否系逾期提交表示异议,根据《民诉法解释》第 101 条第 2 款"当事人因客观原因逾期提供证据,或者对方当事人对逾期提供证据未提出异议的,视为未逾期"的规定,案涉工资表的提交应视为未逾期,恒嘉公司所持原审法院未对吴某林程序违规的行为进行训诫或罚款的上诉理由不成立,应不予支持。

条文内容	参考条文
第九十八条 【逾期举证的后果】 当事人因故意或者重大过失逾期提供的证据，人民法院不予采纳。但该证据与案件基本事实有关的，人民法院应当采纳，并依照民事诉讼法第六十八条、第一百一十八条第一款的规定予以训诫、罚款。	《民诉法解释》第102条第1款
当事人非因故意或者重大过失逾期提供的证据，人民法院应当采纳，并对当事人予以训诫。	《民诉法解释》第102条第2款
当事人一方要求另一方赔偿因逾期提供证据致使其增加的交通、住宿、就餐、误工、证人出庭作证等必要费用的，人民法院可予支持。	《民诉法解释》第102条第3款
人民法院对逾期提供证据的当事人处以罚款的，可以结合当事人逾期提供证据的主观过错程度、导致诉讼迟延的情况、诉讼标的金额等因素，确定罚款数额。	《民事证据规定》第59条

要点注释

逾期举证的法律后果，是举证时限制度的核心，也是举证时限制度发挥其价值功能的关键。当事人没有遵守举证期限的要求必然会产生一定的法律后果，这是举证时限制度的题中应有之义。

从各国对举证时限制度的规定来看，逾期举证的法律后果涉及如下几个方面：

其一，证据失权，即当事人逾期提供的证据丧失证据效力。如在美国的民事诉讼中，当事人不得在庭审中提出审前命令中没有记录的证据，即使提出，法官也拒绝审理。

其二,负担额外的证明责任,即当事人逾期提供证据确有正当理由的,该证据作为失权后果的例外,允许提出,但当事人必须就正当理由的存在负担证明责任。如《日本民事诉讼法》第 167 条规定,如果当事人在辩论准备程序之外提出新的攻击和防御方法,必须就其迟延行为说明理由。

其三,承担不利的诉讼后果。由于举证期限是证明责任的内在要求,所以对待证事实负有举证责任的当事人在未能按照举证期限的要求有效完成举证,使待证事实处于真伪不明状态时,应当承担不利的诉讼结果。

2001 年《民事证据规定》对于逾期举证的后果,采取了以证据失权为原则的立场,只有对方当事人同意质证和符合新的证据的条件时,才不发生失权的后果。逾期举证的后果只有失权和不失权两种情形,缺少缓冲的环节,在"证据随时提出主义"向"证据适时提出主义"转变的过程中显得过于严厉。而且,由于没有民事诉讼法上其他诉讼制度提供程序上的保障,审判实践中在具体适用时往往对当事人的权利保障不充分。为缓和 2001 年《民事证据规定》适用中举证时限存在的问题,最高人民法院在 2008 年 12 月印发了《关于适用〈关于民事诉讼证据的若干规定〉中有关举证时限规定的通知》,试图通过对人民法院指定举证期限来进行技术化的调整和明确新的证据的判断标准,缓和证据失权效果,使 2001 年《民事证据规定》更好地满足审判实践的需要。但由于民事诉讼法对当事人程序保障的基本制度结构没有改变,逾期举证的后果以证据失权为原则的基本思路也没有改变,所以该通知本身无法解决举证时限制度适用中的问题。

在 2012 年《民事诉讼法》修改的过程中,针对司法解释规定的举证时限制度及其在施行中存在的问题,全国人大常委会法工委、最高人民法院和专家学者进行多次沟通、研讨,形成了基本共识,即举证时限制度对于规范民事诉讼秩序、保障诉讼公平具有积极意义,应当在立法上将其确认下来;应当分层设置举证时限的后果。2012 年修改后的《民事诉讼法》第 65 条正是这种共识的体现。

依据 2021 年修正的《民事诉讼法》第 68 条的规定,当事人逾期提供证据又无正当理由的,可能面临证据不被采纳,或者证据虽被采纳但遭受训诫、罚款的处罚的后果。本条内容可以从以下几个方面理解：

第一，按照当事人逾期提供证据的主观过错程度，适用不同的责任和后果。根据当事人逾期提供证据的主观状态对应不同的后果，是自2001年《民事证据规定》以来最高人民法院对适用逾期举证后果的一贯立场。在2003年全国民事审判工作座谈会上，最高人民法院提出，当事人逾期提供证据是否属于新的证据，人民法院在判断时应当考虑当事人主观上是否存在故意或者重大过失。上述通知在第10条关于新的证据的认定问题上，也提出应当结合"当事人未在举证期限或者司法解释规定的其他期限内提供证据，是否存在故意或者重大过失的情形"认定。本条也是遵循同样的思路。

第二，当事人因故意或者重大过失逾期提供证据的，原则上发生证据失权后果，但该证据涉及基本事实的证明的，该证据虽不失权但要予以当事人训诫、罚款。当事人因故意或者重大过失逾期提供证据是否导致证据失权，在司法解释起草过程中争论很激烈，主张故意逾期提供证据绝对失权、因重大过失逾期提供证据的除涉及基本事实证明的原则上失权的观点，与凡涉及对基本事实认定有重要意义的均不能失权的观点针锋相对。从本条的规定来看，其实际上是各种观点的折中。其一，民事诉讼中当事人提供的证据可能涉及案件事实的方方面面，但只有证明要件事实的证据才是核心和关键的证据，才能最终在待证事实真伪不明时发挥结果意义的举证责任的作用。本条所指的基本事实，与要件事实的含义相同，由于立法上未使用要件事实的概念，其实质上是对要件事实的替代表述。其二，"证据与案件基本事实相关"，是指逾期提供的证据对于案件的基本事实有证明价值，也即与案件的要件事实具有关联性。人民法院对此应当进行审查，而不能仅依当事人的主张来确定。其三，当事人因故意或者重大过失逾期提供的证据与基本事实相关，尽管该证据不发生失权后果，但人民法院应当对当事人予以训诫和罚款。失权后果是证据法上的责任，但当事人拖延诉讼的行为实质上对民事诉讼造成妨害，因此产生诉讼法上的不利后果。

第三，对于当事人非故意或者重大过失逾期提供证据的，均不发生证据失权后果，人民法院均应采纳相关证据，但应当对当事人予以训诫。

第四,无论当事人逾期提供证据是基于什么程度的主观过错,均不能免除对方当事人要求其赔偿相应损失的责任。对方当事人要求其赔偿因逾期提供证据使其增加的交通、住宿、就餐、误工、证人出庭作证等必要费用的,人民法院可予支持。这种赔偿损失的责任并非诉讼法上的责任,其实质上是私法上的责任。

本条第 4 款是关于罚款数额的考量因素。(1)关于主观过错程度方面。对逾期提供证据的当事人处以罚款,要求其存在故意或重大过失。故意是指当事人明知逾期举证会导致诉讼拖延,并希望发生诉讼拖延的结果。如果当事人主观上存在恶意拖延、隐匿证据等较为明显的故意,那其应承担较为严厉的处罚。如果当事人存在重大过失,因其主观恶性较故意低,故罚款数额可以相应降低。(2)关于导致诉讼迟延方面。要考虑当事人逾期提供证据对整个诉讼过程的影响,当事人逾期提供证据,是否影响案件的正常开庭审理,是否导致案件审理进度拖延,是否导致对方当事人为此支付本不应产生的交通、住宿、就餐、误工等费用。当事人逾期提供证据导致案件无法在法定审理期限内审结,严重影响当事人权利的实现,这是比较严重的导致诉讼迟延的情形。(3)关于诉讼标的金额。例如,两个单位之间的租赁合同纠纷,所欠租金仅 10 万元,如果依据民事诉讼法确定的 5 万–100 万元的区间罚款 50 万元,就明显不合理。如果当事人之间争议的标的额很大,罚款数额过低,则未必能够起到威慑的效果。因此,罚款数额也要考虑诉讼标的额大小,结合比例原则来确定,防止畸高或畸低,做到"罚当其罪"。

相关法律

➢**《民事诉讼法》**(2021 年 12 月 24 日修正)

第六十八条第二款　人民法院根据当事人的主张和案件审理情况,确定当事人应当提供的证据及其期限。当事人在该期限内提供证据确有困难的,可以向人民法院申请延长期限,人民法院根据当事人的申请适当延长。当事人逾期提供证据的,人民法院应当责令其说明理由;拒不说明理由或者理由不成立的,人民法院根据不同情形可以不予采纳该证据，或者采纳该证据但予以训诫、罚款。

第一百一十八条 对个人的罚款金额，为人民币十万元以下。对单位的罚款金额，为人民币五万元以上一百万元以下。

地方司法文件

➢《北京市高级人民法院知识产权民事诉讼证据规则指引》（2021年4月22日发布）

1.28 因逾期提供证据，依据《最高人民法院关于适用〈中华人民共和国民事诉讼法〉的解释》第一百零二条的规定对诉讼代理律师予以训诫、罚款的，可以将上述情况向对该律师具有监督指导职能的司法行政部门通报。对于多次因逾期提供证据受到训诫、罚款的，可以建议司法行政部门依据《中华人民共和国律师法》第四十九条第一款第六项的规定予以处罚。

司法观点

➢当事人因故意或者重大过失逾期举证的后果①

问：当事人因故意或者重大过失逾期提供证据是否导致证据失效？

答：关于当事人因故意或者重大过失逾期提供证据的后果，存在主张故意逾期提供证据绝对失权，因重大过失逾期提供证据的除涉及基本事实证明的原则上失权的观点，与凡涉及对事实认定有重要意义的均不能失权的观点。《民诉法解释》第102条第1款规定：“当事人因故意或者重大过失逾期提供的证据，人民法院不予采纳。但该证据与案件基本事实有关的，人民法院应当采纳，并依照民

① 参见最高人民法院民事审判第一庭编：《民事审判实务问答》，法律出版社2021年版，第300-301页。

事诉讼法第六十五条①、第一百一十五条第一款②的规定予以训诫、罚款。”可以看出，该规定实际上是各种观点的折中。

其一，民事诉讼中当事人提供的证据可能涉及案件事实的方方面面，但只有证明要件事实的证据才是核心和关键的证据，才能最终在待证事实真伪不明时发挥结果意义上的举证责任的作用。该条规定中的“基本事实”与“要件事实”含义相同，由于立法上并未使用要件事实的概念，所以其实质上是对要件事实的替代表述。其二，“该证据与案件基本事实有关”，是指逾期提供的证据对于案件的基本事实有证明价值。人民法院对此应当进行审查，而不能仅以当事人的主张来确定。其三，当事人因故意或者重大过失逾期提供的证据与基本事实有关，尽管不发生失权后果，但人民法院应当对当事人处以训诫和罚款。失权后果属于证据法上的责任，当事人因故意或者重大过失逾期提供的证据与基本事实有关的，不产生证据法上的不利后果，但其拖延诉讼的行为实质上对民事诉讼造成了妨害，因此产生诉讼法上的不利后果。综上所述，就当事人因故意或者重大过失逾期提供的证据，人民法院原则上不予采纳；但若该证据与案件基本事实有关，人民法院仍应采纳。

最高人民法院案例

➢1. 再审申请人王某与被申请人昆明泰中房地产开发经营有限公司、云南天石网通科技有限公司、云南天石建筑材料有限公司借款保证合同纠纷案

[(2018)最高法民再116号]

裁判要旨：根据《民诉法解释》第101条、第102条的规定，即使当事人逾期提交证据存在一定过失，人民法院也不宜轻易否定与案件基本事实有关的证据。但当事人未及时向法院提交该证据，客观上确实导致了司法资源的浪费，其应当

① 现为2021年修正的《民事诉讼法》第68条。

② 现为2021年修正的《民事诉讼法》第118条第1款。

对该行为承担相应法律后果,故人民法院可确定相应诉讼费由其负担。

最高人民法院认为:首先,该案中,保证期间的认定直接关系保证人是否承担保证责任,其对于债权人的实体权益至关重要,属于证明该案基本事实的证据。根据《民诉法解释》第 101 条"当事人逾期提供证据的,人民法院应当责令其说明理由,必要时可以要求其提供相应的证据。当事人因客观原因逾期提供证据,或者对方当事人对逾期提供证据未提出异议的,视为未逾期",以及第 102 条第 1 款、第 2 款"当事人因故意或者重大过失逾期提供的证据,人民法院不予采纳。但该证据与案件基本事实有关的,人民法院应当采纳,并依照民事诉讼法第六十五条、第一百一十五条第一款的规定予以训诫、罚款。当事人非因故意或者重大过失逾期提供的证据,人民法院应当采纳,并对当事人予以训诫"的规定,即使王某逾期提交证据存在一定过失,人民法院也不宜轻易否定与案件基本事实有关的证据。

其次,该案中倪某地本是借款人,但在《保证合同》中,倪某地将其同时与昆明泰中房地产开发经营有限公司(以下简称泰中公司)、云南天石网通科技有限公司(以下简称天石网通公司)、云南天石建筑材料有限公司(以下简称天石建材公司)列为保证人,以及"个人无限连带责任保证"等表述,属于合同中的不规范情形,二审因此认定合同内容自相矛盾,依据亦不充分。

再次,该案一审、二审和再审程序中,人民法院均依法向倪某地、张某琳、泰中公司、天石网通公司、天石建材公司送达了传票,但上述当事人均未到庭参加诉讼,亦未对王某提出的诉讼请求和证据进行抗辩。根据《民事诉讼法》第 144 条①的规定,被告经传票传唤,无正当理由拒不到庭的,可以缺席判决。在倪某地、张某琳、泰中公司、天石网通公司、天石建材公司放弃自身诉讼权利的情况下,人民法院可以认定未有相反证据推翻王某主张的事实。

最后,王某在二审、再审中提交的两份《保证合同》原件形成于一审起诉前,因其未及时向一审法院提交该证据,客观上造成了司法资源的浪费,所以王某应

---

① 现为 2021 年修正的《民事诉讼法》第 147 条。

当对其行为承担相应法律后果。最高人民法院认定，二审诉讼费 68920 元应当由王某负担。

➢2. 深圳市新辉机电设备有限公司与东莞屹成智能装备有限公司侵害实用新型专利权纠纷案［（2020）最高法知民终 862 号，（2021）最高法知司惩 1 号］

裁判要旨：当事人故意逾期提交证据，人民法院对其予以罚款。

最高人民法院认为，该案中，深圳市新辉机电设备有限公司（以下简称新辉公司）及其法定代表人黄某阻碍法院工作人员现场勘验被诉侵权设备的行为构成阻碍司法工作人员执行职务，同时新辉公司逾期提交证据材料的行为属于无正当理由故意逾期举证，两行为均妨碍了人民法院审理案件，扰乱了正常诉讼秩序，依法应予制裁。最高人民法院就（2020）最高法知民终 862 号案件中的故意逾期举证行为，对新辉公司罚款 5 万元，限其于 2021 年 3 月 23 日前缴纳。

地方人民法院案例

➢1. 李某华与张某章房屋租赁合同纠纷案［（2016）粤 01 民终 3488 号］

裁判要旨：即使在当事人故意或者重大过失逾期提供证据的情况下，如果该证据与案件基本事实有关，人民法院也应当采纳该证据，予以当事人训诫、罚款不是采信证据的前提。

广东省广州市中级人民法院认为，关于李某华有无向张某章支付 8 万元的问题，原审法院开庭审理时，李某华的代理人已经当庭出示其提交的证据 4 原件，此证据关系李某华有无向张某章支付该笔款项的事实认定问题，为该案重要的事实认定。《民事诉讼法》第 7 条规定，人民法院审理案件，必须以事实为根据，以法律为准绳。《民诉法解释》第 102 条第 1 款、第 2 款规定："当事人因故意或者重大过失逾期提供的证据，人民法院不予采纳。但该证据与案件基本事实有关的，人民法院应当采纳，并依照民事诉讼法第六十五条①、第一百一十五条第

① 现为 2021 年修正的《民事诉讼法》第 68 条。

一款①的规定予以训诫、罚款。当事人非因故意或者重大过失逾期提供的证据，人民法院应当采纳，并对当事人予以训诫。”根据上述条款的规定，即使在当事人因故意或者重大过失逾期提供证据的情况下，如果该证据与案件基本事实有关，人民法院也应当采纳，而该案李某华主张张某章返还8万元，该8万元有无支付给张某章是该案基本事实的认定问题。如上所述，李某华在提交关键证据时存在疏忽，但仍在开庭审理过程中提交了该证据，而张某章未提出反驳意见，结合《租铺合同》《补充协议》约定的内容，对于李某华提交的《转账记录》，广东省广州市中级人民法院予以采信，至于法院对李某华的行为是否采取训诫、罚款等措施，不影响对该证据的采信，上述条款并没有规定以法院予以当事人训诫、罚款为采信证据的前提，故原审法院以李某华逾期举证又不愿意接受罚款为由对《转账记录》不予采纳，依据不足，广东省广州市中级人民法院予以纠正。

➢2. 青海宏都青稞酒业有限公司与金某华、刘某良、王某华、方某华、吴某强损害公司利益责任纠纷案[(2020)青民终39号]

裁判要旨：之前诉讼程序中没有提交过的证据均属于新证据，案涉当事人提交的该组新证据与该案待证事实无关，人民法院不予采信。

青海省高级人民法院认为，根据《民事诉讼法》第139条②“当事人在法庭上可以提出新的证据”和《民事证据规定》第59条“人民法院对逾期提供证据的当事人处以罚款的，可以结合当事人逾期提供证据的主观过错程度、导致诉讼迟延的情况、诉讼标的金额等因素，确定罚款数额”的规定，之前诉讼程序中没有提交过的证据均属于新证据。该组新证据待证该案基本事实为青海宏都青稞酒业有限公司所借款项是否用于厂房维修等，即使存在当事人因故意或重大过失逾期提交证据的情形，人民法院也应当按照新证据予以审查。从内容上分析判断，上述证据与该案待证事实无关，青海省高级人民法院不予采信。

---

① 现为2021年修正的《民事诉讼法》第118条第1款。

② 现为2021年修正的《民事诉讼法》第142条。

➤3. 青海三新房地产开发有限公司与中十冶集团有限公司、原审第三人陕西雨新实业有限公司建设工程施工合同纠纷案[（2020）青民终106号]

裁判要旨：之前诉讼程序中没有提交过的证据均属于新证据。虽然当事人逾期提交证据的理由不能成立，但该组新证据待证该案基本事实，即使存在因故意或重大过失逾期提交证据的情形，也应当按照新证据予以审查。

青海省高级人民法院认为，《由于延期交房两年增加拆迁户过渡费统计表》系青海三新房地产开发有限公司（以下简称三新公司）单方制作，仅凭此表不能证明延期交房增加过渡费支出的事实。9份房屋拆迁安置补偿协议，虽有过渡期限的约定和违约责任承担等内容，但一审中三新公司没有提交实际支付增加的过渡费的证据。二审中三新公司新提交了证据25至证据33，即业主签字捺印的情况说明和领条、收条。根据《民事诉讼法》第139条①“当事人在法庭上可以提出新的证据”和《民事证据规定》第59条“人民法院对逾期提供证据的当事人处以罚款的，可以结合当事人逾期提供证据的主观过错程度、导致诉讼迟延的情况、诉讼标的金额等因素，确定罚款数额”的规定，之前诉讼程序中没有提交过的证据均属于新证据。虽然三新公司逾期提交证据的理由不能成立，但该组新证据待证该案基本事实，即使存在因故意或重大过失逾期提交证据的情形，也应当按照新证据予以审查。经查，从内容上分析，该证据不能证明三新公司增加过渡费支出的事实。

➤4. 彭某飞与览海保险代理公司追索劳动报酬纠纷案②[（2021）鄂01司惩复1号]

裁判要旨：当事人在一审、二审中均无正当理由未出庭参加诉讼，法院作出生效判决后，当事人径行申请再审并提交了较为完整的证据链，导致案件被再审法院发回重审，但其并未对其逾期提交新证据的行为说明客观原因和合法理由，此行为属于滥用诉讼权利，进行证据突袭，妨害民事诉讼，法院可依法对其进行

---

① 现为2021年修正的《民事诉讼法》第142条。

② 本案为湖北省高级人民法院发布的10起保护法官合法权益，维护司法秩序的典型案例之一。

罚款处罚。罚款数额应依据法律规定并结合当事人在案件审理过程中妨害民事诉讼的性质、情节、后果以及诉讼标的等因素综合考量确定。

览海保险代理公司在原一审、二审诉讼过程中,未按照法院指定的时间到庭参加诉讼,亦未积极举证证明自己的主张。其在再审过程中提交证据,导致案件被发回重审,严重浪费司法资源,对其行为应予以民事制裁。《民事证据规定》第59条规定:"人民法院对逾期提供证据的当事人处以罚款的,可以结合当事人逾期提供证据的主观过错程度、导致诉讼迟延的情况、诉讼标的金额等因素,确定罚款金额。"湖北省武汉市中级人民法院结合览海保险代理公司在案件审理过程中妨害民事诉讼的性质、情节、后果以及诉讼标的等因素,认为原决定罚款金额过高,依法予以调整,并于2021年1月22日作出(2021)鄂01司惩复1号复议决定:(1)撤销湖北省武汉市黄陂区人民法院(2020)鄂0116司惩1号决定书①;(2)对览海保险代理公司罚款6万元,限于2021年2月1日前缴纳。

---

① 湖北省武汉市黄陂区人民法院(2020)鄂0116司惩1号决定书,对览海保险代理公司罚款人民币80万元,限于2021年1月12日前缴纳。

第五章　质　　证

条文内容	参考条文
第九十九条　【质证公开】 证据应当在法庭上出示，由当事人互相质证。未经当事人质证的证据，不得作为认定案件事实的根据。	《民诉法解释》第103条第1款
涉及国家秘密、商业秘密、个人隐私或者法律规定应当保密的证据，不得公开质证。	《民诉法解释》第103条第3款

要点注释

质证即对方当事人对证据的关联性（关联性中包含证明力有无的问题）、合法性、真实性以及证明力的大小进行质疑、说明与辩驳。它是司法证明活动的基本环节之一，是当事人的一项十分重要的诉讼权利，是基本的诉讼程序，也是法院审查认定证据的基本必要前提。因此，证据应当在法庭上出示，由当事人质证。

质证的意义在于：未经质证的证据，不得作为认定案件事实的根据。这意味着质证是证据上升为认定案件事实意义上的证据的必然要求。此处“不得作为认定案件事实的根据”，应该从“不得作为证据使用”上进行理解，即未经质证的证据，因不具有证据能力而应当被排除或不被采纳。但经过质证的证据并不一定都能作为认定案件事实的根据，法院还要结合当事人对证据关联性、合法性、真实性及证明力大小的质证意见及案件事实来进行综合判断。

相关法律

➢**《民事诉讼法》**(2021年12月24日修正)

第七十一条 证据应当在法庭上出示,并由当事人互相质证。对涉及国家秘密、商业秘密和个人隐私的证据应当保密,需要在法庭出示的,不得在公开开庭时出示。

司法解释

➢**《最高人民法院关于适用〈中华人民共和国民事诉讼法〉的解释》**(法释〔2022〕11号,2022年4月10日施行)

第三百八十七条 当事人对原判决、裁定认定事实的主要证据在原审中拒绝发表质证意见或者质证中未对证据发表质证意见的,不属于民事诉讼法第二百零七条第四项规定的未经质证的情形。

司法观点

➢**对于一方当事人逾期提交的证据,对方当事人的质证以及人民法院的采信规则**①

问:一方当事人以对方逾期提交证据为由而不予质证,人民法院能否采信该份证据?

答:该理由不能成立。

《民诉法解释》第102条第1款、第2款规定:“当事人因故意或者重大过失逾期提供的证据,人民法院不予采纳。但该证据与案件基本事实有关的,人民法

① 参见最高人民法院民事审判第一庭编:《民事审判指导与参考》2015年第4辑(总第64辑),人民法院出版社2016年版,第240页。

院应当采纳,并依照民事诉讼法第六十五条①、第一百一十五条第一款②的规定予以训诫、罚款。当事人非因故意或者重大过失逾期提供的证据,人民法院应当采纳,并对当事人予以训诫。”

从上述规定可知,应当根据当事人逾期提供证据的主观过错程度,适用不同的责任和后果:对于当事人因故意或者重大过失逾期举证提供的证据,人民法院可以根据其同案件基本事实是否有关联来决定是否采纳;对于当事人非因故意或者重大过失逾期举证提供的证据,人民法院应当采纳。

一方当事人对于另一方当事人逾期提供的案件证据,也应根据该证据同案件的基本事实是否有关加以质证,而不应仅以该举证逾期为由放弃质证,否则其应承担不利的法律后果。“该证据与案件基本事实有关”,是指逾期提供的证据对于案件的基本事实有证明价值。本条所指的基本事实,与要件事实的含义相同。人民法院应当对逾期提供的证据的证明价值进行审查,而不能仅以当事人的主张来确定。

如果人民法院已经对一方当事人逾期提交的证据要求对方当事人质证,这说明人民法院已组织当事人对该证据进行质证。对方当事人以该证据超过举证期限为由而不予质证,亦系其对该证据的质证意见,因此不能否定人民法院已经组织当事人对该逾期提交的证据予以质证的事实。

地方人民法院案例

➤美国美瑞华国际企业公司与常州长江客车集团有限公司、常州市武进图书设备用品公司、常州美进泰克金属制品有限公司公司决议纠纷、股东出资纠纷案[(2007)苏民三终字第0146号]

裁判要旨:当事人没有在法院规定的质证期间发表书面质证意见,视为放弃质证。

---

① 现为2021年修正的《民事诉讼法》第68条。

② 现为2021年修正的《民事诉讼法》第118条第1款。

二审中,经美国美瑞华国际企业公司(以下简称美瑞华公司)申请,江苏省高级人民法院委托南京师范大学司法鉴定中心进行文检鉴定。鉴定事项为:署期“2002年3月18日”的常州美进泰克金属制品有限公司(以下简称美进泰克公司)《董事会关于对常州长江客车集团有限公司增加出资的决定》中陈某的中文签名字迹是否为其本人书写。2008年8月26日,南京师范大学司法鉴定中心作出司法鉴定书(以下简称鉴定书)。鉴定结论为:署期“2002年3月18日”的美进泰克公司《董事会关于对常州长江客车集团有限公司增加出资的决定》中陈某的中文签名不是陈某本人书写。各方当事人在收到该鉴定书后均表示不需要开庭质证。美瑞华公司、常州市武进图书设备用品公司、美进泰克公司均书面表示同意鉴定结论,常州长江客车集团有限公司(以下简称长客集团)在江苏省高级人民法院指定的质证期间没有提交书面质证意见。江苏省高级人民法院认为,由于长客集团并没有在该院规定的质证期间发表书面质证意见,根据该院寄送给长客集团的通知书要求,视为长客集团放弃质证;而其他三方当事人均表示对该鉴定书的鉴定结论没有异议,因此该院认可该鉴定书的鉴定结论。

条文内容	参考条文
第一百条 【鉴定材料质证】 人民法院应当组织当事人对鉴定材料进行质证。未经质证的材料,不得作为鉴定的根据。	《民事证据规定》 第34条第1款
经人民法院准许,鉴定人可以调取证据、勘验物证和现场、询问当事人或者证人。	《民事证据规定》 第34条第2款

要点注释

鉴定材料作为司法鉴定所根据的基础性信息源,其本质上仍属于民事诉讼证据。《民事诉讼法》第71条规定:“证据应当在法庭上出示,并由当事人互相质证……”鉴定材料当然也不例外,未经质证的材料作为鉴定材料,必将动摇鉴定意见的合法性基础,必将降低鉴定意见的准确性;同时,人民法院对移送鉴定机构的鉴定材料不组织质证、认证,使裁判者对司法鉴定的相关基本原理、需求缺乏基本的了解,甚至推卸鉴定材料的采集责任,对于查明涉及专门性问题的相关事实十分不利。本条第1款规定实际上是《民事诉讼法》第71条在鉴定意见这一证据中的具体体现。

鉴定人进行分析、判断的基础是人民法院向其移送的相关鉴定材料,但是,为了更为全面地收集鉴定所需的相关材料,法律亦授权鉴定人可以直接通过调取证据、询问当事人等方式获得鉴定所需的案件信息,但鉴定人与法官一样,需严格遵循中立立场,也应当遵守人民法院调查认证的基本规则。考虑到鉴定获得中调取证据和询问当事人等活动仍需充分平等地保护当事人的诉讼权利,其仍受到民事诉讼程序的制约,本条第2款对诉讼活动中如何适用《民事诉讼法》第80条第1款作了细化。一方面,要求鉴定人在自行调取鉴定材料之前告知人民法院并取得准许;另一方面,进一步完善了鉴定人可以调取鉴定材料的范围和手段,包括调取证据、勘验物证和现场、询问当事人或者证人。

此外,对于当事人拒不提供鉴定所需材料致使待证事实无法查明的问题,依据《民事证据规定》第31条第2款的规定①,不利的法律后果应由对需要鉴定的待证事实负有举证责任的当事人承担。但是,如果有证据表明相关鉴定材料在对方当事人控制之下,鉴定人经人民法院准许有权调取相关证据、勘验物证和现场、询问当事人或者证人。必要时人民法院可以根据当事人的申请,要求对方当事人予以配合。对方当事人控制相关材料无正当理由拒不提交,对待证事实负有举证责任的当事人主张该证据的内容不利于控制人的,人民法院可以依照证明妨碍规则认定该主张成立。

相关法律

➢**《民事诉讼法》**(2021年12月24日修正)

第八十条第一款　鉴定人有权了解进行鉴定所需要的案件材料,必要时可

---

① 见本书第71条。

以询问当事人、证人。

司法解释

➢1.《最高人民法院关于人民法院民事诉讼中委托鉴定审查工作若干问题的规定》（法〔2020〕202 号，2020 年 9 月 1 日施行）

二、对鉴定材料的审查

3. 严格审查鉴定材料是否符合鉴定要求，人民法院应当告知当事人不提供符合要求鉴定材料的法律后果。

4. 未经法庭质证的材料（包括补充材料），不得作为鉴定材料。

当事人无法联系、公告送达或当事人放弃质证的，鉴定材料应当经合议庭确认。

5. 对当事人有争议的材料，应当由人民法院予以认定，不得直接交由鉴定机构、鉴定人选用。

➢2.《最高人民法院关于审理建设工程施工合同纠纷案件适用法律问题的解释（一）》（法释〔2020〕25 号，2021 年 1 月 1 日施行）

第三十四条 人民法院应当组织当事人对鉴定意见进行质证。鉴定人将当事人有争议且未经质证的材料作为鉴定依据的，人民法院应当组织当事人就该部分材料进行质证。经质证认为不能作为鉴定依据的，根据该材料作出的鉴定意见不得作为认定案件事实的依据。

➢3.《最高人民法院关于审理医疗损害责任纠纷案件适用法律若干问题的解释》（法释〔2020〕17 号，2021 年 1 月 1 日施行）

第十条 委托医疗损害鉴定的，当事人应当按照要求提交真实、完整、充分的鉴定材料。提交的鉴定材料不符合要求的，人民法院应当通知当事人更换或者补充相应材料。

在委托鉴定前，人民法院应当组织当事人对鉴定材料进行质证。

部门规章

➤《司法鉴定程序通则》(司法部,2015年12月24日修订)

第十二条　委托人委托鉴定的,应当向司法鉴定机构提供真实、完整、充分的鉴定材料,并对鉴定材料的真实性、合法性负责。司法鉴定机构应当核对并记录鉴定材料的名称、种类、数量、性状、保存状况、收到时间等。

诉讼当事人对鉴定材料有异议的,应当向委托人提出。

本通则所称鉴定材料包括生物检材和非生物检材、比对样本材料以及其他与鉴定事项有关的鉴定资料。

其他规定

➤《建设工程造价鉴定规范》(住房和城乡建设部,GB/T 51262-2017,2018年3月1日施行)

4.3.3　鉴定机构应及时将收到的证据移交委托人,并提请委托人组织质证并确认证据的证明力。

4.4.1　鉴定过程中,鉴定人可根据鉴定需要提请委托人通知当事人补充证据,对委托人组织质证并认定的补充证据,鉴定人可直接作为鉴定依据;对委托人转交,但未经质证的证据,鉴定人应提请委托人组织质证并确认证据的证明力。

最高人民法院案例

➤**1. 再审申请人四川希腾建设集团有限公司、付某成与被申请人张某锋、陈某及一审第三人安多县人民政府等建设工程施工合同纠纷案**[(2021)最高法民再316号]

裁判要旨:原审判决据以认定案涉工程造价的《鉴定意见书》等相关鉴定材

料未经依法质证,属于严重违反法定程序。

最高人民法院认为,原审判决据以认定案涉工程造价的《鉴定意见书》等相关鉴定材料未经依法质证,属于严重违反法定程序之情形。《鉴定意见书》中“二、鉴定依据”部分的第5项、第7项、第8项、第9项、第10项均是鉴定机构据以确定工程价款的基础性材料,原一审法院没有将上述当事人存在争议的鉴定材料进行质证,就将其移送鉴定机构,原二审法院也未进行补充质证,这属于违法剥夺当事人辩论权利的情形,不符合民事诉讼辩论原则。相关鉴定材料未经质证,原审法院认定“沈阳南路硬化路面拆除及恢复工程”和“部门单位院内硬化路面的破除与恢复施工”等相应的工程款造价,依据并不充分,致基本事实不清。

➢2. 再审申请人云南鑫源建设有限公司与被申请人四川省宁南县白鹤滩水泥有限责任公司建设工程施工合同纠纷案[(2017)最高法民申3893号]

裁判要旨:鉴定人未进行现场勘验,人民法院不能因此认定鉴定报告违法。

最高人民法院认为,《司法鉴定程序通则》第24条第2款规定,“司法鉴定机构可以派员到现场提取鉴定材料”,而不是“必须”,故司法鉴定机构即使未派员进行现场勘验,人民法院亦不能因此认定司法鉴定机构违法作出鉴定报告。

➢3. 再审申请人安徽省江北产业集中区管委会、安徽华纳包装科技有限公司与被申请人安徽东皖建设集团有限公司建设工程施工合同纠纷案[(2018)最高法民再189号]

裁判要旨:对鉴定意见的质证包括对鉴定意见依据材料的质证。

最高人民法院认为,一审诉讼过程中,安徽华纳包装科技有限公司(以下简称华纳公司)提出鉴定申请,一审法院通过摇号依法委托建成公司对涉案工程造价进行鉴定。因华纳公司拒交鉴定费用,经一审法院协调,由安徽东皖建设集团有限公司(以下简称东皖公司)垫付了鉴定费用,对工程造价进行鉴定,该鉴定的启动并无不当。一审判决载明,华纳公司向鉴定单位提交了《安徽华纳包装科技有限公司1#、2#厂房等工程项目结算有关资料及现场工程量完成情况说明》。建成公司出具了鉴定报告《征求意见稿》后,针对东皖公司与华纳公司提出的鉴定异议，鉴定人员又分别进行了复核、校对，调整鉴定报告，书面回复异议，并在此后出具了《[芜建咨字(2015)002号]鉴定报告》《[芜建咨字(2015)005号]补充鉴定报告》，并出庭接受质询，当事人对鉴定意见发表了质证意见，华纳公司在一审中还申请专家出庭对鉴定意见进行质证。前述鉴定过程表明，原审中，华纳公司充分参与了鉴定过程，并对鉴定意见进行了质证，对鉴定意见的质证包括对鉴定意见依据材料的质证。因建成公司系有鉴定资质的鉴定机构，鉴定意见上盖有其印章，即使鉴定报告存在轻微形式上的瑕疵，亦不影响其效力。华纳公司所称大量签证系伪造的主张亦无相应证据能够证明，故华纳公司主张鉴定意见不能作为认定工程价款依据的理由均不成立。

➢4. 伊莱利利公司(Eli Lillyand Company)与连云港豪森制药有限公司专利侵权纠纷案①[(2002)民三终字第8号]

裁判要旨：**鉴定机构接受人民法院的委托，对专利诉讼中有争议的技术问题进行鉴定时，应以双方当事人经过庭审质证的真实、合法、有效的证据材料为鉴定依据。依据未经双方当事人质证或者核对的证据材料而作出的鉴定结论，不是合法有效的证据，不能作为认定案件事实的依据。**

最高人民法院认为，鉴定机构接受人民法院的委托，对有争议的技术问题作鉴定，应当以双方当事人经过庭审质证的真实、合法、有效的证据材料为鉴定依据。被上诉人连云港豪森制药有限公司(以下简称豪森公司)向法院提交的其2001年11月补充申报的资料，包括盐酸吉西他滨生产新工艺的研究资料及文献资料等4份证据材料，未在国家药品监督管理局盐酸吉西他滨的批件档案中存档，其真实性无法核实。一审法院提交给鉴定机构的所有涉及被上诉人豪森公司生产吉西他滨产品的工艺技术材料均未经双方当事人庭审质证，其中包括被上诉人豪森公司声称已经公开的“有机化学”等4份文献资料。因此，鉴定机构依据未经双方当事人质证或者核对的证据材料而作出的鉴定结论，不是合法有效的证据，不能作为认定该案事实的依据。一审法院根据鉴定结论驳回伊莱利

---

① 参见《最高人民法院公报》2004年第6期(总第92期)。

利公司对豪森公司侵犯专利权的诉讼请求,属于认定事实不清。

条文内容	参考条文
第一百零一条 【视为质证】 当事人在审理前的准备阶段或者人民法院调查、询问过程中发表过质证意见的证据,视为质证过的证据。	《民事证据规定》第60条第1款
当事人要求以书面方式发表质证意见,人民法院在听取对方当事人意见后认为有必要的,可以准许。人民法院应当及时将书面质证意见送交对方当事人。	《民事证据规定》第60条第2款

要点注释

《民诉法解释》第103条第2款规定:"当事人在审理前的准备阶段认可的证据,经审判人员在庭审中说明后,视为质证过的证据。"本条第1款是对《民诉法解释》第103条第2款的细化和完善。在案件审理过程中,有些事实的查明不需要通过开庭审理的方式,也可通过调查、询问的方式进行,因此,根据审判实践的需要,本条第1款将"审理前的准备阶段"修改为"审理前的准备阶段或者人民法院调查、询问过程中"。审理前的准备阶段或者人民法院调查、询问过程中的质证,均是在双方当事人在场的情况下出示证据,并由当事人发表意见,虽然这些证据没有在庭审中质证,但实质上其已完成了质证过程,因此可以视为质证过的证据。

《民诉法解释》第103条第2款将"视为质证过的证据"限定为"当事人在审理前的准备阶段认可的证据",这实际上限缩了"视为质证过的证据"的范围。司法实践中,当事人对出示的证据发表意见,可能是对关联性、合法性、真实性均予以认可,这也是我们通常理解的"认可";但在大多数情形下,当事人仅认可证据

"三性"中的某一个,甚至对证据的"三性"均不予认可。当事人对证据不认可并不等于当事人未发表过质证意见,而只要是当事人发表过质证意见的证据,就应视为质证过的证据。因此,本条第1款将"当事人在审理前的准备阶段认可的证据"修改为"发表过质证意见的证据",即只要当事人对证据发表过质证意见,无论其是否认可该证据,该证据均可被视为当事人质证过的证据。

司法实践中经常出现当事人要求以书面方式发表质证意见的情形,特别是针对某一特定证据的质证。一概要求当事人当庭质证会导致诉讼成本过高,因此各地法院普遍认可书面质证的效力,但在程序操作上不统一。为此,本条第2款对书面发表质证意见的条件和程序进行规范,即设定书面质证的条件为当事人要求且法院在听取对方当事人意见后认为确有必要,并规定法院应当及时将书面质证意见送交对方当事人。这种规定可以兼顾民事诉讼法的要求和审判实践的需要。依据本条规定,法院是听取对方当事人意见,而不是征得对方当事人同意。

司法解释

➤《最高人民法院关于适用〈中华人民共和国民事诉讼法〉的解释》(法释〔2022〕11号,2022年4月10日施行)

第一百零三条第二款 当事人在审理前的准备阶段认可的证据,经审判人员在庭审中说明后,视为质证过的证据。

地方人民法院案例

➤1. 黑龙江省牡丹江农垦东方建筑工程有限公司与汤某文、冯某国、程某福建设工程施工合同纠纷案[(2020)黑03民终768号]

裁判要旨:人民法院虽未以开庭方式组织质证,但汤某文已就上诉人一审时提交的已付工程款证据以书面方式发表质证意见,一审法院亦已向黑龙江省牡丹江农垦东方建筑工程有限公司送交该质证意见,因此,法院的做法符合司法解释有关证据质证的规定。

黑龙江省鸡西市中级人民法院认为,关于二审第四个争议焦点即一审法院对证据的审核认定是否存在程序违法,是否违法剥夺当事人的辩论权利的问题,《民事证据规定》第 60 条规定:"当事人在审理前的准备阶段或者人民法院调查、询问过程中发表过质证意见的证据,视为质证过的证据。当事人要求以书面方式发表质证意见,人民法院在听取对方当事人意见后认为有必要的,可以准许。人民法院应当及时将书面质证意见送交对方当事人。"据此,一审法院虽未对黑龙江省牡丹江农垦东方建筑工程有限公司提交的已付汤某文工程款的证据以开庭方式组织质证,但汤某文已就上诉人一审时提交的已付工程款证据以书面方式发表质证意见,一审法院亦已向黑龙江省牡丹江农垦东方建筑工程有限公司送交该质证意见,一审法院的做法符合前述司法解释有关证据质证的规定,因此,一审法院在对证据的审核认定方面并不存在程序违法,即不存在违法剥夺当事人辩论权利的问题。

➢**2. 荆某与郑某合同纠纷案**[(2020)皖 13 民终 1443 号]

裁判要旨:当事人在审理前的准备阶段或者人民法院调查、询问过程中发表过质证意见的证据,视为质证过的证据。

《民事证据规定》第 60 条第 1 款规定:"当事人在审理前的准备阶段或者人民法院调查、询问过程中发表过质证意见的证据,视为质证过的证据。"安徽省宿州市中级人民法院认为,郑某在一审庭审后,提交了欠条、房产证及土地使用证等证据,一审法院在对荆某的问话笔录中向荆某出示了上述证据,且荆某发表了质证意见,依照上述规定,该证据视为荆某已经质证过的证据。荆某关于一审未经开庭质证,以单独问话的方式质证违反法律规定,程序违法的上诉理由不能成立,安徽省宿州市中级人民法院不予采纳。

条文内容	参考条文
第一百零二条 【原件原物质证的例外】 对书证、物证、视听资料进行质证时，当事人应当出示证据的原件或者原物。但有下列情形之一的除外： （一）出示原件或者原物确有困难并经人民法院准许出示复制件或者复制品的； （二）原件或者原物已不存在，但有证据证明复制件、复制品与原件或者原物一致的。	《民事证据规定》第61条

要点注释

书证、物证、视听资料是民事诉讼过程中使用最多的证据，证据的审查要保证书证、物证、视听资料的真实性，为此，当事人出示证据时应当提交证据的原件、原物。只有在提交原件、原物确有困难的情况下，才能出示复制件、复制品。本条明确了两种例外情形：

第一种情形，当事人出示原件或者原物确有困难，并经人民法院准许。这里强调可以出示复制件、复制品的条件是，出示原件、原物确有困难并经人民法院准许。出示原件确有困难，包括以下几种情形：（1）原件由国家机关、社会团体等归档的；（2）原件在对方当事人控制之下，经合法通知提交而拒不提交的；（3）原件在他人控制之下，而其有权不提交的；（4）原件因篇幅或者体积过大而不便提交的；（5）承担举证证明责任的当事人通过申请人民法院调查收集或者其他方式无法获得书证原件的。出示原物确有困难，可以理解为：（1）原物由国家机关、社会团体等保存的；（2）原物在对方当事人控制之下，经合法通知提交而拒不提交的；（3）原物在他人控制之下，而其有权不提交的；（4）原物无法移动或者体积过大而不便提交的；（5）属于鲜活产品等不宜保存的。相较于《民事诉讼法》第73条的规定，本条增加了“经人民法院准许”的限制，即当事人提交复制件或复制品需经人民法院同意,由法院判断是否属于“出示原件或者原物确有困难”的情形。

第二种情形是原件或原物已经不存在,这种情形下要求当事人出示原件或原物是无法实现的。这种情形下,当事人可以提交复制件或者复制品,但要有其他证据证明复制件、复制品与原件、原物一致。其允许当事人在原件、原物客观上已经不存在的情形下出示复制件、复制品,但前提是有其他证据佐证复制件、复制品与原件、原物一致,这实际上是经过一次再证明的过程。

根据本条规定,当事人在特定情况下可以提供书证、物证、视听资料的复制件或复制品。但符合本条规定的两种情形的复制件、复制品,只满足了证据能力的要求,这种证据本身仍然是有瑕疵的,其证明力如何,要看《民事证据规定》第90条①的规定。

相关法律

➢**《民事诉讼法》**(2021年12月24日修正)

第七十三条第一款　书证应当提交原件。物证应当提交原物。提交原件或者原物确有困难的,可以提交复制品、照片、副本、节录本。

司法解释

➢**《最高人民法院关于适用〈中华人民共和国民事诉讼法〉的解释》**(法释〔2022〕11号,2022年4月10日施行)

第一百一十一条　民事诉讼法第七十三条规定的提交书证原件确有困难,包括下列情形:

(一)书证原件遗失、灭失或者毁损的;

---

① 见本书第113条。

（二）原件在对方当事人控制之下，经合法通知提交而拒不提交的；

（三）原件在他人控制之下，而其有权不提交的；

（四）原件因篇幅或者体积过大而不便提交的；

（五）承担举证证明责任的当事人通过申请人民法院调查收集或者其他方式无法获得书证原件的。

前款规定情形，人民法院应当结合其他证据和案件具体情况，审查判断书证复制品等能否作为认定案件事实的根据。

地方人民法院案例

➤1. 石某福、周某振与宿某臣、杨某波、肖某国、李某双劳务合同纠纷案

［（2021）鲁14民终3973号］

裁判要旨：对方当事人认可协议书影印件的真实性的，应对其真实性予以确认。

关于周某振应否承担责任的问题，虽然宿某臣、杨某波、肖某国等人一审提交的《木工班组工人工资处理办法协议》是影印件，但周某振认可该协议书的真实性，并认可其签字的真实性，依照《民事证据规定》第61条"对书证、物证、视听资料进行质证时，当事人应当出示证据的原件或者原物。但有下列情形之一的除外……（二）原件或者原物已不存在，但有证据证明复制件、复制品与原件或者原物一致……"的规定，山东省德州市中级人民法院对案涉《木工班组工人工资处理办法协议》真实性予以确认。

➤2. 甘肃弘仪泰建设工程有限公司与郭某、谷某及原审被告甘肃铠通路桥建设有限公司正宁县三嘉林坡至寺村公路工程项目经理部劳务合同纠纷案

［（2021）甘10民终1995号］

裁判要旨：一方当事人提交的结算单及工程机械租赁合同虽系复印件，但其真实性得到了对方当事人的认可，这属于《民事证据规定》规定的有证据证明复制件与原件一致的情形。

关于工程结算单能否作为定案依据的问题,甘肃弘仪泰建设工程有限公司(以下简称弘仪泰公司)上诉的理由主要有两点:一是弘仪泰公司对韩某出具的结算单的效力不予认可。弘仪泰公司承认案涉工程项目部系其授权设立,项目部负责人由谷某担任,而韩某系谷某雇用的业务负责人员,故韩某出具结算单系履行职务行为,其履行职务行为所产生的法律后果对项目部及弘仪泰公司具有效力。二是弘仪泰公司认为该结算单及工程机械租赁合同为复印件。《民事证据规定》第61条规定:"对书证、物证、视听资料进行质证时,当事人应当出示证据的原件或者原物。但有下列情形之一的除外:(一)出示原件或者原物确有困难并经人民法院准许出示复制件或者复制品的;(二)原件或者原物已不存在,但有证据证明复制件、复制品与原件或者原物一致的。"该案中,郭某持有的结算单及工程机械租赁合同虽系复印件,但其真实性得到了项目部的认可,韩某作为项目部业务负责人员,对其形成情况已作出说明,这属于《民事证据规定》第61条所规定的有证据证明复制件与原件一致的情形。综合以上两点,甘肃省庆阳市中级人民法院认为,结算单可以作为该案定案依据。

➢3. 广西南宁市发融投资管理有限公司与曾某明、北海市蜀城房地产开发公司及第三人中国工商银行股份有限公司内江分行、罗某志第三人撤销之诉纠纷案[(2021)桂05民撤3号]

裁判要旨:不是所有的复印件均不能作为证据被采信,该案中原审法院将有其他证据佐证的复印件采信为定案证据,并无不当。

广西壮族自治区北海市中级人民法院认为,关于证据采信问题,《民事证据规定》第11条规定:"当事人向人民法院提供证据,应当提供原件或者原物。如需自己保存证据原件、原物或者提供原件、原物确有困难的,可以提供经人民法院核对无异的复制件或者复制品。"第61条规定:"对书证、物证、视听资料进行质证时,当事人应当出示证据的原件或者原物。但有下列情形之一的除外:(一)出示原件或者原物确有困难并经人民法院准许出示复制件或者复制品的;(二)原件或者原物已不存在,但有证据证明复制件、复制品与原件或者原物一致的。"《民诉法解释》第111条对"当事人提供原件、原物确有困难"的情形亦作出具体规定:“民事诉讼法第七十条规定的提交书证原件确有困难,包括下列情形:(一)书证原件遗失、灭失或者毁损的;(二)原件在对方当事人控制之下,经合法通知提交而拒不提交的;(三)原件在他人控制之下,而其有权不提交的;(四)原件因篇幅或者体积过大而不便提交的;(五)承担举证证明责任的当事人通过申请人民法院调查收集或者其他方式无法获得书证原件的。前款规定情形,人民法院应当结合其他证据和案件具体情况,审查判断书证复制品等能否作为认定案件事实的根据。”因此不是所有的复印件均不能作为证据被采信。

具体到该案,北海市蜀城房地产开发公司(以下简称蜀城公司)法定代表人宋某、第三人罗某志在2016年3月接受广西壮族自治区北海市中级人民法院执行部门干警调查询问时均承认曾某明向蜀城公司购买商品房的事实,加之蜀城公司出具的证明以及与曾某明达成的协议,都能相互印证曾某明向蜀城公司支付购房款购买了三幢别墅,但因蜀城公司交付不能而转为借款的事实,财务人员肖某兰在该案接受曾某明委托诉讼代理人询问调查时确认了曾某明购房的事实,且提到曾某明交纳的购房款不止案涉7张收据的金额,故该院审理(2014)北民二初字第9号案件时将有其他证据佐证的复印件采信为证据,并无不当。

编者说明

书证原件遗失、灭失的,依据《民诉法解释》第111条的规定,属于提交书证原件确有困难的情形的,当事人可以提交复制件,此时复制件具有证据能力。但依据《民事证据规定》第61条第2项规定,当事人要有其他证据证明复制件与原件一致,如果没有其他证据佐证,当事人不可以提交书证复制件;即使提交了,复制件也是没有证据能力的。

编者以为,在当事人提交书证原件确有困难的情形下,还要求当事人提供其他证据证明复制件与原件一致,这不能成为质证程序的硬性要求,而应成为对当事人补强证据的要求。如果当事人能够提交补强证据,证明复制件与原件一致,那么该复制件具有真实性;如果当事人不能提交补强证据,那么该复制件真实性不能断定,但并非不具有真实性,此时复制件仍具有证据能力,只是其证明力较小,不能单独作为定案的根据,这也是《民事证据规定》第90条第5项的意旨。显而易见,《民事证据规定》第61条第2项规定与第90条规定内部不协调,与《民诉法解释》第111条规定也不一致。

条文内容	参考条文
第一百零三条　【质证顺序】 质证一般按下列顺序进行: (一)原告出示证据,被告、第三人与原告进行质证; (二)被告出示证据,原告、第三人与被告进行质证; (三)第三人出示证据,原告、被告与第三人进行质证。	《民事证据规定》第62条第1款
人民法院根据当事人申请调查收集的证据,审判人员对调查收集证据的情况进行说明后,由提出申请的当事人与对方当事人、第三人进行质证。	《民事证据规定》第62条第2款
人民法院依职权调查收集的证据,由审判人员对调查收集证据的情况进行说明后,听取当事人的意见。	《民事证据规定》第62条第3款

要点注释

《民事诉讼法》第67条第1款规定:“当事人对自己提出的主张,有责任提供证据。”第2款规定:“当事人及其诉讼代理人因客观原因不能自行收集的证据,或者人民法院认为审理案件需要的证据,人民法院应当调查收集。”可见,证据既包括当事人自行收集的证据,又包括人民法院调查收集的证据。这就存在一个证据次序的问题，本条首先明确了先对当事人出示的证据进行质证，然后对人民法院调查收集的证据进行质证。

关于当事人出示的证据的质证顺序，依据本条第 1 款的规定：首先，由原告出示证据，同时原告对证据的形式、来源、内容、欲证明的事实等进行陈述，再由被告、第三人提出质询或抗辩，并对证据的关联性、合法性、真实性及证明力大小发表意见。原告对于被告和第三人提出的异议，可再予以解释、说明。其次，由被告出示证据，并对证据的形式、来源、内容、欲证明的事实等进行陈述，再由原告、第三人提出质询，被告针对原告、第三人提出的异议进行回答。再次，由第三人出示证据，先由第三人对证据进行说明，再由原告、被告提出质询，第三人回答疑问。最后，各方当事人可就各自的证据相互进行辩论。

人民法院调查收集的证据的质证顺序也有先后之分。首先质证人民法院依当事人申请调查收集的证据，其次质证人民法院依职权调查收集的证据。申请人民法院调查收集的证据，实质上仍属于提出申请的一方当事人提出支持其诉讼主张的证据，因此，审判人员对调查收集证据的来源、调查收集证据的过程、证据的内容等进行说明后，由提出申请的当事人与对方当事人、第三人按照本条第 1 款规定的顺序进行质证。

人民法院依职权调查收集的证据，应由审判人员对调查收集证据的情况进行说明，说明证据的来源、调查收集证据的过程、证据的内容、证明的事项等，然后听取原告、被告、第三人的意见。严格意义上说，此时当事人的意见并非一般意义上的质证意见，当事人只能对证据本身发表意见，而不能与法官进行质辩。因此，本条第 3 款相关表述为“听取当事人的意见”。

司法解释

➤**《最高人民法院关于审理船舶碰撞纠纷案件若干问题的规定》**（法释〔2020〕18 号，2021 年 1 月 1 日施行）

第十条　审理船舶碰撞纠纷案件时，人民法院根据当事人的申请进行证据保全取得的或者向有关部门调查收集的证据,应当在当事人完成举证并出具完成举证说明书后出示。

地方人民法院案例

➢1. 再审申请人江苏华能工程科技有限公司与被申请人哈尔滨市第一建筑工程公司、黑龙江九州通医药有限公司、哈尔滨市第一建筑工程公司第四分公司建设工程施工合同纠纷案[(2019)黑民申643号]

裁判要旨:人民法院调查收集的证据,应当在法庭上出示,并由当事人互相质证。

黑龙江省高级人民法院认为,该案争议焦点为黑龙江九州通医药有限公司(以下简称九州通公司)是否拖欠哈尔滨市第一建筑工程公司(以下简称市一建公司)工程款,其应否在欠付工程款范围内对市一建公司拖欠江苏华能工程科技有限公司的工程款承担连带给付责任。二审判决依据哈尔滨市建筑企业管理站(原市清欠办)调查核实的有关证据,确认九州通公司一审提交的《建设工程不拖欠工程款证明》复印件真实,从而认定九州通公司不拖欠市一建公司工程款。对此,该院认为,人民法院通过调查核实形成的证据属人民法院调查收集的证据,根据《民事诉讼法》第68条①中"证据应当在法庭上出示,并由当事人互相质证"的规定,二审法院未对该证据进行质证,即据此认定九州通公司不拖欠市一建公司工程款,这属于认定事实的主要证据未经质证,违反了《民诉法解释》第103条关于"未经当事人质证的证据,不得作为认定案件事实的根据"的规定。故该案应指令二审法院再审,对该证据进行质证,并根据查明事实,依法据实作出裁判。

➢2. 伊宁市边境合作区新联外贸有限公司与四川成都成工工程机械股份有限公司及原审被告何某云、原审第三人唐某虎买卖合同纠纷案[(2016)川民终710号]

裁判要旨:法院向案外人所作《调查笔录》,系依职权询问所形成,质证后可

① 现为2021年修正的《民事诉讼法》第71条。

将其作为案件证据采信。

四川省高级人民法院认为,首先,该案中,各方当事人或当事人的委托诉讼代理人均参与了一审法院的两次开庭和两次质证,一审法院的开庭和质证程序符合法律的规定;其次,一审法院向案外人余某调查所作《调查笔录》,系法院依职权向余某询问所形成,其内容与该案案件事实认定相关,且经各方当事人质证后,才将其作为案件证据采信,一审法院对证据的采信符合《民诉法解释》第103条第1款“证据应当在法庭上出示,由当事人互相质证。未经当事人质证的证据,不得作为认定案件事实的根据”以及第104条第2款“能够反映案件真实情况、与待证事实相关联、来源和形式符合法律规定的证据,应当作为认定案件事实的根据”的规定。

➢3. 喻某新、李某珍与王某华民间借贷纠纷案[(2020)鄂09民终1661号]

裁判要旨:简易程序审理中,原告举证质证完毕后,法院未组织被告就自己的主张进行举证。由简易程序转为普通程序审理后,法院开庭时仍未组织被告就自己的主张进行举证,这违反了法律规定的审理程序,损害了被告的诉讼权利。

湖北省孝感市中级人民法院认为,人民法院在审理民事案件时,审判人员应当组织双方当事人将能够证明各自主张的所有证据进行交换和质证。《民事证据规定》第62条规定,质证一般按下列顺序进行:(1)原告出示证据,被告、第三人与原告进行质证;(2)被告出示证据,原告、第三人与被告进行质证;(3)第三人出示证据,原告、被告与第三人进行质证。经查阅一审庭审笔录,简易程序审理中,一审原告王某华举证质证完毕后,一审法院未组织一审被告喻某新、李某珍就自己的主张进行举证。由简易程序转为普通程序审理后,一审法院开庭时仍未组织一审被告喻某新、李某珍就自己的主张进行举证,这违反了法律规定的审理程序,损害了被告的诉讼权利。

➢4. 华夏筑铭建筑工程有限公司与姜某兵及原审被告姜某青劳务合同纠纷案[(2021)鲁14民终3143号]

裁判要旨:法院未在对调查过程进行说明后听取当事人的意见,程序上存在

瑕疵,但该瑕疵不属于严重的程序违法,亦不影响调查笔录的真实性。

山东省德州市中级人民法院认为,一审中,为查清案件事实,一审法院依职权对董某顺、栗某俊进行了调查,董某顺、栗某俊的陈述及该调查笔录不属于当事人提交的证据。《民事证据规定》第62条规定:"质证一般按下列顺序进行:(一)原告出示证据,被告、第三人与原告进行质证;(二)被告出示证据,原告、第三人与被告进行质证;(三)第三人出示证据,原告、被告与第三人进行质证。人民法院根据当事人申请调查收集的证据,审判人员对调查收集证据的情况进行说明后,由提出申请的当事人与对方当事人、第三人进行质证。人民法院依职权调查收集的证据,由审判人员对调查收集证据的情况进行说明后,听取当事人的意见。"虽然一审法院未在对调查过程进行说明后听取当事人的意见,程序上存在瑕疵,但该瑕疵不属于严重的程序违法,亦不影响调查笔录的真实性。董某顺、栗某俊的陈述能够与其他证据相互印证,亦不属于孤证,能够作为认定该案事实的证据,一审法院予以采信并无不当。

➢5. 再审申请人胡某中与被申请人新疆维吾尔自治区塔里木河流域巴音郭楞管理局农业承包合同纠纷案[(2022)新民申185号]

裁判要旨:法院在调取相关部门的回复函后向当事人出示,听取了当事人意见并制作了询问笔录。法律并无强制性规定依职权调取的证据需要质证,当事人主张的原审未将调取的相关证据向其出示且证据未经质证的再审理由不能成立。

新疆维吾尔自治区高级人民法院认为,该案系二审法院向管理局上级部门新疆维吾尔自治区塔里木河流域管理局等部门发函调查确认相关事实,发函对象并非该案当事人,这不符合法律规定自认的主体,胡某中称原审以管理局自认有管理权为由认定合同有效错误的再审理由不能成立。《民事证据规定》第62条规定:"质证一般按下列顺序进行:(一)原告出示证据,被告、第三人与原告进行质证;(二)被告出示证据,原告、第三人与被告进行质证;(三)第三人出示证据,原告、被告与第三人进行质证。人民法院根据当事人申请调查收集的证据,审判人员对调查收集证据的情况进行说明后,由提出申请的当事人与对方当事人、第三人进行质证。人民法院依职权调查收集的证据,由审判人员对调查收集证据的情况进行说明后,听取当事人的意见。”经查阅原审卷宗,原审法院在调取相关部门的回复函后于2021年2月22日向胡某中出示,听取了其意见并制作了询问笔录。同时,法律并无强制性规定要求人民法院为调查案件事实情况,依职权调取的证据需要质证。因此,胡某中主张的原审未将调取的相关证据向其出示且证据未经质证的再审理由亦不能成立。

条文内容	参考条文
第一百零四条　【质证内容】 人民法院应当组织当事人围绕证据的真实性、合法性以及与待证事实的关联性进行质证,并针对证据有无证明力和证明力大小进行说明和辩论。	《民诉法解释》 第104条第1款

要点注释

对证据的质证,应当围绕人民法院审查判断证据的考量因素进行,而人民法院对证据的审查判断,是以证据本身所应当具备的属性为基础展开的。证据的关联性、合法性和真实性是证据的属性或特征,是证据认定案件事实的基础,也是对证据进行质证时首先需要解决的问题。在符合证据“三性”要求的前提下,能否达到证明待证事实的目的,人民法院需要对证据的证明力大小进行考察。因此,证据的证明力问题是质证中必不可少的内容。本条揭示了质证必经的两个阶段:对证据“三性”的质证和以此为前提的对证据证明力大小的质证。这两个阶段也反映出人民法院对证据审查判断形成心证的过程。

我国学者一般认为,证据的关联性、合法性和真实性是证据的三种属性或三个特征。审判人员在对证据进行审查判断的过程中,也都会自觉、不自觉地首先围绕证据的“三性”来进行,这种状况与其他国家有很大的不同。

关联性是证据的自然属性,是证据能够被采纳的首要条件,其在证据规则中发挥着基础性和根本性的作用。关联性是指证据必须同案件事实存在某种联系,并因此对证明案情具有实际意义。在民事诉讼中,双方当事人提供的证据只有与待证事实存在关联性,才能被采纳为诉讼中的证据,没有关联性的则不能被采纳。这种关联性实质上就是证据对案件事实所具有的证明性。关联性审查是司法人员的主观认识和推理,其可以从证据与待证事实之间的实质关系和证据的证明价值两方面来进行。关于证据与待证事实之间的实质关系,主要围绕当事人提供证据的证明目的及该证据是否有助于证明争议事实来展开。若证据的证明目的并非指向待证事实,则该证据与待证事实之间没有实质关系,也就没有关联性。证明价值实质上是对证据证明待证事实存在或者不存在的可能性的考察。如果证据使待证事实的存在更有可能或者更无可能,那么该证据具有证明价值。质证过程中应当仅仅围绕证据的关联性展开辩论,力争排除与案件事实无关的证据。

合法性是证据的社会属性。基于合法性的要求,民事诉讼中的证据应当在证据来源、证据形式等方面符合法律的规定和要求,否则即使实际上能够证明案件事实,但因其不符合规定和要求,也很有可能不得作为证据使用。《民诉法解释》第 106 条“对以严重侵害他人合法权益、违反法律禁止性规定或者严重违背公序良俗的方法形成或者获取的证据,不得作为认定案件事实的根据”的规定,就是从证据的合法性出发,排除非法手段形成或取得的证据的规定。因此,证据的合法性具有重要意义,其必然是质证的内容之一。实践中,形式的合法性通常只有在法律有明确的特定要求时才被考虑,而证据来源的合法性主要是结合实体法的规定并考虑价值衡量的因素来综合判断。

真实性是采信证据的基本要求,对真实性进行审查是证据能否作为认定案件事实根据的必经环节。证据的真实性是人民法院查明的案件事实能够最大限度地接近客观事实的基础。在当事人质证及法院在此基础上对证据进行审查判断的过程中,有关证据真实性的问题一般围绕以下两个方面展开:(1)证据的形式。证据本身是否真实,是否系伪造。比如,是否系原件、原物,复制件、复制品是否与原件、原物一致。这些对检验证据的形式真实性具有较为重要的意义。

(2)证据的内容。证据本身真实,并非伪造,这仅符合证据的形式真实性要求,内容的真实性才是证据真实性的实质要素。对证据内容真实性的检验,往往需要运用经验法则,结合证据之间的逻辑关系进行综合的论证和评价。在审核认定证据的三个方面中,关联性和合法性审查是真实性审查判断的基础,而具备关联性、合法性的证据,必须具备真实性才能作为认定案件事实的根据。因此,证据的真实性是审核认定证据的核心内容。

证明力也称证据力,是指由法官对证据的真实性和关联性加以判断而产生的对案件事实的证明效力,是证据对法官形成内心确信或强化这种内心确信所具有的作用和价值。法官对证据证明力的审查,实质上是检查某些事实是否需要证明以及是否已经得到证明的过程。相应地,当事人对证据有无证明力和证明力大小进行说明和辩论,其目的也是对法官的证明评价产生影响。法官依据证据裁判主义的原则,运用经验法则并遵守证明力规则,对证据的证明力作出判断。证据的证明力规则虽然具有法定证据制度的特征,但由于现代社会世界各国普遍以自由心证为证明评价的规则,证据的证明力规则往往只是针对特定的情形提出要求。通常情况下,法官是依自由心证的原则来判断证据证明力的有无和大小的。在本解释和我国民事诉讼实践中也遵循同样的规则。

从证据能力和证明力的关系来看,二者密不可分,甚至互为条件,辩证地统一于证据之中。一般来说,证据能力是判断证明力大小的前提条件,只有具备证据能力的证据,才会产生由法官判断其证明力大小的问题;不具备证据能力的证据,不能进入法官的视野进行审判,也就谈不上有多大的证明力。但是,证据的证明力又是判断证据能力有无的充分条件,没有证明力的证据没有关联性,也就没有证据能力;具有证明力的证据,即具有关联性的证据,可能因欠缺合法性或真实性,从而不具有证据能力。但具有证据能力的证据起码已经具备最低的证明力,至于其对待证事实证明力的大小、能否足以证明待证事实,则要视其内容真实性的高低以及与待证事实之间关联性的强弱来具体地判断。证明力较低或没有达到法定证明标准的证据,同样是不可采的。因此,民事诉讼质证离不开对证据证明力大小的说明和辩论。由于对证据是否具有关联性的质证中已包含证据有无证明价值即证明力的内容,故本条规定中的“并针对证据有无证明力和证明力大小进行说明和辩论”中的“有无证明力”,确切的表述应该为“有无证据能力”。

地方人民法院案例

➢龚某龙与湖南金鼎控股集团有限公司、湖南中茂房地产开发有限公司、涟源市伏口镇谢家冲煤矿、邱某雄民间借贷纠纷案[(2019)湘民终66号]

裁判要旨:质证过程中一方对对方提供证据的真实性、关联性、合法性没有提出异议,并不意味着其对待证事实的自认。

湖南省高级人民法院认为,依照《民诉法解释》第104条“人民法院应当组织当事人围绕证据的真实性、合法性以及与待证事实的关联性进行质证,并针对证据有无证明力和证明力大小进行说明和辩论”的规定,结合质证意见、一审庭审笔录和答辩状的记载,质证过程中一方对对方提供证据真实性、关联性、合法性的认可,是围绕该证据的属性进行的,其目的是解决该证据能否作为证据使用的资格问题,这并不意味着只要一方当事人对另一方当事人提出的证据真实性、关联性、合法性没有提出异议,就视为对待证事实的自认。

该案中,湖南金鼎控股集团有限公司(以下简称金鼎公司)、湖南中茂房地产开发有限公司(以下简称中茂公司)、涟源市伏口镇谢家冲煤矿(以下简称谢家冲煤矿)、邱某雄对根据其账务记录制作的《龚某龙借款明细表》的真实性、合法性以及与待证事实的关联性予以认可,这只意味着金鼎公司、中茂公司、谢家冲煤矿、邱某雄向龚某龙出具借条或作账行为的真实性,即承认曾承诺归还龚某龙债务数额的真实性,并不意味着承认龚某龙出借原始本金数额的真实性。在金鼎公司、中茂公司、谢家冲煤矿、邱某雄庭审以及答辩状中明确不认可其中4070万元本金的情况下,不能认定金鼎公司对其所借原始本金已经自认。退一步而言,即便认定(2017)湘01民初773号案件庭审笔录记载的质证意见以及该案一审对《龚某龙借款明细表》的核对情况为对案涉原始本金的自认,《民诉法解释》第

92 条第 1 款规定，一方当事人在法庭审理中，或者在起诉状、答辩状、代理词等书面材料中，对于已不利的事实明确表示承认的，另一方当事人无需举证证明。该条第 3 款规定，自认的事实与查明的事实不符的，人民法院不予确认。因此，案涉借贷原始本金应以审理查明的为准。

编者说明

如何发表规范的质证意见，“上海一中法院”微信公众号于 2022 年 6 月 14 日刊载了该院吴慧琼法官的《如何发表质证意见，更规范有效？》①一文，颇有参考价值，值得一读。

条文内容	参考条文
第一百零五条 【鉴定人对异议及询问的答复】 鉴定人应当就鉴定事项如实答复当事人的异议和审判人员的询问。当庭答复确有困难的，经人民法院准许，可以在庭审结束后书面答复。	《民事证据规定》第 80 条第 1 款
人民法院应当及时将书面答复送交当事人，并听取当事人的意见。必要时，可以再次组织质证。	《民事证据规定》第 80 条第 2 款

要点注释

当事人对鉴定书的内容有异议的，鉴定人应当按照人民法院的要求，对当事人提出的异议作出书面的解释、说明或者补充，在书面答复仍无法有效答疑解惑的情况下，鉴定人还要按照法院的要求，出庭对鉴定意见所涉及的问题进行解释并接受法官的询问。

---

① 参见吴慧琼：《如何发表质证意见，更规范有效？》，载微信公众号“上海一中法院”2022 年 6 月 14 日，https://mp.weixin.qq.com/s/rPtSfMJAzYWZV782SLcGzg。

一般而言,法官对出庭的鉴定人员主要询问以下几个问题:

(1)鉴定人是否就所作的鉴定项目具有鉴定资格,相应的鉴定人员的职称与执业经历如何。如果庭前发现鉴定人不具有法定资格,那么应当将其所作的鉴定意见从可采的证据中排除,并不需要通过鉴定人出庭的方式来耗时费力地解决。

(2)鉴定人与案件有无利害关系或者其他影响鉴定活动公正性的问题。依据《民事诉讼法》第47条的规定,鉴定人与审判人员一样,不得与案件有利害关系或者其他可能影响对案件公正鉴定的情形。不遵循回避要求的,应当被依法追究法律责任,其所作的鉴定意见因程序严重违法,亦不能作为认定案件事实的根据。

(3)鉴定意见所依据的鉴定材料是否真实、完整、充分。鉴定意见所依据的鉴定材料真实、完整、充分,是鉴定人通过科学鉴定作出正确意见的前提和基础。对于未经当事人举证、质证和审判人员认证的鉴定材料,需要重点询问,必要时应当启动补充质证,以尽可能弥补鉴定材料缺陷带来的不良影响。对于查明相关鉴定材料的真实性或者完整性、充分性不能得到确认的,应当及时补充鉴定;补充鉴定不能的,视情决定是否启动重新鉴定。

(4)作出鉴定意见的程序安排是否符合法律、法规、规章及技术规范的要求。如果违反法律、法规、规章及技术规范,就应当推定其可能影响鉴定意见的正确性,此时,审判人员应当着重询问不符之处及该不符之处与鉴定意见的关联性,若确认存在实质影响或者无法排除实质影响可能,则所作的鉴定意见即为存疑,该鉴定意见无法或难以作为定案的根据,需要视情启动补充鉴定或者重新鉴定。

(5)审查意见的作出是否符合相应的科学原理。鉴定活动本身具有科学性,相应的鉴定方法、鉴定流程等均需要完全符合科学原理才能获得较为正确的鉴定意见,才能被同行专家认可。因此,鉴定方法、鉴定流程的科学性,不仅是鉴定人出庭所要阐述的重点内容,还是审判人员和当事人及其诉讼代理人通过具体询问来增加内心确信或者排除合理怀疑的重点内容。不符合科学原理的鉴定意见,显然因其科学性的缺乏,而不能作为定案的根据。

对于当事人提出的异议和审判人员的询问,鉴定人当庭答复有困难的,经人民法院准许,可以在庭审结束后进行书面答复。法院应当及时将鉴定人庭后的书面答复送交双方当事人,并听取当事人的意见。当事人对书面答复提出异议的,法院认为有必要时,可以再次组织质证。

其他规定

➤**《关于进一步规范和完善司法鉴定人出庭作证活动的指导意见》**(司法部,司规[2020]2号,2020年5月14日施行)

一、本指导意见所称的司法鉴定人出庭作证是指经司法行政机关审核登记,取得《司法鉴定人执业证》的司法鉴定人经人民法院依法通知,在法庭上对自己作出的鉴定意见,从鉴定依据、鉴定步骤、鉴定方法、可靠程度等方面进行解释和说明,并在法庭上当面回答质询和提问的行为。

二、人民法院出庭通知已指定出庭作证鉴定人的,要由被指定的鉴定人出庭作证;未指定出庭作证的鉴定人时,由鉴定机构指定一名或多名在司法鉴定意见书上签名的鉴定人出庭作证。

司法鉴定机构要为鉴定人出庭提供必要条件。

三、人民法院通知鉴定人到庭作证后,有下列情形之一的,鉴定人可以向人民法院提出不到庭书面申请:

(一)未按照法定时限通知到庭的;

(二)因健康原因不能到庭的;

(三)路途特别遥远,交通不便难以到庭的;

(四)因自然灾害等不可抗力不能到庭的;

(五)有其他正当理由不能到庭的。

经人民法院同意,未到庭的鉴定人可以提交书面答复或者说明,或者使用视频传输等技术作证。

四、鉴定人出庭前，要做好如下准备工作：

（一）了解、查阅与鉴定事项有关的情况和资料；

（二）了解出庭的相关信息和质证的争议焦点；

（三）准备需要携带的有助于说明鉴定的辅助器材和设备；

（四）其他需要准备的工作。

五、鉴定人出庭要做到：

（一）遵守法律、法规，恪守职业道德，实事求是，尊重科学，尊重事实；

（二）按时出庭，举止文明，遵守法庭纪律；

（三）配合法庭质证，如实回答与鉴定有关的问题；

（四）妥善保管出庭所需的鉴定材料、样本和鉴定档案资料；

（五）所回答问题涉及执业活动中知悉的国家秘密、商业秘密和个人隐私的，应当向人民法院阐明；经人民法院许可的，应当如实回答；

（六）依法应当做到的其他事项。

六、鉴定人到庭作证时，要按照人民法院的要求，携带本人身份证件、司法鉴定人执业证和人民法院出庭通知等材料，并在法庭指定的鉴定人席就座。

七、在出庭过程中，鉴定人遇有下列情形的，可以及时向人民法院提出请求：

（一）认为本人或者其近亲属的人身安全面临危险，需要请求保护的；

（二）受到诉讼参与人或者其他人以言语或者行为进行侮辱、诽谤，需要予以制止的。

八、鉴定人出庭作证时，要如实回答涉及下列内容的问题：

（一）与本人及其所执业鉴定机构执业资格和执业范围有关的问题；

（二）与鉴定活动及其鉴定意见有关的问题；

（三）其他依法应当回答的问题。

九、法庭质证中，鉴定人无法当庭回答质询或者提问的，经法庭同意，可以在庭后提交书面意见。

十、鉴定人退庭后，要对法庭笔录中鉴定意见的质证内容进行确认。

经确认无误的，应当签名；发现记录有差错的，可以要求补充或者改正。

地方人民法院案例

➤1. 陕西众源绿能天然气有限责任公司与陕西建工安装集团有限公司建设工程施工合同纠纷案[(2021)陕民终755号]

裁判要旨：鉴定人给原审法院的回复函，符合《民事证据规定》第80条的规定，可以采信该回复函。

陕西省高级人民法院认为，该案鉴定人给原审法院的回复函，符合《民事证据规定》第80条"鉴定人应当就鉴定事项如实答复当事人的异议和审判人员的询问。当庭答复确有困难的，经人民法院准许，可以在庭审结束后书面答复。人民法院应当及时将书面答复送交当事人，并听取当事人的意见。必要时，可以再次组织质证"的规定，原审法院采信该回复函，既未违反法律规定，又不属于以鉴代审。

➤2. 龙信建设集团有限公司与大连雨生实业有限公司建设工程施工合同纠纷案[(2021)辽02民终5059号]

裁判要旨：鉴定机构在庭审后已书面答复相关问题，当事人要求组织开庭质证，但未能提交证据说明其必要性，法院不予组织再次开庭质证，符合法律规定。

辽宁省大连市甘井子区人民法院认为，龙信建设集团有限公司(以下简称龙信公司)在代理意见中提出其申请法院通知鉴定机构出庭，但鉴定机构没有到庭参加庭审，鉴定意见不得作为认定事实的依据的主张，没有事实依据，法院不予采纳。关于龙信公司要求对建科院答复意见进行质证的主张，根据《民事证据规定》第80条规定，"鉴定人应当就鉴定事项如实答复当事人的异议和审判人员的询问。当庭答复确有困难的，经人民法院准许，可以在庭审结束后书面答复"，"人民法院应当及时将书面答复送交当事人，并听取当事人的意见。必要时，可以再次组织质证"，鉴定机构在庭审后书面答复相关问题，符合法律规定。龙信公司要求组织开庭质证，但未能提交证据说明其必要性，法院不予组织再次开庭质证，符合法律规定。龙信公司的此项主张，法院不予支持。

条文内容	参考条文
第一百零六条 【询问鉴定人、勘验人】 经法庭许可，当事人可以询问鉴定人、勘验人。	《民事证据规定》 第82条第1款
询问鉴定人、勘验人不得使用威胁、侮辱等不适当的言语和方式。	《民事证据规定》 第82条第2款

要点注释

鉴定人、勘验人出庭接受询问的主要目的在于帮助审判人员弥补专业知识的不足，即在法官对相关专门性问题无法直接认定，并就当事人针对鉴定意见或者勘验笔录提出的异议无法直接解答的情况下，由鉴定人、勘验人出庭就其所作的鉴定意见、勘验笔录用当事人听得懂的方式加以表述，以便审判人员对鉴定意见、勘验笔录这种类型的证据作出最终采纳与否的正确判断。故而，鉴定人、勘验人出庭作证很有必要。

"鉴定人应当就鉴定事项如实答复当事人的异议和审判人员的询问"，这是《民事证据规定》第80条的内容。从该条规定来看，对鉴定人进行询问的主体仅为审判人员。本条规定增加了询问主体，当事人经法庭许可后，也可以询问鉴定人。同时规定了经法庭许可，当事人可以询问勘验人。

司法实践中，当事人，特别是鉴定意见对其不利的当事人，经常出现情绪激动甚至失控的情形，其对出庭的鉴定人或者勘验人出言不逊，甚至有威胁鉴定人或勘验人的举动。为了确保询问环境的相对宽松、自由、友好，维护鉴定人、勘验人的人身权益，本条要求当事人询问鉴定人、勘验人时，不得使用威胁、侮辱等不适当的言语和方式。对于拒不合作，干扰鉴定人、勘验人作证的当事人、诉讼代理人或者旁听人员，审判人员应当及时制止；必要时可以依据《民诉法解释》第181条的规定，立即采取拘留措施。

条文内容	参考条文
第一百零七条　【询问专家辅助人】 审判人员可以对有专门知识的人进行询问。经法庭准许，当事人可以对有专门知识的人进行询问。当事人各自申请的有专门知识的人可以就案件中的有关问题进行对质。	《民事证据规定》第 84 条第 1 款
有专门知识的人不得参与对鉴定意见质证或者就专业问题发表意见之外的法庭审理活动。	《民事证据规定》第 84 条第 2 款

要点注释

本条是对《民诉法解释》第 123 条的细化，内容并无不同，只是表述上更为具体、明确。《民诉法解释》第 123 条规定：“人民法院可以对出庭的具有专门知识的人进行询问。经法庭准许，当事人可以对出庭的具有专门知识的人进行询问，当事人各自申请的具有专门知识的人可以就案件中的有关问题进行对质。具有专门知识的人不得参与专业问题之外的法庭审理活动。”《民诉法解释》施行后，有人对第 123 条规定的有专门知识的人参与专门性问题审理的范围产生疑问，为此，本条规定将其进一步细化，明确为“对鉴定意见质证或者就专业问题发表意见”，与《民事诉讼法》第 82 条相呼应。

就询问的主体而言，审判人员基于审判权的行使，当然是有权询问专家辅助人的主体，当事人经过法庭准许后，也有权对专家辅助人进行询问。由于专家辅助人是申请其出庭的当事人的“附加人员”，其意见视为当事人陈述，因此，有权对专家辅助人询问的当事人系指对方当事人，否则会产生逻辑上的悖论。在双方当事人均申请专家辅助人出庭的情况下，如有必要，经法庭准许，询问也可以在专家辅助人之间展开。双方当事人的专家辅助人之间就专门性问题意见产生分歧的，可以互相进行质疑、辩论。

专家辅助人在法庭上的活动限于“对鉴定意见质证或者就专业问题发表意见”，即对有关专业性问题的事实进行查明。超出这一范围的其他诉讼活动，专家辅助人不能参与。因此，专家辅助人出庭时应当注意，在涉及专业性问题的事实调查结束后，一般应退出审判区；即使留在审判区，也不能发表意见。同时，专家辅助人在对鉴定意见进行质证，或者对专业性问题发表意见的过程中，若超出专业性问题范围发表意见并进行陈述，审判人员应当及时制止。专家辅助人同时是案件其他事实的亲历者，有必要对有关事实进行陈述的，也应当作为证人按照证人作证的规则陈述证言，而不能以专家辅助人身份参与专业性问题范围之外的诉讼活动。

相关法律

➤**《民事诉讼法》**（2021年12月24日修正）

第八十二条　当事人可以申请人民法院通知有专门知识的人出庭，就鉴定人作出的鉴定意见或者专业问题提出意见。

司法解释

➤**《最高人民法院关于适用〈中华人民共和国民事诉讼法〉的解释》**（法释〔2022〕11号，2022年4月10日施行）

第一百二十三条　人民法院可以对出庭的具有专门知识的人进行询问。经法庭准许，当事人可以对出庭的具有专门知识的人进行询问，当事人各自申请的具有专门知识的人可以就案件中的有关问题进行对质。

具有专门知识的人不得参与专业问题之外的法庭审理活动。

地方人民法院案例

➤**1. 龙信建设集团有限公司与大连雨生实业有限公司建设工程施工合同纠纷案**［（2021）辽02民终5059号］

裁判要旨：民事诉讼法规定的“有专门知识的人”有权出庭发表质证意见，并没有规定其有权在庭后发表书面意见，当事人庭后提交专家辅助人签字的书面意见，没有法律依据，法院予以退回。

2021 年 4 月 1 日，辽宁省大连市甘井子区人民法院组织对建工所《司法鉴定意见书》开庭质证，并根据原告申请通知鉴定机构出庭；双方当事人当庭发表了质证意见，龙信建设集团有限公司（以下简称龙信公司）申请的专家辅助人袁某军也出庭发表质证意见，鉴定机构建工所出庭接受了质询。另外，2020 年 12 月 28 日，龙信公司代理人向法院提交了 8 份书面意见，其中 4 份为龙信公司代理人签字、4 份为袁某军签字。2020 年 12 月 30 日，法院分别对龙信公司、鉴定机构建科院进行了询问并制作了《调查笔录》，法院向龙信公司告知：袁某军作为龙信公司方申请的专家辅助人，经法院准许参加 2020 年 12 月 22 日出庭对建科院 011 号司法鉴定报告及更正函质证，法院在 2020 年 12 月 15 日询问、送达给袁某军的出庭通知书及 2020 年 12 月 22 日庭审中，已明确告知龙信公司方和袁某军质证范围，民事诉讼法规定的“有专门知识的人”有权出庭发表质证意见，并没有规定其有权在庭后发表书面意见，龙信公司方提交的袁某军签字的 4 份书面意见，没有法律依据。龙信公司方在提交时未予说明，法院将袁某军签字的 4 份书面意见退还给龙信公司方。

➢2. 中国人寿财产保险股份有限公司临夏州中心支公司与孔某、原审被告邓某机动车交通事故责任纠纷案［（2020）甘 29 民终 961 号］

裁判要旨：在两份鉴定意见结论明显不一致的情形下，法院组织当事人以及医学专业人员就鉴定机构第二次作出的鉴定意见进行质询，这符合《民事证据规定》第 84 条第 1 款规定。

甘肃省临夏回族自治州中级人民法院认为，根据二审双方诉辩情况，该案争议焦点为：一审法院依据第一次鉴定意见确认被上诉人孔某因交通事故造成左胫腓骨骨折损失构成伤残是否正确。该案中，在公安交警部门对事故进行处理时已委托鉴定机构对孔某的伤情作出鉴定意见，该鉴定意见与其后上诉人申请重新鉴定后作出的第二次鉴定意见同属于有效证据。在两份鉴定意见结论明显不一致的情形下，一审法院组织当事人以及医学专业人员就鉴定机构第二次作出的鉴定意见进行了质询,这符合《民事证据规定》第84条第1款“审判人员可以对有专门知识的人进行询问。经法庭准许,当事人可以对有专门知识的人进行询问,当事人各自申请的有专门知识的人可以就案件中的有关问题进行对质”的规定。

根据组织质询的记录,鉴定机构明确承认其在第二次出具鉴定意见时存在疏漏,并未将孔某神经可能受损的情况考虑进去,一审法院结合专家意见采信第一次鉴定意见中孔某左胫腓骨的结论正是基于第二次鉴定意见存在疏漏这一情形。同时,对第一次鉴定意见中孔某鼻骨损伤是否构成伤残,也是结合第二次鉴定意见以及医学专业人员的意见采信了第二次鉴定意见形成的结论。针对孔某两处伤情的认定,符合上述第85条第2款“审判人员应当依照法定程序,全面、客观地审核证据,依据法律的规定,遵循法官职业道德,运用逻辑推理和日常生活经验,对证据有无证明力和证明力大小独立进行判断,并公开判断的理由和结果”的规定。一审法院审慎起见,同意上诉人进行第二次鉴定的申请并无不当,但上诉人认为第二次鉴定意见应该当然作为认定孔某伤情依据的主张无法律依据,对该主张不予支持。

第六章　认　　证

第一节　通　　则

条文内容	参考条文
第一百零八条　【证据的三性】 能够反映案件真实情况、与待证事实相关联、来源和形式符合法律规定的证据，应当作为认定案件事实的根据。	《民诉法解释》 第 104 条第 2 款

要点注释

审核认定证据是审判人员在民事诉讼过程中，对证据进行审查、核实、分析、研究，从而对证据的证据能力和证明力进行判断、认定的活动。一般认为，民事诉讼审核认定证据，应当从证据的关联性、合法性和真实性三个方面进行。

关联性是证据的自然属性，是证据与案件事实之间的客观联系。在民事诉讼中，双方当事人提供的证据只有与待证事实存在关联性，才能被采纳为诉讼中的证据，没有关联性的证据则不能被采纳。这种关联性实质上就是证据对案件事实所具有的证明性。关联性审查是司法人员的主观认识和推理，其可以从证据与待证事实之间的实质关系和证据的证明价值两方面来进行。证据与待证事实之间的实质关系主要围绕当事人提供证据的证明目的及该证据是否有助于证明争议事实来展开。若证据的证明目的并非指向待证事实，则该证据与待证事实之间没有实质关系，也就没有关联性，而证明价值实质上是对证据证明待证事实存在或者不存在的可能性的考察。如果证据使待证事实的存在更有可能或者更无可能,该证据就具有证明价值。

合法性是证据的社会属性。基于合法性的要求,民事诉讼中的证据应当在证据来源、证据形式等方面符合法律的规定和要求,否则其可能不能作为证据使用。《民诉法解释》第106条"对以严重侵害他人合法权益、违反法律禁止性规定或者严重违背公序良俗的方法形成或者获取的证据,不得作为认定案件事实的根据"的规定,就是从证据的合法性出发,排除非法手段形成或取得的证据的规定。实践中,形式的合法性通常只有法律有明确的特定要求时才被考虑,而证据来源的合法性主要是结合实体法的规定并考虑价值衡量的因素来综合判断。

真实性是采信证据的基本要求,对真实性的审查是证据能否作为认定案件事实根据的必经环节。证据的真实性是人民法院查明的案件事实能够最大限度地接近客观事实的基础。在当事人质证及法院在此基础上对证据进行审查判断的过程中,有关证据真实性的问题一般围绕以下两个方面展开:(1)证据的形式。比如,证据是否系原件、原物,复制件、复制品是否与原件、原物一致。这些对检验证据的形式真实性具有较为重要的意义。(2)证据的内容。内容的真实性是证据真实性的实质内容。对证据内容真实性进行检验,往往需要运用经验法则,结合证据之间的逻辑关系进行综合的论证和评价。在审核认定证据的三个方面中,关联性和合法性审查是真实性审查判断的基础,而具备关联性、合法性的证据,必须具备真实性才能作为认定案件事实的根据。因此,证据的真实性是审核认定证据的核心内容。本条对审核认定证据提出了真实性的基本要求,即证据能反映案件的真实情况,其本身意味着作为真实性审查基础的关联性、合法性,当然成为审核认定证据的内容。

应当注意的是,本条规定的"能够反映案件真实情况、与待证事实相关联、来源和形式符合法律规定的证据,应当作为认定案件事实的根据"并不意味着只要当事人提交的证据满足关联性、合法性、真实性的要求,人民法院就应当据此支持当事人的事实主张。证据的这三种属性是人民法院审查判断证据证明力的基础,不具备这些属性的证据因不具有证据能力而应当被排除。具备这三种属性的证据具有证据能力,能够作为证明案件事实的基础,法院认定案件事实时,应当以这样的证据为基础。法院要对具备这些属性的证据的证明力大小作出评价,最终确定当事人的事实主张能否成立。

司法文件

➢1.《最高人民法院关于严格执行公开审判制度的若干规定》(法发〔1999〕3号,1999年3月8日发布)

五、依法公开审理案件,案件事实未经法庭公开调查不能认定。

证明案件事实的证据未在法庭公开举证、质证,不能进行认证,但无需举证的事实除外。缺席审理的案件,法庭可以结合其他事实和证据进行认证。

法庭能够当庭认证的,应当当庭认证。

➢2.《民事诉讼程序繁简分流改革试点问答口径(一)》(法〔2020〕105号,2020年4月15日发布)

二十九、当事人提交的电子化材料有何效力?

答:根据《实施办法》第二十二条,经过人民法院审核通过的电子化材料,具有"视同原件"的效力,可以直接在诉讼中使用,但该效力仅针对电子化材料形式真实性,对证据的实质真实性、关联性和合法性必须通过举证质证程序审查。

三十、法官应当如何审核电子化材料?

答:法官审核电子化材料的形式真实性,应当注意以下几个方面:第一,对于审核难度相对较小的诉讼材料,可以通过打通相关部门公民个人身份信息和企业工商登记信息系统进行在线核实,对授权委托书等材料采取电话核实。第二,对于双方都占有的证据材料,主要视对方当事人提出异议情况而定,无异议的可以直接认定,有异议且理由正当的应要求提供原件核对。第三,对于仅单方占有的证据材料,首先考虑是否系制式化、标准化或第三方出具,如发票、交费收据等,这类证据若对方当事人不持异议,可以直接认定;对于单方提供的非制式化并对案件审理具有关键性作用的证据,人民法院认为无法核实真实性时,应当要求提供原件核对。

地方司法文件

➤**《北京市高级人民法院知识产权民事诉讼证据规则指引》**(2021年4月22日发布)

1.12　形成或者获取证据的方法虽存在一定瑕疵,但同时满足以下条件的,可以根据案件具体情况对相关证据予以确认:

(一)取证方法不影响证据本身真实性;

(二)当事人缺乏其他取证渠道;

(三)不属于《最高人民法院关于适用〈中华人民共和国民事诉讼法〉的解释》第一百零六条规定的"严重侵害他人合法权益、违反法律禁止性规定或者严重违背公序良俗"情形。

1.15　在证据审查认定中,应考虑证据的审查及采信标准对相关商业习惯的指引作用。

对于在合理成本下明显易于完善其形式而未加完善的证据,可以根据案情提高证据的采信标准。

1.16　仅从信息载体本身无法直观审查其所载信息真实性的,当事人应一并提供生成该信息载体的技术过程说明。必要时,可以责令当事人提供该技术过程说明所涉及的具体技术资料或文件等证据。

1.23　经过公证的当事人书面陈述、证人书面证言、其他单位或个人出具的证明文件等文书,公证证明仅涉及上述文书的出具人身份及签章真实或原件与复印件一致,而不涉及文书所载实体内容的,上述文书的证据效力应按照对当事人陈述、证人证言、其他单位或个人出具的证明文件等证据的一般规定予以审查。

1.24　取得证据的公证程序虽有瑕疵,但不影响所取得证据本身真实性,且公证文书未被撤销的,可以根据案件具体情况确认上述公证证据的证明力。

当事人仅以公证机构跨区域办理公证业务或者申请人与公证事项无利害关

系为由主张对公证证据不予采信的,不予支持。

最高人民法院案例

➤1. 再审申请人哈尔滨广利商品混泥土有限公司与被申请人中国工商银行股份有限公司哈尔滨开发区支行、二审被上诉人哈尔滨市兴华木业有限责任公司等合同纠纷案[(2017)最高法民申2398号]

裁判要旨:并未加盖清晰明确印章的证据,其真实性、关联性无法确定。

最高人民法院认为,哈尔滨广利商品混泥土有限公司为证明哈尔滨市兴华木业有限责任公司(以下简称兴华公司)和中国工商银行股份有限公司哈尔滨开发区支行相互串通进行倒贷,兴华公司具有挪用贷款的行为,在申请再审阶段提交了满洲里双宏木业有限公司(以下简称双宏公司)在中国农业银行的分户账单,双宏公司于2014年1月30日给案外人刘某秋、哈尔滨市合泰小额贷款股份有限公司的汇款凭证及兴华公司法定代表人出具的情况说明、企业征信报告等材料。经审查,双宏公司的分户账单并未加盖任何清晰明确的印章,其真实性、关联性无法确定,两张汇款凭证仅能表明存在资金流动的情况,而兴华公司法定代表人的情况说明系证人证言,上述证据证明力较弱,不属于《民事诉讼法》第200条第1项①规定的情形。因涉案贷款真实发生,借款展期及保证是各方当事人的真实意思表示,且不违反法律、行政法规的禁止性规定,故上述保证合同合法有效。

➤2. 再审申请人刘某森与被申请人青海华翔实业有限公司、李某岩买卖合同纠纷案[(2019)最高法民申721号]

裁判要旨:鉴定意见的结论为"倾向认为是同一印章盖印形成",鉴定意见不明确,证明力不足,尚不足以认定案涉证据的真实性。

最高人民法院认为,刘某森提交509号鉴定意见作为新证据,拟证明青海

---

① 现为2021年修正的《民事诉讼法》第207条第1项。

华翔实业有限公司存在同时使用多枚印章的情形,以此证明《油品供需合同》及《证明》的真实性。首先,509号鉴定意见系刘某森在二审判决后单方委托鉴定机构作出的鉴定意见,其不具有作为定案依据的法律效力。其次,509号鉴定意见的结论为“倾向认为是同一印章盖印形成”,该鉴定意见不明确,证明力不足,尚不足以认定案涉《油品供需合同》及《证明》的真实性。最后,即便依据该鉴定结论认定前述两份证据系真实的,但从该两份证据的文字表述内容来看,该两份证据仍无法证明刘某森所主张的其向青海华翔实业有限公司的供油具体数量及金额。刘某森还提交了一组视频证据,拟证明其经营的加油站系案涉地区唯一的加油站,但该视频内容无法证明刘某森所主张的事实。因此,刘某森申请再审提交的新证据不足以推翻原判决已认定的事实,其该项再审理由不能成立。

地方人民法院案例

➤1. 重庆市江北区瑞成副食经营部与重庆五华行舟贸易有限公司等买卖合同纠纷案[(2020)渝民申2699号]

裁判要旨:当事人虽提供了电子邮件,声称发送者为对方公司会计,但不能提供相关证据证明该邮箱用户的身份信息及与对方公司之间的关系,不具有关联性。

重庆市高级人民法院认为,《民事诉讼法》第64条第1款①规定,当事人对自己提出的主张,有责任提供证据。重庆市江北区瑞成副食品经营部(以下简称瑞成经营部)要求重庆五华行舟贸易有限公司(以下简称五华公司)返还预付货款,其对此主张应当承担举证责任。该案中,瑞成经营部举示的电子数据证据来源于一封由QQ电子邮箱发送的邮件,虽其自述发件人为五华公司会计陈某,但未能举示相关证据证明该邮箱用户的身份信息以及与五华公司之间的关系。瑞

① 现为2021年修正的《民事诉讼法》第67条第1款。

成经营部举示的五华公司的出库单也仅有其单方认可，且部分不具有瑞成经营部的签字盖章。根据已有证据，无法核实双方之间的结算情况，也无法证明五华公司应当返还瑞成经营部预付货款以及具体金额。瑞成经营部未能举示有效证据证实其主张，应当承担举证不能的法律后果。二审判决认定事实和适用法律并无不当，因此，瑞成经营部的上述申请再审理由不成立，重庆市高级人民法院不予支持。

➢2. 张某生与郭某江排除妨害纠纷案[(2019)津0115民初1283号]

裁判要旨：证据的真实性、合法性和关联性是证据的属性和特征，是证据作为认定案件事实依据的基础，只有具备真实性、关联性和合法性的证据，才能够作为证明案件事实的基础，但这并不意味着只要当事人提出的证据满足真实性、关联性、合法性的要求，法院就应当据此支持当事人相应的事实主张。

关于张某生持有的"两证"能否作为该案定案依据问题，天津市宝坻区人民法院认为，张某生对其主张提交了相关职能部门核发的"两证"，对张某生本人而言，该证据的来源合法，且与该案有关联性。该"两证"改变了双方原有土地(宅基地)使用权面积，张某生的土地使用权面积增加，郭某江的土地使用权面积减少，郭某江对张某生持有的"两证"不予认可，其认为这侵害了其宅基地使用权。《民诉法解释》第104条规定，人民法院应当组织当事人围绕证据的真实性、合法性以及与待证事实的关联性进行质证，并针对证据有无证明力和证明力大小进行说明和辩论。能够反映案件真实情况、与待证事实相关联、来源和形式符合法律规定的证据，应当作为认定案件事实的根据。因此，证据的真实性、合法性和关联性是证据的属性和特征，是证据作为认定案件事实依据的基础，只有具备真实性、关联性和合法性的证据，才能够作为证明案件事实的基础。

张某生在原审中申请证人出庭所作陈述属于传来证据，证人没有参与该村街道调整规划工作，也明确表示没有文字性的记载，该证人证言缺乏附证，不能作为认定该案事实的证据。郭某江房屋建成在先，当时已取得了人民政府颁发的土地房屋权属证书，因相关法律规定的修改宣布证书作废，但当时及已有法律并没有明确1954年《宪法》实施以前已经享有的房屋所有权及土地使用权一并丧失,因此郭某江仍享有房屋所有权和土地使用权。张某生以持有1996年由人民政府颁发的"两证"为要求郭某江拆除部分房屋的证据,一般情况下档案材料的证明效力优于其他证据,但这并不是绝对的。上述条款规定的"能够反映案件真实情况、与待证事实相关联、来源和形式符合法律规定的证据,应当作为认定案件事实的根据",并不意味着只要当事人提出的证据满足真实性、关联性、合法性的要求,人民法院就应当据此支持当事人相应的事实主张。证据的这三个属性是人民法院审查判断证明力的基础,不具备这些属性的证据因不具有证明力而应当被排除。

"两证"记载的土地使用权面积与所确权土地的实际使用状况明显不符,登记颁发机关将郭某江居住使用的部分房屋所占宅基地使用权等直接确权给张某生使用,导致双方权属纷争。该"两证"对张某生而言虽然具有证据的三个属性,但郭某江的房屋坐落在此已达半个多世纪,且取得了物权,并不是在张某生土地使用权确权后在该范围内建造。张某生持有的"两证"虽是登记机关核发,但仍存在登记证据所记载的事实与客观事实是否相符的问题。因此,人民法院在具体案件审理中,不能确定登记机关的证据效力就是绝对的,法律上推定登记机关证据的证明力,但同时允许另一方当事人提出相反的证据来推翻它。如果另一方当事人的证据足以证明真实的事实和证据上的相反,就可以推翻登记机关的证据,对登记机关的证据不予采纳。《确定土地所有权和使用权的若干规定》第56条规定,土地所有权或使用权证明文件上的四至界线与实地一致,但实地面积与批准面积不一致的,按实地四至界线计算土地面积,确定土地的所有权或使用权。根据该条的规定,确认土地使用权必须是"净"权,宝坻县规划土地管理局在1996年为张某生填发"两证"时,郭某江所有的房屋即已在该"两证"范围内存在30余年,该确权行为存在瑕疵。另外,郭某江所有的房屋存在在先,张某生取得土地使用权在后,不能以后取得的权利排除在先权利。根据双方房屋坐落状况这一客观事实,该"两证"登记内容与实际情况不符,因此,在该案不予采纳张某生的主张。

➢3. 信某华与天津市商业银行股份有限公司塘沽支行新港分理处存单纠纷案①

裁判要旨：原告提供的存折上记载的内容，由被告银行工作人员书写并复核，具有真实性；被告提供的是其单方制作的书证，会计师事务所的审核报告也是以被告单方制作的书证为基础，该书证与审核报告均缺乏真实性。

天津市塘沽区人民法院认为，原告信某华在被告天津市商业银行股份有限公司塘沽支行新港分理处（以下简称新港商业银行）开设账户，新港商业银行向信某华出具了存折，双方形成了存款合同关系，新港商业银行对此没有异议。信某华依据新港商业银行提供的有效存款凭证即存折，可自由存取款项。双方因存折上的存款余额发生争执，应属存单纠纷。在存单纠纷发生前，双方当事人之间存在多笔存取款、结息业务。此间，新港商业银行从未提出在什么时间、有哪笔账目存在差错的问题。信某华所持存折上记载的内容，均由新港商业银行工作人员书写并复核，具有真实性。新港商业银行提交的证据，是其单方制作的书证；会计师事务所的审核报告，也是以新港商业银行单方制作的书证为基础，这些证据缺乏真实性，不能支持新港商业银行的诉讼主张。新港商业银行仅以存折上的余额与其底单记载的余额不符为抗辩理由，拒绝支付信某华的10万元存款，该理由不能成立。

条文内容	参考条文
第一百零九条　【非法证据排除】 对以严重侵害他人合法权益、违反法律禁止性规定或者严重违背公序良俗的方法形成或者获取的证据，不得作为认定案件事实的根据。	《民诉法解释》 第106条

要点注释

根据证据"三性"理论，合法性是证据的基本属性之一。在民事诉讼中，人们

① 参见《最高人民法院公报》2005年第5期（总第103期）。

使用证据认定案件事实时必须符合法律规定的要求,不为法律所禁止,否则不具有证据能力。与合法性证据相对应的是不具有合法性的证据,不具有合法性的证据包括以下四方面:

第一,主体不合法的证据,是指证据形成或收集证据的主体(个人或单位)不符合法律的要求,主体不合法会导致证据不合法。法律根据证据特点,对某些证据的主体规定了相应的要求。例如,不能正确表达意志的人,不能作为证人;作出鉴定意见的主体须具有相关的鉴定资质,等等。

第二,形成或获取方式不合法的证据,即以严重侵害他人合法权益、违反法律禁止性规定或者严重违背公序良俗的方法形成或者获取的证据。对于一般性侵害他人合法权益或者违背公序良俗的方法形成或者获取的证据,因为取证方法对他人权益的损害明显弱于违法性所能够保护的利益,基于利益衡量,法律采取了容忍的态度,不认为其系形成或获取方式不合法的证据。法律规定证据形成和获取方式必须合法,是为了保障他人的合法权益不至于因证据的违法形成、取得而受到侵害。

第三,程序不合法的证据,即违反法律规定的程序形成、获取的证据及未经质证程序的证据。例如,违反鉴定程序作出的鉴定意见,可能导致证据不合法;属于应当回避的审判人员不得进行证据调查收集;证据应当在法庭上出示,由当事人质证,未经质证的证据,不得作为认定案件事实的根据。

第四,形式不合法的证据,即不属于法定证据种类或不符合法定形式要件的证据。例如,测谎结论,不属于法律规定的证据种类;单位向人民法院提交的证明文书,须有单位负责人及经办人员签名或盖章,并加盖单位的印章,否则证据形式不合法。

本条是关于非法证据判断标准的规定,具体为:(1)以严重侵害他人合法权益的方法形成或者获取的证据;(2)以违反法律禁止性规定的方法形成或者获取的证据;(3)以严重违背公序良俗的方法形成或者获取的证据。可见,非法证据是针对证据形成和获取方式不合法而言的,证据主体、证据程序、证据形式不合法,不应判断该证据为非法证据。因此,不具有合法性的证据不等同于我们所说的非法证据。非法证据一概不得作为证据使用，其被绝对排除。本条所谓“不得作为认定案件事实的根据”是对证据资格的否定。不具有合法性的证据并非一概不能作为证据使用，那些瑕疵证据，往往被允许补正或者作出合理的解释，如果能弥补收集程序、形式存在的瑕疵或消除相应疑问，就可以作为证据使用。

最高人民法院案例

➢申请再审人北大方正集团有限公司、北京红楼计算机科学技术研究所与北京高术天力科技有限公司、北京高术科技公司计算机软件著作权侵权纠纷案①
[(2006)民三提字第1号]

裁判要旨：(1)经过公证程序证明的法律事实，除有相反证据足以推翻的外，人民法院应当将其作为认定事实的根据。但如果采取的取证方式本身违法，即使为公证方式所证明，所获取的证据亦不能作为认定事实的依据。(2)尽管法律对于违法行为作出了较多的明文规定，但由于社会生活的广泛性和利益关系的复杂性，法律更多时候对于违法行为不采取穷尽式的列举规定，而是确定法律原则，由法官根据利益衡量、价值取向作出判断。(3)鉴于侵犯计算机软件著作权的行为隐蔽性较强，调查取证难度较大，被侵权人通过公证方式取证，其目的并无不正当性，其行为并未损害社会公共利益和他人合法权益，同时该取证方式有利于解决此类案件取证难度问题，有利于威慑和遏制侵权行为，有利于加强对知识产权的保护，故其公证取证方式应被认定为合法有效，所获取的证据亦应作为认定案件事实的依据。

最高人民法院认为，关于该案涉及的取证方式是否合法的问题，根据《民事诉讼法》第67条②的规定，经过公证程序证明的法律事实，除有相反证据足以推翻的外，人民法院应当将其作为认定事实的根据。北京高术天力科技有限公司

① 参见《最高人民法院公报》2006年第11期(总第121期)。
② 现为2021年修正的《民事诉讼法》第72条，内容有修改。

(以下简称高术天力公司)安装盗版方正软件是该案公证证明的事实,因北京高术科技公司(以下简称高术公司)、高术天力公司无相反证据足以推翻,人民法院对该事实的真实性应予认定。以何种方式获取的公证证明的事实,涉及取证方式本身是否违法,如果采取的取证方式本身违法,即使其为公证方式所证明,所获取的证据亦不能作为认定案件事实的依据。因为,如果非法证据因其为公证所证明而取得合法性,那就既不符合公证机关需审查公证事项合法性的公证规则,又不利于制止违法取证行为和保护他人合法权益。二审法院在否定北大方正集团有限公司(以下简称北大方正公司)取证方式合法性的同时,又以该方式获取的法律事实经过公证证明为由而将其作为认定案件事实的依据,是不妥当的。

在民事诉讼中,尽管法律对于违法行为作出了较多的明文规定,但由于社会关系的广泛性和利益关系的复杂性,除另有明文规定外,法律对于违法行为不采取穷尽式的列举规定,而存在较多的空间可根据利益衡量、价值取向来解决,故对于法律没有明文禁止的行为,主要根据该行为实质上的正当性进行判断。就该案而言,北大方正公司通过公证取证方式,不仅取得了高术天力公司现场安装盗版方正软件的证据,还获取了其向其他客户销售盗版软件,实施同类侵权行为的证据和证据线索,其目的并无不正当性,其行为并未损害社会公共利益和他人合法权益。加之计算机软件著作权侵权行为具有隐蔽性较强、取证难度大等特点,采取该取证方式,有利于解决此类案件取证难的问题,起到威慑和遏制侵权行为的作用,也符合依法加强知识产权保护的法律精神。此外,北大方正公司采取的取证方式亦未侵犯高术公司、高术天力公司的合法权益。北大方正公司、北京红楼计算机科学技术研究所申请再审的理由正当,人民法院应予支持。

据此,该案涉及的取证方式合法有效,其获取证据所证明的事实应作为定案根据。二审法院关于"此种取证方式并非获取侵权证据的唯一方式,且有违公平原则,一旦被广泛利用,将对正常的市场秩序造成破坏"的认定不当。

地方人民法院案例

➢1. 再审申请人赵某卡与被申请人陈某湛、张某民间借贷纠纷案[(2019)湘03民申62号]

裁判要旨:取证方法的违法性对他人权益的侵害明显弱于忽略违法性所能够保护的利益,不应判断该证据为非法证据。

湖南省湘潭市中级人民法院认为,赵某卡与陈某湛的通话录音在一审法院的两次开庭审理中均进行了举证和质证,且第一次开庭当庭播放了录音光盘。再审审查中,湖南省湘潭市中级人民法院根据赵某卡委托诉讼代理人马某良播放录音的请求,再次组织了当事人的委托诉讼代理人播放录音,三方当事人均认可通话录音与文字记录一致。《民诉法解释》第106条规定:"对以严重侵害他人合法权益、违反法律禁止性规定或者严重违背公序良俗的方法形成或者获取的证据,不得作为认定案件事实的根据。"据此,在判断非法证据时应当进行利益衡量,即对取得证据方法的违法性所损害的利益与诉讼所保护的利益(忽略取证方法的违法性所能够保护的利益)进行衡量,以衡量的结果为判断非法证据的重要考量因素。如果取证方法的违法性对他人权益的损害明显弱于忽略违法性所能够保护的利益,则不应判断该证据为非法证据。该案中,根据上述方法进行利益衡量,赵某卡与陈某湛通话录音不属于非法证据,可以作为认定案件事实的根据。

➢2. 再审申请人鹿某与被申请人陈某离婚后财产纠纷案[(2018)苏03民申1号]

裁判要旨:通过对方车辆内的录音设备监听对方在车辆中与他人的谈话,严重侵害了当事人及他人的隐私等合法权益,制作的光盘等证据属于非法获取的证据。

关于申请人提供的录音证据是否合法问题,江苏省徐州市中级人民法院认为,证据的合法性是证据的基本属性,包括证据的形成和获得要合法。《民事证据规定》和《民事诉讼法》都对证据的合法性作出了明确规定,《民事证据规定》第68条①规定:“以侵害他人合法权益或者违反法律禁止性规定的方法取得的证据,不能作为认定案件事实的依据。”《民诉法解释》第106条规定:“对以严重侵害他人合法权益、违反法律禁止性规定或者严重违背公序良俗的方法形成或者获取的证据,不得作为认定案件事实的根据。”该案中,申请人在与被申请人离婚后且被申请人不知情的情况下,通过被申请人个人车辆内的录音设备,监听被申请人在车辆中与他人的谈话,通过手机接收并保存录音,这严重侵犯了被申请人及他人的隐私等合法权益,其制作的光盘等证据应属非法获取的证据,一审、二审判决认为该证据系非法证据,应予排除,并无不当。

➢3. 再审申请人杜某与被申请人长春安特涂装技术工程有限公司劳动争议纠纷案[(2017)吉民申2658号]

裁判要旨:未经法院准许私自对法院的听证活动进行录音,违反法律禁止性规定,当事人提交的录音音频资料不具有合法性。

吉林省高级人民法院认为,《人民法院法庭规则》第17条规定:“全体人员在庭审活动中应当服从审判长或独任审判员的指挥,尊重司法礼仪,遵守法庭纪律,不得实施下列行为:(一)鼓掌、喧哗;(二)吸烟、进食;(三)拨打或接听电话;(四)对庭审活动进行录音、录像、拍照或使用移动通信工具等传播庭审活动;(五)其他危害法庭安全或妨害法庭秩序的行为。检察人员、诉讼参与人发言或提问,应当经审判长或独任审判员许可。旁听人员不得进入审判活动区,不得随意站立、走动,不得发言和提问。媒体记者经许可实施第一款第四项规定的行为,应当在指定的时间及区域进行,不得影响或干扰庭审活动。”《最高人民法院关于人民法院庭审录音录像的若干规定》第15条规定:“未经人民法院许可,任何人不得对庭审活动进行录音录像,不得对庭审录音录像进行拍录、复制、删除和迁移。行为人实施前款行为的,依照规定追究其相应责任。”第18条规定:“人民法院从事其他审判活动或者进行执行、听证、接访等活动需要进行录音录像

① 2019年修正的《民事证据规定》已删除该条。

的，参照本规定执行。”据此，法庭笔录是庭审活动的书面记载凭证，当事人仅对自己的陈述有权申请补正。庭审、听证等活动由人民法院录音录像，未经人民法院准许，任何人不得对庭审、听证活动进行录音录像。

依照《民诉法解释》第104条“人民法院应当组织当事人围绕证据的真实性、合法性以及与待证事实的关联性进行质证，并针对证据有无证明力和证明力大小进行说明和辩论。能够反映案件真实情况、与待证事实相关联、来源和形式符合法律规定的证据，应当作为认定案件事实的根据”和第106条“对以严重侵害他人合法权益、违反法律禁止性规定或者严重违背公序良俗的方法形成或者获取的证据，不得作为认定案件事实的根据”的规定，证据的合法性是人民法院审查判断证据的基本要求，其包括证据应当符合法定的形式以及证据的形成和获取要合法。该案中，杜某未经二审法院准许私自对二审法院的听证活动进行录音，这违反了《人民法院法庭规则》和《最高人民法院关于人民法院庭审录音录像的若干规定》的规定，其提交的录音音频证据不具有合法性，吉林省高级人民法院不予采信。对杜某的该项主张，吉林省高级人民法院不予支持。

➢4. 再审申请人刘某林与被申请人王某某顺租赁合同纠纷案[(2018)闽06民申82号]

裁判要旨：在一审法院主持调解时私自录音，系非法获取的证据，该证据不能作为认定案件事实的根据。

福建省漳州市中级人民法院认为，刘某林诉称自建简易房，但其提供的证据不足以证明其主张。对其在二审提供的录音资料，经查，该录音资料系在一审法院主持调解时私自录的。根据《民诉法解释》第106条“对以严重侵害他人合法权益、违反法律禁止性规定或者严重违背公序良俗的方法形成或者获取的证据，不得作为认定案件事实的根据”及第107条“在诉讼中，当事人为达成调解协议或者和解协议作出妥协而认可的事实，不得在后续的诉讼中作为对其不利的根据，但法律另有规定或者当事人均同意的除外”的规定，上述录音资料系非法获取，且系在调解过程所录制的，因此依法不能作为认定案件事实的依据。

➢5. 曲某与张某艺、原审被告孙某船舶买卖代理合同纠纷案[(2016)鲁民终19号]

裁判要旨:保证书系以严重侵害他人合法权益的方式取得,因此不能作为有效证据。

山东省高级人民法院认为,上诉人曲某主张被上诉人张某艺应支付渔船燃油补贴的上诉理由是上诉人与被上诉人之间存在有偿委托代理合同关系,证据是保证书,曲某认为保证书设立了上诉人与被上诉人之间的权利义务,被上诉人张某艺对此辩解其是在被胁迫的情况下在保证书上签字的。法院综合查明的案情:文登市公安局天福派出所接到张某艺关于被曲某限制人身自由的报案后对王某、林某、曲某的询问笔录及二审中曲某提交的证据,文登市公安局天福派出所对张某艺的询问笔录证明了张某艺在曲某打印好的保证书上签字的过程,张某艺受到曲某所召集多人的胁迫,一审法院依据《民诉法解释》第106条"对以严重侵害他人合法权益、违反法律禁止性规定或者严重违背公序良俗的方法形成或者获取的证据,不得作为认定案件事实的根据"的规定确认保证书不得作为认定事实的根据,认定事实清楚,认为保证书的取得存在严重侵害他人合法权益的情形,保证书不能作为有效证据。所以上诉人曲某主张被上诉人张某艺支付2010年船舶燃油补贴40万元的法律根据不足,山东省高级人民法院对上诉人曲某的主张不予支持。

➢6. 徐某弟与上海大众公共交通有限公司等道路交通事故人身损害赔偿纠纷案[(2009)沪一中民一(民)终字第3426号]

裁判要旨:当事人伪造证据,违反了法律规定,不符合证据的合法性要素。

上海市第一中级人民法院认为,上诉人为了证明其在本市工作并有稳定的收入来源,提供了上海集力劳动服务有限公司出具的误工证明及收入情况证明,这是认定上诉人能否按照城镇居民标准计算残疾赔偿金的一个重要证据,而该项证据能否被采信,关键在于该证据是否同时符合证据的客观性、合法性和关联性三要素。然而,在上海集力劳动服务有限公司给原审法院的函件中,该公司明确表示从未出具过上诉人"误工证明及收入情况证明",而且上诉人所提交的"误工证明及收入情况证明”材料上加盖的“上海集力劳动服务有限公司”印章也不是该公司的。因而上诉人所提供的由上海集力劳动服务有限公司出具的误工证明及收入情况证明,其内容并不真实,不符合证据的客观性要素。并且,通过比较,上诉人所提供的误工证明及收入情况证明材料上加盖的“上海集力劳动服务有限公司”印章与上海集力劳动服务有限公司给原审法院复函上加盖的“上海集力劳动服务有限公司”印章也并不一致。因此,法院认为,上诉人所提供的误工证明及收入情况证明系其伪造的,该行为已经违反了法律规定,其伪造的证据也不符合证据的合法性要素。由于上诉人不能提供有效证据证明其收入来源于城镇,故原审法院根据在案的证据资料,以农村标准确定上诉人的相关赔偿标准并无不当。

条文内容	参考条文
第一百一十条　【单一证据的审核】 审判人员对单一证据可以从下列方面进行审核认定: (一)证据是否为原件、原物,复制件、复制品与原件、原物是否相符; (二)证据与本案事实是否相关; (三)证据的形式、来源是否符合法律规定; (四)证据的内容是否真实; (五)证人或者提供证据的人与当事人有无利害关系。	《民事证据规定》第 87 条

要点注释

就民事诉讼证据的属性而言,一般认为民事诉讼证据具有关联性、合法性、真实性三个基本属性。从证据的基本属性出发,对单一证据的审核认定,实际上也可从证据的关联性、合法性、真实性三个角度展开。本条第 1 项对应的是证据的形式真实性审核认定,第 2 项对应的是证据的关联性审核认定,第 3 项对应的是证据的合法性审核认定,第 4 项、第 5 项对应的是证据的内容真实性审核认定。

(1)单一证据的关联性认定。

证据的关联性,即证据的相关性,是指证据应与待证事实之间存在实质性联系,对待证事实有证明作用。根据美国证据法学者华尔兹的观点,在判断一个证据是否具有相关性时应当依次考察以下 3 个问题:①所提出的证据是用来证明什么的(问题是什么)?②这是本案中的实质性问题吗?③所提出的证据对该问题有证明性吗(它能帮助确认该实质性问题吗)?如果以上答案是肯定的,那么证据的相关性就可以被确认。因此,从证明方法上讲,对证据的关联性判断,通常可从证据的实质性和证明性两个角度进行。证据实质性的判断取决于证据的证明对象是否为待证事实。如果证据的证明目的不是指向待证事实,那么该证据不具有实质性,也就没有关联性。关于证据证明性的判断,当事人提出的证据如果使待证事实的存在更有可能或者更无可能,那么该证据具有证明性。证据证明性的判断需审判人员根据日常生活经验等因素综合进行。关联性是实质性和证明性的结合。关联性不涉及证据的真假,其侧重的是证据与证明对象之间的关系。

(2)单一证据的合法性认定。

证据的合法性通常包括:证据主体合法、证据形成和取证方式合法、证据程序合法、证据形式合法。①证据主体合法。证据形成主体和取证主体须符合法律规定的要求。例如,不具有鉴定资格的鉴定人作出的鉴定意见,这种情况中,证据的形成主体就不合法。又如,《民事诉讼法》第 70 条规定,人民法院有权向有关单位和个人调查取证。若非人民法院也非当事人及其委托诉讼代理人向有关单位和个人调查收集证据,则影响取证主体合法性的认定。②证据形成方法和取证方式合法。《民诉法解释》第 106 条规定:“对以严重侵害他人合法权益、违反法律禁止性规定或者严重违背公序良俗的方法形成或者获取的证据,不得作为认定案件事实的根据。”由此,证据形成方法或者取证方式不合法时,相关证据将作为非法证据被排除。③证据程序合法。证据形成程序、取证程序和质证程序要合法。违反鉴定程序作出的鉴定意见,人民法院一人调查收集的证据,未经当事人庭审质证的证据,既不具备证据程序合法性,亦影响证据的合法性。

④证据形式合法。法律对证据的种类和表现形式有具体、明确要求的，证据应当符合法律规定的要求。测谎测试就不属于民事诉讼法规定的证据种类；单位向人民法院出具的证明材料，如果单位负责人或制作证明材料的人没有签名或盖章，就不符合要求，会影响证据合法性的认定。

(3)单一证据的真实性认定。

证据的真实性包括两个基本方面：一是形式上的真实性。证据本身是真实的，并非伪造、编造的。二是内容上的真实性。证据记载的内容即包含的事实信息是案件的客观事实，而非主观臆断的事实。由此，对证据真实性的审核认定可从这两个方面进行。从形式要求上看，对单一证据的审核认定，要查验证据是否是原件、原物，若当事人提交的是复印件、复制品，则要查验复印件、复制品与原件、原物是否相符。对证据内容是否真实的审核认定则是较为复杂的工作，这需要审判人员根据逻辑规律、日常生活经验进行判断，去考察证据所反映的事实信息是否合理、是否符合逻辑规律等，从而判断证据的内容是否存在矛盾、可疑之处。

通常而言，对单一证据的内容审核认定并非单独进行，而需结合案件的其他情况综合认定。例如，对当事人借条所载明的借款事实的真实性判断问题，仅凭借条所载内容并不足以认定该借条内容的真实性。对于借款真实性问题，依据《最高人民法院关于审理民间借贷案件适用法律若干问题的规定》第 15 条的规定，被告抗辩借贷行为尚未实际发生并能作出合理说明的，原告应就借贷事实承担举证责任。原告没有证据证明借款事实发生的，则借条所载内容的真实性不能予以认定，而借贷事实是否发生，需结合借贷金额、款项交付、当事人的经济能力、当地或者当事人之间的交易方式和交易习惯、当事人财产变动情况以及证人证言等事实和因素综合判断查证。

证人或者提供证据的人与当事人有无利害关系的审查，对证据真实性的认定也具有直接的影响。证人基于与当事人之间存在某种利害关系，难免在提供证言或者其他证据时带有偏见。因此，证人或者提供证据的人与当事人有无利害关系的审查，对单一证据的真实性认定尤为重要。通常而言，若证人与当事人之间存在利害关系，则证人证言的真实性程度较低。除审查证人或者提供证据的人与当事人有无利害关系外，还要审查其与当事人的委托诉讼代理人有无利害关系。从实践的情况来看，证人与当事人的委托诉讼代理人之间存在利害关系也会影响证人证言的真实性程度。为此，对证人或者证据提供者与当事人及其委托诉讼代理人之间的利害关系进行审查尤为重要。

其他规定

➤**《涉及家庭暴力婚姻案件审理指南》**（最高人民法院中国应用法学研究所，2008 年 3 月施行）

第四十三条 未成年女子的证言

家庭暴力具有隐蔽性。家庭暴力发生时，除了双方当事人和其子女之外，一般无外人在场。因此，子女通常是父母家庭暴力唯一的证人。其证言可以视为认定家庭暴力的重要证据。

借鉴德国、日本以及我国台湾的立法例，具备相应的观察能力、记忆能力和表达能力的 2 周岁以上的未成年子女提供与其年龄、智力和精神状况相当的证言，一般应当认定其证据效力。

法院判断子女证言的证明力大小时，应当考虑到其有可能受到一方或双方当事人的不当影响，同时应当采取措施最大限度地减少作证可能给未成年子女带来的伤害。

最高人民法院案例

➤**1. 陈某浴与内蒙古昌宇石业有限公司合同纠纷案**①［最高人民法院（2014）民提字第 178 号］

裁判要旨：印章真实不等于协议真实。协议形成行为与印章加盖行为在性

① 参见《最高人民法院公报》2016 年第 3 期（总第 152 期）。

质上具有相对独立性，协议内容是双方合意行为的表现形式，而印章加盖行为是各方确认双方合意内容的方式，二者相互关联又相对独立。在证据意义上，印章真实一般即可推定协议真实，但在有证据否定或怀疑合意形成行为真实性的情况下，不能根据印章的真实性直接推定协议的真实性。也就是说，印章在证明协议真实性上尚属初步证据，人民法院认定协议的真实性需综合考虑其他证据及事实。

关于5.3补充协议真实性的认定问题，2011年9月，陈某浴以与内蒙古昌宇石业有限公司（以下简称昌宇公司）存在5.3补充协议为据，向一审法院提起诉讼。2011年，昌宇公司在该案管辖权异议二审期间向福建省高级人民法院对5.3补充协议上昌宇公司印章的真实性提出司法鉴定申请，经福建鼎立司法鉴定中心鉴定，鉴定意见为印章真实。该案一审期间，昌宇公司又于2013年5月25日向一审法院提出司法鉴定申请，除再次对5.3补充协议上加盖公章的真实性提出鉴定申请外，另提出对公章与文字形成的前后顺序、文字形成日期、纸张日期进行鉴定的申请，一审法院经审查对昌宇公司再行提出印章真实性的鉴定申请不予支持，并无不当；但因公章与文字的前后顺序、文字形成日期等对认定协议的真实性亦有重要影响，原审法院以公章与文字形成先后不影响协议真实性的判断为由，不予支持，确有不当。

在5.3补充协议真实性的认定上，该协议加盖的印章虽为真实，但因协议形成行为与印章加盖行为具有相对独立性，协议形成行为是双方合意行为的反映形式，而印章加盖行为是双方确认双方合意即协议的行为，二者相互关联又相互独立，在证据意义上，印章真实一般即可推定合意形成行为真实，但在有证据否定或怀疑合意形成行为真实性的情况下，不能根据印章的真实性直接推定协议的真实性，也就是说，印章在证明协议真实性上尚属初步证据，人民法院认定协议的真实性需综合考虑其他证据及事实。最高人民法院认为，该案5.3补充协议的真实性有如下不足：

第一，5.3补充协议对5.1协议的风险负担进行根本变更，不合常理，陈某浴对此变更不能进行合理说明。根据2004年9月26日陈某浴、刘某印与昌宇公司签订的《内部承包合同》,陈某浴等在获得采石生产、定价、销售所属矿山产品权利的同时,对生产、销售活动中所需的资金、物力等均需自行解决,其自行承担在生产经营中自身引起的责任;陈某浴等还需一次性给付50万元开发补偿费,并据商品荒料的价格按比例向昌宇公司交纳补偿金。可见,合作合同的风险主要在陈某浴一方。之后,双方签订2005年5月1日《补充协议》,决定终止上述《内部承包合同》,该补充协议虽有昌宇公司同意以优惠条件与陈某浴签订新合同之内容,但同年5月1日签订的5.1协议仍有陈某浴负责生产、销售活动的资金、人力、物力以及税金,承担生产经营活动中自身引起的各项责任义务等内容;5.1协议还对协议履行期间陈某浴不合理开采、开采权转让、不按约给付补偿金等约定昌宇公司享有单方解除权,并约定因此造成的损失由陈某浴自行承担。可见,无论根据陈某浴与昌宇公司在前的《内部承包合同》还是根据昌宇公司给予陈某浴优惠条件签订的5.1协议,合作风险几乎全部由陈某浴承担。但5.3补充协议对双方合作合同期间的风险作了完全相反的约定,即合作合同风险完全转移到昌宇公司一方。根据该5.3补充协议内容,无论协议有效或无效、昌宇公司单方或法院判定协议解除或终止,昌宇公司均有义务对陈某浴除经营损失外的全部投入予以退还。同时,该补充协议有关剥夺他方鉴定申请权及明确诉讼管辖地等内容,进一步将风险完全转移到昌宇公司一方。最高人民法院认为,在合同当事人的缔约地位并未改变,且依约昌宇公司全部矿山使用补偿费仅240万元的情况下,上述约定超出了合作协议的合理范围,不合常情、常理;陈某浴对仅时隔一天后签订5.3补充协议根本变更5.1协议内容,虽解释是受到昌宇公司和他人所签合同的影响,但并未提供相关证据予以支持,其解释的可信性不足。

第二,5.3补充协议的基本内容存在矛盾,陈某浴不能合理说明。5.3补充协议第二条规定5.1协议第一条中陈某浴承担的损失限定为"经营损失",以与5.3补充协议第一条所涉"投资"相区分。实际上,所谓"经营损失"反映的是投资与收益的关系,而陈某浴履行协议中所投入的生产经营成本性质上即为投资,5.3补充协议对此又明确约定为自行承担,从而与其主张自相矛盾。再审庭审中,陈某浴对协议正常履行条件下,生产经营成本与投资、生产经营风险不能作出合理说明;同时,其在法庭陈述中表示主张投资是因为前期没有产品产出而其开挖的风化层对之后的生产带来了方便,如有产品产出,其投资和生产经营风险即自行承担。可见,其主张的生产经营成本与投资无法区分,经营成本是其自愿承担范围。

第三,陈某浴在相关诉讼中从未提及5.3补充协议及管辖问题,这不合常理。在内蒙古自治区相关人民法院审理陈某浴与昌宇公司互为原被告的多起相关诉讼中,陈某浴均未提及双方曾签订有5.3补充协议,亦未就管辖法院提出异议,其虽解释该5.3补充协议当时无法找到,是多年后在清理个人物品时偶然发现,但其前后陈述发现地点不一,结合该补充协议相关内容对双方关系的重大影响,其解释不合情理。

第四,5.3补充协议在形式上还存在甲方、乙方列法及明确协议份数的条款等与之前订约习惯明显差异的情况。

综上,根据5.3补充协议的内容、形式及该补充协议的形成过程和再审庭审查明陈某浴在原审中隐瞒重大事实信息的不诚信行为,同时考虑昌宇公司一直否认自行加盖印章且不持有该协议之抗辩意见,最高人民法院对5.3补充协议相关内容的真实性不予采信。

➢2. 再审申请人广东中人集团建设有限公司与被申请人怀化荣鑫房地产开发有限公司、彭某合同纠纷案[(2021)最高法民申6442号]

裁判要旨:司法鉴定意见认定争议文书中的公司印章为真实,但内容有可疑之处不符合常理的,依然不能作为定案依据。

最高人民法院认为,根据一审法院委托湖南迪安司法鉴定中心作出的湘迪安司鉴中心[2019]文鉴字第68号司法鉴定意见书的结论,虽然《请求送电及变更调解书部分条款的报告》上广东中人集团建设有限公司(以下简称中人公司)及怀化荣鑫房地产开发有限公司(以下简称荣鑫公司)的公章真实,但该报告存在第1、2页内容不连贯,不是同一台打印机连续打印;第2页"本报告一式三份,市政府遗留办一份,荣鑫公司、中人集团各一份"系在原件上第二次打印以及中人公司加盖的骑缝章与落款处公章不是使用同一印泥的可疑之处。并且该报告约定的内容涉及对案涉调解书内容的重大变更,双方未通过签订正式协议的方式而是在向政府部门出具的报告中进行约定,这与常理不符。二审判决依照证据规则,认定中人公司主张的调解书已变更的事实不存在,并无不当。

➢3. 四川国丰建设集团有限公司、南充市高坪区海凤小额贷款有限责任公司借款合同纠纷案[(2019)最高法民申4393号]

裁判要旨:涉案《证明》材料上"原有印章(印模)"处加盖公司印章,与公司使用的印章一致。虽然该《证明》系"先盖章后打印",但该案无证据证明存在盗盖印章之事实,故该先行盖章行为具有概括性授权和追认属性。

最高人民法院认为,经鉴定,"4.2《证明》"上"原有印章(印模)"处加盖四川国丰建设集团有限公司(以下简称国丰公司)印章,与国丰公司于2013年1月20日签订的《巴州区回风东路棚户区改造统购安置项目八号楼工程》、2014年2月10日签订的《裙房工程补充协议》、2014年3月26日签订的《步云楼二期项目合同备案资料》等合同文件上国丰公司使用的印章一致。虽然"4.2《证明》"系"先盖章后打印",但原审判决认定该先行盖章行为具有概括性授权和追认属性,并无不当。根据司法鉴定结论,"3.20《承诺书》"上国丰公司印章与"4.2《证明》"上"现有公章(印模)""单位公章(印模)"印章同一。据此,原审判决认定"3.20《承诺书》"对国丰公司有约束力,并不缺乏证据证明。国丰公司无证据证明"4.2《证明》"系南充市高坪区海凤小额贷款有限责任公司盗盖印章形成,也未提供证据证明其"现有公章"起用时间晚于"3.20《承诺书》"出具时间。国丰公司该项主张亦不能成立。

➢4. 再审申请人新疆海丰达投资管理有限公司与被申请人巴州正圣棉业有限公司、张某海企业承包经营合同纠纷案[(2021)最高法民申5411号]

裁判要旨:证人与该案所涉纠纷有事实上的关联,但并非《民事证据规定》第87条第5项所指有可能影响证人或提供证据的人公正客观参与诉讼的特定利害关系。

最高人民法院认为,中国农业发展银行新疆维吾尔自治区分行(以下简称农发行新疆分行)营业部及其工作人员欧某与该案所涉纠纷有事实上的关联,但并非《民事证据规定》第87条第5项"证人或者提供证据的人与当事人有无利害关系"所指有可能影响证人或提供证据的人公正客观参与诉讼的特定利害关系。新疆海丰达投资管理有限公司仅以农发行新疆分行及其工作人员为受益者为由即认定其不能客观地陈述案件事实,这缺乏事实根据。由于二审法院补充查明了与该案争议有关的事实,有关事实与《情况说明》以及证人欧某所陈述内容可以相互印证,并非仅以前述书证及证人证言之孤证认定该案事实,故二审法院将《情况说明》以及证人欧某的证言作为定案依据之一符合法律规定。

➤5. 周某栋与中国农业银行湖南衡阳市江东支行储蓄合同纠纷案①

裁判要旨:证人系银行营业员,与银行有利害关系,且其所反映的情况不符合常理,法院不予采信。

衡阳市中级人民法院认为,证人万某喜证实,周某栋发现借记卡被他人调包后,立即向中国农业银行湖南衡阳市江东支行(以下简称江东农行)的营业员提出挂失,营业员要求周某栋持与借记卡配套的存折去原开户行进行挂失,这是迟延挂失的原因,而江东农行以证人彭某玲的证言予以反驳。彭某玲称,其已及时提醒周某栋在该分理处办理挂失手续,周某栋予以拒绝,因此迟延挂失。证人万某喜是周某栋雇用的摩托车司机,证人彭某玲则是江东农行的营业员,与江东农行存在利害关系。结合周某栋于2003年12月19日13时20分离开火车站分理处,13时47分即赶到乐群里分理处口头挂失的事实,分析两位证人的证言,在借记卡被盗,卡内存款随时有丢失风险的情况下,如果彭某玲的证言属实,周某栋何必舍近求远地办理挂失手续?故不能采信这个与常理相悖的证言,而对于证人万某喜关于迟延挂失的原因是"营业员要求周某栋持与借记卡配套的存折去原开户行进行挂失"的证言,应当予以确认。在周某栋能提供身份证和个人密码的情况下,江东农行营业员没有按照《中国农业银行金穗借记卡章程》第9条规定及时给其办理电话挂失,是周某栋卡内存款被盗取的主要原因。

---

① 参见《最高人民法院公报》2006年第2期(总第112期)。

地方人民法院案例

➢1. 毛某与游某伦合同纠纷案[(2014)川民终字第662号]

裁判要旨:原告要求被告支付600万元补偿款的《有关事宜》系单一证据,法院应当依据法律规定,运用逻辑推理和日常生活经验,对该证据内容是否真实以及有无证明力作出审核认定。该证据在形式、落款时间、内容等诸多方面存在疑点,原审判决不予采信,并无不当。

四川省高级人民法院认为,该案二审中双方当事人争议的焦点问题是游某伦向毛某主张600万元补偿款有无事实依据和法律依据。游某伦在该案中主张权利的核心证据是《有关事宜》,但由于毛某极力否认《有关事宜》以及《要求》、《明示》所载内容的真实性,故审查《有关事宜》的真实性是判定双方是否存在真实的债权债务关系的基础,亦是判定游某伦的诉讼请求能否得到支持的关键。

第一,关于《有关事宜》中的600万元债权债务关系是否缺乏产生基础的问题。

该案中,考察600万元补偿款对应的游某伦的义务,一是担任圣玛特科技公司的法定代表人4年,二是转让其持有的民航中天公司的股权给毛某。从查明的事实来看,首先,在2003年,游某伦所持有的民航中天公司的股权价值不超过10万元。其次,游某伦主张其为到圣玛特科技公司工作放弃仕途、创业、出国等机会,但其既未提交相关机会存在的证据,又未证明任一机会所包含的经济价值。游某伦主张其自身具有技术价值,但游某伦在圣玛特科技公司是以现金而非技术出资,且无证据显示其拥有高新技术以及技术成果转化的能力。游某伦从民航中天公司离职后到圣玛特科技公司任职法定代表人,其工资收入并未明显缩减,且游某伦持有圣玛特科技公司17.5%的股份,通过公司经营运作获取股权红利是其未来预期的收益。最后,游某伦得到600万元补偿的主要条件之一是其担任科技公司法定代表人4年,却不考虑其在任职期间是否给该公司创造经济效益及效益大小程度,这不符合商事主体追求利益最大化的特点。综上所述,《有关事宜》欠缺与600万元补偿款对应的公平价值,不具有合理性,原审判决认定该债权债务关系缺乏产生基础,并无不当。游某伦关于600万元补偿款是游某伦到圣玛特科技公司工作,毛某开出的条件,原审判决认定案涉债权债务关系缺乏产生基础错误的上诉主张,无相应事实依据,四川省高级人民法院不予支持。

第二,关于《有关事宜》的落款时间是否符合情理的问题。

圣玛特科技公司系2001年成立,游某伦自该公司设立之初即为该公司的法定代表人,对于一家新设公司,法定代表人的重要性不言而喻。游某伦提交的《有关事宜》等3份文件的落款时间为2002年6月,该时点距圣玛特科技公司成立已半年有余,原审判决认定其形成时间既与圣玛特科技公司法定代表人的重要性相违背,又不便于初任法定代表人的游某伦开展工作,更是反映在此时才决定600万元补偿款的不合情理,并无不当。游某伦上诉主张,基于双方之间的高度信任关系,《有关事宜》等3份文件是圣玛特科技公司成立前已形成方案、事后补充的书面文件。但该案中并无证据显示,《有关事宜》等3份文件所载内容在圣玛特科技公司成立之前已达成意向、形成方案。游某伦的该上诉主张缺乏事实依据,四川省高级人民法院不予支持。

第三,关于原审判决认定《有关事宜》《要求》《明示》中的其他不符合情理之处是否正确的问题。

首先,圣玛特数仪公司的股东刘某林系游某伦妻子、张某系其岳母,二人共持有圣玛特数仪公司75%的股份,毛某至始未向该公司出资,亦不持有股份。游某伦无证据证明毛某与圣玛特数仪公司存在利益关系,亦不能合理解释《有关事宜》中毛某要求其成立圣玛特数仪公司的原因和目的,因此,原审判决认定《有关事宜》约定设立圣玛特数仪公司的内容不符合情理,并无不当。游某伦关于原审判决认定《有关事宜》中约定设立圣玛特数仪公司的内容有违生活常理错误的上诉主张,无相应事实基础,亦未说明其认为符合情理的理由,四川省高级人民法院不予支持。

其次,《有关事宜》约定600万元补偿款应在2009年6月30日前支付完毕,该条款是对履行义务截止期限的约定。游某伦在2001年11月28日被圣玛特科技公司的董事会选举担任公司董事长,并担任法定代表人,到2005年年底,《有关事宜》约定的600万元给付条件已具备,但直到游某伦提起该案诉讼前,其从未主张过该债权,且在公安机关可能追究其刑事责任时也没有提及,原审判决据此认为《有关事宜》不排除伪造的可能,并无不当。游某伦关于其从未提及《有关事宜》且在期限届满后才主张权利,系为毛某保守秘密的辩解理由,无相应事实依据,四川省高级人民法院不予支持。

再次,《要求》与《有关事宜》均载明毛某作为民航中天公司的法定代表人不适合担任圣玛特科技公司的法定代表人,特邀请游某伦担任法定代表人,但民航中天公司作为国有参股公司,其章程并未禁止毛某担任其他公司的法定代表人。从《有关事宜》约定来看,民航中天公司对圣玛特科技公司的成立及法定代表人的选任并不知情,民航中天公司在圣玛特科技公司亦不享有任何权利,但《有关事宜》却约定民航中天公司为毛某就圣玛特科技公司的有关事宜所负债务承担担保责任,作为民航中天公司的法定代表人,毛某应当知晓公司为其个人债务提供担保的程序和后果,原审判决认定其上述做法不合常理,并无不当。游某伦认为,原审判决认定《有关事宜》约定民航中天公司为案涉债务提供担保不符合情理的依据不足的上诉理由,无相应事实依据,四川省高级人民法院不予支持。

最后,游某伦提交《要求》《明示》意在证明《要求》、《明示》与《有关事宜》是毛某在2002年6月一并交付给游某伦的。原审判决依据3份文件存在非同机打印以及3份文件中出具人称谓不一致的情况,同时考虑《要求》《明示》内容与民航中天公司无任何关系的情况下,民航中天公司仍加盖印章的不合情理之处,以及毛某一并交付对民航中天公司与游某伦之间毫无意义的两份文件缺乏合理逻辑等因素,认定游某伦所称的3份文件系毛某一同交付给游某伦不合情理,并无不妥。原审判决并非仅依据3份文件存在非同机打印的情况作出上述认定。游某伦认为,原审判决依据3份文件存在非同机打印即认定事实不当的上诉主张不能成立,四川省高级人民法院不予支持。

综上所述,游某伦据以要求毛某支付600万元补偿款的证据《有关事宜》系单一证据,人民法院应当依据法律规定,运用逻辑推理和日常生活经验,对该证据内容是否真实以及有无证明力作出审核认定。因该证据在形式、落款时间、内容等诸多方面存在疑点,且游某伦未提交其他证据佐证其主张,原审判决不予采信,并无不当。依据该案已有证据,游某伦关于毛某应支付600万元补偿款的上诉理由缺乏充分证据证明,不能成立,四川省高级人民法院不予支持。

➢2. 石河子开发区天富房地产开发有限责任公司与苏州科逸住宅设备股份有限公司承揽合同纠纷案[(2020)兵9001民再4号]

裁判要旨:询证函作为书证、私文书、证明性书证,判断其证据效力时,应当分别判断询证函的形式证据力和实质证明力。一般情况下,对询证函的形式以及签章的真实性并无异议,则对询证函的形式证明力应予以确认。至于其实质上的证明力,因询证函函证的目的是某个时间节点的往来账项账目的复核,是对合同履行过程中某一事实进行证明的证据,其并不涉及当事人之间的权利义务的履行以及结算,不能当然地认定其具有实质上的证明力。

新疆维吾尔自治区石河子市人民法院认为,询证函系再审申请人聘请的会计师事务所对其审计时于2019年2月21日向被申请人发出的,该询证函就双方往来账项询证"截至2018年12月31日欠贵公司应付账款2284373元"这一事实注明:仅为复核账目之用,并非催款结算。询证函是审计中一种常用的程序和方法,其用途是进行书面询问以获取审计证据,该询证函是审计人员为印证被审计单位会计记录所载事项而向第三者发函询证的一种方法。询证函的作用为在审计过程中复核账目,如果要在法律上确认债权债务,还需要结合合同的具体约定和履行情况来确认。该案中,再审申请人聘请的会计师事务所向被申请人发出的是询证函,明确注明仅为复核账目之用,并非催款结算,被申请人实际确未履行218套整体卫浴的安装义务,在此事实前提下,被申请人仍以此为确认其债权的依据,显然不当。故对于询证函,应当依照《民事证据规定》第85条"人民法院应当以证据能够证明的案件事实为根据依法作出裁判。审判人员应当依照法定程序,全面、客观地审核证据,依据法律的规定,遵循法官职业道德,运用逻辑推理和日常生活经验,对证据有无证明力和证明力大小独立进行判断,并公开判断的理由和结果”的规定,客观看待其证明力,即只有在合同完全履行的情况下,询证函所显示的欠款数额 2284373 元,才能作为判断该案债权债务的依据。

➢3. 李某梅与中国人寿保险股份有限公司北京市分公司人身保险合同纠纷案[(2021)京 74 民终 521 号]

裁判要旨:证人与当事人之间存在商业伙伴关系情形时,并不能简单将该关系认定为证据法意义上的利害关系。证人与当事人之间系服务与被服务的关系,并不能认定为法律意义上的利害关系。

关于中国人寿保险股份有限公司北京市分公司(以下简称人寿北分公司),原保险销售员吕某证人证言的认定问题,该案中,李某梅提交吕某的证人证言证明其已经偿还案涉借款;人寿北分公司认可吕某系该公司销售人员,但称吕某并非结算人员,且二人之间具有利害关系,其证言不能被采信。对此,北京金融法院认为,《民事证据规定》第 96 条规定:“人民法院认定证人证言,可以通过对证人的智力状况、品德、知识、经验、法律意识和专业技能等的综合分析作出判断。”首先,根据查明的事实,吕某于 2000 年至 2013 年 5 月底为人寿北分公司的员工,案涉争议《保险合同》项下的《借款申请书》签订日期为 2012 年 8 月 27 日,计划还款日期为 2013 年 2 月 27 日,均发生于吕某任职人寿北分公司期间,人寿北分公司亦认可案涉争议《保险合同》载明的业务员为吕某。吕某的证人证言符合其职业性质和特点,具有一定程度的可信性。其次,吕某虽然离职后仍负责李某梅在其他保险公司投保保险的对接工作,双方之间存在商业合作关系,但证人与当事人之间存在商业伙伴关系时,并不能将该关系简单认定为证据法意义上的利害关系,而应结合除证人证言之外的证据综合分析,着重考察该关系是否会影响证人证言的公正性。吕某本身就是人寿北分公司的业务员,其主要职责系负责营销,发展客户、服务客户。吕某对客户李某梅交易的陈述有证明交易的客观事实,吕某与李某梅之间系服务与被服务的关系,并不能认定其为法律意义上的利害关系。从现有证据看,吕某的证言内容与《借款申请书》中约定的“现金还款”条款、李某梅持有保单原件的客观事实以及人寿北分公司未积极主张保险合同项下权利的情形能够相互印证。据此,人寿北分公司缺乏有力证据证明其所称的吕某与李某梅之间的利害关系足以影响吕某证言的效力,北京金融法院对吕某的证言予以采信。

编者说明

司法实践中,应当区分证据形式合法性与要式民事法律行为。要式民事法律行为是指符合法律规定的某些特定的形式要求才能发生法律效力的民事法律行为,遗嘱就是要式民事法律行为的典型。最高人民法院民事审判第一庭编著的《最高人民法院新民事诉讼证据规定理解与适用》一书指出,"继承法第 17 条①规定:'公证遗嘱由遗嘱人经公证机关办理。自书遗嘱由遗嘱人亲笔书写,签名,注明年、月、日。代书遗嘱应当有两个以上见证人在场见证,由其中一人代书,注明年、月、日,并由代书人、其他见证人和遗嘱人签名。以录音形式立的遗嘱,应当由两个以上见证人在场见证。遗嘱人在危急情况下,可以立口头遗嘱。口头遗嘱应当有两个以上见证人在场见证。危急情况解除后,遗嘱人能够用书面或者录音形式立遗嘱的,所立的口头遗嘱无效。'由此,法律对遗嘱的形式及要求进行了明确。如当事人向人民法院提供的遗嘱不符合前述法律规定的要求,则影响证据合法性的认定"。② 编者认为,这是法律对遗嘱这一要式民事法律行为的要求,而不是对证据形式合法性的要求。否则,不具备上述形式要件的遗嘱证据因不具备证据的合法性,不能被作为证据使用,此时,法官根本无须考虑该遗嘱证据的法律效力问题;而遗嘱效力往往是庭审争议的焦点,法官必须进行论证说理。故而,《继承法》第 17 条不应是法律对证据表现形式的要求,而是法律对民事法律行为形式要件的要求,不应将证据的合法性与民事法律行为的合法性混为一谈。

---

① 《继承法》已失效,现为《民法典》第 1134-1139 条。

② 参见最高人民法院民事审判第一庭编著:《最高人民法院新民事诉讼证据规定理解与适用》(下),人民法院出版社 2020 年版,第 763 页。

条文内容	参考条文
第一百一十一条 【证据的综合审核】 审判人员对案件的全部证据,应当从各证据与案件事实的关联程度、各证据之间的联系等方面进行综合审查判断。	《民事证据规定》第 88 条

要点注释

本条规定与《民事证据规定》第 87 条规定具有逻辑上的一致性,为证据审核认定过程中的不同环节和阶段。通常来讲,作为证明案件事实的证据或者人民法院作出裁判的证据并不是单一的证据,而是多组或多种证据。对案件事实的认定,需在单一证据的审核认定基础上,通过审核全部证据与案件事实的关联程度、各证据之间的联系等方面综合进行审查判断。

第一,各证据与案件事实关联程度的审查判断。在对证据进行综合审核认定时,证据与案件事实的关联程度则为重要内容,它影响证据证明力的大小。对证据与案件事实关联程度进行审查判断:一方面,由审判人员按照良知、理性、经验法则进行判断;另一方面,需遵循法律、司法解释的相关规定进行。

第二,各证据之间联系的审查判断。证据相互印证规则为一项重要证据规则,该规则强调证据之间的联系,强调证据之间应相互印证,并要求对待证事实的证明需达到高度可能性要求和标准。为此,对各证据之间的联系进行审查判断,需注意证据与证据是否指向同一事实,证据与证据之间是否存在矛盾。通过对矛盾证据的审查判断,排除不真实的证据。特别是依据间接证据认定案件事实时,对各个间接证据之间联系的审查判断,对于间接证据证明力大小的认定具有重要意义。理论和实务中的观点均认为,对间接证据与待证事实之间关联性的审查,应当满足以下四个条件:(1)单个的间接证据必须在数量上形成足够的优势;(2)在一定数量基础上的单个间接证据必须通过逻辑推理的方式,形成有效的证据链,以显示其具有充分的证据力;(3)各个间接证据之间,以及它们与主要待证事实之间不能产生合理因素之外的矛盾性;(4)由各种间接证据形成的证明体系,在证明优势所具有的高度盖然性上,必须足以排除已有条件下的任何其他可能,并且得出的结论应具有唯一性。当满足以上条件时,间接证据就可以起到直接证明的作用,具有相当于直接证据的证明力。由此,对间接证据与待证事实之间的关联性进行审查时,应注意审查各间接证据之间的联系。

第三,经验法则的运用。在证据的综合认定过程中,要求审判人员运用逻辑推理和日常生活经验法则对案件的全部证据进行整体上的评判,经验法则对证据的综合认定起着重要作用。经验法则是指从经验中归纳出来的有关事物的知识和法则,由于属于一般性常识,经验法则也包含职业技术上以及专业科学上的法则。经验法则不是具体的事实,而是作为判断事物之前提的知识或法则。人们对事物进行合乎逻辑的判断时都必须以经验法则为前提。

(1)经验法则在证据与案件事实的关联性判断中的作用。一般而言:一是确定证据证明力有无以及关联性强弱。在当事人提供的各种证据中,通过经验法则的运用,审核认定证据有无证明力以及关联性强弱。证明力有无决定证据是否具有关联性,关联性程度影响证据证明力大小。二是推定事实。依据《民事证据规定》第10条之规定,根据已知事实和日常生活经验法则推定的另一事实属于当事人免证事实。由此可见,经验法则在事实认定中发挥着推定作用。

(2)经验法则在各证据之间的联系判断中的作用。诉讼中,当事人举证证明待证事实的各种证据,从逻辑上而言应具有指向上的一致性,而不能相互矛盾,而对各证据之间的联系性判断,或者是否存在矛盾的判断来说,经验法则的运用较为重要,也即当事人提供的各种证据所证明的事实应符合经验法则。比如,当事人以签订买卖合同为民间借贷合同的担保较为常见,发生纠纷后,当事人对于双方之间所形成的法律关系往往各执一词。为此,对当事人之间存在民间借贷关系还是房屋买卖合同关系的判断,需依据经验法则对证据之间的联系进行综合判断。一方当事人主张双方之间为房屋买卖合同关系,但根据提供的证据,双方之间发生过贷款利息支付的事实的,则该主张明显违背经验法则,各证据之间的联系存在一定的冲突、矛盾之处。

相关法律

➤《反家庭暴力法》(2016 年 3 月 1 日施行)

第二十条 人民法院审理涉及家庭暴力的案件,可以根据公安机关出警记录、告诫书、伤情鉴定意见等证据,认定家庭暴力事实。

地方人民法院案例

➤**1. 万某全、万某与被告狄某、管某、丁某元房屋买卖合同纠纷案**①[(2014)苏审二民申字第 01072 号]

裁判要旨:共同居住的家庭成员,以自己的名义将其他家庭成员名下的房屋出卖给他人,该行为对房屋所有人是否有效,需判断房屋所有人是否事前知晓且同意。为此,人民法院应当结合房屋产权证书、钥匙是否为房屋所有人持有,对价支付情况,买受人实际占有房屋持续时间以及相关证人证言等进行综合判定。

江苏省扬州市中级人民法院认为,该案房屋买卖协议约定对上诉人狄某、管某均具有约束力。

第一,上诉人丁某元对其与被上诉人万某就诉争房屋达成转让协议以及协议的主要条款内容没有异议,据此可以认定丁某元作为出卖人就诉争房屋与万某签订过转让协议。

第二,上诉人管某对 2000 年 8 月 22 日出具的 10 万元房屋买卖款的收条没有异议,应当认定管某作为房屋共有人对其配偶丁某元转让房屋一事知晓且同意。

第三,上诉人狄某自诉争房屋出卖前至该案诉讼发生时一直与上诉人丁某元、管某共同居住,应当认定三人系共同居住的家庭成员。狄某将诉争房屋钥

① 参见《最高人民法院公报》2018 年第 2 期(总第 286 期)。

匙、产权证书均交由丁某元持有，并事实上交付给被上诉人万某全、万某，且在房屋转让后至诉讼发生时约12年的时间内从未对诉争房屋买卖、房款交付提出过异议，足见其对诉争房屋买卖是事前知悉且同意的；证人夏某庆、邹某香与诉争房屋相邻而居，其出庭证实狄某在房屋出卖后，去万某全、万某居住的诉争房屋做过客，这进一步佐证了狄某知晓房屋买卖一事；三上诉人提供的×××镇江新区大港街道工作委员会出具的《证明》，目的是证明狄某不可能单独去过江都，法院认为，该《证明》系对狄某参与党组织活动的情况说明，且从其内容看，亦不能排除狄某曾从镇江返回过江都的可能，该份《证明》相较于两证人证言的证明力明显较弱，证人证言的内容具有证明效力，应予采信。狄某的上述行为足以证明其对诉争房屋转让一事是知晓且同意的，其辩称不知晓房屋买卖的上诉理由与常识和情理不符，不予支持。

第四，被上诉人万某全应为该案适格当事人。被上诉人万某与万某全系父子关系，庭审中，万某陈述购房钱款系家庭共有，案外人丁某燕取走的诉争房屋老产权证亦是出自万某全之手，另外，万某全一直居住在诉争房屋内，因此，万某全应属诉争房屋共同买受人，是该案的适格当事人。

综上所述，上诉人丁某元作为共同居住的家庭成员，在上诉人狄某、管某知晓且同意的情况下，将诉争房屋转让给被上诉人万某全、万某，该房屋转让协议应当直接约束狄某、管某。该案诉争房屋买卖行为有效，上诉人主张丁某元系无权处分无事实根据，故不予支持。

➢2. 汪某诚、汪某正等与淮安市博物馆返还原物纠纷案①

裁判要旨：埋藏于私人宅院的古钱币不存在其他人主张权利的情况且证据之间能形成有利证据链，即可作出能够证明“属其所有”的判定。

江苏省淮安市中级人民法院认为，被上诉人汪某诚等六人在一审、二审提供的证据能够证明涉案古钱币为被上诉人祖父所有。一审认定涉案古钱币为被上诉人祖父埋藏，有事实依据。

---

① 参见《最高人民法院公报》2013年第5期（总第199期）。

首先,发掘出古钱币的地址应在被上诉人祖传房屋宅基地范围内。虽然当时房屋已拆迁,但根据现场照片,附近还有楼房存在,其可作为确定地址的参照物。根据邻居庄某、颜某才证明,二人在发掘出古钱币后到过现场,发掘现场在被上诉人祖传宅基地范围内。被上诉人在二审提供的其祖父户籍登记虽然不是迁入时的登记,但应是其祖父在世时根据其陈述所作的登记,具有客观真实性。该证据能够证明被上诉人祖父早在1922年就迁居该地址,直到房屋被拆迁,汪家均有人居住该老宅。

其次,在拆迁前,被上诉人就多次向拆迁办、居委会有关人员反映其祖父在宅基地下埋藏铜币。在没有发掘出古钱币之前就反映地下有埋藏物,明确是铜币,并且最后得到验证,这种预知充分证明了发掘出的古钱币是由被上诉人祖父埋藏的。对于拆迁办、居委会所作证明的真实性,法院认为,拆迁办以及居委会是拆迁工作的直接参与者,其作为政府领导下的一级组织和部门,在发掘出古钱币并因此产生纠纷后所作的证明符合客观事实,可信度高。

最后,被上诉人祖父在民国期间开槽坊,具备拥有该案所涉大量古钱币的背景条件。

条文内容	参考条文
第一百一十二条 【证据反悔】 当事人在诉讼过程中认可的证据,人民法院应当予以确认。但法律、司法解释另有规定的除外。	《民事证据规定》第89条第1款
当事人对认可的证据反悔的,参照《最高人民法院关于适用〈中华人民共和国民事诉讼法〉的解释》第二百二十九条的规定处理。	《民事证据规定》第89条第2款

要点注释

由于对证据的认可并不等同于对事实的承认,故最高人民法院在自认之外增设了本条，对“当事人认可的证据及其反悔”予以规定。

对于认可的主体，参照《民事证据规定》第 5 条“当事人委托诉讼代理人参加诉讼的，除授权委托书明确排除的事项外，诉讼代理人的自认视为当事人的自认。当事人在场对诉讼代理人的自认明确否认的，不视为自认”的规定，对证据认可的主体包括当事人及其委托的诉讼代理人。但是，诉讼代理人毕竟与当事人本人不同，其代理权源于当事人的授权行为，当事人当然可以对诉讼代理人在诉讼中对证据认可的权利进行限制。如果当事人在授权委托书中记载“不得代为质证”，那么对证据的认可只能由当事人本人作出，诉讼代理人作出的认可不产生法律效力。如果授权委托书中没有“不得代为质证”的限制，在场当事人对诉讼代理人认可的证据明确否认的，不产生证据认可的效力。因为一方面，诉讼代理人的代理权限源于当事人；另一方面，诉讼代理人对案件事实本身的了解也来自当事人。

对于认可的时间，对证据的认可发生在诉讼过程中，诉讼外的认可不适用本条。典型的自认应发生在法庭审理过程中，由于双方当事人在场，面对审判人员所作出的自认，民事诉讼法理论和审判实践均认可其具有自认的效力，对证据的认可也可遵循与自认相同的逻辑。当事人对证据的认可主要发生在法庭审理中的质证阶段，也有可能发生在审理前准备阶段。

对于认可的内容和效果，本条规定的当事人对证据的认可，应指对证据能力或证据资格的认可，应对证据的关联性、合法性和真实性均予以认可。当事人认可的证据，人民法院可不再审核，并可直接予以确认，将其纳入用以认定案件事实的证据范围。但关联性或证明力问题最终判断的主体是法官，而非当事人，如果当事人认可的证据实际上与案件事实不具有关联性或没有证明力，那么法官有权不予确认。因此，当事人对证据的认可，主要是对证据合法性、真实性的认可。

对于禁反言原则的适用，“当事人对认可的证据反悔”，指当事人在庭审中对其在审理前的准备阶段认可的证据提出不同意见，此时适用《民诉法解释》第 229 条规定。《民诉法解释》第 229 条规定：“当事人在庭审中对其在审理前的准备阶段认可的事实和证据提出不同意见的,人民法院应当责令其说明理由。必要时,可以责令其提供相应证据。人民法院应当结合当事人的诉讼能力、证据和案件的具体情况进行审查。理由成立的,可以列入争议焦点进行审理。”该条是关于禁反言的规定。一般认为,禁反言原则系诉讼法中诚信原则的一种具体表现形态,其主要防止一方当事人以及其他诉讼参与人出现前后相互矛盾的诉讼行为,从而损害对方当事人的利益,破坏民事诉讼的整体进展。需要强调的是,本条第 2 款仅规定了当事人对认可的证据反悔时如何处理,并未规定当事人对自认反悔时如何处理,因为当事人对自认反悔应适用《民事证据规定》第 8 条第 2 款和第 9 条,本条款无须再规定。

司法解释

➤**《最高人民法院关于适用〈中华人民共和国民事诉讼法〉的解释》**(法释〔2022〕11 号,2022 年 4 月 10 日施行)

第二百二十九条 当事人在庭审中对其在审理前的准备阶段认可的事实和证据提出不同意见的,人民法院应当责令其说明理由。必要时,可以责令其提供相应证据。人民法院应当结合当事人的诉讼能力、证据和案件的具体情况进行审查。理由成立的,可以列入争议焦点进行审理。

最高人民法院案例

➤**1. 再审申请人李某洪与被申请人马某才、杨某民间借贷纠纷案**[(2020)最高法民申 6766 号]

裁判要旨:在一审质证时,当事人认可对方提供的借条的真实性,只是陈述自己出具借条后未收到借款。在该案发回重审后的二审程序中,当事人又申请对该借条上的其签名笔迹及指印的真实性进行鉴定,且拟证明事实与其此前陈述相矛盾,故二审法院综合案件实际情况,不予准许其鉴定申请,并无不当。

最高人民法院认为,关于二审程序是否违反法律规定的问题,《民诉法解释》第121条第1款规定:"当事人申请鉴定,可以在举证期限届满前提出。申请鉴定的事项与待证事实无关联,或者对证明待证事实无意义的,人民法院不予准许"。在一审质证时,李某洪认可2014年1月15日《借条》的真实性,陈述出具借条后未收到借款。在该案发回重审后的二审程序中李某洪才申请对《借条》上签名笔迹及指印的真实性进行鉴定,且拟证明事实与其此前陈述矛盾,故二审法院综合案件实际情况,不予准许其鉴定申请,并无不当。

➢2. 再审申请人王某锁与被申请人菏泽万基置业有限公司及一审被告山东京庄建设有限公司建设工程施工合同纠纷案[(2020)最高法民申4730号]

裁判要旨:当事人在另外两个案件中,均未否认两份建设工程施工合同的真实性,其在该案中基于不同的诉讼利益需求提出否认,这违背诚实信用原则,亦违背民事诉讼的禁反言原则,法院不予采纳。

最高人民法院认为,王某锁主张两份建设工程施工合同系王某代表京庄公司与万基公司签订,与京庄公司与其签订的挂靠协议及给其出具的授权委托书存在矛盾,合同所设定的权利义务不能约束王某锁,而在山东省菏泽市中级人民法院(2013)菏民三初字第81号和山东省高级人民法院(2016)鲁民终338号(已生效)案件中,王某锁表示同意京庄公司主张,其认可两份建设工程施工合同的真实性。该案中,王某锁申请对两份建设工程施工合同印章进行鉴定,后又撤回申请,亦未能提供其他证据证明其主张。诚实信用是民法的基本原则,民事主体在民事诉讼中应当秉持诚实,信守承诺。王某锁陈述,其在山东省菏泽市中级人民法院(2013)菏民三初字第81号案件中是为了减轻或免除自身责任才迎合京庄公司发表不真实辩解意见,这违背诚实信用原则,亦违背民事诉讼的禁反言原则。

《民事证据规定》第89条规定,当事人在诉讼过程中认可的证据,人民法院应当予以确认。但法律、司法解释另有规定的除外。当事人对认可的证据反悔的,参照《民诉法解释》第229条的规定处理。《民诉法解释》第229条规定,当事人在庭审中对其在审理前的准备阶段认可的事实和证据提出不同意见的,人民法院应当责令其说明理由。必要时,可以责令其提供相应证据。人民法院应当结合当事人的诉讼能力、证据和案件的具体情况进行审查。理由成立的,可以列入争议焦点进行审理。王某锁在山东省菏泽市中级人民法院(2013)菏民三初字第81号和山东省高级人民法院(2016)鲁民终338号案件中,均未反悔否认两份建设工程施工合同的真实性,其在该案中基于不同的诉讼利益需求提出否认,不符合上述规定。一审、二审基于王某锁在此前诉讼中对两份建设工程施工合同的认可,以及王某锁无法提供其他证据证明的事实,认定以两份建设工程施工合同为案涉工程价款的确定依据,并无不当。

➢3. 拉萨市华宇建设有限责任公司、冯某与原审被告佘某、原审第三人中铁七局集团第三工程有限公司建设工程施工合同纠纷案[(2019)最高法民终1752号]

裁判要旨:当事人在证据交换过程中对《付款台账》第18、19项予以确认,原庭审中亦未提出异议,而庭审结束后否认前述事实,这缺乏合理性,且其未提供支持其理由的证据,法院不予采纳。

最高人民法院认为,《民事证据规定》第89条规定,当事人在诉讼过程中认可的证据,人民法院应当予以确认。但法律、司法解释另有规定的除外。当事人对认可的证据反悔的,参照《民诉法解释》第229条的规定处理。经查明,原一审庭前证据交换过程中,各方当事人对《付款台账》的原始凭证进行了核对,并对相关数额进行了确认,冯某对《付款台账》第18、19项予以确认。原一审庭审中,冯某亦未对此提出异议,并认可《协议书》载明的双方确认合计7150739元的款项包括《付款台账》第18、19项载明的共计700万元款项。然而,庭审结束后,冯某提交补充答辩意见,其以“庭审时间紧迫、当时未发现问题”为由否认前述事实,这缺乏合理性,且冯某未提供支持其理由的证据,故对其主张,该院不予采纳。

条文内容	参考条文
第一百一十三条　【需补强的证据】 下列证据不能单独作为认定案件事实的根据： （一）当事人的陈述； （二）无民事行为能力人或者限制民事行为能力人所作的与其年龄、智力状况或者精神健康状况不相当的证言； （三）与一方当事人或者其代理人有利害关系的证人陈述的证言； （四）存有疑点的视听资料、电子数据； （五）无法与原件、原物核对的复制件、复制品。	《民事证据规定》第 90 条

要点注释

根据本条规定，当事人提供的证明力较弱的五种证据不能单独作为认定案件事实的根据。其意义在于：一方面，限制法官在诉讼中采信证据时的自由裁量权，即法官在民事审判实践中，不得离开法律的明文规定，将需要补强的证据单独作为认定案件事实的根据；另一方面，为当事人及其诉讼代理人在民事诉讼中如何举证指引了方向。

补强规则的适用条件有以下三点：

第一，需补强的证据符合证据的基本属性，具备证据的基本资格。如果当事人提交的某一证据与案件事实无关即不具有关联性、取得方式违法、证据本身或内容不真实，应依法予以排除，该证据不具备被补强的前提条件，没有适用证据补强的必要。换言之，需补强证据必须具备证据能力，补强规则只涉及证据的证明力问题。本条规定的五种证据即属于需补强的证据。

第二，需补强的证据在证明力方面存在一定的缺陷。例如，本条五种证据均涉及证据的真实性存在瑕疵，其中第 1、2、3 项涉及内容真实性瑕疵，第 4 项涉及形式真实性或内容真实性瑕疵,第5项涉及形式真实性瑕疵,需要结合其他证据补强其证明力。

第三,需补强证据的缺陷严重影响该证据的证明力,导致该证据不能单独作为认定案件事实的根据。需补强的证据虽然具备证据能力,但证明力不足,达不到认定案件事实所需的证明力强度,此时,若没有其他证据补强,则该需补强证据的证明力较弱,可能微乎其微,因此不能作为认定案件事实的根据。例如,本条第3项,“与一方当事人或者其代理人有利害关系”这一因素,致使该证人证言的真实性从常理看存在可疑之处,从而降低了其证言的证明力强度,需要其他证据予以补强。证人证言也可能存在证人表达能力较差的缺陷,但一般情况下,这一弱点并不影响该证言的证明力,故而无须适用补强规则。

地方司法文件

➢**《北京市高级人民法院知识产权民事诉讼证据规则指引》**(2021年4月22日发布)

1.25 无法与原件、原物核对的复制件、复制品一般不能作为认定案件事实的依据,但能够与其他证据相互印证,或通过其他方式足以确认其真实性的除外。

审查复制件、复制品的真实性,应考虑所使用复制技术的保真性,复制技术的保真性足以排除伪造、变造合理怀疑的,则该复制件、复制品可以作为认定案件事实的依据。

最高人民法院案例

➢**1. 再审申请人董某星与被申请人赵某斌、一审被告安阳市名锴房地产有限公司、河南广昊房地产开发有限公司民间借贷纠纷案**[(2014)民申字第781号]

裁判要旨:当事人提供的电话录音证据,就通话内容而言,存在前后矛盾之处，存有疑点的视听资料不能单独作为认定案件事实的根据。

最高人民法院认为，对于董某星申请再审提供的标注时间为 2014 年 1 月 19 日的董某星与袁某民的电话录音和标注时间为 2014 年 4 月 20 日的董某星与赵某斌的电话录音证据，根据《最高人民法院关于适用〈中华人民共和国民事诉讼法〉审判监督程序若干问题的解释》第 10 条①规定，再审申请人提交的四类证据为新证据，一是原审庭审结束前已客观存在庭审结束后新发现的证据，二是原审庭审结束前已经发现，但因客观原因无法取得或在规定的期限内不能提供的证据，三是原审庭审结束后原作出鉴定结论、勘验笔录或者重新鉴定、勘验，推翻原结论的证据，四是当事人在原审中提供的主要证据，原审未予质证、认证，但足以推翻原判决裁定的。最高人民法院认为，董某星提供的该两份证据并不符合司法解释规定，不是法律意义上再审程序的“新证据”，且赵某斌对其真实性并不认可，董某星亦未提供进一步证据证明其真实性，就通话内容而言，亦存在前后矛盾之处，存有疑点的视听资料证据，根据《民事证据规定》，无法单独作为认定案件事实的依据。

➢2. 再审申请人福建省青山纸业股份有限公司与被申请人南昌环湖贸易有限公司、原审第三人福建阿木尔投资有限责任公司买卖合同纠纷案[(2019)最高法民申 2633 号]

裁判要旨：录音证据只是不能单独作为认定案件事实的依据，并非不能作为认定案件事实的依据。

最高人民法院认为：首先，陈某水、林某麟均系福建省青山纸业股份有限公司(以下简称青山公司)的离职员工，其与青山公司存在利害关系，其在原审判决生效后所作的陈述的证明力较低。其次，青山公司在二审期间并未对环湖公司提交的录音证据申请司法鉴定，从其提供的两份《情况说明》的内容来看，亦没有完全否定陈某水、林某麟曾与南昌环湖贸易有限公司(以下简称环湖公司)实际控制人何某义有过电话联系，故仅凭该两份《情况说明》无法完全否定原审录音

① 2020 年修正的《最高人民法院关于适用〈中华人民共和国民事诉讼法〉审判监督程序若干问题的解释》已删除该条。

证据的真实性。最后,根据《民事证据规定》第69条①规定,原审录音证据只是不能单独作为认定案件事实的依据,并非不能作为认定案件事实的依据,而原审法院亦没有仅凭录音证据便直接作出环湖公司并非真实履行主体的认定。据此,青山公司申请再审期间所提交的证据不足以推翻原判决。

➢3. 申诉人李某堂与被申诉人白某祥、原审被告横山县韩岔乡庙渠煤矿、原审第三人王某宝等企业出资人权益确认纠纷案[(2013)民提字第23号]

裁判要旨:当事人虽然主张该录音证据内容有疑点,但认可该录音是其本人的声音,其对存在通话的事实及录音的真实性未予否认,亦未申请司法鉴定,法院对该录音的真实性予以确认。

最高人民法院认为,该案诉讼期间,李某堂提交了一份其与白某祥之间的通话录音,该录音内容清晰、连贯,没有明显的变造或技术处理痕迹,白某祥虽然主张该录音证据内容有疑点、不能作为判断两人实际通话内容的根据,但一审质证时其认可该录音是其本人的声音,原审期间其对存在通话的事实及录音的真实性未予否认,亦未申请司法鉴定,故最高人民法院对该录音真实性予以确认。原审法院适用《民事证据规定》第69条②不予采信该份录音证据,有所不当,最高人民法院予以纠正。从通话录音内容可知,李某堂将股金份额转让给王某宝时告知了白某祥,且白某祥当时是同意的,并且通过其委托的会计郑某勤收取了部分转让款,只是认为王某宝未及时、足额支付剩余转让款,因此事后要求撤销或解除转让协议。白某祥在李某堂转让股金份额时表示同意的行为表明其已授权李某堂对其享有的份额进行处分,现其以李某堂转让股金份额未经其同意为由主张转让无效,最高人民法院不予采信。

➢4. 再审申请人广西嘉股禧贸易有限责任公司与被申请人邵某炜、周某永民间借贷纠纷案[(2020)最高法民申5856号]

裁判要旨:当事人认可录音内容的真实性,未提供相应证据证明视听资料存

---

① 现为2019年修正的《民事证据规定》第90条,内容有修改。

② 现为2019年修正的《民事证据规定》第90条,内容有修改。

有疑点的，应予认定。

最高人民法院认为，该案一审、二审诉讼时施行的《民事证据规定》第69条第3项①规定，存有疑点的视听资料不能单独作为认定案件事实的依据。第70条②第3项规定，一方当事人提出的有其他证据佐证并以合法手段取得的、无疑点的视频资料，对方当事人提出异议但没有足以反驳的相关证据的，人民法院应当确认其证明力。该案中，广西嘉殷禧贸易有限公司（以下简称嘉殷禧公司）对邵某炜提交的录音刻录光盘的合法性和录音内容的完整性、真实性提出异议，并认为录音刻录光盘不应被采信。二审法院已查明，该院审理（2015）桂民二终字第26号民事案件，即该案第一次二审诉讼时，嘉殷禧公司并未对录音内容为潘某民本人陈述提出异议，亦没有否认录音中涉及潘某民谈话内容的真实性。在该案中，嘉殷禧公司尽管对录音刻录光盘提出异议，但未指出录音内容哪些地方存在疑点。同时从录音内容中可以明确听到在回答"为何要将赌博输给潘某民的钱变成向公司借款"时，潘某民的陈述是"为了将赌博债务合法化，否则无法追讨"；在回答二审法官提问"是否有过这些谈话内容"时，嘉殷禧公司委托诉讼代理人回答"有过，但不是在2013年12月7日"。由此表明嘉殷禧公司认可该录音内容的真实性，同时因嘉殷禧公司未提出录音刻录光盘中存在的具体疑点，且未提供相应证据予以佐证，故原审法院对该录音刻录光盘予以采信，并无不当，最高人民法院对嘉殷禧公司有关录音刻录光盘不应被采信的再审理由，不予支持。

地方人民法院案例

➤1. 唐某铨与陈某富、广西桂林沣汇源建筑工程公司建设工程施工合同纠纷案［（2020）桂12民终938号］

裁判要旨：当事人陈述不能单独作为认定案件事实的依据，相关当事人应该承担举证不能的责任。

---

① 现为2019年修正的《民事证据规定》第90条第4项，内容有修改。

② 2019年修正的《民事证据规定》已删除该条。

广西壮族自治区河池市中级人民法院认为,依据《民事诉讼法》第64条第1款①"当事人对自己提出的主张,有责任提供证据"、《民诉法解释》第108条第1款"对负有举证证明责任的当事人提供的证据,人民法院经审查并结合相关事实,确信待证事实的存在具有高度可能性的,应当认定该事实存在"、《民事证据规定》第2条②"当事人对自己提出的诉讼请求所依据的事实或者反驳对方诉讼请求所依据的事实有责任提供证据加以证明。没有证据或者证据不足以证明当事人的事实主张的,由负有举证责任的当事人承担不利后果"及《民事证据规定》第90条第1项"当事人的陈述"的规定,民事诉讼实行谁主张谁举证的原则,在证明力上采取高度盖然性的证明标准。该案中,陈某富以3张工程款的《收条》及相关转账凭证、证人证言形成完整的证据链条证实了其向唐某铨支付工程款的事实,陈某富的举证已完成且已达到证实或高度盖然性的证明标准。唐某铨否认陈某富的主张,应该提供相应的证据将其推翻,但唐某铨除其本人陈述外并无其他证据予以证实,当事人陈述不能单独作为认定案件事实的依据,据此,唐某铨没有完成其应负有的举证责任,应该承担举证不能的责任,其上诉主张陈某富没有支付完毕第一次工程款的理由不成立,该院不予采纳。

➢2. 韩某梅、刘某甲、刘某乙、刘某贞、王某兰与阳光人寿保险股份有限公司江苏分公司保险合同纠纷案③

裁判要旨:证人虽与一方当事人存在利害关系,但其出具的不利于提供该证据一方的证言可信度较高,可以采信。

南京市鼓楼区人民法院认为,该案中,证人宗某出具证言称,在收取保险费时误以为刘某丙是农民而未询问其职业,涉案保险卡系保险代理公司根据业务员对被保险人职业状况的陈述代为激活,后又交付给刘某丙的内容,鉴于宗某作为向刘某丙销售被告阳光人寿保险股份有限公司(以下简称阳光人保)保险业务的经办人,与阳光人保有利害关系,其出具的不利于阳光人保的证言可信度较

---

① 现为2021年修正的《民事诉讼法》第67条第1款。

② 2019年修正的《民事证据规定》已删除该条。

③ 参见《最高人民法院公报》2010年第5期(总第163期)。

高，且阳光人保未能举证证明涉案保险卡由刘某丙自己激活，亦未能举证证明在收取保险费时对刘某丙的职业提出了书面询问，故可以认定阳光人保未能全面履行对保险合同条款的说明义务。阳光人保网站上可查阅被保险人的职业分类表，网上激活的过程中，被保险人职业栏若选择"营业用货车司机"，保险卡会因被拒绝承保而不能激活。但是，该案所涉保险卡系民兴代理公司内勤代为激活，激活过程中，民兴代理公司仅向其业务员宗某而未向投保人刘某丙进行询问，而宗某并未询问过刘某丙的职业，使刘某丙没有机会就其职业状况履行如实告知义务。因此，刘某丙并未违反投保人如实告知义务。

➢3. 侯某玲与朱某平民间借贷纠纷案[（2020）粤 02 民终 675 号]

裁判要旨：录音中未明确还款的数额、偿还哪笔借款及双方通话明显未结束就没有进行录入或被删除的情况，该录音存有疑点，不足以证明待证事实。

广东省韶关市中级人民法院认为，侯某玲为了证明其已向朱某平偿还了涉案借款，于二审期间提供了其认为其与朱某平于 2019 年 8 月的电话通话录音光盘，该录音中男方通话虽然有"我也说还了，他们说还了"的内容，但录音中男方之后通话中"欠我的数，当时很多实际情况，反过来你这个样子，我们现在说我们两个人"的内容显示，双方通话并没有结束，应该还有继续通话，但该录音却没有继续录入，或是删除了后面的内容。根据《民事证据规定》第 90 条"下列证据不能单独作为认定案件事实的根据……（四）存有疑点的视听资料、电子数据……"及第 93 条"人民法院对于电子数据的真实性，应当结合下列因素综合判断……（四）电子数据是否被完整地保存、传输、提取，保存、传输、提取的方法是否可靠……（七）影响电子数据完整性和可靠性的其他因素……"的规定，结合录音中未明确还款的数额、偿还哪笔借款及双方通话明显未结束就没有进行录入或被删除的情况，该录音不完整且存有疑点，该院确认该录音不足以证明侯某玲已向朱某平偿还了涉案借款，故一审判决侯某玲向朱某平偿还借款本金 10000 元及支付以 10000 元为基数从 2019 年 8 月 5 日起按年利率 6%计算至还清款项之日止资金占用期间的利息正确，该院予以支持。

➤4. 深圳市航世通国际货运代理有限公司与深圳市宇中国际货运代理有限公司运输合同纠纷案[(2016)粤03民终12438号]

裁判要旨:复印件相互之间不能互为佐证,复印件的数量不能改变其本身的性质,复印件再多亦不能作为认定事实的依据。

广东省深圳市中级人民法院认为,深圳市航世通国际货运代理有限公司(以下简称航世通公司)主张深圳市宇中国际货运代理有限公司(以下简称宇中公司)欠付其空运费及其他费用,但其所提交的证据均系复印件,证据的真实性无法确认。根据《民事证据规定》第69条①规定,无法与原件、原物核对的复印件、复制品均无法单独作为认定案件事实的依据。每份证据对待证事实而言都是单独的,在无其他证据可以佐证的情况下,复印件不能作为认定事实的依据,而足以佐证亦应当以该证据的真实性可以确定为前提,复印件相互之间不能互为佐证,复印件的数量不能改变其本身的性质,复印件再多亦不能作为认定事实的依据。航世通公司主张其向原审提交的订航委托书、出单资料及翻译件系从电子数据中复印而来,但航世通公司不能证明电子数据的真实性,亦不能证明其所主张的电子邮箱为宇中公司所有,故航世通公司所提交证据不能形成有效的证据链,不足以证明宇中公司拖欠其空运费及其他费用。航世通公司主张宇中公司一审未到庭,应视为宇中公司对相关诉讼权利的放弃,进而主张应当采信航世通公司所提交的证据。对此,该院认为,当事人未到庭参加诉讼,应视为其放弃答辩等诉讼权利,但不能因此推定诉讼相对人的主张即为成立,航世通公司此项理由不能成立。

➤5. 李某与刘某林、刘某力、刘某丹物权保护纠纷案[(2021)粤01民终20548号]

裁判要旨:证人李某、吴某虽系当事人亲友,但证人证言有情况说明佐证,并非孤证,原审法院予以采信,符合法律规定。

广东省广州市中级人民法院认为,关于证人李某、吴某证言效力的问题,《民

---

① 现为2019年修正的《民事证据规定》第90条。

事诉讼法》第72条①规定:“凡是知道案件情况的单位和个人,都有义务出庭作证。有关单位的负责人应当支持证人作证。不能正确表达意思的人,不能作证。”《民事证据规定》第96条规定:“人民法院认定证人证言,可以通过对证人的智力状况、品德、知识、经验、法律意识和专业技能等的综合分析作出判断。”根据上述法律规定,前述证人是否适格,应符合是否知晓案件情况的条件。证人证言能否采信,应审查证人证言的内容是否客观真实。结合该案,证人李某、吴某虽然系刘某林亲友,但其知晓案件的事实情况,具备成为该案证人的资格。前述证人证言中关于2020年1月8日开锁事宜的事实情况,有广东省军区广州第七离职干部休养所出具的情况说明相佐证。上述证人证言并非孤证,原审法院予以采信符合法律规定,广东省广州市中级人民法院依法予以维持。

第二节 当事人的陈述

条文内容	参考条文
第一百一十四条 【当事人陈述的审核】 人民法院对当事人的陈述,应当结合本案的其他证据,审查确定能否作为认定事实的根据。	《民事诉讼法》 第78条第1款
当事人拒绝陈述的,不影响人民法院根据证据认定案件事实。	《民事诉讼法》 第78条第2款

要点注释

当事人在一般情况下,总会作出对自己有利的陈述,而不会作出对自己不利的陈述,从而导致法官对当事人陈述的真实性产生疑问。一旦将当事人的陈述

① 现为2021年修正的《民事诉讼法》第75条。

单独作为认定案件事实的根据,就极有可能导致案件错判,故《民事诉讼法》第78条第1款规定:"人民法院对当事人的陈述,应当结合本案的其他证据,审查确定能否作为认定事实的根据。"《民事证据规定》第90条也规定,当事人的陈述不能单独作为认定案件事实的根据。

当事人的陈述可分为不利于自己的陈述和有利于自己的陈述,《民事证据规定》第3条第1款规定:"在诉讼过程中,一方当事人陈述的于己不利的事实,或者对于己不利的事实明确表示承认的,另一方当事人无需举证证明。"(见本书第31条)据此,当事人陈述于己不利的事实构成自认,另一方当事人无须举证证明,可以将该事实单独作为认定案件事实的根据。故本条中的当事人的陈述,应指当事人有利于自己的陈述。

地方司法文件

➤**《最高人民法院关于防范和制裁虚假诉讼的指导意见》**(法发〔2016〕13号,2016年6月20日发布)

1. 虚假诉讼一般包含以下要素:(1)以规避法律、法规或国家政策谋取非法利益为目的;(2)双方当事人存在恶意串通;(3)虚构事实;(4)借用合法的民事程序;(5)侵害国家利益、社会公共利益或者案外人的合法权益。

2. 实践中,要特别注意以下情形:(1)当事人为夫妻、朋友等亲近关系或者关联企业等共同利益关系;(2)原告诉请司法保护的标的额与其自身经济状况严重不符;(3)原告起诉所依据的事实和理由明显不符合常理;(4)当事人双方无实质性民事权益争议;(5)案件证据不足,但双方仍然主动迅速达成调解协议,并请求人民法院出具调解书。

3. 在民间借贷、离婚析产、以物抵债、劳动争议、公司分立(合并)、企业破产等虚假诉讼高发领域的案件审理中,要加大证据审查力度。对可能存在虚假诉讼的,要适当加大依职权调查取证力度。

4. 涉嫌虚假诉讼的,应当传唤当事人本人到庭,就有关案件事实接受询问。

除法定事由外,应当要求证人出庭作证。要充分发挥民事诉讼法司法解释有关当事人和证人签署保证书规定的作用,探索当事人和证人宣誓制度。

地方人民法院案例

➢王某与巫某翠委托合同纠纷案[(2010)桂民一终字第119号]

裁判要旨:在当事人的主张仅有其陈述而无其他客观证据证实且又被对方当事人否认的情况下,法院对当事人的主张不予支持。

广西壮族自治区高级人民法院认为,该案的基础法律关系为委托合同纠纷,只有对基础法律关系进行审理后才能确定王某是否有权按照委托合同关系要求巫某翠承担合同责任,因此王某应当负有对委托合同包括合同的成立、生效、权利义务及违约责任等事实进行举证的义务。王某仅凭向巫某翠转款840万元的银行凭证上注明的款项来源为"钢材款",主张双方存在委托代购钢材关系,而双方当事人仅通过口头委托便达成840万元的大宗交易,不尽然符合商业惯例,且该银行凭证为王某单方填写,在王某的主张仅有其陈述而无其他客观证据证实且又被对方当事人否认的情况下,该院对王某的主张不予支持。

另外,有关巫某翠在该案中抗辩理由如何理解的问题,该院二审认为,从巫某翠与陈某生共同生育了女儿陈某轩及陈某生作为该案中王某申请财产保全的担保人的事实来看,巫某翠与陈某生有存在感情纠纷的可能性,虽然巫某翠主张的赠与关系被陈某生否认,但由于陈某生与巫某翠存在利害关系,故在陈某生与巫某翠可能存在感情纠纷的情况下,陈某生在该案中的意见不能当然被采信,巫某翠的抗辩理由可能有一定的合理性,巫某翠可能具有合理性的抗辩使王某主张的委托事实继续陷于真伪不明状态,如前所述,王某对其诉讼主张应当进一步承担举证义务,若不能证明则应当依法承担举证不能的不利后果。

条文内容	参考条文
第一百一十五条　【当事人接受询问】 人民法院认为有必要的,可以要求当事人本人到场,就案件的有关事实接受询问。	《民事证据规定》 第64条第1款
人民法院要求当事人到场接受询问的,应当通知当事人询问的时间、地点、拒不到场的后果等内容。	《民事证据规定》 第64条第2款

要点注释

审判实践中,某些情况下待证事实除当事人陈述之外没有其他证据证明,如民间借贷案件中款项交付的事实真伪不明,这种情况下简单根据举证责任分配规则进行裁判,驳回当事人的诉讼请求,有时会引起裁判是否公正、法官是否尽到职责的质疑。为此,本条参考大陆法系国家和地区的经验,设立当事人询问制度,通过询问当事人的方式,获取当事人亲身经历的见闻的陈述,帮助法官查明案件事实。

当事人接受询问的条件是人民法院认为有必要,必要的情形一般是指证据已经穷尽而待证事实仍处于真伪不明的情况。需要强调的是,人民法院认为有必要时,可以要求当事人本人到场,这里规定的是"到场"而非"到庭",这是为了适应审判实践的需要。"到场"比"到庭"外延要广,法院认为有必要时,可以在调查和询问的过程中要求当事人本人到场接受询问。

司法解释

➢1.《最高人民法院关于适用〈中华人民共和国民事诉讼法〉的解释》(法〔2022〕11号,2022年4月10日施行)

第一百七十四条　民事诉讼法第一百一十二条规定的必须到庭的被告,是指负有赡养、抚育、扶养义务和不到庭就无法查清案情的被告。

人民法院对必须到庭才能查清案件基本事实的原告,经两次传票传唤,无正当理由拒不到庭的,可以拘传。

➢ **2.《最高人民法院关于审理民间借贷案件适用法律若干问题的规定》**(法释〔2020〕17号,2021年1月1日施行)

第十七条 依据《最高人民法院关于适用〈中华人民共和国民事诉讼法〉的解释》第一百七十四条第二款之规定,负有举证责任的原告无正当理由拒不到庭,经审查现有证据无法确认借贷行为、借贷金额、支付方式等案件主要事实的,人民法院对原告主张的事实不予认定。

地方司法文件

➢ **《最高人民法院关于依法妥善审理涉及夫妻债务案件有关问题的通知》**(法〔2017〕48号,2017年2月28日发布)

二、保障未具名举债夫妻一方的诉讼权利。在审理以夫妻一方名义举债的案件中,原则上应当传唤夫妻双方本人和案件其他当事人本人到庭;需要证人出庭作证的,除法定事由外,应当通知证人出庭作证。在庭审中,应当按照《最高人民法院关于适用〈中华人民共和国民事诉讼法〉的解释》的规定,要求有关当事人和证人签署保证书,以保证当事人陈述和证人证言的真实性。未具名举债一方不能提供证据,但能够提供证据线索的,人民法院应当根据当事人的申请进行调查取证;对伪造、隐藏、毁灭证据的要依法予以惩处。未经审判程序,不得要求未举债的夫妻一方承担民事责任。

最高人民法院案例

➢ **再审申请人程某、刘某清与被申请人罗某德合同纠纷案**[(2021)最高法民申5822号]

裁判要旨:人民法院认为有必要的,可以要求当事人本人到场,就案件的有关事实接受询问。法院收到署名当事人的情况说明,因无法判断该情况说明是否为当事人本人书写,对该证据未予采纳的,不违反相关法律规定。

最高人民法院认为,根据《民事证据规定》第64条第1款“人民法院认为有必要的,可以要求当事人本人到场,就案件的有关事实接受询问”的规定,再审申请人的委托诉讼代理人在一审庭审就被申请人提供的刘某清签名的数份银行交易凭证质证时表示无法确认,需和刘某清本人核实后,再将核实结果回复该院。一审法院告知其通知刘某清限期到庭对银行交易凭证上的签名进行质证,逾期不到庭,该院将以上述书证上刘某清的签名为鉴定检材。随后,一审法院收到署名“刘某清”的邮寄情况说明一份,其上载明:“我收到了我的代理人转来的中国工商银行股份有限公司鹤岗新世纪广场支行出具的三张凭证,我经过回忆,认为上述凭证上的签字并非我本人亲自书写,不能作为笔迹鉴定检材使用。另外,因我身体健康原因,一直在外就医,近期不能返回鹤岗。”一审法院因无法判断该情况说明是否为刘某清本人书写,对该证据未予采纳,将上述银行交易凭证上的“刘某清”签名作为检材委托鉴定,故此后一审、二审法院未准许再审申请人提出另行调取收集检材,以及对《协议书》重新鉴定的申请并不违反相关法律规定。

地方人民法院案例

➢1. 石某升与东港市百魁建筑工程处、大连珑达建设集团有限公司、吕某峰建设工程施工合同纠纷案[(2021)辽06民终1094号]

裁判要旨:一审过程中,法院要求当事人本人到庭陈述,但其无正当理由未到庭,应承担不利后果。

辽宁省丹东市中级人民法院认为,对于负有举证证明责任的当事人提供的证据,人民法院经审查并结合相关事实,确信待证事实的存在具有高度可能性的,应当认定该事实存在。人民法院认为有必要的,可以要求当事人本人到场,就案件的有关事实接受询问。当事人无正当理由拒不到场、拒不签署或宣读保证书或者拒不接受询问的，人民法院应当综合案件情况，判断待证事实的真伪。待证事实无其他证据证明的，人民法院应当作出不利于该当事人的认定。该案一审过程中，一审法院要求上诉人本人到庭陈述，但其无正当理由未到庭，应承担不利后果。通过对全案证据的审查，可以认定被上诉人东港市百魁建筑工程处提供的证据已经达到了高度盖然性的证明标准，完成了举证责任，一审法院判决支持其主张，并无不当。

➢2. 蓝某洋与韦某明民间借贷纠纷案[（2021）桂01民终998号]

裁判要旨：当事人主张款项未实际交付，二审中其签收法院传唤通知后无正当理由仍不到庭接受询问，又未能举证反驳在案证据或到庭作合理说明，法院对其主张不予支持。

广西壮族自治区南宁市中级人民法院认为，被上诉人韦某明主张其已经现金交付借款200000元，一审提供了蓝某洋出具的三份借款凭证及银行取现记录等予以佐证，韦某明一审、二审本人均到庭陈述，其关于款项交付具体情形的陈述内容稳定一致，足以形成优势证据证明其主张。然而，蓝某洋一审、二审均由其诉讼代理人到庭代为陈述，二审其本人签收该院传唤通知后无正当理由仍不到庭接受法院询问。根据《民事证据规定》第64条第1款“人民法院认为有必要的，可以要求当事人本人到场，就案件的有关事实接受询问”与第66条“当事人无正当理由拒不到场、拒不签署或宣读保证书或者拒不接受询问的，人民法院应当综合案件情况，判断待证事实的真伪。待证事实无其他证据证明的，人民法院应当作出不利于该当事人的认定”之规定，蓝某洋主张款项未实际交付，但又未能举证反驳在案证据或到庭作合理说明，该院对其主张不予支持。一审据实认定双方间成立200000元民间借贷关系，认定蓝某洋已偿还借款本金10000元，尚欠借款本金190000元未还，有事实与法律依据，且针对蓝某洋的抗辩意见进行了充分说理，该院予以确认，不再赘述。

条文内容	参考条文
第一百一十六条 【当事人具结】 人民法院应当在询问前责令当事人签署保证书并宣读保证书的内容。	《民事证据规定》第65条第1款
保证书应当载明保证据实陈述,绝无隐瞒、歪曲、增减,如有虚假陈述应当接受处罚等内容。当事人应当在保证书上签名、捺印。	《民事证据规定》第65条第2款
当事人有正当理由不能宣读保证书的,由书记员宣读并进行说明。	《民事证据规定》第65条第3款

要点注释

《民诉法解释》第110条第1款“在询问当事人之前,可以要求其签署保证书”的规定,首次明确了当事人的具结义务。本条第1款规定将该司法解释中的“可以要求其签署保证书”改为“责令当事人签署保证书并宣读保证书的内容”,这种文字上的变动,进一步明确了签署保证书是当事人必须履行的一项义务,进一步完善了当事人具结制度的程序和方法。

首先,当事人具结的对象应为当事人本人,而不包括其诉讼代理人,因为只有当事人本人亲历案件所涉事实,其陈述才更有价值。其次,具结时间应在当事人接受询问之前,具结时间的合理设置是发挥具结制度功效的前提条件。最后,当事人应同时完成书面具结和口头具结。书面具结即签署保证书,口头具结即宣读保证书的内容。

本条第2款是在《民诉法解释》第110条第1款的基础上,进一步细化补充了当事人签署保证书的内容,列明了隐瞒、歪曲、增减几种比较典型的虚假陈述的方式。签署保证书的形式要求是在保证书上签名、捺印,当事人既要签名,又要捺印,通过这种“签字画押”式的仪式,督促当事人如实陈述案件事实。

本条第3款规定了当事人宣读保证书内容的例外情形，即当事人有正当理由不能宣读保证书的，由书记员宣读并进行说明。这里的"正当理由"一般是指当事人在文字认知、语言表达等方面确实存在障碍，以及重大疾病导致其无法宣读等情形。确实无法宣读的情况下，可以由书记员代为宣读保证书的内容，但不能省略宣读的程序，否则无法产生当事人具结制度设立的效果。

司法解释

➤**《最高人民法院关于适用〈中华人民共和国民事诉讼法〉的解释》**（法释〔2022〕11号，2022年4月10日施行）

第一百一十条 人民法院认为有必要的，可以要求当事人本人到庭，就案件有关事实接受询问。在询问当事人之前，可以要求其签署保证书。

保证书应当载明据实陈述、如有虚假陈述愿意接受处罚等内容。当事人应当在保证书上签名或者捺印。

负有举证证明责任的当事人拒绝到庭、拒绝接受询问或者拒绝签署保证书，待证事实又欠缺其他证据证明的，人民法院对其主张的事实不予认定。

地方人民法院案例

➤**再审申请人武威奋天选矿有限责任公司、马某与被申请人张某民间借贷纠纷案**[（2021）甘民申248号]

裁判要旨：诉讼代理人在二审诉讼中无法真实准确地表述案件相关事实，为进一步查清案件事实，二审法院可以要求当事人本人到场，就案件的有关事实接受询问。

甘肃省高级人民法院认为，《最高人民法院关于审理民间借贷案件适用法律若干问题的规定》第15条第2款规定："被告抗辩借贷行为尚未实际发生并能作出合理说明的，人民法院应当结合借贷金额、款项交付、当事人的经济能力、当地或者当事人之间的交易方式、交易习惯、当事人财产变动情况以及证人证言等事实和因素，综合判断查证借贷事实是否发生。”该案中，武威奋天选矿有限公司（以下简称奋天公司）、马某对张某诉请的现金支付396000元、300000元两笔借款的事实予以否认，主张该两笔借贷行为未实际发生。在原审诉讼中，张某提交其子赵某于2015年1月27日在甘肃银行的存款账户交易明细、证人陈某证言、赵某与马某短信记录等证据，拟证明其以现金方式交付借款696000元的事实。根据原审查明的事实，马某就案涉借款先后4次出具借条，且历次借条中均认可收到借款3000000元，特别是最后一张借条明确注明“所有现金本人已全部收到”。因双方自2013年以来长期存在经济往来，也有使用大额现金的习惯，奋天公司、马某的诉讼代理人在二审诉讼中无法真实准确地表述案件相关事实，而马某作为案件所涉事实的亲历者，其陈述对案件具体情况的确定尤为必要。

为进一步查清案件事实，二审法院依据《民事证据规定》第64条“人民法院认为有必要的，可以要求当事人本人到场，就案件的有关事实接受询问。人民法院要求当事人到场接受询问的，应当通知当事人询问的时间、地点、拒不到场的后果等内容”的规定，两次正式传唤马某本人于指定时间和地点就案件事实到庭接受询问，并告知其拒不到庭的法律后果，但马某均未到庭，故二审法院依据《民事证据规定》第66条“当事人无正当理由拒不到场、拒不签署或宣读保证书或者拒不接受询问的，人民法院应当综合案件情况，判断待证事实的真伪。待证事实无其他证据证明的，人民法院应当作出不利于该当事人的认定”的规定，综合该案的借贷金额、当事人的经济能力、当地或者当事人之间的交易方式、交易习惯、当事人财产变动情况以及证人证言等事实和因素，认定张某主张的3000000元借款全部支付，并无不妥之处。

➢2. 再审申请人樊某与被申请人江苏省泗阳桃州中学教育机构责任纠纷案
[（2016）苏民申1662号]

裁判要旨：涉案事故发生时当事人已满14周岁，对坠楼事故原因有认识能力，法庭为查明坠楼原因，可以要求其到庭接受询问。

江苏省高级人民法院认为，涉案事故发生时樊某已满14周岁，对坠楼事故原因有认识能力,一审时,法庭为查明坠楼原因,要求樊某到庭接受询问,其不予配合,樊某的法定代理人称樊某失去记忆,但未提供证据证明。根据《民诉法解释》第 110 条规定,人民法院认为有必要的,可以要求当事人本人到庭,就案件有关事实接受询问。负有举证证明责任的当事人拒绝到庭、拒绝接受询问或者拒绝签署保证书,待证事实又欠缺其他证据证明的,人民法院对其主张的事实不予认定。

条文内容	参考条文
第一百一十七条 【当事人拒绝询问的后果】 当事人无正当理由拒不到场、拒不签署或宣读保证书或者拒不接受询问的,人民法院应当综合案件情况,判断待证事实的真伪。待证事实无其他证据证明的,人民法院应当作出不利于该当事人的认定。	《民事证据规定》第 66 条

要点注释

当事人的陈述是民事诉讼法规定的证据种类之一。司法实践中,许多当事人并不亲自出庭参加审判,而是委托诉讼代理人代为参加诉讼,这是法律赋予当事人的权利,本无可厚非;但在有些案件中,待证事实除当事人陈述之外没有其他证据证明,为此需要通过询问当事人的方式,获取当事人亲身经历的见闻的陈述,帮助法院查明案件事实。

当事人亲自参加诉讼并进行陈述,不仅是一种诉讼权利,还是一种应尽的诉讼义务。但是,有的当事人出于各种原因和考虑,无正当理由拒绝出庭,拒绝接受询问,这导致案件的要件事实真伪不明,需要法律在此种情形下作出不利于该当事人的认定。本条规定一方面可以促使负有举证责任的当事人积极参加诉讼,积极举证;另一方面可以督促不负有举证责任的一方当事人参加诉讼并进行陈述,防止负有举证责任当事人的举证构成妨碍。

司法解释

➤**1.《最高人民法院关于适用〈中华人民共和国民事诉讼法〉的解释》**(法释〔2022〕11号,2022年4月10日施行)

第一百一十条第三款 负有举证证明责任的当事人拒绝到庭、拒绝接受询问或者拒绝签署保证书,待证事实又欠缺其他证据证明的,人民法院对其主张的事实不予认定。

➤**2.《最高人民法院关于审理民间借贷案件适用法律若干问题的规定》**(法释〔2022〕17号,2021年1月1日施行)

第十七条 依据《最高人民法院关于适用〈中华人民共和国民事诉讼法〉的解释》第一百七十四条第二款之规定,负有举证责任的原告无正当理由拒不到庭,经审查现有证据无法确认借贷行为、借贷金额、支付方式等案件主要事实的,人民法院对原告主张的事实不予认定。

地方人民法院案例

➤**1. 再审申请人廖某东与被申请人罗某强劳务合同纠纷案**[(2019)川民申1675号]

裁判要旨:当事人拒不到庭,待证事实又缺乏其他证据证明的,人民法院对其主张的事实不予认定。

关于二审法院对廖某东提交的罗某强领取电线等材料的证据不予采信是否正确问题,四川省高级人民法院认为,二审过程中,罗某强认为,廖某东提交的证据有明显改动痕迹,对证据的真实性不予认可。二审法院通知廖某东本人于2018年11月21日到庭与罗某强进行质证,廖某东拒不到庭。根据《民诉法解释》第110条第3款"负有举证证明责任的当事人拒绝到庭、拒绝接受询问或者拒绝签署保证书,待证事实又欠缺其他证据证明的,人民法院对其主张的事实不予认定"的规定,二审法院对廖某东提交的罗某强领取电线等材料的证据不予采信,并无不当。

➤2. 再审申请人东莞市厚街扬智鞋材店与被申请人长泰化学工业(惠州)有限公司、一审被告王某哲买卖合同纠纷案[(2016)粤民申5618号]

裁判要旨:负有举证责任的当事人拒绝到庭、待证事实又欠缺其他证据证明的,法院对其主张不予支持。

关于王某哲与王某麒是否为同一人,广东省高级人民法院认为,廖某村作为长泰化学工业(惠州)有限公司(以下简称长泰公司)的代表签署了《还款承诺书》,一审期间当庭确认其与王某哲同为我国台湾地区居民,王某哲在进行涉案货物买卖的过程中均是以王某麒的名字进行商谈,长泰公司从未与熊某立进行过商谈,直到准备提起诉讼查询王某麒常用车辆时才知道王某麒的真实姓名是王某哲;东莞市厚街扬智鞋材店(以下简称扬智鞋材店)主张王某哲与王某麒并非同一人,不是扬智鞋材店的实际经营者,但扬智鞋材店登记经营者熊某立经一审法院多次传唤拒不到庭,王某哲经一审、二审法院合法传唤亦不出庭参加诉讼,根据《民诉法解释》第110条第3款关于"负有举证责任的当事人拒绝到庭、拒绝接受询问或者拒绝签署保证书,待证事实又欠缺其他证据证明的,人民法院对其主张的事实不予认定"的规定,二审法院对扬智鞋材店的上述主张不予支持,于法有据,广东省高级人民法院予以维持。

第三节　书　　证

条文内容	参考条文
第一百一十八条　【公文书证的真实性】 国家机关或者其他依法具有社会管理职能的组织,在其职权范围内制作的文书所记载的事项推定为真实,但有相反证据足以推翻的除外。必要时,人民法院可以要求制作文书的机关或者组织对文书的真实性予以说明。	《民诉法解释》第114条

要点注释

公文书是与私文书相对应的概念,其是指具有公共信用的公共管理机构在行使公权力的过程中基于权限所作的文书,私文书是指公文书之外的文书。公文书和私文书被作为证据使用时分别称为公文书证和私文书证。公文书根据其内容,可分为处分性公文书和报告性公文书。处分性公文书是记载公共管理机构意思表示的公文书,如判决书、裁决书、处罚决定书等;报告性公文书是记载公共管理机构观念表示或认识的公文书,如护照、身份证、户口簿、登记簿等。

依本条规定:

其一,公文书证的制作主体是国家机关或者其他依法具有社会管理职能的组织。在我国,国家机关包括国家权力机关、国家行政机关、国家监察机关、国家审判机关、国家检察机关、国家军事机关,共青团、妇女联合会、行业协会等依法具有社会管理职能的组织,均可以成为公文书证的制作主体。

其二,公文书证是适格的主体在其职权范围之内,依照法定程序和方式作出的。国家机关或者其他依法具有社会管理职能的组织只有在其职权范围内制作的文书才是公文书证,超出其职权范围制作的文书,应视为私文书证;违反法定程序、不具有法定形式的文书,不能作为公文书证。

其三,本条规定了公文书证内容真实的推定和反证规则。推定公文书记载的事项为真实,这与私文书推定规则明显不同。“相反证据足以推翻”是公文书证反证的典型特征,即反证者需承担相反事实的本证责任。

其四,人民法院在审查公文书证时认为有必要,即人民法院对公文书证的真实性有疑问时,可以依职权进行核实,要求制作主体对文书的真实性进行说明。

相关法律

➢**《民法典》**(2021 年 1 月 1 日施行)

第十五条 自然人的出生时间和死亡时间,以出生证明、死亡证明记载的时间为准;没有出生证明、死亡证明的,以户籍登记或者其他有效身份登记记载的时间为准。有其他证据足以推翻以上记载时间的,以该证据证明的时间为准。

第二百一十七条　不动产权属证书是权利人享有该不动产物权的证明。不动产权属证书记载的事项,应当与不动产登记簿一致;记载不一致的,除有证据证明不动产登记簿确有错误外,以不动产登记簿为准。

其他规定

➤**《关于改进和规范基层群众性自治组织出具证明工作的指导意见》**(民政部、发展改革委、公安部、司法部、人力资源和社会保障部、卫生健康委,民发〔2020〕20号,2020年2月29日施行)

二、依法确定基层群众性自治组织出具证明事项

社区居民委员会、村民委员会是居民群众自我管理、自我教育、自我服务的基层群众性自治组织,主要职责是依法组织居民群众开展自治活动,依法协助基层人民政府或者其派出机关开展工作,依法依规组织开展有关监督活动。

根据国家有关法律法规规定,基层群众性自治组织可以依法出具有关证明。基层群众性自治组织出具证明的事项,必须是有明确法律法规依据或经国务院批准列入保留证明事项清单、属于基层群众性自治组织职责范围的事项。凡是相关部门要求基层群众性自治组织出具证明事项的,应当同时提供基层群众性自治组织出具此证明事项的有关依据。凡是涉及城乡社区公共利益或者本辖区多数居民群众切身利益的事项需出具证明时,基层群众性自治组织应当通过组织居民群众议事协商等方式,经居民群众讨论同意并经基层群众性自治组织负责人签字后方可出具。

各地区要在与证明事项清理工作已有政策措施衔接基础上,制定基层群众性自治组织出具证明事项清单,特别是要与各地区、各部门公布的保留证明事项清单相衔接。对基层群众性自治组织依法规范出具的证明事项，要以办事指南的形式细化实化证明的具体式样、办理程序和操作规范，明确出具时限、办理用途、具体流程及法律法规依据，并提供统一规范的表单样本。以上文书均应主动在政府门户网站、政务服务平台、服务场所、政务微博、微信公众平台等同步公布，方便居民群众获取、查询、办理。要最大限度精简基层群众性自治组织出具证明的程序，减少办理环节，压缩办理时限，改进服务质量。大力推行简单证明当场办结、复杂证明限时办结制，符合出具证明条件的，基层群众性自治组织应当在接到申请时根据掌握的信息，依法及时出具；需要调查核实的，应当及时完成调查核实工作并据实出具，最大限度地缩短办理时间，确保居民群众能办事、办成事。

三、明确不应由基层群众性自治组织出具证明事项

根据中共中央、国务院关于减证便民、优化服务的部署要求，凡是没有法律法规依据或未经国务院批准列入保留证明事项清单的证明事项，基层群众性自治组织不予出具。对虽有法律法规依据但已经不符合当前经济社会发展实际的或基层群众性自治组织没有能力核实的，有关部门要在广泛征求意见、充分调研论证的基础上按程序提请修改法律法规规定，明确基层群众性自治组织不再出具。根据国家有关法律法规规定，适时分批明确不应由基层群众性自治组织出具证明的事项。现明确《不应由基层群众性自治组织出具证明事项清单（第一批）》（见附件）。

对于《不应由基层群众性自治组织出具证明事项清单（第一批）》所列的证明事项，现阶段如因政策措施衔接不到位或各类民商事主体明确要求，居民群众仍需办理的，基层群众性自治组织应本着便利居民群众办事创业的原则，对于属于自身职责范围内、且能够核实的，据实为居民群众出具相关证明。对于出具相关证明可能涉及法律风险的，基层群众性自治组织可在详细调查核实情况、采取灵活多样方式组织居民群众议事协商的基础上，予以充分评估并预先防范后出具。

附件：不应由基层群众性自治组织出具证明事项清单（第一批）

序号	证明名称	办事途径
1	亲属关系证明	居民办事事项涉及的相关部门可通过与公安、民政、卫生健康等部门信息共享方式进行核对，或由居民据实提供居民户口簿、结婚证、《出生医学证明》等予以证明，证件材料遗失的由相关部门予以补办；曾经同户人员间的亲属关系，历史户籍档案等能够反映，需要开具证明的，公安派出所在核实后应当出具（不动产登记情况、公证办理情况除外）
2	居民身份信息证明（户籍证明）	居民办事事项涉及的相关部门可通过与公安部门信息共享方式进行核对，或由居民据实提供居民户口簿、居民身份证、出入境证件等予以证明，证件材料遗失的由相关部门予以补办
3	户口登记项目内容变更申请证明	居民直接向公安部门申请办理姓名、性别、民族成份、出生日期、公民身份号码等5项户口登记项目内容变更，无须基层群众性自治组织提供前置证明材料
4	居民养犬证明	养犬居民应当自行征求利害关系人的同意，并提供相关证明材料；公安等有关部门应当按法律规定自主进行调查核实
5	无犯罪记录证明	根据相关规定，国家正在逐步健全完善犯罪记录制度，人民法院负责依照规定向公安机关送达生效的刑事裁判文书，公安部门、国家安全部门和司法行政部门分别负责受理、审核和处理有关犯罪记录的查询申请
6	社区戒毒社区康复人员情况证明（表现证明）	由街道（乡镇）社区戒毒社区康复机构出具
7	人员失踪证明	利害关系人直接向基层人民法院提出申请，由基层人民法院依法定程序宣告人员失踪
8	婚姻状况证明（婚姻关系证明、分居证明）	居民办事事项涉及的相关部门可通过与民政部门、人民法院信息共享方式进行核对；或由居民据实提供结婚证、离婚证、人民法院生效裁判文书或离婚证明书、配偶死亡证明等予以证明，证件材料遗失的由相关部门予以补办（婚姻登记档案丢失、收养情况除外）

续表

序号	证明名称	办事途径
9	出生证明	居民应当据实提供《出生医学证明》、居民户口簿、居民身份证、出入境证件等予以证明，证件材料遗失应当及时通过相关部门补办
10	健在证明	居民办事事项涉及的相关部门通过与卫生健康部门信息共享的方式进行核对
11	死亡证明	居民办事事项涉及的相关部门通过与卫生健康部门、公安部门、人民法院信息共享的方式进行核对；负责救治或正常死亡调查的医疗卫生机构出具《居民死亡医学证明(推断)书》，未经救治的非正常死亡证明由公安部门出具，失踪人员由人民法院依法定程序宣告死亡
12	疾病状况证明(急诊证明、意外伤害证明)	疾病状况证明(急诊证明)由具备医学鉴定资质的医疗卫生机构出具；意外伤害证明由当事人向人力资源和社会保障部门、保险公司提供就医记录等材料
13	残疾状况证明	由户籍所在地县级卫生行政机构和残联指定的具备评残资格的医疗卫生机构出具相关证明
14	婚育状况证明(生育状况证明)	居民办事事项涉及的相关部门通过与卫生健康部门信息共享的方式进行核对；居民提供《出生医学证明》、居民户口簿等予以证明，证件材料遗失应当及时通过相关部门补办(收养情况除外)
15	居民就业状况证明	居民实际持有能证明失业身份的，如终止解除劳动关系证明、个体工商户(私营企业主)停业证明等，由居民自行提供；登记失业人员、就业困难人员由公共就业服务机构在其申领的《就业创业证》上予以注明
16	居民个人档案证明	居民办事事项涉及的相关部门通过居民个人档案保管单位信息共享的方式进行核对；居民应当提供真实、合法、充分的有关证明材料(国家另有规定的除外)

续表

序号	证明名称	办事途径
17	居民财产证明(经济状况证明、收入证明、偿还能力证明、房产证明、银行存款证明、投资情况证明、车辆所有权证明等)	居民办事事项涉及的相关部门按照法定程序与权限,通过与财政、税务、人力资源社会保障、房地产管理、自然资源、银保监、证监、市场监管、公安等部门信息共享或个案查询的方式进行核对;居民应当据实提供不动产权属证书、银行存款凭证、有价证券、保险合同、车辆行驶证等予以证明,证件材料遗失应当及时通过相关部门补办(法律援助情况除外)
18	遗产继承权证明	居民办事事项涉及的相关部门通过与民政、卫生健康等部门信息共享的方式进行核对;居民应当据实提供结婚证、离婚证、居民户口簿、《出生医学证明》等予以证明,证件材料遗失应当及时通过相关部门补办;继承人应当本着互谅互让、和谐团结的精神,协商处理继承问题,遗产分割的时间、办法和份额,由继承人协商确定,协商不成的,可以由人民调解委员会调解或者向人民法院提起诉讼
19	市场主体住所证明(经营场所证明、同意住宅改变为经营性用房证明、社区经营性用房无扰民证明)	申请人应当提供经营场所的不动产权属证明文件、有效租赁合同等;住宅改变为经营性用房的,申请人应当自行征求利害关系人的同意,并提供相关证明材料
20	证件遗失证明	居民遗失居民身份证、居民户口簿、出入境证件、结婚证、离婚证、老年人优待证、残疾人证、残疾军人证、车辆行驶证、《出生医学证明》、《居民死亡医学证明(推断)书》、学历学位证书等证件、证明材料,以及银行卡、存折、保险合同、邮政汇款单、邮政包裹单、电卡、天然气卡等商业凭证,应当向业务归口管理部门或经办单位申请补发,无须基层群众性自治组织提供前置证明材料

司法观点

➢1. 公文书证真实性的证明责任如何分配,人民法院如何审核公文书证的真实性①

法官会议意见:证明责任未完成。

公文书证经由具备相应职能、职责的国家机关或事业单位按照法定程序或方式作出,通常具有较强的证明力。但是,公文书证的真实性不能仅凭公文书证的签章以及文件外观推定,而应结合案件具体情况,如证据提出时间,当事人之前是否有提交虚假证据的行为,当事人提交的公文书证与之前陈述、其他证据是否存在矛盾等情形综合判断。本案中易某提交的离婚证虽属公文书证,但其在原审一审中从未主张其与周某已离婚,且其曾提供虚假材料申请补发离婚证,相关行政部门又出具无离婚档案的书面证明。现易某提供第二份离婚证并申请再审,该离婚证的真实性未经证实,且反映的事实明显与本案其他证据反映的事实相矛盾,因此,认定易某未完成证明责任,应承担不利后果。

➢2. 对交通事故形成原因的举证责任应由谁来承担②

最高人民法院民一庭意见:

1. 公安交通管理部门出具的"交通事故认定书"是人民法院处理交通事故损害赔偿案件的重要证据之一,如当事人一方或者双方无相反的证据或者足以推翻其结论的理由,"交通事故认定书"应当成为人民法院认定案件事实的依据。

2. 在交通事故引发的损害赔偿案件中,当事人应当根据道路交通安全法的规定,对各自的主张分别承担举证责任,公安交通管理部门对交通事故中待证事

---

① 参见《最高人民法院第一巡回法庭 2018 年第 15 次法官会议纪要》,载《最高人民法院第一巡回法庭民商事主审法官会议纪要》(第 1 卷),中国法制出版社 2020 年版,第 104-106 页。

② 参见贺小荣:《对交通事故形成原因的举证责任由谁来承担》,载最高人民法院民事审判第一庭编:《中国民事审判前沿》2005 年第 2 集(总第 2 集),法律出版社 2005 年版,第 44-56 页。

实的真伪不承担举证责任。

3. 当事人一方或者双方在民事诉讼中对“交通事故认定书”提出异议的，应当提供相反的证据或理由，并承担结果意义上的举证责任。

最高人民法院案例

➤1. 再审申请人青岛新城创置房地产有限公司与被申请人济南银丰鸿福置业有限公司、银丰地产集团有限公司合同纠纷案［（2020）最高法民申 4431 号］

裁判要旨：国家机关或者其他依法具有社会管理职能的组织，在其职权范围内制作的文书所记载的事项推定为真实。

最高人民法院认为，根据《民诉法解释》第 114 条的规定：“国家机关或者其他依法具有社会管理职能的组织，在其职权范围内制作的文书所记载的事项推定为真实，但有相反证据足以推翻的除外。必要时，人民法院可以要求制作文书的机关或者组织对文书的真实性予以说明。”济南银丰鸿福置业有限公司一审时提交的济南市政府形成的《济南市国有建设用地使用权招标拍卖挂牌出让工作领导小组会议纪要》，济南市国土资源局、济南公共资源交易中心发布的《国有建设用地使用权网上挂牌出让文件 2017-G169～G177》及《竞买须知》，二审时提交济南市自然资源和规划局出具的《关于多宗土地一并出让竞买相关事宜的复函》，上述证据均为国家机关在职权范围内制作的文书，一审、二审法院系结合其他事实对上述证据进行综合认定，青岛新城创置房地产有限公司在未提交相反证据足以推翻上述证据的情形下，主张一审、二审法院采信上述证据有误，无法律依据，该院不予支持。

➤2. 再审申请人重庆长江轮船公司与被申请人宜昌三通航运有限公司、一审第三人、二审被上诉人重庆海汇航运有限公司定期租船合同纠纷案［（2013）民提字第 84 号］

裁判要旨：行政主管机关做出的调查报告及其结论意见可以作为诉讼证据，除非有充分事实证据和理由足以将其推翻。

最高人民法院认为,重庆海事局《关于"三通集1"轮集装箱落水事故调查的报告》得出的调查结论是"此次事故是因为船舶驾驶人员未采用安全航速、选择会船水域不当,对所载集装箱未进行有效系固而造成的单方水上交通事故",根据《租船合同》的约定,涉案船舶由宜昌三通航运有限公司(以下简称三通公司)雇佣的船长、船员驾驶管理,对集装箱进行有效系固也是三通公司的合同义务之一。根据上述报告关于事故原因的认定,三通公司应对涉案货损承担赔偿责任。《民事证据规定》第77条①第1项规定:"国家机关、社会团体依职权制作的公文书证的证明力一般大于其他书证。"海事行政主管机关作出的调查报告及其结论意见可以作为海事法院在案件审理中的诉讼证据,除非有充分事实证据和理由足以推翻海事调查报告及其结论意见。

根据涉案《租船合同》的约定,重庆长江轮船公司(以下简称轮船公司)须严格按三通公司所提供的船舶规范及海事部门吃水控制要求进行配载,船长应合理积载。涉案航次轮船公司共配载201个标准集装箱,货重和箱重共计1991.22吨,均未超出"三通集1"轮船舶规范,即下水载货为A级航区3200吨,B/C/J2级航区3018吨,箱位216标准集装箱。长江海事司法鉴定所认定涉案航次配载不合理的两个理由中,第一个理由依据的是涉案航次的积载图,而合同约定"船长应合理积载"积载图也是由船方编制的;第二个理由未进行稳性核算、加压载水,也与轮船公司配载货物无关。鉴定人在一审出庭接受质询时,也不认为轮船公司配载的涉案货物必然造成安全隐患,认为"关键要有足够的压载水量"。核算船舶稳性,加载压舱水显然也不属于轮船公司的合同义务。中国船级社重庆分社受重庆海事局的委托,对"三通集1"轮涉案航次进行稳性复核,计算结果满足内河船舶法定检验技术规则的相关要求。可见轮船公司涉案航次的配载行为并非导致涉案事故的原因,长江海事司法鉴定所的鉴定报告不能推翻重庆海事局作出的海事调查报告及其结论意见。

---

① 2019年修正的《民事证据规定》已删除该条。

➢ 3. 再审申请人易某娥与被申请人卢某春、涟源市枫坪镇蛇形山煤矿、卢某建等借款合同纠纷案[（2018）最高法民再213号]

裁判要旨：公文书证形式真实不等同于实质真实，民政局向易某颁发的离婚证虽系该民政局依职权颁发，具备形式真实性，但易某申请补办离婚证时提供的是虚假材料，该离婚证反映的事实对待证事实不具备证明价值，不具备实质真实性，因此应认定易某未完成证明责任。

最高人民法院认为，一般而言，公文书证系具有公共信用的公共管理机关在行使公权力的过程中，在其职权范围内按照法定程序或方式作出，通常具有较强的证明力。易某娥在再审审理中提交的1994年离婚证，应当首先被推定为真实有效，如对方对该离婚证真实性有异议，应当由异议方承担举证责任。但从该案的实际情况来看，易某娥应当对1994年离婚证的真实性进一步承担举证责任。

首先，易某娥在再审申请阶段提交的1993年离婚证已经鉴定证明加盖的公章与同期使用的印章不相符，且生效的行政判决亦撤销了2017年向易某娥补发的离婚证，娄底市娄星区民政局也否认其在1993年8月20日向易某娥发放过离婚证，娄星区石井镇民政室还出具了卢某建、易某娥在该镇民政室无离婚档案的《情况说明》。在1993年的离婚登记未经证实的情况下，基于1993年的离婚登记所补领的1994年离婚证自难以确认。鉴于此，卢某春对1994年离婚证的真实性产生怀疑具有合理性，易某娥应负有进一步承担证明该书证真实性的义务。

其次，从娄底市娄星区石井镇民政室两次就卢某建、易某娥离婚登记事宜出具的《情况说明》来看，在1994年离婚证的发证部门亦不能证实卢某建、易某娥有离婚登记档案的情形下，该1994年离婚证亦不宜被认定为具有公文书证的性质。

再次，易某娥在另案诉讼中从未主张其与卢某建已经离婚，反而一直承认其与卢某建系夫妻关系。冷水江市人民法院（2014）冷民二初字第178号案件中，虽然卢某建未参加该案诉讼，但从其参与执行和解且对判决不持异议的情况看，易某娥与卢某建对双方直至2014年仍为夫妻关系的事实并无异议。娄底市中级人民法院（2017）湘13执异20号案件所涉及的事实中，易某娥、卢某建以夫妻名义作为出卖人与聂某辉、谢某军夫妇作为买受人于2011年10月12日签订一份《购房协议书》。易某娥作为该案件当事人，对《购房协议书》显示其与卢某建为夫妻关系的事实并无异议。

最后，易某娥主张其本人所持有的1993年离婚证遗失后补办了1994年离婚证，同时提出2015年5月3日其家中被盗时存放在保险柜中的离婚证(1993年)丢失。并且，在该案再审审查阶段之前以及另案行政诉讼当中，易某娥一直未提供1994年离婚证，而在卢某建提供给易某娥的1993年离婚证被证伪之后，易某娥随即在该案再审庭审中提交1994年离婚证。易某娥未能对1993年离婚证先后两次遗失作出合理解释，且1993年离婚证和1994年离婚证交替出现亦不合常理。

综合考虑易某娥在该案中存在不诚信诉讼的行为，有关民政部门未有其离婚登记档案，加之其在另案诉讼中对法院认定或证据显示其与卢某建仍为夫妻关系不持异议，以及离婚证件的办理及出示存在诸多不合常理等情况，易某娥在该案中仅以1994年离婚证尚不足以证明其与卢某建于1993年离婚。在易某娥未能进一步提供相关证据证明其与卢某建的婚姻关系已经解除的情况下，其应当承担举证不能的不利后果。

地方人民法院案例

➢1. 金某荣与义乌市御景园置业有限公司商品房预售合同纠纷案[(2020)浙07民终933号]

裁判要旨：《情况说明》系街道办事处作为基层政府出具给资源局的，属于公文书证，人民法院应确认其证据效力。

关于北苑街道《情况说明》、轨道指挥部《情况说明》等证据的效力问题，浙江省金华市中级人民法院认为，国家机关或者其他依法具有社会管理职能的组织，在其职权范围内制作的文书所记载的事项推定为真实，但有相反证据足以推翻的除外。北苑街道《情况说明》由北苑街道办事处作为基层政府于 2019 年 8 月 7 日向义乌资源局出具,其目的在于对海景花园工程项目延期竣工是否应追究其《土地出让合同》项下的责任作出认定,该情况说明有北苑街道办事处盖章、有相关责任人的签字,且义乌市委《抓项目会议纪要》亦采纳了其不追究义乌市御景园置业有限公司违约责任的结论,因此应确认其证据效力。

➢2. 中国大地财产保险股份有限公司锦州中心支公司、中国大地财产保险股份有限公司营口中心支公司与刘某善等及原审第三人林某洪机动车交通事故责任纠纷案[(2021)辽 02 民终 9311 号]

裁判要旨:村委会出具的关于交通事故受害人收入经济状况的证明不具有合法性,不能证明受害人所从事劳动及其收入状况,法院应当予以重审。

辽宁省大连市中级人民法院认为,事故发生时,徐某与刘某林均年满 60 周岁,被上诉人徐某是否为刘某林的被扶养人,需考察刘某林是否具有劳动能力。根据民政部、发展改革委、公安部、司法部、人力资源和社会保障部、卫生健康委发布的《关于改进和规范基层群众性自治组织出具证明工作的指导意见》的规定,不应由基层群众性自治组织出具证明事项清单(第一批)第 17 项为"居民财产证明(经济状况证明、收入证明……)",而被上诉人于一审期间提交村委会出具的《证明》的内容,符合不应由基层群众性自治组织出具证明事项清单(第一批)第 17 项规定的情形,故将该案发回重审,一审法院应就刘某林生前是否从事劳动及其收入状况等分配举证责任,并据实裁判。

条文内容	参考条文
第一百一十九条　【公文书证复制件、副本、节录本】 公文书证的制作者根据文书原件制作的载有部分或者全部内容的副本,与正本具有相同的证明力。	《民事证据规定》 第 91 条第 1 款

续表

条文内容	参考条文
在国家机关存档的文件，其复制件、副本、节录本经档案部门或者制作原本的机关证明其内容与原本一致的，该复制件、副本、节录本具有与原本相同的证明力。	《民事证据规定》第91条第2款

要点注释

首先，要厘清本条中的原本、正本、副本、节录本、复制件的概念。基于书证的不同分类，可以将书证分为原本、正本、副本、节录本、复制件。原本是指文件制作人最初作成的、以反映制作人意思或思想为目的的文件，其既可以是手写的，也可以是打印的。正本是指按原本抄录或印制，与原本具有相同效力的文本。副本是指该文书的全部内容按照原本制作，对外具有与原本同样效力的文书。一般而言，副本是与原本或正本相对应的概念。节录本是指从原本、正本、副本中摘录下来的原本、正本、副本的主要内容。复制件是指从内容、形式或性质上对原件的摹写。实践中，复制件包含多种形式，包括照片、影印件、抄录本等，复印则只是其中的一种，因而复制件的外延要大于复印件，不能将二者直接等同。

其次，本条规定中的"经过认证"，指的是该公文书证的副本是由公文书证的制作机关根据原本制作的，或是国家机关存档文件的复制件、副本、节录本经过档案部门或者制作机关证明内容一致。"认证"的目的在于保证复制件、副本、节录本所载内容为制作机关作出的意思表示，内容真实。

最后，"经过认证"的复制件、副本、节录本具有与原本相同的证明力，这意味着该复制件、副本、节录本也当然被推定具有形式真实，并且其所记载的事项也同样被推定为真实。对方当事人若对此有异议，则需承担公文书证复制件、副本、节录本不真实的举证责任。

地方人民法院案例

➤再审申请人金昌和兴水电开发有限公司与被申请人永昌县水电开发有限责任公司买卖合同纠纷案[(2020)甘民申92号]

裁判要旨：在国家机关存档的文件，其复制件、副本、节录本经档案部门或者制作原本的机关证明其内容与原本一致的，该复制件、副本、节录本具有与原本相同的证明力。

甘肃省高级人民法院认为，金昌和兴水电开发有限公司（以下简称和兴公司）所提交的证据一、证据二，在原审法院庭审结束前已经存在，证据三为原审庭审结束后形成。证据一、证据二来源为永昌县水务局于2019年5月20日对丁家峡水电站以“未通过竣工验收”下达停水通知，和兴公司遂向永昌县人民政府进行行政复议，复议中得知有该两份文件，申请人向档案部门调取了证据一、证据二。和兴公司提供了永昌县水务局关于对丁家峡等5座水电站停水的紧急通知（永水发[2019]129号）和永昌县人民政府永政复决字[2019]4号行政复议决定书，以证明其逾期提供证据的理由成立。证据三为金昌市发展和改革委员会关于永昌县丁家峡水电站通过竣工验收的函及验收鉴定书。以上三份证据均为政府管理审批性文件，根据《民事证据规定》第91条第2款“在国家机关存档的文件，其复制件、副本、节录本经档案部门或制作原本的机关证明其内容与原本一致的，该复印件、副本、节录本具有与原本相同的证明力”的规定，经该院公开听证、质证，以上证据一、证据二、证据三来源合法、有效，符合再审新证据的法定条件。

条文内容	参考条文
第一百二十条　【私文书证的真实性】 私文书证的真实性，由主张以私文书证证明案件事实的当事人承担举证责任。	《民事证据规定》 第92条第1款

续表

条文内容	参考条文
私文书证由制作者或者其代理人签名、盖章或捺印的,推定为真实。	《民事证据规定》第92条第2款
私文书证上有删除、涂改、增添或者其他形式瑕疵的,人民法院应当综合案件的具体情况判断其证明力。	《民事证据规定》第92条第3款

要点注释

私文书证不同于公文书证,公文书证因其作出主体和作出程序的特殊性,被法律赋予了推定的形式真实性和内容真实性,举证方不必证其为真,但相对方欲推翻公文书证记载的事实就要承担本证意义上的证明责任。私文书证因作出主体一般不具有社会公信力或没有法定职权,其真实性需要举证方承担本证证明责任。本条第1款规定:"私文书证的真实性,由主张以私文书证证明案件事实的当事人承担举证责任。"这体现了"谁主张,谁举证"这一民事诉讼中关于举证责任分配的基本原则。故而,若对私文书证的签名或者印章的真伪发生争执,通常情况下,应由援引私文书证的一方当事人申请鉴定。

实践中,对私文书证形式真实性的审查,主要围绕私文书证本身是否真实,是否系伪造、变造等,即是否系制作者或其代理人所制作、私文书证内容是否为其真实意思表示进行。本条第2款规定:"私文书证由制作者或者其代理人签名、盖章或捺印的,推定为真实。"此处"推定为真实",是指私文书证形式真实的推定,即由确认制作者或者其代理人签名、盖章或捺印这一事实,推定私文书证内容为制作者或其代理人的真实意思表示这一事实。

推定可分为"不可推翻的推定"和"可推翻的推定"两种。本条中的推定应属于"可推翻的推定"。当事人对私文书证上的签章没有异议,但主张系受胁迫所立,或印章系盗盖,否定私文书证的形式真实性的,则提出该主张的当事人应就其所主张的事实承担举证责任,其所提出的反证只要足以使待证事实陷入真伪不明状态,就应认定该私文书证不具有形式上的真实性。

特别需要注意的是,制作者或其代理人意思表示真实,并不意味着意思表示的内容即私文书证记载的内容就千真万确,就与客观事实相符。本条第 2 款仅规定私文书证的形式真实推定,没有规定私文书证的内容真实推定即文书记载的事项推定为真实,这与公文书证真实性推定规则明显不同。因此,一般而言,法官不能直接依据私文书证的形式真实性来推定私文书证所记载的内容真实,并以此为裁判的事实依据,还应有其他证据予以补强;但若援引的私文书证中所载内容是对援引的当事人不利的内容,则一般应当认定该部分内容具有真实性。简言之,私文书证的内容真实性需要法官结合案件中其他证据、当事人陈述等因素进行判断。

本条第 3 款是对瑕疵私文书证证明力的规定。根据瑕疵情形的不同,瑕疵私文书证可分为:载体存在瑕疵的证据,即文书本身物理上的完整性受到损坏;内容瑕疵的证据,即文书上记载的字符出现删除、涂改、增添等改动的情况;签署存在瑕疵的证据,即没有署名或署名存在涂改、添加等情况。私文书证存在瑕疵会对它的形式真实性产生影响。比如,有署名的私文书证被推定真实的一个前提在于该署名的真实性,若署名存在瑕疵,如签名不连贯、存在涂改等,使法官难以形成该签名系真实的心证,或者对方当事人有确切证据表明援引该私文书证的当事人有利用掌管其印章期间伪造书证,利用制作人神志不清捺下手印的可能时,则不能作出这种形式真实的推定。此时,主张以私文书证证明案件事实的当事人仍应就该私文书证的真实性承担举证责任。

对于存在瑕疵的私文书证,不能直接适用本条第 2 款规定当然推定其为真实,而仍应依据本条第 1 款规定,由主张以私文书证证明案件事实的当事人承担举证责任。但如果经过证据补强之后,能够说服法官形成该私文书证系真实的心证,那么应认定该私文书证真实。私文书证存在瑕疵的情形不同,程度不同,因而在不同案件中对证据证明力的影响也各异。比如,私文书证存在轻微瑕疵,导致该证据的其他特征或许因瑕疵而存在较大缺失,但其与待证事实相关之特征的残损程度极为微小,则可以视其为完整的书证,而一般瑕疵的书证,可能残余的部分能证明部分案件事实,或通过补正能使残损部分变完整,故对于瑕疵私文书证的证明力,需结合具体情况进行综合判断,不能一概而论。

司法文件

➤**《第八次全国法院民事商事审判工作会议(民事部分)纪要》**(法〔2016〕399号,2016年11月21日发布)

12. 对当事人所举证据材料,应根据法律、法规及司法解释的相关规定进行综合审查。因当事人采取伪造、篡改、涂改等方式改变病历资料内容,或者遗失、销毁、抢夺病历,致使医疗行为与损害后果之间的因果关系或医疗机构及其医务人员的过错无法认定的,改变或者遗失、销毁、抢夺病历资料一方当事人应承担相应的不利后果;制作方对病历资料内容存在的明显矛盾或错误不能作出合理解释的,应承担相应的不利后果;病历仅存在错别字、未按病历规范格式书写等形式瑕疵的,不影响对病历资料真实性的认定。

地方司法文件

➤**《浙江省高级人民法院民二庭关于商事审判若干疑难问题的解答(一)》**(浙高法民二〔2020〕9号,2020年12月11日发布)

4. 原告起诉请求被告支付货款,被告对原告提供的结算凭证上被告签字的真实性不予认可的,由哪方申请鉴定?

答:此种情形下,是否应当鉴定以及由谁申请鉴定,应当分以下情形处理:

(1)原告起诉请求被告支付货款,并提供了表明买卖关系成立的初步证据,如买卖合同、送货单、结算凭证等,被告对结算凭证上的签名真实性提出异议,应当由被告申请鉴定。如被告拒不申请鉴定,应由被告承担举证不能的后果。

(2)原告仅凭结算凭证主张买卖合同关系成立,被告对买卖关系成立不持异议,仅对结算凭证上的签名真实性提出异议的,由被告申请鉴定。被告否认双方之间存在买卖关系,并对结算凭证上签名的真实性提出异议的,人民法院应在审查结算凭证本身能否表明双方买卖合同成立的基础上,决定由谁申请鉴定。如经审查认为结算凭证本身能够表明双方买卖合同成立,应由被告申请鉴定;如经审查认为结算凭证本身不能表明双方买卖合同成立,是否需要鉴定应由人民法院根据案件事实决定。

司法观点

➢1. 对于合同上的盖章或签名真伪的质疑的处理①

问:民事诉讼中,有的当事人对其他当事人提交的合同上的盖章或者签名提出造假质疑。碰到这种情况,根据《最高人民法院关于修改〈关于民事诉讼证据的若干规定〉的决定》,法院应如何处理?

答:这种情况在审判实践中比较常见。一般来说,民事合同属于私文书证。根据《最高人民法院关于修改〈关于民事诉讼证据的若干规定〉的决定》,由主张以私文书证来证明案件事实的当事人,负责证明私文书证的真实性。比如,原告根据书面合同主张被告支付货款,被告提出合同上的签名不是其本人的签名、合同不真实,这种情况下如果法官不能判断签名的真伪以及合同是否真实,由原告继续提供证据证明签名的真实性以及合同的真实性。如果签名的真伪需要由专业机构进行鉴定,则原告有申请鉴定的责任。根据《最高人民法院关于修改〈关于民事诉讼证据的若干规定〉的决定》,不仅像书面合同这样的书证适用上述规则,视听资料、电子数据这些与书证特征十分近似的证据形式,也适用同样的规则。

➢2. 私文书证审核认定规则②

问:私文书证与公文书证相比,具有什么样的特征?在证据证明力上与公文

---

① 参见《最高人民法院民一庭负责人就〈最高人民法院关于修改《关于民事诉讼证据的若干规定》的决定〉答记者问》,载最高人民法院民事审判第一庭编著:《最高人民法院新民事诉讼证据规定理解与适用》(上),人民法院出版社 2020 年版,第 68 页。

② 参见最高人民法院民事审判第一庭编:《民事审判实务问答》,法律出版社 2021 年版,第 308-309 页。

书证相比又有什么不同?

答:《民事证据规定》第92条规定:“私文书证的真实性,由主张以私文书证证明案件事实的当事人承担举证责任。私文书证由制作者或者其代理人签名、盖章或捺印的,推定为真实。私文书证上有删除、涂改、增添或者其他形式瑕疵的,人民法院应当综合案件的具体情况判断其证明力。”公文书证是国家机关或其他依法具有社会管理职能的组织在其职权范围内,依据法定的程式制作而成的,是其行使公共管理职权的一种形式,故具有公信力。在形式证据力上,无论是处分性公文书证还是报告性公文书证均具有形式证据力;在实质证据力上,推定其所载内容为真实,若当事人对公文书证的真实性存疑,则有争执的当事人需要对相反的事实承担本证证明责任。相反,私文书证无法从其程式及意旨,推定文书之真伪。因而,在形式证据力上,通过援引私文书证证明案件事实的当事人,负有对私文书证形式真实性的举证责任。若对方当事人挑战私文书证的形式真实,则仅负有反证的责任,使法官对该文书形式证据力的判断陷入真伪不明状态即可,无须像否定公文书证形式证据力那样承担提供本证的责任。在实质证据力上,则需要依靠法官自由心证,结合案件中其他证据材料,如当事人陈述等因素进行判断。具体而言,当事人已经举证或通过推定,认定其所援引的私文书证具有形式真实性,但法官一般不能直接依据该私文书证的形式真实性来推定私文书证具有实质证明力,并以此为裁判的事实依据,还应有其他证据予以补强。但若援引的私文书证中所载内容,是对援引的当事人不利的内容,则一般应当认定该部分内容具有实质证明力。

➢3. 审判实践中关于判断遗嘱真伪应注意的问题①

实务要点:遗嘱是否为遗嘱人亲笔书写的举证责任

在审查是否为遗嘱人亲笔书写时,一方面要审查遗嘱的主干部分是否为遗嘱人亲笔所写,另一方面要审查遗嘱中遗嘱人的签名以及加注的年、月、日是否为遗嘱人亲笔所写。在涉及自书遗嘱继承纠纷时,当事人往往会对遗嘱是否为

---

① 参见最高人民法院民法典贯彻实施工作领导小组主编:《中华人民共和国民法典婚姻家庭编继承编理解与适用》,人民法院出版社2020年版,第563-564页。

遗嘱人亲笔书写产生争议，此时就涉及对自书遗嘱笔迹真实性的认定问题。在司法实践中，一般由否认遗嘱真实性的一方承担对遗嘱真实性的举证证明责任。《民事证据规定》第 92 条规定："私文书证的真实性，由主张以私文书证证明案件事实的当事人承担举证责任。私文书证由制作者或者其代理人签名、盖章或捺印的，推定为真实。私文书证上有删除、涂改、增添或者其他形式瑕疵的，人民法院应当综合案件的具体情况判断其证明力。"该规定自 2020 年 5 月 1 日起施行。自书遗嘱从性质上说也属于私文书证，根据该规定，自书遗嘱上如果没有删除、涂改、增添或其他形式瑕疵，应该推定该自书遗嘱为真实，相对方如果否认其真实性，应就其主张承担举证证明责任。私文书证上有删除、涂改、增添或者其他形式瑕疵的，提供该私文书证，主张其真实有效的一方当事人有进一步说明的义务；一方有理由对盖章或捺印的真实性怀疑的，对方当事人有进一步说明的义务，由人民法院综合案件的具体情况判断其证明力。

主流观点

➢ 书证的真实性及其举证责任①

对于呈现在法官面前的书证，尤其是私文书，如何判断其真实性？书证的真实性有争议时，如何分配举证责任？

1. 书证真实性的判断

民事诉讼中，无论是公文书还是私文书，任何书证的真实性均包含两层意义：形式真实与实质真实。前者是指文书记载的陈述内容由其制作者所为，后者是指文书记载的陈述内容对于待证事实具有证明价值。形式真实与实质真实的划分，对于书证的证据效力也有直接的影响：形式真实即表明文书本身是真实的、成立的，具有形式上的证据效力；实质真实即形式真实的文书所表达的内容对待证事实能够起到证明作用，具有实质上的证据效力。书证形式上的证据效

---

① 参见肖建国：《书证的真实性及其举证责任》，载《中国审判》2010 年第 7 期。

力是书证证据能力的要件,是实质上的证据效力的前提,有形式上的证据效力,才可能有实质上的证据效力,不具备形式上的证据效力就一定不产生实质上的证据效力。但有形式上的证据效力,未必有实质上的证据效力,当书证记载的内容不真实且与待证事实无关联时,就不具有实质上的证据效力。作为法院认定待证事实根据的书证,必须既有形式上的证据效力又有实质上的证据效力,其应是两种证据效力的统一。

按照认识规律和证明的自然过程,书证的真实性判断遵循由形式到实质、由外观到内容的程序思维路径。在判断顺序上,先判断形式真实性,再判断实质真实性;在判断方法上,先判断书证的外观,再判断书证的内容。外观有瑕疵的书证,会影响书证的形式真实,侵损书证形式上的证据效力;内容有瑕疵的书证,会影响书证的实质真实,侵损书证实质上的证据效力。

书证的外观瑕疵,主要有签署瑕疵和载体瑕疵两种。所谓签署瑕疵,是指书证没有签名或盖章,或者书证的签名、盖章从外观上看有伪造的可能,或者书证的签名不规范、只有签名没有同时盖章等。所谓载体瑕疵,主要是指书证本身物理上的完整性受到破坏,有残缺、撕碎、拼贴、裁剪等现象。以实践中常见的瑕疵欠条为例,或者欠条表面严重磨损,记载的字体无法辨认,无法确认其内容;或者欠条部分残缺,记载的主要内容不完整;或者欠条被撕毁后,又进行了拼接等。书证的内容瑕疵,则主要是指文书上记载的字符出现涂改、删除、增添等改动的情况,该改动实质性地变更了法律关系的内容或者合同履行的重要事实,使原告主张的请求权能否成立发生了争议。

法官在判断书证尤其是私文书的真实性时,首先要依据书证呈现的外观,对于文书的笔迹、备案印章、打印字体、打印墨迹、物质载体等,运用同一性鉴定方法,审查其真实性。此外,询问提供方有关书证中签名、印章、落款日期、数额、还款日期、打印稿中亲笔修改部分等形成的具体过程,如何时、何地、与何人、因何事由制作该书证等,可以将其作为辅助同一性鉴定结论及真伪鉴别结果来判断书证真伪的因素。对于书证内容真实性的判断,重点在于涂改、删除、增添等实质性改动是否为文书制作者的真实意思表示或者是否属于双方的合意,如果改动处经双方补充签字或盖章，则改动的外观瑕疵就得以补正，法官应以改动后形成的法律关系或者法律事实作为判断原告请求权成立与否的基础。

2. 书证真实性的举证责任

书证真实性的举证责任分为两个层次：形式真实的举证责任和实质真实的举证责任。由于形式真实注重外观标准，且通常较实质真实更易于判断，因此，通常的程序思维路径是：由当事人首先完成形式真实的举证责任，其次履行实质真实的举证责任；如形式真实的举证责任未能完成，则该书证即丧失了证据资格，实质真实的举证责任就无从谈起，也无履行的必要。所以，形式真实的举证责任在书证真实性的判断中具有前提性的、枢纽性的地位和作用。

书证真实的举证责任，因公文书与私文书而有所不同。公文书是行使国家权力和公共事务管理职权的机关、单位及公务人员在其职权范围内制作的文书。公文书以外的文书为私文书。一般而言，从公文书的外在表现和特征，如文书制作人是否属于公共管理机构、人员，文书内容是否为对法定职权的履行，以及是否加盖官方的印章等外观要素，即可对该文书是否为公文书作出准确的判断，加上公文书具有独特的外部形式（如通知、决定、命令、批复、规定等）和官方体例格式、公示性和权威性，法官可以基于上述外观事实判断某书证为公文书。因此，关于公文书形式真实的举证责任，虽然由提供公文书的当事人承担，但各国民事诉讼法同时规定了法官对于有疑义的公文书可以依职权向制作文书的官方机关或制作人进行调查，要求制作机关或制作人对文书的真伪予以说明。

关于公文书实质真实的举证责任，各国普遍采用了公文书实质真实的法律推定这种立法技巧，以减轻援引公文书一方当事人的举证责任。德、日、奥等国民事诉讼法（第 437 条第 1 款、第 228 条第 2 款、第 310 条第 1 款）中均设有公文书真实性的推定，即从文书的形式和内容上可以看出该文书确系国家公务人员在其职务范围内所作的公文书时，立法者命令法官推定公文书的内容是真实的。公文书实质真实的推定，性质上属于法律推定，即立法者对法官的命令，援引公文书的一方当事人实际上因此而免除了举证责任。对方当事人不服这种推定，可以抗辩该文书非公文书，或者该公文书内容不真实，无论提出何种抗辩，对方应对其抗辩的事实承担举证责任。

与公文书不同,私文书真实性的举证责任均由援引私文书的一方当事人承担。一方面,私文书形式真实的举证责任应由文书提出人承担。当然,这是以对方当事人对私文书的形式真实性有争议为前提,如果对方积极地否认私文书的真实性,或者对未经对方本人签署的私文书以不知其存在为由予以质疑,那么援引私文书的一方应当承担该文书形式真实的举证责任。相反,如果对方对私文书的形式真实不予质疑,如自认私文书为真或没有对私文书真实性提出异议,那么援引方没有必要证明私文书的形式真实。为了简化私文书形式真实的问题的证明,各国民事诉讼法一般规定,如果能够认定私文书由制作者本人或其代理人签名或盖章,法院可以作出事实推定,推定私文书具备形式真实性。但事实推定并没有改变私文书形式真实的举证责任。当然,如果对方当事人有明确线索表明援引该私文书的当事人有利用掌控对方印章、印鉴伪造书证的可能,或者有利用被继承人神志不清楚捺下手印的可能,或者有利用他方空白签名纸张制作有关书证的可能,那么法官就不能作出这种事实推定。另一方面,私文书的形式真实(形式上的证据效力)被确认后,援引私文书的一方当事人对私文书记载的权利义务关系等实质内容有异议时,仍然继续承担私文书实质真实的举证责任,法院也要进一步对实质真实(实质上的证据效力)进行审查,在审查过程中,允许当事人提供证据证明私文书所载的内容不真实、不全面。私文书实质上的证据效力的大小,由法院依据私文书内容的具体情形作出判断。

最高人民法院案例

➤1. 孙某荣与杨某香、廊坊愉景房地产开发有限公司增资纠纷案①[(2015)民二终字第191号]

裁判要旨:收条作为当事人之间收付款的书证、直接证据,对证明当事人之

① 参见《最高人民法院公报》2017年第8期(总第250期)。

间收付款的事实具有一定的证明效力，但如果收条记载的内容与当事人之间实际收付款的时间、金额不一致，仅凭收条不足以充分证明实际收付款情况，人民法院还应结合汇款单、票据等资金结算凭证，对收条中记载的资金是否实际收付加以综合判断认定。

关于能否依据1.4亿元收条认定孙某荣实际支付了1.4亿元投资款，最高人民法院认为，收条作为当事人之间收付款的书证、直接证据，对证明当事人之间收付款的事实具有一定的证明效力，但是，收条记载的内容与当事人之间实际收付款的情形有时并不一致，因此仅以收条为据尚不足以充分证明实际收付款情况，特别是在大额资金往来中，除收条外，还应结合双方的交易习惯、付款凭证、汇款单据等证据，对收条中记载的资金是否实际支付加以综合判断认定。具体到该案，由于杨某香与孙某荣原系朋友关系，双方基于相互的人身信赖，在资金往来中确实存在先打条、后付款的情形，因此收条记载的内容与款项实际支付情况并不完全相符。例如，2011年5月30日，杨某香给孙某荣出具收条："今收到孙某荣现金人民币贰仟万元整（￥20000000元），作为孙某荣购买杨某香持有的愉景公司35%股权的定金。"但实际上，收条中载明杨某香已收到的500万元定金在收条出具时孙某荣并未支付，汇款凭证显示，孙某荣于2011年5月31日才将该500万元汇付。2011年11月28日，杨某香向孙某荣出具"至今累计收到壹亿肆仟万元整"入股金的收条，但孙某荣支付的入股金中有两笔合计1591万元系在2011年11月29日才汇入廊坊愉景房地产开发有限公司账户。因此，收条记载的"至今累计收到壹亿肆仟万元整"并不属实。综上所述，最高人民法院认为，虽然杨某香向孙某荣出具了至今累计收到1.4亿元的收条，但在收条记载的内容并不完全属实且双方就已付金额发生争议的情况下，仅凭收条尚不足以认定孙某荣实际支付了1.4亿元投资款。

➢2. 再审申请人王某与被申请人中恒国际租赁有限公司、王某豹、贺某融资租赁合同纠纷案［（2019）最高法民申5849号］

裁判要旨：债权人请求法院判令连带保证人对债务承担连带清偿责任，提交了由该连带保证人签名的担保书，已完成了初步证明责任；保证人否认担保书上签名的真实性,依法需要提供相应证据加以证明,必要时可通过申请司法鉴定方式予以佐证。

最高人民法院认为,《民诉法解释》第90条规定:"当事人对自己提出的诉讼请求所依据的事实或者反驳对方诉讼请求所依据的事实,应当提供证据加以证明,但法律另有规定的除外。在作出判决前,当事人未能提供证据或者证据不足以证明其事实主张的,由负有举证证明责任的当事人承担不利的后果。"就该案而言,中恒国际租赁有限公司作为债权人请求判令王某对案涉债务承担连带清偿责任,向法院提交了王某签名的《担保书》、王某的身份证复印件,完成了自己的初步证明责任;王某否认《担保书》上"王某"签名的真实性,依法需要提供相应的证据予以证明,必要时可以通过申请司法鉴定的方式予以佐证。

基于该案已经查明的事实,在一审过程中,王某曾就此申请鉴定,但随后又撤回鉴定申请;后经一审法院释明,王某再次申请鉴定,但在法院准许后又拒不到庭选择鉴定机构,随后鉴定被退回;二审中王某仍未提供证据证明案涉《担保书》上的签名非其本人所签。一审、二审判决基于前述事实与民事诉讼证据规则,认定王某依法应承担相应的法律后果,并无不当。王某在《民事再审申请书》中强调"因无钱缴纳鉴定费用,不得已撤回鉴定申请",认为一审、二审法院"完全可以而且很有必要进行变通,由具有深厚经济实力的被申请人(中恒国际租赁有限公司)缴纳鉴定费用,推进司法鉴定程序,如鉴定结果对申请人(王某)不利,再判令申请人承担相应的不利后果",于法无据。王某在一审、二审诉讼中漠视自己的诉讼权利,推卸自己依法应承担的诉讼义务,拒不配合法院基于其申请进行的司法鉴定工作,明显有违诉讼诚信。

➢**3. 申诉人唐某与被申诉人程某莉房屋买卖合同纠纷案**[(2012)民抗字第55号]

裁判要旨:合同上的自然人私章所代表一方否认该私章为其所有时,主张合同成立的一方应举证证明私章为对方所有及盖章行为系对方所为。

最高人民法院认为,依法成立的合同,对当事人具有法律约束力,并受法律保护。当事人达成合意是合同成立的必备要件。《合同法》第32条①规定,“当事人采用合同书形式订立合同的,自双方当事人签字或者盖章时合同成立”。该条明确了当事人在合同书上签字或盖章的时间为合同成立的时间,不仅确认了当事人达成合意的外在表现形式为签字或者盖章,还赋予了盖章与签字在合同成立上同等的法律效力。因此,经当事人签字或者盖章的合同应该是当事人达成合意的体现,对双方当事人具有法律拘束力。依法成立的法人或其他组织均有登记备案的公章,经登记备案的公章对外具有公示效力,所以,通常情况下,法人或者其他组织在对外签订合同时,采用盖章的形式。自然人的私章没有登记备案的要求,对外不具有公示效力,在私章所代表的一方否认该私章为其所有,盖章行为是其所为时,该方当事人实质是否认与对方当事人达成合意、成立了合同关系,此时就涉及就合同关系是否成立的举证责任的分配问题。根据《民事证据规定》第5条②的规定,在合同纠纷案件中,主张合同关系成立的一方当事人对合同订立的事实承担举证责任,即在双方当事人就合同关系是否成立存在争议的情况下,应由主张合同关系成立的一方当事人承担举证责任。因此,在私章所代表的一方否认该私章为其所有,盖章行为是其所为,即否认与对方成立合同关系时,应由主张合同关系成立的一方当事人承担举证责任,该方当事人应当举证证明该枚私章为对方所有以及盖章的行为为对方所为或对方委托他人所为。

就该案来说,唐某否认合同书上的私章为其所有,也否认在合同书上盖过私章,这实质是否认与程某莉订立过涉案房屋买卖合同,在此情况下,程某莉应该举证证明其与唐某之间成立了房屋买卖合同关系,即私章为唐某所有且盖章行为也为唐某所为。原审判决认定唐某在该案中未举示充分的证据证明其与程某莉之间的房屋买卖行为以及过户登记申请不是其真实意思表示,从而将该举证责任分配给唐某是错误的。该案历经数次审理,程某莉为主张其与唐某之间成立房屋买卖合同关系所举证据有两个,一是唐某于1998年12月11日与重庆渝兴房地产综合开发公司签订《房地产买卖合同》购买该套房屋时,也是在合同上

① 《合同法》现已失效,现为《民法典》第490条,内容有修改。

② 2019年修正的《民事证据规定》已删除该条。

加盖私章,无手写签名,以此说明唐某此次出售房屋时加盖私章的合理性。二是生效的重庆市第一中级人民法院(2006)渝一中行再终字第1014号行政裁定认定的事实。对此,最高人民法院认为,该两份证据不足以证明上述待证事实。理由是:(1)唐某于1998年12月11日与重庆渝兴房地产综合开发公司签订《房地产买卖合同》购买该套房屋时,虽然也是在合同上加盖私章,但在唐某否认与程某莉签订过房屋买卖合同时,程某莉没有举证证明涉案《房地产买卖合同》上"唐某"的私章和唐某于1998年12月11日与重庆渝兴房地产综合开发公司签订的《房地产买卖合同》上唐某的私章为同一枚私章。唐某买受该房屋的时候盖有私章的行为并不必然推导出涉案《房地产买卖合同》上盖有"唐某"私章就是该案当事人唐某的私章,也不能证明加盖"唐某"私章的行为就是唐某所为。(2)(2006)渝一中行再终字第1014号行政裁定以主体不适格为由,从程序上驳回了唐某的起诉。该份裁定书认定的事实只能证明房屋买卖登记机关对涉案房屋办理过户登记的行为在程序上的合规性,不能证明唐某与程某莉之间发生了房屋买卖的民事行为。原审判决将行政裁定用于证明唐某与程某莉之间就涉案房屋成立了房屋买卖合同关系的行为不当。

地方人民法院案例

➤1. 刘某起与刘某海、刘某霞、刘某华遗嘱继承纠纷案①

裁判要旨:打印遗嘱是以打印形式制作的遗嘱,无论其是由遗嘱人本人打印还是他人代为打印,均应认定为打印遗嘱。打印遗嘱应当有两个以上见证人在场见证。其他继承人对打印遗嘱见证过程真实性提出异议时,主张打印遗嘱有效的一方不能通过申请见证人出庭作证或提供其他有效证据证明两名以上见证人在场见证的,人民法院可以打印遗嘱不符合法律规定的形式要件为由,认定打印遗嘱无效。

---

① 参见北京法院参阅案例第71号。

北京市第一中级人民法院认为，刘某起提交的《遗嘱》为打印形成，应认定其为打印遗嘱而非代书遗嘱。在其他继承人对该遗嘱真实性有异议的情况下，刘某起提交的遗嘱上虽有两名见证人署名，但相应录像视频并未反映见证过程全貌，且录像视频仅显示一名见证人，经法院多次释明及向《遗嘱》记载的两位见证人邮寄出庭通知书，见证人均未出庭证实《遗嘱》真实性，一审法院据此对该份遗嘱的效力不予认定，二审法院予以确认。刘某海所提交的《遗嘱》符合打印遗嘱的形式要件，亦有证据证明见证人全程在场见证，应认定其为有效。

➢2. 李某与许某、方某继承纠纷案［（2021）京01民终10484号］

裁判要旨：家庭协议和协议书系私文书证，原告对被告提交的上述两份协议真实性不予认可，被告应承担进一步举证责任。被告不能提交相应证据证实其提交的协议真实存在的情况下，人民法院对该两份协议不予采纳。

北京市第一中级人民法院认为，私文书证的真实性，由主张以私文书证证明案件事实的当事人承担举证责任。李某提交的2010年11月3日签订的家庭协议和2018年4月2日签订的协议书系私文书证，许某、方某对李某提交的上述两份协议真实性不予认可，李某应承担进一步举证责任，经法院释明后，李某明确表示不申请鉴定，这使待证事实真伪不明，对此，李某应当承担相应的不利后果，故在李某不能提交相应证据证实其提交的协议真实存在的情况下，该院对李某提交的两份协议不予采纳。

➢3. 中冶建工集团有限公司与兰州新区嘉伯文化发展有限责任公司、兰州鑫盛信用担保有限公司建设工程施工合同纠纷案［（2019）甘民初4号］

裁判要旨：私文书证上有删除、涂改、增添或其他形式瑕疵的，人民法院应当综合案件的具体情况判断其证明力。

甘肃省高级人民法院认为，对于有些工程计量材料中有文字涂改的情形，根据《民事证据规定》第92条"私文书证的真实性，由主张以私文书证证明案件事实的当事人承担举证责任。私文书证由制作者或者其代理人签名、盖章或捺印的，推定为真实。私文书证上有删除、涂改、增添或者其他形式瑕疵的，人民法院应当综合案件的具体情况判断其证明力"的规定，虽然上述工程计量材料有一些涂改,但并不影响其证明力。

编者说明

2019年12月26日上午,最高人民法院举行《最高人民法院关于修改〈关于民事诉讼证据的若干规定〉的决定》新闻发布会并回答记者提问。最高人民法院原副院长江必新、民一庭原庭长郑学林出席,主持人为最高人民法院新闻发言人李广宇。答记者问的现场内容与《最高人民法院新民事诉讼证据规定理解与适用》书中的内容基本一致,但略有不同,故附录现场问答。①

经济日报记者:

我的问题是关于民事诉讼当中,有的当事人对其他当事人提交证据上的合同盖章或者签名提出造假质疑,按照这次《修改决定》,法院会对这种情况作如何处理?谢谢。

郑学林:

你说的这个情况,在审判实践中也是比较常见的。一方当事人举出了一份合同,有当事人的签名,或者有单位的盖章,但另一方当事人抗辩,说这个签名和这个章都是假的。实践中经常遇到这个问题,合同案件,在诉讼中一方当事人往往作为一种抗辩的手段和方式,认为合同是假的,签字是假的,这个时候主要还是要借助技术手段。合同是不是真的,签名是不是真的,这个时候往往需要由鉴定来解决。

比如,原告提交了证据,被告提出签名不真实、合同不真实,怎么办?法官原则上应当要求提交证据的一方,也就是主张权利的一方,提出请求的一方,你要证明你的证据是真实的,举证责任在原告方,提交证据的这一方,你要证明合同是真的、签名是真的。如果说你提供不了

① 参见《〈最高人民法院关于修改《关于民事诉讼证据的若干规定》的决定〉新闻发布会》,载中国法院网2019年12月26日,https://www.chinacourt.org/chat/fulltext/listld/52313/template/courtfbhnewcommon/su bjectid/MzAwNMixMIABAA==.shtml。

这方面的证据,那就可能会导致法官不支持你的请求,可能导致败诉的后果。如果需要鉴定,这个时候原告有申请鉴定的义务。

条文内容	参考条文
第一百二十一条 【单位证明材料的审核】 单位向人民法院提出的证明材料,应当由单位负责人及制作证明材料的人员签名或者盖章,并加盖单位印章。人民法院就单位出具的证明材料,可以向单位及制作证明材料的人员进行调查核实。必要时,可以要求制作证明材料的人员出庭作证。	《民诉法解释》第115条第1款
单位及制作证明材料的人员拒绝人民法院调查核实,或者制作证明材料的人员无正当理由拒绝出庭作证的,该证明材料不得作为认定案件事实的根据。	《民诉法解释》第115条第2款

要点注释

单位出具证明材料,在司法实践中十分常见。单位出具的证明材料,尽管从表面上看类似于证人作证的行为,但由于是以其记载的内容发挥事实证明作用,所以其性质上属于书证。无论制作主体是否具有社会管理职能,这种书证均与公文书证无关,其类别上属于私文书证应无疑义。

依据本条规定,证明材料应当同时具有单位负责人签名或者盖章、制作证明材料的人员签名或者盖章,并加盖单位印章,这是单位证明材料具备证据能力的基础。不符合这一要求的单位证明材料,不具有证据能力,应当被排除。这样规定主要是考虑单位作为拟制人格的民事主体,其真实的意思与其经办人和负责人的意思不宜区分,在以单位的名义出具证明材料对某一事实进行描述时,为保证基本的真实性,需要提出这种必要的形式上的要求。

人民法院对单位证明材料存在疑义时,可以对该单位以及负责人和制作证明材料的人员进行调查核实。这种调查核实证据与调查收集证据不同,其是法院审核证据的内容,不受法院调查收集证据条件的限制。人民法院对证明材料的真实性不能形成内心确信时,可以依职权传唤制作证明材料的人员出庭作证。出具证明材料的单位以及制作证明材料的人员拒绝人民法院调查核实,或者制作证明材料的人员无正当理由拒绝出庭作证的,人民法院对证明材料的真实性不能形成有效的心证,该证明材料也因其真实性真伪不明、证明力较弱而无法作为认定案件事实的根据。

最高人民法院案例

➢1. 再审申请人梁某辉与被申请人翁某聪民间借贷纠纷案[(2020)最高法民申138号]

裁判要旨:仅有单位盖章,而无负责人及经办人签名或者盖章的证明材料,人民法院不予采信。

最高人民法院认为,梁某辉虽然提交叮咚公司的证明及叮咚公司兴业银行深圳分行账户的交易明细,用以证明案涉人民币705万元已回流至和正通公司,但《民诉法解释》第115条第1款规定:“单位向人民法院提出的证明材料,应当由单位负责人及制作证明材料的人员签名或者盖章,并加盖单位印章。人民法院就单位出具的证明材料,可以向单位及制作证明材料的人员进行调查核实。必要时,可以要求制作证明材料的人员出庭作证。”叮咚公司的证明仅加盖单位印章,单位负责人及制作证明材料的人员未在证明上签名或者盖章,叮咚公司的证据不符合法律规定的形式,原判决未采信该证明,并无不当。

➢2. 再审申请人枣庄市普超贸易实业有限公司与被申请人林某云、山东国大置业有限公司财产损害赔偿纠纷案[(2016)最高法民再109号]

裁判要旨:从形式上看,相关证明没有制作人员或单位负责人的签名或者盖章,不符合单位出具证明材料的形式要件,不能作为有效证据被采信。

关于证据一,2016年2月17日,枣庄市中分局渴口派出所出具的《证明》,最高人民法院认为,《民诉法解释》第115条第1款规定:“单位向人民法院提出的证明材料,应当由单位负责人及制作证明材料的人员签名或者盖章,并加盖单位印章。人民法院就单位出具的证明材料,可以向单位及制作证明材料的人员进行调查核实。必要时,可以要求制作证明材料的人员出庭作证。”根据该条规定,从《证明》的形式上看,该证明没有制作人员或单位负责人的签名或者盖章,不符合单位出具证明材料的形式要件。同时,根据山东省高级人民法院对枣庄市中分局的调查取证情况,该分局没能提供枣庄市普超贸易实业有限公司2008年1月到10月领取炸药的相关记录,故枣庄市中分局渴口派出所出具的《证明》不能作为有效证据被采信。

➢3. 再审申请人殷某志与被申请人阜阳市国瑞建设有限责任公司合同纠纷案[(2017)最高法民申2001号]

裁判要旨:众成公司出具的证明仅有众成公司的印章,没有单位负责人及制作证明材料的人员签名或盖章,这不符合单位出具证明材料的形式要件规定。

最高人民法院认为,殷某志二审提交的新证据是众成公司出具的证明,该证明仅有众成公司的印章,没有单位负责人及制作证明材料的人员签名或盖章。《民诉法解释》第115条规定:“单位向人民法院提出的证明材料,应当由单位负责人及制作证明材料的人员签名或者盖章,并加盖单位印章。人民法院就单位出具的证明材料,可以向单位及制作证明材料的人员进行调查核实。必要时,可以要求制作证明材料的人员出庭作证。单位及制作证明材料的人员拒绝人民法院调查核实,或者制作证明材料的人员无正当理由拒绝出庭作证的,该证明材料不得作为认定案件事实的根据。”该证明不符合前述单位出具证明材料的形式要件规定。在众成公司与阜阳市国瑞建设有限责任公司的另案诉讼中,众成公司明确陈述其与殷某志没有发生过任何合同关系,也没有任何给付款关系,众成公司出具的证明陈述的内容与其在前陈述的内容相互矛盾,众成公司出具的证明不足以推翻其此前关于其与殷某志没有发生过任何合同关系,也没有任何给付款关系的陈述,不足以推翻二审判决认定的事实。

➤4. 再审申请人南昌市红谷滩新区博能小额贷款有限公司与被申请人徐某、毛某刚、滕某伟、占某仙、上饶市万力实业有限公司借款合同纠纷案[(2021)最高法民申1049号]

裁判要旨:当事人提交的证明函作为单位证明,仅有单位加盖印章,并无单位负责人或经办人签名,这不符合单位证明的形式要件,且该证明函所载明的内容也无其他证据加以辅证以证实其内容的真实性,人民法院对该证明函的真实性不予认可。

最高人民法院认为,南昌市红谷滩新区博能小额贷款有限公司提交的《证明函》作为单位证明,仅有单位加盖印章,并无单位负责人或经办人签名,这不符合单位证明的形式要件,且该证明函所载明的内容也无其他证据加以辅证以证实其内容的真实性,故该院对该《证明函》的真实性不予认可。

➤5. 再审申请人新疆海丰达投资管理有限公司与被申请人巴州正圣棉业有限公司建设工程施工合同纠纷案[(2021)最高法民申5411号]

裁判要旨:当事人质疑单位证明材料的,亦可依据规定请求人民法院对制作证明材料的人员进行调查核实或出庭作证。单位出具的证明材料缺少制作人员的签名,并非就没有证明效力。

关于《情况说明》及证人证言的证明力问题,最高人民法院认为,《民诉法解释》第115条第1款"单位向人民法院提出的证明材料,应当由单位负责人及制作证明材料的人员签名或者盖章,并加盖单位印章。人民法院就单位出具的证明材料,可以向单位及制作证明材料的人员进行调查核实。必要时,可以要求制作证明材料的人员出庭作证"的规定中,并无缺少制作证明材料人员签名即无证明效力的明确表述。当事人质疑书证的,亦可依据前款规定请求人民法院对制作证明材料的人员进行调查核实或要求其出庭作证。农发行新疆支行营业部出具《情况说明》,系依照民事程序法律的规定参与该案诉讼,并非试图创设新的民事权利或承担民事责任,故其是否具有法人资格、是否具有民事责任能力与其依法陈述所知晓案情并无关联。农发行新疆分行营业部及其工作人员欧某与该案所涉纠纷有事实上的关联,但并非《民事证据规定》第87条第5项"证人或者提供证据的人与当事人有无利害关系”的规定所指有可能影响证人或提供证据的人公正客观参与诉讼的特定利害关系。新疆海丰达投资管理有限公司仅以农发行新疆分行及其工作人员为受益者为由即认定其不能客观地陈述案件事实的主张缺乏事实根据。由于二审法院补充查明了与该案争议有关的事实，相关事实与《情况说明》以及证人欧某所陈述内容可以相互印证，并非仅以前述书证及证人证言之孤证认定该案事实，故二审法院将《情况说明》以及证人欧某的证言作为定案依据之一，符合法律规定。

➢6. 再审申请人上海贝安嘉医疗器械有限公司与被申请人淮北矿工总医院集团合同纠纷案[(2020)最高法民申1102号]

裁判要旨：《民诉法解释》第115条是对单位出具的证明材料的形式以及人民法院审查规则的规定，该条款要求单位出具证明文书上具有负责人和经办人签名盖章，系为了便于人民法院在必要时核实证明文书的真实性。法院向相关单位发出询证函就某事实或情况进行了解询问，该单位给予书面回复，但该书面回复中未载有负责人和经办人签名盖章的，因该回复是相关单位基于人民法院的要求而出具，故并不存在上述规定的适用情形。

关于涉案回复函应否被采信的问题，最高人民法院认为：对于上海贝安嘉医疗器械有限公司（以下简称上海贝安嘉公司）、淮北矿工总医院集团之间涉案协议所涉合作事项是否属于国家卫计委、安徽省卫计委等卫生行政主管部门相关会议、文件中所要求的清理范围，一审法院向淮北市卫计委发函征询、了解相关情况，淮北市卫计委作为行业主管部门，根据其对政策、法律的理解进行答复回函并无不当，上海贝安嘉公司称一审法院的询证函具有指证、诱证之虞的主张依据不足。同时，《民诉法解释》第115条是对单位出具的证明材料的形式以及人民法院审查规则的规定，该条款要求单位出具证明文书上具有负责人和经办人签名盖章，系为了便于人民法院在必要时核实证明文书的真实性。该案中，淮北市卫计委出具回复函是基于一审法院的要求，故该案并不存在《民诉法解释》第115条规定的适用情形。上海贝安嘉公司主张该回复函不具备证据的形式要件，于法无据，最高人民法院不予支持。

➢7. 再审申请人朱某峰与被申请人卢某强等房屋租赁合同纠纷案[(2017)最高法民申1047号]

裁判要旨:消法部门出具的证明属于证人证言,不属于书证。

关于朱某峰提交的消防部门出具的《证明》的证明力,最高人民法院认为,原审法院以该证明属于证人证言,相关证人未出庭接受质询,且内容与消防部门出具的消防整改通知书内容不相符为由不予采信,这符合《民诉法解释》第115条规定的证据认证规则。朱某峰认为该证明属于书证的申请理由,缺乏法律依据,最高人民法院不予支持。

➢8. 再审申请人日照港集团有限公司煤炭运销部与被申请人山西焦煤集团国际发展股份有限公司借款合同纠纷案①[(2015)民提字第74号]

裁判要旨:单位出具的书面情况说明属于证人证言,在无法核实来源及真实性的情况下,对其证明力不予认定。

在该院再审期间,山西焦煤集团国际发展股份有限公司(以下简称山西焦煤公司)提供了肇庆市西江能源发展有限公司(以下简称肇庆公司)2014年5月7日出具给山西省高级人民法院的《关于山西焦煤集团国际发展有限公司、日照港集团有限公司煤炭运销部及肇庆市西江能源发展有限公司1760万元煤炭合作纠纷的情况说明》,以及山西焦煤公司代理律师乔某刚向肇庆公司煤炭部门经理梁某锋进行询问形成的《调查笔录》,以证明肇庆公司已经按山西焦煤公司的指示归还了日照港集团有限公司煤炭运销部(以下简称日照港运销部)1760万元预付款。日照港运销部质证称,该证据不属于新证据,二审法院在二审期间已收到了案外人邮寄的上述证据并向其出示过,但未组织双方进行质证,因该证据来源不明,提供主体不合法,公章真伪不清,真实性无法验证,内容虚假,故不应将其作为认定案件事实的依据。最高人民法院认为,上述两份证据均属于证人证言,且不属于新证据。肇庆公司提供的《情况说明》无单位负责人及制作人员签名或盖章,在与该案同时审理的另一关联案件中,肇庆公司作为当事人一方,自

① 参见《最高人民法院公报》2017年第6期(总第161期)。

一审时起就没有参加诉讼，人民法院亦无法与其取得联系，相关诉讼文书均采用公告送达，对于另一证人梁某锋，山西焦煤公司表示已无法与其取得联系，因此，上述证据的来源及真实性无法核实，且证据内容与肇庆公司交易时的财务凭证及款项往来凭证不符，故最高人民法院对其证明力不予认定。

➢9. 再审申请人安徽国贸联创投资有限公司与被申请人刘某、泗县南虹棉业有限公司案外人执行异议之诉纠纷案[(2019)最高法民申4695号]

裁判要旨：单位证明材料中没有制作证明材料人员的签字，但人民法院在调查核实时，单位负责人对出具证明的事实予以认可的，相关证明材料可以被采信。

关于刘某实际占有房屋时间的认定问题，最高人民法院认为：该案中，安徽省宿州市泗县刘圩镇刘圩村村民委员会出具《证明》证实，刘某自2013年3月起实际入住案涉房屋，二审法院就该《证明》调查核实时，该村委会负责人对出具《证明》的事实予以认可，故一审、二审法院依据《民诉法解释》第115条的规定采信该项证据，符合法律规定。一审、二审法院据此认定刘某自2013年3月起实际占有房屋，并无不当。

地方人民法院案例

➢1. 李某柏与南京金陵置业发展有限公司商品房预售合同纠纷案①

裁判要旨：对于政府机关及其他职能部门出具的证明材料，人民法院应当对其真实性、合法性以及与待证事实的关联性进行判断，若上述证据不能反映案件的客观真实情况，则不能作为人民法院认定案件事实的根据。

江苏省高级人民法院认为，人民法院应当以证据能够证明的案件事实为依据依法作出裁判，无论是当事人提供的证据，还是人民法院依职权调取的证据，均应客观真实地反映案件事实，并经双方当事人质证后，才能作为定案的依据。对于政府机关及其他职能部门出具的询价意见、咨询意见等证据材料，人民法院

① 参见《最高人民法院公报》2016年第12期(总第242期)。

应当对其真实性、合法性以及与待证事实的关联性进行判断,若上述证据不能反映案件的客观真实情况,则不能作为人民法院认定案件事实的根据。该案中,南京金陵置业发展有限公司违反合同约定,其交付的房屋存在质量问题致李某柏不能正常居住,应承担违约责任。李某柏请求以同期房屋租金为标准计算其因房屋质量问题而造成的实际损失,人民法院应予支持。关于租金损失的计算标准问题,原审法院以南京市江宁区物价局价格认证中心咨询的意见为涉案房屋的租金标准,并以此计算房屋租金损失,即 2010 年涉案房屋租金认定为 9000 元/月,2011 年涉案房屋租金认定为 9900 元/月。根据市场一般行情,决定房屋租赁价格的因素主要包括房屋面积、户型、地理位置、装潢档次、周边环境等因素,南京市江宁区物价局价格认证中心出具的询价意见仅是认定房屋租赁价格的参考和证据材料,而不应成为认定涉案房屋租金标准的直接依据。根据法院查明的事实,南京市江宁区物价局价格认证中心出具的房屋租金标准远低于美仕别墅区位的同类房屋实际市场租赁价格,故该询价标准不符合当时涉案房屋租赁市场价格的实际情形。因此,原审法院仅以南京市江宁区物价局价格认证中心的询价标准来认定涉案房屋租金损失,显失公平。在计算涉案房屋租金实际损失时,应当综合房屋市场租赁价格真实情况据实予以认定,而李某柏提交的同地段房屋租赁协议虽证明涉案小区有业主出租房屋租金可达到每月 21000 元以上,但该租金价格仅系个别业主根据自己房屋的区位及装修情况,结合租房人的实际需求,协商达成的价格,并不具有普遍性。

➢2. 贵阳小湾河生态环境有限公司与蔡某、赵某雁、世纪颐和物业服务集团有限公司财产损害赔偿纠纷案[(2021)黔 01 民终 10908 号]

裁判要旨:综合行政执法局作出的情况说明并非在该案审理过程中因当事人所需而出具,该情况说明不属于单位证人证言。

贵州省贵阳市中级人民法院认为,根据观山湖区综合行政执法局向观山湖区住建局反馈的情况说明,涉案车库被淹的原因有三项,该三项原因均与贵阳小湾河生态环境有限公司(以下简称小湾河公司)改造小湾河河道的施工行为有关,故一审判决根据该情况说明认定小湾河公司的施工行为是涉案事故的原因,并无不当。至于小湾河公司上诉主张前述情况说明不应作为证据采信的问题,该院认为,观山湖区综合行政执法局作出的前述情况说明并非在该案审理过程中因当事人所需而出具,故该情况说明不属于单位证人证言。根据该情况说明记载内容,该情况说明形成于2019年6月17日,系在事故发生几天后,经观山湖区人民政府转办,由观山湖区综合行政执法局对涉案被淹车库进行现场核查后所作,并报送给观山湖区住建局,故该情况说明系政府有关部门在处理该案事故时即形成,一审判决采信该证据认定该案事实,并无不当。

➢**3. 周某惠与遂溪中新医院经济补偿金纠纷案**[(2019)粤0823民初845号]

裁判要旨:收入证明与当事人本人签名的月平均工资收入情况差距较大,这不符合常理,该收入证明不能作为月平均工资收入的依据,月收入应以工资表的收入为准。

关于周某惠在答辩状中提出其月工资收入应按9000元/月计算的问题,广东省遂溪县人民法院认为:周某惠该主张主要是依据其提供的《收入证明》,但综合周某惠在庭审中确认的是其本人签名的8个月工资的收入情况来看,周某惠在这8个月的平均工资只是5027.78元/月,这与其主张的9000元/月,差距较大,是不符合常理的。遂溪中新医院在庭审中对周某惠提供的《收入证明》进行质证时认为,该收入证明中的内容(含月收入)都是周某惠为了方便办理购房贷款而自行填写的,其中周某惠的月收入为9000元是不真实的,其月收入应以工资表的收入为准。遂溪中新医院对该份证据的质证意见是比较客观、合理的,周某惠提供的《收入证明》并不能作为其月平均工资收入的依据。

第四节 视听资料、电子数据

条文内容	参考条文
第一百二十二条 【视听资料的审核】 人民法院对视听资料,应当辨别真伪,并结合本案的其他证据,审查确定能否作为认定事实的根据。	《民事诉讼法》 第74条

要点注释

视听资料是通过现代科学技术手段，记录案件的真实情况，并使案件得以再现的证据。视听资料可以通过声音、图像、储存的数据和资料形象地反映一定的法律事实。但是，科学技术的发展也使伪造视听资料变得极其容易，当事人通过对视听资料进行剪辑、编排、加工，往往可以制作出对自己有利的证据，或者虚造出新的证据。比如，在继承案件中，有的当事人从被继承人生前的谈话中节选、编造出一份对自己有利的遗嘱录音，以达到独占被继承人遗产的目的。因此，对于视听资料，人民法院应当辨别其真伪，不要被其表象迷惑。

同时，要根据案件的情况确定视听资料是在法律关系发生时或者纠纷发生时形成的还是复制的，以及当事人对视听资料有无进行剪辑或伪造，在必要的时候，人民法院可以请专业人员对其进行科学的鉴定。此外，人民法院还应根据案件中的书证、物证、证人证言等证据，对视听资料进行综合的分析和判断。只有反映案件真实情况的视听资料，才能被人民法院作为认定案件事实的根据。存有疑点的视听资料，不得单独作为认定案件事实的根据。

最高人民法院案例

➢1. 再审申请人林某雄、林某娟与被申请人陈某惠合伙协议纠纷案［(2015)民申字第 3541 号］

裁判要旨：从录音资料的内容看，双方互称“亲家”，并多次提及“七标、十标、十五标”工程，这些工程名与该案合伙项目名称吻合，录音资料的具体内容系双方商谈如何对合伙项目进行结算，应当认定该录音资料系双方当事人之间的谈话。

最高人民法院认为，由于双方当事人对合伙的权利、义务未签订书面合同进行具体约定，所以认定争议事实的关键在于对陈某惠提供的录音资料及书面文字材料是否采纳。从陈某惠提供录音资料的内容看,双方互称"亲家",并多次提及"七标、十标、十五标"工程,这些工程名与该案合伙项目名称吻合,具体内容系双方商谈如何对合伙项目进行结算,应当认定该录音资料系陈某惠与林某雄间的谈话。陈某惠已经对其主张的基本事实进行了举证,林某雄反驳该事实,应当提供证据加以证明,但其未提供证据进行反驳,还拒绝对该录音证据进行鉴定,其应承担对其不利的后果。二审判决采纳该证据,并无不当,故林某雄主张对该证据不予采信的再审理由不能成立。

➢2. 再审申请人邹某雨与被申请人三亚中铁置业有限公司、原审第三人淮创实业发展(上海)有限公司商品房销售合同纠纷案[(2017)最高法民再294号]

裁判要旨:无法核实被录音人的身份,在无其他证据佐证的情况下,对录音证据不予采信。

最高人民法院认为,关于证据2,该证据为录音证据及整理资料,涉及的被录音的三人未出庭作证,无法核实被录音人的身份,根据《民事诉讼法》第71条①"人民法院对视听资料,应当辨别真伪,并结合本案的其他证据,审查确定能否作为认定事实的根据"的规定,在无其他证据佐证的情况下,该院对该证据不予采信。

地方人民法院案例

➢1. 再审申请人陈某翠与被申请人陈某禄生命权、健康权、身体权纠纷案[(2019)湘民申4391号]

裁判要旨:人民法院以录音资料为认定案件事实的根据的前提条件有两个:一是该录音资料内容真实;二是需有其他证据佐证。

湖南省高级人民法院认为,经查,该录音资料系陈某翠在该案二审期间提交,其未能合理说明逾期提交的理由,该证据不属于二审阶段的新证据,且录音

① 现为2021年修正的《民事诉讼法》第74条。

资料属民事诉讼法证据分类中的视听资料,根据《民事诉讼法》第 71 条①的规定,人民法院对视听资料,应当辨别真伪,并结合本案的其他证据,审查确定能否作为认定事实的根据。从上述规定可知,人民法院以录音资料为认定事实的依据的前提条件有两个:一是该录音资料内容真实;二是需有其他证据佐证。在该案中,仅凭申请人提交的所谓录音资料,不能确认通话双方的身份,申请人也未提交其他证据进行佐证,故二审法院对该份证据未予认定是正确的。

➢2. 钟某泷与杨某骐民间借贷纠纷案②[(2020)粤13民终131号]

裁判要旨:上诉人提交的U盘中的录音无法证实该录音中的通话方为被上诉人本人,录音内容也非中立第三方平台提供或者确认,法院无法确认该录音内容的真实性。

关于上诉人钟某泷与被上诉人杨某骐之间涉案借贷事实的认定问题,广东省惠州市中级人民法院认为:首先,上诉人钟某泷提交的银行卡照片及其部分账单明细情况没有显示收款方为被上诉人或与被上诉人相关联的信息,不足以证明该款项是出借给被上诉人。其次,《民事证据规定》第 94 条规定:"电子数据存在下列情形的,人民法院可以确认其真实性,但有足以反驳的相反证据的除外:(一)由当事人提交或者保管的于己不利的电子数据;(二)由记录和保存电子数据的中立第三方平台提供或者确认的;(三)在正常业务活动中形成的;(四)以档案管理方式保管的;(五)以当事人约定的方式保存、传输、提取的。电子数据的内容经公证机关公证的,人民法院应当确认其真实性,但有相反证据足以推翻的除外。"上诉人钟某泷提交的U盘中的录音无法证实该录音中的通话方为杨某骐本人,录音内容也非中立第三方平台提供或者确认,无法确认该录音内容的真实性。最后,上诉人钟某泷单方提交的微信聊天记录,依照《民事证据规定》第 93 条的规定,该微信聊天记录截图存在影响电子数据完整性和可靠性因素,且在缺乏上诉人钟某泷将涉案金额借给被上诉人杨某骐的证据的情况下,仅凭该微

① 现为 2021 年修正的《民事诉讼法》第 74 条。

② 本案与本规则第 123 条亦有关联,为避免重复,故第 123 条案例部分将不再收录本案。

信聊天记录中有被上诉人杨某骐发送给上诉人的欠条，不足以证明涉案借款事实的发生。

➢3. 再审申请人饶某华与被申请人吴某红民间借贷纠纷案[(2019)赣11民申65号]

裁判要旨：录音等视听资料不能单独作为认定案件事实的根据，只有在有其他证据佐证而补强的情况下，才能作为定案证据。

关于再审申请人饶某华提交的录音证据问题，江西省上饶市中级人民法院认为：第一，饶某华与案外人谌某林的通话记录中，虽然案外人谌某林提到"吴某红"和"还钱"，但未清楚指明是否和该案的借款有关，更无法说明谌某林在该案借款中为实际借款人；再审申请人饶某华与被申请人吴某红的通话记录中，虽然吴某红未明确否认饶某华所说的"我没有用到钱，你的钱是在谌某林那里"，但这句话也无法明确谌某林和吴某红之间是否为借贷关系，即便是借贷关系，在饶某华已经向吴某红出具借据的情况下也无法排除吴某红和饶某华之间不存在借贷关系；关于饶某华与吴某红丈夫的通话记录，首先，吴某红丈夫不是该案借贷关系的主体，其次，吴某红丈夫提到的"都是谌某林骗我们，我们都是受害者"等，也无法排除吴某红和饶某华之间不存在借贷关系。第二，饶某华与吴某红、吴某红丈夫的通话记录中都提到的案外人谌某林和其有关情况，并未得到谌某林本人的明确认可，该谈话内容真实性本身存在疑问。第三，《民事诉讼法》第71条①规定："人民法院对视听资料，应当辨别真伪，并结合本案的其他证据，审查确定能否作为认定事实的根据。"因此录音等视听资料不能单独作为认定案件事实的依据，只有在有其他证据佐证而补强的情况下，才能作为定案证据，而该案中饶某华提交的证据中该录音本身难以达到其证明目的，其他证据也无法佐证其拟证明的对象。

➢4. 再审申请人吴某、何某凤与被申请人郑某财、一审第三人郑某燕、吴某荣民间借贷纠纷案[(2018)闽民申256号]

裁判要旨：录音资料经查证属实的，原审法院予以采信并无不当。

---

① 现为2021年修正的《民事诉讼法》第74条。

关于吴某、何某凤主张原审采信谈话录音内容认定郑某财与吴某、何某凤之间借贷关系成立错误的问题,福建省高级人民法院认为:原审中,吴某、何某凤对谈话录音及录音文字书面材料的真实性并无异议,可予确认。吴某、何某凤认为,谈话内容不能证明郑某财主张的证明对象。对此,该院认为,虽然该谈话系郑某燕与吴某、何某凤之间的对话,但谈话内容直接涉及讼争款项,且吴某在谈话中讲到"盖房子的还你啊,该还你的一定会还啊""我打算你们没闹这样,我就放最后还""当时你们要算利息的话,当时我也不会跟你们借""30万元会还你们的,又不是不会还",何某凤讲到"那时候你如果要算利息的话你们要先说,算利息就会先还你们,那时候想都是一家人,怎么算利息,我6月也有跟你妈说过,外面的20万元还完就还你们的30万元",这些谈话内容表明吴某、何某凤确认了其曾向郑某财借款30万元尚未归还的事实。该案讼争30万元借款虽无借条,但上述谈话录音系视听资料,亦属于法定证据,吴某、何某凤未提交证据证明该谈话录音系以严重侵犯其合法权益、违反法律禁止性规定或者严重违背公序良俗的方法形成或获取,原审对该谈话录音予以采信,并无不当。同时,吴某、何某凤在二审上诉理由中亦认可曾向郑某财借款30万元的事实,原审认定吴某、何某凤与郑某财之间借贷关系成立,并无不当。

条文内容	参考条文
第一百二十三条　【电子数据真实性因素】 人民法院对于电子数据的真实性,应当结合下列因素综合判断: (一)电子数据的生成、存储、传输所依赖的计算机系统的硬件、软件环境是否完整、可靠; (二)电子数据的生成、存储、传输所依赖的计算机系统的硬件、软件环境是否处于正常运行状态,或者不处于正常运行状态时对电子数据的生成、存储、传输是否有影响;	《民事证据规定》第93条

续表

条文内容	参考条文
（三）电子数据的生成、存储、传输所依赖的计算机系统的硬件、软件环境是否具备有效的防止出错的监测、核查手段； （四）电子数据是否被完整地保存、传输、提取，保存、传输、提取的方法是否可靠； （五）电子数据是否在正常的往来活动中形成和存储； （六）保存、传输、提取电子数据的主体是否适当； （七）影响电子数据完整性和可靠性的其他因素。 人民法院认为有必要的，可以通过鉴定或者勘验等方法，审查判断电子数据的真实性。	

要点注释

证据的真实性有两个层面的含义：一是证据载体的真实性，即证据形式的真实性，证据本身必须是真实存在的，不能是伪造、变造等虚假所为的；二是证据事实的真实性，即证据内容的真实性，证据所记载或反映的信息必须是可靠、可信的，是案件的客观事实，而不能是虚假的。

证据的真实性关乎证据证明力的评价，电子数据的审查判断面临的核心问题就是真实性问题，电子数据的真实性也包括电子数据载体的真实性和电子数据内容的真实性。电子数据载体的真实性，是指存储电子数据的媒介、设备在诉讼过程中保持原始性、同一性、完整性，不存在被伪造、变造、替换、破坏等问题，以及作为电子数据信息在技术层面的存在形式的电子数据是真实的，其与原始数据保持一致，不存在被修改、删除、增加等问题。电子数据内容的真实性，是指电子数据所包含的信息就是案件的客观事实。

电子数据的完整性与可靠性是认定电子数据真实性的主要指标。电子数据的完整性包括形式上的完整性和内容上的完整性。形式上的完整性是指电子数据必须保持生成之时的原状,而电子数据内容上的完整性是指电子数据自形成之时起,其内容保持完整,未遭到非必要的添加或删除。可靠性是指电子数据内容上的真实性,它是电子数据的内在质量特征,它向电子数据使用者保证,电子数据与所要反映的事实是一致的。如果未对电子数据进行关键性的更改,仅对电子文件进行格式调整、注明来源、形成过程和取得日期等非关键性的更改,并不影响电子数据的完整性。

依据本条规定,判断电子数据真实性的主要考虑因素有:

一是电子数据的生成、存储、传输所依赖的计算机系统的硬件、软件环境是否完整、可靠。由于电子数据是计算机系统硬件和软件的产物,其生成、存储、传输均依赖计算机系统,因此,电子数据的真实性很大程度上取决于计算机系统的完整可靠性。如果我们把计算机系统比喻成一个证人,那么电子数据就相当于证人证言,所以这个证人的可靠性就极为关键。如果有证据证明电子数据所依赖的计算机系统的硬件、软件环境存在篡改、故障等不可靠因素,就不能直接认定电子数据是真实的。

二是电子数据的生成、存储、传输所依赖的计算机系统的硬件、软件环境是否处于正常运行状态,或者不处于正常运行状态时对电子数据的生成、存储、传输是否有影响。若计算机系统处于正常运行状态,或者虽不处于正常运行状态但对数据的生成、存储、传输没有影响,则不影响电子数据的真实性。

三是电子数据的生成、存储、传输所依赖的计算机系统的硬件、软件环境是否具备有效的防止出错的监测、核查手段。这可以从侧面证明计算机系统是否处于正常运行状态,或者虽不处于正常运行状态但对数据的生成、存储、传输有没有影响。计算机系统应能够防止未经授权的人进入、实施安全命令控制、进行系统备份和恢复、自动进行数据准确性检测等。如果计算机系统不存在防止出错的监测、核查手段,就难以保证系统始终处于正常运行的状态,也难以保证生成、存储、传输的电子数据未发生改变。

四是电子数据是否被完整地保存、传输、提取,保存、传输、提取的方法是否可靠。电子数据在保存、传输、提取过程中可能被篡改,可以审查电子数据的访问操作日志以了解电子数据是否存在被增加、删除或者修改的情况,或者通过审查电子数据的完整校验值或者通过比对备份电子数据方式,查验电子数据的完整性与可靠性。还可以审查电子数据在传递的过程中是否采取加密措施,是否可能被截获;审查电子数据的备份、打印输出方法是否可靠,以确定电子数据的完整性是否遭到破坏。

五是电子数据是否在正常的往来活动中形成和存储。大数据时代,发送短信、微信、电子邮件,网上购物,发布浏览微博信息,网上汇款等都会产生、存储、传输信息,大数据都能够记录大量事实。这些电子数据并非孤立产生,其依赖人们正常的往来活动。民事诉讼中的电子数据应能与正常的往来活动相适应,若电子数据不是在当事人之间正常的往来活动中形成和存储的,则该电子数据的真实性值得考虑。

六是保存、传输、提取电子数据的主体是否适当。电子数据的保存、传输、提取主体应保持公正、独立,没有利害关系;符合技术性要求,有相应的资质,以确保其所保存、传输、提取的电子数据的证明力。当事人提交自己保存的易于编辑的电子数据证明其主张的案件事实的,通常应有其他证据予以佐证。相对而言,具有中立地位的主体保存的电子数据更为可信。例如,网络服务商保存的交易资料更能保证电子数据的完整性和可靠性。

七是影响电子数据完整性和可靠性的其他因素。科技在不断发展,实践中可能会出现新的问题,前述六种需要考虑的因素并不能完全涵盖影响电子数据真实性的所有因素,法官应根据案件具体情况,判断电子数据的完整性和可靠性是否遭到破坏。

电子数据的真实性审查是人民法院对证据是否采信的重要环节,但法院通常缺乏相关的电子技术知识背景,对电子数据真实性的考虑因素进行综合判断并不容易。虽然本条规定了需要考虑的七种因素,但电子数据的完整性、可靠性的认定涉及极其专业的知识,因此,在法官无法通过综合判断形成内心确信时,可以通过鉴定或者勘验等方法,判断电子数据的真实性。

相关法律

➢《电子签名法》(2019年4月23日修正)

第七条 数据电文不得仅因为其是以电子、光学、磁或者类似手段生成、发送、接收或者储存的而被拒绝作为证据使用。

第八条 审查数据电文作为证据的真实性,应当考虑以下因素:

(一)生成、储存或者传递数据电文方法的可靠性;

(二)保持内容完整性方法的可靠性;

(三)用以鉴别发件人方法的可靠性;

(四)其他相关因素。

司法解释

➢《最高人民法院关于互联网法院审理案件若干问题的规定》(法释〔2018〕16号,2018年9月7日施行)

第十一条 当事人对电子数据真实性提出异议的,互联网法院应当结合质证情况,审查判断电子数据生成、收集、存储、传输过程的真实性,并着重审查以下内容:

(一)电子数据生成、收集、存储、传输所依赖的计算机系统等硬件、软件环境是否安全、可靠;

(二)电子数据的生成主体和时间是否明确,表现内容是否清晰、客观、准确;

(三)电子数据的存储、保管介质是否明确,保管方式和手段是否妥当;

(四)电子数据提取和固定的主体、工具和方式是否可靠,提取过程是否可以重现;

(五)电子数据的内容是否存在增加、删除、修改及不完整等情形;

(六)电子数据是否可以通过特定形式得到验证。

当事人提交的电子数据，通过电子签名、可信时间戳、哈希值校验、区块链等证据收集、固定和防篡改的技术手段或者通过电子取证存证平台认证，能够证明其真实性的，互联网法院应当确认。

当事人可以申请具有专门知识的人就电子数据技术问题提出意见。互联网法院可以根据当事人申请或者依职权，委托鉴定电子数据的真实性或者调取其他相关证据进行核对。

地方司法文件

➢**《北京市高级人民法院知识产权民事诉讼证据规则指引》**（2021 年 4 月 22 日发布）

1.19　第三方电子数据存证平台收集、固定的电子数据，应结合以下因素综合判断其真实性：

（一）第三方电子数据存证平台经营者的资质和信用状况；

（二）电子数据的数据来源、生成方式、储存方法；

（三）第三方电子数据存证平台采用的技术手段、保全方法对电子数据完整性的影响，授时和守时检测等方面的可信程度；

（四）电子数据的提供形式；

（五）影响电子数据完整性和可靠性的其他因素。

1.20　对当事人提供的即时通讯软件聊天记录的截图打印件，可以结合以下因素判断其真实性：

（一）截图与收发信息的手机或电脑等终端所载原始信息是否一致；

（二）信息收发主体与提供该证据当事人的关联关系。

1.21　原告以涉案权利客体的电子数据作为其具有权利主体身份证明的，应对电子数据的形成时间、涉案权利客体的发表或完成时间、修改或编辑的可能性等情况予以审查。

1.22　对信息网络环境下的电子数据进行公证保全或区块链存证保全的，

应从公证文书的制作过程、区块链存证记录的生成过程、网页及其发布时间的形成过程、管理该网页的网站资质和信用状况、公证采用的技术手段、区块链存证的技术环境等方面予以审查。

1.23　经过公证的当事人书面陈述、证人书面证言、其他单位或个人出具的证明文件等文书,公证证明仅涉及上述文书的出具人身份及签章真实或原件与复印件一致,而不涉及文书所载实体内容的,上述文书的证据效力应按照对当事人陈述、证人证言、其他单位或个人出具的证明文件等证据的一般规定予以审查。

1.24　取得证据的公证程序虽有瑕疵,但不影响所取得证据本身真实性,且公证文书未被撤销的,可以根据案件具体情况确认上述公证证据的证明力。

当事人仅以公证机构跨区域办理公证业务或者申请人与公证事项无利害关系为由主张对公证证据不予采信的,不予支持。

最高人民法院案例

➢1. 再审申请人赫徕森漫游有限公司与被申请人深圳市宜联畅游技术有限公司技术合同纠纷案[(2022)最高法民申66号]

裁判要旨:微信群中包含双方当事人的员工,且当事人法定代表人、委托诉讼代理人均在微信聊天群中,其有能力核对对方当事人提交的微信聊天记录的真实性和完整性,在未提交反证推翻聊天记录真实性和完整性的情况下,法院可以采信上述微信聊天记录。

最高人民法院认为,根据一审庭审记录记载,一审法院召集双方当事人到庭,现场将深圳市宜联畅游技术有限公司(以下简称宜联公司)提交的微信聊天记录涉及的3个微信群的聊天记录进行备份,并将备份光盘交付赫徕森漫游有限公司(以下简称赫徕森公司),责令其自行将上述记录与宜联公司提交的打印件进行核对。赫徕森公司虽在一审、二审阶段称其无法判断前述证据是否真实完整地反映了双方的聊天内容,亦不确认宜联公司指出的相关聊天内容可以证明宜联公司已经履行了合同义务,但双方一审当庭确认上述3个微信群中涉及的人员中包含宜联公司及赫徕森公司的员工，且赫徕森公司法定代表人、委托诉讼代理人均在上述微信聊天群中，其有能力核对宜联公司提交的微信聊天记录的真实性和完整性，在赫徕森公司未提交反证推翻上述聊天记录真实性和完整性的情况下，二审法院将上述微信聊天记录作为认定案件事实和涉案合同履行的证据，并无不当。

➢2. 再审申请人韩某亮与被申请人西南证券股份有限公司重庆涪陵滨江路证券营业部、西南期货有限公司期货经纪合同纠纷案［（2020）最高法民申6847号］

裁判要旨：开户视频资料和交易结算记录保存于网站中，只能从中导取相关数据作为证据，原审判决结合该案事实，依照民事诉讼优势证据规则和高度盖然性的证明标准对开户视频资料和交易结算记录的真实性予以确认，并无不当。

最高人民法院认为，《民事证据规定》第93条规定："人民法院对于电子数据的真实性，应当结合下列因素综合判断：（一）电子数据的生成、存储、传输所依赖的计算机系统的硬件、软件环境是否完整、可靠；（二）电子数据的生成、存储、传输所依赖的计算机系统的硬件、软件环境是否处于正常运行状态，或者不处于正常运行状态时对电子数据的生成、存储、传输是否有影响；（三）电子数据的生成、存储、传输所依赖的计算机系统的硬件、软件环境是否具备有效的防止出错的监测、核查手段；（四）电子数据是否被完整地保存、传输、提取，保存、传输、提取的方法是否可靠；（五）电子数据是否在正常的往来活动中形成和存储；（六）保存、传输、提取电子数据的主体是否适当；（七）影响电子数据完整性和可靠性的其他因素。人民法院认为有必要的，可以通过鉴定或者勘验等方法，审查判断电子数据的真实性。"第94条第1款第2项规定："由记录和保存电子数据的中立第三方平台提供或者确认的。"据此，由于电子数据的特殊性，法院在认定电子数据的真实性时，其审查判断标准有别于传统证据。该案中，韩某亮称西南期货有限公司提交给原审法院的开户视频资料和交易结算记录不是原件，因电子证据保存于网站之中，只能从中导取相关数据作为证据，原审判决结合该案事实，依照民事诉讼优势证据规则和高度盖然性的证明标准对开户视频资料和交易结算记录的真实性予以确认,并无不当。如果韩某亮对上述证据真实性存疑,其应当提出相应证据予以反驳。

地方人民法院案例

➢1. 天津哲尔国际贸易有限公司与天津凯耀物流有限公司、元某春保管合同纠纷案[(2015)南民三初字第1041号]

裁判要旨:网站信息作为电子数据的一种类型,是证据的法定形式之一,符合条件的网站信息证据,经查证属实的,可以作为认定案件事实的根据。

天津市津南区人民法院认为,原告提供的证据1、证据2、证据3、证据4,证据形式完备,该院均予以确认,该4份证据对原告所主张的待证事实具有证明力。原告提供的证据5、证据6,因金属废料资源网系在国家工业和信息化部备案的网站,该网站的营运具有合法性,其所公布的信息具有客观性,故该两份证据对其所载明的内容具有证明力,涉诉保管物的价格可参照该网站中同种类物市场价格的中间值确定。原告所提供的证据7,系原告的工商登记备案材料,该院对其真实性予以确认,该证据对原告所主张的待证事实具有证明力。原告所提供的证据8系法律文书,该院对其真实性予以确认,该证据对原告所主张的待证事实具有证明力。

➢2. 深圳赫美小额贷款股份有限公司与李某有合同纠纷案[(2020)粤03民终23159号]

裁判要旨:人民法院对于电子数据的真实性,应当结合电子数据是否被完整地保存、传输、提取,保存、传输、提取的方法是否可靠等因素综合判断。

广东省深圳市中级人民法院认为,该案二审的争议焦点为赫美公司收取李某友款项23560元是否有依据。《民事证据规定》第93条第1款规定,人民法院对于电子数据的真实性,应当结合下列因素综合判断:(1)电子数据的生成、存储、传输所依赖的计算机系统的硬件、软件环境是否完整、可靠;(2)电子数据的生成、存储、传输所依赖的计算机系统的硬件、软件环境是否处于正常运行状态,或者不处于正常运行状态时对电子数据的生成、存储、传输是否有影响;(3)电子数据的生成、存储、传输所依赖的计算机系统的硬件、软件环境是否具备有效的防止出错的监测、核查手段;(4)电子数据是否被完整地保存、传输、提取,保存、传输、提取的方法是否可靠;(5)电子数据是否在正常的往来活动中形成和存储;(6)保存、传输、提取电子数据的主体是否适当;(7)影响电子数据完整性和可靠性的其他因素。该案中,赫美公司并未对电子签名的形成以及在涉案《服务协议书》加盖的详细过程进行充分合理说明,且深圳赫美小额贷款股份有限公司(以下简称赫美公司)申请调取深圳法大大网络科技有限公司开具的《电子签章颁发真实性证明》后,深圳法大大网络科技有限公司亦明确表示无法提供,在无法对赫美公司主张的电子签名的保存、传输以及提取进行核实的情况下,赫美公司应当承担举证不能的不利后果,一审据此未对《服务协议书》的真实性予以采信,并无不当。赫美公司应当对其收取李某友款项23560元的依据负举证责任,一审根据在未予确认《服务协议书》真实性的情况下,判令赫美公司返还上述款项,并无不当,广东省深圳市中级人民法院予以维持。

➢3. 德高(广州)建材有限公司与九江经济技术开发区新洲建材店、深圳市金装德高建材有限公司侵害商标权纠纷案[(2020)赣民终193号]

裁判要旨:当事人提交的电子数据在生成、储存方法以及保持内容完整性方法等方面均较为可靠,在无相反证据的情况下,可以作为认定事实的证据。

江西省高级人民法院认为,能够反映案件真实情况、与待证事实相关联、来源和形式符合法律规定的证据,均可作为认定案件事实的根据。电子数据系法定证据类型。德高(广州)建材有限公司(以下简称德高公司)提交的电子数据在生成、储存方法以及保持内容完整性方法等方面均较为可靠,在无相反证据的情况下,可以作为认定事实的证据。德高公司提交的证据证明深圳市金装德高建材有限公司(以下简称深圳金装公司)在慧聪网商铺展示产品的外包装,与被控侵权产品外包装完全一致;深圳金装公司在慧聪网显示的地址为深圳市宝安区,与深圳金装公司2017年变更前的地址一致,且被控侵权产品外包装的批号也为2017年。该案中被控侵权产品外包装上生产厂家信息显示为“深圳市金装德高建材有限公司”。根据《最高人民法院关于产品侵权案件的受害人能否以产品的商标所有人为被告提起民事诉讼的批复》“任何将自己的姓名、名称、商标或者可资识别的其他标识体现在产品上,表示其为产品制造者的企业或个人,均属于《中华人民共和国民法通则》第一百二十二条规定‘产品制造者’和《中华人民共和国产品质量法》规定的‘生产者’”的规定,在深圳金装公司没有提交相反证据的情况下,可以认定深圳金装公司系被控侵权产品的生产者。

➢4. 倪某甲与江西九峰纳米钙有限公司、原审被告倪某乙发买卖合同纠纷案[(2015)吉中民二终字第393号]

裁判要旨:作为数据电文之一的传真件具有证据资格,拥有证明效力。被告对传真件不明确表示肯定或否定的辩称可以视为其对传真件反映事实的承认,法院确认该传真件上的签名为被告本人所签。

江西省永丰县人民法院认为,原告提供了双方传真对账单,被告认为,该对账单是传真件,不是原件,不具有真实性,依照《合同法》第11条①规定,书面形式是指合同书、信件和数据电文(包括电报、电传、传真、电子数据交换和电子邮件)等可以有形地表现所载内容的形式。该条规定仅明确了数据电文是合同的载体形式之一。《电子签名法》第7条规定,数据电文不得仅因为其是以电子、光学、磁或者类似手段生成、发送、接收或者储存的而被拒绝作为证据使用。作为数据电文之一的传真件具有证据资格,拥有证明效力,该院确认传真件的证明效力,被告对传真件的辩称意见不符合法律规定,该院不予支持,原告举证提出多期与被告通过传真对账及发货单,均可以相互印证被告经销原告产品,双方对账的一种交易习惯。根据《民事证据规定》第8条第2款②规定,对一方当事人陈述的事实,另一方当事人既未表示承认也未否认,经审判人员充分说明并询问后,其仍不明确表示肯定或者否定的,视为对该项事实的承认。江西省永丰县人民法院认为,原告提交署有“倪某乙发”名字的传真件等证据,已完成其举证责任,被告认为,传真件上“倪某乙发”的签名不能确认是他本人所签,被告该辩称

① 《合同法》已失效,现为《民法典》第469条。

② 现为2019年修正的《民事证据规定》第4条,内容有修改。

意见即未明确表示肯定或者否定,且被告未向该院提交其他证据支持其主张,亦未向该院提交笔迹鉴定申请,被告该辩称意见,不符合法律规定,该院依法不予采纳,被告对传真件不明确表示肯定或否定的辩称可以视为其对传真件反映事实的承认,该院确认该传真件上的签名为被告倪某乙发本人所签,经原告、被告最后一次通过传真件签字确认的对账日期是2013年12月3日,被告倪某甲拖欠原告货款833827元。

➢5. 国际商业机器(中国)有限公司深圳分公司与沈某流劳动合同纠纷案

[(2020)粤03民终1186号]

裁判要旨:虽无法提供电子数据原始载体,但在一方同意上交电脑及手机接受调查,另一方就提取的相关资料进行公证的情况下,人民法院采信上述证据的真实性。

广东省深圳市中级人民法院认为,关于是否存在违纪行为,国际商业机器(中国)有限公司深圳分公司(以下简称国际商业深圳分公司)提交的《调查同意书》证明了沈某流同意提交其电脑以及手机接受调查,国际商业深圳分公司对系列电子邮件及微信聊天记录均依法进行了公证,沈某流虽在一审中不认可国际商业深圳分公司提交的电子邮件以及相应的聊天记录的真实性,但并未就此提供相反证据,且其代理人在仲裁阶段确认了部分电子邮件的真实性,但在一审却不予确认,且并未说明理由。在沈某流同意上交电脑及手机接受调查,且国际商业深圳分公司就提取的相关资料进行公证的情况下,该院采信上述证据的真实性。国际商业深圳分公司关于沈某流在蒙牛公司招标项目中存在违规违纪行为的主张及蒙牛公司对其公司作出废标及暂停业务合作处理的主张与其提供的上述证据记载内容基本一致,故该院采信国际商业深圳分公司上述主张。

➢6. 国际商业机器(中国)有限公司北京分公司与唐某涛劳动争议纠纷案①

[(2022)京03民终4576号]

裁判要旨:公证书仅对取证结果进行公证,并未对取证过程进行公证,公证

---

① 本案与本规则第124条亦有关联,为避免重复,故第124条案例部分将不再收录本案。

对象可能是已有变化的电子数据,这不符合电子数据判定规则,对于公证书的公证内容及证明目的,人民法院不予采信。

首先,国际商业机器(中国)有限公司北京分公司(以下简称商业机器公司)提交了证据16唐某涛与CNTV陈某、常某予往来沟通邮件及公证书,用以证明唐某涛代表光泰通公司与CNTV签订了总金额为409800元的公有云服务合同,但该组证据并无CNTV官方确认痕迹及官方认证陈某及常某予身份核实信息,邮件中的CNTV与光泰通公司的海外公有云平台租赁合同亦缺乏上述两公司的签字或盖章确认,且商业机器公司并无提交原件进行核实,故该部分证据不足以证明上述两公司订立了合同。

其次,商业机器公司还提交了证据21、证据22往来邮件及附件、证据44公证书,用以主张唐某涛从中获利,并根据该证据主张唐某涛银行流水购买公有云服务的消费记录与商业机器公司提交的CNTV公有云账单相吻合,该部分证据真实性无法确认,证据形式均不符合《民事证据规定》第93条关于电子数据判定的规则,故对于公证书的公证内容及证明目的,北京市第三中级人民法院均不予采信。同时,一审法院调取的唐某涛名下银行卡交易记录仅显示唐某涛向"SOFTLAYERDU"支付款项,这不能证明唐某涛是代表光泰通公司购买公有云服务并向CNTV提供该服务,亦不能证明唐某涛获取不当利益。

最后,商业机器公司提交经公证的唐某涛与CNTV常某予、罗某聊天记录等证据,主张唐某涛伪造"原厂商授权函",但其提交的公证聊天记录中多显示为含有序号、发送人、接收人、常见时间及信息的表格,并未显示原始聊天界面,相关人员亦无出庭进行说明,对于该部分证据的真实性、证明目的,北京市第三中级人民法院不予采信。

➢**7. 喀什月星上海城房地产开发有限公司与锦江国际酒店管理有限公司服务合同纠纷案**[(2020)沪01民终5845号]

裁判要旨:当事人提供的电子邮件形式上有完整的邮件生成、接收时间和内容,且系在双方正常业务活动中形成,邮件内容亦能相互印证,对于电子邮件真实性,人民法院予以确认。

上海市第一中级人民法院认为，关于对双方举证责任的分配，作为主张己方履行给付义务，由此要求对方为对待给付义务的一方，锦江国际酒店管理有限公司（以下简称锦江国际）负有提供其已履行相应合同义务的举证责任，锦江国际对此提供了双方往来电子邮件。该院注意到，与该案争议技术服务费相关的2018年2月26日、13日电子邮件内容均涉及喀什月星上海城房地产开发有限公司（以下简称喀什月星）确认前期技术管理费尚未支付的事实，而就电子数据真实性的判断，该院认为，鉴于相关鉴定机构表示无法对服务器中电子邮件的真实性和非篡改性进行司法鉴定，法院可依照《民事证据规定》第93条、第94条的规定对电子证据的可采性予以判断。锦江国际提供的电子邮件形式上有完整的邮件生成、接收时间和内容，且系在双方正常业务活动中形成，邮件内容亦能相互印证，喀什月星虽对该邮件不予认可，但并未提供足以反驳的相反证据，故在综合认定相关因素的基础上，该院对锦江国际提供的电子邮件真实性予以确认，并认为锦江国际相应举证达到了民事诉讼盖然性证明标准。

条文内容	参考条文
第一百二十四条　【电子数据真实性推定】 电子数据存在下列情形的，人民法院可以确认其真实性，但有足以反驳的相反证据的除外： （一）由当事人提交或者保管的于己不利的电子数据； （二）由记录和保存电子数据的中立第三方平台提供或者确认的； （三）在正常业务活动中形成的； （四）以档案管理方式保管的； （五）以当事人约定的方式保存、传输、提取的。 电子数据的内容经公证机关公证的，人民法院应当确认其真实性，但有相反证据足以推翻的除外。	《民事证据规定》 第94条

要点注释

司法上,推定分为事实推定和法律推定。法律推定是解决待证事实无法直接证明的技术性手段,当直接认定电子数据的真实性难度过大时,可以用法律推定的方式来推定电子数据的真实性,从而置换对电子数据真实性的直接认定。

本条第1款根据审判实践中电子数据认证的常见情形,结合电子数据真实性的判断方式,明确了五种可以推定电子数据形式真实性的情形:

一是由当事人提交或者保管的于己不利的电子数据。本情形源自证据法上的自认制度。通常,当事人会隐匿对自己不利的证据,当事人将不利的电子数据提交法庭或予以保管,说明其认可提交或保管的电子数据的真实性,人民法院可以推定当事人提交或保管于己不利的电子数据的真实性。

二是由记录和保存电子数据的中立第三方平台提供或者确认的电子数据。本情形来自日常生活经验法则。记录和保存电子数据的中立第三方平台,如网络购物中的淘宝、京东等第三方平台,收发电子邮件的服务提供商,电子支付的银行系统,这些大型成熟的网络平台或系统所提供和保存的电子数据具有可靠性与中立性,法院可推定其具有真实性。

三是在正常业务活动中形成的电子数据。这一规定源于"商务记录例外"原则。实践中,对于民事主体在日常业务活动中按照行业惯例、业务习惯形成的电子数据,可以推定其真实性。例如,银行综合核算系统产生的流水账表、交易明细等每日交易记录;交通管理部门在交通道口安装的检测器录制的违法记录;电子商务企业在日常运用中制作的电子账簿、电子发票等。双方当事人提交的网上买卖产生的微信聊天记录,虽产生于正常的业务活动过程中,人民法院可推定其为真实,但如果对方当事人提供证据证明存在当事人删除部分记录,导致记录的事实不完整等情况,那么人民法院还要审查反驳证据,不能直接认定其真实性。如果对方当事人主张电子数据在运行过程中出现了差错或身份出现过盗用,或者电子数据的生成、传递、存储等关键环节所依赖的计算机系统处于不正常运行状态,影响了电子数据的完整性、可靠性,法院应参照《民事证据规定》第93条,审查电子数据的真实性。

四是以档案管理方式保管的电子数据。本规定来自档案管理方式的公信力。档案是国家机构、社会组织和个人在社会活动中形成的,保存备查文字、图像、声音及其他各种形式的原始记录。以档案方式保管的电子数据的完整性、可靠性高,一般可以推定其真实性。例如,企业信用信息公示报告,该证据系从国家企业信息公示系统上查询所得,其真实性可以推定。

五是以当事人约定的方式保存、传输、提取的电子数据。本情形是对处分原则的尊重。处分原则作为民事诉讼法的基本原则之一,要求人民法院在民事诉讼进程中充分尊重当事人的诉讼行为。当事人对电子数据的保存、传输、提取方式有约定的,按照约定方式所保存、传输、提取的电子数据,推定为真实。例如,当事人约定保存在双方或第三方计算机中的电子数据系证据原件,具有真实性,或者按照一定程序、一定技术标准保存、传输、提取的电子数据具有真实性,法官可以审查电子数据的生成、存储是否符合当事人的约定,符合当事人约定的电子数据,推定为真实。

本条第2款是对经公证的电子数据的真实性的规定。实践中,当事人提交网络聊天记录和电子邮件等多采用公证方式。当事人提前对电子数据进行公证可以避免证据灭失,也可以防止对方当事人否认证据的真实性。公证机构对获取电子数据的过程进行记录,并将电子数据的内容通过截图、打印方式呈现,形成公证文书。在无相反证据推翻的情况下,法院应当认定电子数据的真实性。

需要注意的是,公证文书通常仅能证明公证时所输出的纸质版本的电子数据确实系从计算机或者服务器获取,但不一定能够证明电子数据保持了完整性且具有可靠性。如果当事人能够证明电子数据已经被篡改,或者存储该电子数据的计算机系统不正常等,法院应综合相关事实对电子数据的真实性进行判断,而不能因经过公证即认定其具有真实性。

另需注意的是,本条第1款规定的五项,法院推定电子数据形式真实,但有相反证据足以反驳的除外,即当事人提交的反证的证明力应能够动摇免证事实对于法官的心证基础,使电子数据的真实性处于真伪不明的状态,而电子数据的内容经公证机构公证的,人民法院应当确认其真实性,但有相反证据足以推翻的除外,即当事人提交的否定公证文书真实性的反证的证明力应达到证明相反事实成立的程度。"有相反证据足以推翻"比"有相反证据足以反驳"对证据证明力强度的要求更高。

相关法律

➢**《电子签名法》**(2019年4月23日修正)

第十三条 电子签名同时符合下列条件的,视为可靠的电子签名:

(一)电子签名制作数据用于电子签名时,属于电子签名人专有;

(二)签署时电子签名制作数据仅由电子签名人控制;

(三)签署后对电子签名的任何改动能够被发现;

(四)签署后对数据电文内容和形式的任何改动能够被发现。

当事人也可以选择使用符合其约定的可靠条件的电子签名。

其他规定

➢**《办理保全互联网电子证据公证的指导意见》**(中国公证协会,公协字第[2012]049号,2012年1月7日施行)

第二条 本指导意见所称保全互联网电子证据,是指公证机构利用计算机设备和技术,通过接入广域网固定、提取电子证据的活动。

保全网上招标和网上拍卖电子证据以及保管电子数据业务不属于本指导意见规范的范围。

第三条 公证机构派员外出办理保全互联网电子证据公证的,应当由二人共同办理,其中一人应当是承办公证员,另一人可以是公证员助理。

公证人员到现场办理保全互联网电子证据公证时,为便于保全证据,可以不表明身份。

第六条 当事人申请办理保全互联网电子证据公证，应当提交与保全的事项有利害关系的证明材料，申请保全的互联网电子证据本身足以证明其与保全的事项有利害关系的除外。

第七条 公证机构办理保全互联网电子证据公证，应当在公证机构的办公场所使用公证机构的计算机和公证机构的网络接口接入互联网，否则，应当对所使用的计算机进行清洁性检查。

第八条 公证机构办理保全互联网电子证据公证，可以使用本单位的移动硬盘、存储卡、U 盘、光盘、录音机、录像机、照相机、手机等移动存储介质，也可以使用当事人或者第三人提供的移动存储介质。使用当事人或者第三人提供的移动存储介质应当对移动存储介质进行清洁性检查。

提取的电子证据存入移动存储介质后，应当由当事人和公证人员共同封存。封存之前，移动存储介质应当始终在公证人员的监控之中。

提取的电子证据需要附在公证书之后的，建议使用一次性刻录光盘并采用终结方式刻录。

第九条 公证机构办理保全互联网电子证据公证，可以采用下载、截屏、实时打印、存储打印、录像、照相、利用软件同步录像、文字记录等多种方式提取、固定证据。

对登陆、下载、截屏、保存等指令输入过程能够实时打印的，如果提取证据的环境允许，建议优先采用“实时打印+录像”的方式提取、固定证据。

涉及网页中动态形象的保全和利用专业软件提取的证据，建议采用录像的方式提取、固定证据，同时对主要内容实时打印（例如，体现影视作品的版权、演创人员姓名等部分的截图）。

第十条 公证机构在办理保全互联网电子证据时，可以采取下列措施保证所保全电子证据的完整性：

（一）打印件无法完整体现页面全部内容的，公证机构应当同时采用录像或者照相方式提取、固定证据，并在现场记录中对打印件无法完整体现页面全部内容的情形予以记录；

（二）当事人因保全的影视作品集数较多、播放时间较长，仅申请对部分内容进行保全的，公证机构在现场记录中应当载明在页面上（包括广告、海报、节目单等）该影视作品的每集是否都有显示，对每一集点击后是否都能播放。同时，应当将含有作品名称、版权人、制作公司、出品公司等作品基本信息的内容一并保全。公证人员在征得当事人同意的情况下，可以对影视作品的每一集随机（或者重点）选取部分内容进行播放，并对播放画面进行截屏打印和录像保全；

（三）对登陆、下载、截屏、保存等指令输入过程实施截屏打印形成的纸质文件均应当附于公证书内并留存附卷。如果截屏打印文件数量过多不便全部打印的，可以将与当事人诉求关联性最密切的部分截屏打印（例如，长篇小说的封面、目录、首页、末页、版权页等），然后将全部截屏文件刻录光盘封存后一并附于公证书内并留存附卷；

（四）保全网页的目的是用于解决网页设计侵权纠纷的，除对网页实时打印外，还应当对网页的源代码实时打印，必要时公证人员可以要求当事人聘请专业人员进行操作；

（五）保全的网页中如果载有“权利声明”、“政府主管机关网站备案（许可）信息”及“联系方式”的，公证人员应当一并保全；

（六）当事人因登陆互联网实施观看、阅读、下载、购物而支付费用的，公证人员可以根据当事人的申请，对其付费过程和付费凭证一并予以保全；

（七）当事人需要保全部分电子信息内容的，应当保证所保全的内容不得与该电子信息的整体内容有矛盾或者引起歧义；

（八）如果因截屏保存或者截屏打印的内容有遗漏，当事人要求补充保全遗漏内容的，公证人员应当重新进行保全。

第十一条 公证机构办理保全互联网电子证据公证，应当制作现场记录。现场记录应当记录接入互联网的全部操作步骤及下列内容：

（一）操作人员和记录人员；

（二）保全的时间和地点；

（三）接入互联网的设备和接口，保全所使用的计算机以及移动存储介质在接入互联网之前的控制人；

（四）未使用公证机构的网络接口、计算机及移动存储介质的原因以及进行清洁性检查的情况；

（五）计算机所使用的操作系统、浏览器及其他相关软件的名称、版本；

（六）下载、安装、启动截屏软件或者屏幕录像软件等特殊软件的过程以及软件的名称、版本；

（七）接入互联网以及接入后的全部操作步骤，包括输入的指令、打开浏览器、对话框的名称和所在位置、回车、空格、拖拉滚动条、下载、截屏、同步录像、保存、实时打印、存储打印、关闭浏览器、断开互联网、重启等；

（八）存储所提取证据的操作过程和移动存储介质的保管过程；

（九）复制所提取证据的操作过程，存储复制证据的介质的提供者，所提取证据的复制品的数量和保管者；

（十）登录收费网站、会员网站提取、固定证据的，应当记录登录的账号（账户名、用户名）。

第十二条　公证机构办理保全互联网电子证据公证，需要到网吧、会所等公共场所（下称保全地点）保全证据的，现场记录除载明本指导意见第十一条规定的内容外，还应当载明下列内容：

（一）保全地点的详细地址，必要时可以对保全地点的外观进行拍照；

（二）进入、离开保全地点的时间；

（三）公证人员随机挑选计算机的过程；

（四）对计算机进行清洁性检查的过程；

（五）使用当事人提供的移动存储介质的，对移动存储介质进行清洁性检查的过程；

（六）在保全地点通过网络传输将提取、固定的证据发回公证机构控制的电子邮箱的，应当载明电子邮件传输的操作过程和公证人员回到公证机构下载电子邮件的过程。

第十三条 实名制邮箱的注册人或者非实名制邮箱的密码持有人申请办理保全互联网电子邮件公证的,应当保证其申请登录邮箱保全电子邮件的行为不会侵犯他人的通信秘密、个人隐私。公证机构受理后,应当审查保全电子邮件的行为是否存在侵犯他人通信秘密、个人隐私的情形。

法人或者其他组织申请保全其员工使用的用于公务的电子邮箱内的邮件,应当提交其与该员工签订的有关公务邮箱仅用于公务的书面约定,或者经该员工书面同意,或者由该员工亲自操作提取、固定相关电子邮件。

第十四条 对网购物品的接收进行保全的,公证人员应当携带网购物品由现场回到公证机构封存。启封、核验网购物品应当尽量保存原包装的完整性,封存网购物品要尽量避免封条遮挡原包装或者物品的文字、图片等外观标识,必要时应当另行包装封存,封条上应当由当事人和公证人员共同签字(盖章)。接收的网购物品和售货凭证记载不一致的,公证机构应当在现场记录和公证证词中予以注明。

最高人民法院案例

➢1. 申请再审人新传在线(北京)信息技术有限公司与被申请人中国网络通信集团公司自贡市分公司信息网络传播权纠纷案①[(2008)民申字第926号]

裁判要旨:对于当事人提供的相关公证证据,人民法院在必要时可以根据网络环境和网络证据的具体情况,审查公证证明的网络信息是否来自互联网而不是本地电脑,并在此基础上决定其能否作为定案依据。

最高人民法院认为,新传在线(北京)信息技术有限公司(以下简称新传在线)通过权利人授权取得对电影《疯狂的石头》的信息网络传播权受法律保护,他人未经许可通过互联网传播该影视作品系侵权行为,应承担侵权责任,但新传在线主张中国网络通信集团公司自贡市分公司(以下简称自贡网通)侵犯其信息网

① 参见最高人民法院民事审判第三庭编:《知识产权审判指导》2009年第2辑(总第14辑),人民法院出版社2009年版,第218-220页。

络传播权,应提供相应证据予以证明。新传在线为支持其主张所提交的两份公证书能否作为定案依据,是该案争议的焦点问题。

在该案中,对第 22931 号公证书的采信涉及如何对网络环境下的公证证据进行认证的问题。对于当事人提供的相关公证证据,人民法院在必要时可以根据网络环境和网络证据的具体情况,审查公证证明的网络信息是否来自互联网而不是本地电脑,并在此基础上决定其能否作为定案依据。根据原审法院查明的事实,第 22931 号公证书涉及的公证行为是在新传在线委托代理人提供的场所进行,公证所用的电脑及移动硬盘亦为该代理人提供,并由该代理人进行具体操作,该公证书没有记载是否对该电脑及移动硬盘的清洁性进行检查等内容,且在技术上确实存在可以预先在本地电脑中设置目标网页,通过该电脑访问互联网时,该虚拟的目标网页与其他真实的互联网页同时并存的可能性,因此在未记载是否对公证所用的本地电脑进行清洁性检查的情况下,第 22931 号公证书虽能证明在公证员面前发生了公证书记载的行为,但还不足以证明该行为发生于互联网环境之中,即不足以证明自贡网通在网站上提供过《疯狂的石头》的在线播放服务。此外,第 110182 号公证书虽然能证明自贡网通工作人员在公证员面前作的陈述,但不足以证明其证言内容的真实性。在没有其他证据佐证的情况下,原审法院认定新传在线提供的两份公证书记载的内容存在瑕疵,缺乏真实性和客观性,不能充分反映自贡网通实施了提供电影《疯狂的石头》在线播放服务,从而侵犯了新传在线所享有的信息网络传播权,并无不当。

➢2. 曾某与甘肃华慧能数字科技有限公司、冯某、冯某坤股权转让合同纠纷案[(2019)最高法民终 230 号]

裁判要旨:当事人提交的企业信用信息公示报告系从国家企业信息公示系统上查询所得,属电子证据,人民法院对其真实性予以认可。

最高人民法院认为,曾某提交的《企业信用信息公示报告》系曾某从国家企业信息公示系统上查询所得,属电子证据,虽然不同于传统书证,但该信息与从注册地登记机关调取的档案机读材料具有同源性,与传统档案机读材料具有相同的证据效力,该院对其真实性予以认可。该证据显示,由甘肃华慧能数字科技有限公司自行公示的2017年度报告中,股东及出资信息一栏有冯某坤认缴出资、认缴出资时间、实缴出资情况,这些信息与该案具有关联性,该院对该份证据予以采信。

地方人民法院案例

➤1. 贵州省仁怀市弘奥电梯销售有限公司与敬某熙买卖合同纠纷案

[(2020)黔0303民初2512号]

裁判要旨:当事人提交或者保管的于己不利的电子数据,人民法院可以确认其真实性。

贵州省遵义市汇川区人民法院认为,合同约定总价款138000元,明确土建费用未包含在内,且在合同中明确土建费用以补充条款议订,后双方在微信聊天记录中对该费用进行协商,被告提交的微信记录中亦明确陈述该费用包含人工费共计20000元,亦支付了该费用,根据《民事证据规定》第94条"电子数据存在下列情形的,人民法院可以确认其真实性,但有足以反驳的相反证据的除外:(一)由当事人提交或者保管的于己不利的电子数据"之规定,应当认定原告、被告在微信聊天记录中对钢结构费用达成了一致合意并已履行,故被告已支付的138000元中扣除钢结构费用20000元,原合同的费用仅支付118000元,尚欠20000元未支付,应当由被告承担付款责任。原告主张人工费17000元,无证据予以佐证,且被告在微信中亦明确20000元包含人工费用,根据《民诉法解释》第90条"当事人对自己提出的诉讼请求所依据的事实或者反驳对方诉讼请求所依据的事实,应当提供证据加以证明,但法律另有规定的除外。在作出判决前,当事人未能提供证据或者证据不足以证明其事实主张的,由负有举证证明责任的当事人承担不利的后果"之规定,应由原告承担举证不能的责任,对其该项诉请,该院不予支持。被告辩解原告未开具发票,但是否出具发票系税务机关管理范畴,该案中不予评价。

➢2. 新昌国宸商务信息咨询有限公司与北京华视聚合文化传媒有限公司侵害作品信息网络传播权纠纷案[(2020)浙民终955号]

裁判要旨:由记录和保存电子数据的中立第三方平台提供或者确认的电子数据,真实性可以认定。

浙江省高级人民法院认为,《民事证据规定》第94条第1款规定,电子数据存在下列情形的,人民法院可以确认其真实性,但有足以反驳的相反证据的除外:(1)由当事人提交或者保管的于己不利的电子数据;(2)由记录和保存电子数据的中立第三方平台提供或者确认的;(3)在正常业务活动中形成的;(4)以档案管理方式保管的;(5)以当事人约定的方式保存、传输、提取的。北京华视聚合文化传媒有限公司(以下简称华视公司)一审提交的可信时间戳证据系向联合信任时间戳服务中心申请保全所得,视频过程完整记录了从设备清洁性检查到搜索涉案公众号,点击链接到涉案网站,搜索涉案影片并观看的全过程,一审法院对保全证据在联合信任时间戳服务中心的官网上亦进行了验证。新昌国宸商务信息咨询有限公司(以下简称国宸公司)在一审答辩中明确认可涉案网站系案外人舒女士于2019年7月通过QQ群联系国宸公司,将其挂链至国宸公司经营的涉案公众号提供观看服务;华视公司提交的涉案可信时间戳证据中所涉侵权网页网站的备案信息显示主办单位为舒某兰,以上事实可以进一步印证华视公司提交的可信时间戳证据的真实性。国宸公司二审提交的可信时间戳证据及其证书仅能证明可信时间戳证据存在被修改的可能性,尚不足以推翻华视公司提交的涉案可信时间戳证据,故根据高度盖然性原则,结合该案其他证据,一审法院对华视公司提交的可信时间戳证据予以采信,并无不当。

➢3. 中国工商银行股份有限公司晋中分行与姜某信用卡纠纷案[(2020)晋民申1778号]

裁判要旨:银行在正常业务活动中形成的电子数据,法院可以确认其真实性。

山西省高级人民法院认为,根据《民事证据规定》第94条第1款规定,对于在正常业务活动中形成的电子数据,人民法院可以确认其真实性,但有足以反驳的相反证据的除外。中国工商银行股份有限公司晋中分行(以下简称工行晋中分行)在原审中提交的信用卡申请书、交易流水、银行终端交易平台信息查询单属于银行在日常业务中形成的电子交易记录,能够证明被申请人姜某办理了信用卡、该信用卡产生欠付款项及利息。原审判决以工行晋中分行所举证据及陈述不足以支持其诉讼请求为由,判决驳回工行晋中分行的诉讼请求适用法律,有所不当。该案指令晋中市中级人民法院再审。

➢4. 梅州市国能节能技术服务有限公司与浙江金龙电机股份有限公司买卖合同纠纷案[(2019)浙10民终2776号]

裁判要旨:双方当事人工作人员之间的微信聊天记录,可以作为认定事实的依据。

浙江省台州市中级人民法院认为,根据《民事诉讼法》第63条①的规定,证据包括电子数据,而《民诉法解释》第116条第2款规定,电子数据是指通过电子邮件、电子数据交换、网上聊天记录、博客、微博客、手机短信、电子签名、域名等形成或者存储在电子介质中的信息。微信聊天记录属于电子数据的一种,经查证属实,可以作为证据使用。被上诉人提供的参与聊天的微信号,经查证分别属于上诉人方的工作人员与被上诉人方的工作人员,其微信聊天记录可以作为认定事实的依据。这些微信聊天记录也佐证了被上诉人已经履行了交付货物的合同义务,故上诉人主张该四份购销合同并未实际履行的上诉理由不能成立。

➢5. 金诃藏药股份有限公司与陈某敏劳动合同纠纷案[(2018)沪01民终412号]

裁判要旨:员工向公司的电子系统发送了请假邮件,公司作为该电子邮件系统的所有者,虽对该组电子数据的真实性有异议,但未能提供相反证据予以证明,人民法院对该组电子邮件的真实性予以确认。

上海市第一中级人民法院认为,在劳动争议纠纷案件中,因用人单位作出开除、除名、辞退、解除劳动合同、减少劳动报酬、计算劳动者工作年限等决定而发

---

① 现为2021年修正的《民事诉讼法》第66条。

生劳动争议的，由用人单位承担举证责任。金诃藏药股份有限公司（以下简称金诃藏药公司）主张其没有收到陈某敏于 2016 年 8 月 20 日、9 月 5 日发出的电子邮件，然而根据二审查明的事实，该电子邮件系通过金诃藏药公司的电子邮箱系统发送。一审中，金诃藏药公司亦明确不对该组电子数据申请鉴定。鉴于此，上海市第一中级人民法院认为，陈某敏已经提供了初步证据证明其通过金诃藏药公司的电子邮箱系统发送了请假邮件，金诃藏药公司作为该电子邮件系统的所有者，虽对该组电子数据的真实性有异议，但是未能提供相反证据予以证明，故而该院确认该组电子邮件的真实性，并对金诃藏药公司没有收到该组电子邮件的主张，不予采信。

➢6. 河南领耀网络科技有限公司与河南微云易计算机科技服务有限公司技术合同纠纷案［（2020）豫知民终 358 号］

裁判要旨：电子数据的内容经公证机构公证，当事人未提供足以推翻公证书的相反证据，也未申请鉴定电子数据的真实性，人民法院应当确认其真实性。

河南省高级人民法院认为，关于公证书应否作为认定事实的依据问题，《民诉法解释》第 93 条规定，已为有效公证文书所证明的事实，当事人无须举证证明，当事人有相反证据足以推翻的除外。《民事证据规定》第 94 条第 2 款规定，电子数据的内容经公证机关公证的，人民法院应当确认其真实性，但有相反证据足以推翻的除外。该案中，河南微云易计算机科技服务有限公司提交了一份河南省平顶山市恒信公证处所作（2019）豫平恒证内民字第 2594 号公证书，能够证明 2019 年 4 月 15 日，微云易小程序平台中代理名称为“lingyaokeji”的“余额”为 185370 元，“消费明细”共列 325 个模块，325 个模块的“原价”作 3 折折扣后的“消费金额”合计为 185370 元。河南领耀网络科技有限公司（以下简称领耀公司）对“余额为 185370 元”的内容表示认可，对 325 个模块等其他电子数据内容表示不认可。因领耀公司未提供足以推翻公证书所证明事实的相反证据，亦未向法院申请鉴定电子数据的真实性，故一审法院对公证书所证明的事实予以确认，并无不当，领耀公司关于公证书不能作为认定事实的依据的上诉理由不能成立。

➢7. 湖北省体育彩票管理中心与吕某彩票合同纠纷案①[(2009)荆民二终字第00004号]

裁判要旨:电子数据的内容经公证机关公证的,在没有相反证据足以推翻的情况下,人民法院应当确认其真实性。

湖北省荆门市中级人民法院认为,公证机关公证行为的程序合法,公证的内容具有客观性,能够证明原告吕某所发送的电脑数据中含有中奖号码。理由如下:其一,公证机关的公证程序无瑕疵。从公证机关在该次公证中的工作性质来看,其仅对存在的计算机数据进行固定保全,而无须鉴定该数据的真伪。公证机关通知两台主机的管理人即原告吕某和被告销售代理人刘某到场查验了主机的外观,且在下载数据之前,吕某和刘某均输入了自己的QQ密码,而公证员对整个过程进行了现场监督。湖北省体育彩票管理中心(以下简称湖北体彩中心)主张其未被通知到场,公证程序有瑕疵,同时主张公证机关在公证程序中应鉴定所保全数据的真伪,其主张显然不能成立,公证机关的公证程序是合法的。其二,公证的内容具有客观性。两台电脑主机记录吕某和刘某的QQ聊天记录如足彩投注号码等内容是一致的:从电脑主机记录的数据时间来看,吕某向刘某传输投注号码形成的两组数据文件在各自的主机中记录该文件的创建时间及修改时间均是2008年10月19日,并在时间点上形成了发送与接收的衔接。两份公证书证明的内容完整、一致,具有客观性。被告湖北体彩中心提出了刘某的主机在托管期间,其中存储的数据可能被修改的主张。但是,依据《民事证据规定》第9条②、《民诉法解释》第93条,已为有效公证文书所证明的事实,当事人无须举证证明,对方当事人有相反证据足以推翻的除外。由于被告湖北体彩中心没有提交足够充分的证据证明其反驳理由,因此原审认定的事实属实。

① 参见《人民司法·案例》2010年第10期。

② 现为2019年修正的《民事证据规定》第10条。

第五节　证人证言

条文内容	参考条文
第一百二十五条　【书面证言等认定规则】 无正当理由未出庭的证人以书面等方式提供的证言,不得作为认定案件事实的根据。	《民事证据规定》 第68条第3款

要点注释

依据《民事诉讼法》第76条的规定,经人民法院许可,证人因健康原因、路途遥远且交通不便、自然灾害等不可抗力及其他正当理由不能出庭作证的,可以通过书面证言、视听传输技术或者视听资料等方式作证。此外,《民事证据规定》第68条第2款规定,经人民法院准许,双方当事人同意证人以其他方式作证的,证人可以不出庭作证。

要求证人出庭作证的目的在于对其证言进行有效质证,这有利于法官对案件事实的查明,维护裁判的公正性、权威性,以保护司法公共利益。因此,证人不出庭就不利于案件事实之查明,对司法公共利益有一定损害,在证人无法出庭的情况下,应追求司法公共利益损害最小化的目标。特殊情况下允许证人不出庭作证,是在司法利益和证人利益之间的平衡选择。

对于无正当理由未出庭作证的证人以书面等方式提供的证言,本条结论干脆利落——不得作为认定案件事实的根据。这里的"不得作为认定案件事实的根据",是指这种证言因没有证据资格,不得作为认定案件事实的根据;而不是因证言证明力问题,不得作为认定案件事实的根据。

相关法律

➢**《民事诉讼法》**(2021年12月24日修正)

第七十六条 经人民法院通知,证人应当出庭作证。有下列情形之一的,经人民法院许可,可以通过书面证言、视听传输技术或者视听资料等方式作证:

(一)因健康原因不能出庭的;

(二)因路途遥远,交通不便不能出庭的;

(三)因自然灾害等不可抗力不能出庭的;

(四)其他有正当理由不能出庭的。

司法解释

➢**《民事证据规定》**(法释〔2019〕19号,2020年5月1日施行)

第六十八条第二款 双方当事人同意证人以其他方式作证并经人民法院准许的,证人可以不出庭作证。

最高人民法院案例

➢**1. 湖南畅鱼网络科技有限公司与长沙市袋娱网络科技有限公司计算机软件开发合同纠纷案**[(2021)最高法知民终512号]

裁判要旨:当事人提交的证人的情况说明,因证人未出庭作证,该情况说明不得作为认定案件事实的证据。

最高人民法院认为,关于湖南畅鱼网络科技有限公司(以下简称畅鱼公司)提交的署名为"胡某家"的情况说明,《民事证据规定》第68条规定:"人民法院应当要求证人出庭作证,接受审判人员和当事人的询问。证人在审理前的准备阶段或者人民法院调查、询问等双方当事人在场时陈述证言的,视为出庭作证。

双方当事人同意证人以其他方式作证并经人民法院准许的，证人可以不出庭作证。无正当理由未出庭的证人以书面等方式提供的证言，不得作为认定案件事实的根据。"该案中，畅鱼公司提交的署名为"胡某家"的情况说明，不得作为认定案件事实的证据，无法达到畅鱼公司的证明目的。即使情况说明符合证据要件，该份胡某家单方出具的证据也不足以证明案外人胡某家签订涉案协议系畅鱼公司发起人扶某英的委托行为。

➢2. 绵阳市游仙区喜又多副食店与宁波市诺曼电子科技有限公司侵害实用新型专利权纠纷案[(2021)最高法知民终18号]

裁判要旨：证人为当事人出具了书面证明，但其本人未参与法院的二审在线询问并接受各方当事人的质询，证人出具的书面证言不得作为认定案件事实的根据。

最高人民法院认为，《民事证据规定》第68条第3款规定："无正当理由未出庭的证人以书面等方式提供的证言，不得作为认定案件事实的根据。"《最高人民法院关于知识产权民事诉讼证据的若干规定》第27条规定："证人应当出庭作证，接受审判人员及当事人的询问。双方当事人同意并经人民法院准许，证人不出庭的，人民法院应当组织当事人对该证人证言进行质证。"元保经营部的经营者徐某某为喜又多副食店出具了书面证明，但其本人未参与该院的二审在线询问并接受各方当事人的质询，故徐某某出具的书面证言不得作为认定案件事实的根据，即不能仅根据该份书面证明便认定喜又多副食店销售的被诉侵权产品源于元保经营部。

➢3. 深圳市黄龙百鹿投资发展有限公司与深圳市万科发展有限公司及一审第三人雷某、叶某年合资、合作开发房地产合同纠纷案[(2020)最高法民终916号]

裁判要旨：证人无正当理由未出庭，其证言虽经过公证，但不能作为认定案件事实的根据。

最高人民法院认为，深圳市黄龙百鹿投资发展有限公司向其提交了肖某国的《证人证言声明书》和公证书、肖某国电子邮件纸质版和公证书，拟证明深圳市万科发展有限公司清楚富威东方公司应付用地指标款的金额和支付期限以及富威东方公司的账户信息。第一份公证书仅对肖某国签署《证人证言声明书》的行为进行认定,并未对《证人证言声明书》内容的真实性进行确认和证明。根据《民事证据规定》第 68 条第 3 款的规定,无正当理由未出庭的证人以书面等方式提供的证言,不得作为认定案件事实的根据。该案肖某国无正当理由未出庭,其证言不能作为认定案件事实的根据。

地方人民法院案例

➢1. 河北万源水利水电建筑安装有限公司与温某宾建设工程合同纠纷案[(2020)冀 11 民终 753 号]

裁判要旨:以疫情为由当庭提交书面证人证言,依据不足,人民法院不予确认。

河北省衡水市中级人民法院认为,对于上诉人二审开庭中当庭提交的李某亮的书面证言,上诉人称李某亮因疫情在上海无法到庭,对此,《民事证据规定》第 68 条第 3 款规定,“无正当理由未出庭的证人以书面等方式提供的证言,不得作为认定案件事实的根据”,第 69 条第 1 款规定,“当事人申请证人出庭作证的,应当在举证期限届满前向人民法院提交申请书”。该案上诉人未向人民法院提交证人出庭作证申请书,且以疫情为由当庭提交书面证人证言,依据不足,故河北省衡水市中级人民法院对上诉人提交的书面证言不予确认,该书面证言不能证明上诉人主张。

➢2. 广州恒居装饰材料有限公司与尹某水、原审被告广州市天河天平粤新五金交电经营部、原审第三人赵某兴劳动争议纠纷两案[(2021)粤 01 民终 4252、4253 号]

裁判要旨:证人无正当理由未出庭,其提供的证言不得作为认定案件事实的根据。

广东省广州市中级人民法院认为,根据《民事证据规定》第 68 条第 3 款规定,无正当理由未出庭的证人以书面等方式提供的证言,不得作为认定案件事实的根据。因广州恒居装饰材料有限公司的证人陈某、方某无正当理由未出庭,故其提供的证言不得作为认定案件事实的根据。

条文内容	参考条文
第一百二十六条 【证人证言审核认定】 人民法院认定证人证言,可以通过对证人的智力状况、品德、知识、经验、法律意识和专业技能等的综合分析作出判断。	《民事证据规定》 第96条

要点注释

证人证言是否真实可信受主客观环境的综合影响:主观上,证人证言的真实性受证人的感知能力、记忆能力、表达能力等因素的影响;客观上,证人证言的真实性受证人出庭作证的程序、作证过程中接受询问的情况、法庭的气氛等外在因素的影响。本条侧重于从主观角度为法院审查认定证人证言真实性提供操作性规范,强调人民法院在对证人证言进行审核认定时,应当综合考虑证人的智力状况、品德、知识、经验、法律意识和专业技能等因素。

关于证人的智力状况,一般而言,智力状况会影响证人感知事物的能力、记忆事物的能力以及陈述证言的能力,从而影响证人证言的可靠性。《民事证据规定》第67条第2款规定:"待证事实与其年龄、智力状况或者精神健康状况相适应的无民事行为能力人和限制行为能力人,可以作为证人。"可见,证人的智力状况是判断证人是否适格的标准之一。相应地,对证人证言的认定也应考虑证人的智力状况。

关于证人的品德,品德是指证人在日常生活中为人处世的性格和人品。证人的品德对证言的真实性具有较大的影响。平时诚实可信的人,其证言的可信度相对较高,证言更易被采信;而不诚实的人,其证言的真实性相对较低,不易被采信,在对其证言进行认定时,往往需要相关证据进行补强。英美法系国家和地区对证言的真实性进行辨别时,当事人除了对证言的矛盾之处提出异议外,还会针对证人的品格问题提出异议,从而质疑证人所作陈述的真实性。

关于证人的知识和经验,知识、经验是人们在长期的生活、实践过程中形成的,每个人的生活、学习经历不同,其自身富含的知识、经验也会存在差异。证人记忆的形成并不是简单对外界事物的感知过程,证人在亲历案件事实时,需要结合自身的知识和经验,变成自己想象中"应当"的图形。证人知识和经验的差异也会影响证人对客观事实的观察、感知和表述。知识面广、经验丰富的人,往往能够准确抓住事物的本质并且作出准确的表述;而知识面窄、经验匮乏的人,在观察的是自己从未涉猎的事物时,就很难把握事物的核心,甚至对观察的对象作出错误的理解。

关于证人的法律意识,根据我国民事诉讼法的要求,证人在作证前应当签署保证书并宣读保证书的内容。这主要是为了约束证人内心,促使其如实向法庭陈述证言。所以,法律意识强的证人能够更好地理解不如实作证的法律责任,从而更可能如实陈述证言。证人法律意识强,其证言真实性较高。

关于证人的专业技能,由于证人证言所涉事实均发生在过去,故证人感知、记忆、表达能力的高低将影响证言的真实性。证人的感知、记忆、表达能力的高低与其自身对相关信息的了解程度有关。对同一专业信息,有无相应专业技能的证人在接受、记忆该信息和将来向法庭陈述该信息方面的效果可能截然不同。例如,在建设工程施工合同纠纷等案件中,具有建设工程施工专业技能的证人能够更贴切地感知、记忆案件事实并更精准地表达,从而提高其证言的可靠性。

虽然本条提供了认定证人证言的诸多因素,但毕竟证人证言受太多因素影响,故本条在明确认定证人证言真实性因素时,并未采用完全列举的方式,而是用了一个"等"字,由法官根据具体情况进行评价。比如,证人作证时的心理状态也是影响证言真实性的重要因素。如果证人与案件事实存在利害关系,或者证人是在收受当事人的钱财之后作出的陈述,基于情感驱使或利益驱使,证人作证时就会带有一定的倾向性,通常会作出有利于一方当事人的陈述,甚至是虚假的陈述。此种情况下,证人证言的真实性相对较低。

最高人民法院案例

➢申请再审人刘某喜与被申请人葛某芹房屋权属纠纷案[(2011)民提字第123号]

裁判要旨:虽然两证人陈述在细节方面有不一致之处,但是考虑到两人陈述的是20年前的事实,不排除个别细节差异是两人年岁较大、记忆不清导致的,在没有证据证明两位证人与双方当事人有直接利害关系的情形下,不能仅根据两人陈述中的个别细节差异就否定证言的真实性。

最高人民法院认为,刘某喜提供的有关房屋买卖关系存在的证据符合日常生活经验,具有更强的证明力。首先,刘某高、刘某好两位老人作为买房现场见证人,出庭作证时对案涉房屋买卖关系发生时间、价款、协议形式以及现场人员都作了陈述。虽然两人陈述在细节方面有不一致之处,但是考虑到两人陈述的是20年前的事实,不排除两人证言中的个别细节差异是两人年岁较大、记忆不清导致的。因此,在没有证据证明两位老人与该案双方当事人有直接利害关系的情形下,不能仅根据两人陈述中的个别细节差异就否定证言的真实性。

地方人民法院案例

➢1.吴某甲、吴某乙、余某与王某婚约财产纠纷案[(2021)川34民终1957号]

裁判要旨:张某是双方缔结婚约的介绍人,同时既是王某的舅母,又是吴某甲家的邻居,还与吴某甲家存在姻亲关系,张某的证词符合其在该案中的身份和其智力水平,张某证言的可信度极高,可以采信。

四川省凉山彝族自治州中级人民法院认为,上诉人主张收到的彩礼金额为61888元,而被上诉人主张支付的彩礼金额为121888元。《民事诉讼法》第64条第1款①规定："当事人对自己提出的主张，有责任提供证据。"该案一审中，双方当事人均申请了证人出庭作证，以证明彩礼金额。上诉人申请的证人吴某丙是吴某乙的亲兄弟，其证明支付彩礼时没在现场，仅听说彩礼是60000多元，具体多少不清楚。吴某丙的证词不能证明上诉人主张的事实。被上诉人申请出庭作证的证人张某是双方缔结婚约的介绍人，同时既是王某的舅母，又是吴某甲家的邻居，还与吴某甲家存在姻亲关系。张某不仅介绍王某与吴某甲认识、恋爱，还参与协调婚礼过程中男女双方的彩礼金额等相关事宜，张某的证词符合其在该案中的身份和其智力水平。同时，双方认可彩礼是按当地民间习俗通过张某在双方亲友见证下以现金方式给付，且张某的证词能够与王某申请出庭作证的证人付某、周某的证词相印证，其证明力高于吴某丙证词的证明力。《民事证据规定》第96条规定："人民法院认定证人证言，可以通过对证人的智力状况、品德、知识、经验、法律意识和专业技能等的综合分析作出判断。"所以一审判决认定张某证言的可信度极高，采信其证言，认定彩礼金额为121888元，符合法律规定。

➢2. 李某恒与纽珀水暖配件(江门)有限公司[原君悦花洒软管(新会)有限公司]劳动合同纠纷案[(2021)粤07民终2445号]

裁判要旨：案中三名证人与原告存在利害关系，虽然述称被告存在拳击李某、抓或掐李某脖子的行为，但对于被告拳击、抓或掐的持续时间、打击程度等并没有较为明确、完整的陈述，证言的证明力较低，人民法院不予采信。

纽珀水暖配件(江门)有限公司[原君悦花洒软管(新会)有限公司，以下简称君悦公司]主张李某恒存在殴打李某的行为，其依据规章制度及劳动合同的约定解除与李某恒的劳动合同的行为合法。李某恒则认为其不存在殴打李某的行为，该案中3名证人陈某、梁某、李某与君悦公司存在利害关系，其证言不具备证明力。广东省江门市中级人民法院认为，殴打他人是指行为人公然实施的损害他人身体健康的打人行为，行为方式一般采用拳打脚踢或者使用棍棒等器具殴

① 现为2021年修正的《民事诉讼法》第67条第1款。

打他人。该案中,君悦公司主张李某恒存在殴打行为的主要依据是陈某、梁某、李某3人的证言。经查,陈某、梁某、李某在向君悦公司出具的事件经过中对李某恒如何殴打李某的陈述过于笼统;3人在仲裁、一审诉讼中虽然述称李某恒存在拳击李某、抓或掐李某脖子的行为,但对于李某恒拳击、抓或掐的持续时间、打击程度等并没有较为明确、完整的陈述。综合在案证据,在没有事件发生时监控视频的情况下,该案并不能高度盖然地排除李某恒在冲突中仅存在一般性的击打行为与李某脖子上的伤痕系双方在相互拉扯、推搡中形成的事实。因此,该案虽可以确认李某恒在与李某发生冲突过程中存在不当行为,但没有充分证据证明该不当行为已构成公然实施的损害他人身体健康的殴打行为。

➤3. 熊某与曼宁家屋面系统(成都)有限公司劳动争议纠纷案①[(2009)成民终字第2216号]

裁判要旨:虽然原告质疑证人证言的真实性,但一般人如果没有受到性骚扰,不会轻易自曝存在该事实,基于日常生活经验,人民法院采信证人证言。

四川省成都市中级人民法院认为,赵某在劳动争议仲裁及一审中,均出庭证明熊某对自己骚扰的事实,作为一名认知正常的女性,在明知社会对性骚扰受害妇女存在偏见的情况下,通常不可能谎称被男性骚扰,因此赵某诬陷熊某的可能性较小,其证言可信度较高。熊某与赵某之间的录音资料虽然没有母本可供核对,但该录音资料与赵某的证言相结合,可以认定熊某存在骚扰赵某的行为。

➤4. 王某美与上海浦东冠忠公共交通有限公司人身损害赔偿纠纷案[(2004)卢民一(民)初字第1651号]

裁判要旨:证人参照物不同,得出的结论自然也有差异,结论虽然不同,但对主要事实的描述是统一的,并且其中的差异可以通过日常生活经验加以合理解释,人民法院对证人证言予以采信。

上海市卢湾区人民法院认为,证人张某勇、彭某贞、蔡某豪均目睹原告被公交车驾驶员抱下车放置路边然后驾车扬长而去,其中,张某勇还证实系被告的

---

① 参见《人民法院案例选》2011年第3辑。

780路公交车驾驶员所为,故其证言均系直接证据。张某勇根据其所处位置判断780路公交车还未到站;彭某贞、蔡某豪从乘坐的781路公交车上下车,理所当然地认为车辆已经到站,两者参照物不同,得出的结论自然也有差异,结论虽然不同,但对主要事实的描述是统一的,并且其中的差异可以通过日常生活经验加以合理解释。张某勇、蔡某豪均述及原告乘坐的车辆斜向停下,两者吻合。蔡某豪乘坐的车在780路车之后,且其下车后继续前行,是可以看到前面车辆的上下客情况的。证人钱某虽未目睹此事,但首先,其证实当时仅有780路和781路两辆公交车经过(均为被告的公交车辆),这与彭某贞、蔡某豪的证言是相吻合的;其次,其当时听围观者讲述的事发经过也与以上三位证人的证言吻合。林某斌、孙某彦两位警官由于身处特殊岗位,未能到庭情有可原,律师依职权所作调查笔录可以作为有效的证据。根据调查笔录的内容,原告在第一时间向两位警官陈述了被告的侵权经过,时间、地点等也均与以上证人证言吻合。钱某、林某斌、孙某彦的证言虽系间接证据,但内容真实可信。被告并未提供任何证据证明以上证人所述不实,其所称各证人证言彼此矛盾,缺乏事实依据。事发当时现场仅有原告一人受伤,原告委托代理人以报纸刊载的原告照片让证人辨认并无任何违背法律之处,亦无误导证人之嫌。780路公交车系无人售票车辆,被告不应苛求原告出示车票。同时,原告作为一位年迈的普通乘客,遭受骨折的巨大伤痛后,更无义务识记将其抱下车的驾驶员的面部特征,故该院对被告要求原告辨认驾驶员的要求未予采纳;只要能够证实,原告是在被告车上受伤的,被告就应当承担相应的法律责任。事发后虽然没有乘坐780路公交车的乘客证实当时的情况,但上述证据协调统一、相互印证,已经可以清晰、完整地证明,原告乘坐被告的780路公交车,并被驾驶员在重庆南路、合肥路附近的公交站点抱下车,放置路边。

➢5. 杨某甲与杨某丁、杨某戊等遗赠纠纷案[(2019)津0113民初4518号]

裁判要旨:亲属之间的遗赠纠纷,在双方对同一事实提供相反证据的情况下,法官应积极运用日常经验法则,从证人与当事人间的亲疏关系、证言的合理性等角度出发,将已有证据与已查明事实进行印证,以判断证据与待证事实之间的关系,并对其证明力进行评价。

天津市北辰区人民法院认为,关于杨某丁、杨某戊的答辩意见,其申请了四位证人出庭作证,因四位证人均系其二人单方亲属,故证人证言证明力较弱,且从常理看,该四位证人出现在家庭内部讨论中的概率较小,该院对此不予认定。关于明示,从法律意义上讲,应为书面或者口头表示,在该案中,该遗嘱实为遗赠,但受遗赠人并非"外人",而系被继承人之孙,被告杨某丙之子,二被告杨某丁、杨某戊之侄。被继承人杨某乙去世后,因均为家庭内部关系,从常理上看,要求受遗赠人采用书面邮寄通知的形式的可能性不大,故一般会采用口头形式,原告提供了死者亲弟弟家人的证言,因证人与原被告亲疏关系远近同等,证明力较强,该院对该证言予以认定。考虑到口头表示本身就具有随时性、随地性及证人证言证明力大小的问题,原告已完成了举证责任。

第六节 鉴定意见

条文内容	参考条文
第一百二十七条 【鉴定书的内容】 人民法院对鉴定人出具的鉴定书,应当审查是否具有下列内容: (一)委托法院的名称; (二)委托鉴定的内容、要求; (三)鉴定材料; (四)鉴定所依据的原理、方法; (五)对鉴定过程的说明; (六)鉴定意见; (七)承诺书。 鉴定书应当由鉴定人签名或者盖章,并附鉴定人的相应资格证明。委托机构鉴定的,鉴定书应当由鉴定机构盖章,并由从事鉴定的人员签名。	《民事证据规定》 第36条

要点注释

本条是关于鉴定书内容的规定,其目的在于规范鉴定人的行为,主要从以下几个方面提出了规范化要求,为法官审查鉴定书内容提供了指引:

一是鉴定书须符合文理表达的要求。在内容上主要包括:(1)委托法院的名称;(2)委托鉴定的内容、要求;(3)鉴定材料;(4)鉴定所依据的原理、方法;(5)对鉴定过程的说明;(6)鉴定意见。当然,这不仅是内容的要求,还是正常科学论证的展开,符合司法的逻辑定位,即要证明什么内容、有哪些根据作为可供证明的材料、相关的科学原理或者试验方法、鉴定的步骤和过程,并根据上述要素最终得出符合程序规范和科学判断的结论性意见。

二是鉴定书须符合法定的形式要求。主要包括:如果是委托个人鉴定,鉴定人应当在鉴定书上签名或者盖章,并附相应资格证明;如果是委托鉴定机构鉴定,鉴定机构应当在鉴定书上盖章,具体从事鉴定的人员应在鉴定书上签名。

三是鉴定书须附有承诺要求。鉴定人必须出具保证客观、公正、诚实地进行鉴定,保证出庭作证,若作虚假鉴定则承担法律责任等内容的承诺书。

鉴定书形式或者内容上存在瑕疵如何处理?实践中,应当具体分析:若鉴定书存在实质性错误,譬如,鉴定意见的主要依据不足或者鉴定采用的技术标准错误等,则应当否定该份证据的证明力,并视情况确定采用补充鉴定还是重新鉴定的方式对相关专门性事实另行查明;鉴定书无实质性问题,仅是在文书制作、校对时产生错误的,可以允许鉴定机构通过补正的方式予以弥补。

本条规定是从文书内容的角度给人民法院审查鉴定书提供思路,从证据的基本属性角度来看,鉴定意见作为一种法定证据类型之一,必须符合证据的关联性、合法性和真实性的要求。

关于关联性问题,鉴定意见必须与案件待证事实具有关联性,否则不但无益于案件事实认定,而且会浪费当事人的诉讼成本,造成诉讼拖延。同时,判断鉴定意见与案件待证事实之间的关联性需要具备的一个基础性条件就是,鉴定意见本身必须尽量明确具体。

关于合法性问题,鉴定意见必须是具有相应资质条件的鉴定人,在没有依法需要回避的情形下,经过合法程序进行鉴定而得出的意见。

关于真实性问题,鉴定意见必须符合科学性的要求,必须是运用科学原理和方法,依照有关科学技术规范和准则而作出的意见。若系虚假鉴定,则可直接否定该证据的证据能力。

部门规章

➤**《司法鉴定程序通则》**(司法部,2015年12月24日修订)

第四十一条　司法鉴定意见书出具后,发现有下列情形之一的,司法鉴定机构可以进行补正:

(一)图像、谱图、表格不清晰的;

(二)签名、盖章或者编号不符合制作要求的;

(三)文字表达有瑕疵或者错别字,但不影响司法鉴定意见的。

补正应当在原司法鉴定意见书上进行,由至少一名司法鉴定人在补正处签名。必要时,可以出具补正书。

对司法鉴定意见书进行补正,不得改变司法鉴定意见的原意。

司法解释

➤**1.《最高人民法院关于知识产权民事诉讼证据的若干规定》**(法释〔2020〕12号,2020年11月18日施行)

第二十三条　人民法院应当结合下列因素对鉴定意见进行审查:

(一)鉴定人是否具备相应资格;

(二)鉴定人是否具备解决相关专门性问题应有的知识、经验及技能;

(三)鉴定方法和鉴定程序是否规范,技术手段是否可靠;

(四)送检材料是否经过当事人质证且符合鉴定条件;

(五)鉴定意见的依据是否充分;

(六)鉴定人有无应当回避的法定事由;

(七)鉴定人在鉴定过程中有无徇私舞弊或者其他影响公正鉴定的情形。

➢**2.《最高人民法院关于人民法院民事诉讼中委托鉴定审查工作若干问题的规定》**(法〔2020〕202号,2020年9月1日施行)

10. 人民法院应当审查鉴定意见书是否具备《最高人民法院关于民事诉讼证据的若干规定》第三十六条规定的内容。

11. 鉴定意见书有下列情形之一的,视为未完成委托鉴定事项,人民法院应当要求鉴定人补充鉴定或重新鉴定:

(1)鉴定意见和鉴定意见书的其他部分相互矛盾的;

(2)同一认定意见使用不确定性表述的;

(3)鉴定意见书有其他明显瑕疵的。

补充鉴定或重新鉴定仍不能完成委托鉴定事项的,人民法院应当责令鉴定人退回已经收取的鉴定费用。

➢**3.《最高人民法院关于审理医疗损害责任纠纷案件适用法律若干问题的解释》**(法释〔2020〕17号,2021年1月1日施行)

第十二条 鉴定意见可以按照导致患者损害的全部原因、主要原因、同等原因、次要原因、轻微原因或者与患者损害无因果关系,表述诊疗行为或者医疗产品等造成患者损害的原因力大小。

其他规定

➤**《关于印发司法鉴定文书格式的通知》**(司法部,司发通[2016]112号,2017年3月1日施行)

×××司法鉴定中心(所)
司法鉴定意见书

编号:　　　(司法鉴定专用章)

1. 基本情况

2. 基本案情

3. 资料摘要

4. 鉴定过程

5. 分析说明

6. 鉴定意见

7. 附件

司法鉴定人签名(打印文本和亲笔签名)
及《司法鉴定人执业证》证号(司法鉴定专用章)
×年×月×日

共　　页第　　页

注:

1. 本司法鉴定意见书文书格式包含了司法鉴定意见书的基本内容,各省级司法行政机关或司法鉴定协会可以根据不同专业的特点制定具体的格式，司法鉴定机构也可以根据实际情况作合理增减。

2. 关于“基本情况”，应当简要说明委托人、委托事项、受理日期、鉴定材料等情况。

3. 关于“资料摘要”，应当摘录与鉴定事项有关的鉴定资料，如法医鉴定的病史摘要等。

4. 关于“鉴定过程”，应当客观、详实、有条理地描述鉴定活动发生的过程，包括人员、时间、地点、内容、方法，鉴定材料的选取、使用，采用的技术标准、技术规范或者技术方法，检查、检验、检测所使用的仪器设备、方法和主要结果等。

5. 关于“分析说明”，应当详细阐明鉴定人根据有关科学理论知识，通过对鉴定材料，检查、检验、检测结果，鉴定标准，专家意见等进行鉴别、判断、综合分析、逻辑推理，得出鉴定意见的过程。要求有良好的科学性、逻辑性。

6. 司法鉴定意见书各页之间应当加盖司法鉴定专用章红印，作为骑缝章。司法鉴定专用章制作规格为：直径 4 厘米，中央刊五角星，五角星上方刊司法鉴定机构名称，自左向右呈环行；五角星下方刊司法鉴定专用章字样，自左向右横排。印文中的汉字应当使用国务院公布的简化字，字体为宋体。民族自治地区司法鉴定机构的司法鉴定专用章印文应当并列刊汉字和当地通用的少数民族文字。司法鉴定机构的司法鉴定专用章应当经登记管理机关备案后启用。

7. 司法鉴定意见书应使用 A4 纸，文内字体为 4 号仿宋，两端对齐，段首空两格，行间距一般为 1.5 倍。

最高人民法院案例

➢1. 陈某浴与内蒙古昌宇石业有限公司合同纠纷案①[(2014)民提字第 178 号]

裁判要旨：当事人在案件审理中提出的法院另案审理中作出的鉴定意见，只

① 参见《最高人民法院公报》2016 年第 3 期(总第 233 期)。

宜作为一般书证。根据《民事诉讼法》第76条、第78条①的规定,鉴定意见只能在本案审理中依法申请、形成和使用。

最高人民法院认为,关于《鉴证报告》的采信及认定问题,根据再审期间查明的事实,原审法院采信呼市中院审理陈某浴诉内蒙古昌宇石业有限公司合作经营合同纠纷案中委托兴益会计师事务所出具的《鉴证报告》作为认定陈某浴实际损失的证据,存在如下问题:第一,《鉴证报告》是陈某浴申请呼市中院委托兴益会计师事务所所作鉴证,因陈某浴申请撤诉,呼市中院已对该案作出撤诉处理。本案原审期间,陈某浴并未向原审人民法院提出有关损失的鉴定申请,原审法院将陈某浴提供的《鉴证报告》作为鉴定意见予以质证和认定,违反《民事诉讼法》第76条第1款②之规定,属于适用法律错误。同时,依据《民事诉讼法》第78条③之规定,鉴定意见即使为原审法院依法委托,该鉴定意见在当事人提出异议的情况下,原审法院应通知鉴定人出庭作证,否则不能将其采信为认定案件事实的证据。

➤2. 普定县鑫臻房地产开发有限责任公司与黑龙江省建工集团有限责任公司及原审被告普定县鑫臻酒店有限公司建设工程合同纠纷案[(2016)最高法民终106号]

裁判要旨:鉴定意见上签字盖章方面的瑕疵,不存在严重缺陷和程序严重违法等情形的,不能否定其证明力。

最高人民法院认为,根据《工程造价咨询企业管理办法》第22条的规定,工程造价咨询企业从事工程造价咨询业务,应当按照有关规定的要求出具工程造价成果文件。工程造价成果文件应当由工程造价咨询企业加盖有企业名称、资质等级及证书编号的执业印章,并由执行咨询业务的注册造价工程师签字、加盖执业印章。就此问题,三力公司在向普定县住建局作出的情况说明中称,由于该案并非司法鉴定,其系按照中国建设工程造价管理协会制定的《建设项目工程结

---

① 现为2021年修正的《民事诉讼法》第79条、第81条。

② 现为2021年修正的《民事诉讼法》第79条第1款。

③ 现为2021年修正的《民事诉讼法》第81条。

算编审规程》的规定要求用章。最高人民法院认为,《修正结算报告》在签章上确实存在一定瑕疵,但并不能因此直接得出否定其作为证据证明力的结论。按照《民事证据规定》第 27 条、第 28 条①的规定,对于一方当事人自行委托或人民法院委托的鉴定,只有在鉴定结论存在严重缺陷或者鉴定程序严重违法、鉴定人员或机构不具备相关资格等情况,致使鉴定结论不能作为认定案件事实依据的情形时,对当事人申请重新鉴定的,人民法院方应准许。仅凭上述签字盖章瑕疵,不足以推翻《修正结算报告》的结论,不能因此全面否定该报告的内容。

条文内容	参考条文
第一百二十八条 【申请重新鉴定】 当事人申请重新鉴定,存在下列情形之一的,人民法院应当准许: (一)鉴定人不具备相应资格的; (二)鉴定程序严重违法的; (三)鉴定意见明显依据不足的; (四)鉴定意见不能作为证据使用的其他情形。 存在前款第一项至第三项情形的,鉴定人已经收取的鉴定费用应当退还。拒不退还的,依照本规定第八十一条第二款的规定处理。 对鉴定意见的瑕疵,可以通过补正、补充鉴定或者补充质证、重新质证等方法解决的,人民法院不予准许重新鉴定的申请。 重新鉴定的,原鉴定意见不得作为认定案件事实的根据。	《民事证据规定》第 40 条

① 现为 2021 年修正的《民事诉讼法》第 40 条、第 41 条,内容有修改。

要点注释

鉴定意见系《民事诉讼法》第 66 条规定的八种法定证据类型之一，只有通过法定程序，经过当事人举证、质证，达到审判人员心证确立的证明标准后方能转化为认定案件事实的根据。也就是说，对鉴定意见是否采信，审判人员同样要对其证据能力和证明力大小进行审查判断，对资格不符、程序严重违法、依据明显不足的鉴定意见，应否定其证据能力，不能将其作为证据使用。

(1)鉴定人不具备相应资格。

司法鉴定是科学的实证活动，其素质、能力、水平的高低对鉴定意见作为科学证据的质量和可靠性有决定性意义，因此，我国对鉴定人资格采用准入制度。司法鉴定机构、鉴定人须取得省级司法行政部门颁发的执业资格证书，并在登记的鉴定业务范围内从事司法鉴定活动，否则会被认为是无相应鉴定资格。鉴定人不具备相应资格的，属于证据主体不合法。

(2)鉴定程序严重违法。

鉴定意见作出的程序应当合法，主要包括：①鉴定人应当严格遵循回避的有关规定，确保中立性。依据《民事诉讼法》第 47 条的规定，鉴定人系案件当事人或者当事人、诉讼代理人的近亲属，鉴定人与案件有利害关系，鉴定人与案件当事人、诉讼代理人有其他关系，可能影响公正鉴定的，鉴定人应当回避。鉴定人应当回避而没有回避的，法院可以鉴定程序严重违法为由对该鉴定意见不予采纳。②鉴定材料应当严格依照法定程序经过当事人质证和法院认证。《民事诉讼法》第 71 条规定，证据应当在法庭上出示，并由当事人互相质证。《民事证据规定》第 34 条第 1 款规定，人民法院应当组织当事人对鉴定材料进行质证。未经质证的材料，不得作为鉴定的根据。依据《司法鉴定程序通则》第 12 条的规定，委托人委托鉴定的，应当向司法鉴定机构提供真实、完整、充分的鉴定材料，并对鉴定材料的真实性、合法性负责。因此，鉴定材料未经质证的，同样属于程序错误。当然，由于相关鉴定材料客观存在，该错误可以通过补充质证并确定相关材料真实性等方式予以弥补;无法弥补的,则需考虑其权重,并确定是否符合鉴定程序严重违法的情形。此外,《司法鉴定程序通则》第15条设置的司法鉴定机构不得受理的部分情形,如鉴定材料不真实、不完整、不充分或者取得方式不合法,鉴定用途不合法或者违背社会公德等,也可以用来判断鉴定程序是否合法。鉴定程序严重违法,属于证据程序不合法。

(3)鉴定意见明显依据不足。

这可以从以下四个方面进行审查:①审查鉴定材料是否具备合法性、真实性。若鉴定材料被污染,则不具备真实性;若取得方式不合法,则不具备合法性。由此得出的鉴定意见,可谓明显依据不足。②审查鉴定所使用的仪器设备、技术和方法是否可靠、科学。如果鉴定所使用的仪器设备并不正常,鉴定的技术和方法不符合国家标准、行业标准或者不为多数行内专家所认可,这样得出的鉴定意见可以被认定为明显依据不足。③审查鉴定人的知识水平和鉴定经验。鉴定人知识水平的高低和鉴定经验的多少是衡量鉴定意见可靠性的重要因素,超出鉴定人知识和经验所能达到的范围的,鉴定意见可能依据不足。④审查鉴定人有无受到外界因素影响。当鉴定人在鉴定过程中受到外界因素的影响而形成一定的预判和偏见时,鉴定意见的可靠性也将受到影响。明显依据不足的鉴定意见将丧失证据的真实性。

(4)鉴定意见不能作为证据使用的其他情形。

本项是兜底条款,以满足审判实践的需要。《民事证据规定》所有条文中,唯在本处出现"不能作为证据使用"的表述,其与"不得作为认定案件事实的根据"具有截然不同的意义。"不能作为证据使用"指从立法上否定其证据能力,法官不得将其纳入证明力大小的裁量范围,其自然不能作为定案的根据。"不得作为认定案件事实的根据"是指最终不能成为事实认定的根据,这通常是对证据证明力的否定(证明力未达到证明标准),而与证据能力无关,但其有时也是为规范证据能力而设,与"不能作为证据使用"同义。

鉴定人不具备相应资格、鉴定程序严重违法、鉴定意见明显依据不足等导致相关专门性问题不得不重新鉴定的,上述情形均系鉴定人违反法定义务导致所作鉴定意见无法作为人民法院认定案件事实的根据,亦导致申请鉴定的当事人的申请鉴定目的落空,因此,鉴定人已经收取的鉴定费用应当退还给预交的当事人。

除此之外,针对实践中部分法院随意启动重新鉴定的问题,本条特别强调了两个处理原则:一是可以通过补正、补充鉴定或者补充质证、重新质证等方法解决的,人民法院应当排除重新鉴定的启动;二是一旦启动重新鉴定,即意味着原鉴定意见不具备证据能力,当然不得作为认定案件事实的根据。由此否定通过多份鉴定意见的对比,采信多数结论的错误做法。

相关法律

➤**《海事诉讼特别程序法》**(2000 年 7 月 1 日施行)

第八十六条 船舶检验、估价应当由国家授权或者其他具有专业资格的机构或者个人承担。非经国家授权或者未取得专业资格的机构或者个人所作的检验或者估价结论,海事法院不予采纳。

部门规章

➤**《司法鉴定程序通则》**(司法部,2015 年 12 月 24 日修订)

第十五条 具有下列情形之一的鉴定委托,司法鉴定机构不得受理:

(一)委托鉴定事项超出本机构司法鉴定业务范围的;

(二)发现鉴定材料不真实、不完整、不充分或者取得方式不合法的;

(三)鉴定用途不合法或者违背社会公德的;

(四)鉴定要求不符合司法鉴定执业规则或者相关鉴定技术规范的;

(五)鉴定要求超出本机构技术条件或者鉴定能力的;

(六)委托人就同一鉴定事项同时委托其他司法鉴定机构进行鉴定的;

(七)其他不符合法律、法规、规章规定的情形。

第二十三条 司法鉴定人进行鉴定,应当依下列顺序遵守和采用该专业领域的技术标准、技术规范和技术方法：

（一）国家标准；

（二）行业标准和技术规范；

（三）该专业领域多数专家认可的技术方法。

第三十条 有下列情形之一的，司法鉴定机构可以根据委托人的要求进行补充鉴定：

（一）原委托鉴定事项有遗漏的；

（二）委托人就原委托鉴定事项提供新的鉴定材料的；

（三）其他需要补充鉴定的情形。

补充鉴定是原委托鉴定的组成部分，应当由原司法鉴定人进行。

第三十一条 有下列情形之一的，司法鉴定机构可以接受办案机关委托进行重新鉴定：

（一）原司法鉴定人不具有从事委托鉴定事项执业资格的；

（二）原司法鉴定机构超出登记的业务范围组织鉴定的；

（三）原司法鉴定人应当回避没有回避的；

（四）办案机关认为需要重新鉴定的；

（五）法律规定的其他情形。

第三十二条 重新鉴定应当委托原司法鉴定机构以外的其他司法鉴定机构进行；因特殊原因，委托人也可以委托原司法鉴定机构进行，但原司法鉴定机构应当指定原司法鉴定人以外的其他符合条件的司法鉴定人进行。

接受重新鉴定委托的司法鉴定机构的资质条件应当不低于原司法鉴定机构，进行重新鉴定的司法鉴定人中应当至少有一名具有相关专业高级专业技术职称。

司法解释

➤**1.《民事证据规定》**（法释〔2019〕19号，2020年5月1日施行）

第八十一条 鉴定人拒不出庭作证的，鉴定意见不得作为认定案件事实的根据。人民法院应当建议有关主管部门或者组织对拒不出庭作证的鉴定人予以处罚。

当事人要求退还鉴定费用的,人民法院应当在三日内作出裁定,责令鉴定人退还;拒不退还的,由人民法院依法执行。

当事人因鉴定人拒不出庭作证申请重新鉴定的,人民法院应当准许。

➢**2.《最高人民法院关于人民法院民事诉讼中委托鉴定审查工作若干问题的规定》**(法〔2020〕202号,2020年9月1日施行)

11. 鉴定意见书有下列情形之一的,视为未完成委托鉴定事项,人民法院应当要求鉴定人补充鉴定或重新鉴定:

(1)鉴定意见和鉴定意见书的其他部分相互矛盾的;

(2)同一认定意见使用不确定性表述的;

(3)鉴定意见书有其他明显瑕疵的。

补充鉴定或重新鉴定仍不能完成委托鉴定事项的,人民法院应当责令鉴定人退回已经收取的鉴定费用。

其他规定

➢**《建设工程造价鉴定规范》**(住房和城乡建设部,GB/T51262-2017,2018年3月1日施行)

5.12.1　有下列情形之一的,鉴定机构应进行补充鉴定:

1　委托人增加新的鉴定要求的;

2　委托人发现委托的鉴定事项有遗漏的;

3　委托人就同一委托鉴定事项又提供或者补充了新的证据材料的;

4　鉴定人通过出庭作证,或自行发现有缺陷的;

5　其他需要补充鉴定的情形。

司法文件

➤**1.《第八次全国法院民事商事审判工作会议(民事部分)纪要》**(法〔2016〕399号,2016年11月21日发布)

(一)关于鉴定问题

35. 当事人对鉴定人作出的鉴定意见的一部分提出异议并申请重新鉴定的,应当着重审查异议是否成立;如异议成立,原则上仅针对异议部分重新鉴定或者补充鉴定,并尽量缩减鉴定的范围和次数。

➤**2.《最高人民法院技术咨询、技术审核工作管理规定》**(法办发〔2007〕5号,2007年8月23日发布)

第十一条　技术审核主要解决具体案件中的鉴定方法、程序、结论、因果关系等问题,适用于以下情形:

(一)当事人提出重新鉴定申请,法官需要明确是否有必要再次启动鉴定程序及启动何种程序的;

(二)多个鉴定结论不同或有矛盾,法官需要明确如何从科学角度取舍或采信鉴定结论的;

(三)需明确鉴定结论对送审事项在科学上的证明意义的;

(四)其他需要技术审核的。

第十二条　技术审核的主要内容有:

(一)鉴定材料和鉴定对象是否符合鉴定要求,是否具备鉴定条件;

(二)鉴定手段、方法是否科学,鉴定过程是否规范;

(三)鉴定意见及其分析所依据的事实是否客观全面,特征的解释是否合理,适用的标准是否准确,分析说明是否符合逻辑,鉴定结论的推论是否符合科学规范;

(四)其他应当审核的内容。

第十六条　对重大、疑难、复杂的案件,经审判、执行部门同意和司法辅助工作部门负责人批准,应当组织专家论证。

第十九条　技术审核一般采用书面审核的方式进行,承办人认为确有必要的,经审判、执行部门同意和司法辅助工作部门负责人批准,可以辅以下列审核方式:

(一)勘验现场、检查被鉴定人或查看原鉴定中与案情有关的物品;

(二)询问本案的当事人;

(三)与鉴定人座谈。

上述方式形成的材料,仅供司法技术人员作技术审核时使用,不作为认定案件事实的证据。

第二十三条　审核意见书仅供法官、合议庭或审判委员会参考,不作为定案的依据,不对外公开。

司法观点

➢1. 二审中申请重新鉴定的处理①

问:当事人对一审法院委托鉴定人所作的鉴定意见不服,提起上诉并申请重新鉴定的,二审法院如何审查决定?

答:《民事证据规定》第40条规定:"当事人申请重新鉴定,存在下列情形之一的,人民法院应当准许:(一)鉴定人不具备相应资格的;(二)鉴定程序严重违法的;(三)鉴定意见明显依据不足的;(四)鉴定意见不能作为证据使用的其他情形。存在前款第一项至第三项情形的,鉴定人已经收取的鉴定费用应当退还。拒不退还的,依照本规定第八十一条第二款的规定处理。对鉴定意见的瑕疵,可以通过补正、补充鉴定或者补充质证、重新质证等方法解决的,人民法院不予准许重新鉴定的申请。重新鉴定的,原鉴定意见不得作为认定案件事实的根据。"

当事人对一审法院委托鉴定人所作的鉴定意见不服,提起上诉并申请重新鉴定的,有观点认为,应先组织当事人对所提证据进行质证,听取双方的异议和

---

① 参见最高人民法院民事审判第一庭编:《民事审判实务问答》,法律出版社2021年版,第295-296页。

理由,由合议庭依法进行确认。异议成立,原鉴定结论确实存在问题的,视具体情况,或补充鉴定,或对原鉴定结论中某一部分不予采信;原鉴定结论存在原则错误的,可以重新鉴定。也有观点认为,委托鉴定应当被视为在法院调查取证的范畴内,一审鉴定有误、不明确或应当重新鉴定的,属于一审判决认定事实不清,证据不足,应当发回重审,二审不作重新鉴定。还有观点认为,虽然当事人在二审中有要求重新鉴定的权利,但二审重新鉴定不能以当事人的申请为依据,二审可以直接要求一审鉴定单位复议,或参加二审的质证。我们认为,首先,应当审查上诉人在一审时有无对该鉴定意见提出异议,一审法院有无对该异议进行审理,如要求鉴定人提供说明,在说明仍不能解决争议时根据当事人的申请组织鉴定人出庭接受询问等。如果上述审理步骤并未完成,二审应当予以审查,通过审查确定该异议是否成立。其次,如果经过审查,可以通过补正、补充鉴定或补充质证、重新质证等方法解决上诉人对鉴定意见的异议,那么二审法院应当就此开展审理活动,从而在实质上解决当事人的矛盾纠纷,对案件的相关基本事实作出实体判断,而不应当通过发回重审这种审理成本最高、对当事人解决矛盾纠纷效果最差的方式来处理。经审查,上诉人对鉴定意见所提异议的理由成立,足以排除该鉴定意见的采信的,相关专门性问题应当通过重新鉴定予以查明。此时,是由二审法院径行按照相关法律、司法解释的规定委托有资质的鉴定人重新鉴定,还是发回一审法院对相关案件事实进行重新查明,应当根据案件的具体情况处置。

➢2. 工程造价数额的确定与鉴定①

问:建设工程施工合同纠纷案件中,一方提出了具体的工程造价数额,另一方不予认可但又不申请鉴定的应如何认定?

答:《民事诉讼法》第 64 条第 1 款②规定,“当事人对自己提出的主张,有责任提供证据”。建设工程施工合同纠纷案件中,如果合同对工程价款约定了固定价格,那么按照合同约定确定工程价款即可;如果合同约定的不是固定价格,那

---

① 参见最高人民法院民事审判第一庭编:《民事审判指导与参考》2017 年第 1 辑(总第 69 辑),人民法院出版社 2017 年版,第 250-251 页。

② 现为 2021 年修正的《民事诉讼法》第 67 条第 1 款。

么可能需要通过鉴定确定工程造价。实践中会出现的情形:一方提出了具体的工程造价数额,另一方对此数额不予认可但又不申请鉴定。在此种情形下,如何确定工程价款?我们认为,如果是承包人提出了具体的工程造价数额,发包人不予认可但又不申请鉴定,可按照承包人提出的数额确定工程造价;如果是发包人提出了具体的工程造价数额,承包人不予认可但又不申请鉴定,可按照发包人认可的金额确定工程造价,要避免出现简单驳回承包人全部诉讼请求的情形。如果双方都提出了不同的、具体的工程造价数额又都不申请鉴定,就要根据"谁主张、谁举证"的原则,根据各自的诉讼地位、诉讼请求等因素确定由哪一方承担举证不力的后果。

➢3. 鉴定报告超过载明的有效期,能否再作为证据使用?①

问:我们在审判实践中遇到以下问题存在争议:在一起A公司诉请B公司解除合同纠纷案件中,涉及对案涉房产价值进行评估,我们依法委托评估机构进行了评估。评估机构于2012年3月出具评估报告,报告载明有效期为半年,截至2012年9月30日。目前评估报告已经超过载明的有效期,对判决能否以该评估报告为依据确定B公司补偿A公司的数额,存在两种意见。

第一种意见认为,评估报告已经明确载明有效期,超过有效期,应视为评估报告失效,不能再将其作为定案依据。

第二种意见认为,评估报告上标注的有效期限,是针对评估标的物在该时间点现状和现值的评估,本案就是解决解除合同当时案涉房产的价值问题,与何时作出判决没有关系,因此,评估报告超过其载明的有效期,仍可以作为证据使用。

请问以上哪种意见正确?

答:1999年国家标准《房地产估价规范》第8.0.4条规定,估价报告应记载下列事项:……估价报告应用的有效期……该规范中还明确了估价时点的概念和原则。估价时点是估价结果对应的日期。估价时点原则要求估价结果应是估价对象在估价时点的客观合理价格。因此,对于评估报告来说,更重要的是估价时点,而不是评估报告有效期。

房地产评估一般是针对评估标的物的现状和现值的评估,对于建筑物、土地

① 参见《人民司法·应用》2013年第3期(总第662期)。

等,时间经过导致的折旧、市场价格波动等,必定会影响其评估值,因此,对于评估报告尤其是评估现值的报告来说,以估价时点为依据确定一个有效期限体现了评估报告本身的科学性。但从诉讼程序中证据采信的角度来看,该有效期并无实质意义。只要评估报告的估价时点在案件所需要的时点,其评估结论就可以作为证据使用。

该案是解除合同纠纷,法院要确定的是解除合同当时案涉房产的现值,因此,如果评估报告的估价时点为本案解除合同之时,评估结论就可以作为证据使用。综上所述,我们认为第二种意见是正确的。

➢4. 民事诉讼中的司法鉴定问题①

最高人民法院民一庭意见:

鉴定意见是民事诉讼证据之一,应严格依据2012年修正的《民事诉讼法》以及最高人民法院发布的《民事证据规定》的有关规定,对鉴定意见进行审查。应严格执行有关鉴定人应当出庭接受当事人质询的要求。应认真执行专家辅助人制度,实现对鉴定意见的实质性质证。要努力解决当前审判实践中不同程度存在的随意启动重新鉴定问题。当事人对人民法院委托的鉴定机构作出的鉴定结论有异议,申请重新鉴定的,应严格执行《民事证据规定》第27条②的规定,决定是否准许。

主流观点

➢(十五)关于认真审查和正确看待鉴定结论的问题③

鉴定结论作为民事诉讼法规定的证据形式之一,因其系由鉴定机构依据专

---

① 参见刘高:《民事诉讼中的司法鉴定问题》,载最高人民法院民事审判第一庭编著:《民事审判前沿》第1辑,人民法院出版社2014年版,第362-375页。

② 现为2019年修正的《民事证据规定》第40条。

③ 参见杜万华:《在全国民事审判工作会议上的总结讲话》,载最高人民法院民事审判第一庭编:《民事审判指导与参考》2011年第2辑(总第46辑),人民法院出版社2011年版,第30页。

业知识针对专业问题所作,对相关案件的实体处理往往具有重要意义,有时还起到决定性的作用。从我们调研情况看,当前主要应当解决的问题有三个:一是要认真审查作出鉴定结论的程序是否合法。主要包括委托鉴定是否合法、鉴定机构和鉴定人员是否具备相关的资质资格、鉴定材料的采集是否合法、质证认证程序是否合法等。二是正确看待鉴定结论。鉴定结论是处理案件所依据的证据之一,如果鉴定结论明显依据不足,或者经过质证不能作为证据使用,就不能将其作为定案依据。同时,作为一种专门性工作,鉴定结论的得出往往会因为鉴定人的不同而有所差异,这本身也是专业技术领域必然存在的模糊地带,对此要有充分认识。三是下大气力解决当前存在的鉴定乱、鉴定滥的问题。实践中,我们经常遇到一个案件经过了多次鉴定的情况,这不仅造成当事人情绪的严重对立,更给案件的妥善处理埋下无穷尽的隐患,并且损害了司法公信与权威。鉴定结论存在一定缺陷,只要可以通过补充鉴定、重新质证或者补充质证等方法解决的,必须严格执行《民事证据规定》第 27 条①规定,不得任意启动重新鉴定程序。

最高人民法院案例

➢1. 申请再审人南昌新洪房地产综合开发有限公司与被申请人江西省南昌百货总公司、湖南赛福尔房地产开发公司合资、合作开发房地产合同纠纷案②

[(2011)民申字第 777 号]

裁判要旨:当事人表示不同意鉴定意见,应提供相应证据证明鉴定意见存在法律规定的需要重新鉴定的情形,否则,法院对其重新鉴定的申请不予准许。

最高人民法院认为,根据《民事证据规定》第 27 条③的规定,申请重新鉴定须符合以下条件之一:鉴定机构或者鉴定人员不具备相关的鉴定资格的;鉴定程序严重违法的;鉴定结论明显依据不足的;经过质证认定不能作为证据使用的其

① 现为 2019 年修正的《民事证据规定》第 40 条。
② 参见《最高人民法院公报》2013 年第 1 期(总第 195 期)。
③ 现为 2019 年修正的《民事证据规定》第 40 条。

他情形。该案鉴定过程中南昌新洪房地产综合开发有限公司不予配合，作出鉴定结论后，南昌新洪房地产综合开发有限公司除表示不同意鉴定结论之外，并未提出相应证据证明鉴定结论存在上述应重新鉴定的情形，因此，一审、二审法院未采纳其重新鉴定的申请，并无不当。

➢2. 再审申请人金海公司与被申请人贵州省慕俄格房地产开发有限公司建设工程施工合同纠纷案[(2019)最高法民申6023号]

裁判要旨：鉴定机构应当回避而未自行回避，并不当然影响鉴定意见的效力。

最高人民法院认为，关于鉴定机构未回避是否导致鉴定程序违法的问题，从贵州省慕俄格房地产开发有限公司(以下简称慕俄格公司)原审提交的工程进度款审核报告来看，鉴定机构正合公司在对案涉工程造价进行鉴定前就已接受慕俄格公司委托，对案涉项目提出过意见。根据《建设工程造价鉴定规范》第3.3.4条的规定，鉴定机构担任过鉴定项目咨询人的，应当自行回避的规定，正合公司应主动申请回避。但《建设工程造价鉴定规范》第3.5.2条同时规定："鉴定机构有本规范第3.3.4条情形之一未自行回避的，且当事人向委托人申请鉴定机构回避的，由委托人决定其是否回避，鉴定机构应执行委托人的决定。"据此，在鉴定机构担任过鉴定项目咨询人的情形下，如果当事人未申请鉴定机构回避，人民法院作为委托人有权决定鉴定机构是否回避，这也意味着此种回避事由并不足以对鉴定意见的可采性造成实质影响。

这是因为，鉴定意见作为证据的一种，是否具有证据资格，以及证明力大小如何，最终要由人民法院根据民事诉讼证据规则进行判断。该案中，原审法院依照法定程序选定正合公司作为鉴定机构，双方当事人均未提出异议。慕俄格公司在原审中将正合公司所作工程进度款审核报告作为证据提交时，金海公司就已知悉正合公司具有回避事由，但金海公司并未申请回避。金海公司在原审中不仅未对鉴定意见的合法性提出异议，在原审法院就鉴定意见定稿征询双方意见时，金海公司还明确表示没有意见。金海公司的以上诉讼行为表明，金海公司在原审中对鉴定意见的客观公正性是认可的。基于此种判断，原审法院将正合公司出具的鉴定意见作为认定该案事实的依据，并不违反法律规定。

➢3. 再审申请人陕西志诚建筑工程有限公司与被申请人陕西兴汉光源科技有限公司建设工程施工合同纠纷案[（2021）最高法民申 2096 号]

裁判要旨：同时在两个鉴定机构执业的鉴定人作出的鉴定意见，并不当然无效。

最高人民法院认为，虽然陕西志诚建筑工程有限公司提交新证据证明案涉《鉴定意见》的鉴定人杨某翔、宋某峰、马某琴 3 人同时在陕西锦桥昌工程造价咨询有限公司和陕西华夏司法会计鉴定所从事司法鉴定业务，但根据杨某翔、宋某峰、马某琴 3 人的上述行为并不能得出该 3 人丧失鉴定人资格的结论，亦不能得出案涉《鉴定意见》无效的结论，故二审法院将《鉴定意见》作为认定该案相关事实的依据，并无不当。

➢4. 再审申请人沈阳盛建建筑工程有限公司与再审申请人深圳市中建大康建筑工程有限公司、一审第三人沈阳国荣建筑工程劳务有限公司建设工程分包合同纠纷案[（2021）最高法民申 4757 号]

裁判要旨：相同事实在另案中已进行鉴定，当事人再次申请鉴定浪费司法资源，人民法院不予准许。

最高人民法院认为，关于原审未准许深圳市中建大康建筑工程有限公司（以下简称大康公司）的鉴定申请、剥夺其诉讼权利的问题，因原审中沈阳盛建建筑工程有限公司（以下简称盛建公司）与大康公司对案涉工程为单价包死的事实并无异议，盛建公司主张的亦是沈阳国荣建筑工程劳务有限公司（以下简称国荣公司）施工部分的工程款差价，在国荣公司起诉盛建公司、大康公司的案件已经对国荣公司施工部分的工程造价予以鉴定的情况下，该案没有对工程造价再进行鉴定的必要，大康公司在此情况下仍申请鉴定，系增加当事人诉累、浪费司法资源。因此，原审未准许大康公司的鉴定申请，并未剥夺其诉讼权利，大康公司的该项再审申请理由，亦依法不能成立。

➢5. 再审申请人北通建设集团有限公司与被申请人沈阳经济技术开发区市政建设工程有限公司等建设工程施工合同纠纷案[（2016）最高法民申 826 号]

裁判要旨：当事人对鉴定意见存在异议，经过鉴定人出庭质证并对异议部分进行补充答复的，人民法院可以采纳该鉴定意见。当事人又申请重新鉴定的，因不存在重新鉴定的情形,人民法院不予准许。

最高人民法院认为,北通建设集团有限公司(以下简称北通公司)虽对辽兴宏工鉴字[2013]第 078 号《工程造价鉴定报告书》有多次异议,但辽宁兴宏造价咨询有限公司已在一审、二审审理中对北通公司提出的各项异议逐项进行了解答,出具了书面意见并出庭进行了质证。北通公司没有提出足以推翻该鉴定意见的相应证据,故该鉴定意见可以被采信。经该院审查,该鉴定结论亦不存在《民事证据规定》第 27 条①规定的情形:"当事人对人民法院委托的鉴定部门作出的鉴定结论有异议申请重新鉴定,提出证据证明存在下列情形之一的,人民法院应予准许:(一)鉴定机构或鉴定人员不具备相关的鉴定资格的;(二)鉴定程序严重违法的;(三)鉴定结论明显依据不足的;(四)经过质证认定不能作为证据使用的其他情形。对有缺陷的鉴定结论,可以通过补充鉴定、重新质证或者补充质证等方法解决的,不予重新鉴定。"故再审申请人的该项主张无事实和法律依据,一审、二审法院对此认定并无不当,对其该项主张,最高人民法院不予支持。

➢6. 天津水利公司、水电十三局与庆云县水利局水库工程质量纠纷案②

裁判要旨:该案的主要争议在于,对于省检测中心站作出的质检鉴定结论,是否应予采信。经审查,因检验方法违反合同约定及相关规定,该鉴定结论不能作为认定工程质量不合格的证据。原审法院据此确定再审申请人承担责任,没有事实和法律依据。

最高人民法院认为,《水土建筑物抗冻设计规范 SL211-98》《水工混凝王施工规范豪克公司 L/T51442001》《水利水电基本建设工程单元工程质量等级评定标准八(水工碾压混凝土工程)豪克公司 L/T5113. 8-2000》《水运工程混凝土试验规程 JT270-98》均非该案当事人约定的设计、试验、质量评定标准,又制定于该案施工行为结束之后,其中后两者的适用范围还分别为碾压混凝土和水运工

① 现为 2019 年修正的《民事证据规定》第 40 条,内容有修改。

② 参见最高人民法院立案庭编:《立案工作指导》2009 年第 1 辑(总第 20 辑),人民法院出版社 2009 年版,第 116-117 页。

程,而非砼预制板的普通混凝土和水利工程,故原判以上述规范认定该案合同的工程质量,有所不当。

地方人民法院案例

➢1. 广西建工集团第三建筑工程有限责任公司与重庆市云阳实验中学建设工程施工合同纠纷案[(2020)渝02民终1872号]

裁判要旨:并未提供确实充分证据证明鉴定意见存在规定的应予重新鉴定的情形之一,而仅当事人的异议并不能作为启动重新鉴定程序的理由。

重庆市第二中级人民法院认为,关于重庆市云阳实验中学(以下简称云阳实验中学)申请就其对司法鉴定意见中的异议部分重新鉴定是否符合法律规定的问题,《民事证据规定》第40条规定:"当事人申请重新鉴定,存在下列情形之一的,人民法院应当准许:(一)鉴定人不具备相应资格的;(二)鉴定程序严重违法的;(三)鉴定意见明显依据不足的;(四)鉴定意见不能作为证据使用的其他情形……对鉴定意见的瑕疵,可以通过补正、补充鉴定或者补充质证、重新质证等方法解决的,人民法院不予准许重新鉴定的申请……"

具体到该案中,鉴定人在一审、二审诉讼程序中两次出庭作证,对云阳实验中学针对鉴定意见提出的异议作出了说明,并对鉴定意见的部分错误予以了补正,云阳实验中学虽仍持有异议,但并未提供确实充分证据证明鉴定意见还存在前述规定的应予重新鉴定的情形之一,而仅当事人的异议并不能作为启动重新鉴定程序的理由。同时,云阳实验中学在二审诉讼程序中对鉴定意见的异议内容与其在一审诉讼程序中的异议内容基本一致,但其在一审诉讼程序中并未提出重新鉴定的申请,在二审诉讼过程中才申请重新鉴定,既无正当理由,又有违民事诉讼应当遵循的诚实信用原则,不符合法律规定。在鉴定人具备相应资格,鉴定程序并无违法之处,又不存在鉴定依据明显不足的情形下,鉴定意见可以作为证据使用。综上,对于云阳实验中学的重新鉴定申请,重庆市第二中级人民法院不予准许。

➢2. 四川智联建设工程有限责任公司诉宜宾临港建设有限公司建设工程合同纠纷案[(2019)川1502民初1075号]

裁判要旨:合同约定以行政审计报告为结算依据,审计方专家出庭对原告提出的问题进行了解答,原告没有提供证据证明审计意见存在不真实、不客观的情形,人民法院对其鉴定申请不予准许。

四川省宜宾市翠屏区人民法院认为,原告、被告在《施工合同》中约定以审计金额为工程最终结算金额,该内容并未违反法律、行政法规的效力性强制性规定。原告四川智联建设工程有限责任公司(以下简称智联建司)对审计金额有异议,并在庭审中向该院申请对案涉工程进行鉴定,但在庭审中,审计方的专家王某甲及王某乙、招标文件的复核方四川成化工程项目管理公司的专家蔡某军均出庭对人工挖孔灌注桩的计算方式及原告提出的问题进行了解答,原告智联建司也没有提供证据证明审计意见存在不真实、不客观的情形,且《报告书》中载明了原告、被告存在人工挖孔灌注桩清单计量问题,并就该问题进行了多次会谈且向省造价总站进行了咨询,最终得出按桩芯体积计算的结论,《报告书》中对该问题的指出及解决方式也从侧面证明了审计报告的客观性。因此,该院对原告的鉴定申请不予准许,人工挖孔灌注桩的计算金额应以原、被告双方约定的审计金额为准。

条文内容	参考条文
第一百二十九条 【自行委托鉴定】 对于一方当事人就专门性问题自行委托有关机构或者人员出具的意见,另一方当事人有证据或者理由足以反驳并申请鉴定的,人民法院应予准许。	《民事证据规定》第41条

要点注释

在民事诉讼活动中,鉴定意见这种证据种类,是指人民法院委托的鉴定机构所出具的,当事人就专门性问题自行委托,或其他机构就专门性问题委托有关机构或者人员出具的意见,其并非民事诉讼证据所指的鉴定意见,所以本条表述为“有关机构或者人员出具的意见”,而没有表述为有关机构或者人员出具的鉴定意见。

当事人就专门性问题自行委托有关机构或者人员出具的意见,其性质仅是一份书面证据,在该类证据的认定上,司法实践中一般准用私文书证的审查认定规则。

对基于自行委托形成的书面意见,对方当事人当然可以提出反驳证据或者反驳理由,如指出自行委托的机构或者个人不具备相关的资格、形成的意见程序严重违法、意见明显依据不足等。如果反驳证据或者理由充分,当事人自行委托形成的意见存在问题,那么该意见作为证据的效力将被削弱,在提出意见的一方负有举证责任的情况下,反驳该意见的一方当事人则无须申请法院委托鉴定,因为此时提出意见的一方当事人尚未尽到举证责任,或者说其主张的事实尚未得到证明。若此时反驳的一方当事人负有举证责任,其反驳成功后,仍然要举证证明其事实主张,为此,就有必要申请法院委托鉴定。

司法解释

➤**1.《最高人民法院关于审理医疗损害责任纠纷案件适用法律若干问题的解释》**(法释〔2020〕17 号,2021 年 1 月 1 日施行)

第十五条 当事人自行委托鉴定人作出的医疗损害鉴定意见,其他当事人认可的,可予采信。

当事人共同委托鉴定人作出的医疗损害鉴定意见,一方当事人不认可的,应当提出明确的异议内容和理由。经审查,有证据足以证明异议成立的,对鉴定意见不予采信;异议不成立的,应予采信。

➤**2.《最高人民法院关于审理建设工程施工合同纠纷案件适用法律问题的解释(一)》**(法释〔2020〕25 号,2021 年 1 月 1 日施行)

第三十条 当事人在诉讼前共同委托有关机构、人员对建设工程造价出具咨询意见,诉讼中一方当事人不认可该咨询意见申请鉴定的,人民法院应予准许,但双方当事人明确表示受该咨询意见约束的除外。

最高人民法院案例

➢1. 再审申请人白山市舜发硅藻土科技有限公司与被申请人吉林省新金山建筑工程有限公司及一审第三人刘某波、姚某娟建设工程施工合同纠纷案
[(2019)最高法民申 835 号]

裁判要旨:诉前单方委托作出的鉴定意见,因未纳入民事诉讼程序,保障当事人充分行使诉权,不具有鉴定意见的证据效力。

最高人民法院认为,吉林省佳翔检测有限公司(以下简称佳翔公司)作出的检测报告系诉前吉林省新金山建筑工程有限公司(以下简称新金山公司)单方委托鉴定。该鉴定意见欠缺民事诉讼程序保障,影响鉴定结论的证明力。《民事诉讼法》第 68 条①、《民诉法解释》第 103 条、第 104 条、第 105 条等法律、司法解释规定,人民法院应当按照法定证据运用规则,对证据进行分析判断。未经当事人质证的证据,不得作为认定案件事实的根据。根据《民事诉讼法》第 76 条第 1 款②及《民事证据规定》有关委托鉴定的规定,当事人申请鉴定的,由双方当事人协商确定具备资格的鉴定人;协商不成的,由人民法院指定。实务中,委托鉴定一般由当事人协商确定一家有资质的鉴定机构或者法院从当事人协商确定的几家鉴定机构中择一选定,法院指定鉴定机构一般采取摇号等随机抽取方式确定;在法院主持下,经双方当事人当庭质证后确定哪些材料送鉴;鉴定机构及其鉴定人员有义务就鉴定使用的方法或标准向双方作出说明,有义务为当事人答疑,有义务出庭参与庭审质证;允许双方当事人申请法院通知具有专门知识的人出庭,就鉴定意见或者专业问题形成技术抗辩。《民事诉讼法》第 78 条③规定,鉴定人

---

① 现为 2021 年修正的《民事诉讼法》第 71 条。
② 现为 2021 年修正的《民事诉讼法》第 79 条第 1 款。
③ 现为 2021 年修正的《民事诉讼法》第 81 条。

拒不出庭作证的,鉴定意见不得作为认定事实的根据。在该案中,佳翔公司受新金山公司单方委托作出的鉴定结论,因未纳入民事诉讼程序,保障当事人充分行使诉权,不具有鉴定意见的证据效力。原审根据佳翔公司出具的检测报告,认定案涉工程已经检验为合格,证据不充分。

➢2. 再审申请人宣威市乐丰乡横山煤矿与被申请人云南太阳魂实业集团有限公司、彝良县巴抓正友煤矿等民间借贷纠纷案[(2021)最高法民申4579号]

裁判要旨:作为民事诉讼证据的鉴定意见限于法院依当事人申请或依职权委托而形成,当事人单方委托鉴定机构作出的"鉴定意见",其证明力显然不能等同于民事诉讼法意义上的鉴定意见。

最高人民法院认为,昆明锦康司法鉴定中心所作出的昆锦司[2020]文鉴字第E2号《印文鉴定意见书》是宣威市乐丰乡横山煤矿(以下简称横山煤矿)2019年12月20日自行委托司法鉴定中心鉴定而形成的,但根据民事诉讼法的相关规定,作为民事诉讼证据的鉴定意见限于人民法院依当事人申请或依职权委托而形成。该案中,横山煤矿在一审、二审中,经法院释明后未对《保证合同》上加盖的印章的真实性申请鉴定,而在二审之后自行委托有关机构对《保证合同》上的印章进行鉴定,表明《保证合同》上加盖的"宣威市乐丰乡横山煤矿"印文与样本印文并非同一枚印章所盖形成。但单方委托形成的"鉴定意见"的证明力显然不能等同于民事诉讼法意义上的鉴定意见,且送检的样本并未经对方当事人质证。据此,该"鉴定意见"并不足以推翻原判决认定的基本事实。

➢3. 再审申请人甘肃科源电力集团有限公司与被申请人兰州鸿达电力工程有限公司建设工程施工合同纠纷案[(2021)最高法民申4491号]

裁判要旨:一方当事人自行委托鉴定机构进行鉴定,鉴定人到庭接受双方当事人质询,另一方既不同意重新鉴定,又未提供相反证据予以推翻鉴定意见,鉴定意见可以作为审理依据。

最高人民法院认为,兰州鸿达电力工程有限公司(以下简称鸿达公司)对涉案工程进行施工后,甘肃科源电力集团有限公司(以下简称科源公司)未及时与其进行结算,鸿达公司自行委托鉴定机构就涉案工程造价进行鉴定。鉴定机构依据鸿达公司提供的案涉工程图纸、《劳务分包合同》、《现场签证审批单》、《工程审计现场查勘底稿》、工程联系单等材料作出了鉴定意见。鸿达公司将提供给鉴定机构的材料(除施工图纸外)已全部向一审法院提交,一审法院组织双方当事人进行了质证。二审法院传唤鉴定人到庭接受双方当事人质询,并就有关鉴定事项进行了说明。经法院释明,科源公司不同意重新鉴定,又无相反证据推翻该鉴定意见,鉴定机构据实鉴定,鉴定意见能够客观反映工程造价,故原审法院按照该鉴定意见认定该案工程各部分造价,符合法律规定。

➢4. 国家开发银行与沈阳高压开关有限责任公司、新东北电气(沈阳)高压开关有限公司、新东北电气(沈阳)高压隔离开关有限公司、沈阳北富机械制造有限公司等借款合同撤销权纠纷案①[(2008)民二终字第23号]

裁判要旨:评估报告为当事人单方委托形成,而非司法机关委托评估机构出具的法定评估,该评估报告是在不知道实有多少设备以及现存设备到底能不能使用的情况下作出,结论明显依据不足。

最高人民法院认为,沈阳高压开关有限责任公司及东北电气发展股份有限公司(以下简称东北电气)主张股权置换价值对等的证据之一为2004年3月25日沈阳辽诚会计师事务所对东北电气出资的验资报告。该报告记载,验资过程没有对东北电气对沈阳添升的出资设备即10台发动机组价值进行评估,该设备作价是依据辽宁盛华资产评估有限公司辽盛华评报字〔2004〕第017号资产评估报告,而辽盛华评报字〔2004〕第017号资产评估报告载明:(1)一定数量的设备,因无法逐件开箱重验,故以资产占有方提供的设备清单、装箱单为依据,确定资产的种类和数量。(2)未对设备进行相关的试验和技术检定,评估人员是在假定委托评估的设备能够顺利安装并能正常使用的前提下作出评估。(3)本报告不得用于任何有关动产、证券、抵押、招商、出售等目的。针对此评估报告的证明力,最高人民法院认为,该次评估行为为东北电气单方委托形成,非为司法机关委托评估机构出具的法定评估。该评估报告的特别事项说明该评估过程并未实际核实设备清单,并未测试设备是否能够正常安装及使用,即该评估是在不知道

---

① 参见《最高人民法院公报》2008年第12期(总第146期)。

实有多少设备以及现存设备到底能不能使用的情况下作出。以上做法违反了国家国有资产管理局发布的《资产评估操作规范意见》①中关于技术检测和成新率计算方法的规定，由此得出的评估结论未能直接、充分地证明10台发电机组的真实价值，不能作为10台发电机组交易时的定价依据。

地方人民法院案例

➢1. 再审申请人王某某与被申请人陈某、中国人民财产保险股份有限公司兰州市分公司机动车交通事故责任纠纷案[(2022)甘民申349号]

裁判要旨：交通事故受害人在起诉前单方委托鉴定而形成的鉴定意见，因检材未经质证，在被告对鉴定意见不认可并申请重新鉴定的情况下，法院不予采信并准许重新鉴定申请，符合法律规定。

甘肃省高级人民法院认为，该案需审查的问题是原判决将集天鉴定所司法鉴定意见书作为认定案件基本事实的依据是否正确。首先，武威市人民医院司法医学鉴定所司法鉴定意见书系王某某诉前单方委托鉴定而形成，检材未经质证，在中国人民财产保险股份有限公司兰州市分公司对鉴定意见书不认可并申请重新鉴定的情况下，原审对此鉴定意见书不予采信并对该公司的重新鉴定申请予以准许，符合法律规定。其次，集天鉴定所由双方当事人在具有法医学鉴定资质机构名册中通过摇号随机选定，检材经过质证，且鉴定过程中对王某某进行了法医学活体检验，不存在鉴定人无资格及鉴定程序严重违法的情形。再次，一审法院收到集天鉴定所鉴定意见书后向双方当事人依法送达并告知异议期，王某某在指定期间内未提出书面异议，也未申请补充鉴定或申请鉴定人出庭接受质询。最后，王某某对集天鉴定所鉴定意见虽不予认可，但未提供证据证实该鉴定意见书确实存在依据不足、不能作为证据使用的情形。综上所述，原审将集天鉴定所司法鉴定意见作为认定王某某伤残程度的依据并无不当。

---

① 该文件现已失效。

➢2. 李某与刘某甲离婚后财产纠纷案[(2022)豫06民终195号]

裁判要旨:单方委托的亲子鉴定报告,另一方没有相反证据又拒绝做亲子鉴定的,法院可以认定亲子鉴定报告的效力。

关于该案如何认定刘某甲与刘某乙是否存在亲子关系的问题,河南省鹤壁市中级人民法院认为,夫妻一方向人民法院起诉请求确认亲子关系不存在,并已提供必要证据予以证明,另一方没有相反证据又拒绝做亲子鉴定的,人民法院可以推定请求确认亲子关系不存在一方的主张成立。在该案中,刘某甲提供江苏苏博生物医学股份有限公司南京分公司所作的鉴定意见书,排除刘某甲与刘某乙存在亲子关系,李某作为刘某乙的母亲,虽不承认该鉴定意见书的效力,但是并未提交充分证据予以反驳,同时不配合亲子鉴定工作,根据《最高人民法院关于适用〈中华人民共和国婚姻法〉若干问题的解释(三)》第2条①的相关规定,一审法院推定刘某甲与刘某乙不存在亲子关系,并无不当。二审中,李某再次主张该鉴定意见书不具有证据效力,但是并未提交有效证据加以证明,且从情理上出发,对刘某乙与刘某甲亲子关系是否存在进行司法鉴定是该案查明事实真相、化解矛盾的捷径,但是李某作为刘某乙的母亲,拒不配合亲子鉴定工作,仅通过上诉主张不认可刘某甲提交的鉴定意见书,没有法律意义,河南省鹤壁市中级人民法院对该主张不予支持。

第七节　其他规定

条文内容	参考条文
第一百三十条　【无争议事实责令举证】 双方当事人无争议的事实符合《最高人民法院关于适用〈中华人民共和国民事诉讼法〉的解释》第九十六条第一款规定情形的,人民法院可以责令当事人提供有关证据。	《民事证据规定》 第18条

---

① 现为《最高人民法院关于适用〈中华人民共和国民法典〉婚姻家庭编的解释(一)》第39条。

要点注释

根据民事诉讼辩论主义和处分原则，当事人可自主决定民事诉讼中的实体权利和程序权利；但对涉及可能损害国家利益、社会公共利益的情况，双方当事人关于无争议的事实的这种合意的法律效果就应受到限制，即私权处分不能有损包括国家利益和社会公共利益在内的合法权益。否则法院有权代表国家进行干预，根据案件的实际需要，适时主动地责令当事人提交有关证据或者依职权调查收集证据以查明案件事实，从而维护国家利益和社会公共利益。

(1)涉及可能损害国家利益、社会公共利益的事实。

法庭对涉及国家利益和社会公共利益的事实保留依职权调查的权力是大陆法系国家和地区的普遍做法，也是法庭保护国家利益和社会公共利益所必要的职权。如当事人双方为少缴税收而在办理所有权转移登记时将房屋买卖合同中的价款压低，法庭对涉及房屋买卖价款的事实可以责令当事人提供相关证据。

(2)涉及身份关系的事实。

主要是身份关系涉及社会基本伦理价值，具有社会公共利益的属性。这种涉及身份关系的事实，在性质上需要法院保留依职权调查收集证据的权力，不能因当事人双方无争议而任意改变。

(3)涉及公益诉讼的事实。

涉及公益诉讼的事实，即涉及《民事诉讼法》第58条规定的污染环境、侵害众多消费者合法权益等损害社会公共利益的行为的事实。公益诉讼事关公共利益的保护，与一般民事诉讼相比，其规则较为特殊，需要法院发挥职权调查收集证据。

(4)当事人有恶意串通损害他人合法权益可能的事实。

2001年《民事证据规定》第15条第1项为“涉及可能有损国家利益、社会公共利益或者他人合法权益的事实”，考虑到“损害他人合法权益”比较笼统，在

《民事诉讼法》及其司法解释的制定和修改过程中,对这一规定进行了修改,如《民事诉讼法》第115条增加了对恶意诉讼制裁的规定,《民诉法解释》第96条第1款第4项将"损害他人合法权益"修改为"当事人有恶意串通损害他人合法权益可能的",并单独列出。

请注意,本条仅要求有恶意串通损害他人合法权益的"可能",其证明标准低于"疏明"这一标准,更低于"高度盖然性"的一般证明标准。只要无法排除当事人有恶意串通损害他人合法权益的可能性,法庭就可以责令当事人提交有关证据。若要认定恶意串通的事实,则要达到"排除合理怀疑"的最高证明标准。

(5)涉及程序性事项。

涉及依职权追加当事人、中止诉讼、终结诉讼、回避等程序性事项的,应由法庭依职权调查。对于这些程序性事实,如果法庭不依职权调查收集证据,诉讼程序就难以推进甚至无法推进,故依其性质,法庭应当主动行使职权,这也是大陆法系国家和地区的通例。

本条与《民诉法解释》第96条的着眼点不同。本条是以双方当事人无争议的事实为逻辑起点,是从对无争议事实仍要提供证据(由法院责令提供)的角度设计的。《民诉法解释》第96条的着眼点在于如何确定"法院认为审理案件需要的证据"具体情形,主要是基本框定法院依职权调查取证的范围,从而进一步明确法院依当事人申请调查收集证据的范围。二者虽然逻辑起点和条文旨意不尽相同,但共同的落脚点是"法院可以责令当事人提供有关证据",由此完成了这几个相关条文的逻辑融合,并使本条"双方当事人无争议的事实"能够被指引到《民诉法解释》第96条规定的五种情形。

本条和《民诉法解释》第96条之间存在递进关系。在双方当事人无争议的事实符合《民诉法解释》第96条第1款情形的情况下,法庭可以根据本条责令当事人提供相关证据;如果当事人拒不提供,法庭可以根据《民诉法解释》第96条第1款依职权调取相关证据。

司法解释

➢《**最高人民法院关于适用〈中华人民共和国民事诉讼法〉的解释**》(法释[2022]11号,2022年4月10日施行)

第九十六条　民事诉讼法第六十七条第二款规定的人民法院认为审理案件需要的证据包括:

(一)涉及可能损害国家利益、社会公共利益的;

(二)涉及身份关系的;

(三)涉及民事诉讼法第五十八条规定诉讼的;

(四)当事人有恶意串通损害他人合法权益可能的;

(五)涉及依职权追加当事人、中止诉讼、终结诉讼、回避等程序性事项的。

除前款规定外,人民法院调查收集证据,应当依照当事人的申请进行。

司法文件

➢《**最高人民法院关于深入开展虚假诉讼整治工作的意见**》(法〔2021〕281号,2021年11月4日发布)

三、把准特征表现,做好靶向整治。各级人民法院要积极总结司法实践经验,准确把握虚假诉讼的特征表现,做到精准施治、靶向整治。对存在下列情形的案件,要高度警惕、严格审查,有效防范虚假诉讼:原告起诉依据的事实、理由不符合常理;诉讼标的额与原告经济状况严重不符;当事人之间存在亲属关系、关联关系等利害关系,诉讼结果可能涉及案外人利益;当事人之间不存在实质性民事权益争议,在诉讼中没有实质性对抗辩论;当事人的自认不符合常理;当事人身陷沉重债务负担却以明显不合理的低价转让财产、以明显不合理的高价受让财产或者放弃财产权利;认定案件事实的证据不足,当事人却主动迅速达成调解协议,请求人民法院制作调解书;当事人亲历案件事实却不能完整准确陈述案件事实或者陈述前后矛盾等。

地方人民法院案例

➢1. 徐某弟与上海大众公共交通有限公司等道路交通事故人身损害赔偿纠纷案[(2009)沪一中民一(民)终字第3426号]

裁判要旨:双方对案件事实的自认以不涉及其他人的合法权益为前提,被上诉人对上诉人从事家政工作这一事实的承认,必然涉及第二被上诉人的合法权益,法院不予认可该承认,不能免除上诉人就适用城镇标准的举证责任。

上海市第一中级人民法院认为,由于上诉人不能提供有效证据证明其收入源于城镇,故原审法院根据在案的证据资料,以农村标准确定上诉人的相关赔偿标准,并无不当。虽然被上诉人上海大众公共交通有限公司(以下简称大众公司)对上诉人从事家政工作的事实予以认可,但是,《民事证据规定》第13条①规定,"对双方当事人无争议但涉及国家利益、社会公共利益或者他人合法权益的事实,人民法院可以责令当事人提供有关证据",即双方当事人对案件事实的自认是以不涉及其他人的合法权益为前提的,而被上诉人大众公司对上诉人从事家政工作这一事实的承认,必然涉及第二被上诉人保险公司的合法权益,也就是说大众公司的认可行为导致的法律后果与保险公司的理赔义务有关,故对于该承认,上海市第一中级人民法院不予认可,也不能因大众公司的认可而免除上诉人就适用城镇标准的举证责任。综上所述,由于上诉人并无其他的证据证明其在上海市有稳定的收入来源,上诉人的上诉主张缺乏事实依据和法律依据,该院不予支持。

➢2. 杨某与来凤县万湛房地产开发有限公司追索劳动报酬纠纷案[(2021)鄂28民终73号]

裁判要旨:被告对原告的起诉事实予以认可,但双方有恶意串通损害他人合

① 现为2019年修正的《民事证据规定》第18条,内容有修改。

法权益可能的,法院可以责令原告进一步提供相关证据。

湖北省恩施土家族苗族自治州中级人民法院认为,《民事证据规定》第18条规定,双方当事人无争议的事实但有恶意串通损害他人合法权益可能的,人民法院可以责令当事人提供有关证据。该案中,杨某起诉要求来凤县万湛房地产开发有限公司支付其在2012年8月至2016年8月的工资61.5万元,虽然来凤县万湛房地产开发有限公司认可欠付杨某61.5万元工资的事实,但杨某离职时间为2016年9月2日,杨某离职时未与来凤县万湛房地产开发有限公司办理工资结算,在离职后三年多的时间里,亦未向来凤县万湛房地产开发有限公司主张权利,而是在来凤县万湛房地产开发有限公司因存在巨额债务即将对其名下楼盘进行评估拍卖的情况下主张权利,而劳动报酬属于优先受偿债权,杨某与来凤县万湛房地产开发有限公司对欠付工资的自认有可能损害其他债权人的合法权益。在此情况下,一审法院要求杨某提供劳动合同、社保缴费记录、工资支付记录、工作考勤记录等其他可以证明履职的资料,但杨某一直未向法院提交相关证据,无法核实其具体工资标准和欠薪期间。因此,杨某要求来凤县万湛房地产开发有限公司支付欠付工资61.5万元的主张缺乏事实依据,湖北省恩施土家族苗族自治州中级人民法院不予支持。

条文内容	参考条文
第一百三十一条 【证明妨害规则】 一方当事人控制证据无正当理由拒不提交,对待证事实负有举证责任的当事人主张该证据的内容不利于控制人的,人民法院可以认定该主张成立。	《民事证据规定》 第95条

要点注释

"谁主张、谁举证"为民事诉讼举证责任的基本原则,然而在审判实务中,鉴于有关事实及证据分布的不均衡,时常出现事实和证据不掌握在举证人一方或者不在其支配的范围内的情况,并由此导致掌握事实和证据的一方当事人往往采取不当措施妨碍举证人的举证,这种行为不仅损害了举证一方当事人的诉讼权利,还对法院查明相关事实、解决当事人纷争带来了不利影响。

西方法谚云:所有的事情应被推定为不利于破坏者。这是证明妨害理论的来源。证明妨害是指一方当事人在诉讼前或诉讼过程中通过其特定行为故意或过失地使另一方当事人不能公平地利用证据,而导致对该另一方当事人产生不利裁判后果的情形。证明妨害规则为一般举证责任的补充,其是在特殊的情形下,基于公平原则,减轻对负有证明责任的当事人的举证责任,从而避免机械适用证明责任规则作出裁判带来的不公平,这对缓解事实证明上的困难有积极意义。与本条规定相关的是《民事证据规定》第 48 条(见本书第 47 条),控制书证的当事人无正当理由拒不提交书证的,人民法院可以认定对方当事人所主张的书证内容为真实;控制书证的当事人存在毁损书证等行为的,人民法院可以认定对方当事人主张以该书证证明的事实为真实。本条是在书证这一证据种类之外,对其他七种法定证据拒不提交后果的规定。

证明妨害的法律后果为推定当事人的主张成立,即人民法院可以采信该证据的内容不利于控制人,从而认定待证事实。由此,在适用推定时,依据《民事证据规定》第 2 条第 1 款的规定,审判人员应向控制证据的当事人进行释明,告知其无正当理由拒不提供证据的法律后果,以便其及时行使相关权利,对此问题进行说明,从而赋予当事人对适用推定的程序保障权,防止事实认定和裁判的突袭。

相关法律

➢1.《劳动争议调解仲裁法》(2008 年 5 月 1 日施行)

第六条 发生劳动争议,当事人对自己提出的主张,有责任提供证据。与争议事项有关的证据属于用人单位掌握管理的,用人单位应当提供;用人单位不提供的,应当承担不利后果。

➢2.《农村土地承包经营纠纷调解仲裁法》(2010 年 1 月 1 日施行)

第三十七条 当事人应当对自己的主张提供证据。与纠纷有关的证据由作为当事人一方的发包方等掌握管理的，该当事人应当在仲裁庭指定的期限内提供，逾期不提供的，应当承担不利后果。

司法解释

➤ **1.《最高人民法院关于知识产权民事诉讼证据的若干规定》**（法释〔2020〕12号，2020年11月18日施行）

第二十四条　承担举证责任的当事人书面申请人民法院责令控制证据的对方当事人提交证据，申请理由成立的，人民法院应当作出裁定，责令其提交。

第二十五条第一款　人民法院依法要求当事人提交有关证据，其无正当理由拒不提交、提交虚假证据、毁灭证据或者实施其他致使证据不能使用行为的，人民法院可以推定对方当事人就该证据所涉证明事项的主张成立。

➤ **2.《最高人民法院关于适用〈中华人民共和国民法典〉婚姻家庭编的解释（一）》**（法释〔2020〕22号，2021年1月1日施行）

第三十九条　父或者母向人民法院起诉请求否认亲子关系，并已提供必要证据予以证明，另一方没有相反证据又拒绝做亲子鉴定的，人民法院可以认定否认亲子关系一方的主张成立。

父或者母以及成年子女起诉请求确认亲子关系，并提供必要证据予以证明，另一方没有相反证据又拒绝做亲子鉴定的，人民法院可以认定确认亲子关系一方的主张成立。

➤ **3.《最高人民法院关于审理侵害植物新品种权纠纷案件具体应用法律问题的若干规定（二）》**（法释〔2021〕14号，2021年7月7日施行）

第十六条　被诉侵权人有抗拒保全或者擅自拆封、转移、毁损被保全物等举证妨碍行为，致使案件相关事实无法查明的，人民法院可以推定权利人就该证据所涉证明事项的主张成立。构成民事诉讼法第一百一十一条①规定情形的，依法

---

① 现为2021年修正的《民事诉讼法》第114条。

追究法律责任。

➢4.《最高人民法院关于审理环境民事公益诉讼案件适用法律若干问题的解释》(法释〔2020〕20号,2021年1月1日施行)

第十三条 原告请求被告提供其排放的主要污染物名称、排放方式、排放浓度和总量、超标排放情况以及防治污染设施的建设和运行情况等环境信息,法律、法规、规章规定被告应当持有或者有证据证明被告持有而拒不提供,如果原告主张相关事实不利于被告的,人民法院可以推定该主张成立。

➢5.《最高人民法院关于审理船舶碰撞纠纷案件若干问题的规定》(法释〔2020〕18号,2021年1月1日施行)

第八条 碰撞船舶船载货物权利人或者第三人向碰撞船舶一方或者双方就货物或其他财产损失提出赔偿请求的,由碰撞船舶方提供证据证明过失程度的比例。无正当理由拒不提供证据的,由碰撞船舶一方承担全部赔偿责任或者由双方承担连带赔偿责任。

前款规定的证据指具有法律效力的判决书、裁定书、调解书和仲裁裁决书。对于碰撞船舶提交的国外的判决书、裁定书、调解书和仲裁裁决书,依照民事诉讼法第二百八十二条①和第二百八十三条②规定的程序审查。

➢6.《最高人民法院关于审理利用信息网络侵害人身权益民事纠纷案件适用法律若干问题的规定》(法释〔2020〕17号,2021年1月1日施行)

第三条 原告起诉网络服务提供者,网络服务提供者以涉嫌侵权的信息系网络用户发布为由抗辩的,人民法院可以根据原告的请求及案件的具体情况,责令网络服务提供者向人民法院提供能够确定涉嫌侵权的网络用户的姓名(名称)、联系方式、网络地址等信息。

网络服务提供者无正当理由拒不提供的,人民法院可以依据民事诉讼法第一百一十四条③的规定对网络服务提供者采取处罚等措施。

---

① 现为2021年修正的《民事诉讼法》第289条。

② 现为2021年修正的《民事诉讼法》第290条。

③ 现为2021年修正的《民事诉讼法》第117条。

原告根据网络服务提供者提供的信息请求追加网络用户为被告的，人民法院应予准许。

➢7.《最高人民法院关于审理医疗损害责任纠纷案件适用法律若干问题的解释》（法释〔2020〕17号，2021年1月1日施行）

第六条　民法典第一千二百二十二条规定的病历资料包括医疗机构保管的门诊病历、住院志、体温单、医嘱单、检验报告、医学影像检查资料、特殊检查（治疗）同意书、手术同意书、手术及麻醉记录、病理资料、护理记录、出院记录以及国务院卫生行政主管部门规定的其他病历资料。

患者依法向人民法院申请医疗机构提交由其保管的与纠纷有关的病历资料等，医疗机构未在人民法院指定期限内提交的，人民法院可以依照民法典第一千二百二十二条第二项规定推定医疗机构有过错，但是因不可抗力等客观原因无法提交的除外。

➢8.《最高人民法院关于适用〈中华人民共和国企业破产法〉若干问题的规定（一）》（法释〔2011〕22号，2011年9月26日施行）

第六条　债权人申请债务人破产的，应当提交债务人不能清偿到期债务的有关证据。债务人对债权人的申请未在法定期限内向人民法院提出异议，或者异议不成立的，人民法院应当依法裁定受理破产申请。

受理破产申请后，人民法院应当责令债务人依法提交其财产状况说明、债务清册、债权清册、财务会计报告等有关材料，债务人拒不提交的，人民法院可以对债务人的直接责任人员采取罚款等强制措施。

司法文件

➢1.《最高人民法院民事审判第四庭、中国海事局关于规范海上交通事故调查与海事案件审理工作的指导意见》（法民四〔2006〕第1号，2016年1月19日发布）

（九）海上交通事故发生后，逃逸船舶拒绝接受海事调查或者诉讼中拒绝承认发生碰撞事故，受害船舶当事人有证据证明逃逸船舶当事人持有证据可以证明事故发生的相关事实，逃逸船舶无正当理由拒不提供的，海事法院在案件审理中根据《最高人民法院关于民事诉讼证据的若干规定》第七十五条①的规定，结合证明案件事实的有关证据，可以作出逃逸船舶妨碍举证的不利推定。

➤**2.《最高人民法院关于当前经济形势下知识产权审判服务大局若干问题的意见》**（法发〔2009〕23号，2009年4月21日发布）

16、增强损害赔偿的补偿、惩罚和威慑效果，降低维权成本，提高侵权代价。在确定损害赔偿时要善用证据规则，全面、客观地审核计算赔偿数额的证据，充分运用逻辑推理和日常生活经验，对有关证据的真实性、合法性和证明力进行综合审查判断，采取优势证据标准认定损害赔偿事实。积极引导当事人选用侵权受损或者侵权获利方法计算赔偿，尽可能避免简单适用法定赔偿方法。对于难以证明侵权受损或侵权获利的具体数额，但有证据证明前述数额明显超过法定赔偿最高限额的，应当综合全案的证据情况，在法定最高限额以上合理确定赔偿额。除法律另有规定外，在适用法定赔偿时，合理的维权成本应另行计赔。适用法定赔偿时要尽可能细化和具体说明各种实际考虑的酌定因素，使最终得出的赔偿结果合理可信。根据权利人的主张和被告无正当理由拒不提供所持证据的行为推定侵权获利的数额，要有合理的根据或者理由，所确定的数额要合情合理，具有充分的说服力。注意参照许可费计算赔偿时的可比性，充分考虑正常许可与侵权实施在实施方式、时间和规模等方面的区别，并体现侵权赔偿金适当高于正常许可费的精神。注意发挥审计、会计等专业人员辅助确定损害赔偿的作用，引导当事人借助专业人员帮助计算、说明和质证。积极探索知识产权损害赔偿专业评估问题，在条件成熟时适当引入由专业机构进行专门评估的损害赔偿认定机制。

---

① 现为2019年修正的《民事证据规定》第95条，内容有修改。

地方司法文件

➢《江苏省高级人民法院民一庭建设工程施工合同纠纷案件司法鉴定操作规程》(苏高法电〔2015〕802 号,2015 年 12 月 21 日发布)

第十一条 当事人应当在人民法院指定的时间内提交鉴定资料,控制鉴定资料的一方当事人逾期不提供导致相关争议项无法确定的,人民法院可以根据案件审理情况认定对方当事人主张的相关事实成立。

第十二条 控制鉴定资料的一方当事人经释明后拒不提供资料,导致鉴定无法进行的,人民法院可以终结鉴定,由拒不提供资料的一方当事人承担相应不利后果;双方均有能力提供,经释明后均未提供的,由对相关争议事实承担举证责任的一方当事人承担相应不利后果。

第十六条 鉴定机构提出需要进行现场勘验的,审判部门应当及时会同鉴定管理部门组织当事人和鉴定人进行现场勘验。

当事人经人民法院通知拒不配合现场勘验导致争议项无法确定的,人民法院可以根据案件审理情况认定对方当事人对争议项的相关主张成立。

司法观点

➢证明妨害主体不限于证据持有主体或者直接实施证明妨害行为的主体①

问:如果一方当事人基于其与证据持有主体之间存在特定关系,对证据持有主体一方具有一定的掌控力,影响证据持有主体相关行为的实施,能否将证据持有主体的妨害行为视为一方当事人的行为,进而由其承担相应的法律后果?

答:《民事证据规定》第 95 条规定:"一方当事人控制证据无正当理由拒不提交,对待证事实负有举证责任的当事人主张该证据的内容不利于控制人的,人民

① 参见最高人民法院民事审判第一庭编:《民事审判实务问答》,法律出版社 2021 年版,第 311-312 页。

法院可以认定该主张成立。”本条是有关证明妨害规则的规定。人民法院对证明妨害主体的确定,需要注意行为主体并不限于证据持有主体或者直接实施证明妨害行为的主体。实践中,一方当事人虽未直接持有相关证据,但其基于与证据持有主体之间存在特定的关系,对证据持有主体一方具有一定的掌控力,影响证据持有主体相关行为的实施。在此情况下,应将证据持有主体的妨害行为视为一方当事人的行为,由其承担相应的法律后果。例如,基于法律规定,一方当事人与证据持有者之间具有特殊的关系,如诉讼代理人、被继承人等,其应对证据持有者实施的证明妨害行为负责。又如,一方当事人与证据持有者之间存在领导与被领导的行政法律关系,则证据持有者实施的证明妨害行为亦应由其负责。在此情况下,一方当事人虽非直接持有证据的主体,未直接实施证明妨害行为,但基于其与证据持有者之间的特定关系,经法院释明后,证据持有主体仍无正当理由拒不提交证据的,可以适用推定的规定。

最高人民法院案例

➤1. 茅某贤、成县茨坝须弥山实业有限公司等与白银有色金属公司采矿权纠纷案①[(2011)民二终字第22号]

裁判要旨:当事人拒绝提供自己非法越界开采成本的相关证据,应当承担举证不能的法律后果。

最高人民法院认为,原矿石被开采出来后经过加工、运输等生产程序,转换成精粉等深加工产品,在计算侵权损失时扣除开采、运输、人工工资、税收等必要的成本,得出净利润予以赔偿,是一般正常合同交易损害赔偿纠纷中通常使用的计算方法。该案当事人的侵权行为完全不同于一般矿石开采交易,而是恶意侵犯国有资产,行为性质严重,造成的国有资产损失难以估量,如此恶意侵权行为所付出的成本由受害方国有企业承担,既无法律依据,又不合情理,且上诉人在一审反驳、二审上诉中经法院释明后均拒绝提供自己非法越界开采成本的相关

① 参见《最高人民法院公报》2012年第3期(总第185期)。

证据,故该院对此不予支持。

➢2. 广西运通房地产开发有限公司与南宁市永嘉房地产开发有限公司、南宁市昌业贸易发展公司合作开发房地产合同纠纷案①

裁判要旨:一方当事人持有证据无正当理由拒不提供,且该证据不利于证据持有人的,在法官行使释明权之后,可以依法推定待证事实成立。

最高人民法院认为,南宁市永嘉房地产开发有限公司(以下简称永嘉公司)承担损失赔偿责任,涉及对广西运通房地产开发有限公司(以下简称运通公司)损失范围的认定及损害赔偿计算方法的确定。按照《终止合作合同书》和《补充协议》的约定,运通公司继续履行合同获得的收益应当为永嘉公司在《终止合作合同书》签订后出售房屋的收益扣减永嘉公司投资款数额及永嘉大厦的债务。永嘉公司无正当理由拒不提供永嘉大厦相关财务资料,无法确定永嘉公司的投资及永嘉大厦债务的具体数额,导致无法运用永嘉公司售房款扣减永嘉公司投资及永嘉大厦债务的方法计算运通公司的损失数额。在此情形下,依照《民事证据规定》确定的妨碍举证推定的证据审核认定方法,可以推定运通公司认为其实际损失为45048190元的主张成立。考虑双方当事人2001年4月18日《会议纪要》记载内容及《补充合同书》约定内容所反映的永嘉大厦存在债务的事实、永嘉大厦债务由永嘉公司承担的实际情况,依照公平原则,在运通公司主张的45048190元损失的基础上,扣减1000万元,余款作为运通公司的损失,由永嘉公司予以赔偿。

➢3. 中国中化集团公司与北京三元金安大酒店代位权纠纷案[(2004)民二终字第53号]

裁判要旨:因当事人拒不向法院提交经董事会审计小组和审计事务所审计公司后期投入的有关证据,该案可以据此认定上述两份证据中载明的公司后期投入资金。

最高人民法院认为,1997年6月10日,北京三元金安大酒店(以下简称金安

① 参见最高人民法院民事审判第一庭编:《民事审判指导与参考》2007年第2集(总第30集),法律出版社2007年版,第228-237页。

酒店)董事长王某英在北海中达集团有限公司(以下简称北海中达公司)与案外人的另一纠纷中,向受案法院贵州省高级人民法院提交的《北海中达公司入资说明》中明确载明,北海中达公司对金安酒店大堂三、四层等装修改造后期投入为账面投入2461万元[包括广州市集美组室内设计工程有限公司(以下简称集美公司)1245万元],从中兴发借款170万元,从英策公司借款5万元,从中旅国际信托借款58.8万元,合计2694.8万元,且经以张某军为组长的董事会审计小组及中达审计事务所对北海中达公司的后期投入2694.8万元决定扣减859万元,最后确定北海中达公司后期投入为1835.8万元,加上北京北海中达经济发展公司(以下简称北京中达公司)代垫资金686.1817万元,总计北海中达公司后期投入为2521.9817万元。该说明后附的《北海中达公司后期投入说明》中注明北海中达公司投入的1835.8万元中未包含北海中达公司付给集美公司的368万元。

上述后期投入数额和该债权经金安酒店董事会委托的清账小组和中达审计事务所认定等内容在加盖有金安酒店公章的由北京中达公司职工栾某清于1997年6月10日向贵州省高级人民法院提交的《证明》中亦有表述。根据《民事证据规定》第75条①"有证据证明一方当事人持有证据无正当理由拒不提供,如果对方当事人主张该证据的内容不利于证据持有人,可以推定该主张成立"的规定,因金安酒店拒不向法院提交经董事会审计小组和中达审计事务所审计北海中达公司后期投入的有关证据,该案可以据此认定上述两份证据中载明的北海中达公司后期投入资金为2889.9817万元。

地方人民法院案例

➢1.石某林与泰州市华仁电子资讯有限公司侵害计算机软件著作权纠纷案②[(2007)苏民三终字第0018号]

裁判要旨:在被告拒绝提供被控侵权软件的源程序或者目标程序,且由于技

① 现为2019年修正的《民事证据规定》第95条,内容有修改。

② 参见《最高人民法院公报》2009年第3期(总第149期),最高人民法院指导案例49号。

术上的限制,无法从被控侵权产品中直接读出目标程序的情形下,如果原告、被告软件在设计缺陷方面基本相同,而被告又无正当理由拒绝提供其软件源程序或者目标程序以供直接比对,考虑到原告的客观举证难度,可以判定原、被告计算机软件构成实质性相同,由被告承担侵权责任。

江苏省高级人民法院认为,《民事证据规定》第75条①规定:"有证据证明一方当事人持有证据无正当理由拒不提供,如果对方当事人主张该证据的内容不利于证据持有人,可以推定该主张成立。"在上诉人石某林提供了初步证据证明其诉讼主张的情形下,完全可以证明被上诉人泰州市华仁电子资讯有限公司(以下简称华仁公司)持有但拒不提供的源程序的内容不利于华仁公司,经法院反复释明,华仁公司最终仍不提供被控侵权的HR-Z软件源程序以供比对,故依法应当承担举证不能的不利后果。综上,在被上诉人华仁公司持有被控侵权的HR-Z软件源程序且无正当理由拒不提供的情形下,根据已有证据,可以认定被控侵权的HR-Z软件与上诉人石某林的S系列软件构成实质相同,华仁公司侵犯了石某林S系列软件著作权。

➢2. 黄某与北京美晟房地产开发有限公司商品房预售合同纠纷案②

裁判要旨:对于所购房屋显而易见的瑕疵,业主主张已经在开发商收执的《业主入住验收单》上明确提出书面异议,开发商拒不提交有业主签字的《业主入住验收单》,可以推定业主关于已提出异议的主张成立。

北京市第一中级人民法院认为,房屋是价值昂贵的不动产,日常生活经验法则说明,对于所购房屋显而易见的瑕疵,业主收房时一般不会轻易忽视。上诉人黄某在一审中一再陈述,其在收房时对窗外有装饰钢梁一事,已在《业主入住验收单》上明确提出书面异议。《业主入住验收单》是被上诉人北京美晟房地产开发有限公司(以下简称美晟房产公司)单方保存的证据,经法院要求,美晟房产公司拒不提交。《民事证据规定》第75条③规定:"有证据证明一方当事人持有证

① 现为2019年修正的《民事证据规定》第95条,内容有修改。
② 参见《最高人民法院公报》2006年第2期(总第112期)。
③ 现为2019年修正的《民事证据规定》第95条,内容有修改。

据无正当理由拒不提供,如果对方当事人主张该证据的内容不利于证据持有人,可以推定该主张成立。"据此,可以推定黄某关于收房时已对窗外有钢梁一事提出书面异议的主张成立。一审认定黄某在交接房屋时未提出异议,不符合事实,应当予以纠正。

➢3. 刘某花与山东费县益客盛源食品有限公司养殖合同纠纷案①

裁判要旨:有证据证明一方当事人持有合同原件无正当理由拒不提供,对方当事人主张该证据的内容不利于证据持有人,可以推定该主张成立。

山东省临沂市中级人民法院认为,虽然刘某花未持有合同的原件,但是第一,证人刘某某、陈某某的证言证实合同原件为山东费县益客盛源食品有限公司(以下简称益客盛源公司)持有;第二,益客盛源公司为肉鸭养殖户赊销鸭苗、饲料,从常理来讲,其不可能不与养殖户签订书面的合同以确保肉鸭的回收,否则益客盛源公司的经营风险过大;第三,同时起诉的其他六位养殖户也分别提供他们持有的合同复印件或合同照片以及证明合同存在的视听资料。综上,能推定双方签订过养殖合同,益客盛源公司持有合同原件拒不提供,《民事证据规定》第75条②规定,"有证据证明一方当事人持有证据无正当理由拒不提供,如果对方当事人主张该证据的内容不利于证据持有人,可以推定该主张成立"。益客盛源公司未按合同中约定的价格回收肉鸭,属于违约行为,应继续支付刘某花剩余肉鸭款及其利息。

➢4. 中兴建设有限公司与新疆百富房地产开发有限公司建设工程施工合同纠纷案[(2018)新民初64号]

裁判要旨:分包证据为发包人所持有,发包人未向鉴定单位提交,且在法院限期要求其提交后仍未提交,人民法院推定承包人的主张成立。

新疆维吾尔自治区高级人民法院认为,关于分包配合费是否应予计取的问题,双方当事人在《施工承包补充协议》中明确约定,甲方分包的深基坑支护、外

---

① 参见最高人民法院发布的19起合同纠纷典型案例之三。
② 现为2019年修正的《民事证据规定》第95条,内容有修改。

墙保温、装饰及幕墙工程、消防工程、电梯工程等专业项目,乙方收取3%的配合费,因发包人未提供分包金额,鉴定单位估算上述几项内容外包金额不少于15000000元,按此价款计取配合费应为450000元,承包人亦主张按该数额计取配合费。《民事证据规定》第95条规定:"一方当事人控制证据无正当理由拒不提交,对待证事实负有举证责任的当事人主张该证据的内容不利于控制人的,人民法院可以认定该主张成立。"因分包证据为发包人所持有,发包人未向鉴定单位提交,且在该院限期要求其提交后仍未提交,故该院推定承包人的主张成立,对该配合费按450000元计取。

➢5. 王某洲与青田特种设备制造有限责任公司技术合作开发合同纠纷案

[(2008)浙民三终字第151号]

裁判要旨:原告提供的证据系复印件,但其同时提供了其他证据证明被告制作了该份证据并保存原件,被告持有该证据无正当理由拒不提供,可以推定原告提供该证据所主张的事实成立。

浙江省高级人民法院认为,双方在协议中对技术提成费范围约定的条件是"由王某洲开发设计的产品",但双方在聘用协议中没有明确王某洲开发设计产品的型号,在之后的合作中也没有就王某洲开发设计的产品作进一步约定和确认。因此,王某洲应举证证明其在双方合作期间,为青田特种设备制造有限责任公司(以下简称特种设备公司)开发设计的产品名称、数量及利润。然而,王某洲提供的证据中,并没有充足证据可以证明特种设备公司生产的产品中属于其设计开发的产品是哪些,因此,即使根据一审司法审计报告中披露的特种设备公司在1996年至2003年的销售收入总额,该院仍无法确定在这些销售收入中哪些属于王某洲设计开发的产品型号、数量以及销售收入,从而计算出王某洲应获得的技术提成费。

王某洲一审中提供了一份2004年9月4日由特种设备公司制作的《1996-2003年利润分配表》,计算出技术提成费为221583.74元,特种设备公司的法定代表人在上面签字确认。尽管王某洲提供的该证据系复印件,但其同时提供的特种设备公司法定代表人和会计的录音资料的内容可以与该证据互相印证,形成较为完整的证据链,从而证明特种设备公司制作了该份证据并保存有原件。特种设备公司持有该证据无正当理由拒不提供,根据《民事证据规定》第 75 条①的规定,可以推定王某洲提供该证据所主张的事实成立。

➢6. 江苏远东物流有限公司与苏州佳世达电通有限公司海上、通海水域货运代理合同纠纷案[(2015)鄂民四终字第 00068 号]

裁判要旨:持有人拒绝打开自行研发和管理的财务结算审核系统,可以推定负举证责任的当事人的主张成立。

湖北省高级人民法院认为,尽管江苏远东物流有限公司(以下简称远东公司)并未提交原始业务单据和相关资料,但其提供了《国际货运代理协议》、欠款清单、双方对账邮件、催款往来邮件、审计报告书、催款函等证据,这些证据证明了远东公司为苏州佳世达电通有限公司(以下简称佳世达公司)提供过诉争的国际货运代理服务的事实,彼此之间能够相互印证,形成了证据链,据此可以认定远东公司为佳世达公司提供过诉争的国际货运代理服务。《民事证据规定》第 72 条②第 1 款规定:"一方当事人提出的证据,另一方当事人认可或者提出的相反证据不足以反驳的,人民法院可以确认其证明力。"第 76 条③规定:"当事人对自己的主张,只有本人陈述而不能提出其他相关证据的,其主张不予支持。但对方当事人认可的除外。"佳世达公司在没有提供任何证据的前提下要求远东公司进一步提交原始业务单据的主张,既不符合双方交易习惯,又不符合法律规定,该主张不应得到支持。事实上,佳世达公司上诉称"E-Freight Payment System"系统在交易结束后会自动关闭、定期删除数据,因此无法查核。由于该系统是由佳世达公司研发和管理的财务结算审核系统,佳世达公司有义务提供证据证明上述主张,而非在远东公司申请、法院要求之后,拒绝打开该系统。一审法院依据《民事证据规定》第 75 条④的规定,推定远东公司的主张成立,符合法律规定,

① 现为 2019 年修正的《民事证据规定》第 95 条,内容有修改。
② 2019 年修正的《民事证据规定》已删除该条。
③ 2019 年修正的《民事证据规定》已删除该条。
④ 现为 2019 年修正的《民事证据规定》第 95 条,内容有修改。

并无不当。

➢7. 北京骏景凯逸酒家有限公司与王某利劳动争议纠纷案①[(2012)一中民终字第 11069 号]

裁判要旨:用人单位应当持有工资表,但其不完全提供,法院推定劳动者关于其工资金额的主张成立。

北京市第一中级人民法院认为,关于王某利的月工资标准,用人单位应当按照工资支付周期编制工资支付记录表,并至少保存 2 年备查。王某利于 2010 年 10 月 13 日至 2011 年 10 月 31 日在北京骏景凯逸酒家有限公司(以下简称凯逸公司)工作,凯逸公司应保存王某利工作期间的全部工资支付记录表,但凯逸公司在诉讼中仅提供了 2011 年 4 月至 7 月的工资表,而王某利主张其签字的其余月份的工资表为 11000 元。《民事证据规定》第 75 条②规定:"有证据证明一方当事人持有证据无正当理由拒不提供,如果对方当事人主张该证据的内容不利于证据持有人,可以推定该主张成立。"由于凯逸公司拒不提交剩余工资支付记录,已经构成证明妨碍,故二审法院依据上述规定推定王某利的月工资标准为 110000 元。

条文内容	参考条文
第一百三十二条 【证据采纳与否说理】 人民法院应当在裁判文书中阐明证据是否采纳的理由。	《民事证据规定》第 97 条第 1 款
对当事人无争议的证据,是否采纳的理由可以不在裁判文书中表述。	《民事证据规定》第 97 条第 2 款

① 参见《人民司法·案例》2013 年第 24 期。

② 现为 2019 年修正的《民事证据规定》第 95 条,内容有修改。

要点注释

人民法院对纠纷的最终处理,需通过适当的方式对外公开,以接受当事人和社会大众的监督,此为司法公开的应有之义。《民事证据规定》第85条(见本书第4条)中已明确,审判人员在对当事人提供的证据有无证明力以及证明力大小独立进行判断后,应公开判断的理由和结果,而案件事实的认定建立在对证据认定的基础上。由此,根据心证公开的要求,证据是否采纳的理由应对外公开,此即心证公开的应有之义。

如何阐明证据采纳的理由,结合人民法院认证的基本原则和对单一证据的审核认定规定,此问题主要涉及有无证据能力和证明力大小。证据采纳理由的阐明,具体而言,应对当事人提供的证据从关联性、合法性和真实性的角度进行,进而对有无证据能力及证明力大小进行认定,并公开判断理由。例如,仅简单地叙明证据不足、不予支持,或者证据充分、予以支持等模糊表述均是不到位的。

根据采纳证据理由公开的要求,法官在裁判文书中应明确叙明证据是否采纳的情况,并阐明证据采纳与否的理由。对于当事人无争议的证据,即当事人对证据的关联性、合法性和真实性均无异议的证据,是否采纳的理由可以不用在裁判文书中表述。

司法文件

➤**1.《最高人民法院关于全面深化人民法院改革的意见——人民法院第四个五年改革纲要(2014-2018)》**(法发〔2015〕3号,2015年2月4日发布)

14. 完善民事诉讼证明规则。强化民事诉讼证明中当事人的主导地位,依法确定当事人证明责任。明确人民法院依职权调查收集证据的条件、范围和程序。严格落实证人、鉴定人出庭制度。发挥庭审质证、认证在认定案件事实中的核心作用。严格高度盖然性原则的适用标准,进一步明确法官行使自由裁量权的条件和范围。一切证据必须经过庭审质证后才能作为裁判的依据,当事人双方争议较大的重要证据都必须在裁判文书中阐明采纳与否的理由。

➢2.《人民法院民事裁判文书制作规范》(法〔2016〕221号,2016年6月28日发布)

7. 当事人举证质证一般情况后直接写明人民法院对证据和事实的认定情况。对当事人所提交的证据原则上不一一列明,可以附录全案证据或者证据目录。

对当事人无争议的证据,写明"对当事人无异议的证据,本院予以确认并在卷佐证"。对有争议的证据,应当写明争议的证据名称及人民法院对争议证据认定的意见和理由;对有争议的事实,应当写明事实认定意见和理由。

8. 对于人民法院调取的证据、鉴定意见,经庭审质证后,按照当事人是否有争议分别写明。对逾期提交的证据、非法证据等不予采纳的,应当说明理由。

➢3.《最高人民法院关于加强和规范裁判文书释法说理的指导意见》(法发〔2018〕10号,2018年6月1日发布)

四、裁判文书中对证据的认定,应当结合诉讼各方举证质证以及法庭调查核实证据等情况,根据证据规则,运用逻辑推理和经验法则,必要时使用推定和司法认知等方法,围绕证据的关联性、合法性和真实性进行全面、客观、公正的审查判断,阐明证据采纳和采信的理由。

六、裁判文书应当结合庭审举证、质证、法庭辩论以及法庭调查核实证据等情况,重点针对裁判认定的事实或者事实争点进行释法说理。依据间接证据认定事实时,应当围绕间接证据之间是否存在印证关系、是否能够形成完整的证明体系等进行说理。采用推定方法认定事实时,应当说明推定启动的原因、反驳的事实和理由,阐释裁断的形成过程。

十四、为便于释法说理,裁判文书可以选择采用下列适当的表达方式:案情复杂的,采用列明裁判要点的方式;案件事实或数额计算复杂的,采用附表的方式;裁判内容用附图的方式更容易表达清楚的,采用附图的方式;证据过多的,采用附录的方式呈现构成证据链的全案证据或证据目录;采用其他附件方式。

第七章　证明标准

条文内容	参考条文
第一百三十三条　【高度可能性】 对负有举证证明责任的当事人提供的证据，人民法院经审查并结合相关事实，确信待证事实的存在具有高度可能性的，应当认定该事实存在。	《民诉法解释》第 108 条第 1 款
对一方当事人为反驳负有举证证明责任的当事人所主张事实而提供的证据，人民法院经审查并结合相关事实，认为待证事实真伪不明的，应当认定该事实不存在。	《民诉法解释》第 108 条第 2 款
法律对于待证事实所应达到的证明标准另有规定的，从其规定。	《民诉法解释》第 108 条第 3 款

要点注释

证明标准也称证明度、证明要求，是指在诉讼证明活动中，对于当事人之间争议的事实，法官根据证明的情况对该事实作出肯定或者否定性评价的最低要求。诉讼证明并不是科学证明，无须达到 100%还原真实的客观事实的程度，只需达到特定的证明标准即可。依照本条规定，我国民事诉讼中的证明标准分为两类：

一类是一般标准，其被称为高度可能性，适用于多数情形，与大陆法系国家通常的证明标准高度盖然性相同，即对于负有举证证明责任的当事人提供的证据，人民法院经审查并结合相关事实，确信待证事实的存在具有高度可能性的，应当认定该事实存在。以刻度盘为例对高度可能性作出描述，假如刻度盘两端为0和100%，其中0为绝对不可能，100%为绝对肯定。据此，民事诉讼的证明标准如果达到75%的证明度，就应当认定待证事实存在；若穷尽所有证据之后，仍然达不到75%的证明度，则应当认定事实不存在。

另一类是特殊标准或例外标准，即法律对于待证事实所应达到的证明标准另有规定的，从其规定。从我国目前的规定来看，特殊标准分为两种：一种是高于高度可能性的证明标准（见本书第134条），即欺诈、胁迫、恶意串通和口头遗嘱、赠与的事实证明，适用排除合理怀疑标准，大致为刻度盘的90%-99%。另一种是低于高度可能性的证明标准，即与诉讼保全、回避等程序事项有关的事实，适用较大可能性标准（见本书第135条），大致为刻度盘的51%-74%。

在诉讼证明的活动中，对待证事实负有举证责任的当事人所进行的证明活动为本证，本证的证明目的在于使法官对待证事实的存在与否形成内心确信，这种内心确信应当满足证明评价的最低要求，即法定的证明标准。本条第1款是从本证的角度出发对高度可能性标准进行的描述。不负有举证责任的当事人提供证据对本证进行反驳的证明活动为反证，反证的证明目的在于动摇法官对本证形成的内心确信，使其达不到证明评价的最低要求。因此，对于反证而言，其证明的程度比本证要低，只需将本证使法官形成的内心确信拉低到高度可能性证明标准之下即可。本条第2款对反证的证明标准和要求的规定非常明确，只需要使本证对待证事实的证明陷于真伪不明的状况即达到目的。

司法观点

➢民间借贷中大额现金交付事实的举证证明责任与证明标准①

最高人民法院民一庭意见：

---

① 参见《民间借贷中大额现金交付事实的举证证明责任与证明标准》，载最高人民法院民事审判第一庭编：《民事审判指导与参考》2015年第3辑（总第63辑），人民法院出版社2016年版，第152-157页。

民间借贷中，出借人对大额现金交付事实应承担举证证明责任，举证证明标准应达到《民诉法解释》第 108 条规定的“高度可能性”标准。在出借人提供的收据与借款合同载明金额一致，但借款人对出借人主张的现金交付事实不予认可的情况下，人民法院应当综合交付凭证、支付能力、交易习惯、借贷金额、当事人关系以及当事人陈述的交付细节经过等因素审查当事人的举证，以认定是否存在借贷关系，而不能简单依据优势证据原则认定大额现金交付事实存在。

最高人民法院案例

➢1. 再审申请人金隅冀东（唐山）混凝土环保科技集团有限公司、沈阳亿顺通混凝土有限公司与被申请人中国建筑一局（集团）有限公司、中国建筑一局（集团）有限公司沈阳分公司、辽宁瑞丰混凝土有限公司及原审第三人华晨宝马汽车有限公司买卖合同纠纷案［（2020）最高法民申 6901 号］

裁判要旨：一方当事人提供的证据已能高度盖然地证明涉案事实的，另一方当事人否认该事实，应当提供证据证明。

最高人民法院认为，《民诉法解释》第 90 条第 1 款规定，“当事人对自己提出的诉讼请求所依据的事实或者反驳对方诉讼请求所依据的事实，应当提供证据加以证明，但法律另有规定的除外”。在该案原审诉讼中，中国建筑一局（集团）有限公司提交的《抗压强度测试检验报告（FW2011-39）》《混凝土耐久性评估报告（FW2011-39）》《情况说明》等证据，已能够高度盖然地证明辽宁瑞丰混凝土有限公司提供的冲压车间底板基础混凝土质量不合格的基本事实。沈阳亿顺通混凝土有限公司、金隅冀东（唐山）混凝土环保科技集团有限公司否认上述事实，其应当提供证明案涉混凝土质量合格的证据。在沈阳亿顺通混凝土有限公司提交的《混凝土抗压强度试验报告》《预拌混凝土首次报告》《预拌混凝土出厂（交货）合格证》《商品砼供货单》等证据不足以证明案涉混凝土质量合格的情况下，原判决认定案涉混凝土质量不合格，并无不当，也不存在错误分配举证责任的问题。

➢2. 山东省再担保集团股份有限公司与青岛胶州三河建设投资有限公司、青岛科润置业有限公司及原审被告山东纯久环境工程有限公司等金融借款合同纠纷案[(2020)最高法民终908号]

裁判要旨:当事人在合同上的签名经司法鉴定后,鉴定意见为"该签字与供检的样本字迹是同一人笔迹的可能性较大"。鉴定意见中的"可能性较大"属于肯定意见中的非确定性意见,且肯定程度最低。但综合其他各项证据,并结合该鉴定意见,可以认定合同上当事人的姓名为其本人所签具有高度盖然性的,亦可认定。

最高人民法院认为,关于该案《保证合同》上"刘某升"签名是否为刘某升本人所签的问题,该案所涉《保证合同》以青岛胶州三河建设投资有限公司(以下简称三河建设公司)名义签订,合同上"青岛胶州三河建设投资有限公司"印文经鉴定已被确认与双方认可的同名样本不是同一枚印章盖印形成;"刘某升"签名经司法鉴定及补充鉴定后,鉴定结论为:该签字与供检的刘某升样本字迹是同一人笔迹的可能性较大。鉴定结论"可能性较大"属于肯定意见中的非确定性意见,且肯定程度最低。

该案中,于某辉出具的借条显示的转款路径与转账凭证银行电子回单以及相关自然人身份证复印件能够一一对应且与山东纯久环境工程有限公司(以下简称纯久公司)与青岛科润置业有限公司(以下简称科润置业公司)签订的《委托融资协议》相关约定相互印证,虽然三河建设公司一审不予质证,二审也没有认可上述证据真实性,但其未提出证据予以反驳。上述证据显示,该案所涉款项共计约960万元汇入刘某升个人账户。综合考虑纯久公司与科润置业公司签订的《委托融资协议》第2条第1项关于科润置业公司负责协调三河建设公司就该协议约定的融资方向出借方提供担保的约定及该案所涉借款共计约960万元进入刘某升个人账户等事实,结合鉴定结论可以认定该案保证合同上"刘某升"的签字为刘某升本人所签具有高度盖然性,一审判决关于山东省再担保集团股份有限公司(以下简称再担保公司)未能进一步提供证据证实《保证合同》上"刘某升"的签字为刘某升本人所签具有高度盖然性的认定确有不当,最高人民法院予以纠正。根据已有证据足以对刘某升签字问题作出判断,对于再担保公司要求对刘某升签字进行重新鉴定的申请,最高人民法院不予准许。

➢3. 再审申请人四川省泸州志远建筑工程有限公司与被申请人泸州苑林房地产开发有限责任公司筠连县分公司建设工程施工合同纠纷案[(2017)最高法民申2629号]

裁判要旨:原告对工程结算问题的主张,其举示的证据达到高度盖然性标准方可认定结算事实成立;被告针对工程结算问题提出反证,导致待证事实即结算事实真伪不明,此反证降低了本证的证明力,原告应承担举证不能的不利后果。

最高人民法院认为,《民诉法解释》第108条规定:"对负有举证证明责任的当事人提供的证据,人民法院经审查并结合相关事实,确信待证事实的存在具有高度可能性的,应当认定该事实存在。对一方当事人为反驳负有举证证明责任的当事人所主张事实而提供的证据,人民法院经审查并结合相关事实,认为待证事实真伪不明的,应当认定该事实不存在。法律对于待证事实所应达到的证明标准另有规定的,从其规定。"该条确定了本证证明标准的高度盖然性原则,以及反证的证明标准,即降低本证的高度盖然性,证明待证事实真伪不明。该案中,四川省泸州志远建筑工程有限公司(以下简称志远公司)以其持有的《结算确认书》为依据,主张双方当事人就涉案工程已经进行结算,并依据"结算价"诉请工程款,故志远公司对其主张的涉案工程已结算的事实负有本证的证明义务,其举示的证据达到上述规定的"高度盖然性"标准方可认定结算事实成立。为此,志远公司在该案中举示了两份无备注内容的《结算确认书》复印件,并加盖有泸州苑林房地产开发有限责任公司筠连县分公司(以下简称苑林公司)印章,但其中一份印章加盖在苑林公司"工程造价管理机构"处,且该《结算确认书》上并无施工方或者造价机构人员签字。苑林公司主张双方虽然签订有《结算确认书》,但并未最终结算,其举示的《结算确认书》原件在备注栏打印注明"本确认书非双方实际结算依据",其他内容与志远公司举示的复印件一致。综合两方举示的证据,志远公司举示的证据系加盖有苑林公司印章的复印件,但结算确认书上除有苑林公司负责人杨某全签字外,无志远公司人员签字,双方就该证据的形成过程各执一词,单就该份证据而言,其尚不足以达到高度盖然性的证明标准。同时,苑林公司为反驳志远公司的主张而举示的证据系原件,且经备案登记,在证明力上足以降低本证的证明标准,证明争议的结算事实真伪不明。综上,二审法院未采信志远公司提交的《结算确认书》,符合《民事诉讼法》及其司法解释关于证据证明标准的规定,志远公司的此项申请再审理由不成立。

➤4. 再审申请人沈某红与被申请人扬州市中泰运输有限责任公司、舒某翔船舶营运借款合同纠纷案[(2022)最高法民申117号]

裁判要旨:当事人虽然在转账凭证的附言中标明了款项用途(包括但不限于"借款""垫付款"),但因其仅是当事人单方备注,所以不能仅凭该备注证明与对方存在借贷合意。如果当事人未能进一步举证证明系借贷关系,人民法院对其诉求可不予支持。

最高人民法院认为,案涉三笔款项中,沈某红关于47000元是向扬州市中泰运输有限责任公司(以下简称中泰公司)支付的借款还是为徐某法向中泰公司支付的垫付款的主张前后不一。50000元和60000元款项的转账凭证中的附言中虽然标明了款项用途,但因其仅是沈某红的单方备注,所以不能证明其与中泰公司存在借贷合意。在中泰公司提供证据证明其与沈某红存在其他债权债务关系时,沈某红仍就借贷关系的成立负有证明义务。沈某红未能进一步举证,原判决对其上诉请求不予支持,并无不当。

➤5. 朱某洲与孔某仁民间借贷纠纷案[(2015)民一终字第11号]

裁判要旨:对待证事实负有举证证明责任的当事人所进行的本证,需要使法官的内心确信达到高度可能性的程度;反证则只需要使本证对待证事实的证明陷于真伪不明的状态。高度可能性是对民事诉讼证明标准的最低限度要求,举证责任人在穷尽可以获得的所有证据之后,所举证据的证明效果必须至少达到足以令法官信服的高度概率。

最高人民法院认为,《民诉法解释》第91条规定,主张法律关系存在的当事人,应当对产生该法律关系的基本事实承担举证证明责任;主张法律关系变更、消灭或者权利受到妨害的当事人,应当对该法律关系变更、消灭或者权利受到妨害的基本事实承担举证证明责任。就自然人之间的借款合同法律关系而言,主张借款关系成立并生效的一方当事人应对借款已实际交付的事实承担举证证明责任。该案朱某洲以《借款证明》为证据主张存在真实的借款关系,则其应提供证据证明其履行了《借款证明》中所载明的交付7800万元借款的义务。对此,一审法院要求朱某洲对此承担提供证据证明的责任,并无不当。

《民诉法解释》第108条对本证和反证的举证证明标准作出了区分规定。该条第1款规定:"对负有举证证明责任的当事人提供的证据,人民法院经审查并结合相关事实,确信待证事实的存在具有高度可能性的,应当认定该事实存在。"第2款规定:"对一方当事人为反驳负有举证证明责任的当事人所主张事实而提供的证据,人民法院经审查并结合相关事实,认为待证事实真伪不明的,应当认定该事实不存在。"依据上述规定,对待证事实负有举证证明责任的当事人所进行的本证,需要使法官的内心确信达到高度可能性的程度;反证则只需要使本证对待证事实的证明陷于真伪不明的状态。高度可能性是对民事诉讼证明标准的最低限度要求,举证责任人在穷尽可以获得的所有证据之后,所举证据的证明效果必须至少达到足以令法官信服的高度概率。就该案朱某洲的主张而言,其仅提供了《借款证明》,而不能对该《借款证明》所载明的7800万元款项提供足以使法官形成内心确信的资金来源、交付过程、时间、地点、在场人员等细节的说明。首先,朱某洲不能提供案涉7800万元款项的资金来源说明。对于案涉7800万元款项,作为出借人的朱某洲应举证证明其资金来源。根据朱某洲的陈述,其资金来源分为两部分,一部分系其自有资金,另一部分系从其朋友处筹借。但朱某洲并未举证说明7800万元借款中自有资金的数额、来源等,也未能举证证明其具体筹措资金的来源。其次,为朱某洲出庭作证的证人的证言不能证明朱某洲已经支付案涉借款7800万元的事实。从朱某洲申请出庭作证的证人杨某、许某陈述的具体内容来看,一方面,杨某的证言仅能证明杨某和孔某仁之间另行存在借款关系,与该案7800万元借款并无关联性,而按照许某的证言,朱某洲为借款给孔某仁而从许某处募集的资金只有两笔,第一笔是2006年的600万元,许某虽作证说看到朱某洲把该款交给了孔某仁,但许某的该陈述也只是基于朱某洲的解释说明,其并未亲眼见到该交付款项的过程;第二笔是2007年的1000多万元,许某陈述将该笔款项交给了朱某洲,而对朱某洲是否将该款转借给孔某仁并不知情,故杨某、许某的证言均无直接证明力。另一方面,综合杨某、许某的证言,也仅能证明杨某、许某和朱某洲三人相互之间存在经常性的资金拆借,但杨某、许某与朱某洲均对他们三人相互之间资金拆借的数额、截至庭审时相互之间大致欠款余额等均不能给出明确说明,而且朱某洲陈述许某向其转款都是采取现金方式,许某却陈述其与朱某洲之间的资金往来一般是转账,偶尔为现金,故朱某洲与杨某、许某关于款项往来的表述存在矛盾,不能让法院产生真实性的确信。最后,朱某洲关于案涉 7800 万元款项的支付方式说明不符合常理。一方面,朱某洲和孔某仁居住城市并不相同,朱某洲称双方之间的每笔大额资金往来皆采用现金方式,这与居住城市不同的自然人之间出借款项的支付习惯相悖。另一方面,朱某洲自己提供的汇款统计表显示,从 2004 年到 2006 年 8 月 3 日,孔某仁向朱某洲汇款 8320 万元,共计 36 笔,该汇款统计表直观显示,36 笔汇款并非均采用现金方式,有 19 笔款项是直接汇入朱某洲的银行卡中。该 8320 万元的支付方式至少说明,在朱某洲和孔某仁之间,现金并不是两者资金往来的习惯做法,于现金支付之外尚存在银行汇款的支付方式。但是,朱某洲主张案涉 7800 万元款项均采取现金方式支付,这明显同其与孔某仁之间的交易习惯不符。综上分析,一审法院在朱某洲所主张的借款关系存在上述矛盾之处的情况下,认定朱某洲并未交付《借款证明》所载明的出借 7800 万元款项,进而认定朱某洲与孔某仁之间所签署的《借款证明》不合常理,理据适当。

地方人民法院案例

➢1. 石某林与泰州市华仁电子资讯有限公司侵犯计算机软件著作权纠纷案①[(2007)苏民三终字第 0018 号]

裁判要旨:在泰州市华仁电子资讯有限公司(以下简称华仁公司)无正当理

① 参见《最高人民法院公报》2009 年第 3 期(总第 149 期),最高人民法院指导案例 49 号。

由拒绝提供软件源程序以供直接比对，石某林确因客观困难无法直接举证证明其诉讼主张的情形下，人民法院应从公平和诚实信用原则出发，合理把握证明标准的尺度，对石某林提供的已有证据能否形成高度盖然性优势进行综合判断。

江苏省高级人民法院认为，根据已有证据，应当认定华仁公司侵犯了石某林S系列软件著作权。关于这一问题，该院主要考虑了以下因素：

一是该案的证明标准应根据当事人客观存在的举证难度合理确定。

根据法律规定，当事人对自己提出的诉讼请求所依据的事实有责任提供证据加以证明。该案中，石某林主张华仁公司侵犯其S系列软件著作权，其须举证证明双方计算机软件之间构成相同或实质性相同。一般而言，石某林就此须举证证明两计算机软件的源程序或目标程序之间构成相同或实质性相同。但该案中，由于存在客观上的困难，石某林实际上无法提供被控侵权的HR-Z软件的源程序或目标程序，并进而直接证明两者的源程序或目标程序构成相同或实质性相同。第一，石某林无法直接获得被控侵权的计算机软件源程序或目标程序。被控侵权的HR-Z软件的源程序及目标程序处于华仁公司的实际掌握之中，因此，在华仁公司拒绝提供的情况下，石某林实际无法提供HR-Z软件的源程序或目标程序以供直接对比。第二，已有技术手段无法从被控侵权的HR-Z型控制器中获得HR-Z软件源程序或目标程序。根据一审鉴定情况，HR-Z软件的目标程序系加载于HR-Z型控制器中的内置芯片上，该芯片属于加密芯片，因此无法从芯片中读出HR-Z软件的目标程序，并进而反向编译出源程序。因此，依靠已有技术手段无法从HR-Z型控制器中获得HR-Z软件源程序或目标程序。

综上，该院认为：该案在华仁公司无正当理由拒绝提供软件源程序以供直接比对，石某林确因客观困难无法直接举证证明其诉讼主张的情形下，应从公平和诚实信用原则出发，合理把握证明标准的尺度，对石某林提供的已有证据能否形成高度盖然性优势进行综合判断。

二是石某林提供的已有证据能够形成高度盖然性优势，证明被控侵权的HR-Z软件与石某林的S系列软件构成实质相同，华仁公司应就此承担提供相反证据的义务。

该案中的已有证据能够证明以下事实：

第一，二审鉴定结论显示：通过运行安装HX-Z软件的HX-Z型控制器和安装HR-Z软件的HR-Z型控制器，发现二者存在如下相同的系统软件缺陷情况：其一，二控制器连续加工程序段超过2048条后，均出现无法正常执行的情况；其二，在加工完整的一段程序后只让自动报警两声以下即按任意键关闭报警时，在下一次加工过程中加工回复线之前自动暂停后，二控制器均有偶然出现蜂鸣器响2声的现象。

第二，二审鉴定结论显示：通过运行安装HX-Z软件的HX-Z型控制器和安装HR-Z软件的HR-Z型控制器，发现二者在加电运行时存在相同的特征性情况。

第三，HX-Z和HR-Z型控制器的使用说明书基本相同。两者对控制器功能的描述及技术指标基本相同；两者对使用操作的说明基本相同；两者在段落编排方式和多数语句的使用上基本相同。

第四，HX-Z和HR-Z型控制器的整体外观和布局基本相同，主要包括面板、键盘的总体布局基本相同。

据此，鉴于HX-Z和HR-Z软件存在共同的系统软件缺陷，根据计算机软件设计的一般性原理，在独立完成设计的情况下，不同软件之间出现相同的软件缺陷概率极小，而如果软件之间存在共同的软件缺陷，那么软件之间的源程序相同的概率较大。同时结合两者在加电运行时存在相同的特征性情况、HX-Z和HR-Z型控制器的使用说明书基本相同、HX-Z和HR-Z型控制器的整体外观和布局基本相同等相关事实，该院认为：石某林提供的已有证据能够形成高度盖然性优势，足以使其相信HX-Z和HR-Z软件构成实质相同。同时，由于HX-Z软件是石某林对其S系列软件的改版，且HX-Z软件与S系列软件实质相同，所以被控侵权的HR-Z软件与石某林的S系列软件亦构成实质相同，即华仁公司侵犯了石某林享有的S系列软件著作权。

三是华仁公司未能提供相反证据证明其诉讼主张，应当承担举证不能的不利后果。

该案中，在石某林提供了上述证据证明其诉讼主张的情形下，华仁公司并未提供相反证据予以反证,依法应当承担举证不能的不利后果。经该院反复释明,华仁公司最终仍未提供被控侵权的HR-Z软件源程序以供比对。华仁公司虽提供了DX-Z线切割控制器微处理器固件程序系统V3.0的计算机软件著作权登记证书,但其既未证明该软件与被控侵权的HR-Z软件属于同一软件,又未证明被控侵权的HR-Z软件的完成时间早于石某林的S系列软件的完成时间,或系其独立开发完成。尽管华仁公司还称,其于二审中提供的2004年5月19日商业销售发票可以证明其于2004年就开发完成了被控侵权软件。对此该院认为,该份发票上虽注明货物名称为HR-Z线切割控制器,但并不能当然推断出该控制器所使用的软件为被控侵权的HR-Z软件,华仁公司也未就此进一步提供其他证据予以证实。同时结合该份发票并非正规的增值税发票、也未注明购货单位名称等一系列瑕疵,该院认为,华仁公司关于其于2004年就开发完成了被控侵权软件的诉讼主张缺乏事实依据,该院不予采纳。

综上所述,该院认为,根据已有证据,同时在华仁公司持有被控侵权的HR-Z软件源程序且无正当理由拒不提供的情形下,应当认定被控侵权的HR-Z软件与石某林的S系列软件构成实质相同,华仁公司侵犯了石某林S系列软件著作权。

➢2. 吴某东、吴某芝与胡某明、戴某球交通事故人身损害赔偿纠纷案①

裁判要旨:根据高度盖然性证明标准,结合吴某东超车前未注意到前方驶来的车辆,超车时车速较快(五档),与胡某明车辆横向距离较短(仅为40厘米-50厘米),从而认定超车过程中胡某明的电动自行车发生左右晃动而侧翻与吴某东的超车行为之间具有因果关系。

浙江省金华市中级人民法院认为,吴某东驾驶三轮摩托车超越胡某明电动自行车时,其车速较快;结合吴某东超车前未注意到对向快速驶来的黑色轿车,可以认定其未尽谨慎驾驶的注意义务。交管部门的事故责任证明虽未能证实两车是否发生碰撞或刮擦,但从证人证言反映的情况来看,正是在吴某东超车过程中,胡某明的电动自行车发生左右晃动而侧翻,结合事故现场的其他情况,根据

---

① 参见最高人民法院发布的4起侵权纠纷典型案例之二。

民事诉讼法高度盖然性的司法原则,胡某明的电动自行车翻车与吴某东驾驶三轮摩托车超车中疏忽大意存在因果关系,吴某东应承担事故的主要责任。

➢3. 洪某钦与厦门盈众至远汽车销售有限公司产品责任纠纷案[(2017)闽0212民初3163号]

裁判要旨:汽车自燃原因不明时,应适用高度盖然性证据规则认定事故原因。

福建省厦门市同安区人民法院认为,对于汽车燃烧的原因没有明确结论,根据永安市公安消防大队出具的《火灾事故认定书》和福建中联司法鉴定所出具的《司法鉴定意见书》的鉴定结论,火灾既有可能是汽车电气故障引发的自燃,也有可能是草木灰烘烤所致。也就是说,已有证据不能直接证明汽车存在质量问题,更不能证明汽车燃烧是汽车产品缺陷所引发。纵观该案诸多因素,该院认为,外因引发汽车燃烧的可能性更大,理由如下:(1)汽车停放至汽车开始燃烧时隔3小时左右,汽车在熄火状态下,即便存在电气故障,起火燃烧的可能性也很小;(2)起火部位为中央扶手靠右、副驾驶座位后、右后座往前区域,而该区域并不像车身前部区域那样电气线路复杂,产生故障并引发起火的概率很小;(3)事故车辆为德国原装进口汽车,相关质量检验合格,火灾发生前没有电气线路故障的迹象和记录;(4)事故车辆停放的位置正在草木灰烬上,而草木灰烬系事故发生前10小时左右开始焚烧,被焚烧的树枝树叶堆高近一米,数量较大且燃烧过后在气温较高的情况下灰烬热量保存时间较长,灰烬持续烘烤足以引发汽车等燃点较低的物件起火。因此,该院认为,汽车起火原因系自身质量问题的可能性较小,系草木灰烬烘烤的可能性更大。在没有充分证据证明汽车燃烧原因的情况下,根据盖然性占优的证明标准,应当认定可能性更高的事实而不能认定可能性更小的事实,故不宜认定汽车燃烧是可能性更小的原因即汽车电气线路故障。

➢4. 刘某与唐某睿民间借贷纠纷案①[(2016)津0113民初2925号]

裁判要旨:在原告仅提供金融机构转账凭证证明款项支付事实,而不能提供借款合同或借据、收据、欠条等债权凭证的情况下,被告抗辩原告的转账系偿还双方之前的借款或其他债务时,被告对该主张既要作出具体的合理解释,还需提

① 参见《人民司法·案例》2018年第29期(总第832期)。

出一定的证据加以证明。因被告所承担的是反证义务,故其提交的证据不必达到高度盖然性标准,只需动摇法官的内心确信,使待证的借贷合意这一事实处于真伪不明状态即可,此时举证责任再次转移至原告,原告仍应就借贷关系的成立承担举证证明责任。

天津市北辰区人民法院认为,出借人向法院起诉民间借贷,应当提供借据、收据、欠条等债权凭证以及其他能够证明借贷法律关系存在的证据。原告根据《最高人民法院关于审理民间借贷案件适用法律若干问题的规定》第 17 条①的规定,认为出借人仅依据金融机构的转账凭证提起民间借贷诉讼,被告抗辩该转账系偿还双方之前借款或其他债务,被告应当对其主张提供证据加以证明。被告已经提出原告离婚协议中并未存在债权一项,以此证明原告、被告不存在借贷关系,举证责任应当继续由原告举证。该案考虑被告与原告曾经存在亲属关系,且被告曾在原告经营的公司任职,对于原告转给被告 30 万元的性质,根据已有证据无法确定为民间借贷关系,故认为原告主张的借贷关系证据不足,该院不予支持。

➢5. 赵某坤与蒋某普买卖合同纠纷案[(2020)苏 03 民终 7856 号]

裁判要旨:双方对事实各执一词,综合在案证据分析,不足以认定原告主张的事实已达到高度盖然性证明标准,待证事实仍处于真伪不明的状态,一审法院未予支持原告的主张,并无不当。

江苏省徐州市中级人民法院认为,《民诉法解释》第 108 条规定:"对负有举证证明责任的当事人提供的证据,人民法院经审查并结合相关事实,确信待证事实的存在具有高度可能性的,应当认定该事实存在。对一方当事人为反驳负有举证证明责任的当事人所主张事实而提供的证据,人民法院经审查并结合相关事实,认为待证事实真伪不明的,应当认定该事实不存在。法律对于待证事实所应达到的证明标准另有规定的,从其规定。"根据上述规定,民事案件事实的证明依赖于当事人双方举证和提供反驳证据,当事人的举证责任是否完成取决于其提供的证据是否足以将待证事实证明到合理程度,并明显占有证据优势。就该

---

① 现为 2020 年第二次修正的《最高人民法院关于审理民间借贷案件适用法律若干问题的规定》第 16 条。

案而言,赵某坤主张蒋某普在2018年2月9日向其支付19500元款项后,未经其允许将其持有的涉案欠条强行拿走。对此,蒋某普则主张其是在偿清货款的情况下取回的涉案欠条,涉案欠条是2019年3月24日被赵某坤强行拿走的,当日蒋某普便报警处理。在双方当事人对上述事实各执一词的情况下,基于双方当事人自1998年起长期存在买卖合同关系的事实,综合在案证据分析,亦不足以认定赵某坤主张的事实已达到高度盖然性证明标准,该待证事实仍处于真伪不明的状态。此时,一审法院未予支持赵某坤主张的该项事实,并无不当。

条文内容	参考条文
第一百三十四条　【排除合理怀疑】 当事人对于欺诈、胁迫、恶意串通事实的证明,以及对于口头遗嘱或赠与事实的证明,人民法院确信该待证事实存在的可能性能够排除合理怀疑的,应当认定该事实存在。	《民事证据规定》 第86条第1款

要点注释

我国确立的民事诉讼证明标准为高度可能性标准,之所以对欺诈、胁迫、恶意串通事实,以及对口头遗嘱或赠与事实的证明,采用排除合理怀疑这样的高标准,是因为要维护交易的安全性。若标准为高度可能性,则容易导致推翻既定的法律关系。在此证明标准下,当事人必须举证证明其所主张的待证事实的发生概率至少在90%以上,否则就不能称为排除合理怀疑。

司法解释

➤**《最高人民法院关于审理独立保函纠纷案件若干问题的规定》**(法释〔2020〕18号,2021年1月1日施行)

第二十条　人民法院经审理独立保函欺诈纠纷案件,能够排除合理怀疑地认定构成独立保函欺诈,并且不存在本规定第十四条第三款情形的,应当判决开立人终止支付独立保函项下被请求的款项。

司法观点

➢恶意串通排除合理怀疑证明标准的理解和把握①

法官会议意见:

即使无直接证据证明主观恶意的存在,人民法院在积极查明案件事实、全面分析案件情况的基础上,通过整理归纳已有间接证据所形成的证据链亦能达到排除合理怀疑的证明标准。人民法院综合评判合同的交易背景、合同的签订时间、合同订立主体的关联关系、合同的约定内容以及合同的实际履行等重要因素,能够依法证明恶意串通事实的存在。恶意串通反映的是当事人的主观心态,证明标准应采用更为严格的"排除合理怀疑"的标准。本案乙公司将原本计划质押给甲公司的股票,在甲公司起诉前短时间内质押给李某并办理质押手续,达到转移财产的目的;李某与乙公司存在关联关系,李某在明知乙公司负有巨额债务的情况下,仍将乙公司唯一的财产用作质押并签订不合理的独立条款,上述行为足以证明其与乙公司在签订合同时具有主观恶意。李某的实际借款金额远低于合同约定金额,但其未作出合理解释。乙公司与李某的行为客观上损害了债权人的合法利益。综合以上证据,合议庭法官内心确信达到了排除合理怀疑的证明标准,可以认定为双方存在恶意串通而导致《质押合同》无效。

---

① 参见《最高人民法院第一巡回法庭 2018 年第 18 次法官会议纪要》,载最高人民法院第一巡回法庭编著:《最高人民法院第一巡回法庭民商事主审法官会议纪要》(第 1 卷),中国法制出版社 2020 年版,第 127 页。

最高人民法院案例

➤1. 瑞士嘉吉国际公司与福建金石制油有限公司等确认合同无效纠纷案①

裁判要旨:债务人将主要财产以明显不合理低价转让给其关联公司,关联公司在明知债务人欠债的情况下,未实际支付对价的,人民法院可以认定债务人与其关联公司恶意串通,损害债权人利益,与此相关的财产转让合同应当被认定为无效。

关于福建金石制油有限公司(以下简称福建金石公司)、福建田源生物蛋白科技有限公司(以下简称田源公司)、漳州开发区汇丰源贸易有限公司(以下简称汇丰源公司)相互之间订立的合同是否构成"恶意串通,损害第三人利益"的合同,最高人民法院认为:

首先,福建金石公司、田源公司在签订和履行《国有土地使用权及资产买卖合同》的过程中,其实际控制人之间系亲属关系,且柳某、王某琪夫妇分别作为两公司的法定代表人在合同上签字。因此,可以认定在签署以及履行转让福建金石公司国有土地使用权、房屋、设备的合同过程中,田源公司对福建金石公司的状况是非常清楚的,对包括福建金石公司在内的金石集团因"红豆事件"被仲裁裁决确认对瑞士嘉吉国际公司(以下简称嘉吉公司)形成1337万美元债务的事实是清楚的。

其次,《国有土地使用权及资产买卖合同》订立于2006年5月8日,其中约定田源公司购买福建金石公司资产的价款为2569万元,国有土地使用权作价464万元、房屋及设备作价2105万元,并未根据相关会计师事务所的评估报告作价。一审法院根据福建金石公司2006年5月31日资产负债表,以其中载明固定资产原价44042705.75元、扣除折旧后固定资产净值为32354833.70元,而《国有土地使用权及资产买卖合同》中对房屋及设备作价仅2105万元,认定《国有土地

① 参见最高人民法院指导案例第33号。

使用权及资产买卖合同》中约定的购买福建金石公司资产价格为不合理低价,并无不当。在明知债务人福建金石公司欠债权人嘉吉公司巨额债务的情况下,田源公司以明显不合理低价购买福建金石公司的主要资产,这足以证明其与福建金石公司在签订《国有土地使用权及资产买卖合同》时具有主观恶意,属恶意串通,且该合同的履行足以损害债权人嘉吉公司的利益。

再次,《国有土地使用权及资产买卖合同》签订后,田源公司虽然向福建金石公司在同一银行的账户转账2500万元,但该转账并未注明款项用途,且福建金石公司于当日将2500万元分两笔汇入其关联企业大连金石制油有限公司账户;又根据福建金石公司和田源公司当年的财务报表,并未体现该笔2500万元的入账或支出,而是体现出田源公司尚欠福建金石公司"其他应付款"121224155.87元。一审法院据此认定田源公司并未根据《国有土地使用权及资产买卖合同》向福建金石公司实际支付价款,并无不当。

最后,从公司注册登记资料来看,汇丰源公司成立时的股东构成似与福建金石公司无关,但在汇丰源公司股权变化的过程中可以看出,汇丰源公司在与田源公司签订《买卖合同》时对转让的资产来源以及福建金石公司对嘉吉公司的债务是明知的。《买卖合同》约定的价款为2669万元,这与田源公司从福建金石公司购入该资产的约定价格相差不大。汇丰源公司除已向田源公司支付569万元外,其余款项未支付。一审法院据此认定汇丰源公司与田源公司签订《买卖合同》时恶意串通并足以损害债权人嘉吉公司的利益,并无不当。

综上所述,福建金石公司与田源公司签订的《国有土地使用权及资产买卖合同》、田源公司与汇丰源公司签订的《买卖合同》,属于恶意串通、损害嘉吉公司利益的合同。

➢2. 重庆拓洋投资有限公司与深圳五岳乾坤投资有限公司、李某确认合同无效纠纷案[(2018)最高法民终487号]

裁判要旨:该案证据足以证明质押合同系两被上诉人之间恶意串通而订立,并能排除其他合理怀疑。

最高人民法院认为,该案二审的争议焦点是:李某和深圳五岳乾坤投资有限公司(以下简称五岳公司)之间是否存在恶意串通而导致《质押合同》无效。恶意串通通常是指当事人为了谋取私利,相互勾结,采取不正当方式,共同实施损害他人利益的行为。第三人请求确认当事人订立的合同无效,由提出请求的第三人就恶意串通和利益受损这两方面的事实承担举证证明责任。由于恶意串通反映出当事人的一种主观心态,而第三人以此为由请求确认合同无效对合同当事人的利益影响较大,故法律上科以第三人较一般民事诉讼高度盖然性的证明标准更高的举证证明义务。《民诉法解释》第109条规定:"当事人对欺诈、胁迫、恶意串通事实的证明,以及对口头遗嘱或者赠与事实的证明,人民法院确信该待证事实存在的可能性能够排除合理怀疑的,应当认定该事实存在。"就该案而言,重庆拓洋投资有限公司(以下简称重庆拓洋)请求确认《质押合同》因当事人恶意串通而无效,最高人民法院认为其已完成了相应的举证证明义务,可以确信合同当事人恶意串通和第三人损害事实的存在。

该案证据足以让人相信《质押合同》系李某和五岳公司之间恶意串通而订立,具体表现在:

第一,从合同的交易背景来看,五岳公司和重庆拓洋签订《借款合同》后,约定由五岳公司将北京深华新股份有限公司(以下简称深华新公司)股票作为担保,但未办理登记,随后五岳公司将仅剩的没有权利约束的深华新公司3963万股股票先行质押登记给李某。原审查明,《质押合同》是为了担保李某和深圳市盛世泰富园林投资有限公司(以下简称盛世泰富)之间的《借款合同》而订立的。五岳公司的财务报表证明,该公司2014年度至2017年度营业收入均为0元且每年亏损,而五岳公司将深华新公司3963万股股票质押登记给盛世泰富的债权人李某时,该部分股票已经是五岳公司仅剩的没有权利约束的财产。质押登记当日,深华新公司3963万股股票价值63764.67万元,这与《借款合同》约定的预计总借款8亿元相近。2017年12月由北京市第二中级人民法院对五岳公司进行强制执行时,该院认定五岳公司已无可供执行的财产。可见,五岳公司将深华新公司3963万股股票质押给李某后,五岳公司实际已没有任何有效的责任财产和偿债能力。同时,虽然一审认定重庆拓洋提交的《股份质押借款合同》存在诸多瑕疵,但五岳公司已经确认,其和重庆拓洋在签订《借款合同》后又签订了《质押合同》,约定以五岳公司提供深华新公司股票为担保,但双方未及时办理质押登记。这说明,五岳公司是将原本计划质押给重庆拓洋的深华新公司股票另外质押给了李某并先行办理了登记。

第二,从合同的签订时间来看,重庆拓洋在北京市高级人民法院向五岳公司提起诉讼的前20天左右时,五岳公司和李某签订《质押合同》并于次日办理了质押登记。现已查明,重庆拓洋在2013年不仅给五岳公司借款55680万元,还向五岳公司支付了拟收购深华新公司5800万股股票的首付款13920万元,这说明双方当时合作关系良好。重庆拓洋分别于2015年6月29日和2016年7月18日对五岳公司提起诉讼和仲裁,证明双方合作关系破裂。五岳公司在重庆拓洋提起诉讼的前20天将深华新公司的股票质押登记给李某,导致重庆拓洋在诉讼中未能有效保全五岳公司的财产,五岳公司客观上达到了转移财产的目的。

第三,从合同的订立主体来看,李某、盛世泰富和五岳公司之间具有关联关系,李某和五岳公司存在恶意串通的利益基础。现已查明,李某是盛世泰富的控股股东。同时,鉴于嘉诚中泰文化艺术投资有限公司(以下简称嘉诚中泰)和中建投(北京)矿业有限公司(以下简称中建投)已于2013年7月将五岳公司50.98%的股权转让给盛世泰富,北京仲裁委员会作出的(2017)京仲裁字第0729号裁决认定,盛世泰富为五岳公司股东,持有该公司50.98%的股权,该确认效力仅限于盛世泰富和嘉诚中泰、中建投之间。由此可见,《借款合同》和《质押合同》订立时,盛世泰富已经受让了五岳公司过半数的股权,盛世泰富已经享有了受让股权代表的公司利益,只是其尚未获得登记而已。至于盛世泰富是否实际控制了五岳公司,并不影响盛世泰富所能获得的受让股权所代表的收益。况且,盛世泰富在北京仲裁委员会(2015)京仲案字第1391号案的庭审笔录中已经确认其实际经营管理五岳公司。因此,李某是盛世泰富的控股股东,而盛世泰富又是受让五岳公司过半数股权的股东,由此可以认定李某、盛世泰富和五岳公司之间存在利益关联,且李某对五岳公司的经营情况、财产状况和负债情况应该是清楚的,这是李某和五岳公司之间恶意串通的利益基础。

第四,从合同的约定内容来看,《质押合同》关于合同独立性条款的约定明显不符合常理。该合同第九条约定,本合同的效力独立于盛世泰富和李某签订的《借款合同》,即便《借款合同》无效,本合同仍独立有效,在盛世泰富对李某所负之给付义务的范围内,五岳公司仍以标的股权为质押,保证李某的优先受偿权。从法律上看,主合同无效,从合同亦无效,且主债务人和担保人通常属于利益共同体,担保人不顾主合同的情况,无限放大自身的担保责任,显然违背常理。

第五,从合同的履行情况来看,李某和五岳公司之间借款关系的真实性难以认定。(1)关于借款金额,《借款合同》约定的拟借款金额是8亿元,但李某主张最后实际只出借24860.2万元,而对于实际借款金额远低于合同约定金额的原因,李某未作出合理解释。从质押的深华新公司3963万股股票在不同时期的价值看,《借款合同》订立时,股票价值63764.67万元;李某在一审庭前会议提交答辩意见时,股票价值跌至24372.45万元。不难看出,李某主张的拟借款金额和实际借款金额是为了与同期质押股票价值相对应。(2)关于出借方式,李某主张的实际借款情况与通常的交易惯例不符。《借款合同》约定的借款期限是两年,从2015年6月1日起至2017年5月31日止,但从李某提交的转款凭证看,所谓的9笔借款在2015年6月30日至2016年8月17日陆陆续续发生,甚至部分转款是在约定的借款期限开始1年后才发生,而且李某主张的9笔出借金额转款凭证摘要部分并未注明借款,而是只注明往来或业务往来,其金额也比较零散,这都与通常借款的交易模式不符。(3)关于资金来源,李某主张的出借资金中,仅有1000万元是其本人支付,其他资金均由案外主体支付。李某解释,案外主体都是与其关联的公司,是其资金渠道,但在没有任何书面合同,也没有约定利息的情况下,李某仅通过口头指令就调动数亿元的其他公司法人的资金,这不仅不符合公司财务管理制度,也不符合情理。关于案外公司出具的代收代付的书面证明,由于李某已经承认这些公司均与其存在关联,故在没有其他证据佐证的情况下,仅有书面证明,不足为信。(4)关于资金流向,李某主张,盛世泰富的借款实际均为五岳公司所用。但从李某提供的付款凭证看,有两笔转款共计

6507.2 万元,不仅未支付到盛世泰富的账户,之后也未转付至五岳公司的账户。此外,盛世泰富收到的资金总额和五岳公司收到的资金总额并不一致,且无论是盛世泰富还是五岳公司,至今未向李某偿还任何借款本息,李某也未举证证明其曾向盛世泰富或五岳公司主张过权利,故李某仅提供转款凭证不足以证明支付的款项属于借款。

综合以上五个方面的分析,最高人民法院确信李某和五岳公司之间恶意串通的事实存在,并能排除其他合理怀疑。二者串通的目的是将五岳公司仅剩的无权利约束的深华新公司 3963 万股股票质押给利益关联人李某,防止五岳公司的有效财产被包括重庆拓洋在内的债权人强制执行。

➢3. 再审申请人张某国与被申请人常某鳌、一审被告宁夏林利煤炭有限公司、王某喜不当得利纠纷案[(2015)民申字第 3509 号]

裁判要旨:当事人所举的录音证据,不能排除合理怀疑的,对其有关胁迫的主张,人民法院不予支持。

最高人民法院认为,张某国系以常某鳌对其存在胁迫为由,提起该案反诉要求常某鳌返还 100 万元劳务费的不当得利。根据《民诉法解释》第 108 第 1 款、第 109 条的规定,张某国对其所受胁迫所举证据(包括《承诺书》、《公安接处警登记表》),不能使人民法院确信待证事实的存在具有高度可能性;其所举录音证据亦不能排除合理怀疑。在此情况下,二审判决未认定张某国所主张的相关事实,符合法律、司法解释规定。

➢4. 再审申请人四川省蜀牛房地产开发有限责任公司与被申请人平安银行股份有限公司成都分行、成都天银制药有限公司借款合同纠纷案[(2017)最高法民申 1400 号]

裁判要旨:仅有虚报或者伪造财务状况事实的单方证据,无法证明对方当事人存在恶意或者和第三人串通的事实。

最高人民法院认为,《民诉法解释》第 109 条规定:"当事人对欺诈、胁迫、恶意串通事实的证明,以及对口头遗嘱或者赠与事实的证明,人民法院确信该待证事实存在的可能性能够排除合理怀疑的,应当认定该事实存在。"该规定系对欺诈、胁迫和恶意串通事实提高证明标准的规定,即对这类事实的证明标准应达到排除合理怀疑的程度。该案中,已有的证据仅能反映成都天银制药有限公司(以下简称天银公司)的行为,即便确有天银公司虚报或者伪造财务状况的事实,最多也只能证明平安银行股份有限公司成都分行(以下简称平安银行)在贷款、授信的审查中存在重大过失,无法证明平安银行存在恶意或者和天银公司串通的事实,故该案证据尚不能达到《民诉法解释》第109条规定的证明标准。

➢5. 再审申请人贵州铜仁黔东房地产开发有限公司、刘某国与被申请人巫某民、原审被告李某林民间借贷纠纷案[(2017)最高法民申2569号]

裁判要旨:报案记录仅能证明公安机关进行了登记或询问,不能排除合理怀疑,也不能认定还款协议系受胁迫所签订。

最高人民法院认为,根据《民诉法解释》第109条的规定,"当事人对欺诈、胁迫、恶意串通事实的证明,以及对口头遗嘱或者赠与事实的证明,人民法院确信该待证事实存在的可能性能够排除合理怀疑的,应当认定该事实存在"。原审贵州铜仁黔东房地产开发有限公司(以下简称黔东公司)提交的《公安局接处警登记表》仅能证明其有过报案记录,公安机关对其进行了登记或询问,不能排除合理怀疑,则不能认定《还款协议》系受胁迫签订,且《还款协议》与黔东公司认可的《纪要》的内容基本一致,故黔东公司、刘某国有关《还款协议》系受胁迫签订,非其真实意思表示的申请再审理由不能成立。

➢6. 再审申请人江苏省建工集团有限公司、江苏省建工集团有限公司昆明分公司与被申请人云南吉庆劳务分包有限公司建设工程合同纠纷案[(2017)最高法民申844号]

裁判要旨:报案记录、案情说明书、现场照片等证据,仅能证明双方发生过分歧和冲突,但对于发生了胁迫事实的证明,尚不足以排除合理怀疑。

最高人民法院认为,《民诉法解释》第109条规定:"当事人对欺诈、胁迫、恶意串通事实的证明,以及对口头遗嘱或者赠与事实的证明,人民法院确信该待证事实存在的可能性能够排除合理怀疑的,应当认定该事实存在。"报案记录、案情说明书、现场照片等证据,仅能证明在签订结算表及承诺书、委托付款函等材料的过程中，双方发生过分歧和冲突，但是对于发生了胁迫事实的证明，尚不足以排除合理怀疑。对此，江苏省建工集团有限公司、江苏省建工集团有限公司昆明分公司应当承担举证不能的法律后果。二审判决驳回江苏省建工集团有限公司、江苏省建工集团有限公司昆明分公司以胁迫为由要求撤销结算表及承诺书、委托付款函结等文件的诉讼请求，并无不当。

➢7. 再审申请人广东省阳江市国土资源局与被申请人阳江市练达房地产开发有限公司建设用地使用权出让合同纠纷案［(2016)最高法民申1236号］

裁判要旨：人民法院确信恶意串通事实存在的可能性的证明标准为“能够排除合理怀疑”，而不是“具有高度可能性”。

最高人民法院认为，《民诉法解释》第109条规定：“当事人对欺诈、胁迫、恶意串通事实的证明，以及对口头遗嘱或者赠与事实的证明，人民法院确信该待证事实存在的可能性能够排除合理怀疑的，应当认定该事实存在。”人民法院确信该案恶意串通事实存在的可能性的证明标准为“能够排除合理怀疑”，而不是前引司法解释第108条第1款规定的“具有高度可能性”。该院原审判决关于广东省阳江市国土资源局(以下简称阳江市国土局)所主张的该案挂牌出让竞买人之间存在恶意串通行为这一事实的认定，于法有据，并无不当。经审查，原审判决依法运用逻辑推理和日常生活经验法则，针对阳江市国土局所举证据证明力进行审核、判断，对该待证事实存在的可能性提出了合理怀疑，逐项阐明了理据，形成了不足以确信该待证事实存在的结论并公开了判断的理由和结果。原审判决对阳江市国土局所举证据的认定亦无违反前引司法解释第105条关于认证问题的规定。

地方人民法院案例

➢1. 李某鹏与熊某华民间借贷纠纷案［(2020)湘民终1261号］

裁判要旨：“逼迫”非“胁迫”，仅在公安机关询问笔录中有“逼迫”的陈述，尚不足以达到排除合理怀疑的证明标准。

湖南省高级人民法院认为,案涉欠条合法有效。熊某华主张欠条是在李某鹏胁迫下出具,其证据是李某鹏在公安机关询问笔录中“只是在我逼迫下反复立下还款承诺”的一句陈述。该院认为,从李某鹏在公安机关的陈述来看,其陈述是“逼迫”而非“胁迫”,该“逼迫”是否达到了民法上违背当事人意志的胁迫程度,除李某鹏的该句陈述外,再无其他证据证明。《民诉法解释》第 109 条规定:“当事人对欺诈、胁迫、恶意串通事实的证明,以及对口头遗嘱或者赠与事实的证明,人民法院确信该待证事实存在的可能性能够排除合理怀疑的,应当认定该事实存在。”仅有李某鹏在公安机关询问笔录中的陈述,而再无其他任何证据证明,显然达不到上述规定所要求的“能够排除合理怀疑的”证明标准。因此,对熊某华所主张的“胁迫”事实,该院不予认定。另外,即使如熊某华主张欠条系胁迫所出具,根据《合同法》①第 54 条的规定,一方以欺诈、胁迫的手段或者乘人之危,使对方在违背真实意思的情况下订立的合同,属于可变更或者撤销的合同,享有撤销权的受损害方应当在法定的一年期限内请求人民法院或者仲裁机构变更或者撤销。案涉欠条于 2015 年 8 月 24 日出具,直至该案诉讼前,熊某华一直未通过诉讼或仲裁程序请求撤销,撤销权已归于消灭。因此,原审认定案涉欠条合法有效,并无不当。

➢2. 周某春与罗某斌、祝某买卖合同纠纷案[(2020)湘 0111 民初 3321 号]

裁判要旨:被告对于欠条系受胁迫签订的主张尽到了合理的说明及举证要求,达到了高度盖然性的标准,人民法院对欠条系受胁迫签订的事实予以认定。

湖南省长沙市雨花区人民法院认为,被告罗某斌、祝某主张该欠条是在受胁迫情况下所书写,书写的实际时间是 2018 年 2 月 3 日,并提供了当日的微信转账凭证、出警记录等证据证明其主张;原告周某春在两被告举证后改变其陈述内容,认可欠条的实际签署时间为 2018 年 2 月 3 日。同时,原告周某春称欠条是在两被告报警后自愿签订,亦当庭承认祝某签字现场照片是由其他人拍摄。但出警记录上明确记录了祝某、周某春、罗某斌的真实身份信息且三方均确认后签

---

① 《合同法》现已失效。现为《民法典》第 147-151 条,内容有修改。

字,若欠条在出警记录后形成,则周某春不能识别祝某虚假签名的可能性不大。根据《民事证据规定》第86条的规定,被告罗某斌、祝某关于该欠条系受胁迫签订的主张尽到了合理的说明及举证要求,达到了高度盖然性的标准,该院对欠条系受胁迫签订的事实予以认定。因此,该欠条不能单独作为定案的依据。

➤**3. 新化县石冲口镇人民政府与谭某太确认合同无效纠纷案**[(2020)湘1322民初529号]

裁判要旨:原告(反诉被告)的举证,达到了足以让法院确信其所主张的恶意串通事实存在的可能性能够排除合理怀疑的证明目的,人民法院对原告(反诉被告)所主张的被告(反诉原告)与第三人存在恶意串通的事实予以认定。

湖南省新化县人民法院认为,《民事证据规定》第86条第1款规定,当事人对于欺诈、胁迫、恶意串通事实的证明,以及对于口头遗嘱或赠与事实的证明,人民法院确信该待证事实存在的可能性能够排除合理怀疑的,应当认定该事实存在。该案中,《稗冲煤矿合作开采合同书》的签订,系吴某明在已与被告(反诉原告)形成了利益的共同体,并在未履行对化溪、潮水管区的村干部等进行意见征求和未将提前启动第二轮合作经营的方案在全镇范围内进行告知的情况下,利用党政会议大部分参会人员对吴某明以他人的名义在第一轮剩余期间入股30万元并意向成为第二轮承包的大股东等相关事项已与被告(反诉原告)谭某太等人私下达成一致意见的事实真相不清楚和其既为发包方的主要决策人,又为承包方的合伙人的特殊身份和职权,将稗冲煤矿的第二轮经营权提前两年以名为合作经营、实为承包的方式交付给被告(反诉原告)谭某太经营。原告(反诉被告)的举证,达到了足以让该院确信原告(反诉被告)所主张的恶意串通事实存在的可能性能够排除合理怀疑的证明目的,故对于原告(反诉被告)所主张的被告(反诉原告)谭某太与吴某明存在恶意串通的事实,该院予以认定。

➤**4. 北京瑞邦安信投资顾问有限公司与北京帅府大厦发展有限公司、北京东建置业投资顾问有限公司确认合同无效纠纷案**[(2015)三中民终字第00603号]

裁判要旨:当事人对恶意串通事实的证明使法院确信该待证事实存在的可

能性能够排除合理怀疑的,应当认定该事实存在。

北京市第三中级人民法院认为,当事人对欺诈、胁迫、恶意串通事实的证明,以及对口头遗嘱或者赠与事实的证明,人民法院确信该待证事实存在的可能性能够排除合理怀疑的,应当认定该事实存在。基于如下情况,该院依法认定北京帅府大厦发展有限公司(以下简称帅府公司)与北京东建置业投资顾问有限公司(以下简称东建公司)恶意串通这一事实存在。

第一,虽然北京瑞邦安信投资顾问有限公司(以下简称瑞邦公司)存在欠租情形,但帅府公司于2012年12月24日发出的腾退通知中是以帅府公司近期要启动土地一级开发为由提出的终止合同。随后在无证据表明客观条件发生重大变化的情况下,帅府公司在2013年4月1日又将涉案土地及房屋以同等条件出租给东建公司。之后,帅府公司于2013年8月5日给王府井办管理办公室的函件中又表示基于其与瑞邦公司的《场地租赁合同》已于2012年10月31日到期,故申请备案帅府公司与东建公司于2013年4月1日签订的《场地租赁合同》。可见,帅府公司腾退通知中的解约理由与申请备案的合同终止理由明显不一致,且帅府公司并非以瑞邦公司欠租为由行使的解除权。

第二,东建公司的法定代表人是张某,其同时是瑞邦公司的股东之一,故可以推定东建公司明知瑞邦公司与帅府公司签订有《备忘录》及《场地租赁合同》,亦明知瑞邦公司法定代表人秦某阳于2013年1月31日至11月15日被羁押于东城区看守所。因张某与秦某阳存在利害关系,故东建公司与瑞邦公司实际上也存在利害关系。瑞邦公司法定代表人秦某阳被羁押期间,张某作为瑞邦公司两位自然人股东之一,未能从保护瑞邦公司利益的角度就瑞邦公司与帅府公司的合同是否已经到期,合同解除条件是否已经成就等相关事宜作出妥善处理,反而以东建公司的名义与帅府公司签订了《场地租赁合同》,该行为明显会损害瑞邦公司的利益。

综上所述,可以认定帅府公司与东建公司构成恶意串通,且损害了瑞邦公司的利益,故该院依法确认帅府公司与东建公司于2013年4月1日签订的《场地租赁合同》无效。

条文内容	参考条文
第一百三十五条 【较大可能性】 与诉讼保全、回避等程序事项有关的事实,人民法院结合当事人的说明及相关证据,认为有关事实存在的可能性较大的,可以认定该事实存在。	《民事证据规定》第86条第2款

要点注释

《民事证据规定》在设计证明标准体系时比较灵活,其除了对欺诈、胁迫、恶意串通事实的证明,以及对口头遗嘱或赠与事实的证明,规定拔高证明标准外,还对与诉讼保全、回避等程序事项有关的事实,规定降低证明标准,只要有关事实存在的可能性较大的,法院就可以认定该事实存在。

如何确定事实存在的可能性较大的问题,可结合本证、反证证明标准和要求进行判断。如果该事实的证明程度不是陷于真伪不明的状态,即其程度高于真伪不明,但又未达到高度可能性的标准,可认定当事人主张的事实成立;反之则不成立。也可参照德国学者对盖然性问题的描述,在0—100%之间分为4个等级,其中1%—24%是非常不可能,26%—49%是不太可能,51%—74%是大致可能,75%—99%是非常可能。较大可能性相当于大致可能,概率为51%—74%。

也有学者提出,较大可能性相当于德国、日本等大陆法系国家所说的疏明。疏明也是当事人在诉讼中的一种证明活动,疏明不像证明那样,需要达到使法官确信的程度,而是只需要使法官大致相信即可。我国民事诉讼法虽然没有使用疏明的概念,也没有明确哪些事项的证明达到疏明程度即可,但了解这一概念也是有必要的。

相关法律

➢**《民事诉讼法》**(2021年12月24日修正)

第四十七条第一款 审判人员有下列情形之一的,应当自行回避,当事人有权用口头或者书面方式申请他们回避：

（一）是本案当事人或者当事人、诉讼代理人近亲属的；

（二）与本案有利害关系的；

（三）与本案当事人、诉讼代理人有其他关系，可能影响对案件公正审理的。

第一百零三条第一款 人民法院对于可能因当事人一方的行为或者其他原因，使判决难以执行或者造成当事人其他损害的案件，根据对方当事人的申请，可以裁定对其财产进行保全、责令其作出一定行为或者禁止其作出一定行为；当事人没有提出申请的，人民法院在必要时也可以裁定采取保全措施。

最高人民法院案例

➢广州德瑞软件股份有限公司与张某、南山集团财务有限公司、兴业数字金融服务（上海）股份有限公司侵害商业秘密纠纷管辖权异议案［（2020）最高法知民辖终239号］

裁判要旨：该案管辖所涉经常居住地事实的认定，属于程序性事项，应当结合相关证据，按照可能性较大标准进行认定。

最高人民法院认为，《民事证据规定》第86条第2款规定："与诉讼保全、回避等程序事项有关的事实，人民法院结合当事人的说明及相关证据，认为有关事实存在的可能性较大的，可以认定该事实存在。"根据上述法律规定，关于该案管辖所涉经常居住地事实的认定，应当结合当事人提供的有关购房、租房、就业、缴纳社会保险等证据，按照证据规则予以综合判断和认定。

该案中，根据张某提交的居住登记凭证、居住证、《上海市居住房屋租赁合同备案登记通知书》、上海市居住房屋租赁合同、养老保险缴费情况、税收完税证明、个人所得税纳税清单、个人纳税记录等证据，张某最早从2017年8月起就在上海交纳养老保险和个税，从2018年2月起就在上海租赁房屋居住，张某在上海市交纳税费和租赁房屋一直延续至该案诉讼时已满一年且未曾中断。虽然广州德瑞软件股份有限公司（以下简称德瑞公司）对张某提交的上述证据的形式、内容、时间等提出了质疑,但是应当注意到,居住登记凭证、房屋租赁合同等材料都有相关部门和单位的公章,不同证据上记载的起止期间虽不完全一致,但大体上重合,并不存在自相矛盾,能够形成相互印证关系,在德瑞公司未提交足以推翻前述证据证明的事实情况下,该院对德瑞公司的简单质疑不予采信。根据已有证据,可以认定张某的经常居住地为上海市,对于德瑞公司否认张某经常居住地为上海市,应以张某户籍地为管辖连接点确定管辖法院的主张,该院不予支持。

地方人民法院案例

➢ **王某与天津智信行房地产经纪有限公司合同纠纷案**[(2021)津 0106 民初 2088 号]

裁判要旨:根据较大可能性标准,可以认定被告的住所地位于天津市河西区,该案应由天津市河西区人民法院管辖。

天津市红桥区人民法院认为,根据法律规定,因合同纠纷提起的诉讼,由被告住所地或者合同履行地人民法院管辖,法人或者其他组织的住所地是指法人或者其他组织的主要办事机构所在地。原告依据《智信行地产分销合作协议》等证据提起该案诉讼,上述协议未约定管辖法院。被告的登记注册地虽位于天津市红桥区,但被告提供证据主张其主要办事机构位于天津市河西区,根据《民事证据规定》第 86 条第 2 款的规定,与诉讼保全、回避等程序事项有关的事实,人民法院结合当事人的说明及相关证据,认为有关事实存在的可能性较大的,可以认定该事实存在,故可以认定被告的住所地位于天津市河西区,该案应由天津市河西区人民法院管辖。天津智信行房地产经纪有限公司对该案管辖权提出的异议成立,天津市红桥区人民法院予以支持。

第八章　附　　则

条文内容	参考条文
第一百三十六条　【权益保护与妨害制裁】 对证人、鉴定人、勘验人的合法权益依法予以保护。	《民事证据规定》第98条第1款
当事人或者其他诉讼参与人伪造、毁灭证据，提供虚假证据，阻止证人作证，指使、贿买、胁迫他人作伪证，或者对证人、鉴定人、勘验人打击报复的，依照民事诉讼法第一百一十三条、第一百一十四条的规定进行处罚。	《民事证据规定》第98条第2款

要点注释

本条专门强调了对证人、鉴定人、勘验人的合法权益进行保护的问题。对证人、鉴定人、勘验人权利保障规则的完善有利于提高相关诉讼参与人的出庭率，从而有利于发挥证人证言、鉴定意见和勘验笔录在案件审理过程中的重要作用，为人民法院更加客观、全面和准确地认定案件事实提供良好的基础。一般而言，证人、鉴定人、勘验人参与诉讼至少享有人身财产安全保障、出庭费用经济补偿以及出庭后人格尊严不受侵犯等方面的法定权利。

当事人或者其他诉讼参与人伪造、毁灭证据，提供虚假证据，阻止证人作证，指使、贿买、胁迫他人作伪证，或者存在对证人、鉴定人、勘验人打击报复等行为，涉嫌妨害作证罪，帮助毁灭、伪造证据罪，虚假诉讼罪，打击报复证人罪的，将由刑法进行规制，民事司法解释无法解决民事诉讼中妨碍作证罪等刑事处罚问题，因此，本条只作出笼统的规定，与证据有关的妨害民事诉讼的行为，依照民事诉讼法的规定进行处罚。

相关法律

➤**《民事诉讼法》**（2021年12月24日修正）

第一百一十三条　诉讼参与人和其他人应当遵守法庭规则。

人民法院对违反法庭规则的人，可以予以训诫，责令退出法庭或者予以罚款、拘留。

人民法院对哄闹、冲击法庭，侮辱、诽谤、威胁、殴打审判人员，严重扰乱法庭秩序的人，依法追究刑事责任；情节较轻的，予以罚款、拘留。

第一百一十四条　诉讼参与人或者其他人有下列行为之一的，人民法院可以根据情节轻重予以罚款、拘留；构成犯罪的，依法追究刑事责任：

（一）伪造、毁灭重要证据，妨碍人民法院审理案件的；

（二）以暴力、威胁、贿买方法阻止证人作证或者指使、贿买、胁迫他人作伪证的；

（三）隐藏、转移、变卖、毁损已被查封、扣押的财产，或者已被清点并责令其保管的财产，转移已被冻结的财产的；

（四）对司法工作人员、诉讼参加人、证人、翻译人员、鉴定人、勘验人、协助执行的人，进行侮辱、诽谤、诬陷、殴打或者打击报复的；

（五）以暴力、威胁或者其他方法阻碍司法工作人员执行职务的；

（六）拒不履行人民法院已经发生法律效力的判决、裁定的。

人民法院对有前款规定的行为之一的单位，可以对其主要负责人或者直接责任人员予以罚款、拘留；构成犯罪的，依法追究刑事责任。

第一百一十八条　对个人的罚款金额，为人民币十万元以下。对单位的罚款金额，为人民币五万元以上一百万元以下。

拘留的期限，为十五日以下。

被拘留的人，由人民法院交公安机关看管。在拘留期间，被拘留人承认并改正错误的，人民法院可以决定提前解除拘留。

司法解释

➢1.《最高人民法院关于适用〈中华人民共和国民事诉讼法〉的解释》（法释〔2022〕11 号，2022 年 4 月 10 日施行）

第一百八十九条　诉讼参与人或者其他人有下列行为之一的，人民法院可以适用民事诉讼法第一百一十四条的规定处理：

（一）冒充他人提起诉讼或者参加诉讼的；

（二）证人签署保证书后作虚假证言，妨碍人民法院审理案件的；

（三）伪造、隐藏、毁灭或者拒绝交出有关被执行人履行能力的重要证据，妨碍人民法院查明被执行人财产状况的；

（四）擅自解冻已被人民法院冻结的财产的；

（五）接到人民法院协助执行通知书后，给当事人通风报信，协助其转移、隐匿财产的。

➢2.《最高人民法院关于人民法院办理仲裁裁决执行案件若干问题的规定》（法释〔2018〕5 号，2018 年 3 月 1 日施行）

第十五条　符合下列条件的，人民法院应当认定为民事诉讼法第二百三十七条①第二款第四项规定的“裁决所根据的证据是伪造的”情形：

（一）该证据已被仲裁裁决采信；

（二）该证据属于认定案件基本事实的主要证据；

（三）该证据经查明确属通过捏造、变造、提供虚假证明等非法方式形成或者获取，违反证据的客观性、关联性、合法性要求。

---

①　现为 2021 年修正的《民事诉讼法》第 244 条。

最高人民法院案例

➢1. 再审申请人广东华润涂料有限公司与被申请人江苏大象东亚制漆有限公司、一审被告吴某春不正当竞争纠纷案①[(2014)民提字第196号]

裁判要旨:人民法院对于严重违反诚信原则,提交伪证、进行虚假陈述、扰乱司法秩序的行为,应当按照法定程序予以处罚。

最高人民法院认为,该案的争议焦点之一为江苏大象东亚制漆有限公司(以下简称大象公司)提交的公证保全证据中,用以证明其在先使用行为的"爱地漆"包装罐是否系伪造。经审查已有证据可知,大象公司没有任何证据证明其"爱地漆"商品的销售额情况、涉案包装装潢中的文字设计过程和使用图片的来源,并结合其提交的包装罐上的电话数位与实际使用时间不符,书面说明、证人证言与庭审陈述自相矛盾等事实,运用逻辑推理和日常生活经验法则进行分析判断,通过全面、客观的审核,足以认定大象公司提交的用以证明其在先使用行为的涉案包装罐是伪证,故对此不予采信。此外,鉴于大象公司利用该包装罐及相应的公证书,对广东华润涂料有限公司多次提起商标争议、行政诉讼、民事诉讼,严重违反诚信原则,提交伪证、作虚假陈述,严重妨碍人民法院审理案件,扰乱司法秩序,影响司法公正。大象公司的法定代表人杨某武不仅对上述证据造假及恶意诉讼活动知情,还显然参与了相关活动。大象公司的证人陶某庆提供虚假证言,帮助大象公司作伪证,也是明知故犯。据此,对大象公司及其法定代表人杨某武的造假行为及不诚信诉讼行为,对证人陶某庆作伪证的行为,予以严厉谴责,并将另行依照法定程序予以处罚。

➢2. 云南天享网络科技有限公司申请复议纠纷案[(2022)最高法司惩复9号]

裁判要旨:当事人在原件上擅自添加备注文字作为证据提交,属于伪造证据材料,应当依法对其进行制裁。

---

① 参见《最高人民法院知识产权案件年度报告(2015)》。

最高人民法院经审查认为，诉讼参与人在诉讼活动中，应当秉持诚实信用原则。该案中，云南天享网络科技有限公司为达到不当胜诉目的，在原件上擅自添加备注文字，作为证据向一审法院提交，该事实已经原审法院查实。云南天享网络科技有限公司的上述行为属于伪造证据材料，妨碍了人民法院对案件的审理，依法应当对其进行制裁。

地方人民法院案例

➢1. 神华神东电力重庆万州港电有限责任公司与北京天健大华工程咨询有限公司申请撤销仲裁裁决纠纷案[（2019）渝01民特421号]

裁判要旨：(1)伪造证据需结合主客观两方面进行认定，除了证据客观上系伪证，一般还要求当事人实施了伪造行为。证据的真实性无法核实进而不应采信并不意味着该证据一定系伪造，后者的认定标准远高于前者。当事人不实陈述，以及仲裁庭运用证据错误不属于伪造证据事由。(2)隐瞒证据需结合我国证据诉讼法相关原理和规定进行认定，相关法律规范没有明确规定不负举证责任方提交证据，当事人未提交的，不构成隐瞒证据。仲裁庭根据《民诉法解释》第112条和《民事证据规定》第47条①等相关规定，依一方当事人申请要求对方当事人提交相关证据，对方当事人无正当理由拒绝提交，足以影响案件事实结果的，构成隐瞒证据。当事人隐瞒陈述不属于隐瞒证据。

重庆市第一中级人民法院认为，第一，案涉仲裁裁决所根据的证据是否系伪造，根据《民事证据规定》第47条②“当事人在证据交换过程中认可并记录在卷的证据，经审判人员在庭审中说明后，可以作为认定案件事实的依据”的规定，该案中，案涉仲裁裁决书在证据采信部分明确载明，仲裁庭采纳了神华神东电力重庆万州港电有限责任公司（以下简称万州港电公司）对于该22份技经成果报告书真实性异议的意见，仲裁庭确认合同的履行主体系综合全案证据相互印证而

---

① 现为2019年修正的《民事证据规定》第60条，内容有修改。

② 现为2019年修正的《民事证据规定》第60条，内容有修改。

进行的事实认定,该22份技经成果报告书并非仲裁裁决所依据的主要证据。退一步来说,即使前述22份技经成果报告书系案涉仲裁裁决所依据的主要证据。在已有证据条件下,仅以22份技经成果报告书上无相关单位共同盖章为由无法得出该证据系伪造的结论,前述事项可能与该证据的证明力甚至与其应否采信有关,但该问题在性质上属于实体问题,不属于该院审查范围。在民事领域中,证据的真实性无法核实进而不应采信并不意味着该证据一定系伪造,后者的认定标准远高于前者,故对于万州港电公司的前述主张,该院不予支持。

第二,北京天健大华工程咨询有限公司(以下简称北京天健公司)是否隐瞒了足以影响公正裁决的证据。《仲裁法》第58条所指的隐瞒证据,应当参照《最高人民法院关于人民法院办理仲裁裁决执行案件若干问题的规定》第16条的规定认定:(1)该证据属于认定案件基本事实的主要证据;(2)该证据仅为该当事人掌握;(3)对方当事人在仲裁过程中要求该当事人出示或者请求仲裁庭责令其提交,但该当事人无正当理由未予出示或者提交。该案中,万州港电公司未指出北京天健公司隐瞒的具体证据名称,亦未要求北京天健公司出示或者请求仲裁庭责令其提交该具体证据,故对于万州港电公司的前述主张,该院不予支持。需要指出的是,隐瞒事实不等于隐瞒证据,《仲裁法》第58条规定的法定撤销仲裁裁决的事由系对方当事人隐瞒了足以影响公正裁决的证据,而非隐瞒事实。

➢2. 张某会与张某光离婚纠纷案罚款决定书[(2020)冀0430司惩1号]

裁判要旨:原告伪造借条的事实严重扰乱诉讼秩序,妨害人民法院审判工作的有序开展,人民法院决定给予原告罚款。

河北省邯郸市邱县人民法院认为,该院在审理(2020)冀0430民初407号原告张某会与被告张某光离婚纠纷一案中查明:该院于2020年7月2日上午开庭审理该案时,发现原告庭前提交的用以证明原、被告夫妻共同债务的"借条"复印件与原告方证人杨某(原告母亲)当庭出示的"借条"原件在字数、借款人、日期内容上均不一致,且证人杨某当庭陈述原告仅为其出具了一份借条,即证人当庭所示借条。经庭后调查,张某会承认了其伪造借条的事实。张某会实施的上述伪造证据的行为,严重扰乱了诉讼秩序,妨害了人民法院审判工作的有序开展。

河北省邯郸市邱县人民法院决定如下:对张某会罚款2000元,限于2020年7月9日前交纳。

➢3. 胡某与胡某义房屋租赁合同纠纷案罚款决定书[(2020)皖0403司惩9号]

裁判要旨:被告故意变造房屋续租补充协议,企图掩盖涉案房屋不得转租的事实,该行为已构成妨碍民事诉讼,同时违反诚信原则,亦与社会主义核心价值观不符,人民法院决定给予被告罚款。

安徽省淮南市田家庵区人民法院认为,该院在审理(2019)皖0403民初621号原告胡某与被告胡某义房屋租赁合同纠纷一案中,已查明胡某义向该院提交的《房屋续租补充协议》系经过故意变造的协议,被告企图掩盖涉案房屋不得转租的事实。该行为已妨碍人民法院审理案件,已构成妨碍民事诉讼行为,同时该行为已违反民事诉讼诚实信用原则,亦与社会主义核心价值观的精神背道而驰。综上,经该院审判委员会讨论,决定如下:对胡某义罚款10000元,限其于收到该决定书之日起7日内交纳。

条文内容	参考条文
第一百三十七条 【参照适用及适用规范】 除法律、司法解释另有规定外,对当事人、鉴定人、有专门知识的人的询问参照适用本规定中关于询问证人的规定;关于书证的规定,适用于视听资料、电子数据。	《民事证据规定》第99条第2款前半句

要点注释

规范性法律文件的表述中,某一条文的内容引用其他法条予以规范,称为引用性法条。引用性法条的法律适用具有授权法院或者其他有关机关进行法律补充或指示如何适用法律的作用,其主要有两种类型,即适用型和参照适用型。

适用型引用性法条用于拟规范的内容与被引用法条所规范的内容在事实要件、法律效果等方面具有同一性,可以完全依据被引用的法条处理,一般不必变通;参照适用型引用性法条属于被引用法条调整范围的扩张,根据立法规范表述,参照适用一般用于没有直接纳入法律调整范围,但是又属于范围逻辑内涵自然延伸的事项。参照适用用于拟规范的内容与被引用法条所规范的内容在法律事实上虽然不同,但性质类似,可以将两者作同一处理,但在进行法律适用时,需要进行价值判断和裁量选择。

本条规定了参照适用和适用的几种情形,应注意有所区分。

一是对当事人、鉴定人、专家辅助人询问的法律适用规则。

因《民事证据规定》对询问证人作了较为详细的规定,相关规则的确定同样可以适用于对其他主体的询问,为避免法条繁冗,本条规定了参照适用法律规则。在法律、司法解释对当事人、鉴定人、专家辅助人的询问未作规定的情况下,参照适用关于询问证人的规定。

二是视听资料、电子数据的法律适用规则。

书证是民事诉讼中十分重要的证据类型。从广义上来讲,书证不仅包括打印、手写于纸张上的文字记录,照片、录音录像资料、记载于计算机磁盘等电子介质上的数据电文均可以归属于书证。我国民事诉讼法将照片、录音录像资料作为视听资料,将记载于计算机磁盘等电子介质上的数据电文作为电子数据,均为独立的证据类型,因此,书证要从狭义上来理解,一般指视听资料和电子数据之外的以其记载的内容来证明案件事实的资料。鉴于书证的规则较为完善,司法实践所积累的经验也最为丰富,其举证、质证及认证所应遵循的具体规则同样可以适用于主要通过证据内容来证明案件事实的视听资料和电子数据。因此,本条规定,关于书证的规定适用于视听资料、电子数据。

条文内容	参考条文
第一百三十八条　【施行时间和溯及力】 本规则公布施行后,最高人民法院以前发布的司法解释与本规定不一致的,不再适用。	《民事证据规定》 第 100 条第 2 款

要点注释

法的适用效力又称法的效力范围，主要是指对人、物和地域、时间的适用范围。法的时间效力是法的适用效力的重要内容，其是指法律何时生效、何时失效及法律对其颁布实施前的事件和行为是否具有溯及力的问题。司法解释，同样存在时间效力的问题，包括该解释何时生效、何时失效以及司法解释对其生效之前的事实和行为有无溯及力的问题。本条除解决司法解释时间效力的一般问题外，更为重要的是协调本规则与《民事诉讼法》《民诉法解释》的衔接适用关系。

关于本规则的施行时间问题，生效时间一般又称为施行时间，如果司法解释时间效力条款表述为“本解释自公布之日起施行”，即表明司法解释自公布之日起生效，这种表述一般适用于审判实践急需而制度供给不足且共识度较高、施行时机较为成熟的情况。如果表述为“本解释自某年某月某日起施行”，即意味着在公布之后预留一段时间，生效时间滞后于公布时间。这种方式主要是为人民法院、各方诉讼参与人和其他有关方面预留必要的学习准备期，同时这有利于人民法院妥善处理新司法解释与既往司法解释的适用衔接工作。本规则采用了后一种表述方式。

关于本规则的溯及力问题，“实体从旧、程序从新”是大陆法系和英美法系公认的法律溯及力准则，在本规则施行后，所有的民事案件，无论是按第一审程序还是按第二审程序尚未审结的案件，均适用本规则。对于本规则施行前已经终审，根据审判监督程序决定进入再审程序的案件，本规则作为民事诉讼证据规则的解释，再审程序启动后，也应当贯彻“程序从新”的精神，可以适用本规则。

关于本规则与其他司法解释的衔接适用问题，衔接适用问题主要是本条第 2 款中“与本规则不一致”的理解问题。本规则与以往司法解释“不一致”的定位须局限于“同一法律问题或者规则”，如果涉及不同的法律问题，当然不属于与本规则不一致的情形。一般而言，本规定对原有司法解释的有关规定作出的修改或者新增的规定，属于本规则与此前出台的其他司法解释“不一致”的情形，应当适用本规则。对于本规则没有规定,此前出台的司法解释对此有规定的,原有司法解释相关规定条款的效力不受影响。比如,关于自认,2015 年修正的《民诉法解释》第 92 条第 3 款的表述为"自认的事实与查明的事实不符的,人民法院不予确认",2019 年修正的《民事证据规定》第 8 条第 2 款将其修改为"自认的事实与已经查明的事实不符的,人民法院不予确认",后者表述更加明确;关于举证责任分配规则,《民事证据规定》没作规定,《民诉法解释》第 91 条对此有规定,依然可以适用。

地方人民法院案例

➢1. 文某与荆门市第一人民医院医疗损害责任纠纷案[(2020)鄂 08 民终 967 号]

裁判要旨:根据"程序从新"的法律溯及力准则,在 2019 年修正的《民事证据规定》施行后,所有民事案件,无论是按第一审程序还是按第二审程序尚未审结的案件,均应适用新的司法解释。

湖北省荆门市中级人民法认为,《侵权责任法》第 54 条①规定:"患者在诊疗活动中受到损害,医疗机构及其医务人员有过错的,由医疗机构承担赔偿责任。"据此,医疗损害责任纠纷适用过错原则,文某应当就其在荆门市第一人民医院就诊时受到损害,荆门市第一人民医院诊疗行为存在过错以及荆门市第一人民医院诊疗行为与其损害后果之间具有因果关系承担举证责任。文某认为应当适用《民事证据规定》第 4 条②第 1 款第 8 项规定,文某已经完成了损害后果的举证责任,应由荆门市第一人民医院就其医疗行为与损害结果之间不存在因果关系及不存在医疗过错承担举证责任。该院认为,首先,《民事证据规定》已于 2019 年被修改,并于 2020 年 5 月 1 日起施行。根据 2019 年修正的《民事证据规定》第 100 条第 2 款的规定,本规定公布施行后,最高人民法院以前发布的司法解释与

---

① 《侵权责任法》已失效,现为《民法典》第 1218 条。

② 2019 年修正的《民事证据规定》已删除该条内容。

本规定不一致的，不再适用。换言之，根据“程序从新”的法律溯及力准则，在该规定实行后，所有民事案件，无论是按第一审程序还是按第二审程序尚未审结的案件，均应适用新的司法解释。《民事证据规定》修改后已经删去了原规定中的第4条。其次，该案是发生在《侵权责任法》①实施之后，根据“新法优于旧法”的原则，即便在该案一审期间2001年颁布的《民事证据规定》仍有效，但该规定中的第4条第8项规定与《侵权责任法》规定的举证责任相冲突而不再适用，故文某主张应由荆门市第一人民医院承担医疗行为与损害结果之间不存在因果关系及不存在医疗过错的举证责任，于法无据。

➢**2. 申诉人潘某金与被申诉人潘某普、郑某聪、郑某明、吴某柳民间借贷纠纷案**[(2021)浙民再223号]

裁判要旨：原案由温州市中级人民法院于2019年12月4日裁定提审，于2020年6月5日作出再审判决，因此原再审应适用2019年修正的《民事证据规定》。

浙江省高级人民法院认为，关于2012年12月4日海城公司向潘某金转账100万元的性质，《民事证据规定》第100条规定，本规定自2020年5月1日起施行。本规定公布施行后，最高人民法院以前发布的司法解释与本规定不一致的，不再适用。原案由温州市中级人民法院于2019年12月4日裁定提审，于2020年6月5日作出再审判决，因此原再审应适用2019年修正的《民事证据规定》。

➢**3. 烟台万华超纤股份有限公司与王某劳动争议纠纷案**[(2020)鲁06民终5300号]

裁判要旨：二审审理期间，2019年修正的《民事证据规定》已经施行，当事人提交的域外欠薪证明应适用2019年修正的《民事证据规定》进行认定。

山东省烟台市中级人民法院认为，一审中王某提交欠薪证明一份，称该欠薪证明由墨西哥公司出具，在中华人民共和国领域外形成，其上印章为该公司在境外使用的单位公章，张某为该公司的负责人。一审中烟台万华超纤股份有限公

① 《侵权责任法》已失效。

司明确主张王某就该欠薪证明不能提交境外当地公证机关出具的证明及我国使领馆的认证材料。《民事证据规定》第11条第1款①规定:“当事人向人民法院提供的证据系在中华人民共和国领域外形成的,该证据应当经所在国公证机关予以证明,并经中华人民共和国驻该国使领馆予以认证,或者履行中华人民共和国与该所在国订立的有关条约中规定的证明手续。”按该规定,域外形成的证据应经公证认证程序。2019年修正的《民事证据规定》第16条规定:“当事人提供的公文书证系在中华人民共和国领域外形成的,该证据应当经所在国公证机关证明,或者履行中华人民共和国与该所在国订立的有关条约中规定的证明手续。中华人民共和国领域外形成的涉及身份关系的证据,应当经所在国公证机关证明并经中华人民共和国驻该国使领馆认证,或者履行中华人民共和国与该所在国订立的有关条约中规定的证明手续。当事人向人民法院提供的证据是在香港、澳门、台湾地区形成的,应当履行相关的证明手续。”

按该规定只有域外形成的公文书证、涉及身份关系和我国香港特别行政区、我国澳门特别行政区、我国台湾地区形成的证据需要公证认证。一审审理期间2019年修正的《民事证据规定》尚未实施,2001年《民事证据规定》对域外证据明确规定了公证认证程序,一审中王某不能提交欠薪证明已履行法律规定的经所在国公证机关证明或履行其他相应证明手续的证据,一审对该证据予以采信,违反法律的明确规定。《民事证据规定》第100条规定:“本规定自2020年5月1日起施行。本规定公布施行后,最高人民法院以前发布的司法解释与本规定不一致的,不再适用。”因此本院审查王某提交的域外欠薪证明时,应适用2019年修正的《民事证据规定》进行认定。王某一审提交的欠薪证明不属于需要公证认证的证据,该证据属于合法证据。

➤4. 邓某昌与张某刚民间借贷纠纷案[(2022)豫0102民初3560号]

裁判要旨:2019年修正的《民事证据规定》没有对2015年修正的《民诉法解释》作出修改的部分,仍可以适用。

---

① 现为2019年修正的《民事证据规定》第16条第1款,内容有修改。

河南省郑州市中原区人民法院认为,《民事证据规定》第 100 条规定:"本规定自 2020 年 5 月 1 日起施行。本规定公布施行后,最高人民法院以前发布的司法解释与本规定不一致的,不再适用。"据此,该司法解释没有对以前司法解释作出修改的部分仍可以适用。2001 年《民事证据规定》第 67 条①规定:"在诉讼中,当事人为达成调解协议或者和解的目的作出妥协所涉及的对案件事实的认可,不得在其后的诉讼中作为对其不利的证据。"原告提交的闫某帅和被告的微信聊天记录中,在闫某帅发送调解协议内容后,被告虽回复了"好""可以"等内容,但在闫某帅多次要求其签名时,被告并未通过电子方式或者书面方式签名确认。在诉讼中,即使在法院主持下,原、被告双方达成调解协议,但若最终有一方拒绝在调解协议上签名,或者法院已经制作了民事调解书并加盖印章,但送达过程中有一方不签收即视为不同意,则调解未成功,调解协议不发生法律效力。举重以明轻,诉讼前双方未签名确认的调解协议对被告不应发生效力,故该院对原告主张的利息计算标准不予支持。

① 该案应引用《民诉法解释》第 107 条。

附录一

民事诉讼证据规则

第一章　总　　则

第一条　【宗旨】

为保证人民法院正确认定案件事实,公正、及时审理民事案件,保障和便利当事人依法行使诉讼权利,根据《中华人民共和国民事诉讼法》(以下简称民事诉讼法)等有关法律的规定,结合民事审判经验和实际情况,制定本规则。

第二条　【证据种类】

证据包括:

(一)当事人的陈述;

(二)书证;

(三)物证;

(四)视听资料;

(五)电子数据;

(六)证人证言;

(七)鉴定意见;

(八)勘验笔录。

证据必须查证属实,才能作为认定事实的根据。

第三条　【证据裁判主义】

人民法院应当以证据能够证明的案件事实为根据依法作出裁判。

第四条　【证据采信的要求】

审判人员应当依照法定程序,全面、客观地审核证据,依据法律的规定,遵循法官职业道德,运用逻辑推理和日常生活经验,对证据有无证明力和证明力大小独立进行判断,并公开判断的理由和结果。

第二章 取 证

第一节 调查收集

第五条 【诉讼代理人调查取证】

代理诉讼的律师和其他诉讼代理人有权调查收集证据,可以查阅本案有关材料。查阅本案有关材料的范围和办法由最高人民法院规定。

第六条 【法院依申请调查取证】

民事诉讼法第六十七条第二款规定的当事人及其诉讼代理人因客观原因不能自行收集的证据包括:

(一)证据由国家有关部门保存,当事人及其诉讼代理人无权查阅调取的;

(二)涉及国家秘密、商业秘密或者个人隐私的;

(三)当事人及其诉讼代理人因客观原因不能自行收集的其他证据。

第七条 【调查取证申请时限及内容】

当事人及其诉讼代理人申请人民法院调查收集证据,应当在举证期限届满前提交书面申请。

申请书应当载明被调查人的姓名或者单位名称、住所地等基本情况、所要调查收集的证据名称或者内容、需要由人民法院调查收集证据的原因及其要证明的事实以及明确的线索。

第八条 【申请调查取证的审查】

当事人申请调查收集的证据,与待证事实无关联、对证明待证事实无意义或者其他无调查收集必要的,人民法院不予准许。

第九条 【法院依职权调查取证】

民事诉讼法第六十七条第二款规定的人民法院认为审理案件需要的证据包括:

(一)涉及可能损害国家利益、社会公共利益的;

（二）涉及身份关系的；

（三）涉及民事诉讼法第五十八条规定诉讼的；

（四）当事人有恶意串通损害他人合法权益可能的；

（五）涉及依职权追加当事人、中止诉讼、终结诉讼、回避等程序性事项的。

除前款规定外，人民法院调查收集证据，应当依照当事人的申请进行。

第十条 【调查取证配合义务】

人民法院有权向有关单位和个人调查取证，有关单位和个人不得拒绝。

人民法院对有关单位和个人提出的证明文书，应当辨别真伪，审查确定其效力。

第十一条 【法院调查取证的程序】

人民法院调查收集证据，应当由两人以上共同进行。调查材料要由调查人、被调查人、记录人签名、捺印或者盖章。

第十二条 【法院调取书证的要求】

人民法院调查收集的书证，可以是原件，也可以是经核对无误的副本或者复制件。是副本或者复制件的，应当在调查笔录中说明来源和取证情况。

第十三条 【法院调取物证的要求】

人民法院调查收集的物证应当是原物。被调查人提供原物确有困难的，可以提供复制品或者影像资料。提供复制品或者影像资料的，应当在调查笔录中说明取证情况。

第十四条 【法院调取视听资料、电子数据的要求】

人民法院调查收集视听资料、电子数据，应当要求被调查人提供原始载体。

提供原始载体确有困难的，可以提供复制件。提供复制件的，人民法院应当在调查笔录中说明其来源和制作经过。

人民法院对视听资料、电子数据采取证据保全措施的，适用前款规定。

第十五条 【法院调取证据的科学性要求】

人民法院调查收集可能需要鉴定的证据，应当遵守相关技术规范，确保证据不被污染。

第二节　证 据 保 全

第十六条　【证据保全申请】

在证据可能灭失或者以后难以取得的情况下,当事人可以在诉讼过程中向人民法院申请保全证据,人民法院也可以主动采取保全措施。

因情况紧急,在证据可能灭失或者以后难以取得的情况下,利害关系人可以在提起诉讼或者申请仲裁前向证据所在地、被申请人住所地或者对案件有管辖权的人民法院申请保全证据。

第十七条　【证据保全申请书及提出时限】

当事人或者利害关系人根据民事诉讼法第八十四条的规定申请证据保全的,申请书应当载明需要保全的证据的基本情况、申请保全的理由以及采取何种保全措施等内容。

当事人根据民事诉讼法第八十四条第一款的规定申请证据保全的,应当在举证期限届满前向人民法院提出。

法律、司法解释对诉前证据保全有规定的,依照其规定办理。

第十八条　【证据保全担保】

当事人或者利害关系人申请采取查封、扣押等限制保全标的物使用、流通等保全措施,或者保全可能对证据持有人造成损失的,人民法院应当责令申请人提供相应的担保。

担保方式或者数额由人民法院根据保全措施对证据持有人的影响、保全标的物的价值、当事人或者利害关系人争议的诉讼标的金额等因素综合确定。

第十九条　【证据保全措施】

人民法院进行证据保全,可以要求当事人或者诉讼代理人到场。

根据当事人的申请和具体情况,人民法院可以采取查封、扣押、录音、录像、复制、鉴定、勘验等方法进行证据保全,并制作笔录。

在符合证据保全目的的情况下,人民法院应当选择对证据持有人利益影响最小的保全措施。

第二十条　【错保赔偿责任】

申请证据保全错误造成财产损失,当事人请求申请人承担赔偿责任的,人民法院应予支持。

第二十一条　【诉前保全证据移交】

人民法院采取诉前证据保全措施后,当事人向其他有管辖权的人民法院提起诉讼的,采取保全措施的人民法院应当根据当事人的申请,将保全的证据及时移交受理案件的人民法院。

第二十二条　【参照适用财产保全规范】

本规则对证据保全没有规定的,参照适用法律、司法解释关于财产保全的规定。

第三章　举　　证

第一节　通　　则

第二十三条　【起诉与反诉证据】

原告向人民法院起诉或者被告提出反诉,应当提供符合起诉条件的相应的证据。

第二十四条　【举证释明】

人民法院应当向当事人说明举证的要求及法律后果,促使当事人在合理期限内积极、全面、正确、诚实地完成举证。

第二十五条　【举证责任内涵】

当事人对自己提出的主张,有责任提供证据。

当事人对自己提出的诉讼请求所依据的事实或者反驳对方诉讼请求所依据的事实,应当提供证据加以证明,但法律另有规定的除外。

在作出判决前,当事人未能提供证据或者证据不足以证明其事实主张的,由负有举证证明责任的当事人承担不利的后果。

第二十六条　【举证责任分配规则】

人民法院应当依照下列原则确定举证证明责任的承担,但法律另有规定的除外：

(一)主张法律关系存在的当事人,应当对产生该法律关系的基本事实承担举证证明责任；

(二)主张法律关系变更、消灭或者权利受到妨害的当事人,应当对该法律关系变更、消灭或者权利受到妨害的基本事实承担举证证明责任。

第二十七条 【免证事实】

下列事实,当事人无须举证证明：

(一)自然规律以及定理、定律；

(二)众所周知的事实；

(三)根据法律规定推定的事实；

(四)根据已知的事实和日常生活经验法则推定出的另一事实；

(五)已为仲裁机构的生效裁决所确认的事实；

(六)已为人民法院发生法律效力的裁判所确认的基本事实；

(七)已为有效公证文书所证明的事实。

前款第二项至第五项事实,当事人有相反证据足以反驳的除外;第六项、第七项事实,当事人有相反证据足以推翻的除外。

第二十八条 【原件原物优先规则】

当事人向人民法院提供证据,应当提供原件或者原物。如需自己保存证据原件、原物或者提供原件、原物确有困难的,可以提供经人民法院核对无异的复制件或者复制品。

第二十九条 【提交和签收证据的要求】

当事人应当对其提交的证据材料逐一分类编号,对证据材料的来源、证明对象和内容作简要说明,签名盖章,注明提交日期,并依照对方当事人人数提出副本。

人民法院收到当事人提交的证据材料,应当出具收据,注明证据的名称、份数和页数以及收到的时间,由经办人员签名或者盖章。

第二节 当事人的陈述

第三十条 【陈述与反言】

民事诉讼应当遵循诚信原则。

当事人应当就案件事实作真实、完整的陈述。

当事人的陈述与此前陈述不一致的,人民法院应当责令其说明理由,并结合当事人的诉讼能力、证据和案件具体情况进行审查认定。

当事人故意作虚假陈述妨碍人民法院审理的,人民法院应当根据情节,依照民事诉讼法第一百一十四条的规定进行处罚。

第三十一条 【自认】

在诉讼过程中,一方当事人陈述的于己不利的事实,或者对于己不利的事实明确表示承认的,另一方当事人无需举证证明。

在证据交换、询问、调查过程中,或者在起诉状、答辩状、代理词等书面材料中,当事人明确承认于己不利的事实的,适用前款规定。

第三十二条 【拟制自认】

一方当事人对于另一方当事人主张的于己不利的事实既不承认也不否认,经审判人员说明并询问后,其仍然不明确表示肯定或者否定的,视为对该事实的承认。

第三十三条 【诉讼代理人自认】

当事人委托诉讼代理人参加诉讼的,除授权委托书明确排除的事项外,诉讼代理人的自认视为当事人的自认。

当事人在场对诉讼代理人的自认明确否认的,不视为自认。

第三十四条 【普通共同诉讼自认】

普通共同诉讼中,共同诉讼人中一人或者数人作出的自认,对作出自认的当事人发生效力。

第三十五条 【必要共同诉讼自认】

必要共同诉讼中,共同诉讼人中一人或者数人作出自认而其他共同诉讼人予以否认的，不发生自认的效力。其他共同诉讼人既不承认也不否认，经审判人员说明并询问后仍然不明确表示意见的，视为全体共同诉讼人的自认。

第三十六条　【限制或附条件自认】

一方当事人对于另一方当事人主张的于己不利的事实有所限制或者附加条件予以承认的，由人民法院综合案件情况决定是否构成自认。

第三十七条　【自认排除】

《最高人民法院关于适用〈中华人民共和国民事诉讼法〉的解释》第九十六条第一款规定的事实，不适用有关自认的规定。

自认的事实与已经查明的事实不符的，人民法院不予确认。

第三十八条　【调解或和解中的让步】

在诉讼中，当事人为达成调解协议或者和解协议作出妥协而认可的事实，不得在后续的诉讼中作为对其不利的根据，但法律另有规定或者当事人均同意的除外。

第三十九条　【撤销自认】

有下列情形之一，当事人在法庭辩论终结前撤销自认的，人民法院应当准许：

（一）经对方当事人同意的；

（二）自认是在受胁迫或者重大误解情况下作出的。

人民法院准许当事人撤销自认的，应当作出口头或者书面裁定。

第四十条　【专家辅助人】

当事人可以依照民事诉讼法第八十二条的规定，在举证期限届满前申请一至二名具有专门知识的人出庭，代表当事人对鉴定意见进行质证，或者对案件事实所涉及的专业问题提出意见。

具有专门知识的人在法庭上就专业问题提出的意见，视为当事人的陈述。

人民法院准许当事人申请的，相关费用由提出申请的当事人负担。

第四十一条　【专家辅助人申请书】

当事人依照民事诉讼法第八十二条和《最高人民法院关于适用〈中华人民共

和国民事诉讼法〉的解释》第一百二十二条的规定,申请有专门知识的人出庭的,申请书中应当载明有专门知识的人的基本情况和申请的目的。

人民法院准许当事人申请的,应当通知双方当事人。

第三节　书　　证

第四十二条　【提交书证原件困难】

民事诉讼法第七十三条规定的提交书证原件确有困难,包括下列情形:

(一)书证原件遗失、灭失或者毁损的;

(二)原件在对方当事人控制之下,经合法通知提交而拒不提交的;

(三)原件在他人控制之下,而其有权不提交的;

(四)原件因篇幅或者体积过大而不便提交的;

(五)承担举证证明责任的当事人通过申请人民法院调查收集或者其他方式无法获得书证原件的。

前款规定情形,人民法院应当结合其他证据和案件具体情况,审查判断书证复制品等能否作为认定案件事实的根据。

第四十三条　【摘录要求】

摘录有关单位制作的与案件事实相关的文件、材料,应当注明出处,并加盖制作单位或者保管单位的印章,摘录人和其他调查人员应当在摘录件上签名或者盖章。

摘录文件、材料应当保持内容相应的完整性。

第四十四条　【书证提出命令的申请时限及内容】

书证在对方当事人控制之下的,承担举证证明责任的当事人可以在举证期限届满前书面申请人民法院责令对方当事人提交。

当事人根据《最高人民法院关于适用〈中华人民共和国民事诉讼法〉的解释》第一百一十二条的规定申请人民法院责令对方当事人提交书证的,申请书应当载明所申请提交的书证名称或者内容、需要以该书证证明的事实及事实的重要性、对方当事人控制该书证的根据以及应当提交该书证的理由。

对方当事人否认控制书证的,人民法院应当根据法律规定、习惯等因素,结合案件的事实、证据,对于书证是否在对方当事人控制之下的事实作出综合判断。

第四十五条　【书证提出命令申请的审查】

人民法院对当事人提交书证的申请进行审查时,应当听取对方当事人的意见,必要时可以要求双方当事人提供证据、进行辩论。

当事人申请提交的书证不明确、书证对于待证事实的证明无必要、待证事实对于裁判结果无实质性影响、书证未在对方当事人控制之下或者不符合《最高人民法院关于民事诉讼证据的若干规定》第四十七条情形的,人民法院不予准许。

当事人申请理由成立的,人民法院应当作出裁定,责令对方当事人提交书证,因提交书证产生的费用,由申请人负担。理由不成立的,通知申请人。

第四十六条　【书证提出命令的客体】

下列情形,控制书证的当事人应当提交书证:

(一)控制书证的当事人在诉讼中曾经引用过的书证;

(二)为对方当事人的利益制作的书证;

(三)对方当事人依照法律规定有权查阅、获取的书证;

(四)账簿、记账原始凭证;

(五)人民法院认为应当提交书证的其他情形。

前款所列书证,涉及国家秘密、商业秘密、当事人或第三人的隐私,或者存在法律规定应当保密的情形的,提交后不得公开质证。

第四十七条　【不遵守书证提出命令的后果】

控制书证的当事人无正当理由拒不提交书证的,人民法院可以认定对方当事人所主张的书证内容为真实。

控制书证的当事人存在《最高人民法院关于适用〈中华人民共和国民事诉讼法〉的解释》第一百一十三条规定情形的,人民法院可以认定对方当事人主张以该书证证明的事实为真实。

第四十八条　【毁灭书证的处罚】

持有书证的当事人以妨碍对方当事人使用为目的,毁灭有关书证或者实施其他致使书证不能使用行为的,人民法院可以依照民事诉讼法第一百一十四条规定,对其处以罚款、拘留。

第四十九条 【域外证据认证】

当事人提供的公文书证系在中华人民共和国领域外形成的,该证据应当经所在国公证机关证明,或者履行中华人民共和国与该所在国订立的有关条约中规定的证明手续。

中华人民共和国领域外形成的涉及身份关系的证据,应当经所在国公证机关证明并经中华人民共和国驻该国使领馆认证,或者履行中华人民共和国与该所在国订立的有关条约中规定的证明手续。

当事人向人民法院提供的证据是在香港、澳门、台湾地区形成的,应当履行相关的证明手续。

第五十条 【外文书证或说明资料】

当事人向人民法院提供外文书证或者外文说明资料,应当附有中文译本。

第四节 物 证

第五十一条 【动产物证】

以动产作为证据的,应当将原物提交人民法院。原物不宜搬移或者不宜保存的,当事人可以提供复制品、影像资料或者其他替代品。

人民法院在收到当事人提交的动产或者替代品后,应当及时通知双方当事人到人民法院或者保存现场查验。

第五十二条 【不动产物证】

当事人以不动产作为证据的,应当向人民法院提供该不动产的影像资料。

人民法院认为有必要的,应当通知双方当事人到场进行查验。

第五节 视听资料、电子数据

第五十三条 【视听资料原件优先】

视听资料包括录音资料和影像资料。

当事人以视听资料作为证据的,应当提供存储该视听资料的原始载体。

第五十四条 【电子数据的范围】

电子数据是指通过电子邮件、电子数据交换、网上聊天记录、博客、微博客、手机短信、电子签名、域名等形成或者存储在电子介质中的信息。

电子数据包括下列信息、电子文件:

(一)网页、博客、微博客等网络平台发布的信息;

(二)手机短信、电子邮件、即时通信、通讯群组等网络应用服务的通信信息;

(三)用户注册信息、身份认证信息、电子交易记录、通信记录、登录日志等信息;

(四)文档、图片、音频、视频、数字证书、计算机程序等电子文件;

(五)其他以数字化形式存储、处理、传输的能够证明案件事实的信息。

存储在电子计算机等电子介质中的视听资料,适用电子数据的规定。

第五十五条 【电子数据等同原则】

当事人以电子数据作为证据的,应当提供原件。电子数据的制作者制作的与原件一致的副本,或者直接来源于电子数据的打印件或其他可以显示、识别的输出介质,视为电子数据的原件。

第六节 证人证言

第五十六条 【证人资格】

凡是知道案件情况的单位和个人,都有义务出庭作证。有关单位的负责人应当支持证人作证。

不能正确表达意思的人,不能作为证人。

待证事实与其年龄、智力状况或者精神健康状况相适应的无民事行为能力人和限制民事行为能力人,可以作为证人。

第五十七条 【证人出庭作证】

经人民法院通知,证人应当出庭作证。有下列情形之一的,经人民法院许可,可以通过书面证言、视听传输技术或者视听资料等方式作证:

（一）因健康原因不能出庭的；

（二）因路途遥远，交通不便不能出庭的；

（三）因自然灾害等不可抗力不能出庭的；

（四）其他有正当理由不能出庭的。

人民法院应当要求证人出庭作证，接受审判人员和当事人的询问。证人在审理前的准备阶段或者人民法院调查、询问等双方当事人在场时陈述证言的，视为出庭作证。

双方当事人同意证人以其他方式作证并经人民法院准许的，证人可以不出庭作证。

第五十八条　【证人出庭作证申请时限及内容】

当事人申请证人出庭作证的，应当在举证期限届满前向人民法院提交申请书。

申请书应当载明证人的姓名、职业、住所、联系方式，作证的主要内容，作证内容与待证事实的关联性，以及证人出庭作证的必要性。

符合《最高人民法院关于适用〈中华人民共和国民事诉讼法〉的解释》第九十六条第一款规定情形的，人民法院应当依职权通知证人出庭作证。

第五十九条　【申请证人出庭作证的处理】

人民法院准许证人出庭作证申请的，应当向证人送达通知书并告知双方当事人。通知书中应当载明证人作证的时间、地点，作证的事项、要求以及作伪证的法律后果等内容。

当事人申请证人出庭作证的事项与待证事实无关，或者没有通知证人出庭作证必要的，人民法院不予准许当事人的申请。

第六十条　【证人具结】

人民法院应当要求证人在作证之前签署保证书，并在法庭上宣读保证书的内容。但无民事行为能力人和限制民事行为能力人作为证人的除外。

证人确有正当理由不能宣读保证书的，由书记员代为宣读并进行说明。

证人拒绝签署或者宣读保证书的，不得作证，并自行承担相关费用。

证人保证书的内容适用当事人保证书的规定。

第六十一条 【证人作证方式】

证人应当客观陈述其亲身感知的事实,作证时不得使用猜测、推断或者评论性语言。

证人作证前不得旁听法庭审理,作证时不得以宣读事先准备的书面材料的方式陈述证言。

证人言辞表达有障碍的,可以通过其他表达方式作证。

第六十二条 【证人连续陈述】

证人应当就其作证的事项进行连续陈述。

当事人及其法定代理人、诉讼代理人或者旁听人员干扰证人陈述的,人民法院应当及时制止,必要时可以依照民事诉讼法第一百一十三条的规定进行处罚。

第六十三条 【询问证人】

审判人员可以对证人进行询问。当事人及其诉讼代理人经审判人员许可后可以询问证人。

询问证人时其他证人不得在场。

人民法院认为有必要的,可以要求证人之间进行对质。

第六十四条 【证人以其他方式作证的条件】

证人确有困难不能出庭作证,申请以书面证言、视听传输技术或者视听资料等方式作证的,应当向人民法院提交申请书。申请书中应当载明不能出庭的具体原因。

符合民事诉讼法第七十六条规定情形的,人民法院应当准许。

第六十五条 【书面证言和视听资料证言保证书】

证人经人民法院准许,以书面证言方式作证的,应当签署保证书;以视听传输技术或者视听资料方式作证的,应当签署保证书并宣读保证书的内容。

第六十六条 【证人保护和伪证制裁】

当事人及其诉讼代理人对证人的询问与待证事实无关,或者存在威胁、侮辱证人或不适当引导等情形的,审判人员应当及时制止。必要时可以依照民事诉讼讼法第一百一十三条、第一百一十四条的规定进行处罚。

证人故意作虚假陈述,诉讼参与人或者其他人以暴力、威胁、贿买等方法妨碍证人作证,或者在证人作证后以侮辱、诽谤、诬陷、恐吓、殴打等方式对证人打击报复的,人民法院应当根据情节,依照民事诉讼法第一百一十四条的规定,对行为人进行处罚。

第六十七条 【未经通知证人不得出庭】

未经人民法院通知,证人不得出庭作证,但双方当事人同意并经人民法院准许的除外。

第六十八条 【证人出庭作证费用及负担】

证人因履行出庭作证义务而支出的交通、住宿、就餐等必要费用以及误工损失,由败诉一方当事人负担。当事人申请证人作证的,由该当事人先行垫付;当事人没有申请,人民法院通知证人作证的,由人民法院先行垫付。

民事诉讼法第七十七条规定的证人因履行出庭作证义务而支出的交通、住宿、就餐等必要费用,按照机关事业单位工作人员差旅费用和补贴标准计算;误工损失按照国家上年度职工日平均工资标准计算。

人民法院准许证人出庭作证申请的,应当通知申请人预缴证人出庭作证费用。

证人出庭作证后,可以向人民法院申请支付证人出庭作证费用。证人有困难需要预先支取出庭作证费用的,人民法院可以根据证人的申请在出庭作证前支付。

第七节 鉴定意见

第六十九条 【申请鉴定】

当事人可以就查明事实的专门性问题向人民法院申请鉴定。

第七十条 【依职权鉴定】

人民法院在审理案件过程中认为待证事实需要通过鉴定意见证明的,应当向当事人释明,并指定提出鉴定申请的期间。

符合《最高人民法院关于适用〈中华人民共和国民事诉讼法〉的解释》第九十六条第一款规定情形的，人民法院应当依职权委托鉴定。

第七十一条 【申请鉴定时限及逾期后果】

当事人申请鉴定，应当在人民法院指定期间内提出，并预交鉴定费用。逾期不提出申请或者不预交鉴定费用的，视为放弃申请。

对需要鉴定的待证事实负有举证责任的当事人，在人民法院指定期间内无正当理由不提出鉴定申请或者不预交鉴定费用，或者拒不提供相关材料，致使待证事实无法查明的，应当承担举证不能的法律后果。

第七十二条 【鉴定申请的审查】

申请鉴定的事项与待证事实无关联，或者对证明待证事实无意义的，人民法院不予准许。

第七十三条 【鉴定人的选定和委托书内容】

人民法院准许鉴定申请的，应当组织双方当事人协商确定具备相应资格的鉴定人。当事人协商不成的，由人民法院指定。

人民法院依职权委托鉴定的，可以在询问当事人的意见后，指定具备相应资格的鉴定人。

人民法院在确定鉴定人后应当出具委托书，委托书中应当载明鉴定事项、鉴定范围、鉴定目的和鉴定期限。

第七十四条 【鉴定承诺书】

鉴定开始之前，人民法院应当要求鉴定人签署承诺书。承诺书中应当载明鉴定人保证客观、公正、诚实地进行鉴定，保证出庭作证，如作虚假鉴定应当承担法律责任等内容。

鉴定人故意作虚假鉴定的，人民法院应当责令其退还鉴定费用，并根据情节，依照民事诉讼法第一百一十四条的规定进行处罚。

第七十五条 【逾期鉴定后果】

鉴定人应当在人民法院确定的期限内完成鉴定，并提交鉴定书。

鉴定人无正当理由未按期提交鉴定书的，当事人可以申请人民法院另行委托鉴定人进行鉴定。人民法院准许的,原鉴定人已经收取的鉴定费用应当退还;拒不退还的,依照《最高人民法院关于民事诉讼证据的若干规定》第八十一条第二款的规定处理。

第七十六条 【鉴定书内容异议】

人民法院收到鉴定书后,应当及时将副本送交当事人。

当事人对鉴定书的内容有异议的,应当在人民法院指定期间内以书面方式提出。

对于当事人的异议,人民法院应当要求鉴定人作出解释、说明或者补充。人民法院认为有必要的,可以要求鉴定人对当事人未提出异议的内容进行解释、说明或者补充。

第七十七条 【鉴定人出庭费用预交及通知】

当事人在收到鉴定人的书面答复后仍有异议的,人民法院应当根据《诉讼费用交纳办法》第十一条的规定,通知有异议的当事人预交鉴定人出庭费用,并通知鉴定人出庭。有异议的当事人不预交鉴定人出庭费用的,视为放弃异议。

双方当事人对鉴定意见均有异议的,分摊预交鉴定人出庭费用。

第七十八条 【鉴定人出庭费用的负担】

鉴定人出庭费用按照证人出庭作证费用的标准计算,由败诉的当事人负担。因鉴定意见不明确或者有瑕疵需要鉴定人出庭的,出庭费用由其自行负担。

人民法院委托鉴定时已经确定鉴定人出庭费用包含在鉴定费用中的,不再通知当事人预交。

第七十九条 【鉴定意见撤销的处理】

鉴定意见被采信后,鉴定人无正当理由撤销鉴定意见的,人民法院应当责令其退还鉴定费用,并可以根据情节,依照民事诉讼法第一百一十四条的规定对鉴定人进行处罚。当事人主张鉴定人负担由此增加的合理费用的,人民法院应予支持。

人民法院采信鉴定意见后准许鉴定人撤销的,应当责令其退还鉴定费用。

第八十条 【鉴定人出庭的通知和要求】

鉴定人依照民事诉讼法第八十一条的规定出庭作证的,人民法院应当在开庭审理三日前将出庭的时间、地点及要求通知鉴定人。

委托机构鉴定的，应当由从事鉴定的人员代表机构出庭。

第八十一条　【鉴定人拒不出庭的后果】

鉴定人拒不出庭作证的，鉴定意见不得作为认定案件事实的根据。人民法院应当建议有关主管部门或者组织对拒不出庭作证的鉴定人予以处罚。

当事人要求退还鉴定费用的，人民法院应当在三日内作出裁定，责令鉴定人退还；拒不退还的，由人民法院依法执行。

当事人因鉴定人拒不出庭作证申请重新鉴定的，人民法院应当准许。

第八节　勘验笔录

第八十二条　【物证和现场的勘验】

人民法院认为有必要的，可以根据当事人的申请或者依职权对物证或者现场进行勘验。勘验时应当保护他人的隐私和尊严。

人民法院可以要求鉴定人参与勘验。必要时，可以要求鉴定人在勘验中进行鉴定。

第八十三条　【勘验程序】

勘验物证或者现场，勘验人必须出示人民法院的证件，并邀请当地基层组织或者当事人所在单位派人参加。当事人或者当事人的成年家属应当到场，拒不到场的，不影响勘验的进行。

有关单位和个人根据人民法院的通知，有义务保护现场，协助勘验工作。

第八十四条　【勘验通知及笔录内容】

人民法院应当在勘验前将勘验的时间和地点通知当事人。当事人不参加的，不影响勘验进行。

当事人可以就勘验事项向人民法院进行解释和说明，可以请求人民法院注意勘验中的重要事项。

人民法院勘验物证或者现场，应当制作笔录，记录勘验的时间、地点、勘验人、在场人、勘验的经过、结果，由勘验人、在场人签名或者盖章。对于绘制的现场图应当注明绘制的时间、方位、测绘人姓名、身份等内容。

第四章 举证时限

第八十五条 【举证及时提出】

当事人对自己提出的主张应当及时提供证据。

人民法院根据当事人的主张和案件审理情况,确定当事人应当提供的证据及其期限。当事人在举证期限内提供证据确有困难的,可以向人民法院申请延长期限,人民法院根据当事人的申请适当延长。

第八十六条 【举证通知书】

人民法院应当在审理前的准备阶段向当事人送达举证通知书。

举证通知书应当载明举证责任的分配原则和要求、可以向人民法院申请调查收集证据的情形、人民法院根据案件情况指定的举证期限以及逾期提供证据的法律后果等内容。

第八十七条 【各审理程序的举证期限】

举证期限可以由当事人协商,并经人民法院准许。

人民法院指定举证期限的,适用第一审普通程序审理的案件不得少于十五日,当事人提供新的证据的第二审案件不得少于十日。适用简易程序审理的案件不得超过十五日,小额诉讼案件的举证期限一般不得超过七日。

举证期限届满后,当事人提供反驳证据或者对已经提供的证据的来源、形式等方面的瑕疵进行补正的,人民法院可以酌情再次确定举证期限,该期限不受前款规定的期间限制。

第八十八条 【举证客观障碍】

当事人在举证期限内提供证据存在客观障碍,属于民事诉讼法第六十八条第二款规定的“当事人在该期限内提供证据确有困难”的情形。

前款情形,人民法院应当根据当事人的举证能力、不能在举证期限内提供证据的原因等因素综合判断。必要时,可以听取对方当事人的意见。

第八十九条 【举证期限延长】

当事人申请延长举证期限的,应当在举证期限届满前向人民法院提出书面申请。

申请理由成立的,人民法院应当准许,适当延长举证期限,并通知其他当事人。延长的举证期限适用于其他当事人。

申请理由不成立的,人民法院不予准许,并通知申请人。

第九十条 【变更诉讼请求的举证期限】

诉讼过程中,当事人主张的法律关系性质或者民事行为效力与人民法院根据案件事实作出的认定不一致的,人民法院应当将法律关系性质或者民事行为效力作为焦点问题进行审理。但法律关系性质对裁判理由及结果没有影响,或者有关问题已经当事人充分辩论的除外。

存在前款情形,当事人根据法庭审理情况变更诉讼请求的,人民法院应当准许并可以根据案件的具体情况重新指定举证期限。

第九十一条 【特殊情形的举证期限】

存在下列情形的,举证期限按照如下方式确定:

(一)当事人依照民事诉讼法第一百三十条规定提出管辖权异议的,举证期限中止,自驳回管辖权异议的裁定生效之日起恢复计算;

(二)追加当事人、有独立请求权的第三人参加诉讼或者无独立请求权的第三人经人民法院通知参加诉讼的,人民法院应当依照《最高人民法院关于民事诉讼证据的若干规定》第五十一条的规定为新参加诉讼的当事人确定举证期限,该举证期限适用于其他当事人;

(三)发回重审的案件,第一审人民法院可以结合案件具体情况和发回重审的原因,酌情确定举证期限;

(四)当事人增加、变更诉讼请求或者提出反诉的,人民法院应当根据案件具体情况重新确定举证期限;

(五)公告送达的,举证期限自公告期届满之次日起计算。

第九十二条　【证据交换与举证期限】

人民法院依照民事诉讼法第一百三十六条第四项的规定,通过组织证据交换进行审理前准备的,证据交换之日举证期限届满。

证据交换的时间可以由当事人协商一致并经人民法院认可,也可以由人民法院指定。当事人申请延期举证经人民法院准许的,证据交换日相应顺延。

第九十三条　【证据交换流程】

证据交换应当在审判人员的主持下进行。

在证据交换的过程中,审判人员对当事人无异议的事实、证据应当记录在卷;对有异议的证据,按照需要证明的事实分类记录在卷,并记载异议的理由。通过证据交换,确定双方当事人争议的主要问题。

第九十四条　【再次证据交换】

当事人收到对方的证据后有反驳证据需要提交的,人民法院应当再次组织证据交换。

第九十五条　【新的证据】

当事人在法庭上提出新的证据的,人民法院应当依照民事诉讼法第六十八条第二款规定和本解释相关规定处理。

第九十六条　【新证据引起的必要费用补偿】

当事人提交新的证据致使再审改判的,因再审申请人或者申请检察监督当事人的过错未能在原审程序中及时举证,被申请人等当事人请求补偿其增加的交通、住宿、就餐、误工等必要费用的,人民法院应予支持。

第九十七条　【逾期举证说理】

当事人逾期提供证据的,人民法院应当责令其说明理由,必要时可以要求其提供相应的证据。

当事人因客观原因逾期提供证据,或者对方当事人对逾期提供证据未提出异议的,视为未逾期。

拒不说明理由或者理由不成立的,人民法院根据不同情形可以不予采纳该证据,或者采纳该证据但予以训诫、罚款。

第九十八条　【逾期举证的后果】

当事人因故意或者重大过失逾期提供的证据，人民法院不予采纳。但该证据与案件基本事实有关的，人民法院应当采纳，并依照民事诉讼法第六十八条、第一百零八条第一款的规定予以训诫、罚款。

当事人非因故意或者重大过失逾期提供的证据，人民法院应当采纳，并对当事人予以训诫。

当事人一方要求另一方赔偿因逾期提供证据致使其增加的交通、住宿、就餐、误工、证人出庭作证等必要费用的，人民法院可予支持。

人民法院对逾期提供证据的当事人处以罚款的，可以结合当事人逾期提供证据的主观过错程度、导致诉讼迟延的情况、诉讼标的金额等因素，确定罚款数额。

第五章　质　　证

第九十九条　【质证公开】

证据应当在法庭上出示，由当事人互相质证。未经质证的证据，不得作为认定案件事实的根据。

涉及国家秘密、商业秘密、个人隐私或者法律规定应当保密的证据，不得公开质证。

第一百条　【鉴定材料质证】

人民法院应当组织当事人对鉴定材料进行质证。未经质证的材料，不得作为鉴定的根据。

经人民法院准许，鉴定人可以调取证据、勘验物证和现场、询问当事人或者证人。

第一百零一条　【视为质证】

当事人在审理前的准备阶段或者人民法院调查、询问过程中发表过质证意见的证据，视为质证过的证据。

当事人要求以书面方式发表质证意见，人民法院在听取对方当事人意见后认为有必要的，可以准许。人民法院应当及时将书面质证意见送交对方当事人。

第一百零二条 【原件原物质证的例外】

对书证、物证、视听资料进行质证时,当事人应当出示证据的原件或者原物。但有下列情形之一的除外:

(一)出示原件或者原物确有困难并经人民法院准许出示复制件或者复制品的;

(二)原件或者原物已不存在,但有证据证明复制件、复制品与原件或者原物一致的。

第一百零三条 【质证顺序】

质证一般按下列顺序进行:

(一)原告出示证据,被告、第三人与原告进行质证;

(二)被告出示证据,原告、第三人与被告进行质证;

(三)第三人出示证据,原告、被告与第三人进行质证。

人民法院根据当事人申请调查收集的证据,审判人员对调查收集证据的情况进行说明后,由提出申请的当事人与对方当事人、第三人进行质证。

人民法院依职权调查收集的证据,由审判人员对调查收集证据的情况进行说明后,听取当事人的意见。

第一百零四条 【质证内容】

人民法院应当组织当事人围绕证据的真实性、合法性以及与待证事实的关联性进行质证,并针对证据有无证明力和证明力大小进行说明和辩论。

第一百零五条 【鉴定人对异议及询问的答复】

鉴定人应当就鉴定事项如实答复当事人的异议和审判人员的询问。当庭答复确有困难的,经人民法院准许,可以在庭审结束后书面答复。

人民法院应当及时将书面答复送交当事人,并听取当事人的意见。必要时,可以再次组织质证。

第一百零六条 【询问鉴定人、勘验人】

经法庭许可,当事人可以询问鉴定人、勘验人。

询问鉴定人、勘验人不得使用威胁、侮辱等不适当的言语和方式。

第一百零七条　【询问专家辅助人】

审判人员可以对有专门知识的人进行询问。经法庭准许,当事人可以对有专门知识的人进行询问,当事人各自申请的有专门知识的人可以就案件中的有关问题进行对质。

有专门知识的人不得参与对鉴定意见质证或者就专业问题发表意见之外的法庭审理活动。

第六章　认　　证

第一节　通　　则

第一百零八条　【证据的三性】

能够反映案件真实情况、与待证事实相关联、来源和形式符合法律规定的证据,应当作为认定案件事实的根据。

第一百零九条　【非法证据排除】

对以严重侵害他人合法权益、违反法律禁止性规定或者严重违背公序良俗的方法形成或者获取的证据,不得作为认定案件事实的根据。

第一百一十条　【单一证据的审核】

审判人员对单一证据可以从下列方面进行审核认定:

(一)证据是否为原件、原物,复制件、复制品与原件、原物是否相符;

(二)证据与本案事实是否相关;

(三)证据的形式、来源是否符合法律规定;

(四)证据的内容是否真实;

(五)证人或者提供证据的人与当事人有无利害关系。

第一百一十一条　【证据的综合审核】

审判人员对案件的全部证据,应当从各证据与案件事实的关联程度、各证据之间的联系等方面进行综合审查判断。

第一百一十二条　【证据反悔】

当事人在诉讼过程中认可的证据,人民法院应当予以确认。但法律、司法解释另有规定的除外。

当事人对认可的证据反悔的,参照《最高人民法院关于适用〈中华人民共和国民事诉讼法〉的解释》第二百二十九条的规定处理。

第一百一十三条 【需补强的证据】

下列证据不能单独作为认定案件事实的根据:

(一)当事人的陈述;

(二)无民事行为能力人或者限制民事行为能力人所作的与其年龄、智力状况或者精神健康状况不相当的证言;

(三)与一方当事人或者其代理人有利害关系的证人陈述的证言;

(四)存有疑点的视听资料、电子数据;

(五)无法与原件、原物核对的复制件、复制品。

第二节 当事人的陈述

第一百一十四条 【当事人陈述的审核】

人民法院对当事人的陈述,应当结合本案的其他证据,审查确定能否作为认定事实的根据。

当事人拒绝陈述的,不影响人民法院根据证据认定案件事实。

第一百一十五条 【当事人接受询问】

人民法院认为有必要的,可以要求当事人本人到场,就案件的有关事实接受询问。

人民法院要求当事人到场接受询问的,应当通知当事人询问的时间、地点、拒不到场的后果等内容。

第一百一十六条 【当事人具结】

人民法院应当在询问前责令当事人签署保证书并宣读保证书的内容。

保证书应当载明保证据实陈述,绝无隐瞒、歪曲、增减,如有虚假陈述应当接受处罚等内容。当事人应当在保证书上签名、捺印。

当事人有正当理由不能宣读保证书的,由书记员宣读并进行说明。

第一百一十七条　【当事人拒绝询问的后果】

当事人无正当理由拒不到场、拒不签署或宣读保证书或者拒不接受询问的，人民法院应当综合案件情况，判断待证事实的真伪。待证事实无其他证据证明的，人民法院应当作出不利于该当事人的认定。

第三节　书　　证

第一百一十八条　【公文书证的真实性】

国家机关或者其他依法具有社会管理职能的组织，在其职权范围内制作的文书所记载的事项推定为真实，但有相反证据足以推翻的除外。必要时，人民法院可以要求制作文书的机关或者组织对文书的真实性予以说明。

第一百一十九条　【公文书证复制件、副本、节录本】

公文书证的制作者根据文书原件制作的载有部分或者全部内容的副本，与正本具有相同的证明力。

在国家机关存档的文件，其复制件、副本、节录本经档案部门或者制作原本的机关证明其内容与原本一致的，该复制件、副本、节录本具有与原本相同的证明力。

第一百二十条　【私文书证的真实性】

私文书证的真实性，由主张以私文书证证明案件事实的当事人承担举证责任。

私文书证由制作者或者其代理人签名、盖章或捺印的，推定为真实。

私文书证上有删除、涂改、增添或者其他形式瑕疵的，人民法院应当综合案件的具体情况判断其证明力。

第一百二十一条　【单位证明材料的审核】

单位向人民法院提出的证明材料，应当由单位负责人及制作证明材料的人员签名或者盖章，并加盖单位印章。人民法院就单位出具的证明材料，可以向单位及制作证明材料的人员进行调查核实。必要时，可以要求制作证明材料的人员出庭作证。

单位及制作证明材料的人员拒绝人民法院调查核实,或者制作证明材料的人员无正当理由拒绝出庭作证的,该证明材料不得作为认定案件事实的根据。

第四节 视听资料、电子数据

第一百二十二条 【视听资料的审核】

人民法院对视听资料,应当辨别真伪,并结合本案的其他证据,审查确定能否作为认定事实的根据。

第一百二十三条 【电子数据真实性因素】

人民法院对于电子数据的真实性,应当结合下列因素综合判断:

(一)电子数据的生成、存储、传输所依赖的计算机系统的硬件、软件环境是否完整、可靠;

(二)电子数据的生成、存储、传输所依赖的计算机系统的硬件、软件环境是否处于正常运行状态,或者不处于正常运行状态时对电子数据的生成、存储、传输是否有影响;

(三)电子数据的生成、存储、传输所依赖的计算机系统的硬件、软件环境是否具备有效的防止出错的监测、核查手段;

(四)电子数据是否被完整地保存、传输、提取,保存、传输、提取的方法是否可靠;

(五)电子数据是否在正常的往来活动中形成和存储;

(六)保存、传输、提取电子数据的主体是否适当;

(七)影响电子数据完整性和可靠性的其他因素。

人民法院认为有必要的,可以通过鉴定或者勘验等方法,审查判断电子数据的真实性。

第一百二十四条 【电子数据真实性推定】

电子数据存在下列情形的,人民法院可以确认其真实性,但有足以反驳的相反证据的除外:

(一)由当事人提交或者保管的于己不利的电子数据;

（二）由记录和保存电子数据的中立第三方平台提供或者确认的；

（三）在正常业务活动中形成的；

（四）以档案管理方式保管的；

（五）以当事人约定的方式保存、传输、提取的。

电子数据的内容经公证机关公证的，人民法院应当确认其真实性，但有相反证据足以推翻的除外。

第五节　证人证言

第一百二十五条　【书面证言等认定规则】

无正当理由未出庭的证人以书面等方式提供的证言，不得作为认定案件事实的根据。

第一百二十六条　【证人证言审核认定】

人民法院认定证人证言，可以通过对证人的智力状况、品德、知识、经验、法律意识和专业技能等的综合分析作出判断。

第六节　鉴定意见

第一百二十七条　【鉴定书的内容】

人民法院对鉴定人出具的鉴定书，应当审查是否具有下列内容：

（一）委托法院的名称；

（二）委托鉴定的内容、要求；

（三）鉴定材料；

（四）鉴定所依据的原理、方法；

（五）对鉴定过程的说明；

（六）鉴定意见；

（七）承诺书。

鉴定书应当由鉴定人签名或者盖章，并附鉴定人的相应资格证明。委托机构鉴定的，鉴定书应当由鉴定机构盖章，并由从事鉴定的人员签名。

第一百二十八条　【申请重新鉴定】

当事人申请重新鉴定，存在下列情形之一的，人民法院应当准许：

（一）鉴定人不具备相应资格的；

（二）鉴定程序严重违法的；

（三）鉴定意见明显依据不足的；

（四）鉴定意见不能作为证据使用的其他情形。

存在前款第一项至第三项情形的，鉴定人已经收取的鉴定费用应当退还。拒不退还的，依照《最高人民法院关于民事诉讼证据的若干规定》第八十一条第二款的规定处理。

对鉴定意见的瑕疵，可以通过补正、补充鉴定或者补充质证、重新质证等方法解决的，人民法院不予准许重新鉴定的申请。

重新鉴定的，原鉴定意见不得作为认定案件事实的根据。

第一百二十九条　【自行委托鉴定】

对于一方当事人就专门性问题自行委托有关机构或者人员出具的意见，另一方当事人有证据或者理由足以反驳并申请鉴定的，人民法院应予准许。

第七节　其他规定

第一百三十条　【无争议事实责令举证】

双方当事人无争议的事实符合《最高人民法院关于适用〈中华人民共和国民事诉讼法〉的解释》第九十六条第一款规定情形的，人民法院可以责令当事人提供有关证据。

第一百三十一条　【证明妨害规则】

一方当事人控制证据无正当理由拒不提交，对待证事实负有举证责任的当事人主张该证据的内容不利于控制人的，人民法院可以认定该主张成立。

第一百三十二条　【证据采纳与否说理】

人民法院应当在裁判文书中阐明证据是否采纳的理由。

对当事人无争议的证据，是否采纳的理由可以不在裁判文书中表述。

第七章　证明标准

第一百三十三条　【高度可能性】

对负有举证证明责任的当事人提供的证据，人民法院经审查并结合相关事实，确信待证事实的存在具有高度可能性的，应当认定该事实存在。

对一方当事人为反驳负有举证证明责任的当事人所主张事实而提供的证据，人民法院经审查并结合相关事实，认为待证事实真伪不明的，应当认定该事实不存在。

法律对于待证事实所应达到的证明标准另有规定的，从其规定。

第一百三十四条　【排除合理怀疑】

当事人对于欺诈、胁迫、恶意串通事实的证明，以及对于口头遗嘱或赠与事实的证明，人民法院确信该待证事实存在的可能性能够排除合理怀疑的，应当认定该事实存在。

第一百三十五条　【较大可能性】

与诉讼保全、回避等程序事项有关的事实，人民法院结合当事人的说明及相关证据，认为有关事实存在的可能性较大的，可以认定该事实存在。

第八章　附　则

第一百三十六条　【权益保护与妨害制裁】

对证人、鉴定人、勘验人的合法权益依法予以保护。

当事人或者其他诉讼参与人伪造、毁灭证据，提供虚假证据，阻止证人作证，指使、贿买、胁迫他人作伪证，或者对证人、鉴定人、勘验人打击报复的，依照民事诉讼法第一百一十三条、第一百一十四条的规定进行处罚。

第一百三十七条　【参照适用及适用规范】

除法律、司法解释另有规定外，对当事人、鉴定人、有专门知识的人的询问参照适用《最高人民法院关于民事诉讼证据的若干规定》中关于询问证人的规定；关于书证的规定适用于视听资料、电子数据。

第一百三十八条 【溯及力】

本规则公布施行后，最高人民法院以前发布的司法解释与本规则不一致的，不再适用。

附录二

中华人民共和国民事诉讼法(节录)

(1991年4月9日第七届全国人民代表大会第四次会议通过　根据2007年10月28日第十届全国人民代表大会常务委员会第三十次会议《关于修改〈中华人民共和国民事诉讼法〉的决定》第一次修正　根据2012年8月31日第十一届全国人民代表大会常务委员会第二十八次会议《关于修改〈中华人民共和国民事诉讼法〉的决定》第二次修正　根据2017年6月27日第十二届全国人民代表大会常务委员会第二十八次会议《关于修改〈中华人民共和国民事诉讼法〉和〈中华人民共和国行政诉讼法〉的决定》第三次修正　根据2021年12月24日第十三届全国人民代表大会常务委员会第三十二次会议《关于修改〈中华人民共和国民事诉讼法〉的决定》第四次修正)

第一至五章(略)

第六章　证　　据

第六十六条　证据包括:

(一)当事人的陈述;

(二)书证;

(三)物证;

(四)视听资料;

(五)电子数据;

(六)证人证言;

(七)鉴定意见;

（八）勘验笔录。

证据必须查证属实，才能作为认定事实的根据。

第六十七条 当事人对自己提出的主张，有责任提供证据。

当事人及其诉讼代理人因客观原因不能自行收集的证据，或者人民法院认为审理案件需要的证据，人民法院应当调查收集。

人民法院应当按照法定程序，全面地、客观地审查核实证据。

第六十八条 当事人对自己提出的主张应当及时提供证据。

人民法院根据当事人的主张和案件审理情况，确定当事人应当提供的证据及其期限。当事人在该期限内提供证据确有困难的，可以向人民法院申请延长期限，人民法院根据当事人的申请适当延长。当事人逾期提供证据的，人民法院应当责令其说明理由；拒不说明理由或者理由不成立的，人民法院根据不同情形可以不予采纳该证据，或者采纳该证据但予以训诫、罚款。

第六十九条 人民法院收到当事人提交的证据材料，应当出具收据，写明证据名称、页数、份数、原件或者复印件以及收到时间等，并由经办人员签名或者盖章。

第七十条 人民法院有权向有关单位和个人调查取证，有关单位和个人不得拒绝。

人民法院对有关单位和个人提出的证明文书，应当辨别真伪，审查确定其效力。

第七十一条 证据应当在法庭上出示，并由当事人互相质证。对涉及国家秘密、商业秘密和个人隐私的证据应当保密，需要在法庭出示的，不得在公开开庭时出示。

第七十二条 经过法定程序公证证明的法律事实和文书，人民法院应当作为认定事实的根据，但有相反证据足以推翻公证证明的除外。

第七十三条 书证应当提交原件。物证应当提交原物。提交原件或者原物确有困难的，可以提交复制品、照片、副本、节录本。

提交外文书证，必须附有中文译本。

第七十四条　人民法院对视听资料,应当辨别真伪,并结合本案的其他证据,审查确定能否作为认定事实的根据。

第七十五条　凡是知道案件情况的单位和个人,都有义务出庭作证。有关单位的负责人应当支持证人作证。

不能正确表达意思的人,不能作证。

第七十六条　经人民法院通知,证人应当出庭作证。有下列情形之一的,经人民法院许可,可以通过书面证言、视听传输技术或者视听资料等方式作证:

(一)因健康原因不能出庭的;

(二)因路途遥远,交通不便不能出庭的;

(三)因自然灾害等不可抗力不能出庭的;

(四)其他有正当理由不能出庭的。

第七十七条　证人因履行出庭作证义务而支出的交通、住宿、就餐等必要费用以及误工损失,由败诉一方当事人负担。当事人申请证人作证的,由该当事人先行垫付;当事人没有申请,人民法院通知证人作证的,由人民法院先行垫付。

第七十八条　人民法院对当事人的陈述,应当结合本案的其他证据,审查确定能否作为认定事实的根据。

当事人拒绝陈述的,不影响人民法院根据证据认定案件事实。

第七十九条　当事人可以就查明事实的专门性问题向人民法院申请鉴定。当事人申请鉴定的,由双方当事人协商确定具备资格的鉴定人;协商不成的,由人民法院指定。

当事人未申请鉴定,人民法院对专门性问题认为需要鉴定的,应当委托具备资格的鉴定人进行鉴定。

第八十条　鉴定人有权了解进行鉴定所需要的案件材料,必要时可以询问当事人、证人。

鉴定人应当提出书面鉴定意见,在鉴定书上签名或者盖章。

第八十一条　当事人对鉴定意见有异议或者人民法院认为鉴定人有必要出庭的,鉴定人应当出庭作证。经人民法院通知,鉴定人拒不出庭作证的,鉴定意见不得作为认定事实的根据;支付鉴定费用的当事人可以要求返还鉴定费用。

第八十二条 当事人可以申请人民法院通知有专门知识的人出庭,就鉴定人作出的鉴定意见或者专业问题提出意见。

第八十三条 勘验物证或者现场,勘验人必须出示人民法院的证件,并邀请当地基层组织或者当事人所在单位派人参加。当事人或者当事人的成年家属应当到场,拒不到场的,不影响勘验的进行。

有关单位和个人根据人民法院的通知,有义务保护现场,协助勘验工作。

勘验人应当将勘验情况和结果制作笔录,由勘验人、当事人和被邀参加人签名或者盖章。

第八十四条 在证据可能灭失或者以后难以取得的情况下,当事人可以在诉讼过程中向人民法院申请保全证据,人民法院也可以主动采取保全措施。

因情况紧急,在证据可能灭失或者以后难以取得的情况下,利害关系人可以在提起诉讼或者申请仲裁前向证据所在地、被申请人住所地或者对案件有管辖权的人民法院申请保全证据。

证据保全的其他程序,参照适用本法第九章保全的有关规定。

最高人民法院关于适用《中华人民共和国民事诉讼法》的解释（节录）

（2014年12月18日最高人民法院审判委员会第1636次会议通过　根据2020年12月23日最高人民法院审判委员会第1823次会议通过的《最高人民法院关于修改〈最高人民法院关于人民法院民事调解工作若干问题的规定〉等十九件民事诉讼类司法解释的决定》第一次修正　根据2022年3月22日最高人民法院审判委员会第1866次会议通过的《最高人民法院关于修改〈最高人民法院关于适用《中华人民共和国民事诉讼法》的解释〉的决定》第二次修正）

四、证　　据

第九十条　当事人对自己提出的诉讼请求所依据的事实或者反驳对方诉讼请求所依据的事实，应当提供证据加以证明，但法律另有规定的除外。

在作出判决前，当事人未能提供证据或者证据不足以证明其事实主张的，由负有举证证明责任的当事人承担不利的后果。

第九十一条　人民法院应当依照下列原则确定举证证明责任的承担，但法律另有规定的除外：

（一）主张法律关系存在的当事人，应当对产生该法律关系的基本事实承担举证证明责任；

（二）主张法律关系变更、消灭或者权利受到妨害的当事人，应当对该法律关系变更、消灭或者权利受到妨害的基本事实承担举证证明责任。

第九十二条　一方当事人在法庭审理中，或者在起诉状、答辩状、代理词等书面材料中,对于己不利的事实明确表示承认的,另一方当事人无需举证证明。

对于涉及身份关系、国家利益、社会公共利益等应当由人民法院依职权调查的事实,不适用前款自认的规定。

自认的事实与查明的事实不符的,人民法院不予确认。

第九十三条 下列事实,当事人无须举证证明:

(一)自然规律以及定理、定律;

(二)众所周知的事实;

(三)根据法律规定推定的事实;

(四)根据已知的事实和日常生活经验法则推定出的另一事实;

(五)已为人民法院发生法律效力的裁判所确认的事实;

(六)已为仲裁机构生效裁决所确认的事实;

(七)已为有效公证文书所证明的事实。

前款第二项至第四项规定的事实,当事人有相反证据足以反驳的除外;第五项至第七项规定的事实,当事人有相反证据足以推翻的除外。

第九十四条 民事诉讼法第六十四条第二款规定的当事人及其诉讼代理人因客观原因不能自行收集的证据包括:

(一)证据由国家有关部门保存,当事人及其诉讼代理人无权查阅调取的;

(二)涉及国家秘密、商业秘密或者个人隐私的;

(三)当事人及其诉讼代理人因客观原因不能自行收集的其他证据。

当事人及其诉讼代理人因客观原因不能自行收集的证据,可以在举证期限届满前书面申请人民法院调查收集。

第九十五条 当事人申请调查收集的证据,与待证事实无关联、对证明待证事实无意义或者其他无调查收集必要的,人民法院不予准许。

第九十六条 民事诉讼法第六十四条第二款规定的人民法院认为审理案件需要的证据包括:

(一)涉及可能损害国家利益、社会公共利益的;

(二)涉及身份关系的;

（三）涉及民事诉讼法第五十五条规定诉讼的；

（四）当事人有恶意串通损害他人合法权益可能的；

（五）涉及依职权追加当事人、中止诉讼、终结诉讼、回避等程序性事项的。

除前款规定外，人民法院调查收集证据，应当依照当事人的申请进行。

第九十七条　人民法院调查收集证据，应当由两人以上共同进行。调查材料要由调查人、被调查人、记录人签名、捺印或者盖章。

第九十八条　当事人根据民事诉讼法第八十一条第一款规定申请证据保全的，可以在举证期限届满前书面提出。

证据保全可能对他人造成损失的，人民法院应当责令申请人提供相应的担保。

第九十九条　人民法院应当在审理前的准备阶段确定当事人的举证期限。举证期限可以由当事人协商，并经人民法院准许。

人民法院确定举证期限，第一审普通程序案件不得少于十五日，当事人提供新的证据的第二审案件不得少于十日。

举证期限届满后，当事人对已经提供的证据，申请提供反驳证据或者对证据来源、形式等方面的瑕疵进行补正的，人民法院可以酌情再次确定举证期限，该期限不受前款规定的限制。

第一百条　当事人申请延长举证期限的，应当在举证期限届满前向人民法院提出书面申请。

申请理由成立的，人民法院应当准许，适当延长举证期限，并通知其他当事人。延长的举证期限适用于其他当事人。

申请理由不成立的，人民法院不予准许，并通知申请人。

第一百零一条　当事人逾期提供证据的，人民法院应当责令其说明理由，必要时可以要求其提供相应的证据。

当事人因客观原因逾期提供证据，或者对方当事人对逾期提供证据未提出异议的，视为未逾期。

第一百零二条　当事人因故意或者重大过失逾期提供的证据，人民法院不予采纳。但该证据与案件基本事实有关的,人民法院应当采纳,并依照民事诉讼法第六十五条、第一百一十五条第一款的规定予以训诫、罚款。

当事人非因故意或者重大过失逾期提供的证据,人民法院应当采纳,并对当事人予以训诫。

当事人一方要求另一方赔偿因逾期提供证据致使其增加的交通、住宿、就餐、误工、证人出庭作证等必要费用的,人民法院可予支持。

第一百零三条 证据应当在法庭上出示,由当事人互相质证。未经当事人质证的证据,不得作为认定案件事实的根据。

当事人在审理前的准备阶段认可的证据,经审判人员在庭审中说明后,视为质证过的证据。

涉及国家秘密、商业秘密、个人隐私或者法律规定应当保密的证据,不得公开质证。

第一百零四条 人民法院应当组织当事人围绕证据的真实性、合法性以及与待证事实的关联性进行质证,并针对证据有无证明力和证明力大小进行说明和辩论。

能够反映案件真实情况、与待证事实相关联、来源和形式符合法律规定的证据,应当作为认定案件事实的根据。

第一百零五条 人民法院应当按照法定程序,全面、客观地审核证据,依照法律规定,运用逻辑推理和日常生活经验法则,对证据有无证明力和证明力大小进行判断,并公开判断的理由和结果。

第一百零六条 对以严重侵害他人合法权益、违反法律禁止性规定或者严重违背公序良俗的方法形成或者获取的证据,不得作为认定案件事实的根据。

第一百零七条 在诉讼中,当事人为达成调解协议或者和解协议作出妥协而认可的事实,不得在后续的诉讼中作为对其不利的根据,但法律另有规定或者当事人均同意的除外。

第一百零八条 对负有举证证明责任的当事人提供的证据,人民法院经审查并结合相关事实,确信待证事实的存在具有高度可能性的,应当认定该事实存在。

对一方当事人为反驳负有举证证明责任的当事人所主张事实而提供的证据，人民法院经审查并结合相关事实，认为待证事实真伪不明的，应当认定该事实不存在。

法律对于待证事实所应达到的证明标准另有规定的，从其规定。

第一百零九条 当事人对欺诈、胁迫、恶意串通事实的证明，以及对口头遗嘱或者赠与事实的证明，人民法院确信该待证事实存在的可能性能够排除合理怀疑的，应当认定该事实存在。

第一百一十条 人民法院认为有必要的，可以要求当事人本人到庭，就案件有关事实接受询问。在询问当事人之前，可以要求其签署保证书。

保证书应当载明据实陈述、如有虚假陈述愿意接受处罚等内容。当事人应当在保证书上签名或者捺印。

负有举证证明责任的当事人拒绝到庭、拒绝接受询问或者拒绝签署保证书，待证事实又欠缺其他证据证明的，人民法院对其主张的事实不予认定。

第一百一十一条 民事诉讼法第七十条规定的提交书证原件确有困难，包括下列情形：

（一）书证原件遗失、灭失或者毁损的；

（二）原件在对方当事人控制之下，经合法通知提交而拒不提交的；

（三）原件在他人控制之下，而其有权不提交的；

（四）原件因篇幅或者体积过大而不便提交的；

（五）承担举证证明责任的当事人通过申请人民法院调查收集或者其他方式无法获得书证原件的。

前款规定情形，人民法院应当结合其他证据和案件具体情况，审查判断书证复制品等能否作为认定案件事实的根据。

第一百一十二条 书证在对方当事人控制之下的，承担举证证明责任的当事人可以在举证期限届满前书面申请人民法院责令对方当事人提交。

申请理由成立的，人民法院应当责令对方当事人提交，因提交书证所产生的费用,由申请人负担。对方当事人无正当理由拒不提交的,人民法院可以认定申请人所主张的书证内容为真实。

第一百一十三条 持有书证的当事人以妨碍对方当事人使用为目的,毁灭有关书证或者实施其他致使书证不能使用行为的,人民法院可以依照民事诉讼法第一百一十一条规定,对其处以罚款、拘留。

第一百一十四条 国家机关或者其他依法具有社会管理职能的组织,在其职权范围内制作的文书所记载的事项推定为真实,但有相反证据足以推翻的除外。必要时,人民法院可以要求制作文书的机关或者组织对文书的真实性予以说明。

第一百一十五条 单位向人民法院提出的证明材料,应当由单位负责人及制作证明材料的人员签名或者盖章,并加盖单位印章。人民法院就单位出具的证明材料,可以向单位及制作证明材料的人员进行调查核实。必要时,可以要求制作证明材料的人员出庭作证。

单位及制作证明材料的人员拒绝人民法院调查核实,或者制作证明材料的人员无正当理由拒绝出庭作证的,该证明材料不得作为认定案件事实的根据。

第一百一十六条 视听资料包括录音资料和影像资料。

电子数据是指通过电子邮件、电子数据交换、网上聊天记录、博客、微博客、手机短信、电子签名、域名等形成或者存储在电子介质中的信息。

存储在电子介质中的录音资料和影像资料,适用电子数据的规定。

第一百一十七条 当事人申请证人出庭作证的,应当在举证期限届满前提出。

符合本解释第九十六条第一款规定情形的,人民法院可以依职权通知证人出庭作证。

未经人民法院通知,证人不得出庭作证,但双方当事人同意并经人民法院准许的除外。

第一百一十八条 民事诉讼法第七十四条规定的证人因履行出庭作证义务而支出的交通、住宿、就餐等必要费用,按照机关事业单位工作人员差旅费用和补贴标准计算;误工损失按照国家上年度职工日平均工资标准计算。

人民法院准许证人出庭作证申请的,应当通知申请人预缴证人出庭作证费用。

第一百一十九条　人民法院在证人出庭作证前应当告知其如实作证的义务以及作伪证的法律后果,并责令其签署保证书,但无民事行为能力人和限制民事行为能力人除外。

证人签署保证书适用本解释关于当事人签署保证书的规定。

第一百二十条　证人拒绝签署保证书的,不得作证,并自行承担相关费用。

第一百二十一条　当事人申请鉴定,可以在举证期限届满前提出。申请鉴定的事项与待证事实无关联,或者对证明待证事实无意义的,人民法院不予准许。

人民法院准许当事人鉴定申请的,应当组织双方当事人协商确定具备相应资格的鉴定人。当事人协商不成的,由人民法院指定。

符合依职权调查收集证据条件的,人民法院应当依职权委托鉴定,在询问当事人的意见后,指定具备相应资格的鉴定人。

第一百二十二条　当事人可以依照民事诉讼法第七十九条的规定,在举证期限届满前申请一至二名具有专门知识的人出庭,代表当事人对鉴定意见进行质证,或者对案件事实所涉及的专业问题提出意见。

具有专门知识的人在法庭上就专业问题提出的意见,视为当事人的陈述。

人民法院准许当事人申请的,相关费用由提出申请的当事人负担。

第一百二十三条　人民法院可以对出庭的具有专门知识的人进行询问。经法庭准许,当事人可以对出庭的具有专门知识的人进行询问,当事人各自申请的具有专门知识的人可以就案件中的有关问题进行对质。

具有专门知识的人不得参与专业问题之外的法庭审理活动。

第一百二十四条　人民法院认为有必要的,可以根据当事人的申请或者依职权对物证或者现场进行勘验。勘验时应当保护他人的隐私和尊严。

人民法院可以要求鉴定人参与勘验。必要时,可以要求鉴定人在勘验中进行鉴定。

最高人民法院关于
民事诉讼证据的若干规定

（2001年12月6日最高人民法院审判委员会第1201次会议通过 根据2019年10月14日最高人民法院审判委员会第1777次会议《关于修改〈关于民事诉讼证据的若干规定〉的决定》（法释〔2019〕19号）修正）

为保证人民法院正确认定案件事实，公正、及时审理民事案件，保障和便利当事人依法行使诉讼权利，根据《中华人民共和国民事诉讼法》（以下简称民事诉讼法）等有关法律的规定，结合民事审判经验和实际情况，制定本规定。

一、当事人举证

第一条 原告向人民法院起诉或者被告提出反诉，应当提供符合起诉条件的相应的证据。

第二条 人民法院应当向当事人说明举证的要求及法律后果，促使当事人在合理期限内积极、全面、正确、诚实地完成举证。

当事人因客观原因不能自行收集的证据，可申请人民法院调查收集。

第三条 在诉讼过程中，一方当事人陈述的于己不利的事实，或者对于己不利的事实明确表示承认的，另一方当事人无需举证证明。

在证据交换、询问、调查过程中，或者在起诉状、答辩状、代理词等书面材料中，当事人明确承认于己不利的事实的，适用前款规定。

第四条 一方当事人对于另一方当事人主张的于己不利的事实既不承认也不否认，经审判人员说明并询问后，其仍然不明确表示肯定或者否定的，视为对该事实的承认。

第五条　当事人委托诉讼代理人参加诉讼的,除授权委托书明确排除的事项外,诉讼代理人的自认视为当事人的自认。

当事人在场对诉讼代理人的自认明确否认的,不视为自认。

第六条　普通共同诉讼中,共同诉讼人中一人或者数人作出的自认,对作出自认的当事人发生效力。

必要共同诉讼中,共同诉讼人中一人或者数人作出自认而其他共同诉讼人予以否认的,不发生自认的效力。其他共同诉讼人既不承认也不否认,经审判人员说明并询问后仍然不明确表示意见的,视为全体共同诉讼人的自认。

第七条　一方当事人对于另一方当事人主张的于己不利的事实有所限制或者附加条件予以承认的,由人民法院综合案件情况决定是否构成自认。

第八条　《最高人民法院关于适用〈中华人民共和国民事诉讼法〉的解释》第九十六条第一款规定的事实,不适用有关自认的规定。

自认的事实与已经查明的事实不符的,人民法院不予确认。

第九条　有下列情形之一,当事人在法庭辩论终结前撤销自认的,人民法院应当准许:

(一)经对方当事人同意的;

(二)自认是在受胁迫或者重大误解情况下作出的。

人民法院准许当事人撤销自认的,应当作出口头或者书面裁定。

第十条　下列事实,当事人无须举证证明:

(一)自然规律以及定理、定律;

(二)众所周知的事实;

(三)根据法律规定推定的事实;

(四)根据已知的事实和日常生活经验法则推定出的另一事实;

(五)已为仲裁机构的生效裁决所确认的事实;

(六)已为人民法院发生法律效力的裁判所确认的基本事实;

(七)已为有效公证文书所证明的事实。

前款第二项至第五项事实，当事人有相反证据足以反驳的除外；第六项、第七项事实，当事人有相反证据足以推翻的除外。

第十一条 当事人向人民法院提供证据，应当提供原件或者原物。如需自己保存证据原件、原物或者提供原件、原物确有困难的，可以提供经人民法院核对无异的复制件或者复制品。

第十二条 以动产作为证据的，应当将原物提交人民法院。原物不宜搬移或者不宜保存的，当事人可以提供复制品、影像资料或者其他替代品。

人民法院在收到当事人提交的动产或者替代品后，应当及时通知双方当事人到人民法院或者保存现场查验。

第十三条 当事人以不动产作为证据的，应当向人民法院提供该不动产的影像资料。

人民法院认为有必要的，应当通知双方当事人到场进行查验。

第十四条 电子数据包括下列信息、电子文件：

（一）网页、博客、微博客等网络平台发布的信息；

（二）手机短信、电子邮件、即时通信、通讯群组等网络应用服务的通信信息；

（三）用户注册信息、身份认证信息、电子交易记录、通信记录、登录日志等信息；

（四）文档、图片、音频、视频、数字证书、计算机程序等电子文件；

（五）其他以数字化形式存储、处理、传输的能够证明案件事实的信息。

第十五条 当事人以视听资料作为证据的，应当提供存储该视听资料的原始载体。

当事人以电子数据作为证据的，应当提供原件。电子数据的制作者制作的与原件一致的副本，或者直接来源于电子数据的打印件或其他可以显示、识别的输出介质，视为电子数据的原件。

第十六条 当事人提供的公文书证系在中华人民共和国领域外形成的，该证据应当经所在国公证机关证明，或者履行中华人民共和国与该所在国订立的有关条约中规定的证明手续。

中华人民共和国领域外形成的涉及身份关系的证据，应当经所在国公证机关证明并经中华人民共和国驻该国使领馆认证，或者履行中华人民共和国与该所在国订立的有关条约中规定的证明手续。

当事人向人民法院提供的证据是在香港、澳门、台湾地区形成的，应当履行相关的证明手续。

第十七条　当事人向人民法院提供外文书证或者外文说明资料，应当附有中文译本。

第十八条　双方当事人无争议的事实符合《最高人民法院关于适用〈中华人民共和国民事诉讼法〉的解释》第九十六条第一款规定情形的，人民法院可以责令当事人提供有关证据。

第十九条　当事人应当对其提交的证据材料逐一分类编号，对证据材料的来源、证明对象和内容作简要说明，签名盖章，注明提交日期，并依照对方当事人人数提出副本。

人民法院收到当事人提交的证据材料，应当出具收据，注明证据的名称、份数和页数以及收到的时间，由经办人员签名或者盖章。

二、证据的调查收集和保全

第二十条　当事人及其诉讼代理人申请人民法院调查收集证据，应当在举证期限届满前提交书面申请。

申请书应当载明被调查人的姓名或者单位名称、住所地等基本情况、所要调查收集的证据名称或者内容、需要由人民法院调查收集证据的原因及其要证明的事实以及明确的线索。

第二十一条　人民法院调查收集的书证，可以是原件，也可以是经核对无误的副本或者复制件。是副本或者复制件的，应当在调查笔录中说明来源和取证情况。

第二十二条　人民法院调查收集的物证应当是原物。被调查人提供原物确有困难的，可以提供复制品或者影像资料。提供复制品或者影像资料的，应当在调查笔录中说明取证情况。

第二十三条 人民法院调查收集视听资料、电子数据,应当要求被调查人提供原始载体。

提供原始载体确有困难的,可以提供复制件。提供复制件的,人民法院应当在调查笔录中说明其来源和制作经过。

人民法院对视听资料、电子数据采取证据保全措施的,适用前款规定。

第二十四条 人民法院调查收集可能需要鉴定的证据,应当遵守相关技术规范,确保证据不被污染。

第二十五条 当事人或者利害关系人根据民事诉讼法第八十一条的规定申请证据保全的,申请书应当载明需要保全的证据的基本情况、申请保全的理由以及采取何种保全措施等内容。

当事人根据民事诉讼法第八十一条第一款的规定申请证据保全的,应当在举证期限届满前向人民法院提出。

法律、司法解释对诉前证据保全有规定的,依照其规定办理。

第二十六条 当事人或者利害关系人申请采取查封、扣押等限制保全标的物使用、流通等保全措施,或者保全可能对证据持有人造成损失的,人民法院应当责令申请人提供相应的担保。

担保方式或者数额由人民法院根据保全措施对证据持有人的影响、保全标的物的价值、当事人或者利害关系人争议的诉讼标的金额等因素综合确定。

第二十七条 人民法院进行证据保全,可以要求当事人或者诉讼代理人到场。

根据当事人的申请和具体情况,人民法院可以采取查封、扣押、录音、录像、复制、鉴定、勘验等方法进行证据保全,并制作笔录。

在符合证据保全目的的情况下,人民法院应当选择对证据持有人利益影响最小的保全措施。

第二十八条 申请证据保全错误造成财产损失,当事人请求申请人承担赔偿责任的,人民法院应予支持。

第二十九条 人民法院采取诉前证据保全措施后,当事人向其他有管辖权的人民法院提起诉讼的,采取保全措施的人民法院应当根据当事人的申请,将保全的证据及时移交受理案件的人民法院。

第三十条 人民法院在审理案件过程中认为待证事实需要通过鉴定意见证明的,应当向当事人释明,并指定提出鉴定申请的期间。

符合《最高人民法院关于适用〈中华人民共和国民事诉讼法〉的解释》第九十六条第一款规定情形的,人民法院应当依职权委托鉴定。

第三十一条 当事人申请鉴定,应当在人民法院指定期间内提出,并预交鉴定费用。逾期不提出申请或者不预交鉴定费用的,视为放弃申请。

对需要鉴定的待证事实负有举证责任的当事人,在人民法院指定期间内无正当理由不提出鉴定申请或者不预交鉴定费用,或者拒不提供相关材料,致使待证事实无法查明的,应当承担举证不能的法律后果。

第三十二条 人民法院准许鉴定申请的,应当组织双方当事人协商确定具备相应资格的鉴定人。当事人协商不成的,由人民法院指定。

人民法院依职权委托鉴定的,可以在询问当事人的意见后,指定具备相应资格的鉴定人。

人民法院在确定鉴定人后应当出具委托书,委托书中应当载明鉴定事项、鉴定范围、鉴定目的和鉴定期限。

第三十三条 鉴定开始之前,人民法院应当要求鉴定人签署承诺书。承诺书中应当载明鉴定人保证客观、公正、诚实地进行鉴定,保证出庭作证,如作虚假鉴定应当承担法律责任等内容。

鉴定人故意作虚假鉴定的,人民法院应当责令其退还鉴定费用,并根据情节,依照民事诉讼法第一百一十一条的规定进行处罚。

第三十四条 人民法院应当组织当事人对鉴定材料进行质证。未经质证的材料,不得作为鉴定的根据。

经人民法院准许,鉴定人可以调取证据、勘验物证和现场、询问当事人或者证人。

第三十五条 鉴定人应当在人民法院确定的期限内完成鉴定,并提交鉴定书。

鉴定人无正当理由未按期提交鉴定书的,当事人可以申请人民法院另行委托鉴定人进行鉴定。人民法院准许的,原鉴定人已经收取的鉴定费用应当退还;拒不退还的,依照本规定第八十一条第二款的规定处理。

第三十六条 人民法院对鉴定人出具的鉴定书,应当审查是否具有下列内容:

(一)委托法院的名称;

(二)委托鉴定的内容、要求;

(三)鉴定材料;

(四)鉴定所依据的原理、方法;

(五)对鉴定过程的说明;

(六)鉴定意见;

(七)承诺书。

鉴定书应当由鉴定人签名或者盖章,并附鉴定人的相应资格证明。委托机构鉴定的,鉴定书应当由鉴定机构盖章,并由从事鉴定的人员签名。

第三十七条 人民法院收到鉴定书后,应当及时将副本送交当事人。

当事人对鉴定书的内容有异议的,应当在人民法院指定期间内以书面方式提出。

对于当事人的异议,人民法院应当要求鉴定人作出解释、说明或者补充。人民法院认为有必要的,可以要求鉴定人对当事人未提出异议的内容进行解释、说明或者补充。

第三十八条 当事人在收到鉴定人的书面答复后仍有异议的,人民法院应当根据《诉讼费用交纳办法》第十一条的规定,通知有异议的当事人预交鉴定人出庭费用,并通知鉴定人出庭。有异议的当事人不预交鉴定人出庭费用的,视为放弃异议。

双方当事人对鉴定意见均有异议的,分摊预交鉴定人出庭费用。

第三十九条　鉴定人出庭费用按照证人出庭作证费用的标准计算，由败诉的当事人负担。因鉴定意见不明确或者有瑕疵需要鉴定人出庭的，出庭费用由其自行负担。

人民法院委托鉴定时已经确定鉴定人出庭费用包含在鉴定费用中的，不再通知当事人预交。

第四十条　当事人申请重新鉴定，存在下列情形之一的，人民法院应当准许：

（一）鉴定人不具备相应资格的；

（二）鉴定程序严重违法的；

（三）鉴定意见明显依据不足的；

（四）鉴定意见不能作为证据使用的其他情形。

存在前款第一项至第三项情形的，鉴定人已经收取的鉴定费用应当退还。拒不退还的，依照本规定第八十一条第二款的规定处理。

对鉴定意见的瑕疵，可以通过补正、补充鉴定或者补充质证、重新质证等方法解决的，人民法院不予准许重新鉴定的申请。

重新鉴定的，原鉴定意见不得作为认定案件事实的根据。

第四十一条　对于一方当事人就专门性问题自行委托有关机构或者人员出具的意见，另一方当事人有证据或者理由足以反驳并申请鉴定的，人民法院应予准许。

第四十二条　鉴定意见被采信后，鉴定人无正当理由撤销鉴定意见的，人民法院应当责令其退还鉴定费用，并可以根据情节，依照民事诉讼法第一百一十一条的规定对鉴定人进行处罚。当事人主张鉴定人负担由此增加的合理费用的，人民法院应予支持。

人民法院采信鉴定意见后准许鉴定人撤销的，应当责令其退还鉴定费用。

第四十三条　人民法院应当在勘验前将勘验的时间和地点通知当事人。当事人不参加的，不影响勘验进行。

当事人可以就勘验事项向人民法院进行解释和说明，可以请求人民法院注意勘验中的重要事项。

人民法院勘验物证或者现场，应当制作笔录，记录勘验的时间、地点、勘验人、在场人、勘验的经过、结果，由勘验人、在场人签名或者盖章。对于绘制的现场图应当注明绘制的时间、方位、测绘人姓名、身份等内容。

第四十四条 摘录有关单位制作的与案件事实相关的文件、材料，应当注明出处，并加盖制作单位或者保管单位的印章，摘录人和其他调查人员应当在摘录件上签名或者盖章。

摘录文件、材料应当保持内容相应的完整性。

第四十五条 当事人根据《最高人民法院关于适用〈中华人民共和国民事诉讼法〉的解释》第一百一十二条的规定申请人民法院责令对方当事人提交书证的，申请书应当载明所申请提交的书证名称或者内容、需要以该书证证明的事实及事实的重要性、对方当事人控制该书证的根据以及应当提交该书证的理由。

对方当事人否认控制书证的，人民法院应当根据法律规定、习惯等因素，结合案件的事实、证据，对于书证是否在对方当事人控制之下的事实作出综合判断。

第四十六条 人民法院对当事人提交书证的申请进行审查时，应当听取对方当事人的意见，必要时可以要求双方当事人提供证据、进行辩论。

当事人申请提交的书证不明确、书证对于待证事实的证明无必要、待证事实对于裁判结果无实质性影响、书证未在对方当事人控制之下或者不符合本规定第四十七条情形的，人民法院不予准许。

当事人申请理由成立的，人民法院应当作出裁定，责令对方当事人提交书证；理由不成立的，通知申请人。

第四十七条 下列情形，控制书证的当事人应当提交书证：

（一）控制书证的当事人在诉讼中曾经引用过的书证；

（二）为对方当事人的利益制作的书证；

（三）对方当事人依照法律规定有权查阅、获取的书证；

（四）账簿、记账原始凭证；

(五)人民法院认为应当提交书证的其他情形。

前款所列书证,涉及国家秘密、商业秘密、当事人或第三人的隐私,或者存在法律规定应当保密的情形的,提交后不得公开质证。

第四十八条 控制书证的当事人无正当理由拒不提交书证的,人民法院可以认定对方当事人所主张的书证内容为真实。

控制书证的当事人存在《最高人民法院关于适用〈中华人民共和国民事诉讼法〉的解释》第一百一十三条规定情形的,人民法院可以认定对方当事人主张以该书证证明的事实为真实。

三、举证时限与证据交换

第四十九条 被告应当在答辩期届满前提出书面答辩,阐明其对原告诉讼请求及所依据的事实和理由的意见。

第五十条 人民法院应当在审理前的准备阶段向当事人送达举证通知书。

举证通知书应当载明举证责任的分配原则和要求、可以向人民法院申请调查收集证据的情形、人民法院根据案件情况指定的举证期限以及逾期提供证据的法律后果等内容。

第五十一条 举证期限可以由当事人协商,并经人民法院准许。

人民法院指定举证期限的,适用第一审普通程序审理的案件不得少于十五日,当事人提供新的证据的第二审案件不得少于十日。适用简易程序审理的案件不得超过十五日,小额诉讼案件的举证期限一般不得超过七日。

举证期限届满后,当事人提供反驳证据或者对已经提供的证据的来源、形式等方面的瑕疵进行补正的,人民法院可以酌情再次确定举证期限,该期限不受前款规定的期间限制。

第五十二条 当事人在举证期限内提供证据存在客观障碍,属于民事诉讼法第六十五条第二款规定的"当事人在该期限内提供证据确有困难"的情形。

前款情形,人民法院应当根据当事人的举证能力、不能在举证期限内提供证据的原因等因素综合判断。必要时,可以听取对方当事人的意见。

第五十三条　诉讼过程中,当事人主张的法律关系性质或者民事行为效力与人民法院根据案件事实作出的认定不一致的,人民法院应当将法律关系性质或者民事行为效力作为焦点问题进行审理。但法律关系性质对裁判理由及结果没有影响,或者有关问题已经当事人充分辩论的除外。

存在前款情形,当事人根据法庭审理情况变更诉讼请求的,人民法院应当准许并可以根据案件的具体情况重新指定举证期限。

第五十四条　当事人申请延长举证期限的,应当在举证期限届满前向人民法院提出书面申请。

申请理由成立的,人民法院应当准许,适当延长举证期限,并通知其他当事人。延长的举证期限适用于其他当事人。

申请理由不成立的,人民法院不予准许,并通知申请人。

第五十五条　存在下列情形的,举证期限按照如下方式确定:

(一)当事人依照民事诉讼法第一百二十七条规定提出管辖权异议的,举证期限中止,自驳回管辖权异议的裁定生效之日起恢复计算;

(二)追加当事人、有独立请求权的第三人参加诉讼或者无独立请求权的第三人经人民法院通知参加诉讼的,人民法院应当依照本规定第五十一条的规定为新参加诉讼的当事人确定举证期限,该举证期限适用于其他当事人;

(三)发回重审的案件,第一审人民法院可以结合案件具体情况和发回重审的原因,酌情确定举证期限;

(四)当事人增加、变更诉讼请求或者提出反诉的,人民法院应当根据案件具体情况重新确定举证期限;

(五)公告送达的,举证期限自公告期届满之次日起计算。

第五十六条　人民法院依照民事诉讼法第一百三十三条第四项的规定,通过组织证据交换进行审理前准备的,证据交换之日举证期限届满。

证据交换的时间可以由当事人协商一致并经人民法院认可,也可以由人民法院指定。当事人申请延期举证经人民法院准许的,证据交换日相应顺延。

第五十七条　证据交换应当在审判人员的主持下进行。

在证据交换的过程中，审判人员对当事人无异议的事实、证据应当记录在卷；对有异议的证据，按照需要证明的事实分类记录在卷，并记载异议的理由。通过证据交换，确定双方当事人争议的主要问题。

第五十八条　当事人收到对方的证据后有反驳证据需要提交的，人民法院应当再次组织证据交换。

第五十九条　人民法院对逾期提供证据的当事人处以罚款的，可以结合当事人逾期提供证据的主观过错程度、导致诉讼迟延的情况、诉讼标的金额等因素，确定罚款数额。

四、质　　证

第六十条　当事人在审理前的准备阶段或者人民法院调查、询问过程中发表过质证意见的证据，视为质证过的证据。

当事人要求以书面方式发表质证意见，人民法院在听取对方当事人意见后认为有必要的，可以准许。人民法院应当及时将书面质证意见送交对方当事人。

第六十一条　对书证、物证、视听资料进行质证时，当事人应当出示证据的原件或者原物。但有下列情形之一的除外：

（一）出示原件或者原物确有困难并经人民法院准许出示复制件或者复制品的；

（二）原件或者原物已不存在，但有证据证明复制件、复制品与原件或者原物一致的。

第六十二条　质证一般按下列顺序进行：

（一）原告出示证据，被告、第三人与原告进行质证；

（二）被告出示证据，原告、第三人与被告进行质证；

（三）第三人出示证据，原告、被告与第三人进行质证。

人民法院根据当事人申请调查收集的证据，审判人员对调查收集证据的情况进行说明后，由提出申请的当事人与对方当事人、第三人进行质证。

人民法院依职权调查收集的证据，由审判人员对调查收集证据的情况进行说明后，听取当事人的意见。

第六十三条 当事人应当就案件事实作真实、完整的陈述。

当事人的陈述与此前陈述不一致的，人民法院应当责令其说明理由，并结合当事人的诉讼能力、证据和案件具体情况进行审查认定。

当事人故意作虚假陈述妨碍人民法院审理的，人民法院应当根据情节，依照民事诉讼法第一百一十一条的规定进行处罚。

第六十四条 人民法院认为有必要的，可以要求当事人本人到场，就案件的有关事实接受询问。

人民法院要求当事人到场接受询问的，应当通知当事人询问的时间、地点、拒不到场的后果等内容。

第六十五条 人民法院应当在询问前责令当事人签署保证书并宣读保证书的内容。

保证书应当载明保证据实陈述，绝无隐瞒、歪曲、增减，如有虚假陈述应当接受处罚等内容。当事人应当在保证书上签名、捺印。

当事人有正当理由不能宣读保证书的，由书记员宣读并进行说明。

第六十六条 当事人无正当理由拒不到场、拒不签署或宣读保证书或者拒不接受询问的，人民法院应当综合案件情况，判断待证事实的真伪。待证事实无其他证据证明的，人民法院应当作出不利于该当事人的认定。

第六十七条 不能正确表达意思的人，不能作为证人。

待证事实与其年龄、智力状况或者精神健康状况相适应的无民事行为能力人和限制民事行为能力人，可以作为证人。

第六十八条 人民法院应当要求证人出庭作证，接受审判人员和当事人的询问。证人在审理前的准备阶段或者人民法院调查、询问等双方当事人在场时陈述证言的，视为出庭作证。

双方当事人同意证人以其他方式作证并经人民法院准许的，证人可以不出庭作证。

无正当理由未出庭的证人以书面等方式提供的证言，不得作为认定案件事实的根据。

第六十九条　当事人申请证人出庭作证的,应当在举证期限届满前向人民法院提交申请书。

申请书应当载明证人的姓名、职业、住所、联系方式,作证的主要内容,作证内容与待证事实的关联性,以及证人出庭作证的必要性。

符合《最高人民法院关于适用〈中华人民共和国民事诉讼法〉的解释》第九十六条第一款规定情形的,人民法院应当依职权通知证人出庭作证。

第七十条　人民法院准许证人出庭作证申请的,应当向证人送达通知书并告知双方当事人。通知书中应当载明证人作证的时间、地点,作证的事项、要求以及作伪证的法律后果等内容。

当事人申请证人出庭作证的事项与待证事实无关,或者没有通知证人出庭作证必要的,人民法院不予准许当事人的申请。

第七十一条　人民法院应当要求证人在作证之前签署保证书,并在法庭上宣读保证书的内容。但无民事行为能力人和限制民事行为能力人作为证人的除外。

证人确有正当理由不能宣读保证书的,由书记员代为宣读并进行说明。

证人拒绝签署或者宣读保证书的,不得作证,并自行承担相关费用。

证人保证书的内容适用当事人保证书的规定。

第七十二条　证人应当客观陈述其亲身感知的事实,作证时不得使用猜测、推断或者评论性语言。

证人作证前不得旁听法庭审理,作证时不得以宣读事先准备的书面材料的方式陈述证言。

证人言辞表达有障碍的,可以通过其他表达方式作证。

第七十三条　证人应当就其作证的事项进行连续陈述。

当事人及其法定代理人、诉讼代理人或者旁听人员干扰证人陈述的,人民法院应当及时制止,必要时可以依照民事诉讼法第一百一十条的规定进行处罚。

第七十四条　审判人员可以对证人进行询问。当事人及其诉讼代理人经审判人员许可后可以询问证人。

询问证人时其他证人不得在场。

人民法院认为有必要的,可以要求证人之间进行对质。

第七十五条 证人出庭作证后,可以向人民法院申请支付证人出庭作证费用。证人有困难需要预先支取出庭作证费用的,人民法院可以根据证人的申请在出庭作证前支付。

第七十六条 证人确有困难不能出庭作证,申请以书面证言、视听传输技术或者视听资料等方式作证的,应当向人民法院提交申请书。申请书中应当载明不能出庭的具体原因。

符合民事诉讼法第七十三条规定情形的,人民法院应当准许。

第七十七条 证人经人民法院准许,以书面证言方式作证的,应当签署保证书;以视听传输技术或者视听资料方式作证的,应当签署保证书并宣读保证书的内容。

第七十八条 当事人及其诉讼代理人对证人的询问与待证事实无关,或者存在威胁、侮辱证人或不适当引导等情形的,审判人员应当及时制止。必要时可以依照民事诉讼法第一百一十条、第一百一十一条的规定进行处罚。

证人故意作虚假陈述,诉讼参与人或者其他人以暴力、威胁、贿买等方法妨碍证人作证,或者在证人作证后以侮辱、诽谤、诬陷、恐吓、殴打等方式对证人打击报复的,人民法院应当根据情节,依照民事诉讼法第一百一十一条的规定,对行为人进行处罚。

第七十九条 鉴定人依照民事诉讼法第七十八条的规定出庭作证的,人民法院应当在开庭审理三日前将出庭的时间、地点及要求通知鉴定人。

委托机构鉴定的,应当由从事鉴定的人员代表机构出庭。

第八十条 鉴定人应当就鉴定事项如实答复当事人的异议和审判人员的询问。当庭答复确有困难的,经人民法院准许,可以在庭审结束后书面答复。

人民法院应当及时将书面答复送交当事人,并听取当事人的意见。必要时,可以再次组织质证。

第八十一条 鉴定人拒不出庭作证的,鉴定意见不得作为认定案件事实的根据。人民法院应当建议有关主管部门或者组织对拒不出庭作证的鉴定人予以处罚。

当事人要求退还鉴定费用的,人民法院应当在三日内作出裁定,责令鉴定人退还;拒不退还的,由人民法院依法执行。

当事人因鉴定人拒不出庭作证申请重新鉴定的,人民法院应当准许。

第八十二条 经法庭许可,当事人可以询问鉴定人、勘验人。

询问鉴定人、勘验人不得使用威胁、侮辱等不适当的言语和方式。

第八十三条 当事人依照民事诉讼法第七十九条和《最高人民法院关于适用〈中华人民共和国民事诉讼法〉的解释》第一百二十二条的规定,申请有专门知识的人出庭的,申请书中应当载明有专门知识的人的基本情况和申请的目的。

人民法院准许当事人申请的,应当通知双方当事人。

第八十四条 审判人员可以对有专门知识的人进行询问。经法庭准许,当事人可以对有专门知识的人进行询问,当事人各自申请的有专门知识的人可以就案件中的有关问题进行对质。

有专门知识的人不得参与对鉴定意见质证或者就专业问题发表意见之外的法庭审理活动。

五、证据的审核认定

第八十五条 人民法院应当以证据能够证明的案件事实为根据依法作出裁判。

审判人员应当依照法定程序,全面、客观地审核证据,依据法律的规定,遵循法官职业道德,运用逻辑推理和日常生活经验,对证据有无证明力和证明力大小独立进行判断,并公开判断的理由和结果。

第八十六条 当事人对于欺诈、胁迫、恶意串通事实的证明,以及对于口头遗嘱或赠与事实的证明,人民法院确信该待证事实存在的可能性能够排除合理怀疑的,应当认定该事实存在。

与诉讼保全、回避等程序事项有关的事实,人民法院结合当事人的说明及相关证据,认为有关事实存在的可能性较大的,可以认定该事实存在。

第八十七条 审判人员对单一证据可以从下列方面进行审核认定:

(一)证据是否为原件、原物,复制件、复制品与原件、原物是否相符;

(二)证据与本案事实是否相关;

(三)证据的形式、来源是否符合法律规定;

(四)证据的内容是否真实;

(五)证人或者提供证据的人与当事人有无利害关系。

第八十八条 审判人员对案件的全部证据,应当从各证据与案件事实的关联程度、各证据之间的联系等方面进行综合审查判断。

第八十九条 当事人在诉讼过程中认可的证据,人民法院应当予以确认。但法律、司法解释另有规定的除外。

当事人对认可的证据反悔的,参照《最高人民法院关于适用〈中华人民共和国民事诉讼法〉的解释》第二百二十九条的规定处理。

第九十条 下列证据不能单独作为认定案件事实的根据:

(一)当事人的陈述;

(二)无民事行为能力人或者限制民事行为能力人所作的与其年龄、智力状况或者精神健康状况不相当的证言;

(三)与一方当事人或者其代理人有利害关系的证人陈述的证言;

(四)存有疑点的视听资料、电子数据;

(五)无法与原件、原物核对的复制件、复制品。

第九十一条 公文书证的制作者根据文书原件制作的载有部分或者全部内容的副本,与正本具有相同的证明力。

在国家机关存档的文件,其复制件、副本、节录本经档案部门或者制作原本的机关证明其内容与原本一致的,该复制件、副本、节录本具有与原本相同的证明力。

第九十二条 私文书证的真实性,由主张以私文书证证明案件事实的当事人承担举证责任。

私文书证由制作者或者其代理人签名、盖章或捺印的，推定为真实。

私文书证上有删除、涂改、增添或者其他形式瑕疵的，人民法院应当综合案件的具体情况判断其证明力。

第九十三条　人民法院对于电子数据的真实性，应当结合下列因素综合判断：

（一）电子数据的生成、存储、传输所依赖的计算机系统的硬件、软件环境是否完整、可靠；

（二）电子数据的生成、存储、传输所依赖的计算机系统的硬件、软件环境是否处于正常运行状态，或者不处于正常运行状态时对电子数据的生成、存储、传输是否有影响；

（三）电子数据的生成、存储、传输所依赖的计算机系统的硬件、软件环境是否具备有效的防止出错的监测、核查手段；

（四）电子数据是否被完整地保存、传输、提取，保存、传输、提取的方法是否可靠；

（五）电子数据是否在正常的往来活动中形成和存储；

（六）保存、传输、提取电子数据的主体是否适当；

（七）影响电子数据完整性和可靠性的其他因素。

人民法院认为有必要的，可以通过鉴定或者勘验等方法，审查判断电子数据的真实性。

第九十四条　电子数据存在下列情形的，人民法院可以确认其真实性，但有足以反驳的相反证据的除外：

（一）由当事人提交或者保管的于己不利的电子数据；

（二）由记录和保存电子数据的中立第三方平台提供或者确认的；

（三）在正常业务活动中形成的；

（四）以档案管理方式保管的；

（五）以当事人约定的方式保存、传输、提取的。

电子数据的内容经公证机关公证的,人民法院应当确认其真实性,但有相反证据足以推翻的除外。

第九十五条 一方当事人控制证据无正当理由拒不提交,对待证事实负有举证责任的当事人主张该证据的内容不利于控制人的,人民法院可以认定该主张成立。

第九十六条 人民法院认定证人证言,可以通过对证人的智力状况、品德、知识、经验、法律意识和专业技能等的综合分析作出判断。

第九十七条 人民法院应当在裁判文书中阐明证据是否采纳的理由。

对当事人无争议的证据,是否采纳的理由可以不在裁判文书中表述。

六、其　　他

第九十八条 对证人、鉴定人、勘验人的合法权益依法予以保护。

当事人或者其他诉讼参与人伪造、毁灭证据,提供虚假证据,阻止证人作证,指使、贿买、胁迫他人作伪证,或者对证人、鉴定人、勘验人打击报复的,依照民事诉讼法第一百一十条、第一百一十一条的规定进行处罚。

第九十九条 本规定对证据保全没有规定的,参照适用法律、司法解释关于财产保全的规定。

除法律、司法解释另有规定外,对当事人、鉴定人、有专门知识的人的询问参照适用本规定中关于询问证人的规定;关于书证的规定适用于视听资料、电子数据;存储在电子计算机等电子介质中的视听资料,适用电子数据的规定。

第一百条 本规定自2020年5月1日起施行。

本规定公布施行后,最高人民法院以前发布的司法解释与本规定不一致的,不再适用。

《最高人民法院关于民事诉讼证据的若干规定》新旧条文对照表

（左栏**黑体**部分为删除或修改的内容，右栏**黑体**部分为增加或修改的内容）

修　订　前	修　订　后
一、当事人举证	**一、当事人举证**
第一条　原告向人民法院起诉或者被告提出反诉，应当**附有**符合起诉条件的相应的证据**材料**。	**第一条**　原告向人民法院起诉或者被告提出反诉，应当**提供**符合起诉条件的相应的证据。
第二条　当事人对自己提出的诉讼请求所依据的事实或者反驳对方诉讼请求所依据的事实有责任提供证据加以证明。 **没有证据或者证据不足以证明当事人的事实主张的，由负有举证责任的当事人承担不利后果。**	
第三条　人民法院应当向当事人说明举证的要求及法律后果，促使当事人在合理期限内积极、全面、正确、诚实地完成举证。 当事人因客观原因不能自行收集的证据，可申请人民法院调查收集。	**第二条**　人民法院应当向当事人说明举证的要求及法律后果，促使当事人在合理期限内积极、全面、正确、诚实地完成举证。 当事人因客观原因不能自行收集的证据，可申请人民法院调查收集。

续表

修 订 前	修 订 后
第四条　下列侵权诉讼，按照以下规定承担举证责任： （一）因新产品制造方法发明专利引起的专利侵权诉讼，由制造同样产品的单位或者个人对其产品制造方法不同于专利方法承担举证责任； （二）高度危险作业致人损害的侵权诉讼，由加害人就受害人故意造成损害的事实承担举证责任； （三）因环境污染引起的损害赔偿诉讼，由加害人就法律规定的免责事由及其行为与损害结果之间不存在因果关系承担举证责任； （四）建筑物或者其他设施以及建筑物上的搁置物、悬挂物发生倒塌、脱落、坠落致人损害的侵权诉讼，由所有人或者管理人对其无过错承担举证责任； （五）饲养动物致人损害的侵权诉讼，由动物饲养人或者管理人就受害人有过错或者第三人有过错承担举证责任； （六）因缺陷产品致人损害的侵权诉讼，由产品的生产者就法律规定的免责事由承担举证责任； （七）因共同危险行为致人损害的侵权诉讼，由实施危险行为的人就其行为与损害结果之间不存在因果关系承担举证责任；	

续表

修 订 前	修 订 后
（八）因医疗行为引起的侵权诉讼，由医疗机构就医疗行为与损害结果之间不存在因果关系及不存在医疗过错承担举证责任。 有关法律对侵权诉讼的举证责任有特殊规定的，从其规定。	
第五条 在合同纠纷案件中，主张合同关系成立并生效的一方当事人对合同订立和生效的事实承担举证责任；主张合同关系变更、解除、终止、撤销的一方当事人对引起合同关系变动的事实承担举证责任。 对合同是否履行发生争议的，由负有履行义务的当事人承担举证责任。 对代理权发生争议的，由主张有代理权一方当事人承担举证责任。	
第六条 在劳动争议纠纷案件中，因用人单位作出开除、除名、辞退、解除劳动合同、减少劳动报酬、计算劳动者工作年限等决定而发生劳动争议的，由用人单位负举证责任。	
第七条 在法律没有具体规定，依本规定及其他司法解释无法确定举证责任承担时，人民法院可以根据公平原则和诚实信用原则，综合当事人举证能力等因素确定举证责任的承担。	

续表

修　订　前	修　订　后
第八条第一款　诉讼过程中，一方当事人对另一方当事人陈述的案件事实明确表示承认的，另一方当事人无需举证。但涉及身份关系的案件除外。 第七十四条　诉讼过程中，当事人在起诉状、答辩状、陈述及其委托代理人的代理词中承认的对己方不利的事实和认可的证据，人民法院应当予以确认，但当事人反悔并有相反证据足以推翻的除外。	第三条　在诉讼过程中，一方当事人陈述的于己不利的事实，或者对于己不利的事实明确表示承认的，另一方当事人无需举证证明。 在证据交换、询问、调查过程中，或者在起诉状、答辩状、代理词等书面材料中，当事人明确承认于己不利的事实的，适用前款规定。
第八条第二款　对一方当事人陈述的事实，另一方当事人既未表示承认也未否认，经审判人员充分说明并询问后，其仍不明确表示肯定或者否定的，视为对该项事实的承认。	第四条　一方当事人对于另一方当事人主张的于己不利的事实既不承认也不否认，经审判人员说明并询问后，其仍然不明确表示肯定或者否定的，视为对该事实的承认。
第八条第三款　当事人委托代理人参加诉讼的，代理人的承认视为当事人的承认。但未经特别授权的代理人对事实的承认直接导致承认对方诉讼请求的除外。当事人在场但对其代理人的承认不作否认表示的，视为当事人的承认。	第五条　当事人委托诉讼代理人参加诉讼的，除授权委托书明确排除的事项外，诉讼代理人的自认视为当事人的自认。 当事人在场对诉讼代理人的自认明确否认的，不视为自认。
	第六条　普通共同诉讼中，共同诉讼人中一人或者数人作出的自认，对作出自认的当事人发生效力。 必要共同诉讼中，共同诉讼人中一人或者数人作出自认而其他共同诉讼人予以否认的，不发生自认的效力。

续表

修订前	修订后
	其他共同诉讼人既不承认也不否认，经审判人员说明并询问后仍然不明确表示意见的，视为全体共同诉讼人的自认。
	第七条 一方当事人对于另一方当事人主张的于己不利的事实有所限制或者附加条件予以承认的，由人民法院综合案件情况决定是否构成自认。
	第八条 《最高人民法院关于适用〈中华人民共和国民事诉讼法〉的解释》第九十六条第一款规定的事实，不适用有关自认的规定。
第八条第四款 当事人在法庭辩论终结前撤回承认并经对方当事人同意，或者有充分证据证明其承认行为是在受胁迫或者重大误解情况下作出且与事实不符的，不能免除对方当事人的举证责任。 自认的事实与已经查明的事实不符的，人民法院不予确认。	**第九条** 有下列情形之一，当事人在法庭辩论终结前撤销自认的，人民法院应当准许： （一）经对方当事人同意的； （二）自认是在受胁迫或者重大误解情况下作出的。 人民法院准许当事人撤销自认的，应当作出口头或者书面裁定。
第九条 下列事实，当事人无需举证证明： （一）众所周知的事实； **（二）自然规律及定理；** **（三）根据法律规定或者已知事实和日常生活经验法则，能推定出的另一事实；**	**第十条** 下列事实，当事人无须举证证明： **（一）自然规律以及定理、定律；** （二）众所周知的事实； （三）根据法律规定推定的事实； **（四）根据已知的事实和日常生活经验法则推定出的另一事实；**

续表

修 订 前	修 订 后
（四）已为人民法院发生法律效力的裁判所确认的事实； （五）已为仲裁机构的生效裁决所确认的事实； **（六）已为有效公证文书所证明的事实。** 前款（一）、（三）、（四）、（五）、（六）项，当事人有相反证据足以推翻的除外。	（五）已为仲裁机构的生效裁决所确认的事实； **（六）已为人民法院发生法律效力的裁判所确认的基本事实；** （七）已为有效公证文书所证明的事实。 前款**第二项至第五项事实，当事人有相反证据足以反驳的除外；第六项、第七项事实，**当事人有相反证据足以推翻的除外。
第十条 当事人向人民法院提供证据，应当提供原件或者原物。如需自己保存证据原件、原物或者提供原件、原物确有困难的，可以提供经人民法院核对无异的复制件或者复制品。	**第十一条** 当事人向人民法院提供证据，应当提供原件或者原物。如需自己保存证据原件、原物或者提供原件、原物确有困难的，可以提供经人民法院核对无异的复制件或者复制品。
	第十二条 以动产作为证据的，应当将原物提交人民法院。原物不宜搬移或者不宜保存的，当事人可以提供复制品、影像资料或者其他替代品。 **人民法院在收到当事人提交的动产或者替代品后，应当及时通知双方当事人到人民法院或者保存现场查验。**
	第十三条 当事人以不动产作为证据的，应当向人民法院提供该不动产的影像资料。 **人民法院认为有必要的，应当通知双方当事人到场进行查验。**

续表

修订前	修订后
	第十四条 电子数据包括下列信息、电子文件： （一）网页、博客、微博客等网络平台发布的信息； （二）手机短信、电子邮件、即时通信、通讯群组等网络应用服务的通信信息； （三）用户注册信息、身份认证信息、电子交易记录、通信记录、登录日志等信息； （四）文档、图片、音频、视频、数字证书、计算机程序等电子文件； （五）其他以数字化形式存储、处理、传输的能够证明案件事实的信息。
	第十五条 当事人以视听资料作为证据的，应当提供存储该视听资料的原始载体。 当事人以电子数据作为证据的，应当提供原件。电子数据的制作者制作的与原件一致的副本，或者直接来源于电子数据的打印件或其他可以显示、识别的输出介质，视为电子数据的原件。
第十一条 当事人向人民法院提供的证据系在中华人民共和国领域外形成的，该证据应当经所在国公证机关予以证明，并经中华人民共和国驻该国使领馆予以认证，或者履行中华人民共和国与该所在国订立的有关条	第十六条 当事人提供的公文书证系在中华人民共和国领域外形成的，该证据应当经所在国公证机关证明，或者履行中华人民共和国与该所在国订立的有关条约中规定的证明手续。

续表

修订前	修订后
约中规定的证明手续。 当事人向人民法院提供的证据是在香港、澳门、台湾地区形成的，应当履行相关的证明手续。	**中华人民共和国领域外形成的涉及身份关系的证据，应当经所在国公证机关证明并经中华人民共和国驻该国使领馆认证，或者履行中华人民共和国与该所在国订立的有关条约中规定的证明手续。** 当事人向人民法院提供的证据是在香港、澳门、台湾地区形成的，应当履行相关的证明手续。
第十二条　当事人向人民法院提供外文书证或者外文说明资料，应当附有中文译本。	**第十七条**　当事人向人民法院提供外文书证或者外文说明资料，应当附有中文译本。
第十三条　**对**双方当事人无争议**但涉及国家利益、社会公共利益或者他人合法权益的事实**，人民法院可以责令当事人提供有关证据。	**第十八条**　双方当事人无争议的**事实符合《最高人民法院关于适用〈中华人民共和国民事诉讼法〉的解释》第九十六条第一款规定情形的**，人民法院可以责令当事人提供有关证据。
第十四条　当事人应当对其提交的证据材料逐一分类编号，对证据材料的来源、证明对象和内容作简要说明，签名盖章，注明提交日期，并依照对方当事人人数提出副本。 人民法院收到当事人提交的证据材料，应当出具收据，注明证据的名称、份数和页数以及收到的时间，由经办人员签名或者盖章。	**第十九条**　当事人应当对其提交的证据材料逐一分类编号，对证据材料的来源、证明对象和内容作简要说明，签名盖章，注明提交日期，并依照对方当事人人数提出副本。 人民法院收到当事人提交的证据材料，应当出具收据，注明证据的名称、份数和页数以及收到的时间，由经办人员签名或者盖章。

续表

修　订　前	修　订　后
二、人民法院调查收集证据	二、证据的调查收集和保全
第十五条　《民事诉讼法》第六十四条规定的“人民法院认为审理案件需要的证据”，是指以下情形： （一）涉及可能有损国家利益、社会公共利益或者他人合法权益的事实； （二）涉及依职权追加当事人、中止诉讼、终结诉讼、回避等与实体争议无关的程序事项。	
第十六条　除本规定第十五条规定的情形外，人民法院调查收集证据，应当依当事人的申请进行。	
第十七条　符合下列条件之一的，当事人及其诉讼代理人可以申请人民法院调查收集证据： （一）申请调查收集的证据属于国家有关部门保存并须人民法院依职权调取的档案材料； （二）涉及国家秘密、商业秘密、个人隐私的材料； （三）当事人及其诉讼代理人确因客观原因不能自行收集的其他材料。	
第十八条　当事人及其诉讼代理人申请人民法院调查收集证据，应当提交书面申请。申请书应当载明被调查人的姓名或者单位名称、住所地等基本情况、所要调查收集的证据的内	**第二十条**　当事人及其诉讼代理人申请人民法院调查收集证据，应当在**举证期限届满前**提交书面申请。 申请书应当载明被调查人的姓名或者单位名称、住所地等基本情况、所

续表

修订前	修订后
容、需要由人民法院调查收集证据的原因及其要证明的事实。 **第十九条　当事人及其诉讼代理人申请人民法院调查收集证据，不得迟于举证期限届满前七日。** **人民法院对当事人及其诉讼代理人的申请不予准许的，应当向当事人或其诉讼代理人送达通知书。当事人及其诉讼代理人可以在收到通知书的次日起三日内向受理申请的人民法院书面申请复议一次。人民法院应当在收到复议申请之日起五日内作出答复。**	要调查收集的证据**名称或者**内容、需要由人民法院调查收集证据的原因及其要证明的事实**以及明确的线索**。
第二十条　调查人员调查收集的书证，可以是原件，也可以是经核对无误的副本或者复制件。是副本或者复制件的，应当在调查笔录中说明来源和取证情况。	**第二十一条　人民法院**调查收集的书证，可以是原件，也可以是经核对无误的副本或者复制件。是副本或者复制件的，应当在调查笔录中说明来源和取证情况。
第二十一条　调查人员调查收集的物证应当是原物。被调查人提供原物确有困难的，可以提供复制品或者**照片**。提供复制品或者**照片**的，应当在调查笔录中说明取证情况。	**第二十二条　人民法院**调查收集的物证应当是原物。被调查人提供原物确有困难的，可以提供复制品或者**影像资料**。提供复制品或者**影像资料**的，应当在调查笔录中说明取证情况。
第二十二条　调查人员调查收集计算机数据或者录音、录像等视听资料的，应当要求被调查人提供有关资料的原始载体。提供原始载体确有困难的，可以提供复制件。提供复制件的，调查人员应当在调查笔录中说明其来源和制作经过。	**第二十三条　人民法院调查收集视听资料、电子数据，应当要求被调查人提供原始载体。** **提供原始载体确有困难的，可以提供复制件。提供复制件的，人民法院应当在调查笔录中说明其来源和制作经过。**

续表

修订前	修订后
	人民法院对视听资料、电子数据采取证据保全措施的，适用前款规定。
	第二十四条 人民法院调查收集可能需要鉴定的证据，应当遵守相关技术规范，确保证据不被污染。
第二十三条 当事人依据《民事诉讼法》第七十四条的规定向人民法院申请保全证据，不得迟于举证期限届满前七日。 当事人申请保全证据的，人民法院可以要求其提供相应的担保。 法律、司法解释规定诉前保全证据的，依照其规定办理。	第二十五条 当事人或者利害关系人根据民事诉讼法第八十一条的规定申请证据保全的，申请书应当载明需要保全的证据的基本情况、申请保全的理由以及采取何种保全措施等内容。 当事人根据民事诉讼法第八十一条第一款的规定申请证据保全的，应当在举证期限届满前向人民法院提出。 法律、司法解释对诉前证据保全有规定的，依照其规定办理。
	第二十六条 当事人或者利害关系人申请采取查封、扣押等限制保全标的物使用、流通等保全措施，或者保全可能对证据持有人造成损失的，人民法院应当责令申请人提供相应的担保。 担保方式或者数额由人民法院根据保全措施对证据持有人的影响、保全标的物的价值、当事人或者利害关系人争议的诉讼标的金额等因素综合确定。

续表

修　订　前	修　订　后
第二十四条　人民法院进行证据保全，可以根据具体情况，采取查封、扣押、拍照、录音、录像、复制、鉴定、勘验、制作笔录等方法。 人民法院进行证据保全，可以要求当事人或者诉讼代理人到场。	**第二十七条**　人民法院进行证据保全，可以要求当事人或者诉讼代理人到场。 **根据当事人的申请和具体情况，人民法院可以采取查封、扣押、录音、录像、复制、鉴定、勘验等方法进行证据保全，并制作笔录。** **在符合证据保全目的的情况下，人民法院应当选择对证据持有人利益影响最小的保全措施。**
	第二十八条　申请证据保全错误造成财产损失，当事人请求申请人承担赔偿责任的，人民法院应予支持。
	第二十九条　人民法院采取诉前证据保全措施后，当事人向其他有管辖权的人民法院提起诉讼的，采取保全措施的人民法院应当根据当事人的申请，将保全的证据及时移交受理案件的人民法院。
	第三十条　人民法院在审理案件过程中认为待证事实需要通过鉴定意见证明的，应当向当事人释明，并指定提出鉴定申请的期间。 **符合《最高人民法院关于适用〈中华人民共和国民事诉讼法〉的解释》第九十六条第一款规定情形的，人民法院应当依职权委托鉴定。**

续表

修订前	修订后
第二十五条　当事人申请鉴定,应当在举证期限内提出。符合本规定第二十七条规定的情形,当事人申请重新鉴定的除外。 对需要鉴定的事项负有举证责任的当事人,在人民法院指定的期限内无正当理由不提出鉴定申请或者不预交鉴定费用或者拒不提供相关材料,致使对案件争议的事实无法通过鉴定结论予以认定的,应当对该事实承担举证不能的法律后果。	第三十一条　当事人申请鉴定,应当在人民法院指定期间内提出,并预交鉴定费用。逾期不提出申请或者不预交鉴定费用的,视为放弃申请。 对需要鉴定的待证事实负有举证责任的当事人,在人民法院指定期间内无正当理由不提出鉴定申请或者不预交鉴定费用,或者拒不提供相关材料,致使待证事实无法查明的,应当承担举证不能的法律后果。
第二十六条　当事人申请鉴定经人民法院同意后,由双方当事人协商确定有鉴定资格的鉴定机构、鉴定人员,协商不成的,由人民法院指定。	第三十二条　人民法院准许鉴定申请的,应当组织双方当事人协商确定具备相应资格的鉴定人。当事人协商不成的,由人民法院指定。 人民法院依职权委托鉴定的,可以在询问当事人的意见后,指定具备相应资格的鉴定人。 人民法院在确定鉴定人后应当出具委托书,委托书中应当载明鉴定事项、鉴定范围、鉴定目的和鉴定期限。
	第三十三条　鉴定开始之前,人民法院应当要求鉴定人签署承诺书。承诺书中应当载明鉴定人保证客观、公正、诚实地进行鉴定,保证出庭作证,如作虚假鉴定应当承担法律责任等内容。 鉴定人故意作虚假鉴定的,人民法院应当责令其退还鉴定费用,并根据情节,依照民事诉讼法第一百一十一条的规定进行处罚。

续表

修　订　前	修　订　后
	第三十四条　人民法院应当组织当事人对鉴定材料进行质证。未经质证的材料,不得作为鉴定的根据。 经人民法院准许,鉴定人可以调取证据、勘验物证和现场、询问当事人或者证人。
	第三十五条　鉴定人应当在人民法院确定的期限内完成鉴定,并提交鉴定书。 鉴定人无正当理由未按期提交鉴定书的,当事人可以申请人民法院另行委托鉴定人进行鉴定。人民法院准许的,原鉴定人已经收取的鉴定费用应当退还;拒不退还的,依照本规定第八十一条第二款的规定处理。
第二十九条　审判人员对鉴定人出具的鉴定书,应当审查是否具有下列内容: (一)委托人姓名或者名称、委托鉴定的内容; (二)委托鉴定的材料; (三)鉴定的依据及使用的科学技术手段; (四)对鉴定过程的说明; (五)明确的鉴定结论; (六)对鉴定人鉴定资格的说明; (七)鉴定人员及鉴定机构签名盖章。	第三十六条　人民法院对鉴定人出具的鉴定书,应当审查是否具有下列内容: (一)委托法院的名称; (二)委托鉴定的内容、要求; (三)鉴定材料; (四)鉴定所依据的原理、方法; (五)对鉴定过程的说明; (六)鉴定意见; (七)承诺书。 鉴定书应当由鉴定人签名或者盖章,并附鉴定人的相应资格证明。委托机构鉴定的,鉴定书应当由鉴定机构盖章,并由从事鉴定的人员签名。

续表

修 订 前	修 订 后
	第三十七条 人民法院收到鉴定书后,应当及时将副本送交当事人。 当事人对鉴定书的内容有异议的,应当在人民法院指定期间内以书面方式提出。 对于当事人的异议,人民法院应当要求鉴定人作出解释、说明或者补充。人民法院认为有必要的,可以要求鉴定人对当事人未提出异议的内容进行解释、说明或者补充。
	第三十八条 当事人在收到鉴定人的书面答复后仍有异议的,人民法院应当根据《诉讼费用交纳办法》第十一条的规定,通知有异议的当事人预交鉴定人出庭费用,并通知鉴定人出庭。有异议的当事人不预交鉴定人出庭费用的,视为放弃异议。 双方当事人对鉴定意见均有异议的,分摊预交鉴定人出庭费用。
	第三十九条 鉴定人出庭费用按照证人出庭作证费用的标准计算,由败诉的当事人负担。因鉴定意见不明确或者有瑕疵需要鉴定人出庭的,出庭费用由其自行负担。 人民法院委托鉴定时已经确定鉴定人出庭费用包含在鉴定费用中的,不再通知当事人预交。

续表

修订前	修订后
第二十七条　当事人对人民法院委托的鉴定部门作出的鉴定结论有异议申请重新鉴定，提出证据证明存在下列情形之一的，人民法院应予准许： （一）鉴定机构或者鉴定人员不具备相关的鉴定资格的； （二）鉴定程序严重违法的； （三）鉴定结论明显依据不足的； （四）经过质证认定不能作为证据使用的其他情形。 对有缺陷的鉴定结论，可以通过补充鉴定、重新质证或者补充质证等方法解决的，不予重新鉴定。	第四十条　当事人申请重新鉴定，存在下列情形之一的，人民法院应当准许： （一）鉴定人不具备相应资格的； （二）鉴定程序严重违法的； （三）鉴定意见明显依据不足的； （四）鉴定意见不能作为证据使用的其他情形。 存在前款第一项至第三项情形的，鉴定人已经收取的鉴定费用应当退还。拒不退还的，依照本规定第八十一条第二款的规定处理。 对鉴定意见的瑕疵，可以通过补正、补充鉴定或者补充质证、重新质证等方法解决的，人民法院不予准许重新鉴定的申请。 重新鉴定的，原鉴定意见不得作为认定案件事实的根据。
第二十八条　一方当事人自行委托**有关部门**作出的鉴定结论，另一方当事人有证据足以反驳并申请重新鉴定的，人民法院应予准许。	第四十一条　**对于**一方当事人**就专门性问题**自行委托**有关机构或者人员出具**的意见，另一方当事人有证据**或者理由**足以反驳并申请鉴定的，人民法院应予准许。
	第四十二条　鉴定意见被采信后，鉴定人无正当理由撤销鉴定意见的，人民法院应当责令其退还鉴定费用，并可以根据情节，依照民事诉讼法第一百一十一条的规定对鉴定人进行处罚。当事人主张鉴定人负担由此增

续表

修订前	修订后
	加的合理费用的,人民法院应予支持。 **人民法院采信鉴定意见后准许鉴定人撤销的,应当责令其退还鉴定费用。**
第三十条 人民法院勘验物证或者现场,应当制作笔录,记录勘验的时间、地点、勘验人、在场人、勘验的经过、结果,由勘验人、在场人签名或者盖章。对于绘制的现场图应当注明绘制的时间、方位、测绘人姓名、身份等内容。	**第四十三条 人民法院应当在勘验前将勘验的时间和地点通知当事人。当事人不参加的,不影响勘验进行。** **当事人可以就勘验事项向人民法院进行解释和说明,可以请求人民法院注意勘验中的重要事项。** 人民法院勘验物证或者现场,应当制作笔录,记录勘验的时间、地点、勘验人、在场人、勘验的经过、结果,由勘验人、在场人签名或者盖章。对于绘制的现场图应当注明绘制的时间、方位、测绘人姓名、身份等内容。
第三十一条 摘录有关单位制作的与案件事实相关的文件、材料,应当注明出处,并加盖制作单位或者保管单位的印章,摘录人和其他调查人员应当在摘录件上签名或者盖章。 摘录文件、材料应当保持内容相应的完整性**,不得断章取义。**	**第四十四条** 摘录有关单位制作的与案件事实相关的文件、材料,应当注明出处,并加盖制作单位或者保管单位的印章,摘录人和其他调查人员应当在摘录件上签名或者盖章。 摘录文件、材料应当保持内容相应的完整性。
	第四十五条 当事人根据《最高人民法院关于适用〈中华人民共和国民事诉讼法〉的解释》第一百一十二条的规定申请人民法院责令对方当事人提交书证的,申请书应当载明所申请提交的书证名称或者内容、需要以该书证证明的事实及事实的重要性、对方当事人控制该书证的根据以及应当

续表

修订前	修订后
	提交该书证的理由。 对方当事人否认控制书证的，人民法院应当根据法律规定、习惯等因素，结合案件的事实、证据，对于书证是否在对方当事人控制之下的事实作出综合判断。
	第四十六条　人民法院对当事人提交书证的申请进行审查时，应当听取对方当事人的意见，必要时可以要求双方当事人提供证据、进行辩论。 当事人申请提交的书证不明确、书证对于待证事实的证明无必要、待证事实对于裁判结果无实质性影响、书证未在对方当事人控制之下或者不符合本规定第四十七条情形的，人民法院不予准许。 当事人申请理由成立的，人民法院应当作出裁定，责令对方当事人提交书证；理由不成立的，通知申请人。
	第四十七条　下列情形，控制书证的当事人应当提交书证： （一）控制书证的当事人在诉讼中曾经引用过的书证； （二）为对方当事人的利益制作的书证； （三）对方当事人依照法律规定有权查阅、获取的书证； （四）账簿、记账原始凭证； （五）人民法院认为应当提交书证

续表

修 订 前	修 订 后
	的其他情形。 前款所列书证，涉及国家秘密、商业秘密、当事人或第三人的隐私，或者存在法律规定应当保密的情形的，提交后不得公开质证。
	第四十八条 控制书证的当事人无正当理由拒不提交书证的，人民法院可以认定对方当事人所主张的书证内容为真实。 控制书证的当事人存在《最高人民法院关于适用〈中华人民共和国民事诉讼法〉的解释》第一百一十三条规定情形的，人民法院可以认定对方当事人主张以该书证证明的事实为真实。
三、举证时限与证据交换	**三、举证时限与证据交换**
第三十二条 被告应当在答辩期届满前提出书面答辩，阐明其对原告诉讼请求及所依据的事实和理由的意见。	**第四十九条** 被告应当在答辩期届满前提出书面答辩，阐明其对原告诉讼请求及所依据的事实和理由的意见。
第三十三条第一款 人民法院应当在**送达案件受理通知书和应诉通知书的同时**向当事人送达举证通知书。举证通知书应当载明举证责任的分配原则与要求、可以向人民法院申请调查取证的情形、人民法院根据案件情况指定的举证期限以及逾期提供证据的法律后果。	**第五十条** 人民法院应**当在审理前的准备阶段**向当事人送达举证通知书。 举证通知书应当载明举证责任的分配原则和要求、可以向人民法院申请调查**收集证据**的情形、人民法院根据案件情况指定的举证期限以及逾期提供证据的法律后果**等内容**。

续表

修 订 前	修 订 后
第三十三条第二款 举证期限可以由当事人协商一致，并经人民法院**认可**。 **第三十三条第三款 由人民法院指定举证期限的，指定的期限不得少于三十日，自当事人收到案件受理通知书和应诉通知书的次日起计算。**	**第五十一条** 举证期限可以由当事人协商，并经人民法院**准许**。 **人民法院指定举证期限的，适用第一审普通程序审理的案件不得少于十五日，当事人提供新的证据的第二审案件不得少于十日。适用简易程序审理的案件不得超过十五日，小额诉讼案件的举证期限一般不得超过七日。** **举证期限届满后，当事人提供反驳证据或者对已经提供的证据的来源、形式等方面的瑕疵进行补正的，人民法院可以酌情再次确定举证期限，该期限不受前款规定的期间限制。**
第三十四条 当事人应当在举证期限内向人民法院提交证据材料，当事人在举证期限内不提交的，视为放弃举证权利。 **对于当事人逾期提交的证据材料，人民法院审理时不组织质证。但对方当事人同意质证的除外。** **当事人增加、变更诉讼请求或者提起反诉的，应当在举证期限届满前提出。**	
	第五十二条 **当事人在举证期限内提供证据存在客观障碍，属于民事诉讼法第六十五条第二款规定的"当事人在该期限内提供证据确有困难"的情形。** **前款情形，人民法院应当根据当事人的举证能力、不能在举证期限内提供证据的原因等因素综合判断。必要时，可以听取对方当事人的意见。**

续表

修 订 前	修 订 后
第三十五条 诉讼过程中,当事人主张的法律关系的性质或者民事行为的效力与人民法院根据案件事实作出的认定不一致的,**不受本规定第三十四条规定的限制,人民法院应当告知当事人可以变更诉讼请求。** **当事人变更诉讼请求的,人民法院应当重新指定举证期限。**	第五十三条 诉讼过程中,当事人主张的法律关系性质或者民事行为效力与人民法院根据案件事实作出的认定不一致的,**人民法院应当将法律关系性质或者民事行为效力作为焦点问题进行审理。但法律关系性质对裁判理由及结果没有影响,或者有关问题已经当事人充分辩论的除外。** **存在前款情形,当事人根据法庭审理情况变更诉讼请求的,人民法院应当准许并可以根据案件的具体情况重新指定举证期限。**
第三十六条 **当事人在举证期限内提交证据材料确有困难的,应当在举证期限内向人民法院申请延期举证,经人民法院准许,可以适当延长举证期限。当事人在延长的举证期限内提交证据材料仍有困难的,可以再次提出延期申请,是否准许由人民法院决定。**	第五十四条 **当事人申请延长举证期限的,应当在举证期限届满前向人民法院提出书面申请。** **申请理由成立的,人民法院应当准许,适当延长举证期限,并通知其他当事人。延长的举证期限适用于其他当事人。** **申请理由不成立的,人民法院不予准许,并通知申请人。**
	第五十五条 存在下列情形的,举证期限按照如下方式确定: **(一)当事人依照民事诉讼法第一百二十七条规定提出管辖权异议的,举证期限中止,自驳回管辖权异议的裁定生效之日起恢复计算;** **(二)追加当事人、有独立请求权的第三人参加诉讼或者无独立请求权**

续表

修　订　前	修　订　后
	的第三人经人民法院通知参加诉讼的，人民法院应当依照本规定第五十一条的规定为新参加诉讼的当事人确定举证期限，该举证期限适用于其他当事人； （三）发回重审的案件，第一审人民法院可以结合案件具体情况和发回重审的原因，酌情确定举证期限； （四）当事人增加、变更诉讼请求或者提出反诉的，人民法院应当根据案件具体情况重新确定举证期限； （五）公告送达的，举证期限自公告期届满之次日起计算。
第三十七条　经当事人申请，人民法院可以组织当事人在开庭审理前交换证据。 人民法院对于证据较多或者复杂疑难的案件，应当组织当事人在答辩期届满后、开庭审理前交换证据。	
第三十八条　交换证据的时间可以由当事人协商一致并经人民法院认可，也可以由人民法院指定。 人民法院组织当事人交换证据的，交换证据之日举证期限届满。当事人申请延期举证经人民法院准许的，证据交换日相应顺延。	第五十六条　人民法院依照民事诉讼法第一百三十三条第四项的规定，通过组织证据交换进行审理前准备的，证据交换之日举证期限届满。 证据交换的时间可以由当事人协商一致并经人民法院认可，也可以由人民法院指定。当事人申请延期举证经人民法院准许的，证据交换日相应顺延。

续表

修订前	修订后
第三十九条 证据交换应当在审判人员的主持下进行。 在证据交换的过程中，审判人员对当事人无异议的事实、证据应当记录在卷；对有异议的证据，按照需要证明的事实分类记录在卷，并记载异议的理由。通过证据交换，确定双方当事人争议的主要问题。	**第五十七条** 证据交换应当在审判人员的主持下进行。 在证据交换的过程中，审判人员对当事人无异议的事实、证据应当记录在卷；对有异议的证据，按照需要证明的事实分类记录在卷，并记载异议的理由。通过证据交换，确定双方当事人争议的主要问题。
第四十条 当事人收到对方交换的证据后提出反驳并提出新证据的，人民法院应当通知当事人在指定的时间进行交换。 **证据交换一般不超过两次。但重大、疑难和案情特别复杂的案件，人民法院认为确有必要再次进行证据交换的除外。**	**第五十八条 当事人收到对方的证据后有反驳证据需要提交的，人民法院应当再次组织证据交换。**
第四十一条 《民事诉讼法》第一百二十五条第一款规定的“新的证据”，是指以下情形： **（一）一审程序中的新的证据包括：当事人在一审举证期限届满后新发现的证据；当事人确因客观原因无法在举证期限内提供，经人民法院准许，在延长的期限内仍无法提供的证据；** **（二）二审程序中的新的证据包括：一审庭审结束后新发现的证据；当事人在一审举证期限届满前申请人民法院调查取证未获准许，二审法院经审查认为应当准许并依当事人申请调取的证据。**	

续表

修 订 前	修 订 后
第四十二条　当事人在一审程序中提供新的证据的，应当在一审开庭前或者开庭审理时提出。 当事人在二审程序中提供新的证据的，应当在二审开庭前或者开庭审理时提出；二审不需要开庭审理的，应当在人民法院指定的期限内提出。 第四十三条　当事人举证期限届满后提供的证据不是新的证据的，人民法院不予采纳。 当事人经人民法院准许延期举证，但因客观原因未能在准许的期限内提供，且不审理该证据可能导致裁判明显不公的，其提供的证据可视为新的证据。 第四十四条　《民事诉讼法》第一百七十九条第一款第（一）项规定的“新的证据”，是指原审庭审结束后新发现的证据。 当事人在再审程序中提供新的证据的，应当在申请再审时提出。 第四十五条　一方当事人提出新的证据的，人民法院应当通知对方当事人在合理期限内提出意见或者举证。 第四十六条　由于当事人的原因未能在指定期限内举证，致使案件在二审或者再审期间因提出新的证据被人民法院发回重审或者改判的，原审裁判不属于错误裁判案件。一方当事人请求提出新的证据的另一方当事人	

续表

修　订　前	修　订　后
负担由此增加的差旅、误工、证人出庭作证、诉讼等合理费用以及由此扩大的直接损失，人民法院应予支持。	
	第五十九条　人民法院对逾期提供证据的当事人处以罚款的，可以结合当事人逾期提供证据的主观过错程度、导致诉讼迟延的情况、诉讼标的金额等因素，确定罚款数额。
四、质　　证	四、质　　证
第四十七条　证据应当在法庭上出示，由当事人质证。未经质证的证据，不能作为认定案件事实的依据。 当事人在证据交换过程中认可并记录在卷的证据，经审判人员在庭审中说明后，可以作为认定案件事实的依据。	第六十条　当事人在审理前的准备阶段或者人民法院调查、询问过程中发表过质证意见的证据，视为质证过的证据。 当事人要求以书面方式发表质证意见，人民法院在听取对方当事人意见后认为有必要的，可以准许。人民法院应当及时将书面质证意见送交对方当事人。
第四十八条　涉及国家秘密、商业秘密和个人隐私或者法律规定的其他应当保密的证据，不得在开庭时公开质证。	
第四十九条　对书证、物证、视听资料进行质证时，当事人**有权要求**出示证据的原件或者原物。但有下列情况之一的除外： （一）出示原件或者原物确有困难并经人民法院准许出示复制件或者复制品的；	**第六十一条**　对书证、物证、视听资料进行质证时，当事人**应当**出示证据的原件或者原物。但有下列情形之一的除外： （一）出示原件或者原物确有困难并经人民法院准许出示复制件或者复制品的；

续表

修　订　前	修　订　后
（二）原件或者原物已不存在，但有证据证明复制件、复制品与原件或原物一致的。	（二）原件或者原物已不存在，但有证据证明复制件、复制品与原件或者原物一致的。
第五十条　质证时，当事人应当围绕证据的真实性、关联性、合法性，针对证据证明力有无以及证明力大小，进行质疑、说明与辩驳。	
第五十一条　质证按下列顺序进行： （一）原告出示证据，被告、第三人与原告进行质证； （二）被告出示证据，原告、第三人与被告进行质证； （三）第三人出示证据，原告、被告与第三人进行质证。 **人民法院依照当事人申请调查收集的证据，作为提出申请的一方当事人提供的证据。** **人民法院依照职权调查收集的证据应当在庭审时出示，听取当事人意见，并可就调查收集该证据的情况予以说明。**	**第六十二条**　质证**一般**按下列顺序进行： （一）原告出示证据，被告、第三人与原告进行质证； （二）被告出示证据，原告、第三人与被告进行质证； （三）第三人出示证据，原告、被告与第三人进行质证。 **人民法院根据当事人申请调查收集的证据，审判人员对调查收集证据的情况进行说明后，由提出申请的当事人与对方当事人、第三人进行质证。** **人民法院依职权调查收集的证据，由审判人员对调查收集证据的情况进行说明后，听取当事人的意见。**
第五十二条　案件有两个以上独立的诉讼请求的，当事人可以逐个出示证据进行质证。	
	第六十三条　当事人应当就案件事实作真实、完整的陈述。 **当事人的陈述与此前陈述不一致的，人民法院应当责令其说明理由，并**

续表

修 订 前	修 订 后
	结合当事人的诉讼能力、证据和案件具体情况进行审查认定。 当事人故意作虚假陈述妨碍人民法院审理的，人民法院应当根据情节，依照民事诉讼法第一百一十一条的规定进行处罚。
	第六十四条 人民法院认为有必要的，可以要求当事人本人到场，就案件的有关事实接受询问。 人民法院要求当事人到场接受询问的，应当通知当事人询问的时间、地点、拒不到场的后果等内容。
	第六十五条 人民法院应当在询问前责令当事人签署保证书并宣读保证书的内容。 保证书应当载明保证据实陈述，绝无隐瞒、歪曲、增减，如有虚假陈述应当接受处罚等内容。当事人应当在保证书上签名、捺印。 当事人有正当理由不能宣读保证书的，由书记员宣读并进行说明。
	第六十六条 当事人无正当理由拒不到场、拒不签署或宣读保证书或者拒不接受询问的，人民法院应当综合案件情况，判断待证事实的真伪。待证事实无其他证据证明的，人民法院应当作出不利于该当事人的认定。

续表

修 订 前	修 订 后
第五十三条 不能正确表达意志的人，不能作为证人。 待证事实与其年龄、智力状况或者精神健康状况相适应的无民事行为能力人和限制民事行为能力人，可以作为证人。	**第六十七条** 不能正确表达意思的人，不能作为证人。 待证事实与其年龄、智力状况或者精神健康状况相适应的无民事行为能力人和限制民事行为能力人，可以作为证人。
第五十五条 证人应当出庭作证，接受当事人的质询。 证人在人民法院组织双方当事人交换证据时出席陈述证言的，可视为出庭作证。	第六十八条 人民法院应当要求证人出庭作证，接受审判人员和当事人的询问。证人在审理前的准备阶段或者人民法院调查、询问等双方当事人在场时陈述证言的，视为出庭作证。 双方当事人同意证人以其他方式作证并经人民法院准许的，证人可以不出庭作证。 无正当理由未出庭的证人以书面等方式提供的证言，不得作为认定案件事实的根据。
	第六十九条 当事人申请证人出庭作证的，应当在举证期限届满前向人民法院提交申请书。 申请书应当载明证人的姓名、职业、住所、联系方式，作证的主要内容，作证内容与待证事实的关联性，以及证人出庭作证的必要性。 符合《最高人民法院关于适用〈中华人民共和国民事诉讼法〉的解释》第九十六条第一款规定情形的，人民法院应当依职权通知证人出庭作证。

续表

修订前	修订后
第五十四条　当事人申请证人出庭作证,应当在举证期限届满十日前提出,并经人民法院许可。 人民法院对当事人的申请予以准许的,应当在开庭审理前通知证人出庭作证,并告知其应当如实作证及作伪证的法律后果。 证人因出庭作证而支出的合理费用,由提供证人的一方当事人先行支付,由败诉一方当事人承担。	第七十条　人民法院准许证人出庭作证申请的,应当向证人送达通知书并告知双方当事人。通知书中应当载明证人作证的时间、地点,作证的事项、要求以及作伪证的法律后果等内容。 当事人申请证人出庭作证的事项与待证事实无关,或者没有通知证人出庭作证必要的,人民法院不予准许当事人的申请。
	第七十一条　人民法院应当要求证人在作证之前签署保证书,并在法庭上宣读保证书的内容。但无民事行为能力人和限制民事行为能力人作为证人的除外。 证人确有正当理由不能宣读保证书的,由书记员代为宣读并进行说明。 证人拒绝签署或者宣读保证书的,不得作证,并自行承担相关费用。 证人保证书的内容适用当事人保证书的规定。
第五十六条　《民事诉讼法》第七十条规定的“证人确有困难不能出庭”,是指有下列情形: (一)年迈体弱或者行动不便无法出庭的; (二)特殊岗位确实无法离开的; (三)路途特别遥远,交通不便难以出庭的;	

续表

修　订　前	修　订　后
（四）因自然灾害等不可抗力的原因无法出庭的； （五）其他无法出庭的特殊情况。 前款情形，经人民法院许可，证人可以提交书面证言或者视听资料或者通过双向视听传输技术手段作证。	
第五十七条　出庭作证的证人应当客观陈述其亲身感知的事实。证人为聋哑人的，可以其他表达方式作证。 证人作证时，不得使用猜测、推断或者评论性的语言。	第七十二条　证人应当客观陈述其亲身感知的事实，作证时不得使用猜测、推断或者评论性语言。 证人作证前不得旁听法庭审理，作证时不得以宣读事先准备的书面材料的方式陈述证言。 证人言辞表达有障碍的，可以通过其他表达方式作证。
	第七十三条　证人应当就其作证的事项进行连续陈述。 当事人及其法定代理人、诉讼代理人或者旁听人员干扰证人陈述的，人民法院应当及时制止，必要时可以依照民事诉讼法第一百一十条的规定进行处罚。
第五十八条　审判人员和当事人可以对证人进行询问。证人不得旁听法庭审理；询问证人时，其他证人不得在场。人民法院认为有必要的，可以让证人进行对质。	第七十四条　审判人员可以对证人进行询问。当事人及其诉讼代理人经审判人员许可后可以询问证人。 询问证人时其他证人不得在场。 人民法院认为有必要的，可以要求证人之间进行对质。

续表

修订前	修订后
	第七十五条　证人出庭作证后，可以向人民法院申请支付证人出庭作证费用。证人有困难需要预先支取出庭作证费用的，人民法院可以根据证人的申请在出庭作证前支付。
	第七十六条　证人确有困难不能出庭作证，申请以书面证言、视听传输技术或者视听资料等方式作证的，应当向人民法院提交申请书。申请书中应当载明不能出庭的具体原因。 符合民事诉讼法第七十三条规定情形的，人民法院应当准许。
	第七十七条　证人经人民法院准许，以书面证言方式作证的，应当签署保证书；以视听传输技术或者视听资料方式作证的，应当签署保证书并宣读保证书的内容。
	第七十八条　当事人及其诉讼代理人对证人的询问与待证事实无关，或者存在威胁、侮辱证人或不适当引导等情形的，审判人员应当及时制止。必要时可以依照民事诉讼法第一百一十条、第一百一十一条的规定进行处罚。 证人故意作虚假陈述，诉讼参与人或者其他人以暴力、威胁、贿买等方法妨碍证人作证，或者在证人作证后以侮辱、诽谤、诬陷、恐吓、殴打等方式对证人打击报复的，人民法院应当根据情节，依照民事诉讼法第一百一十一条的规定，对行为人进行处罚。

续表

修订前	修订后
	第七十九条　鉴定人依照民事诉讼法第七十八条的规定出庭作证的，人民法院应当在开庭审理三日前将出庭的时间、地点及要求通知鉴定人。 委托机构鉴定的，应当由从事鉴定的人员代表机构出庭。
第五十九条　鉴定人应当出庭接受当事人质询。 鉴定人确因特殊原因无法出庭的，经人民法院准许，可以书面答复当事人的质询。	第八十条　鉴定人应当就鉴定事项如实答复当事人的异议和审判人员的询问。当庭答复确有困难的，经人民法院准许，可以在庭审结束后书面答复。 人民法院应当及时将书面答复送交当事人，并听取当事人的意见。必要时，可以再次组织质证。
	第八十一条　鉴定人拒不出庭作证的，鉴定意见不得作为认定案件事实的根据。人民法院应当建议有关主管部门或者组织对拒不出庭作证的鉴定人予以处罚。 当事人要求退还鉴定费用的，人民法院应当在三日内作出裁定，责令鉴定人退还；拒不退还的，由人民法院依法执行。 当事人因鉴定人拒不出庭作证申请重新鉴定的，人民法院应当准许。
第六十条　经法庭许可，当事人可以向证人、鉴定人、勘验人发问。 询问证人、鉴定人、勘验人不得使用威胁、侮辱及不适当引导证人的言语和方式。	第八十二条　经法庭许可，当事人可以询问鉴定人、勘验人。 询问鉴定人、勘验人不得使用威胁、侮辱等不适当的言语和方式。

续表

修订前	修订后
第六十一条 当事人可以向人民法院申请由一至二名具有专门知识的人员出庭就案件的专门性问题进行说明。人民法院准许其申请的，有关费用由提出申请的当事人负担。 审判人员和当事人可以对出庭的具有专门知识的人员进行询问。 经人民法院准许，可以由当事人各自申请的具有专门知识的人员就有案件中的问题进行对质。 具有专门知识的人员可以对鉴定人进行询问。	
	第八十三条 当事人依照民事诉讼法第七十九条和《最高人民法院关于适用〈中华人民共和国民事诉讼法〉的解释》第一百二十二条的规定，申请有专门知识的人出庭的，申请书中应当载明有专门知识的人的基本情况和申请的目的。 人民法院准许当事人申请的，应当通知双方当事人。
	第八十四条 审判人员可以对有专门知识的人进行询问。经法庭准许，当事人可以对有专门知识的人进行询问，当事人各自申请的有专门知识的人可以就案件中的有关问题进行对质。 有专门知识的人不得参与对鉴定意见质证或者就专业问题发表意见之外的法庭审理活动。

续表

修订前	修订后
第六十二条　法庭应当将当事人的质证情况记入笔录，并由当事人核对后签名或者盖章。	
五、证据的审核认定	**五、证据的审核认定**
第六十三条　人民法院应当以证据能够证明的案件事实为**依据**依法作出裁判。 **第六十四条**　审判人员应当依照法定程序，全面、客观地审核证据，依据法律的规定，遵循法官职业道德，运用逻辑推理和日常生活经验，对证据有无证明力和证明力大小独立进行判断，并公开判断的理由和结果。	**第八十五条**　人民法院应当以证据能够证明的案件事实为**根据**依法作出裁判。 审判人员应当依照法定程序，全面、客观地审核证据，依据法律的规定，遵循法官职业道德，运用逻辑推理和日常生活经验，对证据有无证明力和证明力大小独立进行判断，并公开判断的理由和结果。
	第八十六条　当事人对于欺诈、胁迫、恶意串通事实的证明，以及对于口头遗嘱或赠与事实的证明，人民法院确信该待证事实存在的可能性能够排除合理怀疑的，应当认定该事实存在。 **与诉讼保全、回避等程序事项有关的事实，人民法院结合当事人的说明及相关证据，认为有关事实存在的可能性较大的，可以认定该事实存在。**
第六十五条　审判人员对单一证据可以从下列方面进行审核认定： （一）证据是否原件、原物，**复印件**、复制品与原件、原物是否相符； （二）证据与本案事实是否相关；	**第八十七条**　审判人员对单一证据可以从下列方面进行审核认定： （一）证据是否**为**原件、原物，**复制件**、复制品与原件、原物是否相符； （二）证据与本案事实是否相关；

续表

修　订　前	修　订　后
（三）证据的形式、来源是否符合法律规定； （四）证据的内容是否真实； （五）证人或者提供证据的人，与当事人有无利害关系。	（三）证据的形式、来源是否符合法律规定； （四）证据的内容是否真实； （五）证人或者提供证据的人与当事人有无利害关系。
第六十六条　审判人员对案件的全部证据，应当从各证据与案件事实的关联程度、各证据之间的联系等方面进行综合审查判断。	**第八十八条**　审判人员对案件的全部证据，应当从各证据与案件事实的关联程度、各证据之间的联系等方面进行综合审查判断。
	第八十九条　当事人在诉讼过程中认可的证据，人民法院应当予以确认。但法律、司法解释另有规定的除外。 **当事人对认可的证据反悔的，参照《最高人民法院关于适用〈中华人民共和国民事诉讼法〉的解释》第二百二十九条的规定处理。**
第六十七条　在诉讼中，当事人为达成调解协议或者和解的目的作出妥协所涉及的对案件事实的认可，不得在其后的诉讼中作为对其不利的证据。	
第六十八条　以侵害他人合法权益或者违反法律禁止性规定的方法取得的证据，不能作为认定案件事实的依据。	

续表

修订前	修订后
第六十九条　下列证据不能单独作为认定案件事实的**依据**： **（一）未成年人所作的与其年龄和智力状况不相当的证言；** （二）与一方当事人或者其代理人有利害关系的证人**出具**的证言； （三）存有疑点的视听资料； （四）无法与原件、原物核对的**复印件**、复制品； **（五）无正当理由未出庭作证的证人证言。**	**第九十条**　下列证据不能单独作为认定案件事实的**根据**： **（一）当事人的陈述；** **（二）无民事行为能力人或者限制民事行为能力人所作的与其年龄、智力状况或者精神健康状况不相当的证言；** （三）与一方当事人或者其代理人有利害关系的证人**陈述**的证言； （四）存有疑点的视听资料、**电子数据**； （五）无法与原件、原物核对的**复制件**、复制品。
	第九十一条　公文书证的制作者根据文书原件制作的载有部分或者全部内容的副本，与正本具有相同的证明力。 **在国家机关存档的文件，其复制件、副本、节录本经档案部门或者制作原本的机关证明其内容与原本一致的，该复制件、副本、节录本具有与原本相同的证明力。**
	第九十二条　私文书证的真实性，由主张以私文书证证明案件事实的当事人承担举证责任。 **私文书证由制作者或者其代理人签名、盖章或捺印的，推定为真实。** **私文书证上有删除、涂改、增添或者其他形式瑕疵的，人民法院应当综合案件的具体情况判断其证明力。**

续表

修订前	修订后
	第九十三条　人民法院对于电子数据的真实性，应当结合下列因素综合判断： （一）电子数据的生成、存储、传输所依赖的计算机系统的硬件、软件环境是否完整、可靠； （二）电子数据的生成、存储、传输所依赖的计算机系统的硬件、软件环境是否处于正常运行状态，或者不处于正常运行状态时对电子数据的生成、存储、传输是否有影响； （三）电子数据的生成、存储、传输所依赖的计算机系统的硬件、软件环境是否具备有效的防止出错的监测、核查手段； （四）电子数据是否被完整地保存、传输、提取，保存、传输、提取的方法是否可靠； （五）电子数据是否在正常的往来活动中形成和存储； （六）保存、传输、提取电子数据的主体是否适当； （七）影响电子数据完整性和可靠性的其他因素。 人民法院认为有必要的，可以通过鉴定或者勘验等方法，审查判断电子数据的真实性。
	第九十四条　电子数据存在下列情形的，人民法院可以确认其真实性，但有足以反驳的相反证据的除外：

续表

修　订　前	修　订　后
	（一）由当事人提交或者保管的于己不利的电子数据； （二）由记录和保存电子数据的中立第三方平台提供或者确认的； （三）在正常业务活动中形成的； （四）以档案管理方式保管的； （五）以当事人约定的方式保存、传输、提取的。 电子数据的内容经公证机关公证的，人民法院应当确认其真实性，但有相反证据足以推翻的除外。
第七十条　一方当事人提出的下列证据，对方当事人提出异议但没有足以反驳的相反证据的，人民法院应当确认其证明力： （一）书证原件或者与书证原件核对无误的复印件、照片、副本、节录本； （二）物证原物或者与物证原物核对无误的复制件、照片、录像资料等； （三）有其他证据佐证并以合法手段取得的、无疑点的视听资料或者与视听资料核对无误的复制件； （四）一方当事人申请人民法院依照法定程序制作的对物证或者现场的勘验笔录。 第七十一条　人民法院委托鉴定部门作出的鉴定结论，当事人没有足以反驳的相反证据和理由的，可以认定其证明力。	

续表

修订前	修订后
第七十二条　一方当事人提出的证据,另一方当事人认可或者提出的相反证据不足以反驳的,人民法院可以确认其证明力。 一方当事人提出的证据,另一方当事人有异议并提出反驳证据,对方当事人对反驳证据认可的,可以确认反驳证据的证明力。 第七十三条　双方当事人对同一事实分别举出相反的证据,但都没有足够的依据否定对方证据的,人民法院应当结合案件情况,判断一方提供证据的证明力是否明显大于另一方提供证据的证明力,并对证明力较大的证据予以确认。 因证据的证明力无法判断导致争议事实难以认定的,人民法院应当依据举证责任分配的规则作出裁判。	
第七十五条　有证据证明一方当事人持有证据无正当理由拒不提供,如果对方当事人主张该证据的内容不利于证据持有人,可以推定该主张成立。	第九十五条　一方当事人控制证据无正当理由拒不提交,对待证事实负有举证责任的当事人主张该证据的内容不利于控制人的,人民法院可以认定该主张成立。
第七十六条　当事人对自己的主张,只有本人陈述而不能提出其他相关证据的,其主张不予支持。但对方当事人认可的除外。	
第七十七条　人民法院就数个证据对同一事实的证明力,可以依照下列原则认定:	

续表

修　订　前	修　订　后
（一）国家机关、社会团体依职权制作的公文书证的证明力一般大于其他书证； **（二）物证、档案、鉴定结论、勘验笔录或者经过公证、登记的书证，其证明力一般大于其他书证、视听资料和证人证言；** **（三）原始证据的证明力一般大于传来证据；** **（四）直接证据的证明力一般大于间接证据；** **（五）证人提供的对与其有亲属或者其他密切关系的当事人有利的证言，其证明力一般小于其他证人证言。**	
第七十八条　人民法院认定证人证言，可以通过对证人的智力状况、品德、知识、经验、法律意识和专业技能等的综合分析作出判断。	**第九十六条**　人民法院认定证人证言，可以通过对证人的智力状况、品德、知识、经验、法律意识和专业技能等的综合分析作出判断。
第七十九条　人民法院应当在裁判文书中阐明证据是否采纳的理由。 对当事人无争议的证据，是否采纳的理由可以不在裁判文书中表述。	**第九十七条**　人民法院应当在裁判文书中阐明证据是否采纳的理由。 对当事人无争议的证据，是否采纳的理由可以不在裁判文书中表述。
六、其　　他	**六、其　　他**
第八十条　对证人、鉴定人、勘验人的合法权益依法予以保护。	**第九十八条**　对证人、鉴定人、勘验人的合法权益依法予以保护。
当事人或者其他诉讼参与人伪造、毁灭证据，**提供假证据**，阻止证人作证，指使、贿买、胁迫他人作伪证，或	当事人或者其他诉讼参与人伪造、毁灭证据，**提供虚假证据**，阻止证人作证，指使、贿买、胁迫他人作伪证，

续表

修　订　前	修　订　后
者对证人、鉴定人、勘验人打击报复的，依照《民事诉讼法》第一百零二条的规定处理。	或者对证人、鉴定人、勘验人打击报复的，依照民事诉讼法第一百一十条、第一百一十一条的规定进行处罚。
	第九十九条　本规定对证据保全没有规定的，参照适用法律、司法解释关于财产保全的规定。 除法律、司法解释另有规定外，对当事人、鉴定人、有专门知识的人的询问参照适用本规定中关于询问证人的规定；关于书证的规定适用于视听资料、电子数据；存储在电子计算机等电子介质中的视听资料，适用电子数据的规定。
第八十一条　人民法院适用简易程序审理案件，不受本解释中第三十二条、第三十三条第三款和第七十九条规定的限制。 第八十二条　本院过去的司法解释，与本规定不一致的，以本规定为准。	
第八十三条　本规定自2002年4月1日起施行。2002年4月1日尚未审结的一审、二审和再审民事案件不适用本规定。 本规定施行前已经审理终结的民事案件，当事人以违反本规定为由申请再审的，人民法院不予支持。 本规定施行后受理的再审民事案件，人民法院依据《民事诉讼法》第一百八十六条的规定进行审理的，适用本规定。	第一百条　本规定自2020年5月1日起施行。 本规定公布施行后，最高人民法院以前发布的司法解释与本规定不一致的，不再适用。

后 记

证据是人民法院、仲裁机构认定案件事实的前提和基础,也是公民、法人和非法人组织依法保护其合法权益的根据和手段。迄今为止,我国没有制定一部单独、统一的证据法,更遑论民事诉讼证据法,民事诉讼证据的规定主要分布在《民事诉讼法》《最高人民法院关于适用〈中华人民共和国民事诉讼法〉的解释》《最高人民法院关于民事诉讼证据的若干规定》中。可以说,我国的民事诉讼证据规则散乱,既不方便检索查阅,也不方便理解适用。

作为一名执业多年的律师,我对民事诉讼证据规则的这种立法现状颇感苦恼。在完成《民事诉讼证据运用与实务技巧》(增订本)一书的撰写后,我就萌发法条编纂的念头,想将《民事诉讼法》及其司法解释中的现行民事诉讼证据规则进行全面梳理、系统编纂。当我将这一想法告诉身边的同行时,他们也都表达了同样的期盼。于是,我就尝试以《最高人民法院关于民事诉讼证据的若干规定》为基本架构,结合《民事诉讼法》《最高人民法院关于适用〈中华人民共和国民事诉讼法〉的解释》中的证据部分,按照总则、分则、附则的逻辑体例和取证、举证、质证、认证的进展顺序重新编排法条。为方便理解适用,我在每一法条下面都添加要点注释,并将平时收集的民事诉讼证据领域的法律文件、司法观点、典型案例等素材做了精选、整合,编纂成了目前这本《民事诉讼证据规则编注》,供法律人作为案头工具书翻阅。

需要说明的是,书中要点注释部分参考了最高人民法院民事审判第一庭编著的《最高人民法院新民事诉讼证据规定理解与适用》,部分案例线索来自肖峰所著的《最高人民法院民事诉讼证据规则条文解析与实务运用》、李明所著的《最高人民法院〈关于民事诉讼证据的若干规定〉适用与案解》,以及李明主编的《民事诉讼证据裁判规则(一)》等,在此特向他们的付出表示感谢。另外,本书收录的案例，对于同样问题，法院的裁判要旨未必相同，甚至可能相反，读者可以各取所需，各得其所。

时间即生命。我们每天有许多的零碎时间于不知不觉中浪费掉了，若能养成一种利用闲暇的习惯，一遇空闲，无论其多么短暂，都利用其做点自己喜欢的事，则积少成多，终必有成。陆放翁云："待饭未来还读书。"为了编著本书，我也就经常利用这"待饭未来"的时间。由于初次尝试此类工具书籍的编写，经验欠缺，加上时间紧，不足之处在所难免，敬请读者、专家批评指正！

王新平

2022 年 10 月 30 日